AF565331

PLATON

GESAMMELTE WERKE

PLATON

GESAMMELTE WERKE

Aus dem Griechischen von Otto Apelt
und Friedrich Schleiermacher

Anaconda

Der Text *Politeia* folgt der Ausgabe *Platons Staat.* Aus dem griechischen von Otto Apelt. Fünfte Auflage. Leipzig: Felix Meiner 1920 [Die philosophische Bibliothek Band 80].
Alle anderen Texte folgen der Ausgabe *Platons sämtliche Werke in zwei Bänden.* Erster Band. Deutsch von Friedrich Schleiermacher. Wien: Phaidon-Verlag 1925.
Aus Gründen der Einheitlichkeit wurde hier der von Schleiermacher übersetzte Titel *Das Gastmahl* auf den heute geläufigen Titel *Symposion* umgestellt.
Die Chronologie der Abfassung der Dialoge ist bis heute umstritten. Daher orientiert sich Reihenfolge der Texte in der vorliegenden Ausgabe an der herrschenden Lehrmeinung, die Platons Werke anhand stilistischer Analyse in drei Gruppen einteilt: die frühen, mittleren und späten Werke.
Innerhalb dieser Gruppen sind die Dialoge hier alphabetisch sortiert, woraus sich folgende Anordnung ergibt:
Frühe Werke: *Apologie des Sokrates, Phaidon, Protagoras, Symposion*
Mittlere Werke: *Phaidros, Politeia, Theaitetos*
Späte Werke: *Philebos*

Penguin Random House Verlagsgruppe FSC® N001967

Die Deutsche Nationalbibliothek verzeichnet diese Publikation in der Deutschen Nationalbibliografie; detaillierte bibliografische Daten sind im Internet unter http://dnb.d-nb.de abrufbar.

Umschlagmotiv: Plato (428–348 BC) portrait in line art, shutterstock / Naci Yavuz
Umschlaggestaltung: Druckfrei. Dagmar Herrmann, Bad Honnef
Satz und Layout: Roland Poferl Print-Design, Köln
Druck und Bindung: GGP Media GmbH, Pößneck
Printed in Germany
ISBN 978-3-7306-0793-0
www.anacondaverlag.de

INHALT

ΠΛΑΤΩΝ
W. MEYER. X. A.

APOLOGIE DES SOKRATES

Erste Rede

Was euch, ihr Athener, meine Ankläger wohl angetan haben, weiß ich nicht: ich meinesteils aber hätte ja selbst beinahe über sie meiner selbst vergessen; so überredend haben sie gesprochen. Wiewohl Wahres, daß ich das Wort heraussage, haben sie gar nichts gesagt. Am meisten aber habe ich eins von ihnen bewundert unter dem Vielen, was sie gelogen, dieses, wo sie sagten, ihr müßtet euch wohl hüten, daß ihr nicht von mir getäuscht würdet, als der ich gar gewaltig wäre im Reden. Denn daß sie sich nicht schämen, sogleich von mir widerlegt zu werden durch die Tat, wenn ich mich nun auch im geringsten nicht gewaltig zeige im Reden, dieses dünkte mich ihr Unverschämtestes zu sein; wofern diese nicht etwa den gewaltig im Reden nennen, der die Wahrheit redet. Denn wenn sie dies meinen, möchte ich mich wohl dazu bekennen, ein Redner zu sein, der sich nicht mit ihnen vergleicht. Diese nämlich, wie ich behaupte, haben gar nichts Wahres geredet; ihr aber sollt von mir die ganze Wahrheit hören. Jedoch, ihr Athener, beim Zeus, Reden aus zierlich erlesenen Worten gefällig zusammengeschmückt und aufgeputzt, wie dieser ihre waren, keineswegs, sondern ganz schlicht werdet ihr mich reden hören in ungewählten Worten. Denn ich glaube, was ich sage, ist gerecht, und niemand unter euch erwarte noch sonst etwas. Auch würde es sich ja schlecht ziemen, ihr Männer, in solchem Alter gleich einem Knaben, der Reden ausarbeitet, vor euch hinzutreten. Indes bitte ich euch darum auch recht sehr, ihr Athener, und bedinge es mir aus, wenn ihr mich hört mit ähnlichen Reden meine Verteidigung führen, wie ich gewohnt bin, auch auf dem Markt zu reden bei den Wechslertischen, wo die meisten unter euch mich gehört haben, und anderwärts, daß ihr euch nicht verwundert, noch mir Getümmel erregt deshalb. Denn so verhält sich die Sache. Jetzt zum erstenmal trete ich vor Gericht, da ich über siebzig Jahr alt bin; ganz ordentlich also bin ich ein Fremdling in der hier üblichen Art zu reden. So wie ihr nun, wenn ich wirklich ein Fremder wäre, mir es nachsehen würdet, daß ich in jener Mundart und Weise redete, worin ich erzogen worden: ebenso erbitte ich mir nun auch dieses billige, wie mich dünkt, von euch, daß ihr nämlich die Art zu reden übersehet, vielleicht ist sie schlechter, vielleicht auch wohl gar besser, und nur dies erwägt und Acht darauf habt, ob das recht ist oder nicht, was ich sage. Denn dies ist des Richters Sache, des Redners aber, die Wahrheit zu reden.

Zuerst nun, ihr Athener, muß ich mich wohl verteidigen gegen das, dessen ich zuerst fälschlich angeklagt bin, und gegen meine ersten Ankläger, und hernach gegen der späteren Späteres. Denn viele Ankläger habe ich längst bei euch gehabt und schon vor vielen Jahren, und die nichts Wahres sagten, welche ich mehr fürchte als den Anytos, obgleich auch der furchtbar ist. Allein jene sind furchtbarer, ihr Männer, welche viele von euch schon als Kinder an sich gelockt und überredet, mich aber beschuldigt haben ohne Grund, als gäbe es einen Sokrates, einen weisen Mann, der den Dingen am Himmel nachgrüble und auch das Unterirdische alles erforscht habe und Unrecht zu Recht mache. Diese, ihr Athener, welche solche Gerüchte verbreitet haben, sind meine furchtbaren Ankläger. Denn die Hörer meinen gar leicht, wer solche Dinge untersuche, glaube auch nicht einmal Götter. Ferner sind auch dieser Ankläger viele, und viele Zeit hindurch haben sie mich verklagt und in dem Alter zu euch geredet, wo ihr wohl sehr leicht glauben mußtet, weil ihr Kinder waret, einige von euch wohl auch Knaben, und offenbar an leerer Stätte klagten sie, wo sich keiner verteidigte. Das Übelste aber ist, daß man nicht einmal ihren Namen wissen und angeben kann, außer etwa, wenn ein Komödienschreiber darunter ist. Die übrigen aber, welche euch gehässig und verleumderisch aufgeredet, und auch die selbst nur überredet Andre Überredenden, in Absicht dieser aller bin ich ganz ratlos. Denn weder hierher zur Stelle bringen, noch ausfragen kann ich irgendeinen von ihnen: sondern muß ordentlich wie mit Schatten kämpfen in meiner Verteidigung und ausfragen, ohne daß einer antwortet. Nehmet also auch ihr an, wie ich sage, daß ich zweierlei Ankläger gehabt habe, die einen, die mich eben erst verklagt haben, die andern, die von ehedem; und glaubet, daß ich mich gegen diese zuerst verteidigen muß. Denn auch ihr habt jenen, als sie klagten, zuerst Gehör gegeben, und weit mehr als diesen späteren.

Wohl! Verteidigen muß ich mich also, ihr Athener, und den Versuch machen, eine angeschuldigte Meinung, die ihr seit langer Zeit hegt, euch in so sehr kurzer Zeit zu benehmen. Ich wünschte nun zwar wohl, daß dieses so erfolgte, wenn es so besser ist für euch sowohl als für mich, und daß ich etwas gewönne durch meine Verteidigung. Ich glaube aber, dieses ist schwer, und keineswegs entgeht mir, wie es damit steht. Doch dieses gehe nun, wie es Gott genehm ist, mir gebührt, dem Gesetz zu gehorchen und mich zu verteidigen.

Rufen wir uns also zurück von Anfang her, was für eine Anschuldigung es doch ist, aus welcher mein übler Ruf entstanden ist, worauf auch Melitos bauend diese Klage gegen mich eingegeben hat. Wohl! Mit was für Reden also verleumdeten mich meine Verleumder? Als wären sie ordentliche Kläger, so muß ich ihre beschworene Klage ablesen: »Sokrates frevelt und treibt Torheit, indem er unterirdische und himmlische Dinge untersucht und Unrecht zu Recht macht, und dies auch andere lehrt.« Solcherlei ist sie etwa: denn solcherlei habt ihr selbst gesehen in des Aristophanes Komödie, wo ein Sokrates vorgestellt wird, der sich rühmt, in der Luft zu gehen, und viel andere Albernheiten vorbringt, wovon ich weder viel noch wenig verstehe. Und nicht sage ich dies, um eine solche Wissenschaft zu schmähen, dafern jemand in diesen Dingen weise ist – möchte ich mich doch nicht solcher Anklagen von Melitos zu erwehren haben! –, sondern nur, ihr Athener, weil ich eben an diesen Dingen keinen Teil habe. Und zu Zeugen rufe ich einen großen Teil von euch selbst, und fordere euch auf. einander zu berichten und zu erzählen, so viele eurer jemals mich reden gehört haben. Deren aber gibt es viele unter euch. So erzählt ich nun, ob jemals einer unter euch mich viel oder wenig über dergleichen Dinge hat reden gehört. Und hieraus könnt ihr ersehen, daß es ebenso auch mit allem übrigen steht, was die Leute von mir sagen. Aber es ist eben weder hieran etwas, noch auch, wenn ihr etwa von einem gehört habt, ich gäbe mich dafür aus, Menschen zu erziehen und verdiente Geld damit; auch das ist nicht wahr. Denn auch das scheint mir meinesteils wohl etwas Schönes zu sein, wenn jemand imstande wäre, Menschen zu erziehen, wie Gorgias der Leontiner und Prodikos der Keier und auch Hippias von Elis. Denn diese alle, ihr Männer, verstehen das, in allen Städten umherziehend die Jünglinge, die dort unter ihren Mitbürgern, zu wem sie wollten, sich unentgeltlich halten könnten, diese überreden sie mit Hintansetzung jenes Umganges, den ihrigen mit Geld zu erkaufen und ihnen noch Dank dazu zu wissen. Ja, es gibt auch hier noch einen andern Mann, einen Parier, von dessen Aufenthalt ich erfuhr. Ich traf nämlich auf einen Mann, der den Sophisten mehr Geld gezahlt hat als alle übrigen zusammen, Kallias, den Sohn des Hipponikos. Diesen fragte ich also, denn er hat zwei Söhne: Wenn deine Söhne, Kallias, sprach ich, Füllen oder Kälber wären, wüßten wir wohl einen Aufseher für sie zu finden oder zu dingen, der sie gut und tüchtig machen würde in der ihnen angemessenen Tugend, es würde nämlich ein Bereiter sein oder ein Landmann: nun sie aber Menschen sind, was für einen Aufseher bist du gesonnen ihnen zu geben? Wer ist wohl in dieser menschlichen und bürgerlichen Tugend ein Sachverständiger? Denn ich glaube doch, du hast darüber nachgedacht, da du Söhne hast. Gibt es einen, sprach ich, oder nicht? O freilich, sagte er. Wer doch, sprach ich, und von wannen? Und um welchen Preis lehrt er? Euenos der Parier, antwortete er, für fünf Minen. Da pries ich den Euenos glücklich, wenn er wirklich diese Kunst besäße und so vortrefflich lehrte. Ich also würde gewiß mich recht damit rühmen und groß tun, wenn ich dies verstände: aber ich verstehe es eben nicht, ihr Athener. Vielleicht nun möchte jemand von euch einwenden: Aber Sokrates, was ist denn also dein Geschäft? Woher sind diese Verleumdungen dir entstanden? Denn gewiß, wenn du nichts besonderes betriebst vor andern, es würde nicht solcher Ruf und Gerede entstanden sein, wenn du nicht etwas ganz anderes tätest als andere Leute. So sage uns doch, was es ist, damit wir uns nicht auf Geratewohl unsere eignen Gedanken machen über dich. Dies dünkt mich, mit Recht zu sagen, wer es sagt, und ich will versuchen, euch zu zeigen, was dasjenige ist, was mir den Namen und den üblen Ruf gemacht hat. Höret also, und vielleicht wird manchen von euch bedünken, ich scherzte: glaubt indes sicher, daß ich die reine Wahrheit rede. Ich habe nämlich, ihr Athener, durch nichts anderes als durch eine gewisse Weisheit diesen Namen erlangt. Durch was für eine Weisheit aber? Die eben vielleicht die menschliche Weisheit ist. Denn ich mag in der Tat wohl in dieser weise sein; jene aber, deren ich eben erwähnt, sind vielleicht weise in einer Weisheit, die nicht dem Menschen angemessen ist; oder ich weiß nicht, was ich sagen soll, denn ich verstehe sie nicht, sondern wer das sagt, der lügt es und sagt es mir zur Verleumdung. Und ich bitte euch, ihr Athener, erregt mir kein Getümmel, selbst wenn ich euch etwas vorlaut zu reden dünken sollte. Denn nicht meine Rede ist es, die ich vorbringe; sondern auf einen ganz glaubwürdigen Urheber will ich sie euch zurückführen. Über meine Weisheit nämlich, ob sie wohl eine ist und was für eine, will ich euch zum Zeugen stellen den Gott in Delphoi. Den Chairephon kennt ihr doch. Dieser war mein Freund von Jugend auf, und auch euer, des Volkes Freund war er und ist bei dieser letzten Flucht mit geflohen, und mit euch auch zurückgekehrt. Und ihr wißt doch, wie Chairephon war, wie heftig in allem, was er auch beginnen mochte. So auch, als er einst nach Delphoi gegangen war, erkühnte er sich hierüber ein Orakel zu begehren; nur, wie ich sage, kein Getümmel ihr Männer. Er fragte also, ob wohl jemand weiser wäre als ich. Da leugnete nun die Pythia, daß jemand weiser wäre. Und hierüber kann euch dieser sein Bruder hier Zeugnis ablegen, da jener bereits verstorben ist. Bedenkt nun, weshalb ich dieses sage; ich will euch nämlich erklären, woher doch die Verleumdung gegen mich entstanden ist. Denn nachdem ich dieses gehört, gedachte ich bei mir also: Was meint doch wohl der Gott? Und was will er etwa andeuten? Denn das bin ich mir doch bewußt, daß ich weder viel noch wenig weise bin. Was meint er also mit der Behauptung, ich sei der Weiseste? Denn lügen wird er doch wohl nicht; das ist ihm ja nicht verstattet. Und lange Zeit konnte ich nicht begreifen, was er meinte; endlich wendete ich mich gar ungern zur Untersuchung der Sache auf folgende Art. Ich ging zu einem von den für weise Gehaltenen, um dort, wenn irgendwo, das Orakel zu überführen und den Spruch zu zeigen: Dieser ist doch wohl weiser als ich, du aber hast auf mich ausgesagt. Indem ich nun diesen beschaute, denn ihn mit Namen zu nennen ist nicht nötig, es war aber einer von den Staatsmännern, auf welchen schauend es mir folgendergestalt erging, ihr Athener. Im Gespräch mit ihm schien mir dieser Mann zwar vielen andern Menschen auch, am meisten aber sich selbst sehr weise vorzukommen, es zu sein aber gar nicht. Darauf nun versuchte ich ihm zu zeigen, er glaubte zwar weise zu sein, wäre es aber nicht; wodurch ich dann ihm selbst verhaßt ward und vielen der Anwesenden. Indem ich also fortging, gedachte ich bei mir selbst, als dieser Mann bin ich nun freilich weiser. Denn es mag wohl eben keiner von uns beiden etwas Tüchtiges oder Sonderliches wissen; allein dieser doch meint zu wissen, da er nicht weiß, ich aber, wie ich eben nicht weiß, so meine ich es auch nicht. Ich scheine also um dieses wenige doch weiser zu sein als er, daß ich, was ich nicht weiß, auch nicht glaube zu wissen. Hierauf ging ich dann zu einem andern von den für noch weiser als jener Geltenden, und es dünkte mich eben dasselbe, und ich wurde dadurch ihm selbst sowohl als vielen andern verhaßt. Nach diesen nun ging ich schon nach der Reihe, bemerkend freilich und bedauernd und auch in Furcht darüber, daß ich mich verhaßt machte; doch aber dünkte es mich notwendig, des Gottes Sache über alles andere zu setzen; und so mußte ich denn gehen immer dem Orakel nachdenkend, was es wohl meine, zu allen, welche dafür galten, etwas zu wissen. Und beim Hunde, ihr Athener, denn ich muß die Wahrheit zu euch reden, wahrlich es erging mir so. Die Berühmtesten dünkten mich beinahe die Armseligsten zu sein, wenn ich es dem Gott zufolge untersuchte, andere minder Geachtete aber noch eher für vernünftig gelten zu können. Ich muß euch wohl mein ganzes Abenteuer berichten, mit was für Arbeiten gleichsam ich mich gequält habe, damit das Orakel mir ja ungetadelt bliebe. Nach den Staatsmännern nämlich ging ich zu den Dichtern, den tragischen sowohl als den dithyrambischen und den übrigen, um dort mich selbst auf der Tat zu ergreifen als unwissender denn sie. Von ihren Gedichten also diejenigen vornehmend, welche sie mir am vorzüglichsten schienen ausgearbeitet zu haben, fragte ich sie aus, was sie wohl damit meinten, auf daß ich auch zugleich etwas lernte von ihnen. Schämen muß ich mich nun freilich, ihr Männer, euch die Wahrheit zu sagen: dennoch soll sie gesagt werden. Um es nämlich gerade herauszusagen, fast sprachen alle Anwesenden besser als sie selbst über das, was sie gedichtet hatten. Ich erfuhr also auch von den Dichtern in kurzem dieses, daß sie nicht durch Weisheit dichteten, was sie dichten, sondern durch eine Naturgabe in der Begeisterung, eben wie die Wahrsager und Orakelsänger. Denn auch diese sagen viel Schönes, wissen aber nichts von dem, was sie sagen; ebenso nun ward mir deutlich, daß es auch den Dichtern erginge. Und zugleich merkte ich, daß sie glaubten, um ihrer Dichtung willen auch in allem übrigen sehr weise Männer zu sein, worin sie es nicht waren. Fort ging ich also auch von ihnen mit dem Glauben, sie um das Nämliche zu übertreffen wie auch die Staatsmänner. Zum Schluß nun ging ich auch zu den Handarbeitern. Denn von mir selbst wußte ich, daß ich gar nichts weiß, um es gerade herauszusagen, von diesen aber wußte ich doch, daß ich sie vielerlei Schönes wissend finden würde. Und darin betrog ich mich nun auch nicht; sondern sie wußten wirklich was ich nicht wußte, und waren insofern weiser. Aber, ihr Athener, denselben Fehler wie die Dichter, dünkte mich, hatten auch diese trefflichen Meister. Weil er seine Kunst gründlich erlernt hatte, wollte jeder auch in den andern wichtigsten Dingen sehr weise sein; und diese ihre Torheit verdeckte jene ihre Weisheit. So daß ich mich selbst auch befragte im Namen des Orakels, welches ich wohl lieber möchte, so sein, wie ich war, gar nichts verstehend von ihrer Weisheit, aber auch nicht behaftet mit ihrem Unverstande, oder aber in beiden Stücken so sein wie sie. Da antwortete ich denn mir selbst und dem Orakel, es wäre mir besser so zu sein wie ich war. Aus dieser Nachforschung also, ihr Athener, sind mir viele Feindschaften entstanden, und zwar die beschwerlichsten und lästigsten, so daß viel Verleumdung daraus entstand, und auch der Name, daß es hieß, ich wäre ein Weiser. Es glaubten nämlich jedesmal die Anwesenden, ich verstände mich selbst darauf, worin ich einen andern zuschanden mache. Es scheint aber, ihr Athener, in der Tat der Gott weise zu sein, und mit diesem Orakel dies zu sagen, daß die menschliche Weisheit sehr weniges nur wert ist oder gar nichts, und offenbar nicht dies vom Sokrates zu sagen, sondern nur mich zum Beispiel erwählend, sich meines Namens zu bedienen, wie wenn er sagte: Unter euch, ihr Menschen, ist der der Weiseste, der wie Sokrates einsieht, daß er in der Tat nichts wert ist, was die Weisheit anbelangt. Dieses nun, gehe ich auch jetzt noch umher, nach des Gottes Anweisung zu untersuchen und zu erforschen, wo ich nur einen für weise halte von Bürgern und Fremden; und wenn er es mir nicht zu sein scheint, so helfe ich dem Gotte und zeige ihm, daß er nicht weise ist. Und über diesem Geschäft habe ich nicht Muße gehabt, weder in den Angelegenheiten der Stadt etwas der Rede wertes zu leisten, noch auch in meinen häuslichen; sondern in tausendfältiger Armut lebe ich wegen dieses dem Gotte geleisteten Dienstes. Über dieses aber folgen mir die Jünglinge, welche die meiste Muße haben, der reichsten Bürger Söhne also, freiwillig, und freuen sich, zu hören, wie die Menschen untersucht werden; oft auch tun sie es mir nach und versuchen selbst andere zu untersuchen, und finden dann, glaube ich, eine große Menge solcher Menschen, welche zwar glauben, etwas zu wissen, wirklich aber wenig wissen oder nichts. Deshalb nun zürnen die von ihnen Untersuchten mir und nicht ihnen und sagen, Sokrates ist doch ein ganz ruchloser Mensch und verderbt die Jünglinge. Und wenn sie jemand fragt, was doch treibt er und was lehrt er sie: so haben sie freilich nichts zu sagen, weil sie nichts wissen; um aber nicht verlegen zu erscheinen, sagen sie dies was gegen alle Freunde der Wissenschaft bei der Hand ist, er untersucht die Dinge am Himmel und unter der Erde, und glaubt keine Götter und macht Unrecht zu Recht. Denn die Wahrheit, denke ich, möchten sie nicht sagen wollen, daß sie nämlich offenbar werden als solche, die zwar vorgeben, etwas zu wissen, wissen aber nichts. Weil sie nun, denke ich, ehrgeizig sind und heftig und ihrer viele, welche einverstanden miteinander und sehr scheinbar von mir reden: so haben sie schon lange und gewaltig mit Verleumdungen euch die Ohren angefüllt. Aus diesen sind Melitos gegen mich aufgestanden und Anytos und Lykon; Melitos der Dichter wegen mir aufsässig, Anytos wegen der Handarbeiter und Staatsmänner, Lykon aber wegen der Redner. So daß, wie ich auch gleich anfangs sagte, ich mich wundern müßte, wenn ich imstande wäre, in so kurzer Zeit diese so sehr oft wiederholte Verleumdung euch auszureden. Dieses, ihr Athener, ist euch die Wahrheit, ohne weder Kleines noch Großes verhehlt oder entrückt zu haben, sage ich sie euch. Wiewohl ich fast weiß, daß ich eben deshalb verhaßt bin. Welches eben ein Beweis ist, daß ich die Wahrheit rede, und daß dieses mein übler Ruf ist und dies die Ursachen davon sind. Und wenn ihr, sei es nun jetzt oder in der Folge, die Sache untersucht, werdet ihr es so finden.

Gegen das nun, was meine ersten Ankläger geklagt haben, sei diese Verteidigung hinlänglich vor euch. Gegen Melitos aber, den guten und vaterlandsliebenden, wie er ja sagt, und gegen die späteren will ich nun versuchen mich zu verteidigen. Wiederum also laßt uns, wie sie denn andere Ankläger sind, nun auch ihre beschworene Klage vornehmen. Sie lautet aber etwa so: Sokrates, sagt er, frevle, indem er die Jugend verderbe und die Götter, welche der Staat annimmt, nicht annehme, sondern Anderes, Neues, Daimonisches. Das ist die Beschuldigung, und von dieser Beschuldigung wollen wir nun jedes einzelne untersuchen. Er sagt also, ich frevle durch Verderb der Jugend. Ich aber, ihr Athener, sage, Melitos frevelt, indem er mit ernsthaften Dingen Scherz treibt und leichtsinnig Menschen aufs Leben anklagt, und sich eifrig und besorgt anstellt für Gegenstände, um die doch dieser Mann sich nie im geringsten bekümmert hat. Daß sich aber dies so verhalte, will ich versuchen auch euch zu zeigen. Her also zu mir, Melitos, und sprich! Nicht wahr, dir ist das sehr wichtig, daß die Jugend aufs beste gedeihe? – Mir freilich. – So komm also und sage diesen, wer sie denn besser macht? Denn offenbar weißt du es doch, da es dir so angelegen ist. Denn den Verderber hast du wohl aufgefunden, mich, wie du behauptest, und vor diese hergeführt und verklagt: so komm denn und nenne ihnen auch den Besserer und zeige an, wer es ist! Siehst du, o Melitos, wie du schweigst und nichts zu sagen weißt? Dünkt dich denn das nicht schändlich zu sein und Beweis genug für das, was ich sage, daß du dich hierum nie bekümmert hast? So sage doch, du Guter, wer macht sie besser? – Die Gesetze. – Aber danach frage ich nicht, Bester, sondern welcher Mensch, der freilich diese zuvor auch kennt, die Gesetze. – Diese hier, o Sokrates, die Richter. – Was sagst du, o Melitos? Diese hier sind imstande, die Jugend zu bilden und besser zu machen? – Ganz gewiß. – Etwa alle? Oder einige nur von ihnen, andere aber nicht? – Alle. – Herrlich, bei der Hera gesprochen! und ein großer Reichtum von solchen, die uns im Guten fördern! Wie aber, machen auch diese Zuhörer sie besser oder nicht? – Auch diese. – Und wie die Ratmänner? – Auch die Ratmänner. – Aber, o Melitos, verderben nicht etwa die in der Gemeinde, die Gemeindemänner, die Jugend? Oder machen auch diese alle sie besser? – Auch diese. – Alle

Athener also machen sie, wie es scheint, gut und edel, mich ausgenommen; ich allein verderbe sie. Meinst du es so? – Allerdings, gar sehr meine ich es so. – In eine große Unseligkeit verdammst du mich also! Antworte mir aber, dünkt es dich mit den Pferden auch so zu stehen, daß alle Menschen sie bessern und nur einer sie verderbt? Oder ist nicht ganz im Gegenteil nur einer geschickt, sie zu bessern, oder wenige, die Bereiter, die meisten aber, wenn sie mit Pferden umgehen und sie gebrauchen, verderben sie? Verhält es sich nicht so, Melitos, bei Pferden und allen andern Tieren? Allerdings so, du und Anytos mögen es nun leugnen oder zugeben. Gar glückselig stände es freilich um die Jugend, wenn einer allein sie verderbte, die andern aber alle sie zum Guten förderten. Aber, Melitos, du zeigst eben hinlänglich, daß du niemals an die Jugend gedacht hast, und offenbarst deutlich deine Gleichgültigkeit, daß du dich nie um das bekümmert hast, weshalb du mich hierher forderst. Weiter sage uns doch beim Zeus, Melitos, ob es besser ist unter guten Bürgern wohnen oder unter schlechten? Freund, lieber, antworte doch! Ich frage dich ja nichts Schweres. Tun die Schlechten nicht allemal denen etwas Übles, die ihnen jedesmal am nächsten sind, die Guten aber etwas Gutes? – Allerdings. – Ist wohl jemand, der von denen, mit welchen er umgeht, lieber will beschädigt sein als geholfen? Antworte mir, du Guter. Denn das Gesetz befiehlt dir zu antworten. Will wohl jemand beschädigt werden? – Wohl nicht. – Wohlan denn, forderst du mich hierher als Verderber und Verschlimmerer der Jugend, so daß ich es vorsätzlich sein soll oder unvorsätzlich? – Vorsätzlich, meine ich. – Wie doch, o Melitos, soviel bist du weiser in deinem Alter, als ich in dem meinigen, daß du zwar einsiehst, wie die Schlechten allemal denen Übels zufügen, die ihnen am nächsten sind, die Guten aber Gutes; ich aber es so weit gebracht habe im Unverstande, daß ich auch das nicht einmal weiß, wie ich, wenn ich einen von meinen Nächsten schlecht mache, selbst Gefahr laufe, Übles von ihm zu erdulden? so daß ich mir dieses große Übel vorsätzlich anrichte, wie du sagst? Das glaube ich dir nicht, Melitos, ich meine aber auch, kein anderer Mensch glaubt es dir; sondern entweder ich verderbe sie gar nicht, oder ich verderbe sie unvorsätzlich, so daß du doch in beiden Fällen lügst. Verderbe ich sie aber unvorsätzlich, so ist solches, und zwar unvorsätzlicher Vergehungen wegen, nicht gesetzlich, jemand hierher zu fordern, sondern ihn für sich allein zu nehmen und so zu belehren und zu ermahnen. Denn offenbar ist, daß, wenn ich belehrt bin, ich aufhören werde mit dem, was ich unvorsätzlich tue. Dich aber mit mir einzulassen und mich zu belehren, das hast du vermieden und nicht gewollt, sondern hierher forderst du mich, wohin gesetzlich ist, nur die zu fordern, welche der Züchtigung bedürfen und nicht der Belehrung. Doch, ihr Athener, das ist wohl schon offenbar, was ich sagte, daß sich Melitos um diese Sache nie weder viel noch wenig bekümmert hat! Indes aber sage uns, Melitos, auf welche Art du denn behauptest, daß ich die Jugend verderbe? Oder offenbar nach deiner Klage, die du eingegeben, indem ich lehre, die Götter nicht zu glauben, welche der Staat glaubt, sondern allerlei Neues, Daimonisches. Ist das nicht deine Meinung, daß ich sie durch solche Lehre verderbe? – Freilich, gar sehr ist das meine Meinung. – Nun dann, bei eben diesen Göttern, o Melitos, von denen jetzt die Rede ist, sprich noch deutlicher mit mir und mit diesen Männern hier. Denn ich kann nicht verstehen, ob du meinst, ich lehre zu glauben, daß es gewisse Götter gäbe, so daß ich also doch selbst Götter glaube und nicht ganz und gar gottlos bin, noch also hierdurch frevle, nur jedoch die nicht, welche der Staat, und ob du mich deshalb verklagst, daß ich andere glaube; oder ob du meinst, ich selbst glaube überall gar keine Götter und lehre dies auch andere? – Dieses meine ich, daß du überall gar keine Götter glaubst. – O wunderlicher Melitos! Wie kommst du doch darauf, dies zu meinen? Halte ich also auch weder Sonne noch Mond für Götter, wie die übrigen Menschen? – Nein, beim Zeus, ihr Richter! Denn die Sonne, behauptet er, sei ein Stein, und der Mond sei Erde. – Du glaubst wohl den Anaxagoras anzuklagen, lieber Melitos? und denkst so geringe von diesen, und hältst sie für so unerfahren in Schriften, daß sie nicht wüßten, wie des Klazomeniers Anaxagoras Schriften voll sind von dergleichen Sätzen? Und also auch die jungen Leute lernen wohl das von mir, was sie sich manchmal für höchstens eine Drachme in der Orchestra kaufen, und dann den Sokrates auslachen können, wenn er für sein ausgibt, was überdies noch so sehr ungereimt ist? Also, beim Zeus, so ganz dünke ich dich gar keinen Gott zu glauben? – Nein, eben beim Zeus, auch nicht im mindesten. – Du glaubst wenig genug, o Melitos, jedoch, wie mich dünkt, auch dir selbst. Denn mich dünkt dieser Mann, ihr Athener, ungemein übermütig und ausgelassen, und ordentlich aus Übermut und Ausgelassenheit diese Klage wie einen Jugendstreich angestellt zu haben. Denn es sieht aus, als habe er ein Rätsel ausgesonnen und wollte nun versuchen, ob wohl der weise Sokrates mich merken wird, wie ich Scherz treibe und mir selbst widerspreche in meinen Reden, oder ob ich ihn und die andern, welche zuhören, hintergehen werde. Denn dieser scheint mir ganz offenbar sich selbst zu widersprechen in seiner Anklage, als ob er sagte, Sokrates frevelt, indem er keine Götter glaubt, sondern Götter glaubt, wiewohl einer das doch nur im Scherz sagen kann! Erwägt aber mit mir, ihr Männer, warum ich finde, daß er dies sagt. Du aber antworte uns, o Melitos. Ihr aber, was ich euch von Anfang an gebeten habe, denkt wohl daran, mir kein Getümmel zu erregen, wenn ich auf meine gewohnte Weise die Sache führe. Gibt es wohl einen Menschen, o Melitos, welcher, daß es menschliche Dinge gebe, zwar glaubt, Menschen aber nicht glaubt? Er soll antworten, ihr Männer, und nicht anderes und anderes Getümmel treiben! Gibt es einen, der zwar keine Pferde glaubt, aber doch Dinge von Pferden? Oder zwar keine Flötenspieler glaubt, aber doch Dinge von Flötenspielern? Nein, es gibt keinen, bester Mann; wenn du doch nicht antworten willst, will ich es dir und den übrigen hier sagen. Aber das nächste beantworte: Gibt es einen, welcher zwar, daß es daimonische Dinge gebe, glaubt, Daimonen aber nicht glaubt? – Es gibt keinen. – Wie bin ich dir verbunden, daß du endlich, von diesen gezwungen, geantwortet hast. Daimonisches nun behauptest du, daß ich glaube und lehre, sei es nun neues oder altes, also Daimonisches glaube ich doch immer nach deiner Rede? Und das hast du ja selbst beschworen in der Anklageschrift. Wenn ich aber Daimonisches glaube, so muß ich doch ganz notwendig auch Daimonen glauben. Ist es nicht so? Wohl ist es so! Denn ich nehme an, daß du einstimmst, da du ja nicht antwortest. Und die Daimonen, halten wir die nicht für Götter entweder, oder doch für Söhne von Göttern? Sagst du ja oder nein? – Ja, freilich. – Wenn ich also Daimonen glaube, wie du sagst, und die Daimonen sind selbst Götter, das wäre ja ganz das, was ich sage, daß du Rätsel vorbringst und scherzest, wenn du mich, der ich keine Götter glauben soll, hernach doch wieder Götter glauben läßt, da ich ja Daimonen glaube. Wenn aber wiederum die Daimonen Kinder der Götter sind, unechte von Nymphen oder andern, denen sie ja auch zugeschrieben werden: welcher Mensch könnte dann wohl glauben, daß es Kinder der Götter gäbe, Götter aber nicht? Ebenso ungereimt wäre das ja, als wenn jemand glauben wollte, Kinder gebe es wohl von Pferden und Eseln, Maulesel nämlich, Esel aber und Pferde wollte er nicht glauben, daß es gäbe. Also, Melitos, es kann nicht anders sein, als daß du entweder, um uns zu versuchen, diese Klage angestellt hast, oder in gänzlicher Verlegenheit, was für ein wahres Verbrechen du mir wohl anschuldigen könntest. Wie du aber irgendeinen Menschen, der auch nur ganz wenig Verstand hat, überreden willst, daß ein und derselbe Mensch Daimonisches und Göttliches glaubt, und wiederum derselbe doch auch weder Daimonen, noch Götter, noch Heroen, das ist doch auf keine Weise zu ersinnen.

Jedoch, ihr Athener, daß ich nicht strafbar bin in Beziehung auf die Anklage des Melitos, darüber scheint mir keine große Verteidigung nötig zu sein, sondern schon dieses ist genug. Was ich aber bereits im vorigen sagte, daß ich bei vielen gar viel verhaßt bin, wißt nur, das ist wahr. Und das ist es auch, dem ich unterliegen werde, wenn ich unterliege, nicht dem Melitos, nicht dem Anytos, sondern dem üblen Ruf und dem Haß der Menge, dem auch schon viele andere treffliche Männer unterliegen mußten und, glaube ich, noch ferner unterliegen werden, und ist wohl nicht zu besorgen, daß er bei mir sollte stehenbleiben. Vielleicht aber möchte einer sagen: Aber schämst du dich denn nicht, Sokrates, daß du dich mit solchen Dingen befaßt hast, die dich nun in Gefahr bringen zu sterben? Ich nun würde diesem die billige Rede entgegnen: Nicht gut sprichst du, lieber Mensch, wenn du glaubst, Gefahr um Leben und Tod müsse in Anschlag bringen, wer auch nur ein weniges nutz ist, und müsse nicht vielmehr allein darauf sehn, wenn er etwas tut, ob es recht getan ist oder unrecht, ob eines rechtschaffenen Mannes Tat oder eines schlechten. Denn Elende wären ja nach deiner Rede die Halbgötter gewesen, welche vor Troja geendet haben, und vorzüglich vor andern der Sohn der Thetis, welcher, ehe er etwas Schändliches ertragen wollte, die Gefahr so sehr verachtete, daß, obgleich seine Mutter, die Göttin, als er sich aufmachte, den Hektor zu töten, ihm so ungefähr, wie ich glaube, zuredete: Wenn du, Sohn, den Tod deines Freundes Patroklos rächst und den Hektor tötest, so mußt du selbst sterben, denn, sagt sie, alsbald nach Hektor ist dir dein Ende geordnet, er dennoch, dieses hörend, den Tod und die Gefahr gering achtete, und weit mehr das fürchtend, als ein schlechter Mann zu leben und die Freunde nicht zu rächen, ihr antwortete: Möcht ich sogleich hinsterben, nachdem ich den Beleidiger gestraft, und nicht verlacht hier sitzen an den Schiffen, umsonst die Erde belastend. Meinst du etwa, der habe sich um Tod und Gefahr bekümmert? Denn so, ihr Athener, verhält es sich in der Tat. Wohin jemand sich selbst stellt, in der Meinung, es sei da am besten, oder wohin einer von seinen Obern gestellt wird, da muß er, wie mich dünkt, jede Gefahr aushalten und weder den Tod noch sonst irgend etwas in Anschlag bringen gegen die Schande. Ich also hätte Arges getan, ihr Athener, wenn ich, als die Befehlshaber mir einen Platz anwiesen, die ihr gewählt hattet, um über mich zu befehlen bei Potidaia, bei Amphipolis und Delion, damals also, wo jene mich hinstellen, gestanden hätte wie irgendein anderer und es auf den Tod gewagt; wo aber der Gott mich hinstellt, wie ich es doch glaubte und annahm, damit ich in Aufsuchung der Weisheit mein Leben hinbrächte und in Prüfung meiner selbst und anderer, wenn ich da, den Tod oder irgend etwas fürchtend, aus der Ordnung gewichen wäre. Arg wäre das, und dann in Wahrheit könnte mich einer mit Recht hierherführen vor Gericht, weil ich nicht an die Götter glaubte, wenn ich dem Orakel unfolgsam wäre und den Tod fürchtete, und mich weise dünkte, ohne es zu sein. Denn den Tod fürchten, ihr Männer, das ist nichts anderes, als sich dünken, man wäre weise, und es doch nicht sein. Denn es ist ein Dünkel, etwas zu wissen, was man nicht weiß. Denn niemand weiß, was der Tod ist, nicht einmal ob er nicht für den Menschen das größte ist unter allen Gütern. Sie fürchten ihn aber, als wüßten sie gewiß, daß er das größte Übel ist. Und wie wäre dies nicht eben derselbe verrufene Unverstand, die Einbildung, etwas zu wissen, was man nicht weiß. Ich nun, ihr Athener, übertreffe vielleicht um dasselbe auch hierin die meisten Menschen. Und wollte ich behaupten, daß ich um irgend etwas weiser wäre: so wäre es um dieses, daß da ich nichts ordentlich weiß von den Dingen in der Unterwelt, ich es auch nicht glaube zu wissen; gesetzwidrig handeln aber und dem Besseren, Gott oder Mensch, ungehorsam sein, davon weiß ich, daß es übel und schändlich ist. Im Vergleich also mit den Übeln, die ich als Übel kenne, werde ich niemals das, wovon ich nicht weiß ob es nicht ein Gut ist, fürchten oder fliehen. So daß, wenn ihr mich jetzt lossprechet ohne dem Anytos zu folgen, welcher sagt, entweder sollte ich gar nicht hierher gekommen sein, oder nachdem ich einmal hier wäre, sei es ganz unmöglich, mich nicht hinzurichten, indem er euch vorstellt, wenn ich nun durchkäme, dann erst würden eure Söhne sich dessen recht befleißigen, was Sokrates lehrt und alle ganz und gar verderbt werden; wenn ihr mir hierauf sagtet: Jetzt Sokrates wollen wir zwar dem Anytos nicht folgen, sondern lassen dich los unter der Bedingung jedoch, daß du diese Nachforschung nicht mehr betreibst und nicht mehr nach Weisheit suchst; wirst du aber noch einmal betroffen, daß du dies tust, so mußt du sterben; wenn ihr mich also wie gesagt auf diese Bedingung losgeben wolltet, so würde ich zu euch sprechen: Ich bin euch, ihr Athener, zwar zugetan und Freund, gehorchen aber werde ich dem Gotte mehr als euch, und so lange ich noch atme und es vermag, werde ich nicht aufhören, nach Weisheit zu suchen und euch zu ermahnen und zu beweisen, wen von euch ich antreffe, mit meinen gewohnten Reden, wie, bester Mann, als ein Athener aus der größten und für Weisheit und Macht berühmtesten Stadt, schämst du dich nicht, für Geld zwar zu sorgen, wie du dessen aufs meiste erlangest, und für Ruhm und Ehre, für Einsicht aber und Wahrheit und für deine Seele, daß sie sich aufs beste befinde, sorgst du nicht und hierauf willst du nicht denken? Und wenn jemand unter euch dies leugnet, und behauptet, er denke wohl darauf, werde ich ihn nicht gleich loslassen und fortgehen, sondern ihn fragen und prüfen und ausforschen. Und wenn mich dünkt, er besitze keine Tugend, behaupte es aber: so werde ich es ihm verweisen, daß er das Wichtigste geringer achtet und das Schlechtere höher. So werde ich mit Jungen und Alten, wie ich sie eben treffe, verfahren und mit Fremden und Bürgern, um soviel mehr aber mit euch Bürgern, die ihr mir näher verwandt seid. Denn so, wißt nur, befiehlt es der Gott. Und ich meinesteils glaube, daß noch nie größeres Gut dem Staate widerfahren ist als dieser Dienst, den ich dem Gott leiste. Denn nichts anderes tue ich, als daß ich umhergehe, um Jung und Alt unter euch zu überreden, ja nicht für den Leib und für das Vermögen zuvor noch überall so sehr zu sorgen als für die Seele, daß diese aufs beste gedeihe, zeigend wie nicht aus dem Reichtum die Tugend entsteht, sondern aus der Tugend der Reichtum, und alle andern menschlichen Güter insgesamt, eigentümliche und gemeinschaftliche. Wenn ich nun durch solche Reden die Jugend verderbe, so müßten sie ja schädlich sein; wenn aber jemand sagt, ich rede etwas anderes als dies, der sagt nichts. Demgemäß nun, würde ich sagen, ihr athenischen Männer, gehorcht nun dem Anytos oder nicht, sprecht mich los oder nicht, daß ich auf keinen Fall anders handeln werde, und müßte ich noch so oft sterben. Kein Getümmel, ihr Athener, sondern harret mir aus bei dem, was ich euch gebeten, mir nicht zu toben, über das, was ich sage, sondern zu hören. Auch wird es euch, glaube ich, heilsam sein, wenn ihr es hört. Denn ich bin im Begriff, euch noch manches andere zu sagen, worüber ihr vielleicht schreien möchtet; aber keineswegs tut das. Denn wißt nur, wenn ihr mich tötet, einen solchen Mann wie ich sage, so werdet ihr mir nicht größer Leid zufügen als euch selbst. Denn Leid zufügen wird mir weder Melitos noch Antyos im mindesten. Sie könnten es auch nicht; denn es ist, glaube ich, nicht in der Ordnung, daß dem besseren Manne von dem schlechteren Leides geschehe. Töten freilich kann mich einer, oder vertreiben oder des Bürgerrechtes berauben. Allein dies hält dieser vielleicht und sonst mancher für große Übel, ich aber gar nicht; sondern weit mehr so etwas wie dieser jetzt tut, einen andern widerrechtlich suchen hinzurichten. Daher auch jetzt, ihr Athener, ich weit entfernt bin, um meiner selbst willen mich zu verteidigen, wie einer wohl denken könnte, sondern um euretwillen, damit ihr euch nicht gegen des Gottes Gabe an euch versündigt durch meine Verurteilung. Denn wenn ihr mich hinrichtet, werdet ihr nicht leicht einen andern solchen finden, der ordentlich, sollte es auch lächerlich gesagt scheinen, von dem Gotte der Stadt beigegeben ist, wie einem großen und edlen Rosse, das aber eben seiner Größe wegen sich zur Trägheit neigt, und der Anreizung durch den Sporn bedarf, wie mich scheint der Gott dem Staate als einen solchen zugelegt zu haben, der ich auch euch einzeln anzuregen, zu überreden und zu verweisen den ganzen Tag nicht aufhöre, überall euch anliegend. Ein anderer solcher nun wird euch nicht leicht wieder werden, ihr Männer. Wenn ihr also mir folgen wollt, werdet ihr meiner schonen. Ihr aber werdet vielleicht verdrießlich, wie die Schlummernden, wenn man sie aufweckt, um euch stoßen, und mich, dem Anytos folgend, leichtsinnig hinrichten, dann aber das übrige Leben weiter fortschlafen, wenn euch nicht der Gott wieder einen andern zuschickt aus Erbarmen. Daß ich aber ein solcher bin, der wohl von dem Gotte der Stadt mag geschenkt sein, das könnt ihr hieraus abnehmen. Denn nicht wie etwas Menschliches sieht es aus, daß ich das Meinige samt und sonders versäumt habe, und so viele Jahre schon ertrage, daß meine Angelegenheiten zurückstehen, immer aber die eurigen betreibe, an jeden einzeln mich wendend, und wie ein Vater oder älterer Bruder ihm zuredend, sich doch die Tugend angelegen sein zu lassen. Und wenn ich hiervon noch einen Genuß hätte und um Lohn andere so ermahnte, so hätte ich noch einen Grund. Nun aber seht ihr ja selbst, daß meine Ankläger, so schamlos sie mich auch alles andern beschuldigen, dieses doch nicht erreichen konnten mit ihrer Schamlosigkeit, einen Zeugen aufzustellen, daß ich jemals einen Lohn mir ausgemacht oder gefordert hätte. Ich aber stelle, meine ich, einen hinreichenden Zeugen für die Wahrheit meiner Aussage, meine Armut.

Vielleicht könnte auch dies jemanden ungereimt dünken, daß ich, um einzelnen zu raten, umhergehe, und mir viel zu schaffen mache, öffentlich aber mich nicht erdreiste, in eurer Versammlung auftretend dem Staate zu raten. Hievon ist nun die Ursache, was ihr mich oft und vielfältig sagen gehört habt, daß mir etwas Göttliches und Daimonisches widerfährt, was auch Melitos in seiner Anklage auf Spott gezogen hat. Mir aber ist dieses von meiner Kindheit an geschehen, eine Stimme nämlich, welche jedesmal, wenn sie sich hören läßt, mir von etwas abredet, was ich tun will, zugeredet aber hat sie mir nie. Das ist es, was sich mir widersetzt, daß ich nicht soll Staatsgeschäfte betreiben. Und sehr mit Recht scheint es mir, sich dem zu widersetzen. Denn wißt nur, ihr Athener, wenn ich schon vor langer

Zeit unternommen hätte, Staatsgeschäfte zu betreiben: so wäre ich auch schon längst umgekommen, und hätte weder euch etwas genutzt, noch auch mir selbst. Werdet mir nur nicht böse, wenn ich die Wahrheit rede. Denn kein Mensch kann sich erhalten, der sich, sei es nun euch oder einer andern Volksmenge, tapfer widersetzt und viel Ungerechtes und Gesetzwidriges im Staate zu verhindern sucht: sondern notwendig muß, wer in der Tat für die Gerechtigkeit streiten will, auch wenn er sich nur kurze Zeit erhalten soll, ein zurückgezogenes Leben führen, nicht ein öffentliches. Tüchtige Beweise will ich euch hiervon anführen, nicht in Worten, sondern was ihr höher achtet, Tatsachen. Hört also von mir, was mir selbst begegnet ist, damit ihr seht, daß ich auch nicht einem nachgeben würde, gegen das Recht aus Todesfurcht, und zugleich daß, wenn ich das nicht täte, ich umkommen müßte. Ich werde euch freilich unangenehme und langweilige Geschichten erzählen, aber doch wahre. Ich nämlich, ihr Athener, habe niemals irgendein anderes Amt im Staate bekleidet, als nur zu Rate bin ich gesessen. Und eben hatte unser Stamm, der Antiochische, den Vortrag, als ihr den Anschlag faßtet, die zehn Heerführer, welche die in der Seeschlacht Gebliebenen nicht begraben hatten, sämtlich zu verurteilen, ganz gesetzwidrig, wie es späterhin euch allen dünkte. Da war ich unter allen Prytanen der einzige, der sich euch widersetzte, damit ihr nichts gegen die Gesetze tun möchtet, und euch entgegenstimmte. Und obgleich die Redner bereit waren, mich anzugeben und gefangen zu setzen, und ihr es fordertet und schriet: so glaubte ich doch, ich müßte lieber mit dem Recht und dem Gesetz die Gefahr bestehen, als mich zu euch gesellen in einem so ungerechten Vorhaben aus Furcht des Gefängnisses oder des Todes. Und dies geschah, als im Staat noch das Volk herrschte. Nachdem aber die Regierung an einige wenige gekommen, so ließen einst die Dreißig mich mit noch vier anderen auf die Tholos holen, und trugen uns auf, den Salaminier Leon aus Salamin herzubringen, um ihn hinzurichten, wie sie denn dergleichen vieles vielen andern auch auftrugen, um so viele als irgend möglich in Verschuldungen zu verstricken. Auch da nun zeigte ich wiederum nicht durch Worte, sondern durch die Tat, daß der Tod, wenn euch das nicht zu bäurisch klingt, mich auch nicht das mindeste kümmerte, nichts

Ruchloses aber und nichts Ungerechtes zu begehen mich mehr als alles kümmert. Denn mich konnte jene Regierung, so gewaltig sie auch war, nicht so einschrecken, daß ich etwas Unrechtes getan hätte. Sondern als wir von der Tholos herunterkamen, gingen die viere nach Salamin und brachten den Leon; ich aber ging meines Weges nach Hause. Und vielleicht hätte ich deshalb sterben gemußt, wenn nicht jene Regierung kurz darauf wäre aufgelöst worden. Dies werden euch sehr viele bezeugen können. Glaubt ihr wohl, daß ich so viele Jahre würde durchgekommen sein, wenn ich die öffentlichen Angelegenheiten verwaltet, und als ein redlicher Mann sie verwaltend, überall dem Recht geholfen, und dies, wie es sich gebührt, über alles gesetzt hätte? Weit gefehlt, ihr Athener; und ebensowenig irgendein anderer Mensch. Ich also werde mein ganzes Leben hindurch öffentlich, wo ich etwas verrichtet, und ebenso auch für mich, als ein solcher erscheinen, daß ich nie einen jemals irgend etwas eingeräumt habe wider das Recht, weder sonst jemand noch auch von diesen einem, die meine Verleumder meine Schüler nennen. Eigentlich aber bin ich nie irgend jemandes Lehrer gewesen; wenn aber jemand, wie ich rede und mein Geschäft verrichte, Lust hat zu hören, jung oder alt, das habe ich nie jemanden mißgönnt. Auch nicht etwa nur, wenn ich Geld bekomme, unterrede ich mich, wenn aber keines, dann nicht; sondern auf gleiche Weise stehe ich dem Armen wie dem Reichen bereit zum Fragen, und wer da will, kann antworten und hören, was ich sage. Und ob nun jemand von diesen besser wird oder nicht, davon bin ich nicht schuldig die Verantwortung zu tragen, da ich Unterweisung hierin weder jemals jemanden versprochen noch auch erteilt habe. Wenn aber einer behauptet, jemals von mir etwas gelernt oder gehört zu haben insbesondere, was nicht auch alle anderen, so wißt, daß er nicht die Wahrheit redet. Aber weshalb halten sich wohl einige so gern seit langer Zeit zu mir? Das habt ihr gehört, Athener, ich habe euch die ganze Wahrheit gesagt, daß sie nämlich diejenigen gern mögen ausforschen hören, welche sich dünken, weise zu sein, und es nicht sind. Denn es ist nicht unerfreulich. Mir aber ist dieses, wie ich behaupte, von dem Gotte auferlegt zu tun durch Orakel und Träume, und auf jede Weise, wie nur je göttliche Schickung einem Menschen etwas auferlegt hat zu tun.

Dies, ihr Athener, ist ebenso wahr als leicht zu erweisen. Denn wenn ich von unsern Jünglingen einige verderbe, andere verderbt habe: so würden doch, wenn einige unter ihnen bei reiferem Alter eingesehen hätten, daß ich ihnen je in ihrer Jugend zum Bösen geraten, diese selbst jetzt aufstehn, um mich zu verklagen und zur Strafe zu ziehen; wollten sie aber selbst nicht, so würden irgendwelche von ihren Verwandten, Eltern, Brüder oder andere Angehörige, wenn ich ihren Verwandten irgend Böses zugefügt, es mir jetzt gedenken. Auf jeden Fall sind ja viele von ihnen hier zugegen, die ich sehe, zuerst hier Kriton, mein Altersund Zunftgenosse, der Vater dieses Kritobulos; dann Lysanias, der Sphettier, dieses Aischines Vater; auch Antiphon, der Kephesier, des Epigenes Vater. Und andere sind diese, deren Brüder meines Umganges gepflogen, Nikostratos, des Theozotides Sohn, der Bruder des Theodotos, und zwar ist Theodotos tot, der ihn also nicht kann beschwichtigt haben; und Paralos, des Demodokos Sohn, dessen Bruder Theages war; und Adeimantos, des Ariston Sohn, der Bruder dieses Platon; und Aiantodoros, dessen Bruder dieser Apollodoros ist. Und noch viele andere kann ich euch nennen, von denen doch vor allen Dingen Melitos in seiner Rede irgendeinen zum Zeugen sollte aufgerufen haben. Hat er es aber damals vergessen, so rufe er noch einen auf, ich gebe es nach, und er sage es, wenn er so etwas hat. Allein hiervon werdet ihr ganz das Gegenteil finden, ihr Männer, alle willig mir beizustehen, mir dem Verderber, dem Unheilstifter ihrer Verwandten, wie Melitos und Anytos sagen. Denn die Verführten selbst könnten vielleicht Grund haben, mir beizustehen; aber die unverderbten, schon reiferen Männer, die ihnen verwandt sind, welchen andern Grund hätten diese, mir beizustehen, als den gerechten und billigen, daß sie wissen, Melitos lügt, ich aber rede die Wahrheit.

Wohl, ihr Männer! Was ich zu meiner Verteidigung zu sagen wüßte, das ist etwa dieses, und vielleicht mehr dergleichen. Vielleicht aber wird mancher unter euch unwillig gegen mich, wenn er an sich selbst denkt, wenn er etwa bei Durchfechtung eines vielleicht weit leichteren Kampfes als dieser, die Richter gebeten und gefleht hat unter vielen Tränen, und seine Kinder mit sich heraufgebracht, um nur möglichst viel Erbarmen zu erregen, und viele andere von seinen Verwandten und Freunden, ich aber von dem allen nichts tun will, und das, da ich, wie es scheinen kann in der äußersten Gefahr schwebe. Vielleicht wird mancher, dies bedenkend, seine Eitelkeit von mir gekränkt fühlen, und, eben hierüber erzürnt, im Zorn seine Stimme abgeben. Wenn jemand unter euch so gesinnt ist, ich glaube es zwar nicht, aber wenn doch: so denke ich, meine Rede wird zu billigen sein, wenn ich ihm sage: Auch ich, o Bester, habe so einige Verwandte. Denn auch ich, wie Homeros sagt, nicht der Eiche entstammte ich oder dem Felsen, sondern Menschen. Daher ich denn Verwandte habe, und auch Söhne, ihr Athener, drei, einer schon herangewachsen, zwei noch Kinder. Dennoch aber werde ich keinen hieher bringen, um euch zu erbitten, daß ihr günstig abstimmen möget. Warum doch werde ich nichts dergleichen tun? Nicht aus Eigendünkel, ihr Athener, noch daß ich euch geringschätze; sondern ob ich etwa besonders furchtlos bin gegen den Tod oder nicht, das ist eine andere Sache, aber in Beziehung auf das, was rühmlich ist für mich und euch und für die ganze Stadt, dünkt es mich anständig, daß ich nichts dergleichen tue, zumal in solchem Alter und im Besitz dieses Rufes, sei er nun gegründet oder nicht, angenommen ist doch einmal, daß Sokrates sich in etwas auszeichnet vor andern Menschen. Wenn nun, die unter euch dafür gelten, sich auszuzeichnen durch Weisheit oder Tapferkeit oder welche andere Tugend es sei, sich so betragen wollten, das wäre schändlich, wie ich doch öfters gesehen habe, daß manche, die sich etwas dünken, doch wenn sie vor Gericht standen, ganz wunderliche Dinge anstellten, meinend, was ihnen Arges begegnete, wenn sie etwa sterben müßten, gleich als würden sie unsterblich sein, wenn ihr sie nur nicht hinrichtetet. Solche, dünkt mich, machen der Stadt Schande; so daß wohl mancher Fremde denken mag, diese ausgezeichneten Männer unter den Athenern, denen sie selbst unter sich bei der Wahl der Obrigkeiten und allem, was sonst ehrenvoll ist, den Vorzug einräumen, betragen sich ja nichts besser als die Weiber. Dergleichen also, ihr Athener, dürfen weder wir tun, die wir dafür gelten, auch nur irgend etwas zu sein, noch auch, wenn wir es täten, dürft ihr es dulden; sondern eben dies zeiget, daß ihr weit eher den verurteilt, der euch solche Trauerspiele vorführt und die Stadt lächerlich macht, als den, der sich ruhig verhält. Abgesehen aber von dem

Rühmlichen dünkt es mich auch nicht einmal recht, den Richter zu bitten und sich durch Bitten loszuhelfen, sondern belehren muß man ihn und überzeugen. Denn nicht dazu ist der Richter gesetzt, das Recht zu verschenken, sondern es zu beurteilen; und er hat geschworen, nicht sich gefällig zu erweisen gegen wen es ihn beliebt, sondern Recht zu sprechen nach den Gesetzen. Also dürfen weder wir euch gewöhnen an den Meineid, noch ihr euch gewöhnen lassen, sonst würden wir von keiner Seite fromm handeln. Mutet mir also nicht zu, ihr Athener, dergleichen etwas gegen euch zu tun, was ich weder für anständig halte noch für recht, noch für fromm, zumal ich ja, beim Zeus, eben auch der Gottlosigkeit angeklagt bin von diesem Melitos. Denn offenbar, wenn ich euch durch Bitten zu etwas überredete oder nötigte gegen euren Schwur, dann lehrte ich euch, nicht zu glauben, daß es Götter gebe, und recht durch die Verteidigung klagte ich mich selbst an, daß ich keine Götter glaubte. Aber weit gefehlt, daß es so wäre! Wohl glaube ich an sie, ihr Athener, wie keiner von meinen Anklägern, und überlasse euch und dem Gotte, über mich zu entscheiden, wie es für mich das Beste sein wird und für euch.

Nach der Verurteilung

Daß ich nicht unwillig bin, ihr Athener, über dieses Ereignis, daß ihr mich verurteilt habt, dazu trägt noch sonst vieles bei, aber auch nicht unverhofft ist mir das Geschehene geschehen: sondern vielmehr wundere ich mich über die sich ergebende Zahl der beiderseitigen Stimmen. Denn ich glaubte nicht, daß es nur auf so weniges ankommen würde, sondern auf sehr viel. Nun aber, wie man sieht, wenn nur drei Stimmen anders gefallen wären, so wäre ich entkommen. Dem Melitos zwar bin ich auch jetzt entkommen, wie mich dünkt; und nicht nur entkommen, sondern es liegt auch jedem vor Augen, daß, wenn nicht Anytos und Lykon aufgetreten wären, mich anzuklagen, er tausend Drachmen erlegen müßte, weil er den fünften Teil der Stimmen nicht erlangt hätte. Zuerkennen also will mir der Mann den Tod. Wohl! Was soll ich mir nun dagegen zuerkennen, ihr Athener? Doch gewiß, was ich verdiene! Wie also? was verdiene ich zu erleiden oder zu erlegen, weshalb auch immer ich in meinem Leben nie Ruhe gehalten, sondern unbekümmert um das, was den meisten wichtig ist, um das Reichwerden und den Hausstand, um Kriegswesen und Volksrednerei, und sonst um Ämter, um Verschwörungen und Parteien, die sich in der Stadt hervorgetan, weil ich mich in der Tat für zu gut hielt, um mich durch Teilnahme an solchen Dingen zu erhalten, mich mit nichts eingelassen, wo ich weder euch noch mir etwas nutz gewesen wäre; vielmehr nur darauf bedacht, wie ich jedem einzeln die meines Dafürhaltens größte Wohltat erweisen könnte, mich dessen allein, wie ich behaupte, befleißiget, bemüht, jeden von euch zu bewegen, daß er weder für irgend etwas von dem seinigen eher sorge, bis er für sich selbst gesorgt habe, wie er immer besser und vernünftiger womöglich werden könnte, noch auch für die Angelegenheiten des Staates eher als für den Staat selbst, und nach derselben Weise auch nur für alles andere sorgen möchte. Was also verdiene ich dafür zu leiden, daß ich ein solcher bin? Etwas Gutes, ihr Athener, wenn ich der Wahrheit gemäß nach Verdienst mir etwas zuerkennen soll, und zwar etwas Gutes von der Art, wie es mir angemessen ist. Was ist also einem unvermögenden Wohltäter angemessen, welcher der freien Muße bedarf, um euch zu ermahnen? Es gibt nichts, was so angemessen ist, ihr Athener, als daß ein solcher Mann im Prytaneion gespeist werde, weit mehr, als wenn einer von euch mit dem Rosse oder dem Zwiegespann oder dem Viergespann in den olympischen Spielen gesiegt hat. Denn ein solcher bewirkt nur, daß ihr glückselig scheint, ich aber, daß ihr es seid; und jener bedarf der Speisung nicht, ich aber bedarf ihrer. Soll ich mir also, was ich mit Recht verdiene, zuerkennen, so erkenne ich mir dieses zu, Speisung im Prytaneion. Vielleicht wird euch nun, daß ich dieses sage, ebenso bedünken, als was ich von dem Flehen und der Mitleidserregung sagte, als hartnäckiger Eigendünkel. Das ist aber nicht so, ihr Athener, sondern so vielmehr. Ich bin überzeugt, daß ich nie jemanden vorsätzlich beleidige. Euch freilich überzeuge ich davon nicht, weil wir gar zu kurze Zeit miteinander geredet haben. Denn ich glaube wohl, wenn ihr ein Gesetz hättet, wie man es anderwärts hat, über Leben und Tod nicht an einem Tage zu entscheiden, sondern nach mehreren: so wäret ihr wohl überzeugt worden; nun aber ist es nicht leicht, in kurzer Zeit sich von so schweren Verleumdungen zu reinigen. Überzeugt also wie ich bin, daß ich niemand Unrecht zufüge, werde ich doch wahrlich nicht mir selbst Unrecht tun und selbst gegen mich reden, als ob ich etwas Übles verdiente, und mir dergleichen etwas zuerkennen. Was doch befürchtend? Doch daß ich das erleiden müßte, was Melitos mir zuerkennt und wovon ich nicht zu wissen gestehe, ob es ein Gut oder ein Übel ist? Anstatt dessen also sollte ich von denen Dingen eines wählen und mir zuerkennen, von welchen ich gar wohl weiß, daß sie Übel sind? Etwa Gefängnisstrafe? Und wozu sollte ich doch leben im Kerker, unter dem Befehl der jedesmaligen Obrigkeit? Oder Geldstrafe? und gefangen zu sein, bis ich sie entrichtet habe? Das wäre aber für mich ganz dasselbe wie das vorige. Denn ich habe kein Geld, wovon ich sie entrichten könnte. Aber die Verweisung soll ich mir wohl zuerkennen? Die möchtet ihr mir vielleicht wohl zugestehen. Aber von großer Lebenslust müßte ich wohl besessen sein, ihr Athener, wenn ich so unvernünftig wäre, daß ich nicht berechnen könnte, da ihr, meine Mitbürger, nicht imstande gewesen seid, meine Lebensweise und meine Reden zu ertragen, sondern sie euch zu beschwerlich und verhaßt geworden sind, so daß ihr euch nun davon loszumachen sucht, ob also wohl andere sie leichter ertragen werden? Weit gefehlt, ihr Athener! Ein schönes Leben wäre mir das also, in solchem Alter auszuwandern und immer umhergetrieben eine Stadt mit der andern zu vertauschen. Denn das weiß ich wohl, wohin ich auch komme, werden die Jünglinge meinen Reden zuhören, eben wie hier. Und wenn ich diese von mir weise, so werden sie selbst bei den Alten meine Verweisung bewirken; weise ich sie nicht von mir, so werden dasselbe doch ihre Väter und Verwandten um jener willen tun. Vielleicht aber wird einer sagen: Also still und ruhig, Sokrates, wirst du nicht imstande sein, nach deiner Verweisung zu leben? Das ist nun wohl am allerschwersten manchem von euch begreiflich zu machen. Denn wenn ich sage, das hieße dem Gott ungehorsam sein, und deshalb wäre es mir unmöglich, mich ruhig zu verhalten: so werdet ihr mir nicht glauben, als meinte ich etwas anderes als ich sage. Und wenn ich wiederum sage, daß ja eben dies das größte Gut für den Menschen ist, täglich über die Tugend sich zu unterhalten und über die andern Gegenstände, über welche ihr mich reden und mich selbst und andere prüfen hört, ein Leben ohne Selbsterforschung aber gar nicht verdient, gelebt zu werden, das werdet ihr mir noch weniger glauben, wenn ich es sage. Aber gewiß verhält sich dies so, wie ich es vortrage, ihr Männer, nur euch davon zu überzeugen ist nicht leicht. Auch bin ich nicht gewohnt, mich selbst etwas Übles wert zu achten. Hätte ich nun Geld, so würde ich mir soviel Geldstrafe zuerkennen, als ich entrichten könnte: denn davon hätte ich weiter keinen Schaden. Nun aber, ich habe eben keins; wenn ihr nicht etwa soviel, als ich zu entrichten vermag, mir zuerkennen wollt. Ich vermöchte euch aber vielleicht etwa eine Mine zu entrichten. Die will ich mir also zuerkennen. Platon aber hier und Kriton und Kritobulos und Apollodoros reden mir zu, mir dreißig Minen zuzuerkennen und sie wollten Bürgschaft leisten. Soviel also erkenne ich mir zu, und diese werden euch für dies Geld zuverlässige Bürgen sein.

Nach Verkündigung des Todesurteils

Nur um einer gar kurzen Zeit willen, ihr Athener, werdet ihr nun den Namen behalten und den Vorwurf von denen, welche die Stadt gern lästern mögen, daß ihr den Sokrates hingerichtet habt, diesen weisen Mann. Denn behaupten werden die nun freilich, daß ich weise bin, wenn ich es auch nicht bin, die euch lästern wollen. Hättet ihr nun eine kleine Weile gewartet, so wäre euch ja dies von selbst erfolgt. Denn ihr seht ja mein Alter, daß es schon weit vorgerückt ist im Leben und nahe am Tode. Ich sage dies aber nicht zu euch allen, sondern nur zu denen, die für meinen Tod gestimmt haben. Und zu eben diesen sage ich auch noch dies. Vielleicht glaubt ihr, Athener, ich unterläge jetzt aus Unvermögen in solchen Reden, durch welche ich euch wohl möchte überredet haben, wenn ich geglaubt hätte, alles reden und tun zu dürfen, um nur dieser Klage zu entkommen. Weit gefehlt! Sondern aus Unvermögen unterliege ich freilich, aber nicht an Worten; sondern an Frechheit und Schamlosigkeit und an dem Willen, dergleichen zu euch zu reden, als ihr freilich am liebsten gehört hättet, wenn ich gejammert hätte und gewehklagt, und viel anderes getan und geredet meiner Unwürdiges, wie ich behaupte, dergleichen ihr freilich gewohnt seid, von den andern zu hören. Allein weder vorher glaubte ich der Gefahr wegen etwas Unedles tun zu dürfen, noch auch gereuet es mich jetzt, mich so verteidigt zu haben; sondern weit lieber will ich auf diese Art mich verteidigt haben und sterben, als auf jene und leben. Denn weder vor Gericht noch im Kriege ziemt es weder mir noch irgend jemanden, darauf zu sinnen, wie man nur auf jede Art dem Tode entgehen möge. Auch ist ja das bei Gefechten oft sehr offenbar, daß dem Tode einer wohl entfliehen könnte, würfe er nur die Waffen weg und wendete sich flehend an die Verfolgenden; und viele andere Rettungsmittel gibt es in jeglicher Gefahr, um dem Tode zu entgehen, wenn einer nicht scheut, alles zu tun und zu reden. Allein, daß nur nicht dies gar nicht schwer ist, ihr Athener, dem Tode zu entgehen, aber weit schwerer der Schlechtigkeit; denn sie läuft schneller als der Tod. Auch jetzt daher bin ich als ein langsamer Greis von dem Langsameren gefangen worden; meine Ankläger aber, gewaltig und heftig wie sie sind, von dem Schnelleren der Bosheit. Jetzt also gehe ich hin und bin von euch der Strafe des Todes schuldig erklärt; diese aber sind von der Wahrheit schuldig erklärt der Unwürdigkeit und Ungerechtigkeit. Und sowohl ich beruhige mich bei dem Erkenntnis, als auch diese.

Dieses nun mußte vielleicht so kommen, und ich glaube, daß es ganz gut so ist. Was aber nun hierauf folgen wird, gelüstet mich euch zu weissagen, ihr meine Verurteiler! Denn ich stehe ja auch schon da, wo vorzüglich die Menschen weissagen, wenn sie nämlich im Begriff sind zu sterben. Ich behaupte also, ihr Männer, die ihr mich hinrichtet, es wird sogleich nach meinem Tode eine weit schwerere Strafe über euch kommen, als die, mit welcher ihr mich getötet habt. Denn jetzt habt ihr dies getan in der Meinung, nun entledigt zu sein von der Rechenschaft über euer Leben. Es wird aber ganz entgegengesetzt für euch ablaufen, wie ich behaupte. Mehrere werden sein, die euch zur Untersuchung ziehen, welche ich nur bisher zurückgehalten, ihr aber gar nicht bemerkt habt. Und um desto beschwerlicher werden sie euch werden, je jünger sie sind, und ihr um desto unwilliger. Denn wenn ihr meint, durch Hinrichtungen dem Einhalt zu tun, daß euch niemand schelten soll, wenn ihr nicht recht lebt, so bedenkt ihr das sehr schlecht. Denn diese Entledigung ist weder recht ausführbar, noch ist sie edel. Sondern jene ist die edelste und leichteste, nicht anderen wehren, sondern sich selbst so einrichten, daß man möglichst gut sei. Dieses will ich euch, die ihr gegen mich gestimmt habt, geweissagt haben, und nun von euch scheiden.

Mit denen aber, welche für mich gestimmt, möchte ich gern noch reden über dies Ereignis, welches sich zugetragen, solange die Gewalthaber noch Abhaltung haben, und ich noch nicht dahin gehen muß, wo ich sterben soll. Also, ihr Männer, so lange haltet mir noch aus. Nichts hindert ja, uns vertraulich zu unterhalten miteinander, solange es noch vergönnt ist. Denn euch als meinen Freunden will ich gern das erklären, was mir soeben begegnet ist, was es eigentlich bedeutet. Mir ist wohl, ihr Richter, denn euch benenne ich recht, wenn ich euch Richter nenne, etwas Wunderbares vorgekommen. Meine gewohnte Vorbedeutung nämlich war in der vorigen Zeit wohl gar sehr häufig, und oft in großen Kleinigkeiten widerstand sie mir, wenn ich im Begriff war, etwas nicht auf die rechte Art zu tun. Jetzt aber ist mir doch, wie ihr ja selbst seht, dieses begegnet, was wohl mancher für das größte Übel halten könnte, und was auch dafür angesehen wird; dennoch aber hat mir weder, als ich des morgens von Hause ging, das Zeichen des Gottes widerstanden, noch auch als ich hier die Gerichtsstätte betrat, noch auch irgendwo in der Rede, wenn ich etwas sagen wollte. Wiewohl bei andern Reden es mich oft mitten im reden aufhielt. Jetzt aber hat es mir nirgends bei dieser Verhandlung, wenn ich etwas tat oder sprach, im mindesten widerstanden. Was für eine Ursache nun soll ich mir hievon denken? Das will ich euch sagen. Es mag wohl, was mir begegnet ist, etwas Gutes sein, und unmöglich können wir Recht haben, die wir annehmen, der Tod sei ein Übel. Davon ist mir dies ein großer Beweis. Denn unmöglich würde mir das gewohnte Zeichen nicht widerstanden haben, wenn ich nicht begriffen gewesen wäre, etwas Gutes auszurichten. Laßt uns aber auch so erwägen, wieviel Ursache wir haben zu hoffen, es sei etwas Gutes. Denn eins von beiden ist das Totsein, entweder soviel als nichts sein, noch irgendeine Empfindung von irgend etwas haben, wenn man tot ist; oder, wie auch gesagt wird, es ist eine Versetzung und Umzug der Seele von hinnen an einen andern Ort. Und ist es nun gar keine Empfindung, sondern wie ein Schlaf, in welchem der Schlafende auch nicht einmal einen Traum hat, so wäre der Tod ein wunderbarer Gewinn. Denn ich glaube, wenn jemand einer solchen Nacht, in welcher er so fest geschlafen, daß er nicht einmal einen Traum gehabt, alle übrigen Tage und Nächte seines Lebens gegenüberstellen und nach reiflicher Überlegung sagen sollte, wieviel er wohl angenehmere und bessere Tage und Nächte als jene Nacht in seinem Leben gelebt hat: so glaube ich, würde nicht nur ein gewöhnlicher Mensch, sondern der große König selbst finden, daß diese sehr leicht zu zählen sind gegen die übrigen Tage und Nächte. Wenn also der Tod etwas solches ist, so nenne ich ihn einen Gewinn, denn die ganze Zeit scheint ja auch nicht länger auf diese Art als eine Nacht. Ist aber der Tod wiederum wie eine Auswanderung von hinnen an einen andern Ort, und ist das wahr, was gesagt wird, daß dort alle Verstorbenen sind, was für ein größeres Gut könnte es wohl geben als dieses, ihr Richter? Denn wenn einer in der Unterwelt angelangt, nun dieser sich so nennenden Richter entledigt dort die wahren Richter antrifft, von denen auch gesagt wird, daß sie dort Recht sprechen, den Minos und Rhadamanthys und Aiakos und Triptolemos, und welche Halbgötter sonst gerecht gewesen sind in ihrem Leben, wäre das wohl eine schlechte Umwanderung? Oder auch mit dem Orpheus umzugehen und Musaios und Hesiodos und Homeros, wie teuer möchtet ihr das wohl erkaufen? Ich wenigstens will gern oftmals sterben, wenn dies wahr ist. Ja, mir zumal wäre es ein herrliches Leben, wenn ich dort den Palamedes und Aias, des Telamon Sohn anträfe, und wer sonst noch unter den Alten eines ungerechten Gerichtes wegen gestorben ist, mit dessen Geschick das meinige zu vergleichen, das müßte, glaube ich, gar nicht unerfreulich sein. Ja, was das Größte ist, die dort eben so ausfragend und ausforschend zu leben, wer unter ihnen weise ist, und wer es zwar glaubt, es aber nicht ist. Für wieviel ihr Richter, möchte das einer wohl annehmen, den, welcher das große Heer nach Troja führte, auszufragen, oder den Odysseus oder Sisyphos, und viele andere könnte einer nennen, Männer und Frauen; mit welchen dort zu sprechen und umzugehen und sie auszuforschen auf alle Weise eine unbeschreibliche Glückseligkeit wäre. Gewiß werden sie einen dort um deswillen doch wohl nicht hinrichten. Denn nicht nur sonst ist man dort glückseliger als hier, sondern auch die übrige Zeit unsterblich, wenn das wahr ist, was gesagt wird. Also müßt auch ihr, Richter, gute Hoffnung haben in Absicht des Todes, und dies eine Richtige im Gemüt halten, daß es für den guten Mann kein Übel gibt weder im Leben noch im Tode, noch daß je von den Göttern seine Angelegenheiten vernachlässigt werden. Auch die meinigen haben jetzt nicht von ohngefähr diesen Ausgang genommen; sondern mir ist deutlich, daß sterben und aller Mühen entlediget werden schon das beste für mich war. Daher auch hat weder mich irgendwo das Zeichen gewarnt, noch auch bin ich gegen meine Verurteiler und gegen meine Ankläger irgend aufgebracht. Obgleich nicht in dieser Absicht sie mich verurteilt und angeklagt haben, sondern in der Meinung, mir Übles zuzufügen. Das verdient an ihnen getadelt zu werden. Das eine nur noch bitte ich von ihnen. An meinen Söhnen, wenn sie erwachsen sind, nehmt eure Rache, ihr Männer, und quält sie ebenso wie ich euch gequält habe, wenn euch dünkt, daß sie sich um Reichtum oder um sonst irgend etwas eher bemühen als um die Tugend; und wenn sie sich dünken, etwas zu sein, sind aber nichts: so verweiset es ihnen wie ich euch, daß sie nicht sorgen wofür sie sollten, und sich einbilden etwas zu sein, da sie doch nichts wert sind. Und wenn ihr das tut, werde ich Billiges von euch erfahren haben, ich selbst und meine Söhne.

Jedoch, es ist Zeit, daß wir gehen, ich um zu sterben, und ihr um zu leben. Wer aber von uns beiden zu dem besseren Geschäft hingehe, das ist allen verborgen außer nur Gott.

PHAIDON

Echekrates · Phaidon

ECHEKRATES. Warest du selbst, o Phaidon, bei dem Sokrates an jenem Tage, als er das Gift trank in dem Gefängnis, oder hast du es von einem andern gehört?

PHAIDON. Selbst war ich da, o Echekrates.

ECHEKRATES. Was also hat denn der Mann gesprochen vor seinem Tode, und wie ist er gestorben? Gern hörte ich das. Denn weder von meinen Landsleuten, den Phliasiern, reiset jetzt leicht einer nach Athen, noch ist von dorther seit geraumer Zeit ein Gastfreund angekommen, der uns etwas Genaues darüber berichten konnte, außer nur, daß er das Gift getrunken hat und gestorben ist; von dem übrigen wußte keiner etwas zu sagen.

PHAIDON. Auch von der Klage also habt ihr nichts erfahren, wie es dabei hergegangen ist?

ECHEKRATES. Ja, das hat uns jemand erzählt, und wir haben uns gewundert, daß, da sie schon längst abgeurteilt war, er offenbar erst weit später gestorben ist. Wie war doch das, o Phaidon?

PHAIDON. Durch Zufall fügte es sich so, Echekrates. Es traf sich nämlich, daß gerade an dem Tage vor dem Gericht das Schiff war bekränzt worden, welches die Athener nach Delos senden.

ECHEKRATES. Was hat es damit auf sich?

PHAIDON. Dies ist das Schiff, wie die Athener sagen, worin einst Theseus fuhr, um jene zweimal sieben nach Kreta zu bringen, die er rettete und sich selbst auch. Damals nun hatten sie dem Apollon gelobt, wie man sagt, wenn sie gerettet würden, ihm jedes Jahr einen Aufzug nach Delos zu senden, welchen sie nun seitdem immer und auch jetzt noch jährlich an den Gott schicken. Sobald nun dieser Aufzug angefangen hat, ist es gesetzlich, während dieser Zeit die Stadt reinzuhalten und von Staats wegen niemanden zu töten, bis das Schiff in Delos angekommen ist und auch wieder zurück. Und dies währt bisweilen lange, wenn widrige Winde einfallen. Des Aufzuges Anfang ist aber, wenn der Priester des Apollon das Vorderteil des Schiffes bekränzt; und dies, wie ich sage, war eben den Tag vor dem Gerichtstage geschehen.

Daher hatte Sokrates so viel Zeit in dem Gefängnis zwischen dem Urteil und dem Tode.

ECHEKRATES. Wie war es aber bei seinem Tode selbst, o Phaidon? Was wurde gesprochen und vorgenommen? Welche von seinen Vertrauten waren bei dem Manne? Oder ließ die Behörde sie nicht zu ihm, und er starb ohne Beisein von Freunden?

PHAIDON. Keineswegs, sondern es waren deren, und zwar ziemlich viele zugegen.

ECHEKRATES. Alles dieses bemühe dich doch uns recht genau zu erzählen, wenn es dir nicht etwa an Muße fehlt.

PHAIDON. Nein, ich habe Muße und will versuchen, es euch zu erzählen. Denn des Sokrates zu gedenken, sowohl selbst von ihm redend, als auch anderen zuhörend, ist mir immer von allem das Erfreulichste.

ECHEKRATES. Und eben solche, o Phaidon, hast du jetzt zu Hörern. Also versuche nur alles, so genau du immer kannst, uns vorzutragen.

PHAIDON. Mir meinesteils war ganz wunderbar zumute dabei. Bedauern nämlich kam mir gar nicht ein, wie einem, der bei dem Tode eines vertrauten Freundes zugegen sein soll; denn glückselig erschien mir der Mann, o Echekrates, in seinem Benehmen und seinen Reden, wie standhaft und edel er endete, so daß ich vertraute, er gehe auch in die Unterwelt nicht ohne göttlichen Einfluß, sondern auch dort werde er sich Wohlbefinden, wenn jemals einer sonst. Darum nun kam mich weder etwas Weichherziges an, wie man doch denken sollte bei solchem Trauerfall, noch auch waren wir fröhlich wie in unsern philo-sophischen Beschäftigungen nach gewohnter Weise, obwohl unsere Unterredungen auch von dieser Art waren; sondern in einem wunderbaren Zustand befand ich mich und in einer ungewohnten Mischung, die aus Lust zugleich und Betrübnis zusammengemischt war, wenn ich bedachte, daß er nun gleich sterben würde. Und alle Anwesenden waren fast in derselben Gemütsstimmung, bald lachend, dann wieder weinend, ganz vorzüglich aber einer unter uns, Apollodoros. Du kennst ja wohl den Mann und seine Weise.

ECHEKRATES. Wie sollte ich nicht!

PHAIDON. Der war nun ganz vorzüglich so; aber auch ich war gleichermaßen bewegt und die übrigen.

ECHEKRATES. Welche aber waren denn gerade da, Phaidon?

PHAIDON. Eben dieser Apollodoros war von den Einheimischen zugegen, und Kritobulos mit seinem Vater Kriton; dann noch Hermogenes und Epigenes und Aeschines und Antisthenes. Auch Ktesippos, der Päanier, war da, und Menexenos und einige andere von den Eingeborenen; Platon aber, glaube ich, war krank.

ECHEKRATES. Waren auch noch Fremde zugegen?

PHAIDON. Ja, Simmias, der Thebaier, und Kebes und Phaidondes, und aus Megara Eukleides und Terpsion.

ECHEKRATES. Wie aber Aristippos und Kleombrotos, waren die da?

PHAIDON. Nein, es hieß, sie wären in Ägina.

ECHEKRATES. War noch sonst jemand gegenwärtig?

PHAIDON. Ich glaube, dies waren sie ziemlich alle.

ECHEKRATES. Und wie nun weiter? Was für Reden sagst du wurden geführt?

PHAIDON. Ich will versuchen, dir alles von Anfang an zu erzählen. Wir pflegten nämlich auch schon die vorigen Tage immer zum Sokrates zu gehen, ich und die andern, und versammelten uns des Morgens im Gerichtshause, wo auch das Urteil gefällt worden war; denn dies ist nahe bei dem Gefängnis. Da warteten wir jedesmal, bis das Gefängnis geöffnet wurde und unterredeten uns unterdessen. Denn es wurde nicht sehr früh geöffnet; sobald es aber offen war, gingen wir hinein zum Sokrates und brachten den größten Teil des Tages bei ihm zu. Auch damals nun hatten wir uns noch früher versammelt, weil wir tags zuvor, als wir abends aus dem Gefängnis gingen, erfahren hatten, daß das Schiff aus Delos angekommen sei. Wir gaben uns also einander das Wort, auf das früheste an dem gewohnten Ort zusammenzukommen. Das taten wir auch, und der Türsteher, der uns aufzumachen pflegte, kam heraus und sagte, wir sollten warten und nicht eher kommen, bis er uns riefe. Denn, sprach er, die Elf lösen jetzt den Sokrates und kündigen ihm an, daß er heute sterben soll. Nach einer kleinen Weile kam er denn und hieß uns hineingehn. Als wir nun hineintraten, fanden wir den Sokrates eben entfesselt, und Xanthippe; du kennst sie doch, sein Söhnchen auf dem Arm haltend, saß neben ihm. Als uns Xanthippe nun sah, wehklagte sie und redete allerlei dergleichen, wie die Frauen pflegen, wie: »O Sokrates, nun reden diese deine Freunde zum letztenmal mit dir, und du mit ihnen.« Da wendete sich Sokrates zum Kriton und sprach: »O Kriton, laß doch jemand diese nach Hause führen.« Da führten einige von Kritons Leuten sie ab, heulend und sich übel gebärdend. Sokrates aber, auf dem Bette sitzend, zog das Bein an sich und rieb sich den Schenkel mit der Hand, indem er zugleich sagte: Was für ein eigenes Ding, ihr Männer, ist es doch um das, was die Menschen angenehm nennen, wie wunderlich es sich verhält zu dem, was ihm entgegengesetzt zu sein scheint, dem Unangenehmen, daß nämlich beide zu gleicher Zeit zwar nie in dem Menschen sein wollen, doch aber, wenn einer dem einen nachgeht und es erlangt, er meist immer genötigt ist, auch das andere mitzunehmen, als ob sie beide an einer Spitze zusammengeknüpft wären; und ich denke, wenn Äsopos dies bemerkt hätte, würde er eine Fabel daraus gemacht haben, daß Gott beide, da sie im Kriege begriffen sind, habe aussöhnen wollen, und weil er dies nicht gekonnt, sie an den Enden zusammengeknüpft habe, und deshalb nun, wenn jemand das eine hat, komme ihm das andere nach. So scheint es nun auch mir gegangen zu sein; weil ich von der Fessel in dem Schenkel vorher Schmerz hatte, so kommt mir nun die angenehme Empfindung hintennach. – Darauf nahm Kebes das Wort und sagte: Beim Zeus, Sokrates, das ist gut, daß du mich daran erinnerst. Denn nach deinen Gedichten, die du gemacht hast, indem du die Fabeln des Äsopos in Verse gebracht, und nach dem Vorgesang an den Apollon haben mich auch andere schon gefragt, und noch neulich Euenos, wie es doch zugehe, daß, seitdem du dich hier befindest, du Verse machest, da du es zuvor nie getan hast. Ist dir nun etwas daran gelegen, daß ich dem Euenos zu antworten weiß, wenn er mich wieder fragt, und ich weiß gewiß, das wird er: so sprich, was ich ihm sagen soll. – Sage ihm denn, sprach er, o Kebes, die Wahrheit, daß ich es nicht tue, um etwa gegen ihn und seine Gedichte aufzutreten, denn das wüßte ich wohl wäre nicht leicht, sondern um zu versuchen, was wohl ein gewisser Traum meine, und mich vor Schaden zu hüten, wenn etwa dies die Musik wäre, die er mir anbefiehlt. Es war nämlich dieses: es ist mir oft derselbe Traum vorgekommen in dem nun vergangenen Leben, der mir, bald in dieser bald in jener Gestalt erscheinend, immer dasselbe sagte: O Sokrates, sprach er, mach und treibe Musik. Und ich dachte sonst immer nur zu dem, was ich schon tat, ermuntere ich mich und treibe mich noch mehr an, wie man die Laufenden anzutreiben pflegt, so ermuntere mich auch der Traum zu dem, was ich schon tat, Musik zu machen, weil nämlich die Philosophie die vortrefflichste Musik ist, und ich diese doch trieb. Jetzt aber, seit das Urteil gefällt ist und die Feier des Gottes meinen Tod noch verschoben hat, dachte ich doch, ich müsse, falls etwa der Traum mir doch befähle, mit dieser gemeinen Musik mich zu beschäftigen, auch dann nicht ungehorsam sein, sondern es tun. Denn es sei doch sicherer, nicht zu gehn, bis ich mich auch so vorgesehen und Gedichte gemacht, um dem Traum zu gehorchen. So habe ich denn zuerst auf den Gott gedichtet, dem das Opfer eben gefeiert wurde, und nächst dem Gott, weil ich bedachte, daß ein Dichter müsse, wenn er ein Dichter sein wolle, Fabeln dichten und nicht vernünftige Reden, und ich selbst nicht erfindsam bin in Fabeln, so habe ich deshalb von denen, die bei der Hand waren und die ich wußte, den Fabeln des Äsopos, welche mir eben aufstießen, in Verse gebracht. Dieses also, o Kebes, sage dem Euenos, und er solle Wohlleben, und wenn er klug wäre, mir nachkommen. Ich gehe aber, wie ihr seht, heute, denn die Athener befehlen es. – Da sagte Simmias: Was läßt du doch da dem Euenos sagen, o Sokrates! Ich habe schon viel mit dem Manne verkehrt; aber soviel ich gemerkt, wird er auch nicht die mindeste Lust haben, dir zu folgen. – Wieso? fragte er, ist Euenos nicht ein Philosoph? – Das dünkt mich doch, sprach Simmias. – Nun so wird er auch wollen, er und jeder, der würdig an diesem Geschäfte teilnimmt, nicht unwürdig hiezu mit gehört. Nur Gewalt wird er sich doch nicht selbst antun; denn dies, sagen sie, sei nicht recht. Und als er dies sagte, ließ er seine Beine von dem Bett wieder herunter auf die Erde, und so sitzend sprach er das übrige. – Kebes fragte ihn nun: Wie meinst du das, o Sokrates, daß es nicht recht sei, sich selbst Leides zu tun, daß aber doch der Philosoph dem Sterbenden zu folgen wünsche? – Wie, Kebes? Habt ihr über diese Dinge nichts gehört, du und Simmias, als ihr mit dem Philolaos zusammenwaret? – Nichts Genaues wenigstens, Sokrates. – Auch ich kann freilich nur vom Hörensagen davon reden; was ich aber gehört, bin ich gar nicht abgünstig euch zu sagen. Auch ziemt es sich ja wohl am besten, daß der, welcher im Begriff ist, dorthin zu wandern, nachsinne und sich Bilder mache über die Wanderung dorthin, wie man sie sich wohl zu denken habe. Was könnte einer auch wohl noch weiter tun in der Zeit bis zum Untergang der Sonne! – Weshalb also sagen sie, es sei nicht recht, sich selbst zu töten, o Sokrates? Denn ich habe dies auch schon, wonach du eben fragtest, vom Philolaos gehört, als er sich bei uns aufhielt, und auch schon von andern, daß man dies nicht tun dürfe. Genaues aber habe ich von keinem jemals etwas darüber gehört. – So mußt du dich noch weiter bemühen, sagte er, du kannst es ja wohl noch hören. Vielleicht aber kommt es dir auch wunderbar vor, daß dies allein unter allen Dingen schlechthin so sein soll, und auf keine Weise, wie doch sonst überall, bisweilen und einigen besser zu sterben als zu leben. Und denen nun besser wäre zu sterben, wird dir wunderbar vorkommen, daß es diesen Menschen nicht erlaubt sein solle, sich selbst wohlzutun, sondern sie einen andern Wohltäter erwarten sollen. – Da sagte Kebes etwas lächelnd und in seiner Mundart: Das mag Gott wissen. – Es kann freilich so scheinen, unvernünftig zu sein, sprach Sokrates, aber es hat doch auch wieder einigen Grund. Denn was darüber in den Geheimnissen gesagt wird, daß wir Menschen wie auf einer Wache sind und man sich aus dieser nicht selbst ablösen oder entweichen dürfe, das erscheint mir doch als eine gewichtige Rede und gar nicht leicht durchzusehn. Wie denn auch dieses, o Kebes, mir ganz richtig gesprochen scheint, daß die Götter unsere Hüter und wir Menschen eine von den Herden der Götter sind. Oder dünkt es dich nicht so? – Allerdings wohl, sagte Kebes. – Also auch du würdest gewiß, wenn ein Stück aus deiner Herde sich selbst tötete, ohne daß du angedeutet hättest, daß du wolltest es solle sterben, diesem zürnen und, wenn du noch eine Strafe wüßtest, es bestrafen? – Ganz gewiß, sagte er. – Auf diese Weise nun wäre es also wohl nicht unvernünftig, daß man nicht eher sich selbst töten dürfe, bis der Gott irgendeine Notwendigkeit dazu verfügt hat, wie die jetzt uns gewordene? – Dieses freilich, sagte Kebes, scheint ganz billig. Was du jedoch vorher sagtest, daß jeder Philosoph gern werde sterben wollen, dieses, o Sokrates, kommt dann ungereimt heraus; wenn doch, was wir eben sagten, sich richtig so verhält, daß Gott es ist, der unser hütet, und wir zu seiner Herde gehören. Denn daß nicht die Vernünftigsten gerade am unwilligsten aus dieser Pflege sich entfernen sollten, wo diejenigen für sie sorgen, welche die besten Versorger sind für alles, was ist, die Götter, das ist gar nicht zu denken. Denn sie können ja nicht glauben, daß sie sich selbst besser hüten werden, wenn sie frei geworden sind; sondern nur ein unvernünftiger Mensch könnte das vielleicht glauben, daß es gut wäre, von seinem Herrn zu fliehen, und könnte nicht bedenken, daß man ja von dem Guten nicht fliehen muß, sondern sich soviel als möglich daran halten, und daß er also unvernünftigerweise fliehen würde; der Vernünftige aber würde immer streben, bei dem zu sein, der besser wäre als er. Und so käme ja wohl, o Sokrates, das Gegenteil von dem heraus, was eben gesagt ward, den Vernünftigen nämlich ziemte es, ungern zu sterben, und nur den Unvernünftigen gern. – Als dies Sokrates ausgehört hatte, schien er mir seine Freude zu haben an des Kebes Eifer in der Sache, und indem er uns ansah, sagte er: Immer spürt doch Kebes irgend Gründe aus und will sich gar nicht leicht überreden lassen von dem, was einer behauptet. – Darauf sagte Simmias: Aber jetzt, o Sokrates, scheint auch mir etwas an dem zu sein, was Kebes vorbringt. Denn weshalb doch sollten wohl wahrhaft weise Männer von besseren Herren, als sie selbst sind, fliehen und ihrer gern loswerden? Und zwar scheint mir Kebes mit seiner Rede auf dich zu zielen, daß du es so leicht erträgst, uns zu verlassen, und auch jene guten Herrscher, wie du selbst gestehst, die Götter. – Ihr habt recht, sprach er. Ich denke nämlich, ihr meint, ich solle mich hierüber verteidigen wie vor Gericht. – Allerdings, sagte Simmias. – Wohlan denn, sprach er, laßt mich versuchen, ob ich mich mit besserem Erfolg vor euch verteidigen kann als vor den Richtern. Nämlich, sprach er, o Simmias und Kebes, wenn ich nicht glaubte, zuerst zu andern Göttern zu kommen, die auch weise und gut sind, und dann auch zu verstorbenen Menschen, welche besser sind als die hiesigen, so täte ich vielleicht unrecht, nicht unwillig zu sein über den Tod. Nun aber wisset nur, daß ich zu wackeren Männern hoffe zu kommen; und wenn ich auch das nicht so ganz sicher behaupten wollte, doch daß ich zu Göttern komme, die ganz treffliche Herren sind, wisset nur, wenn irgend etwas von dieser Art, will ich dieses gewiß behaupten. So daß ich eben deshalb nicht so unwillig bin. sondern der frohen Hoffnung, daß es etwas gibt für die Verstorbenen und, wie man ja schon immer gesagt hat, etwas weit Besseres für die Guten als für die Schlechten. – Wie nun, sagte Simmias, gedenkst du diese Meinung für dich zu behalten und so von uns zu gehn, oder möchtest du uns auch davon mitteilen? Mich wenigstens dünkt, dies müsse ein gemeinsames Gut sein auch für uns; und zugleich wird ja eben das deine Verteidigung sein, wenn du uns von dem, was du sagst, überzeugst. – So will ich es denn versuchen, sprach er. Zuvor aber laßt uns doch von unserm Kriton hören, was es doch ist, was er mir schon lange sagen will? – Was sonst, o Sokrates, sprach Kriton, als daß der, welcher dir den Trank bereiten soll, mir schon lange zuredet, man müsse dir andeuten, doch ja so wenig als möglich zu sprechen. Denn er sagt, durch das Reden erhitze man sich, und das vertrage sich nicht mit dem Trank; wenn aber doch, so hätten die bisweilen zwei-, auch dreimal trinken gemußt, die dergleichen getan. – Darauf sagte Sokrates: Ach, laß ihn laufen! Mag er nur das Seinige tun und sich anschicken, mir auch zweimal zu geben, und wenn es nötig wäre auch dreimal. – Das wußte ich wohl fast vorher, sagte Kriton; aber er ließ mir schon lange keine Ruhe. – Laß ihn, sprach er.

Euch Richtern aber will ich nun Rede darüber stehen, daß ich mit Grunde der Meinung bin, ein Mann, welcher wahrhaft philosophisch sein Leben vollbracht, müßte getrost sein, wenn er im Begriff ist, zu sterben, und der frohen Hoffnung, daß er dort Gutes in vollem Maß erlangen werde, wann er gestorben ist. Wie das nun so sein möge, o Simmias und Kebes, das will ich versuchen euch deutlich zu machen. Nämlich diejenigen, die sich auf rechte Art mit der Philosophie befassen, mögen wohl, ohne daß es freilich die andern merken, nach gar nichts anderm streben, als nur zu sterben und tot zu sein. Ist nun dieses wahr, so wäre es ja wohl wunderlich, wenn sie ihr ganzes Leben hindurch zwar sich um nichts anders bemühten als um dieses, wenn es nun aber selbst käme, hernach wollten unwillig sein über das, wonach sie lange gestrebt und sich bemüht haben. – Da lachte Kebes und sagte: Beim Zeus, Sokrates, wiewohl ich jetzt eben nicht im mindesten lachlustig bin, hast du mich doch zu lachen gemacht. Ich denke nämlich, wenn die Leute so dies hörten, würden sie glauben, dies sei ganz vortrefflich gesagt gegen die Philosophen, und würden gewiß gewaltig beistimmen, die bei uns nun gar: es sei so, die Philosophen sehnten sich wirklich zu sterben, und sie ihrerseits wüßten auch, daß sie wohl verdienten dies zu erlangen. – Da würden sie auch ganz wahr sprechen, o Simmias, das eine ausgenommen, daß sie das recht gut wüßten. Denn weder wissen sie, wie die wahrhaften Philosophen den Tod wünschen, noch wie sie ihn verdienen und was für einen Tod. Laßt uns nun, sprach er, jenen den Abschied geben, zu uns selbst aber sagen, ob wir wohl glauben, daß der Tod etwas sei? – Allerdings, fiel Simmias ein. – Und wohl etwas anderes als die Trennung der Seele von dem Leibe? Und daß das heiße tot sein, wenn abgesondert von der Seele der Leib für sich allein ist, und auch die Seele abgesondert von dem Leibe für sich allein ist. Oder sollte wohl der Tod etwas anderes sein als dieses? – Nein, sondern eben dieses. – So bedenke denn, Guter, ob auch dich dasselbe bedünkt wie mich; denn hieraus, glaube ich, werden wir das besser erkennen, wonach wir fragen. Scheint dir, daß es sich für einen philosophischen Mann gehöre, sich Mühe zu geben um die sogenannten

Lüste, wie um die am Essen und Trinken? – Nichts weniger wohl, o Sokrates, sprach Simmias. – Oder um die aus dem Geschlechtstriebe? – Keineswegs. – Und die übrige Besorgung des Leibes, glaubst du, daß ein solcher sie groß achte? wie schöne Kleider und Schuhe und andere Arten von Schmuck des Leibes zu haben, glaubst du, daß er es achte oder verachte, mehr als höchst nötig ist sich hierum zu kümmern? – Verachten, dünkt mich wenigstens, wird es der wahrhafte Philosoph. – Dünkt dich also nicht überhaupt eines solchen ganze Beschäftigung nicht um den Leib zu sein, sondern soviel nur möglich von ihm abgekehrt und der Seele zugewendet? – Das dünkt mich. – Also hierin zuerst zeigt sich der Philosoph als ablösend seine Seele von der Gemeinschaft mit dem Leibe vor den übrigen Menschen allen. – Offenbar. – Und die meisten Menschen meinen doch, o Simmias, wem dergleichen nicht süß ist, und wer daran keinen Teil hat, dem lohne es nicht, zu leben, sondern ganz nahe sei der am Totsein, der sich um die angenehmen Empfindungen nicht bekümmere, welche durch den Leib kommen. – Du sprichst vollkommen recht. – Wie aber nun mit dem Erwerb der richtigen Einsicht selbst, ist dabei der Leib im Wege oder nicht, wenn ihn jemand bei dem Streben danach zum Gefährten mit aufnimmt? Ich meine so, gewähren wohl Gesicht und Gehör den Menschen einige Wahrheit? Oder singen uns selbst die Dichter das immer vor, daß wir nichts genau hören noch sehen? Und doch, wenn unter den Wahrnehmungen, die dem Leibe angehören, diese nicht genau sind und sicher: dann die andern wohl gar nicht; denn alle sind ja wohl schlechter als diese; oder dünken sie dich das nicht? – Freilich, sagte er. – Wann also trifft die Seele die Wahrheit? Denn wenn sie mit dem Leibe versucht etwas zu betrachten, dann offenbar wird sie von diesem betrogen. – Richtig. – Wird also nicht in dem Denken, wenn irgendwo, ihr etwas von dem Seienden offenbar? – Ja. – Und sie denkt offenbar am besten, wenn nichts von diesem sie trübt, weder Gehör noch Gesicht noch Schmerz und Lust, sondern sie am meisten ganz für sich ist, den Leib gehnläßt und soviel irgend möglich ohne Gemeinschaft und Verkehr mit ihm dem Seienden nachgeht. – So ist es.– Also auch dabei verachtet des Philosophen Seele am meisten den Leib, flieht von ihm und sucht für sich allein zu sein? – So scheint es. – Wie nun hiemit, o Simmias? Sagen wir, daß das Gerechte etwas sei oder nichts? – Wir behaupten es ja freilich, beim Zeus. – Und nicht auch das Schöne und Gute? – Wie sollte es nicht? – Hast du nun wohl schon jemals hievon das mindeste mit Augen gesehen? – Keineswegs, sprach er. – Oder mit sonst einer Wahrnehmung, die vermittelst des Leibes erfolgt, es getroffen? Ich meine aber alles dieses, Größe, Gesundheit, Stärke, und mit einem Worte von allem insgesamt das Wesen, was jegliches wirklich ist; wird etwa vermittelst des Leibes hiervon das eigentlich Wahre geschaut, oder verhält es sich so, wer von uns am meisten und genauesten es darauf anlegt, jegliches selbst unmittelbar zu denken, was er untersucht, der kommt auch am nächsten daran, jegliches zu erkennen? – Allerdings. – Und der kann doch jenes am reinsten ausrichten, der am meisten mit dem Gedanken allein zu jedem geht, ohne weder das Gesicht mit anzuwenden beim Denken, noch irgendeinen anderen Sinn mit zuzuziehen bei seinem Nachdenken, sondern sich des reinen Gedankens allein bedienend, auch jegliches rein für sich zu fassen trachtet, soviel möglich geschieden von Augen und Ohren und, um es kurz zu sagen, von dem ganzen Leibe, der nur verwirrt und die Seele nicht läßt Wahrheit und Einsicht erlangen, wenn er mit dabei ist. Ist es nicht ein solcher, o Simmias, der, wenn irgendeiner, das Wahre treffen wird? – Über die Maßen hast du recht, o Sokrates, sprach Simmias. – Ist es nun nicht natürlich, daß durch dieses alles eine solche Meinung bei den wahrhaft Philosophierenden aufkommt, so daß sie auch dergleichen unter sich reden. Es wird uns ja wohl gleichsam ein Fussteig heraustragen mit der Vernunft in der Untersuchung, weil, solange wir noch den Leib haben und unsere Seele mit diesem Übel im Gemenge ist, wir nie befriedigend erreichen können, wonach uns verlangt; und dieses, sagen wir doch, sei das Wahre. Denn der Leib macht uns tausenderlei zu schaffen wegen der notwendigen Nahrung, dann auch, wenn uns Krankheiten zustoßen, verhindern uns diese, das Wahre zu erjagen, und auch mit Gelüsten und Begierden, Furcht und mancherlei Schattenbildern und vielen Kindereien erfüllt er uns; so daß recht in Wahrheit, wie man auch zu sagen pflegt, wir um seinetwillen nicht einmal dazu kommen, auch nur irgend etwas richtig einzusehen. Denn auch Kriege und Unruhen und Schlachten erregt uns nichts anders als der Leib und seine Begierden. Denn über den Besitz von Geld und Gut entstehen alle Kriege, und dieses müssen wir haben des Leibes wegen, weil wir seiner Pflege dienstbar sind, und daher fehlt es uns an Muße, der Weisheit nachzutrachten um aller dieser Dinge willen und wegen alles dessen. Und endlich noch, wenn es uns auch einmal Muße läßt und wir uns anschicken, etwas zu untersuchen, so fällt er uns wieder bei den Untersuchungen selbst beschwerlich, macht uns Unruhe und Störung und verwirrt uns, daß wir seinetwegen nicht das Wahre sehen können. Sondern es ist uns wirklich ganz klar, daß, wenn wir je etwas rein erkennen wollen, wir uns von ihm losmachen und mit der Seele selbst die Dinge selbst schauen müssen. Und dann erst offenbar werden wir haben, was wir begehren, wessen Liebhaber wir zu sein behaupten, die Weisheit, wenn wir tot sein werden, wie die Rede uns andeutet, solange wir leben aber nicht. Denn wenn es nicht möglich ist, mit dem Leibe irgend etwas rein zu erkennen, so können wir nur eines von beiden, entweder niemals zum Verständnis gelangen oder nach dem Tode. Denn alsdann wird die Seele für sich allein sein, abgesondert vom Leibe, vorher aber nicht. Und solange wir leben, werden wir, wie sich zeigt, nur dann dem Erkennen am nächsten sein, wenn wir soviel möglich nichts mit dem Leibe zu schaffen, noch gemein haben, was nicht höchst nötig ist, und wenn wir mit seiner Natur uns nicht anfüllen, sondern uns von ihm rein halten, bis der Gott selbst uns befreit. Und so rein der Torheit des Leibes entledigt, werden wir wahrscheinlich mit ebensolchen zusammen sein und durch uns selbst alles Ungetrübte erkennen, und dies ist eben wohl das Wahre. Dem Nichtreinen aber mag Reines zu berühren wohl nicht vergönnt sein. Dergleichen meine ich, o Simmias, werden notwendig alle wahrhaft Wißbegierigen denken und untereinander reden. Oder dünkt dich nicht so? – Auf alle Weise, o Sokrates. – Wenn nun, sprach Sokrates, dieses wahr ist, o Freund, so ist ja große Hoffnung, daß, wenn ich dort angekommen bin, wohin ich jetzt gehe, ich dort, wenn irgendwo, zur Genüge dasjenige erlangen werde, worauf alle unsere Bemühungen in dem vergangenen Leben gezielt haben; so daß die mir jetzt aufgetragene Wanderung mit guter Hoffnung anzutreten ist, auch für jeden andern, der nur glauben kann, dafür gesorgt zu haben, daß seine Seele rein ist. – Allerdings, sprach Simmias. – Und wird nicht das eben die Reinigung sein, was schon immer in unserer Rede vorgekommen ist, daß man die Seele möglichst vom Leibe absondere und sie gewöhne, sich von allen Seiten her aus dem Leibe für sich zu sammeln und zusammenzuziehen, und soviel als möglich, sowohl gegenwärtig, als hernach, für sich allein zu bestehen, befreit wie von Banden, von dem Leibe? – Allerdings, sagte er. – Heißt aber dies nicht Tod, Erlösung und Absonderung der Seele von dem Leibe? – Allerdings, sagte jener. – Und sie zu lösen streben immer am meisten, sagte er, nur allein die wahrhaft Philosophierenden; und eben dies also ist das Geschäft der Philosophen, Befreiung und Absonderung der Seele von dem Leibe; oder nicht? – Offenbar. – Also wäre es ja, wie ich anfänglich sagte, lächerlich, wenn ein Mann, der sich in seinem ganzen Leben darauf eingerichtet hätte, so nahe als möglich an dem Gestorbensein zu leben, hernach, wenn eben dieses kommt, sich ungebärdig stellen wollte? Wäre das nicht lächerlich? – Wie sollte es nicht? – In der Tat also, o Simmias, trachten die richtig Philosophierenden danach, zu sterben, und der Tod ist ihnen unter allen Menschen am wenigsten furchtbar. Erwäge es nur so. Wenn sie auf alle Weise mit dem Leibe entzweit sind und begehren, die Seele für sich allein zu haben, geschieht dieses aber, dann sich fürchten und unwillig sein wollten: wäre das nicht die größte Torheit, wenn die dann nicht mit Freuden dahingehn wollten, wo sie Hoffnung haben, dasjenige zu erlangen, was sie im Leben liebten; sie liebten aber die Weisheit, und des Zusammenseins mit demjenigen entledigt zu werden, was ihnen zuwider war? Oder sollten nur viele, denen menschliche Geliebte und Weiber und Kinder gestorben sind, freiwillig haben in die Unterwelt gehen gewollt, von dieser Hoffnung getrieben, daß sie dort die wiedersehn würden, nach denen sie sich sehnten, und mit ihnen umgehn; wer aber die Weisheit wahrhaft liebt und eben diese Hoffnung kräftig aufgefaßt hat, daß er sie nirgend anders nach Wunsch erreichen werde als in der Unterwelt, den sollte es verdrießen, zu sterben, und er sollte nicht freudig dorthin gehn? Das muß man ja wohl glauben, Freund, wenn er nur wahrhaft ein Weisheitsliebender ist. Denn gar stark wird ein solcher dieses glauben, daß er nirgend anders die Wahrheit rein antreffen werde, als nur dort. Wenn sich aber dies so verhält, wie ich eben sagte, wäre es nicht große Unvernunft, wenn ein solcher den Tod fürchtete? – Gar große, beim Zeus, sagte jener. – Also, sagte er, ist dir auch das wohl ein hinlänglicher Beweis von einem Manne, wenn du ihn unwillig siehst, indem er sterben soll, daß er nicht die Weisheit liebte, sondern den Leib irgendwie; denn wer den liebt, derselbe ist auch geldsüchtig und ehrsüchtig, entweder eines von beiden oder beides. – Vollkommen verhält es sich so, wie du sagst. – Wird nun nicht auch, o Simmias, sagte er, was man Tapferkeit nennt, den so Gesinnten vorzüglich zukommen? – Ganz gewiß wohl, antwortete er. – Nicht auch die Besonnenheit, was auch alle Leute Besonnenheit nennen, sich von Begierden nicht fortreißen lassen, sondern sich gleichgültig gegen sie verhalten und sittsam, kommt nicht auch sie denen allein zu, welche den Leib am meisten geringschätzen und in der Liebe zur Weisheit leben? – Notwendig, sagte er. – Denn, fügte jener hinzu, wenn du nur recht betrachten willst die Tapferkeit und Besonnenheit der andern, so wird sie dir ganz wunderlich vorkommen. – Wie das, o Sokrates? – Du weißt doch, sagte er, daß den Tod die andern alle unter die großen Übel rechnen. – Allerdings. – Ist es also nicht aus Furcht vor noch größeren Übeln, daß die Tapfern unter ihnen den Tod erdulden, wenn sie ihn erdulden? – So ist es. – Also weil sie sich fürchten, und aus Furcht sind alle tapfer, bis auf die, welche die Weisheit lieben. Wiewohl das doch ungereimt ist, daß einer aus Furcht und Feigheit tapfer sein soll. – Freilich wohl. – Und wie die Sittsamen unter ihnen? Hat es mit denen nicht dieselbe Bewandtnis? Aus irgendeiner Zügellosigkeit sind sie besonnen, wiewohl wir freilich sagen, dies sei unmöglich, aber doch geht es ihnen wirklich ganz ähnlich bei dieser einfältigen Besonnenheit. Denn aus Besorgnis, einiger Lust beraubt zu werden, und weil sie diese begehren, enthalten sie sich der einen, weil von anderen beherrscht, und wiewohl man das Zügellosigkeit nennt, von Lüsten beherrscht werden, begegnet ihnen doch, daß sie, von Lüsten beherrscht, andere Lüste beherrschen, und dies ist doch dem ganz ähnlich, was eben gesagt wurde, auf gewisse Weise aus Zügellosigkeit besonnen geworden zu sein. – Das leuchtet ein. – O bester Simmias, daß uns also nur nicht dies gar nicht der rechte Tausch ist, um Tugend zu erhalten, Lust gegen Lust und Unlust gegen Unlust und Furcht gegen Furcht austauschen und Größeres gegen Kleineres, wie Münze; sondern jenes die einzige rechte Münze, gegen die man alles dieses vertauschen muß, die Vernünftigkeit, und nur alles, was mit dieser und für diese verkauft ist und eingekauft, in Wahrheit allein Tapferkeit ist und Besonnenheit und Gerechtigkeit, und überhaupt wahre Tugend nun mit Vernünftigkeit ist, mag nun Lust und Furcht und alles übrige der Art dabei sein oder nicht dabei sein; werden aber diese, abgesondert von der Vernünftigkeit, gegeneinander umgetauscht, ist eine solche Tugend dann immer nur ein Schattenbild und in der Tat knechtisch, die nichts Gesundes und Wahres an sich hat, das Wahre ist aber gerade Reinigung von dergleichen allem, und Besonnenheit und Gerechtigkeit und Tapferkeit und die Vernünftigkeit selbst sind Reinigungen. Und so mögen auch diejenigen, welche uns die Weihen angeordnet haben, gar nicht schlechte Leute sein, sondern schon seit langer Zeit uns andeuten, wenn einer ungeweiht und ungeheiligt in der Unterwelt anlangt, daß der in den Schlamm zu liegen kommt, der Gereinigte aber und Geweihte, wenn er dort angelangt ist, bei den Göttern wohnt. Denn, sagen die, welche mit den Weihen zu tun haben, Thyrsosträger sind viele, doch echte Begeisterte wenig. Diese aber sind, nach meiner Meinung, keine anderen, als die sich auf rechte Weise der Weisheit beflissen haben, deren einer auch ich, nach Vermögen, im Leben nicht versäumt, sondern mich auf alle Weise bemüht habe zu werden. Ob ich mich aber auf die rechte Weise bemüht und etwas vor mich gebracht, das werden wir, dort angekommen, sicher erfahren, wenn Gott will, binnen kurzem, wie mich dünkt. Dieses nun, sprach er, o Simmias und Kebes, ist meine Verteidigung darüber, daß euch zu verlassen und die hiesigen Gebieter mir mit Recht nicht schwer fällt noch mich verdrießt, weil ich dafür halte, auch dort nicht minder vortreffliche Ge-bieter und Freunde anzutreffen als hier; den meisten aber ist dies unglaublich. Bin ich also für euch überzeugender gewesen in meiner Verteidigung als für die athenischen Richter, so ist es gut.

Als Sokrates dieses geredet, fiel Kebes ein und sprach: O Sokrates, das andere dünkt mich alles gar schön gesagt, nur das von wegen der Seele findet großen Unglauben bei den Menschen, ob sie nicht, wenn sie vom Leibe getrennt ist, nirgend mehr ist, sondern an jenem Tage umkommt und untergeht, an welchem der Mensch stirbt, und sobald sie von dem Leibe sich trennt und ausfährt wie ein Hauch oder Rauch, auch zerstoben ist und verflogen und nirgend nichts mehr ist. Denn wäre sie noch wo für sich bestehend und zusammenhaltend, wenn erlöst von diesen Übeln, die du eben beschrieben hast, so wäre ja große und schöne Hoffnung, o Sokrates, daß alles wahr sei, was du sagst. Aber dies bedarf vielleicht nicht geringer Überredungsgründe und Beweise, daß die Seele noch ist nach dem Tode des Menschen und noch irgend Kraft und Einsicht hat. – Du sprichst ganz wahr, sagte Sokrates, o Kebes; aber was sollen wir machen? Sollen wir eben das miteinander durchsprechen, ob es wahrscheinlich ist, daß es sich so verhalte oder ob nicht? – Ich mindestens, sagte Kebes, möchte gern hören, was für eine Meinung du hierüber hast. – Wenigstens glaube ich nicht, sprach Sokrates, daß irgendeiner, der es hört, und wäre es auch ein Komödienschreiber, sagen dürfte, daß ich leeres Geschwätz treibe und Reden führe über ungehörige Dinge. Dünkt es euch nun und sollen wir die Sache in Erwägung ziehn, so laßt uns so betrachten, ob die Seelen, nachdem die Menschen gestorben, in der Unterwelt sind, oder ob nicht. Eine alte Rede gibt es nun freilich, deren wir erwähnt haben, daß, wie sie von hier dorthin gekommen sind, sie auch wieder hieher zurückkehren und wieder geboren werden aus den Toten. Und wenn sich dies so verhält, daß die Lebenden wieder geboren werden aus den Gestorbenen, so sind ja wohl unsere Seelen dort? denn sie könnten nicht wieder geboren werden, wenn sie nicht wären. Und ein hinreichender Beweis wäre dies, daß es so ist, wenn wirklich offenbar würde, daß die Lebenden nirgend anders herkämen als von den Toten. Wenn dies aber nicht so ist, dann bedürften wir eines andern Grundes. – Gewiß, sagte Kebes. – Betrachte es nur nicht allein an Menschen, fuhr jener fort, wenn du es eher innewerden willst, sondern auch an den Tieren insgesamt und den Pflanzen, und überhaupt an allem was eine Entstehung hat, laß uns zusehen, ob etwa alles so entsteht, nirgend andersher, als jedes aus seinem Gegenteil, was nur ein solches hat, wie doch das Schöne von dem Häßlichen das Gegenteil ist und das Gerechte von dem Ungerechten, und ebenso tausend anderes sich verhält. Dieses also laß uns sehen, ob nicht notwendig, was nur ein Entgegengesetztes hat, nirgend andersher selbst entsteht, als aus diesem ihm Entgegengesetzten. So wie wenn etwas größer wird, muß es doch notwendig aus irgend vorher kleiner Gewesenem hernach größer werden? – Ja. – Nicht auch wenn es kleiner wird, wird es aus vorher Größerem hernach kleiner? – So ist es, sagte er. – Und ebenso aus Stärkerem das Schwächere und aus Langsamerem das Schnellere? – Gewiß. – Und wie? wenn etwas schlechter wird, nicht aus Besserem? und wenn gerechter, nicht aus Ungerechterem? – Wie sonst? – Dies also, sprach er, haben wir sicher genug, daß alle Dinge so entstehen, das Entgegengesetzte aus dem Entgegengesetzten. – Freilich. – Und wie? gibt es nicht auch so etwas dabei, wie zwischen jeglichem Entgegengesetzten, was doch immer zwei sind, auch ein zwiefaches Werden von dem einen zu dem andern und von diesem wieder zu jenem zurück? wie zwischen dem Größeren und Kleineren ist Wachstum und Abnahme, und so nennen wir auch das eine wachsen, das andere abnehmen. – Ja, sagte er. – Nicht auch aussondern und vermischen, abkühlen und erwärmen, und so alles, wenn wir auch bisweilen die Worte dazu nicht haben, muß sich doch der Sache nach überall so verhalten, daß eines aus dem andern entsteht, und daß es ein Werden von jedem zu dem andern gibt. – Gewiß. – Wie nun, fuhr er fort, ist dem Leben auch etwas entgegengesetzt, wie dem Wachen das

Schlafen? – Gewiß, sagte er. – Und was? – Das Totsein, sagte er. – Also entstehen diese auch aus einander, wenn sie entgegengesetzt sind, und es gibt zwischen ihnen zweien ein zwiefaches Werden? – Wie sollte es nicht? – Die Verknüpfungen nun des einen Paars von den ebengenannten Dingen will ich dir aufzeigen, sprach Sokrates, und das dazu gehörige Werden, du aber mir die andern. Ich sage nämlich, das eine sei Schlafen und das andere Wachen, und aus dem Schlafen werde das Wachen und aus dem Wachen das Schlafen, und dies Werden beider sei das Einschlafen und das Aufwachen; habe ich es dir hinlänglich erklärt oder nicht? – Vollkommen. – Sage du mir also nun ebenso von Leben und Tod. Sagst du nicht, dem Leben sei das Totsein entgegengesetzt? – Das sage ich. – Und daß beides aus einander entstehe? – Ja. – Aus dem Lebenden also, was entsteht? – Das Tote, sprach er. – Und was aus dem Toten? – Notwendig, sprach er, muß man eingestehn, das Lebende. – Aus dem Gestorbenen also, o Kebes, entsteht das Lebende und die Lebenden? – So zeigt es sich, sprach er. – Also sind, sprach er, unsere Seelen in der Unterwelt. – So scheint es. – Und nicht wahr, auch von dem Werden, was hiezu gehört, ist das eine deutlich genug? Denn sterben ist doch deutlich genug, oder nicht? – Freilich, sagte er. – Was wollen wir aber nun machen? sprach er. Wollen wir nicht auch das entgegengesetzte Werden hinzunehmen, sondern soll die Natur von dieser Seite lahm sein? oder müssen wir nicht notwendig auch ein dem Sterben entgegengesetztes Werden annehmen? – Auf alle Weise, sagte er. – Und was für eines? – Das Aufleben. – Also, sprach er, wenn es ein Aufleben gibt, so wäre eben dieses das Werden der Lebenden aus den Toten, das Aufleben? – Freilich. – Also auch auf diese Weise kommt es uns heraus, daß die Lebenden aus den Toten entstanden sind, nicht weniger als die Toten aus den Lebenden. Ist dies nun so, so schien es uns ja ein hinreichender Beweis, daß die Seelen der Verstorbenen wo sein müssen, woher sie wieder lebend werden. – Mich dünkt, o Sokrates, dem Eingestandenen gemäß müsse es sich so verhalten. – Siehe nun auch, o Kebes, sprach er, daß wir nichts mit Unrecht eingestanden haben, wie mich dünkt. Denn wenn nicht dem auf die eine Art Gewordenen immer das auf die andere entspräche und das Werden wie im Kreise herumginge, sondern es ein geradefortschreitendes Werden gäbe nur aus dem einen in das Gegenüberstehende, ohne daß dies sich wieder wendete und zum andern zurückkäme: so siehst du wohl, daß am Ende alles einerlei Gestalt haben und in einerlei Zustand sich befinden und aufhören würde zu werden. – Wie meinst du das? fragte er. – Es ist gar nicht schwer, sagte er, zu begreifen, was ich meine; sondern wie wenn das Einschlafen zwar wäre, ein Aufwachen aber entspräche ihm nicht, das aus dem Schlafenden würde, so, weißt du wohl, würde am Ende alles beweisen, Endymion sei nur eine Posse und nirgend anzutreffen, weil es auch allem andern ebenso erginge wie ihm, daß es schliefe; und wie wenn alles immer vermischt würde und nicht gesondert, bald jenes Anaxagoreische sich einstellen würde »Alle Dinge zumal«: würde nicht ebenso auch, lieber Kebes, wenn alles zwar stürbe, was am Leben Anteil hat, nachdem es aber gestorben wäre, das Tote immer in dieser Gestalt bliebe und nicht wieder auflebte, ganz notwendig zuletzt alles tot sein und nichts leben? Denn wenn zwar aus dem andern das Lebende würde, das Lebende aber stürbe, wie wäre denn zu helfen, daß nicht zuletzt alles im Totsein aufginge? – Gar nicht, denke ich, o Sokrates, sagte Kebes, sondern du scheinst mir durchaus richtig zu reden. – Es ist auch, o Kebes, sagte er, wie mich dünkt, auf alle Weise so, und nicht etwa überlistet gestehen wir dieses ein, sondern es gibt in der Tat ein Wiederaufleben und ein Werden der Lebenden aus den Toten und ein Sein der Seelen der Gestorbenen, und zwar für die Guten ein Bessersein, für die Schlechten aber ein Schlechteres. – Und eben das auch, sprach Kebes einfallend, nach jenem Satz, o Sokrates, wenn er richtig ist, den du oft vorzutragen pflegtest, daß unser Lernen nichts anders ist als Wiedererinnerung, und daß wir deshalb notwendig in einer früheren Zeit gelernt haben müßten, wessen wir uns wiedererinnern, und daß dies unmöglich wäre, wenn unsere Seele nicht schon war, ehe sie in diese menschliche Gestalt kam; so daß auch hiernach die Seele etwas Unsterbliches sein muß. – Aber, o Kebes, sprach Simmias einfallend, was gibt es hievon für Beweise? erinnere mich daran, denn in diesem Augenblick besinne ich mich nicht recht darauf. – Nur an den einen schönsten, sagte Kebes, daß, wenn die Menschen gefragt werden und einer sie nur recht zu fragen versteht, sie alles selbst sagen, wie es ist, da doch, wenn ihnen keine Erkenntnis einwohnte und richtige Einsicht, sie nicht imstande sein würden, dieses zu tun. Und wenn man sie zu den meßkünstlerischen Figuren führt oder etwas ähnlichem, so zeigt sich dabei am deutlichsten, daß sich dies so verhält. – Wenn du es aber so nicht glaubst, o Simmias, sagte Sokrates, so sieh zu, ob du uns, wenn du es etwa folgendermaßen betrachtest, beifallen wirst. Du zweifelst nämlich, wie doch das sogenannte Lernen könne Erinnerung sein? – Ich zweifle zwar, sprach Simmias, gerade nicht; nur eben dessen, wovon die Rede ist, bedarf ich erinnert zu werden; und fast schon aus dem, was mir Kebes versucht hat zu sagen, habe ich mich besonnen und glaube es. Nichtsdestoweniger aber würde ich jetzt gern hören, wie du es vorgetragen hast. – So ich, sprach er. Wir gestehen doch wohl, daß, wenn sich einer etwas erinnern soll, er dies vorher schon wissen muß. – Gewiß wohl.– Gestehen wir etwa auch dieses, daß, wenn einem Erkenntnis auf folgende Weise kommt, dies Erinnerung sei? ich meine aber diese Art, wenn jemand irgend etwas sieht oder hört oder anderswie wahrnimmt und er dann nicht nur jenes erkennt, sondern dabei noch ein anderes vorstellt, dessen Erkenntnis nicht dieselbe ist, sondern eine andere, ob wir dann nicht mit Recht sagen, daß er sich dessen nicht erinnere, wovon er so eine Vorstellung bekommen hat? – Wie meinst du das? – So wie dergleichen. Eine ganz andere Vorstellung ist doch die von einem Menschen und die von einer Leier? – Wie sollte sie nicht? Du weißt aber doch, daß Liebhabern, wenn sie eine Leier sehen oder ein Kleid oder sonst etwas, was ihr Liebling zu gebrauchen pflegt, es so ergeht: sie erkennen die Leier, und in ihrer Seele nehmen sie zugleich auf das Bild des Knaben, dem die Leier gehört, und das ist nun Erinnerung, so wie auch einer, wenn er den Simmias sieht, wohl leicht an den Kebes denkt und tausenderlei dergleichen. – Tausenderlei, beim Zeus, sagte Simmias. – Und nicht wahr, sprach er, dergleichen ist nun Erinnerung, vorzüglich wenn es einem bei solchen Dingen begegnet, die ihm, weil sie ihm seit langer Zeit schon nicht vorgekommen und er nicht an sie gedacht, in Vergessenheit geraten waren. – Allerdings, sagte er. – Wie nun, kann man sich auch wohl, wenn man ein gemaltes Pferd sieht oder eine gemalte Leier, eines Menschen dabei erinnern? und wenn man den Simmias gemalt sieht, sich des Kebes dabei erinnern? – Auch das freilich. – Auch wenn man den Simmias gemalt sieht, sich des Simmias selbst erinnern. – Das kann man freilich, sagte er. – Und nicht wahr, in allen diesen Fällen entsteht uns Erinnerung, das eine Mal aus ähnlichen Dingen, das andere Mal aus unähnlichen. – So entsteht sie. – Aber wenn nun einer bei ähnlichen Dingen sich etwas erinnert, muß ihm nicht auch das noch dazu begegnen, daß er inne wird, ob diese etwas zurückbleiben in der Ähnlichkeit oder nicht, hinter dem, dessen er sich erinnert? – Notwendig, sagte er. – Wohlan denn, sprach jener, sieh zu, ob sich dies so verhält. Wir nennen doch etwas gleich? ich meine nicht ein Holz dem andern oder einen Stein dem andern noch irgend etwas dergleichen, sondern außer diesem allen etwas anderes, das Gleiche selbst, sagen wir, daß das etwas ist oder nichts? – Etwas, beim Zeus, sprach Simmias, ganz stark. – Erkennen wir auch dieses, was es ist? – Allerdings, sprach er. – Woher nahmen wir aber seine Erkenntnis? Nicht aus dem, was wir eben sagten, wenn wir Hölzer oder Steine oder irgend andere gleiche Dinge sahen, haben wir nicht bei diesen uns jenes vorgestellt, was doch verschieden ist von diesen? Oder scheint es dir nicht verschieden zu sein? Bedenke es nur auch so. Erscheinen dir nicht gleiche Steine oder Hölzer, ganz dieselben bleibend, bisweilen als gleich und dann wieder nicht? – O ja. – Wie aber, die gleichen Dinge selbst erscheinen dir bisweilen als ungleich; etwa auch die Gleichheit als Ungleichheit? – Nimmermehr wohl, Sokrates. – Also. sprach er, sind jene gleichen Dinge und dieses Gleiche selbst nicht dasselbige. – Offenbar keineswegs, o Sokrates. – Doch aber bei jenen Gleichen, verschieden von diesem Gleichen, hast du die Erkenntnis des letzteren vorgestellt oder erhalten? – Vollkommen richtig. – Indem es jenen entweder ähnlich ist oder unähnlich? – Freilich. – Und das macht ja, sprach er. keinen Unterschied. Denn sooft du, etwas sehend, von dieser Gesichtswahrnehmung aus dir noch ein anderes vorstellst, es sei nun ähnlich oder unähnlich, so ist notwendig dieses Vorstellen eine Erinnerung gewesen. – Allerdings. – Wie aber weiter, sprach er, begegnet uns wohl so etwas bei den gleichen Hölzern und andern, von denen wir eben sprachen; scheinen sie uns ebenso gleich zu sein wie das Gleiche selbst? oder fehlt etwas daran, daß sie nicht so sind wie das Gleiche, oder nichts? – Gar viel, sprach er, fehlt daran. – Müssen wir nun nicht gestehen, wenn jemand der etwas sieht, bemerkt, dieses was ich hier sehe, will zwar sein wie etwas gewisses anderes, es bleibt aber zurück und vermag nicht so zu sein wie jenes, sondern ist schlechter, daß der, welcher dies bemerkt, notwendig jenes vorher kennen muß, dem er sagt, daß das andere zwar gleiche, aber doch dahinter zurückbleibe? – Notwendig. – Und wie? geht es uns nun so mit den gleichen Dingen und dem Gleichen selbst? – Auf alle Weise. – Notwendig also kennen wir das Gleiche schon vor jener Zeit, als wir zuerst, gleiches erblickend, bemerkten, daß alles dergleichen strebe zu sein wie das Gleiche, aber doch dahinter zurückbleibe? – So ist es. – Aber auch das geben wir doch zu, daß wir eben dieses nirgend andersher bemerkt haben, noch imstande sind zu bemerken, als bei dem Sehen oder Berühren oder irgendeiner andern Wahrnehmung, denn diese sind mir alle einerlei. – Sie sind auch einerlei, o Sokrates, für das, wohin unsere Rede will. – Aber doch an den Wahrnehmungen muß man bemerken, daß alles so in den Wahrnehmungen Vorkommende jenem nachstrebt, was das Gleiche ist, und daß es dahinter zurückbleibt. Oder wie wollen wir sagen? – So. – Ehe wir also anfingen zu sehen oder zu hören oder die anderen Sinne zu gebrauchen, mußten wir schon irgendwoher die Erkenntnis bekommen haben des eigentlich Gleichen, was es ist, wenn wir doch das Gleiche in den Wahrnehmungen so auf jenes beziehen sollten, weil dergleichen alles zwar strebt zu sein wie jenes, aber doch immer schlechter ist. – Notwendig nach dem Vorhergesagten, o Sokrates. – Nun aber haben wir doch gleich von unserer Geburt an gesehen, gehört und die anderen Sinne gebraucht? – Freilich. – Und wir mußten, sagen wir, schon ehe dieses geschah, die Erkenntnis des Gleichen bekommen haben? – Ja. – Ehe wir also geboren wurden, müssen wir sie, wie sich zeigt, bekommen haben. – So zeigt es sich. – Wenn wir sie also vor unserer Geburt empfangen haben und in ihrem Besitz geboren worden sind, so erkannten wir auch schon, ehe wir wurden und sobald wir da waren, nicht das Gleiche nur und das Größere und Kleinere, sondern alles dieser Art insgesamt. Denn es ist uns ja jetzt nicht eben mehr von dem Gleichen die sie uns ebenso gleich zu sein wie das Gleiche selbst? oder fehlt etwas daran, daß sie nicht so sind wie das Gleiche, oder nichts? – Gar viel, sprach er, fehlt daran. – Müssen wir nun nicht gestehen, wenn jemand der etwas sieht, bemerkt, dieses was ich hier sehe, will zwar sein wie etwas gewisses anderes, es bleibt aber zurück und vermag nicht so zu sein wie jenes, sondern ist schlechter, daß der, welcher dies bemerkt, notwendig jenes vorher kennen muß, dem er sagt, daß das andere zwar gleiche, aber doch dahinter zurückbleibe? – Notwendig. – Und wie? geht es uns nun so mit den gleichen Dingen und dem Gleichen selbst? – Auf alle Weise. – Notwendig also kennen wir das Gleiche schon vor jener Zeit, als wir zuerst, gleiches erblickend, bemerkten, daß alles dergleichen strebe zu sein wie das Gleiche, aber doch dahinter zurückbleibe? – So ist es. – Aber auch das geben wir doch zu, daß wir eben dieses nirgend andersher bemerkt haben, noch imstande sind zu bemerken, als bei dem Sehen oder Berühren oder irgendeiner andern Wahrnehmung, denn diese sind mir alle einerlei. – Sie sind auch einerlei, o Sokrates, für das, wohin unsere Rede will. – Aber doch an den Wahrnehmungen muß man bemerken, daß alles so in den Wahrnehmungen Vorkommende jenem nachstrebt, was das Gleiche ist, und daß es dahinter zurückbleibt. Oder wie wollen wir sagen? – So. – Ehe wir also anfingen zu sehen oder zu hören oder die anderen Sinne zu gebrauchen, mußten wir schon irgendwoher die Erkenntnis bekommen haben des eigentlich Gleichen, was es ist, wenn wir doch das Gleiche in den Wahrnehmungen so auf jenes beziehen sollten, weil dergleichen alles zwar strebt zu sein wie jenes, aber doch immer schlechter ist. – Notwendig nach dem Vorhergesagten, o Sokrates. – Nun aber haben wir doch gleich von unserer Geburt an gesehen, gehört und die anderen Sinne gebraucht? – Freilich. – Und wir mußten, sagen wir, schon ehe dieses geschah, die Erkenntnis des Gleichen bekommen haben? – Ja. – Ehe wir also geboren wurden, müssen wir sie, wie sich zeigt, bekommen haben. – So zeigt es sich. – Wenn wir sie also vor unserer Geburt empfangen haben und in ihrem Besitz geboren worden sind, so erkannten wir auch schon, ehe wir wurden und sobald wir da waren, nicht das Gleiche nur und das Größere und Kleinere, sondern alles dieser Art insgesamt. Denn es ist uns ja jetzt nicht eben mehr von dem Gleichen die Rede, als auch von dem Schönen selbst und dem Guten selbst und dem Rechten und Frommen, und wie ich sage von allem, was wir bezeichnen, als dies selbst, was es ist, in unsern Fragen, wenn wir fragen, und in unsern Antworten, wenn wir antworten. So daß wir notwendig von diesem allen die Erkenntnisse, schon ehe wir geboren wurden, erhalten haben. – So ist es. – Und daß wir, wenn wir sie nicht immer wieder vergäßen, nachdem wir sie bekommen, auch immer wissen und uns ihrer das ganze Leben hindurch bewußt sein würden. Denn das heißt ja wissen: eine empfangene Erkenntnis besitzen und nicht verloren haben? oder heißt das nicht vergessen, o Simmias: Verlust einer Erkenntnis? – Auf alle Weise, sagte er, o Sokrates. – Und wenn wir, meine ich, vor unserer Geburt sie besaßen und sie bei der Geburt verloren haben, hernach aber beim Gebrauch unserer Sinne an solchen Gegenständen eben jene Erkenntnisse wieder aufnahmen, die wir einmal schon vorher hatten, ist dann nicht, was wir »lernen« heißen, das Wiederaufnehmen einer uns schon angehörigen Erkenntnis? und wenn wir dies wiedererinnern nennen, werden wir es nicht richtig benennen? – Gewiß. – Denn das hatte sich uns doch als möglich gezeigt, daß, wer etwas wahrnimmt, es sei nun durch Gesicht und Gehör oder irgendeinen anderen Sinn, dabei etwas anderes vorstellen könne, was er vergessen hatte und was diesem nahe kam als unähnlich oder als ähnlich. Also, wie ich sage, eines von beiden: entweder sind wir dieses wissend geboren worden und wissen es unser Leben lang alle, oder die, von denen wir sagen, daß sie hernach erst lernen, erinnern sich dessen nur, und das Lernen ist eine Erinnerung. – Wohl gar sehr verhält es sich so, Sokrates. – Welches nun wählst du, o Simmias, daß wir wissend geboren werden, oder daß wir uns hernach dessen erinnern, wovon wir schon vorher eine Erkenntnis gehabt hatten? – So im Augenblick, o Sokrates, weiß ich nicht zu wählen. – Wie aber? kannst du hier wählen, oder was dünkt dich hiervon? muß ein wissender Mann von dem, was er weiß, Rechenschaft geben können oder nicht? – Ganz notwendig, o Sokrates, sprach er. – Und dünkt dich denn, daß alle Rechenschaft zu geben imstande sind von dem, was wir eben anführten? – Das wünschte ich wohl, sprach Simmias; aber ich fürchte vielmehr, es möchte uns schon morgen hierzulande keiner mehr gefunden werden, der dies gehörig zu tun vermöchte. – Du meinst also nicht, o Simmias, daß alle dieses wissen? – Keineswegs. – Also erinnern sie sich dessen, was sie einst gelernt hatten. – Notwendig. – Wann aber hatten unsere Seelen die Erkenntnis davon bekommen? doch wohl nicht, seitdem wir als Menschen geboren sind? – Nicht füglich. – Früher also? – Ja. – Also waren, o Simmias, die Seelen, auch ehe sie in menschlicher Gestalt waren, ohne Leiber und hatten Einsicht. – Wenn wir nicht etwa bei der Geburt diese Erkenntnis empfangen, o Sokrates, denn diese Zeit bleibt uns noch übrig. – Gut, o Freund! aber in welcher andern Zeit verlieren wir sie denn? Denn wir haben sie nicht, wenn wir geboren werden, wie wir eben eingestanden. Oder verlieren wir sie in derselben Zeit, in welcher wir sie auch empfangen? oder weißt du noch eine andere Zeit anzugeben? – Keineswegs, o Sokrates, sondern ich merkte nur nicht, daß ich nichts sagte. – Also verhält es sich nur so, sprach er, o Simmias. Wenn das etwas ist, was wir immer im Munde führen, das Schöne und Gute und jegliches Wesen dieser Art, und wir hierauf alles, was uns durch die Sinne kommt, beziehen, als auf ein vorher Gehabtes, was wir als das Unsrige wieder auffinden, und diese Dinge damit vergleichen, so muß notwendig, ebenso wie dieses ist, so auch unsere Seele sein, auch ehe wir noch geboren worden sind. Wenn aber alles dieses nichts ist, so wäre dann auch diese Rede vergeblich geredet. Verhält es sich wohl so, und ist es die ganz gleiche Notwendigkeit, daß jenes ist und daß auch unsere Seelen sind auch vor unserer Geburt, und daß, wenn jenes nicht, dann auch nicht dieses? – Über die Maßen, o Sokrates, sprach Simmias, dünkt es mich dieselbe Notwendigkeit zu sein; und an einen sichern Ort rettet sich unser Satz, dahin nämlich, daß unsere Seele auf dieselbe Weise ist, ehe wir noch geboren werden, wie jenes alles, wovon du eben sprachest. Denn ich habe gar nichts, was mir so klar wäre als eben dieses, daß alles dergleichen wahrhaft in dem allerhöchsten Sinne ist, das Schöne und das Gute und was du sonst eben anführtest; und mir wenigstens genügt der Beweis vollkommen. – Wie aber dem Kebes? sprach Sokrates. Denn wir müssen auch den Kebes überzeugen. – Gewiß auch ihn, sprach Simmias, wie ich glaube, wiewohl er der hartnäckigste Mensch ist im Unglauben an anderer Reden. Allein davon, glaube ich, ist er nun hinreichend überzeugt, daß, ehe wir geboren wurden, unsere Seele war. Ob aber auch, nachdem wir gestorben sind, sie noch sein wird, das scheint auch mir selbst, o Sokrates, noch nicht bewiesen zu sein, sondern es steht noch entgegen, wie auch Kebes eben sagte, jene gemeine Rede, ob nicht, indem der Mensch stirbt, die Seele zerstiebt und auch ihr dieses das Ende des Seins ist. Denn was hindert doch, daß sie zwar anderwärts her werde und bestehe und sei, auch ehe sie in den menschlichen Leib gelangt, daß aber doch, nachdem sie in diesen gelangt ist, wenn sie von ihm getrennt wird, alsdann auch sie selbst endet und untergeht? – Wohl gesprochen, o Simmias, sagte Kebes. Denn es scheint gleichsam die eine Hälfte von dem bewiesen zu sein, was wir brauchen, daß nämlich, ehe wir geboren wurden, unsere Seele war; aber man muß noch dazu beweisen, daß auch, wenn wir tot sind, sie um nichts weniger sein wird als vor unserer Geburt, wenn der Beweis seine Vollendung bekommen soll. – Es ist doch, o Simmias und Kebes, sprach Sokrates, auch jetzt schon bewiesen, wenn ihr diesen Satz zusammenbringen wollt mit jenem, den wir vorher zugestanden hatten, daß nämlich alles Lebende aus dem Gestorbenen entsteht. Denn wenn die Seele ist auch vorher, und wenn sie notwendig, indem sie ins Leben geht und geboren wird, nirgend andersher kommen kann als aus dem Tode und dem Gestorbensein, wie sollte sie denn nicht notwendig, auch nachdem sie gestorben ist, sein, wenn sie doch wiederum geboren werden soll? Bewiesen also ist dies, wie ich sagte, auch jetzt schon. Dennoch scheint ihr, du und Simmias, gern auch diesen Satz noch weiter durcharbeiten zu wollen und euch zu fürchten wie die Kinder, daß nicht gar buchstäblich der Wind sie, wenn sie aus dem Leibe herausfährt, auseinanderwehe und zerstäube, zumal wenn einer nicht etwa bei Windstille, sondern in recht tüchtigem Sturmwinde stirbt. – Da sagte Kebes lächelnd: So tue denn so, als fürchteten wir uns, und versuche, uns zu überreden. Lieber jedoch nicht, als ob wir selbst uns fürchteten, sondern vielleicht ist auch in uns ein Kind, welches dergleichen fürchtet. Dieses also wollen wir versuchen zu überzeugen, daß es den Tod nicht fürchten müsse wie ein Gespenst. – Dieses müßt ihr, sprach Sokrates, täglich besprechen, bis ihr es herausbannt. – Woher aber, o Sokrates, sprach er, sollen wir einen tüchtigen Besprecher zu solchen Dingen nehmen, nun du doch von uns scheidest? – Hellas ist noch groß, o Kebes, sagte er, und treffliche Männer sind darin, und groß sind auch die Geschlechter der Barbaren, die ihr alle durchsuchen müßt, um einen solchen Besprecher zu finden, ohne weder Geld zu scheuen noch Mühe. Denn es gibt wohl nichts, worauf ihr das Geld besser wenden könntet. Aber auch untereinander müßt ihr euch bemühen, denn ihr möchtet auch wohl nicht leicht wen finden, der dies besser als ihr vermöchte zu tun. – Das soll gewiß geschehen, sprach Kebes; von wo wir aber abgegangen sind, dahin laß uns zurückkehren, wenn es dir recht ist. – Mir gar sehr recht, wie sollte es nicht? – Wohl gesprochen, sagte er. – Also ungefähr so, sprach Sokrates, müssen wir uns selbst fragen: Welcherlei Dingen kommt es wohl zu, dies zu erfahren, das Zerstieben, und für welche muß man also fürchten, daß ihnen dieses begegne, welchen aber kommt es nicht zu? Dann müssen wir untersuchen, zu welchen von beiden die Seele gehört, und hieraus und demgemäß entweder Mut fassen oder besorgt sein für unsere Seelen. – Ganz richtig, sagte er. – Und nicht wahr, dem, was man zusammengesetzt hat und was seiner Natur nach zusammengesetzt ist, kommt wohl zu, auf dieselbe Weise aufgelöst zu werden, wie es zusammengesetzt worden ist; wenn es aber etwas Unzusammengesetztes gibt, diesem, wenn sonst irgendeinem, kommt wohl zu, daß ihm dieses nicht begegne? – Das scheint mir sich so zu verhalten, sprach Kebes. – Und nicht wahr, was sich immer gleich verhält und auf einerlei Weise, davon ist wohl am wahrscheinlichsten, daß es das Unzusammengesetzte sei; was aber bald so, bald anders und nimmer auf gleiche Weise, dieses das Zusammengesetzte? – Mir wenigstens scheint es so. – So gehen wir denn, sprach er, zu dem, wovon wir auch vorher sprachen. Jenes Wesen selbst, welchem wir das eigentliche Sein zuschreiben in unsern Fragen und Antworten, verhält sich dies wohl immer auf gleiche Weise, oder bald so bald anders? Das Gleiche selbst, das Schöne selbst, und so jegliches, was nur ist selbst, nimmt das wohl jemals auch nur irgendeine Veränderung an? oder verhält sich nicht jedes dergleichen als ein einartiges Sein an und für sich immer auf gleiche Weise und nimmt niemals auf keine Weise irgendwie eine Veränderung an? – Auf gleiche Weise, sprach Kebes, und einerlei verhält es, sich notwendig, o Sokrates. – Wie aber das viele Schöne, wie Menschen, Pferde, Kleider oder sonst irgend etwas dergleichen Schönes oder Gleiches oder sonst einem von jenem Gleichnamiges, verhalten sich auch diese immer gleich oder ganz jenem entgegengesetzt, weder mit sich selbst jedes noch untereinander jemals, um es kurz zu sagen, auch nur im mindesten gleich? – Wiederum so, sprach Kebes, scheint mir dieses niemals einerlei sich zu verhalten. – Und diese Dinge, sprach er, kannst du doch anrühren, sehen und mit den andern Sinnen wahrnehmen; aber zu jenen sich gleichseienden kannst du doch wohl auf keine Weise irgend anders gelangen als durch das Denken der Seele selbst, sondern unsichtbar sind diese Dinge und werden nicht gesehen. – Auf alle Weise, sagte er, hast du recht. – Sollen wir also, sprach er, zwei Arten der Dinge setzen, sichtbar die eine und die andere unsichtbar? – Das wollen wir, sprach er. – Und die unsichtbare, als immer auf gleiche Weise sich verhaltend, die sichtbare aber niemals gleich? – Auch das, sagte er, wollen wir setzen. – Wohlan denn, sprach er, ist nicht von uns selbst das eine Leib und das andere Seele? – Allerdings. – Welcher von jenen beiden Arten nun wollen wir wohl sagen, daß der Leib ähnlicher sei und verwandter? – Das muß ja jedem deutlich sein: dem sichtbaren. – Wie aber, die Seele, ist die unsichtbar oder sichtbar? – Menschen wenigstens ist sie es nicht, o Sokrates, sagte er. – Aber wir sprachen doch von dem Sichtbaren und Unsichtbaren für die Natur der Menschen, oder meinst du für irgendeine andere? – Für die menschliche. – Was sagen wir also von der Seele, daß sie sichtbar sei oder nicht sichtbar? – Nicht sichtbar. – Also unsichtbar. – Ja. – Ähnlicher also als der Leib ist die Seele dem Unsichtbaren, er aber dem Sichtbaren. – Ganz notwendig, o Sokrates. – Und nicht wahr, auch das haben wir schon lange gesagt, daß die Seele, wenn sie sich des Leibes bedient, um etwas zu betrachten, es sei durch das Gesicht oder das Gehör oder irgendeinen andern Sinn – denn das heißt vermittelst des Leibes, wenn man vermittelst eines Sinnes etwas betrachtet –, dann von dem Leibe gezogen wird zu dem, was sich niemals auf gleiche Weise verhält, und daß sie dann selbst schwankt und irrt und wie trunken taumelt, weil sie ja eben solches berührt. – Das haben wir gesagt. – Wenn sie aber durch sich selbst betrachtet, dann geht sie zu dem reinen immer seienden Unsterblichen und sich stets Gleichen, und als diesem verwandt hält sie sich stets zu ihm, wenn sie für sich selbst ist und es ihr vergönnt wird, und dann hat sie Ruhe von ihrem Irren und ist auch in Beziehung auf jenes immer sich selbst gleich, weil sie eben solches berührt, und diesen ihren Zustand nennt man eben die Vernünftigkeit. – Auf alle Weise, o Sokrates, sagte er, ist dies schön und wahr gesagt. – Welcher von beiden Arten also dünkt dich die Seele nach dem Vorherigen und dem jetzt Gesagten ähnlicher und verwandter zu sein? – Jeder, sagte er, dünkt mich, o Sokrates, müßte nach dieser Darstellungsweise zugeben, auch der Ungelehrigste, daß doch in allem und jedem die Seele dem sich immer Gleichbleibenden ähnlicher ist als dem anderen. – Und wie der Leib? – Dem anderen. – Betrachte es auch von dieser Seite, daß, solange Leib und Seele zusammen sind, die Natur ihm gebietet, zu dienen und sich beherrschen zu lassen, ihr aber zu herrschen und zu regie-ren, auch hiernach nun welches von beiden dünkt dich dem Göttli-chen ähnlich zu sein und welches dem Sterblichen? Oder dünkt dich nicht das Göttliche so geartet zu sein, daß es herrscht und regiert, das Sterbliche aber, daß es sich beherrschen läßt und dient? – Das dünkt mich. – Welchem gleicht nun die Seele? – Offenbar, o Sokrates, die Seele dem Göttlichen und der Leib dem Sterblichen. – Sieh nun zu, sprach er, o Kebes, ob aus allem Gesagten uns dieses hervorgeht, daß dem Göttlichen, Unsterblichen, Vernünftigen, Eingestaltigen, Unauflöslichen und immer einerlei und sich selbst gleich sich Verhaltenden die Seele am ähnlichsten ist, dem Menschlichen und Sterblichen und Unvernünftigen und Vielgestaltigen und Auflöslichen und nie einer-lei und sich selbst gleich Bleibenden, diesem wiederum der Leib am ähnlichsten ist? Oder wissen wir hiegegen noch etwas anderes zu sagen, lieber Kebes, daß es sich nicht so verhalte? – Wir wissen nichts dergleichen. – Wie nun, wenn sich dieses so verhält, kommt nicht dem Leibe wohl zu, leicht aufgelöst zu werden, der Seele hingegen, ganz und gar unauflöslich zu sein oder wenigstens beinahe so? – Wie sollte es nicht? – Und du bemerkst doch, sprach er, daß, wenn der Mensch stirbt, auch seinem Sichtbaren, dem Leibe, der noch im Sichtbaren daliegt, den wir Leichnam nennen, und dem es zukommt aufgelöst zu werden und zu zerfallen und verweht zu werden, nicht gleich etwas hievon widerfährt, sondern er noch eine ganz geraume Zeit so bleibt, und wenn einer bei günstiger Leibesbeschaffenheit stirbt und zu ebensolcher Zeit, dann gar lange. Und wenn der Leib zusammengefallen ist und getrocknet, wie sie in Ägypten aufgetrocknet werden, so hält er sich fast undenkliche Zeit. Ja, einige Teile des Leibes, wie Knochen, Sehnen und alle dergleichen, sind, wenn er auch schon verfault ist, sozusagen doch fast unsterblich. Oder nicht? – Ja. – Und die Seele also, das Unsichtbare und sich an einen andern ebensolchen Ort Begebende, der edel und rein und unsichtbar ist, nämlich in die wahre Geisterwelt zu dem guten und weisen Gott, wohin wenn Gott will alsbald auch meine Seele zu gehen hat, diese, die so beschaffen und geartet ist, sollte, wenn sie von dem Leibe getrennt ist, sogleich verweht und untergegangen sein, wie die meisten Menschen sagen? Daran fehlt wohl viel, ihr lieben Kebes und Simmias! Sondern vielmehr verhält es sich so, wenn sie sich rein losmacht und nichts von dem Leibe mit sich zieht, weil sie mit gutem Willen nichts mit ihm gemein hatte im Leben, sondern ihn floh und in sich selbst gesammelt blieb und dies immer im Sinn hatte, was nichts anders heißen will, als daß sie recht philosophierte und darauf dachte, leicht zu sterben; oder hieß dies nicht auf den Tod bedacht sein? – Allerdings ja. – Also welche sich so verhält, die geht zu dem ihr Ähnlichen, dem Unsichtbaren, und zu dem Göttlichen, Unsterblichen, Vernünftigen, wo sie dann dazu gelangt, glückselig zu sein, von Irrtum und Unwissenheit, Furcht und wilder Liebe und allen andern menschlichen Übeln befreit, und lebt dann, wie es bei den Eingeweihten heißt, wahrhaft die übrige Zeit mit Gott. Wollen wir so sagen, o Kebes, oder anders? – So, beim Zeus, sprach Kebes. – Wenn sie aber, meine ich, befleckt und unrein von dem Leibe scheidet, weil sie eben immer mit dem Leibe verkehrt und ihn gepflegt und geliebt hat und von ihm bezaubert gewesen ist und von den Lüsten und Begierden, so daß sie auch glaubte, es sei überall gar nichts anderes wahr als das Körperliche, was man betastet und sieht, ißt und trinkt und zur Liebe gebraucht, und weil sie das für die Augen Dunkle und Unsichtbare, der Vernunft hingegen Faßliche und mit Wahrheitsliebe zu Ergreifende, gewohnt gewesen ist zu hassen und zu scheuen und zu fürchten, meinst du, daß eine so beschaffene Seele sich werde rein für sich absondern können? – Wohl nicht im mindesten, sprach er. – Sondern durchzogen von dem Körperlichen, womit sie durch den Umgang und Verkehr mit dem Leibe, wegen des ununterbrochenen Zusammenseins und der vielen Sorge um ihn, gleichsam zusammengewachsen ist. – Freilich. – Und dies, o Freund, muß man doch glauben, sei unbeholfen und schwerfällig, irdisch und sichtbar, so daß auch die Seele, die es an sich hat, schwerfällig ist und wieder zurückgezogen wird in die sichtbare Gegend aus Furcht vor dem Unsichtbaren und der Geisterwelt, wie man sagt, an den Denkmälern und Gräbern umherschleichend, an denen daher auch allerlei dunkle Erscheinungen von Seelen sind gesehen worden, wie denn solche Seelen wohl Schattenbilder darstellen müssen, welche nicht rein abgelöst sind, sondern noch teilhaben an dem Sichtbaren, weshalb sie denn auch gesehen werden. – Das leuchtet wohl ein, o Sokrates. – Und freilich leuchtet auch ein, o Kebes, daß dies nicht die Seelen der Guten sind, sondern der Schlechten, welche um dergleichen gezwungen sind, herumzuirren, Strafe leidend für ihre frühere Lebensweise, welche schlecht war. Und so lange irren sie, bis sie durch die Begierde des sie noch begleitenden Körperlichen wieder gebunden werden in einen Leib. Und natürlich werden sie in einen von solchen Sitten gebunden, deren sie sich befleißigt hatten im Leben. – Was meinst du für welche, o Sokrates? – Wie, die sich ohne alle Scheu der Völlerei und des Übermuts und Trunkes befleißigten, solche begeben sich wohl in Esel und ähnliche Arten von Tieren. Oder meinst du nicht? – Das ist ganz wahrscheinlich. – Die aber Ungerechtigkeit, Herrschsucht und Raub vorzogen, diese dagegen in die verschiedenen Geschlechter der Wölfe, Habichte und Geier? oder wohin anders sollen wir sagen, daß solche gehen? – Ohne weiteres, sprach Kebes, in dergleichen. – Und gewiß so doch auch mit den übrigen, daß jegliche der Ähnlichkeit mit ihren Bestrebungen nachgeht? – Gewiß, wie sollte sie nicht. – Also, sprach er, sind auch wohl die glücklichsten unter diesen die, und kommen an den besten Ort, welche der gemeinen und bürgerlichen Tugend nachgestrebt haben, die man Besonnenheit und Gerechtigkeit nennt, die aber nur aus Gewöhnung und Übung entsteht ohne Philosophie und Vernunft? – Wie sind diese die glückseligsten? – Weil doch natürlich ist, daß diese wiederum in eine solche gesellige und zahme Gattung gehen, etwa in Bienen oder Wespen oder Ameisen, oder auch wieder in diese menschliche Gattung, und wieder ganz leidliche Männer aus ihnen werden. – Das ist natürlich. – In der Götter Geschlecht ist wohl keinem, der nicht philosophiert hat und vollkommen rein abgegangen ist, ver gönnt zu gelangen, sondern nur dem Lernbegierigen. Eben deshalb nun, o lieber Simmias und Kebes, enthalten sich die wahrhaften Philosophen aller von dem Leibe herrührenden Begierden und harren aus und geben sich ihnen nicht hin; noch auch nur weil sie Verderb des Hauswesens und Armut fürchten wie die meisten Geldsüchtigen, oder die Ehrlosigkeit und Schmach der Trägheit scheuen wie die Herrschsüchtigen und Ehrsüchtigen, enthalten sie sich ihrer. – Das würde sich auch für sie nicht ziemen, o Sokrates, sprach Kebes. – Freilich nicht, beim Zeus, sagte er. Darum sagen auch allen solchen, o Kebes, jene alle, die irgend für ihre Seele Sorge tragen und nicht für der Leiber Bildung und Bedienung leben, Fahrewohl, und gehen nicht gleichen Schritt mit ihnen, die ja nicht wissen, wohin sie gehen. Sie selbst aber, feststellend, daß sie nichts tun dürfen, was der Philosophie zuwider wäre und der Erlösung und Reinigung durch sie, wenden sich dorthin, jener folgend, wie sie führt. – Wie das, o Sokrates? – Das will ich dir sagen, sprach er. Es erkennen nämlich die Lernbegierigen, daß die Philosophie, indem sie ihre Seele findet, ordentlich gebunden im Leibe und ihm anklebend, und gezwungen, wie durch ein Gitter durch ihn das Sein zu betrachten, nicht aber für sich allein, und daher in aller Torheit sich umherwälzend, und indem sie die Gewalt dieses Kerkers erkennt, wie er ordentlich eine Lust ist, so daß der Gebundene selbst am meisten immer dazu hilft, gebunden zu werden; wie ich nun sage, die Lehrbegierigen erkennen, daß, indem die Philosophie in solcher Beschaffenheit ihre Seele annimmt, sie ihr gelinde zuspricht und versucht, sie zu erlösen, indem sie zeigt, daß alle Betrachtung durch die Augen voll Betrug ist, voll Betrug auch die durch die Ohren und die übrigen Sinne, und deshalb sie überredet, sich von diesen zurückzuziehen, soweit es nicht notwendig ist, sich ihrer zu bedienen, und sie ermuntert, sich vielmehr in sich selbst zu sammeln und zusammenzuhalten, und nichts anderem zu glauben als wiederum sich selbst, was sie für sich selbst von den Dingen an und für sich anschaut; was sie aber vermittelst eines anderen betrachtet, dieses, weil es in jeglichem anderen wieder ein anderes wird, für nichts Wahres zu halten, und solches sei ja eben das Wahrnehmbare und Sichtbare, was sie aber selbst sieht, sei das Gedenkbare und Unsichtbare. Dieser Befreiung nun glaubt nicht widerstreben zu dürfen des wahrhaften Philosophen Seele und enthält sich deshalb der Lust und Begierde, der Unlust und Furcht, soviel sie kann, indem sie bedenkt, daß, wenn jemand sehr heftig sich freut oder fürchtet, trauert oder begehrt, er nie ein so großes Übel hievon erleidet, als er wohl glaubt, wenn er nun etwa erkrankt ist oder einen Verlust erlitten hat seiner Begierden wegen, was aber das größte und äußerste aller Übel ist, dieses wirklich erleidet und es nicht in Rechnung bringt. – Welches ist doch dieses, o Sokrates? sprach Kebes. – Daß nämlich jedes Menschen

Seele, sobald sie über irgend etwas sich heftig erfreut oder betrübt, auch genötigt ist, von demjenigen, womit ihr dieses begegnet, zu glauben, es sei das Wirksamste und das Wahrste, da sich dies doch nicht so verhält. Und dies sind doch am meisten die sichtbaren Dinge, oder nicht? – Freilich. – In diesem Zustande also wird am meisten die Seele von dem Leibe gebunden. – Wieso? – Weil jegliche Lust und Unlust gleichsam einen Nagel hat und sie an den Leib annagelt und anheftet und sie leibartig macht, wenn sie doch glaubt, daß das wahr sei, was auch der Leib dafür aussagt. Denn dadurch, daß sie gleiche Meinung hat mit dem Leibe und sich an dem nämlichen erfreut, wird sie, denke ich, genötigt, auch gleicher Sitte und gleicher Nahrung wie er teilhaftig zu werden, so daß sie nimmermehr rein in die Unterwelt kommen kann, sondern immer des Leibes voll von hinnen geht; daher sie auch bald wiederum in einen andern Leib fällt und wie hingesäet sich einwurzelt und daher unteilhaftig bleibt des Umganges mit dem Göttlichen und Reinen und Eingestaltigen. – Vollkommen wahr ist, was du sagst, o Sokrates, sprach Kebes. – Dieser Ursachen wegen also, o Kebes, sind die wahrhaft Lehrbegierigen sittsam und tapfer, und nicht weshalb die Leute sagen. Oder meinst du? – Nein, ich gewiß nicht. – Es geht auch nicht anders, als daß die Seele eines philosophischen Mannes so rechnet und nicht glauben kann, sie müsse sich zwar von der Philosophie erlösen lassen, nachdem diese sie aber erlöset, sich selbst wiederum der Lust und Unlust hingeben, um sich wieder festbinden und die vorige Arbeit vergeblich machen zu lassen, als wolle sie das Gegenstück treiben zu der Penelope Weberei; sondern Ruhe von dem allem sich verschaffend, der Vernunft folgend und immer darin verharrend, daß sie das Wahre und Göttliche und der Meinung nicht Unterworfene anschaut und sich davon nährt, glaubt sie, solange sie lebt, so leben zu müssen, nach dem Tode aber zu dem Verwandten und Ebensolchen gelangt, von allen menschlichen Übeln erlöst zu werden. Hat sie sich so genährt, so ist wohl kein Wunder, wenn sie nicht fürchtet, ob sie nicht doch nach solchen Bestrebungen bei der Trennung von dem Leibe zerrissen, von ich weiß nicht welchen Winden verweht und zerstäubt umkommen und nirgend mehr sein werde. Eine Stille entstand nun, nachdem Sokrates dieses gesagt, auf lange Zeit, und er selbst, Sokrates, war ganz in das Vorgetragene vertieft, wie man ihm ansehn konnte, und auch die meisten von uns. Kebes und Simmias aber sprachen ein weniges miteinander. Da sah sie Sokrates an und fragte: Wie? euch dünkt doch nicht etwa das Gesagte noch mangelhaft gesagt zu sein? Denn es gibt wohl noch viel Bedenken und Einwendungen dabei, wenn einer es ganz genau durchnehmen will. Hattet ihr nun etwas anderes untereinander, so will ich nichts gesagt haben; wenn ihr aber noch hierüber zweifelt, so tragt nur ja kein Bedenken, es entweder allein zu sagen und anzuführen, wenn ihr glaubt, daß es so besser werde vorgetragen werden, oder auch mich mit dazu zu nehmen, wenn ihr meinet, mit mir besser zu fahren. – Da sagte Simmias: Ich will dir die Wahrheit sagen, Sokrates. Wir beide haben schon lange zweifelnd einander angestoßen und aufgemuntert, zu fragen, weil wir zwar gern hören möchten, aber doch Bedenken tragen, dir Unruhe zu machen, daß es dir nicht etwa zuwider wäre bei dem jetzigen Unglück. – Als er dies hörte, sagte er mit sanftem Lächeln: O weh, Simmias! Wahrlich gar schwer werde ich die übrigen Menschen überzeugen, daß ich das jetzige Geschick für kein Unglück halte, da ich nicht einmal euch überzeugen kann, sondern ihr fürchtet, ich möchte jetzt unbequemer sein als sonst im Leben. Und wie es scheint, haltet ihr mich in der Wahrsagung für schlechter als die Schwäne, welche, wenn sie merken, daß sie sterben sollen, wie sie schon sonst immer gesungen haben, dann am meisten und vorzüglich singen, weil sie sich freuen, daß sie zu dem Gotte gehen sollen, dessen Diener sie sind. Die Menschen aber, wegen ihrer eigenen Furcht vor dem Tode, lügen auch auf die Schwäne und sagen, daß sie, über den Tod jammernd, aus Traurigkeit sängen, ohne zu bedenken, daß kein Vogel singt, wenn ihn hungert oder friert oder ihm sonst irgend etwas fehlt, auch nicht einmal die Nachtigall selbst oder die Schwalbe und der Wiedehopf, von denen sie sagen, daß sie aus Unlust klagend singen; aber weder diese, glaube ich, singen aus Traurigkeit noch die Schwäne; sondern weil sie, meine ich, dem Apollon angehören, sind sie wahrsagerisch; und da sie das Gute in der Unterwelt voraus erkennen, so singen sie und sind fröhlich an jenem Tage, ausgezeichnet und mehr als sonst vorher. Ich halte aber auch mich dafür, ein Dienerschaftsgenoß der Schwäne zu sein und demselben Gotte heilig und nicht schlechter als sie das Wahrsagen zu haben von meinem Gebieter, also auch nicht unmutiger als sie aus dem Leben zu scheiden. Also deshalb mögt ihr immer sagen und fragen, was ihr wollt, solange die elf Männer der Athener es gestatten. – Sehr schön, sagte Simmias; also will ich dir sagen, was für Zweifel ich habe und dann auch dieser, wiefern er das Gesagte nicht annimmt. Denn ich denke über diese Dinge, o Sokrates, ungefähr wie du, daß etwas Sicheres davon zu wissen in diesem Leben entweder unmöglich ist oder doch gar schwer; aber was darüber gesagt wird, nicht auf alle Weise zu prüfen, ohne eher abzulassen, bis einer ganz ermüdet wäre vom Untersuchen nach allen Seiten, einen gar weichlichen Menschen verrät. Denn eines muß man doch in diesen Dingen erreichen, entweder, wie es damit steht, lernen oder erfinden, oder wenn dies unmöglich ist, die beste und unwiderleglichste der menschlichen Meinungen darüber nehmen und darauf wie auf einem Brette versuchen, durch das Leben zu schwimmen, wenn einer nicht sicherer und gefahrloser kann auf einem festeren Fahrzeuge oder einer göttlichen Rede reisen. So will denn auch ich jetzt mich nicht schämen, zu fragen, da ja auch du dasselbe sagst, und nicht hernach mir selbst Vorwürfe zu machen habe, daß ich jetzt nicht gesagt habe, was ich denke. Mir nämlich, o Sokrates, sowohl wenn ich bei mir selbst, als wenn ich mit diesem das Gesagte betrachte, erscheint es gar nicht gründlich genug. – Darauf sagte Sokrates: Vielleicht, o Freund, erscheint es dir ganz recht; aber sage nur, wiefern nicht gründlich? – Insofern, sprach er, als auch von der Stimmung und der Leier und den Saiten einer ganz auf dieselbe Weise reden könnte, daß nämlich die Stimmung etwas Unsichtbares und Unkörperliches und gar Schönes und Göttliches ist an der gestimmten Leier, die Leier selbst aber und die Saiten Körper sind und Körperliches und zusammengesetzt und irdisch und dem Sterblichen verwandt. Wenn nun einer die Leier zerbräche oder die Saiten zerschnitte oder zerrisse, so könnte einer mit derselben Rede wie du durchführen, jene Stimmung müsse notwendig noch da sein und nicht untergegangen. Denn es wäre doch keine Möglichkeit, daß die Leier noch da sein sollte, nachdem die Saiten zerrissen wären, und die Saiten selbst, die doch dem Sterblichen ähnlich sind, die Stimmung aber sollte untergegangen sein, die doch dem Göttlichen und Unsterblichen gleichartig und verwandt ist, und zwar noch vor dem Sterblichen; sondern, würde er sagen, notwendig muß die Stimmung noch irgendwo sein, und eher werden die Hölzer verfaulen und die Saiten, als jener etwas begegnen wird. Nun aber glaube ich, o Sokrates, du selbst wirst auch dies schon erwogen haben, daß wir uns die Seele als so etwas vorzüglich vorstellen, wenn doch unser Leib eingespannt ist und zusammengehalten von Warmem und Kaltem, Trockenem und Feuchtem und dergleichen Dingen, daß unsere Seele die Mischung und Stimmung eben dieser Dinge sei, wenn sie schön und im rechten Verhältnis gegeneinander gemischt sind. Ist nun die Seele eine Stimmung, so ist offenbar, daß, wenn unser Leib unverhältnismäßig erschlafft oder angespannt wird von Krankheiten und anderen Übeln, die Seele dann notwendig sogleich umkommt, obgleich sie das Göttlichste ist, eben wie alle andern Stimmungen in Tönen und in allen Werken der Künstler, die Überreste eines jeden Leibes aber noch lange Zeit bleiben, bis sie verbrannt werden oder verwesen. Sieh nun zu. was wir gegen diese Rede sagen wollen, wenn jemand behauptet, daß die Seele als die Mischung alles zum Leibe Gehörigen in dem, was wir Tod nennen, zuerst untergehe. – Da sah sich Sokrates um, wie er oftmals tat, und sagte lächelnd: Simmias hat ganz recht gesprochen. Wenn nun einer besseren Rat weiß als ich, warum antwortet er nicht? denn er hat die Sache gewiß gar nicht schlecht angegriffen. Doch mich dünkt, ehe wir antworten, müssen wir erst auch den Kebes hören, was der wieder unserer Rede schuld gibt, damit wir Zeit gewinnen und uns beraten können, was wir sagen wollen, und dann, wenn wir ausgehört haben, ihnen entweder einräumen, wenn sie etwas Ordentliches scheinen angestimmt zu haben, oder wenn nicht, dann schon unsere Rede verfechten. Also, sagte er, sprich, o Kebes, was denn dich beunruhigt hat, daß du nicht glauben kannst? – Ich will es also sagen, sprach Kebes. Mir scheint nämlich unsere Rede noch immer auf demselben Fleck zu sein, und an demselben Mangel, dessen wir schon vorher erwähnten, auch jetzt noch zu leiden. Denn daß unsere Seele schon war, ehe sie in diese Gestalt kam, das will ich nicht zurücknehmen, daß es nicht sehr artig, und wenn es nicht anmaßend ist zu sagen, ganz befriedigend bewiesen wäre; daß sie aber auch noch, wenn wir tot sind, irgendwo sei, dies scheint mir nicht ebenso. Daß freilich die Seele nicht stärker und dauerhafter sein sollte als der Leib, dies gebe ich der Einwendung des Simmias nicht nach, denn in diesem allen scheint sie mir sich gar weit zu unterscheiden. Warum also, könnte die Rede wohl sagen, bist du noch ungläubig, wenn du doch siehst, daß nach des Menschen Tode das Schwächere noch ist? Dünkt dich dann nicht, daß das Dauerhaftere sich gewiß noch erhalten müsse in eben dieser Zeit? Dagegen nun überlege, ob ich hiermit etwas sage. Denn eines Bildes bedarf ich freilich auch, wie es scheint, ebensogut als Simmias. Mich dünkt nämlich dies gerade ebenso gesagt, wie wenn jemand von einem alten Weber, der gestorben wäre, diese Rede führen wollte: »Der Mensch ist nicht umgekommen, sondern ist gewiß noch irgendwo«, und zum Beweise dafür wollte er das Kleid anführen, was er anhatte und selbst gewebt hatte, daß das doch noch wohlbehalten wäre und nicht umgekommen; und wenn ihm einer nicht glauben wollte, er diesen dann fragte, was wohl seiner Natur nach dauerhafter wäre, ein Mensch oder ein Kleid, wenn es nämlich im Gebrauch wäre und getragen würde, und wenn der dann antworten müßte, der Mensch bei weitem, jener dann glaubte bewiesen zu haben, der Mensch also müsse wohl ganz gewiß wohlbehalten sein, da ja das Vergänglichere nicht untergegangen wäre. Ich denke aber, o Simmias, das verhält sich nicht so. Sieh aber auch du zu, was ich meine. Denn jeder würde wohl der Meinung sein, daß das einfältig gesagt wäre, wenn es jemand sagen wollte. Denn dieser Weber hat schon gar viele solche Kleider verbraucht und gewebt und ist zwar später umgekommen als jene vielen, aber als das letzte, denke ich, doch eher, und deshalb ist doch wohl ein Mensch immer nicht schlechter oder vergänglicher als ein Kleid. Und dieses selbige

Bild, meine ich, läßt sich anwenden auf Seele und Leib; und wer eben dasselbige sagte von diesen, würde mir scheinen verständig zu reden, daß nämlich die Seele zwar dauerhafter ist und der Leib schwächer und vergänglicher, doch aber, würde er hinzusetzen, verbrauche ja jede Seele viele Leiber, zumal wenn sie viele Jahre lebe. Denn wenn der Leib immer im Fluß ist und vergeht, solange der Mensch lebt, die Seele aber das Verbrauchte immer wieder webt, so muß ja die Seele wohl, wenn sie umkommt, diese ihre letzte Bekleidung noch haben und eher freilich nur als diese einzige umkommen, und erst wenn die Seele umgekommen ist, kann dann der Leib die Natur seiner Schwachheit beweisen, indem er schnell durch Fäulnis vergeht. So daß man also diesem Satz noch nicht zuverlässig trauen darf, daß, wenn wir tot sind, unsere Seele noch irgendwo ist. Denn wenn jemand auch dem, der deine Behauptung vorträgt, noch mehr einräumen wollte und zugeben, unsere Seele sei nicht nur in der Zeit vor unserer Geburt gewesen, sondern es hindere auch nichts, daß nicht auch nach dem Tode einige Seelen noch wären und sein würden und noch oft würden geboren werden und wieder sterben, denn so stark sei sie von Natur, daß sie dieses gar vielmal aushalten könne; nur aber, indem er dieses zugäbe, nicht auch noch jenes einräumte, daß sie in diesen vielen Geburten gar nicht von Kräften komme und auch am Ende nicht in einem von diesen Toden gänzlich untergehe, sondern sagte: Diesen Tod aber und diese Auflösung des Leibes, welche der Seele den Untergang bringt, wisse nur keiner, denn es sei unmöglich, daß irgendeiner von uns ihn fühle; wenn sich nun dieses so verhält, so kann doch von keinem, der über den Tod guten Mutes ist, gesagt werden daß er nicht auf eine unverständige Weise mutig sei, wenn, er nicht zu beweisen vermag, daß die Seele ganz und gar unsterblich und unvergänglich ist; wo nicht, so muß jeder, der im Begriff ist, zu sterben, für seine eigene Seele in Sorgen sein, ob sie nicht gerade in dieser Trennung von dem Leibe ganz und gar untergehn werde.

Alle nun, als wir sie beide dieses hatten sagen gehört, waren wir, wie wir uns hernach gestanden, auf unangenehme Weise verstimmt, weil sie uns, die wir durch die vorigen Reden stark überzeugt waren, wieder unruhig zu machen und in Ungewißheit zurückzuwerfen schienen, nicht nur über das bereits Gesagte, sondern auch wegen dessen, was nun noch würde gesagt werden, ob nicht wir ganz untaugliche Richter wären oder auch die Sache selbst gar nicht zu entscheiden.

ECHEKRATES. Bei den Göttern, o Phaidon, ich verzeihe euch das. Denn auch ich, da ich dies jetzt von dir gehört, habe so zu mir gesprochen: Welcher Rede soll man nun wohl noch glauben, denn die so sehr glaubliche, welche Sokrates vorgetragen, ist nun doch um allen Glauben gekommen. Denn gar wunderbar ergreift mich dieser Satz schon jetzt und immer, daß unsere Seele eine Stimmung ist; und wie er jetzt ausgesagt worden, hat er mir in Erinnerung gebracht, daß auch mir das vorher schon so gedäucht hatte. Und so bedarf ich nun wieder wie anfangs einer andern Rede, um mich zu überzeugen, daß mit dem Sterbenden die Seele nicht mitstirbt. Sage nun, beim Zeus, wie Sokrates dieses verfolgt hat, und ob auch ihm, wie du von euch sagst, etwas Verdrießliches anzumerken war oder nicht, sondern er seinen Satz ruhig verteidigte, und ob er es befriedigend getan hat oder unzureichend. Dies alles berichte uns so genau als möglich.

PHAIDON. Gewiß, o Echekrates, wie oft ich auch schon den Sokrates bewundert hatte, nie doch war ich mehr von ihm eingenommen als damals. Denn daß er etwas zu erwidern wußte, ist wohl nichts Besonderes; aber ich bewunderte ihn zuerst vorzüglich darüber, wie freundlich und sanft und beifällig er die Reden der jungen Männer aufnahm, dann wie scharf er bemerkte, was sie auf uns gewirkt hatten, und wie gut er uns heilte und gleichsam wie Flüchtlinge und Geschlagene zurückrief und uns zusprach, ihm zu folgen und die Rede mit ihm zu erwägen.

ECHEKRATES. Wie also?

PHAIDON. Das will ich dir sagen. Ich saß nämlich zu seiner Rechten neben dem Bett auf einem Bänkchen, er aber saß weit höher als ich. Nun strich er mir über den Kopf, faßte die Haare im Nacken zusammen, denn er pflegte wohl oft in meinen Haaren zu spielen, und sagte: Morgen also, o Phaidon, wirst du wohl diese schönen Locken abscheren? – So sieht es wohl aus, o Sokrates, sprach ich. – Nicht doch, wenn du mir folgst. – Was denn? fragte ich. – Heute noch, sagte er, will ich meine und du deine abscheren, wenn uns nämlich die Rede stirbt und wir sie nicht wieder ins Leben rufen können. Und wenn ich du wäre und mir diese Rede abhanden käme, wollte ich, wie die Argeier, einen Eid darauf ablegen, nicht eher das Haar wachsen zu lassen, bis ich in ehrlichem Kampfe die Rede des Simmias und Kebes besiegt hätte. – Aber, sagte ich, mit zweien kann es ja auch Herakles nicht aufnehmen. – So rufe denn mich herbei, sprach er, als deinen Jolaos, solange es noch Tag ist. – Das tue ich denn, sagte ich, aber nicht als Herakles, sondern wie Jolaos den Herakles. – Das ist gleichviel, sagte er. Aber daß wir uns ja zuerst hüten, daß uns nicht etwas Gewisses begegne. – Was doch? fragte ich. Daß wir ja nicht Redefeinde werden, sprach er, wie andere wohl Menschenfeinde. Denn unmöglich, sagte er, kann einem etwas Ärgeres begegnen, als wenn er Reden haßt. Und die Redefeindschaft entsteht ganz auf dieselbe Weise wie die Menschenfeindschaft. Nämlich die Menschenfeindschaft entsteht, wenn man einem auf kunstlose Weise zu sehr vertraut, und einen Menschen für durchaus wahr, gesund und zuverlässig gehalten hat, bald darauf aber denselbigen als schlecht und unzuverlässig erfindet und dann wieder einen, und wenn einem das öfter begegnet und bei solchen, die man für die vertrautesten und besten Freunde hält, so haßt man denn endlich, wenn man immer wieder anstößt, alle, und glaubt, daß nirgend an keinem irgend etwas Gesundes ist. Oder hast du nicht bemerkt, daß das so zu gehen pflegt? – Jawohl, sagte ich. – Ist das nun nicht, sprach er, schändlich, und ist nicht offenbar, daß ein solcher sich ohne die Kunst, die sich auf Menschen versteht, an den Umgang mit den Menschen wagt? Denn wenn er dieser Kunst gemäß mit ihnen umginge, so würde er, wie es sich in der Tat verhält, so auch glauben, daß es der sehr guten und sehr schlechten beider immer nur wenige gibt, der mittelmäßigen aber am meisten. – Wie meinst du das? sprach ich. – Gerade, sagte er, wie mit dem sehr Großen und sehr Kleinen; glaubst du, daß es etwas Selteneres gibt, als einen ganz ausgezeichnet großen oder ausgezeichnet kleinen Menschen oder Hund oder sonst etwas zu finden? Und ebenso mit schnell und langsam, häßlich und schön, weiß und schwarz? Oder hast du nicht gemerkt, daß von alledem das Äußerste selten vorkommt und wenig, das Mittlere aber unendlich häufig? – Freilich, sprach ich. – Und meinst du nicht, sagte er, wenn ein Wettstreit der Schlechtigkeit angestellt würde, daß auch da nur sehr wenige sich als die ersten zeigen würden? – Natürlich, sagte ich. – Freilich natürlich, sprach er; aber darin sind eigentlich die Reden nicht den Menschen ähnlich, sondern nur weil du führtest, bin ich dir hieher gefolgt, wohl aber darin, daß wenn jemand einer Rede getraut hat, daß sie wahr sei, ohne die Kunst, welche sich auf Reden versteht, und sie ihm dann bald darauf wieder falsch vorkommt, manchmal mit Recht, manchmal mit Unrecht, und so wieder eine und eine andere, und vorzüglich gilt das, wie du wohl weißt, von denen, die sich mit Streitreden abgeben, daß sie am Ende glauben, ganz weise geworden und allein zu der Einsicht gelangt zu sein, daß nicht nur an keinem Dinge irgend etwas Gesundes und Richtiges ist, sondern auch an den Reden nicht, vielmehr alles sich ordentlich wie im Euripos von oben nach unten dreht und keine Zeitlang bei etwas bleibt. – Vollkommen richtig, sprach ich, redest du. – Und, o Phaidon, wäre das nun nicht ein Jammer, wenn es doch wirklich wahre und sichere Reden gäbe und die man auch einsehen könnte, wenn einer, weil er auf solche Reden stößt, die ihm bald wahr zu sein scheinen bald wieder nicht, sich selbst nicht die Schuld geben wollte und seiner Kunstlosigkeit, sondern am Ende aus Mißmut die Schuld gern von sich selbst auf die Reden hinwälzte und dann sein übriges Leben in Haß und Schmähungen gegen alle Reden hinbrächte und so der Wahrheit und Erkenntnis der Dinge verlustig ginge? – Beim Zeus, sagte ich, ein großer Jammer. – So laß uns denn, sprach er, zuerst davor uns hüten und dem in unserer Seele keinen Eingang verstatten, als ob an allen Reden am Ende wohl gar nichts Tüchtiges wäre; sondern vielmehr, daß wir nur noch nicht recht tüchtig sind, aber tapfer sein und trachten müssen, tüchtig zu werden, du und die übrigen, des ganzen künftigen Lebens wegen, ich aber eben des Todes wegen. So daß ich vielleicht gar jetzt nicht sonderlich philosophisch mich in dieser Sache verhalte, sondern wie die ganz Ungebildeten rechthaberisch. Denn auch diese, wenn sie über etwas streiten, kümmern sich nicht darum, wie sich das wohl eigentlich verhält, wovon die Rede ist, sondern nur, daß den Anwesenden das annehmlich erscheine, was sie selbst festgestellt haben, danach trachten sie. Und ich scheine gegenwärtig nur so viel mich von ihnen zu unterscheiden, daß ich nicht danach trachten will, daß den Anwesenden das, was ich behaupte, wahr erscheine, außer beiläufig, sondern daß es mir selbst nur recht gewiß sich so zu verhalten scheine. Ich berechne nämlich, lieber Freund, und siehe nur wie eigennützig, wenn das wahr ist, was ich behaupte, ist es doch vortrefflich, davon überzeugt zu sein; wenn es aber für die Toten nichts mehr gibt, werde ich doch wenigstens diese Zeit noch vor dem Tode den Anwesenden weniger unangenehm sein durch Klagen; dieser mein Irrtum dauert aber nicht mit aus, denn das wäre ein Übel, sondern wird in kurzem untergehn. So gerüstet also, sprach er, o Simmias und Kebes, mache ich mich an die Rede. Ihr aber, wenn ihr mir folgen wollt, kümmert euch wenig um den Sokrates, sondern weit mehr um die Wahrheit, und wenn ich euch dünke etwas Richtiges zu sagen, so stimmt mir bei, wenn aber nicht, so widerstrebt mir auf alle Weise, damit ich nicht im Eifer mich und euch zugleich betrügend, euch wie eine Biene den Stachel zurücklassend davongehe.

Wohlan denn fuhr er fort, erinnert mich zuerst, was ihr sagtet, wenn ihr vielleicht findet, daß ich es nicht recht behalten habe. Simmias, denke ich, ist ungewiß und fürchtet, die Seele möchte, obwohl etwas Göttlicheres und Schöneres als der Leib, doch vor ihm untergehen, indem sie ihrer Natur nach eine Stimmung sei. Kebes aber schien dieses zwar mir zuzugeben, daß die Seele ja dauerhafter sei als der Leib, aber das könne doch niemand wissen, ob nicht die Seele, wenn sie nun viele Leiber oft verbraucht hat, den letzten Leib doch zurückläßt und nun selbst umkommt und dieses dann eben der Tod ist, der Untergang der Seele, denn der Leib geht ja doch immer unter ohne Aufhören. Ist es dieses, o Simmias und Kebes, was wir jetzt zu betrachten haben? Sie gaben beide zu, dieses sei es. – Und die vorigen Reden, sprach er, nehmt ihr die alle nicht an oder einige zwar, andere aber nicht? – Einige, sprachen sie, andere aber nicht. – Was sagt ihr also von jener Rede, sprach er, in welcher wir behaupteten, alles Lernen sei Erinnerung, und wenn sich dies so verhalte, müsse notwendig unsere Seele anderswo vorher sein, ehe sie an den Leib gebunden worden? – Ich meinesteils, sprach Kebes, war damals wunderbar überzeugt davon und bleibe auch jetzt dabei wie bei nichts anderem. – Und mir, sagte Simmias, geht es ebenso, und es sollte mich wundern, wenn ich jemals hierüber anders dächte. – Aber du mußt doch anders denken, o thebischer Freund, sprach Sokrates, wenn nämlich jene Meinung bestehen soll, daß eine Stimmung ein zusammengesetztes Ding ist, und daß die Seele als eine Stimmung aus dem, was in dem Leibe unter sich gespannt ist, bestehe. Denn du wirst doch nicht sagen wollen, die Stimmung sei eher vorhanden, als dasjenige da ist, woraus sie hervorgehen muß, oder willst du das? – Keineswegs, o Sokrates. sagte er. – Merkst du nun aber wohl, sagte er, daß dir dieses herauskommt, wenn du sagst, die Seele sei eher, als sie in menschliche Gestalt und Leib komme, sie sei aber zusammengesetzt aus dem, was dann noch nicht ist? Die Stimmung wenigstens ist nicht so, der du sie vergleichst; sondern die Leier und die Saiten und die Töne sind vorher ungestimmt da, und zuletzt von allen entsteht die Stimmung und geht zuerst wieder unter. Wie kann dir nun diese Rede mit jener zusammenstimmen? – Das sollte sie wohl, sagte Simmias. – Diese aber, sagte er, stimmt dir doch nicht; also sieh zu, welche von beiden du wählen willst, die, daß das Lernen Erinnerung ist, oder die, daß die Seele Stimmung ist. – Viel lieber jene, o Sokrates, sagte er. Denn diese letztere ist mir ohne allen Beweis gekommen nur aus einer gewissen Wahrscheinlichkeit und Angemessenheit, woher auch die meisten Menschen zu ihren Meinungen kommen; ich weiß aber, daß die Reden, die sich nur durch einen solchen Schein bewähren, leere Prahler sind, und wenn man sich nicht wohl mit ihnen vorsieht, einen gar leicht betrügen, in der Meßkunst und in allem andern. Jene Rede aber von dem Lernen und der Erinnerung beruht auf einem annehmungswürdigen Grunde; denn es war gesagt worden, daß unsere Seele auch, ehe sie in den Leib komme, ebenso sei, wie jenes Wesen ihr eignet, welches den Beinamen führt dessen, was es ist. Und dieses habe ich, wie ich mich selbst überzeuge, ganz mit Recht und mit gutem Grunde angenommen. Daher ist nun notwendig, wie ich sehe, daß ich es weder mir noch einem andern gelten lasse, welcher sagt, die Seele sei eine Stimmung. – Und was, sprach Sokrates. o Simmias, sagst du hiezu? Scheint dir wohl der Stimmung oder irgendeiner andern Zusammensetzung zuzukommen, daß sie sich anders verhalten könne wie jenes, woraus sie besteht? – Keineswegs. – Auch nicht irgend etwas anderes tun, wie ich denke, oder leiden außer dem, was jenes tut und leidet? – Er stimmte ein. – Also kommt auch wohl der Stimmung nicht zu, das anzuführen, woraus sie zusammengesetzt ist, sondern zu folgen? – Das dünkte ihn auch so. – Weit gefehlt also, daß die Stimmung entgegengesetzt sich bewegen oder klingen oder sonstwie entgegengesetzt sein könnte ihren Teilen. – Weit gefehlt, sagte er. – Und wie, ist nicht ihrer Natur nach jede Stimmung geradeso Stimmung, wie sie gestimmt ist? – Das verstehe ich nicht, sagte er. – Nicht, sagte er, wenn sie besser gestimmt ist oder in höherem Grade, falls dieses geschehen kann, wird sie dann nicht auch mehr Stimmung sein und in höherem Grade? Wenn aber in geringerem und weniger, dann auch nicht so sehr und weniger? – Freilich. – Findet nun das wohl auch bei der Seele statt, daß eine Seele auch nur im allergeringsten mehr und in höherem Grade oder weniger und in geringerem als die andere eben dieses, Seele, sein kann? – Nicht im mindesten, sagte er. – Wohlan denn, beim Zeus, sprach er, von der einen Seele sagt man doch, daß sie Vernunft hat und Tugend und gut ist, von der andern aber, daß sie Unvernunft und Verderben hat und schlecht ist, und das sagt man doch mit Recht? – Mit Recht freilich. – Die nun sagen, daß die Seele eine Stimmung ist, was werden die wohl sagen, daß dieses sei in den Seelen, die Tugend und das Laster? etwa wiederum eine andere Stimmung und Verstimmtheit? so daß die eine gestimmt ist, die gute, und in ihr selbst, die doch Stimmung ist, eine andere Stimmung hat, die andere aber wiederum ungestimmt ist und keine andere in sich hat? – Ich weiß es nicht zu sagen, sprach Simmias; offenbar aber müßte so etwas sagen, wer jenes voraussetzt. – Darüber aber sind wir ja vorher einig geworden, daß keine Seele mehr oder weniger ist als die andere, und dies ist doch ebensoviel, als daß keine Stimmung mehr oder weniger Stimmung ist als die andere; nicht wahr? – Freilich. – Die aber weder mehr noch weniger Stimmung ist, ist auch weder mehr noch weniger gestimmt. Ist es so? – So ist es. – Die aber weder mehr noch weniger gestimmte, hat die wohl größeren oder geringeren Anteil an dem Wesen der Stimmung oder gleichen? – Gleichen. – Also auch die Seele, wenn die eine eben dieses, Seele, weder mehr noch weniger ist als die andere, ist sie also auch weder mehr noch weniger gestimmt? – So ist es. – Und steht es so, so hat auch die eine weder mehr noch weniger Anteil an Verstimmtheit oder Stimmung? – Freilich nicht. – Und steht es wiederum so: könnte dann wohl die eine mehr oder weniger als die andere Anteil haben an Tugend und Laster, wenn doch das Laster Verstimmtheit ist und die Tugend Stimmung? – Nicht mehr.– Oder vielmehr, o Simmias, wenn wir es recht genau nehmen, wird keine Seele irgend Anteil am Laster haben, wenn sie Stimmung ist. Denn da die Stimmung immer vollkommen eben dieses ist, Stimmung: so kann sie an der Verstimmtheit gar niemals Anteil haben. – Freilich nicht. – Dann also auch nicht die Seele, da sie vollkommen Seele ist, am Laster. – Wie ginge das wohl nach dem Gesagten? – Nach dieser Rede also werden uns alle Seelen aller Lebendigen gleich gut sein, wenn sie doch ihrer Natur nach gleich sehr dieses sind, Seelen. – So dünkt mich auch, Sokrates, sprach er. – Dünkt es dich aber auch recht so gesagt zu sein, und daß der Rede dieses begegne, wenn die Annahme richtig wäre, daß die Seele Stimmung sei? – Ganz und gar nicht, sagte er. – Und wie, über alles, was an dem Menschen ist, sagst du nicht, daß eben die Seele herrsche, zumal noch die vernünftige? – Gewiß nichts anderes. – Und etwa immer nachgebend den Zuständen des Leibes oder auch ihnen widerstrebend? ich meine nämlich, so, wenn dieser Hitze hat oder Durst, daß sie doch auf die entgegengesetzte Seite zieht, zum Nichttrinken, und wenn Hunger zum Nichtessen, und in tausend andern Dingen sehen wir doch die Seele dem Leiblichen widerstreben? Oder nicht? – Allerdings. – Haben wir

aber nicht im vorigen zugegeben, daß sie niemals, wenn sie Stimmung ist, entgegengesetzt klingen kann, wie jenes gespannt und nachgelassen und geschwungen wird, oder was sonst dem widerfährt, woraus sie hervorgeht; sondern daß sie jenem folgen muß und niemals anführen? – Das haben wir zugegeben; wie sollten wir nicht? – Und wie, scheint sie uns nun nicht doch ganz das Gegenteil zu tun, alles jenes zu regieren, woraus man doch sagt, daß sie bestehe, und dem fast überall das ganze Leben hindurch zu widerstreben und es zu beherrschen auf alle Weise, bald härter im Zaum haltend und auf schmerzhafte Weise, wie in Sachen der Gymnastik und Heilkunst, bald wieder gelinder? und bald drohend, bald verweisend mit den Begierden, dem Zorn, der Furcht, als eine andere mit einem andern redend, wie auch Homeros in der Odyssee gedichtet hat, wo er vom Odysseus sagt: Aber er schlug an die Brust und strafte das Herz mit den Worten: Dulde nun aus, mein Herz, noch Härteres hast du geduldet. Meinst du wohl, er habe dies gedichtet in der Meinung, sie sei eine Stimmung und eigne sich, geleitet zu werden von den Zuständen des Leibes und nicht selbst sie zu leiten und zu beherrschen, weil sie nämlich etwas weit Göttlicheres ist als einer Stimmung zu vergleichen? – Beim Zeus, Sokrates, so kommt es mir nicht vor. – Also, mein Bester, mag es wohl auf keine Weise recht sein von uns, zu sagen, die Seele sei eine Stimmung. Denn wir würden, wie wir sehen, weder mit dem Homeros, dem göttlichen Dichter, eins sein, noch mit uns selbst. – So verhalte es sich allerdings, sagte er. –
Gut denn, sagte Sokrates, mit der Thebischen Harmonia sind wir, wie es scheint, noch so leidlich fertig geworden. Wie werden wir uns nun aber, o Kebes, auch mit dem Kadmos einigen und auf welche Weise? – Das denke ich, sprach Kebes, wirst du schon auffinden. Diese Rede wenigstens gegen die Stimmung hast du ganz wunderbar über meine Erwartung durchgeführt. Denn als Simmias sagte, was für Zweifel er hätte, verwunderte es mich gar sehr, was wohl jemand mit seiner Rede würde anfangen können, und doch konnte sie hernach nicht einmal den ersten Anlauf der deinigen aushalten, wie mir schien. So würde ich mich also auch nicht wundern, wenn dasselbige auch der Rede des Kadmos be-

gegnete. – O Guter, sprach Sokrates, nur nicht großsprechen, damit uns nicht ein Zauber das, was gesagt werden soll, verrufe und verdrehe. Doch das soll bei Gott stehen, wir aber wollen nun auf gut homerisch näher tretend hieran versuchen, ob du wohl etwas sagst. Was du aber suchst, scheint mir der Hauptsache nach zu sein, du verlangst, es soll gezeigt werden, daß unsere Seele unvergänglich und unsterblich ist, wenn doch ein philosophischer Mann, der, im Begriff zu sterben, gutes Mutes ist und der Meinung, daß er nach seinem Tode sich dort vorzüglich wohl befinden werde, mehr als wenn er einer andern Lebensweise folgend gestorben wäre, wenn ein solcher nicht ganz unverständig und töricht sein soll bei seinem guten Mut. Zu zeigen aber, daß die Seele etwas Starkes und Göttliches ist, und daß sie war ehe wir geboren wurden, dies alles, behauptest du, könne gar füglich auch keine Unsterblichkeit andeuten, sondern daß die Seele zwar etwas lange Beharrendes ist und wer weiß wie lange Zeit vorher irgendwo gewesen ist und vielerlei gewußt und getan hat, aber deshalb doch noch nicht unsterblich wäre, sondern eben dieses, daß sie in menschlichen Leib gekommen, könne schon der Anfang ihres Unterganges gewesen sein, gleichsam als eine Krankheit, und so könne sie in Jammer und Not dieses Leben leben und am Ende desselben in dem, was man Tod nennt, untergehen. Und ob sie einmal in den Leib kommt oder oft, dies behauptest du, könne keinen Unterschied darin machen, daß doch jeder von uns müsse besorgt sein. Denn es gehöre sich gar wohl, daß jeder, wer nicht unverständig sein wolle, sich fürchte, der nicht wisse und keine Rechenschaft davon geben könne, daß sie unsterblich ist. Dies ist es ungefähr, glaube ich, o Kebes, was du meinst, und absichtlich wiederhole ich es öfter, damit uns nichts davon entgeht und auch du, wenn du willst, etwas hinzusetzen und davontun kannst. – Darauf sagte Kebes: Für jetzt habe ich wohl nichts davonzutun oder hinzuzusetzen; sondern dies ist es, was ich sagen will.

Darauf hielt Sokrates einige Zeit inne, als ob er etwas bei sich bedächte, und sagte dann: Es ist keine schlechte Sache, o Kebes, welche du aufregst. Denn wir müssen nun im allgemeinen vom Entstehen und Vergehen die Ursache behandeln. Ich also will dir, wenn du willst, darlegen, wie es mir damit ergeht. Dünkt dich dann etwas von dem, was ich sage, brauchbar zu sein zur Überzeugung von dem, wonach du fragst, so brauche es. – Allerdings, sprach Kebes, das will ich. – So höre denn, was ich sagen werde. In meiner Jugend nämlich, o Kebes, hatte ich ein wundergroßes Bestreben nach jener Weisheit, welche man die Naturkunde nennt; denn es dünkte mich ja etwas Herrliches, die Ursachen von allem zu wissen, wodurch jegliches entsteht und wodurch es vergeht und wodurch es besteht, und hundertmal wendete ich mich bald hier und dorthin, indem ich bei mir selbst zuerst dergleichen überlegte, ob, wenn das Warme und Kalte in Fäulnis gerät, wie einige gesagt haben, dann Tiere sich bilden? und ob es wohl das Blut ist, wodurch wir denken, oder die Luft oder das Feuer? oder wohl keines von diesen, sondern das Gehirn uns alle Wahrnehmungen hervorbringt, des Sehens und Hörens und Riechens, und aus diesen dann Gedächtnis und Vorstellung entsteht; und aus Erinnerung und Vorstellung, wenn sie zur Ruhe kommen, dann auf dieselbe Weise Erkenntnis entsteht? Und wenn ich wiederum das Vergehen von alle diesem betrachtete und die Veränderungen am Himmel und auf der Erde, so kam ich mir am Ende zu dieser ganzen Untersuchung so untauglich vor, daß gar nichts darübergeht. Und davon will ich dir hinreichenden Beweis geben. Nämlich was ich vorher auch ganz genau wußte, wie es mir und den andern vorkam, darüber erblindete ich nun bei dieser Untersuchung so gewaltig, daß ich auch das verlernte, was ich vorher zu wissen glaubte von vielen andern Dingen, und so auch davon, wodurch der Mensch wächst. Denn dies, glaubte ich vorher, wisse jeder, daß es vom Essen und Trinken herkäme. Denn wenn aus den Speisen zum Fleische Fleisch hinzukommt und zu den Knochen Knochen und ebenso nach demselben Verhältnis auch zu allem übrigen das Verwandte sich hinzufindet, dann würde natürlich die Masse, die vorher wenig gewesen war, hernach viel und so der kleine Mensch groß. So glaubte ich damals; dünkt dich nicht das ganz leidlich? – Ei wohl, sagte Kebes. – Bedenke auch noch dies. Ich glaubte genug daran zu haben, wenn ein Mensch neben einem andern kleinen stehend groß schien, daß er um einen

Kopf größer wäre, und so auch ein Pferd neben dem andern, und was noch deutlicher ist als dieses: zehn schien mir mehr als acht zu sein, weil noch zwei dabei sind, und das Zweifüßige größer als das Einfüßige, weil es um die Hälfte herüberragt. – Und jetzt, sprach Kebes, was dünkt dich hievon? – Daß ich, sagte er, beim Zeus, gar weit entfernt bin, auch nur zu glauben, daß ich zu irgend etwas hievon die Ursache wisse, da ich mir ja das nicht einmal gelten lasse, daß, wenn jemand eins zu einem hinzunimmt, dann entweder das eine, zu welchem hinzugenommen worden, zwei geworden ist, oder das Hinzugenommene und das, zu welchem hinzugenommen worden, eben weil eins zu dem andern hinzugekommen, zwei geworden sind. Denn ich wundere mich, wie doch, als jedes für sich war, jedes von ihnen soll eines gewesen sein und sie damals nicht zwei waren, nun sie aber einander nahegekommen, dieses die Ursache gewesen ist, daß sie zwei geworden sind, die Vereinigung, daß man sie nebeneinander gestellt hat. Und ebensowenig, wenn jemand eines zerspaltet, kann ich mich noch überreden, daß wiederum dieses, die Spaltung, Ursache geworden ist, daß zwei geworden sind. Denn dies wäre ja eine ganz entgegengesetzte Ursache des Zweiwerdens als damals. Damals nämlich, weil sie einander näher gebracht wurden und eines zum andern hinzugesetzt, nun aber, weil eines von andern hinweggeführt und getrennt wird. Auch nicht, warum eines wird, getraue ich mich noch zu wissen, noch sonst irgend etwas mit einem Wort, warum es wird oder vergeht oder ist, nämlich nach dieser Art und Weise der Untersuchung, sondern ich mische mir eine andere auf gut Glück zusammen, diese aber lasse ich auf keine Weise gelten. Sondern als ich einmal einen hörte aus einem Buche, wie er sagte vom Anaxagoras, lesen, daß die Vernunft das Anordnende ist und aller Dinge Ursache, an dieser Ursache erfreute ich mich, und es schien mir auf gewisse Weise sehr richtig, daß die Vernunft von allem die Ursache ist, und ich gedachte, wenn sich dies so verhält, so werde die ordnende Vernunft auch alles ordnen und jegliches stellen, so wie es sich am besten befindet. Wenn nun einer die Ursache von jeglichem finden wollte, wie es entsteht oder vergeht oder besteht, so dürfe er nur dieses daran finden, wie es gerade diesem am besten sei zu bestehen oder irgend sonst etwas zu tun oder zu leiden. Und dem zufolge dann gezieme es dem Menschen nicht, nach irgend etwas anderem zu fragen, sowohl in bezug auf sich als auf alles andere, als nach dem Trefflichsten und Besten, und derselbe werde dann notwendig auch das Schlechtere wissen, denn die Erkenntnis von beiden sei dieselbe. Dieses nun bedenkend freute ich mich, daß ich glauben konnte, über die Ursache der Dinge einen Lehrer gefunden zu haben, der recht nach meinem Sinn wäre, an dem Anaxagoras, der mir nun auch sagen werde, zuerst ob die Erde flach ist oder rund, und wenn er es mir gesagt, mir dann auch die Notwendigkeit der Sache und ihre Ursache dazu erklären werde, indem er auf das Bessere zurückginge und mir zeigte, daß es ihr besser wäre, so zu sein. Und wenn er behauptete sie stände in der Mitte, werde er mir dabei erklären, daß es ihr besser wäre, in der Mitte zu stehn; und wenn er mir dies deutlich machte, war ich schon ganz entschlossen, daß ich nie mehr eine andere Art von Ursache begehren wollte. Ebenso war ich entschlossen, mich nach der Sonne gleichermaßen zu erkundigen und dem Monde und den übrigen Gestirnen wegen ihrer verhältnismäßigen Geschwindigkeiten und ihrer Umwälzungen und was ihnen sonst begegnet, woher es doch jedem besser ist, das zu verrichten und zu erleiden, was jeder erleidet. Denn ich glaubte ja nicht, nachdem er einmal behauptet, alles sei von der Vernunft geordnet, daß er irgendeinen anderen Grund mit hineinziehen werde, als daß es das Beste sei, daß sie sich so verhalten, wie sie sich verhalten; und also glaubte ich, indem er für jedes einzelne und alles insgemein den Grund nachweise, werde er das Beste eines jeglichen darstellen und das für alles insgesamt Gute. Und für vieles hätte ich diese Hoffnung nicht weggegeben; sondern ganz emsig griff ich zu den Büchern und las sie durch, so schnell ich nur konnte, um nur aufs schnellste das Beste zu erkennen und das Schlechtere. Und von dieser wunderbaren Hoffnung, o Freund, fiel ich ganz herunter, als ich fortschritt und las und sah, wie der Mann mit der Vernunft gar nichts anfängt und auch sonst gar nicht Gründe anführt, die sich beziehen auf das Anordnen der Dinge, dagegen aber allerlei Luft und Äther und Wasser vorschiebt und sonst vieles zum Teil Wunderliches. Und mich dünkte, es sei ihm so gegangen, als wenn jemand zuerst sagte: »Sokrates tut alles, was er tut, mit Vernunft«, dann aber, wenn er sich daran machte, die Gründe anzuführen von jeglichem, was ich tue, dann sagen wollte, zuerst daß ich jetzt deswegen hier säße, weil mein Leib aus Knochen und Sehnen besteht und die Knochen dicht sind und durch Gelenke voneinander geschieden, die Sehnen aber so eingerichtet, daß sie angezogen und nachgelassen werden können, und die Knochen umgeben nebst dem Fleisch und der Haut, welche sie zusammenhält. Da nun die Knochen in ihren Gelenken schweben, so machten die Sehnen, wenn ich sie nachlasse und anziehe, daß ich jetzt imstande sei, meine Glieder zu bewegen, und aus diesem Grunde säße ich jetzt hier mit gebogenen Knien. Ebenso, wenn er von unserm Gespräch andere dergleichen Ursachen anführen wollte, die Töne nämlich und die Luft und das Gehör und tausenderlei dergleichen herbeibringen, ganz vernachlässigend die wahren Ursachen anzuführen, daß nämlich, weil es den Athenern besser gefallen hat mich zu verdammen, deshalb es auch mir besser geschienen hat, hier sitzen zu bleiben und gerechter die Strafe geduldig auszustehen, welche sie angeordnet haben. Denn, beim Hunde, schon lange, glaube ich wenigstens, wären diese Sehnen und Knochen in Megara oder bei den Böotiern durch die Vorstellung des Besseren in Bewegung gesetzt, hätte ich es nicht für gerechter und schöner gehalten, lieber als daß ich fliehen und davongehen sollte, dem Staate die Strafe zu büßen, die er ordnet. Also dergleichen Ursachen zu nennen ist gar zu wunderlich; wenn aber einer sagte, daß, ohne dergleichen zu haben, Sehnen und Knochen und was ich sonst habe, ich nicht imstande sein würde, das auszuführen, was mir gefällt, der würde richtig reden. Daß ich aber deshalb täte, was ich tue, und es insofern mit Vernunft täte, nicht wegen der Wahl des Besten, das wäre doch gar eine große und breite Untauglichkeit der Rede, wenn sie nicht imstande wäre, zu unterscheiden, daß bei einem jeden Dinge etwas anderes ist, die Ursache und etwas anderes jenes, ohne welches die Ursache nicht Ursache sein könnte; und eben dies scheinen mir wie im Dunkeln tappend die meisten mit einem ungehörigen Namen, als wäre es selbst die Ursache, zu benennen. Darum legt dann der eine einen Wirbel um die Erde und läßt sie dadurch unter dem Himmel stehen bleiben, der andere stellt ihr, wie einem breiten Troge, einen Fußschemel, die Luft, unter. Daß sie aber nun so liege, wie es am besten war sie zu legen, die Bedeutung davon suchen sie gar nicht auf und glauben auch gar nicht, daß darin eine besondere höhere Kraft liege, sondern meinen, sie hätten wohl einen Atlas aufgefunden, der stärker wäre und unsterblicher als dieser und alles besser zusammenhielte; das Gute und Richtige aber, glauben sie, könne überall gar nichts verbinden und zusammenhalten. Ich nun wäre, um zu wissen, wie es sich mit dieser Ursache verhält, gar zu gern jedermann Schüler geworden; da es mir aber so gut nicht wurde und ich dies weder selbst zu finden noch von einem andern zu lernen vermochte, willst du, daß ich dir von der zweitbesten Fahrt, wie ich sie durchgeführt habe zur Erforschung der Ursache, eine Beschreibung gebe, o Kebes? – Ganz über die Maßen, sprach er, will ich das. – Es bedünkte mich nämlich nach diesem, da ich aufgegeben, die Dinge zu betrachten, ich müsse mich hüten, daß mir nicht begegne, was denen, welche die Sonnenfinsternis betrachten und anschauen, begegnet. Viele nämlich verderben sich die Augen, wenn sie nicht im Wasser oder sonst worin nur das Bild der Sonne anschauen. So etwas merkte ich auch und befürchtete, ich möchte ganz und gar an der Seele geblendet werden, wenn ich mit den Augen nach den Gegenständen sähe und mit jedem Sinne versuchte, sie zu treffen. Sondern mich dünkt, ich müsse zu den Gedanken meine Zuflucht nehmen und in diesen das wahre Wesen der Dinge anschauen. Doch vielleicht ähnelt das Bild auf gewisse Weise nicht so, wie ich es aufgestellt habe. Denn das möchte ich gar nicht zugeben, daß, wer das Seiende in Gedanken betrachtet, es mehr in Bildern betrachte, als wer in den Dingen. Also dahin wendete ich mich, und indem ich jedesmal von dem Gedanken ausgehe, den ich für den stärksten halte, so setze ich was mir scheint mit diesem übereinzustimmen, als wahr, es mag nun von Ursachen die Rede sein oder von was nur sonst, was aber nicht, als nicht wahr. Ich will dir aber noch deutlicher sagen, wie ich es meine; denn ich glaube, daß du es jetzt nicht verstehst. – Nein, beim Zeus, sagte Kebes, nicht eben sonderlich. – Ich meine es ebenso, fuhr er fort, gar nichts Neues, sondern was ich schon sonst immer und so auch in der eben durchgeführten Rede gar nicht aufgehört habe zu sagen. Ich will nämlich gleich versuchen, dir den Begriff der Ursache aufzuzeigen, womit ich mich beschäftigt habe, und komme wiederum auf jenes Abgedroschene zurück und fange davon an, daß ich voraussetze, es gebe ein Schönes an und für sich und ein Gutes und Großes und so alles andere, woraus, wenn du mir zugibst und einräumst, daß es sei, ich dann hoffe, dir die Ursache zu zeigen und nachzuweisen, daß die Seele unsterblich ist. – So säume nur ja nicht, sprach Kebes, es durchzuführen, als hätte ich dir dies längst zugegeben. – So betrachte denn, fuhr er fort, was daran hängt, ob dir das ebenso vorkommt wie mir. Mir scheint nämlich, wenn irgend etwas anderes schön ist als jenes Selbstschöne, es wegen gar nichts anderem schön sei, als weil es teilhabe an jenem Schönen und ebenso sage ich von allem. Räumst du die Ursache ein? – Die räume ich ein, sprach er. – Und so verstehe ich denn gar nicht mehr und begreife nicht jene andern gelehrten Gründe; sondern wenn mir jemand sagt, daß irgend etwas schön ist, entweder weil es eine blühende Farbe hat oder Gestalt oder sonst etwas dieser Art, so lasse ich das andere, denn durch alles übrige werde ich nur verwirrt gemacht, und halte mich ganz einfach und kunstlos und vielleicht einfältig bei mir selbst daran, daß nicht anderes es schön macht als eben jenes Schöne, nenne es nun Anwesenheit oder Gemeinschaft, wie nur und woher sie auch komme, denn darüber möchte ich nichts weiter behaupten, sondern nur, daß vermöge des Schönen alle schönen Dinge schön werden. Denn dies dünkt mich das Allersicherste zu antworten, mir und jedem andern; und wenn ich mich daran halte, glaube ich, daß ich gewiß niemals fallen werde, sondern daß es mir und jedem andern sicher ist zu antworten, daß vermöge des Schönen die schönen Dinge schön werden. Oder dünkt dich das nicht auch? – Das dünkt mich. – Also auch vermöge der Größe das Große groß und das Größere größer, und vermöge der Kleinheit das Kleinere kleiner? – Ja. – Also du würdest es auch nicht annehmen, wenn jemand von einem sagen wollte, er sei größer als ein anderer vermöge des Kopfes und der Kleinere vermöge desselben auch kleiner, sondern würdest darauf beharren, daß du gar nichts anderes meinst, als daß alles Größere als ein anderes, nur vermöge der Größe größer ist und wegen sonst nichts, und eben um deswillen, um der Größe willen, und das Kleine vermöge sonst nichts kleiner als der Kleinheit, und eben um deswillen kleiner um der Kleinheit. Und das aus Furcht, glaube ich, daß dir nicht eine andere Rede entgegentrete, wenn du sagtest, einer sei des Kopfes wegen größer oder kleiner, zuerst nämlich, daß wegen des nämlichen das Größere größer sei und das Kleinere kleiner, und dann, daß des Kopfes wegen, der doch selbst klein ist, das Größere größer sei, und daß das doch ein Wunder sei, daß wegen etwas Kleinem einer groß sein soll. Oder würdest du das nicht fürchten? – Da lachte Kebes und sagte: Freilich wohl. – Also, fuhr er fort, daß zehn mehr ist als acht, um zwei, und um dieser Ursache willen es übertreffe, der zwei wegen, und nicht der Vielheit wegen und durch die Vielheit, das würdest du dich fürchten zu sagen. So auch, daß das Zweifüßige größer wäre als das Einfüßige, vermöge der Hälfte und nicht vermöge der Größe? Denn dabei ist doch dieselbe Besorgnis. – Allerdings, antwortete er. – Und wie, wenn eines zu einem hinzugesetzt worden, daß dann die Hinzufügung Ursache sei, daß zwei geworden sind, und wenn eines gespalten worden, dann die Spaltung, würdest du dich nicht scheuen das zu sagen, und vielmehr laut erklären du wüßtest nicht, daß irgendwie anders jegliches werde, als indem es teilnähme an dem eigentümlichen Wesen eines jeglichen, woran es teilhat, und so fändest du gar keine andere Ursache des Zweigewordenseins als eben die Teilnehmung an der Zweiheit, an welcher alles teilnehmen müßte, was zwei sein sollte, so wie an der Einheit, was eins sein sollte? Die Spaltungen aber und Hinzufügungen und andere solche Herrlichkeiten, würdest du die nie liegenlassen und andern anheimstellen, damit zu antworten, die gelehrter sind als du; du selbst aber aus Furcht, wie man sagt, vor deinem eigenen Schatten und deiner Ungeschicktheit, an jener sicheren Voraussetzung dich haltend, immer so antworten? Wenn sich aber einer an die Voraussetzung selbst hielte, würdest du den nicht gehen lassen und nicht eher antworten, bis du, was von ihr abgeleitet wird, betrachtet hättest, ob es miteinander stimmt oder nicht stimmt? Und solltest du dann von jener selbst Rechenschaft geben, würdest du sie nicht auf die gleiche Weise geben, nämlich eine andere Voraussetzung wieder voraussetzend, welche dir eben von den höherliegenden die beste dünkte, bis du auf etwas Befriedigendes kämest, nicht aber untereinandermischend, wie die Streitkünstler bald von dem ersten Grunde reden und bald von dem daraus abgeleiteten, wenn du nämlich irgend etwas, wie es wirklich ist, finden wolltest. Denn jene freilich haben hieran vielleicht gar keinen Gedanken und keine Sorge, sondern sind imstande, wenn sie auch in ihrer Weisheit alles durcheinander rühren, doch noch sich selbst zu gefallen. Gehörst du aber zu den Philosophen, so, denke ich, wirst du es so machen, wie ich sage. – Ganz vollkommen wahr redest du, sagten Simmias und Kebes zugleich.

ECHEKRATES. Beim Zeus, o Phaidon, mit Recht. Denn gar wunderbar einleuchtend scheint mir der Mann dieses gesagt zu haben für jeden, der auch nur ein wenig Vernunft hat.

PHAIDON. Allerdings, o Echekrates, und so schien es auch allen Anwesenden.

ECHEKRATES. Und auch uns den Abwesenden, die es jetzt hören. Aber was war nur, was hiernächst gesagt wurde?

PHAIDON. Wie ich glaube, nachdem ihm dieses eingeräumt und zugestanden war, daß jeglicher Begriff etwas sei an sich und durch Teilnahme an ihnen die andern Dinge den Beinamen von ihnen erhalten, so fragte er hierauf: Wenn du nun dieses so annimmst, mußt du dann nicht, wenn du behauptest, Simmias sei größer als Sokrates, als Phaidon aber kleiner, sagen, daß in dem Simmias beides sei, Größe und Kleinheit? – Freilich. – Und so gestehst du doch, daß Simmias den Sokrates überragt, damit verhalte es sich nicht in der Tat so, wie es buchstäblich ausgedrückt wird. Denn es ist nicht des Simmias Natur, schon dadurch, daß er Simmias ist, zu überragen, sondern durch die Größe, die er zufällig hat; auch nicht den Sokrates zu überragen deshalb, weil Sokrates Sokrates ist, sondern nur, weil Sokrates Kleinheit hat in bezug auf jenes Größe. – Richtig. – Auch nicht vom Phaidon überragt zu werden deshalb, weil Phaidon Phaidon ist, sondern weil er Größe hat in Vergleich mit

Simmias' Kleinheit. – So ist es. – So hat also Simmias den Beinamen klein zu sein und groß, selbst in der Mitte stehend zwischen beiden, indem er vermittelst des Übertreffens durch Größe des einen Kleinheit übertrifft, dem anderen aber Größe zugesteht, welche seine Kleinheit übertrifft. Dabei lächelte er und sagte: Ich werde wohl noch gar wie ein Gerichtschreiber so genau reden; aber es verhält sich denn doch, wie ich sage. – Jener stimmte bei. – Ich sage dies aber, weil ich möchte, du wärest derselben Meinung wie ich. Denn mir leuchtet ein, daß nicht nur die Größe selbst niemals will zugleich groß und klein sein, sondern, daß auch die Größe in uns niemals das Kleine aufnimmt oder will übertroffen werden, sondern eines von beiden, daß sie entweder flieht und aus dem Wege geht, wenn ihr Gegenteil, das Kleine, sich nähert, oder, wenn es da ist, untergeht, niemals aber, bleibend und die Kleinheit aufnehmend, etwas anders sein will, als sie war; so wie ich allerdings, aushaltend und die Kleinheit aufnehmend, derselbige bin, der ich war, und nur ebendieser selbige klein bin. Jene aber hat nicht das Herz, indem sie groß ist, auch klein zu sein. So auch das Kleine in uns will niemals groß werden oder sein; noch auch sonst eins von zwei entgegengesetzten will, dasselbe bleibend was es war, zugleich auch sein Gegenteil werden oder sein, sondern entweder geht es davon, oder es geht unter in dieser Veränderung. – Auf alle Weise, sprach Kebes, leuchtet mir das auch ein. – Da sagte einer von den Anwesenden, wer es aber war, erinnere ich mich nicht mehr genau: Bei den Göttern, war uns nicht in unsern vorigen Reden gerade das Gegenteil von dem, was jetzt gesagt wird, herausgekommen, daß nämlich aus dem Kleineren das Größere werde und aus dem Größeren das Kleinere, und daß gerade dies die Art sei, wie Entgegengesetztes wird aus Entgegengesetztem? Nun aber scheint mir gesagt zu werden, daß das gar nicht möglich ist. – Sokrates hatte sich hingeneigt und zugehört und sagte: Das hast du wacker erinnert, nur bemerkst du nicht den Unterschied zwischen dem jetzt Gesagten und dem damaligen. Damals nämlich wurde gesagt, aus dem entgegengesetzten Dinge werde das entgegengesetzte Ding; jetzt aber, daß das Entgegengesetzte selbst sein Entgegengesetztes niemals werden will, weder das in uns noch das in der Natur. Damals nämlich, o Freund, redeten wir von den Dingen, die das Entgegengesetzte an sich haben, und benannten sie mit den Namen von jenen, jetzt aber von jenen selbst, durch deren Einwohnung die so genannten Dinge ihre Benennung erhalten. Und von diesen selbst behaupten wir doch wohl nicht, daß sie einen Übergang ineinander zulassen. Zugleich sah er den Kebes an und fragte: Hat auch dich vielleicht, o Kebes, irregemacht, was dieser sagte? – Nein, sagte Kebes, so steht es nicht mit mir; wiewohl ich nicht sagen will, daß nicht vieles mich irremacht. – Darüber also sind wir eins geworden, fuhr Sokrates fort, ganz unbedingt, daß das Entgegengesetzte niemals sein Entgegengesetztes sein wird. – Auf alle Weise. – So betrachte denn auch noch dieses, ob du auch darüber mit mir einig sein wirst. Du nennst doch etwas warm und kalt? – Das tue ich. – Etwa dasselbe, was auch Schnee und Feuer? – Nein, beim Zeus, ich nicht. – Sondern etwas anderes als das Feuer ist das Warme und etwas anderes als der Schnee das Kalte? – Ja. – Aber das, denke ich, glaubst du doch, daß niemals der Schnee als Schnee das Warme aufnehmen und, wie wir im vorigen sagten, noch sein wird was er war, Schnee und zugleich warm; sondern, wenn das Warme sich nähert, wird er ihm entweder aus dem Wege gehn oder verschwinden. – Freilich. – Und so das Feuer wiederum, wenn ihm das Kalte naht, wird entweder darunter weggehn oder verschwinden, nie aber das Herz haben, die Kälte aufzunehmen und noch sein zu wollen was es war, Feuer und kalt. – Wohlgesprochen, sagte er. – Diese Bewandtnis also, fuhr er fort, hat es mit einigen Dingen, daß nicht nur der Begriff selbst sich seinen Namen aneignen will für alle Zeit, sondern auch noch etwas anderes, welches zwar nicht er selbst ist, aber doch immer seine Gestalt an sich trägt, solange es ist. Vielleicht wird hieran noch deutlicher werden, was ich meine. Das Ungerade muß doch immer diesen Namen bekommen, den wir jetzt genannt haben; oder nicht? – Allerdings. – Aber dieses allein, denn danach frage ich, oder auch noch etwas anderes, welches zwar nicht das Ungerade selbst ist, aber, was man doch immer auch mit dem Namen desselben nennen muß, weil es so geartet ist, daß es das Ungerade nie kann fahrenlassen?

Ich meine damit das, was auch der Dreiheit begegnet und noch vielen anderen. Denn überlege dir nur wegen der Drei, glaubst du nicht, daß sie immer muß sowohl mit ihrem Namen genannt werden als mit dem des Ungeraden, ohnerachtet dieses nicht dasselbe ist wie die Dreiheit; aber dennoch ist dies die natürliche Beschaffenheit der Drei und der Fünf und überhaupt der einen ganzen Hälfte der Zahl, daß, ohnerachtet sie nicht dasselbe ist wie das Ungerade, doch jede von ihnen ungerade ist. Und wiederum die Zwei und die Vier und die andere Reihe der Zahlen ist nicht dasselbe wie das Gerade, aber doch ist jede von ihnen immer gerade. Gibst du das zu oder nicht? – Wie sollte ich nicht, sprach er. – So siehe nun zu, was ich eigentlich deutlich machen will. Es ist nämlich dieses, daß nicht nur jenes Entgegengesetzte selbst sich einander nicht annimmt; sondern auch alles das, was einander eigentlich nicht entgegengesetzt ist, doch aber das Entgegengesetzte immer in sich hat, auch dieses scheint jene Idee nicht annehmen zu wollen, die der in ihm wohnenden entgegengesetzt ist, sondern, wenn sie kommt, entweder unterzugehn oder sich davonzumachen. Oder wollen wir nicht sagen, die Drei werde eher untergehen und sich alles andere gefallen lassen als aushalten Drei zu sein und zugleich gerade zu werden? – Allerdings, sagte Kebes. – Nun ist doch die Zwei der Drei nicht entgegengesetzt. – Freilich nicht. – Also nicht nur die entgegengesetzten Begriffe lassen einander nicht zu, sondern auch noch einiges andere läßt das Entgegengesetzte nicht an sich kommen. – Vollkommen richtig, sprach er, redest du. – Sollen wir nun, fuhr jener fort, wenn wir es können, bestimmen, welcherlei diese sind? – Wohl. – Werden es nun nicht diejenigen sein, o Kebes, welche dasjenige, wovon sie Besitz nehmen, nicht nur nötigen, ihre eigene Idee immer festzuhalten, sondern auch immer die eines gewissen Entgegengesetzten? – Wie meinst du das? – Wie wir eben sagten. Denn du weißt doch, alles, wovon die Idee der Dreiheit Besitz nimmt, ist notwendig nicht nur Drei, sondern auch ungerade? – Freilich. – Zu einem solchen nun, sagen wir, kann die Idee, welche der Form entgegengesetzt ist, die dies bewirkt, niemals kommen? – Freilich nicht. – Bewirkt hat dies aber die Form des Ungeraden. – Ja. –

Und entgegengesetzt dieser ist die des Geraden? – Ja. – Also kann zu Gedrittem niemals die Form des Geraden kommen. – Offenbar nicht. – Ohne allen Anteil an dem Geraden ist also das Gedritte? – Ohne Anteil. – Also ist die Drei ungerade? – Ja. – Was ich also bestimmen wollte, welche Dinge nämlich, ohne einem gewissen entgegengesetzt zu sein, doch dessen Gegenteil nicht annehmen, wie jetzt die Drei dem Geraden nicht entgegengesetzt ist, es aber demohngeachtet doch nicht aufnimmt; denn immer bringt sein Gegenteil mit, sowohl die Zwei dem Ungeraden, als das Feuer dem Kalten und vieles andere; dieses nun siehe zu, ob du es wohl so bestimmst, daß nicht nur ein Entgegengesetztes das andere nicht aufnimmt, sondern auch, wenn etwas allem, woran es sich macht, den einen Gegensatz zubringt, so kann eben dieses Zubringende den Gegensatz des Zugebrachten niemals annehmen. Rufe es dir nur noch einmal zurück, denn es ist nicht übel, es oft zu hören. Die Fünf wird nie die Form des Geraden annehmen, noch die Zehn die des Ungeraden als das Zwiefache. Auch dieses selbst ist einem andern entgegengesetzt, aber dennoch nimmt es die Form des Ungeraden nicht an. Ebensowenig das Anderthalbe und alles dergleichen als Halbes die des Ganzen, oder das Dritteil und alles dergleichen, wenn du folgst und einstimmst. – Gar sehr, sprach er, stimme ich ein und folge auch. – So sage mir denn, sprach er, noch einmal von Anfang an und antworte mir, nicht gerade das, was ich frage, sondern mich nachahmend ein anderes. Ich sage das nämlich, weil ich außer jener vorher gegebenen sicheren Antwort vermittelst des jetzt Gesagten noch eine andere Sicherheit absehe. Denn wenn du mich fragtest, wenn was doch dem Leibe einwohnt, wird dieser warm sein: so würde ich dir nicht jene einfältige sichere Antwort geben, wenn Wärme; sondern eine feinere, vermöge des jetzt Gesagten, nämlich, wenn Feuer. Noch auch, wenn du fragtest, welchem Leibe was doch einwohnt, der wird krank sein, werde ich sprechen, welchem Krankheit, sondern welchem Fieber. Noch auch, wenn was doch einer Zahl einwohnt, wird sie ungerade sein, werde ich antworten, wenn Ungeradigkeit, sondern wenn Einheit, und so überall. Siehe nun zu, ob du schon zur Genüge verstehst, was ich will. – Vollkommen zur Genüge, sagte er. – Antworte also, sprach er, wenn was doch dem Leibe einwohnt, wird er lebend sein? – Wenn Seele, antwortete er. – Und verhält sich dies auch immer so? – Wie sollte es nicht? sagte er. – Die Seele also, wessen sie sich bemächtigt, dem bringt sie immer Leben mit. – Das tut sie freilich. – Ist nun wohl etwas dem Leben entgegengesetzt oder nichts? – Es ist. – Und was? – Der Tod. – Also wird wohl die Seele das Gegenteil dessen, was sie immer mitbringt, nie annehmen, wie wir aus dem vorigen festgesetzt haben. – Und gar sehr festgesetzt. – Wie nun? was die Idee des Geraden nie aufnimmt, wie nannten wir das eben? – Ungerade. – Und was das Gerechte nie annimmt und das Künstlerische nie annimmt? – Unkünstlerisch, sprach er, und jenes ungerecht. – Wohl. Und was den Tod nie annimmt, wie nennen wir das? – Unsterblich, sagte er. – Und die Seele nimmt doch den Tod nie an? – Nein. – Unsterblich also ist die Seele? – Unsterblich. – Wohl, sprach er. Wollen wir also sagen, dies sei erwiesen, oder wie dünkt dich? – Und zwar ganz vollständig, o Sokrates. – Wie nun, sprach er, o Kebes; wenn das Ungerade notwendig unvergänglich wäre, würde dann die Drei nicht auch unvergänglich sein? – Wie sollte sie nicht? – Und nicht wahr, wenn auch das Unwarme notwendig unvergänglich wäre, so müßte, wenn jemand an den Schnee Wärme brächte, der Schnee sich davonmachen, aber wohlbehalten und ungeschmolzen? Denn vergehen könnte er ja nicht, aber auch nicht bleiben und die Wärme aufnehmen. – Wohlgesprochen, sagte er. – Und ebenso, denke ich, wenn das Unkalte unvergänglich wäre und jemand an das Feuer Kaltes brächte, so würde es nicht verlöschen und auch nicht vergehen, sondern nur wohlbehalten sich entfernen. – Notwendig. – Muß man nun nicht eben so auch von dem Unsterblichen sagen, daß, wenn das Unsterbliche auch unvergänglich ist, die Seele unmöglich, wenn der Tod an sie kommt, untergehen kann. Denn der Tod, vermöge des Vorhergesagten, kann sie nicht annehmen und gestorben sein, wie die Drei niemals kann gerade sein, ebensowenig als das Ungerade selbst, noch auch das Feuer kalt, ebensowenig als die Wärme in dem Feuer. Aber was hindert, könnte jemand sagen, daß das Ungerade zwar niemals gerade wird, wenn das Gerade ihm ankommt, wie auch eingestanden ist, aber wohl, daß es umkommt und statt seiner uns ein Gerades entsteht? Wer nun das sagte, dem könnten wir nicht abstreiten, daß es nicht umkomme. Denn das Ungerade ist nicht unvergänglich. Wenn aber dies erst eingestanden wäre, dann könnten wir leicht durchfechten, daß, wenn das Gerade kommt, das Ungerade und die Drei nur davongehn, und vom Feuer und dem Warmen und allem andern würden wir es ebenso durchfechten. Oder nicht? – Gewiß. – Nicht so auch jetzt von dem Unsterblichen, wenn uns nur erst eingestanden wäre, daß es zugleich auch unvergänglich ist, wäre uns die Seele außerdem daß sie unsterblich ist auch unvergänglich; wo aber nicht, so müßte man es anders anfangen. – Dessen bedarf es nun wohl nicht, sprach er, was mich betrifft. Denn gute Wege hätte es, daß irgend etwas sich dem Untergang entziehen könnte, wenn auch das Unsterbliche und immer Seiende den Untergang annähme. – Gott wenigstens, sprach Sokrates, und die Idee des Lebens selbst wird wohl, wenn überhaupt etwas unsterblich ist, von jedem eingestanden werden, daß es niemals untergehe. – Beim Zeus, sagte er, von jedem Menschen ja schon, und noch mehr, denke ich, von den Göttern. – Wenn also das Unsterbliche auch unvergänglich ist, wäre dann nicht die Seele, wenn sie doch unsterblich ist, zugleich auch unvergänglich? – Ganz notwendig. – Tritt also der Tod den Menschen an, so stirbt, wie es scheint, das Sterbliche an ihm, das Unsterbliche aber und Unvergängliche zieht wohlbehalten ab, dem Tode aus dem Wege. – Das leuchtet ein. – Ganz sicher also, o Kebes, ist die Seele unsterblich und unvergänglich, und in Wahrheit werden unsere Seelen sein in der Unterwelt. – Ich wenigstens, o Sokrates, sagte er, vermag weder etwas anderes hiegegen vorzubringen, noch deinen Reden den Glauben zu versagen; weiß aber unser Simmias oder sonst ein anderer etwas, so wird es wohlgetan sein, es nicht zu verschweigen. Denn ich wüßte nicht, auf welche andere Gelegenheit als die jetzt noch vorhandene es jemand verschieben könnte, der etwas über diese Gegenstände sagen oder hören will. – Allerdings, sagte Simmias, weiß auch ich nicht, wie ich nicht beistimmen soll, dem Gesagten zufolge; jedoch wegen der Größe der Gegenstände, worauf die Reden sich beziehen, und wie ich auf die menschliche Schwachheit wenig halte, bin ich gedrungen, bei mir selbst noch einen Unglauben zu behalten über das Gesagte. – Nicht nur das, o Simmias, sagte Sokrates, sondern wie du hierin ganz recht gesprochen hast, müßt ihr auch in alle Wege unsere ersten Voraussetzungen, wenn sie euch auch zuverlässig sind, doch noch genauer in Erwägung ziehen; und wenn ihr sie euch befriedigend auseinandergesetzt habt, dann, denke ich, werdet ihr auch der Rede folgen, soweit nur irgendein Mensch sie verfolgen kann. Und wenn eben dieses gewiß geworden ist, dann werdet ihr nichts weiter suchen. – Vollkommen richtig. – Und so ist denn dieses, ihr Männer, wohl wert, bemerkt zu werden, daß, wenn die Seele unsterblich ist, sie auch der Sorgfalt bedarf, nicht für diese Zeit allein, welche wir das Leben nennen, sondern für die ganze Zeit, und das Wagnis zeigt sich nun eben erst recht furchtbar, wenn jemand sie vernachlässigen wollte. Denn wenn der Tod eine Erledigung von allem wäre, so wäre es ein Fund für die Schlechten, wenn sie sterben, ihren Leib loszuwerden, aber auch ihre Schlechtigkeit mit der Seele zugleich. Nun aber diese sich als unsterblich zeigt, kann es ja für sie keine Sicherheit vor dem Übel geben und kein Heil, als nur, wenn sie so gut und vernünftig geworden ist als möglich. Denn nichts anderes kann sie doch mit sich haben, wenn sie in die Unterwelt kommt, als nur ihre Bildung und Nahrung, die ihr ja auch, wie man sagt, gleich so, wie sie gestorben ist, den größten Nutzen oder Schaden bringt, gleich am Anfang der Wanderung dorthin. Denn man sagt ja, daß jeden Gestorbenen sein Dämon, der ihn schon lebend zu besorgen hatte, dieser ihn auch dann an einen Ort zu führen sucht, von wo aus mehrere zusammen, nachdem sie gerichtet sind, in die Unterwelt gehen mit jenem Führer, dem es aufgetragen ist, die von hier dorthin zu führen. Nachdem ihnen dann dort geworden, was ihnen gebührt, und sie die gehörige Zeit dageblieben, bringt ein anderer Führer sie wieder von dort hierher zurück nach vielen und großen Zeitabschnitten. Und diese Reise ist wohl nicht so, wie der Telephos des Aischylos sie beschreibt. Denn jener sagt, es führe nur ein einfacher Fußsteig in die Unterwelt; ich aber glaube, daß es weder einer ist noch ein einfacher. Sonst würde es ja keines Führers bedürfen, denn nirgendshin kann man ja fehlen, wo nur ein Weg geht. Nun aber mag er sich wohl oftmals teilen und winden. Dies schließe ich aus dem, was bei uns als heilige Feier eingeführt und gebräuchlich ist. Die sittige und vernünftige Seele nun folgt und verkennt nicht, was ihr widerfährt; die aber begehrlich an dem Leibe sich hält, wie ich auch vorher sagte, drängt sich lange Zeit immer um ihn herum und in dem sichtbaren Ort umher, und nach vielem Sträuben und vielen Versuchen wird sie endlich mit Mühe und gewaltsam von dem angeordneten Dämon abgeführt. Kommt sie nun dahin, wo auch die andern sich befinden, so wird der unreinen und die etwas dergleichen verübt hat, habe sie sich nun mit ungerechtem Morde befaßt oder anderes dergleichen begangen, was dem verschwistert und verschwisterter Seelen Werk ist, diese meidet jeder und weicht ihr aus und will weder ihr Reisegefährte, noch ihr Führer werden; sie aber irrt in gänzlicher Unsicherheit befangen, bis gewisse Zeiten um sind, nach deren Verlauf die Notwendigkeit sie in die ihr angemessene Wohnung bringt. Die aber rein und mäßig ihr Leben verbracht und Götter zu Reisegefährten und Führern bekommen hat, bewohnt jede den ihr gebührenden Ort. Es hat aber die Erde viele und wunderbare Orte und ist weder an Größe noch Beschaffenheit so, wie von denen, die über die Erde zu reden pflegen, geglaubt wird, nach dem, was mir einer glaublich gemacht hat. – Darauf sagte Simmias: Wie meinst du das, o Sokrates? Denn über die Erde habe ich auch schon vielerlei gehört, wohl aber nicht das, was befriedigt; darum möchte ich es gern hören. – Das ist ja wohl keine große Kunst, o Simmias, sagte er, zu erzählen, was ist; aber freilich, daß es so wahr ist, das möchte wieder schwerer sein als schwer; und teils möchte ich es vielleicht nicht können, teils auch, wenn ich es verstände, möchte doch mein Leben wenigstens, o Simmias, für die Größe der Sache nicht mehr hinreichen. Doch die Gestalt der Erde, wie ich belehrt bin, daß sie sei, und ihre verschiedenen Orte hindert mich nichts zu beschreiben. – Auch das, sprach Simmias, soll uns genug sein. – Zuerst also bin ich belehrt worden, daß, wenn sie rund inmitten des Himmels steht, sie weder Luft brauche, um nicht zu fallen, noch irgendeinen andern solchen Grund, sondern, um sie zu halten, sei hinreichend die durchgängige Einerleiheit des Himmels und das Gleichgewicht der Erde selbst. Denn ein im Gleichgewicht befindliches Ding, in die Mitte eines anderen solchen gesetzt, wird keinen Grund haben, sich irgendwohin mehr oder weniger zu neigen, und daher wird es in der nämlichen Lage ohne Neigung bleiben. Dieses, sagte er, habe ich zuerst angenommen. – Und sehr mit Recht, sprach Simmias. – Dann auch, daß sie sehr groß sei und da wir, die vom Phasis bis an die Säulen des Herakles reichen, nur an einem sehr kleinen Teile, wie Ameisen oder Frösche um einen Sumpf, so wir um das Meer herum wohnen, viele andere aber anderwärts an vielen solchen Orten. Denn es gebe überall um die Erde her viele Höhlungen und mannigfaltige von Gestalt und Größe, in welchen Wasser und Nebel und Luft zusammengeflossen sind, die Erde selbst aber liege rein in dem reinen Himmel, an welchem auch die Sterne sind, und den die meisten, welche über dergleichen zu reden pflegen, Äther nennen, dessen Bodensatz nun eben dieses ist und immer in den Höhlungen der Erde zusammenfließt. Wir nun merkten es nicht, daß wir nur in diesen Höhlungen der Erde wohnten, und glaubten, oben auf der Erde zu wohnen, wie wenn ein mitten im Grunde der See Wohnender glaubte, oben an dem Meere zu wohnen, und weil er durch das Wasser die Sonne und die andern Sterne sähe, das Meer für den Himmel hielte, aus Trägheit aber und Schwachheit niemals bis an den Saum des Meeres gekommen wäre, noch über das Meer aufgetaucht und hervorgekrochen, um diesen Ort zu schauen, wieviel reiner und schöner er ist als der bei ihm, noch auch von einem andern, der ihn gesehen, dies gehört hätte; geradeso erginge es auch uns. Denn wir wohnten in irgendeiner Höhlung der Erde und glaubten, oben darauf zu wohnen, und nennten die Luft Himmel, als ob diese der Himmel wäre, durch welchen die Sterne wandeln. Damit aber sei es geradeso, daß wir aus Trägheit und Schwachheit nicht vermöchten hervorzukommen bis an den äußersten Saum der Luft. Denn wenn jemand zur Grenze der Luft gelangte oder Flügel bekäme und hinaufflöge, so würde er dann hervortauchen und sehen, wie hier die Fische, wenn sie einmal aus dem Meer heraustauchen, was hier ist, sehen, so würde dann ein solcher auch das Dortige sehen und, wenn seine Natur die Betrachtung auszuhalten vermöchte, dann erkennen, daß jenes der wahre Himmel ist und das wahre Licht und die wahre Erde. Denn die Erde hier bei uns und die Steine und der ganze Ort hier ist zerfressen und verwittert, wie, was im Meere liegt, vom Salz angefressen ist und nichts der Rede Wertes im Meere wächst, noch es irgend etwas Vollkommenes darin gibt, sondern nur Klüfte und Sand und unendlichen Kot und Schlamm, wo es noch Erde gibt, und nichts, was mit unsern Schönheiten könnte verglichen werden; jenes aber würde wiederum noch weit vorzüglicher sich zeigen vor dem unsrigen. Und darf man wohl eine schöne Erzählung vorbringen, Simmias, so lohnt es wohl, zu hören, wie das auf der Erde unter dem Himmel beschaffen ist. – Gewiß, sprach Simmias, werden wir diese Erzählung gern hören, o Sokrates. – Man sagt also zuerst, o Freund, diese Erde sei so anzusehen, wenn sie jemand von oben herab betrachtete, wie die zwölfteiligen ledernen Bälle, in so bunte Farben geteilt, von denen unsere Farben hier gleichsam Proben sind, alle die, deren sich die Maler bedienen. Dort aber bestehe die ganze Erde aus solchen und noch weit glänzenderen und reineren als diese. Denn ein Teil sei purpurrot und wunderbar schön, ein anderer goldfarbig, ein anderer weiß, aber viel weißer als Alabaster oder Schnee, und ebenso aus jeder anderen Farbe bestehe einer und aus noch mehreren und schöneren, als wir gesehen haben. Denn selbst die Höhlungen der Erde, welche mit Wasser und Luft angefüllt sind, bilden eine eigene Art von Farbe, welche in der Vermischung aller anderen Farben glänzt, so daß sie ganz und gar als ein ununterbrochenes Bunt erscheint. Auf dieser so beschaffenen nun wachsen verhältnismäßig ebensolche Gewächse, Bäume, Blumen und Früchte. Ebenso haben auch die Gebirge und die Steine nach demselben Verhältnis ihre Vollendung und Durchsichtigkeit und schönere Farben, von denen aber auch unsere so sehr gesuchten Steinchen hier Teile sind, die Karneole und Jaspisse und Smaragden und alle dergleichen; dort aber sei nichts, was nicht so wäre und noch schöner als diese. Die

Ursache hiervon aber sei, daß jene Steine rein sind und nicht angefressen, noch verwittert, wie die hiesigen von Fäulnis und Schärfe alles dessen, was hier zusammenfließt und Steinen und Erden und allen Gewächsen und Tieren Entstellungen und Krankheiten verursacht. Die Erde also sei mit alle diesem geschmückt und außerdem noch mit Gold und Silber und dem übrigen der Art, welches glänzend dort zu finden sei und in großer Menge wachse und überall auf der Erde, so daß sie zu schauen ein beseligendes Schauspiel sei. Tiere aber gebe es auf ihr vielerlei und auch Menschen, welche teils mitten im Lande wohnen, teils so um die Luft herum, wie wir um das Meer herum, teils auch auf luftumflossenen Inseln um das feste Land her. Und mit einem Worte, was uns Wasser und Meer ist für unsere Bedürfnisse, das sei jenen dort die Luft, und was uns die Luft, das jenen der Äther. Und die Witterung habe eine solche Mischung bei ihnen, daß sie ohne Krankheit wären und weit längere Zeit lebten als die hiesigen, und ihr Gesicht, Gehör, Geruch und was dahin gehört von dem unsrigen in demselben Maß abstände, wie die Luft vom Wasser absteht und der Äther von der Luft in Absicht der Reinheit. Auch haben sie weiter Tempel und Heiligtümer für die Götter, in denen aber die Götter wahrhaft wohnen, und Stimmen, Weissagungen, Erscheinungen der Götter und mehr dergleichen Verkehr mit ihnen; und Sonne, Mond und Sterne sähen sie, wie sie wirklich sind, und dem sei auch ihre übrige Glückseligkeit gemäß. So demnach sei die ganze Erde geartet, und was sie umgibt; rund umher auf ihr aber gebe es nach Maßgabe ihrer Höhlung viele Orte, einige tiefer und weiter geöffnet als der, in welchem wir wohnen, andere wiederum tiefer, aber mit einer engeren Öffnung als die unser Ort hat; und welche sind wohl auch flacher und dabei doch breiter als der hiesige. Alle diese nun wären unter der Erde vielfältig gegeneinander durchgebohrt, enger und weiter, so daß sie Durchgänge haben unter sich, durch welche denn vieles Wasser aus einem in den andern fließt, wie in Becher, und daß es unversiegliche Ströme von unübersehbarer Größe unter der Erde gebe von warmen Wassern und kalten und vieles Feuer und große Ströme von Feuer, viele auch von feuchtem Schlamm, teils reinerem teils schmutzigerem, wie in Sikelien die vor dem Feuerstrome sich ergießenden Ströme von Schlamm und der Feuerstrom selbst, von denen denn alle Örter erfüllt werden, je nachdem jedesmal jeder seinen Umlauf nimmt. Und dieses alles bewege hinauf und hinunter gleichsam eine in der Erde befindliche Schaukel; diese Schaukel aber bestehe durch folgende Einrichtung ungefähr. Einer nämlich von diesen Erdspalten ist auch sonst der größte und quer durch die ganze Erde gebohrt. Dieser ist nun, wie Homeros davon singt, »ferne, wo tief sich öffnet der Abgrund unter der Erde«, derselbe, den anderwärts er und auch sonst viele andere Dichter den Tartaros genannt haben. In diesen Spalt nun strömen alle diese Flüsse zusammen und strömen auch wieder von ihm aus; und alle werden so wie der Boden, durch welchen sie strömen. Die Ursache aber, warum alle Ströme von hier ausfließen und auch wieder hinein, ist, daß diese Flüssigkeit keinen Boden hat und keinen Grund. Daher schwebt sie und wogt immer auf und ab, und die Luft und der Hauch um sie her tut dasselbe. Denn dieser begleitet sie, sowohl wenn sie in die jenseitigen Gegenden der Erde strömt, als wenn in die diesseitigen. Und so wie der Hauch der Atmenden in beständiger Bewegung immer einströmt und ausströmt, so auch dort bildet der mit der Flüssigkeit wogende Hauch heftige und gewaltige Winde sowohl im Hineingehen als im Herausgehen. Wenn nun strömend das Wasser nach der Gegend hin ausweicht, welche unten genannt wird, so fließt es in das Gebiet der dortigen Ströme und füllt es an wie beim Pumpen. Wenn es aber von dort wiederum sich wegzieht und hierher strömt, so erfüllt es dann die hiesigen. Diese, wenn sie erfüllt sind, strömen durch die Kanäle und durch die Erde; und wenn sie jeder in die Gegenden kommen, wohin sie jedesmal geleitet werden, so bilden sie Meere und Seen und Flüsse und Quellen. Von da tauchen sie nun wieder unter die Erde und, teils längere und mehrere Gegenden durchziehend, teils wenigere und kürzere, ergießen sie sich alle wieder in den Tartaros, einige viel weiter unten, als wo sie ausgepumpt wurden, andere nicht soviel, aber unterhalb ihres Ausflusses fließen sie alle ein; und einige strömen wieder aus, gerade gegenüber der Stelle, wo sie eingeflossen sind, andere auf der nämlichen Seite. Ja, es gibt auch welche, die im Kreise herumziehen, ein oder mehrere Male sich um die Erde winden wie Schlangen und dann möglichst tief gesenkt sich wieder hinein ergießen. Möglich ist aber von beiden Seiten nur, sich bis zur Mitte herabsenken, weiter nicht. Denn für beiderlei Ströme geht das jenseitige wiederum aufwärts. So gibt es nun gar viele andere große und verschiedene Ströme, unter diesen vielen aber gibt es vorzüglich vier, von denen der größte und der am äußersten rundherum fließende der sogenannte Okeanos ist; diesem gegenüber und in entgegengesetzter Richtung fließend, ist der Acheron, welcher durch viele andere wüste Gegenden fließt, vorzüglich aber auch unter der Erde fortfließend in den Acherusischen See kommt, wohin auch der meisten Verstorbenen Seelen gelangen, und nachdem sie gewisse bestimmte Zeiten dort geblieben, einige länger, andere kürzer, dann wieder ausgesendet werden zu den Erzeugungen der Lebendigen. Der dritte Fluß strömt aus zwischen diesen beiden und ergießt sich unweit seiner Quelle in eine weite mit einem gewaltigen Feuer brennende Gegend, wo er einen See bildet, größer als unser Meer, und siedend von Wasser und Schlamm. Von hier aus bewegt er sich dann im Kreise herum trübe und schlammig, und indem er sich um die Erde herumwälzt, kommt er nächst andern Orten auch an die Grenzen des Acherusischen Sees, jedoch ohne daß ihre Gewässer sich vermischten. Und nachdem er sich oftmals unter der Erde umhergewälzt, ergießt er sich zu allerunterst in den Tartaros. Dies ist der, den man Pyriphlegethon nennt, von welchem auch die feuerspeienden Berge, wo sich deren auf der Erde finden, kleine Teilchen heraufblasen. Diesem wiederum gegenüber strömt der vierte aus, zuerst in eine furchtbare und wilde Gegend, wie man sagt, und die von Farbe ganz und gar dunkelblau ist, welche sie die stygische nennen, und den See, welchen der Fluß bildet, den Styx. Nachdem sich dieser nun hier hineinbegeben und gewaltige Kräfte aufgenommen in sein Wasser, geht er unter die Erde, wälzt sich herum, kommt dem Pyriphlegethon gegenüber wieder hervor und trifft auf den Acherusischen See an der gegenüberliegenden Seite. Und auch dieser vermischt sein Wasser mit keinem andern, sondern geht ebenfalls im

Kreise herum und ergießt sich wieder in den Tartaros gegenüber dem Pyriphlegethon. Sein Name aber heißt, wie die Dichter sagen, Kokytos. Da nun dieses so ist, so werden, sobald die Verstorbenen an dem Orte angelangt sind, wohin der Dämon jeden bringt, zuerst diejenigen ausgesondert, welche schön und heilig gelebt haben, und welche nicht. Die nun dafür erkannt werden, einen mittelmäßigen Wandel geführt zu haben, begeben sich auf den Acheron, besteigen die Fahrzeuge, die es da für die gibt, und gelangen auf diesen zu dem See. Hier wohnen sie und reinigen sich, büßen ihre Vergehungen ab, wenn einer sich wie vergangen hat, und werden losgesprochen, wie sie auch ebenso für ihre guten Taten den Lohn erlangen, jeglicher nach Verdienst. Deren Zustand aber für unheilbar erkannt wird wegen der Größe ihrer Vergehungen, weil sie häufigen und bedeutenden Raub an den Heiligtümern begangen oder viele ungerechte und gesetzwidrige Mordtaten vollbracht, oder anderes, was dem verwandt ist, diese wirft ihr gebührendes Geschick in den Tartaros, aus dem sie nie wieder heraussteigen. Die hingegen heilbare zwar, aber doch große Vergehungen begangen zu haben erfunden werden, wie die gegen Vater oder Mutter im Zorn etwas Gewalttätiges ausgeübt, oder die auf diese oder andere Weise Mörder geworden sind, diese müssen zwar auch in den Tartaros stürzen, aber wenn sie hineingestürzt und ein Jahr darin gewesen sind, wirft die Welle sie wieder aus, die Mörder auf der Seite des Kokytos, die aber gegen Vater und Mutter sich versündigt, auf der des Pyriphlegethon. Wenn sie nun auf diesen fortgetrieben an den Acherusischen See kommen, so schreien sie da und rufen die, welche von ihnen getötet worden sind oder frevelhaft behandelt. Haben sie sie nun herbeigerufen, so flehen sie und bitten, sie möchten sie lassen in den See aussteigen und sie dort aufnehmen. Wenn sie sie nun überreden, so steigen sie aus, und ihre Übel sind am Ende; wo nicht, so werden sie wieder in den Tartaros getrieben, und aus diesem wieder in die Flüsse, und so hört es nicht auf, ihnen zu ergehen, bis sie diejenigen überreden, welchen sie unrecht getan haben; denn diese Strafe ist ihnen von den Richtern angeordnet. Die aber ausgezeichnete Fortschritte in heiligem Leben gemacht zu haben erfunden werden, dies endlich sind diejenigen, welche, von allen diesen Orten im Innern der Erde befreit und losgesprochen von allem Gefängnis, hinauf in die reine Behausung gelangen und auf der Erde wohnhaft werden. Welche nun unter diesen durch Weisheitsliebe sich schon gehörig gereinigt haben, diese leben für alle künftigen Zeiten gänzlich ohne Leiber und kommen in noch schönere Wohnungen als diese, welche weder leicht wären zu beschreiben, noch würde die Zeit für diesmal zureichen. Aber schon um deswillen, was wir jetzt auseinandergesetzt haben, o Simmias, muß man jawohl alles tun, um der Tugend und Vernunft im Leben teilhaftig zu werden. Denn schön ist der Preis und die Hoffnung groß.

Daß sich nun dies alles gerade so verhalte, wie ich es auseinandergesetzt, das ziemt wohl einem vernünftigen Mann nicht zu behaupten; daß es jedoch, sei es nun diese oder eine ähnliche Bewandtnis haben muß mit unsern Seelen und ihren Wohnungen, wenn doch die Seele offenbar etwas Unsterbliches ist, dies, dünkt mich, zieme sich gar wohl und lohne auch, es darauf zu wagen, daß man glaube, es verhalte sich so. Denn es ist ein schönes Wagnis, und man muß mit solcherlei gleichsam sich selbst besprechen. Darum spinne ich auch schon so lange an der Erzählung. Also um deswillen muß ein Mann gutes Mutes sein seiner Seele wegen, der im Leben die andern Lüste, die es mit dem Leibe zu tun haben, und dessen Schmuck und Pflege hat fahren gelassen, als etwas ihn selbst nicht Angehendes und wodurch er nur Übel ärger zu machen befürchtete, jener Lust hingegen an der Forschung nachgestrebt und seine Seele geschmückt hat nicht mit fremdem, sondern mit dem ihr eigentümlichen Schmuck, Besonnenheit, Gerechtigkeit, Tapferkeit, Edelmut und Wahrheit, so seine Fahrt nach der Unterwelt erwartend, um sie anzutreten, sobald das Schicksal rufen wird. – Ihr nun, setzte er hinzu, o Simmias und Kebes und ihr übrigen, werdet ein andermal jeder zu seiner Zeit abgehen; mich aber ruft jetzt schon, würde ein tragischer Mann sagen, das Geschick, und es ist wohl beinahe Zeit, sich nach dem Bade umzusehen. Denn es dünkt mich doch besser zu baden, ehe ich den Trank nehme, und nicht hernach den Weibern Mühe zu machen mit dem Waschen des Leichnams.

Als er dieses gesagt, sprach Kriton: Wohl, o Sokrates! Was trägst du aber diesen auf oder mir deiner Kinder wegen, oder was wir sonst irgend dir noch recht zu Dank machen könnten, wenn wir es täten? – Was ich immer sage, sprach er, o Kriton, nichts Besonderes weiter, daß nämlich, wenn ihr euer selbst recht wahrnehmt, ihr mir und den Meinigen und euch selbst alles zu Dank machen werdet, was ihr nur tut, und wenn ihr es auch jetzt nicht versprecht; wenn ihr aber euch selbst vernachlässigt und nicht wollt gleichsam den Spuren des jetzt und sonst schon Gesagten nachgehen im Leben, ihr dann, wenn ihr jetzt noch so vieles und noch so heilig verspprächet, doch nichts weiter damit ausrichten werdet. – Dieses also wollen wir uns bestreben, so zu machen, sagte Kriton. Aber auf welche Weise sollen wir dich begraben? – Wie ihr wollt, sprach er, wenn ihr mich nur wirklich haben werdet und ich euch nicht entwischt bin. Dabei lächelte er ganz ruhig und sagte, indem er uns ansah: Diesen Kriton, ihr Männer, überzeuge ich nicht, daß ich der Sokrates bin, dieser, der jetzt mit euch redet und euch das Gesagte einzeln vorlegt, sondern er glaubt, ich sei jener, den er nun bald tot sehen wird, und fragt mich deshalb, wie er mich begraben soll. Daß ich aber schon so lange eine große Rede darüber gehalten habe, daß, wenn ich den Trank genommen habe, ich dann nicht länger bei euch bleiben, sondern fortgehen werde zu irgendwelchen Herrlichkeiten der Seligen, das, meint er wohl, sage ich alles nur so, um euch zu beruhigen und mich mit. So legt ihr denn eine Bürgschaft für mich ein beim Kriton, und zwar eine ganz entgegengesetzte, als er bei den Richtern eingelegt hat. Denn er hat sich verbürgt, ich würde ganz gewiß bleiben, ihr aber verbürgt euch dafür, daß ich ganz gewiß nicht bleiben werde, wenn ich tot bin, sondern abziehen und fort sein, damit Kriton es leichter trage und, wenn er meinen Leib verbrennen oder begraben sieht, sich nicht ereifere meinetwegen, als ob mir Arges begegne; und damit er nicht beim Begräbnis sage, er stelle den Sokrates aus oder trage ihn heraus oder begrabe ihn. Denn wisse nur, sagte er, o bester Kriton, sich unschön ausdrücken, ist nicht nur eben insofern sündlich, sondern bildet auch etwas Böses ein in die Seele. Sondern du mußt mutig sein und sagen, daß du meinen Leib begräbst, und diesen begrabe nur, wie es dir eben recht ist, und wie du es am meisten für schicklich hältst. – Dieses gesagt, stand er auf und ging in ein Gemach, um zu baden, und Kriton begleitete ihn, uns aber hieß er dableiben. Wir blieben also und redeten untereinander über das Gesagte und überdachten es noch einmal; dann aber auch klagten wir wieder über das Unglück, welches uns getroffen hätte, ganz darüber einig, daß wir nun gleichsam des Vaters beraubt als Waisen das übrige Leben hinbringen würden. Nachdem er nun gebadet und man seine Kinder zu ihm gebracht hatte – er hatte nämlich zwei kleine Söhne und einen größern – und die ihm angehörigen Frauen gekommen waren, sprach er mit ihnen in Kritons Beisein, und nachdem er ihnen aufgetragen, was er wollte, hieß er die Weiber und Kinder wieder gehen, er aber kam zu uns. Und es war schon nahe am Untergange der Sonne, denn er war lange drinnengeblieben. – Als er nun gekommen war, setzte er sich nieder nach dem Bade und hatte noch nicht viel seitdem gesprochen, so kam der Diener der Elfmänner, stellte sich zu ihm und sagte: O Sokrates, über dich werde ich mich nicht zu beklagen haben wie über andere, daß sie mir böse werden und mir fluchen, wenn ich ihnen ansage, das Gift zu trinken auf Befehl der Oberen. Dich aber habe ich auch sonst schon in dieser Zeit erkannt als den Edelsten, Sanftmütigsten und Trefflichsten von allen, die sich jemals hier befunden haben, und auch jetzt weiß ich sicher, daß du nicht mir böse sein wirst – denn du weißt wohl, wer schuld daran ist –, sondern jenen.

Nun also, denn du weißt wohl, was ich dir zu sagen gekommen bin, lebe wohl und suche so leicht als möglich zu tragen, was nicht zu ändern ist. – Da weinte er, wendete sich um und ging. – Sokrates aber sah ihm nach und sprach: Auch du lebe wohl, und wir wollen so tun. Und zu uns sagte er: Wie fein der Mensch ist. So ist er die ganze Zeit mit mir umgegangen, hat sich bisweilen mit mir unterredet und war der beste Mensch; und nun wie aufrichtig beweint er mich! Aber wohlan denn, o Kriton, laßt uns ihm gehorchen, und bringe einer den Trank, wenn er schon ausgepreßt ist, wo nicht, so soll ihn der Mensch bereiten. – Da sagte Kriton: Aber mich dünkt, o Sokrates, die Sonne scheint noch an die Berge und ist noch nicht untergegangen. Und ich weiß, daß auch andere erst ganz spät getrunken haben, nachdem es ihnen ist angesagt worden, und haben noch gut gegessen und getrunken, ja einige haben gar noch Schöne zu sich kommen lassen, nach denen sie Verlangen hatten. Also übereile dich nicht; denn es hat noch Zeit. – Da sagte Sokrates: Gar recht, o Kriton, hatten jene so zu tun, wie du sagst, denn sie meinten etwas zu gewinnen, wenn sie so täten, und gar recht habe auch ich, nicht so zu tun. Denn ich meine nichts zu gewinnen, wenn ich um ein weniges später trinke, als nur, daß ich mir selbst lächerlich vorkommen würde, wenn ich am Leben klebte und sparen wollte, wo nichts mehr ist. Also geh, sprach er, folge mir und tue nicht anders. – Darauf winkte denn Kriton dem Knaben, der ihm zunächst stand, und der Knabe ging heraus, und nachdem er eine Weile weggeblieben, kam er und führte den herein, der ihm den Trank reichen sollte, welchen er schon zubereitet im Becher brachte. – Als nun Sokrates den Menschen sah, sprach er: Wohl, Bester, denn du verstehst es ja, wie muß man es machen? – Nichts weiter sagte er, als wenn du getrunken hast, herumgehen, bis dir die Schenkel schwer werden, und dann dich niederlegen, so wird es schon wirken. Damit reichte er dem Sokrates den Becher, und dieser nahm ihn, und ganz getrost, o Echekrates, ohne im mindesten zu zittern oder Farbe oder Gesichtszüge zu verändern, sondern, wie er pflegte, ganz gerade den Menschen ansehend, fragte er ihn: Was meinst du von dem Trank wegen einer Spendung? darf man eine machen oder nicht? – Wir bereiten nur soviel, o Sokrates, antwortete er, als wir glauben, daß hinreichend sein wird. – Ich verstehe, sagte Sokrates. Beten aber darf man doch zu den Göttern, und muß es, daß die Wanderung von hier dorthin glücklich sein möge, worum denn auch ich hiemit bete, und so möge es geschehen. – Und wie er dies gesagt, setzte er an, und ganz frisch und unverdrossen trank er aus. Und von uns waren die meisten bis dahin ziemlich imstande gewesen sich zu halten, daß sie nicht weinten; als wir aber sahen, daß er trank und getrunken hatte, nicht mehr. Sondern auch mir selbst flossen Tränen mit Gewalt, und nicht tropfenweise, so daß ich mich verhüllen mußte und mich ausweinen, nicht über ihn jedoch, sondern über mein eigenes

Schicksal, was für eines Freundes ich nun sollte beraubt werden. Kriton war noch eher als ich, weil er nicht vermochte die Tränen zurückzuhalten, aufgestanden. Apollodoros aber hatte schon früher nicht aufgehört zu weinen, und nun brach er völlig aus, weinend und unwillig sich gebärdend, und es war keiner, den er nicht durch sein Weinen erschüttert hätte, von allen Anwesenden, als nur Sokrates selbst, der aber sagte: Was macht ihr doch, ihr wunderbaren Leute! Ich habe vorzüglich deswegen die Weiber weggeschickt, daß sie dergleichen nicht begehen möchten; denn ich habe immer gehört, man müsse stille sein, wenn einer stirbt. Also haltet euch ruhig und wacker. – Als wir das hörten, schämten wir uns und hielten inne mit Weinen. Er aber ging umher, und als er merkte, daß ihm die Schenkel schwer wurden, legte er sich gerade hin auf den Rücken, denn so hatte es ihm der Mensch geheißen. Darauf berührte ihn eben dieser, der ihm das Gift gegeben hatte, von Zeit zu Zeit und untersuchte seine Füße und Schenkel. Dann drückte er ihm den Fuß stark und fragte, ob er es fühle; er sagte nein. Und darauf die Knie, und so ging er immer höher hinauf und zeigte uns, wie er erkaltete und erstarrte. Darauf berührte er ihn noch einmal und sagte, wenn ihm das bis ans Herz käme, dann würde er hin sein. Als ihm nun schon der Unterleib fast ganz kalt war, da enthüllte er sich, denn er lag verhüllt, und sagte, und das waren seine letzten Worte: O Kriton, wir sind dem Asklepios einen Hahn schuldig, entrichtet ihm den und versäumt es ja nicht. – Das soll geschehen, sagte Kriton, sieh aber zu, ob du noch sonst etwas zu sagen hast. – Als Kriton dies fragte, antwortete er aber nichts mehr, sondern bald darauf zuckte er, und der Mensch deckte ihn auf; da waren seine Augen gebrochen. Als Kriton das sah, schloß er ihm den Mund und Augen. Dies, o Echekrates, war das Ende unseres Freundes, des Mannes, der unserm Urteil nach von den damaligen, mit denen wir es versucht haben, der trefflichste war und auch sonst der vernünftigste und gerechteste.

PROTAGORAS

Ein Freund · Sokrates

FREUND. Woher erscheinst du uns, Sokrates? oder handelt es sich um die Jagd auf des Alkibiades Schönheit? Wahrlich, auch ich fand den Mann erst neulich, als ich ihn sah, noch recht schön; aber ein Mann ist er doch, Sokrates, unter uns gesagt, und dem der Bart schon überall hervorwächst.

SOKRATES. Nun und was ist das mehr? Lobst du nicht den Homeros, welcher das die holdesten Reize der Jugend nennt, wenn nun der Bart aufkeimt? und dieser eben erfreut sich jetzt Alkibiades.

FREUND. Aber was nun? Kommst du von ihm, und wie zeigt sich der Jüngling gegen dich?

SOKRATES. Sehr gut, dünkt es mir, und zumal heute. Denn gar vieles hat er zu meiner Verteidigung geredet; auch komme ich gerade von ihm. Etwas Wunderbares aber muß ich dir sagen; nämlich, obgleich er zugegen war, habe ich doch wenig auf ihn geachtet, ja, ihn nicht selten ganz vergessen.

FREUND. Was kann doch so Großes zwischen dir und ihm gewesen sein? Denn einen Anderen, Schöneren hast du doch hier in der Stadt wohl nicht angetroffen.

SOKRATES. Und zwar einen weit Schöneren.

FREUND. Was sagst du? einen Einheimischen oder Fremden?

SOKRATES. Einen Fremden.

FREUND. Und von wannen?

SOKRATES. Von Abdera.

FREUND. Und so schön dünkte dir der Fremde, daß er dir schöner erschien, als der Sohn des Kleinias?

SOKRATES. Wie sollte denn nicht, du kluger Freund, das Weisere immer als das Schönere erscheinen?

FREUND. So bist du wohl eben mit einem Weisen zusammengewesen und kommst uns von daher?

SOKRATES. Und zwar mit dem Weisesten unter denen wenigstens, die jetzt leben, wenn du den Protagoras für den Weisesten hältst.

FREUND. O, was du sagst, Protagoras ist bei uns eingewandert?

SOKRATES. Seit drei Tagen schon.

FREUND. Und eben aus seiner Gesellschaft kommst du?

SOKRATES. Nachdem ich gar vieles mit ihm gesprochen und von ihm gehört.

FREUND. Warum also läßt du nicht den Knaben dort aufstehen und setzest dich hieher, um uns eure Verhandlungen zu erzählen, wenn dich nichts hindert?

SOKRATES. Sehr gern sogleich und werde euch noch Dank wissen, wenn ihr zuhört.

FREUND. Wahrlich, auch wir dir, wenn du erzählst.

SOKRATES. Beiden geschieht also Erwünschtes. So höret denn.

Diese vergangene Nacht, noch am ersten grauen Morgen, pochte Hippokrates, der Sohn des Apollodoros, des Phason Bruder, gewaltig mit dem Stock bei mir an die Tür, und als ihm einer geöffnet hatte, stürmte er sogleich herein und rief mich mit lauter Stimme: Sokrates, wachst oder schläfst du? Ich, ihn an der Stimme erkennend, entgegnete: Das ist ja Hippokrates! Du bringst doch nichts Neues? – Nichts wenigstens, sagte er, wie Gutes. – Das möge wahr sein, sprach ich, was gibt es aber und weshalb bist du so frühe schon hier? – Protagoras ist hier, sagte er, indem er zu mir herantrat. – Seit vorgestern, sprach ich, und du hast es jetzt erst erfahren? – Bei den Göttern, sagte er, gestern Abend. Zugleich tappte er nach dem Bette, setzte sich mir zu Füßen und fuhr fort. Gestern Abend also ganz spät, als ich aus Oinoe zurückkam. Satyros, der Bursche, war mir entlaufen; ich wollte dir auch sagen, daß ich ihm nachsetzen würde, über etwas anderem aber entfiel es mir wieder. Als ich nun zurück war, nach der Mahlzeit erst, da wir uns eben zur Ruhe legen wollten, sagte mir der Bruder, Protagoras ist da. Zuerst wollte ich sogleich zu dir gehen, hernach aber dünkte es mir doch schon zu spät in der Nacht zu sein. Nun aber bin ich, sobald nur nach solcher Ermüdung der Schlaf mich verlassen wollte, aufgestanden und hieher gegangen. – Ich nun, der ich sein mutiges und eifriges Wesen kenne, fragte: Was hast du denn aber? Tat dir Protagoras etwas zuleide? – Da sagte er lachend: Ja, bei den Göttern, Sokrates, daß er allein weise ist und mich nicht dazu macht. – Nun, beim Zeus, sprach ich, wenn du ihm nur Geld gibst und ihn überredest, wird er dich wohl auch weise machen. – Wollte doch Zeus und alle Götter, rief er aus, es beruhte nur hierauf, so ließ ich es weder an dem meinigen ermangeln, noch an der Freunde Beistand. Aber eben deshalb komme ich jetzt zu dir, damit du meinetwegen mit ihm redest. Denn ich selbst bin nicht nur zu jung, sondern habe auch den Protagoras noch niemals weder gesehen noch gesprochen, denn ich war noch ein Kind, als er das erstemal hieher kam. Aber alle, o Sokrates, loben ja den Mann und sagen, er wäre der kunstreichste im Reden. Warum aber gehen wir nicht gleich zu ihm, damit wir ihn noch zu Hause treffen? Er wohnt, wie ich gehört habe, bei dem Kallias, dem Sohne des Hipponikos. Laß uns doch gehen. – Da sagte ich: Jetzt gleich, mein Guter, laß uns noch nicht dorthin gehen, denn es ist noch zu früh; sondern laß uns aufstehen und komm in den Hof hinaus, da wollen wir aufund abgehend verweilen, bis es Tag wird und dann gehen. Ohnedies hält sich Protagoras viel zu Hause, darum sei guten Mutes, wir wollen ihn wohl finden. Somit standen wir auf und gingen im Hofe umher. Ich nun wollte gern des Hippokrates Stärke versuchen, betrachtete mir ihn daher recht und fragte ihn: Sage mir, Hippokrates, zum Protagoras willst du jetzt, um ihm Geld für dich zu entrichten, hingehen; aber als zu wem willst du doch hingehen und um was doch zu werden? Wie wenn du zu deinen Namensverwandten, dem Hippokrates von Kos, dem Asklepiaden, gehen wolltest, dem Lehrgeld für dich zu bezahlen, und es fragte dich jemand: Sage mir, Hippokrates, dem Hippokrates willst du Lehrgeld entrichten: als wem doch? Was würdest du antworten? – Ich würde sagen, sprach er, als einem Arzte. – Und um was doch zu werden? – Ein Arzt, sagte er. – Oder wenn du zum Polykleitos von Argos oder zum Pheidias hier aus Athen zu gehen im Sinne hättest, um ihnen Lehrgeld für dich zu entrichten, und es fragte dich jemand: Als wem gedenkst du denn dem Polykleitos oder dem Pheidias dieses Geld zu entrichten? Was würdest du antworten – Ich würde sagen: als Bildhauer. – Und um was doch selbst zu werden? – Offenbar ein Bildhauer. – Gut, sprach ich. Nun aber gehen wir zum Protagoras, ich und du, und sind bereit, ihm Lehrgeld für dich zu bezahlen, wenn das unsrige dazu hinreicht und wir ihn um diesen Preis überreden können, wo nicht, auch noch das unserer Freunde daran zu wenden. Wenn uns nun jemand in solchem Eifer über diese Sache sehend fragte: Sagt mir doch, Sokrates und Hippokrates, als wem gedenkt ihr dem Protagoras dieses Geld zu geben? Was würden wir antworten? Mit was für einen anderen Namen hören wir den Protagoras noch genannt, wie den Pheidias einen Bildhauer und den Homeros einen Dichter? Was hören wir ähnliches vom Protagoras? – Einen Sophisten, o Sokrates, sagt er, nennen sie den Mann. – Also, als einem Sophisten wollen wir ihm das Geld entrichten gehen? – Freilich. – Wenn dich nun jemand auch das noch fragte: Und um was doch selbst zu werden, gehst du zum Protagoras? – Da sagte er errötend, denn der Tag schimmerte schon etwas, so daß ich es deutlich sehen konnte: Wenn es sich damit wie mit dem vorigen verhält, so ist es offenbar, um ein Sophist zu werden. – Und du, sprach ich, um der Götter willen, würdest du dich nicht schämen, den Hellenen dich als einen Sophisten darzustellen? – Beim Zeus, Sokrates, sagte er, wenn ich reden soll, wie ich denke, ja. – Vielleicht aber, Hippokrates, ist gar nicht deine Meinung, daß dein Unterricht bei dem Protagoras ein solcher sein solle, sondern so wie der war bei deinem Sprachlehrer, deinem Musiklehrer und deinem Lehrer in den Leibesübungen. Denn in dem allen nahmst du Unterricht, nicht als Kunst, um ein Gewerbe daraus zu machen, sondern als Übung, wie es einem von freier Herkunft, der sich selbst leben will, geziemt. – Allerdings, sagte er, dünkt mir der Unterricht beim Protagoras mehr von dieser Art zu sein. – Weißt du also wohl, was du jetzt zu tun im Begriff bist, oder merkst du es nicht? sagte ich. – Was meinst du denn? – Daß du im Begriff stehst, deine Seele einem Sophisten, wie du sagst, zur Bearbeitung zu übergeben; was aber ein Sophist eigentlich ist, sollte mich wundern, wenn du es wüßtest. Und doch, wenn dir dieses unbekannt ist, weißt du auch nicht, wem du deine Seele übergibst, ob einem guten oder einem schlechten Dinge. – Ich glaube wenigstens, sagte er, es zu wissen. – So sage denn, was glaubst du, ist ein Sophist? – Ich meinesteils, sagte er, wie auch schon der Name besagt, der, welcher sich auf Kluges versteht. – Aber, sprach ich, dieses kann man auch von Malern und Zimmerleuten sagen, daß sie die sind, welche sich auf Kluges verstehen. Wenn uns aber jemand weiter fragte, auf was für Kluges verstehen sich denn die Maler, so würden wir ihm sagen, auf das zur Verfertigung von Bildern gehörige, und so auch im übrigen. Wenn uns aber jemand fragte: Und der Sophist, auf was für Kluges denn der? Was würden wir ihm antworten, was zu verfertigen er verstehe? was würden wir sagen, das er sei? – O Sokrates, er verstehe gewaltig zu machen im Reden. – Vielleicht, sprach ich, sagten wir dann etwas Richtiges, aber hinreichend doch nicht. Denn die Antwort bedarf uns noch einer Frage, nämlich im Reden, worüber denn der Sophist gewaltig macht? So wie der Musikmeister doch auch wohl seinen Schüler gewaltig macht im Reden, darüber nämlich, worin er ihn auch sachverständig macht, über die Musik. Nicht wahr? – Ja. – Gut, also der Sophist, im Reden worüber macht denn der gewaltig? Offenbar über das, worauf er sich auch versteht? – So sollte man denken. – Was ist also dasjenige, worin er selbst, der Sophist, sachverständig ist und auch seinen Schüler dazu macht? – Beim Zeus, sagte er, weiter weiß ich dir nun nichts zu sagen. – Darauf sprach ich: Wie nun? weißt du also, welche Gefahr du gehst, deine Seele preiszugeben? Oder würdest du, wenn du deinen Körper einem anvertrauen solltest auf die Gefahr, ob er gestärkt werden würde oder verdorben, dann wohl erst vielfach überlegen, ob du ihn ihm anvertrauen wollest oder nicht, und zur Beratung deine Freunde herbeirufen und deine Verwandte, mehrere Tage lang der Sache nachdenkend: Was du aber weit höher als deinen Körper achtest, und demgemäß alle deine Angelegenheiten gut oder schlecht gehen müssen, je nachdem es gestärkt wird oder verdorben, die Seele, hierüber hast du dich weder deinem Vater, noch deinem Bruder mitgeteilt, noch irgendeinem von uns, deinen Freunden, ob du diesem eben angekommenen Fremdling deine Seele anvertrauen sollst oder nicht; sondern nachdem du gestern Abend von ihm gehört, wie du sagst, kommst du heute mit dem frühesten Morgen, nicht etwa um noch darüber irgendwie Gespräch und Beratung zu pflegen, ob du dich selbst ihm hingeben sollst oder nicht, sondern ganz bereit schon, dein und deiner Freunde Vermögen daran zu wenden, also, als wäre dieses schon fest beschlossen, daß du auf alle Weise dich mit dem Protagoras einlassen mußt, welchen du doch weder kennst, wie du sagst, noch auch jemals gesprochen hast; sondern du nennst ihn nur einen Sophisten, was aber ein solcher Sophist eigentlich ist, dem du dich selbst übergeben willst, darin zeigst du dich ganz unwissend. – Als er dieses angehört, sagte er: So hat es freilich das Ansehen, o Sokrates, nach dem, was du sagst. – Ist etwa, Hippokrates, der Sophist ein Kaufmann oder Kleinkrämer in solchen Waren, von welchen die Seele sich nährt? mir wenigstens scheint er ein solcher. – Aber wovon nährt sich die Seele, Sokrates? – Von Kenntnissen doch wohl, sprach ich. Daß also nur nicht der Sophist uns betrüge, Freund, was er verkauft uns anpreisend, wie Kaufleute und Krämer mit den Nahrungsmitteln für den Körper tun. Denn auch diese verstehen selbst nicht, was wohl von den Waren, welche sie führen, dem Körper heilsam oder schädlich ist, loben aber alles, wenn sie es feil haben; noch auch verstehen es die, welche von ihnen kaufen, wenn nicht einer etwa ein Arzt ist oder ein Vorsteher der Leibesübungen. Ebenso auch die, welche mit Kenntnissen in den Städten umherziehen und jedem, der Lust hat, davon verkaufen und verhökern, loben freilich alles, was sie feil haben; vielleicht aber, mein Bester, mag auch unter ihnen so mancher nicht wissen, was wohl von seinen Waren heilsam oder schädlich ist für die Seele, und ebensowenig wissen es die, welche von ihnen kaufen, wenn nicht etwa einer darunter in Beziehung auf die Seele ein Heilkundiger ist. Verstehst du dich nun darauf, was hievon heilsam oder schädlich ist, so kannst du unbedenklich Kenntnisse kaufen vom Protagoras sowohl als von jedem anderen; wo aber nicht, so sieh wohl zu, du Guter, daß du nicht um dein Teuerstes würfelnd ein gefährliches Spiel machst. Denn überdies ist noch weit größere Gefahr beim Einkauf der Kenntnisse als bei dem der Speisen. Denn Speisen und Getränke, die du vom

Kaufmann oder Krämer eingehandelt hast, kannst du in anderen Gefäßen davontragen und, ehe du sie essend oder trinkend in deinen Leib aufnimmst, sie zu Hause hinstellen, und auch dann noch, einen Sachverständigen herbeirufend, beratschlagen, was davon du essen und trinken sollst und was nicht und wieviel und wann; so daß es bei dem Einkauf nicht viel bedeutet mit der Gefahr. Kenntnisse aber kannst du nicht in einem anderen Gefäße davontragen, sondern hast du den Preis bezahlt, so mußt du sie in deine Seele selbst aufnehmend lernen und hast deinen Schaden oder Vorteil schon weg, wenn du gehst. Dies also laß uns wohl überlegen, und zwar mit älteren, als wir sind. Denn wir sind noch zu jung, um eine so wichtige Angelegenheit zu entscheiden. Jetzt indes, wie wir einmal unseren Sinn darauf gesetzt haben, laß uns immer hingehen und den Mann hören; haben wir ihn aber gehört, dann auch mit anderen uns besprechen. Denn Protagoras ist auch nicht allein dort, sondern auch Hippias von Elis, und, ich glaube, auch Prodikos von Keos und viele andere gar weise Männer. Dies beschlossen gingen wir. Und als wir in den Vorhof kamen, standen wir still und sprachen noch über eine Sache, die uns unterwegs eingefallen war. Um nun diese nicht abzubrechen, sondern zu Ende zu bringen, ehe wir hineingingen, blieben wir im Vorhofe stehen und sprachen, bis wir einig waren untereinander. Dies, dünkt mir, mochte der Türsteher, ein Verschnittener, etwa gehört haben, und er scheint wohl wegen der Menge der Sophisten allen, die das Haus besuchen, sehr unhold zu sein. Als wir daher anpochten und er aufmachte und unser ansichtig ward, rief er aus: »Ha, schon wieder Sophisten! Er hat nicht Muße«; und somit schlug er die Tür ohne Umstände mit beiden Händen recht tüchtig wieder zu, und wir pochten eben aufs neue. Darauf gab er uns durch die verschlossene Tür zur Antwort: Leute, habt ihr denn nicht gehört, daß er nicht Muße hat? – Aber, guter Mann, sprach ich, weder kommen wir zum Kallias, noch sind wir Sophisten. Gib dich also zufrieden, wir sind nur gekommen, um den Protagoras zu besuchen, und so melde uns hinein. Darauf öffnete uns der Mensch endlich mit genauer Not die Tür.

Als wir nun hineintraten, fanden wir den Protagoras im bedeckten Gange herumwandelnd. Mit ihm wandelten hintereinander auf der einen Seite Kallias, der Sohn des Hipponikos, und sein Halbbruder von mütterlicher Seite, Paralos, der Sohn des Perikles, und Charmides, der Sohn des Glaukon; auf der andern Seite aber der andere Sohn des Perikles, Xanthippos, und Philippides, der Sohn des Philomelos, und Antimoiros von Mende, der gepriesenste unter allen Schülern des Protagoras, der auch ordentlich auf die Kunst bei ihm lernt, um selbst ein Sophist zu werden. Die übrigen hinter diesen folgenden, Zuhörer nur des Gesprochenen, waren größtenteils Fremde, deren Protagoras aus allen Städten, die er durchzieht, mitbringt, kirrend sie mittelst der Töne Gewalt, wie Orpheus, und sie folgen ihm auf den Ton, die Gekirrten; indes befanden sich doch auch einige Einheimische unter dem Chor. Diesen Chor nun betrachtend, ergötzte ich mich besonders daran, wie artig sie sich in acht nahmen, niemals dem Protagoras vorn im Wege zu sein, sondern wenn er mit seinen Begleitern umwendete wie ordentlich und geschickt diese Hörer zu beiden Seiten sich teilten und sich dann im Kreise herumschwenkten, um fein artig immer hinten zu sein.
»Jenem zunächst erblickte ich«, spricht Homeros, den Hippias von Elis in dem bedeckten Gange gegenüber auf einem Sessel sitzend. Um ihn herum saßen auf Bänken: Eryximachos, der Sohn des Akumenos, und Phaidros, der Myrrhinusier, und Andron, der Sohn des Androtion, und einige Fremde, teils Landsleute von ihm, teils andere. Sie schienen über die Natur und die Himmelserscheinungen allerlei Fragen aus der Sternkunde dem Hippias vorzulegen, und er auf seinem Throne sitzend, ging mit jedem seine Frage durch und gab seine Entscheidung. Auch den Tantalos schaut ich; Prodikos nämlich, der Keier, war auch angekommen und befand sich in einem Gemach, welches Hipponikos ehedem als Vorratskammer gebraucht hatte; jetzt aber hatte Kallias, wegen der Menge der Einkehrenden auch dieses ausgeleert und zum Gastzimmer gemacht. Prodikos nun lag noch dort eingehüllt in Decken und Felle, und zwar in sehr viele, wie man sah. Auf den nächsten Polstern um ihn her saßen Pausanias, der Kerameer, und neben ihm ein noch

kaum halb erwachsener Jüngling schöner und edler Natur, wie ich glaube, von Gestalt aber gewiß sehr schön; mir dünkt, gehört zu haben, daß man ihn Agathon nannte, und es sollte mich nicht wundern, wenn er der Liebling des Pausanias wäre. Dieser Jüngling also und die beiden Adeimante, der Sohn des Kepis und der des Leukolophides, nebst einigen andern zeigten sich da. Wovon sie aber sprachen, konnte ich von draußen nicht vernehmen, wiewohl sehr begierig den Prodikos zu hören, denn gar weise und göttlich dünkt mir der Mann zu sein. Allein die Tiefe seiner Stimme verursachte in dem Gemach ein dumpfes Getöse, das alles Gesprochene unvernehmlich machte. Und wir waren nur eben eingetreten, als hinter uns noch hereinkamen: Alkibiades, der Schöne, wie du sagst und auch ich glaube, und Kritias, der Sohn des Kallaischros. Wir nun verweilten nach unserm Eintritt ein wenig, um dies alles zu beschauen; dann gingen wir zum Protagoras heran, und ich sagte: Protagoras, zu dir kommen wir um etwas, ich und hier Hippokrates. – Wollt ihr etwa, fragte er, allein mit mir sprechen oder hier mit den übrigen? – Uns, sprach ich, macht es keinen Unterschied, höre aber, weshalb wir kommen, und überlege es dann selbst. – Was ist es denn also, fragte er, weshalb ihr hergekommen seid? – Dieser Hippokrates, sagte ich, ist hier einheimisch, der Sohn des Apollodoros, von einem großen und glänzenden Geschlecht, und auch er selbst dünkt mir, was seine natürlichen Anlagen betrifft, es mit seinen Altersgenossen wohl aufnehmen zu können und Lust zu haben, ein ausgezeichneter Mann zu werden; und eben dieses glaubt er am besten zu erreichen, wenn er mit dir sein könnte. Ob du nun meinst, hierüber mit uns allein sprechen zu müssen oder vor andern, das überlege dir selbst. – Sehr mit Recht, Sokrates, sprach er, bist du besorglich um mich. Denn ein Fremdling, der die großen Städte durchreist und dort die vorzüglichsten Jünglinge überredet, dem Umgang mit andern Verwandten und Mitbürgern, alten und jungen, entsagend, sich zu ihm zu halten, weil sie durch den Umgang mit ihm besser werden würden, ein solcher muß freilich auf seiner Hut sein. Denn nicht wenig Mißgunst entsteht hieraus und Übelwollen und Nachstellungen aller Art. Daher behaupte ich, daß die sophistische Kunst zwar schon sehr alt ist, daß aber diejenigen unter den alten, welche sie ausübten, aus Furcht vor dem Gehässigen derselben einen Vorwand genommen und sie versteckt haben, einige hinter der Poesie, wie Homeros, Hesiodos und Simonides, andere hinter Mysterien und Orakelsprüchen, wie Orpheus und Musaios, ja einige, habe ich bemerkt, bedienten sich dazu sogar der Kunst der Leibesübungen, wie Ikkos der Tarentiner, und auch jetzt noch einer, der ein Sophist ist als irgendeiner, Herodikos der Selymbrianer, ursprünglich aber aus Megara. Die Musik hat Agathokles, euer Landsmann, zum Vorwande genommen, der ein großer Sophist ist, so auch Pythokleides von Keos und viele andere. Alle diese, wie gesagt, haben aus Furcht des Neides sich jener Künste zum Deckmantel bedient. Ich aber will mich hierin ihnen allen nicht gleichstellen, glaube auch, daß sie das nicht ausgerichtet haben, was sie wollten, diejenigen nämlich nicht getäuscht, welche in einem Staate mächtig sind, um derentwillen eben solche Vorwände gesucht werden; denn der große Haufe, daß ich es kurz heraus sage, merkt überall nichts und singt nach, was jene ihm vorsagen. Wenn nun jemand heimlich davonlaufen will und nicht kann, sondern entdeckt wird, so ist schon das Unternehmen sehr töricht und muß die Menschen notwendig noch mehr aufbringen; denn neben allem andern halten sie dann einen solchen auch noch für einen Ränkemacher. Daher habe ich den ganz entgegengesetzten Weg eingeschlagen und sage gerade heraus, daß ich ein Sophist bin und die Menschen erziehen will; und ich halte diese Vorsicht für besser als jene, sich dazu zu bekennen, anstatt es zu leugnen. Und noch einige andere beobachtete ich, so daß mir, es sei mit Gott gesprochen, noch nicht Übles um deswillen widerfahren ist, daß ich mich für einen Sophisten ausgebe, obgleich ich diese Kunst schon viele Jahre lang treibe; wie ich denn überhaupt schon hoch in Jahren bin und es keinen unter euch gibt, dessen Vater ich nicht dem Alter nach sein könnte. So daß es mir weit lieber ist, wenn ihr etwas wünscht, daß ihr vor allen, die hier zugegen sind, eure Sache anbringt. – Darauf sprach ich, denn ich merkte wohl, er wollte den Prodikos und den Hippias sehen lassen und damit groß gegen sie tun, daß wir als seine Verehrer hingekommen wären. Warum rufen wir also nicht gleich auch den Prodikos und Hippias und die bei ihnen sind, damit sie uns auch hören? – O ja, sagte Protagoras. – Wollt ihr also, sprach Kallias, so wollen wir eine Sitzung veranstalten, damit ihr euch niederlassen und miteinander verhandeln könnt. – Das waren wir sehr zufrieden; und hoch erfreut, daß wir die weisen Männer sollten reden hören, legten wir selbst Hand an und machten Bänke und Polster da zurecht, wo Hippias saß, denn da standen schon die Bänke. Darüber kamen auch Kallias und Alkibiades, den Prodikos, den sie aus seinem Lager aufgestört hatten, und seine Gesellschaft herbeiführend.

Als wir uns nun alle gesetzt hatten, hob Protagoras an. Nun also, Sokrates, da auch diese Männer alle hier sind, so trage jetzt vor, wessen du vorher erwähntest gegen mich wegen dieses Jünglings. – Ich sagte also: Mein Anfang, o Protagoras, ist derselbe wie vorher, wegen dessen, warum ich gekommen bin. Hier dieser Hippokrates nämlich trägt großes Verlangen nach deinem näheren Umgange; was ihm aber eigentlich daraus herkommen wird, wenn er sich zu dir hält, dies möchte er, wie er sagt, gern vorher vernehmen. Das ist unsere Rede. – Darauf nahm Protagoras das Wort und sprach: Junger Mann, es wird dir also geschehen, wenn du dich zu mir hältst, daß du schon an dem ersten Tage, den du bei mir zubringst, besser geworden nach Hause gehen wirst, und an dem folgenden ebenfalls, und so alle Tage zum Besseren fortschreitest. – Als ich das gehört hatte, sprach ich: Dieses ist nichts Wunderbares gesagt, Protagoras, sondern ganz natürlich. Denn auch du, wiewohl so alt und so weise, wenn dich jemand lehrte, was du noch nicht wüßtest, würdest besser werden. Aber nicht also; sondern so wie wenn Hippokrates, sein Verlangen plötzlich ändernd, nun verlangte, sich zu dem kürzlich hier angekommenen jungen Manne zu begeben, zu dem Zeuxippos von Herakleia, und er nun zu diesem käme und von ihm dasselbe hörte, was du jetzt sagst, daß er an jedem bei ihm zugebrachten Tage besser werden und Fortschritte machen würde, und ihn weiter fragte, inwiefern, sagst du, daß ich besser werden und worin Fortschritte machen werde? ihm Zeuxippos gewiß antworten würde:

in der Malerei; oder wie wenn er zum Orthagoras von Theben sich begebend, von diesem dasselbe hörte wie von dir, und er ihn dann weiter fragte, worin er denn besser werden würde durch seinen Umgang, dieser ihm gewiß sagen würde: im Flötenspielen; ebenso sage doch auch du dem jungen Manne und mir, der ich an seiner Stelle frage, Hippokrates soll, wenn er sich zum Protagoras hält, schon an dem ersten Tage, den er bei ihm zubringt, besser nach Hause gehen und so täglich Fortschritte machen, inwiefern, Protagoras, und worin? – Und nachdem Protagoras mich ausgehört hatte, sagte er: Du fragst sehr gut, Sokrates, und mir macht es Freude, denen, die gut fragen, zu antworten. Wenn also Hippokrates zu mir kommt, wird ihm das nicht begegnen, was ihm bei einem andern Sophisten begegnen würde. Die andern nämlich mißhandeln die Jünglinge offenbar. Denn nachdem diese den Schulkünsten eben glücklich entkommen sind, führen jene sie wider ihren Willen wiederum zu Künsten und lehren sie Rechnen und Sternkunde und Meßkunde, und Musik (wobei er den Hippias ansah), bei mir aber soll er nichts lernen als das, weshalb er eigentlich kommt. Diese Kenntnis aber ist die Klugheit in seinen eignen Angelegenheiten, wie er sein Hauswesen am besten verwalten, und dann auch in den Angelegenheiten des Staats, wie er am geschicktesten sein wird, diese sowohl zu führen als auch darüber zu reden. – Folge ich wohl, sagte ich darauf, deiner Rede? Du scheinst mir nämlich die Staatskunst zu bezeichnen und zu verheißen, du wollest zu tüchtigen Männern für den Staat die Männer bilden? – Eben dieses, sagte er, ist das Anerbieten, wozu ich mich erbiete. – Gewiß eine schöne Kunst, sprach ich, besitzest du, wenn du sie besitzest, denn zu dir soll nichts anderes geredet werden, als ich denke. Ich nämlich, Protagoras, meinte, dieses wäre nicht lehrbar; dir aber, da du es sagst, weiß ich nicht, wie ich nicht glauben sollte. Weshalb ich aber denke, dies sei nicht lehrbar, noch könne ein Mensch es dem andern verschaffen, das muß ich billig sagen. Ich halte nämlich, wie auch wohl alle Hellenen tun, die Athener für weise, und nun sehe ich, wenn wir in der Gemeinde versammelt sind und es soll im Bauwesen der Stadt etwas geschehen, so holen sie die Baumeister zur Beratung über die Gebäude; wenn im Schiffswesen, dann die Schiffbauer, und in allen andern Dingen ebenso, welche sie für lehrbar und lernbar halten. Will sich aber ein anderer unterfangen, ihnen Rat zu geben, von dem sie glauben, daß er kein Kunstverwandter in dieser Sache ist, sei er auch noch so schön und reich und vornehm: so nehmen sie ihn doch nicht an, sondern lachen ihn aus und betreiben Lärm, bis er entweder heruntergelärmt von selbst wieder abtritt, oder die Gerichtsdiener ihn herunterziehen oder herausschaffen auf Geheiß der Prytanen. Und in allem, wovon sie glauben, daß es auf Kunst beruhe, verfahren sie so. Wenn aber über die Verwaltung der Stadt etwas zu ratschlagen ist, so steht jeder auf und erteilt ihnen seinen Rat: Zimmermann, Schmied, Schuster, Krämer, Schiffsherr, Reiche, Arme, Vornehme, Geringe, einer wie der andere, und niemand macht einem Vorwürfe darüber, wie im vorigen Falle, daß er, ohne dies irgendwo gelernt zu haben, oder seinen Meister darin aufzeigen zu können, sich nun doch unterfangen wolle, Rat zu geben. Offenbar also glauben sie, dies sei nicht lehrbar. Und nicht nur das versammelte Volk denkt so, sondern auch zu Hause für sich sind unsre verständigen und vortrefflichsten Mitbürger nicht imstande, diese Tugend, welche sie besitzen, andern mitzuteilen. Perikles zum Beispiel, der Vater dieser beiden jungen Männer, hat sie in allem, was von Lehrern abhing, vortrefflich unterrichten lassen; aber in dieser Sache, worin er selbst weise ist, unterrichtet er sie weder selbst, noch hat er sie einem andern übergeben, sondern sie laufen ganz frei herum und weiden allein, ob sie irgendwo von selbst etwas von dieser Tugend antreffen möchten. Wenn du noch mehr willst, derselbe Perikles ist Vormund von Kleinias, dem jüngern Bruder dieses Alkibiades hier, und aus Besorgnis, daß er von dem Alkibiades möchte verdorben werden, trennte er ihn von diesem und gab ihn in das Haus des Ariphron, um ihn dort erziehen zu lassen, der aber gab ihn ihm zurück, ehe sechs Monate um waren, weil er nicht wußte, was er mit ihm anstellen sollte. Und so kann ich dir sehr viele andere nennen, welche selbst treffliche Männer, dennoch niemals irgendeinen besser gemacht haben, weder von ihren Angehörigen noch sonst. Ich meinesteils also, Protagoras, halte hierauf Rücksicht nehmend nicht dafür, die Tugend sei lehrbar. Nun aber ich dich dieses behaupten höre, lenke ich um und denke, du werdest wohl recht haben, weil ich von dir halte, du habest vieles in der Welt erfahren, vieles gelernt und manches auch selbst erfunden. Kannst du uns also deutlicher zeigen, daß die Tugend lehrbar ist, so wolle es nicht vorenthalten, sondern zeige es. – Gut, Sokrates, sagt er, ich will es auch nicht vorenthalten. Aber wie soll ich es euch zeigen, indem ich ein Märchen erzähle, wie ältere wohl jüngeren zu tun pflegen, oder indem ich eine Abhandlung vortrage? – Viele nun der Umhersitzenden sagten, er möchte es vortragen, auf welche Weise er selbst am liebsten es wollte. – So dünkt es mir denn anmutiger, sagte er, euch ein Märchen zu erzählen.

Es war einst eine Zeit, wo es Götter zwar gab, sterbliche Geschlechter aber gab es noch nicht; nachdem aber auch für diese die vorherbestimmte Zeit ihrer Erzeugung gekommen war, bildeten die Götter sie innerhalb der Erde aus Erde und Feuer, auch das hinzumengend, was von Erde und Feuer gemengt ist. Und als sie sie nun ans Licht bringen sollten, übertrugen sie dem Prometheus und Epimetheus, sie auszustatten und die Kräfte unter sie, wie es jedem zukomme, zu verteilen. Vom Prometheus aber erbat sich Epimetheus, er wolle verteilen, und, sagte er, wenn ich ausgeteilt, so komme du es zu besichtigen. Und so, nachdem er ihn beredet, verteilte er. Bei der Verteilung nun verlieh er einigen Stärke ohne Schnelligkeit, die Schwächeren aber begabte er mit Schnelligkeit; einige bewaffnete er, anderen, denen er eine wehrlose Natur gegeben, ersann er eine andere Kraft zur Rettung. Welche er nämlich in Kleinheit gehüllt hatte, denen verlieh er geflügelte Flucht oder unterirdische Behausung, welche aber zu bedeutender Größe ausgedehnt, die rettete er eben dadurch, und so auch verteilte er alles übrige ausgleichend. Dies aber ersann er so aus Vorsorge, daß nicht eine Gattung gänzlich verschwände. Als er ihnen nun des Wechselverderbens Entfliehungen zustande gebracht, begann er ihnen auch gegen die Zeiten vom Zeus leichte Gewöhnung zu ersinnen durch Bekleidung mit dichten Haaren und starken Fellen, hinreichend um die Kälte, aber auch vermögend die Hitze abzuhalten, und außerdem zugleich jedem, wenn es zur Ruhe ging, zur eigentümlichen und angewachsenen Lagerbedeckung dienend. Und unter den Füßen versah er einige mit Hufen und Klauen, andere mit Haaren und starken blutlosen Häuten. Hiernächst wies er dem einen diese, dem anderen jene Nahrung an, dem einen aus der Erde die Kräuter, dem anderen von den Bäumen die Früchte, einigen auch verordnete er zur Nahrung anderer Tiere Fraß. Und diesen letzteren verlieh er dürftige Zeugung, dagegen den von ihnen verzehrten eine vielerzeugende Kraft dem Geschlecht zur Erhaltung. Wie aber Epimetheus doch nicht ganz weise war, hatte er unvermerkt schon alle Kräfte aufgewendet (für die unvernünftigen Tiere); übrig also war ihm noch unbegabt das Geschlecht der Menschen, und er war wieder ratlos, was er diesem tun sollte. In dieser Ratlosigkeit nun kommt ihm Prometheus die Verteilung zu beschauen und sieht die übrigen Tiere zwar in allen Stücken weislich bedacht, den Menschen aber nackt, unbeschuht, unbedeckt, unbewaffnet und schon war der bestimmte Tag vorhanden, an welchem auch der Mensch hervorgehen sollte aus der Erde an das Licht. Gleichermaßen also der Verlegenheit unterliegend, welcherlei Rettung er dem Menschen noch ausfände, stiehlt Prometheus die kunstreiche Weisheit des Hephaistos und der Athene, nebst dem Feuer, denn unmöglich war, daß sie einem ohne Feuer hätte können angehörig sein oder nützlich, und so schenkt er sie dem Menschen. Die zum Leben nötige Wissenschaft also erhielt der Mensch auf diese Weise, die bürgerliche aber hatte er nicht. Denn diese war beim Zeus, und dem Prometheus stand in die Feste, die Behausung des Zeus, einzugehen nicht mehr frei, auch waren furchtbar die Wachen des Zeus. Aber in das dem Hephaistos und der Athene gemeinschaftliche Gemach, wo sie ihre Kunst übten, geht er heimlich hinein, und nachdem er so die feurige Kunst des Hephaistos und die andere der Athene gestohlen, gibt er sie dem Menschen. Und von da an genießt nun der Mensch Behaglichkeit des Lebens; den Prometheus aber hat hernach, so wie erzählt wird, die Strafe für diesen Diebstahl um des Epimetheus willen ergriffen. Da nun aber der Mensch göttlicher Vorzüge teilhaftig geworden, hat er auch zuerst, wegen seiner Verwandtschaft mit Gott, das einzige unter allen Tieren, an Götter geglaubt, auch Altäre und Bildnisse der Götter aufzurichten versucht, dann bald darauf Töne und Worte mit Kunst zusammengeordnet, dann Wohnungen und Kleider und Beschuhungen und Lagerdecken und die Nahrungsmittel aus der Erde erfunden. So ausgerüstet wohnten die Menschen anfänglich zerstreut, Städte aber gab es nicht. Daher wurden sie von den wilden Tieren ausgerottet, weil sie in jeder Art schwächer waren als diese, und die verarbeitende Kunst war ihnen zwar zur Ernährung hinreichende Hilfe, aber zum Kriege gegen die Tiere unwirksam; denn die bürgerliche Kunst hatten sie noch nicht, von welcher die kriegerische ein Teil ist. Sie versuchten also sich zu sammeln und sich zu erretten durch Erbauung der Städte; wenn sie sich aber gesammelt hatten, so beleidigten sie einander, weil sie eben die bürgerliche Kunst nicht hatten, so daß sie, wiederum sich zerstreuend, auch bald wieder aufgerieben wurden. Zeus also für unser Geschlecht, daß es nicht etwa gar untergehen möchte, besorgt, schickt den Hermes ab, um den Menschen Scham und Recht zu bringen, damit diese der Städte Ordnungen und Bande würden der Zuneigung Vermittler. Hermes fragt nun den Zeus, auf welche Art er doch den Menschen das Recht und die Scham geben solle. Soll ich, so wie die Künste verteilt sind, auch diese verteilen? Jene nämlich sind so verteilt: Einer, welcher die Heilkunst innehat, ist genug für viele Unkundige, und so auch die anderen Künstler. Soll ich nun auch Recht und Scham ebenso unter den Menschen aufstellen, oder soll ich sie unter alle verteilen? Unter alle, sagte Zeus, und alle sollen teil daran haben, denn es könnten keine Staaten bestehen, wenn auch hieran nur wenige Anteil hätten, wie an anderen Künsten. Und gib auch ein Gesetz von meinetwegen, daß man den, der Scham und Recht sich anzueignen unfähig ist, töte wie einen bösen Schaden des Staates. Auf diese Art also, Sokrates, und aus dieser Ursache glauben alle anderen und auch die Athener, daß wenn von der Tugend eines Baumeisters die Rede ist oder eines anderen Künstlers, alsdann nur wenigen Anteil zustehe an der Beratung; und wenn jemand außer diesen wenigen dennoch Rat geben will, so dulden sie es nicht, wie du sagst, und zwar ganz mit Recht, wie ich sage. Wenn sie aber zur Beratung über die bürgerliche Tugend gehen, wohin alles auf Gerechtigkeit und Besonnenheit ankommt, so dulden sie mit Recht einen jeden, weil es jedem gebührt, an dieser Tugend doch Anteil zu haben, oder es könnte keine Staaten geben. Dieses, Sokrates, ist hievon die Ursache. Nimm aber auch noch diesen Beweis hinzu, damit du nicht etwa glaubest, nur damit überlistet zu werden, daß wirklich alle Menschen annehmen, ein jeder habe Anteil an der Gerechtigkeit und der übrigen bürgerlichen Tugend. In anderen Dingen nämlich, wie du selbst sagst, wenn jemand behauptet, im Flötenspiel vortrefflich zu sein, oder in irgendeiner anderen Kunst, worin er es nicht ist, verlachen ihn die Leute entweder oder werden unwillig, und seine Angehörigen gehen hin und stellen ihn zur Rede als einen Verwirrten. In Sachen der Gerechtigkeit aber und der übrigen bürgerlichen Tugend, wenn sie auch sehr wohl wissen, daß einer ungerecht ist, er selbst aber wollte hierüber gegen sich selbst die Wahrheit reden vor vielen Menschen: so würden sie ebendieses, was sie in jenem Falle für vernünftig hielten, nämlich die Wahrheit zu sagen, in diesem für eine Verrücktheit erklären und behaupten, ein jeder müsse wenigstens behaupten, er sei gerecht, möge er es nun sein oder nicht, oder er wäre verrückt, wenn er sich die Gerechtigkeit nicht zuschriebe; als ob notwendig ein jeder Mensch auf irgendeine Art Anteil an ihr haben müsse, oder gar nicht unter Menschen leben. Daß sie also mit Recht einen jeden als Ratgeber in Sachen dieser Tugend annehmen, weil sie nämlich glauben, daß ein jeder Anteil an ihr habe, das habe ich hiedurch gezeigt. Daß sie aber dennoch nicht glauben, man habe sie von Natur, oder sie komme ganz von selbst, sondern sie sei allerdings lehrbar, und durch Fleiß habe sie jeder erlangt, der sie erlangt habe, das will ich dir demnächst zu beweisen suchen. Nämlich über ein Übel, wovon jeder glaubt, wer es hat, er habe es von Natur oder durch ein Unglück, erzürnt sich niemand, oder schilt oder belehrt oder bestraft, die mit dergleichen behaftet sind, damit sie etwa aufhören möchten, so zu sein, sondern man bemitleidet sie; wie die Häßlichen, die Kleinen, die

Schwächlichen, wer wäre wohl so unverständig, gegen solche etwas dergleichen zu tun? Weil man nämlich weiß, glaube ich, daß in diesen Dingen das Gute und das Entgegengesetzte den Menschen von Natur oder durch Zufall kommt. Von was für Gutem sie aber glauben, daß es der Mensch durch Fleiß, Übung und Unterricht erlange, wenn jemand das nicht hat, sondern das entgegengesetzte Böse, darüber entstehen dann die Erzürnungen und die Bestrafungen und die Ermahnungen. Wovon eins nun auch die Ungerechtigkeit ist und die Gottlosigkeit, und überhaupt alles der bürgerlichen Tugend Entgegengesetzte. Hier also schilt und zürnt einer auf den anderen, offenbar als werde diese allerdings durch Achtsamkeit und Unterricht erworben. Denn wenn du bedenken willst das Bestrafen der Unrechttuenden, was damit wohl gemeint ist, so wird schon dieses dich lehren, daß alle Menschen glauben, die Tugend sei zu erwerben. Denn niemand bestraft die, welche unrecht getan haben, darauf seinen Sinn richtend und deshalb, weil einer eben unrecht getan hat, außer wer sich ganz vernunftlos wie ein Tier eigentlich nur rächen will. Wer aber mit Vernunft sich vornimmt, einen zu strafen, der bestraft nicht um des begangenen Unrechts willen, denn er kann ja doch das Geschehene nicht ungeschehen machen, sondern des Zukünftigen wegen, damit nicht auf ein andermal wieder, weder derselbe, noch einer, der diesen bestraft gesehen hat, dasselbe Unrecht begehe. Und indem er dieses beabsichtigt, denkt er doch wohl, daß die Tugend kann angebildet werden; denn der Ablenkung wegen straft er ja. Dieser Meinung sind also alle zugetan, welche Strafen verhängen von Volks wegen und zu Hause. Es strafen und züchtigen ja aber sowohl die übrigen Menschen den, von welchem sie glauben, er habe unrecht getan, als auch nicht minder die Athener, deine Mitbürger; so daß, hieraus zu schließen, auch die Athener zu denen gehören, welche annehmen, die Tugend könne gelehrt werden und durch allerlei Anstalten hervorgebracht. Daß also ganz mit Recht deine Mitbürger es annehmen, wenn auch ein Schmied und Schuster ihnen Rat erteilen in bürgerlichen Dingen, und daß sie dennoch glauben, die Tugend könne gelehrt und erworben werden, dieses, Sokrates, ist dir nun hinlänglich erwiesen, wie es mir scheint. Jetzt ist noch der Zweifel übrig, den du vorher hegtest von wegen der vortrefflichen Männer, warum nämlich wohl diese ihre Söhne in allem, was von Lehrern abhängt, unterrichten und weise machen, in der Tugend aber, worin sie selbst sich auszeichnen, sie nicht besser machen als andere. Hierüber nun, Sokrates, will ich dir nicht mehr eine Erzählung vorlegen, sondern die Gründe. Erwäge die Sache so. Gibt es oder gibt es nicht etwas Gewisses, was notwendig alle Bürger an sich haben müssen, wenn es einen Staat geben soll? Denn hierdurch wird dieser Zweifel gelöst, den du hegst, oder sonst durch nichts. Denn wenn es so etwas gibt, und wenn dieses Etwas nicht die Zimmerkunst ist noch die Schmiedekunst noch die Töpferkunst, sondern die Gerechtigkeit und die Besonnenheit und das Frommsein, und was ich alles in Eins zusammengefaßt die Tugend eines Mannes nennen möchte, wenn diese das ist, was alle an sich haben müssen, und mit dieser ein jeder, der sonst etwas lernen und verrichten will, alles verrichten muß, ohne sie aber nichts; oder wer sie nicht an sich hat, sei es Mann oder Kind oder Weib, wird belehrt und gezüchtigt, bis er durch die Züchtigung besser geworden ist, wer aber auf die Züchtigung und Belehrung nicht merkt, als ein Unheilbarer aus dem Staate herausgetrieben oder getötet; wenn es sich so verhält, und wenn bei so bewandten Sachen deine vortrefflichen Männer ihre Söhne in allem andern unterrichten lassen, hierin aber nicht: so sieh doch zu, wie wunderlich diese trefflichen Männer sein müssen. Denn daß sie glauben, es sei lehrbar zu Hause und öffentlich im Staate, das haben wir gezeigt. Und obgleich es gelehrt und angebildet werden kann, sollten sie ihren Söhnen wohl alles andere lehren lassen, worauf nicht der Tod oder eine andere Strafe gesetzt ist, wenn sie es nicht wissen; weshalb aber ihren Söhnen der Tod als Strafe bevorsteht oder die Verweisung, wenn sie es nicht gelernt haben, noch zur Tugend gebildet worden sind, und außer dem Tode die Einziehung der Güter, und daß ich es kurz sage, das Verderben des ganzen Hauses, dieses sollten sie ihnen nicht lehren lassen und nicht alle Sorgfalt daran wenden? Man muß ja wenigstens glauben, Sokrates. daß sie es tun. Schon von der zartesten

Kindheit anfangend, solange sie leben, belehren und ermahnen sie ein Kind, sobald es nur versteht, was zu ihm geredet wird, sowohl die Wärterin als die Mutter, der Knabenführer und der Vater selbst beeifern sich darauf, daß der Knabe aufs beste gedeihe, indem sie ihn bei jeder Handlung und Rede belehren und ihm zeigen, dies ist recht, jenes ist unrecht, dies gut, jenes schlecht, dies fromm, jenes gottlos, dies tue, jenes tue nicht; und wenn er gutwillig gehorcht, gut; wo nicht, so suchen sie ihn wie ein Holz, das sich geworfen und verbogen hat, wieder gerade zu machen durch Drohungen und Schläge. Hernach, wenn sie ihn in die Schule schicken, schärfen sie dem Lehrer weit dringender ein, für die Sittsamkeit der Kinder zu sorgen, als für ihr Lesen und ihr Spiel auf der Lyra. Die Lehrer also haben hierauf acht, und auch wenn die Kinder nun lesen gelernt haben, und auch das Geschriebene schon verstehen, wie vorher nur den Ton: so geben sie ihnen auf den Bänkchen die Gedichte der trefflichsten Dichter zu lesen, und lassen sie sie einlernen, in denen viele Zurechtweisungen enthalten sind und Erläuterungen, auch Lob und Verherrlichung alter trefflicher Männer, damit der Knabe sie bewundernd nachahme und sich bestrebe, auch ein solcher zu werden. Die Musikmeister ebenso sehen auf Sittsamkeit, und daß die Knaben nicht Unfug treiben. Überdies, wenn sie nun die Lyra spielen gelernt haben, lehren diese ihnen wiederum anderer vortrefflichen Dichter, nämlich der liederdichtenden, Gedichte, welche sie den Gesangsweisen unterlegen, und arbeiten dahin, Zeitmaß und Wohlklang den Seelen der Kinder geläufig zu machen, damit sie milder werden, und indem sie Maß und Ton halten, auch geschickter zum Reden und Handeln. Denn überall bedarf das Leben der Menschen richtiges Zeitmaß und Zusammenstimmung. Über das alles schicken sie sie noch zum Meister der Leibesübungen, damit sie dem Körper nach besser ausgebildet auch der richtigen Gesinnung dienen können, und nicht nötig haben, sich feigherzig zurückzuziehen wegen des Körpers Untüchtigkeit, es sei nun im Kriege oder bei anderen Geschäften. Und dieses nun führt am besten aus, wer es am besten vermag; am besten aber vermögen es die Reichsten, deren Kinder auch am frühesten in ihrer Jugend anfangen, die Lehre zu suchen, und am spätesten damit aufhören. Wenn sie dann aber ihre Lehrer verlassen, so nötigt wiederum die Stadt sie, die Gesetze zu lernen und nach diesen zu leben, wie nach einer Vorschrift, damit sie nicht eignem Gutdünken folgend etwas Ungeschicktes beginnen; sondern recht eigentlich wie der Sprachlehrer den Kindern, die noch nicht schreiben können, die Buchstaben mit dem Griffel vorschreibt, und ihnen dann die Tafel hingibt und ihnen befiehlt, diese Züge, wie er sie ihnen vorgeschrieben hat, nachzuziehen, ebenso schreibt die Stadt die Gesetze vor von trefflichen alten Gesetzgebern ausgedacht, und befiehlt ihnen nach diesen zu regieren und sich regieren zu lassen. Wer aber hievon abweicht, den züchtigt sie, und diese Züchtigung heißt bei euch und an vielen andern Orten, gleichsam weil die Strafe den Menschen wieder weise macht, eine Weisung. Da nun sowohl zu Hause als von Staats wegen so viele Sorgfalt auf die Tugend gewendet wird, wie kannst du dich noch wundern, Sokrates, und Zweifel hegen, ob sie lehrbar sei? Darüber ist sich nicht zu wundern, sondern vielmehr wenn sie nicht lehrbar wäre. Weshalb aber mißraten viele Söhne vortrefflicher Männer? Das erfahre nun auch. Dies nämlich ist nichts Wunderbares, wenn ich anders im vorigen richtig gesagt habe, daß in dieser Sache, nämlich der Tugend, wenn es Staaten geben soll, niemand unwissend sein darf. Wenn dieses sich so wie ich sage verhält, es verhält sich aber allerdings und auf alle Weise so: so erwäge einmal die Sache an irgendeiner andern Kunst und Geschicklichkeit, an welcher du am liebsten willst. Wenn es keinen Staat geben könnte, wofern wir nicht alle Flötenspieler wären, wie gut eben jeder könnte, und wenn hierin jeder den andern unterrichtete zu Hause und im öffentlichen Leben, und den Schlechtspielenden tadelte, und ihm dies nicht neidisch vorenthielte, so wie jetzt keiner dem andern das Gerechte und Gesetzmäßige vorenthält oder verbirgt, wie es wohl in andern Künsten geschieht; denn jedem von uns, glaube ich, nützt die Gerechtigkeit und Tugend der andern, deshalb lehrt jeder so gern den andern das Gerechte und Gesetzmäßige; wenn nun ebenso im Flötenspielen jeder dem andern alle Bereitwilligkeit und Dienstfertigkeit erzeigte, ihn zu unterrichten:

glaubst du, Sokrates, sagte er, daß dann mehr die Söhne guter Flötenspieler gute Flötenspieler werden würden als die Söhne der schlechten? Ich glaube es nicht, sondern wessen Sohn die besten Anlagen zum Flötenspieler hätte, der würde zu einem ausgezeichneten gedeihen, wessen es aber daran fehlte, der würde unberühmt bleiben, und oft würde der Sohn eines guten Flötenspielers ein schlechter werden, und der eines schlechten ein guter; aber alle würden doch ordentliche Flötenspieler sein in Vergleich mit den Ununterrichteten, die gar nichts vom Flötenspiel verstehen. So glaube nun auch jetzt, daß selbst derjenige, welcher sich dir als der Ungerechteste zeigt von allen, die unter Gesetzen und mit Menschen auferzogen sind, dennoch gerecht ist, und wirklich ein ausübender Künstler in dieser Sache, wenn du ihn mit solchen Menschen vergleichen solltest, die gar keine Erziehung haben, keine Gerichtshöfe, keine Gesetze, und überall keinen Zwang, der sie zwingt sich in allen Stücken der Tugend zu befleißigen, sondern die solche Wilden wären, wie sie uns im vorigen Jahre der Dichter Pherekrates am Bacchosfest aufgestellt hat. Wahrlich, wenn du dich unter solchen Menschen befändest, wie die Menschenfeinde in jenem Chore, würdest du sehr zufrieden sein, wenn du auch nur einen Eurybatos oder Phrynondas anträfest, und würdest jammern aus Sehnsucht nach der Schlechtigkeit der hiesigen Menschen. Nun aber bist du verwöhnt, Sokrates, weil eben alle Lehrer der Tugend sind, jeder so gut er kann, und siehst deshalb nirgends einen. Eben als wenn du nachfragtest, wo es wohl einen Lehrer im Hellenischsprechen gäbe, würdest du auch keinen einzigen finden. Ja, ich glaube nicht einmal, wenn du nachfragtest, wer wohl die Söhne unserer Handwerker in der Kunst unterrichtete, die sie bereits von ihrem Vater, soweit er es imstande war, und von seinen kunstverwandten Freunden gelernt haben. Wer unterrichtet diese wohl noch besonders? Ich glaube, es würde nicht leicht sein, Sokrates, ihren Lehrer aufzuzeigen, dagegen der noch ganz Unkundigen sehr leicht. So ist es in der Tugend und in allen andern Dingen. Also wenn einer auch nur um ein weniges besser als wir versteht, sie in der Tugend weiter zu bringen, muß man es gern annehmen. Von welchen nun auch

ich glaube, einer zu sein, und besser als andere Menschen mancherlei zu verstehen, wodurch einer gut und trefflich wird, wohl wert der Belohnung, die ich dafür fordere, und noch größerer, nach dessen Meinung selbst, der gelernt hat. Daher ich auch diese Art meine Belohnung zu bestimmen eingerichtet habe. Wenn nämlich jemand bei mir gelernt hat und er will, so gibt er mir den Preis, den ich fordre, wo nicht, so geht er in den Tempel und schwört dort, wie hoch er die erworbenen Kenntnisse schätze, und so viel gibt er dann. Somit, Sokrates, sagte er, habe ich dir durch Geschichte und Gründe erwiesen, daß die Tugend allerdings lehrbar ist und daß auch die Athener sie dafür halten, und daß es dennoch nicht zu verwundern ist, wenn die Söhne guter Väter schlecht und schlechter gut werden. Denn auch die Söhne des Polykleitos von gleichem Alter mit dem Paralos und Xanthippos hier sind nichts in Vergleich mit ihrem Vater und so auch andere anderer Künstler. Diesen aber darf man hieraus noch keinen Vorwurf machen, sondern man muß Gutes von ihnen hoffen, denn sie sind jung.
Protagoras nun, nachdem er sich so und so ausführlich vor uns gezeigt hatte, hörte auf zu reden: ich aber, auf lange Zeit bezaubert, sah noch immer auf ihn, als würde er weiter reden, lüstern zu hören. Da ich aber merkte, daß er wirklich aufgehört hatte, sammelte ich mich sozusagen endlich mit Mühe, wendete mich zu dem Hippokrates und sagte: Wie danke ich dir, Sohn des Apollodoros, daß du mich aufgefordert hast, hieher zu gehen! Denn gar viel ist es mir wert, das gehört zu haben vom Protagoras, was ich gehört habe. Bis jetzt nämlich glaubte ich, es wären nicht menschliche Bemühungen, wodurch die Guten gut werden; nun aber bin ich davon überzeugt. Ausgenommen eine Kleinigkeit ist mir im Wege, was offenbar Protagoras leicht noch dazu lehren wird, da er ja dieses viele gelehrt hat. Denn wenn sich jemand über eben dieses mit einem von unseren Volksrednern bespräche, könnte er solche Reden vom Perikles oder einem von den anderen Meistern im Reden auch wohl hören; aber wenn einer etwas weiter fragt, so wissen sie wie die Bücher nichts weiter weder zu antworten noch selbst zu fragen; aber wenn einer auch nur ein weniges von dem Gesagten fragt, denn wie

Metall, worauf einer geschlagen, lange forttönt, wenn es nicht einer anrührt, ebenso auch diese Redner, um weniges gefragt, dehnen eine meilenlange Rede. Unser Protagoras aber versteht zwar ebenfalls lange und schöne Reden zu halten, wie eben die Tat gezeigt, er versteht aber auch sowohl gefragt im kurzen zu antworten, als auch selbst fragend die Antwort abzuwarten und aufzunehmen, und hierauf sind nur wenige ausgerüstet. Jetzt also, Protagoras, fehlt mir noch ein weniges, um alles zu haben, wenn du mir dieses beantworten möchtest. Du sagst, die Tugend sei lehrbar und ich, wenn ich irgend einem Menschen glaube, glaube ich gewiß dir. Was mir aber aufgefallen ist, als du sprachst, das ergänze mir noch in meiner Seele. Du sagtest nämlich, Zeus habe den Menschen die Gerechtigkeit geschickt und die Scham, und wiederum erwähntest du vielfältig in deiner Rede der Gerechtigkeit und Besonnenheit und Frömmigkeit, und dieses alles, als ob es zusammengenommen Eins wäre, die Tugend. Eben dieses also setze mir doch genauer auseinander, ob die Tugend Eins zwar ist, doch aber Teile von ihr sind die Gerechtigkeit und die Besonnenheit und die Frömmigkeit, oder ob alles, was ich jetzt genannt habe, nur verschiedene Namen sind für eine und dieselbe Sache. Das ist es, was ich noch vermisse. – Sehr leicht, sagte er, ist dies ja zu beantworten, Sokrates, daß von der Tugend, die Eins ist, dieses Teile sind, wonach du fragst. – Ob wohl auf die Art, sprach ich, wie die Teile des Gesichtes Teile sind, Mund, Nase, Augen und Ohren? Oder so wie die Teile des Goldes gar nicht unterschieden sind eins vom anderen und vom Ganzen als durch Größe und Kleinheit? – Auf jene Art scheint es mir, Sokrates, wie die Teile des Gesichts sich zum ganzen Gesicht verhalten. – Besitzen denn auch die Menschen, fragte ich, von diesen Teilen der Tugend der eine den, der andere jenen, oder muß notwendig wer einen hat auch alle haben? – Keineswegs, sprach er, denn viele sind ja tapfer, aber ungerecht, und gerecht, weise aber nicht. – Also, dies sind auch Teile der Tugend, fragte ich, Weisheit und Tapferkeit? – Freilich; vor allen Dingen, sprach er, und der größte sogar ist die Weisheit unter diesen Teilen. – Und jeder von ihnen, sagte ich, ist etwas anderes als der andere? – Ja. – Hat auch jeder seine eigene

Verrichtung, wie im Gesicht das Auge nicht ist wie die Ohren noch seine Verrichtung dieselbe, und überhaupt kein Teil wie der andere ist, weder der Verrichtung nach, noch sonst, ist nun ebenso auch von den Teilen der Tugend keiner wie der andere, weder an sich selbst, noch auch seine Verrichtung? Oder muß nicht offenbar die Sache sich so verhalten, wenn sie doch unserem Beispiel ähnlich sein soll? – Sie verhält sich auch so, Sokrates, sagte er. – Darauf sprach ich: Also ist keiner von den anderen Teilen der Tugend wie die Erkenntnis, oder wie die Gerechtigkeit, oder wie die Besonnenheit, oder wie die Frömmigkeit? – Nein, sagte er. – Wohlan also, sprach er, laß uns zusammen sehen, welcherlei doch jedes von ihnen ist. Zuerst so. Ist die Gerechtigkeit etwas Bestimmtes, oder ist sie nicht etwas Bestimmtes? Mir scheint sie so etwas zu sein, wie denn dir? – Auch mir, sagte er. – Wie nun, wenn einer mich und dich fragte: Sagt mir doch, Protagoras und Sokrates, dieses, was ihr jetzt eben genannt habt, die Gerechtigkeit, ist sie eben dieses gerecht oder ungerecht? würde ich ihm freilich antworten, gerecht; du aber, was für eine Stimme würdest du geben, dieselbe mit mir oder eine andere? – Dieselbe, sagte er. – Die Gerechtigkeit also ist eben das, wie gerecht sein, würde ich sagen dem Fragenden zur Antwort. Du auch? – Ja, sagte er. – Wenn er uns nun nach diesem fragte: Sagt ihr nicht auch, daß es eine Frömmigkeit gibt? würden wir es doch bejahen, glaube ich? – Freilich, sagte er. – Sagt ihr auch, daß diese etwas Bestimmtes ist? Sollen wir es zugeben oder nicht? – Auch dies bejahte er. – Sagt ihr nun, daß diese von Natur eben das ist, wie gottlos sein, oder fromm? Ich, sprach ich, würde unwillig werden über die Frage und sagen: Rede nicht dergleichen, lieber Mensch! Wie wollte denn irgend etwas anderes fromm sein, wenn die Frömmigkeit nicht selbst fromm wäre! Und wie du? würdest du nicht so antworten? – Allerdings, sagte er. – Wenn er nun hierauf fragend spräche: Wie habt ihr doch vor kurzem gesagt? habe ich euch etwa nicht recht vernommen? Mich dünkt, ihr sagtet, die Teile der Tugend verhielten sich so gegeneinander, daß keiner von ihnen wäre wie der andere? so würde ich ihm sagen: Übrigens hast du wohl recht gehört, daß du aber glaubst, ich hätte dieses auch gesagt, das hast du verhört. Denn Protagoras hat dies geantwortet, ich habe nur gefragt. Wenn er nun fragte: Spricht dieser wahr, Protagoras? Du also sagst, kein Teil der Tugend sei wie der andere? Deine Rede ist dies? Was würdest du ihm antworten? – Natürlich mich dazu bekennen, sagte er. – Was also, Protagoras, werden wir, dieses eingestanden, ihm antworten, wenn er uns weiter fragt: Also ist die Frömmigkeit nicht wie gerecht sein, und die Gerechtigkeit nicht wie fromm, sondern wie nicht fromm und die Frömmigkeit wie nicht gerecht, also ungerecht und jene gottlos? – Was werden wir ihm antworten? Ich meinesteils für mich wenigstens würde sagen, daß die Gerechtigkeit allerdings fromm sei und die Frömmigkeit gerecht; und auch für dich, wenn du es mir zuließest, würde ich das nämliche antworten, daß die Gerechtigkeit entweder dasselbe ist mit der Frömmigkeit oder ihr doch so ähnlich, als nur irgend möglich, und also auf alle Weise die Gerechtigkeit wie die Frömmigkeit, und die Frömmigkeit wie die Gerechtigkeit. Sieh also zu, ob du mir verbietest, so zu antworten oder ob es dich ebenso dünkt? – Keineswegs, sprach er, dünkt mich dieses unbedingt so zu sein, daß man zugeben müsse, die Gerechtigkeit sei Frommes und die Frömmigkeit Gerechtes, sondern mich dünkt wohl noch etwas Verschiedenes darin zu sein. Doch was liegt daran? sprach er. Wenn du willst, soll uns auch die Gerechtigkeit fromm und auch die Frömmigkeit gerecht sein. – Das ja nicht! sagte ich. Ich begehre gar nicht, daß ein solches Wenn du willst und Wie du meinst untersucht werde, sondern Ich und Du. Das Ich und Du sage ich aber in der Meinung, der Satz selbst werde am besten geprüft werden, wenn man dieses Wenn ganz herausläßt. – Aber doch, sprach er, ist ja die Gerechtigkeit der Frömmigkeit ähnlich; denn auch jedes Ding ist jedem Dinge gewissermaßen ähnlich. Sogar ist auf eine Art das Weiße dem Schwarzen ähnlich, und das Harte dem Weichen und was sonst einander am meisten entgegengesetzt zu sein scheint, und auch das, wovon wir vorher sagten, jedes habe eine eigene Verrichtung und eines sei nicht wie das andere, die Teile des Gesichtes sind einander doch auch gewissermaßen ähnlich und eins ist wie das andere, so daß du auf diese Art auch das beweisen könntest, wenn du wolltest, daß alles einander ähnlich ist. Aber es ist nicht recht, Dinge, die etwas Ähnliches haben, gleich ähnlich zu nennen, und die etwas Unähnliches haben, unähnlich, auch wenn sie gar wenig Ähnliches und Unähnliches haben. – Darüber verwundert, sagte ich zu ihm: Verhält sich denn bei dir das Gerechte und das Fromme so gegeneinander, daß es nur ein wenig Ähnliches miteinander hat? – Nicht ganz so, sprach er, aber doch auch nicht so, wie du zu glauben scheinst. – Ei nun. sprach ich, weil dir dieses ungelegen zu sein scheint, wollen wir dieses nur lassen, und dies andere von dem, was du sagtest, in Betrachtung ziehen.

Du nennst doch Etwas Unsinnigkeit? – Er sagte ja. – Ist nicht davon ganz das Gegenteil die Weisheit? – Mich dünkt es so, sagte er. – Und wenn die Menschen richtig und, wie es heilsam ist, handeln, scheinen sie dir dann besonnen zu sein, wenn sie so handeln oder wenn entgegengesetzt? – Alsdann sind sie besonnen, sagte er. – Nicht wahr, durch die Besonnenheit sind sie besonnen? – Natürlich. – Und nicht wahr, die nicht richtig Handelnden handeln unsinnig und sind nicht besonnen, indem sie so handeln? – Das dünkt mich ebenso, sagte er. – Das Gegenteil ist also das unsinnig Handeln vom besonnenen? – Er gab es zu. – Nicht wahr, was unsinnig getan wird, wird durch Unsinnigkeit, und was besonnen, durch Besonnenheit getan? – Das räumte er ein. – Nicht wahr, wenn etwas mit Stärke getan wird, das wird stark getan, und wenn mit Schwäche, schwach? – So schien es ihm. – Und was mit Schnelligkeit schnell, was mit Langsamkeit langsam. – Er bejahte. – Und also, wenn etwas ebenso getan wird, wird es auch von demselben getan, wenn aber entgegengesetzt, dann auch von dem Entgegengesetzten. – Er stimmte bei. – Wohlan, sagte ich, gibt es etwas Schönes? – Er räumte es ein. – Und ist diesem noch irgend etwas entgegengesetzt außer dem Häßlichen? – Nichts weiter. – Und wie, gibt es etwas Gutes? – Es gibt. – Ist diesem etwas entgegengesetzt außer dem Bösen? – Nichts weiter. – Und wie, gibt es etwas Hohes in der Stimme? – Er bejahte es. – Ist diesem nichts anderes entgegengesetzt außer dem Tiefen? – Nein, sagte er. – Also, sprach ich, jedem einzelnen von diesen Entgegengesetzten ist auch nur eins entgegengesetzt und nicht viele? – Dazu bekannte er sich. – Komm denn, sprach ich, laß uns zusammenrechnen, was wir eingestanden. Haben wir eingestanden, daß einem nur eins entgegengesetzt ist, mehreres aber nicht? – Das haben wir eingestanden. – Und daß, was auf entgegengesetzte Art getan wird, auch durch Entgegengesetztes getan wird? – Er bejahte. – Und haben wir eingestanden, daß, was unsinnig getan wird, auf entgegengesetzte Art getan wird, als was besonnen? – Er bejahte es. – Und daß, was besonnen getan wird, durch Besonnenheit verrichtet wird, was aber unsinnig, durch Unsinnigkeit? – Er räumte es ein. – Also, da es auf entgegengesetzte Art getan wird, muß es auch durch Entgegengesetztes verrichtet werden? – Ja. – Es wird aber das eine durch Besonnenheit und das andere durch Unsinnigkeit verrichtet? – Ja. – Auf entgegengesetzte Art? – Freilich. – Also auch durch Entgegengesetztes? – Ja. – Entgegengesetzt also ist die Unsinnigkeit der Besonnenheit? – Das ist klar. – Erinnerst du dich wohl, daß im vorigen von uns eingestanden war, die Unsinnigkeit sei der Weisheit entgegengesetzt? – Das gestand er. – Und daß Einem nur Eins entgegengesetzt sei? – Das behaupte ich. – Welche von unseren beiden Behauptungen wollen wir nun aufgeben, Protagoras? Die, daß Einem nur Eins entgegengesetzt ist oder jene, als wir sagten, die Besonnenheit wäre etwas anderes als die Weisheit, und beide wären Teile der Tugend, und außerdem, daß jede etwas anderes wäre, wären sie auch einander unähnlich, sie selbst und ihre Verrichtungen, wie die Teile des Gesichts? Welche von beiden wollen wir nun aufgeben? Denn zugleich können diese beiden Behauptungen nicht sehr musikalisch vorgetragen werden, denn sie stimmen nicht und klingen nicht zusammen. Wie können sie auch zusammenklingen, wenn notwendig Eins nur Einem entgegengesetzt ist, mehreren aber nicht, der Unsinnigkeit aber, welche Eins ist, sich sowohl die Weisheit als die Besonnenheit entgegengesetzt zeigt? Ist es so, Protagoras, fragte ich, oder anders, wie? – Er gestand es sehr ungern. – So wären diese also wohl Eins, die Besonnenheit und die Weisheit? Vorher aber zeigten sich uns die Gerechtigkeit und die Frömmigkeit fast als dasselbe? Komm also, Protagoras, sprach ich, laß uns nicht müde werden, sondern nun das übrige auch noch durchnehmen.

Scheint dir ein Mensch, welcher unrecht tut, wohl darin besonnen zu sein, daß er Unrecht tut? – Ich würde mich ja schämen, o Sokrates, sagte er, dieses zuzugeben, obgleich die meisten Menschen es wohl sagen. – Soll ich also an jene meine Rede richten oder an dich? – Wenn du willst, sagte er, so rede zuerst gegen jenen Satz der meisten. – Gut, sprach ich, mir verschlägt es nichts, wenn du nur antwortest, ob übrigens du selbst dieses annimmst oder nicht. Denn ich will eigentlich nur den Satz prüfen, aber es ereignet sich dann wohl, daß dabei auch ich, der Fragende und der Antwortende, geprüft werden. – Zuerst nun zierte sich Protagoras und klagte, es wäre ein gar beschwerlicher Satz; endlich aber bequemte er sich doch zu antworten. – Komm also, sprach ich, antworte mir von Anfang an. Dünken dir einige Menschen, indem sie unrecht tun, besonnen zu sein? – Es soll so sein, sagte er. – Unter dem Besonnensein aber meinst du, daß sie sich wohl besinnen? – Er bejahte es. – Und sich recht besinnen heißt, daß sie sich wohl beraten in dem, was sie unrecht tun? – Das soll gelten, sagte er. – Ob wohl, fragte ich, wenn sie sich wohl befinden beim Unrechttun oder wenn übel? – Wenn sie sich wohl befinden. – Nimmst du nun an, daß einiges gut ist? – Das sage ich. – Ist etwa, sprach ich, dasjenige gut, was den Menschen nützlich ist? – Ja, auch beim Zeus, sagte er, manches, was den Menschen nicht nützlich ist, nenne ich wenigstens doch gut. – Und mir dünkte Protagoras schon ganz verdrießlich zu sein und sich zu ängstigen und zu sträuben gegen das Antworten; und da ich ihn in dieser Verfassung sah, nahm ich mich in acht und fragte nur ganz bedächtig weiter. Meinst du nur, sprach ich, was keinem Menschen nützlich ist, oder auch was ganz und gar nicht nützlich ist, und nennst du auch solche Dinge gut? – Keineswegs, sagte er, aber ich kenne sehr viele Dinge, welche zwar dem Menschen völlig unnütz sind, Speisen, Getränke, Arzneien und sonst tausenderlei; andere sind ihm nützlich; wiederum andere sind dem Menschen zwar keines von beiden, wohl aber den Pferden, andere wieder nur den Ochsen, andere den Hunden, noch andere keinem von allen diesen, wohl aber den Bäumen; ja einiges ist wiederum für die Wurzeln der Bäume gut, für die Zweige aber schädlich, wie zum Beispiel der Mist, um die Wurzeln gelegt, allen Pflanzen heilsam ist, wolltest du ihn aber auf die Triebe oder auf die jungen Zweige legen, so würde alles verderben. So ist auch das Öl allen Pflanzen sehr schädlich, und auch den Haaren der anderen Tiere sehr verderblich, nur denen des Menschen nicht, denn diesen ist es zum Wachstum beförderlich und so auch seinem übrigen Körper. Und so schillert das Gute und verwandelt sich immer wieder, daß auch dieses hier für die äußeren Teile des Körpers zwar sehr gut ist, dasselbige aber den inneren sehr übel. Daher verbieten auch alle Ärzte den Kranken das Öl, bis auf etwas Weniges an dem, was sie genießen, nur soviel eben hinreicht, um das Widrige zu dämpfen, was verschiedene Speisen sonst für die Empfindungen, die wir durch die Geruchswerkzeuge bekommen, an sich haben würden.

Als er dies gesagt, erhoben die Anwesenden ein Geräusch von Beifallsbezeugungen, wie schön er spräche. Ich aber sagte: O Protagoras, ich bin ein sehr vergeßlicher Mensch, und wenn jemand so lange spricht, vergesse ich ganz, wovon eigentlich die Rede ist. So wie nun, wenn ich etwas taub wäre, du glauben würdest, wenn du anders mit mir reden wolltest, lauter sprechen zu müssen als mit anderen, so auch jetzt, da du mit einem Vergeßlichen zu tun hast, beschneide mir die Antworten und mache sie etwas kürzer, wenn ich dir anders folgen soll. – Wie heißest du mich denn kurz antworten? etwa kürzer soll ich dir antworten, als nötig ist? – Keineswegs, sprach ich. – Also so viel als nötig ist? – O ja, sagte ich. – Soll ich dir also so viel antworten, wie ich für nötig halte, oder so viel wie du?– Ich habe doch gehört, sprach ich, du besäßest die Geschicklichkeit und teiltest sie auch andern mit, über dieselbe Sache sowohl lange zu reden, wenn du willst, so daß dir die Rede niemals abreißt, als auch wiederum so kurz, daß sich niemand kürzer fassen kann als du. Willst du nun mit mir ein Gespräch führen, so bediene dich gegen mich der andern Art zu reden, der Kurzrednerei. – O Sokrates, sagte er, schon mit vielen Menschen habe ich den Kampf des Redens bestanden, hätte ich aber das getan, was du von mir verlangst, nämlich immer auf die Art das Gespräch geführt, wie mein Gegner es mich führen hieß, so würde ich gewiß keinen einzigen überwunden haben, und Protagoras würde keinen Namen haben unter den Hellenen. – Ich aber, denn ich merkte wohl, daß er sich in seinen vorigen Antworten gar nicht gefallen hatte, und daß er gutwillig nicht würde der Antwortende sein wollen im Gespräch, glaubte, daß für mich in dieser Zusammenkunft nichts zu tun wäre, und sagte: Aber Protagoras, auch ich bin ja nicht erpicht darauf, daß unsere Unterhaltung anders, als es dir recht ist, geführt werde; sondern wenn es dir gelegen sein wird, so Gespräch zu führen, wie ich dir folgen kann, dann will ich mit dir reden. Denn du, wie man von dir rühmt und du auch selbst sagst, verstehst beides, sowohl in langen Reden als in kurzen die Unterhaltung zu führen; denn du bist eben ein weiser Mann; ich aber weiß nun einmal mit diesen langen Reden gar nicht umzugehn, wiewohl ich sehr wünschte, auch das zu verstehen. Also solltest du, der du beides kannst, uns nachgeben, damit eine Unterhaltung zustande käme. Nun aber du nicht willst, und auch ich nicht länger Zeit habe und es nicht abwarten könnte, wenn du deine Reden so in die Länge zögest, denn ich muß anderswohin: so gehe ich; wiewohl auch dieses hörte ich gewiß gern von dir. Und mit diesen Worten stand ich auf, um fortzugehen; aber so wie ich aufstand, ergriff mich Kallias mit einer Hand bei der Rechten, und mit der andern hielt er mich hier beim Mantel und sagte: Wir werden dich nicht losgelassen, Sokrates, denn wenn du uns fortgehst, wird es mit unsern Gesprächen gar nicht mehr dasselbe sein. Ich bitte dich also, bei uns zu bleiben; denn ich weiß keinen, den ich lieber hören möchte als dich und den Protagoras miteinander reden. Sei also uns allen gefällig. – Ich erwiderte, ich war aber schon aufgestanden, um zu gehen: Immer, Kallias, habe ich an deiner Liebe zur Wissenschaft meine Freude gehabt, und so lobe und liebe ich sie auch jetzt. So daß ich dir gern willfahren würde, wenn du etwas Mögliches bätest; nun aber ist es, wie wenn du mich bätest, mit dem Krison aus Himera, unserm stärksten Wettläufer, oder mit irgend einem andern Wettläufer oder Eilboten zu laufen und gleichen Schritt mit ihnen zu halten, ich dir dann sagen würde, mir wäre es noch weit lieber als dir, wenn ich diesen nachkommen könnte im

Laufen; aber ich kann doch nicht. Ist es dir also lieb, mich und den Krison zusammenlaufen zu sehen, so bitte diesen, daß er nachlasse; denn ich kann nicht geschwind laufen, er aber kann langsam. Wünschest du also mich und den Protagoras zusammen zu hören, so bitte diesen, wie er mir vorher geantwortet hat in kurzen Worten und auf das, was ich fragte, so auch jetzt noch mir zu antworten; wo aber nicht, welches soll denn die Weise der Gespräche sein? Denn ich wenigstens habe immer geglaubt, dies wären zwei ganz verschiedene Dinge, Gespräch miteinander führen und Reden halten. – Aber sieh nur, Sokrates, sagte er, Protagoras scheint doch recht zu haben, wenn er verlangt, ihm solle erlaubt sein, zu sprechen, wie er will, und dir, wie du willst. – Darauf nahm Alkibiades das Wort und sagte: Du hast unrecht, Kallias! Denn Sokrates gesteht ja, mit der Langrednerei nicht Bescheid zu wissen, und räumt darin dem Protagoras den Vorzug ein: aber ein ordentliches Gespräch recht zu führen, dem andern Rede zu stehen und ihn denn auch wieder auszufragen, darin sollte es mich sehr Wunder nehmen, wenn er irgend jemand den Vorzug einräumte. Gesteht nun Protagoras seinerseits, daß er schlechter ist im Gesprächführen als Sokrates, so ist Sokrates zufrieden; will er sich ihm aber gegenüberstellen, wohl, so mag er auch ordentlich in Frage und Antwort mit ihm sprechen, nicht aber nach jeder Frage eine lange Rede ausspinnen, der Frage ausweichen, und, anstatt den andern zum Worte zu lassen, immer weiter reden, bis die mehrsten unter den Zuhörern vergessen haben, was die Frage eigentlich betraf. Denn für den Sokrates verbürge ich mich, daß er es nicht vergessen wird, ob er gleich scherzt und sagt, er sei vergeßlich. Mir also scheint, was Sokrates sagt, billiger; denn jeder muß seine Meinung kundgeben. – Nach dem Alkibiades war es, glaube ich, Kritias. welcher sagte: O Prodikos und Hippias, Kallias freilich dünkt mir sehr für den Protagoras zu sein, Alkibiades aber ist auch immer rechthaberisch, wenn er worauf seinen Sinn gesetzt hat. Uns aber ziemt es für keinen von beiden Partei zu nehmen, weder den Sokrates noch den Protagoras, sondern nur insgemein beide zu bitten, uns die Unterhaltung in der Mitte nicht abzubrechen. – Als er dies gesagt, sprach Prodikos: Sehr richtig dünkst du mir zu sprechen, Kritias. Denn die bei einer solchen Unterredung Gegenwärtigen müssen zwar beide Unterredner insgemein anhören, nicht aber beide gleich, denn das ist nicht einerlei. Nämlich sie müssen zwar beide insgemein anhören, nicht aber beiden gleiches gewähren, sondern dem Weiseren mehr, dem Unweiseren weniger. Auch ich, o Protagoras und Sokrates, bitte euch beide nachzugeben und über eure Sätze zu streiten, aber nicht zu zanken, denn streiten können auch Freunde mit Freunden in allem Wohlmeinen, aber zanken nur die, welche uneinig und auch feindselig gegeneinander sind. Und auf diese Art wird unsere Unterhaltung am schönsten fortgehen. Denn ihr, die Sprechenden, werdet so am meisten von uns, den Hörenden, geachtet werden, nicht gelobt; geachtet nämlich wird man in den Seelen der Hörenden ohne Betrug, gelobt aber mit Worten von solchen, die oft gegen ihre Überzeugung Unwahres reden; wir aber, die Hörenden, werden so am meisten Vergnügen davon haben, nicht Genuß, denn Vergnügen hat auch, wer etwas erlernt und Gedanken auffaßt mit der Seele selbst, Genuß aber nur, wer etwas ißt oder sonst eine angenehme Empfindung durch den Körper selbst empfängt. – Mit dieser Rede fand Prodikos bei den mehrsten Anwesenden großen Beifall. Nach dem Prodikos aber sprach Hippias der Weise. Ich denke, sagte er, ihr versammelten Männer, daß wir Verwandte und Befreundete und Mitbürger von Natur sind nicht durch das Gesetz. Denn das Ähnliche ist dem Ähnlichen von Natur verwandt, das Gesetz aber, welches ein Tyrann der Menschen ist, erzwingt vieles gegen die Natur. Für uns also wäre es schändlich, die Natur der Sache zwar zu kennen, uns aber dennoch, obgleich die Weisesten unter den Hellenen, und eben deshalb in dieser Stadt als dem Hauptsitz hellenischer Weisheit und in diesem Hause als dem angesehensten und glänzendsten dieser Stadt versammelt, dieser Würde nicht würdig zu zeigen, sondern wie die gemeinsten Menschen untereinander uns zu veruneinigen. Ich bitte und rate euch daher, o Protagoras und Sokrates, von uns als euern Schiedsrichtern in der Mitte zusammengeführt euch zu vereinigen, so daß weder du diese strengste Art des Gespräches forderst, die allzugedrungene Kürze, wenn sie dem Protagoras nicht angenehm ist, sondern den Reden ein wenig die Zügel nachlassest, damit sie sich mutiger und in schöneren Bewegungen zeigen können, noch auch Protagoras alle Segel beisetze, um mit vollem Winde das Land ganz aus dem Gesicht verlierend in die hohe See der Reden zu entfliehen, sondern daß ihr euch beide in einem mittleren Durchschnitt haltet. Folget mir daher und macht es so, daß ihr einen Kampfrichter und Aufseher und Vorsitzer erwählet, welcher darauf halte, daß jeder von euch das gehörige Maß in seinen Reden beobachte. – Das gefiel den Anwesenden, und sie lobten ihn alle, und Kallias versicherte, er würde mich nicht loslassen, und sie baten einen Aufseher zu erwählen. Ich sagte also, es würde schimpflich sein, einen Kampfrichter für unser Gespräch zu bestellen; denn wenn der Gewählte schlechter wäre als wir, so wäre es nicht richtig, daß der Schlechtere über Bessere die Aufsicht führe. Wenn er uns ähnlich wäre, wäre es auch so nicht richtig; denn der Ähnliche würde auch Ähnliches wie wir tun, so daß er ganz zum Überfluß würde gewählt sein. Aber ihr werdet freilich einen Besseren als wir sind erwählen. Einen in der Tat Weiseren als unser Protagoras, ist euch, glaube ich, unmöglich zu wählen. Werdet ihr aber einen wählen, der nichts besser ist, von dem ihr es aber behauptet, so ist auch das für diesen hier schimpflich, daß ihr ihm wie einem gemeinen Menschen einen Aufseher bestellt, denn für mein Teil gilt es gleich. Dies aber will ich tun, damit, wie ihr es wünscht, Unterhaltung und Gespräch zwischen uns zustande komme. Wenn Protagoras nicht antworten will, so mag er fragen, und ich will antworten und dabei versuchen, ihm zu zeigen, wie ich meine, daß der Antwortende antworten müsse. Nachdem aber ich geantwortet habe, wieviel nur er hat fragen gewollt, soll auch er wiederum gleichermaßen mir Rede stehen; und zeigt er sich nicht geneigt, auf das Gefragte selbst zu antworten, dann wollen ich und ihr ihn insgemein bitten, wie ihr jetzt mich, uns die Unterhaltung nicht zu zerstören. Und es braucht deshalb nicht einer Aufseher zu sein, sondern ihr alle könnt insgemein die Aufsicht führen. Alle waren der Meinung, so müßte es gehalten werden. Und Protagoras wollte zwar gar nicht recht, ward aber doch genötigt, zu versprechen, daß er fragen, und wenn er genug gefragt hätte, auch wiederum Rede stehen und in der Kürze antworten wollte. Er fing also an zu fragen, ungefähr so.

Ich glaube, sprach er, o Sokrates, daß es ein wichtiges Stück der Unterweisung ist für einen Mann, in Gedichten stark zu sein. Dies besteht aber darin, daß er imstande ist, das von den Dichtern Gesagte zu verstehen, was gut gedichtet ist und was nicht, auch es erklären und, wenn er gefragt wird, Rechenschaft geben zu können. So soll auch jetzt zwischen uns die Frage noch ferner von derselben Sache sein, worüber wir jetzt sprechen, ich und du, nämlich von der Tugend, nur zunächst in Beziehung auf ein Gedicht; dies soll der ganze Unterschied sein. Simonides sagt doch irgendwo zum Skopas, dem Sohne des Thessaliers Kreon:»Ein trefflicher Mann zu werden schon wahrhaftig ist schwer, ein kernfester von Hand und Fuß und Sinn und tadellos gebildeter.« Kennst du das Lied, oder soll ich es dir ganz hersagen? – Ich sagte, es ist nicht nötig, denn ich kenne es, und gar viel habe ich mich gemüht um das Lied. – Schön, sprach er. Glaubst du also, daß dies gut und richtig gedichtet ist oder nicht? – Sehr, sagte ich, gut und auch richtig. – Dünkt dir das denn gut gedichtet, wenn der Dichter sich selbst widerspricht? – Nicht gut, sagte ich. – Überlege es dir noch besser, sprach er. – Aber mein Guter, ich habe es hinlänglich bedacht. – Weißt du also, sprach er, daß er weiterhin im Gedicht irgendwo sagt: »Auch ist mir nicht abgemessen genug das Pittakeische Wort, obwohl von einem weisen Manne gesprochen: schwer ist es, sagte er, tugendlich sein.« Bedenkst du wohl, daß er derselbige Mann dieses sagt und auch jenes vorige? – Ich weiß wohl, sagte ich. – Dünkt dir denn, sprach er, dieses mit jenem übereinzustimmen. – Mir scheint es, sagte ich. Zugleich aber ward mir bange, was er sagte, möchte doch etwas sein, und ich fragte: Also dir erscheint es nicht so? – Wie sollte auch wohl derjenige mit sich selbst übereinstimmend erscheinen, der dieses beides sagt, zuerst selbst annimmt, es sei schwer, in Wahrheit ein trefflicher Mann zu werden, nachdem er aber etwas weiter vorgerückt ist im Gedicht, dies wieder vergißt und den Pittakos, der ganz dasselbe sagt wie er, daß es schwer sei, tugendlich sein, darüber tadelt und ihm nicht beistimmen will, da er doch ganz das nämliche wie er selbst behauptet. Wenn er nun den tadelt, der dasselbe wie er sagt, so ist doch offenbar, daß er sich selbst auch tadelt. So daß entweder das erste oder das andere nicht richtig ist. Als er das gesagt, erregte er wieder Geräusch und Beifall von vielen der Zuhörer. Mir aber wurde zuerst, wie von einem guten Faustkämpfer tüchtig getroffen, ganz dunkel vor den Augen und schwindlig, als er das sagte und die andern das Geräusch des Beifalls erhoben. Hernach aber wendete ich mich, damit ich doch dir wenigstens die Wahrheit sage, um Zeit zu gewinnen zum Nachdenken, was der Dichter wohl meinte, zum Prodikos, rief ihn auf und sagte: Prodikos, dein Landsmann ist ja Simonides, du bist schuldig, dem Manne beizustehen. Ich werde dich also, dünkt mir, zu Hilfe rufen, wie Homeros erzählt, daß Skamandros, von Achilleus bedrängt, den Simoeis zu Hilfe gerufen und gesagt habe: »Bruder wohlan! die Gewalt des Mannes da müssen wir beid jetzt bändigen.« Dergestalt rufe auch ich dich herbei, damit Protagoras uns den Simonides nicht ganz werfe in den Staub. Überdies auch bedarf des Simonides Verteidigung deine Kunst, durch welche du das Wollen und Begehren unterscheidest, daß das nicht einerlei ist, und was du nur eben wieder Vieles und Schönes gesagt hast. Sieh doch also auch hier zu, ob du derselben Meinung bist wie ich. Mir nämlich scheint es nicht, als ob Simonides sich selbst widerspräche. Du aber, Prodikos, eröffne zuerst deine Meinung. Dünkt dir das Werden und das Sein einerlei oder zweierlei? – Zweierlei, beim Zeus, sagte Prodikos. – Hatte nun nicht, sprach ich, in der ersten Stelle Simonides seine eigene Meinung dahin geäußert, daß ein trefflicher Mann in Wahrheit zu werden schwer sei? – Du hast ganz recht, sagte Prodikos. – Und Pittakos, fuhr ich fort, den er tadelt, sagt gar nicht, wie Protagoras glaubt, dasselbe, sondern etwas anderes. Denn Pittakos erklärt gar nicht das für das schwere tugendlich Werden, wie Simonides, sondern das Sein. Und wie unser Prodikos sagt, o Protagoras, so ist Werden und Sein gar nicht das nämliche, ist aber Werden und Sein nicht dasselbe, so hat auch Simonides nicht sich selbst widersprochen. Vielleicht würde auch Prodikos und mancher andere sagen, nach dem Hesiodos sei gut zu werden zwar schwer, denn vor die Tugend hätten die Götter den Schweiß gestellt, wäre aber einer erst zum Gipfel gelangt, alsdann werde sie leicht, wie schwer sie zuvor auch gewesen zu erlangen. – Als Prodikos dies hörte, lobte er mich. Protagoras aber sagte: Deine Verteidigung. Sokrates, hat noch schlimmere Gebrechen, als was du verteidigst. – Dann, sprach ich, habe ich schlechte Arbeit gemacht und bin wohl ein lächerlicher Arzt, wenn ich durch meine Behandlung die Krankheit verschlimmere. – Aber so verhält es sich, sagte er. – Und wieso? fragte ich. – Großer Unverstand, sprach er, wäre ja das von dem Dichter, wenn er es so für etwas Geringes hielte, die Tugend zu besitzen, was unter allem das Schwierigste ist, wie alle Menschen glauben. – Darauf sprach ich: Beim Zeus, recht zur gelegenen Zeit ist Prodikos uns zugegen bei der Verhandlung. Denn es mag wohl, o Protagoras, des Prodikos Weisheit eine göttliche sein schon seit lange her, habe sie nun vom Simonides angefangen oder noch weit eher. Du aber, wiewohl so vieles anderen kundig, bist dieser offenbar unkundig, nicht wie ich kundig, weil ich ein Schüler des Prodikos bin. Auch jetzt dünkst du mir nicht zu merken, daß auch dieses Schwer Simonides vielleicht gar nicht so gemeint hat, wie du es meinst, sondern wie Prodikos mich immer schilt wegen des Furchtbaren, wenn ich dich oder einen anderen lobend sage, Protagoras ist doch gar ein weiser und furchtbarer Mann, fragt, ob ich mich denn nicht schäme, etwas Gutes furchtbar zu nennen, denn das Furchtbare, sagt er, ist böse; kein Mensch redet ja jemals von furchtbarem Reichtum oder furchtbarem Frieden oder furchtbarer Gesundheit, sondern von furchtbarer Krankheit, furchtbarem Kriege, furchtbarer Armut, so daß das Furchtbare Böses ist. Vielleicht verstehen nun ebenso die Keer und mit ihnen Simonides unter Schwer entweder das Böse oder sonst etwas, was du nicht weißt. Laß uns also den Prodikos fragen, denn es ist ja billig, über des Simonides Sprache ihn zu befragen, was doch, o Prodikos, hat Simonides mit dem Schwer gemeint? – Böses, sagte er. – Und deswegen, Prodikos, sprach ich, tadelt er auch wohl den Pittakos, welcher sagt: Schwer ist es, tugendlich sein, als ob er ihn hätte sagen gehört, böse ist es, tugendlich sein. – Was sonst, sagt er, glaubst du denn, habe Simonides sagen wollen wie ebendieses, und daß er dem Pittakos vorwerfen will, er wisse die Worte nicht zu unterscheiden, wie denn dieser auch ein Lesbier war, ein in barbarischer Mundart Auferzogener. – Du hörst doch, Protagoras, sprach ich, was Prodikos sagt: hast du etwas dagegen zu sagen? – Darauf sagte Protagoras: Weit gefehlt, Prodikos, daß es sich so verhalten sollte. Sondern das weiß ich ganz gewiß, daß Simonides unter Schwer ebendas verstanden hat, was wir anderen darunter verstehen, nämlich nicht das Böse, sondern das, was nicht leicht ist, sondern nur durch viele Mühe zu erlangen. – Auch ich glaube, sprach ich, daß Simonides dieses gemeint hat und daß auch Prodikos es recht gut weiß, er scherzt aber und scheint dich versuchen zu wollen, ob du imstande sein wirst, deinem Satz beizustehen. Denn daß Simonides unter dem Schweren nicht das Böse versteht, davon ist gleich das folgende ein deutlicher Beweis, wo er sagt: »Gott allein mag diese Ehre besitzen.« Denn hätte er gesagt, Böse ist es, tugendlich sein; so konnte er ja unmöglich hernach sagen, dies komme Gott allein zu, und Gott allein dies als Vorzug beilegen. Oder Prodikos müßte einen ganz ruchlosen Simonides meinen und gar nicht einen Keïschen. Aber was mir Simonides zu meinen scheint in diesem Liede, das will ich dir sagen, wenn du doch einen Versuch von mir sehen willst, ob ich, was du nennst, in Gedichten stark bin; wenn du aber willst, will ich es von dir hören. – Protagoras nun, als er mich dies sagen hörte, sagte: Wenn du willst, Sokrates. Prodikos und Hippias aber drangen sehr darauf und die anderen auch. – So will ich denn, sprach ich, was mich von diesem Liede dünkt, versuchen euch darzulegen. Nämlich die älteste und meiste Philosophie unter den Hellenen ist in Kreta und Lakedaimon. Auch die meisten Sophisten sind dort zu Lande, aber sie verleugnen es und stellen sich unwissend, damit sie nicht bekannt dafür werden, daß sie die übrigen Hellenen an Weisheit übertreffen, eben wie jene Sophisten, von welchen Protagoras vorher sagte, sondern damit sie das Ansehen haben, als überträfen sie sie nur im Fechten und in der Tapferkeit, weil sie glauben, wenn bekannt würde, worin ihre Stärke bestehe, würden sich eben darauf Alle befleißigen. Nun aber, indem sie das Wahre verborgen gehalten, haben sie die in anderen Städten Lakonisierenden getäuscht, daß diese, um ihnen nachzuahmen, sich die Ohren einschlagen, nicht anders als mit Kampfriemen gehen, sich ganz den Leibesübungen ergeben und kurze Mäntel tragen, als ob hiedurch die Lakedaimonier die Hellenen beherrschten. Die Lakedaimonier aber, wenn sie einmal in Ruhe ihren Sophisten zuhören wollen und es schon satt haben, sich nur heimlich bei ihnen zu versammeln, veranstalten sie eine Fremdenaustreibung jener Lakonisierenden sowohl, als wer sonst noch von Fremden sich bei ihnen aufhält, und besuchen dann ihre Sophisten den Fremden unvermerkt. Sie aber lassen von ihren Jünglingen keinen in andere Städte reisen, wie auch die Kreter nicht, damit sie nicht verlernen, was sie ihnen lehren. Und in diesen beiden Staaten gibt es nicht nur Männer, welche sich ihrer Kenntnisse rühmen, sondern auch Frauen. Daß ich aber dies alles mit Wahrheit sage, und die Lakedaimonier auch zur Philosophie und zum Reden am besten unterrichtet sind, das könnt ihr hieraus abnehmen. Wenn sich jemand auch mit dem schlechtesten Lakedaimonier einläßt, er wird finden, daß dieser sich lange Zeit in seinen Reden ganz schlecht zeigt, hernach aber, wo es sich trifft im Gespräch, schießt er auf ihn ein tüchtiges, ganz kurzes zusammengedrängtes Wort wie ein gewaltiger Bogenschütze, so daß, wer mit ihm spricht, nicht besser als ein Kind gegen ihn erscheint. Eben dieses nun haben sowohl von den Neueren einige eingesehen als auch von den Alten, daß das Lakonisieren weit mehr in der Liebe zur Weisheit besteht als in der Liebe zu den Leibesübungen, wohl wissend, daß solche Sprüche reden zu können nur dem vollkommen Unterrichteten gegeben ist. Unter diesen nun waren auch Thales von Miletos, Pittakos von Mytilene, Bias von Priene, unser Solon, Kleobulos von Lindos, Myson von Chenä, und als der siebente wurde zu diesen gezählt der Lakedaimonier Chilon. Alle diese waren Nacheiferer, Verehrer und Lehrlinge der Lakedaimonischen Künste. Denn jeder kann ihre Weisheit wissen, daß sie von dieser Art ist, kurze denkwürdige Sprüche, die ein jeder geredet hat. Diese haben auch gemeinschaftlich Musterstücke ihrer Weisheit dem Apollon und seinem delphischen Tempel gewidmet, darauf schreibend, was in aller Munde ist: das Kenne dich selbst und Nichts zuviel. Weshalb sage ich nun dieses? Weil das die Weise der Alten war in der Philosophie, solche lakonische Kurzrednerei. Und so ging auch dieser Spruch des Pittakos herum, von den Weisen vielgepriesen: Schwer ist es, tugendlich sein. Simonides nun, auch dem Ruhm der Weisheit nachtrachtend, gedachte, wenn er diesen Spruch niederwerfen könnte wie einen berühmten Fechter und überwinden, müßte auch er berühmt werden unter seinen Zeitgenossen. Gegen diesen Spruch also, und aus dieser Ursache diesem nachstellend, ihn zu unterdrücken, hat er das ganze Lied gedichtet, wie es mir scheint. Laßt es uns einmal betrachten, ob ich wohl recht habe. Denn gleich der Anfang des Liedes müßte als unsinnig erscheinen, wenn er überhaupt nur hätte sagen wollen, daß es schwer wäre, ein trefflicher Mann zu werden, und hätte doch dieses Schon hineingebracht. Denn dies muß ohne den mindesten Grund hineingeworfen zu sein scheinen, wenn man nicht annimmt, Simonides sage es wie im Streit gegen den Spruch des Pittakos. Was nämlich Pittakos sagt, schwer ist es, tugendlich sein, dieses bestreitend, sagt er: Nein, sondern schon ein trefflicher Mann zu werden ist schwer, o Pittakos, wahrhaftig. Nicht etwa ein in Wahrheit trefflicher; denn dieses Wahrhaftig sagt er nicht in der Beziehung, als ob es einige gäbe, die wahrhaft trefflich sind, und wieder andere, die zwar trefflich sind, aber nicht in Wahrheit trefflich, denn das wäre ja offenbar einfältig und nicht vom Simonides; sondern man muß annehmen, dieses wahrhaftig sei eine Wortversetzung in dem Liede, und so ungefähr der Spruch des Pittakos hinzuzudenken, als wenn wir den Fall setzten, Pittakos selbst redete und Simonides antwortete, und jener sagte: O ihr Leute, schwer ist es, tugendlich sein; und dieser antwortete: O Pittakos, du redest nicht richtig; denn nicht zu sein, sondern schon zu werden ein trefflicher Mann, kernfest an Hand und Fuß und Sinn und tadellos gebildet, ist wahrhaftig schwer. Auf diese Art ist das Schon vernünftig hineingebracht, und das Schwer steht hinten, wie es sich gebührt, und auch alles Folgende bestätigt, daß es so gemeint ist. Denn vielfältig könnte man von jedem einzelnen in diesem Liede Gesagten zeigen, wie schön es gedichtet ist, denn es ist alles sehr anmutig und bedeutsam; allein es wäre weitläuftig, es so durchzugehen; aber den ganzen Umriß desselben laßt uns durchgehen und die Absicht, daß sie auf alle Weise eine Widerlegung dieses Pittakeischen Spruches ist durch das ganze Lied. Denn er sagt hierauf, nachdem er noch einiges beigebracht, wie wenn er den Satz ausführte, daß schon ein trefflicher Mann zu werden wahrhaftig schwer ist, doch aber möglich, auf einige Zeit wenigstens; wenn man es aber geworden ist, auch in dieser Verfassung zu bleiben und ein trefflicher Mann fortdauernd zu sein, wie du sagst, Pittakos, das ist unmöglich und nicht dem Menschen angemessen, sondern Gott allein darf diese Ehre besitzen. »Dem Menschen aber ist nicht möglich, nicht schlecht sein, welchen ein ratloses Unglück niederwirft.« Wen wirft nun ein ratloses Unglück nieder bei der Regierung eines Schiffes? Offenbar doch nicht den Unkundigen, denn der ist schon immer niedergeworfen. So wie nun niemand den Liegenden niederreißen kann, sondern den Stehenden zwar kann man niederreißen, daß er ein Liegender wird, den Liegenden aber nicht: so kann auch nur den, der sich sonst wohl zu raten weiß, ein ratloses Unglück niederwerfen, den immer Ratlosen aber nicht. Und den Steuermann kann ein heftiger Sturm, der ihn überfällt, ratlos machen, den Landmann schlechte Witterung, die eintritt, und ähnliches auch den Arzt. Denn dem Vortrefflichen kann es begegnen, einmal schlecht geworden zu sein, wie auch ein anderer Dichter bezeugt, welcher sagt: »Auch wohl ein Trefflicher ist nun schlecht, dann wieder zu rühmen«; dem Schlechten aber begegnet nicht, es einmal gewesen zu sein, sondern ihm ist notwendig, es immer zu sein, so daß der Wohlberatene, Weise und Treffliche, wenn ihn ratloses Unglück niederwirft, nicht anders kann, als schlecht sein; du aber, Pittakos, sagst: Schwer ist es, tugendlich sein. Es ist aber tugendlich werden schon schwer, jedoch möglich; sein aber unmöglich. »Denn jeglicher Mann, wer gut gehandelt, ist gut, schlecht aber, wenn schlecht.« Was ist nun im Lesen das gute Handeln? und was macht einen Mann gut hierin? Offenbar die Erlernung davon. Und welches Guthandeln macht einen guten Arzt? Offenbar die Erlernung des Behandelns der Kranken. Schlecht aber, wer schlecht. Wer kann denn ein schlechter Arzt werden? Offenbar der, von welchem zuerst gesagt werden kann, daß er ein Arzt ist, und dann, daß er ein guter Arzt ist. Denn der kann auch ein schlechter werden. Wir aber, die der Arzneikunst Unkundigen, wir können niemals durch schlecht Handeln weder Ärzte werden, noch Zimmerleute, noch irgend etwas anderes, und wer kein Arzt werden kann, indem er schlecht handelt, der auch offenbar kein schlechter. So auch kann der treffliche Mann wohl auch einmal schlecht werden, es geschehe aus Schuld der Zeit, aus Ermüdung oder durch Krankheit oder irgendeinen anderen Zufall; denn dies ist ja das einzige Schlechthandeln, der Erkenntnis beraubt sein: der schlechte Mann aber kann nie schlecht werden, denn er ist es immer, sondern wenn er schlecht werden soll, muß er erst gut geworden sein. So daß auch diese Stelle des Liedes darauf abzweckt, zu zeigen, ein trefflicher Mann zu sein; es unausgesetzt immer bleibend, sei nicht möglich, trefflich aber werden könne einer und schlecht auch ebenderselbe; »am weitesten aber gedeihen und die Trefflichsten sind, welche die Götter lieben«. Dieses alles ist gegen den Pittakos gesagt, und auch das folgende im Liede macht dies noch deutlicher. E r sagt nämlich: »Darum will ich auch nie was nicht sein kann suchend, vergeblich unerfüllter Hoffnung ein Teil der Zeit hinwerfen, einen tadellosen Mann unter allen, die wir der weitbewohnten Erde Früchte brechen. Find ich ihn, dann verkünd ich es euch.« So heftig und durch das ganze Lied fällt er aus gegen den Spruch des Pittakos. »Alle daher lobe ich und liebe, wer nichts Schlechtes vollbringt, aus freier Wahl; der Notwendigkeit jedoch sträuben sich auch Götter nicht.« Auch dies ist wieder gegen ebendasselbe gesagt. Denn so unterrichtet war Simonides nicht, daß er gesagt hätte, er lobe diejenigen, die nichts Böses aus freier Wahl tun, als gäbe es welche, die aus freier Wahl Böses tun. Ich wenigstens glaube dieses, daß kein weiser Mann der Meinung ist, irgendein Mensch fehle aus freier Wahl, oder vollbringe irgend etwas Böses und Schlechtes aus freier Wahl, sondern sie wissen wohl, daß alle, welche Böses und Schlechtes tun, es unfreiwillig tun. Daher auch Simonides nicht dessen, der nicht aus freier Wahl Böses tut, Lobredner zu sein behauptet, sondern dieses aus freier Wahl bezieht sich auf ihn selbst. Er glaubte nämlich, ein guter und edler Mann zwinge oft sich selbst, jemandes Freund und Lobredner zu werden, wie ja manchem begegne, einen unliebenswürdigen Vater zu haben oder Mutter oder ein solches Vaterland oder sonst etwas dergleichen. Schlechte Menschen nun, die so etwas beträfe, sähen es fast gern und verbreiteten tadelnd und anklagend die Schlechtigkeit der Eltern oder des Vaterlandes, damit sie selbst von den Menschen nicht ihrer Vernachlässigung wegen möchten angeklagt, und ihnen dies zur Schande angerechnet werden, daß sie sie vernachlässigen. Weshalb sie sie auch wohl über die Gebühr tadeln und noch selbstgemachte Mißhelligkeiten zu allem Unvermeidlichen hinzufügen. Gute Menschen aber suchten dergleichen zu verbergen und zwängen sich noch zum Lobe, und wenn sie erzürnt wären gegen Eltern oder Vaterland wegen erlittenen Unrechtes, ermahnten sie sich selbst und versöhnten sich, indem sie sich noch nötigten, die Ihrigen zu lieben und zu loben. Und oft auch meine ich, hat Simonides selbst geglaubt, einen Tyrannen oder einen andern solchen zu loben und zu preisen nicht aus freier Wahl, sondern gezwungen. Dieses sagt er daher auch dem Pittakos: Ich, o Pittakos, tadle dich nicht etwa deshalb, weil ich tadelsüchtig wäre.

»Denn mir genügt, wer nicht schlecht ist, noch gänzlich tatenlos, kundig des Staat fördernden Rechts, ein gesunder Mann. Nicht will ich ihn tadeln, denn nicht bin ich ein Gerntadler: unzählig sind ja die Geschlechter der Toren«, so daß, wenn einer liebt, zu tadeln, er genug haben kann, wenn er jene tadelt. »Alles ist schön, dem nichts Schlechtes ist beigemischt.« Dies meint er nicht so, als ob er sagte: alles ist weiß, dem nichts Schwarzes ist beigemischt, denn das wäre ja lächerlich auf alle Weise, sondern er will sagen, daß er selbst sich auch an dem Mittelmäßigen genügen läßt, so daß er es nicht tadle. Und ich suche nicht, sagt er, einen tadellosen Mann unter allen, die wir der weitbewohnten Erde Früchte brechen. Find ich ihn, dann verkünd ich es euch. So daß ich deshalb keinen loben will, sondern es genügt mir, wenn sich einer in der Mitte hält und nichts Schlechtes tut. Daher werde ich alle loben und lieben, und hier bedient er sich gar der Mundart der Mytilener, als sagte er ausdrücklich zum Pittakos dieses: Alle daher lobe ich und liebe, wer nichts Schlechtes vollbringt, und hier muß man innehalten bei dem vollbringt, aus freier Wahl, denn es gibt auch, die ich wider Willen lobe und liebe. Dich nun, wenn du auch nur mittelmäßig wahr und verständig gesprochen hättest, o Pittakos, hätte ich nimmer getadelt, nun aber täuschest du dich zu sehr und über die wichtigsten Dinge und glaubst doch Wahres gesagt zu haben, deshalb tadle ich dich.

In dieser Meinung, o Prodikos und Protagoras, sprach ich. dünkt mir Simonides dieses Lied gedichtet zu haben. – Darauf sagte Hippias: Sehr gut, Sokrates, dünkt mir, hast auch du dieses Lied erklärt; indes habe auch ich darüber eine ganz schöne Rede, welche ich euch vortragen will, wenn ihr wollt. – O ja, sprach Alkibiades, hernach nämlich. Jetzt aber muß erst noch, wie Protagoras und Sokrates übereingekommen sind, entweder wenn Protagoras noch etwas fragen will, Sokrates antworten, oder wenn jener dem Sokrates antworten will, dieser fragen. Ich sagte darauf: Für mein Teil überlasse ich dem Protagoras, welches ihm lieber ist; will er indes, so wollen wir Lieder und Gedichte beiseite lassen; worüber ich dich aber zuerst fragte, Protagoras, das möchte ich gern mit dir untersuchend zu Ende bringen. Denn mir dünkt, über Gedichte zu sprechen, habe allzuviel Ähnlichkeit mit den Gastmahlen ungebildeter und gemeiner Menschen. Denn auch diese, weil sie sich nicht selbst miteinander unterhalten können beim Becher, noch durch ihre eigne Stimme und Rede aus Unbildung, verteuern sie die Flötenspielerinnen und mieten für vieles Geld die fremde Stimme der Flöte und unterhalten sich durch deren Stimme. Wo aber edle und gute und unterrichtete Zecher zusammenkommen, da findest du keine Flötenspielerin noch Tänzerin noch Lautenschlägerin, sondern du findest sie sich untereinander genug zur Unterhaltung ohne diese Possen und Tändeleien, durch ihre eigne Stimme jeden an seinem Teile bald redend, bald hörend, ganz sittsam, und sollten sie auch sehr vielen Wein getrunken haben. So bedürfen auch solche Unterhaltungen, wie die gegenwärtige, wenn Männer darin begriffen sind, wie die meisten unter uns sich zu sein rühmen, keiner fremden Stimme und keiner Dichter, welche man nicht einmal befragen kann über das, was sie sagen, so daß auch die, welche ihrer in ihren Reden erwähnen, teils sagen, dies habe der Dichter gemeint, teils wieder etwas anderes, indem sie von einer Sache reden, welche sie nicht auszumitteln vermögen; sondern solcher Unterhaltung entschlagen sie sich und unterhalten sich selbst durch sich selbst, indem sie sich in eignen Reden einander versuchen und versuchen lassen. Solche, dünkt mir, sollten ich und du lieber nachahmen und, die Dichter beiseite setzend, aus uns selbst miteinander reden, um die Wahrheit und uns zu erforschen. Willst du mich also noch weiter fragen, so bin ich bereit, mich dir als Antwortender zu stellen; willst du aber, so stelle du dich mir, um den Gegenstand dessen Erörterung wir abgebrochen haben, zu Ende zu führen. – Hierauf und was ich weiter hinzufügte, erklärte sich Protagoras nicht, welches von beiden er tun wollte. Daher sagte Alkibiades zum Kallias sich wendend: Wie ist es, Kallias? Dünkt dir auch nun Protagoras recht zu tun, indem er nicht erklären will, ob er Rede stehen will oder nicht? Mir dünkt nicht, sondern entweder setze er die Unterredung fort oder er sage, daß er sie nicht fortsetzen will, damit wir wissen, woran wir mit diesem sind, und Sokrates sich dann mit einem andern unterreden könne, oder welcher andere sonst Lust hat mit einem andern. Hierauf, beschämt wie es mir schien, da Alkibiades so sprach und Kallias ihn bat und fast alle Anwesenden mit, bequemte sich Protagoras endlich wieder zum Gespräch und hieß mich ihn fragen, indem er antworten wollte.

Ich fing also an und sagte: Glaube nur nicht, Protagoras. daß ich irgend etwas anderes wollend mich mit dir unterrede, als nur das, worüber ich eben Zweifel habe, erforschen. Denn ich glaube, daß Homeros gar recht hat, wenn er sagt: »Wo zwei wandeln zugleich, da bemerkt der ein und der andere«; denn so sind alle Menschen besser gerüstet zu jeder Handlung und Rede und Untersuchung. Doch der einzelne, ob er bemerket, geht er dennoch sogleich umher und suchet, bis er einen findet, dem er es vorzeige und mit dem er es sich recht begründe. So wie auch ich eben deshalb so gern mit dir rede, lieber als mit einem andern; weil ich glaube, daß du am besten sowohl alles andere, worüber ein rechtlicher Mann wohl nachdenken mag, auseinandersetzen kannst, als auch besonders das, was die Tugend betrifft. Denn wer auch anders als du, der du nicht nur selber glaubst, gut und edel zu sein, wie andere, die selbst zwar ganz rechtliche Männer sind, aber keinen andern dazu machen können; sondern du bist sowohl selbst ein trefflicher Mann, als auch imstande, andere zu trefflichen Männern zu machen, und vertrauest so sehr dir selbst, daß, da auch andere diese Kunst verbergen, du dich selbst öffentlich dazu ausrufend vor allen Hellenen unter dem Namen eines Sophisten dich zum Lehrer in der Tugend und Vollkommenheit anbietest, als der erste, der dafür Bezahlung zu erhalten begehrt. Wie sollte man also nicht dich herbeirufen zu solcher Dinge Untersuchung und dich befragen und sich mit dir beraten? Gewiß man kann auf keine Weise anders. Und so wünsche ich auch jetzt, daß du das, worüber ich dich zuerst befragte, teils mir von Anfang wieder in Erinnerung bringen, teils es weiter mit mir untersuchen wollest. Es war aber, wie ich glaube, die Frage diese, ob Weisheit und Besonnenheit und Tapferkeit und Gerechtigkeit und Frömmigkeit, ob dies nur fünf verschiedene Namen für eine Sache sind, oder ob jedem dieser Namen auch ein eigener Begriff unterliegt und eine eigene Sache, die jede ihre besondere Verrichtung haben, so daß die eine nicht ist wie die andere. Du nun hattest gesagt, es wären nicht nur verschiedene Namen für eines, sondern jeder dieser Namen sei einer besonderen Sache untergelegt, und diese alle wären Teile der Tugend, nicht wie die Teile des Goldes einander und dem Ganzen ähnlich sind, dessen Teile sie sind, sondern wie die Teile des Gesichts dem Ganzen, dessen Teile sie sind, und auch sich untereinander unähnlich, und jeder seine besondere Verrichtung habend. Dünkt dir nun dieses noch ebenso wie vorher, so sage es; wo aber anders, so erkläre dieses. Denn ich will dich nicht verantwortlich machen, wenn du jetzt etwas anderes behauptest, indem es mich gar nicht wundern sollte, wenn du damals, um mich zu versuchen, jenes gesagt hättest. – So sage ich dir denn, Sokrates, sprach er, dies alles sind freilich

Teile der Tugend, und die vier anderen sind einander auch sehr nahe, die Tapferkeit aber ist von ihnen allen gar sehr unterschieden. Daß ich aber richtig rede, kannst du hieraus erkennen. Du wirst nämlich viele Menschen finden, welche sehr ungerecht sind und sehr ruchlos, sehr unbändig und sehr unverständig, tapfer aber ganz ausgezeichnet. – Halt doch, sagte ich, denn was du da sagst, ist wohl wert, daß wir es betrachten. Nennst du die Tapferen dreist oder etwas anderes? – Und auch keck zufahrend, worauf die meisten sich fürchten zu gehen. – So komm denn! sagst du, die Tugend sei etwas Schönes? und als in etwas Schönem erbietest du dich in ihr zum Lehrer? – Und zwar das Schönste allerdings, sagte er, wenn ich anders nicht von Sinnen bin. – Ob etwa, sprach ich, einiges an ihr schlecht ist und anderes schön, oder alles schön? – Alles durchaus schön, so sehr als immer möglich. – Weißt du auch wohl, welche dreist ins Wasser springen? – O ja, die Schwimmer. – Weil sie es verstehen, oder aus einer anderen Ursache? – Weil sie es verstehen. – Und wer ficht im Kriege dreist zu Pferde? die Reiter oder die Unberittenen? – Die Reiter. – Und wer mit kurzen Schilden? die Leichtbewaffneten oder andere? – Jene, sagte er, und überhaupt sind auch in allen andern Dingen, wenn du darauf hinaus willst, die Kundigen dreister als die Unkundigen, und nachdem sie es gelernt haben, dreister als sie selbst waren, ehe sie es gelernt hatten. – Hast du auch schon solche gesehen, fragte ich, die aller dieser Dinge unkundig waren, und doch zu allem dreist? – O ja, sagte er. und sehr dreist. – Sind wohl diese Dreisten auch tapfer? – Dann wäre ja, sagte er, die Tapferkeit etwas sehr Schlechtes, denn diese sind toll. – Was sagst du denn von den Tapfern? sprach ich, nicht, daß sie die Dreisten sind? – Auch jetzt noch, sagte er. – Also diese, sprach ich, die auf solche Art dreist sind, scheinen nicht tapfer zu sein, sondern toll? Und vorher dort waren welche die Weisesten auch die Dreistesten, und wenn die Dreistesten, auch die Tapfersten? Und so wäre ja nach dieser Rede die Weisheit die Tapferkeit? – Nicht richtig, sagte er, trägst du vor, o Sokrates, was ich gesagt und dir geantwortet habe. Gefragt von dir, ob die Tapfern dreist wären, habe ich dies bejaht; ob aber die Dreisten auch tapfer sind, das wurde ich gar nicht gefragt.

Denn wenn du mich das gefragt hättest, würde ich gesagt haben, nicht alle. Daß aber die Tapfern nicht dreist wären, und ich diese meine Behauptung mit Unrecht behauptet hätte, hast du nirgends erwiesen. Nachher zeigst du von den einer Sache Kundigen, daß sie dreister darin sind, als sie selbst vorher waren, und so auch dreister als andere Unkundige, und deshalb meinst du nun, sei Weisheit und Tapferkeit dasselbe. Wenn du es so herumholen willst, kannst du auch glauben, Stärke sei Weisheit. Denn zuerst, wenn du mich mit einer solchen Wendung fragtest, ob nicht die Starken kraftvoll sind, so würde ich ja sagen, und dann, ob nicht die des Fechtens Kundigen kraftvoller sind als die Unkundigen, und auch, nachdem sie es gelernt, kraftvoller als sie selbst waren, ehe sie es lernten, so würde ich es ebenfalls bejahen. Nachdem ich nun dieses zugegeben, könntest du dann eben diesen Beweis anwendend sagen, daß nach meinem Geständnis Weisheit Stärke wäre. Aber ich gebe ja keineswegs weder in diesem Falle zu, daß die Kraftvollen stark, jedoch daß die Starken kraftvoll sind, nämlich nicht, daß Kraft und Stärke einerlei ist; denn jene, die Kraft, entsteht auch aus Kenntnis, ja auch aus Wahnsinn oder Gemütsbewegung, die Stärke aber aus der guten Natur und der Wohlgenährtheit des Körpers. Noch auch in unserem Falle, daß Dreistigkeit und Tapferkeit einerlei ist, so daß zwar folgt, die Tapfern sind dreist, jedoch nicht, daß die Dreisten auch alle tapfer sind. Denn Dreistigkeit entsteht dem Menschen auch aus Kunst oder aus Tollheit oder aus Gemütsbewegung, wie die Kraft; die Tapferkeit aber entsteht aus der Gutartigkeit und Wohlgenährtheit der Seele. – Sagst du wohl, Protagoras, sprach ich, daß einige Menschen gut leben und andere schlecht? – Er sagte: ja. – Dünkt dir nun wohl ein Mensch gut zu leben, wenn er gequält und gepeinigt lebt? – Nein. – Wie aber, wenn er nach einem vergnügten Leben seinen Lauf beschließt, dünkt dir dieser nicht gut gelebt zu haben? – Dann wohl, sagte er. – Also vergnügt leben ist gut, unangenehm leben aber böse? – Wenn man nämlich, sagte er, am Schönen Vergnügen findend lebt. – Wie doch, Protagoras? Nennst auch du, wie die meisten, einiges Angenehme böse und Peinliches gut? Ich meine nämlich, inwiefern es angenehm ist, ob es insofern nicht gut ist; nicht wenn etwa anderes daraus entsteht? und auf der andern Seite wiederum das Peinliche, ob es nicht insofern peinlich auch böse ist? – Ich weiß nicht, Sokrates, sagte er, so unbedingt, wie du fragst, ob ich antworten soll, daß alles Angenehme gut ist und Peinliche böse. Vielmehr dünkt es mich, nicht nur in Beziehung auf die gegenwärtige Antwort sicherer, sondern auch für mein ganzes übriges Leben, wenn ich antworte, daß es einiges gibt unter dem Angenehmen, was nicht gut, und wiederum unter dem Unangenehmen einiges, was nicht böse ist, anderes, was so ist, und drittens noch anderes, was keins von beiden ist, weder gut noch böse. – Angenehm aber, sprach ich, nennst du doch, womit Lust verbunden ist oder was Lust macht? – Allerdings, sagte er. – Dieses nun meine ich, ob es nicht inwiefern angenehm auch gut ist, nach der Lust selbst fragend, ob die nicht gut ist? – Darauf sagte er: Laß uns zusehn, Sokrates, wie du ja immer sagst, und wenn die Untersuchung zur Sache zu gehören scheint und sich zeigt, daß das Gute und Angenehme einerlei ist, so wollen wir es einräumen, wo aber nicht, so wollen wir es dann schon bestreiten. – Willst nun, sprach ich, du die Untersuchung führen? oder soll ich sie führen? – Es ist billig, antwortete er, daß du sie führst, denn du leitest ja das Gespräch. – Vielleicht also, sagte ich, wird es uns auf diese Art offenbar werden. So wie nämlich jemand, der einen Menschen aus der Gestalt in Absicht auf seine Gesundheit oder sonst eine körperliche Beschaffenheit untersuchen sollte, wenn er nichts von ihm sähe, wie das Gesicht und die Hände, gewiß zu ihm sagen würde, komm her, entblöße mir auch die Brust und den Rücken und zeige sie mir, damit ich dich genauer betrachten kann: so ungefähr vermisse auch ich etwas bei unserer Untersuchung und möchte, nachdem ich gesehen, wie du über das Angenehme und Gute denkst, dir ebenso sagen: Komm her. Protagoras! enthülle mir von deiner Gesinnung auch noch dieses, was du von der Erkenntnis hältst, ob du auch hierüber so denkst, wie die meisten Menschen oder anders? Die meisten nämlich denken von der Erkenntnis so ungefähr, daß sie nichts Starkes, Leitendes und Beherrschendes ist, und achten sie auch gar nicht als ein solches, sondern daß gar oft, wenn auch Erkenntnis im Menschen ist, sie ihn doch nicht beherrscht, sondern irgend sonst etwas, bald der Zorn, bald die Lust, bald die Unlust, manchmal die Liebe, oft auch die Furcht, so daß sie offenbar von der Erkenntnis denken wie von einem elenden Wicht, daß sie sich von allem andern herumzerren läßt. Dünkt nun dir so etwas von ihr, oder vielmehr, sie sei etwas Schönes, das wohl den Menschen regiere? und wenn einer Gutes und Böses erkannt habe, werde er von nichts anderem mehr gezwungen werden, irgend etwas anderes zu tun, als was seine Erkenntnis ihm befiehlt, sondern die richtige Einsicht sei stark genug, dem Menschen durchzuhelfen? – So dünkt es mich, antwortete er, wie du jetzt sagst, Sokrates, und zudem wäre es, wenn für irgendeinen anderen, gewiß auch für mich unziemlich, zu behaupten, daß Weisheit und Erkenntnis nicht das Mächtigste wäre unter allem Menschlichen. Wohlgesprochen von dir, sagte ich, und sehr wahr. Du weißt aber doch, daß die meisten Menschen mir und dir nicht glauben, sondern sie sagen. daß viele, welche das Bessere sehr gut erkennen, es doch nicht tun wollen, obgleich sie könnten, sondern etwas anderes tun. Und so viele ich gefragt, was doch die Ursache wäre hievon, haben mir alle gesagt, von der Lust überwunden oder der Unlust oder von irgendeinem unter den Dingen, deren ich vorhin erwähnte, bezwungen, täten die das, die es tun. – Sagen doch wohl, sprach er, die Leute, o Sokrates, noch viel anderes Unrichtiges. – So komm denn, und versuche mit mir die Leute zu überreden, und zu belehren, was für ein Zustand das ist, was sie nennen von der Lust überwunden werden und um deswillen das Bessere nicht tun, denn erkannt habe man es ja. Vielleicht nämlich, wenn wir ihnen nur sagten: Ihr habt unrecht, Leute, und ihr irrt euch, möchten sie uns fragen: O Sokrates und Protagoras, wenn dieser Zustand nicht darin besteht, von der Lust überwunden zu werden, was ist er denn, und wie erklärt ihr ihn? sagt es uns doch! – Aber, o Sokrates, sagte Protagoras, was sollen wir denn die Meinung der Leute in Betrachtung ziehen, welche sagen, was ihnen einfällt? – Ich glaube nur, sprach ich, daß uns dies etwas helfen wird, um zu entdecken, wie sich die Tapferkeit eigentlich zu den übrigen Teilen der Tugend verhalte. Bleibst du also noch bei dem eben Beschlossenen, daß ich führen soll, so folge mir auch dahin, wo ich glaube, daß sich uns die Sache am deutlichsten darstellen wird. Willst du aber nicht, so will ich es gut sein lassen, wenn dir das lieber ist. – Nein, sagte er, du hast recht, bringe es nur zu Ende, wie du es angefangen hast. – Noch einmal also, sprach ich, wenn sie uns fragten: Wie erklärt ihr also das, was wir nannten zu schwach sein gegen die Lust? so würde ich zu ihnen sagen: Hört denn! Protagoras und ich, wir wollen versuchen, es euch zu erklären. Ihr meint doch darunter nichts anderes, als was euch in solchen Dingen begegnet, wie daß ihr oft von Speise und Trank und Wollust als dem Angenehmen bezwungen, wiewohl ihr wißt, daß es schlecht ist, es dennoch tut? – Das würden sie bejahen. – Nicht wahr, dann würden wir sie wieder fragen, ich und du: Aber inwiefern sagt ihr, daß diese Dinge schlecht sind? etwa eben deshalb, weil sie diese Lust für den Augenblick gewähren und also jedes für sich angenehm sind? oder weil sie in der folgenden Zeit Krankheit und Mangel herbeiführen und viel anderes derart bewirken? Oder sollten sie auch, wenn sie nichts dergleichen in der Folge bewirken, sondern nur Vergnügen machen, dennoch etwas Böses sein, weil sie, was einer auch treibe, ihn vergnügt machen und auf welche Art es auch sei? Sollen wir glauben, Protagoras, daß sie uns etwas anderes antworten werden, als diese Dinge wären nicht wegen der Lust, welche sie für den Augenblick gewähren, böse, sondern allerdings wegen der hernach entstehenden Krankheiten und des Übrigen? – Ich glaube, sagte Protagoras, daß die Leute so antworten werden. – Und was Krankheit bringt, bringt Unlust, was Armut bringt, bringt Unlust? Das würden sie zugeben, denke ich? – Protagoras war auch der Meinung. – Also scheinen euch, ihr Leute, wie ich und Protagoras behaupten, diese Dinge aus keiner andern Ursache böse zu sein, als weil sie selbst in Pein endigen und euch anderer Lust berauben? Das würden sie doch zugeben? So schien es uns beiden. Wenn wir sie nun auch nach dem Entgegengesetzten fragten: Ihr Leute, die ihr wiederum sagt, daß manches Peinliche gut ist, meint ihr damit nicht dergleichen wie die. anstrengenden Leibesübungen, die Feldzüge, die Behandlungen der Ärzte mit Brennen und Schneiden, Arzneinehmen und Fasten, daß dergleichen gut ist, aber peinlich? so würden sie das bejahen? – So schien es ihm auch. – Ob ihr sie nun wohl deshalb gut nennt, weil sie für den Augenblick die heftigsten Qualen und Schmerzen verursachen? oder weil in der Folge Gesundheit daraus entsteht und Wohlbefinden des Körpers und Rettung der Staaten und sonst Herrschaft und Reichtum? Sie würden das letztere bejahen, wie ich glaube. – Er glaubte es ebenfalls. – Sind also diese Dinge aus einer andern Ursache gut, als weil sie in Lust endigen und in der Unlust Abwendung und Vertreibung? oder habt ihr ein anderes Ziel anzugeben, in Beziehung auf welches ihr sie gut nennt, als nur Lust oder Unlust? Ich glaube, sie werden kein anderes angeben. – Auch ich glaube nicht, sagte Protagoras. – Also jaget ihr doch der Lust nach als dem Guten, und die Unlust flieht ihr als das Böse? Das würden sie zugeben? – So dünkte es ihm auch. – Dies also haltet ihr eigentlich für böse, die Unlust, und die Lust für gut; wenn ihr doch behauptet, das Wohlbefinden selbst sei in dem Fall böse, wenn es größere Lust raubt, als es selbst enthält, oder größere Unlust herbeiführt, als seine eigene Lust nicht war. Denn wenn ihr in einer andern Hinsicht das Wohlbefinden für böse hieltet und in Beziehung auf ein anderes Ziel, so würdet ihr uns das auch wohl sagen können, aber ihr werdet es nicht können. – Ich glaube auch nicht, daß sie es können, sagte Protagoras. – Ist es nun nicht wiederum mit dem Übelbefinden selbst die nämliche Sache? Alsdann nennt ihr selbst das Übelbefinden gut, wenn es entweder noch größere Unlust, als die es selbst in sich hat, entfernt, oder größere Lust, als die Unlust war, bereitet? Denn wenn ihr auf etwas anderes sähet, indem ihr das Übelbefinden gut nennt, als was ich sage, so würdet ihr es uns wohl sagen können, aber ihr werdet es nicht können. – Ganz recht, sagte Protagoras. – Weiter also, sprach ich, wenn ihr mich fragtet, ihr Leute: Warum sagst du hierüber soviel und von allen Seiten? so würde ich antworten: Habt schon Nachsicht mit mir; denn erstlich ist es überhaupt nicht leicht zu zeigen, was das eigentlich sei, was ihr nennt: von der Lust überwunden werden, und dann beruht gerade hierauf der ganze Beweis. Es steht euch aber auch jetzt noch frei zu widerrufen, falls ihr etwa zu sagen wißt, das Gute sei noch etwas anderes als die Lust, und das Böse noch etwas anderes als die Unlust. Oder ist euch das genug, euer Leben angenehm hinzubringen ohne Unlust? Wenn euch nun das genug ist und ihr nichts anderes zu sagen wißt, was gut oder böse wäre, was sich nicht hierin endigte, so hört nun das weitere. Nämlich ich sage euch, wenn sich dies so verhält, wird das nun eine lächerliche Rede, wenn ihr sagt, daß oftmals der Mensch, obgleich das Böse erkennend, daß es böse ist, es dennoch tut, unerachtet ihm freistände, es nicht zu tun, weil er von der Lust getrieben wird und betäubt; und ihr dann auch wieder sagt, daß der Mensch, das Gute erkennend, es dennoch nicht zu tun pflegt, der augenblicklichen Lust wegen und von dieser überwunden. Daß dies lächerlich ist, wird euch ganz klar werden, sobald wir uns nur nicht mehr der vielerlei Namen zugleich bedienen wollen: des Angenehmen und Peinlichen und des Guten und Bösen, sondern da sich gezeigt hat, daß dieses nur zweierlei ist, es auch nur mit zwei Worten bezeichnen wollen, zuerst überall durch gut und böse und dann wieder überall durch angenehm und peinlich. Dieses also festgestellt, sagen wir, daß der Mensch das Böse erkennend, daß es böse ist, es dennoch tut. Wenn uns nun jemand fragt: Warum denn? so werden wir sagen, weil er überwunden ist. Wovon denn? wird uns jener fragen; wir aber dürfen nicht mehr sagen: Von der Lust, denn die Sache hat nun einen andern Namen bekommen, und statt Lust heißt sie Gutes. Wir antworten also jenem und sagen: Weil er überwunden ist. Wovon denn? fragt er. Von dem Guten, werden wir beim Zeus sagen müssen. Ist nun der, welcher uns fragt, ein Spötter, so wird er lachen und sagen, das ist doch wahrhaftig eine lächerliche Sache, was ihr da sagt, daß ein Mensch das Böse, indem er erkennt, daß es böse ist, und da er es nicht tun muß, dennoch tut, weil er vom Guten überwunden ist! Von einem Guten, wird er fragen, welches wert oder welches nicht wert war, jenes Böse zu überwinden? Offenbar werden wir zur Antwort sagen müssen: Von einem, welches dessen nicht wert war; denn sonst hätte der nicht gefehlt, von dem wir sagen, daß er zu schwach war gegen die Lust. Und weshalb, wird er vielleicht sprechen, ist denn das Böse des Guten, oder das Gute des Bösen unwert? etwa wegen etwas anderem als weil das eine größer und das andere kleiner ist? oder das eine mehr und das andere weniger ist? Wir werden nichts anderes angeben können. Offenbar also, wird er sagen, meint ihr unter diesem überwunden werden, daß jemand für geringeres Gute mehr Böses erhält. So demnach auf diese Art. Nun laßt uns für dieselben Dinge wieder jene Namen zurückrufen, das Angenehme und Unangenehme, und laßt uns sagen: Der Mensch tut, vorher sagten wir das Böse, nun aber wollen wir sagen, das Unangenehme, erkennend, daß es unangenehm ist, überwunden aber von dem Angenehmen: offenbar nämlich von einem solchen, welches nicht wert war, zu siegen. Und welche andere Schätzung gibt es denn für Lust gegen Unlust als den Überschuß oder das Untermaß der einen gegen die andere, das heißt, je nachdem eine größer ist oder kleiner als die andere, mehr oder weniger, stärker oder schwächer? Denn wenn jemand sagen wollte: Aber, Sokrates, ein großer Unterschied ist doch auch zwischen dem augenblicklich Angenehmen und dem erst für die künftige Zeit Angenehmen und Unangenehmen, so werde ich ihn fragen: Liegt er in etwas anderem als in Lust und Unlust? Auf keine Weise ja in etwas anderem. Sondern wie ein des Abwägens Kundiger lege das Angenehme zusammen und das Unangenehme zusammen, und auf der Wage das Entfernte und das Nahe abschätzend sage dann, welches das größere ist. Denn wenn du Angenehmes gegen Angenehmes wägst, mußt du immer das Mehrere und Größere nehmen, wenn Unangenehmes gegen Unangenehmes, das Kleinere und Geringere; wenn aber Angenehmes gegen Unangenehmes mußt du, wenn das Unangenehme vom Angenehmen übertroffen wird, es sei nun das Nähere von Entfernterem oder das Entferntere von Näherem, die Handlung verrichten, darin sich dieses Verhältnis findet; wird aber in einer das Angenehme vom Unangenehmen übertroffen, die mußt du nicht verrichten. Verhält es sich etwa anders hiemit, ihr Leute? würde ich sagen; ich weiß, sie würden nichts anderes zu sagen wissen. – So dünkte es ihm auch. – Wenn sich nun dies so verhält, so beantwortet mir doch folgendes, werde ich sagen. Erscheint eurem Gesicht dieselbe Größe von nahem größer, von weitem aber kleiner, oder nicht? – Das werden sie bejahen. – Und die Dicke und die Menge ebenso? Und derselbe Ton von nahem stärker, von weitem aber schwächer? – Sie werden ja sagen. – Wenn nun unser Wohlbefinden darauf beruhte, daß wir große Linien zögen und zu erlangen suchten, kleine aber vermieden und nicht zögen: was würde sich dann zeigen als das Heil unseres Lebens? Die Kunst zu messen oder die Gewalt des Scheins? Oder würde nicht die letzte uns gewiß irre führen und machen, daß wir oft das unterste wieder zu oberst kehren müßten in derselben Sache und wieder andere Entschließungen fassen in unserer Hervorbringung und Auswahl des Großen und Kleinen? die Meßkunst hingegen dieses Trugbild unwirksam machen, und durch deutliche Bezeichnung des Wahren der Seele, welche dann bei der Wahrheit bliebe, Ruhe verschaffen und auf diese Art unserm Leben Heil bringen? Würden die Leute bekennen, daß in diesem Falle die Meßkunst uns Heil bringen müßte, oder würden sie eine andere nennen? – Die Meßkunst, gestand er. – Wie aber, wenn das Heil unseres Lebens auf der Wahl gerader und ungerader Zahlen beruhte, von beiden, wann es recht wäre, das größere zu wählen, und wann das kleinere im Vergleich jeder Art mit sich selbst sowohl als mit der andern, sie möchten nun nahe sein oder fern, was würde dann das Heil unseres Lebens sein? Nicht auch eine Erkenntnis? Und wäre sie nicht, da sie ja auf Überschuß und Untermaß geht, eine messende Kunst? und da auf Gerades oder Ungerades, kann sie wohl eine andere sein als die Rechenkunst? Würden uns das die Leute eingestehen oder nicht? –

Auch Protagoras glaubte, sie würden es eingestehen. – Gut, ihr Leute. Da sich nun aber gezeigt hat, daß das Heil unseres Lebens auf der richtigen Auswahl von Lust und Unlust beruht, der mehreren oder wenigeren, größeren oder kleineren sowohl nahen als fernen: zeigt sich zuerst nicht auch diese als ein Messen, da sie Überschuß, Untermaß und Gleichheit gegenseitig zu untersuchen hat? – Notwendig ja. – Und wenn sie ein Messen ist, so ist sie notwendig eine Kunst und Erkenntnis? – Dem werden sie beistimmen. – Was für eine Kunst und Erkenntnis sie nun sein wird, wollen wir hernach sehen; daß es aber eine Erkenntnis ist, soviel ist jetzt hinreichend zu dem Beweise, den ich und Protagoras zu führen haben über das, wonach ihr uns gefragt habt. Ihr fragtet uns nämlich, wenn ihr euch dessen erinnert, damals als wir beide miteinander einverstanden waren, es gebe nichts Stärkeres als die Erkenntnis, und wo sie nur wäre, herrschte sie auch überall über die Lust und alles andere, ihr aber behaupten wollt, die Lust herrsche oftmals auch über den erkennenden Menschen, wir aber euch dies nicht zugeben wollten, damals fragtet ihr uns: O Protagoras und Sokrates, wenn dieser Zustand das nicht ist, daß man von der Lust überwunden wird, so sagt uns doch, was er denn ist, und wie ihr ihn erklärt? Wenn wir euch nun damals gleich gesagt hätten, er wäre eben Unverstand, so würdet ihr uns ausgelacht haben; jetzt aber wenn ihr uns auslachen wollt, müßt ihr euch selbst mit auslachen, denn ihr habt selbst eingestanden, wer bei der Wahl der Lust und Unlust, das heißt des Guten und Bösen fehle, der fehle aus Mangel an Erkenntnis, und nicht nur an Erkenntnis, sondern noch weiter habt ihr ja zugegeben, daß es eine messende sei. Eine ohne Erkenntnis verfehlte Handlung aber, wißt ihr wohl selbst, wird aus Unverstand so verrichtet, so daß also dieses zu schwach sein gegen die Lust der größte Unverstand ist; für welchen ebendieser Protagoras ein Arzt zu sein behauptet, so auch Prodikos und Hippias. Weil ihr aber meint, es sei etwas anderes als Unverstand, so geht ihr weder selbst zu diesen Lehrern hierin, den Sophisten, noch schickt ihr eure Söhne zu ihnen, als ob es nicht lehrbar wäre; sondern euer Geld so hegend und es diesen nicht gebend, handelt ihr schlecht als Hausväter und als Staatsbürger. Dieses also würden wir den Leuten geantwortet haben.

Nun aber frage ich nächst dem Protagoras auch euch beide, Hippias und Prodikos, denn gemeinschaftlich soll eure Rede sein, ob ihr glaubt, daß ich wahr rede oder unwahr? – Alle hielten das Gesagte für über die Maßen richtig. – Ihr gebt also zu, sprach ich, daß das Angenehme gut ist und das Peinliche böse. Aber hier des Prodikos Unterscheidung der Worte verbitte ich. Du magst nun das, was ich meine, angenehm nennen oder erfreulich oder vergnügend oder wie und woher du sonst dieses zu benennen vorziehst, bester Prodikos, beantworte mir nur dieses in Beziehung auf das, was ich will. – Lachend gab es nun Prodikos zu und die andern auch. – Wie aber, ihr Männer, sprach ich, ist es hiemit: die hierauf sich beziehenden Handlungen auf das schmerzlos und angenehm leben, sind die nicht alle auch schön? und ist nicht jede schöne Tat gut und nützlich? – Das schien ihnen ebenso. – Wenn nun, sprach ich, das Angenehme gut ist, so wird ja niemand, er wisse nun oder glaube nur, daß es etwas Besseres, als er tut, und auch ihm Mögliches gibt, noch jenes tun, da das Bessere in seiner Macht steht; und dieses zu schwach sein gegen sich selbst ist also nichts anderes als Unverstand, und das sich selbst beherrschen nichts anderes als Weisheit. – Dem gaben alle Beifall. – Wie nun? nennt ihr das Unverstand falsche Meinungen zu haben und sich zu täuschen über wichtige Dinge? – Auch dem stimmten alle bei. – Ist es nicht auch so, daß niemand aus freier Wahl dem Bösen nachgeht oder dem, was er für böse hält? und daß das, wie es scheint, gar nicht in der Natur des Menschen liegt, dem nachgehn zu wollen, was er für böse hält anstatt des Guten, wenn er aber gezwungen wird, von zwei Übeln eins zu wählen, niemand das größere nehmen wird, wenn er das kleinere nehmen darf? – Dieses alles kommt uns allen einem vor wie dem andern. – Wie nun, sprach ich, nennt ihr etwas Angst und Furcht? und zwar dasselbe was ich? Deinetwegen sage ich das, Prodikos; ich verstehe nämlich darunter die Erwartung eines Übels, ihr mögt das nun Angst nennen oder Furcht. – Protagoras und Hippias sagten, das wäre Angst und Furcht; Prodikos hingegen, Angst wäre es, Furcht aber nicht. – Es ist daran nichts gelegen, Prodikos, sprach ich; sondern nur hieran, wenn das Vorhergesagte seine Richtigkeit hat, ob dann irgendein Mensch dem wird nachgehen wollen, wovor er sich ängstigt, wenn er auch nach etwas anderem kann; oder ob dies dem Eingestandenen zufolge unmöglich ist. Denn wovor sich jemand ängstigt, das ist eingestanden, halte er für böse; und was er für böse hält, dem will niemand weder nachgehen noch es auch mit seinem guten Willen hinnehmen. – Auch das bejahten alle. – Ist nun dieses so festgestellt, sagte ich, o Prodikos und Hippias, so mag sich doch hier unser Protagoras verteidigen über das, was er zuerst geantwortet hat, wie es wohl richtig sein kann. Nicht was er ganz zuerst sagte, denn damals behauptete er, von fünf Teilen der Tugend, die es gäbe, sei keiner wie der andere, und jeder habe seine eigene Verrichtung; dies meine ich nicht, sondern was er hernach behauptet hat. Denn hernach sagte er wieder, die vier wären einander zwar sehr nahe, der eine aber, nämlich die Tapferkeit, unterschiede sich gar sehr von den übrigen. Und erkennen, sprach er, könnte ich dies hieraus. Du wirst nämlich Menschen finden, Sokrates, die sehr ruchlos sind und sehr ungerecht und sehr unbändig und unverständig, tapfer aber ganz ausgezeichnet, woraus du denn schließen kannst, daß die Tapferkeit von den übrigen Teilen der Tugend sehr weit unterschieden ist. Und ich verwunderte mich gleich damals höchlich über diese Antwort, noch mehr aber hernach, seitdem ich dieses mit euch abgehandelt habe. Ich fragte ihn also, ob er sagte, die Tapfern wären dreist, und er sagte: Und auch keck zufahrend. Erinnerst du dich, sprach ich, Protagoras, daß du dies geantwortet hast? Er gestand es ein. So komm denn, sprach ich, und sage uns, worauf meinst du denn, daß die Tapfern so keck zufahren? etwa auf das nämliche, worauf auch die Feigen? – Nein, sagte er. – Also auf etwas anderes? – Ja, sagte er. – Gehen etwa die Feigen auf das Unbedenkliche los, die Tapfern aber auf das Furchtbare? – So sagen die Leute, Sokrates, antwortete er. – Schon recht, sprach ich, aber darnach frage ich nicht, sondern du, worauf du sagst, daß die Tapfern keck zufahren, ob sie auf das Furchtbare zufahren, indem sie es selbst für furchtbar halten, oder auf das nicht Furchtbare? – Aber dies, sagte er, ist ja in dem, was du gesprochen, soeben als unmöglich erwiesen worden. – Auch darin hast du ganz recht, sagte ich; so daß, wenn dieses richtig erwiesen ist, niemand dem nachgeht, was er für furchtbar hält, da ja das sich selbst nicht beherrschen können als ein Unverstand erfunden wurde. – Das gab er zu. – Aber auf das, wozu man guten Mut hat, geht wieder ein jeder los, die Feigen wie die Tapferen, und auf diese Art gehen also beide auf dasselbe los, die Feigen und die Tapferen. – Aber dennoch, sagte er, sind das ganz entgegengesetzte Dinge, Sokrates, worauf die Feigen und worauf die Tapferen losgehen. Gleich zum Beispiel in den Krieg wollen die einen sehr leicht gehen, die anderen wollen nicht. – Indem es, sagte ich, schön ist, hinzugehen oder schlecht? – Schön, sagte er. – Wenn also schön, sprach ich, dann auch gut, haben wir schon vorher eingestanden; denn wir gestanden, daß alle schönen Handlungen auch gut wären. – Das ist richtig, und immer habe auch ich so gedacht. – Sehr wohl, sprach ich. Aber welche von beiden behauptest du, wollen nicht zu Felde gehen, wenn es schön und gut ist? – Die Feigen, sagte er. – Und, sprach ich, wenn es schön und gut ist, wird es auch angenehm sein? – Das ist wenigstens eingeräumt worden, sagte er. – Wissentlich also wollen die Feigen doch nicht hingehen nach dem Schöneren, Besseren und Angenehmeren? – Aber auch hiedurch, wenn wir es eingeständen, sagte er, zerstörten wir unsere vorigen Eingeständnisse. – Und wie der Tapfere, fragte ich, geht der nicht nach dem Schöneren, Besseren und Angenehmeren? – Notwendig, sagte er, ist das anzunehmen. – Also überhaupt, wenn die Tapferen sich fürchten, ist das keine schlechte Furcht, und wenn sie dreist sind, ist das keine schlechte Dreistigkeit? – Ganz recht, sagte er. – Und wenn nicht schlecht, ist dann beides nicht schön? – Das gab er zu. – Und wenn schön, auch gut? – Ja. –Werden also nicht im Gegenteil die Feigen und Verwegenen und Tollkühnen sich mit einer schlechten Furcht fürchten und mit einer schlechten Dreistigkeit dreist sein? – Das gab er zu. – Und können sie wohl zu dem Schlechten und Bösen aus einer anderen Ursache dreist sein als aus Unkenntnis und Unverstand? – So muß es sich verhalten, sagte er. – Und wie? dasjenige, wodurch die Feigen feig sind, nennst du das Feigheit oder Tapferkeit? – Feigheit, versteht sich, sagte er. – Und haben wir nicht gesehen, daß sie eben durch die Unkenntnis dessen, was furchtbar ist, feige sind? – Allerdings, sprach er. – Also durch diese Unkenntnis sind sie feige? – Er gab es zu. – Und wodurch sie feige sind, das räumst du ein, ist die Feigheit? – Er sagte ja. – Also wäre ja wohl die Unkenntnis dessen, was furchtbar ist, und was nicht, die Feigheit? – Er winkte zu. – Aber der Feigheit, sagte ich, ist doch die Tapferkeit entgegengesetzt? – Er bejahte es. – Ist nun nicht die Kenntnis von dem, was furchtbar ist und was nicht, der Unkenntnis darin entgegengesetzt? – Auch hier winkte er noch zu. – Und die Unkenntnis davon war die Feigheit? – Hier winkte er nur mit großer Mühe noch zu. – So ist demnach die Weisheit in dem, was furchtbar ist und was nicht, die Tapferkeit, weil sie der Unkenntnis davon entgegengesetzt ist. – Darauf wollte er mir nun nicht einmal mehr zuwinken und schwieg ganz still. – So, Protagoras? sprach ich. Du bejahst weder noch verneinest, was ich dich frage? – Bringe es nur allein zu Ende, sagte er. – Nur eins, sprach ich, will ich dich noch fragen, ob dir auch jetzt noch, wie vorher, einige Menschen sehr unverständig dünken, zugleich aber ausgezeichnet tapfer? – Du scheinst, sagte er, etwas Besonderes darein zu setzen, Sokrates, daß ich dir antworten soll. So will ich dir denn gefällig sein und sagen, daß nach dem, was wir miteinander festgestellt haben, dieses unmöglich zu sein scheint. – Keineswegs, sprach ich, frage ich alles dieses aus irgendeiner anderen Absicht, als um zu ergründen, wie es sich wohl eigentlich verhält mit der Tugend, und was sie wohl selbst ist, die Tugend. Denn soviel weiß ich, wäre dies nur erst ausgemacht, so würde auch jenes bald entschieden sein, worüber ich und du jeder eine lange Rede gehalten haben, ich behauptend, die Tugend sei nicht lehrbar, du, sie sei lehrbar. Und der jetzige Ausgang unseres Gesprächs scheint mir ordentlich wie ein Mensch uns anzuklagen und auszulachen und, wenn er reden könnte, sagen zu wollen: Ihr seid wunderliche Leute, Sokrates und Protagoras! Du, der du im vorigen behauptest, die Tugend sei nicht lehrbar, dringst jetzt auf das, was dir zuwider ist, indem du zu zeigen suchst, daß alles Erkenntnis ist, die Gerechtigkeit, die Besonnenheit und die Tapferkeit, auf welche Weise denn die Tugend am sichersten als lehrbar erscheinen würde. Denn wenn die Tugend etwas anderes wäre als die Erkenntnis, wie Protagoras zu behaupten unternahm, so wäre sie sicherlich nicht lehrbar. Jetzt aber, wenn sie sich als Erkenntnis offenbaren wird, worauf du dringst, Sokrates, wäre es ganz wunderbar, wenn sie nicht sollte lehrbar sein. Protagoras wiederum, der damals annahm, sie sei lehrbar, scheint jetzt das Gegenteil zu betreiben, daß sie eher fast alles andere sein soll, nur nicht Erkenntnis, und so wäre sie doch am wenigsten lehrbar. Ich nun, Protagoras, indem ich zusehe, wie schrecklich uns dieses alles durcheinander geschüttelt wird, das unterste zu oberst, bin voll Eifers, die Sache zur Klarheit zu bringen, und ich wünschte, nachdem wir dies durchgegangen, könnten wir auch weiter zurückgehen auf die Tugend selbst, was sie wohl ist, und dann wieder diese Untersuchung aufs neue anfangen, ob sie lehrbar ist oder nicht, damit nicht etwa jener Epimetheus, der Hintennachdenker, uns auch in unsern Untersuchungen hinterlistig betrüge, wie er uns schon in der Verteilung schlecht behandelt hat, wie du sagst. Auch in jener Geschichte hat mir Prometheus, der Vorausdenker, besser gefallen, und eben weil ich es mit ihm halte und auf mein ganzes Leben im voraus Bedacht nehmen möchte, beschäftigte ich mich mit diesen Dingen, und wenn du nur wolltest, möchte ich sie, wie ich auch gleich anfangs sagte, am liebsten mit dir gemeinschaftlich untersuchen. – Darauf sagte Protagoras: Ich meinesteils, Sokrates, lobe gar sehr deinen Eifer sowohl als deine Art, das Gespräch durchzuführen; denn auch im übrigen denke ich kein übler Mensch zu sein, neidisch aber zumal am wenigsten unter allen Menschen. Wie ich denn auch von dir schon zu mehreren gesagt, daß unter allen, mit denen ich zusammentreffe, ich dich ganz vorzüglich schätze, von allen deines Alters zumal; und ich füge hinzu, es wird mich gar nicht wundern, wenn du einst unter die Berühmten wegen ihrer Weisheit gehören wirst. Hierüber nun wollen wir, wenn du willst, ein andermal weiter sprechen; jetzt ist es Zeit, auch zu etwas anderem zu schreiten. – Gut, sagte ich, so wollen wir es halten, wenn du meinst. Denn auch für mich ist es schon lange Zeit, dorthin zu gehen, wovon ich schon sagte, und nur um Kallias dem Schönen gefällig zu sein, habe ich bis jetzt hier verweilt. Diese Reden wurden gewechselt, und so gingen wir.

SYMPOSION (DAS GASTMAHL)

Apollodoros · Freunde

Apollodoros. Ich glaube auf das, wonach ihr jetzt fragt, nicht unvorbereitet zu sein. Denn nur neulich erst ging ich eben nach der Stadt von Hause aus Phaleron, als ein Bekannter, der mich von hinten gewahr wurde, mir von weitem scherzend zurief: Du Phalerier Apollodoros, wirst du nicht warten? – Da blieb ich stehn und erwartete ihn. – Und er sagte darauf: Apollodoros, noch vor kurzem suchte ich dich, weil ich etwas näheres zu erfahren wünsche von der Unterhaltung des Agathon und Sokrates und Alkibiades und der übrigen damals bei dem Gastmahl Gegenwärtigen wegen der Liebesreden, wie es mit denen war. Ein anderer hat mir zwar schon davon erzählt, der es von Phoinix, dem Sohn des Philippos hatte; er sagte aber, du wissest es auch, und er konnte nichts Ordentliches davon sagen. Also erzähle du es mir. Denn dir gebührt es auch am meisten, deines Freundes Reden zu berichten. Zuvor aber sage mir, sprach er, warst du selbst bei jener Gesellschaft zugegen oder nicht? – Darauf sagte ich: Auf alle Weise muß derjenige dir gar nichts Ordentliches erzählt haben, der es dir erzählt hat, wenn du glaubst, diese Gesellschaft habe neuerlich stattgehabt, nach der du fragst, so daß auch ich dabei gewesen sei. – Das glaubte ich doch. – Woher doch, sprach ich, o Glaukon? Weißt du nicht, daß Agathon schon seit vielen Jahren sich hier nicht aufgehalten hat? Daß ich aber mit dem Sokrates lebe und es mir angelegen sein lasse, jeden Tag zu wissen, was er redet oder tut, das ist noch nicht drei Jahre her. Bis dahin trieb ich mich umher, wo es sich traf, und glaubte etwas zu schaffen, war aber schlechter daran als irgend jemand, kaum besser als du jetzt, der du glaubst, eher alles tun zu müssen als zu philosophieren. – Spotte nur nicht, erwiderte jener, sondern sage mir, wann doch jene Gesellschaft gewesen ist. – Als wir noch Kinder waren, sagte ich darauf, da Agathon mit der ersten Tragödie den Sieg davontrug, und zwar tags darauf, nachdem er schon das eigentliche Siegesfest mit seiner Chorgesellschaft begangen hatte. – Also, sprach er, schon ganz lange her, wie es scheint. Aber wer hat dir davon erzählt? etwa Sokrates selbst? – Nein, beim Zeus, sagte ich, sondern derselbe, von dem es auch Phoinix hat; es war nämlich ein gewisser Aristodemos, ein Kydathenaier, ein kleiner Mensch, immer unbeschuht, der war bei der Gesellschaft zugegen gewesen und einer der eifrigsten Verehrer des Sokrates damaliger Zeit, wie mich dünkt. Indes auch den Sokrates habe ich schon nach einigem gefragt, was ich von jenem gehört hatte, und er hat es mir geradeso bestätigt, wie jener es erzählte. – Wie nun, sprach er, willst du es mir nicht erzählen? zumal auch der Weg nach der Stadt so gut geeignet ist, im Gehen zu reden und zu hören. – So gingen wir also und sprachen darüber; daher ich denn, wie schon anfänglich gesagt, nicht unvorbereitet bin. Soll ich es also euch auch erzählen, so muß ich das wohl tun. Zumal ich auch sonst, wenn ich irgend philosophische Reden selbst führe oder von andern höre, außer daß ich denke, dadurch gefördert zu werden, mich ausnehmend daran erfreue; wenn aber andere, besonders auch die eurigen, die der Reichen und der Geldmänner, das macht mir selbst Verdruß, und auch euch Freunde bedaure ich, weil ihr glaubt, etwas zu schaffen, da ihr doch nichts schafft. Vielleicht nun haltet auch ihr wieder eurerseits dafür, daß ich übel dran bin, und ich glaube, ihr mögt ganz richtig glauben; ich aber glaube es nicht von euch, sondern weiß es.

Freunde. Du bist immer derselbe, Apollodoros! Immer nämlich schmähst du dich selbst und die andern und scheinst mir ordentlich alle, dich selbst mit eingeschlossen, für ganz elend zu halten außer dem Sokrates. Woher du nun eigentlich den Beinamen bekommen hast, daß man dich den Tollen nennt, weiß ich nicht; in deinen Reden aber bist du freilich immer so, ergrimmt auf dich selbst und alle andern außer dem Sokrates.

Apollodoros. O Liebster, so ist es ja klar, wenn ich so denke von mir und euch, daß ich toll bin und von Sinnen.

Freunde. Es lohnt nicht, Apollodoros, jetzt hierüber zu streiten. Warum wir dich aber gebeten haben, darin sei uns ja nicht entgegen, sondern erzähle uns, was für Reden dort gewechselt worden sind.

Apollodoros. Das waren also ungefähr folgende. Oder vielmehr laßt mich versuchen, euch die Sache von Anfang an, wie jener sie mir erzählte, wiederzuerzählen.

Er sagte nämlich, Sokrates sei ihm begegnet, gebadet und die Sohlen untergebunden, was er selten tat. Daher habe er ihn gefragt, wohin er doch ginge, daß er sich so schön gemacht hätte. – Und jener habe geantwortet: Zum Gastmahl beim Agathon. Denn gestern als am Siegesfest bin ich ihm ausgewichen aus Furcht vor dem Gewühl; ich sagte ihm aber zu, auf heute zu kommen. Und nun habe ich mich so herausgeschmückt, um doch schön zu einem Schönen zu kommen. Aber du, setzte er hinzu, Aristodemos, was hältst du davon, ungeladen mitzugehen zum Gastmahl? – Darauf, sprach er, antwortete ich, das, was du wünschest. – So begleite mich denn, sagte er, damit wir auch dem Sprichwort etwas antun durch eine andere Wendung, daß auch Gute freiwillig zum Mahl erscheinen beim Guten. Denn Homeros scheint diesem Sprichwort nicht nur etwas Ähnliches angetan, sondern es gar gemißhandelt zu haben. Denn obwohl in seinem Gedicht Agamemnon ein ausgezeichnet tüchtiger Mann ist im Kriege, Menelaos aber weichlich war in der Schlacht, so dichtet er doch, daß, als Agamemnon ein Opfer veranstaltet und ein festliches Mahl, Menelaos ungerufen gekommen sei, der Schlechtere zu dem Mahle des Besseren. – Als er dies gehört, sagte er, habe er geantwortet: Vielleicht aber wird es auch mit mir die Bewandtnis haben, daß ich nicht so, wie du sagst, Sokrates. sondern nach dem Homeros ein Schlechter bei eines kunstreichen Mannes Fest ungeladen erscheine. Wirst du mich also auch etwas entschuldigen, wenn du mich einführst? Denn ich werde nicht eingestehen, daß ich ungeladen erscheine, sondern geladen durch dich. – Nun zwei, habe jener gesagt, wandelnd zugleich wollen wir einer den andern beraten, was wir sagen wollen. Laß uns nur gehen. – So ungefähr, sagte er, hätten sie zusammen gesprochen und wären dann gegangen. Sokrates aber sei über irgend etwas bei sich nachsinnend, unterwegs zurückgeblieben, und als er auf ihn gewartet, habe er ihn geheißen immer vorangehen. Als er nun an des Agathon Haus gekommen, habe er die Türe offen gefunden, und es sei ihm dort, sagte er, etwas ganz Lächerliches begegnet. Nämlich es sei ihm drinnen gleich ein Knabe entgegengekommen und habe ihn hingeführt, wo die andern sich niedergelassen, die er auch schon im Begriff gefunden zu speisen. Sobald ihn nun Agathon gesehen, habe er gesagt: Schön, daß du kommst, Aristodemos, um mit uns zu essen. Bist du aber etwa andertwegen gekommen so laß das auf ein andermal; denn auch gestern suchte ich dich um dich einzuladen, konnte dich aber nicht finden. Aber wieso bringst du uns den Sokrates nicht mit? – Darauf, sprach er, drehe ich mich um und sehe den Sokrates nirgends nachkommen. Ich sagte also, ich selbst wäre mit dem Sokrates und von ihm geladen hieher zum Mahle gegangen. – Sehr wohl, habe er gesagt, hast du daran getan; aber wo ist denn jener? – Hinter mir ging er eben herein, und ich wundere mich selbst, wo er wohl sein mag. – Willst du nicht nachsehn, Knabe, habe darauf Agathon gesagt, und den Sokrates hereinbringen? Du aber, Aristodemos, habe er gesagt, laß dich neben den Eryximachos nieder. Und da habe ihn ein Knabe, sagte er, abgewaschen, damit er sich legen konnte. Darauf sei ein anderer Diener gekommen, meldend, der Sokrates ist abseitsgegangen und steht in dem Vorhofe des Nachbarn, und als ich ihn rief, wollte er nicht hereinkommen. – Wunderlicher Bericht, habe Agathon gesagt, so rufe ihn doch und laß nicht ab. – Darauf habe er selbst aber gesagt: Nicht doch, sondern laßt ihn nur. Denn er hat das so in der Gewohnheit, bisweilen hält er an, wo es sich eben trifft, und bleibt stehn. Er wird aber gleich kommen, denke ich; stört ihn nur nicht, sondern laßt ihn. – So wollen wir es so halten, wenn du meinst, habe Agathon gesagt. Uns andere aber, ihr Leute, bedient nun; in alle Wege tragt auf, was ihr wollt, wenn euch doch niemand Befehl erteilt, was ich noch niemals getan habe. Denkt also, auch ich wäre von euch zum Gastmahle geladen so wie die andern, und bedient uns so, daß wir euch loben können. – Darauf, sagte er, hätten sie angefangen zu speisen, Sokrates aber wäre noch nicht gekommen. Agathon nun habe oftmals Befehl gegeben, den Sokrates zu holen, er aber habe es nicht zugegeben. Endlich sei er doch gekommen, nachdem er sich nicht gar lange Zeit, wie er pflegte, verweilt, sondern als sie etwa bei der halben Mahlzeit gewesen. Agathon also, der zu unterst allein gelegen, habe gesagt: Hieher, Sokrates, lege dich zu mir, damit ich durch deine Nähe auch mein Teil bekomme von der Weisheit, die sich dir dort gestellt hat im Vorhofe. Denn offenbar hast du es gefunden und hast es nun, du hättest ja sonst nicht abgelassen. – Da habe sich Sokrates gesetzt und gesagt: Das wäre vortrefflich, Agathon, wenn es mit der Weisheit so wäre: daß sie, wenn wir einander nahten, aus dem volleren in den leeren überflösse, wie das Wasser in den Bechern durch einen Wollenstreif aus dem vollen in den leeren fließt. Denn ist es mit der Weisheit auch so, so ist es mir viel wert, neben dir zu liegen; denn ich denke mich bei dir mit mancherlei schöner Weisheit anzufüllen. Denn die meinige ist wohl nur etwas gar Schlechtes und Unsicheres, da sie wie ein Traum ist; die deinige aber glänzend und hat großes Gedeihen, da sie von dir, so jung du auch noch bist, so gewaltig ausgestrahlt und offenbar geworden ist noch neuerlich vor mehr als dreißigtausend Zeugen. – Du bist ein Spötter, Sokrates, habe Agathon gesagt. Aber das von der Weisheit wollen wir hernach bald miteinander ausmachen, ich und du, und den Dionysos zum Schiedsrichter nehmen. Jetzt aber begib dich nur zunächst ans Speisen. – Nachdem nun, sagte er, Sokrates sich hierauf niedergelassen und abgespeist hatte und die andern auch, hätten sie das Trankopfer gebracht und nach gehaltenem Lobgesang auf den Gott und was sonst Sitte ist, sich ans Trinken begeben. Hierauf, sagte er, habe Pausanias eine solche Rede begonnen. Wohlan, Freunde, habe er gesagt, wie werden wir nun am behaglichsten trinken? Ich meinesteils erkläre euch, daß ich mich in Wahrheit ziemlich unwohl befinde vom gestrigen Trinken und einiger Erholung bedarf; und ich glaube auch die meisten von euch, denn ihr waret gestern ebenfalls zugegen. Überlegt also, wie wir so bequem als möglich trinken können. – Darauf habe Aristophanes gesagt: Daran hast du wohl gesprochen, Pausanias, daß wir auf alle Weise suchen müssen, es uns bequem zu machen mit dem Trinken, denn auch ich gehöre zu denen, die gestern etwas stark sind benetzt worden. – Als nun dies Eryximachos, der Sohn des Akumenos, gehört, habe er gesagt: Gewiß, sehr wohl gesprochen. Nur von einem unter euch möchte ich noch hören, wie er bei Kräften ist zum Trinken? Agathon. – Gar nicht sonderlich, habe jener gesagt, bin auch ich bei Kräften. – Das wäre ja ein herrlicher Fund, habe Eryximachos erwidert, für uns, ich meine mich und den Aristodemos und Phaidros, wenn ihr, die stärksten Trinker, es jetzt aufgebt; denn wir sind immer Schwächlinge darin. Den Sokrates nehme ich aus; denn der ist auf beides eingerichtet, so daß es ihm gleich gelten wird, wie wir es machen. Da es mir also scheint, daß keiner von den Anwesenden große Lust hat, viel Wein zu trinken: so wird es ist, darin scheint mir Phaidros ganz recht zu haben. Daher nun wünsche ich teils ihm einen Beitrag einzulegen und ihm gefällig zu sein, teils auch dünkt mich, daß es gegenwärtig uns, die wir hier zugegen sind, gar wohl gezieme, diesen Gott zu verherrlichen. Dünkt euch nun dieses auch: so hätten wir in Reden eine hinlängliche Unterhaltung. Ich meine nämlich, es solle jeder von uns rechtsum eine Lobrede auf den Eros vortragen, so schön er nur immer kann, und Phaidros solle zuerst anfangen, da er ja auch den ersten Platz einnimmt und überdies der Urheber ist von der ganzen Sache. – Niemand, o Eryximachos, habe Sokrates gesagt, wird dir entgegenstimmen; denn weder ich dürfte mich weigern, der ich ja geständig bin, nichts als Liebessachen zu verstehen, noch auch wohl Agathon oder Pausanias, auch nicht Aristophanes, der es ja immer mit dem Dionysos und der Aphrodite zu tun hat, noch sonst irgendeiner von allen übrigen, die ich sehe. Wiewohl wir nicht gleich gut dabei bedacht sind, die wir zu unterst liegen; indessen wenn nur die vor uns gründlich und schön reden, soll uns das genügen. Also mit gutem Glück beginne Phaidros und verherrliche uns den Eros. – Hiemit stimmten dann auch die übrigen alle überein und forderten dasselbe wie Sokrates. An alles aber, was jeder von ihnen geredet, erinnerte sich schon Aristodemos nicht mehr genau, noch auch ich an alles, was er mir sagte; was aber und wessen Reden mir vorzüglich behaltenswert geschienen, diese will ich euch alle einzeln mitteilen.

Zuerst also, wie gesagt, erzählte er, habe Phaidros den Anfang seiner Rede von daher genommen, daß Eros ein großer Gott sei und bewundernswürdig Menschen und Göttern, sowohl von vielen anderen Seiten als auch besonders seines Ursprunges wegen. Denn, daß der Gott zu den ältesten gehört, sagte er, ist ehrenvoll. Hievon aber ist dies ein Beweis. Eros nämlich hat keine Eltern, noch werden deren angeführt von irgendeinem Dichter oder anderm Erzähler. Sondern Hesiodos, welcher sagt, zuerst sei das Chaos gewesen, aber nach diesem breitgebrüstet die Erde ein Sitz unwandelbar allen, Eros auch, sagt nach dem Chaos wären diese beiden gewesen, die Erde und Eros. Und Parmenides sagt von seinem Ursprung, aller Götter den ersten erhob ins Leben sie Eros. Dem Hesiodos stimmt auch Akusilaos bei. Von so vielen Seiten her wird dem Eros zugestanden, unter die Ältesten zu gehören. Wie nun der Älteste, so ist er uns auch der größten Güter Urheber. Denn ich meinesteils weiß nicht zu sagen, was ein größeres Gut wäre für einen Jüngling, als gleich ein wohlmeinender Liebhaber oder dem Liebhaber ein Liebling. Denn was diejenigen in ihrem ganzen Leben leiten muß, welche schön und recht leben wollen, dieses vermag weder die Verwandtschaft ihnen so vollkommen zuzuwenden, noch das Ansehen, noch der Reichtum, noch sonst irgend etwas als die Liebe. Was meine ich aber hiemit? Die Scham vor dem Schändlichen und das Bestreben nach dem Schönen. Denn ohne dieses vermag weder ein Staat noch ein Einzelner große und schöne Taten zu verrichten. Ich behaupte nämlich, daß einem Manne, welcher liebt, wenn er dabei betroffen würde, daß er etwas Schändliches entweder täte oder aus Unmännlichkeit ohne Gegenwehr von einem anderen erduldete, weder von seinem Vater gesehen zu werden so viel Schmerz verursachen würde, noch von seinen Freunden noch von sonst irgend jemand als von seinem Liebling. Und dasselbige sehen wir von dem Geliebten, daß er sich vorzüglich vor den Liebhabern schämt, wenn er bei etwas Schlechtem gesehen wird. Könnte man also irgend bewirken, daß ein Staat oder ein Heer aus Liebhabern und Lieblingen bestände, so wäre es ja unmöglich, beides besser zu verwalten, als indem alle sich alles Schändlichen enthalten und sich gegenseitig umeinander beeifern. Und miteinander fechtend würden solche auch nur wenige, um es gerade heraus zu sagen, alle Menschen besiegen. Denn weniger möchte wohl von seinem Liebling ein Liebender, daß er seine Reihe verließe oder die Waffen wegwürfe, gesehen werden wollen, als von allen übrigen, und dafür würde er lieber oftmals sterben wollen. Gar aber den Liebling zu verlassen oder ihm nicht beizustehen in der Gefahr, so feige ist wohl keiner, den da nicht Eros selbst zur Tapferkeit begeistern sollte, so daß er dem gleich käme, der die beste Anlage dazu hat von Natur. Ja gewiß, was Homeros sagt, daß einige der Helden ein Gott mit Mut beseelte, das leistet Eros den Liebenden. Ja, gar füreinander sterben mögen Liebende allein, und nicht Männer nur, sondern sogar Frauen. Und dessen gibt uns schon Alkestis, die Tochter des Pelias, hinlänglichen Beweis für diese Wahrheit vor allen Hellenen, da sie allein für ihren Gatten sterben wollte, der doch noch Vater und Mutter hatte, welche sie aber so weit übertraf an Freundschaft vermöge der Liebe, daß mit ihr verglichen sie ihrem Sohne fremd zu sein schienen und nur dem Namen nach ihm angehörig. Und diese Tat, welche sie verrichtet, wurde für so schön gehalten von den Menschen nicht nur, sondern auch den Göttern, daß da unter vielen, welche viele schöne Taten verrichtet, doch nur wenigen leicht zu Überzählenden die Götter diese Gabe verliehen, aus der Unterwelt ihre Seele wieder loszulassen, sie doch auch die ihrige losließen aus Freude an der Tat. So wollen auch die Götter den Eifer und die Tüchtigkeit in der Liebe vorzüglich ehren. Orpheus aber, den Sohn des Oiagros, schickten sie unverrichteter Sache aus der Unterwelt zurück, indem sie nur die Erscheinung der Frau ihm zeigten, um derentwillen er gekommen war, nicht aber sie selbst ihm gaben, weil er ihnen weichlich zu sein schien wie ein Spielmann und nicht das Herz zu haben, der Liebe wegen zu sterben wie Alkestis, sondern sich lieber ausgedacht hatte, lebend in die Unterwelt einzugehen. Deshalb auch haben sie ihm Strafe aufgelegt und veranstaltet, daß sein Tod durch Weiber erfolgte, nicht ihn wie den Achilleus, den Sohn der Thetis, geehrt und in der Seligen Inseln geschickt, weil dieser, da er von seiner Mutter erkundet, daß er sterben würde, wenn er den Hektor tötete, täte er aber dies nicht, nach Hause zurückkehren und wohlbetagt enden würde, dennoch es wagte, lieber seinem Liebhaber Patroklos helfend und ihn rächend nicht nur für ihn zu sterben, sondern auch nachzusterben dem Verstorbenen. Weshalb auch die Götter höchlich erfreut ihn ausgezeichnet, geehrt haben, weil er seinen Liebhaber so hoch achtete. Aischylos aber fabelt, wenn er sagt, Achilleus sei des Patroklos Liebhaber gewesen, er, der schöner war nicht nur als Patroklos, sondern auch als sämtliche Heroen und noch unbärtig, dann auch bei weitem jünger, wie Homeros sagt. Sondern in der Tat ehren die Götter zwar überhaupt ganz vorzüglich diese Tugend, die in der Liebe, weit mehr jedoch bewundern und loben und vergelten sie es, wenn so der Geliebte dem Liebhaber anhängt, als wenn der Liebhaber dem Liebling. Denn göttlicher ist der Liebhaber als der Liebling, weil in ihm der Gott ist. Deshalb haben sie auch den Achilleus höher als die Alkestis geehrt durch Absendung in die Inseln der Seligen. So behaupte demnach auch ich, daß unter den Göttern Eros der älteste und herrlichste und der hilfreichste ist für die Menschen zum Besitz der Tugend und Glückseligkeit im Leben und im Tode.

Diese Rede ungefähr, sagte er, habe Phaidros gesprochen, nach dem Phaidros aber einige andere, deren er sich nicht recht erinnere, die er daher auch überging und die Rede des Pausanias mitteilte.

Dieser habe gesagt: Nicht recht gut, o Phaidros, scheint der Gegenstand unserer Reden bestimmt zu sein, daß es uns so schlechthin aufgegeben ist, den Eros zu loben. Denn wenn es nur einen Eros gäbe, dann wäre das ganz schön. Nun aber gibt es eben nicht nur einen. Gibt es aber nicht nur einen, so ist wohl richtiger, daß zuvor bestimmt werde, welchen man loben soll. Ich also will versuchen, dies zu berichtigen, zuerst den Eros beschreiben, welcher zu loben ist, und dann auch ihn loben des Gottes würdig. Wir wissen nämlich alle, daß es ohne Eros keine Aphrodite gibt; wenn also diese nur eine wäre, so würde auch ein Eros sein, da nun aber deren zwei sind, muß es auch einen zwiefachen Eros geben. Wie sollten aber nicht der Göttinnen zwei sein? Die eine ist ja die ältere, die mutterlose Tochter des Uranos, welcher wir auch den Beinamen der himmlischen geben, und dann die jüngere, des Zeus und der Dione Tochter, welche wir auch die gemeine nennen. Notwendig also wird auch der eine Eros, der Gehilfe der letzteren, mit Recht der gemeine genannt, der andere der himmlische. Preisen nun muß man zwar alle Götter, was aber jedem von diesen beigelegt ist, will ich versuchen zu zeigen. Mit jeder Handlung nämlich verhält es sich so: an und für sich selbst ist sie zu verrichten weder schön noch häßlich. Wie was wir jetzt tun, trinken, singen, sprechen, davon ist nichts an und für sich schön; sondern wie es in der Ausübung gerät, so wird es. Denn schön und recht gemacht wird es schön; unrecht aber wird es schlecht. So auch das Lieben und der Eros; nicht jeder ist schön und wert, verherrlicht zu werden, sondern nur der uns anreizt, schön zu lieben. Der der gemeinen Aphrodite also ist auch in Wahrheit gemein und bewirkt, was sich eben trifft, und dieser ist es, nach welchem die schlechten unter den Menschen lieben. Es lieben aber solche zuerst nicht minder Frauen als Knaben; dann, welche sie nun eben lieben, an denen mehr den Leib als die Seele; dann, soviel sie immer können, die unvernünftigsten, indem sie nur auf die Befriedigung sehen, unbekümmert, ob auf schöne Weise oder nicht. Daher ihnen denn begegnet, daß sie tun, was ihnen eben vorkommt, gleichermaßen wie das Gute ebenso auch das Gegenteil. Wie denn auch dieser Eros von der Göttin abstammt, welche teils weit jünger ist als die andere, teils auch ihren Ursprung schon beidem, Weiblichem sowohl als Männlichem, verdankt. Der der himmlischen aber gehört zuerst einer, welche nicht von Weiblichem, sondern nur von Männlichem abstammt, und dies ist die Liebe der Knaben; dann auch welche älter ist und keinen Anteil irgend hat an Frevel. Daher denn wenden sich zu dem Männlichen die von diesem Eros angewehten, indem sie das von Natur stärkere und mehr Vernunft in sich habende lieben. Und es unterscheidet einer wohl leicht auch in der Knabenliebe selbst die ganz rein von diesem Eros getriebenen. Denn sie lieben nicht Kinder, sondern solche, die schon anfangen, Vernunft zu zeigen. Dies trifft aber nahe zusammen mit dem ersten Bartwuchs. Und die alsdann anfangen zu lieben, sind, denke ich, darauf eingerichtet, für das ganze Leben vereinigt zu sein und es in Gemeinschaft hinzubringen, nicht aber den Jüngling, nachdem sie seinem Unverstand etwas entlockt, hernach zu verlachen und von ihm zu einem anderen zu entlaufen. Es sollte aber auch ein Gesetz sein, nicht Kinder zu lieben, damit nicht aufs Ungewisse hin so viele Bemühungen verwendet würden. Denn bei den Kindern ist der Ausgang ungewiß, wo es hinaus will, ob zur Schlechtigkeit oder Tugend der Seele und des Leibes. Die Besseren nun setzen sich dieses Gesetz selbst freiwillig, man soll aber auch jene gemeinen Liebhaber hiezu nötigen, wie wir sie auch von edeln Frauen, soviel wir nur vermögen, abhalten, daß sie sie nicht lieben dürfen. Denn diese sind es, welche auch der Sache die Schmach zugefügt haben, daß manche sagen durften, es sei schändlich willfahren den Liebhabern. Dies sagen sie aber nur mit Hinsicht auf diese, weil sie ihre Unzeitigkeit und Unrechtlichkeit sehen. Denn anständig und sittig betrieben, kann keine Handlung, welche es auch sei, gerechter Tadel treffen. Was nun aber eigentlich Sitte ist in bezug auf die Liebe, ist in andern Staaten wohl gar sehr leicht zu erkennen; denn ganz einfach ist es bestimmt, die hiesige aber und die in Lakedämon ist schwierig und verwickelt. In Elis nämlich und unter den Böotern und wo sonst man nicht geschickt ist im Reden, da ist es schlechthin zur Sitte geworden, daß man für schön hält, zu willfahren den Liebhabern, und keiner, weder jung noch alt, wird sagen, es sei schändlich, damit sie, meine ich, nicht erst Mühe haben, wenn sie versuchen müßten, durch Reden die Jünglinge zu bewegen, weil sie nämlich unvermögend sind zu reden. In Jonien aber und sonst an vielen Orten erklärt es die Sitte für schändlich, wo man nämlich unter Barbaren wohnt. Denn den Barbaren gilt der unumschränkten Gewalt wegen dies für schändlich, sowie auch die Lust zur Wissenschaft und zu den Leibesübungen. Denn den Herrschenden, meine ich. ist es nicht zuträglich, daß große Einsichten sich unter den Beherrschten hervortun noch auch starke Freundschaften und Verbindungen, was doch vornehmlich pflegt, sowohl durch jenes andere alles, als auch durch die Liebe gebildet zu werden. Durch die Tat aber haben dies auch die hiesigen Tyrannen erfahren; denn des Aristogeiton und Harmodios zu einer festen Freundschaft gediehene Liebe zerstörte ihre

Herrschaft. Also, wo es für schändlich geachtet ist, den Liebhabern zu willfahren, da besteht diese Sitte durch Schlechtigkeit derer, welche sie aufgestellt, nämlich durch der Herrschenden Begehrlichkeit und der Beherrschten Unmännlichkeit; wo es aber schlechthin als schön festgestellt ist, da durch die Trägheit der Seele derer, welche sie aufgestellt. Hier aber ist eine weit schönere Sitte als jene eingeführt, nur die, wie ich sagte, nicht leicht ist zu verstehen. Denn bedenkt einer, daß gesagt wird, es sei schöner, öffentlich lieben als verstohlen, und zwar vorzüglich die Edelsten und Besten, wären sie auch minder schön als andere, und was für sonderliche Aufmunterung dem Liebenden von allen widerfährt, gar nicht als ob er etwas Schändliches täte: und daß den Geliebten zu gewinnen für schön gehalten wird, ihn nicht zu gewinnen aber für schimpflich, und daß, um den Versuch zu machen, ob er ihn gewinnen könne, die Sitte dem Liebhaber freigestellt hat, gar vielerlei verwundernswürdige Dinge zu unternehmen und dafür gelobt zu werden, wofür, wenn jemand wagen wollte sie zu tun, indem er sonst irgend etwas verfolgte und erreichen wollte als nur dieses, er den schärfsten Tadel ernten würde; denn wer etwa, um Geld von jemand zu bekommen oder zu einem Amt und sonstiger Gewalt zu gelangen, das tun wollte, was Liebhaber ihren Lieblingen tun, mit demütig flehenden Stellungen und Gebärden bitten, Eide schwören, sich vor die Türe lagern und freiwillig Dienstleistungen verrichten, wie sie nicht einmal ein Knecht verrichtet, so würde er verhindert werden, die Sache so zu betreiben, von Freunden und Feinden, indem diese ihm Schmeichelei und Niedrigkeit vorwerfen, jene ihn zurechtweisen und sich darüber schämen würden; dem Liebenden aber, wenn er dies alles tut, wird es gutgeheißen, und es ist ihm herkömmlich zugestanden, dies ohne Schande zu tun, weil er nämlich eine gar herrliche Sache betreibe. Ja, das stärkste ist, wie man doch insgeheim sagt, daß auch, wenn er geschworen hat, für ihn allein Verzeihung bei den Göttern ist, wenn er den Schwur bricht; denn ein Liebesschwur, sagen sie, sei keiner. So haben Götter sowohl als Menschen dem Liebenden gar viele Freiheit gestattet, wie die hiesige Sitte besagt. Hiernach nun sollte man glauben, es gelte in dieser Stadt für etwas gar Schönes sowohl zu lieben, als den Liebhabern Freund zu werden. Wenn aber wiederum die Väter Aufseher bestellten für die Geliebten, um nicht zuzugeben, daß sie sich mit den Liebhabern unterhalten, und dem Aufseher gerade dies vorzüglich aufgetragen wird, ja auch die Gespielen und andere es ihnen zum Vorwurf machen, wenn sie sehen, daß so etwas geschieht, und die Älteren diesen Vorwürfen nicht Einhalt tun, noch sie dafür schelten, als täten sie Unrecht daran, auf dieses also wiederum sehend sollte man im Gegenteil glauben, daß eben dies hier für das Schändlichste gelte. Es verhält sich aber damit, glaube ich, folgendergestalt. Nämlich es ist nicht einerlei in allen Fällen, nicht schlechthin, wie ich schon anfangs sagte, daß es an und für sich weder schön noch schändlich sei, sondern schön behandelt ist es schön, anders aber schändlich. Schändlich nämlich ist es einem Schlechten und auf schlechte Art gefällig werden; schön aber einem Guten und auf schöne Art. Und schlecht ist eben jener gemeine Liebhaber, der den Leib mehr liebt als die Seele; wie er auch nicht einmal beständig ist, da er ja keinen beständigen Gegenstand liebt. Denn mit der entfliehenden Blüte des Leibes, den er liebte, verschwindet auch er und flattert davon, viele Reden und Versprechungen zuschanden machend. Der Liebhaber eines Gemütes aber, welches gut ist, bleibt zeitlebens, denn mit dem Bleibenden hat er sich verschmolzen. Diese also will unsere Sitte, daß man wohl und recht prüfe, und dem einen gefällig sei, den andern aber meide. Deshalb ermuntert sie den Liebhaber zum Nachjagen, den Geliebten zum Fliehen, indem sie einen Kampf anstellt und eine Prüfung, zu welchen von beiden wohl der Liebhaber gehöre und zu welchen der Geliebte. So demnach und aus dieser Ursache wird zuerst sich schnell gewinnen zu lassen für schimpflich gehalten, damit es an der Zeit nicht fehle, welche ja scheint das meiste am besten zu prüfen; dann auch durch Reichtum oder Gewalt im Staate gewonnen werden ist schimpflich, mag nun einer unter übler Begegnung sich beugen und nicht aushalten oder, wenn man ihm zu Reichtümern und zu seinen Absichten im Staate verhilft, dies nicht verschmähen. Denn nichts dergleichen scheint sehr sicher und beständig zu sein, ungerechnet noch, daß auch nicht einmal eine wahre Freundschaft daraus entstehen kann. Ein Weg also ist nach unseren Sitten noch übrig, wie es schön sein kann, daß ein Liebling seinem Liebhaber gefällig werde. Denn es ist unter uns Sitte, daß so wie die Liebhaber durften ihren Lieblingen freiwillig jeglichen Dienst leisten, ohne daß es ihnen als Schmeichelei angerechnet wurde oder als sonst etwas Schimpfliches, so noch eine einzige freiwillige Dienstbarkeit übrig ist, welche nicht schimpflich ist, und das ist die um die Tugend. Denn das ist bei uns Sitte, wenn jemand will einem andern ergeben sein, weil er glaubt, besser durch ihn zu werden, es sei in irgendeiner Einsicht oder in einem andern Teile der Tugend, daß ein solcher freiwilliger Dienst nicht schändlich sei noch eine Niedrigkeit. Diese beiden Satzungen nun muß man zusammenbringen in eins, jene über die Knabenliebe und diese über die Philosophie und die Tugend, wenn es sich fügen soll, daß es schön sei, ein Liebling werde seinem Liebhaber gefällig. Denn wenn so beide zusammentreffen, Liebhaber und Liebling, daß jeder die Meinung für sich hat, jener die, daß er recht daran tue, dem Liebling, der ihm gefällig geworden, jeglichen Dienst zu erzeigen, dieser aber die, daß es recht sei, dem, der ihn weise und gut macht, was es auch immer sei, zu erweisen, und dann jener auch wirklich vermag, zur Weisheit und Tugend behilflich zu sein, dieser aber begehrt, zur Bildung und zu jeglicher Art der Weisheit Hilfe zu erlangen; dann also wenn diese beiden Satzungen in eins zusammenkommen, da allein trifft es auch zu, daß es schön ist, für den Liebling dem Liebhaber gefällig zu sein, sonst aber nirgends. Und in diesem Falle ist selbst getäuscht zu werden nichts Schändliches; in jedem andern aber bringt es Schande, mag nun einer getäuscht werden oder auch nicht. Denn wenn einer einem Liebhaber als einem Reichen um des Reichtums willen gefällig geworden und damit hintergangen wäre, daß er kein Geld bekäme, weil sich eben zeigte, daß der Liebhaber arm ist, so bliebe die Sache doch um nichts minder schlecht. Denn ein solcher, denkt man, hat doch das Seinige gezeigt, daß er um des Geldes willen jedem jedes tun würde, und das ist nicht schön. Aus demselben Grunde nun, wenn jemand einem als einem Guten gefällig geworden, und um selbst besser zu werden durch die Freundschaft seines Liebhabers, hierin aber hintergangen wäre, indem es sich zeigte, daß jener schlecht ist und selbst keine Tugend besitzt, so ist doch auch die Täuschung schön. Denn auch dieser wiederum scheint doch auch, soviel an ihm lag, gezeigt zu haben, daß er der Tugend wegen und um besser zu werden allen zu allen Dingen bereit wäre, und dies wiederum ist unter allem das Schönste. So ist es doch auf alle Weise schön, der Tugend wegen sich hinzugeben. Dieses ist der Eros der himmlischen Göttin und selbst himmlisch und viel wert dem Staat und den Einzelnen, indem er den Liebenden nötigt, viel Sorgfalt auf seine eigne Tugend zu wenden, und auch den Geliebten; jeder andere Eros aber gehört der anderen, der gemeinen. Dieses, sagte er, ist es, o Phaidros, was ich dir so im Augenblick über den Eros darbieten kann.

Als nun Pausanias ausgesagt hatte, denn so lehren mich die Kunstkenner die gleichen Töne suchen, sollte, wie Aristodemos sprach, Aristophanes reden. Es hätte ihn aber eben, sei es nun aus Überfüllung oder sonst einer Ursache, ein Schlucken überfallen, und er sei nicht imstande gewesen zu reden, sondern habe gesagt, zunächst neben ihm habe nämlich der Arzt Eryximachos gelegen: O Eryximachos, dir kommt es zu, mir entweder den Schlucken zu vertreiben oder für mich zu reden, bis er mir vergeht. Darauf habe Eryximachos geantwortet, das will ich beides tun; ich will nämlich an deiner Stelle reden, und du hernach, wenn es vorüber ist, an der meinigen. Und indes ich rede, wird dir vielleicht, wenn du nur recht lange den Atem an dich halten willst, der Schlucken vergehen, wo nicht, so spüle ihn mit Wasser hinunter. Wenn er aber recht hartnäckig ist, so nimm etwas, womit du die Nase reizen kannst, und niese; und wenn du dies einoder zweimal getan hast, wird er vergehen, wenn er auch noch so heftig ist. – So fange nun an zu reden, habe Aristophanes gesagt, und ich will dieses tun. – Darauf habe Eryximachos so gesprochen:

Es scheint mir nötig zu sein, da Pausanias zwar einen schönen Ansatz genommen zu seiner Rede, sie aber nicht befriedigend zu Ende geführt hat, daß ich versuchen müsse, der Rede ihren Schluß zu geben. Denn daß es einen zwiefachen Eros gibt, dünkt er mich sehr richtig unterschieden zu haben; daß er aber nicht allein über die Seelen der Menschen waltet in Beziehung auf die Schönen, sondern auch auf vieles andere, und auch in allen andern Dingen, in den Leibern aller Tiere sowohl als in den Gewächsen der Erde, und kurz in allem was ist, das glaube ich ersehen zu haben aus unserer Kunst, der Heilkunde, wie groß und bewunderungswürdig der Gott ist und über alles sich erstreckt in menschlichen sowohl als göttlichen Dingen. Anfangen aber will ich meine Rede mit der Heilkunde, um doch meiner Kunst Ehre zu erzeigen. Auch die Natur der Leiber nämlich hat diese zwiefache Liebe. Denn der gesunde Zustand des Leibes und der kranke sind eingestandermaßen verschieden und unähnlich; und das Unähnliche begehrt auch und liebt Unähnliches. Ein anderes Eros also ist der über den Gesunden und ein anderer der über den Kranken regiert. Und es ist, wie auch eben Pausanias sagte, den Guten unter den Menschen zu willfahren schön, den Ungebändigten aber häßlich. So ist es auch mit den Leibern selbst; dem was gut ist an einem jeden Leibe und gesund, ist es schön zu willfahren, und es gehört sich, und dies ist eben das, was wir heilkundig nennen; dem schlechten aber und krankhaften wäre es schändlich, und dem muß sich verweigern, wer irgend kunstverständig sein will. Denn die Heilkunde ist, um es in kurzem zu sagen, die Erkenntnis der Liebesregungen des Leibes in bezug auf Anfüllung und Ausleerung; und wer in diesen Dingen die schöne und die schlechte Liebe unterscheidet, dieser ist der Heilkundigste, und wer zum Tauschen bewegt, daß man statt der einen Liebe die andere sich aneigne, und wer, denen keine Liebe einwohnt und doch einwohnen sollte, sie beizubringen versteht, oder eine einwohnende zu benehmen, der wäre der treffliche Künstler. Denn dieser muß das Feindseligste im Leibe einander zu befreunden wissen, daß es sich liebe. Das Feindseligste aber ist das Entgegengesetzteste, das Kalte dem Warmen, das Bittre dem Süßen, das Trockne dem Nassen, und alles dergleichen. Daß diesen Liebe und Wohlwollen unser Ahnherr Asklepios einzuflößen verstand, dadurch hat er, wie die Dichter hier sagen und ich es glaube, unsere Kunst gegründet. Die Heilkunde also wird, wie gesagt, ganz von diesem Gott geleitet, ebenso auch die Gymnastik und der Landbau. Von der Tonkunst aber muß jedem offenbar sein, der nur ein wenig Nachdenken daran wendet, daß es sich mit ihr ebenso verhält wie mit jenen, was vielleicht auch Herakleitos sagen will, denn den Worten nach hat er es nicht richtig ausgedrückt. Er sagt nämlich, daß das Eins, in sich entzweit, sich mit sich einige wie die Stimmung einer Lyra oder eines Bogens. Es ist aber große Unvernunft zu sagen, eine Harmonie sei in sich entzweit oder könne aus noch Entzweitem bestehen. Vielleicht aber wollte er dieses sagen, daß sie aus dem vorher entzweiten Höheren und Tieferen hernach aber einig gewordenen durch die Tonkunst entstanden sei. Denn unmöglich kann aus noch entzweitem Höheren und Tieferen eine Harmonie bestehen. Denn Harmonie ist Zusammenstimmung. Zusammenstimmung aber ist eine Eintracht; Eintracht aber kann unter Entzweitem, solange es entzweit ist, unmöglich sein; und das Entzweite und nicht Einträchtige kann wiederum unmöglich zusammenstimmen. Wie auch das Zeitmaß aus dem Schnellen und Langsamen, vorher freilich Entzweiten hernach aber einig gewordenen, entsteht. Eintracht nun weiß allem diesem wie dort die Heilkunst so hier die Tonkunst einzuflößen, indem sie gegenseitig jedem Liebe und Wohlwollen einbildet. Und so ist wiederum die Tonkunst eine Wissenschaft der Liebe in bezug auf Harmonie und Zeitmaß. Und in dem Aufstellen des Wohllautes und des Zeitmaßes selbst ist es wohl nicht schwer, die Liebesregungen zu erkennen, noch findet sich hierin jener zwiefache Eros. Allein wenn man vor den Menschen Wohllaut und Zeitmaß in Anwendung bringen soll, es sei nun dichtend, was man das Tonsetzen nennt, oder nur bereits gedichtete Gesänge und Silbenmaße recht gebrauchend, was die Ausübung heißt, alsdann ist es schwer und bedarf eines tüchtigen Meisters. Denn hier tritt wieder dasselbe Verhältnis ein, daß man den sittlichen Menschen, und damit auch die sittlicher werden, die es noch nicht sind, gefällig sein und ihre Liebe wohl in acht nehmen muß; und dies eben ist der schöne himmlische Eros, der der Muse Urania angehört, der andere aber, der Polyhymnia, ist der gemeine, den man mit großer Vorsicht anwenden muß, bei wem man ihn ja anwendet, damit man die Lust von ihm zwar einernte, er aber doch keine Ungebundenheit hervorbringe, so wie es in unserer Kunst gar schwer ist, mit den Gelüsten, die sich auf die Kochkunst beziehn, richtig zu verfahren, um die Lust davon zu genießen ohne Krankheit. Also, in der Tonkunst wie in der Heilkunst und in allen übrigen menschlichen und göttlichen Dingen, muß man, soweit es vergönnt ist, auf den zwiefachen Eros wohl acht haben; denn vorhanden sind beide darin. Dann auch die Anordnung der Jahreszeiten und der Witterung ist voll von beiden. Wenn nämlich der sittige Eros gegenseitig in dem schon Erwähnten waltet, dem Warmen und Kalten, Trocknen und Feuchten, und sie zu einer wohlgeordneten Stimmung und Mischung gelangen, dann bringen sie Gedeihen und Gesundheit den Menschen und den übrigen Tieren sowohl als Pflanzen und beschädigen nichts. Wenn aber der frevelhafte Eros die Oberhand gewinnt in den abwechselnden Zeiten des Jahres, so verderbt und beschädigt er das meiste. Die Seuchen nämlich pflegen aus dergleichen zu entstehen und vielerlei andere Krankheiten unter den Tieren und den Gewächsen. Denn auch Reif und Hagel und Mehltau entstehen aus Unmäßigkeit und Unordnung der Liebesregungen dieser Art, deren Erkenntnis im Lauf der Gestirne und im Wechsel der Jahreszeiten die Sternkunde heißt. Ferner auch alle Opferungen und was sonst die Wahrsagekunst unter sich hat, denn dies insgesamt ist die Gemeinschaft der Götter und Menschen untereinander, haben es mit nichts anderem zu tun als mit Pflege und Heilung der Liebe. Denn alle Ruchlosigkeit pflegt zu entstehn, wenn jemand nicht dem sittigen Eros willfahrt, noch ihm Ehre und Vorrang einräumt in allen Dingen, sondern dem andern sowohl im Verhältnis gegen die Eltern, sie mögen leben oder abgeschieden sein, als gegen die Götter, worin eben der Wahrsagekunst obliegt, beiderlei Eros zu beaufsichten und zu heilen. Und so ist wiederum auch die Wahrsagekunst die Stifterin der Freundschaft zwischen Göttern und Menschen vermöge der Erkenntnis derjenigen Liebesregungen unter den Menschen, welche auf Gottesfurcht und Ruchlosigkeit ausgehn. So vielfache und große oder vielmehr alle Kraft besitzt Eros überhaupt; der aber an dem Guten mit Besonnenheit und Gerechtigkeit sich erweiset, der hat bei uns und bei den Göttern die meiste Gewalt und bereitet uns jede Glückseligkeit, daß wir sowohl miteinander umgehn können und befreundet sein als auch mit den Herrlicheren als wir, den Göttern. Vielleicht nun habe auch ich den Eros lobpreisend vieles vorbeigelassen, wiewohl gewiß nicht gern. Habe ich aber etwas ausgelassen, so ist nun deine Sache, Aristophanes, es zu ergänzen. Oder hast du auch im Sinne, noch auf eine andere Weise den Gott zu preisen, so preise ihn, zumal du auch des Schluckens ledig bist.

Darauf habe, sagte er, Aristophanes das Wort genommen und gesagt: Freilich hat er aufgehört, aber doch nicht eher, bis er mit dem Niesen behandelt worden ist, so daß mich auch wundert, habe er hinzugefügt, wie doch das Wohlgeordnete des Leibes solches Geräusch und solchen Kitzel begehren mag, wie doch das Niesen ist; denn er hörte gleich auf, sobald ich nur das Niesen anwendete. Darauf habe Eryximachos gesagt: Guter Aristophanes, siehe wohl zu, was du tust! Du ziehst mich auf, indem du im Begriff bist zu reden, und nötigst mich also selbst, der Aufpasser deiner Rede zu werden, ob du nicht auch etwas Lächerliches sagst, da du sonst könntest ganz in Frieden geredet haben. – Darauf habe Aristophanes lachend entgegnet: Wohlgesprochen, Eryximachos, und das Gesagte soll uns ungesagt sein. Also laure mir nicht auf, da ich ohnehin schon besorgt bin um das, was ich zu sagen denke, nicht, ob ich nicht Lächerliches sagen werde, denn das wäre ja Gewinn und meiner Muse einheimisch, sondern ob nicht Belachenswertes. – Nachdem du abgeschlossen, habe jener gesagt, denkst du zu entkommen, Aristophanes? Gib nur wohl Achtung und rede wie einer, der sich wird verantworten müssen. Vielleicht indes, wenn es mir ansteht, lasse ich dich auch durch.

Allerdings, habe also Aristophanes gesagt, habe ich im Sinne, ganz anders zu reden, als ihr beide, du und Pausanias, gesprochen habt. Denn mir scheinen die Menschen durchaus die wahre Kraft des Eros nicht innegeworden zu sein. Denn wären sie es, so würden sie ihm die herrlichsten Heiligtümer und Altäre errichten und die größten Opfer bereiten, und es würde nicht wie jetzt gar nichts dergleichen für ihn geschehen, dem es doch ganz vorzüglich geschehen sollte. Denn er ist der menschenfreundlichste unter den Göttern, da er der Menschen Beistand und Arzt ist in demjenigen, aus dessen Heilung die größte Glückseligkeit für das menschliche Geschlecht erwachsen würde. Ich also will versuchen, euch seine Kraft zu erklären, und ihr sollt dann die Lehrer der übrigen sein. Zuerst aber müßt ihr die menschliche Natur und deren Begegnisse recht kennen lernen. Nämlich unsere ehemalige Natur war nicht dieselbige wie jetzt, sondern ganz eine andere. Denn erstlich gab es drei Geschlechter von Menschen, nicht wie jetzt nur zwei, männliches und weibliches, sondern es gab noch ein drittes dazu, welches das gemeinschaftliche war von diesen beiden, dessen Name auch noch übrig ist, es selbst aber ist verschwunden. Mannweiblich nämlich war damals das eine, Gestalt und Benennung zusammengesetzt aus jenen beiden, dem männlichen und dem weiblichen, jetzt aber ist es nur noch ein Name, der zum Schimpf gebraucht wird. Ferner war die ganze Gestalt eines jeden Menschen rund, so daß Rücken und Brust im Kreise herumgingen. Und vier Hände hatte jeder und Schenkel ebensoviel als Hände, und zwei Angesichter auf einem kreisrunden Halse einander genau ähnlich, und einen gemeinschaftlichen Kopf für beide einander gegenüberstehende Angesichter, und vier Ohren, auch zweifache Schamteile und alles übrige, wie es sich hieraus ein jeder weiter ausbilden kann. Er ging aber nicht nur aufrecht wie jetzt, nach welcher Seite er wollte, sondern auch wenn er schnell wohin strebte, so konnte er, wie die Radschlagenden jetzt noch, indem sie die Beine gerade im Kreise herumdrehen, das Rad schlagen, ebenso auf seine acht Gliedmaßen gestützt sich sehr schnell im Kreise fortbewegen. Diese drei Geschlechter gab es aber deshalb, weil das männliche ursprünglich der Sonne Ausgeburt war, und das weibliche der Erde, das an beidem teilhabende aber des Mondes, der ja auch selbst an beiden teil hat. Und kreisförmig waren sie selbst und ihr Gang, um ihren Erzeugern ähnlich zu sein. An Kraft und Stärke nun waren sie gewaltig und hatten auch große Gedanken, und was Homeros vom Ephialtes und Otos sagt, das ist von ihnen zu verstehen, daß sie sich einen Zugang zum Himmel bahnen wollten, um die Götter anzugreifen. Zeus also und die anderen Götter ratschlagten, was sie ihnen tun sollten, und wußten nicht was. Denn es war weder tunlich, sie zu töten und wie die Giganten sie niederdonnernd das ganze Geschlecht wegzuschaffen, denn so wären ihnen auch die Ehrenbezeugungen und die Opfer der Menschen mit weggeschafft worden, noch konnten sie sie lassen weiter freveln. Mit Mühe endlich hatte sich Zeus etwas ersonnen und sagte: Ich glaube nun ein Mittel zu haben, wie es noch weiter Menschen geben kann und sie doch aufhören müssen mit ihrer Ausgelassenheit, wenn sie nämlich schwächer geworden sind. Denn jetzt, sprach er, will ich sie jeden in zwei Hälften zerschneiden, so werden sie schwächer sein und doch zugleich uns nützlicher, weil ihrer mehr geworden sind, und aufrecht sollen sie gehn auf zwei Beinen. Sollte ich aber merken, daß sie noch weiter freveln und nicht Ruhe halten wollen, so will ich sie, sprach er, noch einmal zerschneiden, und sie mögen dann auf einem Beine fortkommen wie Kreisel. Dies gesagt, zerschnitt er die Menschen in zwei Hälften, wie wenn man Früchte zerschneidet, um sie einzumachen, oder wenn sie Eier mit Haaren zerschneiden. Sobald er aber einen zerschnitten hatte, befahl er dem Apollon, ihm das Gesicht und den halben Hals herumzudrehen nach dem Schnitte hin, damit der Mensch, seine Zerschnittenheit vor Augen habend, sittsamer würde, und das übrige befahl er ihm auch zu heilen. Dieser also drehte ihm das Gesicht herum, zog ihm die Haut von allen Seiten über das, was wir jetzt den Bauch nennen, herüber, und wie wenn man einen Beutel zusammenzieht, faßte er es in eine Mündung zusammen und band sie mitten auf dem Bauche ab, was wir jetzt den Nabel nennen. Die übrigen Runzeln glättete er meistenteils aus und fügte die Brust einpassend zusammen, mit einem solchen Werkzeuge, als womit die Schuster über dem Leisten die Falten aus dem Leder ausglätten, und nur wenige ließ er stehen um den Bauch und Nabel zum Denkzeichen des alten Unfalls. Nachdem nun die Gestalt entzweigeschnitten war, sehnte sich jedes nach seiner andern Hälfte, und so kamen sie zusammen, umfaßten sich mit den Armen und schlangen sich ineinander, und über dem Begehren, zusammenzuwachsen, starben sie aus Hunger und sonstiger Fahrlässigkeit, weil sie nichts getrennt voneinander tun wollten. War nun die eine Hälfte tot und die andere blieb übrig, so suchte sich die übriggebliebene eine andere und umschlang sie, mochte sie nun auf die Hälfte einer ehemaligen ganzen Frau treffen, was wir jetzt eine Frau nennen, oder auf die eines Mannes, und so kamen sie um. Da erbarmte sich Zeus und gab ihnen ein anderes Mittel an die Hand, indem er ihnen die Schamteile nach vorne verlegte, denn vorher trugen sie auch diese nach außen und erzeugten nicht eines in dem andern, sondern in die Erde wie Zikaden. Nun aber verlegte er sie ihnen nach vorne und bewirkte vermittelst ihrer das Erzeugen ineinander, in dem weiblichen durch das männliche, deshalb damit in der Umarmung, wenn der Mann eine Frau träfe, sie zugleich erzeugten und Nachkommenschaft entstände, wenn aber ein Mann den andern, sie doch eine Befriedigung hätten durch ihr Zusammensein und erquickt sich zu ihren Geschäften wenden und, was sonst zum Leben gehört, besorgen könnten. Von so langem her also ist die Liebe zueinander den Menschen angeboren, um die ursprüngliche Natur wieder herzustellen, und versucht aus zweien eins zu machen und die menschliche Natur zu heilen. Jeder von uns ist also ein Stück von einem Menschen, da wir ja, zerschnitten wie die Schollen, aus einem zwei geworden sind. Also sucht nun immer jedes sein anderes Stück. Welche Männer nun von einem solchen gemeinschaftlichen ein Schnitt sind, was damals Mannweib hieß, die sind weiberliebend, und die meisten Ehebrecher gehören zu diesem Geschlecht, und so auch, welche Weiber männerliebend sind und ehebrecherisch, die kommen aus diesem Geschlecht. Welch Weiber aber Abschnitte eines Weibes sind, die kümmern sich nicht viel um die Männer, sondern sind mehr den Weibern zugewendet, und die Tribaden kommen aus diesem Geschlecht; die aber Schnitte eines Mannes sind, suchen das männliche auf, und solange sie noch Knaben sind, lieben sie als Schnittstücke des

Mannes die Männer, und bei Männern zu liegen und sich mit ihnen zu umschlingen ergötzt sie, und dies sind die trefflichsten unter den Knaben und heranwachsenden Jünglingen, weil sie die männlichsten sind von Natur. Einige nun nennen sie zwar schamlos, aber mit Unrecht. Denn nicht aus Schamlosigkeit tun sie dies, sondern weil sie mit Mut und Kühnheit und Mannhaftigkeit das ihnen Ähnliche lieben. Davon ist ein großer Beweis, daß, wenn sie vollkommen ausgebildet sind, solche Männer vorzüglich für die Angelegenheiten des Staates gedeihen. Sind sie aber mannbar geworden, so werden sie Knabenliebe haben; zur Ehe aber und Kinderzeugung haben sie von Natur keine Lust, sondern nur durch das Gesetz werden sie dazu genötigt, ihnen selbst wäre es genug, untereinander zu leben unverehelicht. Auf alle Weise wird ein solcher ein Knabenliebhaber und ein Liebhaberfreund, indem er immer dem Verwandten anhängt. Wenn aber einmal einer seine wahre eigne Hälfte antrifft, ein Knabenfreund oder jeder andere, dann werden sie wunderbar entzückt zu freundschaftlicher Einigung und Liebe und wollen sozusagen auch nicht die kleinste Zeit voneinander lassen; und die ihr ganzes Leben lang miteinander verbunden bleiben, diese sind es. welche auch nicht einmal zu sagen wüßten, was sie voneinander wollen. Denn dies kann doch wohl nicht die Gemeinschaft des Liebesgenusses sein, daß um deswillen jeder mit so großem Eifer trachtete, mit dem andern zusammen zu sein; sondern offenbar ist, daß die Seele beider etwas anderes wollend, was sie aber nicht aussprechen kann, es nur andeutet und zu raten gibt. Und wenn, indem sie zusammenliegen, Hephaistos vor sie hinträte, seine Werkzeuge in der Hand, und sie fragte: Was ist es denn eigentlich, was ihr wollt, ihr Leute, voneinander, und wenn sie dann nicht zu antworten wüßten, sie weiter fragte: Begehret ihr etwa dieses, soviel als möglich zusammen zu sein, daß ihr euch Tag und Nacht nicht verlassen dürftet? Denn wenn das euer Begehren ist, so will ich euch zusammenschmelzen und in eins zusammenschweißen, so daß ihr statt zweier einer seid, und solange ihr lebt, beide zusammen als einer lebt, und wenn ihr gestorben seid, auch dort in der Unterwelt nicht zwei, sondern gemeinsam gestorben ein Toter seid. Also seht zu, ob ihr dies liebt und zufrieden sein werdet, wenn ihr es erreicht. Dies hörend, das wissen wir gewiß, würde auch nicht einer sich weigern oder zu erkennen geben, daß er etwas anderes wolle, sondern jeder würde eben das gehört zu haben glauben, wonach er immer schon strebte, durch Nahesein und Verschmelzung mit dem Geliebten aus zweien einer zu werden. Hievon ist nun dies die Ursache, daß unsere ursprüngliche Beschaffenheit diese war und wir ganz waren, und dies Verlangen eben und Trachten nach dem Ganzen heißt Liebe. Und vor diesem, wie gesagt, waren wir eins, jetzt aber sind wir der Ungerechtigkeit wegen von dem Gott auseinandergelegt und verteilt worden, wie die Arkadier von den Lakedaimoniern. Es steht also zu besorgen, wenn wir uns nicht sittsam betragen gegen die Götter, daß wir nicht noch einmal zerspalten werden und so herumgehn müssen wie die auf den Grabsteinen Ausgeschnittenen, die mitten durch die Nase gespalten sind, und daß wir dann werden wie die geteilten Würfel, von denen die andere Hälfte der andere hat. Aber aus dieser Ursache sollte nun jeder Mann jedem zureden, den Göttern Ehrfurcht zu beweisen, damit wir diesem entgehen, jenes aber erlangen, wozu uns Eros führt und befehligt. Dem nun wolle ja niemand entgegenhandeln; es handelt dem aber entgegen, wer sich den Göttern verhaßt macht. Denn sind wir diesen befreundet und mit dem Gotte in gutem Vernehmen, so werden wir jeder unsern eigenen Liebling finden und besitzen, was jetzt nur wenigen begegnet. Und Eryximachos lege es mir nicht, um meine Rede auf Spott zu ziehen, so aus, als meinte ich den Pausanias und den Agathon. Denn vielleicht gehören auch sie zu diesen und sind beide von Natur männlich. Sondern ich meine es von allen insgesamt, Männern und Frauen, daß so unser Geschlecht glückselig würde, wenn es uns in der Liebe gelänge und jeder seinen eigentümlichen Liebling gewönne, um so zur ursprünglichen Natur zurückzukehren. Wenn nun dieses das Beste ist, so wird notwendig unter dem jetzt zu Gebote stehenden das Beste sein, was jenem am nächsten kommt, und das heißt, einen Liebling zu finden, der jedem nach seinem Sinne geartet ist. Und wollen wir dafür den Gott, von dem es uns herkommt, besingen, so

müssen wir ja allerdings den Eros besingen, der uns jetzt schon so viel Gutes erzeugt, indem er uns zu dem Verwandten hinführt, für die Zukunft aber uns die größte Hoffnung gibt, uns, wenn wir nur Ehrfurcht den Göttern beweisen, zur ursprünglichen Natur herstellend und heilend, glücklich und selig zu machen.
Dies, o Eryximachos, sprach er, ist meine Rede vom Eros, eine ganz andere als die deinige. Wie ich dich nun schon gebeten habe, ziehe sie nicht auf Spott, damit wir auch die übrigen hören, was sie alle sagen werden, oder vielmehr beide, denn nur Agathon und Sokrates sind noch zurück. Wohl, ich will dir folgen, habe Eryximachos gesagt, denn auch mir ist die Rede ganz zu Danke gewesen, und wenn ich nicht wüßte, daß Sokrates und Agathon Meister sind in Liebessachen, würde mir gar bange sein, ob es ihnen nicht fehlen möchte, da schon so viel und vielerlei ist geredet worden. Nun aber habe ich doch guten Mut. – Darauf habe Sokrates gesagt: Du hast eben deine Sache gut bestanden, Eryximachos; wenn du aber wärest, wo ich bin, oder vielmehr wo ich sein werde, wenn auch Agathon erst noch geredet hat, so würde dir gewiß gar bange sein, und du wärest in allen Nöten, wie ich jetzt bin. – Du willst mich verzaubern, Sokrates, habe darauf Agathon gesagt, daß ich in Verwirrung geraten soll, wenn ich glaube, das Haus habe eine große Erwartung von mir, daß ich gut sprechen würde. – Sehr vergeßlich müßte ich dann sein, o Agathon, habe Sokrates gesagt, da ich deine Herzhaftigkeit und Hochsinnigkeit gesehen habe, als du mit den Schauspielern die Bühne bestiegst und auf ein so großes Haus hinübersahst, vor welchem du deine Reden darstellen solltest, ohne doch im mindesten bestürzt zu sein, wenn ich glauben sollte, du würdest jetzt in Verwirrung geraten vor uns wenigen Leutlein? – Wie doch, Sokrates, habe Agathon gesagt, du glaubst doch nicht, die Bühne habe mir den Kopf so eingenommen, daß ich nicht wüßte, wie den Verständigen wenige Einsichtsvolle bänger machen als noch so viele Unwissende. – Freilich wäre es nicht wohlgetan, o Agathon, habe Sokrates gesagt, wenn ich von dir etwas Unfeines glauben wollte; vielmehr weiß ich wohl, daß, wenn du auf solche träfst, die du für weise hieltest, du mehr

aus ihnen machen würdest als aus der Menge. Aber wir mögen nur gar nicht solche sein. Denn wir waren ja auch dort zugegen und gehörten mit zu der Menge. Wenn du also auf andere weise Männer träfest, so würdest du dich wohl vor ihnen schämen, wenn du etwa glaubtest, etwas schlecht zu machen. Oder wie meinst du es? – Ganz recht, habe jener geantwortet.– Vor der Menge aber würdest du dich nicht schämen, wenn du glaubtest, etwas schlecht zu machen? – Darauf sei aber Phaidros eingefallen und habe gesagt: Lieber Agathon, wenn du dem Sokrates Antwort gibst, so wird er sich gar nichts daraus machen, wie es hier sonst noch weiter geht, wenn er nur einen hat, mit dem er Gespräch führen kann, zumal einen Schönen. Nun höre zwar auch ich gar gern den Sokrates Gespräch führen; jetzt aber muß ich dem Eros für seine Lobreden Sorge tragen und von jedem unter euch seine Rede in Empfang nehmen. Habt ihr nun beide dem Gotte das eurige dargebracht, dann mag er immer Gespräch führen. – Wohlgesprochen, Phaidros, habe Agathon gesagt, und nichts hindert mich, zu reden. Denn mit dem Sokrates kann ich ja auch nachher gar oft mich unterhalten.
Ich also will zuerst sagen, wie ich zu reden gedenke, und dann reden. Denn alle, welche bis jetzt gesprochen haben, schienen mir nicht den Gott zu loben, sondern die Menschen seligzupreisen um das Gute, dessen Urheber ihnen der Gott ist; was für einer er aber selbst ist, der ihnen dies alles gewährt hat, das hat keiner gesagt. Die einzige richtige Weise aber eines jeden Lobes für jeden ist in der Rede zu zeigen, welchartig und weichartiger Dinge Urheber der ist, von dem geredet wird. Auf diese Weise also gebührt auch uns, den Eros zu loben, zuerst ihn selbst, wie er beschaffen ist, und dann seine Gaben. Daher behaupte ich, daß, da alle Götter glückselig sind, Eros, wenn es verstattet und unfrevelhaft ist zu sagen, der Glückseligste unter ihnen ist, weil der Schönste und Beste. Er ist aber der Schönste, inwiefern ein solcher. Zuerst als der Jüngste unter den Göttern, o Phaidros. Einen großen Beweis für diese Behauptung gibt er uns selbst, indem er fliehend dem Alter entkommt, welches offenbar doch schnell ist; schneller wenigstens als billig ereilt es uns, welches, sage ich, Eros seiner Natur nach haßt und ihm auch von

weitem nicht nahekommt. Mit der Jugend aber gesellt er sich und gefällt sich, und ganz recht hat jene alte Rede, daß das Ähnliche immer zum Ähnlichen sich hält. Daher ich, wiewohl in vielem andern mit dem Phaidros einstimmend, hierin nicht mit ihm einstimme, daß Eros älter sei als Kronos und Japetos. Sondern ich behaupte, er ist der Jüngste unter den Göttern und immer jung, und jene alten Händel unter den Göttern, von denen Hesiodos und Parmenides reden, müssen sich unter der Notwendigkeit ereignet haben, nicht unter dem Eros, wenn jene anders wahr erzählt haben. Denn sie würden einander nicht verschnitten und in Bande geworfen und sonst vielerlei Gewaltsames verübt haben, wenn Eros unter ihnen gewesen wäre, sondern einander geliebt und friedlich gelebt wie jetzt, seit Eros über die Götter regiert. Jung also ist er, nächst der Jugend aber auch zart, und es bedarf eines Dichters, wie Homeros einer war, um des Gottes Zartheit anschaulich zu machen. Homeros nämlich sagt von der Ate, sie sei eine Göttin und zart, wenigstens ihre Füße will er als zart beschreiben und sagt: »Leicht schweben die Füß' ihr, nimmer dem Grund auch nahet sie, nein, hoch wandelt sie her auf den Häupten der Männer« und scheint mir aus einem guten Grunde ihre Zartheit zu beweisen, daß sie nicht auf Hartem wandelt, sondern auf Weichem. Desselben Beweises nun wollen wir uns auch für den Eros bedienen, daß er zart ist. Denn weder auf der Erde wandelt er noch auf Hirnschädeln, die eben nicht sonderlich weich sind, sondern auf dem Weichsten unter allen wandelt er und bewohnt es. Nämlich in den Gemütern und Seelen der Götter und Menschen schlägt er seinen Wohnsitz auf, und auch nicht der Reihe nach ohne Ausnahme in allen Seelen, sondern begegnet er einer von harter Gesinnung, bei der geht er vorüber, die aber eine weiche hat, bei der zieht er ein. Der nun mit den Füßen und überall nur das Weichste der Weichsten berührt, muß notwendig der Zarteste sein. Und so ist er dann der Jüngste und Zarteste; über dies aber auch von schmeidigem Wesen. Denn sonst vermöchte er nicht überall sich anzuschmiegen und in jede Seele heimlich sowohl zuerst hineinzukommen, als auch hernach herauszugehen, wenn er ungelenk wäre. Auch ist von seiner ebenmäßigen und schmeidigen Gestalt ein großer Beweis die Wohlanständigkeit, die ausgezeichnet vor allen eingeständlich dem Eros eignet. Denn Übelstand und Liebe sind immer im Kriege gegeneinander. Die Schönheit aber seiner Farben muß schon die Lebensweise des Gottes unter Blüten zeigen. Denn in einem blütenlosen oder abgeblühten Leib oder Seele, oder was es sonst ist, setzt sich Eros nicht; wo aber ein blumiger und duftiger Ort ist, da setzt er sich und bleibt. Über die Schönheit des Gottes nun reicht schon dieses wohl hin, wie auch vieles noch zurückbleibt; von seiner Tugend aber ist hiernächst zu sagen, zuerst das größte, daß Eros nie weder beleidigt, noch beleidigt wird, weder Gott und von Gott, noch Menschen und von Menschen. Denn weder widerfährt ihm selbst gewaltsam, wenn ihm etwas widerfährt, denn Gewalt trifft den Eros nicht, noch verrichtet er so, was er verrichtet. Denn jeder leistet dem Eros jedes freiwillig, und was freiwillig einer dem andern Freiwilligen zugesteht, das erklären die Könige der Staaten, die Gesetze, für recht. Nächst der Gerechtigkeit aber ist ihm auch Besonnenheit vorzüglich zuzuschreiben. Denn Besonnenheit, wird eingestanden, sei das Herrschen über Lüste und Begierden, und keine Lust sei stärker als die Liebe. Sind die andern aber schwächer, so werden sie ja von der Liebe beherrscht, und Eros herrscht. Herrscht aber Eros über die Lüste und Begierden, so muß er ja vorzüglich besonnen sein. So auch was die Tapferkeit betrifft, kann nicht einmal Ares sich dem Eros gegenüberstellen. Denn nicht er, Ares, hat den Eros, sondern ihn, den Ares, hat der Eros, die Liebe zur Aphrodite nämlich, wie ja die Rede geht. Der aber hat, ist besser als der gehabt wird, und hat er den Tapfersten von allen übrigen unter sich, so ist er ja notwendig der Tapferste von allen. Von der Gerechtigkeit also und Besonnenheit und Tapferkeit des Gottes haben wir geredet; die Weisheit aber ist noch zurück. Soviel nun möglich müssen wir suchen, auch hier nicht zurückzubleiben. Und zuerst nun, damit auch ich unsere Kunst ehre, wie Eryximachos die seinige, ist der Gott so kunstreich als Dichter, daß er auch andere dazu macht. Jeder wenigstens wird ein Dichter, war er auch den Musen fremd vorher, den Eros trifft. Was wir also wohl können als Beweis brauchen dafür, daß Eros ein trefflicher Künstler ist, jedes hervorzubringen, was zur Kunst der Musen gehört. Denn was einer nicht hat oder nicht weiß, das kann er auch einem andern nicht geben oder lehren. Und was nun weiter die Hervorbringung alles Lebendigen betrifft, wer wollte wohl bestreiten, daß es nicht die Kunst des Eros sei, durch welche alles Lebende entsteht und gebildet wird. Von der Meisterschaft aber in anderen Künsten wissen wir etwa nicht, daß, wessen Lehrer dieser Gott gewesen, der in Ruhm und Glanz gekommen ist, wem aber Eros nicht beigestanden, der in den Schatten? Denn die Heilkunde und die Kunst des Bogenschießens und des Weissagens hat Apollon erfunden unter Anführung des Verlangens und der Liebe, so daß sowohl dieser für einen Schüler des Eros anzusehen ist, als auch die Musen in der Tonkunst und Hephaistos in der Schmiedekunst und Athene in der Weberei und Zeus in der Regierungskunst über Götter und Menschen. Daher auch die Angelegenheiten der Götter sich geordnet haben, sobald nur die Liebe unter sie gekommen war, zur Schönheit nämlich; denn über die Häßlichkeit ist Eros nicht gesetzt. Vorher aber, wie ich auch anfangs gesagt, gab es vielerlei Arges unter den Göttern, weil die Notwendigkeit herrschte; sobald aber dieser Gott entsprungen war, entstand auch aus der Liebe zum Schönen alles Gute bei Göttern und Menschen. Auf diese Art also, o Phaidros, scheint mir Eros zuerst selbst der Schönste und Beste, nächstdem aber auch vieles anderen solchen Urheber zu sein. Und hier fällt mir ein, etwas Dichterisches zu sagen, daß er es nämlich ist, welcher bewirkt unter den Menschen Fried' und spiegelnde Glätte dem Meere, Schweigen der Stürm' und erfreuliches Lager und Schlaf für die Sorgen. Und dieser eben entledigt uns des Fremdartigen und sättigt uns mit dem Angehörigen, indem er nur solche Vereinigungen uns untereinander anordnet, bei Festen, bei Chören, bei Opfern sich darbietend zum Anführer; Mildheit dabei verleihend, Wildheit aber zerstreuend, Begründer des Wohlwollens, Verhindrer und des Überwollens, günstig den Guten, verehrlich den Weisen, erfreulich den Göttern, neidenswert den Unbegabten, erwünscht den Wohlbegabten, des Wohllebens, der Behaglichkeit, der Genüge, der Armut, des

Sehnens, des Reizes Vater, sorgsam für die Guten, sorglos für die Schlechten, im Wanken, im Bangen, in Verlangen, in Gedanken der beste Lenker, Helfer, Berater und Retter, aller Götter und Menschen Zier, als Anführer der schönste und beste, dem jeglicher Mann folgen muß, lobsingend, aufs herrlichste in den herrlichen Gesang mit einstimmend, welchen anstimmend er aller Götter und Menschen Sinn erweicht. Diese Rede, sprach er, o Phaidros, sei von meinetwegen dem Gotte dargebracht, teils Spiel enthaltend, teils auch ziemlichen Ernst nach bestem Vermögen.

Nachdem nun Agathon also gesprochen, sagte Aristodemos, seien die Anwesenden in lauten Beifall ausgebrochen, wie angemessen der Jüngling geredet sich selbst und dem Gotte. Da habe nun Sokrates gesagt, zum Eryximachos sich wendend: Dünkt dich nun wohl, o Sohn des Akumenos, daß ich schon lange um unnötige Not mich geängstigt habe? Sondern nicht vielmehr, daß ich weissagend, was ich vorhin sagte, gesprochen, daß nämlich Agathon bewundernswürdig reden, ich aber keinen Rat mehr wissen würde? – Das eine, habe Eryximachos gesagt, scheinst du mir weissagend gesprochen zu haben, daß Agathon gut reden würde, daß du aber keinen Rat wissen werdest, glaube ich nicht. – Und wie doch, du Glücklicher, habe Sokrates gesagt, sollte ich nicht ratlos sein und jeder andere, welcher reden sollte, nachdem eine so schöne und reichverzierte Rede gesprochen worden? und wenn auch das übrige wohl nicht alles ebenso bewundernswert gewesen ist; aber die Schönheit der Wörter und Redensarten am Ende, welcher Hörer ist nicht über diese erstaunt? Denn ich wenigstens, wenn ich bedenke, wie gar nicht ich imstande sein werde, auch nur von weitem etwas so Schönes vorzutragen, wäre vor Scham beinahe entwischt, wenn ich nur irgendwohin gekonnt hätte. Denn gar an den Gorgias hat die Rede mich erinnert, so daß mir ordentlich jenes Homerische begegnet ist, mir ward bange, Agathon möchte das Gorgische Haupt, das gewaltige im Reden, am Ende seiner Reden gegen meine Rede loslassen und mich selbst zum Steine verstummen machen. Und da habe ich denn gemerkt, wie lächerlich ich war, als ich euch versprach, wenn meine

Reihe käme, mit euch dem Eros eine Lobrede zu halten, und als ich sagte, daß ich gewaltig wäre in Liebessachen, da ich doch gar nichts von der Sache verstand, wie man, was es auch immer wäre, loben müsse. Ich dachte nämlich in meiner Einfalt, man müsse die Wahrheit sagen in jedem Stück von dem zu Preisenden; dies also müsse man vor sich haben, und das Schönste davon auswählend, müsse man auf das Schicklichste zusammenstellen. Und ich wußte mir gar viel damit, wie gut ich reden würde, als verstände ich, was es eigentlich hieße, irgend etwas loben. Das war aber, wie es scheint, gar nicht die rechte Weise, etwas zu loben, sondern darin besteht sie, daß man der Sache nur so Vieles und Schönes beilege als möglich, möge es sich nun so verhalten oder nicht. Und ist es auch falsch, so ist nichts daran gelegen. Denn es war wohl vorher festgesetzt, wie es scheint, jeder von uns solle sich das Ansehn geben, den Eros zu lobpreisen, nicht ihn wirklich lobpreisen. Deshalb, meine ich, habt ihr alles zusammengesucht und dem Eros beigelegt und sagt, ein solcher sei er und solches bringe er hervor, damit er nur auf das schönste und vortrefflichste erscheine, offenbar nämlich denen, die ihn nicht kennen, denn denen, die um ihn wissen, wohl nicht. Und so ist es doch eine schöne und prächtige Lobrede. Ich aber kannte gar nicht diese Weise des Lobes, und ohne sie zu kennen, versprach ich auch in der Reihe, ihn zu loben. Die Zunge also hat versprochen, die Seele aber nicht. Es unterbleibe also! Denn ich halte nun keine Lobrede nach dieser Weise; ich könnte es auch nicht. Indessen die Wahrheit, wenn ihr wollt, die will ich euch wohl sagen nach meiner Art, nicht wie eure Reden waren, damit ich kein Gelächter bereite. Sieh also zu, Phaidros, ob du eine solche Rede auch gebrauchen kannst, was wahr ist vom Eros, sagen zu hören, aber in Redensarten und Wortstellungen, wie sie sich eben fügen wollen. – Phaidros nun, sagte er, und die andern hätten ihn geheißen zu reden, wie er selbst glaubte, daß man reden müsse, gerade so. – Noch mußt du mir, o Phaidros, habe er gesagt, auch erst den Agathon vergönnen einiges wenige zu fragen, damit ich, hierüber mit ihm einverstanden, alsdann weiter rede. – Ich vergönne es, habe Phaidros gesagt, frage ihn nur. – Darauf habe dann, erzählte er, Sokrates so ungefähr angefangen: Also, lieber Agathon, sehr gut scheinst du mir deine Rede eingeleitet zu haben, als du sagtest, zuerst müsse man den Eros selbst darstellen, weichartig er ist, und hernach seine Werke. Dieser Anfang ist mir gar recht. Wohlan, da du auch das übrige so schön und herrlich vorgetragen hast von dem Eros, welcher Art er ist: so sage mir doch auch dieses, ob Eros auch ein solcher ist, daß er jemandes Liebe ist oder niemandes? Ich frage aber nicht etwa, ob er von einem Vater oder einer Mutter ist; denn lächerlich wäre die Frage, ob Eros eines Vaters oder einer Mutter Liebe ist. Sondern, wie wenn ich eben nach einem Vater selbst fragte, ob ein Vater jemandes Vater ist oder nicht, du gewiß doch sagen würdest, wenn du anders ordentlich antworten wolltest, allerdings wäre ein Vater Vater eines Sohnes oder einer Tochter, oder nicht? – Freilich, hätte Agathon geantwortet. – Nicht auch ebenso die Mutter? – Auch das hätte er zugegeben. – Wohl, hätte Sokrates gesagt, antworte nur noch ein weniges mehr, damit du besser verstehst, was ich will. Wenn ich nun fragte, wie ein Bruder? ist der auch das, was er ist, ein Bruder von jemand oder nicht? – Allerdings, habe er gesagt. Doch von einem Bruder oder einer Schwester? – Das habe er bejaht. – Versuche denn dasselbe auch von der Liebe zu sagen, ist die Liebe von nichts oder etwas? – Freilich von etwas. – Dieses nun, habe Sokrates gesagt, halte noch bei dir fest in Gedanken, wovon sie Liebe ist, und sage mir nur soviel, ob die Liebe das, dessen Liebe sie ist, begehrt oder nicht? – Allerdings, habe er gesagt. – Und ob sie wohl schon habend, was sie begehrt und liebt, es begehrt und liebt, oder es nicht habend? – Nicht habend, wie es ja scheint, habe er gesagt. – Überlege nur, habe Sokrates gesagt, ob es nicht statt zu scheinen vielmehr notwendig so ist, daß das Begehrende begehrt, wessen es bedürftig ist, oder nicht begehrt, wenn es nicht bedürftig ist. Mir wenigstens, Agathon, schwebt es gar wunderbar vor, daß dies notwendig so ist. Und dir wie? – Auch mir, habe er gesagt. – Wohlgesprochen. Wünscht also wohl jemand, der groß ist, groß zu sein, und der stark ist, stark zu sein? – Unmöglich nach dem Eingestandenen. – Denn der es schon ist, wäre ja dessen nicht bedürftig. – Richtig gesprochen. – Denn wenn ein Starkseiender will stark sein, der ein Schnellseiender schnell, oder ein Gesundseiender gesund: – denn vielleicht könnte jemand hievon und von allem dergleichen meinen, daß auch die schon solche sind und dies schon haben, doch dieses, was sie haben, auch begehren. Damit wir nun nicht irre werden, deshalb eben sage ich, daß doch diese, o Agathon, wenn du Acht hast, jegliches von diesen Dingen für jetzt notwendig haben, was sie haben, sie mögen es nun wollen oder nicht. Und wer könnte das nun wohl noch begehren? Sondern wenn einer sagt, ich, der ich gesund bin, will gesund sein, und ich, der ich reich bin, will reich sein, und begehre also das, was ich habe: so würden wir ihm sagen: nämlich du, der du Reichtum besitzest und Gesundheit und Stärke, willst eben dies auch in der folgenden Zeit besitzen; denn in der jetzt gegenwärtigen, magst du es nun wollen oder nicht, hast du es schon. Überlege also, wenn du sagst, ich begehre das Vorhandene, ob du etwas anderes meinst als dieses: ich will, daß das jetzt Vorhandene mir auch in künftiger Zeit vorhanden sei, nicht wahr, das würde er zugeben? – Das habe Agathon bejaht. – Darauf habe Sokrates gesagt: Also auch dies heißt dasjenige lieben, was noch nicht bereit ist und man nicht hat, wenn einer wünscht, daß ihm auch für die künftige Zeit das behalten bleibe, was er jetzt besitzt. – Freilich, habe er gesagt. – Also auch dieser und jeder andere Begehrende begehrt das noch nicht Vorhandene und nicht Fertige, und was er nicht hat und nicht selbst ist und wessen er bedürftig ist; solcherlei also sind die Dinge, wonach es eine Begierde gibt und eine Liebe. – Freilich, habe er gesagt. – Wohlan denn, habe Sokrates gesprochen, laß uns das Gesagte zusammenrechnen. Nicht wahr, Liebe ist zuerst Liebe zu etwas und dann Liebe zu dem, wonach jemand ein Bedürfnis hat? – Ja, habe er gesagt. – Hiezu nun erinnere dich dessen, worauf du in deiner Rede sagtest, daß Eros ginge. Oder wenn du willst, will ich dich erinnern. Ich glaube nämlich, du sagtest so ungefähr, daß die Angelegenheiten der Götter sich geordnet haben durch die Liebe zum Schönen, denn zum Häßlichen gebe es keine Liebe. Sagtest du nicht ungefähr so? – Das sagte ich freilich, habe Agathon gesagt. – Und ganz annehmlich war das gesprochen, Freund, habe Sokrates gesagt.

Und wenn sich dies so verhält, wäre dann die Liebe nicht Liebe zur Schönheit, zur Häßlichkeit aber nicht? – Das gestand er. – Und eingestanden ist doch, das, wessen man bedürftig ist und es nicht hat, liebe man? – Ja, habe er gesagt. – Bedürftig also ist Eros der Schönheit und hat sie nicht? – Notwendig, habe er gesagt. – Und wie? das der Schönheit Bedürftige und sie keineswegs Besitzende, sagst du etwa, sei schön? – Nicht füglich. – Behauptest du also noch, daß Eros schön sei, wenn sich dies so verhält? – Darauf habe Agathon gesagt: Ich mag am Ende wohl nichts von dem verstehen, o Sokrates, was ich damals sagte. – Gar recht magst du daran wohl haben, o Agathon, habe er gesagt. Aber die Kleinigkeit sage mir noch, dünkt dich nicht das Gute auch schön zu sein? – Mich dünkt es so. – Wenn also Eros des Schönen bedürftig ist und das Gute schön ist, so wäre er ja auch des Guten bedürftig? – Ich, habe er gesagt, o Sokrates, weiß dir wenigstens nicht zu widersprechen, sondern es soll so sein, wie du sagtest. – Freilich wohl der Wahrheit, habe er gesagt, o geliebter Agathon, vermagst du nicht zu widersprechen. Denn dem Sokrates, das ist gar nichts schweres.

Und so will ich dich denn jetzo lassen und eine Rede über den Eros, welche ich einst von einer Mantineerin namens Diotima gehört habe, welche hierin und auch sonst sehr weise war, auch den Athenern einst bei einem Opfer vor der Pest zehnjährigen Aufschub der Krankheit bewirkte, welche auch mich in Liebessachen unterrichtet hat, die Rede also, welche diese gesprochen hat, will ich versuchen euch zu wiederholen, von dem ausgehend, worüber ich mit Agathon übereingekommen bin, sonst aber ganz für mich allein, so gut ich eben kann. Es gehört sich also, o Agathon, wie auch du erklärtest, zuerst ihn selbst zu beschreiben, den Eros, wer er ist und was für einer, und dann seine Werke. Es dünkt mich also am leichtesten, es so durchzunehmen, wie damals die Fremde mich ausfragend es durchging. Denn ungefähr dergleichen hatte auch ich zu ihr gesagt, wie Agathon jetzt zu mir, daß Eros ein großer Gott sei und von dem Schönen. Sie aber widerlegte mich mit denselben Reden, womit ich jetzt diesen, daß er weder schön wäre nach meinen eigenen Reden, noch gut. Da sprach ich: Wie meinst du aber, Diotima, ist also Eros häßlich und schlecht? – Und sie: Willst du dich nicht Frevels enthalten? Oder meinst du, was nicht schön ist, das sei notwendig häßlich? – Allerdings wohl. – Auch was nicht weise, das töricht? Oder hast du nicht gemerkt, daß es etwas mitten inne gibt zwischen Weisheit und Torheit? – Was wäre das? – Wenn man richtig vorstellt, ohne jedoch Rechenschaft davon geben zu können, weißt du nicht, daß das weder Wissen ist, denn wie könnte etwas Grundloses eine Erkenntnis sein? noch auch Unverstand, denn da sie doch das Wahre enthält, wie könnte sie Unverstand sein? Also ist offenbar die richtige Vorstellung so etwas zwischen Einsicht und Unverstand. – Richtig, sprach ich. – Folgere also nicht, was nicht schön ist, sei häßlich, noch was nicht gut, sei schlecht. Ebenso auch vom Eros, da du doch selbst eingestehst, er sei weder gut noch schön, glaube deshalb dennoch nicht, daß er häßlich und schlecht sein müsse, sondern etwas, sagte sie, zwischen beiden. – Aber das, sprach ich, wird doch von allen eingestanden, daß er ein großer Gott ist. – Von allen Nichtwissenden, sprach sie, meinst du, oder auch von den Wissenden? – Von allen insgesamt. – Da lachte sie und sagte: Und wie, Sokrates, könnte wohl von denen eingestanden werden, daß er ein großer Gott sei, welche behaupten, es sei überall kein Gott? – Wer sind doch die, fragte ich. – Einer davon bist du, sagte sie, und eine ich. – Da sprach ich: Wie meinst du doch dies? – Und sie antwortete: Ganz natürlich. Denn sage mir nur, meinst du nicht, daß alle Götter glückselig und schön sind? Oder hättest du das Herz zu sagen, daß irgend ein Gott nicht schön und glückselig sei. – Beim Zeus, ich gewiß nicht, sprach ich. – Und glückselig nennst du doch, die das Schöne und Gute besitzen? – Freilich. – Vom Eros aber hast du doch eingestanden, daß er aus Bedürfnis des Schönen und Guten eben das begehre, dessen er bedürftig ist? – Das habe ich eingestanden. – Wie könnte also ein Gott sein, der unbegabt ist mit Schönem und Gutem? – Auf keine Weise, wie es scheint. – Siehst du nun, sagte sie, daß auch du den Eros für keinen Gott hältst? – Was wäre also, sprach ich, Eros? etwa sterblich? – Keineswegs. – Aber was denn? – Wie oben, sagte sie, zwischen dem Sterblichen und Unsterblichen. – Was also, o

Diotima? – Ein großer Dämon, o Sokrates. Denn alles Dämonische ist zwischen Gott und dem Sterblichen. – Und was für eine Verrichtung, sprach ich, hat es? – Zu verdolmetschen und zu überbringen den Göttern, was von den Menschen, und den Menschen, was von den Göttern kommt, der einen Gebete und Opfer, und der andern Befehle und Vergeltung der Opfer. In der Mitte zwischen beiden ist es also die Ergänzung, daß nun das Ganze in sich selbst verbunden ist. Und durch dies Dämonische geht auch alle Weissagung und die Kunst der Priester in bezug auf Opfer und Weihungen und Besprechungen und allerlei Wahrsagung und Bezauberung. Denn Gott verkehrt nicht mit Menschen; sondern aller Umgang und Gespräch der Götter mit den Menschen geschieht durch dieses, sowohl im Wachen als im Schlaf. Wer sich nun hierauf versteht, der ist ein dämonischer oder geistlicher Mann, wer aber nur auf andere Dinge oder irgend auf Künste und Handarbeiten, der ist ein gemeiner. Solcher Dämonen oder Geister nun gibt es viele und von vielerlei Art, einer aber von ihnen ist auch Eros. – Wer aber, fragte ich, ist sein Vater und seine Mutter? – Weitläufiger, sprach sie, ist dies zwar zu erzählen; doch will ich es dir sagen. Als nämlich Aphrodite geboren war, schmausten die Götter, und unter den übrigen auch Poros, der Sohn der Metis. Als sie nun abgespeist, kam, um sich etwas zu erbetteln, da es doch festlich herging, auch Penia und stand an der Türe. Poros nun, berauscht vom Nektar, denn Wein gab es noch nicht, ging in den Garten des Zeus hinaus, und schwer und müde wie er war, schlief er ein. Penia nun, die ihrer Dürftigkeit wegen den Anschlag faßte, ein Kind mit Poros zu erzeugen, legte sich zu ihm und empfing den Eros. Deshalb ist auch Eros der Aphrodite Begleiter und Diener geworden wegen seiner Empfängnis an ihrem Geburtsfest, und weil er von Natur ein Liebhaber des Schönen ist und Aphrodite schön ist. Als des Poros und der Penia Sohn aber befindet sich Eros in solcherlei Umständen. Zuerst ist er immer arm und bei weitem nicht fein und schön, wie die meisten glauben, vielmehr rauh, unansehnlich, unbeschuht, ohne Behausung, auf dem Boden immer umherliegend und unbedeckt schläft er vor den Türen und auf den Straßen im Freien, und ist der Natur seiner Mutter gemäß immer der Dürftigkeit Genosse. Und nach seinem Vater wiederum stellt er dem Guten und Schönen nach, ist tapfer, keck und rüstig, ein gewaltiger Jäger, allezeit irgend Ränke schmiedend, nach Einsicht strebend, sinnreich, sein ganzes Leben lang philosophierend, ein arger Zauberer, Giftmischer, und Sophist, und weder wie ein Unsterblicher geartet, noch wie ein Sterblicher, bald an demselben Tage blühend und gedeihend, wenn es ihm gut geht, bald auch hinsterbend, doch aber wieder auflebend nach seines Vaters Natur. Was er sich aber schafft, geht ihm immer wieder fort, so daß Eros nie weder arm ist noch reich und auch zwischen Weisheit und Unverstand immer in der Mitte steht. Dies verhält sich nämlich so. Kein Gott philosophiert oder begehrt weise zu werden, sondern ist es, noch auch, wenn sonst jemand weise ist, philosophiert dieser. Ebensowenig philosophieren auch die Unverständigen oder bestreben sich, weise zu werden. Denn das ist eben das Arge am Unverstande, daß er, ohne schön und gut und vernünftig zu sein, doch sich selbst ganz genug zu sein dünkt. Wer nun nicht glaubt bedürftig zu sein, der begehrt auch das nicht, dessen er nicht zu bedürfen glaubt. – Wer also, sprach ich, Diotima, sind denn die Philosophierenden, wenn es weder die Weisen sind noch die Unverständigen? – Das muß ja schon, sagte sie, jedem Kinde deutlich sein, daß es die zwischen beiden sind, zu denen auch Eros gehören wird. Denn die Weisheit gehört zu dem Schönsten, und Eros ist Liebe zu dem Schönen; so daß Eros notwendig weisheitliebend ist und also als philosophisch zwischen den Weisen und Unverständigen mitten innesteht. Und auch davon ist seine Herkunft Ursache; denn er ist von einem weisen und wohlbegabten Vater, aber von einer unverständigen und dürftigen Mutter. Dies also, lieber Sokrates, ist die Natur dieses Dämons. Was du aber glaubtest, daß Eros sei, ist nicht zu verwundern. Du glaubtest nämlich, wie ich aus dem, was du sagst, vermuten muß, Eros sei das Geliebte, nicht das Liebende. Daher, meine ich, erschien dir Eros so wunderschön. Denn das Liebenswerte ist auch in der Tat das Schöne, Zarte, Vollendete, Seligzupreisende. Das Liebende aber hat ein anderes Wesen, so wie ich es beschreiben habe. – Darauf sagte ich: Wohl denn, Freundin, denn du hast wohlgesprochen. Wenn nun aber Eros ein solcher ist, welchen Nutzen gewährt er den Menschen? – Dies, o Sokrates, sprach sie, will ich nun hiernächst versuchen dich zu lehren. So beschaffen also und so entstanden ist Eros. Er geht aber auf das Schöne, wie du sagst. Wenn uns aber jemand fragte: Was hat denn Eros vom Schönen, o Sokrates und Diotima? Oder ich will es noch deutlicher so fragen: Wer das Schöne begehrt, was begehrt der? – Da sprach ich: Daß es ihm zuteil werde. – Aber, sagte sie, diese Antwort verlangt nach noch einer Frage, etwa dieser: Was geschieht denn jenem, dem das Schöne zuteil wird? – Da sagte ich: Auf diese Frage hätte ich nicht mehr sogleich eine Antwort bereit. – Aber, sprach sie, wenn nun jemand tauschend statt des Schönen das Gute setzte und fragte: Sprich, Sokrates, wer das Gute begehrt, was begehrt der? – Daß es ihm zuteil werde, sagte ich. – Und was geschieht jenem, dem das Gute zuteil wird? – Das kann ich schon leichter beantworten, sagte ich, er wird glückselig. – Denn durch den Besitz des Guten, fügte sie hinzu, sind die Glückseligen glückselig. Und hier bedarf es nun keiner weitern Frage mehr, weshalb doch der glückselig sein will, der es will, sondern die Antwort scheint vollendet zu sein. – Richtig gesprochen, sagte ich. – Dieser Wille nun und diese Liebe, glaubst du, daß sie allen Menschen gemein sind, und daß alle immer wollen das Gute haben? Oder wie meinst du? – So, sprach ich, daß dies allen gemein ist. – Warum aber, sprach sie, sagen wir nicht, daß alle lieben, wenn doch alle dasselbe lieben und immer, sondern sagen von einigen, daß sie lieben, von anderen aber nicht? – Das wundert mich selbst, sagte ich. – Laß es dich nur nicht wundern, sagte sie. Denn wir nehmen nur eine gewisse Art der Liebe heraus, die wir mit dem Namen des Ganzen belegen und Liebe nennen, für die anderen brauchen wir andere Namen. – Wie doch etwa? sprach ich. – So etwa, sagte sie. Du weißt doch, daß Dichtung etwas gar Vielfältiges ist. Denn was nur für irgend etwas Ursache wird, aus dem Nichtsein in das Sein zu treten, ist insgesamt Dichtung. Daher liegt auch bei den Hervorbringungen aller Künste Dichtung zugrunde, und die Meister darin sind sämtlich Dichter. – Ganz richtig. – Aber doch weißt du schon, daß sie nicht Dichter genannt werden, sondern andere Benennungen haben, und von der gesamten Dichtung wird nur ein Teil ausgesondert der es mit der Tonkunst und den Silbenmaßen zu tun hat, und dieser mit dem Namen des Ganzen benannt. Denn dies allein wird Dichtung genannt, und die diesen Teil der Dichtung innehaben, Dichter. – Richtig gesprochen, sagte ich. – So auch, was die Liebe betrifft, ist im allgemeinen jedes Begehren des Guten und der Glückseligkeit die größte und heftigste Liebe für jeden. Allein die übrigen, die sich anderwärtshin damit wenden, entweder zum Gewerbe oder zu den Leibesübungen oder zur Erkenntnis, von denen sagen wir nicht, daß sie lieben und Liebhaber sind; sondern nur, die auf eine gewisse Art ausgehn und sich der befleißigen, erhalten den Namen des Ganzen, Liebe und Lieben und Liebhaber. – Das magst du wohl richtig erklären, sagte ich. – Und so geht zwar eine Rede, sagte sie, daß die ihre Hälfte suchen, lieben. Meine Rede aber sagt, die Liebe gehe weder auf die Hälfte, Freund, noch auf das Ganze, wenn es nicht ein Gutes ist. Denn die Menschen lassen sich ja gern ihre eigenen Hände und Füße wegschneiden, wenn sie, obgleich ihr eigen, ihnen böse und gefährlich scheinen. Denn nicht an dem Seinigen hängt jeder, glaube ich, es müßte denn einer das Gute das Angehörige nennen und das Seinige, das Schlechte aber Fremdes. So daß es nichts gibt, was die Menschen lieben, als das Gute. Oder scheinen sie dir doch etwa? – Beim Zeus, mir nicht, sprach ich. – Können wir aber nun schon so schlechthin sagen, daß die Menschen das Gute lieben? – Ja, sagte ich. – Wie? müssen wir nicht hinzusetzen, daß sie lieben, das Gute zu haben? – Das müssen wir hinzusetzen. – Und, sagte sie, nicht nur es zu haben, sondern auch es immer zu haben? – Auch das ist hinzuzusetzen. – So geht denn, alles zusammengenommen, die Liebe darauf, daß man selbst das Gute immer haben will. – Vollkommen richtig erklärt, sagte ich. – Wenn nun die Liebe immer dieses ist, auf welche Art und in welcher Handlungsweise gehn ihm nun diejenigen nach, deren Betrieb und Anstrengung man eigentlich Liebe zu nennen pflegt? Weißt du wohl zu sagen, was für ein Werk dieses ist? – Dann würde ich ja, sprach ich, dich, o Diotima, nicht so bewundern deiner Weisheit wegen und zu dir gehn, um eben dieses zu lernen. – So will ich es dir sagen, sprach sie. Es ist nämlich eine Ausgeburt in dem Schönen, sowohl dem Leibe als der Seele nach. – Man muß weissagen können, sprach ich, um zu wissen, was du wohl meinst, und ich verstehe es nicht. – So will ich es dir denn deutlicher sagen. Alle Menschen nämlich, o Sokrates, sprach sie, sind fruchtbar, sowohl dem Leibe als der Seele nach, und wenn sie zu einem gewissen Alter gelangt sind, so strebt unsere Natur zu erzeugen. Erzeugen aber kann sie in dem Häßlichen nicht, sondern nur in dem Schönen. Des Mannes und Weibes Gemeinschaft nämlich ist Erzeugung. Es ist aber dies eine göttliche Sache, und in dem sterblichen Lebenden etwas Unsterbliches die Empfängnis und die Erzeugung. In dem Unangemessenen aber kann dieses unmöglich erfolgen; und unangemessen ist das Häßliche allem Göttlichen, das Schöne aber angemessen. Eine einführende und geburtshelfende Göttin also ist die Schönheit für die Erzeugung. Deshalb, wenn das Zeugungslustige dem Schönen naht, wird es beruhigt und von Freude durchströmt und erzeugt und befruchtet; wenn aber Häßlichem, so zieht es sich finster und traurig in sich zusammen und wendet sich ab und schrumpft ein und erzeugt nicht, sondern trägt mit Beschwerde seine Bürde weiter. Darum beeifert sich, wer von Zeugungsstoff und Lust erfüllt ist, so sehr um das Schöne, weil es ihn großer Wehen entledigt. Denn die Liebe, o Sokrates, geht gar nicht auf das Schöne, wie du meinst. – Sondern worauf denn? – Auf die Erzeugung und Ausgeburt im Schönen. – Mag sein, sprach ich. – Ganz gewiß, sagte sie. – Warum aber auf die Erzeugung? – Weil eben die Erzeugung das Ewige ist und das Unsterbliche, wie es im Sterblichen sein kann. Nach der Unsterblichkeit aber zu streben mit dem Guten, ist notwendig zufolge des schon Eingestandenen, wenn doch die Liebe darauf geht, das Gute immer zu haben. Notwendig also geht nach dieser Rede die Liebe auch auf die Unsterblichkeit.

Dies alles lehrte sie mich, als sie über die Liebe mit mir redete, und fragte mich auch einmal: Was meinst du wohl, o Sokrates, daß die Ursach sei dieser Liebe und dieses Verlangens? Oder merkst du nicht, in welchem gewaltsamen Zustande sich alle Tiere befinden, wenn sie begierig sind zu erzeugen, geflügelte und ungeflügelte, wie sie alle krank und verliebt erscheinen, zuerst wenn sie sich miteinander vermischen, und dann auch bei der Auferziehung des erzeugten, wie auch die schwächsten bereit sind, dieses gegen die stärksten zu verteidigen und dafür zu sterben; und wie sie sich selbst vom Hunger quälen lassen, um nur jenes zu ernähren, und so auch alles andere tun? Denn von den Menschen könnte man sagen, sie täten dies mit Überlegung; aber welches der Grund sein mag, warum auch die Tiere sich so verliebt zeigen, kannst du mir das sagen? – Und ich sagte wieder, ich wüßte es nicht. – Da sprach sie: Gedenkst du denn je etwas großes zu leisten in Liebessachen, wenn du dies nicht einsiehst? – Aber eben deshalb, sprach ich, bin ich ja zu dir gekommen, o Diotima, wie ich auch schon sagte, weil ich weiß, daß ich Lehrer brauche. Sage mir also den Grund hievon und von allem, was sonst in der Liebe vorkommt. – Wenn du also glaubst, sprach sie, daß die Liebe von Natur auf das gehe, worüber wir uns oft schon einverstanden haben, so wundere dich nur nicht. Denn ganz eben so wie dort sucht auch hier die sterbliche Natur nach Vermögen immer zu sein und unsterblich. Sie vermag es aber nur auf diese Art durch die Erzeugung, daß immer ein anderes Junges statt des Alten zurückbleibt. Denn auch von jedem einzelnen Lebenden sagt man ja, daß es lebe und dasselbe sei, wie einer von Kindesbeinen an immer derselbe genannt wird, wenn er auch ein Greis geworden ist: und heißt doch immer derselbe, ohnerachtet er nie dasselbe an sich behält, sondern immer ein neuer wird und altes verliert an Haaren Fleisch, Knochen, Blut und dem ganzen Leibe; und nicht nur an dem Leibe allein sondern auch an der Seele, die Gewöhnungen, Sitten, Meinungen, Begierden, Lust, Unlust, Furcht, hievon behält nie jeder dasselbe an sich, sondern eins entsteht und das andere vergeht. Und viel wunderlicher noch als dieses ist, daß auch die Erkenntnisse nicht nur teils entstehen, teils vergehen und wir nie dieselbigen sind in bezug auf die Erkenntnisse, sondern daß auch jeder einzelnen Erkenntnis dasselbe begegnet. Denn was man Nachsinnen heißt, geht auf eine ausgegangene Erkenntnis. Vergessen nämlich ist das Ausgehn einer Erkenntnis. Nachsinnen aber bildet statt der abgegangenen eine Erinnerung ein und erhält so die Erkenntnis, daß sie scheint dieselbige zu sein. Und auf diese Weise wird alles Sterbliche erhalten, nicht so, daß es durchaus immer dasselbige wäre wie das Göttliche, sondern indem das Abgehende und Veraltende ein anderes neues solches zurückläßt, wie es selbst war. Durch diese Veranstaltung, o Sokrates, sagte sie, hat alles Sterbliche teil an der Unsterblichkeit, der Leib sowohl als alles übrige; das Unsterbliche aber durch eine andere. Wundere dich also nicht, wenn ein jedes von Natur seinen eignen Sprößling in Ehren hält. Denn der Unsterblichkeit wegen begleitet jeden dies Bestreben und diese Liebe. – Über diese Rede nun, als ich sie gehört, war ich verwundert und sagte: Wohl, weiseste Diotima, verhält sich dies nun in der Tat so? – Und sie, wie die rechten Meister im Wissen pflegen, sprach: Das sei nur versichert, o Sokrates. Denn wenn du auch auf die Ehrliebe der Menschen sehen willst: so müßtest du dich ja über die Unvernunft wundern in dem, was ich schon angeführt, wenn du nicht bedenkst, wie einen gewaltigen Trieb sie haben, berühmt zu werden und einen unsterblichen Namen auf ewige Zeiten sich zu erwerben. Und dieserhalb sind alle bereit die größten Gefahren zu bestehen, noch mehr als für ihre Kinder, und ihr Vermögen aufzuwenden, und jedwede Mühe unverdrossen zu übernehmen und dafür zu sterben. Denn meinst du wohl, sprach sie, Alkestis würde für den Admetos gestorben sein oder Achilleus dem Patroklos nachgestorben, oder euer Kodros im voraus für die Königswürde seiner Kinder, wenn sie nicht geglaubt hätten, eine unsterbliche Erinnerung ihrer Tugend würde nach ihnen bleiben, die wir jetzt auch haben? Weit gefehlt, sagte sie, sondern nur für die Unsterblichkeit der Tugend und für einen solchen herrlichen Nachruhm glaube ich tun alle alles, und zwar je besser sie sind um desto mehr, denn sie lieben das Unsterbliche. Die nun, fuhr sie fort, dem Leibe nach zeugungslustig sind, wenden sich mehr zu den Weibern und sind auf diese Art verliebt, indem sie durch Kindererzeugen Unsterblichkeit und Nachgedenken und Glückseligkeit, wie sie meinen, für alle künftige Zeit sich verschaffen. Die aber der Seele nach … denn es gibt solche, sagte sie, die auch in der Seele Zeugungskraft haben viel mehr als im Leibe, für das nämlich, was der Seele ziemt zu erzeugen und erzeugen zu wollen. Und was ziemt ihr denn? Weisheit und jede andere Tugend, deren Erzeuger auch alle Dichter sind und alle Künstler, denen man zuschreibt erfinderisch zu sein. Die größte aber und bei weitem schönste Weisheit, sagte sie, ist die, welche in der Staaten und des Hauswesens Anordnung sich zeigte, deren Name Besonnenheit ist und Gerechtigkeit. Wer nun diese als ein Göttlicher schon von Jugend an in seiner Seele trägt, der wird auch, wenn die Zeit herankommt, Lust haben zu befruchten und zu erzeugen. Daher geht auch, meine ich, ein solcher umher, das Schöne zu suchen, worin er erzeugen könne. Denn in dem Häßlichen wird er nie erzeugen. Daher erfreut er sich sowohl an schönen Leibern mehr als an häßlichen, weil er nämlich erzeugen will, als auch wenn er eine schöne, edle und wohlgebildete Seele antrifft, erfreut er sich vorzüglich an beidem vereinigt und hat für einen solchen Menschen gleich eine Fülle von Reden über die Tugend, und darüber wie ein trefflicher Mann sein müsse und wonach streben; und gleich unternimmt er ihn zu unterweisen. Nämlich indem er den Schönen berührt, meine ich, und mit ihm sich unterhält, erzeugt und gebiert er, was er schon lange zeugungslustig in sich trug, und indem er anwesend und abwesend sein gedenkt, erzieht er auch mit jenem gemeinschaftlich das Erzeugte. So daß diese eine weit genauere Gemeinschaft miteinander haben als die eheliche und eine festere Freundschaft, wie sie auch schönere und unsterblichere Kinder gemeinschaftlich besitzen. Und jeder sollte lieber wollen solche Kinder haben als die menschlichen, wenn er auf Homeros sieht und Hesiodos und die anderen trefflichen Dichter, nicht ohne Neid, was für Geburten sie zurücklassen, die ihnen unsterblichen Ruhm und Angedenken sichern, wie sie auch selbst unsterblich sind. Oder wenn du willst, sagte sie, was für Kinder Lykurgos in Lakedaimon zurückgelassen hat, Retter von Laikedaimon, und um es gerade zu sagen von ganz Hellas. Geehrt ist bei euch auch Solon, weil er Gesetze gezeugt und viele andere anderwärts unter Hellenen und Barbaren, die viele und schöne Werke dargestellt haben und vielfältige Tugenden erzeugt, denen auch schon viele Heiligtümer sind errichtet worden, um solcher Kinder willen, der menschlichen Kinder wegen aber nie jemanden. So weit nun, o Sokrates, vermagst du wohl auch in den Geheimnissen der Liebe eingeweiht zu werden; ob aber, wenn jemand die höchsten und heiligsten, auf welche sich auch jene beziehen, recht vortrüge, du es auch vermöchtest, weiß ich nicht. Indes, sprach sie, will ich sie vortragen und es an mir nirgend fehlen lassen. Versuche nur zu folgen, wenn du es vermagst. Wer nämlich auf die rechte Art diese Sache angreifen will, der muß in der Jugend zwar damit anfangen schönen Gestalten nachzugehen, und wird zuerst freilich, wenn er richtig beginnt, nur einen solchen lieben und diesen mit schönen Reden befruchten, hernach aber von selbst inne werden, daß die Schönheit in irgend einem Leibe der in jedem anderen verschwistert ist und es also, wenn er dem in der Idee Schönen nachgehen soll, großer Unverstand wäre, nicht die Schönheit in allen Leibern für eine und dieselbe zu halten, und wenn er dies innegeworden sich als Liebhaber aller schönen Leiber darstellen und von der gewaltigen Heftigkeit für einen nachlassen, indem er dies für klein und geringfügig hält. Nächstdem aber muß er die Schönheit in den Seelen für weit herrlicher halten als die in den Leibern, so daß, wenn einer, dessen Seele zu loben ist, auch nur wenig von jener Blüte zeigt, ihm das doch genug ist und er ihn liebt und pflegt, indem er solche Reden erzeugt und aufsucht, welche die Jünglinge besser zu machen vermögen, damit er selbst so dahin gebracht werde, das Schöne in den Bestrebungen und in den Sitten anzuschauen, um auch von diesem zu sehen, daß es sich überall verwandt ist, und so die Schönheit des Leibes für etwas Geringes zu halten. Von den Bestrebungen aber muß er weiter zu den Erkenntnissen gehn, damit er auch die Schönheit der Erkenntnisse schaue und, vielfältiges Schöne schon im Auge habend, nicht mehr dem bei einem Einzelnen, indem er knechtischer Weise die Schönheit eines Knäbleins oder irgendeines Mannes oder einer einzelnen Bestrebung liebt, dienend sich schlecht und kleingeistig zeige, sondern auf die hohe See des Schönen sich begebend und dort umschauend viel schöne und herrliche Reden und Gedanken erzeuge in ungemessenem Streben nach Weisheit, bis er, hiedurch gestärkt und vervollkommnet, eine einzige solche Erkenntnis erblicke, welche auf ein Schönes folgender Art geht. Hier aber, sprach sie, bemühe dich nur aufzumerken, so sehr du kannst. Wer nämlich bis hieher in der Liebe erzogen ist, das mancherlei Schöne in solcher Ordnung und richtig schauend, der wird, indem er nun der Vollendung in der Liebeskunst entgegengeht, plötzlich ein von Natur wunderbar Schönes erblicken, nämlich jenes selbst, o Sokrates, um deswillen er alle bisherigen Anstrengungen gemacht hat, welches zuerst immer ist und weder entsteht, noch vergeht, weder wächst, noch schwindet, ferner auch nicht etwa nur insofern schön, insofern aber häßlich ist, noch auch jetzt schön und dann nicht, noch in Vergleich hiemit schön, damit aber häßlich, noch auch hier schön, dort aber häßlich, als ob es nur für einige schön, für andere aber häßlich wäre. Noch auch wird ihm dieses Schöne unter einer Gestalt erscheinen, wie ein Gesicht oder Hände oder sonst etwas, was der Leib an sich hat, noch wie eine Rede oder eine Erkenntnis, noch irgendwo an einem andern seiend, weder an einem einzelnen Lebenden, noch an der Erde, noch am Himmel; sondern an und für und in sich selbst ewig überall dasselbe seiend, alles andere Schöne aber an jenem auf irgendeine solche Weise Anteil habend, daß, wenn auch das andere entsteht und vergeht, jenes doch nie irgendeinen Gewinn oder Schaden davon hat, noch ihm sonst etwas begegnet. Wenn also jemand vermittelst der echten Knabenliebe, von dort an aufgestiegen, jenes Schöne anfängt zu erblicken, der kann beinahe zur Vollendung gelangen. Denn dies ist die rechte Art, sich auf die Liebe zu legen oder von einem andern dazu angeführt zu werden, daß man von diesem einzelnen Schönen beginnend jenes einen Schönen wegen immer höher hinaufsteige, gleichsam stufenweise von einem zu zweien, und von zweien zu allen schönen Gestalten, und von den schönen Gestalten zu den schönen Sitten und Handlungsweisen, und von den schönen Sitten zu den schönen Kenntnissen, bis man von den Kenntnissen endlich zu jener Kenntnis gelangt, welche von nichts anderem als eben von jenem Schönen selbst die Kenntnis ist und man also zuletzt jenes selbst, was schön ist, erkenne. Und an dieser Stelle des Lebens, o lieber Sokrates, sagte die Mantineische Fremde, wenn irgendwo, ist es dem Menschen erst lebenswert, wo er das Schöne selbst schaut, welches, wenn du es je erblickst, du nicht wirst vergleichen wollen mit köstlichem Gerät oder Schmuck oder mit schönen Knaben und Jünglingen, bei deren Anblick du jetzt entzückt bist und wohl gern, du wie viele andere, um nur den Liebling zu sehn und immer mit ihm vereinigt zu sein, wenn es möglich wäre, weder essen noch trinken möchtest, sondern nur anschauen und mit ihm verbunden sein. Was also, sprach sie, sollen wir erst glauben, wenn einer dazu gelangte, jenes Schöne selbst rein, lauter und unvermischt zu sehn, das nicht erst voll menschlichen Fleisches ist und Farben und anderen sterblichen Flitterkrams, sondern das göttlich Schöne selbst in seiner Einartigkeit zu schauen? Meinst du wohl, daß das ein schlechtes Leben sei, wenn einer dorthin sieht und jenes erblickt und damit umgeht? Oder glaubst du nicht, daß dort allein ihm begegnen kann, indem er schaut, womit man das Schöne schauen muß; nicht Abbilder der Tugend zu erzeugen, weil er nämlich auch nicht ein Abbild berührt, sondern Wahres, weil er das Wahre berührt? Wer aber wahre Tugend erzeugt und aufzieht, dem gebührt, von den Göttern gehebt zu werden, und wenn irgend einem anderen Menschen, dann gewiß ihm auch, unsterblich zu sein. Solches, o Phaidros und ihr übrigen, sprach Diotima und habe ich ihr geglaubt, und wie ich es glaube, suche ich es auch andern glaublich zu machen, daß, um zu diesem Besitz zu gelangen, nicht leicht jemand der menschlichen Natur einen besseren Helfer finden konnte als den Eros. Darum auch behaupte ich, sollte jedermann den Eros ehren, und ehre ich auch selbst alles, was zur Liebe gehört, und übe mich darin ganz vorzüglich, und ermuntere auch andere dazu, und preise jetzt und immer die Macht und Tapferkeit des Eros, so sehr ich nur vermag. Willst du nun, o Phaidros, so nimm diese Rede dafür an daß ich sie als eine Lobrede auf den Eros gesprochen, wo nicht, so nenne sie, wie und wonach du sie nennen willst.

Nachdem nun Sokrates also gesprochen, hätten die andern ihn gelobt,

Anstophanes aber sei im Begriff gewesen, etwas zu sagen, weil Sokrates in seiner Rede seiner erwähnt wegen der Rede. Allein plötzlich sei an der äußeren Tür gepocht worden, und es sei ein großes Geräusch entstanden, als höre man Stimmen von Herumziehenden mit einer Flötenspielerin Da habe Agathon gesagt Leute, geht keiner nachsehen? Und wenn es von näheren Freunden einer ist, so nötigt ihn herein, wo nicht, so sagt nur, wir tranken nicht mehr, sondern ruhten schon Nicht lange darauf habe man im Vorhause des Alkibiades Stimme gehört, der sehr trunken schien und laut fragend schrie, wo Agathon sei, und fordernd, zum Agathon gebracht zu werden. Sie hatten ihn also zu ihnen geführt, von der Flötenspielerin unter dem Arme gefaßt und von einigen andern seines Gefolges, er sei aber in der Tür stehengeblieben, bekränzt mit einem dicken Kranz von Epheu und Violen und Bänder in großer Menge auf dem Kopf, und habe gesagt Ihr Männer, seid gegrüßt! Ihr werdet jetzt noch einen schon tüchtig trunkenen Mann zum Mittrinker aufnehmen, oder sollen wir wieder gehen, wenn wir erst den Agathon bekränzt haben, wozu wir eben da sind? Denn gestern, habe er hinzugefügt, war es mir nicht möglich zu kommen, jetzt aber bin ich da, auf dem Haupte die Bänder, um von meinem Haupte das Haupt dieses weisesten und schönsten Mannes, wenn ich so sagen darf, zu umwinden. Wollt ihr mich auslachen als trunken? Meinethalben, wenn ihr auch lacht, ich weiß doch, daß ich recht habe. Sagt mir also nur gleich hier, soll ich auf diese Bedingungen hereinkommen oder nicht? Wollt ihr mittrinken oder nicht? – Alle hätten ihn darauf durcheinander lärmend geheißen hereintreten und sich niederlassen, auch Agathon habe ihn eingeladen. Und nun sei er gekommen, von den Leuten geführt, und habe sogleich die Bänder abgenommen um den Agathon zu umwinden, den Sokrates aber, obschon er ihn vor Augen hatte, doch nicht gesehn, sondern sich neben den Agathon gesetzt, zwischen Sokrates und ihn, denn Sokrates sei etwas abgerückt, damit jener sich setzen könne. Nachdem er sich nun gesetzt, habe er den Agathon begrüßt und bekränzt. – Und Agathon habe gesagt: Leute, entschuht den Alkibiades daß er hier zu dreien liegen kann. – Schön, habe

Alkibiades gesagt, aber wer ist uns denn hier der dritte Mittrinker? Und nun habe er sich herumgewendet und den Sokrates erblickt. Und als er ihn erkannt, sei er aufgesprungen und habe ausgerufen: O Herakles? Was ist nun das? Du Sokrates, liegst du mir auch hier schon wieder auf der Lauer, wie du mir immer pflegst plötzlich zu erscheinen, wo ich am wenigsten glaube, daß du sein wirst? wieso bist du nun auch da? und warum liegst du gerade hier? Nicht etwa beim Aristophanes, oder wer sonst hier der lustige ist und auch sein will, sondern hast es wieder so ausgesonnen, daß du neben dem Schönsten von allen hier zu liegen kommst! – Da habe Sokrates gesagt: Agathon, sieh zu, ob du mir beistehn willst! Denn dieses Menschen Liebe hat mir schon zu gar nicht wenigem Verdruß gereicht. Denn seit der Zeit, daß ich mich in diesen verliebt, darf ich nun gar nicht mehr irgendeinen Schönen ansehn und mit einem reden, oder er ist gleich eifersüchtig und neidisch, stellt wunderliche Dinge an und schimpft, und kaum daß er nicht Hand an mich legt. Also sieh zu, daß er nicht auch jetzt wieder etwas anstellt, sondern bringe uns auseinander, oder wenn er Gewalt brauchen will, so hilf mir. Denn seine Tollheit und verliebtes Wesen ist mir ganz schrecklich. – Da ist kein Auseinanderbringen, habe Alkibiades gesagt, für uns beide. Und für dieses will ich dich ein andermal abstrafen, jetzt aber, Agathon, habe er gesagt, gib mir von den Bändern welche ab, damit ich auch diesem Manne sein wunderbares Haupt umwinde und er mir nicht Vorwürfe mache, daß ich dich zwar bekränzt, ihn aber, der doch in Reden alle Menschen besiegt, nicht nur neulich einmal wie du, sondern immer, dennoch nicht bekränzt habe. Zugleich habe er von den Bändern genommen und den Sokrates damit umwunden, dann habe er sich niedergelegt, und nachdem er zur Ruhe gekommen, habe er gesagt: Gut so, ihr Männer. Ihr scheint mir aber nüchtern zu sein, das ist euch nicht zu gestatten, sondern ihr müßt trinken; denn darüber sind wir eins geworden. Zum Vorsitzer nun beim Trunk erwähle ich, bis ihr genug getrunken habt, mich selbst. Also laß Agathon einen tüchtigen Pokal herbringen, wenn einer da ist. Oder vielmehr auch das ist nicht nötig, sondern geh, Bursche, habe er gesagt, bringe jene Kühlschale; er sah nämlich eine, die ihre guten acht Mäßchen hielt. Diese habe er füllen lassen und zuerst selbst ausgetrunken, dann aber geheißen sie dem Sokrates vollschenken und dabei gesagt: Gegen den Sokrates, ihr Männer, hilft mir das Kunststück nichts; denn wieviel einer nur will, trinkt er aus und wird deshalb doch nicht berauscht. Sokrates nun habe, wie der Knabe eingeschenkt, getrunken. Eryximachos aber habe gesagt: Wie doch, o Alkibiades, wollen wir es halten? Wollen wir so gar nichts zum Becher weder reden noch singen, sondern recht wie durstige Leute hinuntertrinken? – Da habe Alkibiades gesagt: O Eryximachos, du bester Sohn des besten und wackersten Vaters, laß dich begrüßen! – Auch du, habe jener erwidert, aber wie halten wir es? – Wie du befiehlst, dir muß man ja folgen; »denn ein heilender Mann ist wert wie viele zu achten.« Ordne also an, was du willst. – Höre dann, habe Eryximachos gesagt, wir hatten, ehe du hereinkamst, ausgemacht, daß rechtsherum der Reihe nach jeder eine Rede über den Eros halten sollte, so schön er nur könnte, um ihn zu preisen. Wir andern alle nun haben sie gesprochen; da du sie aber nicht gesprochen und doch angetrunken hast, so mußt du sie nun sprechen, und wenn du es getan, dem Sokrates aufgeben, was du willst, und dieser seinem Nachbar rechts, und so die andern weiter. – Das wäre wohl ganz gut, o Eryximachos, habe Alkibiades gesagt; aber daß ein trunkener Mann seine Rede neben der Nüchternen ihre stellen soll, wenn das nur nicht allzu ungleich ist! Und dann, läßt du dir denn vom Sokrates das einreden, was er vorhin sagte! Oder weißt du, daß es sich ganz entgegengesetzt, wie er sagte, verhält? Er nämlich, wenn ich in seiner Gegenwart irgendeinen Gott oder Menschen lobe anders als ihn, wird er sich nicht halten können, Hand an mich zu legen. – Wirst du wohl nicht freveln? habe Sokrates gesagt. – Alkibiades aber: Beim Poseidon, rede mir nichts dagegen! Denn ich werde niemand anders loben in deiner Gegenwart. – So tue das, habe Eryximachos gesagt, wenn du willst, lobe den Sokrates. – Wie meinst du, habe Alkibiades gesagt, dünkt dich, o Eryximachos, ich soll mich über den Mann hermachen und ihn vor euch zur Strafe ziehn? – Du da, habe Sokrates gesagt, was hast du im Sinn? Willst du mich spöttischerweise loben, oder was gedenkst du zu tun? – Die Wahrheit will ich reden; also sieh zu, ob du das gestattest! – Allerdings, habe jener erwidert, die Wahrheit gestatte und heiße dir, sie zu sagen. – Warum fange ich also nicht an habe Alkibiades gesagt. Und du tue so. Wenn ich etwas Unwahres sage, so falle mir gleich zwischenein, wenn du willst, und sage, daß ich lüge. Denn wissentlich werde ich nichts lügen. Wenn ich jedoch, wie es mir in den Sinn kommt, bald dies, bald jenes vorbringe, das laß dich nicht wundern. Denn gar nicht leicht ist es, deine Wunderlichkeiten, so wie ich mich jetzt befinde, fertig und ordentlich hintereinander aufzuzählen.

Also den Sokrates zu loben, ihr Männer, will ich so versuchen, durch Bilder, er wird nun wohl vielleicht glauben, spöttischerweise, aber gerade zur Wahrheit soll mir das Bild dienen und gar nicht zum Spott. Ich behaupte nämlich, er sei äußerst ähnlich jenen Silenen in den Werkstätten der Bildhauer, welcher die Künstler mit Pfeifen oder Flöten vorstellen, in denen man aber, wenn man die eine Hälfte wegnimmt, Bildsäulen von Göttern erblickt, und so behaupte ich, daß er vorzüglich dem Satyr Marsyas gleiche. Daß du nun dem Ansehn nach diesem ähnlich bist, o Sokrates, wirst du wohl selbst nicht bestreiten, wie du ihnen aber auch übrigens gleichst, das höre demnächst. Bist du übermütig oder nicht? Denn wenn du das nicht eingestehst, will ich Zeugen beibringen. Oder etwa kein Flötenspieler? Wohl ein weit bewundernswürdigerer als jener! Jener nämlich bezauberte vermittelst des Instrumentes die Menschen durch die Gewalt seines Mundes und so noch jetzt, wer seine Werke vorträgt. Denn was Olympos auf der Flöte geleistet, schreibe ich dem Marsyas, seinem Lehrer, zu. Seine Werke also, es mag sie nun ein trefflicher Flötenspieler vortragen oder eine schlechte Flötenspielerin, sind allein hinreißend und offenbaren, wer der Götter und ihrer Weihungen bedürftig ist, weil sie göttlich sind. Du aber zeichnest dich um soviel vor jenem aus, als du ohne Instrument durch bloße Worte dasselbe ausrichtest. Von uns wenigstens, wenn wir von einem andern auch noch so trefflichen Redner andere Reden hören, macht sich keiner, daß ich es gerade heraus sage, sonderlich etwas daraus. Hört aber einer dich selbst oder von einem andern deine Reden vorgetragen, wenn auch der Vortragende wenig bedeutet, sei es nun Weib oder Mann, wer sie hört, oder Knabe, alle sind wir wie außer uns und ganz davon hingerissen. Ich wenigstens, ihr Männer, wenn ihr dann nur nicht glauben wollet, daß ich ganz und gar betrunken wäre, wollte es euch auch mit Schwüren bekräftigen, was mir selbst dieses Mannes Reden angetan haben und noch jetzt antun. Denn weit heftiger als den vom Korybantentanz Ergriffenen pocht mir, wenn ich ihn höre, das Herz, und Tränen werden mir ausgepreßt von seinen Reden; auch sehe ich, daß es vielen andern ebenso ergeht. Wenn ich dagegen den Perikles hörte oder andere gute Redner, dachte ich wohl, daß sie gut sprächen, dergleichen begegnete mir aber nichts, noch geriet meine Seele in Unruhe darüber und in Unwillen, daß ich mich in einem knechtischen Zustande befände. Von diesem Marsyas aber bin ich oft so bewegt worden, daß ich glaubte, es lohnte nicht, zu leben wenn ich so bliebe, wie ich wäre. Und du wirst nicht sagen können, Sokrates, daß das nicht wahr wäre. Ja, auch jetzt noch bin ich mir sehr wohl bewußt, daß, wenn ich nur meine Ohren hergeben wollte, ich mich nicht würde halten können, daß mir nicht dasselbe begegnete. Denn er nötigt mich, einzugestehn, daß mir selbst noch gar vieles mangelt und ich doch, mich vernachlässigend, der Athener Angelegenheiten besorge. Mit Gewalt also, wie vor den Sirenen die Ohren verstopfend, fliehe ich aufs eiligste, um nur nicht immer sitzenzubleiben und neben diesem veralten. Und mit diesem allein unter allen Menschen ist mir begegnet, was einer nicht in mir suchen sollte, daß ich mich vor irgend jemand schämen könnte; indes vor diesem allein schäme ich mich doch. Denn ich bin mir sehr gut bewußt, daß ich nicht imstande bin, ihm zu widersprechen, als ob man das nicht tun müßte, was er anrät, sondern daß ich nur, wenn ich von ihm gegangen bin, durch die Ehrenbezeugungen des Volkes wieder überwunden werde. Also laufe ich ihm davon und fliehe, und wenn ich ihn wiedersehe, schäme ich mich wegen des Eingestandenen und wollte oft lieber sehen, er lebte gar nicht; geschähe es aber etwa, so weiß ich gewiß, daß mir das noch bei weitem schmerzlicher sein würde, so daß ich gar nicht weiß, wie ich es halten soll mit dem Menschen. Durch sein Flötenspiel also ist mir und vielen anderen so mitgespielt worden von diesem Satyr. Höret aber noch weiter, wie ähnlich er dem ist, womit ich ihn verglichen habe, und wie wunderbare Eigenschaften er an sich hat. Denn das wißt nur, daß keiner von euch ihn kennt, sondern ich will ihn euch erst beschreiben, da ich einmal angefangen habe. Denn ihr seht doch, daß Sokrates verliebt ist in die Schönen und immer um sie her und außer sich über sie, und wiederum, daß er in allem unwissend ist und nichts weiß, wie er sich ja immer anstellt; ist nun das nicht recht silenenhaftig? Gewiß sehr. Denn das hat er nur so äußerlich umgetan, eben wie jene getriebenen Silenen, inwendig aber, wenn man ihn auftut, was meint ihr wohl, ihr Männer und Trinkgenossen, wie vieler Weisheit und Besonnenheit er voll ist? Wißt denn, daß es ihn nicht im mindesten kümmert, ob einer schön ist, sondern er achtet das so gering, als wohl niemand glauben möchte, noch ob einer reich ist oder irgend einen der von den Leuten am meisten gepriesenen Vorzüge hat. Er hält vielmehr alle diese Dinge für nichts wert und uns für nichts und verstellt sich nur gegen die Menschen und treibt Scherz mit ihnen sein Lebelang. Ob aber jemand, wenn er ernsthaft war und sich auftat, die Götterbilder gesehn hat, die er in sich trägt, das weiß ich nicht. Ich habe sie aber einmal gesehen, und so göttlich und golden und überaus schön und bewunderungswürdig kamen sie mir vor, daß ich glaubte auf der Stelle alles tun zu müssen, was nur Sokrates wünschte. Da ich nun glaubte, daß er sich ernstlich Mühe gäbe um meine Schönheit, hielt ich das für einen herrlichen Fund und für ein überaus glückliches Ereignis, weil es nun in meiner Gewalt stände, wenn ich mich dem Sokrates gefällig erwiese, alles zu hören, was er wüßte. Denn ich bildete mir wunder wieviel ein auf meine Schönheit. In diesen Gedanken nun, da ich vorher nicht pflegte ohne Diener mit ihm allein zu sein, schickte ich einst den Diener weg und blieb ganz allein mit ihm. Denn ich muß euch nun die ganze Wahrheit sagen, also gebt Achtung, und wenn ich lüge, Sokrates, so widersprich mir. Allein also, ihr Männer, waren wir zwei miteinander, und ich meinte, er sollte mir nun gleich solche Dinge sagen wie ein Liebhaber seinem Liebling in der Einsamkeit sagen würde, und freute mich. Hieraus aber wurde gar nichts, sondern wie er sonst mit mir zu sprechen pflegte, brachte er den ganzen Tag mit mir hin und ging fort. Nach diesem forderte ich ihn auf, Leibesübungen mit mir anzustellen, und übte mich mit ihm, um dadurch etwas zu erreichen. Er trieb also mit mir Leibesübungen und rang öfters mit mir ohne jemandes Beisein. Und was soll ich sagen? ich hatte nichts weiter davon. Da ich nun so auf keine Weise etwas gewann, nahm ich mir vor, dem Manne mit Gewalt zuzusetzen und nicht abzulassen, da ich es einmal unternommen, sondern endlich zu erfahren, woran ich wäre. Also lade ich ihn zur Mahlzeit, ordentlich wie ein Liebhaber seinem Liebling nachstellt. Auch das gewährte er mir nicht einmal gleich, doch mit der Zeit ließ er sich überreden. Als er nun zum ersten Mal da war, wollte er nach der Mahlzeit fortgehn, und damals schämte ich mich noch und ließ ihn. Ein andermal aber stellte ich es listiger an und sprach mit ihm, nachdem er abgespeist, bis tief in die Nacht hinein, und als er nun gehen wollte, nahm ich den Vorwand, daß es schon spät sei, und nötigte ihn zu bleiben. Also legte er sich nieder auf dem Polster neben dem meinigen, wo er auch bei der Mahlzeit gesessen hatte, und niemand sonst schlief in dem Gemach als wir. Bis hieher nun könnte man die Sache noch unbedenklich jedermann erzählen; das folgende aber würdet ihr wohl nicht von mir hören, wenn nicht zuerst nach dem Sprichwort der Wein mit oder ohne Kinder die Wahrheit redete, und dann auch eine herrliche Tat des Sokrates zu verbergen, wenn man es übernommen hat, ihn zu loben, mir unrecht schien. Auch geht es wie denen von der Natter Gebissenen gerade auch mir. Denn man sagt ja, wem dies begegnet sei, der wolle niemanden sagen, wie ihm gewesen, als den ebenfalls Gebissenen, weil diese allein verstehen und verzeihen könnten, was einer auch alles getan und geredet hat vor Schmerz. Also auch ich, der ich noch empfindlicher gebissen bin und am empfindlichsten Ort, wo nur einer kann gebissen werden, denn am Herzen oder an der Seele oder wie man es nennen soll, bin ich verwundet von den Reden der Weisheit, die sich an eine junge, nicht unedle Seele, wenn sie einmal ergriffen, heftiger als eine Natter ansaugen und sie in Wort und Tat zu allem bringen können, und da ich hier nur einen Phaidros und Agathon vor mir habe, einen Eryximachos und Pausanias, Aristodemos und Aristophanes, und was soll ich den Sokrates selbst erst nennen und die andern alle, denn ihr seid alle behaftet mit dieser Wut und Schwärmerei der Philosophie: so sollt ihr es auch alle hören; denn ihr werdet Nachsicht haben mit dem, was ich damals tat und jetzt erzähle. Die Diener aber und wer sonst ungeweiht und ungewandt ist, mögen sich den größten Riegel vor die Ohren schieben. Als nämlich, ihr Männer, das Licht nun ausgelöscht war und die Diener hinausgegangen, dachte ich, nun dürfte ich nicht länger Umschweife mit ihm machen, sondern gerade heraus sagen, wie ich es meinte. Ich stieß ihn also an und sagte: Sokrates, schläfst du? – Nicht recht, sagte er. – Weißt du wohl, was ich gesonnen bin? – Was doch? sprach er. – Du dünkst mich, sagte ich, der einzige unter meinen Liebhabern zu sein, der es wert ist, und mir scheint, als trügst du Bedenken, mit mir davon zu reden. Ich aber, wie ich gesinnt bin, würde es für ganz unvernünftig halten, wenn ich dir nicht auch hierin gefällig sein wollte, und in allem, was du irgend sonst von dem meinigen oder von meinen Freunden brauchst. Denn mir ist ja nichts wichtiger, als daß ich so trefflich werde als nur irgend möglich, und hiezu, glaube ich, kann niemand mir mehr beförderlich sein als du. Also würde ich einem solchen Manne dies nicht zu gewähren mich weit mehr vor den Vernünftigen schämen, als es zu gewähren vor dem großen Haufen der Unvernünftigen. – Als er dies gehört, sagt er ganz spöttisch und so recht, wie er pflegt: O guter Alkibiades, du scheinst wahrlich gar nicht dumm zu sein, wenn das wahr ist, was du von mir sagst, und es eine Eigenschaft in mir gibt, durch welche du besser werden könntest, und dann eine gar wunderbare Schönheit an mir erblicktest, die deine Wohlgestalt um gar vieles übertrifft. Wenn du also dieses sehend in Gemeinschaft mit mir treten und Schönheit gegen Schönheit austauschen willst: so gedenkst du ja mich nicht wenig zu übervorteilen und suchst für den bloßen Schein derselben das wahre Wesen der Schönheit zu gewinnen und denkst in Wahrheit Gold für Kupfer einzutauschen. Aber du Guter, überlege es nur besser, ob du dich nicht irrst und eigentlich nichts an mir ist. Das Auge des Geistes fängt erst an scharf zu sehen, wenn das leibliche von seiner Schärfe schon verlieren will, und davon bist du noch weit entfernt. – Darauf sagte ich: Von meiner Seite steht es so, und ich habe nichts anders gesagt, als ich es meine. Du aber überlege es nun selbst, wie du es für dich und mich am besten findest. – Ja, sagte er, das war wohl gesprochen, und wir wollen von nun an immer nach reiflicher Überlegung dasjenige tun, was hierin und in allem andern uns beiden das beste scheint. – Nach dieser Rede und Antwort nun, und nachdem ich meine Pfeile sozusagen abgeschossen, glaubte ich ihn doch getroffen zu haben, und ich stand auf, ohne daß ich ihn weiter zum Worte kommen ließ, warf dies mein Kleid über, denn es war Winter, und legte mich unter seinen Mantel, indem ich mit beiden Armen diesen göttlichen und in Wahrheit ganz wunderbaren Mann umfaßte, und so lag ich die ganze Nacht. Und auch das, Sokrates, wirst du nicht sagen können, daß ich lüge. Und ohnerachtet ich dies alles getan, siegte er so sehr und verachtete und verlachte meine Schönheit und trieb Übermut, wiewohl ich doch glaubte, es wäre etwas damit, ihr Richter – denn Richter seid ihr über des Sokrates Hochmut – wißt es nun, bei Göttern und Göttinnen, daß, nachdem ich so mit dem Sokrates geschlafen hatte, ich aufstand, ohne etwas weiteres, als wenn ich bei einem Vater oder älteren Bruder gelegen hätte. Hierauf also, wie meint ihr, daß mir zumute gewesen, der ich mich gekränkt glaubte und doch auch an des Mannes Natur und Besonnenheit und Tapferkeit mich erfreute, da ich einen solchen angetroffen, wie ich nie zu finden geglaubt an Weisheit und Beharrlichkeit, so daß ich weder wußte, wie ich ihm zürnen sollte und mich seinem Umgang entziehen, noch auch, wie ich ihn gewinnen könnte, Rat wußte. Denn das wußte ich wohl, daß er durch Gold noch viel weniger irgendwo verwundbar wäre als Aias durch Eisen, womit ich aber geglaubt hatte, daß er allein könne gefangen werden, dadurch war er mir doch auch entwischt. Ratlos also blieb ich und in der Gewalt des Menschen, wie nie einer in eines andern seiner gewesen ist. Dies nun war alles früher geschehen, hernach aber machten wir den Feldzug nach Potidaia zusammen und waren dort Tischgenossen. Da nun übertraf er zuerst in Ertragung aller Beschwerden nicht nur mich, sondern alle insgesamt. Denn wenn wir etwa irgendwo abgeschnitten waren und, wie es im Felde wohl geht, hungern mußten: so war das nichts gegen ihn, wie es die andern aushielten. Und auch, wenn hoch gelebt wurde, verstand er allein zu genießen, auch übrigens zumal aber im Trinken, wiewohl er es immer nicht wollte; wenn er einmal gezwungen wurde, übertraf er alle, und, was das Wunderbarste ist, niemals hat irgend jemand den Sokrates trunken gesehen. Hievon nun dünkt mich, wird sich auch jetzt gleich der Beweis finden. Im Ertragen der Witterung aber, die Winter sind aber dort furchtbar, trieb er es bewunderungswürdig weit, auch sonst immer besonders, aber einmal, als der Frost so heftig war, als man sich nur denken kann, und die andern entweder gar nicht hinausgingen, oder wer es etwa tat, wunderwieviel Anzug und Schuhe unterband und die Füße einhüllte in Filz und Pelz, da ging dieser hinaus in ebensolcher Kleidung, wie er sie immer zu tragen pflegt, und ging unbeschuht weit leichter über das Eis als die anderen in Schuhen. Die Kriegsmänner sahen ihn auch scheel an, als verachte er sie. Das wäre nun dieses. Doch wie er jenes vollbracht und bestand, der gewaltige Krieger, auch damals noch beim Heere, das lohnt wohl der Mühe zu hören. Es war ihm etwas eingefallen, und er stand nachsinnend darüber von des Morgens an auf einer Stelle, und da es ihm nicht vonstatten ging, ließ er nicht nach, sondern blieb immer forschend stehen. Nun wurde es Mittag, und die Leute merkten es und erzählten verwundert einer dem andern, daß Sokrates vom Morgen an über etwas nachsinnend dastände. Endlich, als es Abend war und man gespeist hatte, trugen einige Jonier, denn damals war es Sommer, ihre Schlafdecken hinaus, teils um im Kühlen zu schlafen, teils um auf ihn acht zu geben, ob er auch die Nacht über da stehen bleiben würde. Und er blieb stehen, bis es Morgen ward und die Sonne aufging; dann verrichtete er noch sein Gebet an die Sonne und ging fort. Wollt ihr ihn auch in der Schlacht sehen; denn es ist billig, ihm das auch nachzurühmen. Als nämlich das Gefecht vorfiel, bei welchem mir die Heerführer den Preis zuerkannten, hat mich kein anderer Mensch gerettet als dieser, der mich Verwundeten nicht verlassen wollte und so meine Waffen und mich selbst glücklich mit durchbrachte. Auch drang ich damals darauf, Sokrates, daß die Heerführer dir den Preis erteilen sollten, was du auch weder tadeln wirst, noch sagen, daß ich es lüge; allein wie die Heerführer auf meine Vornehmheit Rücksicht nahmen und mir ihn geben wollten, so warst du noch eifriger darauf als die Heerführer, daß ich ihn erhalten sollte und nicht du selbst. Besonders noch, ihr Männer, war es sehr viel wert, den Sokrates zu sehen, als sich das Heer von Delion fliehend zurückzog. Denn ich war zu Pferde dabei, er aber in schwerer Rüstung zu Fuß. Er zog sich also zurück erst, als das Volk schon ganz zerstreut war, er und Laches. Ich komme dazu und erkenne sie und redete ihnen sogleich zu, guten Mutes zu sein, und sagte, daß ich sie nicht verlassen würde. Da konnte ich nun den Sokrates noch schöner beobachten als bei Potidaia, denn ich selbst war weniger in Furcht, weil ich zu Pferde war, zuerst wieweit er den Laches an Fassung übertraf, und dann schien er mir nach deinem Ausdruck, Aristophanes, auch dort einherzugehn stolzierend und stier seitwärts hinwerfend die Augen, ruhig umschauend nach Freunden und Feinden; und jeder mußte es sehen schon ganz von ferne, daß wenn einer diesen Mann berührte, er sich aufs kräftigste verteidigen würde. Darum kamen sie auch unverletzt davon, er und der andere. Denn fast werden die, welche sich so zeigen, im Kriege gar nicht angetastet, sondern man verfolgt nur die, welche in voller Hast fliehen. Und viel anderes und Bewundernswürdiges könnte man gewiß noch vom Sokrates rühmen. Allein in andern Bestrebungen kann man wohl leicht auch von anderen dasselbe sagen; wie aber er durchaus keinem Menschen ähnlich ist weder von alten noch von jetzigen, das ist ganz bewundernswert. Denn wie Achilleus war, so könnte man wohl auch den Brasidas und andere darstellen, und wie Perikles, so den Nestor und Antenor, und so gibt es noch andere, und auf ähnliche Art könnte man Vergleichungen für andere finden; wie aber dieser Mensch in seiner Wunderlichkeit ist, er selbst und seine Reden, so würde einer auch von fern nichts Ähnliches finden, weder bei den jetzigen noch bei den Alten, wenn ihn nicht jemand, wie ich eben tue, mit keinem Menschen vergleichen will, sondern mit den Silenen und Satyrn ihn und seine Reden. Und dies habe ich gleich zuerst noch übergangen, daß auch seine Reden jenen aufzuschließenden Silenen äußerst ähnlich sind. Denn wenn einer des Sokrates Reden anhören will, so werden sie ihm anfangs ganz lächerlich vorkommen, in solche Worte und Redensarten sind sie äußerlich eingehüllt, wie in das Fell eines frechen Satyrs. Denn von Lasteseln spricht er, von Schmieden und Schustern und Gerbern, und scheint immer auf dieselbe Art nur dasselbige zu sagen, so daß jeder unerfahrene und unverständige Mensch über seine Reden spotten muß. Wenn sie aber einer geöffnet sieht und inwendig hineintritt: so wird er zuerst finden, daß diese Reden allein inwendig Vernunft haben, und dann, daß sie ganz göttlich sind und die schönsten Götterbilder von Tugend in sich enthalten und auf das meiste von dem oder vielmehr auf alles abzwecken, was dem, der gut und edel werden will, zu untersuchen gebührt. Dies ist es, ihr Männer, was ich am Sokrates lobe, und wiederum auch was ich tadle, habe ich mit eingemischt und euch gesagt, wie er mich gekränkt hat. Und nicht nur mir hat er solches angetan, sondern auch dem Charmides, dem Sohn des Glaukon, und dem Euthydemos, dem Sohn des Diokles, und gar vielen andern, die er hintergeht, als wäre er ihr Liebhaber und dann vielmehr sich zum Liebling aufwirft statt Liebhaber. Was ich auch dir vornehmlich sage, Agathon, damit du dich nicht von ihm hintergehen lassest, sondern durch unsern Schaden klug gemacht dich hütest und nicht erst nach dem Sprichwort wie ein Kind durch Schaden klug werdest.

Nachdem Alkibiades also geredet, sei ein Gelächter entstanden über seine Offenherzigkeit, weil er noch schien verliebt zu sein in den Sokrates. Sokrates aber habe gesagt: Nüchtern scheinst du mir noch ganz zu sein, Alkibiades, sonst würdest du dich nicht so fein im Kreise herumdrehen können und das. weswegen du dies alles vorgebracht hast, zu verbergen suchen, indem du es nur so wie beiläufig ans Ende hinstellst, als ob du nicht alles nur deshalb vorgebracht hättest, um mich und den

Agathon zu entzweien, weil du meinst, ich dürfe nur dich lieben und keinen andern, und Agathon nur von dir geliebt werden und auch nicht von einem andern sonst. Allein du hast dich damit doch nicht versteckt, sondern dieses dein silenisches und satirisches Schauspiel ist gar wohl verstanden worden. Also, lieber Agathon, laß ihn nichts dabei gewinnen, sondern gib acht, daß niemand mich und dich entzweien könne. – Darauf habe Agathon gesagt: Du magst wohl recht haben, Sokrates. Ich vermute aber auch, er hat sich nur deshalb zwischen dich und mich gelegt, um uns voneinander zu trennen. Er soll also auch davon nichts haben, sondern ich will zu dir kommen und mich dort niederlegen. – Freilich, habe Sokrates gesagt, komm nur und lege dich hier unterhalb von mir. – O Zeus, habe Alkibiades gesagt, was widerfährt mir schon wieder von dem Menschen? er denkt, daß er mir überall überlegen sein muß. Aber wenn es denn nicht anders geht, du Wundervoller, so laß doch wenigstens den Agathon zwischen uns liegen. – Das geht ja unmöglich, habe Sokrates gesagt, denn du hast mich gelobt und ich muß nun weiter den rechter Hand loben. Wenn nun Agathon unterhalb von dir sitzt: so soll er doch wohl mich nicht von neuem loben, ehe er vielmehr von mir ist gelobt worden. Laß also gut sein, und beneide es dem Jünglinge nicht von mir gelobt zu werden; denn ich habe auch gewaltige Lust, ihn recht zu preisen. – Juchhe, Alkibiades, habe Agathon gesagt, nun kann ich ja auf keine Weise hierbleiben, sondern muß vor allen Dingen den Platz wechseln, um von dem Sokrates gelobt zu werden. – Das sind eben die alten Sachen! habe Alkibiades gesagt, wenn Sokrates dabei ist, kann kein anderer etwas von einem Schönen haben. Auch jetzt, was für eine leichte und wahrscheinliche Ausrede hat er nun wieder gefunden, daß dieser nun neben ihm sitzen muß!

Agathon sei also aufgestanden, um sich neben den Sokrates zu setzen. Plötzlich aber sei eine große Menge Herumziehender an die Tür gekommen, und weil sie sie offen gefunden, indem einer hinausgegangen ihnen entgegen, wären sie eingedrungen und hätten sich niedergelassen. Alles sei nun voll Lärm geworden, und ohne alle Ordnung sei man genötigt worden, gewaltig viel Wein zu trinken. Eryximachos, Phaidros und einige andere, sagte Aristodemos, wären fortgegangen, seiner aber habe sich der Schlaf bemächtigt, und er habe viel geschlafen, wie denn die Nächte damals lang waren. Gegen Morgen aber sei er aufgewacht, als die Hähne schon krähten, und habe gesehen, daß die andern teils schliefen, teils fortgegangen wären, nur Agathon, Aristophanes und Sokrates hätten allein noch gewacht und aus einem großen Becher rechtsherum getrunken, und Sokrates habe mit ihnen Gespräch geführt. Des übrigen nun, sagte Aristodemos, erinnere er sich nicht mehr von den Reden, denn er wäre nicht von Anfang an dabei gewesen und sei auch dazwischen wieder eingeschlummert, die Hauptsache aber wäre gewesen, daß Sokrates sie nötigen wollte einzugestehen, es gehöre für einen und denselben, Komödien und Tragödien dichten zu können, und der künstlerische Tragödiendichter sei auch der Komödiendichter. Dies wäre ihnen abgenötigt worden, sie wären aber nicht recht gefolgt und schläfrig geworden. Und zuerst wäre Aristophanes eingeschlafen, und als es schon Tag geworden, auch Agathon. Sokrates nun, nachdem er diese in den Schlaf gebracht, wäre aufgestanden und weggegangen und er wie gewöhnlich ihm gefolgt. So sei er ins Lykeion gegangen und habe sich nach dem Bade wie sonst den ganzen Tag dort aufgehalten und erst abends nach Hause zur Ruhe begeben.

PHAIDROS

Sokrates · Phaidros

SOKRATES. O lieber Phaidros, woher denn und wohin?

PHAIDROS. Vom Lysias, o Sokrates, dem Sohne des Kephalos, und ich gehe lustwandeln hinaus vor die Stadt; denn ich habe dort lange Zeit sitzend zugebracht von frühe an. Und deinem und meinem Freunde Akumenos folgend pflege ich draußen auf den Straßen umherzugehen; dieses nämlich, sagt er, sei weniger ermüdend als das in den Spaziergängen.

SOKRATES. Und ganz recht hat er darin, lieber Freund. Also Lysias, war wie es scheint, in der Stadt.

PHAIDROS. Ja, bei dem Epikrates, in dem Hause hier unweit des Olympion, der Morychia.

SOKRATES. Was habt ihr denn dort getrieben? Oder versteht es sich, daß euch Lysias aus seinen Reden bewirtet hat?

PHAIDROS. Du sollst es erfahren, wenn du Muße hast mitzugehn und zu hören.

SOKRATES. Wie denn? Glaubst du nicht, daß es, nach dem Pindaros, auch dringendem Geschäft voran mir gehn soll, deine und des Lysias Unterhaltung anzuhören?

PHAIDROS. So gehe denn weiter.

SOKRATES. Und du rede.

PHAIDROS. Gewiß, Sokrates, recht geziemt dir dies zu hören. Denn die Rede, mit der wir uns unterhielten, war, ich weiß nicht recht wie, eine Liebesrede. Nämlich Lysias hat sie geschrieben, als ob ein schöner Knabe gewonnen werden sollte, aber nicht von einem Liebhaber. Sondern dies ist eben die Feinheit darin, er behauptet, man müsse eher einem Nichtverliebten günstig sein als einem Verliebten.

SOKRATES. O trefflicher Mann! hätte er doch geschrieben eher einem Armen als Reichen, einem Alten als Jungen, und was sonst mir zugut gekommen wäre, und den meisten von uns. Wahrlich, das wären artige und gemeinnützige Rede. Ich meinesteils bin nun so begierig geworden zu hören, daß, wenn du auch bis Megara lustwandeln gingst und wie Herodikos hart an der Mauer wieder umkehrtest, würde ich doch nicht von dir weichen.

PHAIDROS. Wie meinst du, bester Sokrates? Glaubst du, was Lysias in langer Zeit nach Muße ausgearbeitet hat, der größte Meister unter allen jetzt im Schreiben, das sollte ich Ungelehrter seiner würdig so aus dem Gedächtnis wiederholen können? Daran fehlt viel. Wiewohl viel Geld mir nicht so lieb sein sollte als dieses.

SOKRATES. O Phaidros, wenn ich den Phaidros nicht kenne, muß ich ja mich selbst vergessen haben. Aber eines so wenig als das andere. Ich weiß gar wohl, hörte der eine Rede des Lysias, so hat er sie nicht nur einmal angehört, sondern dem Lysias immer wieder aufs neue oftmals reden lassen und der gehorchte ihm auch gern. Ihm aber ist auch das nicht genug gewesen, sondern zuletzt hat er das Buch genommen und selbst, was ihm am besten gefiel, nachgesehen. Und darüber von frühe an sitzend ist er endlich ermüdet und lustwandeln gegangen, jedoch beim Hunde! wie ich wenigstens glaube, schon vollkommen wissend die Rede, wenn sie nicht allzulang war. Und zur Stadt hinaus ging er, um sie recht einzulernen. Als er dann einem begegnete, der krank ist an der Sucht, Reden anzuhören, freute er sich schon, da er ihn kommen sah, daß er einen Genossen haben würde an seiner Entzückung und hieß ihn mitgehn. Wie nun der Liebhaber von Reden ihn bat, herzusagen, machte er den Spröden, als hätte er nicht Lust; am Ende aber würde er, auch wenn niemand mit Gutem zuhören wollte, mit Gewalt die Rede sagen. Du also Phaidros bitte ihn, was er doch bald auf alle Weise tun würde, lieber gleich zu tun.

PHAIDROS. Wahrlich bei weitem das Beste wird sein, dir so wie ich eben kann, die Rede zu geben. Denn du scheinst mir keineswegs ablassen zu wollen, bis ich irgendwie rede.

SOKRATES. Ganz recht glaubst du das von mir.

PHAIDROS. So demnach will ich es machen. Denn in der Tat, Sokrates, die Worte habe ich unmöglich behalten, den Inhalt aber wohl von allem, worin er den Unterschied zwischen des Liebenden Sache und des Nichtliebenden auseinandergesetzt, will ich dir kürzlich nach der Ordnung vom ersten anhebend wiederholen.

SOKRATES. Nachdem du jedoch gezeigt haben wirst, lieber Mensch, was du da hast in der linken Hand unter dem Mantel. Denn ich vermute, du hast die Rede selbst, und wenn das ist, so denke so von mir, daß ich dich zwar gar sehr liebe, wenn aber auch Lysias da ist, mich dir herzugeben, damit du dich an mir einlernst, keineswegs gesonnen bin. Komm also und zeige.

PHAIDROS. Ruhig nur! Du hast mir die Hoffnung vereitelt die ich hatte, mich an dir zu üben. Aber wo willst du nun, daß wir uns setzen, um zu lesen?

SOKRATES. Hier laß uns ablenkend am Ilissos hinuntergehn und dann, wo es uns gefallen wird, uns einsam niedersetzen.

PHAIDROS. Zur rechten Zeit, wie es scheint, bin ich unbeschuht; denn du freilich bist es immer. So ist es am bequemsten, im Wässerchen selbst die Füße netzend zu gehn, und gar nicht unangenehm, zumal in dieser Jahreszeit um jetzige Stunde.

SOKRATES. So gehe voran und sieh dich um, wo wir uns wohl setzen können.

PHAIDROS. Siehst du jene höchste Platane dort?

SOKRATES. Wie sollte ich nicht?

PHAIDROS. Dort ist Schatten und mäßige Luft, auch Rasen drauf zu sitzen, oder wenn wir wollen, uns niederzulegen.

SOKRATES. Gehe also.

PHAIDROS. Sage mir, Sokrates, soll nicht hier irgendwo am Ilissos Boreas die Oreithyia geraubt haben?

SOKRATES. So soll er.

PHAIDROS. Etwa eben hier? Angenehm wenigstens, rein und durchsichtig ist hier das Wässerchen, recht gemacht für Mägdlein, daran zu spielen.

SOKRATES. Nein, sondern unterhalb etwa um zwei oder drei Stadien, wo man durchgeht nach dem Tempel der Artemis. Auch ist dort irgendwo ein Altar des Boreas.

PHAIDROS. Ich wußte es nicht recht. Aber sage, um Zeus willen, Sokrates, glaubst auch du, daß diese Geschichte wahr ist.

SOKRATES. Wenn ich es nun nicht glaubte, wie die Klugen, so wäre ich eben nicht ratlos. Ich würde dann weiterklügelnd sagen, der Wind Boreas habe sie, als sie mit der Pharmakeia spielte, von den Felsen dort in der Nähe herabgeworfen, und dieser Todesart wegen habe man gesagt, sie sei durch den Gott Boreas geraubt worden, oder auch vom Areopagos, denn auch so wird es erzählt, daß sie von da geraubt worden. Ich aber, o Phaidros, finde dergleichen übrigens ganz artig, nur daß ein gar kunstreicher und mühsamer Mann dazu gehört, und der eben nicht zu beneiden ist, nicht etwa wegen sonst einer Ursache, sondern weil er dann notwendig auch die Kentauren ins Gerade bringen muß und hernach die Chimaira, und dann strömt ihm herzu ein ganzes Volk von dergleichen Gorgonen, Pegasen und andern unendlich vielen und unbegreiflichen wunderbaren Wesen, und wer die ungläubig einzeln auf etwas Wahrscheinliches bringen will, der wird mit einer wahrlich unzierlichen Weisheit viel Zeit verderben. Ich aber habe dazu ganz und gar keine, und die Ursache hievon, mein Lieber, ist diese, ich kann noch immer nicht nach dem delphischen Spruch mich selbst erkennen. Lächerlich also kommt es mir vor, solange ich hierin noch unwissend bin, an andere Dinge zu denken. Daher also lasse ich das alles gut sein; und annehmend, was darüber allgemein geglaubt wird, wie ich eben sagte, denke ich nicht an diese Dinge, sondern an mich selbst, ob ich etwa ein Ungeheuer bin, noch verschlungener gebildet und ungetümer als Typhon, oder ein milderes einfacheres Wesen, das sich seines göttlichen und edeln Teiles von Natur erfreut. – Doch, Freund, nicht zu vergessen, war dies nicht der Baum, zu dem du uns führen wolltest?

PHAIDROS. Ja ebendieser.

SOKRATES. Bei der Here! dies ist ein schöner Aufenthalt. Denn die Platane selbst ist prächtig belaubt und hoch, und des Gesträuches Höhe und Umschattung gar schön, und so steht es in voller Blüte, daß es den Ort mit Wohlgeruch ganz erfüllt. Und unter der Platane fließt die lieblichste Quelle des kühlsten Wassers, wenn man seinen Füßen trauen darf. Auch scheint hier nach den Statuen und Figuren ein Heiligtum einiger Nymphen und des Acheloos zu sein. Und wenn du das suchst, auch die

Luft weht hier willkommen und süß und säuselt sommerlich und lieblich in den Chor der Zikaden. Unter allen am herrlichsten aber ist das Gras am sanften Abhang in solcher Fülle, daß man hingestreckt das Haupt gemächlich kann ruhen lassen. Kurz, du hast vortrefflich den Führer gemacht, lieber Phaidros.

PHAIDROS. Du aber, wunderbarer Mann, zeigest dich ganz seltsam. Denn in der Tat, wie du auch sagst, einem Fremden gleichst du, der sich umherführen läßt, und nicht einem Einheimischen. So wenig wanderst du aus der Stadt über die Grenze, noch auch selbst zum Tore scheinst du mir herauszugehn.

SOKRATES. Dies verzeihe mir schon, o Bester. Ich bin eben lernbegierig, und Felder und Bäume wollen mich nichts lehren, wohl aber die Menschen in der Stadt. Du indes, dünkt mich, hast, um mich herauszulokken, das rechte Mittel gefunden. Denn wie sie mittelst vorgehaltenen Laubes oder Körner hungriges Vieh führen, so könntest du gewiß, wenn du mir solche Rollen mit Reden vorzeigtest, mich durch ganz Attika herumführen und wohin du sonst wolltest. Nun wir aber an Ort und Stelle angekommen sind, werde ich mich wahrscheinlich hier niederlegen; du aber, in welcher Stellung du am besten lesen zu können glaubst, die wähle und lies.

PHAIDROS. So höre denn.

Von dem, was mich anbetrifft, bist du unterrichtet, und wie ich glaube, es werde uns zuträglich sein, daß dieses zustande komme, hast du gehört. Ich wünsche aber, nicht etwa deshalb zu verfehlen, was ich bitte, weil ich nicht zu deinen Liebhabern gehöre. Da eben jene dann zu gereuen pflegt, was sie Gutes erwiesen haben, sobald ihre Begierde gestillt ist; für andere aber es keine Zeit gibt, in der ihnen anderes Sinnes zu werden geziemte. Denn nicht notgedrungen, sondern freiwillig, wie jeder am besten über das seinige sich beraten mag, erweisen sie nach ihrem Vermögen Gutes. Ferner erwägen die Verliebten, was sie schlecht verwaltet haben, von dem ihrigen der Liebe wegen, und was Gutes erwiesen; und wenn sie dann die gehabte Beschwerde hinzurechnen, so glauben sie schon längst den gebührenden Dank ihren Geliebten entrichtet zu haben. Die aber in keiner Leidenschaft Begriffenen können auch weder die Vernachlässigung ihrer Angelegenheiten um jener willen zum Vorwande nehmen, noch die überstandenen Beschwerden in Rechnung bringen, noch aus der Zwietracht mit ihren Angehörigen einen Vorwurf machen, so, daß so vieler Übel überhoben, sie nicht anders können, als bereitwillig alles tun, wodurch sie glauben, ihnen gefällig zu werden. Ferner wenn um deswillen die Liebhaber wert geachtet zu werden verdienen sollen, weil sie behaupten, ihren Geliebten am meisten ergeben zu sein und weil sie immer bereit sind, sollten sie auch durch Wort und Tat sich andern verhaßt machen, ihnen gefällig zu werden: so ist leicht einzusehen, wiefern sie wahr reden, weil sie ebenso den, für welchen sie späterhin Leidenschaft haben werden, höher achten müssen als die vorigen und offenbar, wenn es jener wünscht, auch dem früher Geliebten Übles zufügen werden. Indessen, wie sollte es wohl billig sein, so Großes dem einzuräumen, der einem solchen Unfall unterworfen ist, welchem kein Kundiger nicht einmal abzuhelfen unternehmen würde. Denn auch selbst bekennen sie, daß sie mehr krank sind, als bei voller Besinnung, und daß sie zwar wissen, wie schlecht sie bei Verstande sind, aber nicht vermögen, sich selbst zu überwinden. Wie also könnten sie wohl, wenn sie wieder gut bei Verstande sind, dasjenige für wohlgetan halten, was sie in solcher Verfassung wollen? Überdies wenn du aus den Liebhabern dir den besten wähltest, hättest du immer nur unter wenigen die Wahl; wenn aber aus den übrigen den dir selbst angemessensten, dann unter vielen. So daß weit mehr Hoffnung ist, unter den vielen wirklich den anzutreffen, der deine Freundschaft verdient. Fürchtest du aber etwa die herrschende Meinung, und daß dir, wenn die Leute es erfahren, Schande daraus entstehen könnte: so ist wahrscheinlich, daß Liebhaber freilich, welche auch von den übrigen ebenso glauben beneidet zu werden, wie sie es untereinander tun, sich brüsten werden mit Erzählen und selbstgefällig sich gegen jedermann rühmen, daß sie nicht vergeblich sind bemüht gewesen, daß die nicht leidenschaftlichen aber, da sie über sich selbst Gewalt haben, das Bessere dem Ruhme bei den Menschen vorziehen werden. Überdies müssen wohl sehr viele die

Liebhaber erfahren und sehen ihren Geliebten nachgehen und sich hieraus ein Geschäft machen, so daß, wo sie nur im Gespräch miteinander gesehen werden, man auch glaubt, sie kämen eben von der Befriedigung der Begierde oder gingen ihr entgegen; Nichtverliebten aber hat niemand auch nur den Gedanken ihres Umgangs wegen etwas vorzuwerfen, indem jeder es in der Ordnung findet, daß man sich unterrede, es geschehe nun aus Zuneigung oder eines andern Vergnügens wegen. Ja, wenn etwa dich Furcht anwandeln sollte, indem du bedenkst, wie schwer es halte, daß eine Freundschaft beständig bleibe und wie, wenn in andern Fällen Uneinigkeit entsteht, beide gemeinschaftlich das Unglück trifft, hier aber, wenn du das Höchste gewährt hättest, dir großer Nachteil entstehen könne: so hast du billig weit mehr die Verliebten zu fürchten. Denn vieles ist was sie betrübt und von allem glauben sie, daß es ihnen zum Nachteil geschehe. Daher sie auch den Umgang ihrer Geliebten mit andern verhindern, aus Furcht, Vermögende möchten sie an Reichtum übertreffen, Gebildete aber ihnen an Einsicht überlegen sein und was sonst jemand Gutes besitzt, vor dessen Wirkung hüten sie sich. Überreden sie dich nun, dich mit solchen zu verfeinden, so entblößen sie dich von Freunden; wenn du aber, dein Bestes erwägend, verständiger als sie urteilst, so kommst du in Zwistigkeit mit ihnen. Die aber nicht als Liebhaber erlangt, sondern durch ihre Tugend sich erworben haben, was sie wünschten, werden nicht deine Gesellschafter eifersüchtig beneiden, sondern eher hassen, die es nicht sein wollen, in der Meinung, von diesen geringschätzig übersehen zu werden, von den Gesellschaftern aber unterstützt; so daß weit mehr zu erwarten ist, ihnen werde Freundschaft aus dieser Verbindung entstehen als Feindschaft. Auch pflegen ja unter den Verliebten viele weit eher nach dem körperlichen Genuß zu verlangen, als sie die Gemütsart kennen gelernt und die übrigen Eigenheiten erkundet haben, so daß ungewiß ist, ob sie auch dann noch werden Freunde sein wollen, wenn ihr Verlangen gestillt ist; dagegen von den Nichtverliebten, welche dieses, erst nachdem sie schon lange Freunde waren, getan, gar nicht zu vermuten ist, daß eben das, was ihnen Gutes widerfahren ist, die Freundschaft verringern sollte, sondern es wird vielmehr dieses als Denkzeichen zurückbleiben für das, was in Zukunft geschehen wird. Ja es steht dir auch bevor, mehr im Guten zuzunehmen, wenn du mir, als wenn du einem Liebhaber Gehör gibst. Denn jene loben auch gegen das Bessere, was du redest und tust, einiges aus Furcht, sich unangenehm zu machen, anderes, weil sie es selbst ihrer Begierde wegen mit dem Schlechteren halten. Denn dergleichen hat die Liebe aufzuzeigen, sie macht, daß die Unglücklichen auch das, was andern gar keine Unlust verursacht, für quälend halten, die Glücklichen aber nötigt sie, auch an dem, was keiner Lust wert ist, ihr Lob zu verschwenden. So daß man die Geliebten weit mehr bedauern sollte als beneiden. Wenn du aber mir Gehör gibst, so werde ich zuerst nicht nur für das augenblickliche Vergnügen sorgen, sondern auch für den künftig zu erwartenden Nutzen in meinem Umgange, nicht von der Leidenschaft besiegt, sondern mich selbst besiegend, noch auch über Kleinigkeiten heftigen Zwiespalt erregend, sondern erst über wichtige Dinge langsam gelindem Unwillen Raum gebend, das Unvorsätzliche verzeihend, das Vorsätzliche versuchend abzuwenden. Denn dies sind die Kennzeichen einer für lange Dauer geeigneten Freundschaft. Wofern dir aber dieses einfällt, daß unmöglich eine Freundschaft stark sein könne, wenn nicht einer leidenschaftlich liebt: so mußt du bedenken, daß wir dann auch weder unsere Kinder sehr wert halten würden, noch unsere Eltern noch auch Freunde treu sein könnten, die es nicht aus einer solchen Begierde geworden sind, sondern aus irgendeinem andern Antriebe. Ferner wenn man den Bedürftigsten am meisten gefällig sein soll: so müßten ja auch andere nicht den Vortrefflichsten, sondern den Hilflosesten Gutes erweisen; denn von den größten Übeln befreit, werden sie ihnen auch den meisten Dank wissen. Ja, auch zu seinen besonderen Festen müßte dann jeder nicht die Freunde einladen, sondern die um Almosen bitten und die der Sättigung bedürfen. Denn diese werden dem Geber anhänglich sein und ihm aufwarten zu Hause und draußen, und am meisten erfreut sein, und nicht die wenigste Erkenntlichkeit empfinden, und ihm vieles Gute anwünschen. Sondern es ist gleicherweise ratsam, nicht den sehr Bedürftigen sich gefällig zu erzeigen, sondern denen, welche am meisten ihre Erkenntlichkeit beweisen können, und nicht den Leidenschaftlichen allein, sondern denen, welche der Sache würdig sind, noch allen, die wohl deiner Jugend genießen möchten, sondern welche auch dem älter gewordenen vom eigenen Guten mitteilen werden; nicht denen, die ihres Wunsches gewährt, gegen die übrigen prahlen, sondern denen, die verschämt gegen jedermann schweigen werden; nicht denen, welche nur kurze Zeit sich um dich beeifern, sondern denen, welche das ganze Leben hindurch auf gleiche Weise deine Freunde sein werden; noch auch denen, welche nach gestillter Lust nur Vorwand zur Zwietracht suchen, sondern welche, wenn die Jugend vergangen ist, ihre Tugend beweisen werden. Du also gedenke des Gesagten und erwäge auch noch dieses, daß Liebhaber von ihren Freunden gescholten werden, als über ein böses Unternehmen, daß aber den nicht leidenschaftlichen noch nie einer von den Angehörigen getadelt hat, als berate er sich deshalb schlechter. Vielleicht aber möchtest du mich fragen, ob ich dir anmute, allen Nichtverliebten gefällig zu sein; ich aber denke, auch ein Verliebter wird dich nicht heißen, gegen alle Verliebten diese Gesinnung zu haben. Denn weder würde es dem, der es sich recht überlegt, gleichen Dankes wert sein, noch wäre es dir, da du andern verborgen bleiben willst, ebensoleicht möglich. Schaden soll aber daraus gar nicht, sondern Vorteil für beide entstehen. Ich nun halte das Gesagte für hinreichend, wenn aber du noch etwas vermissest, was übergangen wäre, so frage. Nun, Sokrates, was dünkt dich von der Rede? Nicht, daß sie wunderschön sowohl im übrigen als auch besonders im Ausdruck gearbeitet ist?

SOKRATES. Ganz göttlich allerdings, Freund, so daß ich außer mir bin. Und dieses hast du mir angetan, o Phaidros, indem ich auf dich sah, und du mir schienst vor Freude zu glänzen über die Rede während des Lesens. Denn mit dem Gedanken, daß du mehr verstehst als ich von diesen Dingen, folgte ich dir, und so nachfolgend bin ich immer entzückt gewesen mit dir, herrlichen Seele.

PHAIDROS. Wohl! auf diese Art meinst du also zu scherzen?

SOKRATES. Denkst du, ich scherze und meine es nicht ganz ernsthaft?

PHAIDROS. Freilich nicht, o Sokrates. Aber in Wahrheit sage mir beim Zeus der Freundschaft, glaubst du, daß irgend ein anderer Hellene etwas anderes größeres als dieses und mehreres sagen könnte über dieselbe Sache?

SOKRATES. Wie denn? Auch hierüber soll von mir und dir die Rede gelobt werden, daß der Verfasser das Richtige gesagt habe, und nicht darüber nur, weil er alle Worte so rund und genau mit fester Hand abgedreht hat? Wenn es sein soll, muß ich es zugeben, dir zu gefallen. Denn mir ist es entgangen wegen meiner Unfähigkeit, weil ich nämlich nur auf das Rednerische darin Achtung gab, und dieses, dachte ich, würde Lysias selbst nicht für hinreichend halten. Ja, er schien mir gar, wenn du es nicht etwa anders meinst, Phaidros, zwei- oder dreimal dasselbe zu sagen, als wäre es ihm eben nicht gar leicht, vieles zu reden über dieselbe Sache, oder ihm vielleicht gar nichts gelegen hieran. Und daher ist er mir vorgekommen wie ein junger Mensch, der seine Freude daran hat, zu zeigen, daß er imstande ist, indem er diese Sache jetzt so, dann anders ausdrückt, beidemal vortrefflich zu reden.

PHAIDROS. Nichts ist dies gesagt, Sokrates. Denn eben dies findet sich ganz vorzüglich in der Rede. Denn was Schickliches zu sagen in der Sache lag, davon hat sie nichts übergangen, so daß etwas Anderes, Größeres und Besseres, als das von ihm angeführte, niemand jemals sagen kann.

SOKRATES. Dieses werde ich nun nicht mehr imstande sein, dir zu glauben. Denn weise Männer und Frauen aus alter Zeit, die eben hierüber geredet und geschrieben haben, werden mich der Unwahrheit zeihen, wenn ich es dir zu gefallen einräume.

PHAIDROS. Wer sind diese? und wo hast du Besseres als dies gehört?

SOKRATES. So jetzt gleich kann ich es nicht sagen; offenbar aber habe ich dergleichen von irgend jemand gehört, entweder von der schönen Sappho oder von dem weisen Anakreon, oder auch von Schriftstellern in ungebundener Rede. Woher ich dieses schließe? Voll ja, du Teurer, tragend die Brust fühle ich, daß ich ganz andere Dinge als jener zu sagen hätte, und nicht schlechtere. Daß ich nun aus mir selbst davon nichts ersonnen habe, weiß ich gewiß, da ich meines Unverstands mir bewußt bin. Also, denke ich, bleibt nur übrig, daß ich aus fremden Strömen durch Zuhören angefüllt worden bin, wie ein Gefäß; aus Albernheit aber habe ich auch das schon wieder vergessen, wie und von wem ich es gehört.

PHAIDROS. Wohl, du prächtiger Mann, dies war vortrefflich gesprochen. Du also sollst mir, von wem und wie du es gehört, gar auch wenn ich es verlange, nicht sagen. Nur eben das, was du sagst, tue mir. Versprich du mir, dessen, was in meinem Buche steht, dich enthaltend anderes Besseres und nicht weniger zu sagen. Dagegen verspreche ich dir, wie die neun Archonten eine goldne Statue in Lebensgröße nach Delphi zu verehren, und zwar nicht meine nur, sondern auch deine.

SOKRATES. Ein gar lieber und wirklich goldner Mensch bist du mir, Phaidros, wenn du meinst, ich behaupte, daß Lysias die Sache ganz und gar verfehlt habe, und daß es möglich sei, lauter andere Dinge als er zu sagen. Dieses aber, denke ich, kann auch dem schlechtesten Schriftsteller nicht begegnen. Gleich hier, wovon die Rede ist, wer meinst du wohl, wenn er beweisen wollte, man müsse dem Nichtverliebten eher willfahren als dem Verliebten, überginge aber die Verständigkeit des einen zu loben und die Unverständigkeit des andern zu tadeln, welches ganz notwendig ist, würde dann irgend etwas anderes zu sagen imstande sein? Sondern dergleichen, glaube ich, muß man lassen und dem Redenden zugestehen; und in dergleichen ist auch nicht die Erfindung, sondern nur die Anordnung zu loben, an dem nicht notwendigen und schwerer zu findenden aber außer der Anordnung auch die Erfindung.

PHAIDROS. Ich räume ein, was du sagst; denn du dünkst mich ganz billig gesprochen zu haben. Also will ich es ebenso machen. Daß der Verliebte mehr als der Nichtverliebte krank sei, davon will ich dir verstatten auszugehen, und wenn du nur im übrigen anderes, mehr und besseres, vorträgst als Lysias, sollst du immer noch neben der Kypseliden Weihgeschenk aus gehämmerter Arbeit in Olympia stehen.

SOKRATES. Du machst Ernst daraus, Phaidros, daß ich deinen Liebling angegriffen, um dich aufzuziehen, und meinst wohl, ich werde wirklich versuchen, über seine Kunst hinaus etwas anderes Schmuckeres zu sagen.

PHAIDROS. Was dies nun betrifft, Freund, so gibst du mir jetzt dieselbe Blöße. Denn reden mußt du jetzt auf jeden Fall, so wie du eben kannst.

Damit wir aber nicht den ganzen lästigen Spaß der Komödie durchzumachen nötig haben, einer dem andern dasselbe zurückgebend: so sieh dich vor, und nötige mich nicht erst, dir jenes zu sagen: Wenn ich, o Sokrates, den Sokrates nicht kenne, muß ich auch mich selbst vergessen haben, und er hatte wohl Lust zu reden, machte aber den Spröden; sondern bedenke, daß wir von hinnen nicht gehen, ehe du das gesprochen hast, was du behauptetest in der Brust zu tragen. Wir sind hier ganz einsam, und ich bin der stärkere und jüngere. Aus dem allen nun vernimm, was ich meine, und wolle doch ja nicht gezwungen lieber als freiwillig reden.

SOKRATES. Aber du himmlischer Phaidros, lächerlich werde ich mich machen, wenn nach einem trefflichen Künstler ich Ungelehrter unvorbereitet rede über dieselbe Sache.

PHAIDROS. Weißt du, wie es steht? Höre auf, dich gegen mich zu zieren; sonst weiß ich etwas zu sagen, womit ich dich gleich zwingen kann zu reden.

SOKRATES. So sage es also ja nicht.

PHAIDROS. Mitnichten, sondern ich sage es gerade, und die Rede soll mir ein Schwur sein. Ich schwöre dir also, ja bei welchem Gotte doch? oder willst du bei dieser Platane? daß wahrlich, wenn du mir nicht die Rede hältst hier angesichts ihrer selbst, ich dir nie keine andere Rede von niemand weder hersagen noch anzeigen werde.

SOKRATES. Weh! Du Böser! Wie gut hast du den Zwang ausgefunden für einen redeliebenden Mann, daß er tue, was du nur begehrst.

PHAIDROS. Was hast du also, daß du dich noch sträubst?

SOKRATES. O gar nichts mehr, seit du dieses geschworen hast. Denn wie könnte ich wohl einer solchen Lockspeise widerstehen?

PHAIDROS. Rede also.

SOKRATES. Weißt du wohl, wie ich es machen will?

PHAIDROS. Womit denn?

SOKRATES. Verhüllt will ich sprechen, damit ich aufs schnellste die Rede durchjage, und nicht etwa, wenn ich dich ansehe, aus Scham in Verwirrung gerate.

PHAIDROS. Rede nur, und übrigens halte es, wie du willst.

Sokrates. Wohlan denn, o Musen! mögt ihr nun wegen einer Art des Gesanges die hochgekehlten heißen, oder nach dem langhalsigen Geschlecht der tonreichen Schwäne diesen Namen führen, greift mit mir an das Werk der Rede, welches dieser Treffliche mich nötigt zu sprechen, damit nur sein Freund, der ihm schon immer kunstreich zu sein schien, ihm noch mehr so erscheine.

Es war also ein Knabe oder vielmehr ein halberwachsener Jüngling, zart und gar schön, der hatte der Liebhaber sehr viele. Unter diesen war einer sehr listig, welcher den Knaben, in den er nicht minder als einer verliebt war, dennoch überredet hatte, er sei es nicht; und einmal als er auch in ihn drang, überredete er ihn eben dieses, daß er den Nichtverliebten vor dem Verliebten begünstigen müsse. Er redete aber also:

In allen Dingen, mein Kind, gibt es nur einen Anfang für die, welche richtig ratschlagen wollen: sie müssen wissen, worüber sie Rat pflegen, oder werden notwendig das Ganze verfehlen. Die meisten nun merken nicht, daß sie das Wesen der Dinge nicht kennen. Als kennten sie es also, verständigen sie sich nicht darüber im Anfange der Untersuchung, und im Fortgange bezahlen sie dann die Gebühr, sie sind nämlich weder jeder mit sich selbst noch untereinander einig. Mich also und dich möge nicht treffen, was wir andern vorwerfen, sondern da dir und mir die Frage vorliegt, ob mit dem Verliebten oder Nichtverliebten besser sei Freundschaft zu stiften: so laß uns über die Liebe, was sie ist und welche Kraft ihr zukommt, eine Erklärung einstimmig festsetzend, in Hinsicht und Beziehung auf diese dann die Untersuchung anstellen, ob sie Vorteile oder Schaden hervorbringt, daß nun die Liebe eine Begierde ist, gesteht jeder; wiederum aber wissen wir, daß auch Nichtliebende ebenfalls der Schönen begehren. Woran also wollen wir den Liebenden und den andern unterscheiden? Wir müssen demnach bemerken, daß es in einem jeden von uns zwei herrschende und führende Triebe gibt, welchen wir folgen, wie sie eben führen, eine eingeborene Begierde nach dem Angenehmen und eine erworbene Gesinnung, welche nach dem Besten strebt. Diese beiden nun sind uns bald übereinstimmend, zuweilen auch wieder veruneinigt, da denn jetzt diese, dann wieder die andere siegt. Wenn nun die Gesinnung uns zum Besseren durch Vernunft führt und regiert, so heißt diese Regierung Besonnenheit; wenn aber die Begierde vernunftlos hinzieht zur Lust und in uns herrscht, wird diese Herrschaft Frevel genannt. Der Frevel aber ist vielnamig: denn er ist vielteilig und vielartig. Und die von diesen Arten zufällig den Vorzug gewonnen, trägt ihren eigenen Namen zur Benennung auf den, der sie besitzt, hinüber, einen weder schönen noch wünschenswerten. Denn eine auf den Wohlschmack der Speisen gerichtete, die Vernunft und die anderen Begierden besiegende Begierde heißt Schlemmerei, und wird auch dem sie hegenden dieselbe Bezeichnung zuziehen. Die aber auf den Trank, wenn sie beherrscht den, der sie hegt, und ihn dahinführt, ist klar, welchen Beinamen sie erhalten wird; und so auch die übrigen diesen verwandten Begierden zugehörigen Namen, wie jeder, wenn sie die Herrschaft führt, zu heißen zukommt, sind bekannt. Und um welcher willen das bisherige gesagt worden, ist wohl auch schon einleuchtend, auch dieses aber wird, ausdrücklich gesagt, deutlicher werden, als wenn es nicht gesagt würde. Nämlich die vernunftlose jene auf das Bessere bestrebte Gesinnung beherrschende Begierde, zur Lust an der Schönheit geführt, und wiederum von den ihr verwandten Begierden auf die Schönheit der Leiber hingeführt, wenn sie sich kräftig verstärkt und den Sieg errungen hat in der Leitung, erhält von ihrem Gegenstande, dem Leibe, den Namen, und wird Liebe genannt. – Jedoch, lieber Phaidros, scheint auch dir, wie mir selbst, daß etwas Göttliches mich angewandelt?

PHAIDROS. Allerdings, o Sokrates, hat ein ganz ungewöhnlicher Fluß der Rede dich ergriffen.

SOKRATES. Still also höre mich weiter. Denn in Wahrheit göttlich scheint dieser Ort zu sein, so daß, wenn ich etwa gar im Verfolg der Rede von den Nymphen ergriffen werde, du dich nur nicht wundern mögest. Denn schon jetzt bin ich nicht mehr gar fern von Dithyramben.

PHAIDROS. Sehr richtig bemerkt.

SOKRATES. Davon nun bist du Ursach. Doch höre das übrige, sonst möchte vielleicht verscheucht werden, was über mich gekommen. Dafür nun mag Gott sorgen, wir aber müssen mit unserer Rede uns wieder zu dem Knaben wenden.

Gut denn, mein Teurer, was dasjenige ist, worüber wir beratschlagen, ist nun gesagt und bestimmt. In Beziehung hierauf also laß uns das übrige erörtern, welcher Vorteil oder Schaden von dem Liebenden oder Nichtliebenden dem Willfährigen wahrscheinlich bevorstehe. Notwendig nun wird der von der Begierde Beherrschte und der Lust Dienende das Geliebte aufs angenehmste für sich zuzurichten suchen. Dem Kranken aber ist alles nicht widerstrebende angenehm, gleiches und stärkeres aber verhaßt. Weder besser also noch ihm selbst gleich wird ein Liebhaber gern seinen Liebling leiden mögen, sondern schwächer und unvollkommener wird er ihn immer machen. Schwächer aber ist der Unverständige als der Weise, der Feige als der Tapfere, der Unberedte als der Rednerische, der Langsame als der Schnelldenkende. Solche also und noch andere Übel, wenn sie dem Gemüt des Geliebten entstehen oder von Natur einwohnen, müssen den Liebhaber erfreuen, teils auch muß er sie selbst befördern oder sich des augenblicklich Angenehmen beraubt sehen. Neidisch also muß er sein, und schon indem er ihn abhält von andern auch nützlichen Verbindungen, durch welche am meisten ein Mann aus ihm werden könnte, ihm großen Schaden verursachen, den größten aber in Hinsicht derjenigen, welche ihn im eigentlichen Sinn weise machen würde. Dies nun ist die göttliche Weisheitsliebe, von der also der Liebhaber den Liebling gewiß, aus Furcht ihm verächtlich zu werden, weit entfernt halten und auch übrigens alles anwenden wird, damit er unwissend in allen Dingen und in allem auf den Liebhaber zu sehen genötigt, ein solcher sei, wie er ihm zwar am meisten zur Lust, sich selbst aber eben so sehr zum Schaden gereicht. Für die Seele also ist in keiner Hinsicht ein heilsamer Aufseher oder Gefährte der Mann, der Liebe hegt. Wie aber des Körpers, dessen er Herr geworden ist, Bildung und Pflege und was für eine derjenige besorgen wird, welcher dem Angenehmen statt des Guten gezwungen ist nachzustreben, das müssen wir hienächst sehen. Es wird sich aber zeigen, daß er einen weichlichen und nicht einen harten aufsucht, nicht der im reinen Sonnenschein aufgewachsen ist, sondern im dumpfigen Schatten, männlicher Arbeiten und anstrengender Leibesübungen ungewohnt, gewöhnt aber an eine zärtliche, unmännliche Lebensart, mit fremden Farben und Verzierungen aus Mangel an eigenen geziert, und was sonst hiemit zusammenhängt, des alles sich befleißigend. Welches bekannt ist und nicht nötig weiter hineinzugehen, sondern eins im allgemeinen aufgestellt, wollen wir uns zu anderem wenden. Mit einem solchen Körper nämlich wird einer im Kriege wie in andern dringenden Nöten den Feinden wohl Mut, den Freunden aber und den Liebhabern selbst Besorgnis einflößen. Dieses also wollen wir als bekannt vorbeigehen und das folgende dartun, welchen Vorteil oder Schaden für das Besitztum uns des Liebenden Umgang und Vormundschaft anrichten wird. Einleuchtend nun ist hier dies wohl jedem und am meisten dem Liebhaber, daß er eben von den liebsten, wohltuendsten und göttlichsten unter allen Besitztümern den Geliebten verwaiset zu sehen vor allen wünscht. Denn Vater und Mutter, Verwandte und Freunde sähe er ihm gern entrissen, da er sie für Störer und Tadler eben des angenehmsten Umganges mit ihm ansieht. Aber auch den Vermögenden an Gold oder anderem Eigentum kann er nicht für ebenso leicht zu erobern achten, noch wenn dies geschehen, für leicht zu handhaben. Weshalb denn notwendig der Liebhaber dem Liebling es mißgönnt, wenn er Vermögen besitzt, geht es aber verloren, sich erfreut. Ferner auch ehelos, kinderlos, herdlos muß so lange als möglich den Liebling der Liebhaber zu sehen wünschen, die ihm süße Frucht aufs längste zu genießen sich sehnend. Es gibt freilich noch anderes verderbliche, aber doch hat ein Dämon mit dem meisten eine unmittelbare Lust gemischt; wie dem Schmeichler, einem furchtbaren Tiere und großem Übel, hat doch die Natur ein nicht ungebildetes Vergnügen beigemischt. Auch eine Hetäre könnte einer als verderblich tadeln, und was man sich sonst dergleichen hegt und pflegt, wobei aber doch immer sich findet, daß es für den Augenblick sehr angenehm ist; dem Liebling aber ist der Liebhaber nächst dem verderblichen auch noch im täglichen Umgang höchst unerfreulich. Denn gleich und gleich an Jahren sagt schon der Spruch, erfreut einander, weil, glaube ich, die Gleichheit des Alters zu gleichen Vergnügungen hinführend durch diese Ähnlichkeit Freundschaft hervorbringt. Und dennoch gibt es Überdruß auch in dem Umgange von solchen. Aber das Gezwungene, sagt man, ist gewiß allen lästig, in allen Dingen, und dieses noch außer der Unähnlichkeit findet sich ganz besonders in dem Umgange des Liebhabers mit dem Liebling. Denn den so viel Jüngeren will der Altere weder Tag noch Nacht gern verlassen, so wird er vom inneren Ungestüm und Stachel getrieben, welches ihm zwar immer Vergnügen gewährt, indem er den Geliebten sieht, hört und mit allen Sinnen genießt, so daß er ihm mit Lust unaufhörlich anklebend dient: welchen Trost aber und welche Lust gewährt es dem Geliebten, um zu verhindern, daß er nicht, wenn er jenen so lange Zeit um sich hat, den äußersten Widerwillen fasse, indem er eine alternde nicht mehr blühende Gestalt vor Augen hat, und was hiemit sonst zusammenhängt, was schon in der Erzählung zu hören dem Ohre nicht erfreulich ist, viel weniger in der Wirklichkeit, wenn man unaufhörlich gezwungen ist, sich damit selbst zu befassen; indem er ferner mit argwöhnischer Wachsamkeit bewacht wird überall und gegen alle, und unzeitiges, überschwengliches Lob anhören muß, und ebenso auch Tadel, schon von dem nüchternen unerträglichen, ganz unanständigen, aber noch überdies von dem berauschten, mit übersatter, unverhüllter Dreistigkeit Redenden. Indem er liebt also, ist er ihm verderblich sowohl als widerlich; hat aber die Liebe aufgehört, so ist er ihm für die künftige Zeit treulos, für welche er ebenso vieles mit vielen Schwüren und Bitten verheißend ihn vormals kaum festhielt, daß er den unangenehmen Umgang ertrug in Hoffnung des Vorteils. Dann also, wann er erfüllen soll, hat er schon einen andern Herrn und Führer in sich aufgenommen, Verstand und Besonnenheit anstatt der Liebe und des Wahnsinns, und ist ein anderer geworden, seinem Liebling unbemerkt. Dieser also fordert den Dank für das damalige, indem er ihm Wort und Tat in Erinnerung bringt, als ob er noch mit demselben Menschen redete. Jener aber will aus Scham nicht wagen, zu gestehen, daß er ein anderer geworden, noch auch weiß er, wie er die Schwüre und Versprechungen aus der damaligen unverständigen

Zeit, nun er zu Verstande gekommen ist und sich besonnen hat, erfüllen kann, ohne, wenn er eben wie der ehemalige handelt, ihm auch ähnlich und wieder derselbe zu werden. Ein Ausreißer wird er also nun, und notgedrungen entsagend begibt sich der ehemalige Liebhaber, nun die Scherbe anders gefallen ist, seinerseits auf die Flucht. Der andere aber muß ihm nachsetzen, unwillig und in Verwünschungen ausbrechend, weil er die ganze Sache von Anbeginn nicht verstanden hat, daß er nämlich nie hätte gesollt dem Verliebten und also notwendig Unverständigen willfahren, sondern weit eher dem Nichtverliebten und Verständigen; wo aber nicht, er sich dann allemal einem treulosen hingäbe, einem neidischen, beschwerlichen, widerlichen, verderblichen für sein Vermögen, verderblichen auch für die Tüchtigkeit seines Körpers, am verderblichsten aber für die Ausbildung seiner Seele, über welche es doch weder für Menschen noch Götter in Wahrheit etwas Köstlicheres weder gibt noch jemals geben kann. Dieses also mußt du bedenken, o Knabe, und die Freundschaft des Liebhabers kennen lernen, daß sie nicht wohlwollender Natur ist, sondern daß sie nur nach Art der Speise, um der Sättigung willen, gleichwie Wölfe das Lamm, so lieben den Knaben Verliebte. Da hast du es ja, Phaidros! Nicht weiter sollst du mich auch nun reden hören, sondern hier soll die Rede ihr Ende haben.

Phaidros. Aber ich dachte ja, sie wäre erst in der Hälfte und würde nun noch gleiches von dem Nichtverliebten sagen, daß man dem lieber willfahren müsse, indem sie darstellte, was er Gutes an sich hat. Warum also, o Sokrates, hörst du schon jetzt auf?

Sokrates. Hast du denn nicht gemerkt, du Seliger, daß ich schon Verse spreche, nicht mehr nur Dithyramben, und das noch, indem ich tadle? Wenn ich nun erst anfinge, den andern zu loben, was meinst du, werde es dann werden? Weißt du wohl, daß ich von den Nymphen, denen du mich recht absichtlich vorgeworfen, ganz vollkommen werde begeistert werden? Ich sage also nur mit einem Worte, daß weshalb wir den einen geschmäht haben, davon dem andern das entgegenstehende Gut beiwohne. Was bedarf es einer langen Rede? Denn über beide ist genug gesagt, und so mag nun über das Märchen ergehen was recht ist, ich aber gehe über diesen Fluß zurück, ehe ich von dir zu etwas noch Ärgerem gezwungen werde.

Phaidros. Nur jetzt noch nicht, Sokrates, bis die Hitze vorübergeht. Oder siehst du nicht, daß die Sonne eben recht im Mittage steht? Sondern laß uns hier bleiben und über das Gesprochene reden, bis wir, sobald es sich abgekühlt hat, gehen können.

Sokrates. Göttlich bist du, was Reden betrifft, Phaidros und recht zu bewundern. Denn ich glaube, von allen während deines Lebens gesprochenen Reden hat niemand mehrere als du ans Licht gebracht, teils selbst redend, teils andere auf irgend eine Art dazu nötigend. Simmias, den Thebaner, nehme ich aus, die übrigen übertriffst du bei weitem. Auch jetzt wieder scheinst du mir Ursach geworden zu sein, daß eine Rede muß gesprochen werden.

Phaidros. Keinen Krieg verkündigst du mir hiemit. Aber wie doch und was für eine Rede?

Sokrates. Als ich im Begriff war, du guter, durch den Fluß zu gehen, hat sich mir das göttliche und das gewohnte Zeichen gemeldet, das mich immer abhält, wenn ich etwas tun will, und eine Stimme glaubte ich von dorther zu hören, die mir wehrte, von dannen zu gehen, bevor ich mich gereinigt, als habe ich etwas gesündigt gegen die Gottheit. Nun bin ich auch ein Wahrsager, kein großer zwar, sondern nur wie die, welche schlecht schreiben, soviel ich für mich selbst brauche. Daher also kenne ich schon genau die Versündigung. Wie ein weissagendes Wesen, Freund, ist doch auch die Seele. Denn mich beunruhigte etwas schon lange, als ich noch die Rede sprach, und ich ängstigte mich nach dem Ibykos, ob ich nicht gegen Götter frevelnd eitlen Ruhm von den Menschen tauschte. Nun aber weiß ich die Versündigung.

Phaidros. Welche meinst du denn?

Sokrates. Eine arge Rede, Phaidros, eine sehr arge hast du selbst hergebracht und auch mich zu reden gezwungen

Phaidros. Wieso doch?

Sokrates. Eine einfältige und auch etwas ruchlose; und welche ärgere könnte es wohl geben?

PHAIDROS. Keine gewiß, wenn du recht hast.

SOKRATES. Wie denn, hältst du den Eros nicht für der Aphrodite Sohn und einen Gott?

PHAIDROS. Das sagt man von ihm.

SOKRATES. Nicht aber Lysias sagt es, noch auch deine Rede, welche durch meinen von dir bezauberten Mund ist gesprochen worden. Wenn also, wie es doch ist, Eros ein Gott und die Liebe etwas Göttliches ist, so kann sie ja nicht etwas Übles sein. Die vorigen Reden aber sprachen beide von ihr, als wäre die dieses. Hiedurch also sündigten sie gegen den Eros; nächstdem aber ist auch ihre Einfalt sehr artig, daß sie, ohne irgend etwas Gesundes oder Wahres gesagt zu haben, sich ein Ansehen geben, als wären sie etwas, wenn sie vielleicht einige Leutlein hintergehend sich geltend machen bei ihnen. Ich also, Freund, muß mich reinigen. Es gibt aber für die in Dichtungen über die Götter Sündigenden eine alte Reinigung, von welcher Homeros nichts wußte, Stesichoros aber. Denn als er der Augen beraubt ward wegen Schmähung der Helena, blieb ihm nicht wie dem Homeros die Ursach unbekannt, sondern als ein den Musen Vertrauter erkannte er sie und dichtete sogleich sein »Unwahr ist diese Rede, denn nie bestiegst du die zierlichen Schiffe, noch kamst du je zur Feste von Troja«, und nachdem er den ganzen sogenannten Widerruf gedichtet, ward er alsbald wieder sehend. Ich nun will eben hierin weiser sein als er. Denn ehe mir noch etwas Übles begegnet wegen Schmähungen des Eros, will ich versuchen, ihm den Widerruf zu entrichten mit entblößtem Haupt und nicht wie vorher mit verhülltem aus Scham.

PHAIDROS. Angenehmeres als dieses, Sokrates, konntest du mir gar nicht sagen.

SOKRATES. Und du siehst es doch ein, mein guter Phaidros, wie schamlos die beiden Reden gesprochen haben, die letzte sowohl als die aus dem Buche gelesene? Denn hätte ein edler Mann von sanftem Gemüt und der einen ebensolchen liebt oder je zuvor geliebt hat, uns zugehört, als wir sagten, daß Liebhaber über Kleinigkeiten großen Zwist erregten, und den Lieblingen abgünstig wären und verderblich: meinst du nicht, er würde glauben, solche zu hören, die unter Bootsknechten aufgewachsen nie eine anständige Liebe gesehen? und daß viel fehlen würde, daß er uns beistimmen sollte in dem, worin wir die Liebe tadelten?

PHAIDROS. Vielleicht wohl beim Zeus, o Sokrates.

SOKRATES. Aus Scham also vor diesem, und aus Furcht vor dem Eros selbst will ich mit einer trinkbaren Rede gleichsam den Seegeschmack des zuvor Gehörten hinunterspülen. Ich rate aber auch dem Lysias, aufs baldigste dafür zu schreiben, daß man dem Liebenden eher als dem Nichtliebenden, wenn sonst alles gleich ist, willfahren müsse.

PHAIDROS. Sei nur versichert, daß es gewiß so geschehen soll. Denn hast du des Liebhabers Lob gesprochen, so muß notwendig Lysias von mir genötigt werden, auch hierüber eine Rede zu schreiben.

SOKRATES. Das glaube ich gern, so lange du bleibst, wer du bist.

PHAIDROS. Fasse dir also Mut und rede.

SOKRATES. Wo ist mir aber der Knabe, zu dem ich sprach? Damit er auch dieses höre, und nicht etwa unbelehrt voreilig dem Nichtliebenden willfahre.

PHAIDROS. Dieser ist dir immer ganz nahe zugegen, so oft du willst.

SOKRATES. So wisse denn, schöner Knabe, daß die vorige Rede von dem Myrrhinusier Phaidros herrührte, dem Sohne des Pythokles; die ich aber jetzt sprechen will, ist von dem Stesichoros aus Himera, dem Sohne des Euphemos. So aber muß sie gesprochen werden: Unwahr ist jene Rede, welche behauptet, daß, wenn ein Liebhaber da sei, man vielmehr dem Nichtliebenden willfahren müsse, weil nämlich jener wahnsinnig sei, dieser aber bei Sinnen. Denn wenn freilich ohne Einschränkung gälte, daß der Wahnsinn ein Übel ist, dann wäre dieses wohlgesprochen: nun aber entstehen uns die größten Güter aus einem Wahnsinn, der jedoch durch göttliche Gunst verliehen wird. Denn die Prophetin zu Delphi und die Priesterinnen zu Dodone haben im Wahnsinn vieles Gute in besonderen und öffentlichen Angelegenheiten unserer Hellas zugewendet, bei Verstande aber Kümmerliches oder gar nichts. Wollten wir auch noch die Sibylla anführen, und was für andere sonst noch durch begeistertes Wahrsagen vielen vieles für die Zukunft vorhersagen geholfen, so würden wir langweilen mit Erzählung allgemein bekannter

Dinge. Dies aber ist wert, es anzuführen, daß auch unter den Alten die, welche die Namen festgesetzt, den Wahnsinn nicht für etwas Schändliches oder für einen Schimpf hielten, weil sie sonst nicht der edelsten Kunst, durch welche die Zukunft beurteilt wird, eben diesen Namen einflechtend die Wahnsagekunst benannt hätten; sondern dafürhaltend, er sei etwas Schönes, wenn er durch göttliche Schickung entsteht, in dieser Meinung haben sie den Namen eingeführt. Und denn die Neueren erst haben ungeschickterweise das R hineingesetzt statt des N, und sie Wahrsagekunst geheißen. Ebenso haben sie jene andere von Besonnenen vermittelst der Vögel und anderer Zeichen angestellte Erforschung der Zukunft, da diese mit Bewußtsein menschlichem Dafürhalten Einsicht und Wissenschaft verschaffen, das Wißsagen genannt, welches jetzt die Neueren mit dem breiten Doppellaut prunkend in Weissagen verwandelt haben. So viel heiliger und ehrenvoller nun jenes Wahrsagen ist als dieses Weissagen, dem Namen nach und der Sache nach, um so viel vortrefflicher ist auch nach dem Zeugnis der Alten ein göttlicher Wahnsinn als eine bloß menschliche Verständigkeit. Ebenso hat auch von Krankheiten und den schwersten Plagen, wie sie ja aus altem Zorn einigen Geschlechtern verhängt waren, ein Wahnsinn eingegeben und ausgesprochen, denen er Not war, Errettung gefunden, welcher zu Gebeten und Verehrungen der Götter fliehend und dadurch reinigende Gebräuche und Geheimnisse erlangend, jeden seiner Teilhaber für die gegenwärtige und künftige Zeit sicherte, dem auf rechte Art Wahnsinnigen und Besessenen die Lösung der obwaltenden Drangsale erfindende. Die dritte Eingeistung und Wahnsinnigkeit von den Musen ergreift eine zarte und heilig geschonte Seele aufregend und befeuernd, und in festlichen Gesängen und andern Werken der Dichtkunst tausend Taten der Urväter ausschmückend bildet sie die Nachkommen. Wer aber ohne diesen Wahnsinn der Musen in den Vorhallen der Dichtkunst sich einfindet, meinend, er könne durch Kunst allein genug ein Dichter werden, ein solcher ist selbst ungeweiht, und auch seine, des Verständigen Dichtung, wird von der des Wahnsinnigen verdunkelt. Soviel und noch mehreres kann ich rühmen von des Wahnsinnes, der von den Göttern kommt, herrlichen Taten. So daß wir eben dieses ja nicht scheuen wollen, noch uns irgendeine Rede irren lassen, die uns das einängstiget, daß wir vor dem Verzückten den Besonnenen vorziehen sollen als Freund; sondern erst wenn sie dieses noch zu jenem erwiesen, soll sie den Preis davontragen, daß nämlich nicht zum Heil die Liebe dem Liebenden wie dem Geliebten von den Göttern gesendet wird. Wir aber haben das Gegenteil zu erweisen, daß zur größten Glückseligkeit die Götter diesen Wahnsinn verleihen. Und dieser Beweis wird den Vernünftlern unglaublich sein, den Weisen aber glaubhaft. Zuerst nun muß über der Seele Natur, der göttlichen sowohl als menschlichen, durch Betrachtung ihres Tuns und Leidens richtige Einsicht vorangehn. Der Anfang des Erweises ist dieser. Jede Seele ist unsterblich. Denn das stets Bewegte ist unsterblich, was aber anderes bewegt, und selbst von anderem bewegt wird und also einen Abschnitt der Bewegung hat, hat auch einen Abschnitt des Lebens. Nur also das sich selbst Bewegende, weil es nie sich selbst verläßt, wird auch nie aufhören, bewegt zu sein, sondern auch allem, was sonst bewegt wird, ist dieses Quelle und Anfang der Bewegung. Der Anfang aber ist unentstanden. Denn aus dem Anfang muß alles Entstehende entstehen, er selbst aber aus nichts. Denn wenn der Anfang aus etwas entstände, so entstände nichts mehr aus dem Anfang. Da er aber unentstanden ist, muß er notwendig auch unvergänglich sein. Denn wenn der Anfang unterginge, könnte weder er jemals aus etwas anderem, noch etwas anderes aus ihm entstehen, da ja alles aus dem Anfange entstehen soll. Demnach also ist der Bewegung Anfang das sich selbst Bewegende; dies aber kann weder untergehen noch entstehen, oder der ganze Himmel und die gesamte Erzeugung müßten zusammenfallend stillstehen, und hätten nichts, woher bewegt sie wiederum könnten entstehen. Nachdem sich nun das sich von selbst Bewegende als unsterblich gezeigt hat, so darf man sich auch nicht schämen, ebendieses für das Wesen und den Begriff der Seele zu erklären. Denn jeder Körper, dem nur von außen das Bewegtwerden kommt, heißt unbeseelt, der es aber in sich hat aus sich selbst, beseelt, als sei dieses die Natur der Seele. Verhält sich aber dieses so, daß nichts anders das sich selbst Bewegende ist als die Seele, so ist notwendig auch die Seele unentstanden und unsterblich. Von ihrer Unsterblichkeit nun sei dieses genug; von ihrem Wesen aber müssen wir dieses sagen, daß, wie es an sich beschaffen sei, überall auf alle Weise eine göttliche und weitschichtige Untersuchung ist, womit es sich aber vergleichen läßt, dies eine menschliche und leichtere. Auf diese Art also müssen wir davon reden. Es gleiche daher der zusammengewachsenen Kraft eines befiederten Gespannes und seines Führers. Der Götter Rosse und Führer nun sind alle selbst gut und guter Abkunft, die anderen aber vermischt. Zuerst nun zügelt bei uns der Führer das Gespann, demnächst ist von den Rossen das eine gut und edel und solchen Ursprungs, das andere aber entgegengesetzter Abstammung und Beschaffenheit. Schwierig und mühsam ist daher natürlich bei uns die Lenkung. Woher ferner die Benennungen sterblicher und unsterblicher Tiere, müssen wir auch versuchen zu erklären. Alles, was Seele ist, waltet über alles Unbeseelte und durchzieht den ganzen Himmel verschiedentlich in verschiedenen Gestalten sich zeigend. Die vollkommene nun und befiederte schwebt in den höheren Gegenden und waltet durch die ganze Welt; die entfiederte aber schwebt umher bis sie auf ein Starres trifft, wo sie nun wohnhaft wird, einen erdigen Leib annimmt, der nun durch ihre Kraft sich selbst zu bewegen scheint, und dieses Ganze, Seele und Leib zusammengefügt, wird dann ein Tier genannt, und bekommt den Beinamen sterblich; unsterblich aber nicht aus irgend erwiesenen Gründen, sondern wir bilden uns, ohne Gott weder gesehen zu haben noch hinlänglich zu erkennen, ein unsterbliches Tier, als auch eine Seele habend und einen Leib habend, aber auf ewige Zeit beide zusammen vereinigt. Doch dieses verhalte sich, wie es Gott gefällt, und auch nur so sei hiemit davon geredet. Nun laßt uns die Ursache von dem Verlust des Gefieders, warum es der Seele ausfällt, betrachten. Es ist aber diese: Die Kraft des Gefieders besteht darin, das Schwere emporhebend hinaufzuführen, wo das Geschlecht der Götter wohnt. Auch teilt es vorzüglich der Seele mit von dem, was des göttlichen Leibes ist. Das Göttliche nämlich ist das Schöne, Weise, Gute und was dem ähnlich ist. Hiervon also nährt sich und wächst vornehmlich das Gefieder der Seele, durch das Mißgestaltete aber, das Böse und was sonst jenem entgegengesetzt ist, zehrt es ab und vergeht. Der große Herrscher im Himmel, Zeus, nun seinen geflügelten Wagen lenkend, zieht der erste aus, alles anordnend und versorgend, und ihm folgt die Schar der Götter und Geister, in elf Zügen geordnet. Denn Hestia bleibt in der Götter Hause allein. Alle andern aber, welche zu der Zahl der zwölf als herrschende Götter geordnet sind, führen an in der Ordnung, die jedem angewiesen ist. Viel Herrliches nun gibt es zu schauen und zu begehen innerhalb des Himmels, wozu der seligen Götter Geschlecht sich hinwendet, jeder das seinige verrichtend. Es folgt aber wer jedesmal will und kann: denn Mißgunst ist verbannt aus dem göttlichen Chor. Wenn sie aber zum Fest und zum Mahle gehen, und gegen die äußerste unterhimmlische Wölbung schon ganz steil aufsteigen: dann gehen zwar der Götter Wagen mit gleichem wohlgezügeltem Gespann immer leicht, die andern aber nur mit Mühe. Denn das vom Schlechten etwas an sich habende Roß, wenn es nicht sehr gut erzogen ist von seinem Führer, beugt sich zum Boden hinunter und drückt mit seiner ganzen Schwere, woraus viel Beschwerde und der äußerste Kampf der Seele entsteht. Denn die unsterblich genannten zwar, wenn sie an den äußersten Rand gekommen sind, wenden sich hinauswärts und stehen so auf dem Rücken des Himmels, und hier stehend reißt sie der Umschwung mit fort, und sie schauen, was außerhalb des Himmels ist. Den überhimmlischen Ort aber hat noch nie einer von den Dichtern hier besungen, noch wird ihn je einer nach Würden besingen. Er ist aber so beschaffen, denn ich muß es wagen, ihn nach der Wahrheit zu beschreiben, besonders auch da ich von der Wahrheit zu reden habe. Das farblose, gestaltlose, stofflose, wahrhaft seiende Wesen hat nur der Seele Führer, die Vernunft, zum Beschauer, um welches her das Geschlecht der wahrhaften Wissenschaft jenen Ort einnimmt. Da nun Gottes Verstand sich von unvermischter Vernunft und Wissenschaft nährt, wie auch jeder Seele, welche soll, was ihr gebührt, aufnehmen: so freuen sie sich, das wahrhaft Seiende wieder einmal zu erblicken, und nähren sich an Beschauung des Wahren, und lassen sich Wohlsein, bis der Umschwung sie wieder an die vorige Stelle zurückgebracht. In diesem Umlauf nun erblicken sie die Gerechtigkeit selbst, die Besonnenheit und die Wissenschaft, nicht die, welche eine Entstehung hat, noch welche wieder eine andere ist, für jedes andere von den Dingen, die wir wirkliche nennen, sondern die in dem, was wahrhaft ist, befindliche wahrhafte Wissenschaft, und so auch von dem andern das wahrhafte Seiende erblickt die Seele, und wenn sie sich daran erquickt hat, taucht sie wieder in das Innere des Himmels und kehrt nach Hause zurück. Ist sie dort angekommen: so stellt der Führer die Rosse zur Krippe, wirft ihnen Ambrosia vor und tränkt sie dazu mit Nektar. Dieses nun ist der Götter Lebensweise. Von den andern Seelen aber konnten einige, welche am besten dem Gotte folgten und nachahmten, das Haupt des Führers hinausstrecken in den äußeren Ort. und so den Umschwung mit vollenden, geängstet jedoch von den Rossen und kaum das Seiende erblikkend; andere erhoben sich bisweilen und tauchten dann wieder unter, so daß sie im gewaltigen Sträuben der Rosse einiges sahen, anderes aber nicht. Die übrigen allesamt folgen zwar auch dem droben nachstrebend, unvermögend aber werden sie im unteren Raume mit herumgetrieben, nur einander tretend und stoßend, indem jede sucht, der andern zuvorzukommen. Getümmel entsteht nun, Streit und Angstschweiß, wobei durch Schuld schlechter Führer viele verstümmelt werden, vielen vieles Gefieder beschädigt; alle aber gehen nach viel erlittenen Beschwerden unteilhaft der Anschauung des Seienden davon, und so davongegangen halten sie sich an scheinbare Nahrung. Daher eben so großer Eifer, der Wahrheit Feld zu schauen, wo es ist: nämlich die dem Edelsten der Seele angemessene Weide stammt her aus jenen Wiesen, und des Gefieders Kraft, durch welches die Seele gehoben wird, nährt sich hievon und dieses ist das Gesetz der Adrasteia, daß, welche Seele, als des Gottes Begleiterin, etwas erblickt hat von dem Wahrhaften, diese bis zum nächsten Auszuge keinen Schaden erleide, und wenn sie dies immer bewirken kann, auch immer unverletzt bleibe. Wenn sie aber unvermögend, es zu erreichen, nichts sieht, sondern ihr ein Unfall begegnet, und sie dabei, von Vergessenheit und Trägheit übernommen, niedergedrückt wird, und so das Gefieder verliert und zur Erde fällt: dann ist ihr gesetzt, in der ersten Zeugung noch in keine tierische Natur eingepflanzt zu werden, sondern die am meisten geschaut habende in den Keim eines Mannes, der ein Freund der Weisheit und der Schönen werden wird, oder ein den Musen und der Liebe Dienender; die zweite in den eines verfassungsmäßigen Königs oder eines kriegerischen und herrschenden; die dritte eines Staatsmannes oder der ein Hauswesen regiert und ein gewerbetreibendes Leben führt; die vierte in einen Freund ausbildender Leibesübungen oder der sich mit der Heilung des Körpers beschäftigen wird; die fünfte wird ein wahrsagendes und den Geheimnissen gewidmetes Leben führen; der sechsten wird ein dichterisches oder sonst mit der Nachahmung sich beschäftigendes gemäß sein; der siebenten ein ländliches oder handarbeitendes; der achten ein sophistisches oder volksschmeichelndes; der neunten ein tyrannisches. Unter allen diesen nun erhält, wer gerecht gelebt, ein besseres Teil, wer ungerecht, ein schlechteres. Denn dorthin, woher jede Seele kommt, kehrt sie nicht zurück unter zehntausend Jahren, denn sie wird nicht befiedert eher als in solcher Zeit, ausgenommen die Seele dessen, der ohne Falsch philosophiert oder nicht unphilosophisch die Knaben geliebt hat. Diese können im dritten tausendjährigen Zeitraum, wenn sie dreimal nacheinander dasselbe Leben gewählt, also nach dreitausend Jahren befiedert heimkehren. Die übrigen aber, wenn sie ihr erstes Leben vollbracht, kommen vor Gericht. Und nach diesem Gericht gehen einige in die unterirdischen Zucht-Örter, wo sie ihr Unrecht büßen; andere aber, in einen Ort des Himmels enthoben durch das Recht, leben dort dem Leben gemäß, welches sie in menschlicher Gestalt geführt. Im tausendsten Jahre aber gelangen beiderlei Seelen zur Verlosung und Wahl des zweiten Lebens, welches jede wählt, wie sie will. Dann kann auch eine menschliche Seele in ein tierisches Leben übergehen, und ein Tier, das ehedem Mensch war, wieder zum Menschen. Denn eine, die niemals die Wahrheit erblickt hat, kann auch niemals die Gestalt annehmen, denn der Mensch muß nach Gattungen Ausgedrücktes begreifen, welches als eins hervorgeht aus vielen durch den Verstand zusammengefaßten Wahrnehmungen. Und dieses ist Erinnerung von jenem, was einst unsere Seele gesehen, Gott nachwandelnd und das übersehend, was wir jetzt für das Wirkliche halten, und zu dem wahrhaft Seienden das Haupt emporgerichtet. Daher auch wird mit Recht nur des Philosophen Seele befiedert: denn sie ist immer mit der Erinnerung soviel als möglich bei jenen Dingen, bei denen Gott sich befindend eben deshalb göttlich ist. Solche Erinnerungen also recht gebrauchend, mit vollkommener Weihung immer geweiht, kann ein Mann allein wahrhaft vollkommen werden. Indem er nun menschlicher Bestrebungen sich enthält, und mit dem Göttlichen umgeht, wird er von den Leuten wohl gescholten als ein Verwirrter, daß er aber begeistert ist, merken die Leute nicht. Und hier ist nun die ganze Rede angekommen von jener vierten Art des Wahnsinns, an welchem derjenige, der bei dem Anblick der hiesigen Schönheit jener wahren sich erinnernd, neubefiedert wird, und mit dem wachsenden Gefieder aufzufliegen zwar versucht, unvermögend aber und nur wie ein Vogel hinaufwärtsschauend, und was drunten ist, gering achtend, beschuldigt wird, seelenkrank zu sein, daß nämlich diese unter allen Begeisterungen als die edelste und des edelsten Ursprungs sich erweiset an dem sowohl, der sie hat, als auch an dem, dem sie sich mitteilt, und daß, wer dieses Wahnsinns teilhaftig wird, die Schönen liebt, ein Liebhaber genannt wird. Nämlich, wie bereits gesagt, jede Seele eines Menschen muß zwar ihrer Natur nach das Seiende geschaut haben, oder sie wäre in dieses Gebilde nicht gekommen; sich aber bei dem hiesigen an jenes zu erinnern, ist nicht jeder leicht, weder denen, die das dortige nur kümmerlich sahen, noch denen, welche, nachdem sie hierher gefallen, ein Unglück betroffen, daß sie irgendwie durch Umgang zum Unrecht verleitet, das ehedem geschaute Heilige in Vergessenheit gestellt; ja wenige bleiben übrig, denen die Erinnerung stark genug beiwohnt. Diese nun, wenn sie ein Ebenbild des dortigen sehen, werden sie entzückt, und sind nicht mehr ihrer selbst mächtig, was ihnen aber eigentlich begegnet, wissen sie nicht, weil sie es nicht genug durchschauen. Denn der Gerechtigkeit, Besonnenheit, und was sonst den Seelen köstlich ist, hiesige Abbilder haben keinen Glanz, sondern mit trüben Werkzeugen können auch nur wenige von ihnen mit Mühe, jenen Bildern sich nahend, des Abgebildeten Geschlecht erkennen. Die Schönheit aber war damals glänzend zu schauen, als mit dem seligen Chore wir dem Jupiter, andere einem andern Gotte folgend, des herrlichsten Anblicks und Schauspiels genossen und in ein Geheimnis geweiht waren, welches man wohl das allerseligste nennen kann, und welches wir feierten, untadelig selbst und unbetroffen von den Übeln, die unserer für die künftige Zeit warteten, und so auch zu untadeligen, unverfälschten, unwandelbaren, seligen Gesichten vorbereitet und geweiht in reinem Glanze, rein und unbelastet von diesem unserm Leibe, wie wir ihn nennen, den wir jetzt eingekerkert wie ein Schaltier mit uns herumtragen. Dieses möge der Erinnerung geschenkt sein, kraft welcher es aus Sehnsucht nach dem damaligen jetzt ausführlicher ist geredet worden. Was nun die Schönheit betrifft, so glänzte sie, wie gesagt, schon unter jenen wandelnd, und auch nun wir hieherversetzt, haben wir sie aufgefaßt durch den hellsten unserer Sinne, aufs hellste uns entgegenschimmernd. Denn das Gesicht ist der schärfste aller körperlichen Sinne, vermittelst dessen aber die Weisheit nicht geschaut wird, denn zu heftige Liebe würde entstehen, wenn uns von ihr ein so helles Ebenbild dargeboten würde durch das Gesicht, noch auch das andere lebenswürdige; nur der Schönheit aber ist dieses zuteil geworden, daß sie uns das hervorleuchtendste ist und das liebreizendste. Wer nun nicht noch frischen Andenkens ist, oder schon verderbt, der wird auch nicht heftig von hier dorthin gezogen zu der Schönheit selbst, indem er. was hier ihren Namen trägt, erblickt; so daß er es auch nicht anschauend verehrt, sondern, der Lust ergeben, gedenkt er sich auf tierische Art zu vermischen und roher Weise sich ihm nahend, fürchtet er sich nicht, noch scheut er sich, widernatürlich der Lust nachzugehen. Wer aber noch frische Weihung an sich hat und das damalige vielfältig geschaut, wenn der ein gottähnliches Angesicht erblickt oder eine Gestalt des Körpers, welche die Schönheit vollkommen darstellen: so schaudert er zuerst, und es wandelt ihn etwas an von den damaligen Ängsten, hernach aber betet er sie anschauend an wie einen Gott, und fürchtete er nicht den Ruf eines übertriebenen Wahnsinns, so opferte er auch, wie einem heiligen Bilde oder einem Gotte, dem Liebling. Und hat er hingesehen, so überfällt ihn, wie nach dem Schauder des Fiebers, Umwandlung und Schweiß und ungewohnte Hitze. Durchwärmt nämlich wird er, indem er durch die Augen den Ausfluß der Schönheit aufnimmt, durch welchen sein Gefieder gleichsam begossen wird. Ist er nun durchwärmt, so schmilzt um die Keime des Gefieders hinweg, was schon seit langem verhärtet sie verschloß und hinderte sie hervorzutreiben. Fließt aber Nahrung zu, so schwillt der Kiel des Gefieders und treibt, hervorzutreten aus der Wurzel überall an der Seele, denn sie war ehedem ganz befiedert. Hiebei also gärt alles an ihr und sprudelt auf, und was die Zahnenden an ihren Zähnen empfinden, wenn sie eben ausbrechen, Jucken und Reiz im Zahnfleisch, ebendas empfindet auch die Seele dessen, dem das Gefieder hervorzubrechen anfängt, es gärt in ihr, und juckt und kitzelt sie, wenn sie das Gefieder heraustreibt. Wenn sie also auch die Schönheit des Knaben sehend und die davon ausströmenden und sich losreißenden Teile, die deshalb Reize heißen, in sich aufnehmend den Reiz befruchtet und erwärmt wird: so hat sie Linderung der Schmerzen und ist froh. Ist sie aber getrennt von ihm und wird trocken: so hemmen wieder die Mündungen jener Auswege, wo das Gefieder durchbricht, indem sie sich zusammenschrumpfend schließen, den Trieb des Gefieders. Dieser also mit dem Reiz eingeschlossen hüpft wie die schlagenden Adern, und sticht überall gegen die ihm bestimmten Öffnungen, so daß die ganze Seele von allen Seiten gestachelt umherwütet und sich abängstet; hat sie aber wieder Erinnerung des Schönen, so frohlockt sie. Da nun beides so miteinander vermischt ist, bangt sie sich über einen so widersinnigen Zustand, und aus dieser Unruhe gerät sie in Geistesverwirrung, und bei diesem Wahnsinn kann sie weder des Nachts schlafen, noch bei Tage irgendwo ausdauern, sondern sehnsüchtig eilt sie immer dahin, wo sie den, der die Schönheit besitzt, zu erblicken hofft. Hat sie ihn nun gesehen, und sich neuen Reiz zugeführt: so löst sich wieder auf, was vorher verstopft war; sie erholt sich, indem Stiche und Schmerzen aufhören, und kostet wieder für den Augenblick jene süßeste Lust.

Daher sie auch gutwillig den Schönen nicht verläßt, noch irgend jemand besser achtet als ihn, sondern Mutter, Brüder und Freunde sämtlich vergißt, den fahrlässigerweise zerrütteten Wohlstand für nichts achtet, und selbst das Anständige und Sittliche, womit sie es sonst am genauesten nahm, gänzlich hintenansetzend, ist sie bereit, wie nahe es nur sein kann, dem Gegenstande ihres Verlangens zu dienen und bei ihm zu ruhen. Denn nächst ihrer Verehrung hat sie auch in dem Besitzer der Schönheit den einzigen Arzt gefunden für die unerträglichsten Schmerzen. Diesen Zustand nun, o schöner Knabe, zu dem ich rede, nennen die Menschen Liebe, wie er aber bei den Göttern heißt, dieses hörend wirst du vielleicht der Neuheit wegen lächeln. Es haben nämlich einige Homeriden, wie ich glaube, unter ihren unbekannten Gedichten zwei Verse auf die Liebe, von denen der eine sehr leichtfertig und gar nicht eben wohllautend ist. Sie singen nämlich so »Sterblichen nun heißt dieser der Gott der geflügelten Liebe: Göttern der Flügler, dieweil er mit Macht das Gefieder heraustreibt.« Dies nun steht dir frei, zu glauben oder auch nicht; dennoch aber ist eben jenes in Wahrheit der Zustand der Liebenden und seine Ursache. Wer nun aus des Zeus Begleitern davon ergriffen wird, kann stärker die Schmerzen des Flügelbenannten ertragen. Wenn aber die, die des Ares Diener waren und mit diesem wandelten, von der Liebe gefangen werden, und in etwas glauben beleidigt zu sein von dem Geliebten, diese sind blutdürstig und bereit, sich selbst und den Liebling hinzuopfern. Und ebenso nach Art jedes andern Gottes, zu dessen Zeuge jemand gehörte, diesen nämlich nach Vermögen ehrend und nachahmend lebt jeder, solange er noch unverdorben ist, und lebt das hiesige erste Dasein durch, und in diesem Sinne geht er auch um mit seinen Geliebten und den übrigen und verhält sich gegen sie. So erwählt auch jeder sich nach seiner Gemütsart eine Liebe zu einem Schönen, und als wäre nun jener sein Gott selbst, bildet er ihn aus und schmückt ihn wie ein heiliges Bild, um ihn zu verehren und ihm begeisterte Feste zu feiern. Die also dem Zeus angehören, suchen, daß ihr Geliebter ein der Seele nach dem Zeus ähnlicher sei. Daher sehen sie zu, wo einer philosophisch und anführend ist von

Natur; und wenn sie einen gefunden und liebgewonnen, so tun sie alles, damit er ein solcher, auch wirklich werde. Wenn sie also sich nie zuvor dieser Sache befleißigt: so werden sie nun kräftig darin arbeitend lernen, woher sie nur können, und auch selbst nachforschen. Und indem sie bei sich selbst nachspüren, gelingt es ihnen die Natur ihres Gottes aufzufinden, weil sie genötigt sind, angestrengt auf den Gott zu schauen, und indem sie ihn in der Erinnerung auffassen, nehmen sie begeistert von ihm Sitten und Bestrebungen an, soweit einem Menschen von einem Gotte etwas zu überkommen möglich ist, und dieses dem Geliebten zuschreibend, hängen sie ihm noch mehr an; und wenn sie vom Zeus schöpfen wie die Bacchantinnen, so gießen sie es auf des Geliebten Seele und machen ihn, wie sehr es nur möglich ist, ähnlich ihrem Gotte. Welche aber der Here folgten, die suchen einen königlichen, und wenn sie ihn gefunden, tun sie mit ihm in allen Stücken ebenso. So auch die Verehrer des Apollon und jedes Gottes suchen sich ihren Knaben dem Gotte ähnlich geartet, und wenn sie ihn gefunden haben, dann leiten sie ihn zu desselben Gottes Lebensweise und Gemütsart, indem sie selbst ihm nachahmen und auch den Liebling überreden und in das Maß fügen, jeder wie sehr er vermag, ohne dem Neide oder unedler Mißgunst Raum zu geben gegen den Geliebten, sondern aufs beste und auf alle Weise zu jeder Ähnlichkeit mit ihnen selbst und dem Gott ihn hinzuleiten versuchend, tun sie es. Eifer also der wahrhaft Liebenden und Weihung, wenn sie erlangt haben, wonach sie sich beeifern, wird, wie ich sie beschrieben, so schön und beglückend, durch den aus Liebe wahnsinnigen Freund dem Geliebten zuteil, wenn er ihn erobert hat. Erobert aber wird er, wenn er gefunden ist, auf diese Art. Wie ich im Anfang dieser Erzählung dreifach jede Seele zerteilt habe, in zwei roßgestaltige Teile und drittens in den dem Führer ähnlichen, so bleibe es uns auch jetzt noch angenommen. Von den beiden Rossen sagten wir weiter, sei eins gut, eins aber nicht. Welches aber die Vortrefflichkeit des guten und des schlechten Schlechtigkeit ist, haben wir nicht erklärt, jetzt aber müssen wir es sagen. Das nun von beiden, welches die bessere Stelle einnimmt, von geradem Wuchse, leicht gegliedert, hochhalsig, mit gebogener Nase, weiß von Haar, schwarzäugig, ehrliebend mit Besonnenheit und Scham wahrhafter Meinung Freund, wird ohne Schläge nur durch Befehl und Worte gelenkt; das andere aber ist senkrückig, plump, schlecht gebaut, hartmäulig, kurzhalsig, mit aufgeworfener Nase, schwarz von Haut, glasäugig und rot unterlaufen, aller Wildheit und Starrsinnigkeit Freund, rauh um die Ohren, taub, der Peitsche und dem Stachel kaum gehorchend. Wenn nun der Führer beim Anblick der liebreizenden Gestalt, die ganze Seele von Empfindung durchglüht, bald überall den Stachel des Kitzels und Verlangens spürt: so hält das dem Führer leicht gehorchende Roß, der Scham, wie immer, so auch dann nachgebend, sich selbst zurück, den Geliebten nicht anzuspringen; das andere aber scheut nun nicht länger Stachel noch Peitsche des Führers, sondern springend strebt es mit Gewalt vorwärts, und auf alle Weise dem Spanngenossen und dem Führer zusetzend, nötigt es sie, hinzugehen zu dem Liebling und der Gaben der Lust gegen ihn zu gedenken. Jene beiden widerstreben zwar anfangs unwillig als einer argen und ruchlosen Zunötigung, zuletzt aber, wenn des Ungemachs kein Ende ist, gehen sie dann, von jenem fortgerissen, nachgebend und versprechend das Gebotene zu tun, und so nahen sie sich ihm und schauen des Lieblings glänzende Gestalt. Indem nun der Führer sie erblickt, wird seine Erinnerung hingetragen zum Wesen der Schönheit, und wiederum sieht er sie mit der Besonnenheit auf heiligem Boden stehen. Dieses erblickend fürchtet er sich, und von Ehrfurcht durchdrungen beugt er sich zurück, und kann sogleich nicht anders als so gewaltig die Zügel rückwärtsziehen, daß beide Rosse, sich auf die Hüften setzen, das eine gutwillig, weil es nie widerstrebt, das wilde aber höchst ungern. Indem sie nun weiter zurückgehn, benetzt das eine vor Scham und Bewunderung die ganze Seele mit Schweiß, das andere aber, ist nur erst der Schmerz vom Gebiß und dem Falle vorüber, hat sich kaum erholt, so bricht es zornig in Schmähungen aus, vielfach beide, den Führer und den Spanngenossen beschimpfend, daß sie aus Feigheit und Unmännlichkeit Pflicht und Versprechen verlassen hätten; und aufs neue sie wider ihren Willen vorwärtszugehen zwingend, gibt es kaum nach, wenn sie bitten, es bis weiterhin aufzuschieben. Kommt nun die festgesetzte Zeit, so erinnert es jene, die daran nicht zu gedenken sich anstellen, braucht Gewalt, wiehert, zieht sie mit sich fort, und zwingt sie wieder in derselben Absicht dem Geliebten zu nahen. Und wenn sie nicht mehr fern sind, beugt es sich vornüber, streckt den Schweif in die Höhe, beißt in den Zügel und zieht sie schamlos weiter. Dem Führer aber begegnet nur noch mehr dasselbe wie zuvor, und wie sie an den Schranken zu tun pflegen, beugt er sich hinterwärts, zieht noch gewaltsamer dem wilden Rosse das Gebiß aus den Zähnen, daß ihm die schmähsüchtige Zunge und die Backen bluten, und Schenkel und Hüften am Boden festhalten, läßt er es büßen. Hat nun das böse Roß mehrmals dasselbe erlitten, und die Wildheit abgelegt, so folgt es gedemütigt des Führers Überlegung, und ist beim Anblick des Schönen von Furcht übermannt. Daher es dann endlich dahin kommt, daß des Liebhabers Seele dem Liebling verschämt und schüchtern nachgeht. Da nun dieser einem Gotte gleich mit jeder Art von Verehrung geehrt wird von einem nicht etwa nur sich so anstellenden Verliebten, sondern der sich wahrhaft in diesem Zustande befindet, und er auch selbst von Natur zur Freundschaft geneigt ist, so leitet er seine Zuneigung zusammen mit der seines Verehrers, wenn er auch ehedem von einigen Spielgefährten oder andern fälschlich wäre überredet worden, welche sagten, es wäre schändlich, sich einem Liebenden zu nahen, und er deshalb den Liebenden abgewiesen, so hat doch nun im Verlauf der Zeit die Jugend und das Unvermeidliche herbeigeführt, ihn zuzulassen zu seinem Umgange. Denn niemals ist dies bestimmt, daß ein Böser einem Bösen Freund, oder ein Guter einem Guten nicht Freund werde. Läßt er ihn aber zu und verstattet ihm Gespräch und Umgang, so wird das nahe erscheinende Wohlwollen des Liebenden dem Geliebten entzücken, der bald inne wird, daß seine andern Freunde und Angehörigen auch allzumal ihm so gut als nichts von Freundschaft erweisen im Vergleich des begeisterten Freundes. Läßt er ihn nun so eine Zeitlang gewähren und ist ihm nahe, dann ergießt sich bei den Berührungen in den Übungsplätzen, und wo sie sonst zusammenkommen, die Quelle jenes Stromes, den Zeus, als er den Ganymedes liebte, Liebreiz nannte, reichlich gegen den Liebhaber, und teils strömt sie in ihn ein, teils von ihm dem Angefüllten wieder heraus; und wie ein Wind oder ein Schall von glatten und starren Körpern abprallend wieder dahin, woher er kam, zurückgetrieben wird, so geht auch die Ausströmung der Schönheit wieder in den Schönen durch die Augen, wo der Weg in die Seele geht, zurück, und wenn sie dort angekommen, befeuchtet sie reichlich die dem Gefieder bestimmten Ausgänge, treibt so dessen Wachstum, und erfüllt auch des Geliebten Seele mit Liebe. Er liebt also, wen aber weiß er nicht, ja überhaupt nicht, was ihm begegnet, weiß er oder kann es sagen, sondern wie Einer, der sich von einem Anderen Augenschmerzen geholt, hat er keine Ursache anzugeben; denn daß er wie in einem Spiegel in dem Liebenden sich selbst beschaut, weiß er nicht. Und wenn nun jener gegenwärtig ist, so hat auch er gleichwie jener Befreiung von den Schmerzen, ist er aber abwesend, so schmachtet auch er wie nach ihm geschmachtet wird, mit der Liebe Schattenbilde, der Gegenliebe, behaftet. Er nennt es aber und glaubt es auch nicht Liebe, sondern Freundschaft, wünscht aber doch eben, wie jener nur minder heftig, ihn zu sehen, zu berühren, zu umarmen, neben ihm zu liegen, und also, wie zu erwarten, tut er hierauf bald alles dieses. Bei diesem Zusammenliegen nun hat das unbändige Roß des Liebhabers vieles dem Führer zu sagen und fordert für die vielen Mühseligkeiten einen kleinen Genuß; das des Lieblings hat zwar nichts zu sagen, aber voll brünstigen unbekannten Verlangens umarmt es den Liebhaber, und küßt ihn, und liebkoset ihn als den besten Freund, und wenn sie zusammenliegen, wäre es wohl geneigt, sich nicht zu weigern, ihm an seinem Teile gefällig zu sein, wenn er es zu erlangen wünschte. Der Spanngenoß hingegen mit dem Führer sträuben sich hiegegen mit Scham und Vernunft. Wenn nun die besseren Teile der Seele, welche zu einem wohlgeordneten Leben und zur Liebe der Weisheit hinleiten, den Sieg erlangen: so führen sie hier schon ein seliges und einträchtiges Leben, sich selbst beherrschend und sittsam dasjenige besiegt habend in ihrer Seele, dem Schlechtes, und das befreit, dem Vortreffliches einwohnt; sterben sie aber, so haben sie, fast schon befiedert und leichtgeworden, von den drei wahrhaft olympischen Kampfgängen schon in einem gesiegt, über welches Gut ein noch größeres weder menschliche Besonnenheit dem Menschen verschaffen kann, noch göttlicher Wahnsinn. Wenn sie aber ein minder edles nicht philosophisches, doch aber ehrliebendes Leben führen: so finden wohl leicht einmal beim Trunk oder in einem anderen unbesorgten Augenblick die beiden unbändigen Rosse die Seelen unbewacht und führen sie zusammen, daß sie das, was die Menge für das seligste hält, wählen und vollbringen, und haben sie es einmal vollbracht, so werden sie es nun auch in der Folge genießen, aber selten, weil nicht des ganzen Gemütes Zustimmung hat, was sie tun. Als Freunde also werden auch diese, obgleich nicht ganz so wie jene, miteinander, während ihrer Liebe und auch wenn sie darüber hinaus sind, leben, überzeugt, daß sie die größten Pfänder einander gegeben und angenommen haben, welche frevelhaft wäre jemals wieder ungültig zu machen und in Feindschaft zu geraten. Am Ende aber gehen sie unbefiedert zwar, doch schon mit dem Triebe sich zu befiedern, aus dem Körper, so daß auch sie nicht geringen Lohn für den Wahnsinn der Liebe davontragen. Denn in die Finsternis und den unterirdischen Pfad ist denen nicht bestimmt zu geraten, welche schon eingeschritten waren in den himmlischen Pfad, sondern ein lichtes Leben führend miteinander wandelnd glücklich zu sein, und wenn sie wieder befiedert werden, es der Liebe wegen zu gleicher Zeit zu werden. Diese so großen und so göttlichen Vorzüge, o Knabe, wird dir des Liebhabers Freundschaft erwerben. Die Vertraulichkeit aber mit dem Nichtliebenden, welche durch sterbliche Besonnenheit verdünnt auch nur Sterbliches und Sparsames austeilt, erzeugt in der geliebten Seele jene von der Menge als Tugend gelobte Gemeinheit, und wird ihr Ursach, neuntausend Jahre auf der Erde sich umherzutreiben, und vernunftlos unter der Erde.

Dieses, sei dir, geliebter Eros, nach unsern Kräften aufs beste und schönste als Widerruf dargebracht und entrichtet, der übrigens sowohl als auch im Ausdruck des Phaidros wegen etwas dichterisch mußte gefaßt werden. Und möchtest du, dem vorigen Verzeihung, diesem aber Beifall schenkend, günstig und gnädig mir die Kunst der Liebe, welche du mir verliehen, im Zorn weder nehmen noch schmälern. Verleihe mir vielmehr noch mehr als jetzt, von den Schönen geehrt zu sein. Haben wir aber in der vorigen Rede etwas dir Widerwärtiges gesprochen, Phaidros und ich: so rechne es dem Lysias als Vater dieser Rede zu, und laß ihn solcher Reden sich enthaltend zur Philosophie, zu welcher sich sein Bruder Polemarchos schon gewendet hat, sich hinwenden, damit auch dieser, sein Verehrer, nicht länger wie jetzt auf beiden Schultern trage, sondern lediglich der Liebe mit philosophischen Reden sein Leben widme.

PHAIDROS. Ich bete mit dir, Sokrates, daß, wofern dies besser für uns ist, es so geschehen möge. Deine Rede aber habe ich schon lange bewundert, um wieviel schöner als die erste du sie ausgearbeitet. So daß ich zweifle, ob mir nicht Lysias immer nur gering erscheinen würde, wenn er es auch unternehmen wollte, dieser eine andere gegenüberzustellen. Auch hat ihm erst neulich einer von unseren Staatsmännern dieses zum Schimpf vorgeworfen und ihn die ganze Schmährede hindurch immer den Redenschreiber genannt. Vielleicht also, daß er sich schon aus Empfindlichkeit des Schreibens enthalten wird.

SOKRATES. Gar lächerliche Meinungen, junger Mann, bringst du vor, und sehr weit verfehlst du deinen Freund, wenn du ihn für so schreckhaft hältst. Vielleicht aber glaubst du gar, der, welcher ihm dies als einen Schimpf vorwarf, habe, was er sagte, auch so gemeint, wie er es sagte?

PHAIDROS. Das war wohl offenbar genug, Sokrates. Auch weißt du ja selbst so gut als ich, daß überall die im Staate Vermögendsten und Geachtetsten sich schämen, Reden zu schreiben und Schriften von sich zu hinterlassen, aus Furcht, in der Folgezeit den Namen zu bekommen, als wären sie Sophisten gewesen.

SOKRATES. Du weißt nur nicht, wie dies zusammenhängt, Phaidros, und außerdem weißt du auch nicht, daß gerade die sich am meisten dünkenden Staatsmänner auch am meisten verliebt sind in das Redenschreiben und Schriftenhinterlassen, da sie ja, wenn sie eine Rede geschrieben, dermaßen ihren Lobern zugetan sind, daß sie gleich vorne namentlich hinschreiben, wer sie jedesmal gelobt.

PHAIDROS. Wie meinst du dieses? denn ich verstehe es nicht.

SOKRATES. Du verstehst nicht, daß anfangs in der Schrift eines Staatsmannes zuerst sein Lober aufgeführt wird?

PHAIDROS. Wieso?

SOKRATES. Es hat gefallen, sagt er, dem Rate oder dem Volke, oder beiden, und der und der hat vorgeschlagen, womit dann der Schriftsteller sein Ich sehr ehrenvoll erwähnt und belobt. Hierauf erst redet er weiter, seine Weisheit den Lobern vortragend, und verfaßt bisweilen eine gar lange Schrift. Oder scheint dir so etwas eine ganze andere Sache als eine Rede in Schrift verfaßt?

PHAIDROS. Mir eben nicht.

SOKRATES. Nicht wahr, wenn eine solche stehenbleibt, so geht der Dichter fröhlich aus dem Schauspiel, wenn sie aber ausgelöscht wird, und er also leer ausgeht beim Redenschreiben und nicht würdig gehalten wird, eine Schrift zu hinterlassen, dann trauert er mit seinen Freunden?

PHAIDROS. Und gar sehr.

SOKRATES. Offenbar also doch nicht als Verächter des Geschäftes, sondern als große Bewunderer.

PHAIDROS. Ganz gewiß.

SOKRATES. Wie aber, wenn ein Redner oder König es dahinbringt, mit dem Ansehen des Lykurgos, oder Solon, oder Dareios ausgerüstet, ein unsterblicher Redenschreiber in seinem Staate zu werden, hält er selbst sich nicht noch lebend für göttergleich, und denken nicht die nach ihm Kommenden ebenso von ihm, wenn sie seine Schriften betrachten?

PHAIDROS. Gar sehr.

SOKRATES. Glaubst du also, daß einer von diesen, wie sehr er auch dem Lysias abgeneigt sei, ihm dieses zum Schimpf rechne, daß er Reden verfaßt?

PHAIDROS. Es ist wohl nicht zu glauben nach dem, was du sagst, denn er müßte ja seine eigene Neigung beschimpfen.

SOKRATES. Das also ist wohl jedem klar, daß das Redenschreiben an sich nichts häßliches ist.

PHAIDROS. Wie sollte es?

SOKRATES. Aber das, glaube ich, wird schon schlecht sein. wenn jemand nicht schön redet und schreibt, sondern häßlich und schlecht.

PHAIDROS. Offenbar.

SOKRATES. Welches ist nun aber die Art und Weise, gut zu schreiben oder nicht? Sollen wir hierauf, o Phaidros, den Lysias prüfen und wer sonst jemals etwas geschrieben hat oder schreiben wird, es sei nun eine Staatsschrift oder eine andere, und in Versen, wie ein Dichter, oder ohne Silbenmaß als ein Undichterischer?

PHAIDROS. Du fragst, ob wir sollen? Weshalb, sozusagen, lebte einer denn, wenn nicht für solche Lust? Doch wohl nicht um jener willen, vor welchen man erst Unlust empfinden muß, oder auch hernach keine Lust empfindet, welches fast alle die körperlichen Vergnügungen an sich haben, und deshalb mit Recht niedrige genannt werden.

SOKRATES. Muße haben wir ja, wie es scheint. Auch dünken mir die Zikaden, wie sie in der Hitze pflegen, über unseren Häuptern singend und sich untereinander besprechend, herabzuschauen. Wenn sie nun auch uns nichts besser als andere in der Mittagsstunde nicht uns unterredend sähen, sondern aus Trägheit der Seele von ihnen eingesungen schlummernd: so möchten sie mit Recht über uns spötten und denken, ein paar Knechte wären in ihrem Aufenthalt eingekehrt, um wie Schafe, die bei der Quelle Mittag machen, des Schlafes zu pflegen. Wenn sie uns aber sähen im Gespräch begriffen, uneingesungen bei ihnen als Sirenen vorbeischiffen, dann dürften sie uns die Gabe, welche ihnen von den Göttern für die Menschen verliehen ist, mitteilen, zum Beweis ihrer Zufriedenheit.

PHAIDROS. Was doch für eine haben sie? Denn nie muß ich davon gehört haben.

SOKRATES. Nicht fein steht es für einen Musenfreund, dergleichen nicht gehört zu haben. Man sagt nämlich, diese wären Menschen gewesen von denen vor der Zeit der Musen. Als aber diese erzeugt worden und der Gesang erschienen, wären einige von den damaligen so entzückt worden von dieser Lust, daß sie singend Speise und Trank vergessen und so unvermerkt gestorben wären. Aus welchen nun seitdem das Geschlecht der Zikaden entsteht, mit dieser Gabe von den Musen ausgestattet, daß sie von der Geburt an keiner Nahrung bedürfen, sondern ohne Speise und Trank sogleich singen, bis sie sterben, dann aber zu den Musen kommen und ihnen verkündigen, wer hier jede von ihnen verehrt. Der Terpsichore melden und empfehlen sie die, welche sie in Chören verehren, der Erato, die sie durch Liebesgesänge feiern, und so den übrigen, jeder nach der ihr eigentümlichen Verehrung. Der ältesten aber, Kalliope, und ihrer nächstfolgenden Schwester Urania, als welche vornehmlich unter den Musen über den Himmel und über göttliche und menschliche Reden gesetzt, die schönsten Töne von sich geben, verkündigen sie die, welche philosophisch leben und ihre Art der Musik ehren. Aus vielen Ursachen also müssen wir etwas reden und nicht schlafen am Mittage.

PHAIDROS. Reden also wollen wir.

SOKRATES. Wollen wir nun, was wir uns eben vorgesetzt hatten, zu untersuchen, wie nämlich man gut und recht schreibe und wie nicht, dieses besprechen?

PHAIDROS. Gewiß.

SOKRATES. Muß nun nicht, wo gut und schön soll geredet werden, des Redenden Verstand die wahre Beschaffenheit dessen erkennen, worüber er reden will?

PHAIDROS. So vielmehr habe ich immer gehört, lieber Sokrates, wer ein Redner werden wolle, habe nicht nötig, was wahrhaft gerecht sei, zu lernen, sondern nur was der Volksmenge, welche zu entscheiden hat, so scheint, ebenso auch nicht, was wahrhaft gut sei oder schön, sondern nur was so scheinen werde; denn hierauf gründe sich das Überreden, nicht auf der Sache wahre Beschaffenheit.

SOKRATES. Nicht zu verwerfen ja soll ein Wort sein, o Phaidros, was die Weisen geredet haben, sondern zu untersuchen, ob nicht etwas Wahres damit gesagt ist. So wollen wir also auch das nun Gesagte nicht loslassen.

PHAIDROS. Ganz recht.

SOKRATES. Betrachten wir es demnach so.

PHAIDROS. Wie denn?

SOKRATES. Wenn ich dich überredete, du solltest, um gegen die Feinde zu ziehen, dir ein Pferd anschaffen, wir kennten aber beide kein Pferd, sondern nur so viel wüßte ich von dir, daß Phaidros glaubt, das Pferd sei dasjenige unter den zahmen Tieren, welches die längsten Ohren hat.

PHAIDROS. Lächerlich, o Sokrates, wäre das.

SOKRATES. Das noch nicht, aber wenn ich rechten Fleiß auf die Überredung wendend eine Rede abfaßte, ein Lob auf den Esel, den ich Pferd nannte, und darin ausführte, wieviel wert das Tier wäre zu Hause und im Felde, brauchbar, um von ihm herab zu fechten, geschickt das Gepäck zu tragen und zu vielen andern Dingen nützlich?

PHAIDROS. Über alle Maße lächerlich wäre dann dieses.

SOKRATES. Aber ist es nicht besser, ein lächerlicher als ein gewaltiger und feindseliger Freund zu sein?

PHAIDROS. Offenbar.

SOKRATES. Wenn also der Redekünstler, unwissend über das Gute und Böse, einen ebenso beschaffenen Staat sich vornimmt und ihn zu überreden sucht, nicht etwa einen Esel als ein Pferd anpreisend, sondern ein Übel als ein Gut, und nachdem er die Meinungen des Volkes kennen gelernt, ihn nun überredet, Übles zu tun statt des Guten, was für eine Frucht, glaubst du, werde die Redekunst dann ernten von dem, was sie gesäet?

PHAIDROS. Eben keine sonderliche.

SOKRATES. Haben wir aber auch nicht, mein Guter, gröber als sich ziemen will, die Kunst der Reden gelästert? Sie aber würde vielleicht sagen, was schwatzt ihr Wunderlichen doch durcheinander? Denn ich zwinge ja keinen der Wahrheit noch Unkundigen, das Reden zu lernen, sondern gilt mein Rat, so nimmt, wer jene erworben, dann auch mich dazu. Das aber behaupte ich, daß ohne mich auch der das Wahre weiß, nicht verstehen wird, kunstmäßig zu überreden. Hätte sie nun nicht ganz recht, wenn sie dieses spräche?

PHAIDROS. Ich gestehe es.

SOKRATES. Wenn nur die gegen sie auftretenden Reden ihr werden gelten lassen, daß sie eine Kunst ist. Denn ich glaube, einige herbeikommen und behaupten zu hören, daß sie lügt, und daß sie keine Kunst ist, sondern ein ganz kunstloses Handwerk.

PHAIDROS. Diese Reden brauchen wir, o Sokrates. Bringe sie denn zur Stelle und frage sie aus, was doch und wie sie es meinen.

SOKRATES. Kommt also her, ihr hübschen Kinderchen, und überredet den Vater schöner Kinder, Phaidros, daß, wenn er nicht gründlich philosophiert, er auch niemals gründlich über irgend etwas reden wird. Phaidros also soll antworten.

PHAIDROS. Fragt denn.

SOKRATES. Ist also nicht überhaupt die Redekunst eine Seelenleitung durch Reden, nicht nur in Gerichtshöfen und was sonst für öffentlichen Versammlungen, sondern dieselbe auch im gemeinen Leben und in kleinen sowohl als großen Dingen, und um nichts vortrefflicher das richtige, ob es große oder geringfügige Dinge betrifft? Oder was hast du hierüber gehört?

PHAIDROS. Beim Zeus dieses gar nicht; sondern eigentlich wird nur in Rechtsverhandlungen nach der Kunst gesprochen und geschrieben, dann spricht man auch so in Volksreden, weiteres habe ich nicht gehört.

SOKRATES. Hast du denn nur von des Nestor und Odysseus Anweisungen zur Redekunst gehört, die sie vor Ilion müßigerweilen ausgearbeitet, von der des Palamedes aber hast du nichts gehört?

PHAIDROS. Ja, beim Zeus, ich auch nicht von Nestors, wenn du uns nicht den Gorgias als einen Nestor zurichten willst, oder einen Thrasymachos und Theodoros als Odysseus.

SOKRATES. Vielleicht; doch diese wollen wir lassen. Du aber sage mir, was tun denn in der Gerichtsstätte die Parteien? Reden sie nicht doch gegeneinander? oder wie sollen wir es nennen?

PHAIDROS. Geradeso.

SOKRATES. Über das, was recht ist und unrecht?

PHAIDROS. Ja.

SOKRATES. Wer nun dieses durch Kunst tut, wird der nicht machen, daß dieselbe Sache denselben Menschen jetzt als recht erscheine, und wenn er will, auch wieder als unrecht?

PHAIDROS. Wie anders?

SOKRATES. Und so auch in den Volksversammlungen, daß dem Staat dasselbe jetzt gut dünke, jetzt wieder das Gegenteil?

PHAIDROS. So freilich.

SOKRATES. Und wissen wir nicht vom Eleatischen Palamedes, daß er durch Kunst so redet, das den Hörenden dasselbe ähnlich und unähnlich erscheint, eins und vieles, ruhig und bewegt?

PHAIDROS. Allerdings.

SOKRATES. Nicht also nur auf die Gerichtsstätten erstreckt sich die Kunst des Gegenredens und auf die Volksversammlung, sondern wie es scheint für alles, was geredet wird, gäbe es. wenn es eine gibt, nur diese eine Kunst, wenn jemand imstande ist, jedes Ding jedem, dem es nur möglich ist, allem möglichen ähnlich darzustellen, und was ein anderer so verähnlichend verbirgt, ans Licht zu bringen.

PHAIDROS. Wie eigentlich meinst du dieses?

SOKRATES. Also den Forschenden, glaube ich, erscheint es. Entsteht Täuschung eher zwischen dem, was viel voneinander unterschieden ist oder wenig?

PHAIDROS. In dem was wenig.

SOKRATES. Aber du wirst doch, wenn du immer nur um ein weniges übergehst, leichter anderen unvermerkt zum Gegenteil gelangen, als wenn um vieles.

PHAIDROS. Wie sollte ich nicht!

SOKRATES. Es muß also, wer andere zwar täuschen will, selbst aber nicht getäuscht werden, die Ähnlichkeit der Dinge und ihre Unähnlichkeit genau kennen.

PHAIDROS. Notwendig.

SOKRATES. Wird er aber imstande sein, wenn er die wahre Beschaffenheit eines jeden Dinges nicht kennt, die größere oder geringere Ähnlichkeit mit diesem Unbekannten in anderen Dingen zu unterscheiden?

PHAIDROS. Unmöglich.

SOKRATES. Und nicht wahr, denen, welche sich etwas anderes vorstellen, als es ist, und sich täuschen, hat sich dies offenbar durch irgendeine Ähnlichkeit eingeschlichen?

PHAIDROS. So geht es wohl zu damit.

SOKRATES. Kann also wohl diese Kunst, immer bei wenigem durch Ähnlichkeiten von dem, was jedesmal wahr ist. abzuleiten und so zum Gegenteil hinzuführen oder sich selbst davor zu hüten, derjenige besitzen, der nicht erkannt hat, was jedes in Wahrheit ist?

PHAIDROS. Niemals.

SOKRATES. Wer also die Wahrheit nicht weiß und nur Meinungen nachgejagt hat, der, lieber Freund, wird, wie es scheint, eine gar lächerliche und unkünstliche Redekunst zusammenbringen.

PHAIDROS. So wird es wohl sein.

SOKRATES. Willst du nun, daß wir in des Lysias Rede, die du bei dir hast, und in dem von uns Gesprochenen etwas sehen von dem, was wir als kunstlos setzen und was als kunstmäßig?

PHAIDROS. Sehr gern; zumal wir jetzt so trocken hingeredet haben ohne hinreichende Beispiele.

SOKRATES. Und recht durch gutes Glück, wie es scheint, sind diese zwei Reden gesprochen worden, welche ein Beispiel enthalten, wie der, welcher das Richtige weiß, spielend in Reden die Zuhörer verleiten kann. Und ich, o Phaidros, schreibe dieses den hier wohnenden Göttern zu. Vielleicht auch, daß die Dienerinnen der Musen, die Sänger über unseren Häuptern uns diese Gabe eingehaucht haben. Denn ich habe doch an keiner Kunst des Redens irgend Anteil.

PHAIDROS. Dies sei, wie du sagst; nur mache stets deutlich, was du meinst. Sokrates. So komm denn und lies mir von des Lysias Rede den Anfang. Phaidros. Von dem, was mich anbetrifft, bist du unterrichtet und, wie ich glaube, werde es uns zuträglich sein, daß dieses zustande komme, hast du gehört. Ich wünsche aber, nicht etwa deshalb zu verfehlen, was ich bitte, weil ich nicht zu deinen Liebhabern gehöre. Da eben jene zu gereuen pflegt.

SOKRATES. Halt inne! Worin also fehlt dieser und verfährt kunstlos? Das sollen wir sagen, nicht wahr?

PHAIDROS. Ja.

SOKRATES. Ist nun nicht dieses jedem einleuchtend, daß über einige solche Dinge wir einstimmig sind, über andere uneinig?

Phaidros. Ich glaube zwar zu verstehen, was du meinst, doch aber sage es noch deutlicher.

Sokrates. Wenn jemand das Wort Eisen oder Silber ausspricht, denken wir dabei nicht alle dasselbige?

Phaidros. Gewiß.

Sokrates. Wie aber, wenn gerecht oder gut? Wendet sich da nicht der eine hier-, der andere dorthin, und sind wir nicht uneinig untereinander und mit uns selbst?

Phaidros. Allerdings.

Sokrates. In einigem also stimmen wir überein, in anderem nicht.

Phaidros. So ist es.

Sokrates. In welchen aber von beiden werden wir täuschbarer sein, und in welchen also die Redekunst am meisten vermögen?

Phaidros. Offenbar, wo wir unstet sind.

Sokrates. Wer uns also eine Redekunst bringen soll, muß diese beiden zuerst rein und gehörig voneinander getrennt haben und sich eines Kennzeichens beider Gattungen bemächtigen, der, worin die Menge unstet sein muß, und der, worin nicht.

Phaidros. Einen schönen Begriff, o Sokrates, hätte der aufgefaßt, der sich dieses bemächtigt hätte.

Sokrates. Dann, glaube ich, muß er sich, wenn ihm ein bestimmter Fall vorliegt, nicht irren, sondern das genau erkennen, worüber er reden will, zu welcher von beiden Gattungen es gehört.

Phaidros. Wie anders?

Sokrates. Wie also die Liebe, wollen wir sagen, sie gehöre zu den zweifelhaften oder zu den anderen?

Phaidros. Zu den zweifelhaften ohne weiteres.

Sokrates. Oder würde sie dir sonst wohl zugelassen haben zu sagen, was du eben von ihr sagtest, erst, daß sie ein Verderben wäre für den Geliebten und den Liebenden und dann wieder, daß sie das größte wäre unter allen Gütern?

Phaidros. Sehr richtig gesprochen.

Sokrates. Aber sage mir auch dieses, denn ich kann mich der Begeisterung wegen dessen nicht mehr recht erinnern, ob ich die Liebe erklärt habe im Anfange der Rede?

Phaidros. Beim Zeus, und nicht zu sagen, wie gut.

Sokrates. Sieh da! wieviel kunstreicher in Reden sind nach dem, was du sagst, die Nymphen des Acheloos, und Pan. der Sohn des Hermes, als Lysias, der Sohn des Kephalos! Oder sage ich nichts, sondern hat auch Lysias im Anfange seiner Liebesrede uns genötigt, die Liebe für ein Bestimmtes, welches er selbst wollte, anzunehmen, und hiernach den ganzen Verfolg seiner Rede angeordnet? Willst du, daß wir seinen Anfang noch einmal lesen?

Phaidros. Wenn du es meinst. Was du jedoch suchst, steht nicht da.

Sokrates. Lies nur, damit ich ihn selbst höre.

Phaidros. Von dem, was mich anbetrifft, bist du unterrichtet, und wie ich glaube, es werde uns zuträglich sein, daß dieses zustande komme, hast du gehört. Ich wünsche aber, nicht etwa deshalb zu verfehlen, was ich bitte, weil ich nicht zu deinen Liebhabern gehöre. Da eben jene dann zu gereuen pflegt, was sie Gutes erwiesen haben, sobald ihre Begierde gestillt ist.

Sokrates. Ja, viel scheint freilich zu fehlen, daß dieser das tun sollte, was wir verlangen, der nicht einmal vom Anfang, sondern vom Ende an rückwärts die Rede durchschwimmen will und da anfängt, wo der Liebhaber schon könnte aufgehört haben, zu seinem Liebling zu reden. Oder war dies wieder nichts gesagt, Phaidros, edelster Freund?

Phaidros. Freilich wohl ist das nur das Ende, Sokrates, worüber er redet.

Sokrates. Und wie? alles übrige in der Rede, scheint es nicht unordentlich durcheinander geworfen? oder ist deutlich, daß das zweite aus irgendeinem Grunde habe das zweite sein müssen? oder irgendeines von den folgenden Stücken? Mir wenigstens scheint der Schreiber, als wüßte er eigentlich nichts, ganz vornehm gesagt zu haben, was ihm eben einfiel. Hast du aber vielleicht irgendeine rednerische Notwendigkeit aufzuzeigen, warum der Mann dieses so in der Ordnung nacheinander gestellt hat?

Phaidros. Du bist sehr gut, daß du mir zutraust, jenes Arbeit so genau zu beurteilen.

SOKRATES. Aber dieses, glaube ich, wirst du doch auch behaupten, daß eine Rede wie ein lebendes Wesen müsse gebaut sein und ihren eigentümlichen Körper haben, so daß sie weder ohne Kopf ist, noch ohne Fuß, sondern eine Mitte hat und Enden, die gegeneinander und gegen das Ganze in einem schicklichen Verhältnis gearbeitet sind.

PHAIDROS. Wie sollte ich nicht?

SOKRATES. Betrachte also deines Freundes Rede, ob sie sich so oder anders verhält, und du wirst sie gewiß nichtverschieden finden von jener Aufschrift, welche auf Midas den Phrygier soll gemacht worden sein.

PHAIDROS. Was für eine Aufschrift, und was hat sie besonderes an sich?

SOKRATES. Es ist diese: »Eherne Jungfrau bin ich und lieg an dem Grabe des Midas. Bis nicht Wasser mehr fließt, noch erblühen hochstämmige Bäume, Muß ich verweilen allhier an dem vielbeträneten Denkmal, Daß auch der Wanderer wisse, wo Midas liege begraben.« Daß es nun bei diesem keinen Unterschied macht, was zuerst gelesen wird oder zuletzt, dies merkst du doch, glaub ich.

PHAIDROS. Du verspottest ja unsere Rede, Sokrates.

SOKRATES. So wollen wir, damit du nicht verdrießlich wirst, diese ganz lesen, wiewohl sie noch vielerlei zu enthalten scheint, worauf jemand achtend den großen Nutzen haben kann, daß er es nachzuahmen ja nicht unternehmen wird, und wollen zu den anderen Reden gehn. Denn es war etwas in ihnen, was denen wohl zu beachten ziemt, welche über die Redekunst nachdenken wollen.

PHAIDROS. Welche meinst du denn?

SOKRATES. Sie waren doch einander entgegen. Denn sie behaupteten, eine, man müsse dem Verliebten, die andere, man müsse dem Nichtverliebten willfahren.

PHAIDROS. Und ganz tapfer beide.

SOKRATES. Ich glaubte du würdest der Wahrheit gemäß sagen, ganz wahnsinnig. Was sie jedoch suchten, ist eben dieses. Wir behaupteten ja, die Liebe sei eine Art von Wahnsinn, nicht wahr?

PHAIDROS. Ja.

SOKRATES. Und vom Wahnsinn gebe es zwei Arten, die eine aus menschlicher Krankheit, die andere aus göttlicher Aufhebung des gewöhnlichen ordentlichen Zustandes.

PHAIDROS. So war es.

SOKRATES. Den göttlichen teilten wir wiederum in vier Teile nach vier Göttern, indem wir den weissagenden Wahnsinn dem Apollon zuschrieben, dem Dionysos den der Einweihungen, den Musen den dichterischen, den vierten aber der Aphrodite und dem Eros, den Wahnsinn der Liebe nämlich, welchen wir für den besten erklärten, und ich weiß nicht mehr wie den Zustand der Liebe abbildend, wobei wir vielleicht etwas Richtiges getroffen haben, vielleicht auch anderwärts hin abgeschweift sind, vermischten wir mit einer nicht gar unglaublichen Rede einen mythischen Hymnos, und besangen so gar züchtig und fromm deinen und meinen Herrn, den Eros, den Beschützer schöner Knaben.

PHAIDROS. Ja, wie es mir gar nicht unerfreulich war zu hören.

SOKRATES. Dies laß uns denn daraus nehmen, wie von dem Tadel die Rede herüberkam zum Loben.

PHAIDROS. Wie meinst du es also?

SOKRATES. Mir erscheint alles übrige in der Tat nur im Scherze gesprochen; nur dies beides, was jene Reden durch einen glücklichen Zufall gehabt haben, wenn sich dessen Kraft einer gründlich durch Kunst aneignen könnte, wäre es eine schöne Sache.

PHAIDROS. Was doch für welches?

SOKRATES. Das überall Zerstreute anschauend zusammenzufassen in eine Gestalt, um jedes genau zu bestimmen und deutlich zu machen, worüber er jedesmal Belehrung erteilen will, so wie wir jetzt eben von der Liebe erst nach gegebener Erklärung, was sie sei, vielleicht gut, vielleicht auch schlecht geredet haben, wenigstens das Bestimmte und mit sich selbst Übereinstimmende hatte unsere Rede von daher.

PHAIDROS. Und welches zweite meinst du, Sokrates?

SOKRATES. Ebenso auch wieder nach Begriffen zerteilen zu können, gliedermäßig wie jedes gewachsen ist, ohne etwa wie ein schlechter Koch verfahrend, irgendeinen Teil zu zerbrechen. Sondern so wie eben unsere beiden Reden das Unverständige der Seele als einen Begriff insgesamt auffaßten: und so wie aus unserm Leibe, als einem, zweifache und gleichnamige Teile herauswachsen, welche als rechte und linke bezeichnet werden, ebenso den Aberwitz in uns gleichsam gewachsen glaubend nahmen die Reden, die eine sich den links abgeschnittenen Teil und ließ nicht nach, ihn weiter zu zerschneiden, bis sie, daß ich so sage, eine linke Liebe darin auffand, welche sie sehr mit Recht schmähen konnte; die andere führte uns zu dem Wahnsinn rechts, und eine jener zwar gleichnamige, aber göttliche Liebe darin auffindend und vorzeigend, lobte sie diese als Ursache unserer großen Güter.

PHAIDROS. Vollkommen richtig.

SOKRATES. Hievon also bin ich selbst ein großer Freund, Phaidros, von diesen Einteilungen und Zusammenfassungen, um doch auch reden und denken zu können, und wenn ich einen andern fähig halte zu sehen, was in eins gewachsen ist und in vieles, dem folg ich wie eines Unsterblichen Fußtritt. Ob ich jedoch diejenigen, welche dieses imstande sind zu tun, recht oder unrecht bename, mag Gott wissen, ich nenne sie aber bis jetzt Dialektiker. Nun aber sage mir auch, wie man die von dir und Lysias gelernt haben, nennen soll? Oder ist eben jenes die Redekunst, deren Thrasymachos und die andern sich bedienend selbst Künstler im Reden sind und auch andere dazu machen, die ihnen Geschenke wie Königen bringen wollen?

PHAIDROS. Königliche Männer zwar sind sie, nicht aber dessen kundig, wonach du fragst. Daher dünkst du mich jenes ganz recht zu benennen, indem du es Dialektik nennst, die Rhetorik aber dünkt mich uns bis jetzt noch entgangen zu sein.

SOKRATES. Wie sagst du? Das muß etwas Schönes sein, was von jener verlassen doch durch Kunst soll erlangt werden. Indes wollen wir es auf keine Weise verschmähen, du und ich. sondern sagen, was doch nur ist das noch übrigbleibende an der Redekunst.

PHAIDROS. Mancherlei Dinge, Sokrates, die du ja findest in den über die Redekunst geschriebenen Büchern.

SOKRATES. Gar gut erinnerst du mich. Den Eingang zuerst, wie der am Anfang der Rede muß gesprochen werden, dieses meinst du? nicht wahr, diese Herrlichkeiten der Kunst?

PHAIDROS. Ja.

SOKRATES. Dann kommt zweitens die Erzählung, wie sie es nennen, und die Zeugnisse dabei, drittens die Beweise, viertens die Wahrscheinlichkeiten, und noch von einer Beglaubigung und Nebenbeglaubigung, denke ich, redet der vortreffliche byzantinische Daidalos im Reden.

PHAIDROS. Den wackern Theodoros meinst du?

SOKRATES. Wen sonst? Und daß man eine Widerlegung und Nebenwiderlegung führen müsse in der Anklage sowohl als Verteidigung. Und auch den schönsten Parier Euenos holen wir nicht dabei, der die Vorandeutung zuerst erfunden hat, und das Nebenlob? Ja einige sagen, er habe sich allerlei Nebenschimpf in Verse gebracht dem Gedächtnis zuliebe. Denn er ist ein kluger Mann. Den Tisias aber und Gorgias wollen wir ganz ruhen lassen, welche zuerst das Scheinbare entdeckt haben, daß es über das Wahre gehe und mehr zu ehren sei, und welche machen, daß das Kleine groß und das Große klein erscheint durch die Kraft der Rede, und vom Neuen auf alte, vom Alten aber auf neue Art sprechen, und welche die Gedrängtheit der Rede und auch die unendliche Länge über jeden Gegenstand erfunden haben. Als dieses einmal Prodikos von mir hörte, lachte er und sagte, er allein habe gefunden, was für Sätze die Kunst brauche, nämlich weder lange noch kurze, sondern mäßige.

PHAIDROS. Sehr weise, o Prodikos!

SOKRATES. Und vom Hippias wollen wir nicht reden? ich glaube, dieser Fremdling aus Elis stimmte ihm auch bei.

PHAIDROS. Warum auch nicht?

SOKRATES. Wie aber sollen wir vortragen des Polos Sammlung von Worten, wie die Doppelrederei, die Spruchrederei, die Bildrederei und den Erwerb des Wohlklang der Lykimnischen Wörter, die er jenem geschenkt hat?

PHAIDROS. Hatte nicht vieles dergleichen auch Protagoras?

SOKRATES. Ein gewisses Geradesprechen, mein Sohn, und noch vieles und schönes anderes. Aber in jammertönender von Alter und Armut hergenommener Reden Kunst hat doch offenbar gesiegt des Chalkedoniers Kraft. Auch im Erzürnen der Menge ist dieser Mann gewaltig, und wiederum die Erzürnten bezaubernd zu kirren, wie er sagt; und im Verleumden und auch Verleumdungen abwälzen, woher es irgend gehe, ist er der erste. Über das Ende der Rede aber sind sie alle nur einer Meinung, was nämlich einige die Übersicht, andere wieder anders nennen.

PHAIDROS. Daß man am Ende noch in kurzem die Zuhörer an alles erinnern soll, was gesagt worden, das meinst du?

SOKRATES. Das meine ich, und was du noch sonst etwa zu sagen hast über die Kunst der Reden.

PHAIDROS. Kleinigkeiten, nicht der Rede wert.

SOKRATES. Lassen wir also die Kleinigkeiten; diese Dinge aber laß uns noch einmal besser beim Lichte besehen, was für eine Kunstgewalt, und wann, sie eigentlich haben?

PHAIDROS. Eine sehr starke doch, o Sokrates, in den Versammlungen des Volks.

SOKRATES. Die haben sie freilich. Aber du Wunderlicher, sieh doch auch zu, ob dir das ganze Gewebe so lose erscheint als mir.

PHAIDROS. Zeige es nur.

SOKRATES. Wenn jemand zu deinem Freunde Eryximachos oder dessen Vater Akumenos käme, sagend, ich verstehe solche Dinge dem Körper beizubringen, daß ich ihn erhitze, wenn ich will, und auch abkühle, und daß ich ihn, wenn es mir gut dünkt, speien mache oder auch abführe, und noch vielerlei dergleichen, und weil ich dieses verstehe, behaupte ich, ein Arzt zu sein, auch jeden andern dazu zu machen, dem ich nur diese Kenntnis mitteile; was meinst du, werden sie erwidern, wenn sie dieses angehört?

PHAIDROS. Was sonst, als ihn fragen, ob er auch noch verstände, wem und wann er dies alles antun müsse und in welchem Grade?

SOKRATES. Wenn er nun sagte, keineswegs, sondern ich verlange, wer jenes von mir lernt, müsse dieses schon selbst verstehen, wonach du fragst.

PHAIDROS. Dann, glaube ich, würde er sagen, der Mensch ist toll und glaubt, weil er in Büchern oder sonstwo einige Mittelchen gefunden hat, ein Arzt geworden zu sein, da er doch nichts von der Kunst versteht.

Sokrates. Und wie wenn jemand zum Sophokles oder Euripides käme, sagend, er verstände über geringes ganz lange Reden zu dichten, und auch über wichtiges ganz kurze, auch klägliche, wenn er wollte, und im Gegenteil wieder furchtbare und drohende und was mehr dergleichen, und sich nun einbildete, indem er dies lehre, die tragische Dichtkunst zu lehren?

Phaidros. Auch diese, o Sokrates, würden, glaube ich, jeden auslachen, welcher glaubte, die Tragödie wäre etwas anderes als eine solche Zusammenstellung dieser einzelnen Stücke, wie sie einander und dem Ganzen angemessen sind.

Sokrates. Aber nicht unartig, glaube ich, würden sie ihn herunterreißen, sondern wie ein Tonkünstler, wenn er mit einem zusammenträfe, der sich einbildet, ein Harmonieverständiger zu sein, weil er verstände, eine Saite so hoch und so tief als möglich anzuschlagen, nicht mit Heftigkeit sagen würde: »Du erbärmlicher Wicht, du bist verrückt«; sondern wie es einem Künstler geziemt, sanfter so: »Bester Mann, freilich muß auch das wissen, wer ein Tonkünstler werden will, aber dies hindert nicht, daß dennoch einer, der deine Fertigkeit hat, auch nicht das mindeste von der Harmonie verstehen kann, denn du besitzest nur die Vorkenntnisse, welche zur Harmonie notwendig gehören, aber nicht die Harmonie selbst.«

Phaidros. Sehr richtig.

Sokrates. So auch würde Sophokles jenem, der sich gegen ihn rühmte, sagen, er habe die Vorkenntnisse zur tragischen Kunst, nicht diese Kunst selbst, und Akumenos die Vorkenntnisse der Heilkunde, nicht die Heilkunde selbst.

Phaidros. Allerdings freilich.

Sokrates. Wie aber? sollen wir glauben, der süßredende Adrastos oder Perikles, wenn sie etwas hörten von den schönen Kunststücken, die wir jetzt durchgegangen sind, dem Kurzreden und Bilderreden und was wir sonst noch näher gegen das Licht untersuchen wollten, würden etwa unwillig wie ich und du unfeiner Weise ein ungesittetes Wort ausstoßen gegen die, welche dieses geschrieben haben und lehren, als wäre es die Redekunst, oder würden sie, die soviel Weiseren als wir, dies auch uns verweisen und sagen: O Phaidros und Sokrates, nicht unwillig muß man werden, sondern Nachsicht haben, wenn solche, die überhaupt nicht verstehen mit Begriffen umzugehen, auch nicht vermögend gewesen sind, zu bestimmen, was eigentlich die Redekunst ist, und dieses Umstandes wegen, wenngleich sie nur die notwendigen Vorkenntnisse dieser Kunst besitzen, dennoch glaubten die Redekunst selbst erfunden, und so auch wenn sie jenes jemanden lehrten, ihn vollkommen in der Redekunst unterrichtet zu haben; und wenn sie hingegen daß dies alles auf überredende Art gebraucht und ein Ganzes daraus zusammengesetzt werde, diese Vollkommenheit in die Reden hineinzubringen ihren Schülern, als wäre es eine Kleinigkeit, selbst überlassen?

PHAIDROS. Allerdings, o Sokrates, scheint es so ungefähr zu stehen mit der Kunst, welche diese Männer als die Redekunst lehren und in Schriften vortragen, und mir scheinst du ganz wahr gesprochen zu haben. Aber nun die Kunst des wahren und überzeugenden Redners, wie und woher kann sich diese jemand zu eigen machen?

SOKRATES. Mit dem Können, so daß einer ein vollkommener Kämpfer wird, wird es wahrscheinlich, ja vielleicht notwendig eben die Bewandtnis haben, wie in andern Dingen. Nämlich wenn du von Natur rednerische Anlagen hast, so wirst du ein berühmter Redner werden, sofern du noch Wissenschaft und Übung hinzufügst; an welcher aber von diesen es dir fehlt, von der Seite wirst du unvollkommen sein. Was aber an der Sache Kunst ist, dazu scheint mir die Anleitung nicht auf dem Wege herauszukommen, den Lysias und Thrasymachos gehen.

PHAIDROS. Aber auf welchem dann?

SOKRATES. Perikles, o Bester, mag doch wohl eigentlich unter allen der Eingeweihteste gewesen sein in die Redekunst.

PHAIDROS. Wieso?

SOKRATES. Alle größeren Künste bedürfen doch etwas von spitzfindigem und hochfliegendem Geschwätz über die Natur. Denn nur hieraus kann jene Würde und Zuversichtlichkeit im Erfolg entstehen, welche Perikles außer seinen Naturgaben sich in so hohem Grade erworben hatte. So denke ich wenigstens, weil er mit dem Anaxagoras, der ja wohl ein solcher war, zusammentraf und jener hohen Kenntnisse voll ward, und zur Natur des Verstandes und Unverstandes gelangte, wovon ja Anaxagoras soviel Reden machte, hat er von dorther, was ihr nützlich war, in die Redekunst herübergebracht.

PHAIDROS. Wie meinst du dieses?

SOKRATES. Es hat dieselbe Bewandtnis mit der Redekunst wie mit der Heilkunst.

PHAIDROS. Wieso?

SOKRATES. In beiden mußt du, die Natur des Leibes in der einen, der Seele in der andern einteilen, wenn du nicht nur hergebrachterweise und erfahrungsmäßig, sondern nach der Kunst jenem durch Anwendung von Arznei und Nahrung Gesundheit und Stärke verschaffen, dieser durch angeordnete Belehrungen und Sitten, welche Überzeugung und Tugend du willst, mitzuteilen begehrst.

PHAIDROS. Allem Ansehen nach, o Sokrates, ist es so.

SOKRATES. Und glaubst du die Natur der Seele richtig begreifen zu können, ohne des Ganzen Natur?

PHAIDROS. Wenn man dem Asklepiaden Hippokrates glauben soll, auch nicht einmal die des Körpers ohne ein solches Verfahren.

SOKRATES. Sehr schön, o Freund, daß er dieses sagt. Wir müssen aber doch außer dem Hippokrates auch noch die Vernunft fragend untersuchen, ob sie einstimmt.

PHAIDROS. Das gebe ich zu.

Sokrates. So sieh nun zu, was über die Natur Hippokrates sagt und die richtige Vernunft. Muß man nicht so nachdenken über eines jeden Dinges Natur, zuerst ob das einerlei ist oder vielgestaltig, was wir selbst als Künstler behandeln und auch andere dazu wollen geschickt machen. Dann daß man, wenn es einerlei ist, seine Kraft untersuche, was für eine es hat von Natur, um auf was für Dinge zu wirken, und was für eine, um Einwirkungen und von was für welchen aufzunehmen; wenn es aber mehrere Gestalten hat, diese erst aufzähle und so von jeder wie vorher von dem einem sehe, was sie ihrer Natur nach ausrichten und was sie von welchem andern erleiden kann.

Phaidros. So wird es geschehen müssen.

Sokrates. Jedes Verfahren ohne dieses wäre nur wie eines Blinden Wanderung. Aber keineswegs muß, wer irgendeiner Sache kunstmäßig nachstrebt, einem Blinden oder Tauben können verglichen werden, sondern offenbar ist, daß wenn jemand kunstmäßig Reden mitteilt, er auch das Wesen der Natur dessen genau muß zeigen können, dem er seine Reden anbringen will; dieses aber wird doch die Seele sein.

Phaidros. Was sonst?

Sokrates. Gegen diese also ist sein ganzer Kampf gerichtet; denn in ihr will er Überzeugung hervorbringen, nicht wahr?

Phaidros. Freilich.

Sokrates. Offenbar also muß Thrasymachos und wer sonst mit Fleiß eine rhetorische Kunstlehre geben will, zuerst mit aller Genauigkeit lehren und anschaulich machen, ob die Seele eins ist und sich überall ähnlich oder auch nach der Gestalt des Leibes vielartig. Denn dieses behaupten wir, hieße die Natur eines Dinges zeigen.

Phaidros. Allerdings.

Sokrates. Zum anderen worauf sie ihrer Natur nach wirkt, und was und wovon sie und was für Wirkungen erfährt.

Phaidros. Dieses freilich auch.

Sokrates. Drittens nachdem er der Reden wie auch der Seele Arten und ihr verschiedenes Verhalten ordentlich auseinandergesetzt, wird er alle verschiedenen Ursachen durchgehen, jedes mit jedem zusammenhaltend und lehrend, was für eine Seele, durch was für Reden, aus welcher Ursache überredet werden, oder unüberredet bleiben wird.

Phaidros. Am vortrefflichsten wie es scheint, wäre es freilich so.

Sokrates. Nie wenigstens, o Freund, wird, was auf andere Art gelehrt oder gesprochen wird, kunstmäßig geschrieben und gesprochen sein, weder über einen anderen noch über diesen Gegenstand. Aber die du gehört hast und die jetzt rednerische Kunstlehren schreiben, sind listig und verheimlichen, daß sie sich gar trefflich auf die Seele verstehen. Ehe sie also nicht auf diese Art reden und schreiben, wollen wir ihnen nicht glauben, daß sie kunstmäßig schreiben.

PHAIDROS. Auf welche Art denn?

SOKRATES. Dieses mit bestimmten Worten wirklich auszuführen ist nicht leicht getan; indes will ich, wie man schreiben müsse, wenn es kunstmäßig beschaffen sein soll, soweit es sich tun läßt, erklären.

PHAIDROS. So erkläre es denn.

SOKRATES. Da die Kraft der Rede eine Seelenleitung ist, so muß, wer ein Redner werden will, notwendig wissen, wieviel Arten die Seele hat. Diese also sind so viele, und eine solche ist jede, wonach denn auch die Menschen einige solche werden und andere wieder solche. Ist nun dieses eingeteilt, so gibt es wiederum so und so viele Arten von Reden, und so und so ist jede beschaffen. Solche Menschen nun sind durch solche Reden aus der und der Ursache zu solchen Dingen leicht zu überreden, solche andere aber aus jener Ursache schwer. Hat er nun dieses gehörig begriffen, so muß er ferner, wenn er nun die Sache selbst im Leben ansichtig wird und sie behandelt werden soll, ihr genau mit seiner Wahrnehmung nachgehen können, oder er wird eben nichts weiter wissen, als die Regeln, die er damals gehört hat. Wenn er aber richtig anzugeben weiß, was für ein Mensch wodurch überredet wird, und auch imstande ist, wenn er ihn antrifft, ihn zu erkennen und sich selbst zu zeigen, dies ist nun ein solcher, und eine solche Natur, von der damals die Rede war, steht nun in der Tat vor dir, bei der du also hier diese Art von Reden anwenden mußt, um sie zu dieser Sache zu überreden, wenn er dies alles innehat, und dann noch die Zeiten zu beurteilen weiß, wann er reden und innehalten soll, und von den gedrängten Stellen, und den beweglichen Stellen, und was sonst für vorhandene Arten von Verstärkungen der Rede er gelernt hat, von denen er weiß, wo sie an ihrer Stelle sind, und wo nicht; dann ist seine Kunst schön und ganz vollendet, eher aber nicht, sondern an welchem auch von diesen Stükken es jemand ermangeln läßt, wenn er redet oder lehrt oder schreibt, doch aber behauptet nach der Kunst zu reden, dem wer es nicht glaubt ist klüger. Wie nun, wird vielleicht unser Schriftsteller sagen, o Phaidros und Sokrates, scheint euch nun eine so oder eine anders abgehandelte Redekunst annehmungswürdig?

Phaidros. Unmöglich, o Sokrates, eine andere, wiewohl sie auf diese Art als keine geringe Arbeit erscheint.

Sokrates. Wohl wahr. Eben deshalb nun solltest du alles Gesagte noch einmal nach allen Seiten umwendend nachsehen, ob sich vielleicht wo ein leichterer oder kürzerer Weg zu ihr zeigt, damit nicht vergeblich einen langen und beschwerlichen einschlage, wem doch ein kurzer und ebener offen steht. Hast du also etwas hiezu Dienliches vom Lysias oder irgend jemand anderen Abgehörtes, so rufe es dir ins Gedächtnis und versuche es vorzutragen.

Phaidros. Der Nachfrage wegen müßte ich wohl etwas haben, aber jetzt habe ich es nicht so bei der Hand.

Sokrates. Willst du also, daß ich dir sage, was ich von einigen, die sich hiemit abgeben, gehört?

Phaidros. Warum nicht?

Sokrates. Sagt man doch, o Phaidros, es sei recht auch des Wolfes Sache zu verteidigen.

Phaidros. So tue du denn auch so.

Sokrates. Sie behaupten also, man dürfe dieses gar nicht so ernsthaft behandeln, noch von so weitem ausholend ableiten, denn überall, welches wir auch gleich anfänglich gesagt haben, dürfe sich um richtige Einsichten davon, was gerecht und gut sei in den Angelegenheiten, oder wer so sei unter den Menschen von Natur oder durch Erziehung, der künftige auch große Redner gar nicht bemühen. Denn ganz und gar kümmere sich vor den Gerichtsstätten niemand das mindeste um die Wahrheit in diesen Dingen, sondern nur um das Glaubliche, und dieses sei das Scheinbare, worauf also derjenige seine Aufmerksamkeit zu wenden habe, der kunstgerecht reden wolle. Denn bisweilen dürfe er das Geschehene gar nicht einmal sagen, wenn es nicht zugleich auch den Schein für sich hat, sondern nur das Scheinbare in der Anklage sowohl als Verteidigung, und auf alle Weise müsse wer redet nur dem Scheinbaren nachjagen, dem Wahren immerhin Lebewohl sagend; denn jenes überall in der Rede für sich zu haben, das mache die ganze Kunst aus.

PHAIDROS. Grade dieses, o Sokrates, wie du es vorgetragen hast, sagen diejenigen, welche sich für Kunstverständige in Reden ausgeben. Ich erinnere mich wohl, daß wir im vorigen ganz kürzlich auch dieses berührt haben; es dünkt aber denen die sich hiermit abgeben, etwas sehr Großes zu sein.

SOKRATES. Du hast ja den Tisias selbst fleißig getrieben, so mag uns nun auch Tisias sagen, ob er etwas anderes meint unter dem Scheinbaren, als das, was die Menge leicht glaubt?

PHAIDROS. Was könnte es anderes sein?

SOKRATES. Dieses also ist, wie es scheint, sehr weise und kunstreich ausgedacht, was er schreibt: daß nämlich, wenn ein Schwacher aber Mutiger einen Starken aber Feigen niederwirft, ihm den Mantel oder sonst etwas wegnimmt, und dann vor Gericht geführt wird, keiner von beiden die Wahrheit sagen müsse; sondern der Feige müsse sich hüten, zu gestehen, daß er von jenem Mutigen allein bezwungen worden, dieser aber müsse dies freilich behaupten, daß sie allein waren, jene aber vorzüglich gebrauchen: wie sollte also ich ein solcher mich wohl an einen solchen gewagt haben? Dann würde jener doch seine Feigheit nicht bekennen, und indem er auf eine neue Lüge sonne, vielleicht auch seinem Gegner einen neuen Beweis an die Hand geben. Und ebenso beschaffen ist auch in anderen Fällen das nach der Kunst Gesprochene. Nicht so Phaidros?

PHAIDROS. Wie anders?

SOKRATES. Weh! gar eine verborgene Kunst hat uns offenbar dieser Tisias aufgefunden, oder wer es sonst eigentlich ist und woher am liebsten benannt. Aber, Freund, wollen wir so zu ihm sprechen oder nicht?

PHAIDROS. Wie denn?

SOKRATES. Etwa: O Tisias, schon lange ehe du noch hergekommen bist, haben wir gesagt, daß dieses Scheinbare den Leuten aus einer Ähnlichkeit mit dem Wahren entsteht; die Ähnlichkeiten aber, haben wir eben gezeigt, wird überall der, welcher die Wahrheit in der Sache erkannt hat, am besten zu finden wissen. So daß, wenn du etwas anderes über die Kunst der Reden zu sagen hast, wir es gern anhören wollen; wo nicht, so müssen wir dem jetzt eben abgehandelten glauben, daß wenn nicht jemand sowohl der Zuhörer verschiedene Naturen aufzuzählen als auch die Gegenstände nach ihren Arten einzuteilen und die einzelnen unter einen Begriff zusammenzufassen imstande ist, er niemals in Reden so kunstreich sein wird, als es dem Menschen möglich ist: daß aber dieses niemals einer erlangen kann ohne vielfältige Anstrengung, welcher sich der Vernünftige nicht um mit den Menschen zu reden und zu verhandeln unterziehen soll, sondern nur um den Göttern wohlgefälliges reden zu können und ihnen wohlgefällig alles nach Vermögen auszurichten. Denn nicht seinen Mitknechten, o Tisias, so sagen Weisere als wir, muß gefällig zu werden wer Vernunft hat sich bestreben, als nur nebenbei, sondern seinen guten und hohen Gebietern. Darum, wenn der Weg lang ist, so wundere dich nicht: denn großer Dinge wegen wird er uns angemutet, nicht dessen was du denkst. Es wird aber, wie die Rede zeigt, auch dieses, wenn es jemand will, durch jenes am besten erlangt.

PHAIDROS. Ganz trefflich dünkt mich dieses gesagt zu sein, o Sokrates, wenn es nur jemand imstande wäre.

SOKRATES. Aber strebt man nach Schönem, so ist auch schön über sich ergehen lassen, was eben erfolgt.

PHAIDROS. Jawohl.

SOKRATES. Darüber nun was Kunst ist und Kunstlosigkeit im Reden möchte dieses genug sein.

PHAIDROS. Vollkommen.

SOKRATES. Von der Anständigkeit und Unanständigkeit des Schreibens aber, wo angewendet es gut ist, und wo unschicklich, davon wäre noch übrig zu reden. Nicht wahr?

PHAIDROS. Ja.

SOKRATES. Weißt du wohl, wie du eigentlich Gott wohlgefällig das Reden behandeln und davon sprechen mußt?

PHAIDROS. Keineswegs, du aber?

SOKRATES. Eine Sage wenigstens habe ich darüber zu erzählen von den Alten, das Wahre aber wissen nur jene selbst. Könnten wir aber dieses finden, würden wir uns dann noch irgend um menschliche Urteile kümmern?

Phaidros. Lächerliches fragst du! Aber erzähle, was du gehört zu haben behauptest.

Sokrates. Ich habe also gehört, zu Naukratis in Ägypten sei einer von den dortigen alten Göttern gewesen, dem auch der Vogel, welcher Ibis heißt, geheiligt war, er selbst aber, der Gott, habe Theuth geheißen. Dieser habe zuerst Zahl und Rechnung erfunden, dann die Meßkunst und die Sternkunde, ferner das Brettund Würfelspiel, und so auch die Buchstaben. Als König von ganz Ägypten habe damals Thamus geherrscht in der großen Stadt des oberen Landes, welche die Hellenen das ägyptische Theben nennen, den Gott selbst aber Ammon. Zu dem sei Theuth gegangen, habe ihm seine Künste gewiesen, und begehrt, sie möchten den anderen Ägyptern mitgeteilt werden. Jener fragte, was doch eine jede für Nutzen gewähre, und je nachdem ihm, was Theuth darüber vorbrachte, richtig oder unrichtig dünkte, tadelte er oder lobte. Vieles nun soll Thamus dem Theuth über jede Kunst dafür und dawider gesagt haben, welches weitläufig wäre alles anzuführen. Als er aber an die Buchstaben gekommen, habe Theuth gesagt: Diese Kunst, o König, wird die Ägypter weiser machen und gedächtnisreicher denn als ein Mittel für den Verstand und das, Gedächtnis ist sie erfunden. Jener aber habe erwidert: O kunstreichster Theuth, einer weiß, was zu den Künsten gehört, ans Licht zu gebären; ein anderer zu beurteilen, wieviel Schaden und Vorteil sie denen bringen, die sie gebrauchen werden. So hast auch du jetzt als Vater der Buchstaben aus Liebe das Gegenteil dessen gesagt, was sie bewirken. Denn diese Erfindung wird der Lernenden Seelen vielmehr Vergessenheit einflößen aus Vernachlässigung des Gedächtnisses, weil sie im Vertrauen auf die Schrift sich nur von außen vermittels fremder Zeichen, nicht aber innerlich sich selbst und unmittelbar erinnern werden. Nicht also für das Gedächtnis, sondern nur für die Erinnerung hast du ein Mittel erfunden, und von der Weisheit bringst du deinen Lehrlingen nur den Schein bei, nicht die Sache selbst. Denn indem sie nun vieles gehört haben ohne Unterricht, werden sie sich auch vielwissend zu sein dünken, da sie doch unwissend größtenteils sind, und schwer zu behandeln, nachdem sie dünkelweise geworden statt weise.

Phaidros. O Sokrates, leicht erdichtest du uns ägyptische und was sonst für ausländische Reden du willst.

Sokrates. Sollen doch, o Freund, in des Zeus dodonäischem Tempel einer Eiche Reden die ersten prophetischen gewesen sein. Den damaligen nun, weil sie eben nicht so weise waren als ihr Jüngeren, genügte es in ihrer Einfalt auch der Eiche und dem Stein zuzuhören, wenn sie nur wahr redeten. Dir aber macht es vielleicht einen Unterschied, wer der Redende ist und von wannen. Denn nicht darauf allein siehst du, ob sich so oder anders die Sache verhält.

Phaidros. Mit Recht hast du mich gescholten. Auch dünkt mich mit den Buchstaben es sich so zu verhalten, wie der Thebäer sagt.

Sokrates. Wer also eine Kunst in Schriften hinterläßt, und auch wer sie aufnimmt, in der Meinung, daß etwas Deutliches und Sicheres durch die Buchstaben kommen könne, der ist einfältig genug und weiß in Wahrheit nichts von der Weissagung des Ammon, wenn er glaubt, geschriebene Reden wären noch sonst etwas als nur demjenigen zur Erinnerung, der schon das weiß, worüber sie geschrieben sind.

Phaidros. Sehr richtig.

Sokrates. Denn dieses Schlimme hat doch die Schrift, Phaidros, und ist darin ganz eigentlich der Malerei ähnlich; denn auch diese stellt ihre Ausgeburten hin als lebend, wenn man sie aber etwas fragt, so schweigen sie gar ehrwürdig still. Ebenso auch die Schriften. Du könntest glauben, sie sprächen, als verständen sie etwas, fragst du sie aber lernbegierig über das Gesagte, so enthalten sie doch nur ein und dasselbe stets. Ist sie aber einmal geschrieben, so schweift auch überall jede Rede gleichermaßen unter denen umher, die sie verstehen, und unter denen, für die sie nicht gehört, und versteht nicht, zu wem sie reden soll, und zu wem nicht. Und wird sie beleidigt oder unverdienterweise beschimpft, »so bedarf sie immer ihres Vaters Hilfe; denn selbst ist sie weder sich zu schützen noch zu helfen imstande.

Phaidros. Auch hierin hast du ganz recht gesprochen.

Sokrates. Wie aber? wollen wir nicht nach einer anderen Rede sehen, der Schwester von dieser, wie die echte entsteht, und wieviel besser und kräftiger als jene sie gedeiht?

PHAIDROS. Welche doch meinst du, und wie soll sie entstehen?

SOKRATES. Welche mit Einsicht geschrieben wird in des Lernenden Seele, wohl imstande sich selbst zu helfen, und wohl wissend zu reden und zu schweigen, gegen wen sie beides soll.

PHAIDROS. Du meinst die lebende und beseelte Rede des wahrhaft Wissenden, von der man die geschriebene mit Recht wie ein Schattenbild ansehn könnte.

SOKRATES. Allerdings eben sie. Sage mir aber dieses, ob ein verständiger Landmann den Samen, den er vor andern pflegen und Früchte von ihm haben möchte, recht eigens im heißen Sommer in einem Adonisgärtchen bauen und sich freuen wird, ihn in acht Tagen schön in die Höhe geschossen zu sehen? oder ob er dieses nur als ein Spiel und bei festlichen Gelegenheiten tun wird, wenn er es ja tut; jenen aber, womit es ihm Ernst ist, nach den Vorschriften der Kunst des Landbaues in den gehörigen Boden säen und zufrieden sein, wenn was er gesäet im achten Monat seine Vollkommenheit erlangt?

PHAIDROS. Gewiß so, o Sokrates, würde er dieses im Ernst, jenes, wie du sagtest, nur anders tun.

SOKRATES. Und sollen wir sagen, daß wer vom Gerechten, Schönen und Guten Erkenntnis besitzt, weniger verständig als der Landmann verfahren werde mit seinem Samen?

PHAIDROS. Keineswegs wohl.

SOKRATES. Nicht zum Ernst also wird er sie ins Wasser schreiben, mit Tinte sie durch das Rohr aussäend, mit Worten, die doch unvermögend sind sich selbst durch Rede zu helfen, unvermögend aber auch, die Wahrheit hinreichend zu lehren?

PHAIDROS. Wohl nicht, wie zu vermuten.

SOKRATES. Freilich nicht; sondern die Schriftgärtchen wird er nur Spieles wegen, wie es scheint, besäen und beschreiben. Wenn er aber schreibt, um für sich selbst einen Vorrat von Erinnerungen zu sammeln auf das vergeßliche Alter, wenn er es etwa erreicht, und für jeden, welcher derselben Spur nachgeht: so wird er sich freuen, wenn er sie zart und schön gedeihen sieht; und wenn andere sich mit andern Spielen ergötzen, bei

Gastmahlen sich benetzend und was dem verwandt ist, dann wird jener statt dessen seine Reden spielend durchnehmen.

PHAIDROS. Ein gar herrliches, o Sokrates, nennst du neben den geringeren Spielen: das Spiel dessen, der von der Gerechtigkeit, und was du sonst erwähntest, dichtend mit Reden zu spielen weiß.

SOKRATES. So ist es allerdings, Phaidros. Weit herrlicher aber denke ich ist der Ernst mit diesen Dingen, wenn jemand nach den Vorschriften der dialektischen Kunst, eine gehörige Seele dazu wählend, mit Einsicht Reden säet und pflanzt, welche sich selbst und dem, der sie gepflanzt, zu helfen imstande, und nicht unfruchtbar sind, sondern einen Samen tragen, vermittelst dessen einige in diesen, andere in anderen Seelen gedeihend, eben dieses unsterblich zu erhalten vermögen und den, der sie besitzt, so glücklich machen, als einem Menschen nur möglich ist.

PHAIDROS. Allerdings ist etwas noch weit Herrlicheres, was du hier sagst.

SOKRATES. Jetzt erst, Phaidros, können wir auch jenes entscheiden, nachdem wir uns hierüber vereinigt.

PHAIDROS. Was doch?

SOKRATES. Das was wir eigentlich sehen wollten, und nur dabei hierauf gekommen sind, ob wir nämlich nicht finden könnten, wie wohl dem Lysias das Redenschreiben zur Schande gereiche, und auch wegen der Reden selbst, welche mit Kunst und welche ohne Kunst geschrieben wären. Was nun kunstmäßig ist oder nicht, dünkt mich schon ziemlich deutlich gemacht worden zu sein.

PHAIDROS. Es dünkte mich auch, erinnere mich aber doch noch einmal.

SOKRATES. Nämlich ehe nicht jemand die wahre Beschaffenheit eines jeden Dinges kennt, worüber er redet und schreibt, es an sich vollständig zu erklären imstande ist, und nachdem er es erklärt, es auch wieder in seine Unterarten bis zum Unteilbaren zu teilen, und ebenso auch mit der Seele Natur bekannt, die einer jeden angemessene Art der Rede herauszufinden versteht, und sie dann so ordnet und ausschmückt, daß er bunten Seelen auch bunte und wohllautreiche Reden gibt, einfachen aber einfache, eher werde er noch nicht vermögend sein, soweit es die Sache erlaubt, mit Kunst das Geschlecht der Reden zu behandeln, weder um zu lehren, noch um zu überreden, wie unsere ganze vorherige Rede gezeigt hat.

PHAIDROS. Allerdings so ungefähr war uns dieses erschienen.

SOKRATES. Wie aber jenes, ob es etwas Schönes ist oder Verächtliches, Reden zu sprechen und zu schreiben, und wie betrieben es mit Recht könnte zum Schimpf gerechnet werden oder nicht, hat uns nicht auch dieses schon das eben zuvor Besprochene deutlich gezeigt?

PHAIDROS. Welches denn?

SOKRATES. Daß wenn, es sei nun Lysias oder ein anderer, jemals etwas geschrieben hat oder schreiben wird, in besonderen Angelegenheiten oder in öffentlichen, indem er Gesetze vorschlägt, also eine Staatsschrift verfaßt, in der Meinung, es sei große Gründlichkeit und Klarheit darin, das gereicht dem Schreibenden zu Schimpf, es mag es ihm nun einer vorrücken oder nicht. Denn Tag und Nacht nicht unterscheiden zu können im Gerechten und Ungerechten, Bösen und Guten, das ist in der Tat unabwendlich das Allerschimpflichste, und wenn auch das ganze Volk es lobte.

PHAIDROS. Gewiß.

SOKRATES. Wer aber weiß, daß in einer geschriebenen Rede über jeden Gegenstand vieles notwendig nur Spiel sein muß und daß keine Rede, sei sie nun in gemessenen oder ungemessenen Silben gesprochen oder geschrieben, sehr ernsthaft zu nehmen sei, unter allen, welche ohne tiefere Untersuchung und Belehrung nur des Überredens wegen zusammengearbeitet und gesprochen worden, sondern in der Tat auch die besten unter ihnen nur zur Erinnerung gedient haben für den schon Unterrichteten; in denen hingegen, welche gelehrt und des Lernens wegen gesprochen oder wirklich in die Seele hineingeschrieben worden, vom Gerechten, Schönen und Guten, in diesen allein weiß, daß etwas Wirksames sei und Vollkommenes und der Anstrengung Würdiges, und daher auch nur solche Reden verdienten, gleichsam seine echten Kinder genannt zu werden, zuerst die ihm selbsterfunden einwohnt, hernach was etwa für Kinder und Brüder von dieser zugleich in andern Seelen anderer nach Verhältnis eingewachsen sind, und deshalb alle andern gehen läßt, dieser mag dann wohl ein solcher sein, Phaidros, als ich und du wünschten, daß ich und du sein möchten.

PHAIDROS. Auf alle Weise will und wünsche auch ich mit dir, was du sagst.

SOKRATES. Also sei nun unter uns genug gescherzt über das Reden; und du gehe hin und verkündige dem Lysias, daß wir beide zu der Nymphen Quelle und Ruhesitz hinabgestiegen dort Reden gehört, welche uns befahlen, zuerst dem Lysias und wer sonst Reden abfaßt, dann dem Homeros und wer sonst Gedichte, für sich bestehende oder von Gesang begleitete, verfertigt hat, drittens auch dem Solon und wer sonst in bürgerlichen Versammlungen Schriften, die er Gesetze nennt, geschrieben hat. zu sagen, daß wenn er dergleichen abgefaßt, wohl wissend wie sich die Sache in Wahrheit verhält, und imstande in Erörterung über das Geschriebene eingehend, demselben Hilfe zu leisten, und redend selbst sein Geschriebenes nur als etwas Schlechtes darzustellen, er dann auch nicht mit dem Namen genannt werden müsse, der nur hievon hergenommen ist, sondern mit einem auf jenes sich beziehenden woran er ernstlichen Fleiß gewendet.

PHAIDROS. Was für Namen also willst du ihm erteilen?

SOKRATES. Jemand einen Weisen zu nennen, o Phaidros, dünkt mich etwas Großes zu sein und Gott allein zu gebühren; aber einen Freund der Weisheit oder dergleichen etwas möchte ihm selbst angemessener sein, und auch an sich schicklicher.

PHAIDROS. Und nicht fern von der Sache.

SOKRATES. Also wer nichts Besseres hat, als was er nach langem Hinund Herwenden, Aneinanderfügen und Ausstreichen abgefaßt oder geschrieben hat, den wirst du mit Recht einen Dichter oder Redenschreiber oder Gesetzverfasser nennen.

PHAIDROS. Wie anders?

SOKRATES. Dieses also verkündige deinem Freunde.

PHAIDROS. Wie aber du? was wirst du tun? denn wir dürfen doch auch an deinem Freund nicht vorbeigehen.

SOKRATES. An welchem doch?

Phaidros. An Isokrates dem Schönen; was wirst du dem verkündigen, o Sokrates? Was sollen wir sagen, daß er sei?

Sokrates. Jung ist Isokrates noch; was mir aber von ihm ahndet, will ich sagen.

Phaidros. Was also?

Sokrates. Er dünkt mich zu gut, um ihn mit des Lysias Reden zu vergleichen, was seine Naturgabe betrifft, auch von edlerer Mischung des Gemütes, so daß es nichts Wunderbares wäre, wenn er bei reiferem Alter teils in den Reden, auf die er jetzt seinen Fleiß wendet, alle die sich je mit Reden abgegeben, weiter als Kinder hinter sich zurückließe, teils auch wenn ihm dieses nicht mehr genügte, ihn zu etwas Größerem ein göttlicher Trieb hinführte. Denn von Natur schon, Phaidros, ist etwas Philosophisches in der Seele des Mannes. Dieses also will ich im Namen dieser Götter dem Isokrates als meinem Lieblinge verkündigen; du aber jenes als dem deinigen dem Lysias.

Phaidros. Das soll geschehen. Aber laß uns nun gehen, da auch die Hitze gelinder geworden.

Sokrates. Ziemt es sich nicht erst zu diesen zu beten und dann zu gehen?

Phaidros. Warum nicht?

Sokrates. O lieber Pan und ihre Götter, die ihr sonst hier zugegen seid, verleihet mir schön zu sein im Innern, und daß, was ich Äußeres habe, dem Innern befreundet sei. Für reich möge ich den Weisen halten, und solche Menge Goldes besitzen als ein anderer als der Mäßige gar nicht tragen und führen könnte. Bedürfen wir noch etwas anderes, o Phaidros? Ich für mich habe hinreichend gebetet.

Phaidros. Auch für mich bete dieses mit: denn Freunden ist alles gemein. Sokrates. Laß uns denn gehen.

POLITEIA (DER STAAT)

Erstes Buch

Sokrates erzählt

1. Gestern ging ich mit Glaukon, dem Sohne des Ariston, hinab nach dem Peiraieus, um zu der Göttin zu beten und zugleich von dem Wunsche getrieben, die Veranstaltungen für das Fest zu schauen, das sie ja jetzt zum ersten Male feierten. Einen prächtigen Eindruck machte mir der Festzug der Einheimischen, aber nicht minder stattlich nahm sich der Aufzug aus, den die Thrazier veranstalteten. Nachdem wir unser Gebet verrichtet und unsere Schaulust befriedigt hatten, machten wir uns auf, wieder heimzukehren. Eben hatten wir uns nach Haus in Bewegung gesetzt, da erblickte uns aus der Ferne Polemarchos, des Kephalos Sohn. Sofort hieß er seinen Sklaven uns nacheilen, um uns aufzufordern, auf ihn zu warten. Alsbald faßte mich der Sklave von hinten am Gewande und sagte:

Polemarchos läßt euch sagen, ihr möchtet doch warten.

Ich drehte mich um und fragte, wo er denn selbst wäre.

Dort hinten, sagte er, ist er und kommt eben auf uns zu. Wartet nur.

Nun gut, wir werden warten, sagte Glaukon.

Gleich darauf fanden sich Polemarchos und Adeimantos, des Glaukon Bruder, und Nikeratos, der Sohn des Nikias, und noch mehrere andere ein, augenscheinlich von dem Festzug her kommend.

Polemarchos redete mich an: Es scheint, Sokrates, ihr seid im Begriff, wieder nach der Stadt heimzukehren.

Deine Vermutung trifft zu, sagte ich.

Du siehst doch, sagte er, wir sind eine stattliche Zahl.

Wie sollte ich nicht?

Entweder also, sagte er, müßt ihr uns überwältigen oder hier bleiben.

Es bleibt doch wohl, sagte ich, noch *eine* Möglichkeit übrig, nämlich die, daß wir euch gütlich von der Notwendigkeit überzeugen, uns gehen zu lassen.

Solltet ihr auch imstande sein, sagte er, Leute zu überreden, die sich auf nichts einlassen wollen?

Das gewiß nicht, sagte Glaukon.

Nun gut, wir sind entschlossen, uns auf nichts einzulassen: darauf müßt ihr gefaßt sein.

Da sagte Adeimantos: Am Ende wißt ihr gar nicht, daß heute abend ein Fackelrennen zu Pferde stattfinden wird zu Ehren der Göttin?

Zu Pferde? sagte ich. Etwas ganz Neues. Sie werden also, um die Wette reitend, die Fackeln, die sie halten, einer dem andern übergeben? Oder wie meinst du es?

Eben so, sagte Polemarchos. Zudem werden sie auch noch eine Nachtfeier veranstalten, die es sich lohnt anzuschauen. Wir werden uns also nach der Mahlzeit aufmachen und der Nachtfeier zuschauen. Dort werden wir auch viele junge Leute antreffen, mit denen es eine rege Unterhaltung geben wird. Kurzum, ihr müßt bleiben und jeden anderen Gedanken aufgeben.

Da sagte Glaukon: Nun, es geht wohl nicht anders, wir müssen wohl bleiben.

Gut denn, sagte ich, wenn du meinst, müssen wir uns eben fügen.

2. So gingen wir denn nach dem Hause des Polemarchos, wo wir den Lysias antrafen und den Euthydemos, die Brüder des Polemarchos, zudem auch noch den Thrasymachos aus Chalkedon und den Paianier Charmantidas und den Kleitophon, den Sohn des Aristonymos. Auch der Vater des Polemarchos, Kephalos, befand sich im Hause. Er kam mir sehr gealtert vor seit der allerdings etwas längeren Zeit, wo ich ihn zum letzten Male gesehen hatte. Er saß bekränzt auf einem Sessel, gelehnt an ein Kopfkissen; denn er hatte eben im Hofe ein Opfer vollzogen. Wir nahmen also neben ihm Platz; denn es standen dort im Kreise herum eine Anzahl Stühle. Sobald Kephalos meiner ansichtig ward, begrüßte er mich mit den Worten:

Wie selten, mein Sokrates, kommst du herab nach dem Peiraieus; und doch, wie erwünscht wäre dein Kommen. Ja, wäre ich noch in der Lage, ohne Schwierigkeit nach der Stadt zu gelangen, dann hättest du es nicht nötig, hierher zu kommen, sondern ich würde zu dir kommen. So aber müßtest du häufiger hierher kommen. Denn glaube mir: je mehr ich allmählich absterbe für die Reizungen der körperlichen Lust, um so stärker macht sich anderseits das Verlangen nach geistig anregender Unterhaltung und die Freude daran geltend. Schlage mir also die Bitte nicht ab, sondern suche unbeschadet deines Verkehrs mit deinen (athenischen) Jünglingen auch uns hier fleißig auf, uns, deine Freunde und Herzensverwandten.

In der Tat, sagte ich, mein Kephalos, unterhalte ich mich sehr gern mit hochbetagten Männern. Denn es steht mit ihnen, glaube ich, ähnlich wie mit Leuten, die uns einen Weg vorausgegangen sind, den auch wir vermutlich gehen müssen; wir müssen uns von ihnen über die Beschaffenheit dieses Weges belehren lassen, ob er rauh und schwierig oder leicht und gut gangbar ist. So möchte ich denn auch von dir gern erfahren, wie du, auf einer so hohen Altersstufe angelangt, über das denkst, was die Dichter »auf der Schwelle des Alters stehen« nennen, ob du es nämlich für ein schwer erträgliches Daseinslos erklärst oder wofür sonst.

3. Ich will dir, erwiderte er, beim Zeus sagen, mein Sokrates, wie ich darüber denke. Häufig nämlich kommen wir, eine Anzahl Gleichalterige, getreu dem alten Sprichwort, zusammen. Die meisten von uns ergehen sich bei solchem Zusammensein in Klagen: sie sehnen sich zurück zu den Freuden der Jugend und gedenken schmerzlich der Genüsse der Liebe, der Gelage und Schmausereien und was sonst noch dahin gehört, und kommen sich unglücklich vor als wer weiß welcher Herrlichkeiten Beraubte, die damals ein fröhliches Leben führten, jetzt aber so gut wie gar keines. Einige jammern auch über die schmachvolle Behandlung von seiten der Angehörigen und stimmen darum Klagelieder an über das Alter als angebliche Ursache zahlreicher Leiden für sie. Mir aber, mein Sokrates, will es scheinen, als ob sie damit nicht den wirklich Schuldigen träfen. Denn angenommen, das Alter trüge die Schuld, so müßte ich doch selbst an mir die nämliche Erfahrung gemacht haben, ebenso wie alle anderen, die zu dieser Altersstufe gelangt sind. Nun bin ich aber tatsächlich schon mit manchen zusammengetroffen, mit denen es nicht so stand. Vor allem aber kann ich mich

berufen auf den Dichter Sophokles. Ich war nämlich einst Zeuge, wie er von jemand gefragt wurde: »Wie, Sophokles, steht es mit dir in Hinsicht auf die Liebesfreuden? Bist du noch imstande, einem Weibe beizuwohnen?« »Wahre deine Zunge«, erwiderte er, »mein Bester. War es mir doch die größte Wohltat, davon loszukommen, als wäre ich einen rasenden und wilden Herrn losgeworden.« Das schien mir schon damals ein treffendes Wort und jetzt erst recht. Denn jedenfalls bietet uns das Alter hinsichtlich derartiger Leidenschaften zur Genüge Frieden und Freiheit. Wenn die Begierden ihre Spannkraft verlieren und nachlassen, so bewahrheitet sich jedenfalls das Wort des Sophokles: man ist so glücklich, von vielen rasenden Gewaltherrschern befreit zu sein. Es ist aber eine und die nämliche Ursache, auf die sowohl *diese* Übel wie auch jenes Mißverhältnis zu den Angehörigen zurückzuführen sind: nicht etwa das Alter, mein Sokrates, sondern die Gemütsart der Menschen. Sind sie nämlich gesetzt und verträglich, dann hat auch das Alter für sie nur geringe Beschwerden; wo nicht, so wird Alter wie Jugend in gleicher Weise zur Last für den Betreffenden.

4. Voller Freude über diese Worte und von dem Wunsche beseelt, noch mehr von ihm zu hören, suchte ich ihn anzuregen und sagte: Wenn du so sprichst, mein Kephalos, werden, glaube ich, die meisten dir das nicht gelten lassen, sondern werden glauben, die Leichtigkeit, mit der du das Alter trägst, habe ihren Grund nicht in deiner Gemütsart, sondern in dem Besitz eines großen Vermögens. Denn die Reichen, so heißt es, verfügen über vielerlei Erleichterungsmittel.

Ja, du hast recht, sagte er, sie lassen es mir nicht gelten. Und an ihrer Behauptung ist auch etwas, nur nicht so viel, als sie meinen. Vielmehr ist hier das Wort des Themistokles, mit dem er jenem Seriphier Bescheid tat, wohl am Platze. Als dieser sich nämlich in Schmähungen gegen ihn erging und sagte, er verdanke seinen Ruhm nicht sich selbst, sondern der Stadt, antwortete er: »weder würde er selbst (Themistokles) als Seriphier berühmt geworden sein, noch jener als Athener«. Und das Nämliche kann man mit Recht auch von denen sagen, die nicht reich sind und das Alter als eine Last empfinden. Denn auch der anständig Gesinnte wird, wenn von Armut gedrückt, das Alter nicht leicht ertragen, während anderseits der nicht anständig Gesinnte, auch wenn er es zu Reichtum gebracht hat, niemals zum Frieden mit sich selbst gelangen wird.

Hast du denn, sagte ich, mein Kephalos, dein Vermögen zum größeren Teil ererbt oder selbst hinzuerworben?

Mit dem Zuerwerben, sagte er, mein Sokrates, hat es bei mir nicht viel auf sich. Mit meiner Erwerbskunst halte ich die Mitte zwischen meinem Großvater und meinem Vater. Denn mein mir gleichnamiger Großvater hatte ungefähr soviel Vermögen ererbt, als ich jetzt besitze, und vergrößerte es um ein Vielfaches, Lysanias aber, mein Vater, brachte es wieder herunter, noch unter den jetzigen Stand; ich aber bin zufrieden, wenn ich es den Meinigen nicht geringer hinterlasse, sondern um ein weniges größer, als ich es bekommen.

Der Grund meiner Frage, sagte ich, war folgender: Ich hatte den Eindruck, als machest du dir aus dem Gelde nicht sonderlich viel. Das aber ist in der Regel bei denen der Fall, die es nicht selbst erworben haben. Wer es selbst erworben hat, der schätzt es doppelt so hoch als die anderen. Denn wie die Dichter ihre eigenen Gedichte und die Väter ihre Kinder lieben, so ist auch den Erwerbenden das Geld ihr Ein und ihr Alles, zunächst weil sie darin ihr eigenes Werk sehen, weiter aber auch, wie bei den anderen, wegen des Nutzens. Es ist also nicht leicht, mit ihnen überhaupt auch nur zu verkehren. Denn sie kennen nichts anderes als das Lob des Reichtums.

Du hast recht, sagte er.

5. Ja, gewiß, sagte ich. Aber noch eine Frage mußt du mir beantworten, nämlich: Was erscheint dir als das größte Gut, dessen Genuß dir der Besitz deines großen Vermögens verschafft hat?

Mit der Nennung desselben, sagte er, werde ich nicht viele Gläubige finden. Denn glaube mir, so fuhr er fort, Sokrates: wenn die Zeit heranrückt, wo der Mensch sich mit dem Gedanken an den Tod vertraut macht, da beschleicht ihn Angst und Sorge um Dinge, die ihn vorher unbekümmert ließen. Denn die landläufigen Märchen über unser Schicksal in der Unterwelt, daß, wer hier auf Erden gefrevelt hat, dort unten der Strafe verfällt, vorher nur eine Zielscheibe des Spottes, versetzen jetzt seine Seele in Aufregung und Angst, sie könnten doch am Ende wahr sein. Dazu kommt, daß er selbst, sei es infolge der Schwäche des Alters, sei es, weil er der dortigen

Welt nun gleichsam schon näher gerückt ist, ein schärferes Auge hat für das, was dort vorgeht. Ganz erfüllt also von Argwohn und Furcht, macht er seine Rechnung mit sich selbst und sinnt nach, ob er gegen irgend jemand ein Unrecht begangen hat. Wer sich nun vieler im Leben begangener Freveltaten schuldig findet, fährt häufig vor Schrecken aus dem Schlafe auf wie die Kinder und lebt in quälender Erwartung. Wer sich dagegen keines Unrechtes bewußt ist, dem steht frohe und gute Hoffnung als Alterspflegerin, wie auch Pindar sagt, allezeit zur Seite. Denn in der Tat, mein Sokrates, in anmutiger Form hat er diesem Gedanken Ausdruck gegeben, daß, wer bis zum Tode ein gerechtes und frommes Leben führt, »von dem nie weicht des Herzens Labsal, die freudvolle Alterspflegerin Hoffnung, die vor allem der Erdensöhne unsteten Sinn lenkt«. Ein wunderbar treffendes Wort. In dieser Beziehung nun leistet meines Erachtens der Besitz eines großen Vermögens die wertvollsten Dienste, nicht jedem ohne Unterschied, wohl aber dem anständig Gesinnten. Denn daß man nicht einmal unabsichtlich jemanden täusche oder betrüge, noch auch als angsterfüllter Schuldner, sei es eines Gottes hinsichtlich irgendwelchen Opfers, sei es eines Menschen als unseres Gläubigers, in das Jenseits eingehe, dazu trägt in erheblichem Maße der Geldbesitz bei. Er hat aber auch sonst noch mancherlei Nutzen. Aber alles in allem möchte ich den genannten Punkt für den wichtigsten erklären, in bezug auf welchen der Reichtum für einen verständigen Mann, mein Sokrates, von höchstem Nutzen ist.

Das ist ein goldenes Wort, mein Kephalos, sagte ich. Aber was eben diesen Punkt, die Gerechtigkeit nämlich, anlangt, wie sollen wir es damit halten? Sollen wir sie so schlechthin als gleichbedeutend mit der Wahrhaftigkeit setzen und mit dem Zurückgeben dessen, was man von anderen empfangen hat, oder liegt die Möglichkeit vor, eben dabei zuweilen wohl gerecht, zuweilen aber auch ungerecht zu verfahren? Nimm z. B. folgenden Fall: wenn jemand von einem geistig gesunden Freund Waffen in Verwahrung genommen hat und dieser, später in Wahnsinn verfallen, sie wieder zurückfordert, so wird doch jedermann sagen, man dürfe dann dergleichen Dinge nicht zurückgeben, und der, welcher dies tut, könne nicht als gerecht gelten, ebensowenig, wenn er gegenüber einem Manne, der in solchem Zustand ist, in allen Stücken die Wahrheit sagen wollte.

Da hast du recht, sagte er.

Man bestimmt also die Gerechtigkeit nicht richtig, wenn man sagt, sie bestehe darin, daß man die Wahrheit sagt und zurückgibt, was man empfangen hat.

Da fiel Polemarchos ein mit den Worten: Doch, doch, unter allen Umständen, mein Sokrates, sofern man dem *Simonides* irgendwie Glauben schenken darf.

Nun, gut so (daß du das Wort ergreifst), sagte Kephalos, und so übergebe ich euch denn die Rede; denn ich muß jetzt nach dem Opfer sehen.

Du setzest also mich, sagte Polemarchos, zu deinem Erben ein?

Jawohl, sagte er lachend, und damit ging er ab zu dem Opfer.

Gespräch

6. SOKRATES. So gib denn, du Erbe der Rede, den Wortlaut an, wie sich Simonides deiner Behauptung zufolge richtig über die Gerechtigkeit äußert.

POLEMARCHOS. So: gerecht ist, einem jeden das zu erstatten, was man ihm schuldig ist. Mit dieser Behauptung scheint er mir recht zu haben.

SOKRATES. Nun ja, dem Simonides wird niemand so leicht den Glauben versagen; denn er ist ein weiser und göttlicher Mann. Aber was er mit dieser Äußerung meint, das ist dir, Polemarchos, vielleicht klar, mir aber ist es unverständlich. Denn offenbar meint er damit nicht das, was wir eben anführten, die Rückerstattung einer uns anvertrauten Sache an den Hinterleger, wenn dieser sie im Zustande der Unzurechnungsfähigkeit zurückfordert. Und doch ist das, was er hinterlegt hat, in gewissem Sinne immerhin etwas, was man ihm schuldig ist. Nicht wahr?

POLEMARCHOS. Ja.

SOKRATES. Aber zurückgeben darf man es nun und nimmermehr in dem Falle, daß der Rückfordernde unzurechnungsfähig ist.

POLEMARCHOS. Du hast recht.

SOKRATES. Also meint doch Simonides allem Anschein nach mit seiner Äußerung, es sei gerecht, das Schuldige zurückzugeben, etwas anderes als dies.

POLEMARCHOS. Ja in der Tat, beim Zeus, etwas anderes. Freunde nämlich, meint er, seien den Freunden Gutes zu tun schuldig, niemals Böses.

SOKRATES. Ich verstehe wohl: derjenige gibt nicht das Schuldige zurück, der einem hinterlegtes Geld zurückgibt, wenn Rückgabe und Empfang zu schädlichen Folgen führen und Empfänger und Erstatter Freunde sind. Meint es Simonides deines Erachtens nicht so?

POLEMARCHOS. Allerdings.

SOKRATES. Wie nun aber? Seinen Feinden muß man es doch zurückgeben, man mag ihnen schuldig sein, was man will.

POLEMARCHOS. Ja, unter allen Umständen, was man nämlich ihnen wirklich schuldig ist. Schuldig aber ist, denke ich, der Feind dem Feinde, was ihm anerkanntermaßen gebührt, nämlich etwas Böses.

7. SOKRATES. Es hat sich also, wie man wohl annehmen darf, Simonides ein dichterisches Rätselspiel mit dem Wesen der Gerechtigkeit erlaubt. Sein Gedanke nämlich war allem Anschein nach der, das Gerechtsein bestehe darin, daß man einem jeden erstattet, was ihm gebührt, als Bezeichnung aber dafür bediente er sich des Ausdrucks »das Schuldige«.

POLEMARCHOS. Sehr richtig.

SOKRATES. Nun beim Zeus, setze den Fall, es fragte ihn jemand in bezug auf die Heilkunst, was es denn sei, was diese Kunst, um ihren Namen zu verdienen, Schuldiges und Gebührendes erstatte und wem sie es erstatte, wie, denkst du wohl, würde seine Antwort lauten?

POLEMARCHOS. Offenbar: Heilmittel und Speisen und Getränke für den Leib.

SOKRATES. Und was die Kochkunst anlangt, was erstattet sie Schuldiges und Gebührendes und wem?

POLEMARCHOS. Den Speisen den Wohlgeschmack.

SOKRATES. Gut. Also nun die Kunst der Gerechtigkeit – was erstattet sie und wem, um ihren Namen zu verdienen?

POLEMARCHOS. Wenn man sich, mein Sokrates, an das Vorhergehende halten soll, so ist sie die Kunst, die Freunden und Feinden Nutzen und Schaden gewährt.

SOKRATES. Also den Freunden sich wohltätig, den Feinden sich schädlich erweisen, das versteht er unter Gerechtigkeit?

POLEMARCHOS. So dünkt mich.

SOKRATES. Wer ist nun in Sachen der Gesundheit und Krankheit am meisten imstande, sich kranken Freunden wohltätig und Feinden schädlich zu erweisen?

POLEMARCHOS. Der Arzt.

SOKRATES. Und wer den auf See Fahrenden in bezug auf die Gefahren des Meeres?

POLEMARCHOS. Der Steuermann.

SOKRATES. Und der Gerechte? Auf welchem Gebiete des Handelns und in bezug auf welche Leistung ist er vor allen anderen imstande, den Freunden zu nützen und den Feinden zu schaden?

POLEMARCHOS. Auf dem Gebiete der Kriegführung und der Hilfeleistung als Bundesgenosse, wie mir scheint.

SOKRATES. Gut. Für Nichtkranke nun, mein lieber Polemarchos, ist der Arzt doch unnütz.

POLEMRCHOS. Sehr wahr.

SOKRATES. Und denen, die nicht zur See fahren, der Steuermann.

POLEMARCHOS. Ja.

SOKRATES. Ist nun auch für solche, die nicht Krieg führen, der Gerechte unnütz?

POLEMARCHOS. Durchaus nicht, wie mich dünkt.

SOKRATES. Also auch im Frieden ist die Gerechtigkeit nützlich?

POLEMARCHOS. Jawohl.

SOKRATES. Wie auch die Landwirtschaft. Oder nicht?

POLEMARCHOS. Ja.

SOKRATES. Zur Gewinnung der Feldfrucht doch wohl.

Polemarchos. Ja.

SOKRATES. Und gewiß auch das Schusterhandwerk?

POLEMARCHOS. Ja.

SOKRATES. Doch wohl, um uns zu Schuhen zu verhelfen. Nicht wahr, das ist deine Meinung?

POLEMARCHOS. Gewiß.

SOKRATES. Wie steht es also nun mit der Gerechtigkeit? Worauf bezieht sich der Nutzen oder Gewinn, den sie uns im Frieden deiner Meinung nach gewährt?

POLEMARCHOS. Auf den Verkehr in Handel und Wandel, Sokrates.

SOKRATES. Also doch auf Gemeinschaftsverhältnisse. Oder auf was sonst?

POLEMARCHOS. Auf Gemeinschaftsverhältnisse.

SOKRATES. Ist nun der Gerechte ein guter und nützlicher Vertreter der Gemeinschaft, wenn es sich um Ziehen der Steine im Brettspiel handelt, oder ist es da nicht vielmehr der Brettspielkundige?

POLEMARCHOS. Ja, dieser.

SOKRATES. Und ist für das Setzen der Ziegeln und Steine der Gerechte ein brauchbarerer und besserer Teilnehmer als der Bauverständige?

POLEMARCHOS. Durchaus nicht.

SOKRATES. Für welcherlei Gemeinschaft ist nun also der Gerechte ein besserer Teilnehmer als der Zitherspieler, so wie der Zitherspieler es ist im Vergleich zum Gerechten, wenn es sich um das Schlagen der Zither handelt?

POLEMARCHOS. Für Geldgeschäfte, wie ich glaube.

SOKRATES. Ausgenommen aber doch wohl, mein Polemarchos, den Fall, daß es sich um Verwendung des Geldes handelt für den gemeinsamen Ankauf oder Verkauf eines Pferdes. Da ist es meines Erachtens doch der Pferdekundige. Nicht wahr?

POLEMARCHOS. Offenbar.

SOKRATES. Und handelt es sich um ein Schiff, der Schiffbauer oder der Steuermann.

POLEMARCHOS. Wohl wahr.

SOKRATES. Für welche Art gemeinschaftlicher Verwendung von Silber oder Gold ist also der Gerechte brauchbarer als die anderen?

POLEMARCHOS. Wo es sich um Verwahrung und Sicherung desselben handelt, mein Sokrates.

SOKRATES. Das heißt doch wohl, wenn es sich nicht um Verwendung desselben handelt, sondern darum, daß es sicher im Kasten liegt.

POLEMARCHOS. Gewiß.

SOKRATES. Also wenn das Geld ohne Nutzen (ohne Verwendung) bleibt, dann ist die Gerechtigkeit nützlich dafür?

POLEMARCHOS. So will es scheinen.

SOKRATES. Und wenn es gilt, eine Hippe sicher zu bewahren, da ist die Gerechtigkeit von Nutzen, gemeinschaftlich und für den Einzelnen. Wenn es dagegen auf den Gebrauch ankommt, dann die Winzerkunst.

POLEMARCHOS. Offenbar.

SOKRATES. Und auch wenn es die Aufbewahrung eines Schildes oder einer Leier, ohne jede Verwendung, gilt, wirst du die Gerechtigkeit für nützlich erklären, für den Gebrauch aber die Waffenkunst und die Musikkunst?

POLEMARCHOS. Notwendig.

SOKRATES. Und so auch in allen anderen Fällen: überall ist für den Gebrauch die Gerechtigkeit nutzlos, für den Nichtgebrauch aber brauchbar.

POLEMARCHOS. So scheint es.

8. SOKRATES. Also, mein Freund, einen ernstlichen Wert hat doch die Gerechtigkeit überhaupt nicht, wenn sie nur für den Nichtgebrauch brauchbar ist. Laß uns aber folgende Erwägung anstellen. Ist nicht derjenige, welcher am meisten Geschick hat, Schläge auszuteilen im Kampfe, sei es im Faustkampf oder sonst einer Art von Kampf, auch am geschicktesten, sich dagegen zu sichern?

POLEMARCHOS. Gewiß.

SOKRATES. Und wer sich darauf versteht, sich vor einer Krankheit zu hüten, ist der nicht auch am besten imstande, (einem anderen) sie heimlich einzuflößen?

POLEMARCHOS. Mir wenigstens leuchtet das ein.

SOKRATES. Ferner ist doch auch der, welcher den Feinden ihre Anschläge und sonstigen Maßnahmen listig und diebisch abzulauschen versteht, zugleich auch ein trefflicher Wächter des eigenen Heeres.

POLEMARCHOS. Allerdings.

Sokrates. Der geschickte Wächter einer Sache ist also auch ein geschickter Dieb derselben.

POLEMARCHOS. So scheint es.

SOKRATES. Wenn also der Gerechte geschickt ist, Geld zu behüten, so ist er auch geschickt, es zu stehlen.

POLEMARCHOS. So müssen wir wenigstens folgerichtig annehmen.

SOKRATES. Als ein Dieb also entpuppt sich der Gerechte, wie es scheint. Und darin scheint Homer dein Lehrmeister gewesen zu sein. Denn er spricht dem mütterlichen Großvater des Odysseus, dem Autolykos, seinen Beifall aus mit den Worten, er habe sich vor allen Menschen ausgezeichnet in Dieberei und Schwur. Die Gerechtigkeit wäre also nach dir sowohl wie nach Homer und Simonides eine Art Diebeskunst, wohlgemerkt zum Vorteil der Freunde und zum Nachteil der Feinde. Sagtest du nicht so?

POLEMARCHOS. Nein, beim Zeus. Aber ich weiß selbst nicht mehr, was ich sagte. Nur daran halte ich immer noch fest, daß die Gerechtigkeit den Freunden nützt und den Feinden schadet.

SOKRATES. Nennst du aber Freunde diejenigen, die einem jeden brav zu sein *scheinen*, oder diejenigen, die es *sind*, auch ohne es zu scheinen? Und ebenso die Feinde?

POLEMARCHOS. Wen man für brav hält, den wird man natürlicherweise auch liebhaben, wen aber für bösartig, hassen.

SOKRATES. Täuschen sich nun die Menschen nicht in dieser Hinsicht? Halten sie nicht viele für brav, die es nicht sind, und viele umgekehrt?

POLEMARCHOS. Das tun sie.

SOKRATES. Sie sehen in den Guten ihre Feinde, in den Schlechten ihre Freunde?

POLEMARCHOS. Allerdings.

SOKRATES. Gleichwohl aber ist es dann für diese gerecht, den Schlechten zu nützen und den Guten zu schaden?

POLEMARCHOS. Allem Anschein nach.

SOKRATES. Aber die Guten sind doch gerecht und können ihrer Natur nach kein Unrecht tun.

POLEMARCHOS. Gewiß.

SOKRATES. Nach deiner Annahme wäre es also gerecht, denen, die kein Unrecht tun, Schaden zuzufügen.

Polemarchos. Nein, mein Sokrates, davon kann nicht die Rede sein. Denn jene Annahme taugt nichts, wie es scheint.

Sokrates. Es ist also gerecht, den Ungerechten zu schaden, den Gerechten aber zu nützen.

Polemarchos. Diese Annahme verdient gewiß den Vorzug vor jener.

Sokrates. Für viele also, mein Polemarchos, nämlich für alle die, welche sich in der Beurteilung der Menschen getäuscht haben, würde sich als Forderung der Gerechtigkeit ergeben, ihren Freunden zu schaden (denn sie haben ja tatsächlich bösartige Freunde), ihren Feinden aber zu nützen (denn sie haben ja gutartige Feinde). Und mit dieser Behauptung kommen wir zum geraden Gegenteil dessen, was wir als Meinung des Simonides hinstellten.

Polemarchos. Ja, das wird die unausbleibliche Folge sein. Doch laß uns die Begriffe anders bestimmen; denn es scheint, wir haben den Freund und Feind nicht richtig bestimmt.

Sokrates. Wieso denn, mein Polemarchos?

Polemarchos. Indem wir den als Freund bestimmten, der brav *scheint*.

Sokrates. Wie soll aber die neue Bestimmung lauten?

Polemarchos. Freund soll heißen, wer brav scheint und es auch ist. Der aber, welcher es nur scheint, ohne es zu sein, soll auch nur scheinbarer, aber nicht wirklicher Freund heißen. Und für den Feind soll die gleiche Bestimmung gelten.

Sokrates. Freund wird also, wie es scheint, nach dieser Feststellung der Gute sein, Feind aber der Schlechte.

Polemarchos. Ja.

Sokrates. Wir müssen also nach deiner Forderung einen Zusatz machen zu unserer früheren Bestimmung der Gerechtigkeit, der gemäß sie darin bestand, daß man sich den Freunden wohltätig, den Feinden aber schädlich erweise; jetzt nämlich müssen wir ergänzend sagen: gerecht ist, dem wirklich guten Freunde wohlzutun und dem wirklich schlechten Feinde zu schaden.

Polemarchos. Diese Bestimmung scheint mir vollkommen richtig.

9. Sokrates. Es verträgt sich also mit dem Wesen eines gerechten Mannes, überhaupt irgendeinem Menschen zu schaden?

POLEMARCHOS. Sicherlich. Den Schlechten und Feinden muß man doch schaden.

SOKRATES. Werden denn Pferde, denen man Schaden zufügt, dadurch besser oder schlechter?

POLEMARCHOS. Schlechter.

SOKRATES. Bezieht sich diese Verschlechterung etwa auf die Güte der Hunde oder auf die der Pferde?

POLEMARCHOS. Auf die der Pferde.

SOKRATES. Also auch bei Hunden, denen man Schaden zufügt, bezieht sich die Verschlechterung auf die Güte der Hunde und nicht auf die der Pferde?

POLEMARCHOS. Notwendig.

SOKRATES. Was aber Menschen anlangt, lieber Freund, sollen wir da nicht ebenso behaupten, daß, wenn man ihnen Schaden zufügt, die Verschlechterung sich auf die menschliche Güte (Tugend) bezieht?

POLEMARCHOS. Gewiß.

SOKRATES. Aber ist die Gerechtigkeit nicht menschliche Tugend (Güte)?

POLEMARCHOS. Auch das ist notwendig.

SOKRATES. Also auch die Menschen, denen man Schaden zufügt, mein Freund, müssen ungerechter werden.

POLEMARCHOS. So scheint es.

SOKRATES. Können nun die Musikkundigen durch ihre Musikkunst andere unmusikalisch machen?

POLEMARCHOS. Unmöglich.

SOKRATES. Oder die Reitkünstler durch ihre Reitkunst andere zu Nichtreitern?

POLEMARCHOS. Nimmermehr.

SOKRATES. Nun, die Gerechten also durch ihre Gerechtigkeit andere etwa zu Ungerechten? Oder, allgemein gefaßt, die Guten durch ihre Tugend andere zu Schlechten?

POLEMARCHOS. Ganz unmöglich.

SOKRATES. Kommt es doch, denke ich, nicht der Wärme zu, Kälte zu bewirken, sondern ihrem Gegenteil.

POLEMARCHOS. Ja.

Sokrates. Und nicht der Trockenheit, Feuchtigkeit zu bewirken, sondern ihrem Gegenteil.

Polemarchos. Gewiß.

Sokrates. So kommt es denn auch nicht dem Guten zu, zu schaden, sondern dem ihm Entgegengesetzten.

Polemarchos. Allem Anschein nach.

Sokrates. Aber der Gerechte ist doch gut?

Polemarchos. Gewiß.

Sokrates. Also, mein Polemarchos, nicht dem Gerechten kommt es zu, zu schaden, weder einem Freund noch sonst irgendeinem, sondern dem ihm Entgegengesetzten, dem Ungerechten.

Polemarchos. Du scheinst durchaus recht zu haben, mein Sokrates.

Sokrates. Wenn also jemand behauptet, es sei gerecht, einem jeden das Schuldige zu erstatten, dies aber so meint, daß der gerechte Mann dem Feinde Schaden schuldig sei, dem Freunde dagegen Nutzen, so war der nicht weise, der diesen Ausspruch tat; denn er hat nicht die Wahrheit gesagt. Denn unter keinen Umständen ist es gerecht, irgendeinem zu schaden. Das hat sich uns klar herausgestellt.

Polemarchos. Ich gebe es zu.

Sokrates. Seite an Seite also werden wir, ich und du, miteinander ankämpfen gegen jeden, der sich für das so verstandene Wort auf Simonides oder auf Bias oder auf Pittakos oder auf einen anderen von den weisen und hochbegnadeten Männern beruft.

Polemarchos. Auf mich kannst du jedenfalls als auf einen Mitkämpfer zählen.

Sokrates. Aber weißt du wohl auch, auf wen vermutlich jener Ausspruch zurückzuführen ist, das Wort, es sei gerecht, den Freunden zu nützen und den Feinden zu schaden?

Polemarchos. Nun, auf wen?

Sokrates. Ich glaube, auf Periander oder Perdikkas oder Xerxes oder den Thebaner Ismenias oder sonst einen von Machtbewußtsein erfüllten reichen Mann.

Polemarchos. Sehr richtig.

Sokrates. Gut denn. Da es sich also gezeigt hat, daß mit dem Bisherigen die Gerechtigkeit und das Gerechte nicht getroffen sind, wofür soll man denn sie sonst noch erklären?

Sokrates erzählt

10. Schon während wir noch in unserer Unterredung begriffen waren, hatte Thrasymachos wiederholt Anstalt gemacht, zu Worte zu kommen, war aber von den Nebensitzenden daran gehindert worden. Denn sie wollten sich in dem Anhören des Gesprächs nicht stören lassen. Als wir aber, nach meinen letzten Worten, eine Pause machten, hielt er nicht länger mehr an sich, sondern krümmte sich zum Sprung zusammen wie ein wildes Tier und stürzte sich auf uns wie auf seine Beute. Ich und Polemarchos, wir waren wie betäubt vor Schreck. Er aber rief mitten unter uns hinein: »Was für ein elendes Geschwätz, Sokrates, ist es, an das ihr euch nun schon so lange verloren gebt! Was soll denn diese einfältige Gutmütigkeit und Nachgiebigkeit des einen gegen den andern? Nein, wenn du in Wahrheit das Wesen der Gerechtigkeit kennenlernen willst, so darfst du nicht bloß fragen und dir etwas darauf zugute tun, die Antwort des anderen zu widerlegen – denn fragen, das weißt du wohl, ist leichter als antworten –, sondern du mußt auch selbst antworten und sagen, wofür du das Gerechte erklärst; und komme mir nicht mit Redensarten wie der, es sei das Ziemende oder das Nützliche oder das Zweckmäßige oder das Vorteilhafte oder das Zuträgliche, sondern mache deine Angaben mit voller Genauigkeit und Deutlichkeit. Denn solches Geschwätz lass' ich mir nicht bieten.« Ich erschrak über diese Worte und bebte bei seinem Anblicke, und wäre mein Blick dem seinigen nicht zuvorgekommen, so wäre ich, glaube ich, verstummt. Aber da er durch seine eigenen Worte in heftige Aufregung geriet, so kam es, daß ich ihn zuerst ansah. So war ich denn imstande, ihm zu antworten, und sagte nicht ohne Zittern: Thrasymachos, sei uns nicht böse. Denn wenn wir, ich und dieser da, in unserer Erörterung fehlgingen, so glaube mir, es geschah wider unseren Willen. Denn gesetzt den Fall, wir suchten nach Gold, würden wir da aus freien Stücken

beim Suchen solche Bücklinge voreinander machen und uns dadurch um den Fund bringen? Das würdest du doch nicht glauben. Noch viel weniger also darfst du glauben, daß wir beim Suchen nach der Gerechtigkeit, die doch tausendmal mehr wert ist als alles Gold, uns so unvernünftig voreinander bücken und nicht alles daran setzen werden, sie so klar als möglich hervortreten zu lassen. Doch ach! mein Freund, beim Zeus, ich fürchte, wir haben nicht die Kraft dazu. Ihr also, ihr überlegenen Männer, hättet weit mehr Grund, uns zu bemitleiden als uns zu zürnen.

11. Bei diesen Worten schlug er ein höhnisches Gelächter an und sagte:

Gespräch

THRASYMACHOS. Beim Herakles, da haben wir wieder die gewohnte Verstellung (Ironie) des Sokrates. Ich wußte es ja und sagte es den Anwesenden voraus, daß du dich nicht entschließen würdest zu antworten, sondern wieder den Nichtwissenden spielen und alles andere eher als antworten würdest, was man dich fragte.

SOKRATES. Ja, du bist weise, mein Thrasymachos, und so wußtest du denn genau, daß, wenn du jemanden fragtest, wieviel zwölf ist, und dieser Frage gleich im voraus die Erklärung hinzufügtest: »daß du mir aber, Mensch, nicht etwa sagst, zwölf sei zweimal sechs oder dreimal vier oder sechsmal zwei oder viermal drei; denn wenn du mir mit solchem Gewäsch kommst, so werde ich mir das nicht bieten lassen« – du wußtest also, denke ich, genau, daß dir niemand antworten würde, wenn deine Frage in dieser Form gestellt ward. Aber wenn er zu dir nun sagte: »Thrasymachos, wie meinst du das? Ich soll keine der von dir im voraus bezeichneten Antworten geben? Auch nicht, wenn es so steht, daß die Zwölf tatsächlich eines von diesen ist? Sondern etwas anderes soll ich sagen als das Wahre? Oder wie meinst du?« Was würdest du ihm darauf antworten?

THRASYMACHOS. Laß das gut sein. Hat denn dies mit jenem irgend etwas zu tun?

SOKRATES. Nun, das könnte denn doch der Fall sein; wenn aber auch tatsächlich keine Ähnlichkeit besteht, der Gefragte aber der Meinung ist, es bestünde eine solche, glaubst du dann, er werde diese seine Meinung nicht ebenso bestimmt zur Antwort geben, mögen wir es ihm nun verbieten oder nicht?

THRASYMACHOS. Nicht wahr, du willst es auch so machen und eine Antwort geben, die ich mir verbeten habe?

SOKRATES. Es wäre doch sehr begreiflich, wenn ich bei reiflicher Überlegung mich dafür entschiede.

THRASYMACHOS. Wie nun, wenn ich meinerseits alle diese Antworten über die Gerechtigkeit durch eine andere Antwort ersetzte, die vor ihnen allen den Vorzug verdient? Was für eine Strafe soll dann nach deinem Antrag über dich verhängt werden?

SOKRATES. Welche andere als diejenige, die gebührendermaßen der Nichtwissende über sich ergehen lassen muß? Es gebührt ihm aber zu lernen von dem Wissenden, und darin besteht die Strafe, die ich auch für mich beantrage.

THRASYMACHOS. Du machst mir wirklich Spaß. Aber mit dem Lernen ist es nicht abgetan: du mußt auch Geld zahlen.

SOKRATES. Doch wohl nur dann, wenn ich welches habe?

GLAUKON. Damit hat es keine Not. Nein, die Geldfrage, Thrasymachos, darf dich nicht hindern, zu reden; wir alle werden dem Sokrates beisteuern.

THRASYMACHOS. Nun ja, offenbar zu dem Zweck, denke ich, daß Sokrates seiner Gewohnheit treu bleiben kann, nicht selbst zu antworten, sondern andere antworten zu lassen, um dann die Worte herzunehmen und zu widerlegen.

SOKRATES. Wie könnte denn auch, mein Bester, jemand antworten, der erstens kein Wissender ist und auch nicht behauptet, es zu sein, sodann, wenn er darüber eine Meinung hat, durch das ausdrückliche Verbot eines nicht zu verachtenden Mannes daran gehindert ist zu sagen, was er für richtig hält? Du dagegen bist weit mehr in der Lage zu reden, denn du behauptest ja, es zu wissen und es mitteilen zu können. Also fort mit allen Bedenken. Erweise dich nicht nur mir gefällig dadurch, daß du antwortest, sondern enthalte auch dem Glaukon sowie den anderen Anwesenden deine Belehrung nicht vor.

Sokrates erzählt

12. Nach diesen meinen Worten drangen auch Glaukon und die anderen in ihn, er möchte sich nicht länger weigern. Und Thrasymachos war unverkennbar von dem Drange erfüllt zu reden, um sein Licht leuchten zu lassen, überzeugt, er gebiete über eine wunderschöne Antwort. Indes gab er sich das Ansehen, als läge ihm alles daran durchzusetzen, daß ich die Rolle des Antwortenden übernähme. Schließlich aber willigte er ein und sagte dann:

Gespräch

THRASYMACHOS. Das ist eben die Weisheit des Sokrates: selbst will er nichts lehren, aber bei anderen geht er umher, um von ihnen zu lernen, und erstattet ihnen nicht einmal Dank dafür.

SOKRATES. Daß ich von anderen lerne, Thrasymachos, damit hast du recht; aber mit deiner Behauptung, ich stattete ihnen keinen Dank ab, bist du im Irrtum. Ich statte ihn ab in dem Maße, als es mir möglich ist; möglich aber ist es mir nur durch Erteilen von Lob. Denn Geld habe ich nicht. Wie gern ich aber dazu bereit bin, wofern mir einer gut zu reden scheint, wirst du sehr bald an dir selbst erfahren, wenn du erst deine Antwort gegeben hast. Denn ich müßte mich sehr täuschen, wenn du nicht gut reden wirst.

THRASYMACHOS. So höre denn: ich behaupte nämlich, das Gerechte sei nichts anderes als der Vorteil des Stärkeren. – Aber wie? Du lobst mich ja nicht. Du willst eben nicht.

SOKRATES. Erst muß ich doch verstehen, was du damit meinst. Denn jetzt weiß ich es noch nicht. Der Vorteil des Stärkeren, meinst du, sei das Gerechte. Wie meinst du das, mein Thrasymachos? Denn offenbar meinst du es doch nicht so: Wenn Pulydamas, der Faustund Ringkämpfer, stärker ist als wir und ihm für seinen Körper das Rindfleisch vorteilhaft ist, so sei diese Speise auch für uns, die wir schwächer sind als er, vorteilhaft und gerecht?

THRASYMACHOS. Du bist eben unausstehlich, Sokrates, und verstehst mich in dem Sinne, der es dir am leichtesten möglich macht, meine Behauptung zu Fall zu bringen.

SOKRATES. Keineswegs, mein Bester, sondern sage nur deutlicher, was du meinst.

THRASYMACHOS. Solltest du wirklich nicht wissen, daß die Staaten teils eine tyrannische, teils eine aristokratische, teils eine demokratische Regierungsform haben?

SOKRATES. Wie sollte ich nicht?

THRASYMACHOS. Die Macht aber hat in jedem Staate eben dieses Element, das regierende.

SOKRATES. Allerdings.

THRASYMACHOS. Jede Regierung aber gibt ihre Gesetze zu ihrem eigenen Vorteil, die Demokratie demokratische, die Tyrannis tyrannische und die anderen ebenso. Durch diese Art der Gesetzgebung bekunden sie eben, daß für die Regierten dasjenige gerecht ist, was ihnen selbst (den Regierenden) vorteilhaft ist, und wer es übertritt, den bestrafen sie als einen Gesetzesverächter und Frevler. Das also ist es, mein Bester, was meiner Behauptung nach in allen Staaten gleichermaßen gerecht ist, der Vorteil der bestehenden Regierung. Diese aber hat die Macht, woraus denn bei richtiger Schlußfolgerung sich ergibt, daß überall das Nämliche gerecht ist: der Vorteil des Stärkeren.

SOKRATES. Jetzt habe ich verstanden, was du meinst; ob es aber wahr ist oder nicht, will ich erst zu erkunden versuchen. Das Vorteilhafte, mein Thrasymachos, war auch nach deiner Antwort das Gerechte, obschon du mir verbotest, es in meiner Antwort anzubringen; allerdings erhält es bei dir noch den Zusatz »des Stärkeren«.

THRASYMACHOS. Etwa ein wenig besagender Zusatz?

SOKRATES. Ob er ein viel besagender ist, ist noch nicht klar; aber das ist klar: es gilt zu untersuchen, ob du die Wahrheit sagst. Denn da auch ich zugebe, das Gerechte sei etwas Vorteilhaftes, du aber mit ergänzendem Zusatz sagst »der Vorteil des Stärkeren«, worüber ich nicht Bescheid weiß, so gilt es, die Sache zu untersuchen.

THRASYMACHOS. So tue das nur.

13. SOKRATES. Es soll geschehen. Und so sage mir denn: Nicht wahr, du behauptest doch auch, den Regierenden zu gehorchen sei gerecht?

THRASYMACHOS. Jawohl.

SOKRATES. Sind nun die in den einzelnen Staaten Regierenden unfehlbar, oder kann es passieren, daß ihnen auch ein Fehler unterlaufen?

THRASYMACHOS. Selbstverständlich kann ihnen das passieren.

SOKRATES. Also ihre Gesetze, die Ergebnisse ihrer Gesetzgebungsversuche, fallen teils richtig aus, mitunter aber auch falsch?

THRASYMACHOS. Ich glaube wohl.

SOKRATES. Das »richtig« aber bedeutet dabei doch soviel wie »vorteilhaft für sie selbst«, das *»nicht richtig«* aber soviel wie »unvorteilhaft«? Oder wie meinst du es?

THRASYMACHOS. So.

SOKRATES. Was sie aber festsetzen, müssen die Regierten tun, und dies ist das Gerechte?

THRASYMACHOS. Selbstverständlich.

SOKRATES. Also gerecht heißt nach deiner Rede nicht nur, was dem Stärkeren vorteilhaft ist tun, sondern auch das Gegenteil, also was ihm nicht vorteilhaft ist.

THRASYMACHOS. Was ist das für ein Gerede, das du da vollführst!

SOKRATES. *Dein* Gerede, dünkt mich. Erwägen wir die Sache aber genauer! Täuschen sich nicht zugestandenermaßen bei der gesetzlichen Regelung dessen, was die Regierten zu tun haben, die Regierenden zuweilen über das ihnen selbst Vorteilhafteste, während doch, wie gleichfalls zugestanden, es für die Regierenden gerecht ist zu tun, was die Regierenden anordnen? Ist das nicht zugestanden?

Thrasymachos. Ja, ich glaube.

Sokrates. Nun, so glaube auch, daß du damit eingeräumt hast, es sei gerecht, auch das den Regierenden und Stärkeren Unvorteilhafte zu tun, sofern die Regierenden wider Willen ihnen selbst Schädliches anordnen, für die Regierten es aber nach deiner Behauptung gerecht ist zu tun, was jene anordnen. Tritt dann nicht, mein weisester Thrasymachos, notwendigerweise eben der Fall ein, daß es gerecht ist, das Gegenteil von dem zu tun, was du sagst? Denn es wird dann doch offenbar den Schwächeren vorgeschrieben, das dem Stärkeren Unvorteilhafte zu tun.

Polemarchos. Wahrhaftig, beim Zeus, mein Sokrates, das ist sonnenklar.

Kleitophon (einfallend). Ja, wenn du ihm als Zeuge beitrittst.

Polemarchos. Was bedarf es da noch eines Zeugen? Thrasymachos räumt ja selbst ein, daß die Regierenden zuweilen Verordnungen treffen, die ihnen selbst schädlich sind, anderseits, daß es für die Regierten gerecht ist, danach zu handeln.

Kleitophon. Ja, Polemarchos, denn Thrasymachos hat erklärt, es sei gerecht, das von den Regierenden Befohlene zu tun.

Polemarchos. Anderseits, mein Kleitophon, hat er erklärt, gerecht sei das dem Stärkeren Vorteilhafte. Mit diesen beiden Sätzen aber hat er weiter eingeräumt, daß zuweilen die Stärkeren den Schwächeren und Regierten befehlen zu tun, was ihnen selbst (den Regierenden) schädlich ist. Nach diesen Zugeständnissen aber wäre das, was den Stärkeren nicht vorteilhaft ist, ebensosehr gerecht wie das, was ihnen vorteilhaft ist.

Kleitophon. Aber er bezeichnete als Vorteil des Stärkeren doch das, was der Stärkere selbst für vorteilhaft für sich hält; das müsse der Schwächere tun und das, erklärte er, sei das Gerechte.

Polemarchos. Aber so lautete seine Behauptung nicht.

Sokrates. Das macht nichts aus. Wenn Thrasymachos es jetzt so meint, so wollen wir auf diese seine Ansicht eingehen.

14. So sage mir denn, Thrasymachos: War das, wofür du das Gerechte erklären wolltest, dasjenige, was dem Stärkeren der Vorteil des Stärkeren zu sein *scheint*, mag es ihm nun tatsächlich vorteilhaft sein oder nicht? Sollen wir dies als deine Meinung anerkennen?

THRASYMACHOS. Keineswegs. Glaubst du denn etwa, ich bezeichne den Fehlgreifenden als Stärkeren eben dann, wann er fehlgreift?

SOKRATES. Allerdings glaubte ich, daß du es so meinst, als du zugabst, die Regierenden seien nicht unfehlbar, sondern griffen dann und wann auch fehl.

THRASYMACHOS. Du bist ein böswilliger Wortverdreher, Sokrates. Denn, um das erste beste Beispiel zu wählen: bezeichnest du denn einen, der in der Behandlung der Kranken fehlgreift, eben insofern er fehlgreift, als Arzt? Oder wenn sich einer beim Rechnen irrt, nennst du ihn da eben dann, wann er sich irrt, in bezug auf diesen Fehler einen Rechenmeister? Und doch, denke ich, bedienen wir uns gemeinhin Wendungen wie dieser: der Arzt hat einen Fehler gemacht, der Rechenmeister hat einen Fehler gemacht und der Schreiblehrer. Tatsächlich aber macht meines Erachtens keiner von ihnen jemals einen Fehler, insofern er das ist, als was wir ihn bezeichnen. Also streng genommen – denn auch du nimmst es ja genau – begeht kein Meister einen Fehler. Denn nur wenn sein Wissen ihn im Stich läßt, greift der Irrende fehl, und insofern ist er eben kein Meister. Also kein Meister oder Weiser oder Herrscher begeht einen Fehler dann, wann er Herrscher usw. ist. Gleichwohl sagt jeder: der Arzt hat einen Fehler gemacht und der Herrscher hat einen Fehler gemacht. Und so mußt du auch meine obige Antwort auffassen. Auf den schärfsten Ausdruck gebracht, steht die Sache so: der Herrscher, insofern er Herrscher ist, macht keinen Fehler; macht er aber keinen Fehler, so ordnet er das für ihn Beste an, und dies hat der Regierte dann zu tun. Also, wie ich gleich zu Anfang sagte, gerecht heißt: das dem Stärkeren Vorteilhafte tun.

15. SOKRATES. So, mein Thrasymachos! Ein böswilliger Verdreher bin ich also in deinen Augen?

THRASYMACHOS. Ja, zweifellos.

SOKRATES. Denn du glaubst, ich lege es hinterlistigerweise, um dich im Redekampf in Nachteil zu setzen, darauf ab, die Frage so zu stellen, wie ich sie gestellt habe?

THRASYMACHOS. O, ganz sicher weiß ich das. Aber es soll dir nichts helfen. Denn deine bösen Schliche bleiben nicht unbemerkt von mir, und wenn sie nicht unbemerkt bleiben, so kannst du mich durch keine Redegewalt bezwingen.

SOKRATES. Ich werde auch gar keinen Versuch dazu machen, du Hochbegnadeter. Aber damit uns nicht noch einmal solch ein Mißverständnis begegne, so gib genau an, in welchem Sinne du den Herrscher und den Stärkeren verstehst, ob nach dem gemeinhin gültigen Wortgebrauch oder im strengen Sinne, wie du ihn eben kennzeichnetest, als den nämlich, dessen Vorteil als des Stärkeren für den Schwächeren gerecht ist, so daß dieser das tun muß, was der Vorteil des Stärkeren ist.

THRASYMACHOS. Ich meine den Herrscher im allerstrengsten Sinne. Dagegen kannst du mit deinen Bosheiten und Verdrehungen vorgehen, wenn du irgend dazu imstande bist. Ich gebe dir volle Freiheit. Aber deine Kraft wird sicher versagen.

SOKRATES. Hältst du mich denn für so wahnwitzig, daß du mir den Versuch zutraust, einen »Löwen zu scheren« und einem Thrasymachos Fallen zu stellen?

THRASYMACHOS. Jetzt eben wenigstens hast du es doch versucht; aber mit deiner Sache ist es nun einmal nichts, hier so wenig wie im übrigen.

SOKRATES. Nun genug hiervon. Aber sage mir: der Arzt im strengen Sinne, wie du ihn eben bezeichnetest, ist er ein Erwerbsmann oder ein Pfleger der Kranken? Wohlgemerkt, der wirkliche Arzt ist gemeint.

THRASYMACHOS. Ein Pfleger der Kranken.

SOKRATES. Und der Steuermann? Ist der wirkliche Steuermann ein Gebieter über die Schiffsleute oder ein Mitfahrender?

THRASYMACHOS. Ein Gebieter über die Schiffsleute.

SOKRATES. Meines Erachtens kommt es dabei nicht darauf an, daß er mit im Schiffe fährt, wie er denn auch nicht als Mitfahrender zu bezeichnen ist; denn nicht in Beziehung auf das Mitfahren heißt er Steuermann, sondern in Rücksicht auf seine Kunst und seine herrschende Stellung zu den Mitfahrenden.

THRASYMACHOS. Richtig.

SOKRATES. Für jeden der Genannten, für die die Meister jener Künste Sorge tragen, gibt es doch etwas Zuträgliches?

THRASYMACHOS. Natürlich.

SOKRATES. Ist nicht die Kunst auch eben dazu da, für einen jeden das Zuträgliche zu suchen und auszumitteln?

THRASYMACHOS. Ja, dazu.

SOKRATES. Gibt es also nicht auch für jede Kunst noch etwas anderes Zuträgliches als dies, daß sie in sich selbst so vollkommen wie möglich ist?

THRASYMACHOS. Wie ist diese Frage zu verstehen?

SOKRATES. So: Gesetzt, du fragtest mich, ob es für den Leib genügt, Leib zu sein, oder ob er noch sonst einer Hilfe bedarf, so würde ich antworten: ganz entschieden bedarf er einer solchen. Eben darum ist ja auch die jetzige Heilkunst erfunden worden, weil der Leib seine Mängel hat und mit dem bloßen »Leib sein« nicht auskommt. Um ihm also das Zuträgliche zu verschaffen, dazu ward die Kunst ins Leben gerufen. Hältst du diese Behauptung für richtig oder nicht?

THRASYMACHOS. Für richtig.

SOKRATES. Wie nun also? Ist die Heilkunst selbst mangelhaft oder bedarf überhaupt irgendwelche Kunst auch nur im geringsten irgendwelcher weiteren Vollkommenheit, wie die Augen der Sehkraft und die Ohren der Hörkraft, weshalb es denn für sie noch einer besonderen Kunst bedarf, die das dafür Zuträgliche erkundet und herbeischafft? Findet sich so auch in der Kunst selbst irgendwelche Mangelhaftigkeit und bedarf eine jede Kunst noch einer anderen Kunst, die für sie das Zuträgliche erkundet, und diese erkundende wieder einer anderen derartigen und so fort ins Unendliche? Oder erkundet sie selbst das Zuträgliche für sich? Oder bedarf sie weder ihrer selbst noch einer anderen, um dasjenige zu erkunden, was ihrer Mangelhaftigkeit abhelfen soll? Denn es gibt ja doch überhaupt keine Kunst, der irgendein Mangel oder Fehler anhaftete, und keiner Kunst kommt es zu, für etwas anderes das Zuträgliche zu suchen als für das, was ihrer kunstmäßigen Behandlung unterliegt; sie selbst aber ist ohne Fehl und Tadel, solange nämlich eine jede in voller Schärfe ganz das ist, was sie ist. Prüfe es denn in jenem strengen Sinn: verhält es sich dann so oder anders?

THRASYMACHOS. So, dünkt mich.

SOKRATES. Also nicht für die Heilkunst erkundet die Heilkunst das Zuträgliche, sondern für den Leib.

THRASYMACHOS. Ja.

SOKRATES. Und nicht für die Reitkunst die Reitkunst, sondern für die Pferde. Und so überhaupt keine Kunst für sich selbst, denn sie bedarf dessen ja nicht, sondern für das, was ihrer kunstmäßigen Behandlung unterliegt.

THRASYMACHOS. So scheint es.

SOKRATES. Nun, Thrasymachos, gebieten aber doch und walten die Künste über das, was ihrer Behandlung unterliegt.

THRASYMACHOS (zögernd und mit Überwindung). Ja.

SOKRATES. Keine Kunst also erkundet und verordnet das dem Stärkeren Zuträgliche, sondern das dem Schwächeren und von ihr Beherrschten.

Sokrates erzählt

Auch dies räumte Thrasymachos schließlich ein, versuchte aber erst, es zu bestreiten. Nachdem er es aber zugegeben, sagte ich:

Gespräch

SOKRATES. Nicht wahr, auch kein Arzt erkundet und verordnet, insofern er Arzt ist, das dem Arzte, sondern das dem Kranken Zuträgliche? Denn es ist doch zugestanden worden, daß der Arzt, der Arzt im strengen Sinne des Wortes, Gebieter über die Leiber ist, nicht aber Erwerbsmann. Oder ist das nicht zugestanden?

THRASYMACHOS. Doch.

SOKRATES. Auch daß der »wahre« Steuermann Gebieter über die Schiffsleute ist, nicht aber ein Mitfahrender.

THRASYMACHOS. Ja.

SOKRATES. Ein solcher Steuermann und Gebieter wird aber nicht das dem

Steuermann, sondern das den Mitfahrenden und Untergebenen Zuträgliche erkunden und anordnen.

THRASYMACHOS (mit Überwindung). Ja.

SOKRATES. Also, mein Thrasymachos, auch kein anderer in irgendeiner herrschenden Stellung erkundet und verordnet, insofern er Gebieter ist, das ihm selbst, sondern das den Untergebenen und dem, wofür er selbst seine Kraft einsetzt, Zuträgliche: im Hinblick darauf und auf das, was diesem angemessen und zuträglich ist, sagt und tut er alles, was er sagt und tut.

Sokrates erzählt

16. Als unser Gespräch nun an diesem Punkte angelangt war und es allen klar vor Augen lag, daß der Begriff des Gerechten sich in das Gegenteil umgekehrt hatte, sagte Thrasymachos, anstatt zu antworten, folgendes:

Gespräch

THRASYMACHOS. Sage mir, Sokrates, hast du eine Amme?

SOKRATES. Wieso? War es nicht eher am Platze zu antworten, als derartige Fragen zu tun?

THRASYMACHOS. Nun, weil sie nicht darauf achtet, daß du den Schnupfen hast, und dir die Nase nicht putzt, was du doch so nötig hast, da du dich, ihr zur Schande, nicht einmal in Sachen der Schafe und Hirten auskennst.

SOKRATES. Und worin soll sich das zeigen?

THRASYMACHOS. Weil du glaubst, die Schaf- und Rinderhirten hätten das Beste der Schafe und Rinder im Auge und ließen sich bei ihrem Bemühen, sie fett zu machen und zu pflegen, von irgendwelcher anderen Rücksicht leiten als von der auf den Vorteil ihrer Herren und den eigenen, und so auch von den Regierenden in den Städten – den »wahrhaft« Regierenden nämlich – glaubst, sie verhielten sich in ihrer Gesinnung gegen die Regierten irgendwie anders, als man sich Schafen gegenüber verhält, und sie sännen Tag und Nacht auf irgend etwas anderes als auf den eigenen Nutzen. Und so weit verirrst du dich hinsichtlich des Gerechten und der Gerechtigkeit und des Ungerechten und der Ungerechtigkeit, daß du nicht siehst, daß die Gerechtigkeit und das Gerechte in Wahrheit der Vorteil eines anderen (ein fremder Vorteil) ist, nämlich das dem Stärkeren und Herrschenden Zuträgliche, dagegen des Gehorchenden und Dienenden eigener Schaden. Die Ungerechtigkeit aber ist das Gegenteil: sie herrscht über die »wahrhaft« Einfältigen und Gerechten; diese aber, als Beherrschte, tun das jenem, dem Stärkeren, Zuträgliche und machen ihn glücklich durch ihren dienenden Gehorsam, sich selbst aber alles andere eher als glücklich. Daß aber der gerechte Mann allenthalben gegen den Ungerechten im Nachteil ist, das muß man sich, du einfältiger Sokrates, an folgendem klarmachen. Erstlich an dem gegenseitigen Geschäftsverkehr: wo Vertreter der beiden Sinnesarten in dieser Beziehung miteinander zu tun haben, da wirst du niemals finden, daß bei Beendigung des Geschäftes der Gerechte im Vorteil ist vor dem Ungerechten, sondern im Nachteil. Sodann an dem Verhalten dem Staat gegenüber: wenn es da einmal gilt, Einkommensteuer zu zahlen, bringt der Gerechte vom gleichen Vermögen mehr auf, der andere weniger; wenn es aber ans Einnehmen geht, so zieht der eine leer ab, der andere mit vollen Taschen. Und auch wenn beide ein Amt bekleiden, muß es der Gerechte erleben, daß er, ganz abgesehen von anderem möglichen Nachteil, in seinem Hauswesen geschädigt wird, weil er sich dann wenig darum kümmern kann, aus dem Staate aber keinen Vorteil zieht, eben weil er gerecht ist; zudem macht er sich auch noch bei seinen Angehörigen und Bekannten verhaßt, wenn er es nicht über sich gewinnt, ihnen Vorteile zu verschaffen wider das Recht. Für den Ungerechten aber liegt die Sache in allen diesen Punkten gerade umgekehrt. Ich meine aber den, auf den ich eben hinwies, der es versteht, das Geschäft des Übervorteilens ins Große zu treiben. Auf ihn mußt du die Aufmerksamkeit richten, wenn du ein Urteil darüber gewinnen willst, wie viel mehr es ihm persönlich Vorteil bringt, ungerecht zu sein, als gerecht. Am allerleichtesten aber wirst du dich über die Sache belehren, wenn du dich an die vollendetste Ungerechtigkeit hältst, die den Frevler zum glücklichsten Menschen macht, die von ihm Mißhandelten aber und keines Unrechts Fähigen zu den unglücklichsten. Es ist dies aber die Tyrannenherrschaft, die nicht stückweise heimlich und gewaltsam fremdes Gut, heiliges und profanes, privates und öffentliches raubt, sondern gleich im ganzen. Für jede einzelne solcher Schandtaten trifft den, der sie verübt und dabei gefaßt wird, Strafe und die größte Schmach. Denn man hat für die, die solche Verbrechen im einzelnen verüben, Namen wie Tempelräuber, Seelenverkäufer, Einbrecher, Spitzbuben und Diebe. Wenn aber jemand außer der Habe der Mitbürger auch sie selbst zu seinem Eigentum gemacht und in Knechtschaft gebracht hat, dann hört man für sie nicht jene schimpflichen Namen, sondern als »Glückselige« und »Gottbegnadete« leben sie im Munde nicht nur ihrer Mitbürger, sondern auch aller anderen, die von ihm Kunde bekommen haben als von einem vollendeten Meister aller Ungerechtigkeit. Denn wer die Ungerechtigkeit schmäht, tut dies nicht aus Scheu vor dem Unrechttun, sondern vor dem Unrechtleiden. So hat denn, Sokrates, die Ungerechtigkeit, wenn nur gehörig im Großen verübt, etwas viel Kraftvolleres, Vornehmeres und Herrenmäßigeres als die Gerechtigkeit, und, wie ich von Anfang an sagte, das eine, das Gerechte nämlich, ist der Vorteil des Stärkeren, das andere aber, das Ungerechte ist das, was (unmittelbar) für die eigene Person Nutzen und Vorteil schafft.

Sokrates erzählt

17. Nach diesen Worten war Thrasymachos willens fortzugehen, nachdem er wie ein Bademeister einen gewaltigen Wortschwall in *einem* Gusse uns über die Ohren geschüttet hatte. Doch gaben die Anwesenden das nicht zu, sondern nötigten ihn zu bleiben und über das Gesagte Rede zu stehen. Und auch ich selbst bat ihn dringend und sagte:

Gespräch

SOKRATES. Mein hochbegnadeter Thrasymachos! Erst eine solche Rede unter uns schleudern und gleich darauf fortgehen wollen, ehe du hinreichend Aufklärung darüber gegeben oder erhalten hast, ob es sich so oder anders verhält! Meinst du denn, es handelte sich um eine Kleinigkeit, die du zu bestimmen versuchst, und nicht vielmehr um die ganze Art der Lebensführung, von deren Befolgung es für einen jeden von uns abhängt, ob er das zweckmäßigste Leben führt?

THRASYMACHOS. Bin ich denn etwa anderer Ansicht darüber?

SOKRATES. Fast scheint es so. Oder wenigstens scheinst du für *uns* gar kein Interesse zu haben und dir nichts daraus zu machen, ob wir bei unserer Unkenntnis dessen, was du zu wissen behauptest, besser oder schlechter leben werden. Aber, mein Bester, laß dich bereit finden, auch uns darüber aufzuklären. Was du uns, einer so stattlichen Schar, zugute tust, das wird dir keine schlechten Zinsen bringen. Und ich für meine Person wenigstens gebe dir die Versicherung, daß ich nicht überzeugt bin und nicht glaube, die Ungerechtigkeit sei gewinnbringender als die Gerechtigkeit, auch nicht wenn man ihr völlig freie Bahn läßt und sie nicht hindert zu tun, was sie will. Aber, mein Bester, mag einer auch ungerecht sein, mag er auch imstande sein, sei es versteckterweise, sei es mit offener Gewalt, Frevel zu verüben, gleichwohl überredet er mich nicht, daß dies gewinnbringender sei als die Gerechtigkeit. Und vielleicht bin ich nicht der einzige unter uns, der so über die Sache denkt. Überzeuge uns also, du Begnadeter, mit ausreichenden Gründen, daß wir im Irrtum sind, wenn wir die Gerechtigkeit über die Ungerechtigkeit stellen.

THRASYMACHOS. Und wie soll ich dich überzeugen? Denn wenn du durch das eben von mir Gesagte nicht überzeugt worden bist, wie soll ich dir dann noch beikommen? Soll ich dir die Rede etwa in die Seele stopfen und sie dir so beibringen?

SOKRATES. Bei Gott, das laß bleiben. Aber zunächst, was du gesagt hast, dabei bleibe auch, oder, wenn du eine Änderung vornimmst, dann tue das offen und ohne uns zu täuschen. So aber siehst du doch, Thrasymachos – denn noch wollen wir mit unserer Betrachtung bei dem Vorigen verweilen –, daß du zuerst den »wirklichen« Arzt (als maßgebend für die Untersuchung) bestimmtest, beim »wirklichen« Hirten aber nicht mehr glaubtest, weiterhin an der strengen Bestimmung festhalten zu müssen; vielmehr glaubtest du, er mache, insofern er Hirt ist, die Schafe fett nicht in Rücksicht auf das Beste der Schafe, sondern auf die eigene Schmauslust, wie ein Vielesser, der sich beim Mahle gütlich tun will, oder auch in Rücksicht auf den Verkauf, wie ein Erwerbsmann, aber nicht wie ein Hirt. Aber der Hirtenkunst (als solcher) liegt doch offenbar nichts anderes ob als dem, wofür ihr die Sorge übertragen worden ist, das Beste zukommen zu lassen. Denn, was ihre eigene Sache anlangt, so ist hinreichend dafür gesorgt, daß es damit aufs beste bestellt sei, solange sie nur ohne Abzug Hirtenkunst ist. Und so war ich denn vorhin der Meinung, wir müßten notwendig zugestehen, daß jede herrschende Stellung, insofern sie das ist, keines anderen Bestes im Auge habe als das der Beherrschten und derer, die der betreffenden Obhut anvertraut sind, mag es sich um staatliche oder private Stellung handeln. Du aber, glaubst du etwa, daß die Regierenden in den Städten, die »wahrhaften« nämlich, aus freien Stücken regieren?

THRASYMACHOS. Beim Zeus, von *Glauben* ist da nicht die Rede; ich *weiß* es ganz bestimmt.

18. SOKRATES. Wie, mein Thrasymachos? Wie steht es denn mit den anderen befehlenden Stellungen? Siehst du nicht, daß niemand sie aus freien Stücken übernehmen will, sondern daß jedermann Lohn dafür fordert, weil ja dem Befehlenden selbst kein Nutzen daraus erwachsen wird, sondern nur den Untergebenen? Denn laß dich nur noch über folgendes vernehmen: Setzen wir nicht den Unterschied der einzelnen Künste voneinander darein, daß jede eine andere Wirkungsweise hat? Und, du Begnadeter, antworte ja nicht gegen deine Überzeugung, damit wir auch wirklich zu einem Ziele kommen.

THRSYMACHOS. Nun, in der Tat, darin besteht der Unterschied.

SOKRATES. Nicht wahr, eine jede gewährt uns auch einen besonderen, nicht allgemeinen Nutzen? Z. B. die Heilkunst Gesundheit, die Steuermannskunst Sicherheit bei der Seefahrt und so auch die anderen?

THRASYMACHOS. Gewiß.

SOKRATES. Und so die Lohnkunst doch den Lohn? Denn darauf zielt ihre Wirkungsweise. Oder gibst du die Heilkunst und die Steuermannskunst für ein und dieselbe Kunst aus? Oder, die Sache ganz genau gefaßt, wie du es ja grundsätzlich wolltest: wenn jemand, das Steuer führend, zu guter Gesundheit gelangt, weil ihm das Fahren auf See zuträglich ist, wirst du dann seine Kunst darum etwa als Heilkunst bezeichnen?

THRASYMACHOS. Nein, bewahre.

SOKRATES. Und auch die Lohnkunst doch wohl nicht als Heilkunst, wenn einer bei Lohndienerarbeit gesund wird?

THRASYMACHOS. Nein, bewahre.

SOKRATES. Und auch die Heilkunst nicht als Lohnkunst, wenn einer mit seiner Heilkunst auch Lohn verdient?

THRASYMACHOS. Nein.

SOKRATES. Waren wir nun nicht darüber einig, daß jede Kunst ihren eigenen Nutzen schafft?

THRASYMACHOS. Mag sein.

SOKRATES. Was also den allgemeinen Nutzen betrifft, der sämtlichen Künstlern zuteil wird, so ist es doch klar, daß er aus einer Beziehung ihrer Tätigkeit herstammt, die für alle in gleicher Weise nebenher in Betracht kommt.

THRASYMACHOS. So scheint es.

SOKRATES. Der Nutzen aber durch Lohnerwerb, so behaupten wir doch, wird den Künstlern zuteil dadurch, daß sie nebenher (neben der Haupttätigkeit) sich auch der Lohnkunst befleißigen.

THRASYMACHOS (mit Überwindung). Ja.

SOKRATES. Also nicht aus der eigenen Kunst erwächst einem jeden dieser Nutzen, der Empfang des Lohnes, sondern, genau genommen, schafft die Heilkunst Gesundheit, die Lohnkunst Lohn und die Baukunst Häuser, die sie begleitende Lohnkunst aber Lohn; und so leisten auch alle anderen eine jede ihr eigenes Werk und fördern das, was ihrer Fürsorge anvertraut worden ist. Wenn aber nun der Lohn ausbleibt, hat dann der Künstler auch nur den geringsten Nutzen von seiner Kunst?

THRASYMACHOS. Nein, wie es scheint.

SOKRATES. Schafft er nun etwa dann auch keinen Nutzen, wenn er ohne Entgelt arbeitet?

THRASYMACHOS. Das tut er doch wohl.

SOKRATES. So viel also, mein Thrasymachos, ist doch nun klar, daß keine Kunst und keine Herrschaft das ihr selbst Nützliche schafft; sondern, wie längst gesagt, schafft und verordnet eine jede das dem Beherrschten Nützliche, indem sie das jenem, als dem Schwächeren, aber nicht das dem Stärkeren Zuträgliche im Auge hat. Aus diesem Grunde, mein lieber Thrasymachos, behauptete ich denn auch vorhin, daß niemand Lust habe, freiwillig zu regieren und sich mit der Heilung fremder Leiden abzugeben, sondern Lohn verlange, weil derjenige, der gewillt ist, streng kunstmäßig zu verfahren, niemals das eigene Beste schafft oder verordnet, wenn er kunstmäßig verordnet, sondern das Beste des Beherrschten. Daher also, scheint es, muß denen, die sich entschließen sollen zu regieren, ein Lohn zuteil werden, entweder Geld oder Ehre, oder aber Strafe, wenn es einer nicht tut.

19. GLAUKON. Wie meinst du das, Sokrates? Die beiden Arten der Belohnung sind mir klar; was du aber mit der Strafe meinst und wie du sie mit dem Lohn in eine Reihe gestellt hast, das habe ich nicht begriffen.

SOKRATES. Dann hast du auch keinen Begriff von dem Lohn der Besten, der für die edelsten Männer bestimmend ist, wenn sie sich entschließen, die Regierung zu übernehmen. Oder weißt du nicht, daß Ehrsucht und Geldgier für eine Schande gilt und es auch ist?

GLAUKON. Jawohl.

SOKRATES. Deshalb mögen die Männer von guter Gesinnung weder um des Geldes noch um der Ehre willen regieren. Denn weder Mietlinge wollen sie heißen infolge davon, daß sie sich offen für ihr Amt bezahlen lassen, noch Diebe, indem sie heimlich aus ihrem Amte sich selbst Vorteil verschaffen. Aber auch nicht um der Ehre willen; denn sie sind nicht ehrgeizig. Man kommt also bei ihnen ohne Zwang und Strafe nicht aus, wenn sie sich zum Regieren entschließen sollen. Und so erklärt es sich wohl auch, daß die Bereitwilligkeit zum Eintritt in die Regierung ohne Warten auf Zwang mit einem Makel behaftet ist. Die größte Strafe aber ist es, von einem Schlechteren regiert zu werden, wenn man sich nicht selbst zum Regieren entschließt. Die Furcht vor ihr ist es, wie mir scheint, die die ehrenhaften Männer zum Regieren veranlaßt, wenn sie es überhaupt tun, und sie treten dann in das Herrscheramt ein, nicht als handelte es sich dabei um etwas Erstrebenswertes oder um die Hoffnung auf ein vergnügliches Leben im Amte, sondern weil es ihrer Überzeugung nach etwas Notwendiges ist und weil kein Besserer oder Gleicher da ist, dem es übertragen werden könnte. Denn gäbe es eine Stadt von lauter trefflichen Männern, dann, scheint es, würde man sich um das Nichtregieren ebenso reißen wie jetzt um das Regieren, und da würde es sich wohl klar zeigen, daß ein wahrhafter Herrscher nicht dazu geschaffen ist, auf den eigenen Vorteil auszugehen, sondern auf den der Regierten. Mithin wird jeder Einsichtige lieber aus der Hand eines anderen Nutzen empfangen wollen, als mit eigener Belästigung anderen nützen. Nun und nimmermehr räume ich also dem Thrasymachos dies ein, daß das Gerechte der Vorteil des Stärkeren sei. Aber darüber läßt sich späterhin noch reden. Viel wichtiger aber scheint mir die jetzige Behauptung des Thrasymachos zu sein, derzufolge das Leben des Ungerechten besser ist als das des Gerechten. Du also, mein Glaukon, welcher von beiden Lebensweisen gibst du den Vorzug und welche Behauptung hältst du für die richtigere?

GLAUKON. Die Behauptung, daß das Leben des Gerechten das nutzbringendere sei.

SOKRATES. Hast du auch gehört, wieviel Gutes Thrasymachos eben dem Leben des Ungerechten nachrühmte?

GLAUKON. Gehört habe ich es, aber glauben kann ich es nicht.

SOKRATES. Sollen wir ihn also, sofern sich irgendein Weg dazu ausfindig machen läßt, überzeugen, daß er nicht recht hat?

GLAUKON. Wie sollte ich nicht wollen?

SOKRATES. Wenn wir nun lauter förmliche Reden einander gegenüberstellen, also zunächst *wir* zur Erwiderung eine halten über das viele Gute des Gerechtseins, darauf er wieder eine und dann wir wieder eine andere, dann wird man die Vorteile zusammenrechnen und gegeneinander abmessen müssen, die wir beiderseits geltend machen, und wir werden nicht mehr ohne Richter auskommen, die zwischen uns entscheiden. Wenn wir aber die Untersuchung so führen, daß wir, wie soeben, über jeden einzelnen Punkt uns gleich miteinander verständigen, dann werden wir Richter und Redner (Anwälte) zugleich sein.

GLAUKON. Sehr richtig.

SOKRATES. Für welches Verfahren nun wärest du?

GLAUKON. Für das letztere.

20. SOKRATES. Wohlan denn, mein Thrasymachos, antworte uns und laß uns dabei gründlich zu Werke gehn: Die vollendete Ungerechtigkeit, behauptest du, sei nutzbringender als die vollendete Gerechtigkeit?

THRASYMACHOS. Das ist allerdings meine Behauptung und ich habe auch die Gründe dafür angegeben.

SOKRATES. Nun wohl, wie hältst du es hinsichtlich ihrer in folgendem Punkte? Du meinst doch, das eine von beiden sei Tugend, das andere Laster?

THRASYMACHOS. Wie sollte ich nicht?

SOKRATES. Doch wohl die Gerechtigkeit Tugend, die Ungerechtigkeit Laster?

THRASYMACHOS. Natürlich, du Spaßvogel; ich behaupte ja doch auch, daß die Ungerechtigkeit nützlich sei, die Gerechtigkeit aber nicht.

SOKRATES. Nun also, wie denn?

THRASYMACHOS. Umgekehrt.

SOKRATES. Also daß die Gerechtigkeit Laster sei?

THRASYMACHOS. Das nicht, aber eine Gutherzigkeit echtester Sorte.

SOKRATES. Die Ungerechtigkeit erklärst du also für Bösherzigkeit?

THRASYMACHOS. Nein, sondern für Klugheit.

SOKRATES. Hältst du, mein Thrasymachos, die Ungerechten auch für besonnen und gut?

THRASYMACHOS. Wenigstens die vollendeten Meister des Unrechttuns, nämlich diejenigen, die imstande sind, ganze Staaten und Völker unter ihre Gewalt zu bringen.

SOKRATES. Nun, ich meine doch nicht etwa die Beutelschneider, wie du zu glauben scheinst.

THRASYMACHOS. Nun, auch dergleichen Geschäfte sind nutzbringend, wenn sie nicht entdeckt werden; sie sind aber nicht der Rede wert; das sind nur die eben genannten.

SOKRATES. Was du *damit* sagen willst, verstehe ich recht wohl; aber nicht recht begreifen kann ich es, wenn du die Ungerechtigkeit für Tugend und Weisheit ausgibst, die Gerechtigkeit aber für das Gegenteil.

THRASYMACHOS. Ja, das tue ich mit voller Sicherheit.

SOKRATES. Das ist schon eine härtere Nuß, mein Freund, und man ist in einiger Verlegenheit, was man darauf sagen soll. Denn gesetzt, du erklärtest die Ungerechtigkeit für nützlich, gäbest aber dabei, wie manche andere, zu, sie sei etwas Schlechtes und Häßliches, so könnten wir darüber wohl etwas sagen, im Anschluß an die landläufigen Vorstellungen; nun aber wirst du sie auch für etwas Schönes und Kraftvolles erklären und ihr alles beilegen, was wir gemeinhin der Gerechtigkeit beilegen. Denn du erkühnst dich ja, sie als Tugend und Weisheit hinzustellen.

THRASYMACHOS. Eine sehr richtige Prophezeiung.

SOKRATES. Nun, gleichwohl gilt es unbedenklich deiner Aufstellung in ernstlicher Untersuchung entgegenzutreten, so lange ich noch annehmen kann, daß du sagst, was du denkst. Denn mir will es scheinen, Thrasymachos, als triebest du jetzt durchaus keinen Scherz, sondern sagtest deine wahre Meinung.

THRASYMACHOS. Was macht es dir aus, ob ich meine wahre Meinung ausspreche oder nicht, und warum widerlegst du nicht vielmehr das Gesagte?

SOKRATES. Nichts. Aber folgende Frage versuche mir noch zu der bisherigen zu beantworten. Glaubst du, der Gerechte wolle vor dem Gerechten einen Vorteil voraus haben?

THRASYMACHOS. Durchaus nicht. Denn dann wäre er ja eben nicht der artige und einfältige Mann, der er tatsächlich ist.

SOKRATES. Und weiter auch etwa vor der gerechten Handlung eines anderen?

THRASYMACHOS. Auch das nicht.

SOKRATES. Würde er aber wohl vor dem Ungerechten einen Vorteil voraus haben wollen und das für gerecht halten, oder würde er es nicht für gerecht halten?

THRASYMACHOS. Er würde es dafür halten und es wollen, aber es nicht vermögen.

SOKRATES. Aber nicht danach frage ich, sondern ob der Gerechte zwar nicht dem Gerechten gegenüber den Willen und den Wunsch hat, mehr zu haben, wohl aber dem Ungerechten gegenüber?

THRASYMACHOS. Das ist allerdings der Fall.

SOKRATES. Wie aber steht es mit dem Ungerechten? Beansprucht er vor dem Gerechten einen Vorteil zu haben und vor der gerechten Handlung?

THRASYMACHOS. Wie sollte er nicht, da er ja allen an Vorteil voraus sein will?

SOKRATES. Also auch vor dem ungerechten Menschen und der ungerechten Handlung wird der Ungerechte einen Vorteil voraushaben wollen und wetteifernd bestrebt sein, unter allen immer am meisten zu haben?

THRASYMACHOS. So ist es.

21. SOKRATES. Laß uns also folgendes feststellen: Der Gerechte will vor seinesgleichen keinen Vorteil voraushaben, wohl aber vor dem Ungleichen, der Ungerechte aber sowohl vor seinesgleichen wie vor dem Ungleichen.

THRASYMACHOS. Trefflich gesagt.

SOKRATES. Der Ungerechte aber ist kundig und gut, der Gerechte dagegen keines von beiden.

THRASYMACHOS. Auch das trifft zu.

SOKRATES. Also *gleicht* doch auch der Ungerechte dem Kundigen und Guten, der Gerechte aber nicht?

THRASYMACHOS. Wie wäre es anders denkbar? Wer ein derartiger ist, der *gleicht* auch dem derartigen; wer es nicht ist, der gleicht ihm nicht.

SOKRATES. Schön. Also jeder von beiden ist so wie der, dem er gleicht.

THRASYMACHOS. Selbstverständlich.

SOKRATES. Gut, Thrasymachos. Du unterscheidest doch zwischen einem musikalischen und unmusikalischen Menschen?

THRASYMACHOS. Gewiß.

SOKRATES. Welchen von beiden nennst du kundig und welchen unkundig?

THRASYMACHOS. Offenbar den musikalischen kundig, den unmusikalischen unkundig.

SOKRATES. Also doch auch gut in bezug auf das, worin er kundig, und schlecht in bezug auf das, worin er unkundig ist?

THRASYMACHOS. Ja.

SOKRATES. Und mit dem Heilkundigen steht es doch ebenso?

THRASYMACHOS. Ebenso.

SOKRATES. Glaubst du nun, mein Bester, der musikalische Mann wolle, wenn er seine Leier stimmt, vor dem musikalischen Manne etwas voraushaben im Anspannen und Nachlassen der Saiten, oder er beanspruche, etwas Besseres zu sein?

THRASYMACHOS. Nein.

SOKRATES. Aber vor dem unmusikalischen?

THRASYMACHOS. Notwendig.

SOKRATES. Und der Heilkundige? Will er in Verordnung von Speise und Trank die Vorhand haben vor einem heilkundigen Mann oder seiner Verrichtung?

THRASYMACHOS. Nimmermehr.

SOKRATES. Aber vor einem nicht Heilkundigen?

THRASYMACHOS. Ja.

SOKRATES. Nun frage dich für jede Art von Wissen und Nichtwissen, ob deiner Ansicht nach irgendein Wissender im Handeln oder Reden ein Mehr beansprucht gegenüber einem anderen Wissenden, und nicht vielmehr dasselbe wie der ihm Gleiche rücksichtlich der nämlichen Verrichtung.

THRASYMACHOS. Fast scheint es, als müßte das so sein.

SOKRATES. Und nun der Unwissende? Wird er nicht ebensowohl vor dem Wissenden wie vor dem Unwissenden etwas voraushaben wollen?

THRASYMACHOS. Vielleicht.

SOKRATES. Der Wissende aber ist weise?

THRASYMACHOS. Ja.

SOKRATES. Und der Weise gut?

THRASYMACHOS. Ja.

SOKRATES. Der Gute und Weise also wird vor dem Gleichen nichts voraushaben wollen, wohl aber vor dem Ungleichen und Entgegengesetzten.

THRASYMACHOS. Wohl richtig.

SOKRATES. Der Schlechte und Unwissende aber ebensowohl vor dem Gleichen wie vor dem Entgegengesetzten?

THRASYMACHOS. Offenbar.

SOKRATES. Und nicht wahr, Thrasymachos, der Ungerechte will, uns zufolge, doch sowohl gegen den Ungleichen wie gegen den Gleichen im Vorteil sein? Oder war das nicht deine Behauptung?

THRASYMACHOS. Jawohl.

SOKRATES. Der Gerechte aber wird vor dem Gleichen nichts voraushaben wollen, wohl aber vor dem Ungleichen.

THRASYMACHOS. Ja.

SOKRATES. Es gleicht also der Gerechte dem Weisen und Guten, der Ungerechte aber dem Schlechten und Unwissenden.

THRASYMACHOS. So scheint es.

SOKRATES. Nun waren wir doch darüber einig, daß jeder von beiden, wem er gleiche, das auch sei?

THRASYMACHOS. Ja, darüber waren wir einig.

SOKRATES. Der Gerechte also hat sich uns als gut und weise, der Ungerechte aber als unwissend und schlecht entpuppt.

Sokrates erzählt

22. Thrasymachos gab alles dies zu, aber nicht so leicht, wie es sich jetzt in meiner Erzählung macht, sondern unter beständigem Druck und mit Überwindung, förmlich gebadet in Schweiß, zumal es ja Sommer war. Da sah ich denn auch, was ich vorher noch nie gesehen hatte, wie Thrasymachos errötete. Nachdem wir uns aber darüber verständigt hatten, daß die Gerechtigkeit Tugend und Weisheit sei, die Ungerechtigkeit aber Schlechtigkeit und Unwissenheit, sagte ich:

Gespräch

SOKRATES. Gut. Damit wären wir also fertig. Wir haben aber doch auch behauptet, die Ungerechtigkeit sei stark. Oder erinnerst du dich nicht, Thrasymachos?

THRASYMACHOS. Doch, ich erinnere mich. Aber deine jetzige Darlegung hat ebensowenig meinen Beifall wie deine früheren, und ich könnte mich darüber in längerer Rede ergehen. Täte ich das nun, so würdest du mir, des bin ich gewiß, mit dem Vorwurf kommen, ich redete wie ein Volksredner. Entweder also laß mich reden, soviel ich eben will, oder wenn du fragen willst, so frage. Ich aber werde dir, wie den alten Weibern, wenn sie ihre Märchen erzählen, mit einem Schön so! aufwarten und (nach Verlangen) mein Ja und Nein mit dem Kopfe kundgeben.

SOKRATES. Nur ja nicht etwa gegen deine Überzeugung.

THRASYMACHOS. Dir zu Gefallen, denn du läßt mich ja doch nicht reden. Aber was willst du denn sonst?

SOKRATES. Nichts, beim Zeus! sondern wenn du dies tun willst, dann nur zu; ich aber werde fragen.

THRASYMACHOS. So frage denn.

SOKRATES. Meine Frage – um die Sache in der richtigen Folge durchzunehmen – ist, wie auch vorhin, die, wie sich die Gerechtigkeit ihrer Beschaffenheit nach zur Ungerechtigkeit verhält. Denn es wurde doch die Behauptung aufgestellt, die Ungerechtigkeit sei mächtiger und stärker als die Gerechtigkeit. Wenn aber nunmehr die Gerechtigkeit Weisheit und Tugend ist, so wird sich jetzt, glaube ich, leicht herausstellen, daß sie auch stärker ist als die Ungerechtigkeit, da die Ungerechtigkeit ja Unwissenheit ist. Darüber kann niemand mehr in Zweifel sein. Doch will ich es, mein Thrasymachos, mit der Betrachtung nicht so einfach halten, sondern etwa in folgender Weise: Man darf dir doch die Behauptung zutrauen, ein Staat sei ungerecht und versuche andere Staaten in ungerechter Weise zu unterjochen und habe sie auch unterjocht und halte viele unter seiner Herrschaft dauernd in Knechtschaft?

THRASYMACHOS. Selbstverständlich. Und der beste und in der Ungerechtigkeit unübertreffbare Staat wird dies am meisten tun.

SOKRATES. Wohl begreiflich; denn dies war ja deine Behauptung. Aber folgendes ist dabei zu erwägen: wird der Staat, der die Übermacht über einen anderen erhält, diese Macht auch *ohne* Gerechtigkeit behaupten oder notwendigerweise nur *mit* Gerechtigkeit?

THRASYMACHOS. Wenn es sich so verhält, wie du eben sagtest, daß nämlich die Gerechtigkeit Weisheit ist, dann mit Gerechtigkeit, wenn aber so, wie ich behauptete, dann mit Ungerechtigkeit.

SOKRATES. Was machst du mir, mein Thrasymachos, für eine Freude, daß du nicht bloß Ja und Nein nickst, sondern ganz regelrecht antwortest.

THRASYMACHOS. Ja, dir zu Gefallen.

23. SOKRATES. Sehr freundlich! Aber tu' mir auch den Gefallen und sage: Glaubst du, daß ein Staat oder ein Heer oder Räuber oder Diebe oder sonst eine Bande, die gemeinschaftlich auf einen Frevel ausgehen, etwas ausrichten können, wenn sie selbst gegeneinander freveln?

THRASYMACHOS. Gewiß nicht.

SOKRATES. Wenn sie sich aber solchen Frevels enthielten, wäre es dann nicht eher möglich?

THRASYMACHOS. Sicherlich.

SOKRATES. Denn die Ungerechtigkeit führt doch zu Aufruhr und Haß und Kampf untereinander, die Gerechtigkeit aber zu Eintracht und Freundschaft. Nicht wahr?

THRASYMACHOS. Sei es denn; um den Frieden mit dir nicht zu stören.

SOKRATES. Schönsten Dank, mein Bester. Sage mir aber dies: wenn dieses das Werk der Ungerechtigkeit ist, Haß zu erwecken überall, wo sie sich findet, wird sie dann nicht auch, wenn sie zwischen Freien und Knechten sich geltend macht, gegenseitigen Haß zur Folge haben und Zwietracht und die Unfähigkeit zu gemeinsamen Unternehmungen?

THRASYMACHOS. Allerdings.

SOKRATES. Und ferner, wenn sie unter zweien auftritt? Werden sie sich nicht veruneinigen und hassen und sich verfeinden sowohl untereinander wie mit den Gerechten?

THRASYMACHOS. Sie werden es.

SOKRATES. Wenn aber nun, mein Trefflicher, die Ungerechtigkeit in einem Einzelnen auftritt, wird sie dann etwa ihre Kraft verlieren oder sie ungemindert behalten?

THRASYMACHOS. Mag sie sie ungemindert behalten.

SOKRATES. Offenbar ist ihre Kraft also doch von der Art, daß sie, wem sie auch innewohnt, sei es ein Staat, ein Geschlecht, ein Heer oder was sonst, es erstens unfähig macht, sich als Ganzes für etwas einzusetzen, wegen der Zwietracht und Uneinigkeit, und zweitens es nicht nur mit sich selbst verfeindet, sondern auch mit allem, was ihm entgegensteht, und so auch mit dem Gerechten? Nicht wahr?

THRASYMACHOS. Gewiß.

SOKRATES. Auch in einem Einzelnen also, dem sie eben innewohnt, wird sie alle diese Wirkungen hervorbringen, die in ihrem Wesen liegen. Sie wird ihn erstens unfähig machen zum Handeln, weil er mit sich selbst in Zwiespalt und Uneinigkeit ist, und sie wird ihn ferner mit sich selbst und den Gerechten verfeinden. Nicht wahr?

THRASYMACHOS. Ja.

SOKRATES. Gerecht aber, mein Freund, sind doch auch die Götter?

THRASYMACHOS. Seien sie es.

SOKRATES. Auch den Göttern also wird der Ungerechte, mein Thrasymachos, Feind sein, der Gerechte aber Freund.

THRASYMACHOS. Laß dir deinen Redeschmaus wohl munden und sei ganz außer Sorge, denn *ich* werde dir nicht entgegentreten, um mir nicht diese da zu Feinden zu machen.

SOKRATES. Nun wohl, trage auch noch den letzten Gang des Mahles auf, indem du mir antwortest wie bis jetzt. Daß nämlich die Gerechten als weiser und besser und fähiger zum Handeln erscheinen, die Ungerechten dagegen als durchaus unfähig, miteinander etwas auszurichten (denn wenn wir auch von Ungerechten mitunter wohl sagen, sie hätten in Gemeinschaft miteinander einmal kraftvoll etwas ausgeführt, so entspricht das nicht völlig der Wahrheit; denn wären sie von Grund aus ungerecht, dann würden sie einander selbst nicht schonen; vielmehr wohnte ihnen offenbar noch ein Rest von Gerechtigkeit inne, die sie abhielt, nicht auch gleich so wider einander zu freveln, wie sie es gegen die eigentlichen Gegner taten, und die sie das erreichen ließ, was sie erreichten; zu ihrem ruchlosen Unternehmen schritten sie als erst halb verdorben durch Ungerechtigkeit; denn die ganz Verdorbenen und vollständig Ungerechten sind auch vollständig unfähig, etwas auszurichten) – daß dies sich also so verhält, nicht aber so, wie du es zuerst hinstelltest, ist mir klar. Ob aber die Gerechten auch ein besseres Leben führen und glücklicher sind als die Ungerechten, was wir uns ferner zu erwägen vorgesetzt haben, ist noch zu erwägen. Zwar läßt sich die Richtigkeit dieser Annahme schon aus dem Gesagten, wie mir wenigstens scheint, erkennen. Gleichwohl muß es noch genauer erwogen werden. Denn hier handelt es sich nicht um das erste beste, sondern um die Frage, wie man leben soll.

THRASYMACHOS. So erwäge denn.

SOKRATES. Das tue ich. Sage mir denn: Gibt es deiner Meinung nach eine Leistung, die dem Pferde eignet?

THRASYMACHOS. Gewiß.

SOKRATES. Würdest du das als Leistung eines Pferdes oder irgendeines anderen Dinges bezeichnen, was man entweder mit ihm allein oder am besten mit ihm vollführen kann?

THRASYMACHOS. Das verstehe ich nicht.

SOKRATES. Nun also so: Kannst du mit etwas anderem sehen als mit den Augen?

THRASYMACHOS. Unmöglich.

SOKRATES. Ferner, mit etwas anderem hören als mit den Ohren?

THRASYMACHOS. Nimmermehr.

SOKRATES. Würden wir also nicht mit Recht dies als die Leistungen derselben bezeichnen?

THRASYMACHOS. Allerdings.

SOKRATES. Und weiter: Könntest du nicht auch mit einem Schwert oder einem Schnitzmesser und noch mit manchen anderen Werkzeugen eine Rebe von einem Weinstock abschneiden?

THRASYRNACHOS. Selbstverständlich.

Sokrates. Aber mit nichts doch wohl so gut wie mit einer Hippe, die eben dazu gemacht ist.

Thrasymachos. Richtig.

Sokrates. Werden wir also nicht dies als ihre Leistung bezeichnen?

Thrasymachos. Ja, das werden wir.

24. Sokrates. Nun also, denke ich, wirst du besser verstehen, was ich eben mit meiner Frage meinte, ob nicht das eines jeden Leistung sei, was es entweder allein oder am besten von allen verrichtet.

Thrasymachos. Ja, nun verstehe ich es; dies scheint mir denn die Leistung einer jeden Sache zu sein.

Sokrates. Gut. Hat nun nicht deiner Meinung nach jedes Ding, dem irgendeine Leistung zugewiesen ist, auch eine Tugend? Nehmen wir die früheren Beispiele wieder vor. Den Augen, sagen wir, kommt eine Leistung zu?

Thrasymachos. Ja.

Sokrates. Gibt es nun auch eine Tugend der Augen?

Thrasymachos. Auch dies.

Sokrates. Ferner: gab es eine Leistung der Ohren?

Thrasymachos. Ja.

Sokrates. Also auch eine Tugend?

Thrasymachos. Auch dies.

Sokrates. Und wie steht's mit allem übrigen? Nicht auch so?

Thrasymachos. Auch so.

Sokrates. Also halt! Würden die Augen die ihnen obliegende Leistung gut verrichten, wenn sie nicht die ihnen eigentümliche Tugend haben, sondern statt der Tugend Schlechtigkeit?

Thrasymachos. Unmöglich. Denn du meinst doch wohl Blindheit statt der Sehkraft.

Sokrates. Gleichviel um welche Tugend es sich handelt; denn danach frage ich noch nicht, sondern danach, ob das Verrichtende mit der ihm eigentümlichen Tugend die ihm obliegende Leistung gut verrichten wird, mit Schlechtigkeit dagegen schlecht.

Thrasymachos. Das ist sicher zu bejahen.

SOKRATES. Werden nicht also auch Ohren, wenn sie ihrer eigentümlichen Tugend beraubt sind, ihre Leistung schlecht verrichten?

THRASYMACHOS. Gewiß.

SOKRATES. Auch alles andere beurteilen wir doch wohl ebenso?

THRASYMACHOS. So scheint es mir.

SOKRATES. Wohlan, so erwäge nunmehr folgendes. Gibt es eine Leistung der Seele, die man schlechthin mit nichts anderem vollziehen kann? Z. B. das Vorsorgen, Herrschen, Beraten und alles dergleichen – gibt es dafür irgend etwas anderes, dem wir das mit Recht zuweisen und als dessen Eigentümlichkeit wir es bezeichnen könnten?

THRASYMACHOS. Durchaus nichts anderes.

SOKRATES. Und das Leben? Werden wir es nicht für eine Leistung der Seele erklären?

THRASYMACHOS. Durchaus.

SOKRATES. Sprechen wir also der Seele nicht auch eine Tugend zu?

THRASYMACHOS. Das tun wir.

SOKRATES. Wird nun, mein Thrasymachos, die Seele die ihr obliegende Leistung gut vollziehen, wenn sie der ihr eigentümlichen Tugend beraubt ist, oder ist es dann unmöglich?

THRAYMACHOS. Unmöglich.

SOKRATES. Notwendig also muß eine schlechte Seele schlecht regieren und vorsorgen, während die gute alles dies trefflich verrichtet.

THRASYMACHOS. Notwendig.

SOKRATES. Nun haben wir doch eingeräumt, daß Gerechtigkeit Tugend der Seele sei und Ungerechtigkeit ihre Schlechtigkeit?

THRASYMACHOS. Ja, das haben wir eingeräumt.

SOKRATES. Die gerechte Seele also und der gerechte Mann wird ein gutes Leben führen, die ungerechte aber ein schlechtes.

THRASYMACHOS. So steht es wohl, nach deiner Darlegung.

SOKRATES. Nun ist aber doch, wer ein gutes Leben führt, begnadet und glücklich, wer nicht, das Gegenteil.

THRASYMACHOS. Versteht sich.

SOKRATES. Der Gerechte also ist glücklich, der Ungerechte aber unglücklich.

THRASYMACHOS. Mag dem so sein.

SOKRATES. Nun ist es aber doch nicht das Unglücklichsein, das uns Nutzen bringt, sondern das Glücklichsein.

THRASYMACHOS. Selbstverständlich.

SOKRATES. Niemals also, du hochbegnadeter Thrasymachos, ist Ungerechtigkeit nutzbringender als Gerechtigkeit.

THRASYMACHOS. Damit sei dir also, mein Sokrates, ein Festschmaus bereitet an dem Bendisfeste.

SOKRATES. Soweit es auf dich dabei ankommt, ja! mein Thrasymachos, denn du bist milder geworden und hast abgelassen von deinem Groll. Wenn ich gleichwohl mit dem Schmaus nicht recht zufrieden bin, so ist das nicht deine, sondern meine Schuld. Ich komme mir vor wie ein Schmecker, der von jedem neu aufgetragenen Gericht gierig kostet, ehe er noch das vorhergehende recht in sich aufgenommen hat. Denn ehe noch die ursprüngliche Frage, um die sich unsere Untersuchung drehte, gelöst war, nämlich was die Gerechtigkeit selbst sei, habe ich mich, davon abspringend, der Betrachtung darüber zugewendet, ob sie Schlechtigkeit ist oder Unwissenheit oder Weisheit und Tugend, und als dann weiterhin die Behauptung dazwischenfiel, die Ungerechtigkeit sei nutzbringender als die Gerechtigkeit, konnte ich mich nicht enthalten, von jenem Thema auf dieses überzuspringen, so daß nunmehr das Ergebnis des ganzen Gesprächs für mich das ist, daß ich überhaupt nichts weiß. Denn solange ich nicht weiß, was das Gerechte ist, werde ich schwerlich zu einem Wissen darüber gelangen, ob es eine Tugend ist oder nicht und ob der, dem es innewohnt, glücklich ist oder nicht.

Zweites Buch

Sokrates erzählt

1. Ich nun glaubte nach dieser Aussprache weiterer Rede überhoben zu sein. Doch siehe da, jetzt ward es klar: es war nur die Einleitung gewesen. Denn Glaukon, auch sonst immer vor allen anderen ausgezeichnet durch entschlossenes Auftreten bei allen Anlässen, gab sich auch jetzt nicht zufrieden mit des Thrasymachos Rückzug, sondern sagte:

Gespräch

GLAUKON. Mein Sokrates, kommt es dir bloß auf den Schein an, uns überzeugt zu haben, oder willst du in Wahrheit uns überzeugen, daß es in jedem Betracht besser ist, gerecht zu sein als ungerecht?

SOKRATES. Euch wirklich zu überzeugen wäre wohl mein Wille, wenn es nur in meiner Macht stünde.

GLAUKON. Also tust du nur nicht, was du willst. Denn sage mir: gibt es deiner Ansicht nach ein Gut von der Art, daß wir es zu haben wünschen nicht aus Verlangen nach den erhofften Folgen, sondern weil wir es um seiner selbst willen lieben, wie z. B. Fröhlichkeit und alle unschädlichen Vergnügungen, deren man sich eben erfreut, wenn man sie hat, ohne daß sie für die Folgezeit weitere Bedeutung haben?

SOKRATES. Ich glaube wohl, daß es ein solches gibt.

GLAUKON. Und ferner auch ein solches, das wir sowohl um seiner selbst willen lieben als auch um seiner Folgen willen? Z. B. einsichtig sein, sehen, gesund sein; denn was von dieser Art ist, das schätzen wir aus beiden Gründen.

SOKRATES. Ja.

GLAUKON. Auch noch eine dritte Art des Guten ist dir doch bekannt, zu der die Leibesübungen gehören, und die ärztliche Behandlung bei

Krankheit und das Heilverfahren sowie alles, was sonst dem Erwerb dient. Denn diese Dinge werden wir zwar als beschwerlich bezeichnen, aber doch auch als nützlich für uns, und um ihrer selbst willen würden wir sie uns niemals wünschen, wohl aber um des Lohnes willen und der übrigen Vorteile, die aus ihnen hervorgehen.

SOKRATES. Ja, auch dieses dritte gibt es. Aber was nun weiter?

GLAUKON. Zu welchem von diesen rechnest du nun die Gerechtigkeit?

SOKRATES. Meines Erachtens gehört sie zu dem Schönsten, nämlich zu dem, was sowohl um seiner selbst willen wie wegen der daraus entspringenden Folgen von jedem geliebt werden muß, der glücklich werden will.

GLAUKON. Die meisten, glaube mir, denken nicht so darüber, rechnen sie vielmehr zur beschwerlichen Gattung, der man des Lohnes wegen und um in den Augen der Welt gut dazustehen nachtrachten, an und für sich aber aus dem Wege gehen muß als einer lästigen Sache.

2. SOKRATES. Ich weiß recht wohl, daß dies die allgemeine Meinung ist, und aus diesem Grunde wird sie ja auch fortwährend schon von Thrasymachos getadelt, die Ungerechtigkeit dagegen gelobt. Aber ich gehöre, wie es scheint, zu den Leuten, die schwer von Begriffen sind.

GLAUKON. Wohlan, so höre auch mich; vielleicht kommen wir dann zu einem Einverständnis. Denn es scheint mir, Thrasymachos hat doch eher als nötig sich von dir kirre machen lassen wie eine Schlange. Ich aber bin noch keineswegs befriedigt von dem Nachweis in Beziehung auf beides. Denn ich verlange Belehrung darüber, was jedes von beiden (Gerechtes und Ungerechtes) ist und welche Kraft es an und für sich hat als unserer Seele innewohnend, der Lohn aber und die Folgen, die sich aus ihnen ergeben, sollen dabei ganz außer Spiel bleiben. Ich werde also, wenn es dir recht ist, es so halten: ich werde die Ausführung des Thrasymachos wieder aufnehmen und erstens zeigen, wie beschaffen und woraus entsprungen die Gerechtigkeit nach dem Urteil der Leute ist; dann zweitens, daß alle, die sich ihrer befleißigen, dies nur ungern tun; denn sie halten es für etwas Notwendiges, nicht aber für etwas Gutes; drittens, daß sie recht daran tun, denn das Leben der Ungerechten ist ja weit besser als das der Gerechten – ihrer Behauptung nach. Denn ich, mein Sokrates, teile diese Meinung keineswegs. Indes werde ich doch unsicher durch das ohrenbetäubende Gerede, das ich von Thrasymachos und tausend anderen anhören muß, während ich für die Gerechtigkeit als ein höheres Gut denn die Ungerechtigkeit noch keinen Anwalt so habe sprechen hören, wie ich es wünsche. Ich wünsche sie aber gepriesen zu hören um ihrer selbst willen. Aber am ehesten glaube ich es noch von dir hören zu können. Daher will ich das ungerechte Leben recht geflissentlich loben und dir dadurch zeigen, auf welche Art ich hinwiederum von dir die Ungerechtigkeit getadelt und die Gerechtigkeit gepriesen hören möchte. So sieh denn zu, ob dir mein Vorschlag genehm ist.

SOKRATES. Durchaus. Denn was gäbe es für einen Gegenstand, über den ein vernünftiger Mensch sich lieber recht oft unterhalten möchte, redend und hörend?

GLAUKON. Sehr richtig. Höre also nun, was ich über den ersten der in Aussicht gestellten Punkte zu sagen habe, nämlich darüber, was die Gerechtigkeit ist und woraus sie entsprungen.

Von Natur nämlich, sagen sie, sei das Unrechttun gut, das Unrechtleiden aber übel. Das Übel aber beim Unrechtleiden wiege schwerer als das Gute beim Unrechttun. Wenn die Menschen also wechselseitig Unrecht tun und Unrecht leiden und beides zu kosten bekommen, so erscheine es denen, die nicht in der Lage sind, dem letzteren zu entfliehen und das erstere zu wählen, vorteilhafter, sich miteinander dahin zu vertragen, daß man weder Unrecht tue noch Unrecht leide. Und damit hätten sie denn den Anfang gemacht zur Gesetzgebung und zu Verträgen untereinander und das vom Gesetze Angeordnete hätten sie als Gesetzliches und Gerechtes bezeichnet. Dies sei denn der Ursprung und das Wesen der Gerechtigkeit, die ein Mittleres sei zwischen dem Besten, nämlich dem straflosen Unrechttun, und dem Schlimmsten, nämlich der Unfähigkeit, sich zu rächen, wenn man Unrecht leide. Mit dem Gerechten aber, als einem Mittleren zwischen beiden, gebe man sich zufrieden, nicht als wäre es etwas Gutes, sondern weil man Achtung davor habe aus Mangel an Kraft zum Unrechttun. Denn wer imstande sei, Unrecht zu tun, und sich wirklich als Mann fühle, der werde es weit von sich weisen, mit irgendeinem sich dahin zu vertragen; weder Unrecht zu tun noch Unrecht zu leiden. Denn er müßte ja auch geradezu von Sinnen sein. Dies also, mein Sokrates, ist ihrem Wesen nach die Gerechtigkeit und von dieser Art ist sie, und dies ihr Ursprung, wie die Rede geht.

3. Daß aber diejenigen, die sich der Gerechtigkeit befleißigen, dies nur aus Mangel an Kraft zum Unrechttun, also mit innerem Widerstreben tun, davon können wir am ehesten eine deutliche Vorstellung gewinnen, wenn wir in Gedanken folgendes machen: wir geben beiden, dem Gerechten wie dem Ungerechten, volle Freiheit zu tun, was sie nur wollen, und dann gehen wir ihnen nach, um zu sehen, wohin die Begierde sie führen wird. Da würden wir denn den Gerechten auf frischer Tat ertappen, wie er aus Habgier auf das nämliche Ziel losmarschiert wie der Ungerechte, das jedes Wesen von Natur erstrebt als etwas Gutes und von dem es nur gewaltsam durch das Gesetz abgelenkt wird zur Hochhaltung des Gleichen. Die Freiheit aber, die ich meine, wäre ungefähr der Art, daß sie ihnen eine Kraft gäbe ähnlich derjenigen, über die der Ahnherr des Lydiers Gyges der Sage nach gebot. Dieser sei nämlich, heißt es, ein Hirt gewesen im Dienste des damaligen Herrschers von Lydien; infolge nun eines heftigen Ungewitters und Erdbebens sei die Erde geborsten und es habe sich eine Kluft aufgetan an der Stelle, wo er seine Herde hütete; verwundert habe er denn zugeschaut und sei hinabgestiegen; und da habe er unter anderen wunderbaren Dingen, von denen die Fabel erzählt, auch ein hohles, ehernes Pferd erblickt mit kleinen Öffnungen, durch die er hineingeguckt und innen einen Leichnam, wie es schien, gesehen habe von übermenschlicher Größe; von Schmuck an ihm aber nichts anderes als einen goldenen Ring an der Hand, den er abgezogen habe, worauf er dann wieder hinaufgestiegen sei. Als nun die Hirten ihre gewöhnliche Zusammenkunft hielten, um dem König den Monatsbericht abzustatten über die Vorgänge bei den Herden, sei auch er erschienen, den Ring am Finger. Mitten unter den anderen sitzend habe er nun zufällig den Stein des Ringes nach dem Inneren der Hand in der Richtung auf seinen Leib zu gedreht; daraufhin sei er den Anwesenden unsichtbar geworden, und

sie hätten von ihm als von einem Abwesenden gesprochen. Darüber verwundert, habe er durch einen Ruck am Ring den Stein wieder nach außen gedreht, worauf er wieder sichtbar geworden sei. Wie er dies nun gemerkt habe, habe er den Ring auf diese seine Kraft hin ausprobiert und habe es bestätigt gefunden: immer wenn er den Stein einwärts drehte, wurde er unsichtbar, wenn nach auswärts, sichtbar. Nach dieser Entdekkung habe er es unverzüglich zu erreichen gewußt, daß er unter denen war, die als Boten an den König geschickt wurden. Dort angelangt, habe er das Weib des Königs zum Ehebruch verleitet, mit ihr dem Könige nachgestellt, ihn ermordet und die Herrschaft an sich gerissen. Wenn es nun zwei solcher Ringe gäbe, und den einen der Gerechte, den anderen der Ungerechte sich ansteckte, so würde aller Vermutung nach wohl keiner so fest umpanzert sein, daß er bei der Gerechtigkeit verharrte und es über sich brächte, sich fremden Gutes zu enthalten und es nicht zu berühren, angesichts der Freiheit, die er hätte, selbst vom Markte alles, wonach ihm gelüstet, unbedenklich wegzunehmen, in die Häuser einzudringen und beizuwohnen, wem er wollte, und zu morden und aus der Gefangenschaft zu befreien, wen er nur wollte, und sich auch sonst alles zu erlauben wie ein Gott unter den Menschen. Bei solcher Handlungsweise aber würde er sich von dem anderen in nichts mehr unterscheiden und beide würden dem nämlichen Ziele nachgehen. Und das könnte man in der Tat als einen schlagenden Beweis dafür anführen, daß niemand aus freien Stücken gerecht ist, sondern nur unter dem Drucke des Zwanges, weil eben die Gerechtigkeit kein eigentliches Gut ist; denn jeder, der sich stark genug fühlt zum Unrechttun, der tut es auch, wo sich Gelegenheit dazu bietet. Hält doch jedermann die Ungerechtigkeit an sich für viel nützlicher als die Gerechtigkeit, und das mit Recht, wie der behaupten wird, der über diese Frage urteilt. Denn wer im Besitze einer solchen Freiheit sich jedes Unrechtes enthalten und fremdes Gut nicht antasten wollte, den würde jeder, der es merkte, im Stillen für höchst unglücklich und töricht halten; in der Aussprache untereinander freilich würden sie ihn loben und sich dabei gegenseitig Sand in die Augen streuen, aus Furcht, sonst Unrecht zu erleiden. Damit also verhält es sich so.

4. Was aber nun die Hauptsache betrifft, nämlich die Beurteilung des Lebens derer, über die wir reden, so werden wir den richtigen Standpunkt dafür gewinnen, wenn wir den Gerechten und Ungerechten in ihrer schärfsten Ausprägung einander gegenüberstellen; einen anderen Weg gibt es nicht. Wie wird sich nun diese Gegenüberstellung machen? So: wir wollen weder bei dem Ungerechten von seiner Ungerechtigkeit, noch bei dem Gerechten von seiner Gerechtigkeit den geringsten Abzug machen, sondern jeden von beiden als vollendeten Vertreter seiner Lebensrichtung hinstellen. Erstens also den Ungerechten: er handle wie die großen Fachmeister; ein auf der Höhe seiner Kunst stehender Steuermann z. B. oder Arzt weiß das in seinem Fach Unmögliche und Mögliche wohl zu unterscheiden: an dem letzteren betätigt er seine Kunst, von dem ersteren läßt er die Hand; und wenn ihm vielleicht einmal etwas fehlgeht, so mangelt es ihm nicht an Geschick, den Fehler wiedergutzumachen. So mag denn auch der Ungerechte, wenn er in vollem Sinne ungerecht sein soll, bei seinen Freveltaten so geschickt zu Werke gehn, daß man nichts davon merkt; wer sich ertappen läßt, den darf man nur für einen Stümper gelten lassen. Denn der Gipfel der Ungerechtigkeit ist: gerecht scheinen, ohne es zu sein. Man muß also dem vollendeten Ungerechten die vollendetste Ungerechtigkeit zuteilen und keinen Abzug machen, sondern es sich gefallen lassen, daß er trotz des größten Unrechts, das er verübt, sich doch in den größten Ruf der Gerechtigkeit zu bringen weiß, und wenn ihm etwa einmal etwas fehlgeht, imstande ist, es wiedergutzumachen, gleich fähig, sich überzeugend zu verteidigen, wenn eine seiner Freveltaten zur Anzeige gelangt, wie mit Gewalt durchzusetzen, was ein gewaltsames Vorgehen fordert, gestützt auf seinen Mut und seine Stärke und auf den Besitz von Freunden und Geld. Nachdem wir so diesen in seiner Eigenart hingestellt haben, wollen wir den Gerechten in unserer Schilderung neben ihn stellen, einen schlichten und edlen Mann, der, mit Aischylos zu reden, nicht gut *scheinen*, sondern es *sein* will. Also mit dem Scheinen darf er nichts zu tun haben. Denn wenn er gerecht scheint, so werden ihm, eben weil er als gerecht gilt, Ehren und Geschenke zufallen. Es bleibt dann also unausgemacht, ob er um der Gerechtigkeit willen oder

um der Geschenke und Ehren willen ein solcher ist. Man muß ihm also nichts lassen als die Gerechtigkeit, und er muß das gerade Gegenteil bilden zu dem Vorigen: sich jeden Unrechts enthaltend soll er mit dem größten Schein der Ungerechtigkeit umgeben sein, damit er die volle Probe der Gerechtigkeit abgelegt habe dadurch, daß üble Nachrede und deren Folgen seinen starren Sinn nicht im geringsten beugen; nein, unwandelbar soll er bleiben bis zu seinem Tode, dem Scheine nach ungerecht sein Leben lang, in Wahrheit aber gerecht, auf daß beide, auf denkbar höchster Stufe, der eine der Gerechtigkeit, der andere der Ungerechtigkeit stehend, daraufhin geprüft werden, wer von beiden der Glücklichere ist.

5. SOKRATES. Sieh da, mein lieber Glaukon, welche gründliche Reinigung nimmst du mit den beiden Männern, wie mit Statuen, vor, zum Zwekke ihrer vergleichenden Beurteilung.

GLAUKON. Nun, nach besten Kräften. Hat man sie aber so vor sich, dann, glaube ich, ist es nicht mehr schwer nachzuweisen, welche Art von Leben einen jeden von beiden erwartet. Dies muß also geschehen, und wenn die Farben dabei etwas stark aufgetragen werden, so darfst du nicht vergessen, daß nicht ich es bin, der diese Behauptungen aufstellt, sondern diejenigen, die der Ungerechtigkeit den Preis geben vor der Gerechtigkeit. Sie werden also sagen: bei solcher Gemütsverfassung wird der Gerechte gegeißelt, gefoltert, in Ketten gelegt und geblendet werden an beiden Augen und schließlich wird er nach allen Martern noch ans Kreuz geschlagen und so zu der Einsicht gebracht werden, daß es nicht das Richtige ist, gerecht *sein* zu wollen, sondern es *scheinen* zu wollen. Das Wort des Aischylos aber wäre weit richtiger vom Ungerechten gesagt worden. Denn tatsächlich – so sagen sie – ist es der Ungerechte, der, weil er mit seiner Wirksamkeit auf dem Boden der Wirklichkeit steht und nicht dem Scheine lebt, nicht ungerecht *scheinen*, sondern es *sein* will

»Die tiefe Furche nutzend im Gemüt,
Woraus ihm edle Frucht, Entschluß und Rat erwächst«

nämlich erstens, daß er in der Stadt zu den Regierenden gehört, weil er in dem Rufe der Gerechtigkeit steht, sodann, daß er heiratet, aus welchem Hause er will, und verheiratet, an wen er will, daß er Geschäfte macht und Verbindungen eingeht, mit wem er will, und bei diesem allen stets seinen Vorteil und Gewinn findet, weil er sich aus dem Unrechttun kein Gewissen macht. Beteiligt er sich demnach auch an Wettkämpfen, privaten und öffentlichen, so bleibt er da Sieger und übervorteilt seine Gegner; so gelangt er zu Reichtum und wird seinen Freunden ein Wohltäter, seinen Feinden aber ein Verderber; den Göttern bringt er Opfer und Weihgeschenke in Fülle und Glanz dar und weiß sich um die Götter und um die Menschen, denen er seine Gunst schenkt, weit besser verdient zu machen als der Gerechte, so daß er sich, wie nicht anders als billig, auch größeren Anspruch auf die Liebe der Götter erwirbt als der Gerechte. So sei, sagen sie, mein Sokrates, von seiten der Götter wie der Menschen dem Ungerechten ein besseres Lebenslos zugefallen als dem Gerechten.

Sokrates erzählt

6. Nachdem Glaukon das gesagt, hatte ich im Sinne, etwas darauf zu erwidern, aber sein Bruder Adeimantos ergriff das Wort und sagte:

Gespräch

ADEIMANTOS. Du glaubst doch nicht etwa, Sokrates, die Frage sei zur Genüge erörtert?

SOKRATES. Warum sollte ich denn nicht?

ADEIMANTOS. Gerade die Hauptsache, auf die es dabei ankommt, ist noch nicht zur Sprache gekommen.

SOKRATES. So sei es denn hier, wie es im Sprichwort heißt: »es helfe dem Bruder der Bruder«. Auch du mußt ihm zur Seite stehen, wenn er etwas übergangen hat. Was mich freilich anlangt, so genügt schon das von diesem Vorgetragene, um mich kampfunfähig zu machen und mich außerstand zu setzen, der Gerechtigkeit zu Hilfe zu kommen.

Adeimantos. Damit darfst du mir nicht kommen. Höre vielmehr noch das Folgende. Denn wir müssen uns auch auf die Reden einlassen, die im Gegensatz zu den eben von diesem vorgetragenen Reden die Gerechtigkeit preisen und die Ungerechtigkeit tadeln, auf daß es deutlicher werde, worauf, wie ich glaube, Glaukon eigentlich hinauswill. Es verkünden aber und predigen ihren Söhnen Väter und alle, denen die Sorge für andere obliegt, die Lehre, man müsse gerecht sein; dabei loben sie aber nicht etwa die Gerechtigkeit an und für sich, sondern den guten Ruf, den sie uns bringt, damit dem, der gerecht zu sein scheint, dieser Schein zu Ämtern und ehelichen Verbindungen und zu all dem verhelfe, was Glaukon vorhin aufgezählt hat als Lohn für den, der in dem Ruf des Gerechten steht. Aber sie machen noch mehr Aufhebens von dem guten Rufe. Denn auch den Beifall der Götter bringen sie mit ins Spiel und wissen wer weiß was für Herrlichkeiten herzuzählen, die die Götter angeblich den Frommen spenden, wie der brave Hesiod und Homer sagen, jener so: die Götter machen, daß die Eichen für die Gerechten

Eicheln tragen zuoberst und Bienen bergen im Stamme,
Und mit zottigem Vlies (sagt er) sind schwer umhangen die Schafe

und noch vieles andere Gute verwandter Art. Und ähnlich äußert sich auch der andere; denn er sagt:

Gleich dem Ruhme des guten und gottesfürchtigen Königs,
Der die Gerechtigkeit schützt. Die fetten Flügel und Täler
Wallen von Weizen und Gerste, die Bäume hangen voll Obstes,
Fleißig werfen die Schafe, die Wasser wimmeln von Fischen.

Noch üppigere Herrlichkeiten als diese lassen Musaios und sein Sohn den Gerechten von den Göttern zuteil werden. Sie führen sie nämlich in ihrer Schilderung hinab in den Hades, lassen sie sich da lagern und veranstalten ein Frommännergelage; da lassen sie sie nun mit Kränzen geschmückt die ganze Ewigkeit im Rausch dahinbringen, von dem Glauben beseelt, der schönste Lohn der Tugend sei ewige Trunkenheit. Andere geben dem Lohne aus Götterhand noch eine weitere Ausdehnung. Denn Kindeskinder, sagen sie, und ein dauerndes Geschlecht lassen die Frommen und Eidestreuen zurück. Dies und anderes der Art preisen sie an der Gerechtigkeit. Die Gottlosen dagegen und Ungerechten versenken sie irgendwo im Hades in den Schlamm und zwingen sie, in einem Siebe Wasser zu tragen, noch bei Lebzeiten aber bringen sie sie in bösen Ruf und häufen auf sie alle die Qualen, die Glaukon von den Gerechten, von denen nämlich, die im Rufe der Ungerechtigkeit stehen, aufführte; andere Strafen kennen sie nicht. So also steht es mit dem Lob und Tadel für Gerechte und Ungerechte.

7. Außerdem betrachte, mein Sokrates, noch eine andere Art von Reden über Gerechtigkeit und Ungerechtigkeit, wie man sie in Prosa und von Dichtern hören kann. Einstimmig nämlich tönt es aus aller Munde, die Mäßigkeit und Gerechtigkeit sei zwar etwas Schönes, aber dabei sei sie doch beschwerlich und mühselig; die Zügellosigkeit dagegen und Ungerechtigkeit sei eine vergnügliche Sache und leicht zu erlangen, anderseits zwar schändlich, aber nur der Meinung und dem Gesetze nach. Nützlicher ferner als das Gerechte, sagen sie, sei in der Regel das Ungerechte, und ohne weiteres sind sie bereit, Schurken, die über Reichtum und sonstige Machtmittel verfügen, glücklich zu preisen und zu ehren öffentlich und unter sich, anderseits aber solche Leute zu mißachten und zu übersehen, die etwa einflußlos und arm sind, wenn sie auch zugeben, daß sie besser sind als jene. Am unbegreiflichsten aber unter alledem ist das, was man sie über Götter und Tugend sagen hört, nämlich auch die Götter ließen gar manchem Guten Unglück und ein elendes Leben zuteil werden, dem Entgegengesetzten aber ein entgegengesetztes Los. Bettelpriester nun und Wahrsager belagern die Türen der Reichen und reden ihnen ein, sie seien im Besitze einer ihnen von den Göttern verliehenen Kraft, durch Opfer und Zaubersprüche jeden Frevel, den der Betreffende selbst oder seine Vorfahren verübt, zu sühnen unter Lustbarkeiten und Festen; und wolle einer einem Feinde ein Leid antun, so könnten sie für geringe Gegengabe jedem, dem Gerechten so gut wie dem Ungerechten, Schaden zufügen, indem sie angeblich mit Zaubersprüchen und Verwünschungsformeln die Götter dazu bereden könnten, ihnen dienstbar zu sein. Für all diese Reden

berufen sie sich auf die Dichter als auf ihre Zeugen, indem die einen für das leichte Hinübergleiten in die Bahn des Lasters die Verse anführen:

Hin zum Laster ist offen die Bahn, leicht kann man zuhauf es
Haben; der Weg ist glatt und ganz in der Nähe dir wohnt es
Vor die Trefflichkeit setzten den Schweiß die unsterblichen Götter,

und einen langen und steilen Weg hinauf. Die anderen berufen sich dafür, daß die Götter von den Menschen sich ablenken lassen, auf Homer, weil auch er gesagt hat:

lenksam sind selber die Götter;
Diese vermag durch Räuchern und demutsvolle Gelübde,
Durch Weinguß und Gedüft ein Sterblicher umzulenken
Flehend, nachdem sich einer versündiget oder gefehlet.

Und mit einem ganzen Haufen von Büchern des Musaios und Orpheus, der Sprößlinge der Selene und der Musen, wie sie sagen, warten sie auf, nach denen sie ihre Opferhandlungen verrichten; und so bringen sie nicht nur einzelnen, sondern ganzen Gemeinwesen den Glauben bei, es gebe Befreiungen und Reinigungen von Freveltaten durch Opfer und ergötzliche Spiele nicht nur für noch Lebende, sondern auch für Gestorbene; diese nennen sie dann »Weihen«, die uns von den Qualen des Jenseits befreien; wer aber nicht opfert, der muß sich auf schreckliche Dinge gefaßt machen.
8. Man stelle sich nun die Wirkung vor, die alles dies, mein lieber Sokrates, d. h. alles, was man in dieser Art immer und immer wieder zu hören bekommt über Tugend und Laster, wie es Menschen und Götter mit der Schätzung derselben halten, auf die Seelen jugendlicher Hörer ausüben wird, die wohlbegabt und fähig sind, alles, was sie hören, gleichsam im Fluge zu erfassen und daraus ihre Schlüsse zu machen, wie man wohl beschaffen sein und welchen Weg man wählen müsse, um seinen Lebenslauf aufs beste zurückzulegen. Wie wird es ein solcher wohl halten? Er dürfte wohl aller Wahrscheinlichkeit nach jene pindarischen Worte zu sich sagen: »Soll ich *auf des Rechtes Pfad hinaufgelangen zur Höhe der Burg oder durch des Truges Windungen* und so mir Schutz schaffend

meinen Lebenslauf vollbringen? Denn was mir verheißen wird für den Fall, daß ich gerecht *bin* und dabei ungerecht *scheine*, das, sagen sie, bringe keinen Gewinn, sondern nur Drangsal und offensichtlichen Schaden; bin ich hingegen ungerecht, habe mich aber dabei in den Ruf der Gerechtigkeit gesetzt, so wird mir ein Götterleben verheißen. Wenn nun *der Schein*, wie die Weisen mir künden, *auch die Wahrheit selbst überwältigt* und Herr ist über das Glück, so muß man es mit ihm halten und nur mit ihm. Als Portal und Verzierung muß ich rings um mich her ein Trugbild der Tugend malen, hinter mir her aber *den schlauen und verschmitzten Fuchs* des hochweisen Archilochos ziehen.« »Ganz gut« – sagt da wohl einer – »aber es ist nicht leicht, mit seiner Schlechtigkeit immer unbemerkt zu bleiben.« Nun, leicht ist überhaupt nichts Großes, werden wir erwidern. Gleichwohl müssen wir, wenn wir glücklich werden wollen, diesen Weg einschlagen, folgend den Spuren der Reden. Denn um uns vor Entdeckungen zu schützen, werden wir Verschwörungen und Geheimbünde stiften, auch gibt es Lehrer der Überredung, welche die Kunst der Rede vor Volk und Gericht mitteilen; demzufolge werden wir es teils durch Überredung, teils mit Gewalt dahin bringen, daß wir unserem Geschäft der Übervorteilung straflos nachgehen können. »Aber den Göttern gegenüber hilft doch kein Versteck und keine Gewalt.« Nun, gesetzt, es gibt überhaupt keine Götter oder sie kümmern sich nicht um menschliche Dinge, müssen dann nicht auch wir uns aller Sorge um das Verborgenbleiben entschlagen? Gibt es aber Götter und tragen sie Sorge um uns, so stammt unser Wissen oder unsere Kunde um sie nirgends anders her als aus der Sage und aus den Dichtern, die sich mit dem Stammbaum derselben beschäftigen. Eben sie aber schildern die Götter als Wesen, die durch »Opfer und demutsvolle Gelübde« und Weihgeschenke sich umstimmen lassen. Ihnen also muß man entweder beides oder keines von beiden glauben. Ist ihnen nun zu glauben, dann gilt es nur, frischweg zu freveln und zu opfern aus dem Ertrag unserer Freveltaten; denn ein gerechter Lebenswandel wird uns nur Straflosigkeit von seiten der Götter einbringen, von Gewinn aber aus ungerechtem Handeln kann für uns nicht die Rede sein; sind wir dagegen ungerecht, dann wird es uns an Gewinn nicht fehlen, und was unsere Übertretungen und Verfehlungen anlangt, so werden wir durch Gebete die Götter umstimmen und straflos davonkommen. »Aber in der Unterwelt werden wir doch büßen müssen für unsere Freveltaten hier oben, entweder selbst oder unsere Kindeskinder.« Aber, mein Freund – wird die wohlberechnete Antwort lauten – die Weihen haben doch auch ihre große Kraft und die von Schuld erlösenden Götter, wie die größten Gemeinwesen bezeugen und die Söhne der Götter, die als erkorene Dichter und Propheten der Götter uns verkünden, daß es sich so verhält.

9. Was gäbe es also noch für einen Grund die Gerechtigkeit der größten Ungerechtigkeit vorzuziehen? Sie, die Ungerechtigkeit, brauchen wir nur mit einer erheuchelten Wohlanständigkeit zu umkleiden, um im Leben und nach dem Tode bei Göttern und Menschen uns alles nach Wunsche gehen zu sehen, wie der Spruch der Meisten und Berufensten lautet. Wie wäre es nun nach all dem Gesagten möglich, mein Sokrates, daß irgendeiner, dem Geistesgaben oder Geld oder Körperkraft oder hohe Abkunft als Machtmittel zu Gebote stehen, sich dazu verstehen sollte, die Gerechtigkeit hochzuhalten und nicht vielmehr zu lachen, wenn er sie loben hört? Denn, mag einer auch imstande sein, das Vorgetragene als falsch zu erweisen, und klar erkannt haben, daß die Gerechtigkeit das Beste ist, so ist er doch gewiß voller Nachsicht gegen die Ungerechten und zürnt ihnen nicht, sondern weiß, daß nur, wen eine gottbegnadete Naturanlage das Unrechttun verabscheuen läßt, oder wer zu wissenschaftlicher Erkenntnis gelangt ist, sich desselben enthält, unter den anderen dagegen nicht ein einziger aus freien Stücken gerecht ist, sondern nur durch Unmännlichkeit oder Alter oder sonst eine Schwäche zum Tadler des Unrechttuns wird, weil ihm die Kraft dazu fehlt. Und daß dem so ist, ist klar. Denn sobald einer dieser Tadler zu Kräften kommt, ist er auch der erste, der Unrecht tut, soviel er nur immer vermag. Und an alledem ist nichts anderes schuld als das, wovon diese ganze Rede ausgegangen ist, die wir, ich und dieser da, an dich, mein Sokrates, richteten, nämlich: Du Wunderbarer, von euch allen, die ihr Lobredner der Gerechtigkeit zu sein behauptet, von den allerfrühesten Heroen an, von denen noch Kunde

geblieben ist, bis zu den jetzigen Menschen hat kein einziger jemals die Ungerechtigkeit anders getadelt oder die Gerechtigkeit anders gelobt als im Hinblick auf Ruf, Ehre und Geschenke, die sie uns bringen. Jede von beiden an sich aber in ihrer eigenartigen Kraft, mit der sie im Innersten der Seele wohnt und sich vor Göttern und Menschen verborgen hält, hat noch niemals jemand weder in Versen noch in gewöhnlicher Rede hinreichend geschildert, nämlich die eine als das größte aller Übel, die der Seele anhaften, die Gerechtigkeit aber als das größte Gut. Denn wäre von Anfang an euere Rede auf diesen Ton gestimmt gewesen und hättet ihr uns von Jugend auf diese Überzeugung beigebracht, dann hätten wir nicht nötig, uns einander zu bewachen, daß wir kein Unrecht tun, sondern jeder wäre selbst sein Wächter, aus Furcht, durch Unrechttun dem größten Übel in sich eine Stätte zu bereiten.

Dieses, mein Sokrates, vielleicht aber auch noch mehr als dies könnte Thrasymachos und wohl noch mancher andere über die Gerechtigkeit und Ungerechtigkeit vorbringen und damit das Wesen beider verdrehen, auf eine unwürdige Art, wie mir wenigstens scheint. Wenn ich aber – denn ich brauche dir nichts zu verbergen – in meiner Darstellung die Farben so stark wie nur möglich auftrage, so geschieht das nur deshalb, weil ich von dir das Gegenteil hören möchte. Du mußt uns also nicht nur darlegen, daß die Gerechtigkeit besser ist als die Ungerechtigkeit, sondern was eine jede von beiden an und für sich aus dem, dem sie innewohnt, macht, um so, die eine ein Übel, die andere ein Gut zu sein. Den Schein aber mußt du weglassen, wie Glaukon es forderte. Denn wenn du nicht von beiden den wahren Schein entfernst und den falschen ihnen zusprichst, dann – so werden wir sagen – lobst du nicht das Gerechte, sondern den Schein, und tadelst nicht das Ungerechtsein, sondern das Ungerechtscheinen und forderst dazu auf, im geheimen ungerecht zu sein, und stimmst dem Thrasymachos darin bei, daß das Gerechte ein fremdes Gut ist, der Vorteil des Stärkeren, das Ungerechte aber der eigene Vorteil und Nutzen, für die Schwächeren dagegen der Nachteil. Da du dich nun dazu bekannt hast, daß die Gerechtigkeit zu den größten Gütern gehöre, die des Besitzes wert sind nicht nur um der daraus sich ergebenden Folgen willen, sondern noch viel mehr um ihrer selbst willen, wie Sehen, Hören, Einsicht und (nicht zu vergessen) Gesundheit und was es sonst noch Gutes gibt, das seiner eigenen Natur nach gediegen ist, nicht etwa dem Scheine nach – so hebe nun eben den Nutzen hervor, den die Gerechtigkeit an und für sich dem, dem sie innewohnt, bringt, sowie anderseits den Schaden der Ungerechtigkeit. Den Lohn aber und Schein laß andere loben. Denn von den andern würde ich es mir gefallen lassen, wenn sie im Lob der Gerechtigkeit und im Tadel der Ungerechtigkeit so verfahren, daß sie an ihnen immer nur den Ruf und den Lohn preisen oder verächtlich machen, von dir aber nicht, du müßtest es denn geradezu fordern: denn du hast dein ganzes Leben lang auf nichts anderes dein Augenmerk gerichtet als hierauf. Gib uns also nicht nur den Nachweis, daß die Gerechtigkeit besser ist als die Ungerechtigkeit, sondern was jede von beiden an und für sich aus dem, dem sie innewohnt, mag er nun vor Göttern und Menschen verborgen bleiben oder nicht, macht, und wie sich so die eine als ein Gut, die andere als ein Übel erweist.

Sokrates erzählt

10. Ich nun, von jeher voll Anerkennung für die Eigenart des Glaukon und des Adeimantos, war, nachdem ich das angehört, in heller Freude und sagte:

Gespräch

Sokrates. Nicht übel hat euch, ihr Söhne jenes Mannes, der Liebhaber des Glaukon, als ruhmvolle Teilnehmer an der Schlacht von Megara, zu Anfang seiner Elegien mit den Worten begrüßt:

Söhne Aristons, göttlich Geschlecht eines ruhmvollen Mannes.

Diese Anrede, meine Lieben, scheint mir durchaus am Platze zu sein; denn ihr zeigt eine wahrhaft göttliche Gemütsverfassung, wenn ihr so kräftig für die Ungerechtigkeit sprechen konntet und dabei doch nicht überzeugt seid, daß die Ungerechtigkeit besser sei als die Gerechtigkeit. Und ich glaube, ihr seid wirklich nicht überzeugt; ich schließe das aus eurem sonstigen Wesen, denn bloß nach eueren Reden würde ich es nicht glauben. Je mehr ich euch aber traue, um so mehr bin ich in Verlegenheit, wie ich es halten soll. Denn der Gerechtigkeit Hilfe leisten – das geht nicht; denn ich glaube, ich bin dazu außerstande; der Beweis liegt ja vor: was ich zum Thrasymachos sagte in dem Glauben, damit zu beweisen, die Gerechtigkeit sei besser als die Ungerechtigkeit, das hat vor euch keine Gnade gefunden. Und anderseits keine Hilfe leisten – das geht auch nicht; denn ich fürchte, es geht nicht ohne Sünde ab, wenn man mit anhört, wie die Gerechtigkeit schlechtgemacht wird, und dies ruhig geschehen läßt und ihr nicht zu Hilfe eilt, solange man noch atmet und einen Laut von sich geben kann. Das Beste also ist es, ihr nach Kräften beizuspringen.

Sokrates erzählt

Glaukon und die anderen baten mich nun, ihr auf jede Weise zu Hilfe zu kommen und die Untersuchung nicht fallenzulassen, sondern zu ergründen, was jede von beiden ist und wie es sich mit dem Nutzen beider in Wahrheit verhält. Ich sagte also, was ich dachte, nämlich:

Gespräch

SOKRATES. Die Frage, an deren Lösung wir jetzt herantreten, ist kein Kinderspiel, sondern fordert, wie mir scheint, ein scharfes Auge. Da wir nun keine Weisheitshelden sind, so scheint es mir, wir richten uns mit unserer Untersuchung nach einem Muster wie dem folgenden: wenn jemand Leuten, die nicht besonders scharfsichtig sind, die Aufgabe stellt, kleine Buchstaben aus der Ferne zu lesen, und dann einer merkt, daß es dieselben Buchstaben auch anderswo und an Größerem gibt, so wäre das, dächt' ich, ein wahrer Glücksfund: wir könnten erst diese lesen und dann die kleinen daraufhin ansehen, ob sie auch wirklich dieselben sind.

ADEIMANTOS. Sicherlich. Aber was findest du dem Ähnliches, mein Sokrates, in der Untersuchung über das Gerechte?

SOKRATES. Das werde ich dir sagen. Von Gerechtigkeit reden wir doch sowohl in Beziehung auf die einzelnen Menschen wie auch auf den ganzen Staat?

ADEIMANTOS. Allerdings.

SOKRATES. Nun ist der Staat doch größer als der einzelne Mensch?

ADEIMANTOS. Jawohl.

SOKRATES. Vielleicht also findet sich die Gerechtigkeit in einem Größeren auch in größerem Maße vor und in leichter erkennbarer Gestalt. Ist es euch also recht, so wollen wir zuerst an den Staaten untersuchen, welcher Art sie ist, um sie sodann auch an den Einzelnen zu betrachten, indem wir die Ähnlichkeit mit dem Größeren in der Erscheinung des Kleineren zu erkennen suchen.

ADEIMANTOS. Ein guter Vorschlag, wie mir scheint.

SOKRATES. Und nicht wahr? Wenn wir den Staat in Gedanken vor unseren Augen entstehen lassen, so sehen wir doch wohl auch die Gerechtigkeit und Ungerechtigkeit mit entstehen?

ADEIMANTOS. Wohl möglich.

SOKRATES. Wenn wir es also so machen, dann dürfen wir doch wohl hoffen, das Gesuchte leichter zu erkennen?

ADEIMANTOS. Bei weitem leichter.

SOKRATES. Glaubt ihr also, daß man den Versuch zur Durchführung wagen müsse? Denn meines Erachtens ist es keine geringe Aufgabe. Bedenkt euch also wohl.

ADEIMANTOS. Das ist schon geschehen. Bleibe deinem Vorsatz nur treu.

11. SOKRATES. Die Entstehung also des Staates ist meiner Meinung nach darauf zurückzuführen, daß der Einzelne sich nicht selbst genug ist, sondern vieler Helfer bedarf. Oder welchen anderen Anfang kannst du dir für die Gründung eines Staates denken?

Adeimantos. Keinen.

Sokrates. So zieht denn einer den anderen zu Hilfe, einen für dieses, einen anderen für jenes Bedürfnis und die Mannigfaltigkeit der Bedürfnisse läßt viele Genossen und Helfer sich auf einem Wohnplatz zusammenfinden, eine Zusammensiedelung, der wir den Namen *Staat* geben. Nicht wahr?

Adeimantos. Gewiß.

Sokrates. Es teilt also gegebenenfalls der eine dem anderen von dem Seinen etwas mit oder empfängt von ihm, weil er das für vorteilhaft für sich hält.

Adeimantos. Allerdings.

Sokrates. So laß uns denn in Gedanken von Anfang an eine Stadt gründen. Was nun aber den Grund zu ihr legt, ist eben, wie dargetan, unser Bedürfnis.

Adeimantos. Ohne Zweifel.

Sokrates. Das erste und größte aller Bedürfnisse ist aber die Beschaffung der Nahrung um der Existenz und des Lebens willen.

Adeimantos. Sicherlich.

Sokrates. Das zweite dann die Beschaffung einer Wohnstätte, das dritte die von Kleidung und was dahin gehört.

Adeimantos. So ist es.

Sokrates. Nun wohlan, wie wird denn die Stadt einer solchen Leistung gewachsen sein können? Etwa anders als so, daß einer Landwirt ist, der andere Baumeister, der dritte Weber? Oder wollen wir gleich auch noch den Schuhmacher hinzufügen oder wer sonst noch für unsere leiblichen Bedürfnisse sorgt?

Adeimantos. Allerdings.

Sokrates. Demnach bestünde die nur auf das Allernotwendigste beschränkte Stadt aus vier oder fünf Männern.

Adeimantos. Allem Anschein nach.

Sokrates. Und nun weiter. Muß jeder von ihnen seine Leistung allen übrigen mit zugute kommen lassen, muß z. B. der Landwirt, als einer, Nahrungsmittel für alle vier beschaffen und die vierfache Zeit und Mühe auf die Beschaffung des Getreides verwenden und so für die anderen mitsorgen, oder soll er, unbekümmert um die anderen, für sich allein nur den vierten Teil dieses Getreides in dem vierten Teil der Zeit beschaffen und von den drei anderen Vierteln das eine auf die Herstellung seines Hauses, das andere auf die der Kleidung, das dritte auf die der Schuhe verwenden und sich nicht mit der Sorge für andere abquälen, sondern selbst allein für sich sorgen?

ADEIMANTOS. Das erstere, mein Sokrates, dürfte doch wohl leichter sein als das letztere.

SOKRATES. Sehr begreiflich, beim Zeus! Durch deine Antwort bringst du auch mich darauf, daß erstens von Natur keiner dem anderen völlig gleich ist, sondern jeder verschiedene Anlagen hat, der eine für dieses, der andere für jenes Geschäft. Oder meinst du nicht?

ADEIMANTOS. Gewiß.

SOKRATES. Und ferner: Wird einer, wenn er als einzelner viele Künste betreibt, seine Sache besser machen, als wenn einer nur eine betreibt?

ADEIMANTOS. Das letztere ist das Bessere.

SOKRATES. Aber auch das ist doch klar, daß, wenn jemand die rechte Zeit für eine Arbeit versäumt, es mit der Sache nichts wird.

ADEIMANTOS. Gewiß.

SOKRATES. Denn, ich dächte, das Geschäft ist nicht gewillt zu warten, bis der Betreffende Zeit hat, sondern dieser muß notwendig das Geschäft mit vollem Ernst betreiben und nicht bloß nebenher.

ADEIMANTOS. Notwendig.

SOKRATES. Dadurch steigert sich also die Größe der Leistung in jedem Fach und alles gelingt besser und leichter, wenn der einzelne nach seiner Anlage und zur rechten Zeit es verrichtet und von allem anderen die Hand fernhält.

ADEIMANTOS. Ohne Zweifel.

SOKRATES. Es bedarf also, mein Adeimantos, einer größeren Zahl von Bürgern als jener vier für die Beschaffung dessen, was wir angeführt haben. Denn der Landwirt wird begreiflicherweise nicht selbst seinen Pflug für sich anfertigen, wenn er gut ausfallen soll, noch auch die Hacke und die sonstigen Geräte für den Ackerbau. Und ebensowenig der Baumeister. Auch er bedarf vieler Helfer. Ebenso der Weber und Schuhmacher.

ADEIMANTOS. Richtig.

SOKRATES. Zimmerleute also und Schmiede und viele andere Handwerker dieser Art werden dem kleinen Gemeinwesen als Genossen beitreten und so die Zahl der Bürger ansehnlich vermehren.

ADEIMANTOS. Gewiß.

SOKRATES. Aber besonders groß wird sie auch dann noch nicht werden, wenn wir ihnen noch Rinderhüter und Schäfer und sonstige Hirten zugesellen, damit die Landwirte Stiere zum Ackern haben und den Bauleuten wie den Landwirten Zugvieh zur Verfügung stehe für die Fuhren, und den Webern und Schustern Häute und Wolle.

ADEIMANTOS. Aber auch nicht eben klein wäre eine Stadt, die alles das in sich schließt.

SOKRATES. Die Stadt selbst aber in einer Gegend anzulegen, wo sie keiner Einfuhr bedürfte, ist so gut wie unmöglich.

ADEIMANTOS. Ja, unmöglich.

SOKRATES. Es bedarf also auch noch weiterer Leute, nämlich solcher, die aus anderen Staaten ihr das zuführen, dessen sie bedarf.

ADEIMANTOS. Gewiß.

SOKRATES. Wenn nun aber der damit Beauftragte mit leeren Händen aufbricht und nichts mit sich führt, was jene anderen nötig haben, von denen man die eigenen Bedürfnisse befriedigt sehen will, dann wird er auch mit leeren Händen wieder abziehen. Nicht wahr?

ADEIANTOS. Wahrscheinlich.

SOKRATES. Man muß also die heimischen Erzeugnisse nicht nur für den eigenen Bedarf ausreichend herstellen, sondern sie auch nach Art und Menge dem Bedürfnis jener anpassen, mit denen man im Tauschverkehr steht.

ADEIMANTOS. Ja, gewiß.

SOKRATES. Eine größere Anzahl also von Landwirten und sonstigen Werkleuten brauchen wir für unsere Stadt.

ADEIMANTOS. Jawohl.

Sokrates. Und offenbar auch von den anderen, den Vermittlern nämlich der Einfuhr und Ausfuhr aller Art. Das aber sind die Kaufleute. Nicht wahr?

Adeimantos. Ja.

Sokrates. Also auch Kaufleute brauchen wir.

Adeimantos. Gewiß.

Sokrates. Und wenn der Handel über Meer geht, so wird es noch einer großen Anzahl anderer bedürfen, nämlich solcher, die sich auf Reederei verstehen.

Adeimantos. Ja, einer großen Zahl.

12. Sokrates. Und nun weiter. Wie wird man in der Stadt selbst einander die Erzeugnisse seiner Arbeit mitteilen? Das war es ja, weswegen wir die Leute zur Gemeinschaft zusammenführten und die Stadt gründeten.

Adeimantos. Offenbar durch Verkaufen und Kaufen.

Sokrates. Einen Markt also werden wir dadurch bekommen und eine Münze als gültige Marke für den Tausch.

Adeimantos. Gewiß.

Sokrates. Wenn nun der Landwirt von seinen Erzeugnissen etwas zu Markte bringt oder sonst einer von den Werkleuten, und nicht gleichzeitig mit denen kommt, die seine Erzeugnisse für sich einzutauschen wünschen, so wird er doch die Zeit, die seiner eigenen Arbeit zugute kommen könnte, auf dem Markte sitzend verbringen?

Adeimantos. Nein, bewahre; sondern es gibt Leute, die, in Erkenntnis dieses Übelstands, sich eigens diesem Geschäfte widmen, in den gut eingerichteten Staaten in der Regel die körperlich schwächsten und zu jeder anderen Verrichtung unbrauchbaren Leute. Denn ihre Sache ist es, dort am Markte weilend einerseits Waren für Geld einzutauschen von denen, die etwas verkaufen wollen, anderseits sie wieder für Geld an diejenigen abzugeben, die etwas kaufen wollen.

Sokrates. Dies Bedürfnis also führt zur Entstehung des Krämerstandes in unserer Stadt. Oder nennen wir nicht Krämer diejenigen, die zur Besorgung von Kauf und Verkauf auf dem Markte sitzen, dagegen diejenigen, die mit ihren Waren andere Städte aufsuchen, *Kaufleute*?

Adeimantos. Gewiß.

Sokrates. Ferner gibt es, wie ich glaube, auch noch andere Dienstleute, die in geistiger Beziehung keine besonders wünschenswerten Mitglieder der Gemeinschaft bilden, aber hinreichende Körperkraft besitzen, um schwere Arbeit zu leisten. Diese lassen sich für den Gebrauch ihrer Kraft bezahlen und nennen diesen Preis »Lohn«, woraus sich dann, wie mir scheint, ihre Bezeichnung als Tagelöhner erklärt. Nicht wahr?

Adeimantos. Gewiß.

Sokrates. Einen ergänzenden Bestandteil des Gemeinwesens bilden also, wie ersichtlich, auch die Tagelöhner.

Adeimantos. So scheint es mir.

Sokrates. Ist die Stadt, mein Adeimantos, bereits so weit gewachsen, daß ihr an der Vollendung nichts mehr fehlt?

Adeimantos. Vielleicht.

Sokrates. Wo findet sich also in ihr wohl die Gerechtigkeit und die Ungerechtigkeit? Und welches Stück unserer Betrachtung enthält zugleich ihren Ursprung mit in sich?

Adeimantos. Ich kann es nicht erkennen, es müßte denn etwa in der gegenseitigen Bedarfsbefriedigung ihrer Bürger zu suchen sein.

Sokrates. Vielleicht triffst du damit das Richtige; so gilt es denn, die Sache zu untersuchen und nicht nachzulassen. – Und zuerst laß uns zusehen, was für eine Lebensweise die Menschen bei diesem Stande ihrer Einrichtungen einhalten werden. Nicht wahr, ihre Arbeit wird doch darin bestehen, daß sie Getreide und Wein bauen und Kleidung und Schuhe herstellen und Häuser bauen, wobei sie im Sommer meistens unbekleidet und barfuß sein werden, im Winter aber ausreichend bekleidet und beschuht? Nähren aber werden sie sich in der Weise, daß sie aus Gerste Graupen bereiten und aus Weizen Mehl, und teils es knetend, teils es backend werden sie treffliche Kuchen und Brote auf Röhricht oder reinlichen Blättern auftischen, und gelagert auf einer Streu von Zaunreben und Myrten, werden sie mit ihren Kindern schmausen und Wein dazu trinken, mit Kränzen geschmückt und Lieder singend zum Preise der Götter, die Freuden der Liebe genießend, aber nicht mehr Kinder erzeugend als es für ihren Besitz zuträglich ist, aus Furcht vor Armut und Krieg.

13. GLAUKON (einfallend). Wie kannst du von festlichem Schmaus reden bei Männern, denen jede Zukost fehlt!

SOKRATES. Du hast recht. Ich vergaß, daß sie auch Zukost haben sollen. Salz und Oliven, Käse, Zwiebeln und Kohl werden sie sicher in ihrer ländlichen Küche verwenden. Auch Feigen, Erbsen und Bohnen werden wir ihnen als Nachtisch vorsetzen, und Myrtenbeeren und Eicheln sollen sie rösten am Feuer und Wein dazu trinken in bescheidenem Maß. Und so werden sie ein friedliches Dasein führen bei voller Gesundheit, wie zu erwarten, und in hohem Alter sterben und ein ebensolches Leben ihren Nachkommen hinterlassen.

GLAUKON. Wenn du, mein Sokrates, eine Stadt von Schweinen anlegtest, womit sonst würdest du sie denn füttern als damit?

SOKRATES. Aber wie soll es denn nach deinem Wunsche sein, mein Glaukon?

GLAUKON. So, wie es der Brauch fordert. Auf Ruhebetten, dächt' ich, müssen Leute liegen, die nicht ein ganz kümmerliches Dasein führen sollen, und von Tischen müssen sie essen und Zukost haben und Naschwerk, wie es die heutige Welt hat.

SOKRATES. Gut. Ich verstehe. Nicht bloß eine Stadt in ihrer Entstehungsweise, scheint es, ist der Gegenstand unserer Betrachtung, sondern gleich auch eine üppige Stadt. Und vielleicht ist das gar nicht so übel. Denn auch wenn wir eine solche betrachten, können wir vielleicht erkennen, wie denn eigentlich die Gerechtigkeit und Ungerechtigkeit in den Staaten entstehen. Die echte Stadt nun scheint mir die vorhin beschriebene zu sein, gleichsam eine gesunde Stadt. Wollt ihr es aber, so wollen wir auch die aufgedunsene Stadt beschauen. Nichts hindert daran. Denn das Bisherige und die eben dargestellte Lebensweise genügen, wie es scheint, manchen nicht, sondern Ruhebetten sollen noch dazu kommen und Tische und sonstiges Gerät, und natürlich auch Zukost und Salben und Räucherwerk und Freudenmädchen und Backwerk, alles in größter Mannigfaltigkeit. Auch werden wir nicht mehr das bloß Notwendige gelten lassen, was wir vorhin nannten, nämlich Häuser und Kleider und Schuhe, sondern wir werden die Malerei in Gang bringen und die Kunst der Stickerei und werden uns Gold, Elfenbein und alles dergleichen zulegen. Nicht wahr?

GLAUKON. Ja.

SOKRATES. Also müssen wir die Stadt noch größer werden lassen; denn jene gesunde Stadt genügt nicht mehr, sondern sie muß wachsen an Umfang und Fülle alles dessen, was nicht mehr bloß zur Befriedigung des notwendigen Bedürfnisses in den Gemeinwesen dient, wie alle Arten von Jägern und Nachahmern, wie es deren zahlreiche gibt teils für Gestalten und Farben, teils für Musik, auch Dichter und deren Gehilfen, als da sind Rhapsoden, Schauspieler, Reigentänzer, Theaterunternehmer, ferner auch Verfertiger von allerhand Geräten, besonders auch für den weiblichen Schmuck. Und auch eine erhöhte Zahl von dienenden Leuten werden wir nötig haben. Oder werden wir nicht Knabenaufseher brauchen und Ammen und Wärterinnen, Kammermädchen, Putzmacherinnen, Barbiere, zudem auch Köche und Speisemeister? Ferner werden wir auch Schweinehirten brauchen. Denn Schweinezucht gab es nicht in der vorigen Stadt, da wir sie nicht brauchten. In der jetzigen werden wir aber auch diese nicht entbehren können, ebensowenig wie vieles andere Weidevieh, das zur Nahrung dient. Nicht wahr?

GLAUKON. Zweifellos.

SOKRATES. Also auch Ärzte werden wir viel eher nötig haben bei dieser Lebensweise als bei der früheren?

GLAUKON. Allerdings.

14. SOKRATES. Und auch das Gebiet, das ehedem hinreichte zur Ernährung der damaligen Bewohner, wird nun unzulänglich und zu klein werden? Oder wie denkst du?

GLAUKON. So wie du.

SOKRATES. Also müssen wir das Gebiet der Nachbarn beschneiden, wenn wir genügenden Grund und Boden haben wollen zu Viehweide und Ackerland, und jene hinwiederum das unsere, wenn auch sie sich dem Trieb nach angemessenem Erwerb von Hab und Gut hingeben, die Grenzen des Notwendigen überschreitend.

Glaukon. Ohne Widerrede, mein Sokrates.

Sokrates. So werden wir denn den Krieg haben, mein Glaukon. Oder wie?

Glaukon. Nicht anders.

Sokrates. Und wir wollen noch gar nicht davon reden, ob der Krieg Böses oder Gutes mit sich bringt, sondern uns darauf beschränken, daß wir die Entstehung des Krieges gefunden haben in dem, was für die Staaten sowohl in Hinsicht auf die persönlichen wie auf die öffentlichen Verhältnisse jedesmal eine Quelle des Unheils wird.

Glaukon. Einverstanden.

Sokrates. Also immer noch mehr, mein Freund, muß die Stadt vergrößert werden, nicht etwa um eine Kleinigkeit, sondern um ein ganzes Heer, welches auszieht und mit dem anmarschierenden Feinde den Kampf aufnimmt zum Schutze der gesamten Habe und aller derer, die wir aufgezählt haben.

Glaukon. Wie? Sind diese nicht selbst imstande, dies zu leisten?

Sokrates. Nein, wenn anders richtig ist, was du und wir alle beim Aufbau unseres Gemeinwesens einräumten. Es war dies aber, wie du dich erinnerst, dies, daß unmöglich ein einzelner viele Künste zugleich mit gutem Erfolge betreiben könne.

Glaukon. Du hast recht.

Sokrates. Wie also? Scheint dir die kriegerische Kampfesaufgabe keine kunstmäßige zu sein?

Glaukon. Erst recht.

Sokrates. Muß man nun etwa der Schusterkunst größere Sorge zuwenden als der Kriegskunst?

Glaukon. Nun und nimmermehr.

Sokrates. Nun gestatteten wir doch dem Schuhmacher nicht, sich zu unterfangen, zugleich auch Landwirt zu sein oder Weber oder Baumeister, sondern eben nur Schuhmacher, auf daß die Aufgabe des Schuhmachers mit gutem Erfolge erfüllt werde, und ebenso wiesen wir allen anderen ja nur *ein* Geschäft zu, für das er durch seine natürliche Anlage besonders befähigt war und bei dem er unter Verzicht auf alles andere sein Lebtag ausharren sollte, um durch diesen Betrieb unter richtiger Benutzung der gelegenen Zeiten seine Aufgabe gut zu erfüllen. Und nun die kriegerische Tätigkeit? Ist sie nicht von allerhöchstem Wert, wenn richtig vollzogen? Oder wäre sie so leicht, daß auch ein Landmann oder ein Schuster oder sonst ein Werkmann zugleich noch Kriegsmann sein kann, während doch niemals jemand auch nur ein guter Brettspieler oder Würfelspieler werden kann, wenn er die Sache nicht von klein auf übt, sondern sie nur nebenher treibt? Oder braucht einer nur einen Schild in die Hand zu nehmen oder sonst eine Kriegswaffe oder ein kriegerisches Werkzeug, um von Stund' ab ein Meister im Kampf als Schwergerüsteter oder in sonst welcher kriegerischen Kampfesart zu sein, während sonst das Ergreifen irgendeines Werkzeugs doch niemals einen zu einem Werkmeister oder Wettkämpfer machen wird, ja überhaupt keinen Nutzen haben wird für den, der sich weder die kunstmäßige Kenntnis erworben noch die genügende Übung darauf verwendet hat?

GLAUKON. Dann wären wir den Werkzeugen zu großem Danke verpflichtet.

15. SOKRATES. Also je wichtiger die Aufgabe der Wächter ist, um so mehr ist ihnen weitgehendste Befreiung von allen sonstigen Beschäftigungen sowie auch eingehendste Kenntnis ihrer Kunst und Übung darin nötig.

GLAUKON. So meine auch ich.

SOKRATES. Nicht auch eine dem Geschäft entsprechende Naturanlage?

GLAUKON. Unzweifelhaft.

SOKRATES. So wäre es also, scheint es, unsere Aufgabe, wenn anders wir ihr gewachsen sind, die Auswahl *dafür* zu treffen, welche und wie geartete Naturen für die Bewachung der Stadt geeignet sind.

GLAUKON. Ja, sicherlich.

SOKRATES. Beim Zeus, da haben wir uns keine geringe Aufgabe zugemutet. Gleichwohl dürfen wir nicht verzagen, soweit die Kräfte irgendwie reichen.

GLAUKON. Nein.

SOKRATES. Glaubst du nun, daß, was das Bewachen anlangt, ein junger Hund von edler Rasse sich der natürlichen Anlage nach irgendwie unterscheide von einem Jüngling edler Art?

GLAUKON. Wie meinst du das?

SOKRATES. Etwa so: beide müssen ein scharfes Wahrnehmungsvermögen besitzen und Behendigkeit genug, um mit dem Momente der Wahrnehmung auch die Verfolgung aufzunehmen, und anderseits auch Stärke, wenn es nach der Ergreifung noch gilt, einen Kampf zu bestehen.

GLAUKON. Das alles ist unentbehrlich.

SOKRATES. Und auch tapfer muß er sein, wenn er erfolgreich kämpfen soll.

GLAUKON. Zweifellos.

SOKRATES. Tapfer wird aber nur sein wollen, wer beherzt ist, sei es ein Pferd, ein Hund oder sonst ein Geschöpf. Oder hast du nicht bemerkt, wie unbezwinglich und unüberwindlich die Beherztheit (der Zornesmut) ist und wie sie, wenn sie der Seele innewohnt, dieselbe furchtlos macht gegen jede Gefahr und unbesiegbar?

GLAUKON. Gewiß.

SOKRATES. Wie es also mit den leiblichen Eigenschaften des Wächters bestellt sein muß, ist klar.

GLAUKON. Ja.

SOKRATES. Und auch, wie er seiner Seele nach beschaffen sein muß, nämlich herzhaft.

GLAUKON. Auch das.

SOKRATES. Wie können sie aber, mein Glaukon, bei solcher Beschaffenheit anders als grimmig gegeneinander sein wie auch gegen die anderen Bürger?

GLAUKON. Beim Zeus, nicht leicht.

SOKRATES. Und doch sollen sie gegen die Ihrigen sanftmütig und nur gegen die Feinde zornmütig sein. Wo nicht, so werden sie es nicht erst andern überlassen, die Ihrigen zu vernichten, sondern werden es vorher schon selbst tun.

GLAUKON. Du hast recht.

SOKRATES. Was sollen wir also machen? Wo sollen wir eine Sinnesart finden, die zugleich sanft und wohlbeherzt ist? Denn die sanfte Natur und die beherzte stehen doch in Gegensatz zueinander.

GLAUKON. Allem Anschein nach.

SOKRATES. Fehlt aber einem eines von beiden, so kann er kein guter Wächter sein. Die Vereinigung beider aber scheint unmöglich, und so wäre also ein guter Wächter etwas Unmögliches.

GLAUKON. Fast sieht es so aus.

SOKRATES (unsicher und das Frühere überdenkend). Wir haben nichts anderes verdient, mein Freund, als so ratlos zu sein; denn wir haben uns nicht an das Bild gehalten, das uns als Wegweiser dienen sollte.

GLAUKON. Wie meinst du das?

SOKRATES. Wir haben außer acht gelassen, daß es doch Naturen gibt, wie wir sie für unmöglich hielten, nämlich solche, die jene Gegensätze in sich vereinigen.

GLAUKON. Und wo denn?

SOKRATES. Man kann es an anderen Geschöpfen, am besten aber an dem Tiere sehen, das wir mit dem Wächter verglichen. Denn du weißt ja wohl, daß es edler Hunde Art ist, gegen Verwandte und Bekannte die Sanftmut selbst, gegen Unbekannte aber das Gegenteil zu sein.

GLAUKON. Allerdings.

SOKRATES. Die Möglichkeit also liegt vor, und so ist es also nicht wider die Natur, wenn wir einen Wächter von dieser Art suchen.

GLAUKON. Nein, wie es scheint.

16. SOKRATES. Wer nun zum Wächterdienst tauglich sein soll, muß der nicht deiner Meinung nach auch von vornherein noch eine weitere Eigenschaft haben, nämlich die, daß er neben der Beherztheit auch noch eine philosophische Naturanlage besitzt?

GLAUKON. Was soll das? Ich verstehe es nicht.

SOKRATES. Du kannst auch das an den Hunden beobachten, und zwar als einen außerordentlich merkwürdigen Zug an diesem Tier.

GLAUKON. Nun, was denn?

SOKRATES. Wenn es einen Unbekannten sieht, ist es voll Ingrimm, ohne doch vorher von ihm irgendwie übel behandelt worden zu sein. Sieht es dagegen einen Bekannten, so ist es freundlich, auch wenn es nie von ihm eine Gunst erfahren hat. Oder ist dir das noch nicht merkwürdig vorgekommen?

GLAUKON. So scharf habe ich darauf nicht eben geachtet; aber daß es mit der Sache seine Richtigkeit hat, ist nicht zu bezweifeln.

SOKRATES. Das ist doch gewiß ein hübscher und wirklich philosophischer Zug seines Wesens.

GLAUKON. Inwiefern dies?

SOKRATES. Insofern, als Freundschaft und Feindschaft beim Anblick eines anderen sich bei ihm lediglich danach bestimmt, daß es den einen kennt, den anderen aber nicht. Wie kann es aber anders als wißbegierig sein, wenn es Angehörigkeit und Fremdheit nach Kennen und Nichtkennen unterscheidet?

GLAUKON. Nicht anders.

SOKRATES. Aber »wißbegierig« und »weisheitsliebend« (philosophisch) sind doch ein und dasselbe?

GLAUKON. Ja.

SOKRATES. Wir können also mit voller Zuversicht auch für den Menschen annehmen, daß er, wenn er gegen die Angehörigen und Bekannten freundlich sein soll, von Natur einen Zug zur Weisheitsliebe (Philosophie) und Wißbegier haben muß?

GLAUKON. Das können wir.

SOKRATES. Also weisheitsliebend (philosophisch), beherzt, behend und stark von Natur muß der sein, der ein guter und tüchtiger Wächter der Stadt sein soll.

GLAUKON. Ohne allen Zweifel.

SOKRATES. So also muß er beschaffen sein. Was aber ihre Erziehung und Bildung anlangt, wie wird es damit bestellt sein? Und wird die Betrachtung darüber uns auch etwas helfen für die Erkenntnis dessen, was das Ziel dieser ganzen Untersuchung ist, nämlich die Beantwortung der Frage, auf welche Weise die Gerechtigkeit und Ungerechtigkeit im Staate entsteht? Denn wir wollen doch weder das Erforderliche verabsäumen noch auch (ohne Not) umständlich werden?

ADEIMANTOS. Ich erwarte auf das bestimmteste, daß diese Betrachtung unserem Zwecke förderlich sein wird.

SOKRATES. Beim Zeus, mein lieber Adeimantos, wir dürfen also nicht darauf verzichten, selbst wenn sie ziemlich lang ausfallen sollte.

ADEIMANTOS. Nein.

SOKRATES. Wohlan denn, so laß uns in Gedanken unsere Männer erziehen, als wären wir Märchenerzähler und hätten reichliche Zeit.

ADEIMANTOS. Das müssen wir.

17. SOKRATES. Welcher Art also soll die Erziehung sein? Ich denke, es läßt sich schwerlich eine bessere finden als diejenige, die die Zeit, die uralte, erfunden hat. Es ist dies für den Leib die Gymnastik, für die Seele die Musik.

ADEIMANTOS. So ist es.

SOKRATES. Werden wir nun nicht die Erziehung durch Musik früher beginnen lassen als die durch Gymnastik?

ADEIMANTOS. Sicherlich.

SOKRATES. Zur musischen Bildung rechnest du doch auch das, was man durch Worte mitteilt?

ADEIMANTOS. Ja.

SOKRATES. Das aber ist von zweierlei Art: es ist entweder wahr oder unwahr.

ADEIMANTOS. Ja.

SOKRATES. Beides gehört zur Erziehung, zunächst aber das Unwahre.

ADEIMANTOS. Ich verstehe nicht, wie du das meinst.

SOKRATES. So verstehst du nicht, daß wir zuerst den Kindern Märchen erzählen? Diese sind aber, im ganzen genommen, unwahr, wenn sich auch Wahres darunter findet. Mit den Märchen aber kommen wir den Kindern früher als mit der Gymnastik.

ADEIMANTOS. Dem ist so.

SOKRATES. Das also meinte ich mit meiner Behauptung, daß man bei den Kindern mit der Musik eher anfangen müsse als mit der Gymnastik.

ADEIMANTOS. Einverstanden.

SOKRATES. Nun weißt du doch, daß der Anfang bei jedem Geschäft das Wichtigste ist, zumal bei jedem jungen und zarten Wesen? Denn da wird am leichtesten die Form und das Gepräge angenommen, die man einem jeden aufdrücken will.

ADEIMANTOS. Aller Wahrscheinlichkeit nach.

Sokrates. Werden wir nun so ohne weiteres es zulassen, daß die Kinder Märchen anhören, wie sie der erste beste auf gut Glück ersinnt, und daß sie so in ihre Seele Ansichten aufnehmen, die vielfach in Widerspruch stehen mit denen, die sie in reiferen Jahren unserer Meinung nach haben sollen?

Adeimantos. Unter keinen Umständen.

Sokrates. Unser Erstes also, scheint es, muß es sein, die Märchendichter zu beaufsichtigen und ihre wohlgelungenen Erzeugnisse anzunehmen, die mißlungenen aber abzuweisen. Die ersteren sollen dann Ammen und Mütter den Kindern auf unsere Veranlassung hin erzählen und ihre Seelen weit eindringlicher durch die Märchen als ihre Leiber durch die Hände bilden. Den jetzt geläufigen Märchen aber muß man zum größten Teil den Abschied geben.

Adeimantos. Was für welchen?

Sokrates. Die größeren Märchen werden uns auch über die kleineren aufklären. Denn in ihrem Charakter und ihrer Bedeutung müssen die größeren mit den kleineren doch übereinstimmen. Oder meinst du nicht?

Adeimantos. Doch. Aber ich weiß noch gar nicht einmal, was für welche du mit den großen meinst.

Sokrates. Die, welche Hesiod und Homer uns erzählt haben und die anderen Dichter. Denn sie ersinnen unwahre Geschichten und erzählten und erzählen sie den Menschen.

Adeimantos. Was denn für welche, und was hast du daran zu tadeln?

Sokrates. Was man vor allem und zumeist tadeln muß, zumal wenn die Unwahrheit auch noch mit Häßlichkeit verbunden ist.

Adeimantos. Wie meinst du das?

Sokrates. Ich meine den Fall, daß einer in seiner nachahmenden Darstellung das Wesen der Götter und Heroen ins Häßliche zieht, wie ein Maler, dessen Gemälde dem nicht gleicht, dessen Abbild er doch damit geben wollte.

Adeimantos. In der Tat, es ziemt sich durchaus, dergleichen Verfehlungen zu tadeln. Aber wie steht es denn nun mit diesen Verfehlungen, und welcher Art sind sie?

SOKRATES. Zunächst war die größte und auf die höchsten Gottheiten bezügliche Lüge eine schlimme Erfindung, nämlich daß Uranos die Taten begangen habe, die Hesiod ihn begehen läßt, und die Art, wie Kronos an ihm Rache dafür nahm. Die Taten aber des Kronos und was ihm selbst von seinem Sohne widerfuhr, dächt' ich, dürften, selbst wenn sie wahr wären, nicht so leichthin vor unverständigen und jungen Leuten erzählt werden, sondern müßten am liebsten ganz verschwiegen werden; wenn es aber einmal nötig sein sollte, davon zu reden, so dürften nur ganz wenige unter dem Siegel der Verschwiegenheit sie hören, müßten aber zuvor ein Opfer darbringen, nicht etwa ein Ferkel, sondern irgendein großes und schwer zu beschaffendes Opfertier, damit die Zahl der Hörer so klein als möglich wäre.

ADEIMANTOS. Ja, in der Tat, diese Art von Geschichten hat ihre großen Bedenken.

SOKRATES. Und man darf sie, mein Adeimantos, in unserer Stadt nicht zu hören bekommen. Auch darf man einem jugendlichen Zuhörer nicht sagen, er könne die schlimmsten Freveltaten begehen, ja auch seinen eigenen Vater für begangenes Unrecht schonungslos züchtigen, ohne daß er damit etwas Auffälliges täte, sondern nur das, was auch die ersten und obersten Götter täten.

ADEIMANTOS. Nun, beim Zeus, auch mir scheint es unpassend, dergleichen zu sagen.

SOKRATES. Und überhaupt, daß Götter mit Göttern in Streit liegen, einander nachstellen und miteinander kämpfen – denn es ist ja doch nicht wahr –, wenn anders die zur Bewachung unserer Stadt bestimmten Wächter es für den größten Schimpf erachten müssen, sich untereinander zu verfeinden. Nimmermehr darf man ihnen da von Gigantenkämpfen erzählen und malerische Schilderungen davon geben und von anderen zahlreichen und mannigfachen Feindschaften der Götter und Heroen mit ihren Verwandten und Angehörigen. Sondern, wenn wir sie davon überzeugen wollen, daß nie ein Bürger sich mit einem anderen Bürger verfeindet habe und daß dies ein sündhaftes Beginnen wäre, so müssen Greise und Greisinnen von Anfang an bei dem, was sie Kindern erzählen, in jenem Sinne verfahren, und wenn die Kinder älter werden, dann müssen auch die Dichter in ähnlicher Weise ihnen ihre Dichtungen gestalten. Aber von Fesselung der Hera durch ihren Sohn und von dem Sturz des Hephaistos durch seinen Vater, weil er seiner mißhandelten Mutter beistehen wollte, und von den Götterkämpfen, die Homer gedichtet hat, darf in unserer Stadt nichts sich hören lassen, mögen nun die Erzählungen allegorisch gemeint sein oder nicht. Denn der jugendliche Hörer ist nicht imstande zu unterscheiden, was Allegorie und was nicht, sondern was er in solchem Alter in seinen Vorstellungskreis aufgenommen hat, das bleibt in der Regel auch haften, unauslöschbar und unwandelbar. Darum kommt eben alles darauf an, daß, was sie zuerst hören, Erzählungen von durchaus sittsamer Art sind.

18. ADEIMANTOS. Eine wohlbegründete Ansicht. Aber wenn man uns nun weiter fragte, wie es mit dieser Sache bestellt sei und wo solche Erzählungen zu finden seien, welche Antwort würden wir dann geben?

SOKRATES. Wir sind jetzt, mein Adeimantos, nicht Dichter, ich und du, sondern Gründer einer Stadt. Den Gründern aber liegt es ob, das Gepräge zu kennen, das für die Darstellungen der Dichter maßgebend sein muß, wenn sie überhaupt zugelassen sein wollen, selbst aber brauchen sie keine Erzählungen zu dichten.

ADEIMANTOS. Richtig. Aber eben dies, das für die Götterlehre maßgebende Gepräge, welches ist es?

SOKRATES. Etwa folgendes: wie die Gottheit in Wirklichkeit ist, so muß sie auch immer dargestellt werden, gleichviel ob es sich um ein Epos oder um Lieder oder um die Tragödie handelt.

ADEIMANTOS. Ja, das muß sie.

SOKRATES. Ist nun nicht Gott in Wahrheit gut und so darzustellen?

ADEIMANTOS. Ohne Widerrede.

SOKRATES. Nun ist aber doch nichts Gutes schädlich. Nicht wahr?

ADEIMANTOS. Nein, wie ich glaube.

SOKRATES. Was nun nicht schädlich ist, richtet das Schaden an?

ADEIMANTOS. Nimmermehr.

SOKRATES. Was aber keinen Schaden anrichtet, verübt das ein Übel?

ADEIMANTOS. Auch das nicht.

SOKRATES. Was aber nichts Übeles verübt, ist doch auch nicht Ursache irgendeines Übels?

ADEIMANTOS. Wie könnte es das?

SOKRATES. Nun weiter. Ist das Gute nützlich?

ADEIMANTOS. Ja.

SOKRATES. Also ist es Ursache des Wohlergehens?

ADEIMANTOS. Ja.

SOKRATES. Also ist das Gute nicht Ursache von allem; es ist nur Ursache von dem, womit es wohlbestellt ist, an dem Übelen ist es unschuldig.

ADEIMANTOS. Ohne Zweifel.

SOKRATES. Also ist Gott, da er doch gut ist, nicht Ursache von allem, wie die meisten sagen, sondern, was die menschlichen Angelegenheiten anlangt, nur von wenigem, an dem meisten ist er unschuldig. Denn das Gute wird bei uns Menschen weit überwogen von dem Übel. Und für das Gute darf man niemand anders als Urheber betrachten, für das Übele dagegen muß man andere Ursachen suchen, aber nicht die Gottheit.

ADEIMANTOS. Mit deiner Meinung hast du vollkommen recht, wie mir scheint.

SOKRATES. Also darf man weder dem Homer noch einem anderen Dichter Glauben beimessen, wenn er diese grundverkehrte Vorstellung von den Göttern hat und sagt, es seien zwei Fässer

gestellt an die Schwelle Kronions
Voll von Losen, das eine des Wehs, das andre des Heiles,

und wem nun Zeus aus beiden gemischt beut,

Solchen trifft abwechselnd ein böses Los und ein gutes

wem aber nicht, sondern das eine ungemischt,

Diesen verfolgt herznagende Not auf der heiligen Erde.

Auch ist uns Zeus nicht

Spender des Guten und Schlimmen.

19. Und was den Bruch der Eide und Verträge anlangt, dessen Pandaros sich schuldig machte, so werden wir dem nicht beistimmen, der etwa die Athene und den Zeus zu Urhebern macht, ebensowenig dem, der den Streit der Göttinnen und die Entscheidung desselben auf Themis und Zeus zurückführt. Auch dürfen Jünglinge nicht hören, was Aischylos sagt, daß

> die Gottheit Menschen schuldig werden läßt,
> Wenn sie das ganze Haus zu Boden stürzen will,

sondern wenn ein Dichter in einem Gedichte, wie dem, in dem sich diese Jamben finden, die Leiden der Niobe darstellt oder die der Pelopiden oder den Troerkrieg oder sonst etwas dieser Art, so darf er entweder diese Schicksale nicht als Veranstaltung Gottes hinstellen, oder wenn er es tut, dann muß er eine Begründung ersinnen wie die, welche uns jetzt vorschwebt, und sagen, daß der Gottheit Werk gerecht und gut war and die Strafe den Menschen nur zum Nutzen gereicht. Daß aber die Bestraften unglücklich seien und gleichwohl Gott der Urheber davon war, das darf man einen Dichter nicht sagen lassen, wohl aber darf man sie sagen lassen, daß die Bösen, weil unglücklich, die Strafe nötig hatten und daß durch die Strafe ihnen Hilfe von der Gottheit zuteil ward. Daß aber Gott, der immerdar gute, schuld sei an dem Übel, das einen betroffen, das ist ein Satz, gegen den man mit aller Kraft ankämpfen muß, auf daß niemand ihn in der Stadt ausspreche, wofern die Wohlfahrt durch denselben nicht gefährdet werden soll, und niemand ihn höre, weder ein Jüngerer noch ein Älterer, weder in gebundener noch in ungebundener Rede vorgetragen, da es weder gottgefällig wäre, wenn jemand so spräche, noch zuträglich für uns, noch auch mit sich selbst in Übereinstimmung.

ADEIMANTOS. Für dies Gesetz stimme auch ich und wüßte nichts daran auszusetzen.

SOKRATES. Das wäre also *eines* der Gesetze und Musterbilder hinsichtlich der Götter, nach denen in Rede und Dichtung sich jeder zu richten hat, nämlich daß Gott nicht Urheber von allem ist, sondern nur von dem Guten.

Adeimantos. Und es erfüllt auch durchaus seinen Zweck.

Sokrates. Wie steht es nun aber mit dem zweiten, das nun folgt? Glaubst du, daß Gott ein Gaukler sei und wie mit wohlberechneter List jetzt in dieser und dann wieder in anderer Gestalt erscheine, bald wirklich persönlich allerlei Gestalten annehmend und seine eigene dagegen vertauschend, bald bloß uns täuschend und ein Scheinbild von sich uns vorspiegelnd, oder daß er ein durchaus einfaches Wesen ist und nun und nimmermehr aus seiner eigenen Gestalt heraustritt?

Adeimantos. Das kann ich so im Augenblick nicht sagen.

Sokrates. Nun, wie denkst du über folgendes? Wenn etwas aus seiner eigenen Gestalt heraustritt, muß dann diese Veränderung nicht notwendig entweder von ihm selbst bewirkt werden oder von etwas anderem?

Adeimantos. Unbedingt.

Sokrates. Von einem anderen nun wird doch das, was sich im besten Zustand befindet, am wenigsten verändert und aus seiner Lage gebracht? Gilt z. B. nicht vom Leib, daß er durch Speise und Trank und Anstrengung, und gilt nicht auch von jedem Gewächs, daß es von Hitze und Wind und dergleichen Einflüssen um so weniger verändert wird, je gesunder und kräftiger es ist?

Adeimantos. Ohne Zweifel.

Sokrates. Und von der Seele – gilt da nicht auch, daß die tapferste und besonnenste am wenigsten durch äußere Einflüsse gestört und verändert wird?

Adeimantos. Ja.

Sokrates. Und auch von allem, was durch Zusammensetzung entstanden ist, als Geräten, Häusern, Kleidern ganz ebenso: was gut gearbeitet und in trefflichem Zustand ist, das wird von der Zeit und von anderen Einflüssen am wenigsten geändert.

Adeimantos. Ja, so ist es.

Sokrates. Alles also, was in gutem Zustand ist, sei es ein Erzeugnis der Natur oder der Kunst oder beider, ist am wenigsten der Veränderung durch ein anderes ausgesetzt.

Adeimantos. So scheint es.

SOKRATES. Nun ist aber doch Gott und was Gottes ist, in jeder Beziehung vollkommen.

ADEIMANTOS. Zweifellos.

SOKRATES. Durch Einwirkung anderer also kann Gott nimmer zu einer Vielheit von Gestalten gelangen.

ADEIMANTOS. Nimmermehr.

20. SOKRATES. Aber wird er selbst etwa sich umwandeln und verändern?

ADEIMANTOS. Dies gewiß, wofern er überhaupt eine Veränderung erleidet.

SOKRATES. Macht solche Umwandlung nun ihn besser und schöner oder schlechter und häßlicher, als er ist?

ADEIMANTOS. Notwendig schlechter, sofern er sich eben verändert. Denn wir werden doch nicht sagen, daß der Gottheit etwas fehle zur vollen Schönheit und Tugend.

SOKRATES. Sehr richtig bemerkt. Und da dem so ist, kannst du da glauben, mein Adeimantos, daß irgend jemand aus freien Stücken sich schlechter machen werde, sei es ein Gott oder ein Mensch?

ADEIMANTOS. Unmöglich.

SOKRATES. Also kann man auch einem Gott unmöglich den Willen zutrauen, sich zu ändern, sondern, wenn nicht alles trügt, beharrt jeder von ihnen, unübertrefflich schön und gut, wie er an sich ja ist, immerdar wandellos in der eigenen Gestalt.

ADEIMANTOS. Ganz unzweifelhaft, wie mir scheint.

SOKRATES. Keiner der Dichter also soll uns mit Aussprüchen kommen wie diesem, daß

Götter sogar gleich fernherkommenden Fremden
Jede Gestalt annehmend die Städte der Menschen besuchen,

und keiner soll uns den Proteus und die Thetis durch Lügen verunglimpfen und in Tragödien oder anderen Dichtungen die Hera einführen, wie sie, zur Priesterin umgewandelt, Gaben einsammelt

Für die Kinder, die holden, des Inachosflusses in Argos,

und noch mit vielen anderen derartigen Lügen sollen sie uns verschonen.

Auch sollen die Mütter sich nicht von ihnen Dinge einreden lassen, mit denen sie dann ihren Kindern bange machen, indem sie ihnen – schlimm genug – erzählen, gewisse Götter streiften des Nachts umher in der Gestalt von allerhand sonderbaren Fremden; denn damit lästern sie nicht nur die Gottheit, sondern machen zugleich auch ihre Kinder furchtsamer.

ADEIMANTOS. Gewiß nicht.

SOKRATES. Aber vielleicht ist es zwar nicht der Götter Art, sich selbst zu verwandeln, wohl aber machen sie uns glauben, sie erschienen in allerlei Gestalten, uns täuschend und berückend.

ADEIMANTOS. Vielleicht.

SOKRATES. Wird denn ein Gott lügen mögen, indem er uns in Wort oder Tat ein Trugbild vorführt?

ADEIMANTOS. Ich weiß es nicht.

SOKRATES. Weißt du nicht, daß die *wahre Lüge* – wenn dieser Ausdruck nicht eine Ungereimtheit ist – von allen Göttern und Menschen gehaßt wird?

ADEIMANTOS. Wie meinst du das?

SOKRATES. So: an seinem eigentlichen Selbst und hinsichtlich des eigentlichen Seins will niemand freiwillig die Lüge dulden, fürchtet vielmehr am allermeisten *hier* den Trug.

ADEIMANTOS. Auch so verstehe ich es noch nicht.

SOKRATES. Du glaubst eben, ich wolle wer weiß was Außerordentliches sagen. Was ich aber sage, ist dieses: mit der Seele über die Wahrheit sich zu täuschen und in der Täuschung zu verharren und unwissend zu sein und *hier* die Lüge zu haben und zu behalten, findet jedermann am wenigsten wünschenswert und weist es in diesem Fall mit größtem Abscheu von sich.

ADEIMANTOS. Ja, gewiß.

SOKRATES. Aber mit vollem Recht darf doch, wie eben bemerkt, als »wahrhafte Lüge« die Unwissenheit in der Seele bezeichnet werden, in der Seele dessen nämlich, der sich im Irrtum befindet. Denn die Lüge in Worten ist nur eine Nachahmung des Vorganges in der Seele, später entstanden, ein Nachbild, nicht völlig unvermischte Unwahrheit. Oder ist es nicht so?

ADEIMANTOS. Gewiß.

21. Sokrates. Also die wahre Lüge wird nicht nur von Göttern, sondern auch von Menschen gehaßt.

Adeimantos. So ist es wohl.

Sokrates. Die Lüge in Worten aber – wann und wem nützt sie so, daß sie geradezu aufhört, hassenswert zu sein? Ist dies nicht der Fall gegenüber den Feinden? Und auch gegenüber sogenannten Freunden, in dem Falle, daß diese aus Wahnsinn oder Unverstand ein Unheil anzurichten versuchen – wirkt sie da nicht als nützliches Abwehrmittel wie eine Arzenei? Und steht es nicht mit den eben erwähnten Märchen ähnlich? Weil wir bei diesen Vorgängen aus grauer Vorzeit den wahren Sachverhalt nicht kennen, gestalten wir die Lüge der Wahrheit so ähnlich wie möglich und machen sie dadurch nützlich.

Adeimantos. Ja, gewiß, so steht es damit.

Sokrates. Aus welchen von diesen Gründen nun könnte dem Gott die Lüge nützlich sein? Würde er etwa lügen, weil er die Vorgänge der Vorzeit nicht kennt und darum Ähnliches an ihre Stelle setzt?

Adeimantos. Das wäre lächerlich.

Sokrates. Von einem Lügendichter ist also in Gott keine Spur.

Adeimantos. Gewiß nicht, wie mich dünkt.

Sokrates. Aber würde er etwa lügen aus Furcht vor seinen Feinden?

Adeimantos. Daran ist nicht zu denken.

Sokrates. Oder wegen Unverstandes und Wahnsinnes solcher, die ihm nahestehen?

Adeimantos. Aber kein Unverständiger und Wahnsinniger ist Gottes Freund.

Sokrates. Es gibt also für Gott keinen Grund zu lügen.

Adeimantos. Nein.

Sokrates. Völlig bar der Lüge also ist alles Gottentstammte und Göttliche.

Adeimantos. Völlig.

Sokrates. Durchaus einfach also und wahr in Tat und Wort ist der Gott und ändert sich weder selbst, noch täuscht er andere, weder durch Erscheinungen, noch durch Worte, noch durch Sendung von Zeichen sei es an Wachende oder an Träumende.

Adeimantos. So denke auch ich, belehrt durch deine Worte.

Sokrates. Du gibst also zu, daß dies die zweite maßgebende Form ist für die Art, in der man über die Götter sprechen und dichten soll, nämlich daß sie weder selbst Gaukler sind und sich verwandeln, noch uns durch Lügen irreführen in Wort oder in Tat.

Adeimantos. Das tue ich.

Sokrates. Bei allem Lob also, das wir dem Homer sonst in vielen Dingen spenden, werden wir doch so etwas bei ihm nicht loben wie die Sendung des Traumes durch Zeus an Agamemnon, oder bei Aischylos, wenn Thetis sagt, Apollo habe singend bei ihrer Hochzeit

ihr angekündigt reiches Mutterglück,
Der Kinder langes Leben ohne Krankheitsweh,
Auch sonstig Glück – dann stimmte er ein Preislied an
Auf mein begnadetes Geschick, zu meiner Lust.
Und ich gab mich dem Glauben hin, der Göttermund
Des Phoibos sei untrüglich, voll Prophetenkunst.
Und er, der Sänger selbst, selbst Gast beim Hochzeitsmahl,
Selbst Kündiger des Glücks, er selber ist es nun,
Der mir den Sohn erschlug.

Sagt einer derartiges von den Göttern, dann werden wir ihm mit Entrüstung entgegentreten und ihm keinen Chor gewähren, noch dulden, daß die Lehrer bei Bildung der Jugend davon Gebrauch machen, wofern unsere Wächter gottesfürchtig werden sollen und göttlich, soweit es den Menschen nur irgend möglich ist.

Adeimantos. In jeder Beziehung billige ich diese Vorschriften und möchte ihnen Gesetzeskraft verleihen.

Drittes Buch

1. Sokrates. So etwa steht es mit dem, was über die Götter unserer Ansicht nach diejenigen zu hören und nicht zu hören bekommen müssen, die von Kindheit an Götter und Eltern ehren und auf die Freundschaft untereinander den höchsten Wert legen sollen

Adeimantos. Und ich denke, diese unsere Ansicht ist richtig.

Sokrates. Und wie nun weiter? Wenn sie tapfere Leute werden sollen, müssen wir ihnen dann nicht außerdem Vorstellungen beibringen, die geeignet sind sie von Todesfurcht zu befreien? Oder glaubst du, es könne einer tapfer sein, der diese Furcht in sich hat?

Adeimantos. Nein, beim Zeus, ich nicht.

Sokrates. Wie nun? Wer an die Dinge im Hades und an ihre Schrecken glaubt, meinst du, daß der von Todesfurcht frei sein und in der Schlacht den Tod der Niederlage und der Knechtschaft vorziehen werde?

Adeimantos. Nun und nimmermehr.

Sokrates. Es scheint also, wir müssen auch hinsichtlich dieser Geschichten diejenigen, die es unternehmen sie darzustellen, überwachen und sie bitten, nicht so schlechtweg den Hades zu verunglimpfen, sondern ihn vielmehr zu loben, da ihre Reden weder wahr sind, noch zuträglich für solche, die streitbare Männer werden sollen.

Adeimantos. Das müssen wir in der Tat.

Sokrates. Wir werden also, wie folgende Stelle, so alles von dieser Art auslöschen:

Lieber möcht' ich fürwahr dem unbegüterten Meier,
Der nur kümmerlich lebt, als Tagelöhner das Feld baun,
Als die ganze Schar vermoderter Toten beherrschen.

Ferner:

Daß nicht Menschen erschien' und Unsterblichen seine Behausung,
Fürchterlich dumpf, voll Wustes, wovor selbst grauet den Göttern.

Ferner:

Götter, so ist denn fürwahr auch noch in Aides Wohnung
Seel' und Schattengebild, doch ganz der Besinnung entbehrt sie.

Ferner:

Und er allein ist weise: die andern sind flatternde Schatten.

Ferner:

Aber die Seel' aus den Gliedern entflog in die Tiefe des Hades
Klagend ihr Jammergeschick, getrennt von Jugend und Mannkraft.

Ferner:

die Seele, wie Dampf oder Rauch, in die Erde
Sank sie hinab hellschwirrend.

Und:

So wie die Fledermäus' im Winkel der graulichen Höhle
Schwirrend flattern, wenn eine des angeklammerten Schwarmes
Nieder vom Felsen sinkt, und fest aneinander sich hangen:
Also schwirrten die Seelen.

Homer und die übrigen Dichter mögen es uns, wir bitten sie darum, nicht übelnehmen, wenn wir dies und alles ähnliche ausstreichen, nicht, als ob es nicht dichterisch wäre und für die meisten angenehm zu hören, aber gerade je dichterischer es ist, um so weniger darf es von Knaben und Männern gehört werden, die der Freiheit zugetan sein und die Knechtschaft mehr fürchten müssen als den Tod.

Adeimantos. Unzweifelhaft.

2. Sokrates. Also müssen wir auch alle jene Schauder und Furcht erwekkenden Namen verwerfen, Kokytos (Wehestrom), Styx (Schauerfluß), Unterirdische und Blutlose und alle anderen Bezeichnungen ähnlichen Schlages, die jeden Zuhörer gruseln machen. Mag sein, daß es sein Gutes hat für einen andern Zweck; uns aber ist es bange um unsere Wäch-

ter, sie könnten uns infolge solchen Gruselns allzu leicht erregbar und übermäßig weichlich werden.

ADEIMANTOS. Und dies mit Recht.

SOKRATES. Also muß dies von ihnen ferne gehalten werden?

ADEIMANTOS. Ja.

SOKRATES. Dagegen muß man ihnen in Rede und Dichtung das entgegengesetzte Muster vorhalten?

ADEIMANTOS. Offenbar.

SOKRATES. Also auch das Jammern und Klagen aus dem Munde angesehener Männer müssen wir abstellen.

ADEIMANTOS. Notwendig, so gut wie das Frühere.

SOKRATES. Prüfe also, ob wir es mit Recht abstellen wollen oder nicht. Wir behaupten doch wohl, daß der ehrenhafte Mann nicht glauben wird, der Tod sei etwas Schreckliches für den ehrenhaften und mit ihm befreundeten Mann.

ADEIMANTOS. Allerdings.

SOKRATES. Er wird also um ihn nicht jammern, als wäre ihm etwas Schreckliches widerfahren.

ADEIMANTOS. Nein.

SOKRATES. Aber auch das behaupten wir doch, daß ein solcher am meisten sich selbst genügt für ein Leben, wie es sein soll, und in löblichem Gegensatz zu der Mitwelt am wenigsten eines anderen bedarf.

ADEIMANTOS. Du hast recht.

SOKRATES. Für ihn also ist der Verlust von Sohn, Bruder, Geld oder sonstiger Habe am wenigsten furchtbar.

ADEIMANTOS. Allerdings.

SOKRATES. Er jammert also auch am wenigsten und zeigt sich am gefaßtesten, wenn ihn ein derartiges Schicksal trifft.

ADEIMANTOS. Weitaus.

SOKRATES. Mit Recht also stellen wir das Wehklagen von seiten der angesehenen Männer ab und überlassen es den Weibern und selbst unter diesen nicht den achtungswerten, und den nichtswürdigen unter den Männern, damit diejenigen, die wir ausgesprochenermaßen zum Schutze unseres Landes erziehen, es mit Entrüstung von sich abweisen, es diesen gleich zu machen.

ADEIMANTOS. Allerdings.

SOKRATES. Wiederum also werden wir den Homer und die anderen Dichter bitten, den Achill, den Sohn einer Göttin, nicht darzustellen wie

Bald nun legt' auf die Seiten er sich, und bald auf den Rücken,
Bald auf das Antlitz hin,

dann plötzlich empor sich erhebend

Voll von Bangigkeit schweift' am Ufer des trostlosen Meeres;

ferner

Wie er mit beiden Händen des schwärzlichen Staubes ergreifend
Überstreute das Haupt

und was und wie er ihn sonst noch weinen und jammern läßt. Und ebensowenig den Priamus, wie er, der den Göttern verwandte, flehentlich bittend

auf schmutzigem Boden sich wälzte
Und an jeglichen Mann, mit Namen ihn nennend, sich wandte.

Und noch weit dringender werden wir ihn bitten, wenigstens nicht Götter so darzustellen, daß sie jammern und sagen

Weh mir armen, o mir unglücklichen Mutter des Helden.

Und wenn Götter, dann wenigstens um keinen Preis sich herauszunehmen, den höchsten der Götter so entstellend zu schildern, daß er sagt

Wehe doch! einen Geliebten, verfolgt um die Mauer von Troja
Seh' ich dort mit den Augen; und ach! sein jammert mich herzlich,

und

Wehe mir, wenn das Geschick Sarpedon, meinen Geliebten,
Unter Patroklos' Hand, des Menötiaden, mir bändigt!

3. Denn, mein lieber Adeimantos, wenn unsere Jünglinge dergleichen ernsthaft anhören und es nicht mit verächtlichem Lachen als unwürdige Äußerungen von sich weisen wollten, dann würde schwerlich irgend jemand es unter seiner, eines bloßen Menschen, Würde finden und sich ein Gewissen daraus machen, wenn auch ihm die Anwandlung käme, dergleichen zu reden oder zu tun, sondern würde ohne Scham und Widerstand schon bei kleinen Leiden Jammerlieder und Weherufe anstimmen.

ADEIMANTOS. Damit hast du vollständig recht.

SOKRATES. Das darf aber nicht sein, wie uns unser Nachweis soeben zeigte; ihm müssen wir folgen, bis uns einer einen anderen, besseren zur Überzeugung macht.

ADEIMANTOS. Nein, es darf nicht sein.

SOKRATES. Aber auch der Lachlust dürfen sie nicht zu sehr ergeben sein. Denn wenn einer seiner Lachlust die Zügel allzusehr schießen läßt, so hat das in der Regel auch eine starke Umwandlung zur Folge.

ADEIMANTOS. Das glaube ich wohl.

SOKRATES. Man darf es also schon nicht hingehen lassen, wenn ein Dichter bedeutende Menschen sich maßlos der Lachlust hingeben läßt, noch viel weniger aber, wenn Götter.

ADEIMANTOS. Sicherlich.

SOKRATES. Wir dürfen also dem Homer nicht Äußerungen wie die folgenden über Götter hingehen lassen

> Doch unermeßliches Lachen erscholl den seligen Göttern,
> Als sie sahn, wie Hephaistos im Saal so geschäftig umherging.

Wir dürfen es nicht hingehen lassen nach deiner Behauptung.

ADEIMANTOS. Wenn du sie für meine ausgeben willst. Hingehen lassen dürfen wir es auf keinen Fall.

SOKRATES. Aber auch die Wahrheit muß besonders hoch gehalten werden. Denn wenn unsere frühere Behauptung richtig war, wenn also tatsächlich für Götter die Lüge unnütz, für die Menschen aber nützlich ist als eine Art Arzenei, so ist es klar, daß ein derartiges Mittel in die Hand der Ärzte zu legen, der Berührung der Laien aber zu entziehen ist.

ADEIMANTOS. Allerdings.

SOKRATES. Den Regenten der Stadt also, wenn überhaupt irgend jemandem, kommt es zu, zum Nutzen der Stadt die Unwahrheit zu sagen, kein anderer aber darf sich damit befassen, sondern wenn ein Laie derartigen Regenten nicht die Wahrheit sagt, so werden wir das für eine ebenso große oder noch größere Verfehlung erklären, als wenn ein Kranker dem Arzt oder ein Turnschüler dem Turnmeister über seinen körperlichen Zustand nicht die Wahrheit sagt oder als wenn einer dem Steuermann über das Schiff und die Schiffsleute falsche Auskunft gibt, wie es mit ihm selbst oder einem der Mitfahrenden stehe.

ADEIMANTOS. Sehr richtig.

SOKRATES. Wenn ein Regent also irgendeinen anderen auf einer Lüge ertappt, einen von den Kunstverständigen

Wie den erleuchteten Seher, den Arzt, den Meister des Baues

so wird er ihn züchtigen als einen, der ein Verhalten einführt, das für die Stadt so umstürzend und verderblich ist wie für ein Schiff der Schiffbruch.

ADEIMANTOS. Ja, wenn es nicht bei Reden bleiben, sondern zur Tat kommen soll.

SOKRATES. Und ferner. Tut unserer Jugend nicht auch Mäßigung not?

ADEIMANTOS. Wie sollte es nicht?

SOKRATES. Die Mäßigung aber besteht für die große Masse doch wohl hauptsächlich darin, daß man einerseits den Vorgesetzten Gehorsam leistet, anderseits sich selbst zu beherrschen weiß hinsichtlich der Freuden des Trankes, der Liebe und des Mahles?

ADEIMANTOS. So scheint mir.

SOKRATES. Gern also lassen wir uns Worte gefallen, wie sie Homer dem Diomedes in den Mund legt

Trauter, o halte dich still, und gehorche du meiner Ermahnung und was sich daran anschließt, nämlich

Sie dort wandelten still die mutbeseelten Achaier
Ehrfurchtsvoll verstummend den Königen

und dergleichen mehr.

ADEIMANTOS. Vortrefflich.

SOKRATES. Wie aber? Worte wie diese:

Trunkenbold, mit dem Blicke des Hunds, und dem Mute des [Hirsches

und was weiter darauf folgt, sowie alles, was man in Reden oder Dichtung Untergebene gegen Vorgesetzte an Dreistigkeiten sagen läßt, verdient das auch solches Lob?

ADEIMANTOS. Durchaus nicht.

SOKRATES. Denn es ist, denke ich, für die Jugend nicht ersprießlich, dergleichen zu hören, wenigstens was ihre Erziehung zur Mäßigung anlangt. Wenn es ihnen im übrigen Vergnügen macht, so ist das kein Wunder. Oder wie denkst du darüber?

ADEIMANTOS. Ebenso.

4. SOKRATES. Und wie nun? Den weisesten Mann sagen zu lassen, es scheine ihm das Allerschönste zu sein, wenn

alle Tische bedeckt sind
Mit Gebacknem und Fleisch, und der Schenke den Wein aus dem [Mischkrug
Fleißig schöpft und rings die vollen Becher verteilet,

scheint dir das passend für einen Jüngling zu hören in Hinsicht auf seine Selbstbeherrschung? Oder

Hungers zu sterben ist wahrlich das allerkläglichste Schicksal

oder wie Zeus alles das, was er, während die übrigen Götter und Menschen im Schlafe lagen, als allein Wachender beschlossen hatte, aus Begier nach dem Liebesgenuß ohne weiteres vergißt und beim Anblick der Hera dermaßen in Verzückung gerät, daß er gar nicht erst ins Gemach zu gehen sich Zeit nimmt, sondern gleich an Ort und Stelle auf dem Boden seinen Liebesdrang befriedigen will und sagt, er sei von solchem Verlangen überwältigt, wie selbst damals nicht, als sie *zum ersten Mal sich beide gesellt zur Umarmung geheim vor den liebenden Eltern.* Oder die Fesselung des Ares und der Aphrodite durch Hephaistos aus ähnlichem Grunde.

ADEIMANTOS. Nein, beim Zeus, das scheint mir nicht passend.

SOKRATES. Aber wenn ausharrender Widerstand gegen alle Widerwärtigkeiten geschildert oder von hervorragenden Männern geleistet wird, dann muß Auge und Ohr der Jugend darauf hingelenkt werden, wie auf dies Wort

Aber er schlug an die Brust und sprach die zürnenden Worte
Dulde, mein Herz! du hast noch härtere Kränkung erduldet.

ADEIMANTOS. Ja, gewiß.

SOKRATES. Auch bestechlich darf man doch unsere Leute nicht werden lassen und nicht geldgierig.

ADEIMANTOS. Nun und nimmermehr.

SOKRATES. Auch darf man ihnen nicht vorsingen, daß

Gaben Götter gewinnen und Herrscherherzen erweichen.

Auch darf man den Phönix, den Erzieher Achills, nicht loben, als gäbe er ihm einen guten Rat mit dem Vorschlag, nach Empfang von Geschenken den Achaiern Hilfe zu leisten, ohne Geschenke aber nicht von seinem Zorne zu lassen. Und auch dem Achill selbst werden wir es nicht zutrauen oder es uns einreden lassen, er sei so geldgierig, daß er vom Agamemnon Geschenke nehme und nur gegen Lösegeld einen Leichnam ausliefere, sonst aber sich nicht dazu verstünde.

ADEIMANTOS. Nein, dergleichen zu loben wäre unrecht.

SOKRATES. Um des Homer willen wird es mir schwer zu sagen, daß es sogar eine Sünde ist, von Achill solches zu sagen und anderen, die es sagen, es zu glauben; ebenso steht es damit, daß er zu Apollon gesagt habe

O des Betrugs, Ferntreffer, du Grausamer unter den Göttern,
Traun, ich rächte mich gern, wenn mir das Vermögen nur wäre,

und daß er gegen den Fluß, einen Gott, sich ungehorsam zeigte und mit ihm zu kämpfen bereit war und ferner, daß er von dem dem anderen Flusse, dem Spercheios, geweihten Haar gesagt habe

Laß mich dem Held Patroklos das Haar mitgeben zu tragen!

ihm, der doch tot war, und daß er das auch ausgeführt habe, soll man nicht glauben. Und ferner auch das wiederholte Schleifen des Hektor um das Grabmal des Patroklos und das Schlachten der Gefangenen vor dem Scheiterhaufen, all dies werden wir für Unwahrheit erklären und die Unseren nicht glauben lassen, daß Achill, der Sohn einer Göttin und des Peleus, des weisesten Mannes und Enkels des Zeus, der Zögling des hochweisen Cheiron, aller geistigen Zucht dermaßen bar gewesen sei, daß er an zwei einander entgegengesetzten Krankheiten litt, an niedriger, habgieriger Sinnesart einerseits und an Hochmut gegen Götter und Menschen anderseits.

ADEIMANTOS. Du hast recht.

5. SOKRATES. Also wollen wir auch nicht glauben und es erzählen lassen, daß Theseus, des Poseidon, und Peinthoos, des Zeus Sohn, sich zu so schrecklichen Raubzügen vereinten, noch auch daß irgendein anderer Göttersohn oder Heros sich unterfangen haben, schreckliche und gottlose Taten zu verüben, wie man sie jetzt ihnen lügnerischerweise zuschreibt; sondern wir wollen die Dichter zu der Erklärung zwingen, daß entweder die Genannten nicht Urheber dieser Taten sind oder daß sie nicht Söhne von Göttern sind, beides zusammen aber dürfen sie nicht behaupten und dürfen nicht versuchen, unsere Jugend glauben zu machen, die Götter seien Urheber von Schlechtem und Heroen seien um nichts besser als Menschen. Denn, wie schon früher bemerkt, das verträgt sich weder mit der Gottesfurcht noch mit der Wahrheit. Denn wir haben ja gezeigt, daß von den Göttern unmöglich Schlechtes kommen kann.

ADEIMANTOS. Gewiß.

SOKRATES. Zudem ist es schädlich für diejenigen, die es hören. Denn jeder wird sich seine eigene Schlechtigkeit verzeihen, wenn er der Überzeugung ist, daß dergleichen getan haben und noch tun auch diejenigen,

die der Götter Kreis entstammt,
Des Zeus Verwandte, denen auf des Ida Höhn
Des väterlichen Zeus Altar im Aether steht,
Und noch rinnt unversiegt in ihnen Götterblut.

Darum müssen wir solchen Erzählungen den Abschied gehen, auf daß wir in unseren Jünglingen nicht den ungehemmten Trieb zur Schlechtigkeit erzeugen.

ADEIMANTOS. Sicherlich.

SOKRATES. Was für ein Gebiet wäre nun also noch übrig für unsere Bestimmungen über zulässige und nicht zulässige Reden? Denn wie von Göttern zu reden ist und von Daimonen und Heroen und vom Hades, das ist erledigt.

ADEIMANTOS. Gewiß.

SOKRATES. Müßte nun nicht schließlich auch von der Art, wie über die Menschen zu reden ist, gehandelt werden?

ADEIMANTOS. Offenbar.

SOKRATES. Gut, mein Freund. Doch ist es unmöglich, darüber schon jetzt Bestimmungen zu treffen.

ADEIMANTOS. Wie so?

SOKRATES. Weil wir, denke ich, sagen werden, daß, was die Menschen anlangt, Dichter und Erzähler sich gerade über die wesentlichsten Punkte im Irrtum befinden, wenn sie nämlich behaupten, es seien viele zwar ungerecht, aber glücklich, dagegen viele Gerechte unglücklich, und das Unrechttun sei nützlich, wenn es nur nicht entdeckt werde, und die Gerechtigkeit sei ein Gut für andere, für uns selbst aber nur ein Schade; und derartiges zu sagen werden wir doch wohl verbieten und in Lied und Erzählung den entgegengesetzten Standpunkt vertreten lassen. Oder meinst du nicht?

ADEIMANTOS. Sicher ist das meine Meinung.

SOKRATES. Wenn du also meine Behauptung als richtig anerkennst, muß ich dann nicht sagen, du habest das Ziel unserer ganzen noch in Gang befindlichen Untersuchung bereits als gefunden anerkannt?

ADEIMANTOS. Eine zutreffende Einwendung.

SOKRATES. Daß also die Reden über die Menschen diesem Standpunkte entsprechen müßten, darüber werden wir gemeinsam erst dann vollkommen ins Klare kommen, wenn wir gefunden haben, welche Bewandtnis es mit der Gerechtigkeit hat, und daß sie ihrem Wesen nach dem nützt, der sie hat, gleichviel ob er gerecht zu sein scheint oder nicht.

ADEIMANTOS. Sehr richtig.

6. SOKRATES. Hiermit mag die Erörterung über die Reden (ihrem Inhalt nach) beendigt sein und die Betrachtung muß sich meines Erachtens nunmehr der Form des Vortrages zuwenden; damit wird dann die Betrachtung über das Was und Wie derselben ihren vollständigen Abschluß gefunden haben.

ADEIMANTOS. Wie meinst du das? Ich verstehe es nicht recht.

SOKRATES. So muß ich dir dazu verhelfen. Vielleicht wirst du es auf folgende Weise eher verstehen. Ist nicht alles, was von Märchenerzählern und Dichtern vorgetragen wird, eine Darstellung entweder des Vergangenen oder des Gegenwärtigen oder des Zukünftigen?

ADEIMANTOS. Was denn sonst!

SOKRATES. Führen sie ihre Aufgabe nicht entweder in einfacher Darstellung oder in nachahmender oder in einer Vereinigung beider durch?

ADEIMANTOS. Auch das wünschte ich noch deutlicher dargelegt.

SOKRATES. Es scheint, ich bin ein lächerlicher Lehrer und das Gegenteil von Deutlichkeit. Ich werde es also machen wie solche, welche das Wort nicht recht beherrschen, und werde versuchen, dir nicht im allgemeinen, sondern an einem einzelnen herausgegriffenen Fall (d. i. an einem Beispiel) klarzumachen, worauf ich hinauswill. Sage mir denn: du kennst doch den Anfang der Ilias, wo der Dichter erzählt, Chryses habe den Agamemnon gebeten, seine Tochter loszugeben, dieser aber sei in Zorn geraten und jener, da seine Bitte unerfüllt blieb, habe den Zorn des Gottes auf die Achaier herabgerufen.

ADEIMANTOS. Ja.

SOKRATES. Du weißt also, daß bis zu den Versen

und er flehte zu allen Achaiern
Aber zumeist den Atreiden, den zween Heerfürsten der Völker

der Dichter selbst spricht und nicht den geringsten Versuch macht, unsere Vorstellung dahin abzulenken, als spräche ein anderer als er selbst. Das dann Folgende aber spricht er so, als wäre er selbst Chryses, und er sucht alles Ernstes uns glauben zu machen, nicht Homer sei der Redende, sondern der alte Priester. Und mit der ganzen übrigen Darstellung der Ereignisse um Ilion und der Vorgänge in Ithaka und in der ganzen Odyssee hat er es ungefähr ebenso gehalten.

ADEIMANTOS. Gewiß.

SOKRATES. Nun ist doch beides Erzählung, sowohl wenn er die jedesmaligen Reden, als auch wenn er das berichtet, was zwischen ihnen liegt.

ADEIMANTOS. Sicherlich.

SOKRATES. Aber wenn er eine Rede vorträgt, als wäre er ein anderer, werden wir dann nicht sagen, er gleiche seine Redeweise jedesmal so viel als möglich der desjenigen an, den er als den Redenden angekündigt hat?

ADEIMANTOS. Natürlich.

SOKRATES. Nun heißt doch »sich einem anderen angleichen in Stimme oder Gestalt« so viel als den nachahmen, dem er sich angleicht?

ADEIMANTOS. Gewiß.

SOKRATES. In diesem Falle also gibt er und alle anderen Dichter seiner Erzählung die Form der Nachahmung.

ADEIMANTOS. Allerdings.

SOKRATES. Wenn aber der Dichter sich nirgends mit seiner Person hinter dem Berge hält, so wird seine ganze Dichtung und Erzählung ohne Nachahmung verlaufen. Damit du aber nicht sagest, daß du abermals nicht verstehst, wie dies vor sich gehen könne, will ich es dir deutlich machen. Denn wenn Homer, nachdem er erzählt hat, daß Chryses kam, um unter Darbietung von Lösegeld die Achaier und vornehmlich die Fürsten flehentlich um Freigebung seiner Tochter zu bitten, alsdann nicht, als wäre er Chryses, spräche, sondern immer noch als Homer, so wäre das, wie du wohl begreifst, nicht Nachahmung, sondern einfache Erzählung. Sie würde aber – in ungebundener Rede, denn ich bin nicht zum Dichter geboren – so lauten: Nachdem der Priester gekommen, wünschte er jenen, die Götter möchten es ihnen verleihen, Troja zu erobern und selbst heil davonzukommen, seine Tochter aber sollten sie ihm gegen Empfang von Lösegeld und aus Scheu vor dem Gotte freigeben. Als er so gesprochen, waren die anderen von heiliger Scheu ergriffen und pflichteten ihm bei, Agamemnon aber befahl ihm in wildem Zorne, sich alsbald davonzumachen und sich nicht wieder blicken zu lassen, sonst würden ihm sein Zepter und die Binden des Gottes nichts helfen; auf die Freigebung seiner Tochter könne er lange warten; eher würde sie in Arges an seiner Seite alt werden. So herrschte er ihn an, fortzugehen und ihn nicht zu reizen, auf daß er heil nach Hause käme. Der Alte aber ward, wie er dies hörte, von Furcht erfaßt und ging schweigend davon; als er aber aus dem Bereiche des Lagers heraus war, flehte er inständig zum Apollo, indem er ihn bei seinen Beinamen anrief und ihn an seine Schuldnerpflicht gemahnte, nämlich an alles, was er jemals durch Erbauung von Tempeln oder Darbringen von Opfern von ihm Wohlgefälliges empfangen habe; um deswillen, so flehte er, sollten die Achaier durch seine Geschosse büßen für seine Tränen. So, mein Freund, verläuft ohne Nachahmung eine einfache Erzählung.

ADEIMANTOS. Ich verstehe.

7. SOKRATES. So verstehe denn auch, daß anderseits hiervon das Gegenteil sich ergibt, wenn man den Bericht des Dichters zwischen den Reden herausnimmt und nur die Wechselreden selbst übrigläßt.

ADEIMANTOS. Auch das verstehe ich: es ist dies die Form der Tragödie.

SOKRATES. Eine vortreffliche Antwort, und jetzt denke ich dir endlich klarzumachen, wozu ich vorhin nicht imstande war, daß nämlich die eine Form der Dichtung und Märchenerzählung ganz in Nachahmung besteht, die Tragödie nämlich, wie du sagst, und die Komödie, die andere aber ganz in der persönlichen Kundgebung des Dichters; man trifft sie vorzugsweise in den Dithyramben an; eine dritte Form aber, aus beiden vereinigt, findet sich in der epischen Dichtung, aber auch sonst vielfältig, wenn ich mich dir verständlich mache.

Adeimantos. Gewiß, ich verstehe nun, was du damals sagen wolltest.

Sokrates. So erinnere dich denn auch der dieser vorausgehenden Bemerkung, mit der wir diesen Abschnitt einleiteten: was zu reden wäre, so sagten wir nämlich, sei schon zur Genüge erörtert, jetzt sei nun das Wie zu betrachten.

Adeimantos. Ja, ich erinnere mich.

Sokrates. Worauf ich also damit hinauswollte, war dies: es sei nötig, darüber einig zu werden, ob wir den Dichtern erlauben wollen, ihre Darstellungen ganz in nachahmender Form zu geben oder teils in nachahmender, teils nicht, und wie es dann in beiden Fällen damit bestellt sein sollte; oder ob überhaupt jede Nachahmung unterbleiben solle.

Adeimantos. Ich ahne, du zielst darauf ab, ob wir die Tragödie und Komödie in unserer Stadt zulassen sollen oder nicht.

Sokrates. Vielleicht, vielleicht aber auch auf noch mehr als dies. Denn ich weiß es selbst noch nicht, sondern wohin uns, dem Winde vergleichbar, die Rede treibt, dahin müssen wir gehen.

Adeimantos. Du hast recht.

Sokrates. Sieh denn zu, mein Adeimantos, ob unsere Wächter von Nachahmungseifer beseelt sein sollen oder nicht. Oder ergibt sich nicht auch dies als eine Folge aus dem Vorigen, daß jeder Einzelne ein Geschäft mit gutem Erfolge betreiben kann, nicht aber viele, sondern wenn er das versucht, so wird diese Vielseitigkeit dazu führen, daß ihm gar nichts gelingt und er in allem ein Stümper bleibt.

Adeimantos. Wie sollte er nicht?

Sokrates. Von der Nachahmung gilt doch nun das Nämliche: es kann ein und derselbe nicht vielerlei mit so gutem Erfolge nachahmen wie eines.

Adeimantos. Gewiß nicht.

Sokrates. Schwerlich also kann einer ein wirklich ernstes Geschäft betreiben und dabei zugleich vielerlei nachahmen und als Nachahmer leistungsfähig sein, da nicht einmal für zwei nahe miteinander verwandt scheinende Formen der Nachahmung ein und dieselben mit gutem Erfolge zugleich als Nachahmer auftreten können, wie z. B. im Dichten von Komödien und Tragödien. Oder bezeichnetest du diese nicht eben erst als Nachahmungen?

ADEIMANTOS. Ja. Und du hast ganz recht mit deiner Behauptung, es seien nicht die Nämlichen dazu imstande.

SOKRATES. Und ebensowenig ist jemand Rhapsode und Schauspieler zugleich.

ADEIMANTOS. Gewiß.

SOKRATES. Ja, nicht einmal die Schauspieler sind die nämlichen für Komödie und Tragödie. Alles dies aber sind Nachahmungen. Oder nicht?

ADEIMANTOS. Sie sind es.

SOKRATES. Und ich glaube, des Menschen Natur weist noch feinere Spaltungen auf, so daß er außerstande ist, vielerlei gut nachzuahmen, oder gar die Dinge selbst gut zu vollbringen, deren Abbildungen die Nachahmungen sind.

ADEIMANTOS. Sehr richtig.

8. SOKRATES. Wenn wir also an unserem ersten Satz festhalten, daß unsere Wächter, aller sonstigen Geschäfte ledig, die mit vollster Sachkenntnis ausgerüsteten Hüter der Freiheit der Stadt sein und kein anderes Geschäft betreiben sollen, so weit es nicht darauf Bezug hat, so dürfen sie offenbar nichts anderes tun oder nachahmen; wenn sie aber nachahmen, so müssen sie gleich von Kind auf die diesem ihrem Beruf entsprechenden Vorbilder nachahmen, also tapfere, besonnene, fromme, freie Männer und alles was dem gleicht, alles Unfreie aber weder tun noch es nachzuahmen geschickt sein und überhaupt nichts Häßliches, auf daß nicht aus der bloßen Nachahmung das wirkliche Sein als Frucht für sie hervorgehe. Oder hast du nicht gemerkt, daß die Nachahmungen, wenn sie von Jugend auf ununterbrochen fortgesetzt werden, zur Gewohnheit und (andern) Natur werden in Beziehung auf den Leib ebenso wie auf Redeund Denkweise?

ADEIMANTOS. Unzweifelhaft.

SOKRATES. Wir werden also nicht dulden, daß solche, deren Wohl uns ausgesprochenermaßen am Herzen liegt und die tüchtige Männer werden sollen, unter Verleugnung ihrer Mannesnatur ein Weib nachahmen, sei es ein junges oder ein älteres, wie sie auf ihren Mann schmäht oder sich den Göttern gleichstellt und sich brüstet mit ihrem vermeintlichen Glück, oder die in Unglück, Leid und Jammer befangen ist, nicht zu reden von einer kranken oder verliebten oder gebärenden.

ADEIMANTOS. Nun und nimmermehr.

SOKRATES. Und ebensowenig Sklavinnen oder Sklaven, die da sklavisches Werk verrichten.

ADEIMANTOS. Auch das nicht.

SOKRATES. Und begreiflicherweise auch nicht schlechte Männer, feigherzige und die das Gegenteil tun von dem Angegebenen, einander verleumdend und verspottend und verunglimpfend, berauscht oder auch nüchtern, oder was sonst derartige Gesellen in Werken und Taten gegeneinander und gegen andere sich zuschulden kommen lassen. Aber auch Wahnsinnigen, glaube ich, sich anzugleichen in Reden oder in Taten darf man sie nicht gewöhnen. Denn kennen müssen sie freilich wahnsinnige und nichtswürdige Männer und Weiber, selbst tun oder nachahmen aber nichts davon.

ADEIMANTOS. Sehr richtig.

SOKRATES. Wie nun? Sollen sie Schmiede oder sonstige Handwerker oder Trierenruderer oder deren Befehlshaber oder sonst etwas dieser Art nachahmen?

ADEIMANTOS. Wie sollten dies Leute, denen es nicht gestattet sein soll, darauf auch nur zu achten?

SOKRATES. Und weiter. Werden sie etwa wiehernde Rosse oder brüllende Stiere und rauschende Flüsse und das tosende Meer und den Donner und alles dergleichen nachahmen?

ADEIMANTOS. Nein; es ist ihnen ja untersagt, zu rasen oder Rasenden sich anzugleichen.

SOKRATES. Wenn ich also recht verstehe was du meinst, so gibt es eine Art des Vortrags und der Darstellung, deren sich der wahrhaft ehrenwerte Mann bedient, wenn er etwas sagen will, und eine andere, dieser unähnliche Art, an die sich der durch Natur und Erziehung jenem Entgegengesetzte immer halten und deren er sich bedienen wird.

ADEIMANTOS. Und welcher Art sind diese?

SOKRATES. Ich meine, wenn der rechtgesinnte Mann in der Erzählung an eine Rede oder Handlung eines braven Mannes kommt, so wird er sie berichten wollen, als wäre er jener selbst, und sich solcher Nachahmung nicht schämen, und dabei wird er vor allem den braven Mann nachahmen, so wie er sich gibt, wenn er sicher und besonnen handelt, weniger und in geringerem Maße, wenn er durch Krankheit oder Liebesleidenschaft aus dem Gleichgewicht gebracht ist oder durch Trunksucht oder sonstiges Mißgeschick. Führt ihn aber die Erzählung auf einen seiner Unwürdigen, so wird er sich nicht ernsthaft dem Schlechteren angleichen wollen, außer etwa nebenher, wenn derselbe auch einmal etwas Löbliches tut, vielmehr wird er sich schämen, einmal weil er keine Übung hat in der Nachahmung solcher Menschen, sodann weil er es mit Unwillen von sich weist, sich selbst den Schlechten anzumodeln und anzupassen, da er sie von Grund der Seele verachtet, es müßte denn einmal im Scherz sein.

ADEIMANTOS. Begreiflicherweise.

9. SOKRATES. Er wird sich also einer Darstellung bedienen, wie wir sie kurz vorher für die Homerischen Gedichte beschrieben haben, und sein Vortrag wird beides aufweisen, Nachahmung und einfache Erzählung, doch so, daß die Nachahmung nur einen kleinen Teil bildet in einem umfangreichen Ganzen der Darstellung. Oder habe ich unrecht?

ADEIMANTOS. Nein; was du angibst, ist das notwendige Gepräge, das einem solchen Darsteller eigen sein muß.

SOKRATES. Wer also nicht von dieser Art ist, der wird, je tiefer er sittlich steht, um so mehr beflissen sein, alles nachzuahmen, und nichts für seiner unwürdig halten; er wird also alles mit vollem Ernst und vor zahlreichen Zuhörern nachzuahmen versuchen, nicht nur, was wir eben aufzählten, Donner und Windesbrausen und Hagelgeprassel und Räde- rund Rollengeräusche und die Töne von Trompeten und Flöten und Pfeifen und allen möglichen Instrumenten, sondern auch die Stimmen von Hunden, Schafen und Vögeln. Kurz, sein Vortrag wird ganz aus Nachahmung und Gebärden bestehen oder doch nur einen geringen Beisatz von Erzählung haben.

Adeimantos. Auch damit verhält es sich notwendig so.

Sokrates. Das also sind die beiden Vortragsweisen, die ich meinte.

Adeimantos. Gut denn.

Sokrates. Die eine von beiden weist also nur geringe Veränderungen auf, und wenn man dem Vortrag die passende Tonund Taktart gibt, so ist der sachgemäß Vortragende in der Lage, fast immer nach der nämlichen Tonart vorzutragen und mit einer Tonart auszukommen – denn die Abwechselungen sind nur gering – und so auch mit einer ihr entsprechenden Taktart.

Adeimantos. So verhält es sich offenbar.

Sokrates. Die andere Art dagegen – fordert sie nicht das Gegenteil, nämlich alle Tonweisen und alle Taktweisen, wenn sie ihrem Wesen entsprechend vorgetragen werden soll, denn sie umfaßt ja alle möglichen Arten von Abwechselung?

Adeimantos. Gewiß verhält es sich so.

Sokrates. Alle Dichter nun und alle, die etwas vortragen, sehen sich doch entweder auf die eine oder auf die andere dieser Vortragsarten angewiesen, oder aber auf eine aus beiden gemischte?

Adeimantos. Notwendig.

Sokrates. Wie werden wir es also halten? Wollen wir die Vertreter aller dieser Tonarten in unserer Stadt aufnehmen oder nur entweder einen der ungemischten oder den Vertreter der gemischten?

Adeimanios. Wenn es nach mir geht, dann nur die ungemischte Nachahmung der tugendhaften Gesinnung.

Sokrates. Aber, mein Adeimantos, auch die gemischte Gattung hat ihren Reiz. Am allermeisten Reiz aber für Knaben und ihre Aufseher sowie für die große Masse des Volkes hat diejenige, die (als Nachahmung *schlechter* Gesinnung) das Gegenteil bildet zu der von dir gewählten.

Adeimantos. Allerdings.

Sokrates. Aber vielleicht wirst du sagen, der Vertreter dieser Gattung sei für unsere Stadt nicht geeignet, weil es bei uns keinen Mann von zwiefacher oder vielfacher Sinnesart gibt, da jeder nur eine Sache treibt.

Adeimantos. Nein, er ist nicht geeignet.

SOKRATES. Deshalb wird man auch in keiner anderen Stadt es so finden wie in der unsrigen, daß der Schuster nur Schuster und nicht außerdem auch noch Steuermann ist, und daß der Landwirt Landwirt und nicht außerdem auch noch Richter ist, und der Kriegsmann Kriegsmann und nicht außerdem auch noch Erwerbsmann, und so durchweg.

ADEIMANTOS. Richtig.

SOKRATES. Wir werden also, wie es scheint, einem Mann, der aufgrund seiner Weisheit es versteht, alle möglichen Gestalten anzunehmen und alle Dinge nachzuahmen, wenn er in unsere Stadt kommt, um sich mit seinen Gedichten uns vorzustellen, alle Ehre erweisen als einem heiligen und bewundernswerten und reizvollen Mann, ihm aber sagen, daß es in unserer Stadt einen solchen Mann nicht gebe und auch nimmermehr geben dürfe, und wir werden ihn, das Haupt ihm salbend und mit Wolle bekränzend, sich in eine andere Stadt begeben lassen, unserseits aber zu unserm Heil es mit dem strengeren und weniger reizvollen Dichter und Märchenerzähler halten, der uns die Sprechweise des edelgesinnten Mannes nachahmt und seine Rede in derjenigen Form vorträgt, die wir gleich anfangs festgesetzt haben, als wir uns mit der Erziehung der Krieger beschäftigten.

ADEIMANTOS. Ja, sicherlich würden wir es so machen, wenn es wirklich in unserer Macht stünde.

SOKRATES. So scheint denn nun, mein Freund, derjenige Teil der musikalischen Bildung, der es mit Reden und Märchen zu tun hat, vollständig erledigt zu sein. Denn was und wie zu reden ist, hat die Erörterung dargelegt.

ADEIMANTOS. So scheint es auch mir.

10. SOKRATES. Es bliebe also demnächst noch übrig die Erörterung über die Eigenart des Gesanges und der Lieder?

ADEIMANTOS. Offenbar.

SOKRATES. Kann nun nicht jedermann finden, was wir über ihre notwendige Beschaffenheit sagen müssen, wenn wir mit dem Bisherigen in Übereinstimmung bleiben wollen?

GLAUKON (lachend). Auf mich, mein Sokrates, scheint dies dein »jedermann« nicht zuzutreffen. Mit genügender Sicherheit wenigstens wüßte ich im Augenblick nicht anzugeben, wie es mit ihrer Beschaffenheit bestellt sein soll, ahne es jedoch.

SOKRATES. Unter allen Umständen kannst du doch mit voller Sicherheit zunächst dies bestätigen, daß das Lied aus drei Bestandteilen zusammengesetzt ist, aus Text, Harmonie und Rhythmus.

GLAUKON. Ja, das kann ich.

SOKRATES. Was nun den Text des Liedes betrifft, so muß er doch in den nämlichen Formen ausgedrückt werden, die wir vorhin für den nicht gesungenen Text angegeben haben, und in der nämlichen Weise, also ohne daß ein Unterschied zwischen beiden stattfände.

GLAUKON. Gewiß.

SOKRATES. Es müssen aber doch Harmonie und Rhythmus in Einklang mit dem Texte stehen?

GLAUKON. Selbstverständlich.

SOKRATES. Wir behaupteten aber doch, für Klagen und Jammer sei bei uns in den Reden kein Platz.

GLAUKON. Gewiß.

SOKRATES. Welches sind nun die klagenden Tonarten? Nenne sie mir, denn du bist musikkundig.

GLAUKON. Die gemischt lydische und die hochlydische und einige andere dieser Art.

SOKRATES. Diese also sind auszuschließen, denn sie sind selbst für Weiber von anständiger Denkart vom Übel, geschweige denn für Männer.

GLAUKON. Sicherlich.

SOKRATES. Gibt es nun ferner für Wächter etwas Unziemlicheres als Trunkenheit und Weichlichkeit und Müßiggang?

GLAUKON. Gewiß nicht.

SOKRATES. Welches sind nun die weichlichen und für Trinkgelage geeigneten Tonarten?

GLAUKON. Es gibt ionische und lydische Tonarten, die unter dem Namen der »schlaffen« bekannt sind.

SOKRATES. Findest du diese für kriegerische Männer irgend verwendbar?

GLAUKON. Nun und nimmermehr; es scheinen vielmehr nur die dorische und die phrygische Tonart übrigzubleiben.

SOKRATES. Ich verstehe mich nicht auf die Tonarten, aber du mußt mir diejenige Tonart übriglassen, die in ziemender Weise die Stimme und Betonung eines Mannes nachahmt, der sich in kriegerischer Tat und in jeder gewaltsamen Lage tapfer erweist und der, von Mißgeschick betroffen – sei es, daß er Wunden oder dem Tode entgegengeht oder sonst von einem Unheil heimgesucht wird –, sich in allen diesen Lagen wohlgewappnet und ausharrend gegen das Schicksal zur Wehr setzt; ferner eine andere für einen Mann, der in friedlicher und nicht gewaltsamer, sondern zwangloser Tätigkeit begriffen ist, sei es, daß er jemanden durch Überredung oder Bitten für sich gewinnen will – einen Gott durch Bitten, einen Menschen durch Belehrung und Zuspruch – oder daß er umgekehrt einem anderen, der ihn bittet oder belehrt oder überredet, sich gefügig zeigt und infolge solchen Verhaltens es zu erfreulichen Erfolgen bringt, dabei aber allen Hochmut meidet und besonnen und maßvoll in allen diesen Lagen handelt und mit dem Ausgang zufrieden ist. Diese zwei Tonarten, eine gewaltsame und eine zwanglose, die am besten die Sprechweise solcher nachahmen, die sich im Unglück oder im Glück befinden und dabei besonnen und tapfer sind, mußt du mir übriglassen.

GLAUKON. Nun, es sind das keine anderen, als die ich eben nannte.

SOKRATES. Also keine Vielheit von Saiten und keine Allharmonie werden wir bei unseren Gesängen und Liedern nötig haben.

GLAUKON. Nein, meiner Meinung nach.

SOKRATES. Leute also, die Harfen und Zimbals und überhaupt Instrumente mit vielen Saiten und für viele Tonarten herstellen, werden bei uns nichts zu verdienen bekommen.

GLAUKON. Schwerlich.

SOKRATES. Und vollends Flötenmacher und Flötenbläser, wirst du sie in der Stadt dulden? Oder ist dies nicht das tonreichste Instrument und sind nicht die für alle Tonarten bestimmten Instrumente eine Nachahmung von diesem?

GLAUKON. Offenbar.

SOKRATES. Die Leier also und die Kithara bleiben dir übrig, und zwar als für die Stadt nützliche Instrumente; auf dem Lande dagegen wäre eine Art Rohrpfeife für die Hirten zu verwenden.

GLAUKON. Das ergibt sich allerdings aus unserer Erörterung.

SOKRATES. Und wäre es denn auch etwas Unerhörtes, mein Freund, wenn wir dem Apollo und seinen Instrumenten den Vorzug geben vor dem Marsyas und dessen Instrumenten?

GLAUKON. Beim Zeus, ich denke, nein.

SOKRATES. Und beim Hunde, ohne es gewahr geworden zu sein, sind wir dabei, die Stadt wieder gründlich zu säubern, die wir vorher als eine der Üppigkeit verfallene bezeichneten.

GLAUKON. Gewiß ein verständiges Verfahren.

11. SOKRATES. Wohlan, so laß uns denn die Säuberung zu Ende führen! An die Tonarten nämlich dürfte sich die Erörterung über die Zeitmaße anschließen in dem Sinne, daß wir nicht einem bunten Gemisch derselben und einer Mannigfaltigkeit der Versfüße nachjagen, sondern unser Augenmerk darauf richten, welches die Zeitmaße für ein wohlgesittetes und mannhaftes Leben sind. Haben wir diese gefunden, so müssen wir den Versfuß und die Melodie sich nach der Rede eines Mannes dieser Lebensart richten lassen, nicht umgekehrt die Rede nach Versfuß und Melodie. Welches aber diese Zeitmaße sind, das anzugeben ist, wie bei den Tonarten, deine Sache.

GLAUKON. Beim Zeus, das weiß ich nicht anzugeben. Denn daß es etwa drei Arten sind, deren Verflechtung den Versbewegungen zugrunde liegt, wie bei den Tönen vier, aus denen alle Tonarten entstehen, das kann ich allerdings aufgrund eigener Beschäftigung mit der Sache sagen. Wie beschaffen sie aber sein müssen, um einer bestimmten Lebensweise als deren Nachahmung zu entsprechen, das weiß ich nicht zu sagen.

SOKRATES. Aber darüber werden wir uns bei *Damon* Auskunft holen, welche Versbewegungen einer niedrigen und einer übermütigen Sinnesart oder einer Überspanntheit und sonstigen Fehlerhaftigkeit angemessen sind und welche Taktarten man den gegenteiligen Seelenzuständen vorbehalten müsse. Bestimmt kann ich es nicht sagen; doch es ist mir so, als hätte ich gehört, wie er eine Taktart als zusammengesetzt waffen-tanzähnliche bezeichnete, eine als daktylischen und eine als heroischen Versfuß, indem er sie, ich weiß nicht wie, anordnete und oben und unten gleichstellte, mit kurzem und langem Ausgang und, wie ich glaube, einen Fuß Jambos, einen anderen Trochaios nannte und Längen und Kürzen an sie verteilte. Und an einigen von diesen tadelte er und lobte er, glaube ich, das Tempo des Versfußes nicht weniger als die Taktarten selbst, oder etwas aus beiden Zusammengesetztes; denn ich kann es nicht sagen. Aber dies müssen wir, wie gesagt, für den Damon aufsparen; denn darüber eine klare Entscheidung zu geben erfordert keine geringe Erörterung. Oder wärest du anderer Meinung?

GLAUKON. Nein, beim Zeus.

SOKRATES. Aber darüber kannst du doch eine Entscheidung geben, daß die edle und unedle Haltung eine Folge ist des recht Gemessenen und des schlecht Gemessenen?

GLAUKON. Sicherlich.

SOKRATES. Das recht Gemessene und das schlecht Gemessene richtet sich nach der lobenswerten Redeweise und ihrem Gegenteil, denen es sich angleicht, und ebenso das im Ton Wohlgestimmte und Übelgestimmte, wenn anders Zeitmaß und Tonart sich, wie vorher gesagt, nach der Rede, nicht aber die Rede sich nach diesen richtet.

GLAUKON. Gewiß muß dies der Fall sein.

SOKRATES. Wie verhält es sich nun mit der Art des Ausdrucks und mit der Rede? Richten sie sich nicht nach der Seelenverfassung?

GLAUKON. Selbstverständlich.

SOKRATES. Nach der Ausdrucksweise aber richtet sich doch das übrige?

GLAUKON. Ja.

SOKRATES. Wohlredenheit also und Wohlgestimmtheit und edle Haltung und Wohlgemessenheit sind eine Folge der Gutherzigkeit, nicht jener Gutherzigkeit, die tatsächlich Unverstand ist und von uns nur beschönigend als Gutherzigkeit bezeichnet wird, sondern der wahrhaft trefflichen und wohlbeschaffenen sittlichen Gesinnung.

GLAUKON. Sicherlich.

SOKRATES. Müssen nun die Jünglinge nicht durchweg dem nachtrachten, wenn sie ihre Schuldigkeit tun sollen?

GLAUKON. Gewiß.

SOKRATES. Eine Fülle dessen weist die Malerei auf und alle mit ihr verwandte Tätigkeit, eine Fülle auch die Weberei und die Stickerei und die Baukunst sowie die Herstellung aller anderen Geräte, ferner auch die Natur des Leibes und alles Lebendigen; denn alle diese zeigen edle oder unedle Haltung. Und die unedle Haltung und der Mangel an Maß und Harmonie ist verschwistert mit Übelreden und mit Schlechtherzigkeit, während das Gegenteil mit dem Gegenteil, nämlich mit besonnener und guter Sinnesart verschwistert und dessen Nachahmung ist.

GLAUKON. Zweifellos.

12. SOKRATES. Sind es also etwa nur die Dichter, die wir unter Aufsicht stellen und nötigen müssen, das Bild der guten Sinnesart zum Leitstern ihrer Gedichte zu machen, wenn sie überhaupt bei uns dichten wollen, oder müssen wir diese Aufsicht auch auf die übrigen Meister ausdehnen, indem wir sie hindern, dies Unsittliche, Zuchtlose, Niedrige und Mißgestaltete weder in Bildern lebender Wesen noch in Gebäuden noch in sonstigen Erzeugnissen der Kunst hervortreten zu lassen? Oder steht es nicht vielmehr so: wer dem nicht folgen kann, der darf bei uns seine Kunst nicht ausüben, auf daß unsere Wächter nicht unter Bildern verwerflicher Lebensart heranwachsend wie auf einer Weide mit schädlichem Gras täglich stückweise Vieles von Vielerlei pflücken und genießen und so schließlich unvermerkt ein großes Übel in ihrer Seele zeitigen? Nein, wir müssen solche Meister suchen, die bei glücklicher Anlage imstande sind, die Natur des Schönen und Wohlgestalteten aufzuspüren, auf daß unsere Jünglinge, gleichsam in gesunder Gegend wohnend, von überall her nur Förderung erhalten, von welcher Seite auch immer ihnen von den schönen Werken, sei es für Auge oder für Ohr, ein Eindruck zuteil wird, einem Lufthauch vergleichbar, der von reinen und frischen Gegenden Gesundheit bringt und sie gleich von Kind auf unvermerkt zur Ähnlichkeit, Freundschaft und Zusammenstimmung mit derjenigen Rede führt, die für das Schöne eintritt.

GLAUKON. Ja, das wäre weitaus die beste Erziehung.

SOKRATES. Ist nun, mein Glaukon, die Erziehung durch Musik nicht darum von entscheidender Wichtigkeit, weil Rhythmus und Harmonie am meisten in das Innere der Seele eindringen und sie am stärksten ergreifen, indem sie edle Haltung mit sich bringen und den Menschen demgemäß gestalten, wenn er richtig erzogen wird, wo nicht, das Gegenteil? Und nicht anderseits auch darum, weil, wer die richtige musikalische Erziehung genossen hat, auch am schärfsten das Mangelhafte und Unschöne an Werken der Kunst oder der Natur bemerkt und in gerechtem Unmut darüber sein Lob nur dem Schönen zuwendet, an ihm seine Freude hat und es in seine Seele aufnehmen und daraus seine Nahrung ziehen und dadurch gut und edel werden wird, das Häßliche dagegen tadeln wird, wie es sich gehört und es hassen wird von jung auf, noch ehe sein Verstand reif genug ist, die Gründe dafür zu begreifen? Stellt sich aber der Verstand ein, so wird er von keinem willkommener geheißen als von dem in dieser Weise Erzogenen; denn er erkennt in ihm seinen Verwandten.

GLAUKON. Mir wenigstens scheint es, daß um deswillen die Erziehung ihren eigentlichen Halt in der Musik hat.

SOKRATES. Wie wir also mit unserer Lesekunst erst dann am Ziele sind, wenn es uns klargeworden ist, daß die Buchstaben, an Zahl gering, sich in allem Geschriebenen immer wieder finden, und wie wir weder im Kleinen noch im Großen gleichgültig gegen sie sind, als brauche man sie nicht zu beachten, vielmehr allenthalben eifrig uns mit ihnen bekannt zu machen suchen, überzeugt, ohne ein solches Verhalten des Lesens nie völlig kundig zu werden –

GLAUKON. Sehr wahr.

SOKRATES. Also auch Bilder der Buchstaben, wenn sie irgendwo, sei es im Wasser oder in Spiegeln, sich zeigen, werden wir nicht eher kennen, als wir die Buchstaben selbst kennen, sondern beidem liegt die nämliche Kunst und Schulung zugrunde?

GLAUKON. Sicherlich.

SOKRATES. Also werden wir doch – worauf ich hinauswill –, bei den Göttern! erst dann im Besitz der musischen Bildung sein, wir selbst sowohl wie die Wächter, die wir erziehen zu müssen versichern, wenn wir die Formen der Mäßigung und Tapferkeit, des Edelmuts und der Hochherzigkeit und was mit ihnen verschwistert ist, wie anderseits auch allenthalben ihr Gegenteil, wo sie sich finden, erkennen und sie selbst sowohl wie ihre Abbilder in allem, dem sie innewohnen, wahrnehmen und sie weder im Kleinen noch im Großen mißachten, sondern glauben, daß dabei dieselbe Kunst und Schulung zugrunde liege?

GLAUKON. Durchaus notwendig.

SOKRATES. Wo also treffliche Seeleneigenschaften und ihnen entsprechende und mit ihnen zusammenstimmende äußere Erscheinung sich paaren, beide von einerlei Gepräge, da bietet sich das schönste Schauspiel für den, der zu schauen fähig ist?

GLAUKON. Weitaus.

SOKRATES. Nun ist aber doch das Schönste auch das Liebenswerteste.

GLAUKON. Wie sollte es nicht?

SOKRATES. Diejenigen Menschen also, die dieses Gepräge am meisten an sich tragen, wird der echte Musenzögling lieben, bei wem aber diese Harmonie fehlt, den wird er nicht lieben.

GLAUKON. Wenigstens dann nicht, wenn ein Mangel in der *Seele* vorhanden ist; ist ein solcher aber am *Körper* vorhanden, so wird er sich wohl damit abfinden und seine Zuneigung ihm nicht versagen.

SOKRATES. Ich verstehe wohl: du hast nämlich oder hattest einmal einen solchen Geliebten; und ich bin mit dir einverstanden. Doch gib mir Auskunft über folgendes: verträgt sich besonnene Mäßigung mit überschwenglicher Sinnenlust?

GLAUKON. Wie wäre das möglich, da diese Lust ja nicht minder besinnungslos macht als Leid?

SOKRATES. Aber die übrige Tugend?

GLAUKON. Durchaus nicht.

SOKRATES. Aber Frevelmut und Zuchtlosigkeit?

GLAUKON. Ganz gewiß.

SOKRATES. Kannst du aber eine stärkere und heftigere Lust nennen als die Liebeslust?

GLAUKON. Nein, und auch keine rasendere.

SOKRATES. Die rechte Liebe aber läßt ihrer Natur nach nur zu, daß man das Sittsame und Schöne besonnen und der musischen Bildung entsprechend liebt?

GLAUKON. Gewiß.

SOKRATES. Also nichts mit Tollheit oder Ungebundenheit Verwandtes darf der rechten Liebe beigesellt werden?

GLAUKON. Nein, das darf nicht geschehen.

SOKRATES. Also darf ihr auch nicht diese Lust beigesellt werden, und Liebhaber wie Geliebte dürfen bei richtiger Liebe und richtiger Entgegnung der Liebe mit ihr nichts gemein haben?

GLAUKON. Nein, beim Zeus, nichts dergleichen darf beigesellt werden.

SOKRATES. Du wirst also in unserer im Entstehen begriffenen Stadt die Bestimmung einführen, es dürfe der Liebhaber den Geliebten zwar küssen und mit ihm verkehren und ihn berühren wie einen Sohn, um des Schönen willen, wenn er ihn dazu bereit findet; im übrigen aber müsse sein Umgang mit dem, dem sein Bemühen gilt, derart sein, daß er niemals auch nur den Schein errege, als ginge er über diese Grenze hinaus; wo nicht, so treffe ihn der Vorwurf, daß er ein Musenund Schönheitsfeind sei.

GLAUKON. So sei es.

SOKRATES. Scheint dir damit die Untersuchung über die Musik ihr Ende erreicht zu haben? Wenigstens wo sie endigen soll, da hat sie geendet. Alles Musikalische aber muß enden in der Liebe zum Schönen.

GLAUKON. Ganz meine Meinung.

13. SOKRATES. Nächst der Musik ist es die *Gymnastik*, durch die wir unsere Jünglinge erziehen müssen.

GLAUKON. Ohne Zweifel.

SOKRATES. Auch in ihr also müssen unsere Jünglinge von Kindheit auf ihr Lebelang sorglich erzogen werden. Es verhält sich aber damit meines Erachtens etwa so – doch mußt auch du dir dein Urteil darüber bilden. Meiner Ansicht nach nämlich steht es nicht so, daß ein tüchtiger Leib durch diese seine Tüchtigkeit auch die Seele gut macht, sondern umgekehrt, daß eine rechtschaffene Seele durch ihre Tüchtigkeit dem Leibe die denkbar beste Ausbildung gibt. Du aber, wie denkst du darüber?

GLAUKON. Auch ich bin dieser Ansicht.

SOKRATES. Wenn wir also nach hinreichender Ausbildung des Geistes es der Seele selbst überlassen, genauer im Einzelnen die Körperpflege zu regeln, unserseits aber nur die Grundzüge angeben, um Weitläufigkeiten zu vermeiden, so wäre das wohl das richtige Verfahren?

GLAUKON. Durchaus.

SOKRATES. Nun sagten wir doch, die Trunkenheit müßten die Wächter meiden; denn jedem anderen steht es eher an als einem Wächter, daß er in der Trunkenheit nicht wisse, wo er überhaupt nur ist.

GLAUKON. Ja, lächerlich wäre es, wenn der Wächter selbst wieder einen Wächter nötig hätte.

SOKRATES. Wie aber steht es mit der Ernährung? Denn die Männer sind doch Ringer im höchsten Wettkampf. Oder nicht?

GLAUKON. Ja.

SOKRATES. Wäre also die Lebensweise der gewöhnlichen Ringkämpfer auch passend für unsere Wächter?

GLAUKON. Vielleicht.

SOKRATES. Aber diese bringt großes Schlafbedürfnis mit sich und ist bedenklich für die Gesundheit. Oder siehst du nicht, daß diese Ringer ihr Leben verschlafen und bei der geringsten Abweichung von der verordneten Lebensweise in schwere und heftige Krankheiten verfallen?

GLAUKON. Gewiß.

SOKRATES. Es bedarf also einer besser ausgedachten Leibesausbildung für unsere kriegerischen Wettkämpfer, die wachsam sein müssen wie Hunde und möglichst scharf sehen und hören müssen und bei dem häufigen Wechsel von Wasser und sonstiger Nahrung sowie von Hitze und Kälte, was die Gesundheit anlangt, nicht leicht anfällig sein dürfen.

GLAUKON. Das leuchtet mir ein.

SOKRATES. Wäre also die beste Gymnastik nicht verschwistert mit der eben erörterten musischen Bildung?

GLAUKON. Wie meinst du das?

Sokrates. Eine einfache und vernunftgemäße Gymnastik wäre es, und vor allem für solche, die es mit dem Kriege zu tun haben.

Glaukon. Wie das?

Sokrates. Schon beim Homer kann man sich über dergleichen Dinge unterrichten. Denn du weißt ja, daß er im Felde seine Helden bei ihren Mahlzeiten weder mit Fischen bewirtet, obschon sie am Strande des Hellespont weilen, noch mit gekochtem Fleisch, sondern nur mit gebratenem, das in der Tat auch am leichtesten zu beschaffen ist für Krieger; denn fast überall ist es leichter, unmittelbar das Feuer selbst zu benutzen, als erst Gefäße mit sich zu führen.

Glaukon. Gewiß.

Sokrates. Auch von würzenden Zutaten hat Homer meines Wissens nirgends etwas erwähnt. Oder wissen das nicht auch die gewöhnlichen Ringkämpfer, daß, wessen Leib zu guter Kraft gelangen soll, auf alles dergleichen verzichten muß?

Glaukon. Dies ihr Wissen und ihre Enthaltsamkeit entsprechen ganz der Sachlage.

Sokrates. Syrakusische Schmausereien, mein Freund, und die reichbesetzte sizilische Tafel lobst du vermutlich nicht, wenn du jenes für richtig hältst.

Glaukon. Schwerlich.

Sokrates. Du tadelst es also auch, wenn Männer, die über einen kräftigen Körper gebieten sollen, in ein korinthisches Mädchen verliebt sind?

Glaukon. Durchaus.

Sokrates. Und auch von den gepriesenen Reizen des attischen Backwerks willst du für sie nichts wissen?

Glaukon. Unter keiner Bedingung.

Sokrates. Denn mit vollem Recht könnten wir, dächt' ich, diese ganze Art der Beköstigung und diese ganze Lebensweise mit jener Tonsetzung und Gesangesart vergleichen, die sich in allen Harmonien und allen Rhythmen ergeht.

Glaukon. Sicherlich.

Sokrates. Nun erzeugte doch dort die bunte Mannigfaltigkeit Zuchtlosigkeit, hier aber Krankheit, während die Einfachheit, was die Musik anlangt, Besonnenheit in der Seele, was die Gymnastik anlangt, Gesundheit im Körper erzeugt?

GLAUKON. Sehr richtig.

SOKRATES. Wenn aber Zuchtlosigkeit und Krankheiten in einer Stadt überhandnehmen, tun sich dann nicht viele Gerichtshöfe und Heilstätten auf und machen dann nicht Rechtsgelehrtheit und Heilkunst viel Wesens von sich, wenn selbst freie Männer in großer Zahl und mit großem Eifer sich um diese Dinge bemühen?

GLAUKON. Wie sollte das anders sein?

14. SOKRATES. Kann es aber einen stärkeren Beweis schlechter und schimpflicher Erziehung in einer Stadt geben, als wenn kundige Ärzte und Richter nicht nur von niederen Leuten und Handarbeitern, sondern auch von solchen gesucht werden, die sich einer edlen Erziehung rühmen? Oder scheint es nicht schimpflich und ein starker Beweis von Unbildung zu sein, wenn man sich in die Lage bringen läßt, sein Recht bei anderen zu suchen, als wären sie unsere Herren und Richter, und so das Opfer seiner eigenen Ratlosigkeit wird?

GLAUKON. Das ist gewiß das Allerschimpflichste.

SOKRATES. Glaubst du denn wirklich, dies sei das Schimpflichste, sei also noch schimpflicher als der Fall, daß einer nicht nur den größten Teil seines Lebens als Angeklagter und Ankläger in den Gerichtshöfen zubringt, sondern auch, der Eingebung seines verrohten Gemütes folgend, sich gerade darauf etwas zugute tut, daß er ein Meister im Unrechttun sei und sich auf alle Schliche verstehe, um sich glücklich aus der Schlinge zu ziehen, und das alles um elender und nichtswürdiger Dinge willen, ohne eine Ahnung davon, wieviel schöner und besser es ist, sich sein Leben so zu gestalten, daß man keiner Schlafmütze von Richter bedarf?

GLAUKON. Nein, sondern dies letztere ist noch schimpflicher als jenes.

SOKRATES. Aber die Heilkunst in Anspruch zu nehmen nicht etwa nur bei Wunden oder Krankheiten, wie sie die Jahreszeiten mit sich bringen, sondern weil man durch Faulheit und eine Lebensweise, wie die beschriebene, sich mit schlechten Säften und Dünsten wie ein Sumpf füllt und so die klugen Asklepiaden zwingt, sich solcher Namen wie »Blähungen« und »Katarrhe« für Krankheiten zu bedienen – erscheint dir das nicht schimpflich?

GLAUKON. Ja, das sind in der Tat neue und sonderbare Krankheitsnamen.

SOKRATES. Wie es sie, glaube ich, zu des Asklepios Zeit nicht gab. Ich schließe das daraus, daß seine Söhne vor Troja die Sklavin, die dem verwundeten Eurypylos pramnischen Wein zu trinken gab, der mit reichlichem Gerstenmehl versetzt und mit eingeschabtem Käse gemischt war, was doch der gewöhnlichen Ansicht zufolge Entzündungen verursacht, nicht tadelten und ebensowenig dem Patroklos darüber Vorhalt machten, der die Heilung leitete.

GLAUKON. In der Tat, ein sonderbares Getränk für einen in solcher Lage.

SOKRATES. Dies doch nicht, wenn du bedenkst, daß sich vordem die Asklepiaden mit der jetzt üblichen, die Krankheiten geradezu großziehenden Heilart nicht abgaben, ehe *Herodikos* auftrat. Herodikos aber, von Haus aus Turnmeister, mengte, als er kränklich wurde, die Gymnastik mit der Heilkunst zusammen und quälte zunächst und am meisten sich selbst, dann auch noch andere damit ab.

GLAUKON. Wie so?

SOKRATES. Dadurch, daß er sein Hinsterben nur in die Länge zog. Indem er nämlich jeder Wendung der an sich tödlichen Krankheit ängstlich nachging, konnte er, glaube ich, weder sich selbst heilen, noch hatte er Zeit für irgend etwas anderes, sondern kurierte sein Lebelang an sich herum, von Qualen befallen, wenn er sich nur die geringste Abweichung von der gewohnten Lebensordnung erlaubte; und so erreichte er durch seine Weisheit in schwerem Sterben ein hohes Alter.

GLAUKON. Einen schönen Lohn also hat er von seiner Kunst davongetragen.

SOKRATES. Wie zu erwarten von einem Manne, der nicht wußte, daß Asklepios nicht aus Unwissenheit und aus Unkunde dieser Art von Heilkunst sie seinen Nachkommen nicht mitteilte, sondern weil er sich sagte, daß in allen wohlgeordneten Gemeinwesen jedem einzelnen sein besonderes Geschäft zugewiesen ist und niemand Zeit hat, sein Lebelang krank zu sein und an sich herumkurieren zu lassen. Eine Wahrheit, die wir zwar bei den Handwerkern bestätigt sehen, lächerlicherweise aber nicht auch bei den Reichen und den sogenannten Glücklichen.

GLAUKON. Wie so?

15. SOKRATES. Wenn ein Zimmermann krank wird, so läßt er sich von dem Arzt ein Brechmittel geben, um seine Krankheit dadurch loszuwerden, oder ein Abführmittel, oder er läßt sich durch Anwendung von Brennen oder Schneiden von ihr befreien. Wenn ihm aber einer eine andauernde Kur verordnet und ihm Umschläge um den Kopf legt und was sonst dergleichen, so erklärt er ohne weiteres, er habe keine Zeit, krank zu sein und ein Leben dieser Art sei für ihn nichts nütze, wo man nur auf die Krankheit achthaben und sein eigentliches Geschäft versäumen solle. Und somit verabschiedet er sich gehorsamst von einem solchen Arzt, kehrt zu seiner gewohnten Lebensweise zurück, und, wird er gesund, so lebt er und betreibt sein Geschäft; ist aber sein Körper der Anstrengung nicht gewachsen, so stirbt er und ist aller Mißlichkeiten überhoben.

GLAUKON. Für einen solchen scheint allerdings ein derartiges Verhalten gegen die ärztliche Kunst am Platze zu sein.

SOKRATES. Doch wohl, weil er ein Geschäft hat, von dem er nicht lassen konnte, wenn ihm sein Leben nicht unnütz werden sollte.

GLAUKON. Offenbar.

SOKRATES. Der Reiche dagegen, so behaupten wir, hat kein derartiges festes Geschäft, an dem er so hinge, daß ihm das Leben als nichtig erschiene, wenn er gezwungen wäre sich dieser Tätigkeit zu enthalten.

GLAUKON. Wenigstens hört man davon nichts.

SOKRATES. Nun, da läßt du den Spruch des Phokylides unbeachtet, der sagt, wenn man reichlich zu leben habe, müsse man Tugend üben.

GLAUKON. Ich denke doch, auch schon vorher.

SOKRATES. Wir wollen darüber nicht mit ihm rechten, sondern uns selbst darüber aufklären, ob es den Reichen obliege, die Tugend zu üben, und ob dem das Leben nichts tauge, der dies nicht tut, oder ob die künstliche Krankheitszucht zwar beim Zimmermann und bei den andern

Handwerkern hinderlich ist für den achtsamen Betrieb ihres Geschäftes, dagegen mit der Mahnung des Phokylides sich ganz gut verträgt.

GLAUKON. Ja, beim Zeus, mehr als sonst irgend etwas ist diese über die Gymnastik hinausgehende, übertriebene Pflege des Körpers ein Hemmnis. Ist sie doch für Verwaltung des Hauswesens, für Feldzüge wie für Ämter daheim in der Stadt höchst störend.

SOKRATES. Aber, was das Schlimmste ist, sie ist auch für jede Art des Lernens, des Nachdenkens und der Selbsterkenntnis erschwerend, da sie immer vor Kopfschmerzen oder Schwindelanfällen Angst hat und behauptet, sie kämen von der Anstrengung des Philosophierens her; also, wo sie herrscht, da ist sie unbedingt ein Hindernis, sich in der Tugend zu üben und zu bewähren; denn sie macht, daß man sich immer krank wähnt und nicht aufhört, Schmerzen am Leibe zu fühlen.

GLAUKON. Wohl begreiflich.

SOKRATES. Ist also nicht die Behauptung gerechtfertigt, auch Asklepios habe dies erkannt und aus diesem Grunde nur für solche, die ihrer Natur und Lebensweise nach gesunden Leibes sind und nur eine vereinzelte bestimmt begrenzte Krankheit bekommen – für diese und für einen solchen Zustand seine Heilkunst verkündet, die darin besteht, daß man durch Arzneien und Schneiden die Krankheiten vertreibt und den Betreffenden weiterhin die gewohnte Lebensweise verordnet, um nicht das Gemeinwohl zu schädigen; dagegen weist sie jeden Versuch ab, den völlig durchseuchten Körper durch Diätvorschriften Schritt für Schritt auszuschöpfen und wieder zu füllen und so dem Menschen ein langes und elendes Dasein zu schaffen und Nachkommen von wahrscheinlich derselben Art aus ihnen erstehen zu lassen; vielmehr glaubt sie den, der die Kraft nicht hat für ein Leben von natürlicher Länge, nicht ärztlich behandeln zu müssen, da dies weder für ihn selbst noch für den Staat von Nutzen ist.

GLAUKON. Für einen Mann von staatsmännischem Blick erklärst du damit den Asklepios.

SOKRATES. Auch an seinen Söhnen kann man erkennen, daß er ein solcher war. Denn siehst du nicht, wie sie sich auch vor Troja als tüchtige Krieger bewährten und die Heilkunst in der von mir beschriebenen Weise übten? Oder erinnerst du dich nicht, daß sie dem Menelaos aus der Wunde, die ihm Pandaros beibrachte

Erst aussogen das Blut und mit linderndem Kraut sie bestrichen,

was er aber sonst weiter zu trinken oder zu essen hätte, das schrieben sie ihm ebensowenig vor wie dem Eurypylos, überzeugt, daß die (genannten) Arzneien ausreichend seien, um Männer zu heilen, die vor der Verwundung gesund und mäßig in ihrer Lebensweise waren, woran auch der etwaige augenblickliche Genuß eines Mischtrankes (wie beim Eurypylos oder Machaon) nichts geändert haben würde. Aber einen von Natur Kränklichen und Zügellosen am Leben zu erhalten, das, meinten sie, nütze weder ihnen selbst noch den anderen, und dazu sei ihre Kunst nicht da, um Leute in dieser Art zu heilen, und wären sie gleich reicher als Midas.

Glaukon. Als ungemein kluge Männer schilderst du da die Söhne des Asklepios.

16. Sokrates. Wie es sich gehört. Aber unachtsam gegen unser Gebot behaupten die Tragödiendichter und Pindaros, Asklepios sei zwar Sohn des Apollon, habe sich aber durch Gold verleiten lassen, einen reichen, bereits dem Tode verfallenen Mann zu heilen, und sei infolge davon vom Blitze erschlagen worden. Wir aber glauben ihm nach der obigen Darlegung nicht beides zugleich, sondern: war er der Sohn eines Gottes, so war er nicht geldgierig, war er aber geldgierig, so war er nicht der Sohn eines Gottes. So lautet unsere Behauptung.

Glaukon. Damit hat es allerdings seine Richtigkeit. Aber wie urteilst du über den folgenden Punkt, mein Sokrates? Muß man nicht in der Stadt gute Ärzte haben? Es werden dies aber doch vor allem diejenigen sein, die die meisten Gesunden und die meisten Kranken unter den Händen gehabt haben, und was anderseits die Richter anlangt, so sind es gleichfalls diejenigen, die es mit den mannigfaltigsten Naturen zu tun gehabt haben.

Sokrates. Ja, so gut wie nur möglich müssen sie sein. Aber weißt du, welche ich für solche halte?

Glaukon. Nicht eher, als bis du es mir gesagt hast.

Sokrates. Nun, ich werde es versuchen. Deine Frage aber bezog sich auf zwei verschiedene Dinge, obschon sie so klang, als bezöge sie sich auf eines und dasselbe.

Glaukon. Wie so?

Sokrates. Ärzte würden allerdings am geübtesten werden, wenn sie von Kindheit auf neben dem Erlernen ihrer Kunst es mit möglichst vielen und möglichst verderbten Leibern zu tun hätten und selbst alle Krankheiten durchgemacht hätten und von Natur keine besonders gute Gesundheit hätten. Denn sie heilen doch, denke ich, nicht mit dem Leibe den Leib – denn dann dürfte ihr Leib allerdings ja niemals schlecht sein oder werden – sondern mit der Seele den Leib, die nicht schlecht werden oder sein darf, wenn sie etwas richtig heilen soll.

Glaukon. So ist es.

Sokrates. Ein Richter aber, mein Freund, gebietet mit der Seele über die Seele, und sie, die Seele, darf nicht von Jugend auf in schlechter Gesellschaft erzogen sein und mit schlechten Seelen Umgang gehabt haben und die ganze Bahn des Unrechts mit eigenen Freveltaten durchschritten haben, so daß sie alsbald von sich auf die Frevel anderer schließt, wie bei dem Leibe auf die Krankheiten, sondern sie muß in der Jugend von schlechten Sitten unberührt und ungeschädigt geblieben sein, wenn sie später, selbst in guter Verfassung, das Gerechte gesund beurteilen soll. Daher machen denn auch die edlen Naturen in der Jugend den Eindruck, als wären sie töricht und leicht hinters Licht zu führen, weil sie in ihrem Innern keine Vorbilder haben von der Art, wie sie sich in der Seele der Schlechten finden.

Glaukon. Ja, das trifft genau zu.

Sokrates. Daher muß denn der gute Richter nicht jung, sondern alt sein, erst spät mit der Natur des Unrechts bekannt geworden; denn er hat es nicht als Besitz der eigenen Seele an sich wahrgenommen, sondern es im Verlauf langer Zeit mit vieler Mühe als fremden Besitz an anderen in seiner Eigenart als Schlechtigkeit kennengelernt, gestützt auf wissenschaftliche Beobachtung, nicht auf Erfahrung an sich selbst.

GLAUKON. Das scheint allerdings die trefflichste Art von Richtern zu sein.

SOKRATES. Und ein solcher Richter ist sicher auch ein guter Richter, worauf ja deine Frage gerichtet war; denn wer eine gute Seele hat, der ist auch gut. Jener Geriebene dagegen und Argwöhnische, der selbst vielfältig gefrevelt hat und sich für kundig aller Schliche und für weise hält, erscheint, wenn er es mit seinesgleichen zu tun hat, allerdings als wohlbewandert, da er sich trefflich zu hüten versteht, geleitet durch die Vorbilder in der eigenen Seele; wenn er sich aber an ehrenhafte und ältere Männer heranmacht, da erscheint er im Gegenteil einfältig, mißtrauisch am unrechten Ort und ohne Ahnung von einer sittlich gesunden Sinnesart, da es ihm an einem Vorbild dafür in sich selbst fehlt. Da er es aber häufiger mit Schlechten als mit Redlichen zu tun hat, so kommt er sich selbst und anderen eher weise als unwissend vor.

GLAUKON. Damit hast du vollständig recht.

17. SOKRATES. Also nicht dieser ist der gute und weise Richter, den wir brauchen, sondern der frühere. Denn verworfene Gesinnung wird niemals weder die Tugend noch sich selbst erkennen, wogegen Tugendhaftigkeit bei richtiger Ausbildung der natürlichen Anlage mit der Zeit sowohl über sich selbst wie über die Schlechtigkeit sich genau unterrichten wird. Zur Weisheit also, denke ich, gelangt nur ein solcher, nicht aber der Schlechte.

GLAUKON. Das ist auch meine Ansicht.

SOKRATES. Also auch eine Heilkunst, wie wir sie beschrieben, wirst du im Verein mit der geschilderten Richterkunst zu einer festen Einrichtung in der Stadt machen, auf daß sie die an Leib und Seele von Natur Wohlgestalteten sorglich fördern, die anderen aber, soweit sie *körperlich* untüchtig sind, sterben lassen, soweit sie aber der *Seele* nach von Natur schlecht und unheilbar sind, selbst töten?

GLAUKON. Wenigstens erscheint dies als das Beste, nicht nur für die Betreffenden selbst, sondern auch für die Stadt.

SOKRATES. Die Jünglinge werden sich also offenbar hüten, mit der Richterkunst in Berührung zu kommen, wenn sie sich an jene einfache Musik halten, die nach unserer Meinung Besonnenheit erzeugt.

Glaukon. Allerdings.

Sokrates. Wird nun nicht der Musikkundige, wenn er der nämlichen Spur für die Gymnastik folgt, bei gutem Willen es erreichen, daß er der ärztlichen Kunst nur im Notfalle bedarf?

Glaukon. Ich glaube wohl.

Sokrates. Die gymnastischen Übungen aber und Anstrengungen wird er mehr im Hinblick auf den natürlichen Mut und auf dessen Erweckung treiben als zum Zwecke gesteigerter Körperkraft. Denn diese ist für ihn nicht maßgebend wie für die gewöhnlichen Wettkämpfer, die bei ihrer Nahrung und ihren Anstrengungen es auf die Entwicklung der Körperkraft abgesehen haben.

Glaukon. Sehr richtig.

Sokrates. Auch diejenigen also, welche eine Erziehung in Musik und Gymnastik einführen, tun dies doch nicht aus dem Grunde, den einige dafür annehmen, damit nämlich den Zöglingen durch die eine die Bildung des Körpers, durch die andere die der Seele zuteil werde?

Glaukon. Aber aus was sonst für einem Grunde?

Sokrates. Sie scheinen beides hauptsächlich um der Seele willen einzuführen.

Glaukon. Wie so?

Sokrates. Bemerkst du nicht, in welchen Geisteszustand die-jenigen geraten, die ihr Lebelang sich mit der Gymnastik beschäftigen, ohne sich irgendwie mit der Musik zu befassen? Oder diejenigen, mit welchen das Gegenteil der Fall war?

Glaukon. Worauf zielst du damit?

Sokrates. Auf Rauheit und Härte einerseits, auf Weichheit und Milde anderseits.

Glaukon. Allerdings bemerke ich, daß die, welche sich lediglich der Gymnastik widmen, übermäßig rauh werden, anderseits die, die sich nur der Musik widmen, weichlicher werden, als es für sie wünschenswert ist.

Sokrates. Und zwar bildet doch der natürliche Mut die Grundlage für das Rauhe, und richtig erzogen, wird er zur Tapferkeit, über das Maß aber angespannt, führt er zur Härte und Bedrohlichkeit, wie zu erwarten.

GLAUKON. Ich glaube wohl.

SOKRATES. Und mit der Milde, wie steht es da? Ist sie nicht eine Frucht des natürlichen Triebes zur Weisheitsliebe? Und läßt man hier die Sache zu sehr gehen, so kommt es zu übermäßiger Weichlichkeit, während bei richtiger erzieherischer Behandlung rechtes Maß und Sittsamkeit erzielt werden.

GLAUKON. So ist es.

SOKRATES. Und wir behaupten doch, daß unsere Wächter diese Naturanlagen beide vereint haben müssen?

GLAUKON. Das müssen sie.

SOKRATES. Also müssen sie beide auch in harmonischem Verhältnis zueinander stehen?

GLAUKON. Selbstverständlich.

SOKRATES. Wer aber diese Harmonie in sich hat, dessen Seele ist besonnen und tapfer?

GLAUKON. Allerdings.

SOKRATES. Wer aber nicht, dessen Seele ist feige und roh?

GLAUKON. Sicherlich.

18. SOKRATES. Wenn also jemand der Musik nicht wehrt, ihn ganz mit ihrem Flötengetön zu umschmeicheln und seine Seele durch die Ohren wie durch einen Trichter mit all den vorhin geschilderten süßen, weichlichen und herzzerreißenden Tonarten zu überschütten, so daß er sein ganzes Leben winselnd und verzückt im Banne des Gesanges hinbringt, so wird er zunächst zwar die etwa vorhandene Mutanlage wie Eisen erweichen und sie so nicht unbrauchbar und spröde lassen, sondern brauchbar machen; aber wenn er ohne Unterlaß fortfährt, sie wie mit Zauber zu umschmeicheln, so macht er sie nachgerade völlig nachgiebig und flüssig, bis er den Mut ausgeschmolzen und damit gleichsam die Sehnen aus der Seele herausgeschnitten und sie zum »weichlichen Kriegsmann« gemacht hat.

GLAUKON. Allerdings.

SOKRATES. Und wenn ihm von vornherein eine mutlose Seele zuteil geworden ist, so vollzieht sich dieser Vorgang bei ihm schnell; wenn aber eine mutvolle, so schwächt er den Mut und macht ihn reizbar, so daß er (der Mut) beim geringsten Anlaß schon entflammt und ebenso auch wieder gelöscht wird. Aufbrausend und jähzornig also sind diese Naturen geworden statt mutvoll, voller Ungebärdigkeit.

GLAUKON. Allerdings.

SOKRATES. Und weiter. Wer anderseits sich viel mit der Gymnastik zu schaffen macht und sich mit reichlicher Nahrung gütlich tut, dagegen der Musik und Weisheitsliebe ganz abgewandt ist, wird der nicht zunächst bei trefflichem körperlichen Befinden voll Selbstvertrauen und Mut sein und an Tapferkeit gehörig zunehmen?

GLAUKON. Ganz sicher.

SOKRATES. Wie aber? Wenn er gar nichts anderes vornimmt und nicht den geringsten Verkehr mit der Muse hat, wird dann nicht, was etwa in seiner Seele von Lernbegier war, da es keinerlei Wissenschaft und Denkstoff zu kosten bekommt und keiner belehrenden Rede oder sonstiger musischen Einwirkung teilhaftig wird, schwach, taub und blind werden, weil es nicht geweckt und genährt wird und seine sinnlichen Wahrnehmungen keine Läuterung erfahren?

GLAUKON. So ist es.

SOKRATES. Ein Feind der Rede also wird, wenn ich recht sehe, ein solcher werden und ein völlig von den Musen Verlassener: Überredung durch Worte kennt er nicht, sondern gleich einem wilden Tier nur gewaltsames und ungebärdiges Auftreten bei jedem Anlaß; so gerät er denn auf falsche Wege und lebt in Unwissenheit und verkehrter Sinnesart, ohne Ebenmaß und Anmut.

GLAUKON. Das trifft durchweg zu.

SOKRATES. Für diese beiden also hat, wie es scheint, – so möchte ich behaupten – ein Gott den Menschen die beiden Künste gegeben, die Musik und die Gymnastik, für die Anlagen nämlich zum Mut und zur Weisheitsliebe, nicht für Seele und Leib, es müßte denn ganz nebenbei sein, sondern für jene beiden, auf daß sie miteinander in Harmonie kommen durch Anspannen und Nachlassen bis zur richtigen Mitte.

Glaukon. Ja, so scheint es allerdings.

Sokrates. Wer also am besten mit der Musik die Gymnastik mischt und sie in angemessenster Weise der Seele zuführt, den dürften wir mit vollstem Recht als den vollendeten Musikkundigen und Meister der Harmonie hinstellen, weit mehr als den, welcher die Saiten richtig gegeneinander zu stimmen weiß.

Glaukon. Und das mit Recht, Sokrates.

Sokrates. Also werden wir auch für unsere Stadt immer, mein Glaukon, einen solchen Vorsteher nötig haben, wenn die staatliche Gemeinschaft in guter Verfassung bleiben soll?

Glaukon. Ja, den hat sie unter allen Umständen nötig.

19. Sokrates. Dies wären also die Grundzüge für Bildung und Erziehung. Denn was hätte es für einen Sinn, sich auf eine Schilderung ihrer Reigentänze, Jagden, Tierhetzen und Wettkämpfe zu Fuß und zu Pferde einzulassen? Es ist doch wohl so ziemlich klar, daß sie diesen Grundzügen entsprechend sein müßten, auch ist es jetzt nicht mehr schwer, sie zu finden.

Glaukon. Vielleicht jetzt nicht mehr.

Sokrates. Gut. Was aber wäre der nächste Punkt, der nunmehr zu erledigen ist? Ist es nicht die Frage, wer von ihnen zu gebieten haben soll und wer zu gehorchen?

Glaukon. Gewiß.

Sokrates. Daß die Gebietenden älter sein müssen, die Gehorchenden dagegen jünger, ist doch klar?

Glaukon. Ja.

Sokrates. Auch daß es die Tüchtigsten unter ihnen sein müssen?

Glaukon. Auch dies.

Sokrates. Sind nun nicht unter den Landwirten die tüchtigsten diejenigen, die des Ackerbaus am kundigsten sind?

Glaukon. Ja.

Sokrates. In unserem Falle nun, wo sie unter den Wächtern die Tüchtigsten sein sollen, doch also wohl diejenigen, die sich am besten auf das Behüten der Stadt verstehen?

Glaukon. Ja.

Sokrates. Sie müssen also doch dafür Einsicht besitzen und Fähigkeit und außerdem stets bereit sein, für die Stadt zu sorgen?

Glaukon. So ist es.

Sokrates. Sorgen aber wird man am meisten für das, was man liebhat?

Glaukon. Notwendig.

Sokrates. Lieben aber wird man am meisten das, dem man das Nämliche für zuträglich hält wie sich selbst und von dem man glaubt, daß das Wohlbefinden desselben im stärksten Maße auch für das eigene Wohlbefinden bestimmend sei; wo aber nicht, das Gegenteil.

Glaukon. So ist es.

Sokrates. Man muß also aus der Zahl der Wächter solche Männer auswählen, die sich unserem prüfenden Blick als diejenigen erweisen, die ihr ganzes Leben lang am meisten dasjenige, was ihnen als nützlich für die Stadt erscheint, mit vollstem Eifer durchführen werden, was aber nicht nützlich ist, unter keiner Bedingung tun werden.

Glaukon. Das sind allerdings die rechten Leute.

Sokrates. Meines Erachtens muß man sie also auf allen Lebensstufen beobachten, ob sie auch treue Hüter dieses Grundsatzes sind und weder durch berückendes Gaukelspiel noch durch Gewalt zu solcher Vergeßlichkeit gebracht werden können, daß sie sich des Glaubens entäußern, man müsse tun, was für die Stadt das Beste ist.

Glaukon. Was verstehst du unter diesem »Sichentäußern«?

Sokrates. Ich will es dir sagen. Meiner Ansicht nach entweicht eine Meinung aus unserem Geiste entweder freiwillig oder unfreiwillig, freiwillig die falsche Meinung bei dem, der sich eines Besseren belehrt, unfreiwillig jede wahre Meinung.

Glaukon. Für die freiwillige ist mir die Sache klar, für die unfreiwillige aber bedarf es für mich noch der Aufklärung.

Sokrates. Wie? Meinst du nicht auch, daß die Menschen des Guten unfreiwillig beraubt werden, des Übelen aber freiwillig? Oder ist es nicht ein Übel, die Wahrheit verfehlt zu haben, dagegen ein Gut, die wahre Meinung zu besitzen? Oder glaubst du nicht, eine wahre Meinung haben sei so viel als sich vorstellen, was ist?

GLAUKON. Ja, du hast ganz recht und ich glaube, daß sie nur unfreiwillig der wahren Meinung beraubt werden.

SOKRATES. Und nicht wahr, dieser Fall tritt nur dann ein, wenn sie bestohlen oder bezaubert oder gewaltsam genötigt werden.

GLAUKON. Auch jetzt wieder kann ich nicht gleich verstehen, wie du das meinst.

SOKRATES. Meine Sprache scheint etwas vom Tone der Tragödie an sich zu haben. Unter Bestohlenen verstehe ich die, die sich zu einer anderen Ansicht bereden lassen, und die, welche vergessen; bei den letzteren nämlich ist es die Zeit, bei den ersteren die Rede, die ihnen unvermerkt etwas raubt. Jetzt verstehst du es doch?

GLAUKON. Ja.

SOKRATES. Ferner, unter den gewaltsam Genötigten verstehe ich solche, die durch Leiden oder Schmerz zu einer Änderung ihrer Meinung gebracht worden sind.

GLAUKON. Auch dies ist mir klar und du hast recht.

SOKRATES. Die Bezauberten aber, denke ich, wirst auch du als solche deuten, die entweder von einer Lust berückt oder von einer Furcht geängstigt ihre Meinung ändern.

GLAUKON. Ja; alles, was täuscht, scheint auch zu bezaubern.

20. SOKRATES. Also, wie eben gesagt, man muß sich danach umtun, welches die besten Hüter ihrer eigenen Überzeugung sind, dergemäß das zu tun ist, was ihrer Meinung nach der Stadt in jedem Falle am meisten frommt. Man muß sie aber gleich von Kindheit auf beobachten, indem man ihnen Aufgaben stellt, bei denen sie am leichtesten etwas Derartiges vergessen und sich täuschen lassen können, und wessen Gedächtnis sich als stark bewährt und wer einer Täuschung nicht leicht zugänglich ist, den muß man für das Amt ausersehen, wer nicht, den muß man ausscheiden. Nicht wahr?

GLAUKON. Ja.

SOKRATES. Und Beschwerden und Schmerzen und Wettkämpfe muß man ihnen auferlegen, bei denen die nämlichen Beobachtungen zu machen sind.

GLAUKON. Recht so.

Sokrates. Und so muß man auch hinsichtlich der dritten Art, wo es sich um Berückung durch Gaukelwerk handelt, die Betreffenden um die Wette erproben und mit ihnen verfahren wie mit Füllen, die man dem Getöse und dem Lärm aussetzt, um zu sehen, ob sie schreckhaft sind; auch die Jünglinge nämlich muß man so gewissen Schrecknissen aussetzen und sie dann wieder in Zustände der Lust versetzen, sie weit strenger prüfend als Gold im Feuer, um zu erkennen, ob sie sich als schwer zugänglich erweisen für Umgaukelungskünste und unter den verschiedensten Umständen ihrer edlen Haltung treu bleiben, gute Hüter ihrer Person und der ihnen zuteil gewordenen musischen Bildung sind und in allen diesen Lagen stets Maß und Harmonie bewahren, kurz eine Haltung zeigen, die ihnen selbst wie der Stadt am meisten frommt. Und wer stets als Knabe wie als Jüngling und Mann aus solcher fortgesetzten Probe fleckenlos hervorgeht, den soll man zum Gebieter und Wächter der Stadt machen und ihm Auszeichnungen gewähren im Leben und nach dem Tode, indem man ihn der größten Ehren in bezug auf Bestattung und sonstige Gedenkzeichen teilhaftig macht. Wer aber nicht von dieser Art ist, den muß man ausscheiden. Der Art etwa scheint mir, mein Glaukon, die Auswahl und Einsetzung der Gebieter und Wächter zu sein, um es nur in den Grundzügen, nicht im Einzelnen genau anzugeben.

Glaukon. So denke auch ich darüber.

Sokrates. Ist es nun in der Tat nicht das Richtigste, diese Männer als eigentliche und vollkommene Wächter sowohl gegenüber den auswärtigen Feinden wie in bezug auf die heimischen Genossen zu bezeichnen, auf daß die letzteren überhaupt nicht den Willen, die ersteren aber nicht die Macht haben, Böses anzurichten, die Jünglinge aber, denen wir bisher den allgemeinen Namen »Wächter« gaben, nur noch Helfer und Unterstützer der Gebieter für Aufrechterhaltung der Satzungen zu nennen?

Glaukon. Mir wenigstens scheint es so.

21. Sokrates. Welche Möglichkeit gäbe es nun wohl, eine Unwahrheit von jener unentbehrlichen Art, von der wir oben sprachen, also eine einzelne, durchaus wohlgemeinte Lüge am liebsten den Regierenden selbst, wo nicht, doch den übrigen Bürgern glaubhaft zu machen?

GLAUKON. Was für eine?

SOKRATES. Nicht etwa etwas uns völlig Unbekanntes, sondern ein Geschichtchen phönikischer Erfindung, wie es ehedem sich schon vieler Orten zugetragen hat, wie die Dichter sagen und damit Glauben finden, zu unseren Zeiten aber nicht sich zugetragen hat und überhaupt wohl schwerlich sich zugetragen haben kann; es glaubhaft zu machen erfordert aber große Überredungskunst.

GLAUKON. Es scheint, du trägst Bedenken, damit herauszurücken.

SOKRATES. Dies Bedenken wird dir sehr gerechtfertigt erscheinen, wenn ich dir die Sache erst vorgetragen habe.

GLAUKON. Nur heraus damit, ohne Scheu.

SOKRATES. So sei es denn. Indes weiß ich nicht, wie ich die Kühnheit und die Worte dazu finden und versuchen soll, erstens die Regierenden und die Kriegsmänner, sodann auch die übrigen Bürger davon zu überzeugen, daß das Erziehungsund Bildungswerk, das wir an ihnen vollzogen, kurz alles, was sie scheinbar erlebten und an sich vorgehen sahen, gleichsam nur ein Traum war, während sie selbst in Wahrheit drinnen unter der Erde gebildet und erzogen wurden, wie auch ihre Waffen und ihre ganze sonstige Ausstattung dort unten angefertigt wurde. Nachdem sie aber vollständig fertig waren und die Erde, ihre Mutter, sie im rechten Zeitpunkt heraufgesandt hat, müssen sie für das Land, gleichsam wie für ihre Mutter und Erzieherin, mit Rat und Tat einstehen, wenn sich ein Feind gegen es regt, und müssen gegen die übrigen Bürger so gesinnt sein, als wären sie ihre Brüder und gleichfalls Erdgeborene.

GLAUKON: Nicht ohne Grund hast du so lange Anstand genommen, die Lüge mitzuteilen.

SOKRATES. Ja, begreiflicherweise. Aber dem sei, wie ihm wolle: du mußt nun auch noch den Rest der Geschichte hören. Ihr seid nämlich – so werden wir als Märchenerzähler zu ihnen sagen – nun zwar alle, ihr Bürger unserer Stadt, Brüder untereinander, aber der Gott, der euch bildete, hat denen unter euch, die zum Herrschen berufen sind, bei ihrer Geburt Gold beigemischt, daher sind sie die gediegensten; den Beihelfern aber Silber und den Ackerbauern und sonstigen Handarbeitern Eisen und Erz. Da ihr nun alle eines Stammes seid, so kann es, wenn auch in der Regel eure Nachkommen euch selbst gleichen werden, doch vorkommen, daß aus Gold ein silberner Nachkomme und aus Silber ein goldener Nachkomme erstehe, und so auch die übrigen Fälle von Gegenseitigkeit sich finden. Den Regierenden nun gebietet die Gottheit zuerst und vor allem, sich für nichts als schärfere Wächter zu bewähren und auf nichts so eifrig zu achten wie darauf, was von diesen Stoffen den Seelen ihrer Nachkommen beigemischt ist; und wenn irgendeiner ihrer Nachkommen eine Beimischung von Erz oder Eisen hat, so dürfen sie nicht das geringste Mitleid zeigen, sondern müssen ihn dem seiner Natur entsprechenden Stand zuweisen und ihn in die Klasse der Handwerker oder der Ackerbauer verweisen, und umgekehrt, wenn aus diesen letzteren einer geboren wird, der eine Beimischung von Gold oder Silber aufweist, so werden sie ihm die Ehre antun, ihn je nachdem in den Stand der Wächter oder der Beihelfer zu erheben, da einem Orakelspruch zufolge die Stadt dann untergehen werde, wenn das Eisen oder das Erz über sie die Obhut führe. Diese Erzählung nun ihnen glaubhaft zu machen, kannst du dafür eine Möglichkeit finden?

GLAUKON. Nein, wenigstens nicht, was die jetzigen, ersten Bürger der Stadt anlangt; wohl aber ihren Söhnen und deren Nachkommen sowie den weiteren künftigen Menschen.

SOKRATES. Aber auch dies schon wird eine gute Wirkung üben in der Richtung, daß sie eifriger für die Stadt und füreinander Sorge tragen. Denn ich verstehe so ziemlich, wie du es meinst.

22. Und das mag denn den Verlauf nehmen, den der Glaube an unser Märchen mit sich bringt. Wir aber wollen unsere Erdentsprossenen bewaffnen und vorführen, die Regierenden voran. Sind sie zur Stelle, so sollen sie Umschau halten, an welchem Punkte der Stadt sie am besten ihr Lager aufschlagen, von wo aus sie am sichersten nicht nur die Einheimischen in ihrer Gewalt haben im Falle etwaigen Ungehorsams gegen die Satzungen, sondern auch von außen kommende Angriffe abwehren, wenn ein Feind wie ein Wolf die Herde anfällt; nach Herstellung ihres Lagers aber und Darbringung der gebührenden Opfer sollen sie sich ihre Schlafstätten bereiten. Oder wie?

GLAUKON. Eben so.

SOKRATES. Nicht wahr, Schlafstätten, die im Winter Schutz bieten und auch für den Sommer passend sind?

GLAUKON. Zweifellos. Denn du meinst doch wohl Behausungen.

SOKRATES. Ja, wie sie Kriegern ziemen, nicht Erwerbsleuten.

GLAUKON. Wie soll sich dieses wieder voneinander unterscheiden?

SOKRATES. Ich werde versuchen, es dir klarzumachen. Das Allerärgste nämlich und der größte Schimpf für Hirten ist es doch, solche Hunde und in solcher Weise zu Gehilfen bei den Herden aufzuziehen, daß aus Unbändigkeit oder Hunger oder sonst einer übelen Gewohnheit die Hunde selbst so dreist sind, der Herde Schaden zuzufügen und nicht Hunden, sondern Wölfen zu gleichen?

GLAUKON. Ja, arg ist das, ohne Zweifel.

SOKRATES. Muß man also nicht auf alle Art verhüten, daß die Gehilfen, als die Stärkeren, es mit den Bürgern ebenso machen, und nicht wohlwollenden Bundesgenossen, sondern wilden Tyrannen gleichen?

GLAUKON. Das muß man.

SOKRATES. Und dem vorzubeugen sind sie doch mit dem wirksamsten Mittel ausgerüstet, wenn sie in Wahrheit gut erzogen sind?

GLAUKON. Das aber sind sie doch.

SOKRATES. So sicher darf man das nicht behaupten, mein lieber Glaukon, wohl aber hat Anspruch auf Sicherheit unsere eben aufgestellte Behauptung, daß sie der richtigen Erziehung teilhaftig werden müssen, mag diese auch sein, welche sie wolle, wenn sie die wesentlichste Bedingung erfüllt haben wollen, um die rechte Milde zu bewähren unter sich und gegen die ihrer Obhut Unterstellten.

GLAUKON. Und das mit Recht.

SOKRATES. Außer dieser Erziehung müssen nun auch, wie jeder Vernünftige einräumen wird, ihre Wohnungen und ihre sonstige Lebensausstattung so beschaffen sein, daß sie den Wächtern weder ein Hemmnis sind, so trefflich wie möglich zu sein, noch sie verleiten, sich gegen die übrigen Bürger zu vergehen.

GLAUKON. Mit vollem Recht.

Sokrates. Sieh also zu, ob sie etwa auf folgende Weise leben und wohnen müssen, wenn sie Wächter so bewährter Art werden sollen. Erstens darf keiner irgendwie eigenes Vermögen besitzen, außer dem allernotwendigsten, sodann darf keiner eine Wohnung oder Vorratskammer von der Art haben, daß nicht jeder, der will, Zutritt dazu hätte. Ihren Unterhalt aber, soviel dessen besonnene und tapfere Krieger nötig haben, müssen sie nach billiger Schätzung von den übrigen Bürgern erhalten als Lohn für ihr Hüteramt in einer Abmessung, die für den jährlichen Bedarf gerade ausreicht, weder zu viel noch zu wenig; zu gemeinsamen Mahlzeiten sich zusammenfindend müssen sie wie auf Feldzügen gemeinsam leben; was aber Gold und Silber anlangt, so muß man ihnen sagen, daß sie es von den Göttern als göttliches Gold immer in ihrer Seele haben und keines menschlichen außerdem bedürfen; auch sei es sündhaft, den Besitz von jenem durch Vermischung mit dem Besitz des sterblichen Goldes zu beflecken, weil mit der gemeinen Münze viel Unheiliges verübt worden sei, *ihr* Gold aber frei von jedem Flecken bleibe; vielmehr soll ihnen allein in der Stadt nicht erlaubt sein, Gold und Silber bei sich zu führen oder es zu berühren oder unter einem Dache mit ihm zu weilen oder sich damit zu schmücken oder daraus zu trinken. Und damit dürfte ihre dauernde Erhaltung ebenso wie die der Stadt *durch* sie gesichert sein. Wenn sie aber selbst eigenes Land und Häuser und Geld besitzen, so werden sie Hauswirte und Ackerbauern sein statt Wächter, werden den anderen Bürgern gegenüber als feindselige Herren statt als Bundesgenossen auftreten und werden so, hassend und gehaßt, hinterhältig und selbst dem Hinterhalt von seiten anderer preisgegeben, ihr ganzes Leben hinbringen, weit mehr in Angst vor den inneren als vor den äußeren Feinden, dicht am Rande des Verderbens hinlaufend, sie selbst wie die anderen Bürger. Wollen wir nun aus allen diesen Gründen sagen, so müsse es um die Wächter bestellt sein hinsichtlich ihrer Wohnung und des übrigen, und wollen wir das zum Gesetz machen oder nicht?

Glaukon. Zweifellos.

Viertes Buch

1. Adeimantos (einfallend). Was wirst du nun, mein Sokrates, zu deiner Verteidigung vorbringen, falls jemand dir einwerfen sollte, mit dem Glück, das du diesen Männern bietest, sei es nicht weit her, und zwar durch ihre eigene Schuld; denn ihnen gehört ja doch recht eigentlich die Stadt, und doch ziehen sie keinen Vorteil von ihr wie andere, die Ländereien besitzen und sich schöne und große Häuser bauen und eine dementsprechende Ausstattung für dieselben beschaffen und den Göttern aus eigenen Mitteln Opfer darbringen und Gäste bei sich beherbergen und, was du eben hervorhobst, Gold und Silber ihr eigen nennen sowie alles, was man sich gewöhnlich im Besitze derer denkt, die glücklich sein sollen? Sie scheinen einfach, würde er sagen, wie bezahlte Hilfstruppen in der Stadt angestellt, lediglich zum Wachdienst bestimmt.

Sokrates. Ja, und noch dazu gegen bloße Kost und ohne zu dieser noch Lohn zu empfangen wie die anderen Söldner, so daß es ihnen nicht einmal freisteht, eine Reise nach Wunsch für sich zu machen oder an Mädchen Geschenke zu machen oder für Erfüllung irgend sonst eines Wunsches etwas aufzuwenden, wie es die tun, welche man für glücklich hält. Diese und viele andere dergleichen Beschuldigungen hättest du deiner Anklage noch hinzufügen können.

Adeimantos. Nun, so sei denn auch dies mit in die Anklage aufgenommen.

Sokrates. Was wir nun also zur Verteidigung vorbringen sollen, fragst du?

Adeimantos. Ja.

Sokrates. Wir brauchen wohl nur den nämlichen Weg weiter zu verfolgen, um zu finden, was zu sagen ist. Wir werden nämlich sagen, daß es durchaus kein Wunder wäre, wenn auch diese sich so am glücklichsten fühlten; doch haben wir bei Gründung unserer Stadt es nicht darauf abgesehen, daß ein Stand vorwiegend glücklich wäre, sondern die ganze Stadt sollte es sein, soviel als nur möglich. Denn in einer solchen, glaubten wir, würden wir am sichersten die Gerechtigkeit finden, wie anderseits in der am schlechtesten eingerichteten die Ungerechtigkeit, und durch deren Betrachtung würden wir zu einer Entscheidung gelangen über unsere lang erwogene Frage. Jetzt also bilden wir zunächst die unserer Meinung nach glückliche Stadt nicht in der Weise, daß wir einigen wenigen Bevorzugten in ihr das Glück zuteilen, sondern der *ganzen*. Späterhin werden wir dann die entgegengesetzte betrachten. Setze nun z. B. den Fall, es träte an uns, während wir mit dem Bemalen von Statuen beschäftigt sind, einer heran und tadelte uns, daß wir nicht für die schönsten Teile des Körpers auch die schönsten Farben verwendeten, denn die Augen, das Schönste, seien nicht mit Purpur gemalt, sondern mit Schwarz. Würden wir uns dann nicht zutreffend verteidigen durch folgende Antwort: »Du Wunderlicher, glaube doch nicht, wir müßten die Augen so schön malen, daß sie überhaupt nicht mehr wie Augen aussehen, und ebenso die übrigen Teile, sondern *darauf* richte deinen Blick, ob wir jedem Teile geben, was ihm gebührt, und so das Ganze schön machen.« Also auf unsere Frage angewendet: bringe uns nicht in die Lage, den Wächtern ein Glück aufzudrängen, das sie zu allem anderen eher machen wird als zu Wächtern. Denn wenn wir wollten, könnten wir ja auch die Ackersleute mit Prachtgewändern bekleiden, ihnen Goldschmuck umlegen und sie ermächtigen ganz nach ihrem Wohlgefallen den Boden zu bearbeiten, auch die Töpfer sich in der gehörigen Ordnung von links nach rechts lagern lassen, am Feuer zechend und schmausend, die Töpferscheibe zur Seite gestellt zu ganz beliebigem Gebrauch, und so auch alle anderen glücklich machen, auf daß die *ganze* Stadt im Glücke schwimme. Aber *uns* darfst du nicht mit solcher Mahnrede kommen; denn wollten wir dir folgen, so würde der Bauer nicht mehr Bauer und der Töpfer nicht mehr Töpfer sein und überhaupt keiner mehr die Rolle spielen, die er spielen muß, wenn das Ganze bestehen soll. Aber bei den anderen macht das weniger aus. Denn wenn ein Schuhflicker nichts taugt und unbrauchbar ist und trotz seiner Unfähigkeit sich als Schuhflicker ausgibt, so hat es damit für die Stadt keine Not. Aber wenn Wächter der Gesetze und der Stadt dies nicht wirklich sind, sondern nur dem Scheine nach, so ist das offenbar der völlige Ruin für die Stadt, wie sie es denn anderseits allerdings in ihrer Hand haben, es sich allein wohl sein zu lassen und im Glücke zu schwelgen. Wenn also, während *wir* wirkliche Wächter schaffen, d. h. solche, die jeden möglichen Schaden von der Stadt abwenden, derjenige, der jenen anderen Standpunkt vertritt, eine Art von Gutsbesitzern und gleichsam glücklichen Tafelhelden wie zu einem Volksfest und nicht wie in einem städtischen Gemeinwesen schafft, so dürfte er damit auf alles andere eher zielen als auf eine Stadt. Wir müssen also erwägen, ob wir die Wächter einsetzen sollen im Hinblick darauf, daß *ihnen* möglichst viel Glück beschert werde, oder ob wir das Glück im Hinblick auf die ganze Stadt austeilen und sie zur Inhaberin desselben machen sollen, so daß wir diese Helfer und Wächter zwingen, jenen anderen Grundsatz einzuhalten, und ihnen die Überzeugung beibringen, daß sie vollendete Meister in ihrem besonderen Berufe werden müssen, und ebenso alle die anderen. So überlassen wir denn, während die Stadt als Ganzes gedeiht und aufs beste eingerichtet wird, jedem einzelnen Stande denjenigen Anteil an Glück, den die Natur ihm bestimmt.

2. ADEIMANTOS. Gut denn; du scheinst mir durchaus recht zu haben.

SOKRATES. Wirst du mir also nun auch recht geben in bezug auf den damit eng verwandten Satz?

ADEIMANTOS. Welchen denn?

SOKRATES. Erwäge: ist es nicht Folgendes, was den übrigen Werkmeistern verderblich wird, sogar bis zu völliger Untauglichkeit?

ADEIMANTOS. Und was wäre denn das?

SOKRATES. Reichtum und Armut.

ADEIMANTOS. Wie so?

SOKRATES. So: wenn ein Töpfer reich geworden ist, glaubst du da etwa, er werde dann noch Lust verspüren, sich mit seiner Kunst abzugeben?

ADEIMANTOS. Gewiß nicht.

SOKRATES. Er wird zusehends träger und lässiger werden.

ADEIMANTOS. Entschieden.

SOKRATES. Er wird also ein schlechterer Töpfer werden?

ADEIMANTOS. Auch das, entschieden.

SOKRATES. Und wenn er anderseits aus Armut nicht imstande ist, sich Werkzeuge oder was sonst zu seiner Kunst gehört, anzuschaffen, so wird er schlechtere Arbeit liefern und wird auch seine Söhne oder sonstigen Lehrlinge zu schlechteren Meistern heranbilden.

ADEIMANTOS. Natürlich.

SOKRATES. Beides also, Armut und Reichtum, macht die Werke der Künste sowie die Werkmeister selbst schlechter.

ADEIMANTOS. Offenbar.

SOKRATES. So haben wir, wie es scheint, ein Zweites gefunden, dessen heimliches Eindringen in die Stadt die Wächter auf jede Weise verhüten müssen.

ADEIMANTOS. Und das ist?

SOKRATES. Reichtum und Armut. Denn jener erzeugt Üppigkeit und Faulheit und Neuerungssucht, diese außer der Neuerungssucht auch niedrige Sinnesart und minderwertige Arbeitsleistung.

ADEIMANTOS. Sicherlich. Doch überlege dir, mein Sokrates, wie unsere Stadt imstande sein soll, Krieg zu führen, wenn sie keine Geldmittel besitzt, zumal wenn sie sich genötigt sieht, gegen eine große und reiche Stadt Krieg zu führen.

SOKRATES. Offenbar ist das schwieriger gegen *eine* solche Stadt, gegen zwei derartige dagegen leichter.

ADEIMANTOS. Wie meinst du das?

SOKRATES. Erstens, wenn sie fechten müssen, werden sie da nicht durch Reichtum verwöhnte Leute zu Gegnern haben, während sie ihrerseits kriegsharte Kämpfer sind?

ADEIMANTOS. Das trifft allerdings zu.

SOKRATES. Wie nun, mein Adeimantos, glaubst du nicht, daß *ein* Faustkämpfer, der sich zum vollendeten Meister in seinem Fach ausgebildet hat, es leicht mit zwei Gegnern aufnehmen wird, die nicht Faustkämpfer sind, sondern reiche und wohlgenährte Leute?

ADEIMANTOS. Schwerlich mit beiden zusammen.

SOKRATES. Etwa auch dann nicht, wenn er sich darauf verstünde, den Fliehenden zu spielen und mit rascher Wendung dann immer den, der zunächst auf ihn eindringt, niederzuschlagen, und dies vielleicht bei Sonnenhitze und Schwüle? Würde ein solcher nicht sogar mehrere derartige Gegner bewältigen?

ADEIMANTOS. Gewiß, das wäre kein Wunder.

SOKRATES. Aber glaubst du nicht, daß die Reichen immerhin noch mehr theoretische und praktische Kenntnis von dem Faustkampf haben als von der Kriegskunst?

ADEIMANTOS. Allerdings.

SOKRATES. Man darf also annehmen, daß unsere Kämpfer leicht es mit der doppelten und dreifachen Zahl von Gegnern aufnehmen werden.

ADEIMANTOS. Ich muß es dir zugeben, denn du scheinst mir recht zu haben.

SOKRATES. Und wie? Wenn sie eine Gesandtschaft in die andere Stadt schicken und ihr wahrheitsgemäß sagen: »Bei uns ist die Verwendung von Gold und Silber nicht üblich und überhaupt nicht erlaubt, wohl aber bei euch; verbindet euch also mit uns und behaltet die Schätze der Feinde für euch«, sollte dann wohl, wer dies hört, sich lieber dafür entscheiden, gegen hartknochige und magere Hunde zu kämpfen als in Verbindung mit den Hunden gegen fette und weichliche Schafe?

ADEIMANTOS. Das schwerlich. Aber wenn nun alle Reichtümer der anderen Städte in *einer* Stadt zusammengehäuft sind, so dürfte das doch wohl gefährlich werden für die nicht reiche.

SOKRATES. Du bist zu beneiden ob deiner Leichtgläubigkeit, die es dir möglich macht, einem anderen Gemeinwesen als einem solchen, wie wir es errichtet haben, den Namen »Stadt« zu geben.

ADEIMANTOS. Aber welchen Namen denn sonst?

SOKRATES. Einen großartigeren Namen muß man den anderen geben; jede einzelne von ihnen nämlich ist eine ganze Vielheit von Städten, aber keine (eigentliche) Stadt, mit den Spielenden zu reden. Auf alle Fälle sind es mindestens zwei, die feindlich gegeneinander stehen, eine der Armen und eine der Reichen, und in jeder derselben wieder gar viele; wenn du nun gegen sie wie gegen eine einzige vorgehst, so hast du das Spiel völlig verloren, wenn aber wie gegen eine Mehrzahl, so kannst du der einen Partei die Geldund Machtmittel der anderen oder sogar die Mitglieder dieser anderen Partei selbst in die Hand geben, und so wirst du stets zahlreiche Bundesgenossen haben und nur wenige Feinde. Und solange diese deine Stadt besonnen verwaltet wird in der eben angegebenen Ordnung, wird sie die größte sein, ich meine nicht dem äußeren Glanze nach, sondern die in Wahrheit größte, selbst wenn sie nur tausend Verteidiger hat. Denn in diesem Sinne groß wirst du nicht leicht weder unter Griechen noch unter Barbaren auch nur eine einzige Stadt antreffen, dem Anschein nach gewiß aber zahlreiche, die sogar vielmal größer sind als eine von solchem Umfang. Oder denkst du anders darüber?

ADEIMANTOS. Nein, beim Zeus.

3. SOKRATES. Damit wäre unsern Wächtern also die beste Grenzbestimmung gegeben, die sie für die Größe der Stadt einhalten müssen, und für den Umfang der Landschaft, die sie im Verhältnis zu dieser Größe bemessen müssen unter Verzicht auf weiteres Land.

ADEIMANTOS. Welches wäre diese Grenzbestimmung?

SOKRATES. Meiner Ansicht nach folgende: solange sich das Wachstum mit der Einheit verträgt, so lange dürfen sie sie vergrößern, weiter aber nicht.

ADEIMANTOS. Recht so.

SOKRATES. Wir werden also den Wächtern auch weiter noch den Auftrag geben, auf alle Weise darüber zu wachen, daß die Stadt weder zu klein sei noch auch eine nur scheinbar große sei, sondern eine zulängliche und *eine*.

ADEIMANTOS. Und damit stellen wir ihnen vielleicht eine leichte Aufgabe.

SOKRATES. Und eine noch leichtere mit dem, was wir schon früher hervorhoben mit den Worten, man müsse, wenn den Wächtern ein untüchtiger Nachkomme geboren werde, diesen zu den anderen überführen, wenn aber den anderen ein tüchtiger, diesen unter die Wächter aufnehmen. Damit sollte gesagt sein, daß wir auch in bezug auf die übrigen Bürger jeden einzelnen dem *einen* bestimmten Berufe zuführen müßten, für den ihn die Natur bestimmt hat, auf daß ein jeder, das ihm zukommende *eine*

Geschäft betreibend, nicht vielgestaltig, sondern *einer* werde und so die gesamte Stadt eine natürliche Einheit bilde und nicht eine Vielheit.

ADEIMANTOS. Ja, diese Aufgabe ist noch leichter als die vorige.

SOKRATES. Es sind das, mein bester Adeimantos, keineswegs, wie wohl manche meinen möchten, vielerlei schwierige Aufgaben, die wir den Wächtern stellen; nein, sie sind alle leicht, wenn sie nur treu festhalten an dem einen Großen – wie man zu sagen pflegt –, oder sagen wir statt *Großen* hier lieber *»Angemessenen«*.

ADEIMANTOS. Was wäre dies?

SOKRATES. Die *Bildung* und *Erziehung*. Denn wenn sie durch gute Erziehung verständige Männer werden, so werden sie alles dieses leicht mit sicherem Blicke treffen und noch anderes, was wir jetzt übergehen, das Heiraten und die Ehen und die Kindererzeugung, nämlich daß dies alles dem Sprichwort gemäß erfolgen muß: »unter Freunden herrscht Besitzgemeinschaft«.

ADEIMANTOS. Damit ist wohl das Richtige getroffen.

SOKRATES. Und ein staatliches Gemeinwesen, einmal in die richtige Bahn gebracht, schreitet erstarkend fort wie in Kreisbewegung. Denn tüchtige Erziehung und Bildung, ununterbrochen nach den nämlichen Grundsätzen gehandhabt, ergibt tüchtige Naturen, und treffliche Naturen, ganz durchdrungen von dieser Art von Bildung, werden noch trefflicher als die früheren, sowohl in anderer Hinsicht wie auch zur Fortpflanzung des Geschlechts wie bei den anderen Geschöpfen.

ADEIMANTOS. Wohl richtig.

SOKRATES. Also kurz und gut: daran vor allem müssen die Leiter der Stadt festhalten und dürfen es nicht in Vergessenheit und Verfall geraten lassen, sondern müssen in allen Lagen darüber wachen, daß keine ungehörige Neuerung sich einschleiche in bezug auf Gymnastik und Musik, sondern daß es da bei dem Bestehenden verbleibe. Gesetzt also, es sagte jemand

dem neuesten Liede erteile
Immer das lauteste Lob die aufmerksame Versammlung,

so müssen die Wächter der Gefahr vorbeugen, daß man dies etwa so auffasse, als meine der Dichter damit nicht nur Gesänge, sondern eine neue Sangesweise, und daß man das lobe. Man darf aber derartiges weder loben noch es für des Dichters Meinung halten. Denn eine neue Art von Musik einzuführen muß man sich hüten, da hierbei das Ganze auf dem Spiele steht. Werden doch nirgends die Tonweisen verändert ohne Mitleidenschaft der wichtigsten staatlichen Gesetze, wie *Damon* sagt und ich überzeugt bin.

ADEIMANTOS. Auch mich rechne denn mit zu den Überzeugten.

4. SOKRATES. Die Burg für die Wächter ist also, wie es scheint, hier zu errichten, auf dem Grunde der Musik.

ADEIMANTOS. Ja, eine Abweichung von *ihren* Gesetzen schleicht sich leicht unbemerkt ein.

SOKRATES. Ja, denn man sieht die Sache als eine bloße Ergötzlichkeit an und meint, sie richte keinen Schaden an.

ADEIMANTOS. Sie richtet auch nichts anderes an, als daß sie sachte Schritt für Schritt sich einführend in die Sitte und Beschäftigungsweise eindringt; von da aus wendet sie sich, schon erstarkt, dem öffentlichen Geschäftsverkehr zu; von dem Geschäftsverkehr aus aber macht sie sich dann an die Gesetze und staatlichen Einrichtungen heran, mit großer Unverschämtheit, mein Sokrates, bis sie schließlich alles in persönlichen wie in öffentlichen Verhältnissen auf den Kopf stellt.

SOKRATES. Genug denn. Verhält sich das wirklich so?

ADEIMANTOS. Meiner Ansicht nach, ja.

SOKRATES. Müssen demnach, wie wir gleich zu Anfang sagten, unsere Knaben nicht von vornherein eine gesetzmäßige Erziehung erhalten, da, wenn sie gegen die Gesetze verstößt und also das Nämliche auch mit unseren Knaben der Fall ist, diese unmöglich zu gesetzestreuen und tugendhaften Männern heranreifen können?

ADEIMANTOS. Offenbar.

SOKRATES. Wenn nun also die Knaben gleich mit ihren Spielen den richtigen Anfang machen und der Gesetzestreue vermittelst der Musik eine sichere Stätte in sich bereiten, so ist diese ihrerseits, in entgegengesetzter Richtung wie bei jenen anderen, die Begleiterin zu allem und erstarkt immer mehr, so daß sie auch wieder aufrichtet, was in der Stadt etwa darniederlag.

ADEIMANTOS. In der Tat, so ist es.

SOKRATES. Auch die scheinbar geringfügigen Ordnungsregeln machen sie also ausfindig, die ihre Vorfahren verfallen ließen.

ADEIMANTOS. Welche denn?

SOKRATES. Die folgenden: das Schweigen der Jüngeren in Gegenwart der Älteren, wie es sich ziemt, und das Einräumen des Platzes und Aufstehen sowie die Zeichen der Ehrerbietung gegen die Eltern, auch das Haarscheren und die Kleidung und Beschuhung sowie die ganze Körperhaltung und was sonst dahin gehört. Oder meinst du nicht?

ADEIMANTOS. Gewiß.

SOKRATES. Aber es durch Gesetze zu regeln halte ich für töricht. Denn gesetzliche Bestimmungen durch Wort oder Schrift über dergleichen sind unausführbar und würden auch keinen Bestand haben.

ADEIMANTOS. Wieso?

SOKRATES. Allem Anschein nach wenigstens wird der durch die Erziehung bestimmten Richtung auch die weitere Entwicklung entsprechen. Oder hält sich Gleich und Gleich nicht immer zusammen?

ADEIMANTOS. Sicherlich.

SOKRATES. Und so kommt es schließlich – so werden wir, denke ich, sagen – zu einem in sich einheitlichen, vollständigen und kräftig ausgeprägten Ergebnis, sei es einem guten oder einem gegenteiligen.

ADEIMANTOS. Wie sollte es nicht?

SOKRATES. Ich also möchte aus diesen Gründen mich gar nicht erst darauf einlassen, über dergleichen Dinge Gesetze zu geben.

ADEIMANTOS. Begreiflicherweise.

SOKRATES. Und weiter – dem Himmel sei's geklagt – das Feilschen beim Verkehr der Leute auf dem Markt miteinander und – mit Verlaub – auch bei den Verträgen mit Handwerkern, und die Schmähungen und Beschimpfungen und das Anbringen von gerichtlichen Klagen und die Bestellung von Richtern, und die etwa nötige Erhebung oder Auferlegung von Marktoder Hafenzöllen, oder überhaupt Ordnungsbestimmungen für

Markt, Stadt oder Hafen oder dergleichen – werden wir uns dazu hergeben, so etwas gesetzlich zu regeln?

ADEIMANTOS. Nein, Männern von edler Gesinnung darüber Befehle zu geben wäre wenig am Platze; denn das meiste von dem, was man etwa gesetzlich regeln sollte, werden sie leicht selbst finden.

SOKRATES. Ja, mein Freund, wenigstens dann, wenn Gott ihnen den dauernden Bestand der Gesetze gewährt, die wir vorher durchgenommen haben.

ADEIMANTOS. Wo nicht, so werden sie ihr Leben mit endlosem Aufstellen und Verbessern solcher zahlloser Bestimmungen hinbringen, in dem Glauben, damit das Beste zu erlangen.

SOKRATES. Du meinst, Leute dieser Art werden ein Leben führen wie die Kranken, die ihre zügellose Sinnesart nicht dazu kommen läßt, ihrer verwerflichen Lebensweise zu entsagen.

ADEIMANTOS. Gewiß.

SOKRATES. Und in der Tat ist es doch ein reizendes Dasein, das diese führen. Denn immer von Ärzten behandelt, erreichen sie doch nichts anderes, als daß sie ihre Krankheiten immer noch bunter und größer machen, und dabei hoffen sie immer, wenn ihnen einer eine Arzenei anrät, dadurch gesund zu werden.

ADEIMANTOS. So steht es allerdings mit dieser Art Kranken.

SOKRATES. Und weiter: ist es nicht artig von ihnen, daß sie den für ihren schlimmsten Feind halten, der ihnen die Wahrheit sagt, nämlich: wenn du nicht aufhörst, dich vollzutrinken und dir den Bauch zu füllen und in Liebesgenuß zu schwelgen und zu faulenzen, so werden dir weder Arzeneien noch Brennen und Schneiden, noch auch Zaubergesänge und Amulette oder sonst irgend etwas helfen?

ADEIMANTOS. Nichts weniger als artig; denn einem, der einem einen guten Rat gibt, zu grollen hat keine Art.

SOKRATES. Es scheint, du bist kein Lobredner solcher Leute.

ADEIMANTOS. Nein, das wahrlich nicht, beim Zeus.

5\. SOKRATES. Also auch wenn der ganze Staat, wie wir das kurz vorher ausführten, so verfährt, wirst du das nicht loben. Oder glaubst du nicht, daß solchen Kranken alle diejenigen Städte in ihrem Verhalten gleichen, die trotz der elenden Beschaffenheit ihrer staatlichen Einrichtung ihren Bürgern untersagen, an dem Ganzen der Staatsverfassung irgendwie zu rütteln, mit Ankündigung der Todesstrafe für den, der sich dessen schuldig mache? Wer sich ihnen dagegen bei solcher Verfassung in gefälligster Weise dienstbar zeigt, ihnen zu Willen ist, ihre Gunst zu erhaschen sucht, ihnen ihre Wünsche ablauscht und gewandt genug ist sie zu erfüllen, der wäre dann ihr Mann, gut und weise in den ausschlaggebenden Dingen und bei ihnen hochgeehrt?

ADEIMANTOS. Ja, dies Verhalten gleicht meiner Ansicht nach ganz dem obigen und ich kann es in keiner Weise loben.

SOKRATES. Wie aber nun anderseits? Wer bereit und willig ist, sich solchen Staaten dienstbar zu erweisen, bewunderst du den nicht ob seines Mutes und seines Entgegenkommens?

ADEIMANTOS. Ja; ausgenommen diejenigen, die sich durch die Bürger haben täuschen lassen und sich einbilden, in Wahrheit Staatsmänner zu sein, weil sie von der Menge gepriesen werden.

SOKRATES. Wie meinst du? Hast du nicht Nachsicht mit diesen Männern? Oder glaubst du, es sei einem Manne, der der Meßkunst nicht kundig ist, möglich, wenn eine Masse von gleich unkundigen Leuten ihm sagten, er sei vier Ellen groß, dies nicht auch selbst von sich zu glauben?

ADEIMANTOS. Nun, das glaube ich allerdings nicht.

SOKRATES. So grolle denn also nicht, denn diese Art Leute sind vielleicht die allerergötzlichsten: immer beschäftigt mit Abfassung von Gesetzen von der eben von uns beschriebenen Art, und mit deren Verbesserung, und dabei immer des Glaubens, irgendwie zu einem Abschluß zu gelangen hinsichtlich der Betrügereien im Geschäftsverkehr und allem von mir vorhin Aufgeführten, ohne die geringste Ahnung davon, daß sie in Wirklichkeit nichts anderes machen wie die, die der Hydra den Kopf abschlagen.

ADEIMANTOS. In der Tat, genau so machen sie es.

SOKRATES. Meiner Ansicht nach also wäre es das Richtige, daß sich mit dieser Art von Gesetzgebung und Staatsverwaltung kein wirklicher Staatsmann, weder in einem schlecht noch in einem gut geordneten

Staatswesen abgebe: in dem ersteren nicht, weil es ihm nutzlos ist und keinen Gewinn bringt, in dem letzteren nicht, weil einiges jedermann auch für sich finden kann, das übrige aber sich von selbst herausbildet auf Grund der bestehenden Lebensnormen.

ADEIMANTOS. Was bliebe uns also noch zu erledigen übrig hinsichtlich der Gesetzgebung?

SOKRATES. Uns nichts mehr; wohl aber dem Delphischen Apollon die wichtigsten und schönsten und ersten aller Anordnungen.

ADEIMANTOS. Welche wären das?

SOKRATES. Die Gründung von Heiligtümern und die Opfer sowie der sonstige Kult von Göttern, Daimonen und Heroen, sodann auch die Bestattung der Verstorbenen und die Leistungen an die im Jenseits Weilenden zur Erlangung ihrer Gunst. Denn der Anforderungen auf diesem Gebiet sind wir selbst nicht kundig und werden denn bei Gründung der Stadt vernünftigerweise keinem anderen folgen und uns von keinem anderen beraten lassen als von dem, der unseren Vätern heilig war. Denn dieser Gott ist es, der über alle diese Dinge allen Menschen als angestammter Berater, im Mittelpunkt der Erde auf dem Nabel thronend, Auskunft erteilt.

ADEIMANTOS. Ein treffliches Wort, und so wollen wir es machen.

6. SOKRATES. So wäre dir denn, du Sohn des Ariston, die Gründung der Stadt nunmehr vollendet. Demnächst verschaffe dir denn irgendwoher eine genügende Leuchte und schaue dich in dieser Stadt um, du und dein Bruder und Polemarchos und die übrigen, die du alle zuziehen mußt, ob wir vielleicht erkennen, wo denn nun die Gerechtigkeit sich finde und wo die Ungerechtigkeit, und worin sie sich voneinander unterscheiden und welche von beiden besitzen muß, wer glücklich sein will, mag er nun allen Göttern und Menschen verborgen bleiben oder nicht.

GLAUKON. Damit darfst du uns nicht kommen. Denn du warst es ja, der sich anheischig machte, es zu untersuchen, da es für dich eine heilige Pflicht sei, der Gerechtigkeit nach Kräften auf jede Weise beizustehen.

SOKRATES. Du hast recht mit deiner Erinnerung, und ich muß mich an mein Wort halten, aber auch ihr müßt mithelfen.

GLAUKON. Gut, das soll geschehen.

SOKRATES. Ich hoffe also, es auf folgende Weise zu finden. Ich glaube nämlich, die Stadt ist, wenn es mit ihrer Gründung recht bestellt ist, eine vollkommen gute.

GLAUKON. Notwendig.

SOKRATES. Offenbar also ist sie dann weise und tapfer und besonnen und gerecht.

GLAUKON. Offenbar.

SOKRATES. Der Rest also, der zurückbleibt, wenn wir die anderen Eigenschaften in ihr gefunden haben, muß doch wohl das Nichtgefundene sein?

GLAUKON. Ohne Zweifel.

SOKRATES. Es steht also damit, wie mit vier beliebigen anderen Dingen; gesetzt, wir suchten eines derselben an irgend etwas und hätten an erster Stelle eben jenes selbst erkannt, dann wären wir befriedigt; hätten wir aber zunächst die drei anderen erkannt, so wäre eben damit das Gesuchte erkannt; denn offenbar wäre dieses dann nichts anderes als das noch Übriggebliebene.

GLAUKON. Richtig.

SOKRATES. Da es sich nun bei unserer Frage auch gerade um vier Punkte handelt, so muß unsere Untersuchung doch den nämlichen Weg einschlagen?

GLAUKON. Offenbar,

SOKRATES. Es scheint mir nun dabei zuerst die *Weisheit* zutage zu treten; und es zeigt sich hier eine auffällige Erscheinung.

GLAUKON. Das wäre?

SOKRATES. Weise scheint mir in Wahrheit die von uns geschilderte Stadt zu sein; denn sie ist wohlberaten. Nicht wahr?

GLAUKON. Ja.

SOKRATES. Nun ist eben dies selbst, die Wohlberatenheit, doch offenbar eine Art Wissen; denn nicht durch Unwissenheit, sondern durch Wissen berät man sich gut.

GLAUKON. Offenbar.

SOKRATES. Es gibt aber viele und mannigfache Wissensfächer in der Stadt.

GLAUKON. Natürlich.

SOKRATES. Ist nun die Stadt etwa auf Grund des Wissens der Zimmerleute weise zu nennen?

GLAUKON. Nein, bewahre. Auf Grund dieser Kunst kann sie höchstens bauverständig genannt werden.

SOKRATES. Wenn die Stadt also weise genannt werden soll, so kann dies nicht aufgrund der Kenntnis der Holzbearbeitung geschehen, indem sie etwa berät, wie dergleichen Gegenstände am besten zu machen seien.

GLAUKON. Nein.

SOKRATES. Oder etwa aufgrund der Kenntnis von Erzbearbeitung oder von sonst etwas dergleichen?

GLAUKON. Kein Gedanke daran.

SOKRATES. Auch nicht aufgrund der Kenntnis vom Gewinnen der Früchte aus der Erde; sondern in dieser Beziehung hieße sie nur landwirtschaftskundig.

GLAUKON. Ich glaube wohl.

SOKRATES. Wie nun? Findet sich in der eben von uns gegründeten Stadt bei irgendeinem Teil der Bürger ein Wissen, aufgrund dessen sie nicht über irgendeine einzelne staatliche Angelegenheit, sondern über den Staat als Ganzes berät, auf welche Weise er in seinem Verhalten nach innen wie nach außen zu anderen Staaten am besten verfährt?

GLAUKON. Das gibt es.

SOKRATES. Welches denn, und wer besitzt es?

GLAUKON. Unsere Wächterkunst, und es besitzen sie die Regierenden, die wir eben vollendete Wächter nannten.

SOKRATES. Wie nennst du nun die Stadt wegen dieses Wissens?

GLAUKON. Wohlberaten und in Wahrheit weise.

SOKRATES. Glaubst du nun, daß sich in unserer Stadt mehr Schmiede finden werden als solche wirkliche Wächter?

GLAUKON. Weit mehr Schmiede.

SOKRATES. Also auch in Vergleich mit allen anderen, die ein Wissensfach beherrschen und danach benannt werden, sind diese doch wohl die am wenigsten zahlreichen?

GLAUKON. Weitaus.

SOKRATES. Durch die kleinste Klasse also und den kleinsten ihrer Bestandteile, den leitenden nämlich und herrschenden, und durch das Wissen, das diesem innewohnt, wird die ganze Stadt, falls sie der Natur gemäß gegründet worden ist, weise sein; und, wie es scheint, will es die Natur nicht anders, als daß demjenigen Teil, der am wenigsten zahlreich ist, es zukommt, derjenigen Wissenschaft teilhaftig zu werden, die unter allen Wissenschaften allein den Namen Weisheit verdient.

GLAUKON. Sehr richtig bemerkt.

SOKRATES. So hätten wir denn – ob ganz sicher, bleibe dahingestellt – von den vieren *eines* gefunden, es selbst wie auch die Stelle, wo es im Staate seinen Sitz hat.

GLAUKON. Mir wenigstens scheint das Gefundene ganz sicher.

7. SOKRATES. Was nun weiter die *Tapferkeit* anlangt, sie selbst und den Teil des Gemeinwesens, in dem sie sich findet und wegen dessen die ganze Stadt als tapfer zu bezeichnen ist, so ist es gar nicht schwierig, sie zu erkennen.

GLAUKON. Wie so?

SOKRATES. Wer eine Stadt entweder als feige oder als tapfer bezeichnet, tut dies doch in Hinblick auf nichts anderes als auf denjenigen Teil der Bürger, der die Stadt verteidigt und für sie zu Felde zieht?

GLAUKON. Auf nichts anderes.

SOKRATES. Denn ich denke, ob die anderen in ihr feige oder tapfer sind, ist nicht entscheidend dafür, daß sie selbst das eine oder das andere ist.

GLAUKON. Nein.

SOKRATES. Also auch tapfer ist die Stadt durch einen Teil ihrer selbst, weil sie in diesem eine Kraft besitzt, so stark, daß sie unverbrüchlich die Meinung über das, was man zu fürchten hat, aufrecht erhält, nämlich daß es das sei und von der Art, was und von welcher Art es nach der Erziehungsvorschrift des Gesetzgebers sein sollte. Oder nennst du das nicht Tapferkeit?

GLAUKON. Ich habe noch nicht recht verstanden, was du sagtest; sage es, bitte, noch einmal.

Sokrates. Eine Art Aufrechterhaltung nenne ich die Tapferkeit.

Glaukon. Eine Aufrechterhaltung welcher Art?

Sokrates. Eine Aufrechterhaltung der durch das Gesetz vermittelst der Erziehung eingepflanzten Meinung über das Furchtbare, was es ist und welcher Art. Wenn ich aber zu »Aufrechterhaltung derselben« das Wort »unverbrüchlich« hinzufügte, so heißt das, man soll sowohl in Schmerz wie in Lust, in Begierden und in Schrecknissen daran festhalten und sich ihrer nicht entäußern. Ich will sie aber, wenn es dir recht ist, mit dem vergleichen, womit sie mir Ähnlichkeit zu haben scheint.

Glaukon. Nun, mir soll es recht sein.

Sokrates. Du weißt doch, daß die Färber, wenn sie Wolle durch Färben purpurglänzend machen wollen, zuerst aus der Fülle der Farben eine Art auswählen, nämlich die weiße, sodann die Wolle mit nicht geringer Sorgfalt und Liebe vorbereiten, auf daß sie den Farbenglanz so gründlich wie möglich in sich aufnehme; und so färben sie denn. Und was auf diese Weise gefärbt ist, das hält dann jeder Probe stand, und kein Waschen, sei es ohne Lauge, sei es mit Lauge, vermag ihm den Farbenglanz zu rauben. Was anders behandelt wird – nun, du weißt ja, wie es damit ergeht, mag einer nun andere Farben zum Färben wählen oder mag er das Weiße nicht gehörig vorbereitet haben.

Glaukon. Ja, ich weiß wohl, es ist dann nicht waschecht und ist nicht ernst zu nehmen.

Sokrates. Für ein derartiges Ziel, nimm an, arbeiteten auch wir nach Kräften, als wir die Krieger auswählten und in Musik und Gymnastik erzogen. Glaube, daß wir auf nichts anderes bedacht waren als darauf, daß sie mit voller Überzeugung die Gesetze so innig als möglich in sich aufnahmen wie einen Farbstoff, damit ihre Meinung über das Furchtbare und alles andere jede Probe bestehen könnte, weil sie mit der angemessenen Naturanlage und Erziehung ausgerüstet sind und ihre Farbe nicht abgewaschen werden kann durch Schärfen von solcher Kraft, wie die Lust, die jedes Erdsalz und jede Lauge an Wirkung in dieser Beziehung übertrifft, und wie Schmerz und Furcht und Begierde, die jedem anderen Ausspülmittel an Stärke überlegen sind. Eine solche Kraft und unverbrüchliche Aufrechterhaltung der richtigen und gesetzlichen Meinung über das, was zu fürchten ist und nicht, nenne ich Tapferkeit und erkläre sie dafür, wenn du dich nicht dagegen erklärst.

GLAUKON. Nein, das tue ich nicht; denn wie mir scheint, hältst du die (bloße) richtige Meinung über eben diese Punkte, wenn ihr, wie der tierartigen und knechtischen, die Aufklärung durch Bildung fehlt, nicht für eigentlich gesetzmäßig und gibst ihr auch einen anderen Namen als den der Tapferkeit.

SOKRATES. Sehr wahr.

GLAUKON. Ich lasse also deine Bestimmung der Tapferkeit gelten.

SOKRATES. Ja, laß sie nur gelten, aber als bürgerliche, und du wirst damit recht haben. Ein anderes Mal wollen wir, wenn es dir recht ist, die Sache noch eingehender besprechen. Denn jetzt war das nicht der eigentliche Gegenstand unserer Untersuchung, sondern dies war die Gerechtigkeit; und für deren Aufsuchung reicht, glaube ich, das über die Tapferkeit Gesagte aus.

GLAUKON. Du hast recht.

8. SOKRATES. Zweierlei bleibt also nun noch in der Stadt zu betrachten übrig: die Besonnenheit und das eigentliche Ziel unserer Untersuchung, dem alles andere untergeordnet ist, die Gerechtigkeit.

GLAUKON. Gewiß.

SOKRATES. Wie können wir also wohl die Gerechtigkeit finden, ohne daß wir nötig hätten, uns mit der Besonnenheit erst noch lange zu befassen?

GLAUKON. Das weiß ich nicht und wünsche auch gar nicht, daß die Gerechtigkeit zuerst zutage trete, wenigstens wenn wir dann auf die Untersuchung über die Besonnenheit verzichten sollen. Aber wenn du mir zu Willen sein willst, so betrachte erst sie und dann jene.

SOKRATES. Nun gut, das will ich; denn ich täte sonst unrecht.

GLAUKON. So beginne denn die Untersuchung.

SOKRATES. Ja, es soll geschehen. Und, auf den ersten Blick wenigstens, gleicht die *Besonnenheit* mehr als das Vorige einer gewissen Einhelligkeit und Harmonie.

GLAUKON. Wie so?

SOKRATES. Eine Art Wohlverhalten ist doch wohl die Besonnenheit und eine Überlegenheit über gewisse Lüste und Begierden, wie man sagt, indem man sich dafür des sonderbaren Ausdrucks »sich selbst überlegen« bedient; auch noch andere derartige Spuren gleichsam von ihr treten in den gewöhnlichen Angaben hervor. Nicht wahr?

GLAUKON. Ja, in der Tat.

SOKRATES. Ist nun die Wendung »sich selbst überlegen« nicht lächerlich? Denn der sich selbst Überlegene ist offenbar auch sich selbst unterlegen und der Unterlegene überlegen. Denn der damit Bezeichnete ist in allen diesen Fällen derselbe.

GLAUKON. Gewiß.

SOKRATES. Aber wenn ich nicht irre, soll diese Redewendung doch besagen, daß in dem Menschen, was seine Seele anlangt, ein besseres und ein schlechteres Teil sich findet, und wenn das von Natur bessere Herr ist über das schlechtere, so ist das eben das »Sichselbstüberlegensein«. Es ist also ein lobender Ausdruck. Wenn aber infolge schlechter Erziehung oder wer weiß welchen Umganges das kleinere Bessere von der Menge des Schlechteren überwältigt wird, so dient der Ausdruck zum verwerfenden Tadel und bezeichnet den so Gearteten als sich selbst unterlegen und zügellos.

GLAUKON. Ja, so scheint es.

SOKRATES. Schaue also hin auf unsere neue Stadt und du wirst in ihr das erstere von beiden einheimisch finden; denn du wirst sagen, daß sie mit Recht als sich selbst überlegen bezeichnet werde, wenn anders dasjenige, dessen besseres Teil über das schlechtere herrscht, besonnen genannt werden muß und sich selbst überlegen.

GLAUKON. Ja, ich schaue hin und finde es bestätigt.

SOKRATES. Und gewiß wird man auch die vielen und mancherlei Begierden und Lüste und Schmerzen zumeist bei Kindern finden und bei Weibern und Dienstboten sowie bei der großen ungebildeten Mehrzahl der sogenannten freien Leute.

GLAUKON. Sicherlich.

SOKRATES. Die einfachen und maßvollen dagegen, die an der Hand der Vernunft und richtigen Meinung durch den überlegenden Verstand geleitet werden, wirst du nur bei wenigen finden, und zwar sind dies die durch natürliche Anlage und Erziehung an Tüchtigkeit hervorragendsten.

GLAUKON. Du hast recht.

SOKRATES. Siehst du nun nicht, daß auch dies sich in unserer Stadt findet, und daß in ihr die Begierden in der Menge und bei den Ungebildeten beherrscht werden von den Begierden und der Einsicht in den Wenigeren und Edlen?

GLAUKON. Ja.

9. SOKRATES. Wenn man also irgendeinen Staat als den Lüsten und Begierden und sich selbst überlegen bezeichnen darf, so ist es dieser.

GLAUKON. Unbedingt.

SOKRATES. Und also auch als besonnen in allen diesen Beziehungen?

GLAUKON. Ja, gewiß.

SOKRATES. Und wenn ferner in sonst einer Stadt sich völlige Übereinstimmung findet zwischen Regierenden und Regierten über die Frage, wer regieren soll, so ist das doch auch in unserer der Fall. Oder glaubst du nicht?

GLAUKON. Unbedingt.

SOKRATES. Welchen von beiden soll nun deiner Meinung nach die Besonnenheit innewohnen, wenn sie in diesem Verhältnis zueinander stehen? Den Regierenden oder den Regierten?

GLAUKON. Doch wohl beiden.

SOKRATES. Du siehst also, daß unsere eben geäußerte Ahnung ganz richtig war, die Besonnenheit habe Ähnlichkeit mit einer Harmonie?

GLAUKON. Wie so?

SOKRATES. Weil es bei ihr nicht so ist wie bei der Weisheit und Tapferkeit. Denn während von diesen beiden eine jede einem gewissen Teile der Seele innewohnt, so daß der eine die Stadt weise, der andere sie tapfer machte, so ist im Gegensatz zu ihnen die Besonnenheit schlechtweg über das Ganze verbreitet und läßt zu vollstem Einklang zusammenstimmen die Schwächsten und die Stärksten und die Mittleren, sei es nun, daß sie dies sind an Einsicht oder an Stärke oder an Menge oder an Besitz und dergleichen mehr. Besonnenheit wäre demnach, wie wir wohl am treffendsten sagen können, diese Einträchtigkeit, diese Einhelligkeit des von Natur schlechteren und des von Natur besseren Teiles über die Frage, welcher von beiden herrschen soll sowohl in der Stadt wie in jedem Einzelnen.

GLAUKON. Ich teile ganz deine Meinung.

SOKRATES. Gut denn. Es sind dies drei Arten, die sich uns in der Stadt offenbart haben, wenigstens allem Anschein nach. Die noch übrige Art also, ohne welche die Tugend der Stadt noch nicht vollständig ist, was wäre wohl diese? Offenbar ist das doch die *Gerechtigkeit.*

GLAUKON. Offenbar.

SOKRATES. Jetzt also, mein Glaukon, müssen wir wie Jäger den Busch rings umstellen und genau achthaben, daß uns die Gerechtigkeit nicht etwa entwischt und unseren Blicken entschwindet. Denn offenbar ist sie hier irgendwo. Sieh also zu und strenge deine Augen an, ob du sie vielleicht eher siehst als ich und sie mir aufweisen kannst.

GLAUKON. Ja, wenn ich das nur könnte. Aber ich kann weiter nichts als dir folgen und das von dir Aufgezeigte beschauen; das ist das einzige, wozu du mich passend brauchen kannst.

SOKRATES. So folge denn, nachdem du mit mir den Segen der Gottheit erfleht.

GLAUKON. Das soll geschehen; gehe du nur voran.

SOKRATES. Freilich scheint mir der Ort schwer zugänglich und verdeckt; wenigstens ist er dunkel und schwer zu durchforschen. Aber gleichwohl müssen wir uns daran machen.

GLAUKON. Ja, das müssen wir.

SOKRATES (sieht etwas). Hallo, mein Glaukon, es scheint, wir haben eine Spur des Wildes, und ich glaube, es kann uns unter keinen Umständen entkommen.

GLAUKON. Gute Botschaft.

SOKRATES. Wahrhaftig, wir haben eine rechte Dummheit begangen.

GLAUKON. Und was wäre das für eine?

SOKRATES. Täusche ich mich nicht, so treibt es sich schon lange, ja gleich von Anfang an vor unseren Füßen herum, und wir sahen es nur nicht, sondern machten uns recht lächerlich. Wie es wohl vorkommt, daß Leute etwas suchen, was sie in den Händen haben, so richteten auch wir unser Auge nicht auf den eigentlichen Gegenstand, sondern blickten irgendwohin in die Ferne, und so erklärt es sich wohl, daß er uns verborgen blieb.

GLAUKON. Wie meinst du das?

SOKRATES. So: ich glaube, wir haben schon lange davon gesprochen und gehört, sind uns aber selbst dessen nicht bewußt geworden, daß wir gewissermaßen redeten.

GLAUKON. Eine lange Vorrede für einen, der zu hören verlangt.

10. SOKRATES. So höre denn, ob meine Behauptung haltbar ist. Was wir nämlich von Anfang an als unerläßliche durchgängige Forderung hinstellten, als wir die Gründung der Stadt unternahmen, das, oder eine Art davon, ist, wie mir scheint, die Gerechtigkeit. Wir nahmen aber doch an und wiederholten es, wenn du dich erinnerst, immer wieder, daß jeder Einzelne nur eines der auf die Stadt bezüglichen Geschäfte treiben dürfe, nämlich das, wozu er von Natur besonders beanlagt sei.

GLAUKON. Ja, das sagten wir.

SOKRATES. Und auch, daß das Seinige tun und sich nicht in alles Mögliche einmischen Gerechtigkeit ist, auch das haben wir von vielen anderen gehört und haben es selbst oft gesagt.

GLAUKON. Ja, so ist es.

SOKRATES. Dies also scheint, wenn es auf eine bestimmte Art geschieht, die Gerechtigkeit zu sein, nämlich daß man das Seinige tut. Weißt du, woraus ich das folgere?

GLAUKON. Nein, aber sage es.

SOKRATES. Von den für die Stadt bestimmenden Eigenschaften scheint mir, nachdem wir die Besonnenheit und die Tapferkeit und die Einsicht betrachtet haben, noch diejenige übrig zu sein, die allein jenen die Kraft verlieh, sich selbst in ihr auszubilden, und wenn dies geschehen, ihnen sicheren Bestand verleiht, solange sie in ihr heimisch ist. Nun sagten wir aber doch, die Gerechtigkeit werde das noch zum Ganzen Fehlende sein, wenn wir die drei anderen gefunden hätten.

GLAUKON. Diese Annahme war auch notwendig.

SOKRATES. Aber wenn man nun entscheiden müßte, welche der genannten Eigenschaften durch ihr Innewohnen unsere Stadt vor allem zu einer guten machen wird, so dürfte schwer zu sagen sein, ob dies die Einhelligkeit der Regierenden und der Regierten ist, oder die den Kriegsmännern innewohnende Kraft des festen Beharrens bei der gesetzmäßigen Meinung über das was wirklich zu fürchten ist und was nicht, oder die bei den Regierenden sich findende Einsicht und Wächterkunst, oder ob vielmehr, was durch sein Innewohnen in Kind, Weib, Knecht und Freiem, in Handwerksmann, Regierendem und Regiertem die Stadt vor allem gut macht, dies ist, daß jeder als *einer* auch nur *sein* Geschäft treibt und sich nicht in alles Mögliche mischt.

GLAUKON. Das ist allerdings schwer zu entscheiden.

SOKRATES. Es steht also, wie es scheint, in bezug auf die Tugend der Stadt mit der Weisheit und Besonnenheit und Tapferkeit derselben in Wettbewerb jene Kraft, derzufolge jeder in ihr das Seinige tut.

GLAUKON. Gewiß.

SOKRATES. Ist es also nicht die Gerechtigkeit, die du als die für die Tugend der Stadt mit jenen in Wettbewerb stehende Eigenschaft ansehen mußt?

GLAUKON. Ohne Zweifel.

SOKRATES. So betrachte denn die Sache auch von dieser Seite, ob du damit einverstanden sein kannst. Wirst du den Regierenden in der Stadt die Rechtsprechung übertragen?

GLAUKON. Ohne Zweifel.

SOKRATES. Werden sie bei ihrer Rechtsprechung irgend etwas anderes mehr im Auge haben als dies, daß niemand einerseits sich fremdes Gut aneigne, anderseits des eigenen beraubt werde?

GLAUKON. Nichts anderes.

SOKRATES. Überzeugt, daß das gerecht ist.

GLAUKON. Ja.

SOKRATES. Auch so also würde in gewisser Beziehung anerkannt, Gerechtigkeit sei, daß jeder das Eigene und Seinige hat und tut.

GLAUKON. So ist es.

SOKRATES. Sieh zu, ob du auch die folgende Ansicht mit mir teilst. Wenn ein Zimmermann es sich beikommen läßt, die Arbeit eines Schusters zu verrichten, oder ein Schuster die des Zimmermanns, indem sie entweder ihre Werkzeuge und Ehren vertauschen oder auch der eine beides betreibt, glaubst du, daß all solcher Tausch in Dingen, die nicht das Herrscheramt betreffen, der Stadt großen Schaden bringe?

GLAUKON. Durchaus nicht.

SOKRATES. Wenn dagegen ein von Natur zum Handwerker oder sonst einem Erwerbsfach Bestimmter, im Verlaufe der Zeit dünkelhaft gemacht durch Reichtum oder Anhang oder Stärke oder sonst etwas dergleichen, sich in den Kriegerstand einzudrängen versucht, oder ein Kriegsmann in den Stand der Ratsleute und Wächter, ohne dessen würdig zu sein, und *diese* ihre Werkzeuge und Ehren miteinander vertauschen oder wenn ein und derselbe alles dies zugleich zu verrichten sich unterfängt, dann, denke ich, wird auch dir solcher Tausch und solche Vielgeschäftigkeit als verderblich für den Staat erscheinen.

GLAUKON. Zweifellos.

SOKRATES. Die Vielgeschäftigkeit also der drei verschiedenen Stände und ihr gegenseitiges Übergreifen ineinander dürfte als größter Schaden für die Stadt und mit vollstem Recht als Hauptfrevel bezeichnet werden.

GLAUKON. Ja, gewiß.

SOKRATES. Den größten Frevel aber gegen die eigene Stadt, wirst du den nicht Ungerechtigkeit nennen?

GLAUKON. Ohne Zweifel.

SOKRATES. Dies wäre also die Ungerechtigkeit.

11. SOKRATES (fortfahrend). Umgekehrt aber gilt uns die folgende Behauptung: wenn die erwerbende, die schützende und die wachende Klasse eine jede im Staat das Ihrige tut, so würde diese Berufstreue das Gegenteil von jener Erscheinung, nämlich Gerechtigkeit sein und die Stadt gerecht machen.

GLAUKON. Nicht anders scheint es sich mir zu verhalten als so.

SOKRATES. Noch laß uns die Behauptung nicht als völlig sicher hinstellen; sondern erst wenn dieser Begriff in seiner Anwendung auf jeden einzelnen Menschen von uns auch da als Gerechtigkeit anerkannt wird, werden wir uns damit einverstanden erklären – wie könnten wir auch anders? – Wo nicht, dann werden wir einen anderen Weg der Betrachtung einschlagen. Jetzt aber laß uns die Betrachtung vollenden, der gemäß wir annahmen, daß, wenn wir versuchten, die Gerechtigkeit zunächst an einem Gegenstand, wo sie sich im Großen zeigt, zu beschauen, es dann leichter sei, ihr Wesen auch in jedem einzelnen Menschen zu erkennen. Ein derartiges Musterbild aber schien uns der Staat zu sein, und so unternahmen wir denn die Gründung eines möglichst trefflichen Gemeinwesens, fest überzeugt, daß, in einem guten wenigstens, auch die Gerechtigkeit heimisch sei. Als was sie sich also dort zeigt, das wollen wir jetzt auf den Einzelnen anwenden, und wenn es sich als zutreffend erweist, dann gut; wenn sie sich aber bei dem Einzelnen als etwas anderes darstellt, dann müssen wir uns wieder zu dem Staate zurückwenden und die Sache da abermals prüfen; und wenn wir beide nebeneinander betrachten und wie Feuerhölzer aneinanderreiben, können wir vielleicht die Gerechtigkeit zur Erscheinung bringen und wenn sie sich uns offenbart, sie uns zum festen Eigentum machen.

GLAUKON. Ja, es ist der rechte Weg, den du weisest, und ihn wollen wir einhalten.

SOKRATES. Ist nun etwas, wofür man die Bezeichnung »dasselbe« braucht, gleichviel ob es in größerer oder in kleinerer Form auftritt, in der Beziehung, in der man es als »dasselbe« bezeichnet, unähnlich oder ähnlich?

GLAUKON. Ähnlich.

SOKRATES. Es wird also der gerechte Mann hinsichtlich des eigentlichen Begriffes der Gerechtigkeit von dem gerechten Staat nicht verschieden, sondern ihm ähnlich sein.

GLAUKON. Ja.

SOKRATES. Aber der Staat schien doch dann gerecht zu sein, wenn die drei Klassen verschiedener Naturen, die sich in ihm finden, eine jede die ihr zukommende Aufgabe erfüllt; besonnen aber hinwiederum und tapfer und weise auf Grund gewisser anderer Gemütsbewegungen und Eigenschaften der nämlichen Menschenklassen.

Glaukon. Richtig.

Sokrates. Auch für den einzelnen Menschen also, mein Freund, werden wir uns dahin entscheiden, daß er die nämlichen drei Grundformen in seiner Seele hat und wegen der Gleichheit seiner Zustände mit denen des Staates mit Recht auch dieselben Namen zu erhalten habe wie der Staat.

Glaukon. Unbedingt.

Sokrates. Da sind wir nun wieder, du Wunderlicher, in eine leicht abzutuende Betrachtung über die Seele geraten, ob sie diese drei Arten in sich hat oder nicht.

Glaukon. In eine leichte durchaus nicht, wie mir scheint. Denn wer weiß, ob nicht das Sprichwort wahr ist, das Schöne sei schwierig.

Sokrates. Wohl möglich. Und glaube mir, mein Glaukon, meiner Meinung nach werden wir aufgrund solcher Verfahrungsarten, wie wir sie jetzt bei unseren Unterredungen anwenden, nimmermehr in voller Schärfe die Sache erfassen; denn ein anderer längerer und umständlicherer Weg ist es, der dahin führt; aber vielleicht steht unser Verfahren wenigstens im rechten Verhältnis zu dem vorhin Gesagten und Untersuchten.

Glaukon. Müssen wir uns also nicht damit zufriedengeben? Denn für jetzt wenigstens finde ich es genügend.

Sokrates. Nun, was mich anlangt, so wird es erst recht aus-langen.

Glaukon. Ermatte also nicht, sondern setze die Untersuchung fort.

Sokrates. Müssen wir also nicht unbedingt einräumen, daß jedem von uns dieselben Grundformen und Verhaltungsarten innewohnen wie dem Staate? Denn woher anders sollten sie in den Staat gelangt sein? Denn lächerlich wäre es ja doch, wenn man annähme, die Herzhaftigkeit sei nicht aus den Einzelnen in den Staat eingedrungen, aus solchen nämlich, die tatsächlich in diesem Rufe stehen, wie z. B. die Bevölkerung Thrakiens und Skythiens und fast durchgängig die der nördlichen Gegenden, oder die Lernbegier, die hierzulande am meisten zu finden ist, oder die Erwerbsbegier, die man am entschiedensten den Phönikiern und Ägyptern zuspricht.

Glaukon. Sehr richtig.

Sokrates. Dies also verhält sich so und es einzusehen ist nicht schwierig.

Glaukon. Gewiß nicht.

12. Sokrates. Eine wirkliche Schwierigkeit dagegen bietet erst die folgende Frage: Ist es eine und dieselbe Kraft, mit der wir eine jede dieser Tätigkeiten verrichten, oder sind es drei, entsprechend jener Dreizahl der Tätigkeitsarten? Nämlich: lernen wir mit einer anderen unserer Fähigkeiten, ereifern wir uns mit einer andern, und endlich, erstreben wir mit einer dritten die mit der Nahrung und Zeugung verbundenen Lustgefühle und was dem verwandt ist, oder verrichten wir immer mit der ganzen Seele jede einzelne dieser Tätigkeiten, wenn wir uns dazu angeregt finden? Dies in einer haltbaren Weise zu bestimmen, darin liegt die eigentliche Schwierigkeit.

Glaukon. So scheint es auch mir.

Sokrates. Auf folgende Weise also laß uns bestimmen, ob es ein und dasselbe ist oder Verschiedenes.

Glaukon. Auf welche?

Sokrates. Offenbar wird das Nämliche nicht zu gleicher Zeit sich dazu hergeben, Entgegengesetztes zu tun oder zu leiden in dem nämlichen Sinn und in Beziehung auf die nämliche Sache; wenn uns also an ihnen diese Erscheinung entgegentritt, so können wir überzeugt sein, daß es nicht ein und dasselbe war, sondern mehreres.

Glaukon. Einverstanden.

Sokrates. Erwäge also, was ich nun sage.

Glaukon. Sprich nur.

Sokrates. Ist es also möglich, daß ein und dasselbe zu gleicher Zeit in der nämlichen Beziehung stillstehe und sich bewege?

Glaukon. Nimmermehr.

Sokrates. Laß uns denn noch genauer uns darüber verständigen, damit wir nicht etwa im weiteren Verlauf auf Zweifel stoßen. Wollte nämlich jemand von einem Menschen, der stillsteht, aber seine Hände und seinen Kopf bewegt, behaupten, daß ein und derselbe zu gleicher Zeit stillstehe und sich bewege, so würden wir, denke ich, diese Behauptung nicht als statthaft gelten lassen, sondern nur die, daß ein Teil an ihm stillstehe, der andere dagegen sich bewege. Nicht so?

Glaukon. So.

SOKRATES. Sollte nun dieser Gegenredner seinen Witz noch weiter üben und die geistreiche Bemerkung machen, daß ein Kreisel ganz zugleich stehe und sich bewege, wenn er, mit der Spitze die nämliche Stelle innehaltend, sich herumdrehe, oder daß es auch mit irgendeinem andern Gegenstand, der sich an der nämlichen Stelle im Kreise umschwingt, sich ebenso verhalte, so werden wir das nicht gelten lassen, weil Ruhe und Bewegung bei solchen Vorgängen sich dann nicht auf das Nämliche an ihm beziehen; das Richtige würde vielmehr sein, zu sagen, es finde sich an ihm Gerades und Rundes, und mit dem Geraden stehe er still – denn er neige sich ja nach keiner Seite hin –, mit dem Runden aber bewege er sich im Kreise; wenn er aber gleichzeitig mit seiner Umdrehung auch die gerade Richtung nach der Rechten oder der Linken oder nach vorn oder nach hinten sich neigen läßt, dann kann schlechterdings nicht mehr von Stillstand die Rede sein.

GLAUKON. Sehr richtig.

SOKRATES. Kein derartiger Einwurf also soll uns irre machen noch uns den Glauben beibringen, daß jemals irgend etwas, das sich gleich bleibt, gleichzeitig in dem nämlichen Sinn und in Beziehung auf das nämliche Objekt Entgegengesetztes leiden [oder sein] oder tun könne.

GLAUKON. Mich gewiß nicht.

SOKRATES. Um uns nun nicht zu weitläufigen Auseinandersetzungen genötigt zu sehen, indem wir all diesen Einwürfen begegnen und uns selbst in der Überzeugung von ihrer Unrichtigkeit bestärken, wollen wir ihnen allen zum Trotz unsere Voraussetzung als gültig annehmen und so weiter gehen, indem wir *darüber* einverstanden sind, daß, falls dies etwa jemals anders erscheinen sollte als auf die bezeichnete Weise, alles daraus Gefolgerte uns für hinfällig gelten soll.

GLAUKON. Ja, so soll es gehalten werden.

13. SOKRATES. Wirst du nun also das Zusagen und Absagen, das Bekommenwollen von etwas und das Abweisen, das Ansichziehen und das Vonsichstoßen – wirst du alles dies dem einander Entgegengesetzten zurechnen, mag es nun ein Tun sein oder ein Leiden? Denn das wird keinen Unterschied machen.

Glaukon. Sicherlich zu dem Entgegengesetzten.

Sokrates. Wie nun? Dursten und Hungern und überhaupt die Begierden, wie auch Wollen und Wünschen, rechnest du nicht alles dies irgendwie unter die eben aufgeführten Begriffe? Wirst du z. B. von der Seele des Begehrenden nicht immer sagen, sie wolle das bekommen, wonach sie begehrt, oder sie ziehe das an sich, dessen Besitz sie für sich wünscht, oder auch, insofern sie sich etwas gewährt wissen will, sage sie sich dieses selbst zu, als ob sie eine Anfrage beantwortete, erfüllt von dem Streben nach Verwirklichung des Ersehnten?

Glaukon. Ja.

Sokrates. Dagegen das Verwerfen und Nichtwollen und Nichtbegehren – werden wir das nicht zu dem Vonsichstoßen und Wegtreiben von ihr und zu allem, was jenem entgegengesetzt ist, rechnen?

Glaukon. Zweifellos.

Sokrates. Da sich dies nun so verhält, so werden wir doch den Satz aufstellen müssen, daß die Begierden eine Gattung (der Seelentätigkeit) bilden und daß die hervorstechendsten unter ihnen diejenigen sind, die wir Durst und Hunger nennen?

Glaukon. Das werden wir tun.

Sokrates. Geht nun nicht die eine auf Trunk, die andere auf Essen?

Glaukon. Ja.

Sokrates. Ist nun der Durst, rein für sich genommen, in der Seele Begierde nach irgend etwas Weiterem als nach dem Genannten? Ist er z. B. Durst etwa nach warmem oder kaltem Getränk, oder nach vielem oder wenigem, oder mit einem Wort nach einem irgendwie bestimmten Getränk? Oder wird mir, wenn Wärme mit dem Durst verbunden ist, diese die Begierde nach dem Kalten erwecken, und wenn Kälte, die nach dem Warmen; und wenn wegen des Hinzutrittes der Vielheit der Durst groß ist, wird er dann nicht die Begierde nach Vielem erwecken, und wenn gering, dann die nach Wenigem? Das Dürsten an sich selbst aber wird doch nie etwas anderes begehren als worauf es seinem Wesen nach gerichtet ist, nämlich auf den Trunk an sich, ebenso wie der Hunger auf das Essen an sich?

GLAUKON. Jawohl, die Begierde an sich geht jedesmal nur auf das, worauf sie ihrem Wesen nach gerichtet ist, erst das Hinzutretende auf eine bestimmte Beschaffenheit.

SOKRATES. Daß uns da nicht etwa einer unversehens mit dem Einwurf überrasche, daß niemand Trank an sich begehrt, sondern guten Trank, oder Speise an sich, sondern gute Speise; denn alle begehren ja das Gute. Wenn also der Durst eine Begierde ist, so sei er als solche doch wohl auf einen guten Trank gerichtet, oder worauf sonst die Begierde geht, und die anderen ebenso.

GLAUKON. Ja, mit diesem Einwand hat es vielleicht etwas auf sich.

SOKRATES. Indes mit allen Begriffen, die eine Beziehung auf etwas anderes enthalten, steht es meiner Ansicht nach doch so, daß sie teils, soweit sie nämlich eine bestimmte Beschaffenheit ausdrücken, sich auf ein bestimmt Beschaffenes beziehen, teils, an sich genommen, jedesmal auf die betreffende Sache an sich gehen.

GLAUKON. Das ist mir nicht klar.

SOKRATES. Also wäre dir auch nicht klar, daß das Größere von der Art ist, daß es größer ist als *etwas*?

GLAUKON. Das durchaus.

SOKRATES. Doch wohl als das Kleinere?

GLAUKON. Ja.

SOKRATES. Aber das *viel* Größere doch als das *viel* Kleinere? Nicht wahr?

GLAUKON. Ja.

SOKRATES. Also doch wohl auch das einstmals Größere als das einstmals Kleinere und das künftig Größere doch als das künftig Kleinere?

GLAUKON. Ohne Zweifel.

SOKRATES. Und verhält sich nicht offenbar ebenso das Mehrere zu dem Wenigeren und das Doppelte zu dem Halben und so alles dergleichen, und anderseits das Schwerere zu dem Leichteren und das Schnellere zu dem Langsameren und ferner das Warme zu dem Kalten und so auch alles Ähnliche?

GLAUKON. Sicherlich.

SOKRATES. Und wie verhält es sich mit den Dingen des Wissensgebietes?

Steht es da nicht ebenso? Das Wissen an sich ist ein Wissen des Lernbaren an sich oder worauf man auch immer das Wissen beziehen muß überhaupt, ein bestimmtes Wissen dagegen und ein bestimmtes Wissensfach das Wissen eines bestimmten und irgendwie beschaffenen Lernbaren. Ich meine das aber folgendermaßen: nachdem sich eine Wissenschaft des Häuserbaus herausgebildet hatte, hat sich da diese nicht von den übrigen Wissenschaften in der Weise abgehoben, daß sie den Namen »Bauwissenschaft« erhielt?

GLAUKON. Gewiß.

SOKRATES. Doch wohl aus dem Grund, weil sie eine bestimmte Art bildete im Unterschiede von allen anderen Arten?

GLAUKON. Ja.

SOKRATES. Also weil sie sich auf ein bestimmt Beschaffenes bezog, hat sie sich selbst als ein bestimmt Beschaffenes herausgehoben? Und ebenso die übrigen Künste und Wissenschaften?

GLAUKON. So ist es.

14. SOKRATES. Das also ist es – wie du jetzt zugeben mußt, wenn du mich nunmehr verstanden hast – was ich vorhin mit der Bemerkung sagen wollte, es bezögen sich alle Begriffe, die eine Beziehung auf etwas anderes enthalten, an sich selbst nur auf das für sich allein genommene Andere, während sie, auf bestimmt beschaffene andere Dinge bezogen, auch selbst eine bestimmte Beschaffenheit haben. Und ich meine das keineswegs so, daß *ihre* Beschaffenheit der gleich sei, mit der sie in einem Verhältnis steht, daß also etwa die Wissenschaft vom Gesunden und Kranken auch ihrerseits gesund und krank sei, und die vom Bösen und Guten auch ihrerseits böse und gut sei; sondern, da sie ja nicht das Wissen dessen war, was dem Wissen an sich entspricht, sondern eines bestimmt Beschaffenen – in unserem Fall also des Gesunden und Kranken –, so mußte sie auch ihrerseits eine bestimmt beschaffene werden, und das war der Grund, daß sie nicht mehr Wissenschaft schlechthin genannt ward, sondern, da ein bestimmt Beschaffenes hinzugetreten ist, Heilwissenschaft.

GLAUKON. Ich hab' es verstanden und halte es für richtig.

SOKRATES. Was aber den fraglichen Durst anlangt, wirst du ihn nicht seinem Wesen nach zu dem rechnen, was eine Beziehung auf etwas enthält? Der Durst nämlich geht doch auf irgend etwas?

GLAUKON. Ja, auf einen Trank.

SOKRATES. Also wenn auf einen bestimmt beschaffenen Trank, so ist auch der Durst ein bestimmt beschaffener, während der Durst an und für sich weder auf viel noch auf wenig, noch auf gutes oder schlechtes Getränk, kurz überhaupt nicht auf ein bestimmt Beschaffenes geht, sondern seiner Natur nach auf den Trank allein für sich?

GLAUKON. Sicherlich.

SOKRATES. Des Dürstenden Seele also, insofern er dürstet, will nichts anderes als trinken: danach strebt sie und darauf geht sie aus.

GLAUKON. Offenbar.

SOKRATES. Wenn sie also in solchem Zustand des Durstes einmal von irgend etwas nach der entgegengesetzten Richtung hingezogen wird, muß dann nicht etwas anderes in ihr sein als das, was den Durst empfindet und sie wie ein Tier zum Trinken treibt? Denn – so lautet ja unsere Behauptung – das Nämliche kann nicht mit dem nämlichen Teil von sich in Beziehung auf das Nämliche zu gleicher Zeit Entgegengesetztes tun.

GLAUKON. Gewiß nicht.

SOKRATES. Es steht damit, denke ich, gerade so, wie bei dem Bogenschützen: es wäre nicht richtig, von ihm zu sagen, daß seine Hände gleichzeitig den Bogen von sich weg nach vorn drücken und an sich ziehen, sondern daß die eine Hand es ist, die ihn von sich wegdrückt, die andere dagegen, die ihn an sich drückt.

GLAUKON. Sicherlich.

SOKRATES. Kommt es nun nicht vor, daß Dürstende nicht trinken wollen? Oder sollen wir sagen, es gebe deren keine?

GLAUKON. Doch, gar viele und oft genug.

SOKRATES. Wie also wird man über diese wohl urteilen? Doch wohl so: es sei in ihrer Seele etwas vorhanden, das zum Trinken antreibt, es sei aber auch etwas vorhanden, das es verhindert, und zwar sei dies letztere ein anderes und habe Gewalt über das Antreibende?

GLAUKON. Mir wenigstens scheint es so.

SOKRATES. Ist nun das dergleichen Verhindernde, wenn es in der Seele sich geltend macht, nicht eine Frucht vernünftiger Überlegung, während das Treibende und Drängende infolge von Leiden und Krankheiten sich einstellt?

GLAUKON. Allem Anschein nach.

SOKRATES. Nicht ohne Grund also werden wir sie für zweierlei und voneinander verschieden erklären, indem wir den Teil der Seele, mit dem sie überlegt, als vernünftig denkenden bezeichnen, den dagegen, mit dem sie der Liebe begehrt und hungert und dürstet und der beständigen Erregung aller sonstigen Begierden preisgegeben ist, als unvernünftigen und begehrlichen Teil, der gewissen Anfüllungen und Lustempfindungen zugetan ist.

GLAUKON. Nein, nicht ohne Grund, sondern mit Recht werden wir so urteilen.

SOKRATES. Dies seien denn zwei Arten, die uns als der Seele innewohnend gelten müssen. Aber was nun die Herzhaftigkeit anlangt und dasjenige Seelenvermögen, womit wir uns ereifern – ist es ein Drittes, oder mit welchem von jenen beiden fiele es seiner Natur nach zusammen?

GLAUKON. Vielleicht mit dem zweiten, nämlich dem begehrlichen Teil.

SOKRATES. Mag sein. Aber ich habe einst ein Geschichtchen gehört, das ich für glaubwürdig halte. Leontios nämlich, des Aglaion Sohn, bemerkte, wie es heißt, als er vom Peiraieus hinauf nach der Stadt außen an der nördlichen Mauer hinging, daß Leichname da lagen, wo der Scharfrichter seine Stätte hatte. Da erfaßte ihn die Begierde, sie zu sehen, gleichzeitig aber regte sich in ihm der Unwille und hieß ihn sich abwenden; und eine Zeitlang kämpfte er mit sich und verhüllte sich; dann aber lief er, von der Begierde überwältigt, die Augen weit aufgerissen, an die Leichname heran mit dem Ruf: »Nun habt ihr euern Willen, ihr Unholde, seht euch satt an dem herrlichen Anblick.«

GLAUKON. Auch ich habe es gehört.

SOKRATES. Diese Geschichte gibt zu erkennen, daß der Zorn zuweilen mit den Begierden im Kampfe liegt, als etwas von ihnen Verschiedenes.

GLAUKON. Ja, dem ist so.

15. SOKRATES. Bemerken wir nun nicht auch sonst häufig, daß der Mensch, wenn Begierden im Widerspruch mit der vernünftigen Überlegung ihn umdrängen, sich selbst schilt und voller Zorn ist auf diese nötigende Gewalt in seinem Innern und daß bei diesem Aufruhr – wie man es nennen könnte – des einen gegen das andere der Zorn eines solchen Menschen sich zum Bundesgenossen der Vernunft macht? Daß der Zorn aber gegen die Vernunft, die ein Zuwiderhandeln gegen ihren Spruch verbietet, mit den Begierden gemeinsame Sache gemacht hätte, das, denke ich, wirst du nicht behaupten, jemals an dir selbst beobachtet zu haben, wenn sich ein solcher Vorgang in dir abspielte, und ebensowenig wohl auch an einem andern.

GLAUKON. Niemals, beim Zeus.

SOKRATES. Und weiter. Wenn einer glaubt, im Unrecht zu sein, ist er dann nicht um so weniger imstande zu zürnen, je edler er ist, mag er nun Hunger, Frost oder was sonst dergleichen erleiden durch den, der ihm seiner Überzeugung nach mit Recht dies antut? Und habe ich nicht recht mit meiner Behauptung, daß sich dann sein Zorn gegen jenen nicht regen will?

GLAUKON. Gewiß, du hast recht.

SOKRATES. Wenn er dagegen glaubt, Unrecht zu leiden, kocht und braust dann der Zorn in ihm nicht auf und macht sich zum Bundesgenossen dessen, was ihm gerecht dünkt, und nimmt gelassen sogar die doppelte Qual des Hungers und Frostes und aller dergleichen Leiden auf sich, und mag es ihm auch schwer genug fallen, so läßt er doch nicht ab von dem Edlen, bis er es entweder durchsetzt oder sein Ende findet oder, wie ein Hund vom Hirten, so von der ihm innewohnenden Vernunft zurückgerufen und besänftigt wird?

GLAUKON. Es ist ganz so, wie du sagst. In der Tat haben wir ja in unserer Stadt die Helfer gleichsam als Hunde den Regierenden, die ihrerseits gleichsam die Hirten der Stadt sind, zur Verfügung gestellt.

SOKRATES. Du zeigst ein treffliches Verständnis für das, was ich sagen will. Aber verstehst du außerdem auch noch das Folgende?

GLAUKON. Was denn?

SOKRATES. Daß wir jetzt die entgegengesetzte Ansicht über das Zornmütige haben als eben erst vorhin. Denn damals meinten wir, es sei eine Art des Begehrlichen, jetzt aber sagen wir, es sei weit davon entfernt, es stelle sieh vielmehr bei einem Widerstreit in der Seele auf die Seite des Vernünftigen.

GLAUKON. Allerdings.

SOKRATES. Als etwas auch von diesem Verschiedenes oder als eine Art des Vernünftigen, so daß es also nicht drei, sondern nur zweierlei Vermögen in der Seele gäbe, ein Vernünftiges und ein Begehrliches? Oder ist es so wie in dem Staat, dessen Bestand auf drei Klassen beruhte, der erwerbenden, der schützenden und der beratenden? Ist nicht auch in der Seele als ein drittes dieses Zornmütige, als natürlicher Helfer für die Vernunft, wenn es nicht etwa durch schlechte Erziehung verdorben ist?

GLAUKON. Notwendig als ein drittes.

SOKRATES. Ja, wenn es sich als ein von dem Denkvermögen verschiedenes Vermögen erweist, wie es sich als verschieden von dem Begehrungsvermögen erwiesen hat.

GLAUKON. Das läßt sich unschwer aufweisen. Denn schon an den Kindern kann man beobachten, daß sie gleich von Anfang an voll von Zorn sind; der Vernunft aber werden, wenigstens meiner Ansicht nach, einige überhaupt nicht teilhaftig, die meisten aber erst spät.

SOKRATES. Damit hast du, beim Zeus, vollständig recht. Ferner kann man auch an den Tieren sehen, daß das Gesagte richtig ist. Außerdem wird auch das früher schon irgendwo herangezogene homerische Wort als Zeugnis dienen

Aber er schlug an die Brust und redete scheltend sich selbst zu!

denn hier läßt ja Homer deutlich das über das Bessere und Schlechtere durch Überlegung Entscheidende dem sich ohne Überlegung Ereifernden als ein von dem anderen Verschiedenes Vorwürfe machen.

GLAUKON. Du hast offenbar recht.

16. SOKRATES. So hätten wir denn nach mühsamer Fahrt dies Ziel erreicht, und es entspricht durchaus dem wahren Sachverhalt, wenn wir im Ein-

verständnis miteinander behaupten, daß die nämlichen Elemente, die sich in dem Staat finden, auch der Seele jedes Einzelnen innewohnen, und in der gleichen Zahl.

GLAUKON. So ist es.

SOKRATES. Ist es nicht also notwendig, daß, wie und wodurch der Staat weise war, so und dadurch auch der Einzelne weise sei?

GLAUKON. Selbstverständlich.

SOKRATES. Und wodurch und wie der Einzelne tapfer ist, dadurch und so auch der Staat tapfer sei und auch in allem anderen sich beide in gleicher Weise zur Tugend verhalten?

GLAUKON. Notwendig.

SOKRATES. Also auch gerecht, mein Glaukon, werden wir, denke ich, sagen, sei ein Mann auf die nämliche Weise, in der auch der Staat gerecht war.

GLAUKON. Auch dies ist unbedingt notwendig.

SOKRATES. Aber wir haben doch gewiß nicht vergessen, daß der Staat gerecht war dadurch, daß innerhalb der drei Stände, die ihn bildeten, jeder Einzelne das Seinige tat.

GLAUKON. Das haben wir schwerlich vergessen.

SOKRATES. Wir müssen also beachten, daß auch jeder Einzelne unter uns, bei dem jeder Teil seines Inneren seine Pflicht tut, gerecht sein und das Seinige tun wird.

GLAUKON. Recht sehr müssen wir das beachten.

SOKRATES. Kommt es nun nicht dem vernünftigen Teil zu zu herrschen, da er weise ist und für die gesamte Seele Fürsorge trägt, dem zornmütigen aber ihm gehorsam und mit ihm verbündet zu sein?

GLAUKON. Allerdings.

SOKRATES. Wird nun nicht, wie wir sagten, eine Mischung von Musik und Gymnastik sie zu rechtem Einklang miteinander bringen, indem sie den vernünftigen Teil anspannt und durch gute Reden und Lehren heranbildet, den zornmütigen dagegen herabstimmt durch freundlichen Zuspruch, ihn mildernd durch Harmonie und Rhythmus?

GLAUKON. Offenbar.

SOKRATES. Und diese beiden, in solcher Weise erzogen und in Wahrheit in dem, was das Ihrige ist, unterwiesen und herangebildet, werden dann den begehrlichen Teil unter ihre Leitung nehmen, der sich bei jedem in der Seele am breitesten macht und nie genug haben kann. Sie werden über ihn wachen, daß er nicht, durch Befriedigung der vermeintlichen Lüste des Leibes angeschwollen und stark geworden, aufhöre, das Seinige zu tun, und sich herausnehme, dasjenige sich untertänig zu machen und zu beherrschen, über das einem Geschlechte seinesgleichen die Herrschaft nicht zukommt, und so das gesamte Leben aller von Grund aus zerstöre.

GLAUKON. Sicherlich.

SOKRATES. Werden also diese beiden nicht auch am besten über die auswärtigen Feinde wachen zum Schutze der gesamten Seele sowie auch des Leibes, das eine beratend, das andere der kriegerischen Tätigkeit obliegend, in der Ausübung dieser kriegerischen Tätigkeit aber immer dem Herrschenden sich fügend und durch seine Tapferkeit das Beschlossene ausführend?

GLAUKON. So ist es.

SOKRATES. Also auch tapfer, denke ich, werden wir jeden Einzelnen nach diesem Teile nennen, wenn nämlich das Zornmütige in ihm in Leid und Lust immer festhält an dem, was durch die Vernunft als gefährlich und als dessen Gegenteil kundgegeben worden ist.

GLAUKON. Recht so.

SOKRATES. Weise aber durch jenen kleinen Teil, ihn, der – dem Vorigen zufolge – in ihm herrscht und diese Anweisungen gibt und auch seinerseits (wie der Wächterstand) ein Wissen in sich hat, ein Wissen nämlich von dem, was sowohl einem jeden Einzelnen heilsam ist wie auch dem ganzen aus ihnen sich zusammensetzenden und nach den drei Ständen gegliederten Gemeinwesen.

GLAUKON. Gewiß.

SOKRATES. Und weiter: besonnen doch durch die Freundschaft und den Einklang eben dieser, wenn das Herrschende und die beiden Beherrschten darüber einverstanden sind, daß dem vernünftigen Teil die Herrschaft gebühre, und wenn jede Auflehnung gegen ihn unterbleibt?

GLAUKON. Ja darin und in nichts anderem besteht die Besonnenheit für den Staat sowohl wie für den Einzelnen.

SOKRATES. Aber gerecht wird er doch nur sein aufgrund jenes von uns so oft wiederholten Satzes und auf die dadurch bezeichnete Weise.

GLAUKON. Ganz notwendig.

SOKRATES. Wie nun? Unser Blick ist doch nicht etwa getrübt, und wir glauben doch nicht, die Gerechtigkeit sei im Grunde doch etwas anderes, als sie uns im Staate erschien?

GLAUKON. Ich wenigstens glaube das nicht.

SOKRATES. Gut denn. Und zwar können wir folgendermaßen zu einer vollkommen sicheren Überzeugung kommen, sofern in unserer Seele noch ein Zweifel zurückgeblieben ist: als Probe nämlich für die Richtigkeit unseres Satzes mögen uns die landläufigen Anschauungen dienen.

GLAUKON. Was wären das für welche?

SOKRATES. Gesetzt z. B., wir müßten uns hinsichtlich jenes Staates und des ihm entsprechend gearteten und erzogenen Mannes darüber verständigen, ob wir glauben, ein solcher werde ihm zur Verwahrung anvertrautes Gold oder Silber unterschlagen – wer, meinst du, würde da nicht glauben, daß jeder anders Geartete dies eher tun würde als gerade er?

GLAUKON. Niemand.

SOKRATES. Auch mit Tempelraub, Diebstahl, Verrat an Freunden, seien es einzelne oder der Staat im Ganzen, wird er doch gewiß nichts zu schaffen haben?

GLAUKON. Gewiß nicht.

SOKRATES. Und auch nicht der geringsten Unzuverlässigkeit in bezug auf Eide oder sonstige Abmachungen wird er sich schuldig machen.

GLAUKON. Wie sollte er auch?

SOKRATES. Von Ehebruch aber und Rücksichtslosigkeit gegen die Eltern und Vernachlässigung der Götter kann bei jedem andern eher die Rede sein als bei ihm.

GLAUKON. Gewiß, bei jedem anderen eher.

SOKRATES. Und liegt der Grund von all dem nicht darin, daß von dem, was in ihm ist, ein jedes das Seinige tut, sowohl was das Herrschen als was das Beherrschtwerden anlangt?

GLAUKON. Darin, und in nichts anderem.

SOKRATES. Soll also deiner Ansicht nach die Gerechtigkeit noch irgend etwas anderes sein als dieses Vermögen, welches Männer und Staaten von solcher Art schafft?

GLAUKON. Beim Zeus, meiner Ansicht nach nicht.

17. SOKRATES. So wäre denn also unser Traum vollständig in Erfüllung gegangen, ich meine die Vermutung, welche wir aussprachen, daß gleich bei Beginn unseres Aufbaues der Stadt wir durch eines Gottes Gunst auf den Anfang und sozusagen Grundriß der Gerechtigkeit hingeleitet zu sein scheinen.

GLAUKON. Vollständig.

SOKRATES. Ja, das war allerdings, mein Glaukon – und darum erwies es sich auch so förderlich – eine Art Bild der Gerechtigkeit, daß der zum Schuster Geborene recht tue, nur zu schustern und nichts anderes zu treiben, und der zum Zimmermann Geborene nur zu zimmern und so weiter.

GLAUKON. Offenbar.

SOKRATES. In Wahrheit aber war die Gerechtigkeit, wie nun ersichtlich, zwar etwas von dieser Art, doch nicht in bezug auf das äußere Wirken dessen, was einer in sich hat, sondern in bezug auf seine innere Tätigkeit, die ja doch sein wahres Selbst und wahrhaft das Seinige ist; ein solcher duldet nämlich nicht, daß irgendein Teil seines Inneren Fremdartiges verrichte, noch daß die Vermögen der Seele sich eines in des anderen Geschäft mische, sondern er hat sein Haus im wahren Sinne wohlbestellt, hat die Herrschaft über sich selbst gewonnen, hat in sich Ordnung geschaffen, sich mit sich selbst innig befreundet und jene drei Seelenvermögen in Einklang gebracht, gerade so, als wären es die Haupttöne eines Zusammenklangs, der höchsten, der untersten und der mittleren Saite, und wenn sonst noch welche dazwischenliegen; alle diese hat er fest verbunden, so daß er nicht mehr eine Vielheit darstellt, sondern völlig Einer geworden ist, besonnen und wohlgefügt: so erst schreitet er dann zum Handeln, wenn er sich etwas vornimmt, mag es sich um Erwerb von Hab und Gut handeln oder um Körperpflege oder um eine Staatsangelegenheit oder um Privatgeschäfte, indem er in allen diesen Dingen nur diejenige Handlung für gerecht und schön hält und erklärt, welche dieser grundsätzlichen Gesinnung treu bleibt und zu ihr mitwirkt, und für Weisheit nur dasjenige Wissen, das einer solchen Handlung als Wegweiser dient, für eine ungerechte Handlung aber diejenige, welche jener stets störend entgegentritt, und für Torheit diejenige Meinung, welche ihrerseits der ungerechten Handlung die Wege weist.

GLAUKON. Du hast vollkommen recht.

SOKRATES. Gut. Wenn wir denn behaupten wollten, den gerechten Mann und Staat, und die wirkliche Bedeutung der Gerechtigkeit in ihnen gefunden zu haben, so dürften wir, dächt' ich, durchaus nicht als Lügner erscheinen.

GLAUKON. Nein, beim Zeus, wahrhaftig nicht.

SOKRATES. Wollen wir es also behaupten?

GLAUKON. Ja.

18. SOKRATES. So sei es denn. Denn nächstdem haben wir, denke ich, noch die Ungerechtigkeit zu betrachten.

GLAUKON. Offenbar.

SOKRATES. Muß sie nicht ihrerseits ein Zwiespalt jener drei Elemente sein und eine Sucht, alles Mögliche zu betreiben und sich in die Geschäfte anderer zu mischen, und eine Auflehnung eines der Teile gegen das Ganze der Seele, um in ihr die Herrschaft zu erlangen, während er seiner natürlichen Beschaffenheit nach nicht dazu berufen ist, sondern dazu, dem zu dienen, das dem herrschaftlichen Geschlecht angehört? Für etwas Derartiges, denke ich, und für eine Störung und Verwirrung dieser Elemente werden wir die Ungerechtigkeit erklären, wie auch die Zügellosigkeit und Feigheit und Unwissenheit und insgesamt alle Schlechtigkeit.

GLAUKON. Für eben dies.

SOKRATES. Liegt uns nunmehr nicht auch das Wesen des Ungerecht*handelns* und des Ungerecht*tuns* und anderseits des Gerecht*handelns* klar vor Augen, wenn anders das der Ungerechtigkeit und Gerechtigkeit?

GLAUKON. Wieso dies?

SOKRATES. Weil sie nicht verschieden sind von dem Gesunden und Krankhaften, das hier im Leibe, dort in der Seele seinen Sitz hat.

GLAUKON. Inwiefern?

SOKRATES. Das Gesunde bewirkt doch Gesundheit, das Krankhafte Krankheit.

GLAUKON. Ja.

SOKRATES. So bewirkt doch wohl auch das Gerechthandeln Gerechtigkeit, das Ungerechthandeln aber Ungerechtigkeit?

GLAUKON. Notwendig.

SOKRATES. Es besteht aber das Bewirken der Gesundheit darin, daß man die Bestandteile des Körpers in die Lage bringt, naturgemäß zu herrschen und sich voneinander beherrschen zu lassen, das Bewirken der Krankheit aber darin, daß man naturwidriges Beherrschtwerden des einen Teiles durch den anderen in ihn einführt.

GLAUKON. Allerdings.

SOKRATES. Also anderseits besteht doch wohl das Bewirken der Gerechtigkeit darin, daß man die Bestandteile der Seele in die Lage bringt, naturgemäß zu herrschen und sich voneinander beherrschen zu lassen, das Bewirken der Ungerechtigkeit aber darin, daß man naturwidriges gegenseitiges Beherrschtwerden in sie einführt?

GLAUKON. Offenbar.

SOKRATES. Tugend wäre also, wie ersichtlich, eine Art Gesundheit und Schönheit und Wohlbefinden der Seele, Schlechtigkeit dagegen Krankheit, Häßlichkeit und Schwäche.

GLAUKON. So ist es.

SOKRATES. Führen nun nicht auch schöne und edle Lebensziele zum Besitze der Tugend, häßliche dagegen zu dem der Schlechtigkeit?

GLAUKON. Notwendig.

19. SOKRATES. Noch bleibt uns also, wie es scheint, übrig zu betrachten, ob es auch nützlich ist, gerecht zu handeln und sich schönen Beschäftigungen hinzugeben und gerecht zu sein – mag man in seiner Eigenschaft als Gerechter erkannt werden oder nicht – oder ob Unrecht zu tun und ungerecht zu handeln, sofern man nämlich keine Strafe leidet und nicht durch Züchtigung gebessert wird.

GLAUKON. Aber, Sokrates, die Untersuchung kommt in Gefahr, ins Lächerliche zu fallen. Denn während man bei Verfall der naturgemäßen

Beschaffenheit des Leibes glaubt, nicht mehr leben zu können, selbst nicht, wenn man im Besitz aller Speisen und Getränke und alles Reichtums und aller Macht wäre, sollte da das Leben bei Zerrüttung und Verfall der naturgemäßen Beschaffenheit eben dessen, durch das wir leben, überhaupt noch lebenswert sein, auch wenn wir tun könnten, was wir wollten? Höchstens doch nur dann, wenn man einen Weg fände sich von Schlechtigkeit und Ungerechtigkeit zu befreien und die Tugend und Gerechtigkeit zu erwerben, nachdem beide sich uns als solche erwiesen haben, wie wir es durchgesprochen haben.

SOKRATES. Allerdings lächerlich; allein, da wir uns einmal darauf eingelassen haben, so deutlich wie nur möglich zu erkennen, daß es sich damit so verhält, so dürfen wir nicht ermatten.

GLAUKON. Nein, wahrlich beim Zeus, das dürfen wir um keinen Preis.

SOKRATES. Also, nun tritt hierher, damit du auch siehst, wieviele Arten meiner Meinung nach die Schlechtigkeit hat, soweit sie überhaupt der Betrachtung würdig sind.

GLAUKON. Ich folge; sprich nur.

SOKRATES. In der Tat, wie von einer Warte, auf die wir durch den Aufstieg in unserer Untersuchung gelangt sind, glaube ich zu erkennen, daß es nur eine Art der Tugend gibt, dagegen unzählige Arten der Schlechtigkeit, darunter aber einige bestimmte, vier an der Zahl, die der Beachtung wert sind.

GLAUKON. Wie meinst du das?

SOKRATES. So viel, als es artbildende Staatsverfassungen gibt, so viele Arten scheint es auch für die Seele zu geben.

GLAUKON. Wieviele also?

SOKRATES. Fünf bei Staatsverfassungen und fünf bei der Seele.

GLAUKON. Sage, welche.

SOKRATES. So also: die eine ist die von uns beschriebene Art von Staatsverfassung; sie läßt aber eine zwiefache Bezeichnung zu: sticht nämlich unter den Herrschenden ein Mann besonders hervor, so wird sie Königtum genannt werden, wenn aber mehrere, dann Aristokratie.

GLAUKON. Richtig.

SOKRATES. Dies also erkläre ich für die *eine* Art. Denn ob es nun mehrere sind oder nur einer, sie werden, gebildet und erzogen in der von uns beschriebenen Weise, an den bedeutsameren Gesetzen des Staates nichts ändern.

GLAUKON. Nein, aller Wahrscheinlichkeit nach.

Fünftes Buch

1. SOKRATES. Gut und richtig – so nenne ich also einen solchen Staat und eine solche Verfassung and ebenso den ihnen entsprechenden Mann; schlecht dagegen und verfehlt die anderen, wofern dieser der richtige ist, sowohl hinsichtlich der Einrichtungen der Staaten wie der Charakterbildung der Einzelnen, und zwar gibt es vier Arten der Schlechtigkeit.

GLAUKON. Welche wären das?

Sokrates erzählt

Eben machte ich mich daran, sie der Reihe nach aufzuzählen, wie sie meiner Ansicht nach sich eine aus der anderen entwickeln, als Polemarchos – er saß nämlich etwas weiter entfernt vom Adeimantos – seine Hand nach ihm ausstreckte, sein Gewand von oben an der Schulter faßte, ihn an sich heranzog und sich vorbeugend ihm etwas ins Ohr flüsterte, wovon wir nichts als die Worte verstanden: »Loslassen, oder was wollen wir tun?«

Gespräch

ADEIMANTOS (nun mit lauter Stimme). Loslassen werden wir ihn unter keiner Bedingung.

SOKRATES. Was laßt ihr denn eigentlich nicht los?

ADEIMANTOS. Dich.

SOKRATES. Warum denn eigentlich?

ADEIMANTOS. Du vergißt, wie es uns scheint, deine Pflicht und unterschlägst ein ganzes Kapitel, und zwar gerade ein Hauptstück der Untersuchung, und willst dich darum herumdrücken in der Annahme, wir würden nicht weiter auf deine flüchtig hingeworfene Bemerkung über

Weiber und Kinder achten, die dahin lautete, es sei doch jedermann klar, daß unter Freunden volle Gemeinschaft herrschen werde.

SOKRATES. War das nicht richtig bemerkt, mein Adeimantos?

ADEIMANTOS. Ja. Aber dies »richtig« bedarf, wie das übrige, einer Erläuterung, wie es denn mit dieser Gemeinschaft bestellt sei. Denn der Möglichkeiten gibt es viele. Enthalte uns also deine Ansicht darüber nicht vor. Denn schon lange warten wir voller Hoffnung, du würdest dich auslassen über die Art der Kindererzeugung bei ihnen und wie sie die Neugeborenen aufziehen werden und über diese ganze Gemeinschaft der Weiber und Kinder, die dir vorschwebt. Denn wir glauben, es komme für die Verfassung viel, ja alles darauf an, ob dies richtig oder nicht richtig geschieht. Da du dich nun aber einer anderen Staatsverfassung zuwendest, ehe du dieses genügend klargelegt hast, haben wir das beschlossen, was du eben mit deinen Ohren aufgefangen hast, nämlich dich nicht eher loszulassen, als bis du dieses alles wie das übrige genau erläutert hast.

GLAUKON. So zählt denn auch meine Stimme unter die, die für diesen Antrag sind.

THRASYMACHOS. Also weg mit allen Bedenken, mein Sokrates! Du kannst überzeugt sein, daß wir alle dafür sind.

2. SOKRATES. Was habt ihr da angerichtet dadurch, daß ihr Beschlag auf mich legtet. Zu welch einer langen Erörterung über die Staatsverfassung gebt ihr damit das Zeichen, als gälte es, noch einmal ganz von vorn anzufangen. Schon hielt ich die Sache für erledigt und wünschte mir Glück dazu, froh, wenn man es bei der damaligen Bemerkung darüber bewenden ließe. Und nun greift ihr wieder darauf zurück, ohne euch dessen bewußt zu sein, was für einen Schwarm von Reden ihr damit aufstört, während ich das wohl voraussah und darum die Sache damals liegen ließ, um die Menge der lästigen Folgen zu meiden.

THRASYMACHOS. Wie? Glaubst du denn, diese da seien jetzt hierher gekommen, um betrogen wieder abzuziehen wie jene Goldsucher, und nicht vielmehr um Reden zu hören?

SOKRATES. Ja, aber solche, die das Maß nicht überschreiten.

GLAUKON. Das Maß, mein Sokrates, für das Anhören solcher Reden ist für Vernünftige das ganze Leben. Aber, was *uns* anlangt, so mache dir keine Gedanken; auf *dich* nur kommt es an; du darfst dich keinerlei Mühe verdrießen lassen, uns hinsichtlich der Fragen, die wir an dich richten, deine Ansicht zu entwickeln, nämlich wie es sich mit der Gemeinschaft unserer Wächter verhalten soll hinsichtlich der Kinder und Weiber und der Erziehung des noch ganz jungen Nachwuchses in der Zeit zwischen Geburt und Schulbildung, die ja doch als die mühevollste gilt. Versuche also, uns darzulegen, auf welche Weise sie vor sich gehen soll.

SOKRATES. Nicht leicht ist es, mein Bester, dies zu erörtern; denn es birgt reichlichen Stoff zu allerhand Zweifeln, mehr noch als das bisher Erörterte. Denn schon daß es überhaupt als möglich hingestellt wird, dürfte Unglauben erwecken; aber gesetzt auch, es könnte verwirklicht werden, so wird auch die Behauptung, daß damit das Beste getroffen sei, auf Unglauben stoßen. Daher trage ich denn auch Bedenken, mich darauf einzulassen, denn die Erörterung könnte als bloßer frommer Wunsch erscheinen, mein lieber Freund.

GLAUKON. Entschlage dich aller Bedenken; du hast Zuhörer, die weder unverständig sind noch zweifelsüchtig, noch auch übelwollend.

SOKRATES. Mein Bester, damit willst du mir wohl Mut machen?

GLAUKON. Jawohl.

SOKRATES. Nun, was du damit bewirkst, ist das gerade Gegenteil. Hätte ich nämlich das Vertrauen zu mir, wirklich zu wissen, was ich sage, dann würde es mit deinem Zuspruch gut bestellt sein. Denn unter verständigen und befreundeten Männern über die wichtigsten und uns am Herzen liegenden Angelegenheiten die Wahrheit als ein Wissender vorzutragen – das läßt sich ohne Gefahr und mit vollem Vertrauen durchführen; aber als ein noch Zweifelnder und Suchender zugleich das Wort zu führen, in welcher Lage ich mich doch jetzt befinde, das ist gefahrvoll und unsicher. Nicht daß ich fürchtete, mich damit lächerlich zu machen, denn das wäre kindisch; aber es könnte dahin führen, daß ich, mich täuschend über die Wahrheit, nicht nur selbst zu Fall komme, sondern auch die Freunde mit mir zu Boden ziehe, und das in Fragen, die eine Täuschung am wenigsten dulden. Ich verbeuge mich aber vor der Adrasteia, mein Glaukon, in Rücksicht auf das, was ich zu sagen mich anschicke. Denn ich halte es für ein geringeres Vergehen, unfreiwillig an jemandem zum Mörder zu werden, als tüchtige, edle und gerechte Männer über gesetzliche Einrichtungen zu täuschen. Dieser Gefahr sich auszusetzen empfiehlt sich eher unter Feinden als unter Freunden. Ein schöner Trost also, mit dem du mir kommst!

GLAUKON (lachend). Nun, mein Sokrates, wenn uns durch die Erörterung ein Leid widerfahren sollte, so sprechen wir, um im Gleichnis fortzufahren, dich frei vom Morde: du sollst nicht zum Betrüger an uns geworden sein. Also fasse nur Mut und sprich.

SOKRATES. In der Tat, rein ist der Freigesprochene auch vor Gericht, wie das Gesetz sagt. Und wenn es dort der Fall ist, so ist es das billigerweise auch hier.

GLAUKON. Sprich also und mach dir keine unnützen Gedanken.

SOKRATES. So muß ich denn an unrechter Stelle vortragen, was ich damals vielleicht in richtiger Folge hätte sagen müssen. Es spricht indes auch manches wohl für dieses unser jetziges Verfahren, nachdem das Männerschauspiel vollständig zu Ende geführt ist, nunmehr das Weiberschauspiel sich abspielen zu lassen, zumal du so lebhaft dafür eintrittst.

3. SOKRATES (fortfahrend). Für Menschen nämlich, die von Natur so geartet und so erzogen worden sind, wie wir es beschrieben haben, gibt es meiner Ansicht nach keine andere richtige Art, zu Kindern und Weibern zu gelangen und mit ihnen etwas auszurichten, als dann, wenn sie in der Richtung fortschreiten, die wir sie von Anfang an haben einschlagen lassen. Wir versuchten aber doch in unserer Darstellung, die Männer gleichsam zu Hütern einer Herde zu machen.

GLAUKON. Ja.

SOKRATES. Laß uns denn auch den Weibern eine dem entsprechende Entwickelung und Erziehung geben und zusehen, ob sie sich uns als angemessen erweist oder nicht.

GLAUKON. Wie so?

SOKRATES. Folgendermaßen. Sollen unserer Ansicht nach die weiblichen Schäferhunde den nämlichen Wachdienst mit übernehmen, den die männlichen verrichten, und mit auf die Jagd gehen und gemeinsam mit ihnen auch die übrigen Obliegenheiten verrichten, oder sollen sie nur drinnen das Haus hüten als unabkömmlich wegen des Gebärens und Ernährens der Jungen, die Männer aber allein den mühseligen Dienst tun und alle Fürsorge für die Herde auf sich nehmen?

GLAUKON. Alles gemeinsam; nur daß wir bei ihrer Verwendung berücksichtigen, daß sie schwächer sind, die anderen dagegen stärker.

SOKRATES. Ist es nun möglich, irgendein Geschöpf zu den nämlichen Diensten zu verwenden, wenn man ihnen nicht die gleiche Erziehung und Unterweisung zuteil werden läßt?

GLAUKON. Nein.

SOKRATES. Wenn wir also die Weiber zu den nämlichen Diensten verwenden wollen wie die Männer, so müssen sie auch den gleichen Unterricht erhalten.

GLAUKON. Ja.

SOKRATES. Die Männer wurden aber in Musik und Gymnastik unterrichtet.

GLAUKON. Ja.

SOKRATES. Auch die Weiber also müssen in diesen beiden Künsten sowie auch im Kriegsdienst unterwiesen und in der gleichen Weise verwendet werden.

GLAUKON. Das scheint sich ganz von selbst aus dem zu ergeben, was du sagst.

SOKRATES. Es dürfte also wohl vieles in unseren jetzigen Aufstellungen lächerlich erscheinen als wider die Gewohnheit verstoßend, wenn es dem Vorgetragenen entsprechend zur Wirklichkeit werden soll.

GLAUKON. Ohne Zweifel.

SOKRATES. Und was fällt dir wohl als das Lächerlichste darunter auf? Doch wohl offenbar dies, daß die Frauen in den Ringschulen unbekleidet sich neben den Männern üben, und zwar nicht nur die jungen, sondern sogar auch die schon älteren, wie man es ja auch bei bejahrten Männern sieht, die ungeachtet ihrer Runzeln und ihres wenig erfreulichen Aussehens dennoch mit Eifer den Turnübungen obliegen?

GLAUKON. Ja wahrlich, beim Zeus, das würde allerdings lächerlich erscheinen, wenigstens nach den jetzigen Anschauungen.

SOKRATES. Wir dürfen uns also, nachdem wir einmal die Erörterung in Gang gebracht haben, nicht fürchten vor dem Spott der Witzbolde, vor all ihren mannigfachen Sticheleien auf eine solche Veränderung, wie sie damit vor sich gehen soll in bezug auf die Turnplätze und die Musik und nicht am wenigsten in bezug auf Waffenführen und Reiten.

GLAUKON. Da hast du recht.

SOKRATES. Aber da wir die Sache einmal zur Sprache gebracht haben, dürfen wir auch nicht von der Strenge des Gesetzes weichen, richten aber zuvor doch die Bitte an diese Leute, zu verzichten auf das, was sie als ihr eigentliches Geschäft betrachten (d. h. das Witzereißen), und ernsthaft zu sein, und erinnern sie daran, daß die Zeit nicht weit zurückliegt, wo den Hellenen schimpflich und lächerlich erschien, was jetzt noch bei den meisten Barbaren dafür gilt, daß nämlich Männer sich nackt sehen lassen; und als zuerst die Kreter die gymnastischen Übungen einführten, denen dann die Lakedaimonier folgten, durften auch die damaligen Spötter alles dies zur Zielscheibe ihres Witzes machen. Oder meinst du nicht?

GLAUKON. Gewiß.

SOKRATES. Aber als ihnen, denk' ich, die Erfahrung zeigte, daß es besser sei, sich zu entkleiden, als alles etwa Verfängliche zu verhüllen, da schwand auch das für die Augen Lächerliche dahin vor der wohlbegründeten Erkenntnis des Besten; und so ward es klar, daß ein Tor ist, wer etwas anderes für lächerlich hält als das Schlechte und wer bei dem Versuche, Lachen zu erregen, für lächerlich etwas anderes ansieht als das Unvernünftige und Schlechte, und wer anderseits, auf das Schöne hin gerichtet, sich im Ernste um ein anderes Ziel bemüht als um das Gute.

GLAUKON. Ja, ohne Zweifel.

4. SOKRATES. Müssen wir uns also nicht zunächst darüber verständigen, ob die Sache überhaupt möglich ist oder nicht, und den Zweifel zu Worte kommen lassen, mag nun einer im Scherz oder im Ernst bezweifeln wollen, ob die weibliche Menschennatur imstande ist, mit dem Män-

nergeschlecht alle Geschäfte zu teilen oder überhaupt keines; oder ob sie zu einigen fähig ist, zu anderen nicht, und zu welchen von diesen beiden die kriegerische Tätigkeit gehört? Würde man so nicht mit glücklichstem Anfang auch das glücklichste Ende verbinden?

GLAUKON. Entschieden.

SOKRATES. Ist es dir also recht, daß wir im Namen der anderen gegen uns selbst Zweifel erheben, damit es der gegnerischen Ansicht nicht ergehe wie einer belagerten Festung ohne Verteidiger?

GLAUKON. Dem steht nichts im Wege.

SOKRATES. So sei denn in ihrem Namen folgendes gesagt: »Mein Sokrates und Glaukon, ihr braucht gar nicht erst andere ihre Zweifel vorbringen zu lassen; denn ihr selbst waret ja gleich zu Anfang bei Gründung eurer Stadt darüber einverstanden, es müsse jeder Einzelne seiner natürlichen Anlage gemäß auch nur *ein* Geschäft, das ihm zukommende nämlich, verrichten.« – Darüber, denke ich, waren wir einverstanden. – »Unterscheidet sich nun das Weib seiner Natur nach nicht sehr erheblich vom Manne?« – Wie sollte es nicht? – »Also muß man beiden doch auch verschiedene Tätigkeiten überweisen, nämlich jedem von beiden diejenige, die seiner Natur entspricht?« – Gewiß. – »Kein Zweifel also: ihr seid jetzt im Irrtum und widersprecht euch selbst, indem ihr anderseits wieder behauptet, die Männer und die Weiber müßten die gleichen Geschäfte verrichten ungeachtet des so großen Gegensatzes ihrer Natur.« Kannst du, mein Bester, dagegen etwas zu unserer Verteidigung vorbringen?

GLAUKON. So im Augenblick ist das nichts weniger als leicht. Aber ich werde dich bitten und bitte dich, auch die Begründung unseres Standpunktes, welcher Art sie auch sein mag, zum Ausdruck zu bringen.

SOKRATES. Das eben, mein Glaukon, und vieles andere dergleichen sah ich schon lange voraus, und darum war ich voll Besorgnis und Scheu, mich mit diesem Gesetz zu befassen über die Art, Weiber und Kinder zu bekommen und zu erziehen.

GLAUKON. Nicht ohne Grund, beim Zeus, denn leicht ist es allem Anschein nach nicht.

SOKRATES. Nein, doch es steht damit so: mag einer in einen kleinen Schwimmteich oder in das größte Meer fallen, schwimmen muß er in dem einen wie in dem anderen Fall.

GLAUKON. Gewiß.

SOKRATES. So müssen denn auch wir schwimmen und versuchen, uns aus der Not der andringenden Rede zu retten in der Hoffnung auf irgendeinen Delphin, der uns auf seinen Rücken nehmen wird, oder auf sonst eine seltsame Rettung.

GLAUKON. So scheint es.

SOKRATES. Wohlan denn, vielleicht finden wir irgendwelchen Ausweg. Wir waren ja nämlich darüber einverstanden, daß verschiedenen Naturen auch verschiedene Geschäfte zukommen und daß die Natur des Mannes und des Weibes verschieden ist; dagegen behaupten wir jetzt, die vorher als verschieden bezeichneten Naturen müßten den nämlichen Beschäftigungen obliegen. Diese Anklage erhebt ihr jetzt wider uns?

GLAUKON. Offenbar.

SOKRATES. Was ist es doch für eine großartige Kraft, die der Widerspruchskunst innewohnt.

GLAUKON. Wie so?

SOKRATES. Weil viele auch wider ihren Willen, wie mir scheint, ihr anheimfallen und glauben, nicht mit bloßen Worten zu fechten, sondern die Wahrheit zu ermitteln, weil sie nicht fähig sind, den fraglichen Gegenstand nach richtiger Einteilungsmethode gemäß dem Artbegriffe zu betrachten, sondern bei Bestimmung des Gegensatzes zu dem fraglichen Begriff sich lediglich an das Wort halten, nur dem Wortstreit, nicht der Wahrheitsforschung in ihren Verhandlungen huldigend.

GLAUKON. Allerdings macht man diese Erfahrung bei vielen. Aber das trifft doch nicht etwa auch auf uns im vorliegenden Falle zu?

SOKRATES. Erst recht; wenigstens scheint es, als wären wir unwillkürlich im Banne der Widerspruchskunst.

GLAUKON. Wie so?

SOKRATES. Daß verschiedene Naturen nicht die nämlichen Geschäfte betreiben dürfen – diesen Satz verfechten wir recht wacker und streitfertig dem Wortlaut nach, haben uns aber nicht im geringsten danach umgetan, um welche Art der verschiedenen und der gleichen Natur es sich bei unseren Bestimmungen handelte und worauf es eigentlich abzielte, wenn wir damals den verschiedenen Naturen verschiedene Beschäftigungen zuteilten, den gleichen dagegen die gleichen.

GLAUKON. Danach haben wir uns allerdings nicht umgetan.

SOKRATES. So ist es, wie es scheint, für uns am Platze uns selbst zu fragen, ob die Natur der Kahlköpfigen und der Vollbehaarten dieselbe sei und nicht vielmehr die entgegengesetzte, und wenn wir darüber einverstanden sind, daß sie das letztere sei, zu bestimmen, daß, wenn die Kahlköpfigen schustern, die Vollhaarigen das nicht tun dürfen, und umgekehrt, wenn die Vollhaarigen, dann die andern nicht.

GLAUKON. Das wäre in der Tat lächerlich.

SOKRATES. Lächerlich etwa aus einem anderen Grunde, als weil wir damals die gleiche und die verschiedene Natur nicht so im allgemeinen nahmen, sondern nur jene Art der Verschiedenheit und Gleichheit im Auge hatten, welche sich unmittelbar auf die Beschäftigungen bezieht? So war unsere Meinung z. B. die, daß ein Arzt und einer, der eine ärztliche Seele hat, die gleiche Natur haben. Oder meinst du nicht?

GLAUKON. Ja.

SOKRATES. Ein Arzt aber und ein Zimmermann eine verschiedene?

GLAUKON. Allerdings.

5. SOKRATES. Also, was das Geschlecht der Männer und Weiber anlangt, so muß man, wenn es sich für irgend eine Kunst oder sonstige Beschäftigung besonders geeignet zeigt, jedem von beiden – so werden wir behaupten – eben dies zuweisen. Wenn aber die Besonderheit eben bloß darin besteht, daß das Weib gebiert und der Mann zeugt, so ist, wie wir behaupten werden, dadurch noch gar nicht bewiesen, daß hinsichtlich des von uns geltend gemachten Gesichtspunkts das Weib vom Manne verschieden ist, sondern wir werden nach wie vor der Überzeugung sein, daß unsere Wächter und ihre Weiber denselben Beschäftigungen obliegen müssen.

GLAUKON. Und das mit Recht.

SOKRATES. Hierauf fordern wir doch wohl den Vertreter der gegnerischen

Ansicht auf, uns darüber aufzuklären, hinsichtlich welcher Kunst oder welcher für die Einrichtung des Staates wesentlichen Beschäftigung die Natur des Weibes und des Mannes nicht dieselbe, sondern verschieden sei?

GLAUKON. So will es die Ordnung.

SOKRATES. Nun könnte vielleicht auch ein anderer mit demselben Einwand kommen wie du vorhin, es sei nicht leicht, so im Augenblick ausreichende Auskunft zu geben, bei näherer Überlegung aber nicht schwer.

GLAUKON. Das könnte wohl der Fall sein.

SOKRATES. Bist du also einverstanden, daß wir den, der uns eine solche Einwendung macht, bitten, uns zu folgen bei dem Versuche, ihm zu zeigen, daß es für die Verwaltung des Staates kein Geschäft gibt, das dem Weibe als ihm eigentümlich zukäme?

GLAUKON. Durchaus.

SOKRATES. Also auf denn, werden wir zu ihm sagen, antworte. Wenn der eine eine natürliche Begabung für etwas hat, der andere nicht, verstandest du das nicht so, daß der eine leicht etwas lernt und der andere schwer, und der eine nach kurzem Unterricht sich auf dem betreffenden Wissensgebiet des Weiteren leicht selbst zurechtfindet, der andere dagegen nach langer Unterweisung und Übung nicht einmal das Erlernte behält, und bei dem einen die körperliche Beschaffenheit dem Geiste sich förderlich, bei dem andern hinderlich erweist? Ist es etwas anderes als dieses, wonach du in jedem einzelnen Falle den für etwas Begabten von dem Unbegabten unterscheidest?

GLAUKON. Niemand wird anders darüber urteilen.

SOKRATES. Kennst du nun irgendeine menschliche Beschäftigung, worin nicht in allen diesen Beziehungen das männliche Geschlecht sich vor dem weiblichen hervortäte? Denn wir wollen uns doch nicht des Langen und Breiten mit nichtigen Ausnahmen befassen und etwa von der Webekunst reden und von den Leistungen der Backund Kochkunst, worin das weibliche Geschlecht in der Tat besonders hervorzuragen scheint und worin sich übertreffen zu lassen ihnen übel bekommt: sie machen sich dadurch in höchstem Maße lächerlich.

GLAUKON. Du hast recht mit deiner Behauptung, daß so ziemlich in allem das eine Geschlecht hinter dem andern zurücksteht. Zwar sind gar manche Frauen für vieles besser befähigt als viele Männer; aber im ganzen verhält es sich so, wie du sagst.

SOKRATES. Es gibt also, mein Freund, keine die Staatsverwaltung betreffende Beschäftigung, die der Frau als Frau oder dem Manne als Mann zukäme; vielmehr sind die natürlichen Anlagen auf ähnliche Weise unter beiden Geschlechtern verteilt, und naturgemäß hat die Frau ebenso wie der Mann Anspruch auf alle Beschäftigungen, bei allen aber ist das Weib schwächer als der Mann.

GLAUKON. Allerdings.

SOKRATES. Sollen wir also den Männern alles überweisen und der Frau nichts?

GLAUKON. Undenkbar.

SOKRATES. Nun, dann gilt es auch – so werden wir, denke ich, sagen – von den Frauen, daß die eine von Natur zur Heilkunst beanlagt ist, die andere nicht, die eine zur Musik, die andere nicht.

GLAUKON. Sicherlich.

SOKRATES. Nicht also auch zur Gymnastik oder zum Kriege, während die andere unkriegerisch und der Gymnastik abhold ist?

GLAUKON. Ich glaube es wohl.

SOKRATES. Und ferner: weisheitsfreundlich und weisheitsfeindlich? Und leidenschaftlich und nicht leidenschaftlich?

GLAUKON. Auch dies.

SOKRATES. Es ist also auch unter Frauen die eine zum Wachdienst geeignet, die andere nicht. Oder haben wir bei der Auswahl der zum Wachdienst tauglichen Männer ihre natürliche Anlage nicht ebenso beurteilt?

GLAUKON. Ebenso.

SOKRATES. Es ist also auch die natürliche Anlage zum staatlichen Wächterdienst die nämliche bei Frauen und Männern, nur daß sie schwächer oder stärker ist.

GLAUKON. Allem Anschein nach.

6. SOKRATES. Also müssen für Männer von solcher Art auch Frauen von

solcher Art ausgewählt werden zu gemeinsamem Leben und Wachdienst; denn sie sind ja geeignet dazu und ihrer Natur nach mit ihnen verwandt.

GLAUKON. Gewiß.

SOKRATES. Müssen aber nicht den gleichen Naturen auch die gleichen Tätigkeiten zugewiesen werden?

GLAUKON. Die gleichen.

SOKRATES. So sind wir also wie im Rundgang wieder bei unserem früheren Satze angelangt und erkennen es als nicht naturwidrig an, die Weiber der Wächter in Musik und Gymnastik zu bilden.

GLAUKON. Sicherlich.

SOKRATES. Es waren also keine unmöglichen oder frommen Wünschen gleichenden Dinge gesetzlich festgelegt; denn wir gaben das Gesetz ja im Einklang mit der Natur. Vielmehr ist das, was jetzt im Gegensatz dazu üblich ist, wie es scheint, mehr gegen die Natur.

GLAUKON. So scheint es.

SOKRATES. Nun sollte unsere Betrachtung doch darauf gerichtet sein, ob das, was wir aufstellen, möglich und ob es das Beste sei.

GLAUKON. Ja.

SOKRATES. Und über die Möglichkeit sind wir uns doch nun klar geworden?

GLAUKON. Ja.

SOKRATES. Daß es aber so auch am besten ist, darüber müssen wir nächstdem ins klare kommen.

GLAUKON. Offenbar.

SOKRATES. Um nun eine Frau zum Wächterdienst tüchtig zu machen, wird doch keine andere Erziehung für die Frau am Platze sein als für den Mann, zumal sie (die Erziehung) es ja mit der gleichen Natur zu tun hat?

GLAUKON. Keine andere.

SOKRATES. Wie denkst du nun über den folgenden Punkt?

GLAUKON. Über welchen denn?

SOKRATES. Über die Annahme, daß der eine Mann besser ist und der andere schlechter. Oder hältst du sie alle für gleich?

GLAUKON. Ganz und gar nicht.

SOKRATES. Wie steht es nun in der von uns gegründeten Stadt mit den Wächtern, welche die von uns beschriebene Erziehung erhalten haben? Glaubst du, daß sie dadurch zu besseren Männern geworden sind als die Schuster aufgrund ihrer Ausbildung in der Schusterkunst?

GLAUKON. Eine lächerliche Frage.

SOKRATES. Ich verstehe. Wie aber? Sind sie nicht überhaupt die besten unter allen?

GLAUKON. Weitaus.

SOKRATES. Und wie weiter? Werden nicht auch die betreffenden Frauen die besten sein unter den Frauen?

GLAUKON. Auch das bei weitem.

SOKRATES. Gibt es aber einen größeren Segen für einen Staat, als daß ihre Bürgerinnen und Bürger so trefflich wie möglich sind?

GLAUKON. Keinen größeren.

SOKRATES. Das aber werden Musik und Gymnastik, so gehandhabt, wie wir es beschrieben haben, bewirken.

GLAUKON. Zweifellos.

SOKRATES. Nicht nur Mögliches also, sondern auch das Beste haben wir zur gesetzlichen Einrichtung im Staate gemacht.

GLAUKON. So ist es.

SOKRATES. Also bleibt den Frauen der Wächter nichts anderes übrig, als sich zu entkleiden – da ja statt des Gewandes die Tugend ihre Hülle bilden wird – und sich zu beteiligen am Krieg und dem sonstigen Wachdienst für die Stadt und auf jede andere Tätigkeit zu verzichten. Den Frauen aber ist dabei das Leichtere zuzuweisen im Vergleich zu den Männern wegen der Schwäche des Geschlechts. Der Mann aber, der über entkleidete Frauen lacht, die bei diesen Übungen nur das Beste im Auge haben, pflückt von seinem Lachen eine *unreife Weisheitsfrucht* und hat, wie es scheint, keine Ahnung davon, worüber er lacht und was er tut. Denn das ist und bleibt doch der schönste Spruch, daß das Nützliche schön und das Schädliche häßlich ist.

GLAUKON. Ganz gewiß.

7. SOKRATES. Das wäre denn gleichsam eine Welle, die wir nun als glücklich überwunden bezeichnen können bei unserer Erörterung des Gesetzes über die Weiber; wir sind also nicht völlig von der Flut überwältigt worden, wenn wir den Satz aufstellten, unsere Wächter und Wächterinnen müßten alles gemeinsam verrichten; vielmehr legt unsere Rede durch ihre innere Übereinstimmung gewissermaßen Zeugnis dafür ab, daß ihre Behauptungen möglich und nützlich sind.

GLAUKON. In der Tat, es ist keine kleine Welle, der du entronnen bist.

SOKRATES. Und doch wirst du sie nicht mehr groß nennen, wenn du erst die kommende erblickst.

GLAUKON. Rede nur und zeige sie mir.

SOKRATES. Diesem Gesetz sowie den anderen früheren schließt sich meiner Meinung nach das folgende an.

GLAUKON. Welches?

SOKRATES. Daß diese Frauen alle diesen Männern allen gemeinsam angehören und keine mit keinem für sich zusammenwohne, und daß auch die Kinder gemeinsam seien und weder der Vater sein Kind kenne noch das Kind seinen Vater.

GLAUKON. Ja, weit größer noch als jene ist diese in dem, was sie unserer Gläubigkeit zumutet in bezug auf das Mögliche und Nützliche.

SOKRATES. Ich glaube nicht, daß die Nützlichkeit bestritten wird, als wäre es nicht der größte Segen, wenn Weiber und Kinder gemeinsam wären, die Möglichkeit dazu vorausgesetzt; wohl aber glaube ich, daß über die Frage der Möglichkeit oder Unmöglichkeit sich ein gewaltiger Streit erheben wird.

GLAUKON. Beides dürfte recht eifrig bestritten werden.

SOKRATES. Damit behauptest du die Zusammengehörigkeit beider Punkte; ich aber hoffte schon um den einen von beiden herumzukommen, für den Fall nämlich, daß du mit der Nützlichkeit einverstanden wärest, so daß mir nur noch die Frage der Möglichkeit und Unmöglichkeit zu erörtern übrigbliebe.

GLAUKON. Nun, dein Fluchtversuch ist nicht unbemerkt geblieben. Du mußt also über beides Auskunft geben.

SOKRATES. Ich muß mich der Strafe unterwerfen; aber tue mir wenigstens das eine zuliebe: laß mich mir etwas Besonderes zugute tun, so wie sich die Geisteströgen selbst ein Fest zu bereiten pflegen, wenn sie allein wandern. Denn bei Leuten dieser Art kommt es ja wohl vor, daß sie gar nicht erst ausfindig zu machen suchen, wie sich dieser oder jener ihrer Wünsche verwirklichen lasse, sondern daß sie, um sich nicht abzuquälen mit der Überlegung über die Möglichkeit oder Unmöglichkeit, diese Frage ganz beiseite lassen, das Dasein des Gewünschten als gegeben annehmen und nun ihre Bestimmungen über das übrige treffen und ihre Freude daran haben, sich alles genau auszudenken, was sie im Falle der Verwirklichung tun werden, womit sie denn ihre an sich schon träge Seele nur noch träger machen. So gebe auch ich mich jetzt solcher Weichlichkeit hin und wünsche jene Frage nach der Möglichkeit noch aufzuschieben und erst später zu erörtern; jetzt dagegen setze ich die Möglichkeit voraus und will mit deiner Erlaubnis eine Betrachtung darüber anstellen, welche Anordnungen die Herrscher über die als verwirklicht gedachte Sache treffen werden und inwiefern es, wenn ausgeführt, der allergrößte Segen wäre für den Staat wie für die Wächter. Dies will ich versuchen zuerst mit dir zu betrachten, später dann jenes, wenn du es erlaubst.

GLAUKON. Ja, ich erlaube es; beginne nur damit.

SOKRATES. Ich glaube also, sofern die Herrscher dieses ihres Namens würdig sind und ebenso ihre Helfer, so werden die letzteren bereit sein, das Befohlene zu tun, und die ersteren werden ihre Befehle so erteilen, daß sie teils selbst dabei den Gesetzen folgen, teils im Geiste dieser Gesetze verfahren werden in alle dem, was wir ihrem eigenen Ermessen überlassen.

GLAUKON. Aller Wahrscheinlichkeit nach.

SOKRATES. Du also als Gesetzgeber wirst, wie du die Männer auswähltest, so auch die Frauen auswählen und jenen möglichst gleichartige zuführen. Sie aber, Wohnung und Mahlzeit miteinander teilend, werden demnach in Gemeinschaft leben; und da sie auch auf den Turnplätzen sowie bei den sonstigen Veranstaltungen für die Erziehung sich beisammen befinden, so werden sie, denke ich, durch die eingeborene Notwendigkeit zur geschlechtlichen Gemeinschaft miteinander geführt werden. Oder glaubst du, daß es sich hier nicht um Notwendigkeiten handelt?

GLAUKON. Nicht um geometrische, sondern um erotische Notwendigkeiten, welche letzteren noch viel eindringlichere Überredungsund Anziehungskraft für die große Menge haben als die ersteren.

8. SOKRATES. Sicherlich. Aber nun weiter, mein Glaukon: ungeregelt sich zu vermischen oder irgend etwas anderes zu tun, verträgt sich weder mit der Frömmigkeit in einer Stadt der Gesegneten noch werden es die Herrscher zulassen.

GLAUKON. Nein, es wäre ja auch Unrecht.

SOKRATES. Also werden wir demnächst Hochzeiten zu veranstalten haben, und zwar so heilig wie nur möglich. Als heilig aber müssen wohl die heilsamsten gelten.

GLAUKON. Ohne Zweifel.

SOKRATES. Wie werden sie also wohl am heilsamsten sein? Zu dem Ende gib mir Auskunft über folgendes, mein Glaukon. Du hast ja doch, wie ich durch Augenschein weiß, in deinem Hause sowohl Jagdhunde als auch von prächtigen Vögeln eine beträchtliche Menge. Da hast du nun doch wohl, beim Zeus, auf deren Hochzeiten und Zeugungen nach einer gewissen Seite hin achtgegeben?

GLAUKON. Nach welcher denn?

SOKRATES. Erstens: obschon sie alle von edler Art sind, so sind doch wohl einige von ihnen die besten und bewähren sich als solche?

GLAUKON. Das ist der Fall.

SOKRATES. Erzielst du nun die Nachkommenschaft gleicherweise aus allen, oder suchst du sie nicht nach Möglichkeit aus den besten zu gewinnen?

GLAUKON. Aus den besten.

SOKRATES. Und weiter, aus den jüngsten oder aus den ältesten oder aus denen, die im kräftigsten Alter stehen?

GLAUKON. Aus diesen.

SOKRATES. Und wenn die Zeugung nicht so vor sich geht, so wird deiner Meinung nach der Schlag der Vögel und Hunde sich doch erheblich verschlechtern?

GLAUKON. Ja.

SOKRATES. Und wie steht es deiner Meinung nach mit den Pferden und den anderen Tieren? Wird es sich da irgendwie anders verhalten?

GLAUKON. Das müßte doch sonderbar zugehen.

SOKRATES. Meiner Treu, lieber Freund, was müssen doch unsere Herrscher für scharfsinnige Leute sein, wenn es sich auch mit dem Geschlecht der Menschen so verhält.

GLAUKON. Nun, das ist offenbar der Fall. Aber worauf willst du denn damit hinaus?

SOKRATES. Darauf, daß sie sich auf vielerlei ärztliche Mittel verstehen müssen. Nun reicht für Körper, die keiner Arzneien bedürfen, sondern nur einer bestimmten Lebensweise, der sie sich willig unterwerfen, unserer Meinung nach wohl auch ein weniger tüchtiger Arzt aus; sind aber auch Arzneien nötig, dann bedarf es ohne Zweifel eines Arztes, der tüchtiger zugreift.

GLAUKON. Gewiß. Aber wozu sagst du das?

SOKRATES. Dazu: unsere Herrscher werden, wie es scheint, mancherlei Trug und Täuschung anwenden müssen zum Heile der Beherrschten. Und wir sagten doch, alles dergleichen sei nützlich als eine Art Arznei.

GLAUKON. Und damit hat es seine Richtigkeit.

SOKRATES. Bei den Hochzeiten nun und der Kindererzeugung scheint diese deine »Richtigkeit« in besonders starkem Maße zur Anwendung zu kommen.

GLAUKON. Wie so?

SOKRATES. Es müssen doch zufolge des Eingeräumten die besten Männer so häufig wie möglich den besten Frauen beiwohnen, die schlechtesten dagegen den schlechtesten so selten wie möglich. Und die Kinder der ersteren müssen aufgezogen werden, die der anderen nicht, sofern die Herde auf voller Höhe bleiben soll. Und von allen diesen Maßnahmen darf niemand etwas wissen außer die Herrscher selbst, wenn die Herde der Wächter ihrerseits so viel als möglich vor Zwietracht bewahrt werden soll.

GLAUKON. Sehr richtig.

SOKRATES. Es müssen also gewisse Feste gesetzlich eingeführt werden, an denen wir die Bräute mit den Bräutigamen zusammenführen, wobei auch Opfer nicht fehlen dürfen; auch müssen unsere Dichter für Gesänge sorgen, die sich der Feier der Hochzeiten würdig anpassen. Die Zahl der Hochzeiten aber werden wir in das Ermessen der Herrscher stellen, damit diese bei gehöriger Rücksicht auf Kriege und Krankheiten und alles dergleichen die Anzahl der Bürger möglichst auf gleicher Höhe erhalten, so daß unser Staat hinsichtlich seiner Größe nach Möglichkeit weder das rechte Maß überschreite noch dahinter zurückbleibe.

GLAUKON. Recht so.

SOKRATES. Man muß also, glaube ich, eine gewisse Art schlau erdachter Lose einführen, damit jener minder Würdige bei jeder Zusammenpaarung die Schuld auf den Zufall schiebe, nicht aber auf die Herrscher.

GLAUKON. Gewiß.

9. SOKRATES. Und denjenigen jungen Männern, die sich im Krieg oder bei anderen Anlässen hervortun, muß man neben anderen Ehrengaben und Kampfpreisen auch die Erlaubnis erteilen, häufiger bei ihren Frauen zu schlafen, damit zugleich auch unter schicklichem Vorwand von ihnen mehr Kinder als von den anderen erzeugt werden.

GLAUKON. Recht so.

SOKRATES. Und alle Kinder, die geboren werden, nehmen die dazu bestellten Behörden an sich, bestehen sie nun aus Männern oder Frauen oder beiden – denn auch die Ämter sind Frauen und Männern gemeinsam.

GLAUKON. Ja.

SOKRATES. Die ihnen so übergebenen Kinder der Tüchtigen nun werden sie, denke ich, in ein Sammelhaus bringen zu bestimmten Wärterinnen, die abgesondert wohnen in einem bestimmten Teile der Stadt, die der Schlechteren aber, und was von den anderen etwa mißgestaltet zur Welt kommt, werden sie in einem unzugänglichen und unbekannten Ort verbergen, wie es sich gehört.

GLAUKON. Nur so allerdings kann das Geschlecht der Wächter rein erhalten werden.

SOKRATES. Diese werden auch für die Nahrung sorgen, indem sie die Mütter in den Hegeraum bringen, wenn sie volle Brüste haben, wobei sie auf jede Weise darauf bedacht sind, daß keine ihr Kind erkennt; und wenn die Mütter selbst nicht zureichen, so werden sie andere Frauen, die Milch haben, zur Stelle schaffen; und bei den Müttern selbst werden sie Sorge tragen, daß die Zeit des Stillens das rechte Maß einhalte, die Nachtwachen aber und den sonstigen beschwerlichen Dienst werden sie den Ammen und Wärterinnen zuweisen.

GLAUKON. Du machst den Frauen der Wächter das Kinderbekommen sehr leicht.

SOKRATES. So gehört sich's auch. Doch laß uns das Weitere durchgehen, was wir uns vorgesetzt haben. Wir behaupteten nämlich, es müßten die im kräftigsten Alter Stehenden sein, denen der Nachwuchs entstamme.

GLAUKON. Allerdings.

SOKRATES. Hältst du nun mit mir für die rechte Zeit der Vollkraft bei der Frau zwanzig, bei dem Manne dreißig Jahre?

GLAUKON. Welche Grenzen setzest du nun dabei?

SOKRATES. Die Frau soll vom zwanzigsten Jahr bis zum vierzigsten für den Staat gebären, der Mann aber soll erst die stürmischste Zeit des hastigen Vorwärtsdrängens hinter sich haben und von da ab dem Staat bis zum fünfzigsten Jahre Kinder zeugen.

GLAUKON. Wenigstens ist das bei beiden die Blütezeit für Körper und Geist.

SOKRATES. Wenn also einer, der dies Alter überschritten oder es noch nicht erreicht hat, bei den Zeugungen für den Staat mittut, so werden wir dies für ein gegen göttliches wie menschliches Recht verstoßendes Vergehen erklären, da er dem Staate ein Kind zeugt, das, wenn die Sache unbemerkt vor sich gegangen, ins Dasein getreten ist als ein Wesen, das bei seiner Zeugung nicht teilhaftig geworden der Weihen durch Opfer und Gebete, wie sie bei jeder Hochzeit Priesterinnen und Priester sowie der gesamte Staat an die Gottheit richten des Inhalts, sie möge aus guten bessere und aus nützlichen immer nützlichere Nachkommen hervorgehen lassen, sondern das in Finsternis aus ruchloser Lustbegier erzeugt ist.

GLAUKON. Richtig.

SOKRATES. Dasselbe Gesetz gilt, wenn einer der noch zeugenden Männer eine im gesetzlichen Alter stehende Frau berührt, ohne daß die Obrigkeit die Zusammenpaarung angeordnet hat; denn das Kind, das er dem Staate zuführt, müssen wir für ein außereheliches und ungesetzliches und unheiliges erklären.

GLAUKON. Sehr richtig.

SOKRATES. Wenn aber nun die Frauen und die Männer über das Zeugungsalter hinaus sind, dann werden wir den Männern volle Freiheit geben beizuwohnen, wem sie wollen, nur darf es keine Tochter oder Mutter oder Tochterkind oder über die Mutter hinaus sein, und ebenso den Frauen, nur darf es kein Sohn oder Vater oder ein Abkomme oder Vorfahr von diesen sein; doch muß alledem die strenge Weisung vorangehen, es müsse Sorge getragen werden am liebsten ein vorhandenes Empfängnis gar nicht ans Licht zu bringen, wenn es aber doch ungeachtet der Gegenbemühungen den Weg ans Licht findet, es in die Lage zu bringen, daß sich niemand seiner annimmt.

GLAUKON. Auch das läßt sich hören. Wie sollen sie aber ihre Väter und Töchter und die sonst von dir eben genannten Angehörigen von denen der anderen unterscheiden?

SOKRATES. Gar nicht. Sondern alle Kinder, die geboren worden sind im zehnten oder im siebenten Monat von dem Tage der Vermählung an, wird der Betreffende sämtlich, die männlichen *Söhne*, die weiblichen *Töchter* nennen, und jene ihn Vater, und so denn auch die Kinder: er wird sie Enkel und sie ihn hinwiederum Großvater nennen, und so auch Großmutter; diejenigen aber, welche in der Zeit geboren wurden, in welcher ihre Mütter und ihre Väter zeugten, Schwestern und Brüder, so daß sie, wie eben gesagt, einander nicht berühren. Brüdern aber und Schwestern wird das Gesetz die Paarung gestatten, wenn das Los so fällt und die Pythia es bestätigt.

GLAUKON. Sehr richtig.

10. SOKRATES. So also, mein Glaukon, steht es mit Wesen und Beschaffenheit der Weiberund Kindergemeinschaft bei den Wächtern der Stadt. Daß sie sich aber der übrigen Staatsverfassung richtig anpasse und bei

weitem die beste sei, das müssen wir uns nunmehr durch die Kraft der Gründe bestätigen lassen. Oder wie sollen wir's halten?

GLAUKON. So, beim Zeus.

SOKRATES. Ist nun der Anfang zur Verständigung nicht der, daß wir uns fragen, was wir für die Gestaltung eines staatlichen Gemeinwesens als das größte Gut anzusehen haben, auf das der Gesetzgeber als auf sein Ziel hinblicken muß bei Abfassung seiner Gesetze, und was als das größte Übel, und daß wir dann erwägen, ob das eben Durchgesprochene sich der Spur des Guten anpaßt, mit der des Schlechten aber nicht zusammenstimmt?

GLAUKON. Ganz gewiß.

SOKRATES. Kennen wir nun ein größeres Übel für den Staat als dasjenige, welches ihn zerreißt und ihn zur Vielheit macht anstatt zur Einheit? Oder ein größeres Gut als das, welches ihn eng verbindet und zu *einem* macht?

GLAUKON. Keines.

SOKRATES. Nun verbindet doch wohl die Gemeinschaft von Lust und Leid, wenn alle Bürger so viel als möglich bei den nämlichen Vorgängen, sei es des Entstehens oder des Vergehens, sich in der gleichen Weise freuen oder Leid tragen?

GLAUKON. Sicherlich.

SOKRATES. Die Sonderung dagegen bei dergleichen wirkt auflösend, wenn bei den nämlichen Erlebnissen der Stadt oder ihrer Bürger die einen tief betrübt, die andern hoch erfreut sind?

GLAUKON. Ohne Zweifel.

SOKRATES. Ist das nicht eine Folge davon, daß die Bürger nicht alle zugleich Worte anwenden wie »Mein« und »Nicht mein«? Und ebenso bei dem Worte »Fremd«?

GLAUKON. Offenbar.

SOKRATES. Der Staat nun, in dem die große Mehrzahl übereinstimmt in der Anwendung dieser Ausdrücke Mein und Nichtmein auf die nämliche Sache, ist der nicht am besten verwaltet?

GLAUKON. Weitaus.

SOKRATES. Und derjenige also, welcher die nächste Verwandtschaft mit einem einzelnen Menschen zeigt? Wenn z. B. einer von uns am Finger verwundet worden ist, so teilt sich die Wahrnehmung dessen der ganzen Gemeinschaft mit, die sich vom Leibe zur Seele erstreckt und von dem herrschenden Teil in ihr zur Einheit zusammengeordnet wird, so daß der gesamte Organismus mitleidet, wenn ein Teil von Schmerz heimgesucht ist; und so kommt es denn, daß wir sagen: »Der Mensch hat Schmerz am Finger.« Und das Nämliche gilt von jedem Gliede des Menschen, hinsichtlich des Schmerzes, wenn ein Teil leidet, und hinsichtlich der Lust, wenn eine Besserung eintritt.

GLAUKON. Ja, das Nämliche. Und, worauf ja deine Frage hinauswill, einem solchen steht am nächsten der besteingerichtete Staat.

SOKRATES. Wenn also, denke ich, ein Einzelner unter den Bürgern etwas Gutes oder etwas Schlimmes erlebt, so wird ein derartiger Staat am ehesten sagen, das Erlebnis sei sein Erlebnis und wird sich als Ganzes mitfreuen oder mitbetrüben.

GLAUKON. Notwendig, sofern er nämlich ein wohlgeordneter ist.

11. SOKRATES. Doch es ist nun Zeit, uns zu unserem Staate zurückzuwenden und zuzusehen, ob die eben durch die Erörterung festgestellten Wahrheiten sich eben in ihm im höchsten Grade bestätigt finden oder etwa in einem anderen Staate.

GLAUKON. Das müssen wir.

SOKRATES. Wie nun? Es gibt doch wohl auch in den anderen Staaten ebenso wie in dem unseren Obrigkeiten und Volk?

GLAUKON. Ja.

SOKRATES. Alle diese werden sich doch untereinander Mitbürger nennen?

GLAUKON. Natürlich.

SOKRATES. Aber welche Bezeichnung hat in den anderen Staaten das Volk für seine Obrigkeiten sonst noch, neben der von Mitbürgern?

GLAUKON. In den meisten hat man für sie den Namen »Herren«, in den demokratischen aber eben diesen Namen »Obrigkeiten«.

SOKRATES. In unserem Staate aber, wie hält es da das Volk damit? Als was bezeichnet es seine Obrigkeiten außer als Mitbürger?

GLAUKON. Als Schützer und Helfer.

SOKRATES. Und diese das Volk?

GLAUKON. Als Lohngeber und Ernährer.

SOKRATES. Und in den anderen Staaten die Herrscher das Volk?

GLAUKON. Als Knechte.

SOKRATES. Und wie nennen sich dort die Obrigkeiten untereinander?

GLAUKON. Mitherrscher.

SOKRATES. Die unseren dagegen?

GLAUKON. Mitwächter.

SOKRATES. Kannst du nun sagen, ob einer der Herrscher in den anderen Staaten in der Lage ist, einen seiner Mitherrscher als Angehörigen, einen anderen als ihm fremd zu bezeichnen?

GLAUKON. Sogar recht viele.

SOKRATES. Den Angehörigen nun sieht er doch als den Seinigen an und nennt ihn so, den Fremden dagegen als Nichtseinigen?

GLAUKON. Ja.

SOKRATES. Wie aber halten es deine Wächter damit? Hat irgendeiner von ihnen Grund, einen seiner Mitwächter als Fremden anzusehen oder so zu nennen?

GLAUKON. Durchaus nicht. Denn in jedem, mit dem er zusammentrifft, wird er entweder seinen Bruder oder seine Schwester oder seinen Vater oder seine Mutter oder seinen Sohn oder Tochter oder einen Nachkommen oder Vorfahren dieser erblicken.

SOKRATES. Sehr richtig geantwortet; aber noch mußt du über folgendes Auskunft geben: soll sich dein Gesetzesgebot bloß auf die Namen der Angehörigen beziehen oder auch darauf, daß alle Handlungen diesen Namen zu entsprechen haben, daß also zunächst, was die Väter anlangt, jeder Bürger alles tue, was das Gesetz hinsichtlich der Ehrfurcht und Fürsorge für sie, wie des Gehorsams gegen die Eltern fordert, wofern er nicht jeglicher Gunst von seiten der Götter wie der Menschen verlustig gehen soll, da er dann weder fromm noch gerecht handelt, wenn er anders handelt als so? Werden diese oder andere Kundgebungen aus dem Munde aller Bürger von vornherein die Ohren der Kinder umtönen sowohl hinsichtlich der Väter, die man ihnen als solche kenntlich macht, wie auch hinsichtlich der übrigen Verwandten?

GLAUKON. Diese; denn es wäre doch lächerlich, wenn sie ohne entsprechende Handlungen bloß die Namen von Verwandten im Munde führten.

SOKRATES. Unter allen Staaten also werden, wenn es irgendeinem Einzelnen gut oder schlecht geht, die Bürger dieser Stadt am meisten in dem oben besprochenen Ausdruck übereinstimmen: »Dem Meinigen geht es wohl« oder »dem Meinigen geht es schlecht«.

GLAUKON. Sehr richtig.

SOKRATES. Nun sagten wir doch, daß mit dieser Überzeugung und mit diesem Ausdruck aufs engste die Gemeinsamkeit der Lust und des Leides zusammenhänge?

GLAUKON. Und das mit Recht.

SOKRATES. Es werden also unsere Bürger am meisten das Nämliche zur gemeinschaftlichen Sache machen, was sie denn als »Meiniges« bezeichnen werden. Diese Gemeinsamkeit aber führt doch dazu, daß sie auch am meisten Leid und Freude miteinander teilen?

GLAUKON. Entschieden.

SOKRATES. Liegt der Grund dafür neben der sonstigen Gestaltung des Staates nicht in der Weiberund Kindergemeinschaft bei den Wächtern?

GLAUKON. Ja, ganz entschieden.

12. SOKRATES. Aber nun haben wir dies doch als größten Segen für einen Staat anerkannt; denn wir verglichen einen wohleingerichteten Staat hinsichtlich des Leides und der Lust mit dem Leib in seinem Verhältnis zu einem seiner Glieder.

GLAUKON. Und daran haben wir recht getan.

SOKRATES. Als Ursache also des größten Heiles für den Staat hat sich uns die Kinderund Weibergemeinschaft bei den Schützen erwiesen.

GLAUKON. Ja gewiß.

SOKRATES. Und auch mit dem Früheren befanden wir uns dabei in Übereinstimmung. Denn wir setzten ja fest, daß diese weder eigene Häuser haben dürfen noch Land, noch sonst einen Besitz, sondern von den anderen als Lohn für ihren Wachdienst den Unterhalt empfangen sollen zum gemeinsamen Verbrauch für alle, wenn sie in Wahrheit Wächter sein sollen.

GLAUKON. Richtig.

SOKRATES. Machen nun nicht, wie gesagt, unsere früheren Bestimmungen ebenso wie die jetzigen sie noch in verstärktem Maße zu wahrhaften Wächtern und bewirken, daß sie den Staat nicht auseinanderreißen, wie es sich als Folge einstellt bei denen, die als das »Meinige« nicht das Nämliche bezeichnen, sondern jeder ein anderes, indem der eine für sein eigenes Haus zusammenrafft, was er beiseits von den anderen sich aneignen kann, der andere wieder für sein Haus, als ein von jenem verschiedenes, und die dadurch, daß sie Weiber und Kinder nicht als gemeinsam anerkennen, jedem Einzelnen seine besonderen Freuden und Leiden schaffen? Streben nicht vielmehr alle, einer gemeinsamen Überzeugung über das »Angehörige« folgend, dem nämlichen Ziele zu, so daß sie so weit wie nur möglich Leid und Freude miteinander teilen?

GLAUKON. Offenbar.

SOKRATES. Ferner: von Rechtshändeln und Anklagen wider einander wird bei ihnen so gut wie gar nicht die Rede sein; denn sie besitzen ja nichts zu eigen als ihren Leib, alles andere ist gemeinsam. Daher bleiben sie doch wohl auch verschont von all den Zwistigkeiten, die über den Besitz von Geld oder Kindern und Verwandten unter den Menschen entstehen?

GLAUKON. Ohne Zweifel muß ihnen das erspart bleiben.

SOKRATES. Aber auch zu Rechtshändeln über Gewaltsamkeiten und Beschimpfungen liegt kein Grund bei ihnen vor. Denn daß sich Altersgenossen gegeneinander verteidigen, müssen wir doch für schön und gerecht erklären, da wir die kräftigende Leibesausbildung als notwendig fordern.

GLAUKON. Richtig.

SOKRATES. Ja, und auch folgendes ist wichtig bei unserem Gesetz: wenn einmal einer gegen einen andern erzürnt ist, so wird er, wenn er durch solche Selbsthilfe seinem Zorne genugtut, weniger auf schlimmere Händel ausgehen.

GLAUKON. Gewiß.

SOKRATES. Jeder Ältere aber wird angewiesen sein, über alle Jüngeren Aufsicht zu führen und sie zu züchtigen.

GLAUKON. Offenbar.

SOKRATES. Und offenbar spricht auch alle Wahrscheinlichkeit dafür, daß kein Jüngerer – es müßte denn ein Befehl von der Obrigkeit dazu gegeben sein – jemals den Versuch machen wird, einem Älteren Gewalt anzutun oder gar ihn zu schlagen; aber auch sonst wird er, glaube ich, ihm nicht zu nahe treten. Denn es gibt zwei Wächter, die stark genug sind, es zu verhindern: Furcht und Ehrerbietung; die Ehrerbietung, indem sie es nicht duldet, sich an ihnen, die doch ihre Eltern sind, zu vergreifen, die Furcht aber insofern, als voraussichtlich die anderen dem Gekränkten zu Hilfe kommen, die einen als Söhne, die anderen als Brüder, noch andere als Väter.

GLAUKON. Ja, das ergibt sich als Folge aus allem.

SOKRATES. In jeder Beziehung werden also doch bei diesen Gesetzen die Wächter Frieden miteinander halten.

GLAUKON. Vollen Frieden.

SOKRATES. Wenn sie aber untereinander nicht in Streit liegen, so steht nicht zu befürchten, daß die übrigen Bürger mit ihnen oder unter sich in Zwist geraten.

GLAUKON. Nein.

SOKRATES. Aber unter meiner Würde halte ich es, von den kleinsten unter den Übeln auch nur zu reden, von der Schmeichelei der Armen gegen die Reichen und von den Bedrängnissen und Kümmernissen, die die Leute bei der Kindererziehung und dem Gelderwerb für den notwendigen Unterhalt der Hausgenossen ausstehen müssen, indem sie bald borgen, bald ableugnen, bald jedes Mittel anwenden, um sich etwas zu verschaffen, was sie Frauen und Dienstboten anvertrauen und zur Verwaltung übergeben, und was sie sonst noch alles mannigfachster Art, mein Lieber, in dieser Beziehung über sich ergehen lassen müssen, Dinge, die ja bekannt genug sind, und von niedriger Art und des Erwähnens nicht wert.

GLAUKON. Ja, das sieht auch ein Blinder.

13. SOKRATES. Von alledem werden sie also verschont sein und werden ein Leben führen preiswürdiger als das gepriesene Leben, welches den olympischen Siegern beschieden ist.

GLAUKON. Wie so?

SOKRATES. Diese werden glücklich gepriesen und haben doch nur einen kleinen Teil dessen, was jene haben. Denn der letzteren Sieg ist ein herrlicherer, und auch ihr Unterhalt aus öffentlichen Mitteln ist weitgehender. Denn der Sieg den sie erkämpfen, ist das Wohlergehen des ganzen Staates, die Nahrung und alles, was sonst zum Lebensunterhalt gehört, ist der Ehrenkranz, mit dem sie und ihre Kinder geschmückt werden, und wie sie im Leben durch Auszeichnungen von ihrem Staate geehrt werden, so wird ihnen nach ihrem Tode eine würdige Bestattung zuteil.

GLAUKON. In der Tat, herrliche Ehrungen.

SOKRATES. Erinnerst du dich nun, daß uns in der frühern Erörterung, ich weiß nicht wer, mit dem Einwurf kam, wir machten die Wächter nicht glücklich, da sie, die doch in der Lage wären, sich die ganze Habe ihrer Mitbürger anzueignen, gar nichts zu eigen hätten? Wir aber entgegneten etwa darauf, wir würden diese Frage gegebenenfalls späterhin in Erwägung ziehen, vorderhand aber seien wir damit beschäftigt, die Wächter zu Wächtern zu machen und den Staat so glücklich als möglich, nicht aber bloß auf eine einzelne Klasse in ihm unser Augenmerk zu richten und diese glücklich zu machen?

GLAUKON. Jawohl, ich erinnere mich.

SOKRATES. Wie nun? Jetzt erscheint uns doch das Leben der Schützer, wenn anders wir es für weit schöner erklären als das der olympischen Sieger, nicht als ein solches, das auf gleicher Stufe steht mit dem der Schuster oder der übrigen Handwerker oder mit dem der Landwirte?

GLAUKON. Nein, das nicht, wie ich glaube.

SOKRATES. Aber es ist am Platze, meine frühere Behauptung hier zu wiederholen, daß, falls der Wächter versuchen sollte, auf die Art glücklich zu werden, daß er überhaupt kein Wächter mehr ist, und falls er nicht mehr Genüge findet an diesem maßvollen und festgegründeten und, wie wir behaupten, besten Leben, sondern wenn eine unvernünftige und kindische Vorstellung von Glückseligkeit, die ihn etwa überkommen hat, ihn antreiben sollte, sich, weil er die Kraft dazu hat, allen Besitz im Staate anzueignen, so wird er erkennen, daß Hesiod in der Tat weise war, wenn er sagte, die Hälfte sei mehr als das Ganze.

GLAUKON. Wenn er meinen Rat annimmt, so wird er bei seinem jetzigen Leben bleiben.

SOKRATES. Du bist also einverstanden damit, daß die Frauen die von uns beschriebene Art der Gemeinschaft mit den Männern hinsichtlich ihrer Bildung und hinsichtlich der Kinder und der Bewachung der übrigen Bürger einhalten sollen und daß sie drinnen in der Stadt wie draußen im Felddienst ihrem Wächteramt gemeinsam mit jenen obliegen, mit ihnen auf die Jagd ziehen wie Hunde und in jeder Hinsicht nach Möglichkeit alle Mühe mit ihnen teilen müssen, und daß sie bei solchem Verhalten am besten handeln und nicht gegen das natürliche Verhältnis verstoßen werden, in dem das weibliche und das männliche Geschlecht zueinander stehen sollen?

GLAUKON. Einverstanden.

14. SOKRATES. So wäre denn nun nur noch die Frage zu erledigen, ob es, wie bei anderen lebenden Wesen, so auch bei den Menschen möglich ist, daß eine solche Gemeinschaft unter ihnen zustande komme, und auf welche Weise es möglich ist?

GLAUKON. Du hast mir das Wort aus dem Munde genommen; denn eben wollte ich dir mit dieser Bemerkung kommen.

SOKRATES. Denn was die Aufgaben des Krieges anlangt, so ist es doch klar, wie sie damit verfahren werden.

GLAUKON. Wie denn?

SOKRATES. Gemeinsam werden sie zu Felde ziehen und zudem auch alle Kinder, die kräftig genug sind, mit in den Krieg nehmen, damit sie, wie die Kinder der anderen Werkmeister, das durch Anschauung kennenlernen, was sie als Erwachsene dann selbst kunstmäßig ausüben müssen. Doch nicht nur zusehen müssen sie, sondern auch alle Dienste und Handreichungen leisten, die der Krieg mit sich bringt, und ihren Vätern und Müttern als Gehilfen zur Seite stehen. Oder hast du nicht bemerkt, wie es die

Handwerker damit halten? Wie lange z. B. den Töpfern ihre Söhne zusehen und Beihilfe leisten, ehe sie selbst die eigentliche Töpferkunst ausüben?

GLAUKON. Ja, gewiß.

SOKRATES. Müssen sie etwa sorgfältiger als die Wächter die Ihrigen ausbilden durch Erfahrung und Anschauen dessen, was der Beruf erfordert?

GLAUKON. Das wäre ja geradezu lächerlich.

SOKRATES. Aber es wird auch jedes Tier gerade dann seine ganze Kraft im Kampfe einsetzen, wenn diejenigen zugegen sind, die es zur Welt gebracht hat.

GLAUKON. So ist es. Aber, mein Sokrates, nicht gering ist die Gefahr, daß sie im Falle eines Mißlingens, wie es im Kriege doch nicht selten ist, in den eigenen Untergang auch ihre Kinder mit hineinziehen und dadurch auch dem ganzen Staat es unmöglich machen, wieder zu Kräften zu kommen.

SOKRATES. Da hast du recht. Aber meinst du denn, die Hauptsorge müsse sein, daß man sich überhaupt keiner Gefahr aussetze?

GLAUKON. Durchaus nicht.

SOKRATES. Und wie? Wenn man einmal die Gefahr auf sich nehmen muß, dann nicht da, wo ein glücklicher Erfolg uns zu besseren Menschen machen wird?

GLAUKON. Offenbar.

SOKRATES. Aber glaubst du, es sei von geringem Belang und der Gefahr nicht wert, ob diejenigen, die dereinst tüchtige Kriegsmänner werden sollen, schon als Knaben dem Schauspiel des Krieges zusehen oder nicht?

GLAUKON. Nein, es ist gewiß von Belang für den angegebenen Zweck.

SOKRATES. So also muß es sein: man muß die Kinder zu Zuschauern beim Kriege machen, aber dabei auf ihre Sicherheit bedacht sein, dann wird es gut damit bestellt sein. Nicht wahr?

GLAUKON. Ja.

SOKRATES. Nun werden doch zunächst ihre Väter, soweit es Menschen überhaupt möglich ist, über alle nötige Sachkenntnis gebieten und zu beurteilen wissen, welche Feldzüge gefahrvoll sind und welche nicht?

GLAUKON. Aller Wahrscheinlichkeit nach.

SOKRATES. In manche Feldzüge also werden sie sie mitnehmen, vor anderen werden sie sie bewahren.

GLAUKON. Richtig.

SOKRATES. Und als Aufseher werden sie doch wohl nicht die Unfähigsten ihnen beigeben, sondern Männer, die durch Erfahrung und Alter besonders berufen sind, Führer und Hüter der Jugend zu sein.

GLAUKON. Ja, so gehört es sich.

SOKRATES. Aber freilich, werden wir sagen, gar manches Unerwartete ist so manchem schon begegnet.

GLAUKON. Gewiß.

SOKRATES. Gegen dergleichen nun, mein Lieber, muß man sie gleich in ihren Kinderjahren beflügeln, damit sie nötigenfalls im Fluge davoneilen.

GLAUKON. Wie meinst du das?

SOKRATES. So jung als möglich muß man sie schon zu Pferde sitzen lassen und, nachdem man sie reiten gelehrt, auf Pferden sie mitnehmen zur Kampfesschau, nicht auf unbändigen und kampfbegierigen, sondern auf möglichst schnellfüßigen und lenksamen. Denn so werden sie am besten zu Augenzeugen dessen, was gerade ihr Beruf mit sich bringt, gemacht werden und nötigenfalls sich am sichersten retten, folgsam der Anweisung ihrer älteren Führer.

GLAUKON. Damit magst du wohl recht haben.

SOKRATES. Wie steht es aber nun weiter mit dem Verhalten im Krieg? Wie haben sich deine Krieger einerseits zueinander, anderseits zu den Feinden zu verhalten? Ist meine Ansicht in bezug darauf richtig oder nicht?

GLAUKON. Welche denn?

SOKRATES. Was sie selbst anlangt, so muß man doch wohl jeden, der die Schlachtreihe verläßt oder die Waffen wegwirft oder sich sonst eine ähnliche Feigheit zuschulden kommen läßt, in die Klasse der Handwerker oder der Ackerbauer versetzen?

GLAUKON. Allerdings.

SOKRATES. Wer sich aber lebend den Feinden gefangen gibt, den muß man den betreffenden Gegnern als Geschenk überlassen, um mit dem Fange zu machen, wozu sie Lust haben?

GLAUKON. Offenbar.

SOKRATES. Wer sich aber hervorgetan und rühmlich ausgezeichnet hat, der muß doch wohl, wie du zugeben wirst, zunächst noch im Feldzuge von den mit im Felde stehenden Jünglingen und Knaben, von jedem der Reihe nach, einen Kranz erhalten? Oder nicht?

GLAUKON. Doch.

SOKRATES. Ferner auch durch Händedruck geehrt werden?

GLAUKON. Auch das.

SOKRATES. Aber was nun folgt, wirst du, fürchte ich, nicht mehr gutheißen.

GLAUKON. Was denn?

SOKRATES. Daß er einen jeden küssen und wieder geküßt werden soll.

GLAUKON. Dies erst recht. Und ich mache noch den Zusatz zu dem Gesetz, daß während der ganzen Dauer des jeweiligen Feldzuges keiner, den er küssen will, es ihm abschlagen darf, schon deshalb, damit, wenn einer etwa verliebt ist in einen Jüngling oder ein Mädchen, sein Eifer, den Preis davonzutragen, um so mehr entfacht werde.

SOKRATES. Recht so. Denn daß dem sich als tüchtig Bewährenden mehr Gelegenheit zu ehelichen Freuden geboten werden soll als den anderen und daß bei den Wahlen Krieger dieser Art häufig vor den anderen bevorzugt werden sollen, damit man möglichst viel Nachwuchs von einem solchen erziele, ist bereits gesagt.

GLAUKON. Ja, so ist es.

15. SOKRATES. Aber auch nach *Homer* ist es recht und billig, die Tüchtigen unter den jungen Männern derartiger Ehren teilhaftig zu machen. Denn Homer sagt, Aias sei nach rühmlicher Auszeichnung im Kampfe »mit langausreichendem Rücken geehrt« worden, offenbar weil ihm das für einen jugendlich kräftigen und tapferen Mann als natürlichste Ehrung erschien, die neben der Ehre auch einen Zuwachs an Kraft bringen wird.

GLAUKON. Sehr richtig.

SOKRATES. Wir werden also, in diesem Punkte wenigstens, dem Homer folgen. Denn auch wir werden bei Opfern und allen derartigen Veranstaltungen die Tüchtigen in dem Maße, als sie sich tüchtig erweisen, durch Lobgesänge und die eben aufgezählten Auszeichnungen ehren, und außerdem noch durch »Ehrensitz und erlesenes Fleisch und gefüllete Becher, damit wir außer der Ehre ihnen auch noch Kraft zu erhöhter Tüchtigkeit geben.

GLAUKON. Treffliche Worte.

SOKRATES. Gut denn. Aber was die im Felde Gefallenen anlangt, so werden wir jeden, der rühmlich geendet hat, doch wohl fürs erste für einen solchen erklären, der zu dem goldenen Geschlechte gehört?

GLAUKON. Unzweifelhaft.

SOKRATES. Und weiter werden wir doch dem Hesiod glauben, daß, wenn Männer aus diesem Geschlecht gestorben sind

Heilige Schutzgottheiten hienieden auf Erden sie werden
Gnädige, Wehrer des Übels, Behüter der redenden Menschen?

GLAUKON. Ja, das werden wir.

SOKRATES. Wir werden also doch zunächst beim Gotte erkunden, wie man die Hochbegnadeten und Göttlichen beisetzen muß und mit welcher Auszeichnung, und sie dann so beisetzen, genau nach seiner Weisung.

GLAUKON. Wie sollten wir nicht?

SOKRATES. Und in Zukunft werden wir doch ihre Grabstätten ehren und heilig halten wie die von Schutzgottheiten? Und der nämliche Brauch soll uns doch auch gelten, wenn einer von denen, die sich im Leben als tüchtig bewährt haben, dem Alter oder sonst irgendwelchem Geschick erliegt?

GLAUKON. Ja, das ist billig.

SOKRATES. Und nun anderseits gegen die Feinde – wie werden sich da unsere Krieger verhalten?

GLAUKON. Nun, wie denn?

SOKRATES. Was zunächst die Sklavenfrage anlangt, hältst du es da für recht, daß hellenische Staaten Hellenen zu Sklaven machen? Oder wäre es nicht vielmehr in der Ordnung, daß sie nach Möglichkeit dies auch keinem andern Staate erlaubten und es zur Sitte machten, das hellenische Geschlecht zu schonen in Rücksicht auf die Gefahr, von den Barbaren geknechtet zu werden.

Glaukon. Ganz unbedingt verdient die Schonung den Vorzug.

Sokrates. Und daß auch keiner einen Hellenen als Sklaven besitze: dessen dürfen sie weder sich selbst schuldig machen, noch dürfen sie den anderen Hellenen dies anraten.

Glaukon. Sicherlich. Wenigstens würde dies zur Folge haben, daß sie sich mehr gegen die Barbaren wendeten und sich der Fehde untereinander enthielten.

Sokrates. Und ferner: ist es etwa zu billigen, daß sie die Gefallenen berauben – von den Waffen natürlich abgesehen –, wenn sie gesiegt haben? Oder bietet das den Feiglingen nicht einen passenden Vorwand, nicht gegen den noch kämpfenden Feind vorzugehen, als täten sie ihre Pflicht, wenn sie sich mit dem Toten zu schaffen machen, und haben nicht schon viele Heere durch diese Art von Räuberei ihren Untergang gefunden?

Glaukon. Gewiß.

Sokrates. Und scheint es nicht ehrlos und habgierig, einen Leichnam zu berauben, und zeugt es nicht von einer weibischen und niedrigen Sinnesart, den Leib des Toten für den Feind zu halten, während der eigentliche Feind (die Seele) davongeflogen ist und nur das zurückgeblieben ist, was ihm als Mittel des Kampfes diente? Oder findest du einen Unterschied zwischen denen, die das tun, und Hunden, die ihren Zorn an den Steinen auslassen, mit denen sie beworfen werden, den Werfenden dagegen in Ruhe lassen?

Glaukon. Nicht den geringsten.

Sokrates. Es ist also doch unsere Pflicht, abzulassen von dem Ausplündern der Toten und der Behinderung der Beerdigung?

Glaukon. Das ist es allerdings, beim Zeus.

16. Sokrates. Auch werden wir die geraubten Waffen nicht in die Tempel bringen als Weihgeschenke, am wenigsten die der Hellenen, wenn wir irgend auf gutes Einvernehmen mit den übrigen Hellenen halten; eher werden wir sogar fürchten, es möchte eine Entweihung sein, dergleichen von den eigenen Angehörigen in einen Tempel zu bringen, es müßte denn sein, daß der Gott eine andere Willensmeinung kundgäbe.

Glaukon. Sehr richtig.

Sokrates. Was aber weiter das Verwüsten hellenischen Landes und das Niederbrennen von Häusern anlangt, wie werden es deine Krieger damit halten gegenüber ihren Feinden?

Glaukon. An *dir* ist es, darüber deine Meinung zu äußern, wenn du mir zu Willen sein willst.

Sokrates. Meine Ansicht geht dahin: sie dürfen keines von beiden tun, sondern müssen sich darauf beschränken, die Jahresernte ihnen wegzunehmen. Und soll ich dir sagen, weshalb?

Glaukon. Gewiß.

Sokrates. Meiner Ansicht nach sind *Krieg* und *Zwietracht*, wie es zwei verschiedene Worte sind, so auch tatsächlich zweierlei, indem sie den Gegensatz zweier Begriffe bezeichnen. Diese beiden Begriffe aber sind, wie ich behaupte, einerseits das Befreundete und Verwandte, anderseits das Fremde und Ausländische. Für Feindschaft nun mit dem Befreundeten gilt der Name Zwietracht, für die mit dem Fremden aber Krieg.

Glaukon. Das läßt sich gewiß hören.

Sokrates. So sieh denn zu, ob sich auch das Folgende hören läßt. Ich behaupte nämlich, das hellenische Geschlecht sei sich selbst befreundet und verwandt, dem der Barbaren aber stehe es als ausländisch und fremd gegenüber.

Glaukon. Recht so.

Sokrates. Wenn also Hellenen mit Barbaren und Barbaren mit Hellenen kämpfen, werden wir sagen, daß sie Krieg führen und von Natur Feinde sind, und diese Art von Feindschaft werden wir Krieg nennen; wenn aber Hellenen mit Hellenen derartige Händel haben, werden wir sagen, daß sie von Natur Freunde sind und daß in solchem Falle Hellas krank und zwieträchtig ist, und eine solche Feindschaft werden wir Zwietracht nennen.

Glaukon. Ich bin damit einverstanden, daß man die Sache so ansehe.

Sokrates. So mache dir denn an einem Falle, den man auch jetzt schon gemeinhin als Zwietracht bezeichnet, wo etwas Derartiges eintritt und ein Staat in sich entzweit ist und nun beide die Ländereien der anderen verwüsten und die Häuser niederbrennen – an einem solchen Falle also mache dir klar, wie frevelhaft da die Zwietracht erscheint und wie wenig vaterlandsliebend sich beide Parteien zeigen; denn nimmer würden sie sonst sich erdreisten, ihre Ernährerin und Mutter auszuplündern; vielmehr scheint es genug, wenn die Sieger den Besiegten ihre Ernte wegnehmen und sich als Gegner betrachten, die sich wieder versöhnen und nicht ewig im Kriege liegen werden.

GLAUKON. Weit gesitteter sind die Vertreter dieser Sinnesart als jener.

SOKRATES. Wie nun? Ist die Stadt, die du gründest, nicht eine hellenische?

GLAUKON. Das ist sie notwendig.

SOKRATES. Werden ihre Bürger also nicht gut und gesittet sein?

GLAUKON. Gewiß.

SOKRATES. Aber nicht auch hellenenfreundlich? Und werden sie Hellas nicht für befreundet halten und die Heiligtümer der anderen auch als die ihrigen ansehen?

GLAUKON. Unzweifelhaft.

SOKRATES. Also werden sie doch den Streit mit den Hellenen als mit Befreundeten für Zwietracht halten und auch schon das bloße Wort »Krieg« dafür vermeiden.

GLAUKON. Ja.

SOKRATES. Sie werden also als Gegner streiten, die sich wieder versöhnen wollen?

GLAUKON. Sicherlich.

SOKRATES. Sie werden sie also durch freundlichen Zuspruch zur Einsicht bringen und es mit der Züchtigung nicht auf völlige Unterjochung bis zur Sklaverei oder auf Ausrottung absehen – warnende Mahner, nicht Feinde.

GLAUKON. Recht so.

SOKRATES. Sie werden also, Hellenen, wie sie sind, nicht Hellas verwüsten noch Wohnhäuser niederbrennen, noch jedesmal sämtliche Einwohner einer Stadt für ihre Feinde halten, Männer, Weiber und Kinder, sondern immer nur wenige als ihre Feinde betrachten, nämlich die eigentlichen Urheber des Streites, und aus allen diesen Gründen werden sie weder das Land verheeren wollen – denn die Mehrzahl ist ja mit ihnen befreundet – noch Wohnhäuser zerstören, sondern werden den Streit nur so weit treiben, bis die Schuldigen von den leidenden Unschuldigen der schuldigen Strafe zugeführt worden sind.

GLAUKON. Ich bin damit einverstanden, daß unsere Bürger in solcher Weise ihren Gegnern entgegentreten müssen, den Barbaren dagegen so, wie es heutzutage die Hellenen untereinander tun.

SOKRATES. Wollen wir also auch diese Gesetzesbestimmung für unsere Wächter treffen, daß sie weder Land verwüsten noch Häuser in Brand stecken dürfen?

GLAUKON. Ja, das wollen wir und sowohl dieses wie das Vorhergehende als richtig anerkennen.

17. GLAUKON (fortfahrend). Aber, mein Sokrates, es scheint, wenn man dir weiter derartige Ausführungen gestattet, so wirst du niemals dessen gedenken, was du, all dem jetzt von dir Vorgetragenen zuliebe, bisher beiseite geschoben hast, nämlich, ob es eine solche Verfassung überhaupt geben könne und auf welche Weise sie jemals möglich sei. Denn wenn du sagtest, daß, *wenn* sie bestände, alles wohl bestellt sein würde in dem Staat, in dem sie bestände, so füge ich dem sogar noch das von dir Übergangene hinzu, daß nämlich ihre Bürger auch gegen die Feinde am besten kämpfen würden, weil sie einander am wenigsten im Stiche ließen, indem sie sich gegenseitig als Brüder, Väter und Söhne anerkennen und mit diesen Namen einander rufen würden; wenn aber auch das weibliche Geschlecht mit ins Feld zöge, sei es, daß es in der Schlachtreihe selbst aufgestellt würde, sei es hinter derselben, um den Feinden Schrecken einzuflößen und um im Notfall Hilfe zu leisten, so zweifle ich nicht, daß sie auf diese Weise durchaus unüberwindlich sein würden; auch übersehe ich nicht all das von dir übergangene Gute, was ihnen daheim noch beschieden ist. Aber du kannst ruhig meine Zustimmung dazu voraussetzen, daß sich alles dieses so verhalte und noch tausenderlei anderes, wenn eine solche Verfassung ins Leben getreten wäre, und darum ergehe dich nicht in weiteren Ausführungen über sie; vielmehr wollen wir nunmehr uns eben davon zu überzeugen suchen, daß es möglich ist und wie es möglich ist, alles andere wollen wir auf sich beruhen lassen.

Sokrates. Völlig überraschend hast du gleichsam einen Sturmlauf auf meine Rede gemacht und hast kein Erbarmen mit mir, dem so kläglich sich hin und her Windenden. Denn vielleicht weißt du nicht, daß du, nachdem ich kaum den beiden ersten Wellen entronnen bin, jetzt die größte und bedrohlichste Welle des Dreiwogenschwalles gegen mich in Bewegung setzest, die du nur anzublicken und zu hören brauchst, um mir verzeihend recht zu geben, daß ich so zögerte und Bedenken trug, eine so verfängliche Rede vorzutragen und mich auf eine Prüfung derselben einzulassen.

Glaukon. Je mehr du nach dieser Seite hin redest, um so weniger werden wir dir es erlassen, Auskunft zu geben, wie es möglich ist, daß diese Verfassung zustande komme. Also sprich nur und laß nicht länger auf dich warten.

Sokrates. So müssen wir uns denn zunächst daran erinnern, daß es die Frage nach dem Wesen der Gerechtigkeit und Ungerechtigkeit war, deren Erörterung uns auf diesen Punkt geführt hat.

Glaukon. Das müssen wir; aber was macht das?

Sokrates. Nichts. Aber wenn wir das Wesen der Gerechtigkeit einmal gefunden haben, werden wir dann etwa auch behaupten, der gerechte Mann dürfe sich von ihr nicht im geringsten unterscheiden, sondern müsse in seiner Art und Weise ganz genau dem Wesen der Gerechtigkeit entsprechen? Oder werden wir zufrieden sein, wenn er ihr so nahe wie möglich kommt und im Vergleich zu den anderen Dingen am meisten mit ihr gemein hat?

Glaukon. Damit werden wir zufrieden sein.

Sokrates. Um also ein Musterbild zu erhalten, suchten wir nach dem Wesen der Gerechtigkeit selbst und nach dem vollkommen gerechten Mann, wenn es überhaupt einen geben könnte, und von welcher Art er in diesem Fall wäre, sowie anderseits nach der Ungerechtigkeit und dem ungerechtesten Mann, damit wir im Hinblick auf sie, wie sie sich uns zeigen hinsichtlich der Glückseligkeit und des Gegenteils, genötigt werden, auch in Beziehung auf uns selbst einzuräumen, daß, wer jenen so ähnlich ist als nur möglich, auch das jenen ähnlichste Los haben werde – nicht aber deshalb, um die Möglichkeit der Verwirklichung davon nachzuweisen.

GLAUKON. Damit bist du im Recht.

SOKRATES. Glaubst du nun, der sei ein minder guter Maler, der ein Musterbild gemalt hat von dem denkbar schönsten Menschen und seinem Gemälde alle dazu passenden Züge geliehen hat, und dann nicht nachzuweisen vermag, daß es einen solchen Menschen auch wirklich geben könne?

GLAUKON. Nein, beim Zeus, das nicht.

SOKRATES. Wie also? Haben nicht auch wir – so sagen wir – in Gedanken ein Musterbild eines guten Staates entworfen?

GLAUKON. Allerdings.

SOKRATES. Glaubst du nun also, daß uns darum unsere Darstellung minder gelungen sei, wenn wir nicht nachweisen können, daß ein dieser Darstellung in seinen Einrichtungen entsprechendes Gemeinwesen möglich sei?

GLAUKON. Gewiß nicht.

SOKRATES. Das wäre also der wahre Sachverhalt. Soll ich aber dir zu Gefallen mich auch noch um den Nachweis bemühen, wie und in welchem Betracht es noch am ehesten möglich sei, so mußt du mir behufs eines solchen Nachweises noch einmal die nämlichen Zugeständnisse machen.

GLAUKON. Welche denn?

SOKRATES. Ist es möglich, daß die wirkliche Ausführung genau der gegebenen Darstellung entspricht, oder liegt es in der Natur der Sache, daß die Ausführung die Wahrheit in geringerem Grade erreicht als die Darstellung in Worten, auch wenn es manch einem nicht so scheint? Aber du, wie denkst du darüber? Räumst du es mir ein oder nicht?

GLAUKON. Ich räume es ein.

SOKRATES. Nötige mich also nicht zu zeigen, daß, was wir in Worten dargestellt haben, in jeder Beziehung auch in der Wirklichkeit sich erfüllen müßte; sondern wenn wir imstande gewesen sind zu finden, daß ein Staat in seinen Einrichtungen der gegebenen Darstellung so nahe als möglich kommt, so gib zu, daß wir die Möglichkeit der Verwirklichung dessen gefunden haben, dessen Verwirklichung du forderst. Oder sollte dir dieses noch nicht genug sein? Denn was mich anlangt, so wäre es mir genug.

GLAUKON. Doch, auch mir.

18. SOKRATES. Unsere nächste Aufgabe ist es nun, wie es scheint, zu untersuchen und nachzuweisen, welches fehlerhafte Verfahren in der Behandlung der öffentlichen Angelegenheiten eigentlich daran schuld ist, daß die heutigen Staaten sich nicht in der von uns geschilderten Lage befinden, und welche möglichst geringe Veränderung einen Staat zu dieser unserer Art der Verfassung überführen könnte, am liebsten eine Veränderung nur in einem Stück, wo nicht, in zweien, und wenn auch dies nicht, dann in möglichst wenigen an Zahl und geringfügigen an Bedeutung.

GLAUKON. Sicherlich.

SOKRATES. Eine einzige Veränderung nun könnte, wie ich glaube zeigen zu können, diesen Wandel herbeiführen, freilich keine kleine noch auch leichte, aber doch mögliche.

GLAUKON. Welche?

SOKRATES. So will ich mich denn hervorwagen an das, was wir vergleichsweise die größte Welle nannten. Das Wort soll also gesprochen werden, mag es auch den Verkünder geradezu wie eine Woge mit Hohngelächter und Schmach überschütten. Gib denn acht, was ich sagen werde.

GLAUKON. Laß es nur hören.

SOKRATES. Wenn nicht entweder die Philosophen Könige werden in den Staaten, oder die jetzt sogenannten Könige und Gewalthaber sich aufrichtig und gründlich mit Philosophie befassen, und dies beides in eins zusammenfällt, politische Macht und Philosophie, unter denen aber, die jetzt getrennt voneinander je eines der beiden Ziele verfolgen, diejenigen, die ihrer Natur nach bloße Politiker sind, zu völligem Verzicht gezwungen werden, gibt es, mein lieber Glaukon, kein Ende des Unheils für die Staaten, ja, wenn ich recht sehe, auch nicht für das Menschengeschlecht überhaupt, und auch unsere Staatsverfassung, die wir jetzt in Gedanken in der Rede uns ausgemalt haben, wird nicht eher, so weit wie überhaupt möglich, entstehen und das Tageslicht erblicken. Aber das ist es, was auszusprechen ich mich schon lange scheue, weil ich sehe, wie sehr es wider die allgemeine Meinung verstößt. Denn es hat seine großen Schwierigkeiten zu erkennen, daß kein anderer Staat zur Glückseligkeit gelangen kann, weder was den Einzelnen noch was das Ganze anlangt.

GLAUKON. Da hast du, mein Sokrates, einen Ausspruch getan und ein Wort fallenlassen, das – darauf mache dich nur gefaßt – die Wirkung haben wird, daß jetzt ohne weiteres ein gewaltiger Haufen von Leuten, und nicht der schlechtesten, gleichsam die Gewänder abwerfend und entblößt, nach jeder gerade bereitliegenden Waffe greifend mit voller Kraft auf dich einstürmt, um mit dir wer weiß was zu machen. Wenn du dich also nicht hier, wo es sich um die *bloße Rede* handelt, gegen sie wehrst und sie dir vom Leibe hältst, so wirst du zur Strafe *wirklichen* Spott über dich ergehen lassen müssen.

SOKRATES. Bist du es nicht, der mich in diese Lage versetzt hat?

GLAUKON. Und ich habe daran ganz wohl getan. Doch wahrlich, ich werde dich nicht im Stiche lassen, sondern dir helfen, womit ich nur kann; ich kann es aber durch Wohlwollen und ermunternden Zuspruch und vielleicht auch dadurch, daß ich dir geschickter antworte als irgend ein anderer. Als einen solchen Helfer darfst du mich betrachten, und so versuche denn, den Ungläubigen zu zeigen, daß es sich so verhält, wie du sagst.

SOKRATES. So soll es denn versucht werden, da ja auch du eine so wertvolle Beihilfe bietest. Wenn wir also irgendwie von jenen Spöttern loskommen sollen, so scheint es mir notwendig, ihnen eine genaue Bestimmung darüber zu geben, was wir eigentlich unter Philosophen verstehen, daß wir wagen zu behaupten, ihnen gebühre die Herrschaft; denn erst wenn sie klar von allen anderen unterschieden worden sind, läßt sich auch eine Verteidigung finden, indem man zeigt, daß es den einen von Natur zukommt, sich mit Philosophie zu befassen und im Staate die führende Stellung einzunehmen, den anderen dagegen, sich von ihr fernzuhalten und dem Führenden zu folgen.

GLAUKON. Es dürfte Zeit sein, diese Bestimmung zu geben.

SOKRATES. Wohlan denn, folge mir auf diesem Wege, ob wir irgendwie genügend Auskunft darüber geben können.

GLAUKON. Also ans Werk.

19. SOKRATES. Werde ich dich nun erinnern müssen, oder denkst du von selbst daran, daß, wenn wir von einem sagen, er liebe etwas, und diese Behauptung berechtigt sein soll, kein Zweifel darüber obwalten darf, daß er es nicht bloß in gewisser Beziehung liebt, in anderer wiederum nicht, sondern daß er es ganz in sein Herz geschlossen hat?

GLAUKON. Du mußt mich doch wohl erinnern; denn ich habe keine ganz deutliche Vorstellung mehr davon.

SOKRATES. Einem anderen, mein Glaukon, würde diese deine Äußerung mehr anstehen, aber einem der Liebe so kundigen Manne steht es nicht wohl an, dessen eingedenk zu sein, daß alle in der Blüte stehenden Knaben den Knabenfreund und Verliebten irgendwie reizen und erregen, indem sie seiner Bemühung und zärtlichen Annäherung wert scheinen. Oder macht ihr es nicht so mit den Knaben? Der eine wird, weil er ein Stumpfnäschen hat, von euch liebreizend genannt und gepriesen, des anderen Habichtsnase, sagt ihr, habe etwas Königliches, und wer zwischen beiden die Mitte hält, der übertreffe alle an Ebenmaß; die dunkelen seien von männlichem Aussehen, die blonden seien wahre Götterknaben; die honigblassen aber – meinst du, sie entstammten, wie auch ihr Name, dem Hirne irgendeines anderen als eines Liebhabers, der ihre Blässe beschönigen will und sich gern mit ihr abfindet, wenn sie nur mit Jugendschönheit verbunden ist? Kurz, keinen Vorwand laßt ihr unbenutzt und spart keinen Ausdruck, um keinen verwerflich zu finden, der in der Blüte der Schönheit steht.

GLAUKON. Wenn du mich zum Muster nehmen willst bei deiner Behauptung, daß die Verliebten es so machen, so gebe ich es zu um des Fortgangs der Erörterung willen.

SOKRATES. Und wie? Die Weinliebhaber – siehst du nicht, daß sie es ebenso halten? Daß sie jeden Wein unter irgendeinem Vorwand herrlich finden?

Glaukon. Gewiß.

Sokrates. Und auch bei den Ehrliebenden, denke ich, siehst du es, daß, wenn sie nicht Feldherren werden können, sie eine Hauptmannsstelle bekleiden, und falls sie es nicht dahin bringen von Größeren und Höheren geehrt zu werden, zufrieden sind, von Geringeren geehrt zu werden, weil es eben Ehre schlechthin ist, der sie nachstreben.

Glaukon. Offenbar.

Sokrates. Also sage nun ja oder nein zu folgendem: wenn wir einen als heftig verlangend nach etwas bezeichnen, werden wir dann sagen, daß er alles, was dazu gehört, verlange, oder das eine wohl, das andere dagegen nicht?

Glaukon. Alles.

Sokrates. Werden wir nicht also auch vom Philosophen (Weisheitsliebenden) sagen, er sei von Verlangen nach Weisheit erfüllt, nicht etwa einem Teile von ihr, einem anderen aber nicht, sondern der ganzen?

Glaukon. Gewiß.

Sokrates. Wer sich also nicht mit den Wissenschaften befreunden kann, zumal wenn er noch jung ist und noch kein Urteil hat über das, was brauchbar ist und nicht, den werden wir nicht als einen Lernbegierigen und einen Weisheitsliebenden gelten lassen, wie wir auch von dem, der in Speisen wählerisch ist, nicht sagen, daß er hungere oder Speisen begehre oder überhaupt ein Essensliebhaber sei, sondern ein Kostverächter.

Glaukon. Und daran werden wir recht tun.

Sokrates. Wer aber ohne weiteres bereit ist, sich jedes Wissensfaches zu bemächtigen, und mit Lust ans Lernen geht und nicht genug davon haben kann, den werden wir mit Recht weisheitsliebend (Philosoph) nennen. Nicht wahr?

Glaukon. Da wirst du finden, daß es gar viele Leute dieser Art gibt, und zwar recht wunderliche. Denn zunächst die Schaulustigen scheinen mir sämtlich von dieser Art zu sein, da sie lernlustig sind, die Hörbegierigen sodann nehmen sich vollends wunderlich aus, wenn man sie unter die Philosophen rechnet, sie, die zu wissenschaftlichen Erörterungen und ernster Unterhaltung solcher Art sich niemals aus freien Stücken einzufinden bereit sind, sondern, als hätten sie ihre Ohren verdungen, alle Chorgesänge zu hören, bei den Dionysosfeiern von einer Feststätte zur anderen laufen und weder bei den städtischen noch bei den ländlichen fehlen. Alle diese nun, und andere, die nach ähnlichen Dingen wißbegierig sind, sowie auch die Liebhaber kleinlicher Künste – sollen wir sie weisheitsliebend nennen?

SOKRATES. Nimmermehr, sondern nur Weisheitsliebenden ähnlich.

20. GLAUKON. Welche nennst du aber die wahren?

SOKRATES. Diejenigen, die die Wahrheit zu schauen begierig sind.

GLAUKON. Damit magst du recht haben; aber wie ist das zu verstehen?

SOKRATES. Keineswegs leicht, wenigstens für einen anderen. Du aber wirst mir, denke ich, das Folgende einräumen.

GLAUKON. Was denn?

SOKRATES. Dies: Da das Schöne dem Häßlichen entgegengesetzt ist, so sind sie doch zwei.

GLAUKON. Selbstverständlich.

SOKRATES. Und da sie zwei sind, so ist doch jedes von beiden eines?

GLAUKON. Auch dies.

SOKRATES. Und von dem Gerechten und Guten und Schlechten und allen Begriffen gilt das Nämliche: für sich selbst ist jeder eines, durch ihre Verbindung aber mit Handlungen und Körpern und untereinander treten sie überall dem Auge entgegen, so daß jeder den Schein erweckt, als wäre er vieles.

GLAUKON. Du hast recht.

SOKRATES. Ich mache also folgende Einteilung: auf der einen Seite stehen für sich die eben von dir angeführten Schaulustigen und Liebhaber von Künsten und Vertreter der praktischen Berufe, auf der anderen hinwiederum diejenigen, auf die unsere Erörterung hinwies, die man mit Recht Weisheitsliebende nennen kann.

GLAUKON. Wie meinst du das?

SOKRATES. Die Hörbegierigen und Schaulustigen schwärmen für schöne Stimmen und Farben und Gestalten und alles, was die Kunst aus dergleichen herstellt, aber das Wesen des Schönen selbst zu schauen und sich daran zu erfreuen, ist ihr Geist nicht fähig.

GLAUKON. Ja, so verhält es sich.

SOKRATES. Diejenigen aber, welche imstande sind, sich dem Schönen selbst zuzuwenden und es rein für sich zu schauen, sind die nicht seltene Ausnahmen?

GLAUKON. Ganz gewiß.

SOKRATES. Wer also zwar schöne Sachen anerkennt, die Schönheit selbst aber weder anerkennt noch, wenn ihm einer zur Erkenntnis derselben den Weg weist, ihm zu folgen imstande ist, scheint dir dessen Leben das eines Wachenden oder eines Träumenden zu sein? Dabei erwäge: versteht man unter Träumen nicht dies, daß einer, sei es im Schlafe oder wachend, dasjenige, was irgendeiner Sache ähnlich ist, nicht für ähnlich hält, sondern für die Sache selbst, der es gleicht?

GLAUKON. Ich wenigstens möchte behaupten, daß ein solcher träumt.

SOKRATES. Wie aber? Wer im Gegensatz dazu das Schöne selbst für ein Etwas hält und fähig ist, es zu schauen, sowohl es selbst wie das, was daran teilhat, und weder das Teilhabende für es selbst noch es selbst für das Teilhabende hält, scheint dir umgekehrt dieser das Leben eines Wachenden zu führen oder auch er das eines Träumenden?

GLAUKON. Ganz gewiß das eines Wachenden.

SOKRATES. *Seine* geistige Tätigkeit also, als die eines Erkennenden, würden wir doch mit Recht Erkenntnis nennen, die des anderen dagegen Meinung, als die eines bloß Meinenden?

GLAUKON. Sicherlich.

SOKRATES. Wie nun, wenn der, dem nach unserem Urteile nur das Meinen, nicht das Erkennen zukommt, uns grollte und bestritte, daß wir im Rechte wären? Werden wir in der Lage sein, ihn zu beschwichtigen und ihm mit Gründen beizukommen, in aller Ruhe, ohne ihn merken zu lassen, daß er nicht recht bei Sinnen ist?

GLAUKON. Das müssen wir unbedingt.

SOKRATES. Wohlan denn, so erwäge, was wir zu ihm sagen sollen. Oder ist es dir recht, daß wir von ihm Auskunft fordern mit folgenden Worten:

Wenn du etwas weißt, so werden wir dir das nicht mißgönnen, sondern uns herzlich freuen, wenn wir sehen, daß du etwas weißt. Aber antworte uns auf folgende Frage: wer erkennt, erkennt der etwas oder nichts? Nun sollst du mir an seiner Statt antworten.

GLAUKON. Meine Antwort wird lauten: er erkennt etwas.

SOKRATES. Seiendes oder Nichtseiendes?

GLAUKON. Seiendes; denn wie könnte etwas, was nicht ist, erkannt werden?

SOKRATES. Das also steht uns zur Genüge fest – und öfter wiederholte Untersuchung würde es nur bestätigen –, daß das vollkommen Seiende vollkommen erkennbar ist, das schlechterdings Nichtseiende dagegen völlig unerkennbar ist?

GLAUKON. Durchaus.

SOKRATES. Gut. Wenn sich aber etwas so verhält, daß es sowohl ist als nicht ist, würde das nicht in der Mitte liegen zwischen dem unbedingt Seienden und dem schlechterdings Nichtseienden?

GLAUKON. Ja.

SOKRATES. Wenn nun die Erkenntnis auf das Seiende ging, die Nicht-Kenntnis aber auf das Nichtseiende, so muß doch für jenes Mittlere auch ein Mittleres aufgesucht werden zwischen Unwissenheit und Wissen, falls es ein solches überhaupt gibt.

GLAUKON. Gewiß.

SOKRATES. Hat nun das Wort *Meinung* für uns eine gewisse Bedeutung?

GLAUKON. Selbstverständlich.

SOKRATES. Verstehen wir darunter ein anderes Vermögen als das des Wissens oder das nämliche?

GLAUKON. Ein anderes.

SOKRATES. Auf etwas anderes also hat seine regelrechte Beziehung das Meinen, auf etwas anderes hinwiederum das Wissen, jedes von beiden nach der besonderen Eigenart seines Vermögens.

GLAUKON. So ist es.

SOKRATES. Also das Wissen bezieht sich doch seiner Natur nach auf das Seiende, um zu erkennen, was das Seiende ist? Doch scheint es mir notwendig, dem erst noch die folgende Erörterung vorauszuschicken.

GLAUKON. Welche?

21. SOKRATES. Wir werden unter *Vermögen* doch eine Gattung des Seienden verstehen, nämlich das, wodurch sowohl wir vermögen, was wir vermögen, wie auch jedes andere, was es auch immer vermag. So rechne ich z. B. Gesicht und Gehör zu den Vermögen, wenn du verstehst, was ich mit diesem Begriffe sagen will.

GLAUKON. Ja, ich verstehe.

SOKRATES. So höre denn, wie ich darüber denke. An einem Vermögen gewahre ich weder Farbe noch Gestalt noch etwas dergleichen wie sonst an vielen anderen Dingen, worauf ich nur hinzublicken brauche, um mir über einige Unterschiede klar zu werden, daß nämlich das eine so, das andere anders beschaffen ist; bei einem Vermögen sehe ich einzig darauf, worauf es sich bezieht und was es bewirkt, und danach brauche ich jedesmal den Ausdruck »Vermögen« dafür; und hat es seine regelrechte Beziehung auf dasselbe und bewirkt es dasselbe, so nenne ich es auch dasselbe, bezieht es sich aber auf ein anderes und wirkt es anderes, dann nenne ich es auch ein anderes. Du aber? Wie hältst du es?

GLAUKON. Ebenso.

SOKRATES. Also noch einmal rückwärts geblickt, mein Bester! Wissen – hältst du das für ein Vermögen oder zu welcher Gattung rechnest du es?

GLAUKON. Zu dieser, und zwar als das stärkste unter allen Vermögen.

SOKRATES. Wie nun? Wollen wir die Meinung als ein Vermögen ansehen oder als etwas der Art nach anderes?

GLAUKON. Keineswegs. Denn wodurch wir zu meinen vermögen, das ist ja nichts anderes als Meinung.

SOKRATES. Aber kurz vorher gabst du doch zu, daß Wissen und Meinen nicht dasselbe seien.

GLAUKON. Wie könnte auch ein vernünftiger Mensch je das Unfehlbare dem Nicht-Unfehlbaren gleichsetzen?

SOKRATES. Gut denn, und so ist also klar, daß wir die Meinung als etwas von dem Wissen Verschiedenes anerkennen.

GLAUKON. Ja,

SOKRATES. Jedes von beiden bezieht sich also, da es etwas anderes vermag, seiner Natur nach auf etwas anderes.

GLAUKON. Notwendig.

SOKRATES. Wissen nun bezieht sich doch auf das Seiende, um das Seiende nach seiner Beschaffenheit zu erkennen?

GLAUKON. Ja.

SOKRATES. Die Meinung aber, so sagen wir doch, hat es damit zu tun, zu meinen.

GLAUKON. Ja.

SOKRATES. Etwa dasselbe, was das Wissen erkennt? So daß also das durch Wissen und das durch Meinung Erfaßbare dasselbe wäre? Oder ist das unmöglich?

GLAUKON. Unmöglich nach unseren Voraussetzungen, wofern nämlich auf ein anderes Objekt sich auch ein anderes Vermögen bezieht, beide aber doch Vermögen sind, die Meinung so gut wie das Wissen, jede von beiden aber ein anderes, wie wir behaupten. Danach ist es also unmöglich, daß das durch Wissen und das durch Meinung Erfaßbare dasselbe sei.

SOKRATES. Wenn nun das Seiende durch Wissen erfaßbar ist, muß dann nicht das durch Meinung Erfaßbare etwas anderes sein als das Seiende?

GLAUKON. Ja.

SOKRATES. Geht nun die Meinung etwa auf das Nichtseiende? Oder ist es unmöglich, das Nichtseiende auch nur durch Meinung zu erfassen? Dazu erwäge: Wer meint, bezieht der nicht seine Meinung auf *etwas*? Oder wäre es möglich, zwar zu meinen, aber nichts zu meinen?

GLAUKON. Unmöglich.

SOKRATES. Sondern wer meint, meint doch irgendein Etwas?

GLAUKON. Ja.

SOKRATES. Aber was nicht ist, wird doch nicht irgendein Etwas, sondern mit vollstem Rechte *Nichts* genannt.

GLAUKON. Sicherlich.

SOKRATES. Dem Nichtseienden aber wiesen wir aus notwendigen Gründen das Nichtwissen zu, dem Seienden dagegen das Wissen.

GLAUKON. Richtig.

SOKRATES. Die Meinung geht also weder auf Seiendes noch auf Nichtseiendes.

GLAUKON. Auf keines von beiden.

SOKRATES. Also wäre die Meinung weder Unwissenheit noch Wissen.

GLAUKON. So scheint es.

SOKRATES. Liegt sie also über beide hinaus, indem sie etwa entweder das Wissen an Deutlichkeit oder die Unwissenheit an Undeutlichkeit übertrifft?

GLAUKON. Keines von beiden.

SOKRATES. Vielmehr scheint dir doch wohl die Meinung dunkler als das Wissen, heller dagegen als das Nichtwissen?

GLAUKON. Ja, um vieles.

SOKRATES. Und sie liegt doch wohl innerhalb beider?

GLAUKON. Ja.

SOKRATES. Also liegt die Meinung zwischen diesen beiden.

GLAUKON. Offenbar.

SOKRATES. Sagten wir nun nicht im Vorhergehenden, wenn etwas zugleich als Seiendes und Nichtseiendes erscheine, so liege, was von dieser Art ist, in der Mitte zwischen dem unbedingt Seienden und dem völlig Nichtseienden, und weder Wissen noch Unwissenheit können sich darauf beziehen, sondern in entsprechender Weise nur das, was zwischen Unwissenheit und Wissen als Mittleres hervorträte?

GLAUKON. Richtig.

SOKRATES. Nun aber ist uns als Mittleres zwischen diesen beiden das entgegengetreten, was wir Meinung nennen.

GLAUKON. So ist es.

22. SOKRATES. So bliebe uns denn, wie es scheint, noch übrig, dasjenige ausfindig zu machen, was an beiden teilhat, am Sein wie am Nichtsein, ohne eines von beiden in völliger Reinheit so darzustellen, daß wir es fehlerlos so nennen könnten; erst dann, wenn es sich uns enthüllt hat, können wir mit Recht sagen, es sei das durch Meinung Erfaßbare, indem wir den beiden Äußersten je ein Äußerstes, dem Mittleren aber das Mittlere zuweisen. Oder nicht so?

GLAUKON. Ja.

SOKRATES. Dieses also vorausgesetzt, mag mir nun – so werde ich sagen – jener Biedermann Rede und Antwort stehen, der ein Schönes an sich und eine sich in der nämlichen Beziehung stets gleichbleibende Form der Schönheit selbst nicht anerkennt, wohl aber an vielerlei Schönes glaubt, jener Schaulustige, der durchaus nichts davon wissen will, wenn man das Schöne für Eines erklärt und das Gerechte und so weiter. Unter diesem vielerlei Schönen, mein Bester, – so werden wir sagen – findet sich da irgend etwas, was nicht auch häßlich erscheinen wird? Und unter dem Gerechten, was nicht auch ungerecht? Und unter dem Heiligen, was nicht auch unheilig?

GLAUKON. Nein, sondern notwendig erscheint es in gewisser Weise schön und auch wieder häßlich, und auch das übrige, worauf sich deine Frage bezieht.

SOKRATES. Wie nun? Das vielerlei Doppelte, erscheint es nicht ebenso als Halbes wie als Doppeltes?

GLAUKON. Ebenso.

SOKRATES. Und was wir groß und klein und leicht und schwer nennen – wird das etwa mit größerem Recht mit diesen Namen als mit den gegenteiligen bezeichnet?

GLAUKON. Nein, sondern stets wird es sich beiden zugesellen.

SOKRATES. Was gilt nun für jedes von diesen Vielen? Ist es das, was es der Aussage gemäß sein soll, in höherem Grade, als es dies nicht ist?

GLAUKON. Es gleicht den doppelsinnigen Worten bei den Festmahlzeiten und dem Kinderrätsel von dem Verschnittenen in betreff des Wurfes nach der Fledermaus, wobei man zu raten hat, womit und worauf (sitzend) er sie warf. Denn auch die bewußten vielen Dinge sind doppelsinnig, und weder davon, daß sie sind, noch, daß sie nicht sind, kann man sich eine haltbare Vorstellung machen, noch auch davon, daß sie beides sind oder keines von beiden.

SOKRATES. Was willst du also mit ihnen anfangen? Kannst du ihnen eine bessere Stelle anweisen als in der Mitte zwischen dem Sein und dem Nichtsein? Denn da werden sie weder dunkler erscheinen als das

Nichtseiende, um etwa noch eine höhere Stufe des Nichtseins darzustellen, noch heller als das Seiende, um etwa noch eine höhere Stufe des Seins darzustellen.

GLAUKON. Sehr wahr.

SOKRATES. Wir haben also, wie es scheint, gefunden, daß die vielerlei üblichen Vorstellungsweisen der großen Menge hinsichtlich des Schönen und was sonst dieser Art ist, in der Mitte schweben zwischen dem Nichtseienden und dem unbedingt Seienden.

GLAUKON. Ja.

SOKRATES. Nun hatten wir aber doch zuvor schon festgestellt, daß, wenn etwas Derartiges uns entgegenträte, es als Gegenstand der Meinung, nicht aber des Wissens bezeichnet werden müsse, indem das in der Mitte Schwebende auch durch ein in der Mitte liegendes Vermögen erfaßt wird.

GLAUKON. Das hatten wir.

SOKRATES. Von denen also, die nur vielerlei Schönes schauen, das Schöne selbst aber nicht erblicken und auch nicht imstande sind, einem anderen, der den Weg dazu weiß, zu folgen, und nur vielerlei Gerechtes, das Gerechte selbst aber nicht, und so durchweg, werden wir behaupten, daß sie von allem nur eine Meinung haben, aber keinerlei Wissen von dem, was sie meinen.

GLAUKON. Notwendig.

SOKRATES. Und was nun von denen, die jegliches *an sich* schauen und so, daß es sich selbst immer durchaus gleichbleibt? Nicht dies, daß sie erkennen (wissen), aber nicht meinen?

GLAUKON. Auch das ist notwendig.

SOKRATES. Werden wir also nicht weiter sagen, daß diese letzteren dasjenige über alles schätzen und lieben, was der Erkenntnis, jene dagegen nur das, was der Meinung zugänglich ist? Oder erinnern wir uns nicht, daß wir sagten, diese liebten und betrachteten schöne Stimmen und Farben und dergleichen, das Schöne selbst aber überhaupt auch nur als etwas Seiendes anzuerkennen wiesen sie durchaus von sich?

GLAUKON. Ja, dessen erinnern wir uns.

SOKRATES. Wir werden also doch wohl nicht irregehen, wenn wir sie vielmehr Meinungsliebende als Weisheitsliebende nennen? Und werden sie wohl auf uns recht böse sein, wenn wir sie so nennen?

GLAUKON. Nein, wofern sie wenigstens mir folgen; denn auf die Wahrheit böse zu sein ist nicht statthaft.

SOKRATES. Diejenigen also, die jegliches wirklich Seiende hochhalten, muß man doch Wahrheitsliebende (Philosophen), nicht aber Meinungsliebende nennen?

GLAUKON. Ganz unleugbar.

Sechstes Buch

1. Sokrates. Die Philosophen also, mein Glaukon, und die, die es nicht sind, haben sich uns ihrem beiderseitigen Wesen nach in einer lang ausgesponnenen Erörterung mit Mühe und Not zu erkennen gegeben.

Glaukon. Vielleicht würde es mit einer kurzen erst recht seine Schwierigkeiten haben.

Sokrates. Ja, allem Anschein nach. Meiner Meinung nach würde die Sache noch klarer hervorgetreten sein, wenn sie die einzige wäre, die zu erledigen wäre, und nicht noch vieles der Erörterung harrte für den, der zur Einsicht gelangen will über den Unterschied des gerechten und ungerechten Lebens.

Glaukon. Was müssen wir also demnächst vornehmen?

Sokrates. Was anderes, als was sich als natürliche Folge ergibt? Da nämlich Philosophen diejenigen sind, die das immer sich völlig Gleichbleibende zu erfassen vermögen, während die, welche das nicht können, sondern nur in der Region des Vielen und Allgestaltigen herumschweifen, mit Philosophie nichts gemein haben, welche sollen denn die Führer des Staates sein?

Glaukon. Mit welcher Antwort darauf werden wir wohl das Richtige treffen?

Sokrates. Diejenigen von beiden, die sich als fähig erweisen, über die Gesetze und Obliegenheiten der Staaten zu wachen, diese sind es, die man als Wächter bestellen muß.

Glaukon. Richtig.

Sokrates. Kann aber darüber ein Zweifel obwalten, ob ein Blinder oder ein Scharfsehender als Wächter über irgend etwas die Obhut führen soll?

Glaukon. Wie könnte man darüber in Zweifel sein?

Sokrates. Meinst du nun also etwa, es unterschieden sich von Blinden auch nur im geringsten diejenigen, die in Wahrheit ausgeschlossen sind von der Erkenntnis des wahrhaft Seienden an jeglichem Ding und die kein deutliches Idealbild davon in ihrer Seele haben und nicht imstande sind, wie Maler auf das eigentliche Urbild der Wahrheit hinzuschauen, sich immer nach diesem zu richten und es so scharf wie nur möglich ins Auge zu fassen, um daraufhin die Anschauungen über das Schöne, Gerechte und Gute hienieden gesetzlich zu regeln, wenn es einer solchen Regelung bedarf, und was einmal festgesetzt ist, auch in seinem Bestand zu behüten?

GLAUKON. Nein, beim Himmel, es ist kaum ein Unterschied zwischen ihnen.

SOKRATES. Wollen wir also etwa lieber diese als Wächter anstellen als diejenigen, die das wahre Wesen jedes Dinges kennen, dabei aber an Erfahrung hinter jenen in keiner Weise zurückstehen noch auch sonst in irgendwelchen Stücken, was Tüchtigkeit anbelangt, von ihnen übertroffen werden?

GLAUKON. Es wäre ja wider alle Vernunft, andere zu wählen – vorausgesetzt allerdings, daß sie in den anderen Beziehungen nicht zurückstehen – denn eben das, worin sie vor jenen den Vorzug haben, ist ja doch wohl das Wichtigste von allem.

SOKRATES. Wir müssen also doch wohl die Frage erörtern, auf welche Weise sie in *einer* Person die Eigenschaften beider, der bloßen Praktiker und der Philosophen, vereinigen können?

GLAUKON. Gewiß.

SOKRATES. Es gilt also zunächst, entsprechend dem, was wir gleich zu Beginn dieser Untersuchung sagten, uns über die Naturanlagen derselben klar zu werden. Und wenn wir uns über sie genügend verständigt haben, dann werden wir, glaube ich, auch darin einig sein, daß sie in *einer* Person dies vereinigen können und daß keine anderen als diese die Leiter der Staaten sein dürfen.

GLAUKON. Wie das?

2. SOKRATES. So viel muß doch unter uns hinsichtlich der philosophischen Naturen als ausgemacht gelten, daß sie stets mit ganzem Herzen an einer geistigen Tätigkeit hängen, die ihnen etwas von jenem Sein offenbart, das immerdar ist und unberührt bleibt von jedem Wandel durch Entstehen oder Vergehen.

GLAUKON. Das mag als ausgemacht gelten.

SOKRATES. Und doch wohl auch dies, daß es dieses Sein in vollem Umfang ist, dem sie nachgehen, und daß sie weder auf einen kleinen noch auf einen größeren, weder auf einen ansehnlicheren noch auf einen bescheideneren Teil, soweit es auf sie ankommt, verzichten, ganz so wie wir vorhin es von den Ehrsüchtigen und den Verliebten ausführten.

GLAUKON. Du hast recht.

SOKRATES. Überlege nun: müssen nicht demnach diejenigen, die Männer von der von uns bezeichneten Art werden sollen, in ihren Naturanlagen auch außerdem noch folgenden Vorzug aufweisen?

GLAUKON. Welchen?

SOKRATES. Daß sie ohne Falsch sind und sich, soweit es auf ihren Willen dabei ankommt, keinerlei Unwahrheit zuschulden kommen lassen, sondern die Unwahrheit hassen, die Wahrheit dagegen lieben.

GLAUKON. Das ist annehmbar.

SOKRATES. Nicht bloß annehmbar, sondern unbedingt notwendig ist es, daß der seiner Natur nach in irgend etwas Verliebte alles liebt, was dem Geliebten verwandt und angehörig ist.

GLAUKON. Richtig.

SOKRATES. Kannst du nun irgend etwas finden, was mit der Weisheit enger verwandt wäre als die Wahrheit?

GLAUKON. Wie könnte ich das?

SOKRATES. Ist es also möglich, daß die nämliche Natur der Weisheit in Liebe zugetan ist und zugleich der Lüge?

GLAUKON. Nimmermehr.

SOKRATES. Also der wahrhaft Wißbegierige muß gleich von jung auf mit höchstem Eifer der Wahrheit zustreben.

GLAUKON. Unbedingt.

SOKRATES. Bei wem aber nun die Begierden mit voller Entschiedenheit nach *einem* Ziele hingerichtet sind, bei dem sind sie bekanntlich nach den übrigen Richtungen hin schwächer: er gleicht einem Strom, der nach jener Seite hin abgeleitet ist.

GLAUKON. Sehr richtig.

SOKRATES. Bei wem also die Strömung nach der Seite der Wissenschaften hin geht und nach allem was dahin gehört, bei dem stehen alle Begierden im Dienste der reinen Seelenlust und sind der Sinnenlust abgewandt, vorausgesetzt eben, daß einer nicht bloß dem Scheine nach, sondern in Wahrheit weisheitsliebend (philosophisch) ist.

GLAUKON. Ganz notwendig.

SOKRATES. Ein solcher aber ist nun jedenfalls besonnen und jeder Gewinnsucht abhold; denn um weswillen man sich um Geld und Gut zu prunkhaftem Aufwand bemüht, das setzt einen Eifer voraus, der jedem anderen eher ansteht als diesem.

GLAUKON. So ist es.

SOKRATES. Und ferner mußt du auch auf folgendes achten, wenn du die philosophische Natur von der nichtphilosophischen unterscheiden willst.

GLAUKON. Auf was denn?

SOKRATES. Daß dir kein etwaiger Zug niedriger Sinnesart an ihr unbemerkt bleibe; denn kleinliche Engherzigkeit ist das gerade Gegenteil einer Seelenstimmung, die immer auf das Volle und Ganze gerichtet ist, sei es göttlicher, sei es menschlicher Art.

GLAUKON. Sehr wahr.

SOKRATES. Einer Sinnesart nun, die auf das Höchste gerichtet und der Betrachtung der Zeit und des Seins in ihrer Gesamtheit zugewandt ist, traust du der die Ansicht zu, daß das menschliche Leben etwas Großes sei?

GLAUKON. Unmöglich.

SOKRATES. Also auch den Tod wird ein solcher nicht für etwas Schreckliches halten?

GLAUKON. Nimmermehr.

SOKRATES. Eine feige und niedrige Natur hat also, wie ersichtlich, mit wahrhafter Philosophie nichts gemein.

GLAUKON. Das ist auch meine Meinung.

SOKRATES. Wie nun? Ein Mann von strengen Sitten, aller Habgier, allem Niedrigen, aller Prahlerei, aller Feigheit abhold, kann sich der je als unverträglich oder ungerecht erweisen?

GLAUKON. Unmöglich.

SOKRATES. Und so wirst du denn bei Aufspürung philosophischer Seelenanlage und ihres Gegenteils darauf zu achten haben, ob der Betreffende gleich von Jugend auf gerecht und umgänglich, oder unverträglich und ungebärdig ist.

GLAUKON. Gewiß.

SOKRATES. Aber auch folgendes wirst du, denke ich, nicht außer acht lassen.

GLAUKON. Was denn?

SOKRATES. Ob er lernbegierig ist oder ungelehrig. Oder kannst du erwarten, daß irgendeiner wirkliche Liebe und Lust haben werde zu dem, was ihm, wenn er sich damit abgibt, nur Qualen bereitet und auch den kleinsten Fortschritt schwer macht?

GLAUKON. Schwerlich.

SOKRATES. Und ferner: wenn einer von dem Gelernten nichts behalten kann, da er ein Gedächtnis hat wie ein Sieb, findet sich in dessen Seele irgendein Platz für ein wirkliches Wissen?

GLAUKON. Wie wäre das möglich?

SOKRATES. Was denkst du also von dieser nutzlosen Abquälerei? Wird er nicht unvermeidlich dahin kommen, schließlich sich selbst und diese Art von Beschäftigung zu hassen?

GLAUKON. Unbedingt.

SOKRATES. Eine vergeßliche Seele dürfen wir also niemals für wirklich philosophisch beanlagt gelten lassen, sondern Gedächtniskraft müssen wir als unerläßliche Bedingung fordern.

GLAUKON. Unter allen Umständen.

SOKRATES. Aber der Zug einer den Musen abholden und unschönen Natur kann doch wohl auf nichts anderes gehen als auf Maßlosigkeit.

GLAUKON. Gewiß.

SOKRATES. Hältst du aber die Wahrheit für verwandt mit Maßlosigkeit oder mit Ebenmäßigkeit?

GLAUKON. Mit dem Ebenmaß.

SOKRATES. Zu allem Bisherigen müssen wir also noch eine von Natur maßvolle und Wohlgefallen erweckende Sinnesart fordern, der der angeborene Trieb es leicht macht, sich hinzuwenden nach jener Form des Seins, die das wahre Wesen eines jeden Dinges darstellt.

GLAUKON. Unbedingt.

SOKRATES. Wie steht es also? Du meinst doch nicht etwa, wir hätten Eigenschaften aufgezählt, die in irgendwelcher Hinsicht für eine Seele, welche das wahre Sein in gehöriger Weise und voller Strenge erfassen will, nicht unbedingt erforderlich wären und die nicht eine aus der anderen folgten?

GLAUKON. Sie sind unbedingt erforderlich.

SOKRATES. Hast du nun irgend etwas auszusetzen an einem Lebensberuf, den niemals einer genügend erfüllen kann, wenn er nicht von Natur gedächtnisstark ist und lernbegierig, hochsinnig, voll Anmut, befreundet und verwandt mit Wahrheit, Gerechtigkeit, Tapferkeit, Besonnenheit?

GLAUKON. Der Tadel selbst könnte daran nichts tadeln.

SOKRATES. Wenn nun aber derartige Naturen in Bildung und Alter zur Reife gelangt sind, wären sie dann nicht die einzigen, denen du die Leitung des Staates anvertrauen mochtest?

3. ADEIMANTOS (einfallend). Niemand dürfte imstande sein, dir gegen dieses Ergebnis eine Einwendung zu machen. Aber deinen jeweiligen Zuhörern bei dieser Art von Erörterungen, wie du sie jetzt vorträgst, ergeht es regelmäßig folgendermaßen: unerfahren in der Kunst des Fragens und Antwortens, wie sie sind, haben sie das Gefühl, daß sie durch den Gang der Erörterung mit jeder Frage ein klein wenig abseits gelenkt werden; werden nun am Schluß der Erörterung diese kleinen Ablenkungen summiert, so erscheint die Abirrung dann ganz erheblich und das Ergebnis den ersten Behauptungen widersprechend, und so kommen sie in eine Lage wie Leute, die, des Brettspiels unkundig, von den Kundigen schließlich matt gesetzt werden und nicht mehr ziehen können: auch sie glauben, so am Schluß matt gesetzt zu sein, und können nichts mehr vorbringen unter dem Zwange auch eines Brettspieles, aber von anderer Art als dieses, nicht mit Steinchen, sondern mit Worten; in Wahrheit aber – meinen sie – hätten sie mit ihrer ursprünglichen

Ansicht doch recht. Ich sage dies aber im Hinblick auf die vorliegende Frage. Denn jetzt könntest du wohl von einem zu hören bekommen, in strenger Gedankenentwickelung durch Worte vermöge er nicht dir auf jede einzelne Frage zu entgegnen, tatsächlich aber sehe er, daß alle, welche sich der Philosophie zuwendeten und sich nicht damit begnügten, sich zur bloßen Schulung des Geistes damit zu befassen, um noch als Jünglinge dann sich wieder davon loszumachen, sondern länger dabei verweilten, zum größten Teil ganz verdrehte, um nicht zu sagen grundverdorbene Menschen wurden; diejenigen aber, die sich noch als die Trefflichsten heraushöben, hätten doch insofern unter der von dir gepriesenen Beschäftigung zu leiden, als sie dadurch unbrauchbar würden für den Staatsdienst.

SOKRATES. Glaubst du denn, daß sie damit die Unwahrheit sagen?

ADEIMANTOS. Ich weiß es nicht, möchte aber gern hören, was du darüber meinst.

SOKRATES. So höre denn: mir scheinen sie die Wahrheit zu sagen.

ADEIMANTOS. Was hat es denn dann für einen Sinn zu sagen, nicht eher würden die Staaten über das Unheil hinauskommen, als bis in ihnen die Philosophen zur Herrschaft gelangten, sie, die wir im Einverständnis miteinander als unbrauchbar für sie erklären?

SOKRATES. Die Frage, die du mir da vorlegst, kann nicht wohl anders als durch ein Gleichnis (Bild) beantwortet werden.

ADEIMANTOS. Und du, dünkt mich, bist wohl nicht gewohnt, in Gleichnissen zu reden.

4. SOKRATES. Nun, nur immer zu. Erst bürdest du mir die Last eines so schwierigen Nachweises auf, und nun spottest du auch noch? Höre denn mein Gleichnis, damit du noch besser erkennst, wie gierig ich nach Gleichnissen bin. Denn so schwer ist das Ungemach, das jene »Trefflichsten« in ihrem Verhältnis zum Staate erleiden, daß es überhaupt nichts anderes gibt, das sich, einzeln genommen, damit vergleichen ließe, vielmehr muß man zur Vergleichung und Verteidigung der Angegriffenen vieles zu Einem vereinigen, wie es die Maler machen, wenn sie Bockhirsche und dergleichen Mischgebilde malen. Denke dir nämlich fol-

genden Vorgang, mag er sich nun mit vielen oder mit einem Schiffe ereignen: Einen Schiffsherrn, der zwar an Größe und Stärke alle überragt, aber harthörig ist; auch mit seinem Gesicht ist es schlecht bestellt und ebenso schlecht mit seiner Kenntnis des Schiffswesens; die Schiffsleute aber denke dir in Fehde miteinander über die Führung des Steuers, indem jeder meint, ihm käme dies Amt zu, ohne daß er doch jemals diese Kunst erlernt hat oder seine Lehrmeister angeben kann oder auch nur die Zeit, in der er sie erlernt hätte. Überdies – denke dir – behaupten sie (die Schiffsleute) noch, diese Kunst sei überhaupt nicht erlernbar, ja wer sie für erlernbar erklärt, den wollen sie ohne weiteres in Stücke zerreißen. Denke sie dir ferner dessen schuldig, daß sie beständig den Schiffsherrn umlagern und bestürmen und alles aufbieten, daß er ihnen das Steuer übergebe; und wenn nicht sie, sondern andere ihn für sich gewinnen, so kommt es auch vor, daß sie diese anderen ermorden oder aus dem Schiffe herauswerfen, den edlen Schiffsherrn durch ein Schlafmittel oder durch Trunkenheit oder wie sonst in ihre Gewalt bringen und darauf selbst die Leitung des Schiffes übernehmen, über alles was darin ist verfügend; so segeln sie denn zechend und schmausend weiter, ganz so wie es von solchen Leuten zu erwarten ist; überdies aber preisen sie als Meister im Schiffswesen und gründlichen Kenner der Steuermannskunst sowie alles dessen, was zur Ausrüstung des Schiffes gehört, einen jeden, der sich als geschickten Helfer zeigt bei ihrem Bemühen, die Herrschaft in die Hand zu bekommen durch Überredung oder Vergewaltigung des Schiffsherrn; wer ihnen aber nicht zu Willen ist, den tadeln sie als unbrauchbar; vom rechten Steuermann aber wissen sie nicht einmal so viel, daß er sorglich achthaben muß auf Jahresund Tageszeit, auf Himmel und Sterne, auf Luftströmungen und alles, was sonst in sein Fach einschlägt, wenn er in Wahrheit Schiffsleiter sein will; was die wahre Steuermannskunst für sich anlangt, unabhängig davon, ob man einen als Steuermann wünscht oder nicht, so sind sie vielmehr des Glaubens, eine kunstmäßige Erlernung und Einübung derselben sei unvereinbar mit dem Erwerb dessen, was *sie* sich unter Steuermannskunst denken. Wenn also derartige Vorgänge sich auf dem Schiffe abspielen, wird da nicht der wahrhaft des

Steuerns Kundige deiner Meinung nach tatsächlich nur als Wetterprophet und Schwätzer und für sie unbrauchbar bezeichnet werden von dem Schiffsvolk der eben geschilderten Schiffe?

ADEIMANTOS. Ja, gewiß.

SOKRATES. Ich glaube also auch nicht, daß du das Bild erst noch näher erläutert haben willst, um zu erkennen, daß es den Staaten in ihrem Verhältnis zu den wahren Philosophen gleicht; du verstehst wohl auch ohne dies meine Meinung.

ADEIMANTOS. Gewiß.

SOKRATES. Zunächst nun halte jenem Zweifler, der seine Verwunderung darüber äußerte, daß die Philosophen in den Staaten nicht in Achtung stehen, unser Gleichnis zu seiner Belehrung vor und suche ihn zu überzeugen, daß es viel verwunderlicher wäre, *wenn* sie in Achtung ständen.

ADEIMANTOS. Gut; ich werde ihn darüber belehren.

SOKRATES. Und auch darüber, daß du demnach recht hast mit deiner Behauptung, die Trefflichsten unter den der Philosophie Beflissenen seien in den Augen der großen Menge unbrauchbare Leute. Als verantwortlich aber für diese Unbrauchbarkeit laß ihn diejenigen anklagen, die keinen Gebrauch von ihnen machen, nicht aber jene Trefflichsten selbst. Denn es ist doch ein unnatürliches Verhältnis, daß ein Steuermann das Schiffsvolk bitten soll, sich unter seine Leitung zu stellen, und desgleichen auch, daß »die Weisen vor die Türen der Reichen kommen«. Nein, wer dies glänzende Witzwort aufgebracht hat, hat es mit der Wahrheit nicht ernst genommen; in Wahrheit steht es damit so, daß, wer krank ist, mag er nun reich oder arm sein, vor die Tür des Arztes kommen muß, und jeder, der der Leitung bedarf, zu dem, der sich aufs Leiten versteht, nicht aber so, daß der Leiter, sofern er in Wahrheit etwas taugt, die der Leitung Bedürftigen bittet, sich leiten zu lassen. Sondern wenn du die jetzigen politischen Machthaber mit den eben vorgeführten Schiffsleuten vergleichst, wirst du nicht fehlgehen, und ebensowenig, wenn du die von diesen als unbrauchbare Gesellen und Wetterpropheten Verschrienen mit den wahrhaften Steuermännern vergleichst.

Adeimantos. Sehr richtig.

Sokrates. Infolgedessen und unter diesen Umständen ist es nicht leicht, daß das edelste Lebenswerk bei Leuten in Achtung stehe, die sich das gerade Gegenteil als Lebensziel setzen. Doch die weitaus größte und durchschlagendste Verleumdung erfährt die Philosophie durch diejenigen, die sich für Philosophen ausgeben; sie sind es denn auch, auf die sich deine Äußerung bezieht, der Ankläger der Philosophie behaupte, die meisten von denen, die sich mit ihr zu schaffen machen, seien grundverdorben, die verhältnismäßig noch Trefflichsten unter ihnen aber unbrauchbar, worin ich dir recht gab. Nicht wahr?

Adeimantos. Ja.

5. Sokrates. Was also die angebliche Unbrauchbarkeit der wirklich Trefflichen anlangt, so haben wir die Gründe dafür doch nunmehr dargelegt.

Adeimantos. Gewiß.

Sokrates. Ist es dir nun recht, daß wir demnächst die Notwendigkeit der sittlichen Verderbnis der Mehrzahl (der sogenannten Philosophen) nachweisen und nach Kräften zu zeigen versuchen, daß auch hieran die Philosophie nicht schuld ist?

Adeimantos. Durchaus.

Sokrates. So laß uns denn unser Hören und Reden beginnen mit der Erinnerung an den Ausgangspunkt unserer Untersuchung, wo wir die Naturanlage schilderten, die unbedingt erforderlich ist für den, der ein braver und tüchtiger Mann werden will. An der Spitze dieser Erfordernisse aber stand, wie du dich erinnerst, die Wahrheit, der er unbedingt und auf alle Weise nachtrachten sollte, wofern er nicht als ein Windbeutel von jeder Gemeinschaft mit der Philosophie ausgeschlossen sein wollte.

Adeimantos. Ja, so lautete die Behauptung.

Sokrates. Steht nun nicht dies eine schon im schärfsten Gegensatz zu den jetzt geläufigen Anschauungen über ihn?

Adeimantos. Sicherlich.

Sokrates. Werden wir uns gegen diese nicht in bündiger Weise folgendermaßen rechtfertigen: der wahrhaft Lernbegierige fühlt sich von Natur getrieben, seine ganze Kraft für die Erkenntnis des Seienden einzusetzen, und kann nicht verweilen bei den vielen Einzeldingen, die gemeinhin für seiend gehalten werden, sondern er verfolgt seinen Weg, ohne zu ermatten und von seiner Liebesbegeisterung zu lassen, bis er das eigentliche Wesen eines jeden Dinges erfaßt hat mit demjenigen Vermögen der Seele, dem es zukommt, dergleichen zu erfassen. Es kommt aber demjenigen Vermögen zu, das mit dem wahrhaft Seienden verwandt ist. Hat er nun mit diesem Vermögen sich dem wahrhaft Seienden genähert und sich ihm beigesellt und so Vernunft und Wahrheit gezeugt, so ist er zur Erkenntnis gelangt und lebt dann erst wahrhaft und gedeiht und wird so seines Schmerzes ledig, eher aber nicht. Sollte dies nicht eine bündige Rechtfertigung sein?

ADEIMANTOS. Ja, die denkbar bündigste.

SOKRATES. Und nun weiter. Wird ein solcher irgendwelchen Anlaß haben, die Lüge zu lieben, oder nicht viel mehr zum geraden Gegenteil, nämlich sie zu hassen?

ADEIMANTOS. Ja, sie zu hassen.

SOKRATES. Geht also die Wahrheit als Führerin voran, so ist, glaube ich, jeder Gedanke daran ausgeschlossen, daß ihr ein Chor von Untugenden folge.

ADEIMANTOS. Wie wäre das auch möglich?

SOKRATES. Wohl aber eine gesunde und gerechte Sinnesart, der sich dann auch die Besonnenheit zugesellt.

ADEIMANTOS. Richtig.

SOKRATES. Und also auch das weitere Gefolge der philosophischen Begabung – warum sollten wir es noch einmal von vorn der Reihe nach vorführen und seine Notwendigkeit nachweisen? Denn du erinnerst dich doch wohl, daß sich als Erfordernis für sie ergab Tapferkeit, Hochherzigkeit, Gelehrigkeit, Gedächtnisstärke. Und als du den Einwand machtest, es würde sich zwar jeder genötigt sehen, unseren Behauptungen zuzustimmen, wenn er aber, sich wegwendend von diesen kunstgerechten Erörterungen, sich die Leute, um die sich diese Erörterung dreht, selbst ansähe, so würde er einige von ihnen, wie der Augenschein zeige, für unbrauchbar, die meisten aber für grundverdorben erklären, da gingen wir den Gründen dieser Wahrheitsverdrehung nach und sind nun so bei unserer jetzigen Frage angelangt, warum die meisten sittlich verdorben sind; um deswillen haben wir denn die Begabung der wahrhaften Philosophen abermals vorgenommen und sie nach ihrer inneren Notwendigkeit bestimmt.

ADEIMANTOS. So ist es.

6. SOKRATES. Es gilt nun also für diese philosophische Naturanlage die Arten ihrer Zerstörung zu betrachten, wie sie bei den meisten dem Untergang anheimfällt, während nur wenige dem Verderben entfliehen, die man dann eben nicht sittlich verdorben, wohl aber unbrauchbar nennt; und sodann anderseits diejenigen Naturen, die es diesen nachzumachen suchen und sich in deren Berufsgebiet eindrängen, sich darauf hin anzusehen, aufgrund welcher Seelenbeschaffenheit sie sich einem Berufe zuwenden, der ihnen nicht zukommt und dem sie nicht gewachsen sind, so daß sie sich vielfacher Verstöße schuldig machen und so auf jede Weise und vor aller Welt die Philosophie in den von dir geschilderten Ruf bringen.

ADEIMANTOS. Welches sind nun diese Verderbnisarten, von denen du da sprichst?

SOKRATES. Ich will sie zu schildern suchen, wenn ich nur kann. Das nun, denke ich, wird uns jeder zugeben, daß Naturen von der geschilderten Art, ausgestattet mit allen den Vorzügen, die wir ihnen eben als Bedingung auferlegten, wenn sie sich als vollkommen philosophische erweisen sollen, nur selten unter Menschen vorkommen und nur ausnahmsweise. Oder meinst du nicht?

ADEIMANTOS. Ganz entschieden.

SOKRATES. Und diese wenigen nun – gib acht, wie vielen und schweren Gefahren sie ausgesetzt sind.

ADEIMANTOS. Nun welchen denn?

SOKRATES. Von allem, was hier in Betracht kommt, hört sich nichts wunderbarer an als dies, daß jede einzelne der gerühmten Naturanlagen für sich die sie besitzende Seele verderben und von der Philosophie abziehen kann. Ich meine die Anlage zu Tapferkeit, zu Besonnenheit und allem, was wir sonst angeführt haben.

ADEIMANTOS. Ja, das klingt sonderbar.

SOKRATES. Außerdem wirken verderbend und abziehend alle sogenannten Güter wie Schönheit, Reichtum, Körperkraft, starker verwandtschaftlicher Anhang in der Stadt und alles, was dahin gehört. Und damit hast du denn meine Meinung in ihren Grundzügen.

ADEIMANTOS. Allerdings; doch möchte ich gern von dir noch eine genauere Ausführung darüber haben, wie du es damit meinst.

SOKRATES. So nimm denn die Sache ganz allgemein; das wird dir volle Klarheit bringen, so daß dir das vorher von mir über die philosophischen Anlagen Gesagte nicht mehr befremdend erscheinen wird.

ADEIMANTOS. Wie soll ich diese Aufforderung verstehen?

SOKRATES. Von jedem Samen oder Gewächs, sei es von Pflanzen oder von Tieren, wissen wir, daß, wenn es in bezug auf Nahrung, Witterung und Boden nicht erhält, was ihm zukommt, es stets, je kräftiger es ist, um so mehr zurückbleibt hinter seiner eigentlichen Bestimmung; denn dem Guten ist ja das Schlechte schärfer entgegengesetzt als dem Nichtguten.

ADEIMANTOS. Ohne Zweifel.

SOKRATES. Es läßt sich also, denke ich, nicht leugnen: die edelste Natur kommt in solchem Falle, da die Nahrung dann für sie noch unzuträglicher ist, schlechter weg als die gemeine.

ADEIMANTOS. Du hast recht.

SOKRATES. Ist dann nicht auch, mein Adeimantos, die Behauptung gerechtfertigt, daß die bestbeanlagten Seelen, wenn sie eine schlechte Erziehung erhalten, sich durch ganz besondere Schlechtigkeit hervortun? Oder meinst du, die großen Verbrechen und die vollendete Ruchlosigkeit erwüchsen aus einer gemeinen Natur und nicht vielmehr aus einer reichbegabten, aber durch Erziehung verdorbenen, während eine schwache Natur nie Urheberin von etwas Großem werden kann, weder im Guten noch im Bösen?

ADEIMANTOS. Nein, ich denke so darüber wie du.

SOKRATES. Die von uns angenommene Philosophennatur also wird, denke ich, wenn ihr der entsprechende Unterricht zuteil wird, sich notwendig gedeihlich entwickeln und jeglicher Tugend teilhaftig werden, bleibt ihr aber für die Erziehung der richtige Boden versagt, in den sie eingesenkt werden und in dem sie Wurzel fassen muß, so schlägt alles zum Gegenteil aus, es müßte denn ein Gott ihr zu Hilfe kommen. Oder glaubst auch du wie die große Menge, daß es, in irgend nennenswerter Zahl, junge Leute gibt, die von Sophisten verdorben werden, oder auf eigene Hand lehrende Sophisten, die Jünglinge verderben? Sind nicht vielmehr eben die Leute, die dies behaupten, selbst die größten Sophisten und bilden sie nicht auf das vollkommenste jung und alt, Männer und Frauen nach ihrem Wunsche und machen so aus ihnen das, was sie haben wollen?

ADEIMANTOS. Wann denn?

SOKRATES. Wenn sie in dichter Masse beisammensitzen in Volksversammlungen oder Gerichtshöfen oder Theatern oder im Kriegslager oder bei sonstigen Ansammlungen einer großen Menge in öffentlichen Angelegenheiten und durch starken Lärm je nachdem ihren Tadel oder ihr Lob über das Vorgetragene kundgeben, beides in ganz übertriebener Weise, mit Schreien und Klatschen, und sich ihnen selbst noch die Felsen und die ganze Örtlichkeit, wo sie tagen, mit ihrem Widerhall zugesellen, so daß der Lärm für Tadel und Lob auf das Doppelte verstärkt wird. In solcher Umgebung – wie glaubst du wohl, daß es dem Jüngling da, wie man zu sagen pflegt, ums Herz sein wird? Oder welche Bildung, im Einzelunterricht empfangen, könnte ihm ein hinreichendes Gegengewicht bieten? Wird sie nicht, fortgeschwemmt durch die Gewalt solchen Tadels und Lobes, der Strömung folgend von dannen getragen werden? Und wird er sich nicht zu den gleichen Anschauungen über Schön und Häßlich bekennen wie sie und sich dasselbe Ziel setzen wie sie und einer von ihrer Art werden?

ADEIMANTOS. Ganz unvermeidlich, Sokrates.

7. SOKRATES. Und doch haben wir vom stärksten Drucke noch nicht geredet.

ADEIMANTOS. Von welchem?

SOKRATES. Dem, den sie durch die Tat hinzufügen, wenn die Rede nicht hinreicht, den Jüngling zu gewinnen, sie, diese Erzieher und Sophisten. Oder weißt du nicht, daß sie den, der ihnen nicht folgt, mit Entziehung des Bürgerrechts, mit Geldbußen und mit dem Tode bestrafen?

ADEIMANTOS. Ja, das weiß ich nur zu gut.

SOKRATES. Wer wäre also, deiner Meinung nach, der andere Sophist und welches wäre die im Einzelumgang vernommene Rede, die diesem entgegenwirken und den Sieg davontragen könnte?

ADEIMANTOS. Danach wird man wohl vergeblich suchen.

SOKRATES. Sicherlich, und schon der bloße Versuch wäre eine große Torheit. Denn es gibt nicht und hat nicht gegeben und wird auch nie geben eine auf Tugend gerichtete Charakterbildung, die im Gegensatz stünde zu derjenigen, die die genannten schlimmen Erzieher geben, die Sache rein menschlich betrachtet; denn göttliche Fügung wollen wir, wie man im Sprichwort sagt, von der Rede unberührt lassen. Denn kein Zweifel: was überhaupt sich noch rettet und sich in gesunder Weise entwickelt unter den jetzigen staatlichen Verhältnissen, davon kann man mit Recht sagen, einer Schickung Gottes verdanke es seine Rettung.

ADEIMANTOS. Auch ich denke nicht anders darüber.

SOKRATES. So mußt du dich denn außerdem auch noch zu folgender Ansicht bekennen.

ADEIMANTOS. Zu welcher?

SOKRATES. Daß keiner von den um Geld lehrenden Einzellehrern, die von jenen für Sophisten erklärt und für Leute gehalten werden, die ihnen ins Handwerk pfuschen, etwas anderes lehrt als diese Vorurteile der großen Menge, von denen sie beherrscht ist, wenn sie versammelt ist, und die er als Weisheit preist. Es ist so, als wenn jemand einer großen und gewaltigen Bestie, die er sich aufzieht, mit gutem Bedacht ihre Triebe und Begierden abmerkte, wie man sich ihr nahen und wie man sie anfassen muß, und wann sie am gefährlichsten oder am zahmsten ist und wodurch sie so gestimmt wird, und die Töne, die sie bei den verschiedenen Gelegenheiten jedesmal von sich zu geben pflegt, und hinwiederum, durch was für Töne eines anderen sie besänftigt und zur Wut gereizt wird; hat er ihr aber dies alles durch langdauernden Umgang mit ihr abgemerkt, so male dir die Sache nun weiter so aus: er nennt das Weisheit und bringt es als ein kunstgerechtes Verfahren auf wissenschaftliche Regeln und wirft sich zum Lehrer dieser Wissenschaft auf, ohne doch in Wahrheit von diesen Lehren und von diesen Begierden etwas zu verstehen, inwieweit nämlich etwas davon schön oder häßlich oder gut oder schlecht oder gerecht oder ungerecht ist, lauter Benennungen, die er trotz seiner Unkenntnis alle auf die Seelenregungen des gewaltigen Tieres anwendet, indem er gut alles nennt, was ihm Vergnügen macht, schlecht alles, was es unwirsch macht; einen anderen Ausweis darüber hat er nicht, sondern erklärt das, was sich unmittelbar als notwendig aufdrängt, für gerecht und schön, die Natur des Notwendigen und Guten aber in ihrem tatsächlichen starken Gegensatze zueinander hat er weder selbst erkannt, noch ist er imstande, sie einem anderen aufzuweisen. Mit wem es nun so bestellt ist, beim Zeus, scheint dir der nicht ein sonderbarer Lehrmeister zu sein?

ADEIMANTOS. Mir sicherlich.

SOKRATES. Findest du nun irgendeinen Unterschied zwischen diesem und demjenigen, der es für Weisheit hält, der großen und buntgemischten Menge bei ihren Zusammenkünften ihre Stimmungen und Lieblingsneigungen abgemerkt zu haben, sei es in Malerei, Musik oder auch Staatskunst? Denn weit gefehlt, daß, wenn er sich mit dieser Menge näher einläßt und ihr entweder mit einem dichterischen Werk oder einer sonstigen Kunstleistung oder einer Dienstleistung für den Staat aufwartet und damit die Menge zum Herrn über sich macht, dies frei wäre von allem Zwang, ist es im Gegenteil gerade die allerstärkste, nämlich die sogenannte diomedische Notwendigkeit, die ihn zwingt zu tun, was die Menge gutheißt. Aber daß diese gelobten Leistungen auch in Wahrheit gut und schön seien, hast du schon jemals einen von jenen darüber eine Rechtfertigung geben hören, die nicht lächerlich gewesen wäre?

ADEIMANTOS. Und irre ich nicht, so werde ich sie auch niemals hören.

8. SOKRATES. Wenn du nun alles das bei dir erwogen hast, so verbinde damit noch die Erinnerung an unseren früheren Satz: es ist doch un-

denkbar, daß die große Menge sich jemals mit dem Schönen an sich im Gegensatz zu dem vielen Schönen, und mit dem Wesensbegriff irgendeines Dinges im Gegensatz zu den vielen Einzeldingen befreunden oder daran glauben wird.

ADEIMANTOS. Nun und nimmermehr.

SOKRATES. Philosophie also ist für die große Masse ein Ding der Unmöglichkeit.

ADEIMANTOS. Sicherlich.

SOKRATES. Wer es also mit der Philosophie hält, der verfällt unvermeidlich ihrem Tadel.

ADEIMANTOS. Unausbleiblich.

SOKRATES. Und also auch dem Tadel jener Einzellehrer, die mit dem großen Haufen schön tun und darauf aus sind, ihm zu gefallen.

ADEIMANTOS. Offenbar.

SOKRATES. Kannst du dir nun denken, daß solchen Widerständen gegenüber eine philosophische Natur sich behaupten kann, dergestalt, daß sie ihrem Berufe treu bleibend zum Ziele gelangt? Beachte dabei aber auch das früher Gesagte: wir waren doch darüber einig, daß Gelehrigkeit, Gedächtnisstärke, Tapferkeit und Hochherzigkeit Bedingungen der philosophischen Natur seien.

ADEIMANTOS. Ja.

SOKRATES. Wird nun nicht ein so Beanlagter gleich von jung auf unter allen Genossen der erste sein, zumal wenn ihn die Natur auch mit körperlichen Vorzügen, entsprechend den geistigen, ausgestattet hat?

ADEIMANTOS. Wie könnte es anders sein?

SOKRATES. Es werden also, denke ich, seine Angehörigen und Mitbürger von dem Wunsche beseelt sein ihn, wenn er älter wird, für ihre eigenen Interessen auszunutzen.

ADEIMANTOS. Sehr begreiflich.

SOKRATES. Sie werden also vor ihm kriechen und ihn mit Bitten und Ehren überhäufen, darauf bedacht, seine künftige Macht schon im voraus in Beschlag zu nehmen und ihr zu huldigen.

ADEIMANTOS. Ja, das ist so der Lauf der Dinge.

Sokrates. Wie wird nun deiner Meinung nach ein solcher unter solchen Umständen es halten, zumal wenn er Bürger einer mächtigen Stadt ist und in ihr durch Reichtum und Geburt hervorragt und außerdem durch Schönheit und Körpergröße? Wird er sich nicht in maßlosen Hoffnungen ergehen und sich für den Mann halten, dem Hellenen und Barbaren das Schicksal ihrer Staaten in die Hand legen müssen, und wird er darob den Kopf nicht gar hoch tragen, strotzend von Eitelkeit und leerem Dünkel, aber wahrer Einsicht bar?

Adeimantos. Ohne Zweifel.

Sokrates. Wenn nun vor einen Mann, mit dessen Innerem es so bestellt ist, ein ruhiger Mahner hintritt und ihm die Wahrheit sagt, daß Vernunft in seiner Seele nicht wohne, und er sie doch nötig habe, daß sie aber nicht anders zu erwerben sei, als wenn man sich selbstlos um ihren Besitz bemüht, glaubst du, daß er, umdrängt von so vielen Hindernissen, geneigt sein wird, ihm Gehör zu schenken?

Adeimantos. Weit gefehlt.

Sokrates. Wenn sich nun gleichwohl Einer wenigstens findet, weil er bei ursprünglich guter Naturanlage durch diese Reden eine verwandte Saite in seinem Innern anklingen hört und ihnen Beachtung schenkt und sich umstimmen läßt und einen Zug zur Philosophie hin verspürt, wie werden sich dann wohl jene anstellen, die glauben, seine Gunst und Genossenschaft zu verlieren? Werden sie nicht alles daran setzen und weder Taten noch Worte sparen, um einerseits ihn selbst davon abzubringen, daß er dem Mahner folge, anderseits dem Mahner das Gelingen seiner Sache unmöglich zu machen, indem sie ihn sowohl persönlich mit Nachstellungen heimsuchen wie auch öffentlich ihn mit gerichtlichen Anklagen verfolgen?

Adeimantos. Das ist ganz unausbleiblich.

Sokrates. Kann also dieser zum Philosophen werden?

Adeimantos. Schwerlich.

9. Sokrates. Du siehst also doch, daß wir nicht ohne Grund sagten, es seien erstens die einzelnen Teile, aus denen die philosophische Natur sich zusammensetzt, wenn sie nicht die richtige Nahrung erhielten, in gewisser

Weise selbst schon an dem Abfall von diesem Berufe schuld, dazu kämen aber noch die sogenannten Güter, Reichtum und aller sonstige Glanz.

ADEIMANTOS. Damit hat es seine volle Richtigkeit.

SOKRATES. Das wird denn, mein Trefflicher, auf viele und mancherlei Weise der bestbeanlagten Natur, die, wie oben bemerkt, schon ohnedies selten genug ist, zum Verhängnis und Verderben für Ausübung des edelsten Berufs. Und aus diesen Männern gehen sowohl diejenigen hervor, die den Staaten und den Einzelnen das größte Unheil bringen, wie auch ihre größten Wohltäter, wenn nämlich ein glücklicher Zufall sie in diese Richtung gebracht hat. Von einer kleinlichen Natur dagegen geht nichts Großes aus, weder für den Einzelnen noch für den Staat.

ADEIMANTOS. Sehr wahr.

SOKRATES. Indem also sie, die die nächste Verpflichtung für die Philosophie haben, diese im Stich lassen und ihr gleich einer verlassenen Braut den Rücken wenden, führen sie selbst ein ihrer unwürdiges und nicht wahrhaftes Leben, an die Philosophie aber drängen sich nun, wie an eine von ihren Verwandten verlassene Waise, andere, Nichtswürdige heran und beschimpfen und verunglimpfen sie mit Schmähungen, wie du sie jenen ihren Verleumdern in den Mund legst: diejenigen, die sich mit ihr befaßten, seien zum Teil nichts nütze, die meisten aber wert, für ihre Schändlichkeit von allem möglichen Unglück heimgesucht zu werden.

ADEIMANTOS. Das ist es allerdings, was man aus ihrem Munde hört.

SOKRATES. Und sie haben damit ganz recht. Denn wenn nun andere Leutchen diesen Platz leer werden sehen, der doch mit so schönen Verheißungen und Aufschriften geziert ist, so machen sie es wie diejenigen, die sich aus der Haft in die Tempel retten: auch sie suchen, ihrem Werktagsberufe entrinnend, hoffnungsfreudig ihr Heil bei der Philosophie, und zwar die, welche in ihren Werktagsgeschäftchen die Eingebildetsten sind. Denn mag es mit der Philosophie, wie gesagt, auch traurig genug bestellt sein, so erfreut sie sich nach wie vor doch eines Ansehens, mit dem die übrigen Künste sich an Großartigkeit nicht messen können: das macht denn viele begehrlich nach ihr, die, bei unzulänglicher Begabung, nicht nur körperlich heruntergekommen sind durch ihre Fachtätigkeit und Werktagsarbeit, sondern auch, durch das Geisttötende derselben, an der Seele geknickt und verkümmert sind. Oder ist das nicht unausbleiblich?

ADEIMANTOS. Gewiß.

SOKRATES. Nehmen sich diese nun, deiner Meinung nach, viel anders aus als ein zu Gelde gekommener Schmiedegesell, ein unansehnlicher Kahlkopf, der, eben erst aus dem Gefängnis entlassen, aber in einem Bade gesäubert und neu gekleidet, wie ein Bräutigam herausgeputzt, die verarmte und von ihren Verwandten verlassene Tochter seines Herrn heiraten will?

ADEIMANTOS. Nicht viel anders.

SOKRATES. Was für Sprößlinge sind nun aus einer solchen Verbindung zu erwarten? Nicht unebenbürtige und nichtswürdige?

ADEIMANTOS. Unausbleiblich.

SOKRATES. Und nun *unser* Fall: Wenn Leute, die einer höheren geistigen Bildung unwürdig sind, sich dieser zuwenden und eine ungehörige Verbindung mit ihr eingehen, was für Gedanken und Meinungen werden dann wohl als Früchte dieser Verbindung zutage treten? Nicht solche, die in Wahrheit den Namen *Sophistereien* verdienen, an denen nichts Echtes und auf wirkliche Einsicht Gegründetes ist?

ADEIMANTOS. Zweifellos.

10. SOKRATES. Es bleibt also, mein Adeimantos, nur eine verschwindend kleine Zahl von solchen übrig, die eine würdige Verbindung mit der Philosophie eingehen, etwa eine edel angelegte und wohlerzogene Natur, die, von dem Schicksal der Verbannung getroffen, ihrer Anlage gemäß bei der Philosophie beharrt, weil keine Verführer da sind, oder gelegentlich eine große Seele, die, in einem kleinen Gemeinwesen erwachsen, über diese kleinen Verhältnisse sich erhaben fühlt und mit Verachtung darauf herabblickt; ab und zu, allerdings selten genug, mag es auch vorkommen, daß von einem anderen Berufe aus ein von dieser seiner Berufstätigkeit unbefriedigtes Talent sich ihr zuwendet. Es kann auch wohl ein Fall eintreten wie bei unserem Freunde *Theages*, nämlich

daß einem ein Zügel angelegt ist, der ihn bei der Philosophie festhält; Theages nämlich ist im übrigen ganz darauf angelegt, der Philosophie abwendig zu werden, aber seine Kränklichkeit, die ihm die politische Tätigkeit unmöglich macht, hält ihn dabei fest. Von mir aber und meinem Daimonion soll hier nicht weiter die Rede sein; denn vor mir hat es schwerlich irgendeinen gegeben, dem eine solche Warnerstimme zuteil geworden wäre. Wenn nun, wer zu der Zahl dieser Wenigen gehört und gekostet hat, wie süß und beseligend ihr Besitz ist, und anderseits wieder zur Genüge den Wahnwitz der Menge kennengelernt hat und weiß, daß, geradeheraus gesagt, auch nicht ein einziger in staatlichen Angelegenheiten irgend etwas Gesundes zu schaffen versteht und daß es keinen Bundesgenossen gibt, mit dem vereint man zum Schutze der gerechten Sache ausziehen könnte, ohne selbst dabei zugrunde zu gehen, daß er vielmehr wie ein unter wilde Tiere geratener Mensch, der weder mit an deren frevelhaftem Treiben sich beteiligen will noch die hinreichende Kraft hat, sich allein gegenüber einer Schar von lauter Unholden zu behaupten, ein frühzeitiges Ende findet, ehe er sich dem Staat oder seinen Freunden nützlich erweisen konnte, und so für sich selbst und die anderen umsonst gelebt hat – wer also dies alles in Erwägung zieht, der hält sich bescheiden zurück und beschränkt sich auf seine persönlichen Angelegenheiten, tritt wie bei einem Unwetter, wenn Staubwirbel und Platzregen vor dem Luftstrom daherbrausen, unter ein Obdach und ist bei dem Anblick der anderen, die sich vor Zuchtlosigkeit nicht zu lassen wissen, zufrieden, wenn er selbst – gleichviel wie – unbefleckt von Ungerechtigkeiten und frevelhaften Taten sein irdisches Leben beschließt und heiteren und zuversichtlichen Sinnes unter guter Hoffnung aus ihm abscheidet.

ADEIMANTOS. Aber es ist doch nichts Geringes, was er erreicht hat, wenn er so abscheidet.

SOKRATES. Aber auch nicht das Größte, wenn ihm nicht ein Gemeinwesen beschieden war, das seinen Forderungen entsprach. Denn in einem solchen wird er selbst noch an Kraft mehr und mehr zunehmen und so nicht nur sein Heil fördern, sondern auch das des Staates.

11. SOKRATES (fortfahrend). Die Gründe also, weshalb die Philosophie in Verruf gekommen ist, und zwar mit Unrecht, sind, wie mich dünkt, nun zur Genüge dargelegt worden, es müßte denn sein, daß du noch etwas dazu vorzubringen hast.

ADEIMANTOS. Nein, darüber habe ich nichts mehr vorzubringen. Aber welche unter den jetzigen Staatsverfassungen wäre denn deiner Meinung nach diejenige, die der Philosophie genugtut?

SOKRATES. Keine einzige, sondern eben das ist ja meine Klage, daß unter den Staaten in ihrer jetzigen Verfassung sich keiner findet, der den Forderungen einer philosophischen Natur entspräche. Daher auch die Wandlungen und Verunstaltungen dieser Natur: wie ein ausländischer Same, in anderes Land gestreut, seine eigenartige Kraft verliert und sich den unwiderstehlichen Einwirkungen der neuen Heimstätte anzupassen pflegt, so vermag auch die philosophische Natur jetzt wenigstens ihre angeborene Kraft nicht zu bewahren, sondern schlägt in eine andere Gemütsart um. Wenn sich aber dereinst einmal der vollkommenste Staat für sie finden wird, entsprechend ihrer eigenen Vollkommenheit, dann wird es sich zeigen, daß sie in Wahrheit das Göttliche ist, alles andere dagegen nur menschlich, gleich sehr die Naturanlagen wie die Bestrebungen. Offenbar wirst du nun nächstdem fragen, welches diese Staatsverfassung ist.

ADEIMANTOS. Da bist du im Irrtum; denn nicht dieses wollte ich wissen, sondern ob es diejenige ist, die wir bei Gründung unserer Stadt geschildert haben, oder eine andere.

SOKRATES. In allen anderen Beziehungen ist es diese; auch wurde damals schon gesagt, es müßte sich in dem Staat immer eine machthabende Gewalt finden, welcher das nämliche Ideal einer Staatsverfassung geläufig und maßgebend wäre, das auch für dich maßgebend war bei Aufstellung deiner Gesetze.

ADEIMANTOS. Ja, das ward gesagt.

SOKRATES. Aber es ward nicht gehörig ins Licht gesetzt aus Furcht vor eueren wißbegierigen Zwischenbemerkungen, an denen ich erkennen konnte, daß es auf eine lange und schwierige Erörterung hinauslaufen würde; und so ist denn auch der noch übrige Teil nicht etwa leicht abzutun.

ADEIMANTOS. Welcher?

SOKRATES. Die Frage, wie ein Staat sich die Beschäftigung mit der Philosophie angelegen sein lassen muß, ohne dabei zugrunde zu gehen. Denn alles Große birgt seine Gefahren in sich und das Sprichwort hat in der Tat recht: das Schöne ist schwer.

ADEIMANTOS. Aber gleichwohl soll dieser Punkt aufgeklärt werden und dadurch die Erörterung ihren Abschluß erreichen.

SOKRATES. An gutem Willen dazu wird es mir wahrlich nicht fehlen, höchstens an der Kraft dazu. Von meinem kühnen Eifer kannst du dich ja durch den Augenschein überzeugen. Gleich jetzt kannst du sehen, wie kühn und wagemutig ich vorgehe: denn ich wage zu behaupten, daß der Staat gerade auf die entgegengesetzte Art, als es jetzt geschieht, diese Sache angreifen muß.

ADEIMANTOS. Wie denn?

SOKRATES. Heutzutage sind diejenigen, die sich überhaupt mit Philosophie befassen, noch halbe Knaben, die vom Knabenalter bis zu ihrem Eintritt in die Haushaltungsgeschäfte und in die Erwerbstätigkeit sich gleich an den schwierigsten Teil derselben heranmachen, um ihr dann den Rücken zu kehren; und diese sind es, die noch für die besonders tüchtigen Philosophen gelten; unter dem schwierigsten Teil aber verstehe ich den, der es mit den Begriffen zu tun hat; wenn sie aber später einmal, von anderen, die sich mit ihr beschäftigen, dazu aufgefordert, sich entschließen, solchen Vorträgen beizuwohnen, tun sie sich wer weiß was darauf zugute, überzeugt, man dürfe dies höchstens als Nebenwerk treiben; gegen das Greisenalter hin aber erlischt bei ihnen das philosophische Licht noch viel gründlicher als die heraklitische Sonne, da es sich nicht, wie diese, aufs neue entzündet.

ADEIMANTOS. Welches ist nun aber der richtige Weg?

SOKRATES. Gerade der entgegengesetzte; junge Bürschchen und Knaben sollen sich einer knabenmäßigen Bildung und Weisheit befleißigen und sich mit vollem Eifer auf die Ausbildung des Körpers werfen, solange dieser noch im Wachstum und in der Entwicklung begriffen ist, auf daß dies späterhin der Philosophie zugute komme; bei fortschreitendem Alter aber, wo die Seele sich der vollen Reife zuneigt, muß man auf ihre Ausbildung durch entsprechende Übungen das größere Gewicht legen; wenn aber die Kraft wieder nachläßt und keine Beteiligung an Staatsund Kriegsdienst mehr zuläßt, dann müssen sie, frei von jeder sonstigen Verpflichtung, sich der Nährung der Seele weihen und abgesehen von beiläufigem Nebenwerk nichts anderes treiben, sie, denen es beschieden sein soll, glücklich zu leben und nach ihrem Abscheiden das vollendete irdische Leben durch ein entsprechendes Los im Jenseits zu krönen.

12. ADEIMANTOS. Das heißt in der Tat mit kühnem Eifer reden, mein Sokrates; ich glaube aber, die meisten Zuhörer, Thrasymachos voran, werden noch eifriger widersprechen, nicht im geringsten gewillt, dir beizustimmen.

SOKRATES. Bringe uns nicht auseinander, mich und den Thrasymachos, die wir eben Freunde geworden sind und übrigens auch vorher keine Feinde waren. Denn wir werden in unseren Bemühungen nicht eher ruhen, als bis wir entweder diesen und die anderen überredet haben, oder einen Schritt vorwärts getan haben in der Anweisung für sie auf jenes Leben nach der Wiedergeburt, wenn sie da nämlich wieder auf solche Dinge zu reden kommen.

ADEIMANTOS. Das heißt auf eine kurze Zeit vertrösten.

SOKRATES. Auf ein reines Nichts (von Zeit) verglichen mit der Ewigkeit. Wenn aber die meisten das Gesagte nicht glauben wollen, so ist das kein Wunder; denn sie haben noch niemals das jetzt Gesagte in der Wirklichkeit bestätigt gesehen, sondern, was sie hierher Gehöriges hörten, waren nur künstlich zum Einklang miteinander gebrachte Worte, nicht aber solche, die, wie jetzt die unsrigen, ganz von selbst sich zum Einklang zusammenfanden. Einen Mann aber, in Wort und Tat möglichst vollkommen der Tugend selbst nachgebildet und gleichend, und in einem ebenso vollkommenen Staate herrschend – den haben sie noch nie gesehen, weder einen einzelnen noch mehrere. Oder meinst du?

Adeimantos. Nimmermehr.

Sokrates. Und ebensowenig, mein Trefflicher, haben sie es sich ernstlich angelegen sein lassen, gediegene und edle Unterredungen anzuhören, die das Ziel haben, die Wahrheit mit aller Kraft auf jede Weise zu suchen, rein um der Erkenntnis selbst willen, mit jenen Kunststückchen aber und Klopffechtereien und Spitzfindigkeiten, die nur auf den äußeren Eindruck und auf Rechthaberei abzielen, gleichviel ob vor Gericht oder in den Unterhaltungen Einzelner, nicht das geringste zu schaffen haben.

Adeimantos. Auch dies nicht.

Sokrates. Deshalb stellten wir, obschon wir schon damals den Widerspruch dagegen voraussahen und fürchteten, gleichwohl, von der Wahrheit gezwungen, den Satz auf, daß weder ein Staat noch eine Verfassung und ebensowenig auch ein einzelner Mann es zur Vollkommenheit bringen werde, ehe nicht jene wenigen Philosophen, die jetzt zwar nicht als bös, aber als unbrauchbar verschrien sind, durch eine glückliche Fügung, sie mögen wollen oder nicht, sich in die Notwendigkeit versetzt sehen, sich des Staates anzunehmen, und der Staat sich genötigt sieht, sich ihnen unterzuordnen, oder ehe nicht Söhne der jetzigen Machthaber oder Könige oder auch sie selber, gleichsam des Gottes Hauch in sich verspürend, von wahrer Liebe zur wahren Philosophie ergriffen werden. Daß aber das Eintreten von einem dieser Fälle oder von beiden eine Unmöglichkeit wäre, das lasse ich mir nicht einreden. Denn dann würden wir mit Recht ausgelacht ob unserer Reden, die nichts als müßige Träume wären. Oder ist es nicht so?

Adeimantos. Ja.

Sokrates. Wenn es also je einmal in der Unendlichkeit der verflossenen Zeit vorgekommen ist, daß Männer von hoher philosophischer Begabung sich genötigt gesehen haben, sich des Staates anzunehmen, oder wenn es jetzt vorkommt in irgendeinem fernen Barbarenland, das außerhalb unseres Gesichtskreises liegt, oder wenn es später einmal vorkommen sollte, so verfechten wir mit voller Entschlossenheit und guten Gründen den Satz, daß die von uns beschriebene Verfassung bestanden hat und besteht und bestehen wird, wenn die Philosophie die herrschende Göttin in der Stadt geworden ist. Denn unmöglich ist diese Verfassung nicht, wie denn auch wir nichts Unmögliches behaupten, obschon wir zugeben, daß es damit seine Schwierigkeit hat.

ADEIMANTOS. Auch mir scheint es so.

SOKRATES. Willst du damit sagen, daß es der großen Masse nicht so scheint?

ADEIMANTOS. Vielleicht.

SOKRATES. Mein Bester! Verschone doch die große Menge mit solchen Anklagen. Sie wird sich gewiß zu einer anderen Ansicht bekehren, wenn du diesen Leuten nicht in streitsüchtiger, sondern in freundlich belehrender Weise zur Ehrenrettung der verleumdeten Philosophie zeigst, was für Männer du unter den Philosophen verstehst, und ihnen im Sinne des eben von uns Verhandelten Wesen und Strebensziel derselben klar auseinandersetzt, auf daß sie nicht wähnen, du meinest Leute, wie sie sie sich darunter denken. Oder willst du auch für den Fall, daß sie die Sache von dieser Seite zu sehen bekommen, in Abrede stellen, daß sie zu einer anderen Ansicht gelangen und sich anders darüber äußern werden? Oder glaubst du, daß, wer selbst arglos und sanft von Natur ist, einem Nichtgrollenden grollen oder einem Arglosen mit Arg begegnen werde? Nein! Denn ich erkläre, deiner Antwort zuvorkommend, daß meiner Ansicht nach eine solche Boshaftigkeit nur bei einigen wenigen, nicht aber bei der großen Menge vorkommt.

ADEIMANTOS. Du kannst mir glauben, daß ich ganz mit dir einverstanden bin.

SOKRATES. Also bist du doch auch in dem Punkt, auf den es mir eigentlich ankommt, mit mir einverstanden, daß an der Feindseligkeit der großen Menge gegen die Philosophie jene schuld sind, die von außen her sich unbefugterweise in sie eingedrängt haben und nun die wahren Philosophen verunglimpfen und anfeinden und in ihren Reden alles bloß vom persönlichen Standpunkt behandeln, ein Verfahren, das der Philosophie nichts weniger als Ehre macht.

ADEIMANTOS. Gewiß.

13. Sokrates. Es hat ja auch, mein Adeimantos, der, der in Wahrheit seinen Geist auf das Seiende gerichtet hält, gar keine Zeit, hernieder zu blicken auf das Treiben der Menschen und im Kampfe mit ihnen sich mit Neid und Feindseligkeit zu beladen; sondern ganz versunken in die Betrachtung eines wohlgeordneten Reiches von Wesen, die sich immer völlig gleichbleiben und weder Unrecht tun noch Unrecht voneinander leiden, sondern sich durchweg ordnungsund vernunftgemäß verhalten, wird er alle Kraft daran setzen, diese nachzuahmen und so viel wie möglich sein Wesen ihnen ähnlich zu gestalten. Oder hältst du es für möglich, daß einer verzichten könne auf die Nachahmung dessen, dem er mit Liebe und Verehrung anhängt?

Adeimantos. Unmöglich.

Sokrates. Also dem Göttlichen und Makellosen nachhängend wird er selbst makellos und göttlich, so weit dies einem Menschen möglich ist; Verlästerung freilich gibt es überall viel.

Adeimantos. Ja, wahrhaftig.

Sokrates. Wenn er sich nun durch irgendeine Gewalt genötigt sieht, seine Kraft daran zu setzen, das, was er dort schaut, nicht bloß zu seiner eigenen Bildung wirksam zu machen, sondern es auch in das persönliche und staatliche Leben der Menschen einzupflanzen, glaubst du da, er werde ein schlechter Werkund Lehrmeister der Besonnenheit und Gerechtigkeit und jeder Art von bürgerlicher Tugend sein?

Adeimantos. Nichts weniger als das.

Sokrates. Aber wenn nun die Leute merken, daß wir die Wahrheit über ihn sagen, werden sie da den Philosophen noch grollen und es nicht glauben wollen, wenn wir behaupten, daß ein Staat nun und nimmermehr zur Glückseligkeit gelangen könne, wenn nicht diese dem göttlichen Musterbild folgenden Maler den Entwurf zu ihm gemacht haben?

Adeimantos. Sie werden ablassen von ihrem Groll, wenn anders sie es gemerkt haben. Aber welcher Art soll nun dieser Entwurf sein?

Sokrates. Sie nehmen zunächst den Staat und das Menschenleben nach seinen Eigentümlichkeiten wie eine Tafel zur Hand und machen sie rein, was gar nicht so leicht ist. Denn sie, die Philosophen, stehen ja, wie du dir selbst sagen wirst, gleich von vornherein in starkem Gegensatz zu den andern Staatsmännern, da sie weder mit den Einzelnen noch mit dem Staate, noch mit Gesetzgebung sich befassen wollen, wenn nicht der Staat zuvor gereinigt ihnen in die Hand gegeben ist oder sie selbst ihn gereinigt haben.

ADEIMANTOS. Und mit Recht.

SOKRATES. Nächstdem werden sie doch den Grundriß der Staatsverfassung entwerfen?

ADEIMANTOS. Gewiß.

SOKRATES. Wenn sie dann an die Ausführung gehen, lassen sie ihr Auge fleißig abwechselnd bald auf der einen bald auf der anderen Seite verweilen, also einmal auf dem wahrhaft Gerechten, Schönen, Besonnenen und was sonst dahin gehört, und dann wieder auf demjenigen, das unter den Menschen ausgebildet worden und Geltung erlangt hat, und stellen durch Mengen und Mischen aus den Zielen menschlichen Strebens das Menschenideal her, in dessen Auffassung sie sich leiten lassen von dem, was Homer, wenn es unter den Menschen in die Erscheinung tritt, »göttlich« und »göttergleich« nannte.

ADEIMANTOS. Richtig.

SOKRATES. Und manches werden sie wieder auslöschen, manches anderseits neu auftragen, bis sie nach Kräften das Menschentum soweit wie möglich gottwohlgefällig gemacht haben.

ADEIMANTOS. Das müßte allerdings ein ganz herrliches Gemälde werden.

SOKRATES. Dürfen wir also jetzt hoffen jene Leute, die, um deine Worte zu wiederholen, mit aller Kraft gegen uns anstürmen, davon zu überzeugen, daß als ein solcher Maler von Staatsverfassungen derjenige gelten muß, den wir ihnen gegenüber priesen und um dessentwillen sie uns grollten, daß wir ihm die Geschicke des Staates in die Hand legen wollten, und werden sie jetzt diese Forderung etwas milder aufnehmen?

ADEIMANTOS. Ja, um ein gut Teil milder, wenn sie nicht unzurechnungsfähig sind.

SOKRATES. Was sollten sie auch dagegen einzuwenden haben? Etwa dies, diese Philosophen seien keine Liebhaber des Seienden und der Wahrheit?

ADEIMANTOS. Das wäre ja ganz ungereimt.

SOKRATES. Oder gar, ihre Naturanlage, wie wir sie beschrieben haben, sei nicht dem Vollkommensten verwandt?

ADEIMANTOS. Auch davon kann nicht die Rede sein.

SOKRATES. Und weiter etwa dies, eine solche Anlage werde, wenn in die richtige Lebensbahn gebracht, nicht der vollen Tugend teilhaftig und im Besitze der Philosophie sein, sicherer als irgendeine andere? Oder wird man das eher von jenen sagen wollen, die wir ausgeschlossen haben?

ADEIMANTOS. Gewiß nicht.

SOKRATES. Werden sie also auch weiter noch so außer sich sein vor Zorn, wenn wir behaupten, daß, ehe nicht das Philosophengeschlecht zur Herrschaft über den Staat gelangt, weder dem Staat noch den einzelnen Bürgern ein Ende des Unheiles beschieden sein wird, noch auch die Verfassung, die wir in Gedanken entwerfen, in Wirklichkeit in Erfüllung gehen wird?

ADEIMANTOS. Vielleicht doch schon weniger.

SOKRATES. Laß uns nun nicht sagen »weniger«, sondern so: »sie haben sich völlig beruhigt und sind überzeugt«, mögen sie sich auch nur deshalb für einverstanden erklären, weil sie sich beschämt fühlen.

ADEIMANTOS. Gewiß.

14. SOKRATES. Diese mögen uns also als in diesem Punkte überzeugt gelten. Was aber nun den folgenden Punkt anlangt, wird da irgendwer die Möglichkeit bezweifeln, daß sich wirklich Söhne von Königen oder Machthabern finden könnten, die philosophisch begabt sind?

ADEIMANTOS. Niemand wird das bezweifeln.

SOKRATES. Wenn sich nun solche finden, kann man etwa behaupten, sie müßten unbedingt der sittlichen Verderbnis anheimfallen? Daß es allerdings schwer ist, sie davor zu bewahren, das haben ja auch wir eingeräumt; aber daß im Verlauf der ganzen unendlichen Zeit auch nicht ein einziger jemals davor bewahrt werden könne, wer möchte uns das entgegenhalten?

ADEIMANTOS. Wie könnte er auch?

SOKRATES. Aber es braucht nur ein einziger wirklich Berufener zu erstehen, so wird er, wenn er über einen folgsamen Staat verfügt, imstande sein, alles das zu verwirklichen, was man jetzt für unglaublich hält.

ADEIMANTOS. Das wird er.

SOKRATES. Denn wenn ein Herrscher die von uns beschriebenen Gesetze und Berufstätigkeiten einführt, dann ist es nicht unmöglich, daß die Bürger sich bereit finden, danach zu leben.

ADEIMANTOS. Durchaus nicht.

SOKRATES. Aber daß, was uns annehmbar scheint, auch andern so scheine, wäre denn das ein Wunder und eine Unmöglichkeit?

ADEIMANTOS. Das glaube ich nicht.

SOKRATES. Daß es aber, seine Möglichkeit vorausgesetzt, auch das Beste ist, das haben wir, denke ich, im Vorigen zur Genüge ausgeführt.

ADEIMANTOS. Ja, zur Genüge.

SOKRATES. Nun ist das Ergebnis also dies, daß in bezug auf die Gesetzgebung unsere Vorschläge die besten sind, wenn man sie sich verwirklicht denkt, daß ihre Verwirklichung aber zwar schwer, aber nicht unmöglich sei.

ADEIMANTOS. Das ist in der Tat das Ergebnis.

15. SOKRATES. Nachdem dieser schwierige Punkt also erledigt ist, muß nun doch weiter die Frage besprochen werden, auf welche Weise und durch welche Art der Belehrung und Beschäftigung wir die Erhalter der Verfassung für die Stadt gewinnen sollen und in welchem Alter sich ein jeder mit den einzelnen Gegenständen befassen soll?

ADEIMANTOS. Das muß geschehen.

SOKRATES. So hat mir also meine List nichts genützt, daß ich nämlich zuerst über die heikle Vermählungsfrage und über Kindererzeugung und Einsetzung der Herrscher hinweggegangen bin in dem Bewußtsein, wie anstoßerregend und schwierig zu verwirklichen die unbedingt wahre Ansicht über diese Dinge sei. Denn tatsächlich hat sich trotzdem die Notwendigkeit eingestellt, darauf des Näheren einzugehen. Hiervon wäre die Frauenund Kinderfrage also abgetan, aber die Frage nach der Bildung der Regierenden muß nun so gut wie von vorn behandelt werden.

Wir sagten aber, wie du dich erinnern wirst, sie müßten sich als vaterlandsliebend erweisen, erprobt in Lust und Leid, und den Beweis liefern, daß weder Mühseligkeiten noch Gefahren, noch irgendwelche sonstigen Schicksalsschläge sie von der treuen Erfüllung dieser Forderung abbringen können, daß aber im Falle des Unvermögens hierzu der Betreffende auszuscheiden sei, während derjenige, der unversehrt aus allen diesen Proben hervorgehe wie im Feuer geprüftes Gold, zum Herrscher zu bestellen und mit Geschenken und Auszeichnungen zu ehren sei im Leben wie im Tode. So ungefähr lauteten unsere Behauptungen an dem Punkte, wo die Untersuchung zur Seite abbog und sich auf Schleichwege begab aus Furcht, das jetzt uns beschäftigende Thema auf die Bahn zu bringen.

ADEIMANTOS. Das trifft vollständig zu; denn ich erinnere mich recht gut.

SOKRATES. Eine gewisse Scheu nämlich, mein Freund, hielt mich ab, das zu sagen, was nun doch kühn herausgesagt worden ist; nunmehr sei denn auch dies kühn herausgesagt, daß die vollendeten Hüter, die wir bestellen, Philosophen sein müssen.

ADEIMANTOS. Das sei so.

SOKRATES. Bedenke nun, daß du begreiflicherweise nur wenige dieser Art haben wirst. Denn was die Naturanlage anlangt, die wir in unserer Darstellung als unerläßlich für sie bezeichneten, so wollen die einzelnen Bestandteile derselben sich nur selten zur Einheit zusammenschließen, in den meisten Fällen zeigt sich die Natur gespalten.

ADEIMANTOS. Was soll das heißen?

SOKRATES. Du weißt doch: lernbegierige, gedächtnisstarke, scharfsinnige, raschfassende und mit allen sonstigen derartigen Vorzügen ausgestattete Geister haben ebensowenig wie die kraftvollen und großartigen Geister zugleich auch den Zug zu einer wohlgeordneten, ruhigen und auf Beharrlichkeit gegründeten Lebensweise; vielmehr werden Menschen dieser Art durch ihr rasches Temperament bald dahin, bald dorthin fortgerissen und die Beharrlichkeit geht ihnen völlig ab.

ADEIMANTOS. Du hast recht.

SOKRATES. Diese beharrliche und dein Wechsel widerstrebende Sinnesart also, die mehr Verlaß bietet und gegenüber den Schrecknissen des

Krieges sich nicht leicht aus dem Gleichgewicht bringen läßt, zeigt das gleiche Verhalten auch beim wissenschaftlichen Unterricht. Sie ist schwer in Bewegung zu setzen und dem Lernen abgeneigt, als wäre sie aller Empfindung bar, und wenn man ihr auf diesem Gebiet eine Anstrengung zumutet, so antwortet sie nur mit Schlafen und Gähnen.

ADEIMANTOS. So ist es.

SOKRATES. Wir aber behaupteten, daß sie beides in richtiger und treffender Weise verbinden müsse, wo nicht, so dürfe man sie nicht zur höchsten Stufe des Bildungsganges zulassen und müsse ihr Ehre und Herrschaft versagen.

ADEIMANTOS. Recht so.

SOKRATES. Also bist du doch der Meinung, daß sie nur selten vorkommen wird.

ADEIMANTOS. Wie sollte ich nicht?

SOKRATES. Sie muß also ihre Probe ablegen in all den Anstrengungen und Schrecknissen und Lüsten, die wir damals anführten, und außerdem fügen wir jetzt noch hinzu, was wir damals übergingen, daß man ihr auch in vielerlei Wissensfächern Übungen auferlegen muß, um zu prüfen, ob sie sich auch den höchsten Wissenschaften gewachsen zeigt oder ob sie versagt wie solche, die in den Wettkämpfen versagen.

ADEIMANTOS. Ja, solche Prüfung empfiehlt sich durchaus. Aber was verstehst du denn unter den höchsten Wissenschaften?

16. SOKRATES. Du erinnerst dich wohl, daß wir drei Seelenvermögen voneinander sonderten und daraus unsere Folgerungen machten zur Bestimmung des eigentlichen Wesens der Gerechtigkeit, Besonnenheit, Tapferkeit und Weisheit.

ADEIMANTOS. Wollte ich mich dessen nicht erinnern, so wäre ich nicht wert, das Weitere noch mit anzuhören.

SOKRATES. Und auch an die dieser Erörterung vorausgeschickte Bemerkung erinnerst du dich wohl?

ADEIMANTOS. Welche denn?

SOKRATES. Wir sagten doch, daß, um die Sache in der denkbar größten Schärfe zu erkennen, es einen anderen längeren und umständlicheren

Weg gebe, mit dessen Zurücklegung man die volle Klarheit erreicht haben werde, doch sei es möglich, sich mit Nachweisungen zu behelfen, die zu den vorhergehenden Erörterungen in angemessenem Verhältnis stünden. Und ihr erklärtet euch für befriedigt, und so begnügten wir uns denn mit der damaligen Erörterung, die meiner Ansicht nach allerdings die eigentliche Schärfe vermissen ließ; doch wenn sie euch genügt, so sprecht das auch aus.

ADEIMANTOS. Meines Erachtens war sie angemessen; offenbar aber auch nach dem Urteil der anderen.

SOKRATES. Aber, mein Freund, ein Maß solcher Dinge, das auch nur im geringsten hinter der Wahrheit zurückbleibt, kann unter keiner Bedingung »angemessen« sein; denn ein unvollständiges Maß für etwas ist überhaupt kein Maß dafür. Freilich gibt es mitunter Leute, die sich damit zufriedengeben und eine nähere Untersuchung nicht für nötig halten.

ADEIMANTOS. Ja, die Zahl derer ist recht groß, die ihrer Bequemlichkeit zuliebe so denken.

SOKRATES. Eine solche Denkart aber können wir durchaus nicht brauchen für einen Behüter des Staates und der Gesetze.

ADEIMANTOS. Sehr begreiflich.

SOKRATES. Ein solcher muß also den längeren und umständlicheren Weg einschlagen und sich ebenso große Anstrengungen im Lernen zumuten wie in den Leibesübungen; wo nicht, so wird er, wie eben gesagt, niemals den Gipfel der höchsten und unerläßlichsten Wissenschaft erreichen.

ADEIMANTOS. Sind denn nicht eben diese von uns erörterten Dinge die höchsten, oder sollte es noch etwas Höheres geben als die Gerechtigkeit und die weiteren Tugenden?

SOKRATES. Ja, es gibt noch etwas Höheres, und eben auch für sie (die Tugenden) darf man sich in der Betrachtung nicht auf einen bloßen Umriß beschränken, wie es eben geschah, sondern man darf es nicht unterlassen, ihre Erörterung bis zur höchsten Vollendung fortzuführen. Oder ist es nicht lächerlich, in anderen ganz unbedeutenden Dingen sich keine Mühe verdrießen zu lassen, um es dahin zu bringen, daß sie sich in vollster Genauigkeit und Reinheit darstellen, dagegen bei den höchsten Dingen nicht auch die höchste Genauigkeit zu fordern?

ADEIMANTOS. Gewiß. Aber was du unter höchster Wissenschaft und unter dem Gegenstand derselben verstehst – glaubst du etwa, daß irgendeiner dir die Beantwortung der Frage erlassen wird, wie es damit stehe?

SOKRATES. Durchaus nicht; aber du magst selbst der sein, der fragt. Denn jedenfalls hast du es oft genug gehört, denkst aber jetzt nicht daran oder hast abermals die Absicht, mich mit lästigen Zwischenbemerkungen zu behelligen. Und zwar glaube ich eher das letztere; denn daß die Idee des Guten das höchste Wissen darstellt, hast du oft gehört, sie, die durch ihre Mitwirkung gerechte Handlungen sowie die anderen Handlungen dieser Art überhaupt erst heilsam und nützlich macht. Auch jetzt weißt du wohl recht gut, daß ich diese meine, und überdies, daß wir sie nicht in voller Genauigkeit kennen. Wenn wir sie aber nicht voll kennen, so weißt du doch, daß, mögen wir auch noch so genau alles andere ohne sie kennen, uns dies keinen Nutzen bringt, wie auch kein Besitz uns nützt ohne das Gute. Oder glaubst du, es sei ein Gewinn, alles Mögliche zu besitzen, nur das Gute nicht? Oder alles andere, nämlich alles Nichtgute, zu verstehen, das Schöne aber und Gute nicht zu verstehen?

ADEIMANTOS. Beim Zeus, ich gewiß nicht.

17. SOKRATES. Aber auch das weißt du, daß die meisten die Lust für das Gute halten, die feineren Köpfe dagegen die Einsicht.

ADEIMANTOS. Gewiß.

SOKRATES. Und daß, mein Freund, diejenigen, die dies letztere glauben, sich nicht darüber ausweisen können, was das für eine Einsicht sei, sondern sich genötigt sehen, schließlich zu sagen, es sei die Einsicht in das Gute.

ADEIMANTOS. Ja, lächerlich genug.

SOKRATES. Und wie sollte es das nicht sein, wenn sie erst es unverzeihlich finden, daß wir das Gute nicht wissen, und dann wieder zu uns sprechen, als wüßten wir es? Denn sie erklären die Einsicht für Einsicht in das Gute, als ob wir schon verstünden, was sie meinen, wenn sie das Wort »gut« ausgesprochen haben.

ADEIMANTOS. Sehr wahr.

Sokrates. Und nun diejenigen, die die Lust für das Gute ausgeben – ist bei ihnen des Irrtums Fülle etwa geringer als bei jenen? Oder sehen sich nicht auch diese genötigt einzuräumen, daß es *schlechte* Lüste gibt?

Adeimantos. Sicherlich.

Sokrates. Folglich müssen sie auch einräumen, daß Gutes und Schlechtes dasselbe sei. Nicht wahr?

Adeimantos. Gewiß.

Sokrates. Ist es also nicht klar, daß es sich dabei um eine viel und stark umstrittene Sache handelt?

Adeimantos. Unzweifelhaft.

Sokrates. Und weiter: Ist es nicht klar, daß, wo es sich um Gerechtes und Schönes handelt, viele sich mit dem bloßen Schein begnügen und es, auch wenn keine Wahrheit dahinter steht, doch tun und besitzen und sich an den Schein halten, während sich beim Guten niemand damit zufrieden gibt, bloß das Scheinbare zu besitzen, sondern jeder dem wirklich Vorhandenen nachstrebt und den bloßen Schein hier mit Verachtung von sich weist?

Adeimantos. Gewiß.

Sokrates. Eine jede Seele also strebt dem Guten nach und läßt um seinetwillen nichts ungetan, in der Ahnung, daß ihm doch ein Sein zukomme, dabei aber doch schwankend und unvermögend, es in seiner wahren Bedeutung befriedigend zu erfassen und zu einer festen Überzeugung darüber zu gelangen wie bei anderen Dingen, was denn auch der Grund ist, daß sie auch das übrige verfehlt, wo etwa ein Nutzen zu erwarten stand – und über eine so wichtige und so umfassende Sache sollen auch jene Besten im Staat so im Dunkeln tappen, sie, denen wir die gesamte Leitung in die Hände legen wollen?

Adeimantos. Nun und nimmermehr.

Sokrates. Ich glaube also, daß das Gerechte und Schöne, wie es sich ohne die Kenntnis davon, inwiefern es denn eigentlich gut ist, im Einzelnen darstellt, keinen vertrauenswerten Hüter über sich hat an einem, der hierüber in Unkenntnis ist, und ich möchte vermuten, daß ohne diese Kenntnis niemand auch mit diesen Einzeldingen richtig Bescheid wissen werde.

ADEIMANTOS. Eine richtige Vermutung.

SOKRATES. Unsere Verfassung wird also doch dann ihre abschließende Ordnung und Gestaltung erhalten haben, wenn ein Wächter dieser Art die Aufsicht über sie führt, ein solcher nämlich, der die volle Kenntnis dieser Dinge besitzt?

18. ADEIMANTOS. Notwendig. Aber du selbst, mein Sokrates, wofür erklärst du denn das Gute? Für Einsicht oder für Lust oder für etwas anderes, von diesen Abweichendes?

SOKRATES. Da habt ihr nun den Mann, ganz wie er ist! Ein Glück nur, daß ich dir schon längst angemerkt habe, daß du dich nicht mit dem zufriedengeben würdest, was die anderen darüber meinen.

ADEIMANTOS. Es scheint mir auch nicht in der Ordnung, mein Sokrates, sich nur darauf zu verstehen, fremde Ansichten darüber vorzutragen, seine eigenen aber nicht, wenn man so lange schon mit der Sache beschäftigt ist.

SOKRATES. Wie? Scheint es dir denn in der Ordnung, wie ein Wissender über Dinge zu reden, über die man nichts weiß?

ADEIMANTOS. Wie ein Wissender – das ganz und gar nicht, wohl aber soll man bereit sein, als Meinung das vorzutragen, was man eben meint.

SOKRATES. Wie? Bist du denn nicht gewahr geworden, daß die sicherer Erkenntnis entbehrenden Meinungen sämtlich vom Übel sind? Ja, daß auch die besten von ihnen blind sind? Oder meinst du, es unterschieden sich diejenigen, die ohne wirkliche Einsicht mit ihrer Meinung die Wahrheit treffen, von Blinden, die ihren Weg richtig treffen?

ADEIMANTOS. Nein.

SOKRATES. Willst du deine Aufmerksamkeit nur auf Übeles richten, auf Blindes und Entstelltes, während du von anderen Klares und Schönes hören kannst?

GLAUKON. Beim Zeus, mein Sokrates, du willst doch nicht etwa, als wärest du schon am Ziele, jetzt zurücktreten? Um keinen Preis. Denn wir wollen zufrieden sein, wenn du uns deine Gedanken über das Gute auch nur so in vorläufiger Form entwickelst, wie du es mit der Gerechtigkeit, Besonnenheit und den übrigen Tugenden getan hast.

SOKRATES. Ja, und ich, lieber Freund, werde erst recht damit zufrieden sein; doch ich fürchte, ich werde der Sache nicht gewachsen sein und, wenn ich mich bereit finden lasse, durch mein verlegenes Auftreten mich lächerlich machen. Aber, ihr Trefflichen, das eigentliche Wesen des Guten wollen wir für jetzt auf sich beruhen lassen; denn für unseren derzeitigen Anlauf ist es, glaube ich, schon zu viel gefordert, jetzt auch nur das zu erreichen, was ich so vorläufig über die Sache meine. Aber einen Sprößling des Guten, als welcher er mir erscheint, und ein volles Ebenbild desselben, das will ich euch durch meine Rede vorführen, wenn es euch erwünscht ist; sonst nicht.

GLAUKON. Nun, rede nur. Ein andermal kannst du uns dann die Ausführung über den Vater erstatten.

SOKRATES. Wohl wünschte ich, ich könnte sie euch wie eine Schuld auszahlen und ihr könntet sie in Empfang nehmen und nicht, wie jetzt, bloß die Zinsen. Diesen Zins also und diesen Sprößling des wahren Guten nehmt jetzt in Empfang. Doch gebt scharf acht, daß ich euch nicht etwa wider meinen Willen hintergehe, indem ich eine falsche Rechnung über den Zins erstatte.

GLAUKON. Wir werden nach Kräften achthaben. Aber sprich nur.

SOKRATES. Ja. Aber erst muß ich mich noch eueres Einverständnisses versichert haben in bezug auf gewisse Sätze, die, im Vorigen bereits berührt und auch sonst schon oft vorgetragen, auch jetzt von mir in Erinnerung gebracht werden sollen.

GLAUKON. Welche?

SOKRATES. Wir behaupten, daß es eine Vielheit von schönen Dingen und von guten Dingen und so von jeder Art von Dingen gibt, wie wir sie denn auch in der Rede unterscheiden.

GLAUKON. Ja.

SOKRATES. Und auch, daß es ein Schönes an sich und ein Gutes an sich gebe und so bei allem, was wir eben als Vielheit setzten; und indem wir nun umgekehrt das viele Einzelne einer Idee als der Einheit für jede Klasse des Vielen unterordnen, benennen wir es nach seinem wirklichen Wesen als dem Ding an sich.

GLAUKON. So ist es.

Sokrates. Und von den ersteren sagen wir, daß sie gesehen, aber nicht gedacht werden, von den Ideen aber, daß sie gedacht, aber nicht gesehen werden.

Glaukon. Gewiß.

Sokrates. Womit an uns sehen wir nun das Gesehene?

Glaukon. Mit dem Gesicht.

Sokrates. Und mit dem Gehör nicht auch das Gehörte und mit den übrigen Sinnen alles sinnlich Wahrnehmbare?

Glaukon. Ohne Zweifel.

Sokrates. Hast du nun auch beachtet, wie der Bildner der Sinne das Vermögen des Sehens und Gesehenwerdens mit einem Vorzug ausgestattet hat, der es über alle anderen weit erhebt?

Glaukon. Das nicht.

Sokrates. Nun, so betrachte es so: bedarf etwa Gehör und Ton eines weiteren Mittels dazu, daß das erstere höre, der letztere gehört werde, so daß beim Ausbleiben dieses dritten das erste nicht hören, der letztere nicht gehört werden kann?

Glaukon. Nein.

Sokrates. Ich glaube aber auch, andere viele Vermögen haben etwas Derartiges nicht nötig, ja man darf wohl sagen, kein einziges. Oder kannst du eines nennen?

Glaukon. Ich gewiß nicht.

Sokrates. Das Gesicht dagegen und das Gesehene bedürfen doch so etwas. Ist dir das nicht klar?

Glaukon. Wie so?

Sokrates. Mögen auch die Augen mit Sehvermögen ausgestattet sein und der Besitzer versuchen, davon Gebrauch zu machen, und mag anderseits auch an den Gegenständen selbst Farbe haften, so wird doch, wenn nicht ein Mittel als ein drittes eigens dafür von der Natur geschaffen, mitwirkt, offenbar das Gesicht nichts sehen und die Farben werden unsichtbar sein.

Glaukon. Und welches ist dieses?

Sokrates. Nun, das was du Licht nennst.

Glaukon. Richtig.

Sokrates. Dinge also, die schon für sich genommen nicht unbedeutend sind, nämlich der Gesichtssinn und das Vermögen gesehen zu werden, sind demnach überdies noch durch ein kostbareres Band verbunden, als es bei anderen Zusammenpaarungen der Fall ist, wenn anders das Licht nichts Verächtliches ist.

Glaukon. Weit gefehlt, daß es das wäre.

19. Sokrates. Welchen nun von den Sternengöttern kannst du als den Urheber davon bezeichnen, also als den, dessen Licht unserem Gesicht dazu verhilft, auf das schönste zu sehen, und dem Gesehenen dazu, gesehen zu werden?

Glaukon. Den auch du dafür hältst und sonst auch alle Welt; denn offenbar ist es die Sonne, wonach du fragst.

Sokrates. Verhält sich nun das Gesicht zu diesem Gott naturgemäß folgendermaßen?

Glaukon. Wie?

Sokrates. Das Gesicht ist nicht die Sonne, weder es selbst noch dasjenige, dem es innewohnt, von uns Auge genannt.

Glaukon. Das allerdings nicht.

Sokrates. Aber das sonnenartigste, denke ich, ist es doch gewiß von allen Organen der sinnlichen Wahrnehmung.

Glaukon. Weitaus.

Sokrates. Hat es nun nicht auch seine Kraft von dieser gespendet erhalten wie etwas, das von ihr ihm zufließt?

Glaukon. Sicherlich.

Sokrates. Steht es nun mit der Sonne nicht auch so? Sie ist nicht Gesicht, aber Ursache davon, und wird als solche von ihm gesehen.

Glaukon. Ja.

Sokrates. Sie also meine ich – das kannst du nun als meine Ansicht verkünden – mit jenem Sprößling des Guten, den das Gute selbst als sein Ebenbild erzeugt: was es selbst im Bereiche des Denkbaren ist im Verhältnis zur Vernunft und zum Gedachten, das ist die Sonne im Bereiche des Sichtbaren im Verhältnis zu dem Gesicht und zu dem Gesehenen.

GLAUKON. Wie? Laß dich weiter darüber vernehmen.

SOKRATES. Du weißt doch: wenn man die Augen nicht mehr auf solche Dinge richtet, auf deren Farben das Tageslicht fällt, sondern auf solche, über die sich nächtliche Dämmerung breitet, so werden sie blöde und scheinen beinahe blind, als ob keine eigentliche Sehkraft mehr in ihnen wäre.

GLAUKON. Gewiß.

SOKRATES. Wenn aber auf solche, die von der Sonne beleuchtet werden, dann, denke ich, sehen sie deutlich, und diesen nämlichen Augen wohnt jetzt offenbar Sehkraft inne.

GLAUKON. Ohne Zweifel.

SOKRATES. So denke dir denn auch das Verhältnis der Seele folgendermaßen: wenn sie fest gerichtet ist auf das, worauf das Licht der Wahrheit und des Seienden fällt, dann erfaßt und erkennt sie es und scheint im Besitze der Vernunft zu sein; wenn aber auf das mit Finsternis Gemischte, das Entstehende und Vergehende, dann fällt sie dem bloßen Meinen anheim, wird stumpfsichtig, wirft die Meinungen herüber und hinüber und macht nunmehr den Eindruck, als sei sie aller Vernunft bar.

GLAUKON. Ja, so ist es.

SOKRATES. Das also, was den Dingen, welche erkannt werden, Wahrheit verleiht und dem Erkennenden die Kraft zum Erkennen gibt, ist – das sei jetzt dein Spruch – die Idee des Guten, und diese mußt du dir jetzt als die Ursache der Erkenntnis und Wahrheit vorstellen, soweit die letztere erkannt wird: aber so schön sie auch beide sein mögen, Erkenntnis und Wahrheit, so wirst du doch das Richtige treffen mit der Annahme, daß sie selbst etwas noch Schöneres ist als diese; wie es aber im Vorigen in bezug auf Licht und Gesicht richtig war, sie wohl für sonnenartig zu erklären, falsch dagegen, sie für die Sonne selbst zu halten, so steht es auch hier mit Erkenntnis und Wahrheit: sie beide für verwandt mit dem Guten zu halten ist recht, sie aber, sei es nun die eine oder die andere, für das Gute selbst zu halten, ist nicht recht, vielmehr steht das Gute selbst seinem ganzen Verhältnis nach auf einer noch höheren Stufe.

GLAUKON. Eine gar nicht auszudenkende Schönheit offenbarst du, wenn sie Erkenntnis und Wahrheit schafft, selbst aber noch über diese an Schönheit emporragt; denn daß du etwa die Lust damit meinen könntest, ist doch bei dir ganz ausgeschlossen.

SOKRATES. Lästere nicht; betrachte vielmehr das Abbild des Guten noch von folgender Seite.

GLAUKON. Von welcher?

SOKRATES. Du wirst, denke ich, sagen, die Sonne verleihe dem, was gesehen wird, nicht nur das Vermögen, gesehen zu werden, sondern auch Werden, Wachstum und Nahrung, ohne doch selbst ein Werden zu sein.

GLAUKON. Wie könnte sie das auch sein?

SOKRATES. Also mußt du auch sagen, daß dem Erkennbaren nicht nur das Erkanntwerden von dem Guten zuteil werde, sondern daß es sein Sein und Wesen von ihm habe, so daß das Gute nicht das Sein ist, sondern an Würde und Kraft noch über das Sein hinausragt.

20. GLAUKON (mit einem starken Stich ins Komische). Beim Apollon, ein wahres Wunder von Hinausragen!

SOKRATES. Du selbst trägst doch die Schuld daran; denn du zwangst mich, meine Ansicht darüber mitzuteilen.

GLAUKON. Und du darfst davon auch nicht ablassen, sondern mußt unter allen Umständen wenigstens das Gleichnis von der Sonne noch weiter erläutern, wenn du noch irgend etwas darüber auf dem Herzen hast.

SOKRATES. Nun, dessen ist noch genug und übergenug.

GLAUKON. Nicht das Geringste also darfst du uns vorenthalten.

SOKRATES. Nun, nach meinem Überschlag sogar recht viel. Gleichwohl werde ich von dem, was mir im Augenblick zur Verfügung steht, mit Willen euch nichts vorenthalten.

GLAUKON. Ja nicht.

SOKRATES. Halte dir also gegenwärtig, daß, wie gesagt, es sich dabei um zwei Mächte handelt, und daß die eine über das Geschlecht und den Bereich des Denkbaren herrscht, die andere über das *Sichtbare* – *Himmel* mag ich nicht sagen, um den Schein zu vermeiden, als wollte ich mit Wortdeuteleien spielen. Diese beiden Reiche, das Sichtbare und Denkbare, sind dir doch also in ihrem Unterschied klar?

Glaukon. Jawohl.

Sokrates. So nimm sie denn wie eine in zwei ungleiche Abschnitte geteilte Linie und teile jeden dieser Abschnitte, von denen der eine das Gebiet des Sichtbaren, der andere das des Denkbaren darstellt, wieder nach dem nämlichen Verhältnis, und so wird dir, nach Maßgabe des gegenseitigen Verhältnisses von Deutlichkeit und Undeutlichkeit, im Gebiete des Sichtbaren der eine Abschnitt Bilder liefern. Ich verstehe aber unter Bildern erstens die Schatten, sodann die Abspiegelungen im Wasser und auf den Oberflächen dichter, glatter und glänzender Körper und alles Ähnliche. Du verstehst mich doch?

Glaukon. Gewiß.

Sokrates. Als den *anderen* Abschnitt setze den, der die Gegenstände selbst umfaßt, wovon dies die Bilder waren, also die uns umgebende Tierwelt und das ganze Gewächsreich und jede Art von Erzeugnissen des menschlichen Kunstfleißes.

Glaukon. Ich tue es.

Sokrates. Wirst du nun auch ohne Bedenken einräumen, hinsichtlich der Wahrheit und ihres Gegenteils verhalte sich bei dieser Teilung das Nachgebildete zu dem, dem es nachgebildet ist, ebenso wie das Gebiet der bloßen Meinung zu dem des Gedachten?

Glaukon. Ohne weiteres.

Sokrates. Nun fasse anderseits die Teilung des Denkbaren ins Auge nach ihrer Besonderheit.

Glaukon. Und worin besteht diese Besonderheit?

Sokrates. Darin: den einen Teil muß die Seele so aufsuchen, daß sie das, was die frühere Teilung in dem einen Abschnitt bot, nämlich wirkliche Gegenstände, bloß als Bilder benutzt, indem sie, von bloßen Voraussetzungen ausgehend, nicht zum Anfang zurückschreitet, sondern nach dem Ende hin vorschreitet, den anderen aber so, daß sie von der Voraussetzung aus zum voraussetzungslosen Anfang zu gelangen sucht und ein Verfahren einschlägt, das ohne Bilder, wie sie im ersten Abschnitt gebraucht wurden, sich lediglich auf reine Begriffe in ihrem inneren gegenseitigen Zusammenhang stützt.

GLAUKON. Diese Erläuterung habe ich nicht recht verstanden.

SOKRATES. Nur Geduld! Hast du erst das Folgende gehört, so wird dir das Verständnis schon leichter werden. Ich glaube nämlich, du weißt, wie es diejenigen machen, die es mit Geometrie und Arithmetik und den verwandten Wissenschaften zu tun haben: sie setzen das Ungerade und Gerade und die Figuren und die dreierlei Arten der Winkel und was damit verwandt ist, bei ihrem jeweiligen Beweisverfahren voraus und machen, als wären sie vollständig darüber im klaren, es einfach zur Grundlage ihrer Beweise, ohne sich irgend verpflichtet zu fühlen, sich selbst oder anderen noch Rechenschaft darüber zu geben, da es ja für jeden von selbst einleuchtend sei; vielmehr schreiten sie von diesem Ausgangspunkt alsbald zu der weiteren Ausführung fort und erreichen schließlich folgerecht denjenigen Punkt, auf dessen Klarstellung sie es abgesehen hatten.

GLAUKON. Ja, dies Verfahren ist mir wohlbekannt.

SOKRATES. Und also wohl auch, daß sie sich der sichtbaren Gestalten bedienen und immer von diesen reden, während den eigentlichen Gegenstand ihres Denkens nicht diese bilden, sondern jene, deren bloße Abbilder diese sind. Denn das Quadrat an sich ist es und die Diagonale an sich, um derentwillen sie ihre Erörterungen anstellen, nicht aber dasjenige, welches sie durch Zeichnung entwerfen, und so auch in den weiteren Fällen; eben die Figuren selbst, die sie bildend oder zeichnend herstellen, von denen es auch wieder Schatten und Bilder im Wasser gibt, dienen ihnen als Bilder, mit deren Hilfe sie eben das zu erkennen suchen, was niemand auf andere Weise erkennen kann als durch den denkenden Verstand.

GLAUKON. Du hast recht.

21. SOKRATES. Dieses bezeichnete ich zwar als eine Art des Denkbaren, aber so, daß die Seele dabei gezwungen ist, die Untersuchung auf bloße Voraussetzungen zu stützen, indem sie nicht auf den Anfang zurückgeht – denn sie kann über ihre Voraussetzungen in der Richtung nach oben hin nicht hinaus – sondern sich der sinnlichen Gegenstände, deren Abbilder die unteren Dinge sind und die auch ihrerseits nach allgemeiner Mei-

nung vor jenen unteren Dingen (d. i. den Schatten usw.) den Vorzug deutlicher Erkennbarkeit besitzen, als Bilder bedient.

GLAUKON. Ich verstehe: du meinst das, was in das Gebiet der Geometrie und der ihr verwandten Fächer fällt.

SOKRATES. So verstehe denn auch folgendes: unter dem zweiten Abschnitt des Denkbaren meine ich das, was der denkende Verstand unmittelbar selbst erfaßt mit der Macht der Dialektik, indem er die Voraussetzungen nicht als unbedingt Erstes und Oberstes ansieht, sondern in Wahrheit als bloße Voraussetzungen, d. h. Unterlagen, gleichsam Stufen und Aufgangsstützpunkte, damit er bis zum Voraussetzungslosen vordringend an den wirklichen Anfang des Ganzen gelange, und wenn er ihn erfaßt hat, an alles sich haltend, was mit ihm in Zusammenhang steht, wieder herabsteige, ohne irgendwie das sinnlich Wahrnehmbare dabei mit zu verwenden, sondern nur die Begriffe selbst nach ihrem eigenen inneren Zusammenhang, und mit Begriffen auch abschließe.

GLAUKON. Ganz verstehe ich das nicht; denn es scheint sich da um eine sehr bedeutende Aufgabe zu handeln. Aber soviel verstehe ich doch: du willst durch diese Gegenüberstellung feststellen, daß demjenigen, was durch die auf das Seiende und Gedachte gerichtete Wissenschaft der Dialektik betrachtet wird, größere Sicherheit und Deutlichkeit zukommt als dem von den mathematischen Fächern, also den sogenannten Künsten Erkannten, denen die Voraussetzungen zugleich das Erste und Oberste sind und bei denen die Betrachtenden ihren Gegenstand zwar mit dem Verstand, nicht mit den Sinnen zu betrachten genötigt sind, aber, weil ihre Betrachtungsweise sie nicht aufwärts zu dem Ersten und Obersten führt, sondern sich auf bloße Voraussetzungen stützt, es dir nicht zu rein vernünftiger Einsicht über ihre Gegenstände zu bringen scheinen, obschon auch sie einer Vernunfterkenntnis mit Einschluß des Ersten und Obersten zugänglich sind. Mathematische Verstandeserkenntnis aber und nicht Vernunfterkenntnis scheinst du mir das von den geometrischen und den ihnen verwandten Wissenschaften eingehaltene Verfahren zu nennen, da du sie für etwas Mittleres hältst zwischen bloßer Meinung und Vernunft.

Sokrates. Das hast du durchaus richtig aufgefaßt. Und so laß denn jenen vier Abschnitten auch vier Seelenzustände entsprechen, Vernunfttätigkeit dem obersten, mathematische Verstandestätigkeit dem zweiten, dem dritten aber weise den Glauben und dem vierten die bildliche Erkenntnis zu, und ordne sie nach dem Verhältnis, daß du ihnen (stufenweise) denjenigen Grad von Deutlichkeit beimißt, welcher dem Anteil entspricht, den ihre Objekte an der Wahrheit haben.

Glaukon. Ich verstehe und räume es ein und ordne sie, wie du sagst.

Siebentes Buch

1. Sokrates. Nächstdem mache dir nun an folgendem Gleichnis den Unterschied des Zustandes klar, in dem sich unsere Natur befindet, wenn sie im Besitze der vollen Bildung ist und anderseits wenn sie derselben ermangelt. Stelle dir Menschen vor in einer unterirdischen Wohnstätte mit lang nach aufwärts gestrecktem Eingang, entsprechend der Ausdehnung der Höhle; von Kind auf sind sie in dieser Höhle festgebannt mit Fesseln an Schenkeln und Hals; sie bleiben also immer an der nämlichen Stelle und sehen nur geradeaus vor sich hin, durch die Fesseln gehindert, ihren Kopf herumzubewegen; von oben her aber aus der Ferne von rückwärts leuchtet ihnen ein Feuerschein; zwischen dem Feuer aber und den Gefesselten läuft oben ein Weg hin, längs dessen eine niedrige Mauer errichtet ist ähnlich der Schranke, die die Gaukelkünstler vor den Zuschauern errichten, um über sie weg ihre Kunststücke zu zeigen.

Glaukon. Das steht mir alles vor Augen.

Sokrates. Längs dieser Mauer – so mußt du dir nun es weiter vorstellen – tragen Menschen allerlei Gerätschaften vorbei, die über die Mauer hinausragen und Bildsäulen und andere steinerne und hölzerne Bilder und Menschenwerk verschiedenster Art, wobei, wie begreiflich, die Vorübertragenden teils reden, teils schweigen.

Glaukon. Ein sonderbares Bild, das du da vorführst, und sonderbare Gestalten!

Sokrates. Nichts weiter als unseresgleichen. Denn können denn erstlich solche Gefesselten von sich selbst sowohl wie gegenseitig voneinander etwas anderes gesehen haben als die Schatten, die durch die Wirkung des Feuers auf die ihnen gegenüberliegende Wand der Höhle geworfen werden?

Glaukon. Wie wäre das möglich, wenn sie ihr Lebelang den Kopf unbeweglich halten müssen?

Sokrates. Und ferner: gilt von den vorübergetragenen Gegenständen nicht dasselbe?

GLAUKON. Auch von ihnen haben sie nur Schatten gesehen.

SOKRATES. Wenn sie nun miteinander reden könnten, glaubst du nicht, daß sie der Meinung wären, die Benennungen, die sie dabei verwenden, kämen den Dingen zu, die sie unmittelbar vor sich sehen?

GLAUKON. Notwendig.

SOKRATES. Ferner: wenn der Kerker auch einen Widerhall von der gegenüberliegenden Wand her ermöglichte, meinst du da, daß, wenn einer der Vorübergehenden gerade etwas sagte, sie dann die gehörten Worte einem anderen zulegen würden, als dem jeweilig vorüberziehenden Schatten?

GLAUKON. Nein, beim Zeus.

SOKRATES. Durchweg also würden diese Gefangenen nichts anderes für wahr gelten lassen als die Schatten der künstlichen Gegenstände.

GLAUKON. Notwendig.

SOKRATES. Nun betrachte den Hergang ihrer Lösung von den Banden und ihrer Heilung von dem Unverstand, wie er sich natürlicherweise gestalten würde, wenn sich folgendes mit ihnen zutrüge: wenn einer von ihnen entfesselt und genötigt würde, plötzlich aufzustehen, den Hals umzuwenden, sich in Bewegung zu setzen und nach dem Lichte emporzublicken, und alles dies nur unter Schmerzen verrichten könnte, und geblendet von dem Glanze nicht imstande wäre, jene Dinge zu erkennen, deren Schatten er vorher sah, was, glaubst du wohl, würde er sagen, wenn man ihn versichert, er hätte damals lauter Nichtigkeiten gesehen, jetzt aber, dem Seienden nahegerückt und auf Dinge hingewandt, denen ein stärkeres Sein zukäme, sehe er richtiger? Und wenn man zudem noch ihn auf jedes der vorübergetragenen Menschenwerke hinwiese und ihn nötigte, auf die vorgelegte Frage zu antworten, was es sei, meinst du da nicht, er werde weder aus noch ein wissen und glauben, das vordem Geschaute sei wirklicher als das, was man ihm jetzt zeige?

GLAUKON. Weitaus.

2. SOKRATES. Und wenn man ihn nun zwänge, seinen Blick auf das Licht selbst zu richten, so würden ihn doch seine Augen schmerzen und er würde sich abwenden und wieder jenen Dingen zustreben, deren An-

blick ihm geläufig ist, und diese würde er doch für tatsächlich gewisser halten als die, die man ihm vorzeigte?

GLAUKON. Ja.

SOKRATES. Wenn man ihn nun aber von da gewaltsam durch den holperigen und steilen Aufgang aufwärts schleppte und nicht eher ruhete, als bis man ihn an das Licht der Sonne gebracht hätte, würde er diese Gewaltsamkeit nicht schmerzlich empfinden und sich dagegen sträuben, und wenn er an das Licht käme, würde er dann nicht, völlig geblendet von dem Glanze, von alledem, was ihm jetzt als das Wahre angegeben wird, nichts, aber auch gar nichts zu erkennen vermögen?

GLAUKON. Nein, wenigstens für den Augenblick nicht.

SOKRATES. Er würde sich also erst daran gewöhnen müssen, wenn es ihm gelingen soll, die Dinge da oben zu schauen, und zuerst würde er wohl am leichtesten die Schatten erkennen, darauf die Abbilder der Menschen und der übrigen Dinge im Wasser, später dann die wirklichen Gegenstände selbst; in der Folge würde er dann zunächst bei nächtlicher Weile die Erscheinungen am Himmel und den Himmel selbst betrachten, das Licht der Sterne und des Mondes schauend, was ihm leichter werden würde als bei Tage die Sonne und das Sonnenlicht zu schauen.

GLAUKON. Gewiß.

SOKRATES. Zuletzt dann, denke ich, würde er die Sonne, nicht etwa bloß Abspiegelungen derselben im Wasser oder an einer Stelle, die nicht ihr eigener Standort ist, sondern sie selbst in voller Wirklichkeit an ihrer eigenen Stelle zu schauen und ihre Beschaffenheit zu betrachten imstande sein.

GLAUKON. Notwendig.

SOKRATES. Und dann würde er sich durch richtige Folgerungen klarmachen, daß sie es ist, der wir die Jahreszeiten und die Jahresumläufe verdanken, und die über allem waltet, was in dem sichtbaren Raum sich befindet, und in gewissem Sinne auch die Urheberin jener Erscheinungen ist, die sie vordem in der Höhle schauten.

GLAUKON. Offenbar würde er in solcher Stufenfolge zu dieser Einsicht gelangen.

SOKRATES. Wie nun? Meinst du nicht, er würde in der Erinnerung an seine erste Wohnstätte und an seine dortige Weisheit und an seine dortigen Mitgefangenen sich nun glücklich preisen ob dieser Veränderung, jene dagegen bemitleiden?

GLAUKON. Sicherlich.

SOKRATES. Wenn es damals aber unter ihnen gewisse Ehrungen und Lobpreisungen und Auszeichnungen gab für den, der die vorübergehenden Gegenstände am schärfsten wahrnahm und sich am besten zu erinnern wußte, welche von ihnen eher und welche später und welche gleichzeitig vorüberwandelten, und aufgrund dessen am sichersten das künftig Eintretende zu erraten verstand, glaubst du etwa, daß er sich danach zurücksehnen werde und die bei ihnen durch Ehren und Macht Ausgezeichneten beneiden werde? Oder nicht vielmehr, daß er, nach Homer, das harte Los wählen, nämlich viel lieber »einem anderen, einem unbegüterten Manne um Lohn dienen wolle« und lieber alles andere über sich ergehen lassen würde, als im Banne jener Trugmeinungen zu stehen und ein Leben jener Art zu führen?

GLAUKON. Ja, ich denke, er würde lieber alles andere über sich ergehen lassen als auf jene Weise leben.

SOKRATES. Und nun bedenke auch noch folgendes: wenn ein solcher wieder hinabstiege in die Höhle und dort wieder seinen alten Platz einnähme, würden dann seine Augen nicht förmlich eingetaucht werden in Finsternis, wenn er plötzlich aus der Sonne dort anlangte?

GLAUKON. Gewiß.

SOKRATES. Wenn er nun wieder, bei noch anhaltender Trübung des Blicks, mit jenen ewig Gefesselten wetteifern müßte in der Deutung jener Schattenbilder, ehe noch seine Augen sich der jetzigen Lage wieder völlig angepaßt haben – und die Gewöhnung daran dürfte eine ziemlich erhebliche Zeit fordern –, würde er sich da nicht lächerlich machen und würde es nicht von ihm heißen, sein Aufstieg nach oben sei schuld daran, daß er mit verdorbenen Augen wiedergekehrt sei, und schon der bloße Versuch, nach oben zu gelangen, sei verwerflich? Und wenn sie den, der es etwa versuchte, sie zu entfesseln und hinaufzuführen, irgendwie in ihre Hand bekommen und umbringen könnten, so würden sie ihn doch auch umbringen?

GLAUKON. Sicherlich.

3. SOKRATES. Dieses Gleichnis, mein lieber Glaukon, mußt du seinem vollen Umfang nach mit den vorhergehenden Erörterungen in Verbindung bringen: die durch das Gesicht uns erscheinende Raumwelt setze der Wohnstätte der Gefesselten gleich, den Lichtschein des Feuers aber in ihr der Kraft der Sonne; den Aufstieg nach oben aber und die Betrachtung der oberen Welt mußt du der Erhebung der Seele in das Reich des nur Denkbaren vergleichen, wenn du eine richtige Vorstellung von meiner Meinung bekommen willst, da du sie ja zu hören begehrst. Gott mag wissen, ob sie richtig ist. Was sich mir also als richtig darstellt, ist dies: in dem Gebiete des Denkbaren zeigt sich zuletzt und schwer erkennbar die Idee des Guten; hat sie sich aber einmal gezeigt, so muß sich bei einiger Überlegung ergeben, daß sie für alle die Urheberin alles Rechten und Guten ist, indem sie im Sichtbaren das Licht und den Quell und Herrn desselben (die Sonne) erzeugt, in dem Denkbaren aber selbst als Herrscherin waltend uns zu Wahrheit und Vernunft verhilft, so daß also diese Idee erkannt haben muß, wer einsichtig handeln will, sei es in persönlichen oder in öffentlichen Angelegenheiten.

GLAUKON. Diese Meinung teile auch ich, soweit mir ein Urteil darüber zusteht.

SOKRATES. So teile denn auch die folgende Ansicht mit mir und wundere dich nicht, daß diejenigen, die zu dieser Höhe gelangt sind, keine Neigung verspüren, sich den menschlichen Alltagsgeschäften zu widmen; sondern ihre Seelen fühlen sich immer getrieben, dort oben zu verweilen. Und so ist es doch wohl auch ganz in der Ordnung, wenn anders es dem vorhin vorgeführten Bilde entsprechen soll.

GLAUKON. Ja, ganz in der Ordnung.

SOKRATES. Wie nun? Scheint es dir verwunderlich, wenn einer, der von den göttlichen Anschauungen her in das menschliche Jammertal herabkommt, haltungslos ist und sich recht lächerlich ausnimmt, wenn er, noch getrübten Blickes und noch nicht wieder genügend an die hiesige Finsternis gewöhnt, sich genötigt sieht, in Gerichtshöfen oder anderswo um die Schatten der Gerechtigkeit zu streiten oder um die Kunstgebilde, deren Schatten sie sind, und sich in einen Wettkampf einzulassen mit der Auffassungsweise dieser Dinge von seiten solcher Leute, die niemals die Gerechtigkeit an sich geschaut haben?

GLAUKON. Nicht im geringsten verwunderlich.

SOKRATES. Nein, wer bei Vernunft ist, der würde sich sagen, daß die Störungen der Sehkraft zwiefacher Art sind und zwiefacher Ursache entstammen, nämlich erstens, wenn man aus dem Licht in die Finsternis und zweitens, wenn man aus der Finsternis in das Licht versetzt wird. Und wenn er sich nun davon überzeugt hat, daß die nämlichen Vorgänge auch bei der Seele vorliegen, so wird er, wenn er eine Seele in Verwirrung und unfähig sieht, etwas zu erkennen, nicht unbedacht lachen, sondern prüfen, ob sie aus einem erleuchteteren Leben hierher gekommen ist und infolge der Ungewohnheit mit Finsternis geschlagen ist oder ob sie aus einem Zustand größerer Unwissenheit in helleren Glanz kommt und von dieser größeren Helligkeit geblendet ist; und so wird er denn die eine glücklich preisen ob ihres Zustandes und ihrer Lebensgestaltung, die andere dagegen bemitleiden; und wenn er über sie lachen wollte, so würde sein Lachen hier weniger lächerlich sein als das über die, welche von oben her aus dem Lichte herabkommt.

GLAUKON. Das ist gewiß zutreffend.

4. SOKRATES. Wir müssen also, wenn dies wahr ist, zu folgender Überzeugung über die Sache gelangen: die Bildung ist nicht das, wofür sie gewisse Leute verheißungsvoll ausgeben. Ihre Verheißung nämlich lautet etwa dahin, sie pflanzten der Seele, in der es ursprünglich kein Wissen gebe, dies Wissen ein, etwa wie wenn sie blinden Augen die Sehkraft einsetzten.

GLAUKON. Ja, so lautet sie.

SOKRATES. Unsere vorliegende Untersuchung dagegen zeigt, daß man diese der Seele eines jeden innewohnende Wissenskraft und das Organ, durch welches ein jeder zu Kenntnissen kommt, ganz ähnlich wie wenn man das Auge nicht anders aus dem Dunkelen nach dem Hellen umwenden könnte als mitsamt dem ganzen Leibe, so sie mitsamt der ganzen Seele aus dem Bereiche des Werdenden nach der anderen Seite umkehren muß, bis sie fähig geworden ist, die Betrachtung des Seienden und des Hellsten unter dem Seienden auszuhalten; dies aber ist, wie wir behaupten, das Gute. Nicht wahr?

GLAUKON. Ja.

SOKRATES. Es wäre demnach die Bildung eine Kunst der Umkehrung dieses Organs, die Art und Weise nämlich, wie es am leichtesten und wirkungsvollsten umgewendet wird, nicht aber eine Kunst, die darin bestände, ihm diese Sehkraft erst einzupflanzen; diese hat es vielmehr schon; es ist nur nicht nach der richtigen Seite hingewendet und blickt nicht dahin, wohin es sollte, und daß dies geschehe, das ist eben, was unsere Kunst der Erziehung bewirken will.

GLAUKON. So scheint es.

SOKRATES. Es scheinen also die anderen Tugenden, die man gewöhnlich als der Seele zugehörig bezeichnet, einige Verwandtschaft mit den körperlichen Vorzügen zu haben; denn in der Tat wohnten diese, wie es scheint, ihr früher nicht inne und wurden erst weiterhin durch gute Gewöhnung und Übung ihr beigebracht; die Tugend der vernünftigen Einsicht dagegen ist allem Anschein nach eines unvergleichlich göttlicheren Ursprungs: sie verliert niemals ihre Kraft, wird aber brauchbar und nützlich durch die Umdrehung, wie anderseits durch das Mißlingen derselben unbrauchbar und schädlich. Oder hast du noch nicht auf Leute geachtet, die man bös, aber klug nennt, wie verschmitzt und scharf ihre schäbige Seele das erkennt, worauf sie es abgelegt hat, zum Zeichen, daß sie keine schlechte Sehkraft besitzt, aber an das Böse gekettet ist, so daß sie, je schärfer sie sieht, um so mehr Böses verübt?

GLAUKON. Gewiß.

SOKRATES. Wenn aber eben dies Vermögen einer solchen Natur, gleich von Kindheit auf, der mit dem Werden verwandten Bestandteile, die ihr wie Bleikugeln anhängen und die durch Eßbegier und dergleichen Lüste und Schleckereien sich fest in ihr einnisten und die Sehkraft der Seele nach unten hin wenden, durch kräftiges Beschneiden entledigt worden wäre und so befreit davon sich dem Wahren zugewendet hätte, so würde es (dies Vermögen) bei ganz dem nämlichen Menschen jene höhere Welt auf das schärfste erkennen, ebenso scharf wie jetzt das, worauf es hingewandt ist.

GLAUKON. Das ist wenigstens glaublich.

SOKRATES. Wie steht es nun mit dem Folgenden? Es ist doch nicht nur glaublich, sondern geradezu ein notwendiges Ergebnis aus dem Bisherigen, daß es ebenso verfehlt wäre, die Leitung des Staates den Ungebildeten und den der Wahrheit Unteilhaftigen anzuvertrauen, wie anderseits denen, die ununterbrochen ausschließlich ihrer Weiterbildung leben dürfen; denn die ersteren haben kein festes, einheitliches Lebensziel, das für alle ihre Handlungen persönlicher wie öffentlicher Art maßgebend wäre, die letzteren aber werden aus freien Stücken sich nicht zur praktischen Tätigkeit hergeben, von dem Glauben beseelt, sie seien schon zu Lebzeiten auf die Inseln der Seligen versetzt.

GLAUKON. Du hast recht.

SOKRATES. Für uns Gründer der Stadt ergibt sich daraus also die Aufgabe, den besten Köpfen die Beschäftigung mit derjenigen Wissenschaft zur Pflicht zu machen, die wir im Vorhergehenden für die wichtigste erklärten, nämlich daß sie sich der Betrachtung des höchsten Gutes widmen und jenen Anstieg nach der Höhe vollziehen. Haben sie aber nach gelungenem Anstieg sich genügend damit bekannt gemacht, so dürfen wir ihnen nicht mehr erlauben, was ihnen jetzt erlaubt wird.

GLAUKON. Was denn?

SOKRATES. Dort dauernd zu verweilen und sich zu weigern, wieder zurückzukehren zu jenen Gefesselten und teilzunehmen an ihren Mühsalen und Auszeichnungen, mögen diese nun von geringerem oder von höherem Wert sein.

GLAUKON. Wie? Wir sollen ihnen also Unrecht zufügen und ihnen ein schlechteres Leben auferlegen, während sie doch ein besseres führen könnten?

5. SOKRATES. Es ist dir wohl wieder entfallen, mein Lieber, daß unser Staatsgesetz nicht darauf abzielt, daß es einer Klasse im Staate besonders

wohl ergehe, sondern dies Wohlergehen soll dem Staat als Ganzem zukommen; darauf wirkt das Gesetz hin, indem es die Bürger durch Überredung und Zwang zur Einheit zusammenfaßt und sie dazu bringt, einander wechselseitig zugute kommen zu lassen, was ein jeder förderliches für das Gemeinwesen zu leisten vermag, und indem es selbst dem Staate Männer von entsprechender Sinnesart schafft, nicht etwa um jeden ganz nach Belieben seiner besonderen Neigung folgen zu lassen, sondern um selbst die Verwendung derselben für den engen Zusammenschluß des Ganzen in die Hand zu nehmen.

GLAUKON. Richtig; ich hatte nicht mehr daran gedacht.

SOKRATES. So wirst du dir denn auch sagen, mein Glaukon, daß von Unrecht gegen die, die sich bei uns der Philosophie widmen, überhaupt gar nicht die Rede sein kann; wir werden vielmehr vollkommen im Rechte sein, wenn wir ihnen zur Pflicht machen, für die anderen zu sorgen und über sie zu wachen. So nämlich wird unser Spruch an sie lauten: »Diejenigen, die sich in anderen Staaten der Philosophie hingeben, bleiben ganz mit Recht verschont von den mühseligen Pflichten für den Staat; denn sie entwickeln sich da ganz auf eigene Hand, ohne daß die jeweilige Staatsverfassung von ihnen etwas wissen will, und es ist doch ganz natürlich, daß, was frei und wild aufwächst, ohne irgend jemandes Pflege für sich in Anspruch zu nehmen, auch nicht darauf brennt, jemandem Kostgeld zu zahlen. Euch aber haben wir zu euerem eigenen wie zu des übrigen Staates Besten wie Weisel und Könige in Bienenstöcken entstehen und groß werden lassen, indem wir euch eine bessere und vollkommenere Bildung im Vergleich mit jenen zuteil werden ließen und euch fähiger machten, euch nach beiden Seiten hin zu betätigen. Es muß also abwechselnd ein jeder von euch herabsteigen in die Wohnstätten der anderen und sich daran gewöhnen, die Finsternis zu schauen; denn einmal daran gewöhnt, werdet ihr tausendmal besser als jene da drunten alle jene Bilder erkennen und beurteilen, was sie sind und welchen Ursprungs, denn ihr habt ja, was das Schöne, Gerechte und Gute anlangt, die Wahrheit geschaut. Und so werden wir und werdet ihr eine wirkliche Staatsverfassung haben, keine bloß traumhafte, wie sie jetzt die meisten Staaten haben infolge der Schattengefechte ihrer Leiter und ihrer Parteikämpfe um die Herrschaft, als wäre diese wer weiß was für ein herrliches Gut. In Wahrheit aber steht es damit so: derjenige Staat, in dem die zur Herrschaft Bestimmten am wenigsten darauf erpicht sind zu herrschen, ist unbedingt am besten verwaltet und bleibt am sichersten von Bürgerkrieg verschont, und umgekehrt steht es mit demjenigen Staat, der mit Leitern von entgegengesetzter Art geschlagen ist.«

GLAUKON. Ganz gewiß.

SOKRATES. Hältst du es nun für möglich, daß unsere Zöglinge, wenn sie dies hören, uns den Gehorsam versagen und sich weigern werden, jeder, wie ihn abwechselnd die Reihe trifft, an den mühseligen staatlichen Geschäften teilzunehmen, wobei sie doch immer noch die meiste Zeit miteinander unter sich in ihrem aller irdischen Befleckung entrückten Reiche leben können?

GLAUKON. Nein. Denn was wir ihnen zumuten, ist gerecht, und gerecht sind auch sie selbst. Denn jeder von ihnen wird das Herrscheramt nur als eine ganz unerläßliche Pflicht übernehmen in völligem Gegensatz zu den gegenwärtigen Leitern der einzelnen Staaten.

SOKRATES. Ja, es steht in der Tat, mein Lieber, damit so: wenn du eine Lebensweise ausfindig machst, die für die zur Herrschaft Bestimmten annehmlicher ist als das Herrschen, dann ist die Verwirklichung einer vollendeten Staatsverfassung möglich; denn sie ist die einzige, in der die wirklich Reichen herrschen, reich nicht an Gold, sondern an dem, woran der Glückselige reich sein muß, an tugendhafter und einsichtsvoller Lebensführung; wenn aber Hungerleider und solche, die nach eigenem Gute gierig sind, sich der Staatsverwaltung zuwenden in der Annahme, von dorther müßten sie auf Räuberart in den Besitz des begehrten Gutes gelangen, dann ist diese beste Staatsverfassung nicht möglich; denn wenn das Herrscheramt ein vielbegehrter und umstrittener Beruf ist, so führt das zu einheimischem und innerem Krieg, der die Urheber selbst wie auch den übrigen Staat ins Verderben stürzt.

GLAUKON. Sehr richtig.

SOKRATES. Gibt es nun deiner Ansicht nach irgendeinen anderen, auf die staatlichen Ämter mit Geringschätzung herabblickenden Lebensberuf als den des wahren Philosophen?

GLAUKON. Nein, beim Zeus.

SOKRATES. Nun sollen aber doch nur Nichtliebhaber das Herrscheramt erhalten; wo nicht, so wird es zum Kampf mit den Mitbewerbern kommen.

GLAUKON. Ohne Zweifel.

SOKRATES. Wen sonst also willst du dazu vermögen, die Obhut des Staates zu übernehmen, als diejenigen, die einerseits die reifste Einsicht haben in die Grundlagen der besten Staatsverfassung und anderseits andere Auszeichnungen und ein besseres Leben kennen als das eines Staatsmannes?

GLAUKON. Niemanden sonst.

6. SOKRATES. Wenn es dir recht ist, laß uns nunmehr erwägen, auf welche Weise man in den Besitz solcher Männer im Staate gelangen wird und wie man sie hinaufführen soll ans Licht, ähnlich dem, was man von einigen erzählt, sie seien aus dem Hades hinauf zu den Göttern gelangt?

GLAUKON. Wie sollte es mir nicht recht sein?

SOKRATES. Das wäre denn, wie es scheint, nicht eine Umwendung so leichter Art wie die der Scherbenstücke im Scherbenspiel, sondern eine Umkehrung der Seele aus einer Art nächtlichen Tages zum wahren Tag, d. h. zu jenem Anstieg, der zum Sein führt und den wir für die wahre Philosophie erklären werden.

GLAUKON. Gewiß.

SOKRATES. Müssen wir uns also nicht umsehen, welcher von den Wissenschaften eine solche Kraft innewohnt?

GLAUKON. Selbstverständlich.

SOKRATES. Was gäbe es also für eine Wissenschaft, mein Glaukon, die für die Seele eine Zugkraft hat von dem Werdenden zu dem Seienden? Doch, während ich das noch sage, fällt mir folgendes ein: sagten wir nicht, unsere Wächter müßten in ihren jungen Jahren sich tüchtig üben für den Krieg?

GLAUKON. Ja, das sagten wir.

Sokrates. Die von uns gesuchte Wissenschaft muß also auch noch diese Eigenschaft haben?

Glaukon. Welche?

Sokrates. Nicht ohne Nutzen zu sein für kriegsbereite Männer.

Glaukon. Ja, das muß sie, wenn es möglich ist.

Sokrates. In Gymnastik und Musik wurden sie doch schon früher von uns gebildet.

Glaukon. Das war der Fall.

Sokrates. Die Gymnastik hat es nun doch nur mit Werdendem und Vergänglichem zu tun; sie führt die Aufsicht über des Leibes wachsende und sich mindernde Kraft.

Glaukon. Offenbar.

Sokrates. Das wäre also nicht das Wissensfach, welches wir suchen.

Glaukon. Nein.

Sokrates. Aber etwa die Musik, in dem Sinne, wie wir sie früher besprochen haben?

Glaukon. Sie war doch, wie erinnerlich, das Gegenstück zur Gymnastik und bildete die Wächter durch gute Gewöhnungen, indem sie ihnen durch den Einfluß des Wohlklanges eine gewisse daran anklingende Stimmung, nicht aber Wissenschaft beibrachte, und durch den Einfluß des Zeitmaßes eine gewisse Gemessenheit, dazu auch in den Reden dem Verschwistertes bot, sowohl in denen, die mehr dem Gebiete des Sagenhaften, wie in denen, die mehr dem Gebiete des Wirklichen angehörten. Ein Wissen aber, das tauglich wäre für einen Zweck, wie du ihn jetzt im Auge hast, lag nicht in ihr.

Sokrates. Eine genau zutreffende Erinnerung. Denn tatsächlich lag davon nichts in ihr. Aber, mein trefflicher Glaukon, wo fände sich nun eine solche Wissenschaft? Denn die Künste schienen uns doch alle etwas Handwerksmäßiges zu haben.

Glaukon. Gewiß. Aber was bleibt denn sonst noch für ein Wissensfach übrig, wenn Musik und Gymnastik und die Künste ausgeschlossen sind?

Sokrates. Nun gut. Wenn sich abgesondert von diesen nichts mehr finden läßt, so wollen wir uns an etwas von dem halten, was in alle diese hineinspielt.

GLAUKON. Nun, von welcher Art denn?

SOKRATES. Von der Art dessen, was allen Künsten und Forschungen und Wissenschaften unentbehrlich ist und was denn jeder mit als Erstes erlernen muß.

GLAUKON. Was wäre dies?

SOKRATES. Diese ganz bescheidene Weisheit: die richtige Kenntnis der Eins, der Zwei und der Drei. Ich nenne das aber zusammenfassend Zählund Rechenkunst. Oder verhält es sich damit nicht so, daß jede Kunst und jede Wissenschaft sich damit befassen muß?

GLAUKON. Unbedingt.

SOKRATES. Also doch auch die Kriegskunst?

GLAUKON. Ganz unabweislich.

SOKRATES. Höchst lächerlich wenigstens ist die Feldherrnrolle, die in den betreffenden Tragödien Agamemnon dem Palamedes zufolge spielt. Oder ist es dir nicht erinnerlich, daß er, Palamedes, sich als denjenigen hinstellt, der das Zählen erfunden habe und daraufhin für das Heer vor Juan die Anzahl der Heeresabteilungen festgestellt und die Zahl der Schiffe sowie alles übrigen angegeben habe, als wäre vordem alles ungezählt gewesen und als hätte Agamemnon anscheinend nicht einmal gewußt, wieviel Füße er hat, sintemalen er nichts vom Zählen verstand? Nun wohl, sage, was muß er demnach für ein Feldherr gewesen sein?

GLAUKON. Ein Feldherr ganz besonderer Art, sofern dies wahr wäre.

7. SOKRATES. Also wird es doch eine unerläßliche Forderung an den Kriegsmann hinsichtlich seiner wissenschaftlichen Bildung sein, daß er rechnen und zählen kann?

GLAUKON. Ja, die allerunerläßlichste, wenn er nur den geringsten Anspruch darauf macht, sich auf Truppenaufstellungen zu verstehen, ja überhaupt nur ein wahrer Mensch zu sein.

SOKRATES. Denkst du nun über dies Wissensfach so wie ich?

GLAUKON. Wie denn?

SOKRATES. Es scheint zu den von uns gesuchten Fächern zu gehören, zu denen nämlich, die ihrer Natur nach zur Vernunfterkenntnis hinleiten, doch scheint mir niemand den rechten Gebrauch davon zu machen, der darin besteht, daß man ihm eine ganz entschiedene Zugkraft nach dem Sein hin zuerkennt.

GLAUKON. Wie meinst du das?

SOKRATES. Ich will versuchen, dir klarzumachen, was ich darüber denke. Denn was ich von meinem Standpunkt aus als auf das genannte Ziel hinleitend oder davon ableitend hinstelle, das mußt du als mein Mitforscher bestätigen oder abweisen, auf daß wir auch über diese Frage zu deutlicherer Erkenntnis gelangen, ob es sich nämlich damit so verhält, wie es mir vorschwebt.

GLAUKON. Laß nur sehen.

SOKRATES. So zeige ich denn, wenn deine Augen mir folgen, daß bei den sinnlichen Wahrnehmungen einiges die Vernunftkraft nicht zur Betrachtung anregt, da die Wahrnehmung hier anscheinend allein schon für die Beurteilung hinreicht, während dagegen anderes sie durchaus zur Betrachtung herausfordert, da die sinnliche Wahrnehmung nichts Befriedigendes zu ergeben scheint.

GLAUKON. Offenbar meinst du mit dem letzteren Gegenstände, die sich nur aus der Ferne zeigen, und auf Täuschung berechnete Bilder.

SOKRATES. Damit hast du meine Meinung ganz und gar nicht getroffen.

GLAUKON. Was meinst du also eigentlich?

SOKRATES. Unter den Wahrnehmungen, die nicht zur denkenden Betrachtung auffordern, verstehe ich alle diejenigen, welche sich nicht zugleich in die entgegengesetzte Wahrnehmung umsetzen, diejenigen dagegen, bei welchen dies der Fall ist, sehe ich als dazu auffordernde an, da dann die sinnliche Wahrnehmung ebensosehr das eine wie das gegenteilige andere kundgibt, gleichviel ob der Eindruck aus der Nähe oder aus der Ferne erfolgt. Folgendes Beispiel aber wird dir meine Meinung noch deutlicher machen: sieh hier diese drei Finger, den kleinsten, den zweiten und den mittleren.

GLAUKON. Gut.

SOKRATES. Aus der Nähe also gesehen mußt du sie dir vorstellen. Aber stelle nun folgende Betrachtung darüber an.

GLAUKON. Welche?

SOKRATES. Als Finger erscheint einer ganz ebenso wie der andere, und in dieser Beziehung gibt es keinen Unterschied zwischen ihnen, mag er nun in der Mitte sich zeigen oder am Ende, mag er weiß sein oder schwarz, mag er dick sein oder dünn oder was sonst dergleichen in Frage kommen kann. Denn bei alledem wird die Seele der meisten nicht dazu getrieben, die Vernunft zu fragen, was denn ein Finger nun eigentlich ist; denn nirgends bietet ihr der Gesichtssinn ein Anzeichen dafür, daß der Finger zugleich das Gegenteil von einem Finger sei.

GLAUKON. Nein, gewiß nicht.

SOKRATES. Begreiflicherweise also ist ein solcher Wahrnehmungsvorgang nicht danach angetan, die Vernunft zur Tätigkeit herauszufordern und aufzureizen.

GLAUKON. Gewiß nicht.

SOKRATES. Wie aber steht es nun mit der Größe und Kleinheit der Finger? Wird sie vom Gesicht in genügender Weise gesehen und ohne daß es für dasselbe etwas ausmacht, ob einer derselben in der Mitte oder am Ende seine Stelle hat? Und verhält es sich nicht ebenso mit Dicke und Dünnheit, Weichheit und Härte für den Tastsinn? Und auch die anderen Sinne – geben sie nicht ungenügende Kunde über die hierher gehörigen Erscheinungen? Oder verhält es sich nicht so mit jedem einzelnen: zunächst ist doch der das Harte auffassende Sinn notwendigerweise auch für die Auffassung des Weichen bestimmt und berichtet der Seele, daß nach seiner Wahrnehmung dasselbe Ding hart und weich sei?

GLAUKON. Ja.

SOKRATES. Muß nicht unter solchen Umständen die Seele in Zweifel geraten, was diese Empfindung des Harten eigentlich besagt, wenn sie ebendasselbe auch als weich angibt, und was die Empfindung des Leichten und die des Schweren über die Bedeutung des Leichten und Schweren besagt, wenn sie das Schwere als leicht und das Leichte als schwer angibt?

GLAUKON. Ja, diese Berichte sind für die Seele höchst befremdlich und näherer Prüfung bedürftig.

SOKRATES. Bei solcher Sachlage ist es also ganz natürlich, daß die Seele zunächst das Rechenvermögen und die Vernunft zu Hilfe zieht und nachprüft, ob es eines ist oder zwei, was in jedem einzelnen solcher Fälle gemeldet wird.

GLAUKON. Gewiß.

SOKRATES. Ergibt es sich nun, daß es zwei sind, so stellt sich doch jedes von beiden als ein anderes und als *eines* dar?

GLAUKON. Ja.

SOKRATES. Ist also jedes *eines*, beide zusammen aber zwei, so wird sie die zwei als getrennt voneinander denken; denn wären sie ungetrennt, so würde sie sie nicht als zwei denken, sondern als eines.

GLAUKON. Richtig.

SOKRATES. Auch der Gesichtssinn nahm Großes und Kleines unserer obigen Aussage zufolge wahr, aber nicht getrennt voneinander, sondern als ein Vermischtes. Nicht wahr?

GLAUKON. Ja.

SOKRATES. Um nun darüber zur Klarheit zu gelangen, konnte die Vernunft nicht umhin, auch ihrerseits Großes und Kleines ins Auge zu fassen, nicht vermischt, sondern getrennt voneinander, im Gegensatz zu dem Gesicht.

GLAUKON. Richtig.

SOKRATES. Liegt darin also nicht der erste Anlaß für uns zu fragen, was eigentlich das Große und das Kleine ist?

GLAUKON. Unzweifelhaft.

SOKRATES. Und so nannten wir denn das eine das Denkbare, das andere das Sichtbare.

GLAUKON. Sehr richtig.

8. SOKRATES. Dies also ist es, was ich vorhin sagen wollte mit meiner Bemerkung, einiges sei von der Art, daß es das Denkvermögen zur Tätigkeit anrege, anderes dagegen wieder nicht, wobei ich als anregende sinnliche Wahrnehmungen diejenigen bestimmte, die bei ihrem Eintreten zugleich die Wahrnehmung des eigenen Gegenteils mit sich führen, als nicht anregende für die Vernunfttätigkeit dagegen diejenigen, bei denen das nicht der Fall ist.

GLAUKON. So begreife ich nun die Sache und bin damit einverstanden.

SOKRATES. Und nun die Zahl und die Eins – wohin gehören sie? auf diese oder auf jene Seite?

GLAUKON. Ich weiß nicht Bescheid.

SOKRATES. Aber halte dich bei Erwägung der Sache nur an das früher Gesagte. Denn wenn die Einheit durch das Gesicht oder durch irgendeinen anderen Sinn in voller Reinheit aufgefaßt wird, so würde ihr keine Zugkraft nach dem Sein hin beiwohnen, so wenig wie es beim Finger der Fall war; wenn aber die Sinnesanschauung immer auch etwas ihr (der Einheit) Gegenteiliges zeigt, so daß sie sich ebensosehr als Nicht-Eines wie als Eines darstellt, dann müßte die Seele doch nach einem Richter ausschauen, denn es würden sich ihr dann unabweisbare Zweifel aufdrängen und sie nötigen, unter Aufbietung ihrer eigenen Überlegungskraft nachzuforschen und zu fragen, was denn eigentlich die Eins an und für sich ist; und so würde denn die auf die Eins bezügliche Wissenschaft zu dem gehören, was die Seele hinleitet und umwendet zu der Betrachtung des Seienden.

GLAUKON. Nun, das trifft in hohem Maße auf den Anblick ein und derselben Sache zu; denn den nämlichen Gegenstand sehen wir zugleich als Eins und als ein unendlich Vieles.

SOKRATES. Und wenn dies bei der Eins der Fall ist, so gilt das doch auch von allen Zahlen überhaupt?

GLAUKON. Selbstverständlich.

SOKRATES. Die Rechenund Zählkunst aber bewegt sich doch ganz im Gebiete der Zahl?

GLAUKON. Ohne Zweifel.

SOKRATES. Diese Wissenschaft aber erweist sich doch als zugkräftig nach der Wahrheit hin.

GLAUKON. Und zwar in ganz hervorragendem Maße.

SOKRATES. Also gehört sie allem Anschein nach zu den von uns gesuchten Lehrfächern. Denn dem Kriegsmann ist diese Kenntnis unerläßlich für die Aufstellungen der Truppen, dem Philosophen aber für die Erfüllung seiner Aufgabe, die darin besteht, sich über das Gebiet des Werdenden zu erheben und das Sein zu erfassen, wofern er überhaupt als ein *verstän-*

diger Berechner gelten will.

GLAUKON. So ist es.

SOKRATES. Unser Wächter aber ist doch Kriegsmann und Philosoph zugleich.

GLAUKON. Gewiß.

SOKRATES. Es liegt uns also ob, dies Fach zum gesetzlichen Lehrfach zu machen und diejenigen, die künftig im Staate der höchsten Amtsgewalt teilhaftig sein sollen, zu veranlassen, sich der Rechenkunst zuzuwenden und sich mit ihr zu befassen nicht etwa bloß in laienhafter Weise, sondern bis sie durch reine Vernunfttätigkeit zur Anschauung der wahren Natur der Zahlen gelangt sind, eine Art der Behandlung, die nichts gemein hat mit Kaufen und Verkaufen wie bei Kaufleuten und Krämern, sondern die auf den Krieg abzielt sowie darauf, der Seele die Umkehr aus dem Werden zu Wahrheit und Sein zu erleichtern.

GLAUKON. Treffliche Worte.

SOKRATES. Und jetzt, da das auf die Rechenkunst bezügliche Lehrfach besprochen worden ist, wird mir auch klar, was für ein besonders feines Fach es ist und von wie vielfältigem Nutzen für Erreichung unseres obersten Zieles, sofern man es zur Erweiterung des Wissens, nicht aber zu Zwecken der Krämerei betreibt.

GLAUKON. Inwiefern also?

SOKRATES. Insofern, als es die Seele, wie eben vorhin dargelegt ward, kräftig nach aufwärts treibt und sie nötigt, nur von reinen Zahlen zu reden und nicht zu dulden, daß man ihr bei den bezüglichen Erörterungen etwa mit Zahlen kommt, die mit sichtbaren oder greifbaren Körpern vermischt sind. Denn du weißt ja, wie es die geschulten Mathematiker machen: wenn einer versucht, die reine Eins in Gedanken zu zerteilen, so lachen sie ihn aus und weisen ihn ab, und wenn du sie zerstückelst, so antworten sie mit Vervielfältigung derselben, immer darauf bedacht zu verhüten, daß die Eins sich jemals auch als etwas zeigen könnte, das nicht Eines, sondern eine Vielheit von Teilen wäre.

GLAUKON. Sehr richtig.

SOKRATES. Was meinst du nun, mein Glaukon, wenn einer sie fragte: »Ihr wunderlichen Leute, was sind denn das für Zahlen, von denen ihr redet, wo die Eins so ist, wie ihr sie haben wollt, jeder anderen gleich, nicht im mindesten verschieden und ohne jede Möglichkeit der Teilung?« – was meinst du wohl, daß sie antworten würden?

GLAUKON. Vermutlich dieses, daß sie von solchen Zahlen reden, die man nur denken kann, während jedes andere Verfahren mit ihnen ausgeschlossen ist.

SOKRATES. Siehst du also, mein Freund, daß wir dieses Lehrfach mit vollem Recht für notwendig für uns erklären, da es die Seele offenbar nötigt, auf dem Wege des reinen Denkens sich der reinen Wahrheit zu nähern?

GLAUKON. Ja, das tut es in hervorragendem Maße.

SOKRATES. Wie nun? Hast du wohl schon darauf geachtet, daß die geborenen Rechengenies auch für fast alle anderen Wissensfächer eine rasche natürliche Auffassungsgabe haben, und daß die langsamen Köpfe, wenn sie sich in diesem Fache bilden und üben, mögen sie auch sonst keinen Nutzen davon haben, wenigstens alle den Vorteil davon haben, daß ihre Fassungskraft an Schnelligkeit zunimmt?

GLAUKON. So ist es.

SOKRATES. Und schwerlich wirst du, wie ich glaube, viele Lehrfächer finden, die dem Lernenden und Beflissenen so große Mühe verursachen wie dieses.

GLAUKON. Schwerlich.

SOKRATES. Aus allen diesen Gründen dürfen wir auf dieses Lehrfach nicht verzichten, sondern müssen die besten Köpfe sich darin unterweisen lassen.

GLAUKON. Dem stimme ich bei.

9. SOKRATES. Damit mag also dies Lehrfach als erstes abgetan sein. Als zweites wollen wir nun das damit zunächst verwandte daraufhin betrachten, ob es für uns einen Nutzen bietet.

GLAUKON. Welches? Oder meinst du die Geometrie?

SOKRATES. Eben diese.

GLAUKON. Soweit sie auf das Kriegswesen Bezug hat, hat sie offenbar für uns Nutzen; denn für die Absteckung der Lagerplätze und das Besetzen von Plätzen und das Zusammenziehen und Ausdehnen eines Heeres sowie für alle anderen Formierungen der Heere in den eigentlichen Schlachten und auf den Märschen wird es einen großen Unterschied machen, ob sich einer auf Geometrie versteht oder nicht.

SOKRATES. Indes, für dergleichen Zwecke genügt schon ein bescheidener Teil der Geometrie und Rechenkunst. Dagegen gilt es den bedeutenderen und weiter vorschreitenden Teil derselben daraufhin zu prüfen, ob ihm einige Bedeutung für unseren Zweck zukommt, also ob er uns dazu verhilft, leichter die Idee des Guten zu schauen. Es verhilft aber – so behaupten wir – dazu alles, was die Seele nötigt, sich nach jener Region hinzuwenden, die die Stätte des Glückseligsten unter allem Seienden ist, dessen ansichtig zu werden sie auf jede Weise erstreben muß.

GLAUKON. Du hast recht.

SOKRATES. Wenn also die Geometrie uns nötigt, das Sein zu betrachten, so ist sie uns von Nutzen, wenn aber das Werden, dann hat sie keinen Nutzen.

GLAUKON. So behaupten wir wenigstens.

SOKRATES. Das nun werden uns die, welche nur einigermaßen der Geometrie kundig sind, nicht bestreiten, daß das Wesen dieser Wissenschaft in geradem Gegensatz steht zu der Ausdrucksweise, deren sich diejenigen bedienen, die sich mit ihr befassen.

GLAUKON. Wie so?

SOKRATES. Ihre Ausdrücke sind höchst lächerlich und gezwungen; denn als ob sie etwas ins Werk setzen und eine reale Wirkung erzielen wollten, wählen sie alle ihre Ausdrücke als da sind viereckigmachen (quadrieren), beispannen (oblongieren), hinzutun (addieren) und was sie sonst noch alles für Worte im Munde führen; tatsächlich aber ist der eigentliche Zweck dieser ganzen Wissenschaft nichts anderes als die reine Erkenntnis.

GLAUKON. Ganz entschieden.

SOKRATES. Dazu müssen wir uns doch über folgendes verständigen?

GLAUKON. Worüber?

SOKRATES. Daß diese Erkenntnis auf das ewig Seiende geht, nicht aber auf dasjenige, was bald entsteht und wieder vergeht.

GLAUKON. Damit hat es keine Not; denn die geometrische Erkenntnis bezieht sich auf das immer Seiende.

SOKRATES. So läge denn, mein Trefflicher, in ihr eine Kraft, die die Seele nach der Wahrheit hinzieht und philosophische Denkart erzeugt insofern, als wir dann nach oben richten, was wir jetzt verkehrterweise nach unten richten.

GLAUKON. Auf das entschiedenste kommt ihr das zu.

SOKRATES. Auf das entschiedenste müssen wir also darauf halten, daß die Bürger deines Musterstaates um keinen Preis der Geometrie fern bleiben. Denn auch ihre Nebenwirkungen sind nicht unbedeutend.

GLAUKON. Welche?

SOKRATES. Einerseits das, worauf du schon hinwiesest, die Vorteile für den Krieg; anderseits aber ist doch bekanntlich für die bessere Erfassung aller übrigen Lehrfächer derjenige, der sich mit der Geometrie vertraut gemacht hat, unendlich im Vorteil vor dem, der es nicht getan hat.

GLAUKON. In der Tat, beim Zeus.

SOKRATES. Soll das also das zweite gesetzliche Lehrfach für die jungen Leute sein?

GLAUKON. Ja, das soll es.

10. SOKRATES. Und wie nun? Wollen wir an die dritte Stelle die Astronomie setzen? Oder meinst du nicht?

GLAUKON. Doch; denn ein geschärfteres Auge zu haben für die Zeitbestimmungen der Monate und Jahre kommt nicht nur der Landwirtschaft und der Schiffahrt zugute, sondern nicht weniger auch der Kriegskunst.

SOKRATES. Du machst mir wirklich Spaß; denn es sieht gerade so aus, als hättest du Furcht vor der großen Menge, die ja vielleicht glauben könnte, du wolltest nutzlosen Wissenskram zur gesetzlichen Einrichtung machen. In Wahrheit aber hast du gar keine so geringe Meinung von dieser Wissenschaft, wohl aber eine solche, die schwer Glauben findet, nämlich daß in der Beschäftigung mit ihr ein gewisses Organ der Seele eines jeden gereinigt und belebt wird, das durch die andern Beschäftigungen zugrunde gerichtet und blind gemacht wird, während es doch weit mehr verdient, gesund erhalten zu werden, als tausend und abertausend leibliche Augen; denn durch dieses Organ allein wird die Wahrheit geschaut. Denjenigen nun, die diese Meinung teilen, wird dein kundgegebener Standpunkt außerordentlich gefallen; diejenigen dagegen, die von dieser Wahrheit keine Ahnung haben, werden begreiflicherweise deine Behauptung für völlig bedeutungslos halten; denn sie sehen dabei überhaupt keinen nennenswerten Nutzen außer dem von dir eben angegebenen. Entscheide dich also gleich auf der Stelle, zu welchen von beiden du redest. Oder wendest du dich mit deinen Auslassungen an keine von beiden Parteien, sondern stellst deine Erörterungen in der Hauptsache für dich selbst an, ohne es indes einem anderen zu mißgönnen, wenn er davon einen Nutzen haben kann?

GLAUKON. Für dies letztere erkläre ich mich, daß ich nämlich ganz überwiegend in meinem eigenen Interesse rede und frage und antworte.

SOKRATES. Blicke also wieder zurück; denn eben vergriffen wir uns in der Wahl des auf die Geometrie folgenden Gegenstandes.

GLAUKON. Inwiefern?

SOKRATES. Indem wir auf die Betrachtung der Fläche gleich die in Bewegung befindlichen Körper folgen ließen, ehe wir noch die Körper bloß für sich betrachteten, während es sich doch eigentlich gehörte, nach der zweiten Ausdehnung erst die dritte folgen zu lassen; es bezieht sich diese aber auf die Würfel und auf alles, was Tiefe hat.

GLAUKON. Ja, so ist es. Aber dafür scheint man mit der Erfindung noch in Rückstand zu sein.

SOKRATES. Ja, und zwar aus zwiefachem Grunde: erstens nämlich stockt hei der Schwierigkeit des Gegenstandes die Untersuchung deshalb, weil kein Staat Wert auf die Sache legt, und zweitens bedürfen die Forschenden eines Leiters, ohne den sie schwerlich etwas finden werden; ein solcher aber wird sich schwer finden, und gesetzt, er fände sich, so werden unter den jetzigen Verhältnissen die dafür geeigneten Köpfe aus Eigendünkel ihm nicht folgen. Wenn aber ein ganzer Staat in gerechter Schätzung der Sache die Leitung mit in die Hand nähme, so würden einerseits diese sich auch mit anschließen und anderseits würde durch unablässige und angestrengte Forschung die wahre Natur des gesuchten Gegenstandes zutage treten; macht doch auch jetzt schon die Sache, obschon sie von den meisten mißachtet und gehemmt wird und die Forschenden nicht angeben können, in welcher Beziehung daraus Nutzen zu gewinnen wäre, allen diesen Widerständen zum Trotz infolge des ihr innewohnenden Reizes ihre Fortschritte, und man braucht sich nicht zu wundern, daß Licht in die Sache kommt.

GLAUKON. Ja, die Sache hat einen ganz außerordentlichen Reiz. Aber erkläre mir noch deutlicher, was du eben sagtest. Du bezeichnetest nämlich die Lehre von der Fläche als Geometrie.

SOKRATES. Ja.

GLAUKON. Dann reihtest du an sie die Astronomie, nahmst das aber später wieder zurück.

SOKRATES. Ja, vor lauter Eifer, schnell mit allem fertig zu werden, mache ich die Sache nur noch umständlicher. Denn während eigentlich die Behandlung der Tiefenausdehnung folgen mußte, übersprang ich sie doch, weil es da mit der Forschung noch so kümmerlich steht, und nannte gleich nach der Geometrie die Astronomie, die es doch schon mit der *Bewegung* von Körpern zu tun hat.

GLAUKON. Ja, das trifft zu.

SOKRATES. Als viertes Lehrfach also wollen wir die Astronomie ansetzen, indem wir uns die jetzt übergangene Wissenschaft (der Stereometrie) als schon vorhanden vorstellen, für den Fall nämlich, daß ein Staat sich ihrer annimmt.

GLAUKON. Wohl richtig. Und was den Vorwurf anlangt, den du mir bei Gelegenheit meines unwürdigen Lobes der Astronomie machtest, so lobe ich sie jetzt in deiner Weise. Denn es scheint mir für jedermann offensichtlich, daß gerade sie besonders die Seele nötigt, nach oben zu blicken, und sie von der Erde nach dem Himmel führt.

SOKRATES. Mag sein, daß es für jedermann offensichtlich ist, nur für mich ist es das nicht. Denn ich bin anderer Ansicht.

GLAUKON. Und welcher?

SOKRATES. So wie sie jetzt von denen betrieben wird, die sie in Beziehung zur Philosophie setzen, lenkt sie meiner Ansicht nach den Blick durchaus nach unten.

GLAUKON. Wie meinst du das?

SOKRATES. Die Art, wie du die Wissenschaft von den himmlischen Dingen ihrem Wesen nach durch dein selbständiges Urteil bestimmst, zeugt von ziemlicher Kühnheit. Denn allem Anschein nach würdest du auch, wenn etwa einer, den Kopf nach oben gerichtet, Gemälde an der Decke anschaute und sich dadurch über irgend etwas unterrichtete, glauben, er schaue mit seiner Vernunft und nicht mit seinen Augen. Vielleicht nun hast du recht mit deiner Annahme und die Torheit ist auf meiner Seite. Denn ich meinerseits kann nicht glauben, daß irgendeine andere Wissenschaft der Seele dazu verhelfen kann, nach oben zu blicken, als jene, die es mit dem Seienden und Unsichtbaren zu tun hat, und mag nun einer mit offenem Munde nach oben oder mit geschlossenem Munde nach unten schauend sich über irgendeinen Sinnesgegenstand unterrichten, so behaupte ich, daß er sich weder wirklich unterrichte – denn nichts dergleichen enthält ein wirkliches Wissen – noch daß seine Seele nach oben blicke, sondern nach unten, mag er nun auf dem Rücken liegend zu Lande oder zu Wasser sich unterrichten.

11. GLAUKON. Ich kann mich nicht über Unrecht beklagen; denn der Vorwurf, den du mir machtest, war ein wohlverdienter. Aber wie soll denn also deiner Meinung nach der Unterricht in der Astronomie im Gegensatz zu der jetzigen Unterrichtsweise gestaltet werden, wenn er den Schülern nützlich sein soll für den von uns bezeichneten Zweck?

SOKRATES. So: man wird zwar die Gestirne, diese Zierden des Himmels, für das Schönste und Regelrechteste halten unter allem Sichtbaren, aber da sie nun einmal im Sichtbaren gebildet sind, so wird man zugeben, daß sie weit hinter dem Wahrhaften zurückbleiben, nämlich hinter den Bewegungen, in welchen sich die wahre Schnelligkeit und die wahre Langsamkeit nach der wahren Zahl und nach durchgängig wahren Figuren gegeneinander bewegen und, was zu ihnen gehört, mit sich führen. Dies ist denn nur durch den Verstand und durch Denken zu erfassen, nicht durch das Gesicht. Oder meinst du?

GLAUKON. Nimmermehr.

SOKRATES. Diesen himmlischen Sternenteppich also darf man nur als Fundstätte für Beispiele benutzen, um dadurch Einsicht zu gewinnen in jenes höhere Gebiet, ungefähr so wie es der Fall wäre, wenn einer geometrische Modelle und Figuren zu sehen bekäme, die von einem Daidalos oder einem anderen Künstler oder Maler vorzüglich gezeichnet und ausgearbeitet worden wären. Denn wenn ein der Geometrie Kundiger dergleichen Werke sähe, so würde er sie zwar als Meisterstücke der Kunst anerkennen, aber es doch für lächerlich halten, sich ernstlich auf ihre Betrachtung in der Absicht einzulassen, etwa an ihnen das wahre Wesen des Gleichen und Doppelten oder sonst irgend eines Entsprechungsverhältnisses zu erfassen.

GLAUKON. Wie sollte es auch nicht lächerlich sein?

SOKRATES. In derselben Lage nun wird doch vermutlich ein wahrhaft Sternkundiger sein, wenn er die Bewegungen der Sterne betrachtet: er wird zwar überzeugt sein, daß der Himmel und was zu ihm gehört von dem Weltbildner so herrlich gestaltet worden sei, als es bei dergleichen Gebilden nur immer möglich ist; was aber das Maßverhältnis der Nacht zum Tage und dieser, zum Monat und des Monates zum Jahr und der übrigen Sterne zu diesen und zueinander betrifft, wird er da den nicht für einen Toren halten, der da meint, diese Vorgänge erfolgten immer in genau der gleichen Weise und es komme nicht die geringste Abweichung vor, während es sich doch um körperliche und sichtbare Gebilde handelt, und wird er es nicht für ein törichtes Bemühen erklären, daraus auf alle Weise die Wahrheit zu erfassen?

GLAUKON. Mir wenigstens scheint es jetzt so beim Anhören deiner Worte.

SOKRATES. Unsere Beschäftigung mit der Astronomie hat also, wie es auch bei der Geometrie der Fall war, den Nutzen, daß sie uns Übungsaufgaben liefert; mit dem Sternenhimmel aber wollen wir uns nicht weiter abgeben, wenn wir darauf ausgehen, durch wahrhafte Beschäftigung mit der Astronomie den von Natur vernünftigen Seelenteil, statt ihn unbrauchbar werden zu lassen, brauchbar zu machen.

GLAUKON. Da stellst du eine Aufgabe, die, verglichen mit der jetzigen Behandlungsweise der Astronomie, die doppelte und dreifache Mühe erfordert.

12. SOKRATES. Ich glaube aber, auch bei den übrigen Lehrfächern müssen wir uns mit unseren Vorschriften nach den nämlichen Grundsätzen richten, wenn wir als Gesetzgeber einigen Nutzen schaffen wollen. – Aber was hast du nun noch zu erwähnen von Lehrfächern, die für uns in Betracht kommen?

GLAUKON. Augenblicklich fällt mir keines ein.

SOKRATES. Aber was die Bewegung anlangt, so haben wir es bei ihr nicht bloß mit einer Art zu tun, sondern mit mehreren. Sie sämtlich aufzuführen wird wohl nur ein Eingeweihter imstande sein; solcher aber, mit denen auch wir Bescheid wissen, gibt es zwei.

GLAUKON. Welche?

SOKRATES. Außer der Astronomie noch ein Gegenstück zu ihr.

GLAUKON. Welches?

SOKRATES. Allem Anschein nach sind, wie die Augen für die Astronomie, so die Ohren für die harmonische Tonbewegung geschaffen und es stellen sich diese Wissenschaften als verschwistert dar, wie die Pythagoreer behaupten und wir, mein Glaukon, mit ihnen. Oder wie halten wir es?

GLAUKON. So.

SOKRATES. Da also die Aufgabe eine umfangreiche ist, wollen wir uns bei jenen Auskunft holen, was sie hierüber und etwa außerdem noch lehren. Wir aber wollen in alle dem sorgsam unseren Standpunkt bewahren.

GLAUKON. Welchen?

SOKRATES. Daß unsere Zöglinge sich nicht unterfangen, etwas von dem Genannten nur halb zu erlernen, und so, daß es nicht stets darauf hinausliefe, worauf alles abzielen muß, wie wir eben von der Astronomie sagten. Oder weißt du nicht, daß auch in der Harmonie ein ganz ähnliches Verfahren herrscht? Auch da mühen sie sich, gerade so wie die Sternkundigen auf *ihrem* Gebiet, ganz zwecklos damit ab, die gehörten Akkorde und Töne gegeneinander zu messen.

GLAUKON. Ja, wahrhaftig; und lächerlich genug ist es, wie sie von wer weiß welchen *Verdichtungen*, wie sie es nennen, reden und ihre Ohren förmlich an die Instrumente anklemmen, als wollten sie aus möglichster Nähe einen Ton erlauschen; woraufhin denn die einen behaupten, sie vernähmen noch einen Zwischenklang, und das sei das kleinste Intervall, nach welchem man messen müsse, während die anderen einen Unterschied zwischen den betreffenden Tönen leugnen, beide aber einig darin, daß sie den Ohren mehr trauen als der Vernunft.

SOKRATES. Du meinst damit jene biederen Gesellen, die die Saiten quälen und martern, indem sie sie auf die Wirbel spannen. Um aber das Bild nicht zu weit auszuspinnen, indem ich etwa bei den Schlägen mit dem Schlägel verweile und bei dem Gebaren der Saiten, nämlich den Anklagen wider sie, ihrem Leugnen und ihren prahlerischen Ausreden, verzichte ich auf das Bild und erkläre, daß ich nicht diese Leute meine, sondern jene, die, wie wir eben sagten, uns über die Harmonie Auskunft geben sollen. Denn sie machen es nicht anders wie die Vertreter der Astronomie. Sie suchen nämlich die diesen vom Ohre aufgenommenen Akkorden zugrunde liegenden Zahlen, stellen sich aber keine weitergehende Aufgabe, um zu erforschen, welche Zahlen harmonisch sind und welche nicht und weshalb beides.

GLAUKON. Eine überaus herrliche Aufgabe deutest du da an.

SOKRATES. Ja, nützlich für die Erforschung des Schönen und Guten, aber ganz nutzlos, wenn man sie anders betreibt.

GLAUKON. Wohl richtig.

SOKRATES. Ich glaube nun, wenn die planmäßige Behandlung aller dieser durchgesprochenen Fächer bis zur Erkenntnis ihrer Gemeinschaft und Verwandtschaft vorgedrungen ist und die betreffenden Gegenstände nach ihrer Zusammengehörigkeit überblickt werden, so kann die Beschäftigung mit ihnen etwas beitragen zur Erreichung unseres Zieles, und die darauf verwandte Mühe ist dann nicht fruchtlos, wie sie es andernfalls ist.

GLAUKON. Auch mir schwant so etwas. Aber es ist eine gewaltige Aufgabe, auf die du da hinweist, mein Sokrates.

SOKRATES. Meinst du mit dieser Aufgabe das Vorspiel, oder was? Oder wissen wir nicht, daß alles dies nur das Vorspiel ist zu der eigentlichen Melodie, die erlernt werden muß? Denn du willst doch nicht die in diesen Fächern Geschulten schon für Dialektiker ausgeben?

GLAUKON. Nein, beim Zeus, abgesehen von einigen ganz vereinzelten Ausnahmen, auf die ich gestoßen bin.

SOKRATES. Aber sind dir denn schon Leute vorgekommen, die, ohne imstande zu sein, genau Rede und Antwort zu stehen, deiner Meinung nach jemals etwas wissen werden von dem, was sie unserer Forderung nach wissen müssen?

GLAUKON. Nein, auch dies nicht.

SOKRATES. Ist nun dies nicht eben die eigentliche Hauptmelodie, deren Durchführung das Werk der Dialektik ist? Und kann uns für sie, die ganz dem Reiche des nur Denkbaren angehört, nicht als Bild dienen das Sehvermögen, das nach unserer früheren Darstellung nicht mehr davor zurückschreckte, die Tiere selbst anzuschauen und die Sterne selbst und schließlich sogar die Sonne selbst? Denn so wie dort ist es auch hier: wenn man ohne alle Mitwirkung der Sinne allein durch die Kunst der Dialektik vermittelst des reinen Denkens versucht, dem wahren Wesen eines jeden Dinges beizukommen, und nicht eher ruht, als bis man das Gute seinem eigentlichen Wesen nach durch die bloße Vernunfttätigkeit erfaßt hat, so gelangt man damit an das eigentliche Ziel des Denkbaren, wie jener dort damals an das des Sichtbaren.

GLAUKON. Unzweifelhaft.

SOKRATES. Und nennst du diesen Weg nicht den dialektischen?

GLAUKON. Wie sonst?

13. SOKRATES. Der Lösung aber aus den Banden und der Umwendung von den Schatten zu den menschlichen Bildwerken und zum Licht und dem Anstieg aus der unterirdischen Stätte an das Sonnenlicht und dem noch nicht gleich weichenden Unvermögen, dort die Tiere und Gewächse und das Sonnenlicht selbst anzuschauen, und dem noch an den Abspiegelungen im Wasser und an den *Schatten* der wirklichen Gegenstände haftenden Blick, der aber jetzt doch schon nicht mehr auf bloße durch ein der Sonne einigermaßen ähnliches Licht hervorgerufene Schatten von Bildwerken schaut – diesem allen entspricht der Bedeu-

tung nach die gesamte Schulung in jenen von uns durchgesprochenen Fächern, indem sie den besten Teil der Seele ebenso hinanführt zu dem Anblick des Besten unter allem Seienden, wie dort das lichtempfänglichste Organ zur Anschauung des Glänzendsten im Gebiete des Körperlichen und Sichtbaren emporgeführt ward.

GLAUKON. Ich will das gelten lassen, so schwer es mir auch wird, es gelten zu lassen, wie es mir in anderer Beziehung auch wieder schwer wird, es nicht gelten zu lassen. Indes wir brauchen uns ja mit unseren Erörterungen darüber nicht auf diesmal zu beschränken, sondern können auch später oft genug darauf zurückkommen. Wir wollen also das jetzt Behauptete als gültig annehmen und uns der Hauptmelodie selbst zuwenden und sie ebenso durchsprechen, wie wir es mit dem Vorspiel getan haben. Sage also, was ist das Wesen der dialektischen Kunst, in welche Arten zerfällt sie und über welche Wege verfügt sie? Denn diese wären es dann aller Wahrscheinlichkeit nach, die eben zu dem Punkt führen, wo angelangt der Wanderer Rast findet und das Ende der Wanderung erreicht hat.

SOKRATES. Da wirst du, mein lieber Glaukon, schwerlich mehr folgen können; meinerseits soll es, das kannst du glauben, an gutem Willen nicht fehlen, auch hoffe ich, du wirst nicht ein bloßes Bild dessen, was wir meinen, zu schauen bekommen, sondern die Wahrheit selbst, so weit sie mir wenigstens sich als solche darstellt; ob aber wirklich zutreffend oder nicht, darüber ist es besser sich einer bestimmten Erklärung zu enthalten; aber daß man etwas dem Ähnliches erschauen muß, das darf bestimmt behauptet werden. Nicht wahr?

GLAUKON. Zweifellos.

SOKRATES. Und also doch wohl auch dies, daß die Dialektik allein imstande ist, es dem, der der vorhin durchgegangenen Fächer kundig ist, zu zeigen und daß es keinen anderen Weg der Erkenntnis desselben gibt?

GLAUKON. Auch dies kann man mit Bestimmtheit behaupten.

SOKRATES. Niemand wird uns ferner den Satz bestreiten, daß es eine von den genannten verschiedene wissenschaftliche Betätigung ist, die das eigentliche Wesen eines jeden Dinges methodisch in jedem einzelnen

Falle zu erfassen sucht; alle anderen Künste beziehen sich entweder auf Meinungen und Begierden der Menschen oder sind insgesamt auf die verschiedenen Arten des Entstehens und der Zusammensetzung oder auf die Pflege des Entstandenen und Zusammengesetzten gerichtet, die übrigen Wissenschaften aber, nämlich die, denen wir einen Anteil an der Erfassung des Seienden zuschrieben, die Geometrie und die mit ihr verwandten Fächer, träumen wohl, wie ersichtlich, über das Seiende, es aber wachend zu schauen ist ihnen unmöglich, solange sie sich mit bloßen Voraussetzungen behelfen und an diesen nicht rütteln, da sie keine Rechenschaft über sie geben können. Denn was seinen Anfang im Nichtwissen hat und wessen Ende und Mitte aus dem, was man nicht weiß, zusammengeflochten sind – wie kann aus einer solchen Einhelligkeit des Nichtwissens sich jemals Wissenschaft ergeben?

GLAUKON. Unmöglich.

SOKRATES. Nun ist aber die dialektische Methode die einzige, die, mit den bloßen Voraussetzungen aufräumend, zum Anfang selbst vordringt, um diesen völlig sicher zu stellen; sie zieht das in Wahrheit in einem wahren Brei von Barbarei vergrabene Auge der Seele mit sanftem Druck ans Licht hervor und führt es aufwärts, wobei sie sich der genannten Künste als Mithelferinnen und Mitarbeiterinnen am Werke der Seelenumwendung bedient. Wenn wir für diese Künste häufig den einmal dafür landläufigen Ausdruck »Wissenschaften« brauchten, so ist zu beachten, daß sie von Rechts wegen einen anderen Namen verdienen, der auf etwas Deutlicheres hinweist als »Meinung« und auf etwas Dunkleres als »Wissenschaft«; wir haben sie aber früher – ich weiß nicht mehr genau, wo – als mathematische Verstandeserkenntnis bestimmt. Aber meines Erachtens darf unter Männern, die es mit einer Untersuchung über so wichtige Gegenstände zu tun haben, über Namen nicht gestritten werden.

GLAUKON. Gewiß nicht. Man mag sich begnügen mit dem, was zur Verdeutlichung für andere den Gedanken, den man in der Seele hat, klarstellt.

14. SOKRATES. Wir bleiben also bei unserer früheren Bestimmung und nennen den ersten Abschnitt *Wissenschaft*, den zweiten aber (mathematische) *Verstandeserkenntnis*, den dritten sodann *Glauben* und den

vierten *Bildlichkeit*, und die beiden letzteren zusammen *Meinung*, die zwei ersteren zusammen *Vernunfttätigkeit*. Dabei geht die Meinung auf das Werden, die Vernunfttätigkeit aber auf das Sein, und wie sich das Sein verhält zum Werden, so verhält sich die Vernunfttätigkeit zur Meinung, und wie die Vernunfttätigkeit zur Meinung, so die Wissenschaft zum Glauben und die mathematische Verstandeserkenntnis zur Bildlichkeit. Auf das Einzelne aber, worauf sich dies Entsprechungsverhältnis und die Zweiteilung auf beiden Seiten, auf der Seite des nur durch Meinung Erfaßbaren und des durch reines Denken Erkennbaren bezieht, wollen wir nicht näher eingehen, mein Glaukon, damit wir dadurch nicht in noch viel weitläufigere Erörterungen verwickelt werden, als es bei den bisherigen der Fall war.

GLAUKON. Nun, ich bin damit einverstanden, daß wir (nicht dies, sondern) das Weitere behandeln, soweit ich dabei zu folgen imstande bin.

SOKRATES. Nennst nun auch du denjenigen einen Dialektiker, der den Wesensbegriff eines jeden Dinges erfaßt? Und wer dies nicht kann, dem wirst du doch, insoweit als er sich und anderen keine Rechenschaft darüber geben kann, keine vernünftige Einsicht in den betreffenden Gegenstand zugestehen?

GLAUKON. Wie könnte ich das?

SOKRATES. Ebenso also verhält es sich auch mit dem Guten. Wer die Idee des Guten nicht so bestimmen kann, daß er sie begrifflich von allem anderen absondert und wie in der Schlacht sich durch alle Widerstände hindurchschlägt, immer von dem Eifer beseelt, sie (diese Idee) nicht nach dem Schein, sondern nach dem Sein zu erweisen und dabei durchweg in unfehlbarer Gedankenfolge dem Ziele zuschreitet, dem wirst du doch angesichts dieser seiner Unfähigkeit nicht die Erkenntnis des wahrhaft Guten selbst noch auch die irgendeines anderen Gutes zutrauen, sondern wirst, wenn er auf irgendwelches Schattenbild derselben trifft, sagen, er treffe es durch Meinung und nicht durch Wissenschaft; und das jetzige Leben verträume und verschlafe er, und ehe er noch hier aufwache, gelange er in die Unterwelt, um da in endgültigen Schlaf zu versinken?

GLAUKON. Ja, beim Zeus, so wird meine Rede durchweg lauten.

Sokrates. Aber wenn du nun deine Zöglinge, die du jetzt bloß in Gedanken aufziehst und bildest, einmal in Wirklichkeit zu erziehen hättest, so würdest du sie doch, denke ich, nicht wie vernunftlose Bilder als Herrscher in der Stadt über die wichtigsten Dinge entscheiden lassen.

Glaukon. Nein, das gewiß nicht.

Sokrates. Du wirst es ihnen also durch Gesetz zur Pflicht machen, vor allem sich derjenigen Bildung zu befleißigen, durch die sie in den Stand gesetzt werden, in Frage und Antwort sich als solche zu zeigen, die mit dem besten Wissen ausgerüstet sind.

Glaukon. Das werde ich zur gesetzlichen Einrichtung machen, im Verein mit dir natürlich.

Sokrates. Scheint dir nun nicht die Dialektik wie ein Schlußstein den ganzen Bau des Wissens zu krönen, so daß kein anderes Wissensfach mit Fug mehr aufgesetzt werden kann, sondern hier die Grenze für alles, was Wissen heißt, erreicht ist?

Glaukon. Ja.

15. Sokrates. Es bleibt dir nun also noch die Frage der Verteilung zu erledigen, nämlich wem wir diese Kenntnisse übermitteln wollen und auf welche Weise.

Glaukon. Offenbar.

Sokrates. Erinnerst du dich nun, welche Eigenschaften wir bei unserer früheren Auswahl der Herrscher für diese forderten?

Glaukon. Wie sollte ich nicht?

Sokrates. Im übrigen – nimm an – müssen die damals geschilderten Naturanlagen für die Auswahl maßgebend bleiben. Die beharrlichsten und tapfersten Jünglinge müssen bei der Wahl bevorzugt werden und womöglich auch die wohlgestaltetsten, und außerdem müssen die Gesuchten nicht nur von edler und achtunggebietender Sinnesart sein, sondern auch diejenigen Naturgaben besitzen, die der von uns geforderten Bildungsweise entsprechen.

Glaukon. Und welche sind das deiner Bestimmung nach?

Sokrates. Über durchdringende Verstandesschärfe zur Auffassung des Wissensstoffes müssen sie, mein Trefflicher, gebieten, und das Lernen darf ihnen nicht schwerfallen; denn weit eher erlahmt die Seele bei starken Anforderungen an die wissenschaftliche Lerntätigkeit als bei denen auf den Turnplätzen; denn jene Art von Anstrengung ist mehr eine eigens an die Seele gerichtete Zumutung, weil auf sie beschränkt und nicht mit dem Körper geteilt.

GLAUKON. Richtig.

SOKRATES. Und also auch gedächtnisstark muß der sein, den wir suchen, und jeden Wankelmutes bar und von einer nie versagenden Arbeitslust. Oder kannst du es dir sonst als möglich vorstellen, daß sich einer finden wird, der zu allen den Anstrengungen für körperliche Ausbildung auch noch diese umfangreiche geistige Lerntätigkeit und Schulung bewältigen mag?

GLAUKON. Nur, wer von Natur mit allseitig trefflichen Anlagen ausgerüstet ist, sonst keiner.

SOKRATES. Das jetzige Mißlingen nun der Philosophie und die Geringschätzung, der sie verfallen ist, haben, wie schon früher bemerkt, ihren Grund darin, daß man die Anforderungen an die Beschäftigung mit ihr außer acht läßt; denn nicht Bastarde müssen sich mit ihr beschäftigen, sondern Leute von reinem Blut.

GLAUKON. Wie meinst du das?

SOKRATES. Erstens darf der sich ihr Zuwendende, was die Arbeitslust anlangt, nicht auf einem Beine hinken, halb Arbeitsfreund, halb Arbeitsfeind; das ist aber der Fall, wenn einer zwar für Gymnastik, Jagd und alle körperlichen Anstrengungen immer zu haben ist, dagegen nichts wissen will vom Lernen, Hören und Forschen, sondern jede Anstrengung auf diesem Gebiete mit Abscheu von sich weist. Ein Hinkender ist auch der, dessen Arbeitslust sich ausschließlich nach der entgegengesetzten Seite gewendet hat.

GLAUKON. Eine sehr treffende Bemerkung.

SOKRATES. Und wir werden doch wohl auch ebenso in Bezug auf die Wahrheit eine Seele für halbbürtig halten, die zwar die absichtliche Lüge haßt und nicht nur bei eigenem Vergehen dieser Art über sich selbst ungehalten ist, sondern auch über die Lügen anderer empört ist, aber der unfreiwilligen Lüge gegenüber sehr nachsichtig ist und, wenn sie etwa auf einer

Unwissenheit ertappt wird, keinen Unwillen verspürt, sondern sich mit Behagen wie eine Sau im Schmutze der Unwissenheit herumwälzt?

GLAUKON. Gewiß.

SOKRATES. Auch was Besonnenheit, Tapferkeit, Hochherzigkeit und überhaupt alle Teile der Tugend anlangt, muß man mit größter Achtsamkeit über den Unterschied von Bastard und Echtbürtigem wachen. Denn wenn man sich nicht auf diesen Unterschied versteht, es sei nun der Einzelne oder der Staat, so schleicht sich unvermerkt das Übel ein, daß man Hinkende und Bastarde je nachdem als Freunde oder als Herrscher zu allen möglichen Diensten und Leistungen verwendet, zu denen der Besitz jener Tugenden die Voraussetzung bildet.

GLAUKON. Ja, das trifft durchaus zu.

SOKRATES. Wir müssen also in allen dergleichen Fragen sehr behutsam zu Werke gehen; denn wenn wir nur Geradgliedrige und Geradsinnige sich dieser gewaltig großen Aufgabe geistiger und körperlicher Schulung widmen lassen und ihnen diese Bildung beibringen, so wird uns die Gerechtigkeit selber nicht tadeln können und Staat und Verfassung werden ihr Heil dabei finden; lassen wir aber anders Geartete zu dieser Aufgabe zu, dann werden wir durchweg das Gegenteil bewirken und die Philosophie noch lächerlicher machen.

GLAUKON. Das wäre ja eine wahre Schmach.

SOKRATES. Allerdings. Aber lächerlich ist auch, glaube ich, was mir selbst jetzt begegnet ist.

GLAUKON. Was denn?

SOKRATES. Ich vergaß, daß wir uns bloß traulich scherzend unterhielten und habe mich in zu ernsthaften Zorn hineingeredet. Denn im Verlaufe meiner Ausführungen fiel mein Blick auf die Philosophie, und da ich sie schmählich beschimpft sah, ward ich von Unwillen übermannt und habe wie in einem Anfall von Jähzorn gegen die Schuldigen mich in dem, was ich sagte, wohl allzu streng ausgedrückt.

GLAUKON. Nein, beim Zeus, wenigstens für mich als Zuhörer nicht.

SOKRATES. Aber für mich als Redner. Das aber laß uns nicht vergessen, daß wir bei unserer früheren Auswahl ältere Leute auswählten, was bei der jetzigen nicht zulässig sein wird. Denn Solon verdient keinen Glauben mit seinem Spruch, daß man alternd noch viel lernen könne; nein, weniger noch als laufen. Vielmehr gehören alle großen und gehäuften Anstrengungen der Jugend.

GLAUKON. Notwendig.

16. SOKRATES. Was nun zum Rechnen, zur Geometrie und zur ganzen vorbereitenden Schulung gehört, die der dialektischen Schulung vorausgehen soll, muß man ihnen im Knabenalter vorlegen, indem man der Belehrung eine Form gibt, die das Lernen nicht als Zwang erscheinen läßt.

GLAUKON. Warum denn?

SOKRATES. Weil kein Freier nur durch Druck wie ein Sklave zum Erlernen irgendeiner Wissenschaft vermocht werden soll; denn die Anstrengungen des Körpers machen, unter Zwang betrieben, den Körper nicht schlechter, in der Seele aber bleibt kein erzwungenes Wissen haften.

GLAUKON. Richtig.

SOKRATES. Du darfst also, mein Bester, die Knaben nicht zwangsweise in den Wissenschaften unterrichten, sondern spielend sollen sie lernen: so kannst du auch besser erkennen, wofür ein jeder von Natur bestimmt ist.

GLAUKON. Das läßt sich hören.

SOKRATES. Erinnerst du dich nun nicht, daß wir es auch für notwendig erklärten, die Knaben als Zuschauer auf Pferden in den Krieg zu führen und, wenn es gefahrlos wäre, sie auch nahe heranzubringen und sie Blut kosten zu lassen wie junge Hunde?

GLAUKON. Ich erinnere mich wohl.

SOKRATES. Wer nun in allen diesen Anstrengungen, wissenschaftlichen Unterweisungen und Gefahren sich stets als derjenige erweist, der sich am leichtesten hineinfindet, den muß man in eine besondere Liste eintragen.

GLAUKON. In welchem Alter?

SOKRATES. Wenn sie von den notwendigen Leibesübungen losgesprochen werden. Denn diese Zeit, mag sie nun zwei oder drei Jahre dauern, verträgt keine andere Tätigkeit; sind doch Müdigkeit und Schlaf der wissenschaftlichen Lerntätigkeit feind, und zugleich ist auch die Art, wie sich ein jeder bei den Leibesübungen bewährt, eine der Prüfungen der Jugend, und zwar nicht die geringste.

GLAUKON. Wie sollte es nicht!

SOKRATES. Nach dieser Zeit aber, vom zwanzigsten Jahre ab, müssen die als hervorragend Erprobten mit größeren Auszeichnungen als die andern bedacht werden, und der Wissensstoff, der den Knaben im Unterricht nur in unzusammenhängender Behandlungsweise beigebracht wurde, muß für diese Auserwählten nun so zusammengestellt werden, daß die Verwandtschaft der einzelnen Wissensfächer miteinander sowohl wie mit der Natur des Seienden in klarem Zusammenhang hervortritt.

GLAUKON. Ja, dies ist die einzige Lehrweise, die das Erlernte den Schülern zum festen Eigentum macht.

SOKRATES. Und zugleich die entscheidendste Probe, ob man es mit einem dialektischen Kopf zu tun hat oder nicht. Denn wer die Fähigkeit hat für den zusammenfassenden Überblick, der ist auch dialektisch beanlagt, wer nicht, der ist es nicht.

GLAUKON. Das ist auch meine Meinung.

SOKRATES. Mit beständiger Rücksicht also hierauf mußt du diejenigen unter ihnen herauserkennen, die diesen Anforderungen am besten entsprechen und sich als beharrlich erweisen im Lernen und als beharrlich im Krieg und den übrigen gesetzlichen Obliegenheiten – und sie sind es denn, die du, wenn sie das dreißigste Jahr zurückgelegt haben, zu den Auserwählten wiederum auserwählen mußt, um sie noch größerer Auszeichnungen teilhaftig zu machen und durch den Prüfstein der Dialektik zu erkunden, wer von ihnen fähig ist, unter Verzicht auf die Hilfe der Augen und jeder sonstigen Sinneswahrnehmung zum Seienden selbst im Bunde mit der Wahrheit vorzudringen. Und hier, mein Freund, bedarf es besonderer Vorsicht.

GLAUKON. Warum denn?

SOKRATES. Fällt es dir nicht auf, welches gewaltige Unheil der jetzige Betrieb der Dialektik mit sich führt?

GLAUKON. Welches Unheil denn?

SOKRATES. Zu völliger Mißachtung der Gesetze werden die jungen Leute durch sie verführt.

GLAUKON. Allerdings.

SOKRATES. Ist es nun etwa ein Wunder, wenn es ihnen so ergeht, und findest du es nicht verzeihlich?

GLAUKON. Inwiefern denn?

SOKRATES. Setze gleichnisweise den Fall, es wäre ein untergeschobenes Kind inmitten einer Fülle von Reichtum und als Glied eines großen und mächtigen Familienverbandes unter zahlreichen Schmeichlern aufgewachsen und käme dann, zum Mann geworden, dahinter, daß er nicht von diesen sich selbst dafür ausgehenden Eltern stammt, ohne daß er doch seine wirklichen Eltern auffinden könnte – kannst du dir da eine ungefähre Vorstellung machen von dem Unterschied, wie dieser gegen die Schmeichler und gegen die der Unterschiebung Schuldigen (d. h. gegen die vermeintlichen Eltern) gesinnt sein wird einmal in der Zeit, wo er noch nichts von der Unterschiebung wußte, und dann in der Zeit, wo er es wußte? Oder willst du meine Vermutung darüber hören?

GLAUKON. Ja, das will ich.

SOKRATES. Meiner Vermutung nach wird er den Vater und die Mutter und die übrigen vermeintlichen Verwandten mehr ehren als die Schmeichler und wird weniger unachtsam sein auf ihre etwaigen Bedürfnisse, weniger auch etwas Gesetzwidriges wider sie tun oder sagen und ihnen in wichtigen Dingen weniger unfolgsam sein als den Schmeichlern, solange er die Wahrheit noch nicht weiß.

GLAUKON. Wohl richtig.

SOKRATES. Ist er aber hinter die Wahrheit gekommen, so wird er, wenn ich recht vermute, nunmehr umgekehrt wie vorher in seiner Ehrerbietung und seinem Bemühen für die Eltern nachlassen, dagegen den Schmeichlern in beiden Beziehungen mehr entgegenkommen und ihnen weit mehr folgen als zuvor; ja er wird nunmehr ganz unverhohlen mit ihnen im engsten Verkehr stehen und sich in seiner Lebensweise nach ihren Wünschen richten, um seinen bisherigen Vater aber und um die anderen angeblichen Verwandten sich nicht mehr im geringsten kümmern, er müßte denn von Natur ein wahrer Ausbund von Rechtschaffenheit sein.

GLAUKON. Was du da sagst, ist ganz aus dem Leben gegriffen. Aber welche Beziehung hat dies Bild auf diejenigen, die sich mit der Dialektik abgeben?

SOKRATES. Folgende: Wir stehen doch von Kindheit auf unter dem Einfluß gewisser maßgebender Ansichten über Gerechtes und Gutes, nach denen wir erzogen worden sind wie von Eltern, in Gehorsam und Ehrerbietung gegen sie.

GLAUKON. So ist es.

SOKRATES. Neben diesen gibt es nun auch andere, ihnen entgegengesetzte, der Lust huldigende Lebensziele, die unserer Seele schmeicheln und sie an sich locken, aber ohne Erfolg bei denen, die auch nur einigermaßen auf gute Sitte halten; diese halten vielmehr die väterlichen Lehren in Ehren und folgen ihnen.

GLAUKON. So ist es.

SOKRATES. Wenn an einen, mit dem es so bewandt ist, eine Frage herantritt wie die: »was ist das Schöne?« und er eine Antwort gibt nach Maßgabe dessen, was er von dem Gesetzgeber gehört hat, woraufhin denn die dialektische Widerrede ihn widerlegt und ihn durch zahlreiche und mannigfache Gegengründe zu der Meinung bekehrt, dieses sein Schönes sei um nichts mehr schön als häßlich, und ebenso mit dem Gerechten und Guten und allem, was er besonders in Ehren gehalten hat – wie glaubst du, daß es dann mit seiner Ehrerbietung und seinem Gehorsam gegen jene stehen wird?

GLAUKON. Es kann nicht ausbleiben, daß er jetzt in seiner Ehrerbietung und Folgsamkeit gegen sie nachlassen wird.

SOKRATES. Wenn ihm also einerseits diese Satzungen nicht mehr so ehrwürdig und so mit seiner Person verwachsen erscheinen wie vordem und er anderseits die wahren Gesetze nicht findet, kann er sich dann der ganzen Sachlage nach einer anderen Lebensweise zuwenden als der schmeichlerischen?

GLAUKON. Unmöglich.

SOKRATES. Ein Gesetzesverächter ist also dann wohl geworden aus ihm, der ein Gesetzesfreund war.

GLAUKON. Notwendig.

17. SOKRATES. Ist es also nicht ein ganz natürlicher Vorgang, der sich bei denen abspielt, die sich auf diese Weise mit der Dialektik einlassen, und verdienen sie nicht, wie oben bemerkt, verzeihende Nachsicht?

GLAUKON. Und Mitleid dazu.

SOKRATES. Damit dir nun dies Mitleid bei den Dreißigjährigen erspart bleibe, mußt du doch alle Vorsicht anwenden bei ihrer Einführung in die Dialektik.

GLAUKON. Gewiß.

SOKRATES. Ist nun nicht das allein schon eine sehr wichtige Vorsichtsmaßregel, daß man sie nicht zu jung die Dialektik kosten läßt? Denn es ist dir gewiß nicht entgangen, daß die grünen Bürschchen, wenn sie zuerst solche dialektische Weisheit schmecken, aus ihr eine Art Spielzeug machen, sie immer zur Widerrede ausnutzen und, indem sie es denjenigen gleichzutun suchen, von denen sie widerlegt werden, nun ihrerseits wieder andere widerlegen und wie junge Hunde ihre Freude daran haben, diejenigen, die ihnen in den Wurf kommen, mit ihrer Disputierkunst zu zerren und zu rupfen.

GLAUKON. Ja, eine ganz erstaunliche Freude haben sie daran.

SOKRATES. Wenn sie also nun selbst viele andere widerlegt haben und von vielen widerlegt worden sind, so geraten sie ohne Aufhalten und schnell dahin, daß sie nichts mehr von dem glauben, was sie früher glaubten, und daraus erklärt sich dann der übele Ruf, in dem sie selbst so wie alles, was mit der Philosophie zusammenhängt, bei den übrigen stehen.

GLAUKON. Sehr wahr.

SOKRATES. Wer aber schon älter ist, der wird mit solcher Tollheit nichts zu schaffen haben wollen und wird sich zur Nacheiferung lieber den wählen, der wirklich forschen und die Wahrheit erkennen will, als den, der nur zum Vergnügen seinen Scherz treibt und sich im Widersprechen gefällt; und so wird er denn selbst an sittlicher Tüchtigkeit zunehmen und auch die dialektische Kunst nicht in Verruf, sondern zu Ehren bringen.

GLAUKON. Richtig.

SOKRATES. Und auch die vor dieser jetzigen Maßregel aufgestellten Forderungen dienten doch alle zur Vorsorge dafür, daß es nur sittlich tüchtige und in sich gefestigte Naturen sein sollen, die man mit der Dialektik sich befassen läßt, und daß nicht wie jetzt der erste beste und Unberufene sich an sie heran macht?

GLAUKON. Sicherlich.

SOKRATES. Genügt nun für die Beschäftigung mit der Dialektik bei anhaltender und anstrengender Arbeit mit Ausschluß jeder anderen Tätigkeit und unter Beschränkung auf die den leiblichen Übungen als Gegenstück entsprechenden geistigen Übungen ein Zeitraum von doppelt so vielen Jahren wie in der Gymnastik?

GLAUKON. Meinst du sechs oder vier?

SOKRATES. Setze unbedenklich fünf. Denn hierauf mußt du sie wieder in jene Höhle zurückbringen und sie nötigen Führerstellungen beim Heere und sonstige Ämter zu verwalten, wie sie für jüngere Männer passen, damit sie auch an Erfahrung nicht hinter den anderen zurückstehen; und auch hierbei muß man sie noch prüfen, ob sie unter all den ablenkenden Einflüssen fest bleiben oder vom rechten Wege abweichen werden.

GLAUKON. Wieviel Zeit setzest du dafür an?

SOKRATES. Fünfzehn Jahre. Haben sie aber das fünfzigste Jahr erreicht, so muß man diejenigen, die alles glücklich bestanden und sich in jeder Beziehung im tätigen Leben wie auf wissenschaftlichem Gebiete durchweg ausgezeichnet haben, endlich zum Ziel führen und es ihnen zur Pflicht machen, den Lichtstrahl ihrer Seele nach oben zu richten und unmittelbar in den Urquell alles Lichtes zu schauen; und haben sie das Gute selbst erschaut, so müssen sie, diesem Musterbild als ihrem Leitstern folgend, ihr weiteres Leben lang ihre alles ordnende Fürsorge der Reihe nach abwechselnd dem Staat, den einzelnen Mitbürgern und sich selbst widmen; dabei bleibt ihnen der größere Teil ihrer Zeit für die Beschäftigung mit der Philosophie vorbehalten; wenn aber die Reihe an ihn kommt, muß ein jeder die sorgenvollen staatlichen Geschäfte und Herrscherpflichten auf sich nehmen, dem Staate zuliebe, nicht als etwas Wünschenswertes und Schönes, sondern als etwas Notwendiges. Und wenn sie in diesem Geiste immer wieder andere zu gleicher Tüchtigkeit erzogen und sie an ihrer Statt als Wächter des Staates zurückgelassen haben, dann sollen sie nach den Inseln der Seligen als nach ihrer Wohnstätte versetzt werden. Durch Denkmäler aber und Opfer muß die Stadt sie von Staats wegen ehren, wenn auch die Pythia damit einverstanden ist, als göttliche Wesen, wo nicht, als glückselige und göttliche Menschen.

GLAUKON. Von tadelloser Schönheit sind die Herrscher, die aus deiner Hand hervorgegangen sind wie aus der eines Bildhauers.

SOKRATES. Und auch die Herrscherinnen, mein Glaukon. Denn glaube nicht, daß was ich gesagt habe, irgendwie mehr von den Männern gilt als von all den Frauen im Staat, die ihrer Natur nach sich als tauglich erweisen.

GLAUKON. Richtig, wenn anders sie alle Geschäfte mit den Männern teilen sollen, wie wir es vorher dargestellt haben.

SOKRATES. Wie nun? Gebt ihr zu, daß es nicht bloß fromme Wünsche waren, was wir vom Staate und der Verfassung gesagt haben? Schwer durchführbar zwar, aber doch irgendwie möglich, und zwar nur auf die von uns angegebene Weise, nämlich wenn wirkliche Philosophen, seien es nun mehrere oder einer, in einem Staate die Herrschergewalt erlangen und im Besitz derselben allen jetzigen Auszeichnungen mit Verachtung den Abschied geben, überzeugt von der Erbärmlichkeit und Nichtswürdigkeit derselben, dagegen die Ehrenhaftigkeit und die auf sie gegründeten Auszeichnungen hoch achten, für das Höchste und Notwendigste aber die Gerechtigkeit halten und im Dienste derselben und auf ihre Förderung bedacht ihren Staat entstehen lassen.

GLAUKON. Und wie das?

SOKRATES. So, daß sie alle Bürger, die über zehn Jahre alt sind, hinaus aufs Land schicken, die Kinder derselben aber unter ihre Obhut nehmen und sie, der jetzigen sittlichen Anschauungsweise, der auch ihre Eltern huldigen, völlig entrückt, nach ihren eigenen Grundsätzen und Gesetzen erziehen, deren Eigenart wir vorhin beschrieben haben. Und so wird, wie ihr mir zugeben müßt, am schnellsten und leichtesten der Staat und die Verfassung, auf die wir mit unseren Erörterungen hinzielten, zustande gebracht werden, und er wird nicht nur selbst glücklich sein, sondern auch dem Volk, unter dem er besteht, den größten Segen bringen.

GLAUKON. Sicherlich. Auch die Art seiner Entstehung, wenn er überhaupt entstehen sollte, scheinst du mir, mein Sokrates, richtig dargestellt zu haben.

SOKRATES. Ist nun also nicht dieser Staat zur Genüge erörtert worden und auch der ihm gleichende Mensch? Denn auch dieser steht nun ganz deutlich vor uns, so wie er nach unserer Forderung sein soll.

GLAUKON. Ganz deutlich; und deine Frage scheint mir damit erledigt zu sein.

Achtes Buch

1. SOKRATES. Gut denn. Darüber sind wir also einverstanden, mein Glaukon, daß in dem Staate, der auf Vollkommenheit seiner Einrichtungen Anspruch macht, Gemeinschaft herrschen muß hinsichtlich der Weiber, der Kinder und der gesamten Erziehung, ingleichen auch hinsichtlich der Betätigung in Krieg und Frieden; Herrscher aber sollen diejenigen ans ihrer Zahl sein, die sich in Philosophie sowie für den Krieg als die Besten herausgehoben haben.

GLAUKON. Ja, darüber sind wir einig.

SOKRATES. Und weiter waren wir auch darüber einig, daß wenn die Herrscher ihr Amt angetreten haben, sie die Krieger in Wohnungen unterbringen werden, wie wir sie beschrieben haben, nämlich in solchen, die allen gemeinsam sind unter Ausschluß jedes persönlichen Eigentumsrechtes daran. Und nicht nur über ihre Wohnungen haben wir uns verständigt, sondern auch, wie du dich erinnern wirst, über die besondere Art dessen, was ihnen als Erwerb zukommt.

GLAUKON. Gewiß erinnere ich mich, nämlich daß unserer Ansicht nach niemand auf eigenen Besitz Anspruch machen darf, wie er jetzt überall sonst als selbstverständlich gilt; vielmehr sollen sie als bewährte Kämpfer und Wächter als Lohn für ihre Dienste jährlich den dafür nötigen Unterhalt von den anderen empfangen und sich ganz auf die Obhut beschränken, die sie sich selbst und dem Staate schuldig sind.

SOKRATES. Du hast recht. Aber nachdem wir dies abgetan haben, müssen wir uns ins Gedächtnis zurückrufen, wo denn eigentlich die Abschweifung begann, die uns bis hierher geführt hat, damit wir den alten Weg wieder aufnehmen können.

GLAUKON. Das ist nicht schwer; denn du machtest es damals ungefähr so wie jetzt: du drücktest dich so aus, als wärest du mit der Schilderung des Staates fertig, indem du sagtest, der damals geschilderte Staat sei nun nach deiner Ansicht ein vollendet guter und ebenso auch der Mann, der ihm gleiche; und dabei warst du doch allem Anschein nach in der Lage, noch einen besseren Mann und einen besseren Staat zu schildern. Aber ohne darauf einzugehen, sagtest du dann, alle anderen Verfassungen seien verfehlt, wenn diese die richtige wäre. Es gebe aber – so sagtest du nach meiner Erinnerung – von sonstigen Verfassungen vier Arten, soweit es sich lohne, auf sie einzugehen und ihre Fehler ins Auge zu fassen ebenso wie die ihnen gleichenden Männer, die wir uns alle genau ansehen müßten, um uns darüber zu einigen, welcher der beste und welcher der schlechteste sei, und daraufhin dann zu prüfen, ob der Beste der Glücklichste und der Schlechteste der Unglücklichste sei oder ob es sich anders verhalte. Und als ich nun fragte, welches die vier Verfassungen wären, die du meintest, da griffen Polemarchos und Adeimantos in die Verhandlung ein, woraufhin du die Sache wieder aufnahmst und bis hierher führtest.

SOKRATES. Damit hast du den Hergang vollkommen richtig wiedergegeben.

GLAUKON. So setze dich also wie ein Ringkämpfer wieder in die frühere Positur und versuche, auf meine jetzt wiederholte Frage das, was du damals sagen wolltest, jetzt darzulegen.

SOKRATES. Ja, wenn ich imstande dazu bin.

GLAUKON. Nun, ich bin – auch ganz abgesehen von diesen Forderungen des Zusammenhanges – schon rein persönlich sehr begierig zu hören, was für Verfassungen du mit jenen vier meintest.

SOKRATES. Die Antwort wird keine Schwierigkeit machen. Denn die, die ich meine, sind keine anderen als die allgemein ihren Namen nach bekannten, nämlich die von den meisten gepriesene *Kretische* nebst der Lakonischen, die zweite der Reihe wie auch der Wertschätzung nach die sogenannte *Oligarchie*, eine Verfassung, die an vielen Übeln krankt, sodann die ihr scharf entgegenstehende und dabei doch aus ihr sich unmittelbar entwickelnde *Demokratie*, und endlich die edle *Tyrannis*, die über alle die genannten hervorragt, die vierte und letzte Krankheit des Staates. Oder welche andere Art von Verfassung kennst du noch? Ich denke dabei natürlich nur an eine solche Verfassung, die sich als eine besondere Art ganz klar heraushebt. Denn allerlei Formen von Gewaltherrschaft und käuflicher Königswürde und dergleichen Verfassungen mehr gibt es wohl als Mittelglieder zwischen den genannten, und zwar kann man sie nicht weniger bei den Barbaren als bei den Griechen finden.

GLAUKON. Ja, man hört von gar manchen sonderbaren Verfassungsformen.

2. SOKRATES. Nun gibt es doch, wie du dir selbst sagst, ebensoviele Formen von menschlichen Charakteren wie Formen von Verfassungen. Oder meinst du, die Verfassungen leiteten ihren Ursprung wer weiß woher, von Eiche oder Fels, und nicht vielmehr von den im Staate herrschenden sittlichen Anschauungen, die nach der einen oder anderen Seite ausschlaggebend wirken, indem sie alles übrige mit sich ziehen?

GLAUKON. Nirgends anders her als von da.

SOKRATES. Wenn es nun fünf staatliche Verfassungsformen gibt, so wird es, was die einzelnen Menschen betrifft, auch fünf Arten von Seelenverfassung geben.

GLAUKON. Gewiß.

SOKRATES. Den der Aristokratie entsprechenden Einzelnen haben wir bereits besprochen, ihn, den wir mit Recht als guten und gerechten Mann bezeichnen.

GLAUKON. Ja, das haben wir.

SOKRATES. Müssen wir nächstdem nun nicht uns der Darstellung der von der Tugend Abtrünnigen zuwenden, also der des Streitsüchtigen und Ehrgeizigen, der der Lakonischen Verfassung entspricht, sodann des Oligarchischen, ferner des Demokratischen und endlich des Tyrannischen, um den, den wir als den Ungerechtesten erkannt haben, der Gerechtesten gegenüberzustellen? Damit würde dann die Erörterung unserer Frage, wie sich die unverfälschte Gerechtigkeit zu der unverfälschten Ungerechtigkeit verhält hinsichtlich der Glückseligkeit und der Trübsal dessen, dem sie innewohnt, ihr Ziel erreichen, und wir wüßten dann, ob wir nach der Weisung des Thrasymachos der Ungerechtigkeit oder, im Anschluß an das jetzt schon zutage tretende Ergebnis der Untersuchung, der Gerechtigkeit nachtrachten sollen.

GLAUKON. Unbedingt müssen wir es so halten.

SOKRATES. Wollen wir es nun nicht so machen wie gleich zu Anfang, wo wir die Charaktereigenschaften nicht zuerst an den einzelnen Menschen, sondern am Staate betrachteten, weil es da deutlicher hervortrat? Wollen wir also nicht auch jetzt zunächst die *ehrliebende* Staatsverfassung betrachten – denn einen anderen gangbaren Namen kenne ich nicht dafür, wir müßten sie denn entweder Timokratie oder Timarchie nennen – und im Anschluß an sie dann das Bild des entsprechenden Mannes entwerfen? Dann die Oligarchie und den oligarchischen Mann? Und weiter soll dann nach Beschauung der Demokratie die Betrachtung des demokratischen Mannes folgen; viertens endlich wollen wir uns dem Tyrannenstaat zuwenden, um nach seiner Betrachtung dann die tyrannische Menschenseele ins Auge zu fassen. Und so wollen wir dann versuchen, ein entscheidendes Urteil über die aufgeworfene Frage zu fällen.

GLAUKON. Eine derartige Betrachtung und Entscheidung dürfte wohl durchaus angemessen sein.

3. SOKRATES. So laß uns denn versuchen anzugeben, wie aus einer Aristokratie sich eine Timokratie entwickeln kann. Oder steht es damit nicht ganz einfach so, daß jede Verfassungsänderung von eben demjenigen Teil der Bürgerschaft ausgeht, der im Besitze der obrigkeitlichen Gewalt ist, nämlich dann, wenn unter ihnen selbst Zwietracht ausbricht, während bei voller Einigkeit, mag ihrer auch ein noch so kleines Häuflein sein, jede Veränderung unmöglich ist?

GLAUKON. Ja, so ist es.

SOKRATES. Wie also soll es zu einer Änderung unserer Verfassung kommen, und wie werden die Wehrleute und die Herrschenden miteinander und unter sich selbst in Zwietracht geraten? Oder wollen wir, wie Homer, die Musen bitten, uns zu sagen, *wie zuerst Zwietracht hereinbrach*, und wollen wir sagen, sie sprächen zu uns in dem erhabenen Tone der Tragödie, als wäre es ihr voller Ernst, während es doch nur ein Scherz ist, den sie mit uns treiben, indem sie mit uns spielen wie mit Kindern?

GLAUKON. Wie denn?

SOKRATES. Etwa so: »Ein Staat, so eingerichtet wie dieser, läßt sich zwar nur schwer aus seinem Geleise bringen; allein da alles, was entstanden ist, auch dem Untergang geweiht ist, so wird auch eine solche Verfassung nicht in alle Ewigkeit bestehen, sondern der Auflösung verfallen. Die Auflösung aber ist diese: nicht nur für die aus dem Schoße der Erde entsprossenen Gewächse, sondern auch für die *auf* ihr wandelnden Geschöpfe ergibt sich Fruchtbarkeit und Unfruchtbarkeit der Seele sowohl wie des Leibes, wenn Umdrehungen für jede Art des Erschaffenen Kreisumschwünge herbeiführen, für Kurzlebige von geringerer Umlaufsstrecke, für länger Lebende von längerer. Was nun aber euer Geschlecht anlangt, so werden diejenigen, die ihr zu Wächtern des Staates herangebildet habt, ungeachtet aller ihrer Weisheit durch ihre mit Sinneswahrnehmung gepaarte Berechnung es mit der Erzeugung guten Nachwuchses und mit der Unfruchtbarkeit nicht richtig treffen, sondern das Richtige wird sich ihrer Beobachtung entziehen, und so werden sie einmal Kinder erzeugen, wenn es nicht sein sollte. Es hat aber das göttlich Erzeugte einen Umlauf, welcher eine vollkommene Zahl umfaßt, das menschlich Erzeugte aber umfaßt eine Zahl, in welcher als der ersten (d. h. welche die kleinste ist, in der) Vermehrungen (Multiplikationen) von Wurzeln und Quadraten aus Grundzahlen, die alles ähnlich oder unähnlich machen, vermehren und vermindern, drei Ausdehnungen (Dimensionen) und vier Grenzen bekommend, alles aussprechbar und rational gegeneinander machen. Aus diesen gibt das Verhältnis drei zu vier (3 : 4), vermählt mit der Fünf, dreimal vermehrt zwei Harmonien, die eine von gleichvielmal gleichen Zahlen, hundert mit sich selbst multipliziert; die andere gleichseitig zwar in der einen Richtung, aber oblong, nämlich in der einen Richtung hundertmal das Quadrat aus den aussprechbaren (rationalen) Diagonalen der Fünf, so daß jeder Diagonale Eins fehlt, die unaussprechbaren (irrationalen) aber so, daß Zwei fehlen, in der anderen Richtung aber aus hundert Würfeln der Drei. Diese ganze geometrische Zahl beherrscht die besseren und schlechteren Zeugungen; und wenn die Wächter diese nicht kennen, werden sie auch den Bräuten Jünglinge zur Unzeit beigesellen und deren Kinder werden weder wohlgeraten noch glücklich sein. Es werden nun zwar anfänglich die Wächter nur die Besten unter den Nachkommen zu ihren Nachfolgern machen; gleichwohl werden diese, als der vollen Würdigkeit ermangelnd, wenn sie in die Machtstellung ihrer Väter eintreten, bei Verwaltung ihres Wächteramtes in der Achtsamkeit für uns (Musen) nachzulassen beginnen, indem sie zunächst auf die musische Bildung nicht das gehörige Gewicht legen, sodann aber auch auf die Gymnastik. So wird es denn kommen, daß der junge Nachwuchs uns Musen weniger zugetan ist. Aus ihrer Zahl nun werden Herrscher eingesetzt werden, die nicht mehr recht der den Wächtern obliegenden Aufgabe gewachsen sind, die darin besteht, die bei euch wie bei Hesiod sich findenden Geschlechter, das goldene, silberne, eherne und eiserne nach ihrer Würdigkeit richtig zu beurteilen; wird aber Eisen mit Silber gemischt und Erz mit Gold, so wird sich ein Mangel an Gleichförmigkeit und Ebenmaß einstellen, der, einmal vorhanden, überall, wo er auftritt, stets Krieg und Feindschaft erzeugt. *Solcher Abkunft* ist denn – so müssen wir sagen – die Zwietracht, wo immer sie hervortritt.«

GLAUKON. Und wir werden ihre Antwort als richtig anerkennen.

SOKRATES. Das kann auch gar nicht anders sein; denn es sind ja Musen, von denen sie kommt.

GLAUKON. Und wie fahren die Musen nun weiter fort?

SOKRATES. So: »Ist nun die Zwietracht einmal eingetreten, so macht sich ein Streben der beiderseitigen Geschlechter nach entgegengesetzter Richtung geltend. Einerseits drängen das eiserne und eherne Geschlecht nach Erwerb und Besitz von Land, Haus, Gold und Silber, anderseits streben das goldene und silberne, als von Natur nicht arm, sondern reich an Gütern der Seele, nach der Tugend und der alten Staatsverfassung hin. Wenn es nun zu Gewalttätigkeit und offener Feindschaft kommt, so versteht man sich schließlich zu einem Vergleich: sie verteilen Land und Häuser untereinander und machen sie zu ihrem Eigentum; diejenigen aber, die zuvor unter ihrer Obhut standen als freie Männer, als Freunde und Ernährer, werden jetzt von ihnen unterjocht und zu Landarbeitern und Dienstleuten gemacht, während sie selbst die Kriegführung und die Bewachung jener übernehmen.«

GLAUKON. Ja, dies ist wohl, denke ich, der Hergang, der zu jener Umwandlung führt.

SOKRATES. Es dürfte also diese Verfassung doch wohl in der Mitte liegen zwischen Aristokratie und Oligarchie?

GLAUKON. Allerdings.

4. SOKRATES. So also wird sich der Übergang vollziehen. Ist er aber vollzogen, wie wird es mit ihrer Staatsordnung stehen? Oder ist es klar, daß sie als in der Mitte zwischen beiden liegend in manchen Stücken sich die frühere Verfassung zum Vorbild nehmen wird, in manchen dagegen die Oligarchie, einiges aber auch haben wird, das ihr ganz allein gehört?

GLAUKON. Ja.

SOKRATES. Nicht wahr, in der Ehrfurcht gegen die Herrscher sowie darin, daß ihr Kriegerstand sich des Ackerbaus, Handwerks und allen Gelderwerbs enthält, ferner auch in der Einrichtung gemeinsamer Speisung und der Sorge für Gymnastik und kriegerische Übung, in alledem wird sie sich die frühere Verfassung zum Vorbild nehmen?

GLAUKON. Ja.

SOKRATES. Wenn sie sich aber scheut, die Weisen in die obrigkeitlichen Ämter zu bringen, weil sie keine in dieser Beziehung hervorragenden Männer mehr hat, die diesen Namen im reinsten und strengsten Sinne verdienten, sondern nur solche, die schon einen fremdartigen Beisatz haben, dagegen ihre Gunst den zu kräftiger Tat Geneigten und an Bildung weniger Hochstehenden zuwendet, also Männern, die mehr für den Krieg als für den Frieden geschaffen sind, und wenn sie Schlauheit und Findigkeit auf diesem Gebiete besonders hoch schätzt und es immer nur mit dem Kriegführen zu tun hat, so wird doch dies zum überwiegenden Teil als ihr eigentümlich angehörend gelten dürfen?

GLAUKON. Ja.

SOKRATES. Ferner aber wird Geldgier ein hervorstechender Zug solcher Männer sein, wie bei den leitenden Männern in der Oligarchie: sie werden im geheimen leidenschaftliche Verehrer von Gold und Silber sein, da sie ja im Besitz von eigenen Vorratshäusern und Schatzkammern sind, wo sie es sicher verbergen können, und Wohnungen, eingehegt von Umzäunungen, haben, richtige Sondernester, in denen sie für Weiber und sonstige Lieblinge allen möglichen Aufwand machen können.

GLAUKON. Sehr wahr.

SOKRATES. Sie werden also auch karg mit dem eigenen Gelde sein, weil sie großen Wert darauf legen und den Erwerb nur im geheimen betreiben, dagegen werden sie zur Befriedigung ihrer Lustbegierden gern fremdes Geld verwenden und insgeheim in Lüsten schwelgen, um dann vor dem Gesetze davonzulaufen wie Kinder vor dem Vater. Begreiflich; denn sie sind ja nicht durch überzeugende Rede, sondern mit Zwang erzogen worden, weil sie die wahre Muse, die immer im Bunde steht mit begründender Rede und Philosophie, vernachlässigt haben und auf die Gymnastik mehr Wert gelegt haben als auf die Musik.

GLAUKON. Eine wirkliche Mischung von Schlechtem und Gutem ist diese Verfassung, so wie du sie hier darstellst.

SOKRATES. Ja, eine Mischung ist sie allerdings; aber eines sticht doch besonders deutlich als dasjenige hervor, was von dem mutvollen Seelenteil hochgehalten wird, nämlich Kampflust und Ehrbegierde.

GLAUKON. Ja, ganz entschieden.

SOKRATES. Also diese Verfassung wäre denn auf die geschilderte Weise entstanden und ihre Beschaffenheit wäre eine solche, hier natürlich nur den Grundzügen nach gedacht und angedeutet, weil schon der bloße Umriß hinreicht, um den Gerechtesten und Ungerechtesten zu erkennen, und weil überhaupt kein Ende abzusehen wäre, wenn man alle Verfassungen und alle menschlichen Charaktere bis auf das Kleinste durchsprechen wollte.

GLAUKON. Richtig.

5. SOKRATES. Welcher also ist nun der dieser Verfassung entsprechende Mann? Wie hat er sich entwickelt und welches ist seine Eigenart?

ADEIMANTOS. Irre ich nicht, so hat er einige Verwandtschaft mit unserem Glaukon hier, nämlich was den Ehrgeiz anlangt.

Sokrates. Mag sein, in diesem Punkt. Dagegen scheint er mir in folgendem Punkt ihm nicht ähnlich zu sein.

Adeimantos. In welchem?

Sokrates. Er muß selbstbewußter und an Bildung ihm unterlegen, wenngleich den Musen nicht abhold sein, und hörbegierig, aber durchaus nicht redebegabt. Und gegen Sklaven wird ein solcher Mann hart sein – dabei aber die Sklaven doch nicht verachten, wie der Mann von vollendeter Bildung – gegen freie Männer aber gefügig, gegen die Regenten voll Unterwürfigkeit, dabei aber herrschbegierig und ehrgeizig; doch gründet er seine Ansprüche auf Herrschaft nicht etwa auf rednerische Begabung oder etwas damit Verwandtes, sondern auf kriegerische Taten und was dahin gehört, ein entschiedener Freund der Gymnastik und der Jagd.

Adeimantos. Ja, in dieser Charakterform spiegelt sich jene Art der Staatsverfassung wider.

Sokrates. Nicht wahr, aus Geldbesitz wird ein solcher in der Jugend sich zwar wenig machen; je älter er aber wird, um so mehr wird er daran Gefallen finden; denn eine gewisse Verwandtschaft mit dem Charakter des Geldgierigen kann er nicht verleugnen und sein Verhältnis zur Tugend ist nicht einwandfrei, weil er vom sichersten Wächter im Stich gelassen ist?

Adeimantos. Welchem?

Sokrates. Dem gereiften Verstand, gepaart mit musischer Bildung; denn er und nur er bietet dem, dem er als Beschützer innewohnt, die Gewähr der Dauer der Tugend bis in den Tod.

Adeimantos. Ein treffliches Wort.

Sokrates. Das wäre also das Wesen des timokratischen Jünglings, des Ebenbildes der timokratischen Verfassung.

Adeimantos. Gewiß.

Sokrates. Was aber seinen Werdegang anlangt, so verhält es sich damit etwa folgendermaßen. Es kommt wohl vor, daß ein Jüngling der Sohn eines trefflichen Vaters ist, der aber Bürger eines nicht wohlgeordneten Staates ist und darum Ehren, Ämter, Rechtshändel, kurz diese ganze

Art von Betätigungssucht meidet und lieber hinter den anderen zurückstehen als sich mit diesen Widerwärtigkeiten herumschlagen will –

ADEIMANTOS. Nun, wie wird er denn zum Timokraten?

SOKRATES. Zunächst und vor allem, wenn er die Klagen der Mutter hört, die sich nicht darein finden kann, daß ihr Mann nicht zu den Spitzen des Staates gehört, und sich dadurch zurückgesetzt fühlt hinter den anderen Frauen, auch sieht, daß er sich wenig um Gelderwerb kümmert und sich nicht auf Kampf und Schmähungen einläßt, sei es in persönlichen Angelegenheiten vor Gericht oder in öffentlichen Angelegenheiten, vielmehr alles Derartige gleichgültig gehen läßt, immer nur auf sich selbst bedacht, daß er unbelästigt bleibe, ihr selbst aber weder mit besonderer Achtung noch auch mit Mißachtung begegnet; wenn sie nun, durch alles dieses tief gekränkt, zu ihrem Sohne sagt, sein Vater sei unmännlich und über die Maßen schlaff, und was sonst dergleichen die Weiber in derartiger Lage einem zu hören geben –

ADEIMANTOS. Ja, in Hülle und Fülle, lauter Gewäsch, das ihnen ähnlich sieht.

SOKRATES. Und es ist dir doch nicht unbekannt, daß auch die Dienstboten solcher Leute vor den Söhnen heimlich dergleichen Reden führen, anscheinend aus reinem Wohlwollen, und wenn sie Kunde haben von einem Schuldner, dem der Vater nicht zu Leibe geht, oder von sonst einem schurkischen Gegner des Vaters, so reizen sie ihn dazu auf, wenn er erst Mann sei, solle er mit all diesen Leuten gehörig abrechnen und sich männlicher zeigen als der Vater. Und wenn er ausgeht, hört und sieht er wieder dergleichen, nämlich daß diejenigen, die sich auf ihre persönlichen Angelegenheiten beschränken, Toren heißen und in geringer Achtung stehen, diejenigen dagegen, die das Gegenteil tun, geehrt und gepriesen werden. Wenn nun der Jüngling alles dies hört und sieht und anderseits auch des Vaters Reden hört und sein Tun und Denken aus unmittelbarer Nähe im Vergleiche zu dem der anderen beobachtet, da fühlt er sich von beiden angezogen: sein Vater ist beflissen, den vernünftigen Teil der Seele zu Wachstum und Gedeihen zu bringen, die anderen den begehrlichen und mutvollen Teil, und da er von Natur kein schlechter Mensch ist, wohl aber durch den verderblichen Umgang mit den anderen beeinflußt ist, so gelangt er, von beiden angezogen, auf den mittleren Standpunkt, übergibt die Herrschaft über sich selbst dem mittleren, streitliebenden und zornmütigen Seelenteil und wird zum hochfahrenden und ehrgeizigen Manne.

ADEIMANTOS. Treffend scheinst du mir seinen Werdegang dargestellt zu haben.

SOKRATES. So hätten wir denn die zweite Staatsverfassung und den zweiten Mann.

ADEIMANTOS. Ja.

6. SOKRATES. Nächstdem laß uns denn, mit Aischylos zu reden, *einen andern einem anderen Staate zugesellten* schildern, oder besser wohl unserer Festsetzung gemäß zunächst den Staat. Bist du einverstanden?

ADEIMANTOS. Gewiß.

SOKRATES. Es dürfte nun wohl die Oligarchie an die Reihe kommen als die der geschilderten nächststehende.

ADEIMANTOS. Welche Staatsordnung verstehst du denn unter Oligarchie?

SOKRATES. Die auf Vermögensschatzung sich gründende Verfassung, in der die Reichen herrschen, der Arme aber ausgeschlossen ist von der Herrschaft.

ADEIMANTOS. Ich verstehe.

SOKRATES. Da ist doch wohl zuerst zu zeigen, wie sich der Übergang aus der Timarchie in die Oligarchie vollzieht?

ADEIMANTOS. Ja.

SOKRATES. Gewiß ist da auch einem Blinden klar, wie er sich vollzieht.

ADEIMANTOS. Nun wie?

SOKRATES. Jene mit Gold gefüllte Schatzkammer, über die ein jeder verfügt, ist der Verderb für eine solche Verfassung. Denn erstlich machen sie davon einen mit aller Kunst ersonnenen Aufwand für sich und geben den Gesetzen zu diesem Ende eine Deutung, wie sie ihren Wünschen gemäß ist, während sie tatsächlich ihnen ungehorsam sind, sie selbst und ihre Weiber.

ADEIMANTOS. Wohl richtig.

SOKRATES. Und ferner, indem einer es dem andern absieht und in Wettbewerb mit ihm tritt, bringen sie es dahin, daß sie allesamt so werden.

ADEIMANTOS. Mag sein.

SOKRATES. Indem sie nun also auf diesem Wege des Gelderwerbes fortschreiten, kommt die Tugend bei ihnen in demselben Maße in Mißachtung, in dem das Geld in ihren Augen an Wert gewinnt. Oder steht es mit dem Unterschied von Reichtum und Tugend nicht so, daß sie gleichsam auf die Schalen einer Wage gelegt sind, von denen die eine steigt, während die andere sinkt?

ADEIMANTOS. Sehr richtig.

SOKRATES. Stehen also Reichtum und Reiche in Ehren in einem Staat, so geht es mit der Schätzung der Tugend und der braven Leute abwärts.

ADEIMANTOS. Offenbar.

SOKRATES. Aber betrieben wird doch das, was gerade jeweilig in Achtung steht, während das Mißachtete beiseite gesetzt wird.

ADEIMANTOS. So ist es.

SOKRATES. Aus streitliebenden und ehrbegierigen Männern werden sie also schließlich Erwerbsund Geldleute, die die Reichen preisen und bewundern und zur Herrschaft bringen, den Armen dagegen mißachten.

ADEIMANTOS. Gewiß.

SOKRATES. Jetzt also geben sie ein Gesetz als grundlegend für die oligarchische Verfassung: sie setzen nämlich eine bestimmte Vermögenssumme an, größer da, wo die Oligarchie stärker ist, geringer da, wo sie schwächer ist, und verfügen nun, daß derjenige von der Herrschaft ausgeschlossen sei, dessen Vermögen die festgesetzte Höhe nicht erreicht; und dies setzen sie mit Gewalt unter Hilfe bewaffneter Macht durch, wenn sie nicht etwa schon vorher durch Schrecken die so geartete Oligarchie eingeführt haben. Oder ist es nicht so?

ADEIMANTOS. Allerdings so.

SOKRATES. Dies wäre denn also, in aller Kürze dargestellt, die Einführung dieser Verfassung.

ADEIMANTOS. Ja. Aber was ist nun das Wesen dieser Verfassung, und welcher Art sind die Fehler, die wir nach dem früher Gesagten bei ihr erwarten müssen?

7. SOKRATES. Der erste Fehler liegt eben in der Beschaffenheit der für sie grundlegenden Bestimmung selbst. Denn betrachte die Sache einmal so, daß du den Fall setzest, es machte jemand nach diesem Vorgang für die Wahl der Steuermänner von Schiffen die Vermögensschätzung maßgebend und versagte den Armen auch bei besserer Kenntnis der Steuermannskunst den Zutritt dazu –

ADEIMANTOS. Das würde zu einer traurigen Fahrt für die Betreffenden führen.

SOKRATES. Und steht es nicht ebenso mit jedweder Leitung irgendeiner Sache?

ADEIMANTOS. Meiner Meinung nach, ja.

SOKRATES. Ausgenommen etwa den Staat? Oder gilt es auch bei diesem?

ADEIMANTOS. Gerade da am allermeisten, denn da ist ja die Leitung am schwierigsten und wichtigsten.

SOKRATES. Das wäre also so *einer* der Fehler, die der Oligarchie anhaften, und zwar ein sehr erheblicher.

ADEIMANTOS. So scheint es.

SOKRATES. Und ist nun etwa der folgende geringer als dieser?

ADEIMANTOS. Welcher?

SOKRATES. Daß ein solcher Staat nicht *einer* ist, sondern zwei, ein Staat der Armen und ein Staat der Reichen, indem Arme und Reiche, den Wohnplatz miteinander teilend, beständig widereinander im Anschlag liegen.

ADEIMANTOS. Wahrhaftig, beim Zeus, das ist kein geringerer Fehler.

SOKRATES. Aber auch das ist doch nichts Schönes, daß sie aller Wahrscheinlichkeit nach nicht imstande sind, irgendeinen Krieg zu führen. Denn sie sind in folgender Zwangslage: entweder bedienen sie sich der Waffenhilfe der großen Masse, und dann müssen sie sich mehr vor ihr fürchten als vor den Feinden, oder sie tun es nicht, und dann zeigen sie sich, wenn es zur Schlacht kommt, als wirkliche Oligarchen (als Feldherrn ohne Armee); und zweitens wollen sie auch keine Geldmittel aufbringen, da ihnen das Geld zu lieb ist.

ADEIMANTOS. Das ist nichts weniger als schön.

SOKRATES. Und ferner die von uns schon lange so scharf verurteilte Vielgeschäftigkeit, daß nämlich in einem solchen Staat die nämlichen Leute zugleich Ackerbau treiben und dem Gelderwerb obliegen und Krieg führen, scheint dir dies in der Ordnung zu sein?

ADEIMANTOS. Nichts weniger als das.

SOKRATES. Sieh also zu, ob es nicht diese Verfassung ist, die zuerst sich als größtes aller hierher gehörigen Übel das folgende einnisten läßt.

ADEIMANTOS. Welches?

SOKRATES. Die Freiheit, sein ganzes Eigentum zu veräußern, so daß ein anderer es erwerben kann, und nach der Veräußerung weiter in der Stadt zu wohnen, ohne doch noch ein tätig Zugehöriger in ihr zu sein, weder Erwerbsmann noch Handwerker, noch Reiter, noch Schwerbewaffneter, sondern schlechthin ein Armer und Besitzloser, wie man ihn denn auch nennt.

ADEIMANTOS. Ja, sie ist die erste Veranlassung dazu. Wenigstens wird in den oligarchischen Staaten dem kein Hindernis entgegengesetzt; sonst wären ja auch in ihnen nicht einige Bürger überreich und andere wieder bettelarm.

SOKRATES. Richtig. Doch achte auf folgendes: als ein so Verarmter noch reich war und das Seinige vertat, war er da für den Staat etwa mehr wert in bezug auf die oben genannten Berufstätigkeiten, oder *schien* er zwar zu den Herrschenden zu gehören, war aber in Wahrheit weder Herr noch Diener des Staates, sondern Verschwender seines Hab und Gutes?

ADEIMANTOS. Das letztere; es schien nur so, als wäre er etwas anderes, tatsächlich aber war er nichts anderes als ein Verschwender.

SOKRATES. Wir dürfen also wohl sagen, daß ein Mann von solcher Sinnesart einer Drohne gleicht: wie sie, in der Zelle sich entwickelnd, die Krankheit des Bienenstockes wird, so wird er als Drohne im Haus die Krankheit des Staates.

ADEIMANTOS. Das trifft durchaus zu, Sokrates.

SOKRATES. Und nicht wahr, mein Adeimantos, die beflügelten Drohnen hat der Gott doch sämtlich stachellos geschaffen, während diese – nicht fliegenden, sondern wandelnden Drohnen zum Teil gleichfalls stachellos, zum Teil aber auch mit furchtbaren Stacheln bewehrt sind? Und zu den stachellosen gehören die, die bis in ihr Alter und bis zum Tode Bettler bleiben, zu den bestachelten dagegen alle, die man gemeinhin Schurken nennt?

ADEIMANTOS. Sehr wahr.

SOKRATES. In einem Staate also, wo man Bettler sieht, kann man sicher sein, daß es da auch Diebe, Beutelschneider, Tempelräuber und all dergleichen gewerbsmäßiges Verbrechergesindel im Verborgenen gibt.

ADEIMANTOS. Offenbar.

SOKRATES. Finden sich nun nicht in den oligarchisch regierten Staaten Bettler? Oder wie meinst du?

ADEIMANTOS. Ja, fast nichts als Bettler, abgesehen von den Regierenden selbst.

SOKRATES. Müssen wir also nicht annehmen, daß es auch zahlreiche mit Stacheln bewehrte Missetäter in ihnen gibt, die nur von den Obrigkeiten mit gutem Bedacht gewaltsam niedergehalten werden?

ADEIMANTOS. Das müssen wir wohl.

SOKRATES. Müssen wir also nicht sagen, der Mangel an Geistesbildung und die schlechte Zucht und Ordnung im Staate sei es, die dort solches Gesindel aufkommen läßt?

ADEIMANTOS. Das müssen wir.

SOKRATES. Von solcher Art also wäre denn der oligarchische Staat und so zahlreich seine Gebrechen, wenn es deren nicht noch mehr gibt.

ADEIMANTOS. So, oder nahebei so.

SOKRATES. So sei denn nun auch diese Verfassung abgetan, die sogenannte Oligarchie, wo die Herrschaft auf Vermögensschätzung beruht. Nunmehr gilt es, den ihr gleichenden Mann zu betrachten nach seiner Entstehungsart und sodann nach seinem Wesen.

ADEIMANTOS. Allerdings.

8. SOKRATES. Vollzieht sich nun die Umwandlung aus jenem Timokraten in den Oligarchen nicht zumeist auf folgende Weise?

ADEIMANTOS. Auf welche?

SOKRATES. Wenn ein Sohn, den er etwa hat, zunächst zwar ihm, dem Vater, nachstrebt und in seinen Spuren wandelt, dann aber ihn plötzlich am

Staate wie an einer Klippe scheitern und sein Hab und Gut, ja seine Existenz preisgegeben sieht, sei es, weil er nach Verwaltung einer Feldherrnstelle oder sonst eines hohen Amtes vor Gericht gezogen und von schändlichen Verleumdern angeschwärzt entweder zum Tode oder zur Verbannung oder zum Verlust der bürgerlichen Ehren verurteilt wird und sein ganzes Vermögen verliert –

ADEIMANTOS. Wohl richtig.

SOKRATES. Wenn er denn, mein Bester, dies sieht und mit durchlebt und selbst sein Vermögen mit verliert, so wird ihm, denke ich, angst und bange vor der Ehrliebe und vor jenem tatenfrohen Mute; er stürzt sie denn alsbald kopfüber von ihrem Herrscherthrone in seiner Seele herab, wirft sich, durch die Armut innerlich geknickt, auf den Gelderwerb und bringt nun durch filzige und kleinliche Sparsamkeit bei emsiger Arbeit wieder etwas Geld zusammen. Glaubst du da nicht, daß ein solcher dann jenen begehrlichen, geldgierigen Seelenteil auf jenen Thron erheben und ihn zum Großkönig in sich machen und ihn mit Krone, Halskette und Ehrensäbel ausstaffieren wird?

ADEIMANTOS. Gewiß.

SOKRATES. Dagegen läßt er nun vermutlich den vernünftigen und den zornmütigen Seelenteil ihre Stelle tief unten zu beiden Seiten von dem Throne jenes einnehmen und erniedrigt sie so zu Sklaven; den ersteren läßt er nun auf nichts anderes sinnen und trachten als auf Vergrößerung seines geringen Geldbesitzes, den letzteren aber nichts anderes bewundern und ehren als Reichtum und solche, die darüber verfügen, und der Ehrgeiz darf sich nun auf nichts anderes richten als auf den Besitz von Geld und was dazu verhilft.

ADEIMANTOS. Auf diese und auf keine andere Weise vollzieht sich diese schnelle und entschiedene Umwandlung aus einem ehrbegierigen Jüngling in einen geldgierigen.

SOKRATES. Und der geldgierige ist doch wohl eben der oligarchische?

ADEIMANTOS. Wenigstens vollzieht sich die Umwandlung desselben aus einem Manne von der gleichen Beschaffenheit, wie sie der Staat hatte, aus dem sich die Oligarchie entwickelte.

Sokrates. Prüfen wir also, ob er ihr auch ähnlich ist.

Adeimantos. Das laß uns tun.

9. Sokrates. Zunächst ist er ihr doch wohl darin ähnlich, daß er das Geld über alles schätzt?

Adeimantos. Zweifellos.

Sokrates. Ferner durch seine Knauserei und seine Emsigkeit, die ihn nur die allernotwendigsten Bedürfnisse befriedigen läßt, während er sich auf weiteren Aufwand nicht einläßt, sondern die übrigen Begierden als völlig unberechtigt unterdrückt.

Adeimantos. Gewiß.

Sokrates. Ein ziemlich ruppiger Gesell, überall auf Profit ausgehend, nur darauf bedacht, seinen Beutel zu füllen. Und das sind gerade die Leute, welche die große Menge lobt. Wäre dieser nun nicht der einer solchen Verfassung gleichende Mann?

Adeimantos. Meinem Dafürhalten nach allerdings; wenigstens steht bei ihm ebenso wie bei dem betreffenden Staate das Geld am meisten in Ehren.

Sokrates. Denn auf Geistesbildung gab ein solcher Mensch vermutlich nichts.

Adeimantos. Schwerlich; denn sonst hätte er nicht einen Blinden zum Führer des Chores gemacht und würde ihn nicht am meisten in Ehren halten.

Sokrates. Gut denn. Aber erwäge nun folgendes: Müssen wir nicht sagen, daß sich in ihm infolge des Mangels an Bildung drohnenartige Begierden entwickeln, teils bettelhafter Art, teils bösartigen Charakters und nur gewaltsam zurückgehalten durch die ängstliche Sorge um andere Dinge?

Adeimantos. Gewiß.

Sokrates. Weißt du nun auch, wo du deinen Blick hinrichten mußt, um ihren Schurkereien auf die Spur zu kommen?

Adeimantos. Wohin denn?

Sokrates. Auf die Vormundschaften über die Waisen und wo sich ihnen sonst derartige Gelegenheiten bieten, die ihnen reichliche Freiheit gewähren Unrecht zu verüben.

Adeimantos. Da hast du recht.

SOKRATES. Zeigt es sich dabei nicht deutlich, daß ein solcher Mann bei den sonstigen geschäftlichen Betätigungen, in denen er durch anscheinende Gerechtigkeit sich einen guten Namen macht, nur durch ein gewisses Anstandsgefühl, das ihm innewohnt, die bösen Begierden, die sonst in ihm herrschen, mit Gewalt niederhält und nicht etwa dadurch, daß er sie durch gütliche Vorstellungen zum Besseren umstimmt noch sie durch vernünftige Gründe beruhigt, sondern durch Zwang und Furcht, da er für sein vorhandenes Vermögen zittert?

ADEIMANTOS. Allerdings.

SOKRATES. Und beim Zeus, mein Lieber, die meisten von ihnen wirst du mit drohnenhaften Begierden behaftet finden, wenn es gilt, mit fremdem Gut umzugehen.

ADEIMANTOS. Ganz entschieden.

SOKRATES. Es wäre demnach ein solcher nicht ohne Zwiespalt in seinem Inneren und also nicht wirklich Einer, sondern eine Art Doppelwesen, behaftet mit besseren und schlechteren Begierden, von denen aber in der Regel die besseren über die schlechteren die Oberhand gewinnen.

ADEIMANTOS. So ist es.

SOKRATES. Daher kommt es denn vermutlich, daß ein solcher nach außen hin einen anständigeren Eindruck macht als so manche andere; aber die wahre Tugend der in sich einigen und harmonisch gestimmten Seele geht ihm ganz und gar ab.

ADEIMANTOS. Wohl richtig.

SOKRATES. Und wenn es im Staate einen Wettbewerb gibt um einen Sieg oder sonst eine rühmliche Ehrensache mit Aufwendung eigener Mittel, da ist der Geizhals ein lauer Bewerber; denn er verspürt wenig Lust des gefeierten Namens wegen und um solcher Kämpfe willen ein Geldopfer zu bringen, aus Furcht, dadurch die verschwenderischen Begierden zu wecken und sie zu Bundesgenossen zu machen im Kampfe für Ehre und Sieg; er hält es vielmehr in echt oligarchischer Weise mit der Minderheit und kämpft nur mit einem geringen Teil seiner Mittel, ist also in der Regel der Besiegte und – bleibt reich.

ADEIMANTOS. Sehr richtig.

Sokrates. Bleibt uns also noch irgendein Zweifel, daß der ganz auf Sparsamkeit und Gelderwerb gerichtete Mann das richtige Gegenstück bilde zu der oligarchischen Staatsordnung?

Adeimantos. Nicht der geringste.

10. Sokrates. Nächstdem wäre nun also nach natürlicher Ordnung die Demokratie zu betrachten, und zwar erstens hinsichtlich ihrer Entstehungsweise und zweitens hinsichtlich ihres Wesens, um dann auch den Charakter des ihr entsprechenden Mannes kennenzulernen und aufgrund dessen ihn der vergleichenden Beurteilung zu unterwerfen.

Adeimantos. Mit diesem Verfahren würden wir wenigstens uns selbst treu bleiben.

Sokrates. Ist nun nicht das, was zur Umwandlung der Oligarchie in die Demokratie führt, im Grunde nichts anderes als der unersättliche Hunger nach dem, was als eigentliches Gut und somit als Ziel des Strebens allen vor Augen steht, nämlich daß man so reich als möglich werden müsse?

Adeimantos. Wie so?

Sokrates. Da sich die Herrschaft der Regierenden in der Oligarchie auf ihren reichen Besitz stützt, so sind sie nicht geneigt, etwaige zügellose Leidenschaften der Jünglinge durch Gesetz einzuschränken, so daß es denselben nicht erlaubt sein soll, ihr Vermögen zu verschwenden und aufzubrauchen; denn es liegt ihnen daran, den Besitz solcher jungen Leute durch Ankauf oder darauf gemachte Vorschüsse an sich zu bringen, um dadurch noch reicher und angesehener zu werden.

Adeimantos. Ohne allen Zweifel.

Sokrates. Tritt es nun im Staate nicht klar hervor, daß Hochhaltung des Reichtums bei den Bürgern unvereinbar ist mit erfolgreichem Streben nach tugendhafter Mäßigung, daß vielmehr entweder das eine oder das andere dabei notwendig zu kurz kommen muß?

Adeimantos. Ja, ganz klar.

Sokrates. Indem man also in den Oligarchien gegen Zuchtlosigkeit nichts tut, sondern ihr die Zügel schießen läßt, so werden da nicht selten auch Menschen von nicht gemeiner Art in die Armut förmlich hineingezwungen.

Adeimantos. Gewiß.

Sokrates. Da sitzen sie nun, denk' ich, bestachelt und mit Waffen und Wehr ausgerüstet, die einen mit Schulden überladen, die anderen ihrer bürgerlichen Rechte beraubt, noch andere beides, voll Hasses und böser Anschläge gegen die, die ihnen ihr Vermögen geraubt haben wie auch gegen die übrigen, sehnsüchtig auf Umsturz sinnend.

Adeimantos. So ist es.

Sokrates. Jene Schacherer aber ducken sich und tun, als sähen sie diese nicht, und wissen es durch Anbringen ihres Geldes zu erreichen, daß jeder der noch übrigen jungen Leute, der ihnen nicht Widerstand leistet, ein Opfer ihrer Geldgier wird; so gewinnen sie an Zinsen ein Vielfaches ihres ursprünglichen Vermögens und machen die Zahl der Drohnen und Armen in der Stadt immer größer.

Adeimantos. Wie sollte das auch nicht der Fall sein?

Sokrates. Auf keinen Fall lassen sie sich darauf ein, die hervorbrechende Flamme des traurigen Übels zu löschen, sei es auf die schon erwähnte Weise, nämlich durch Einschränkung des unbedingten Verfügungsrechtes über das Vermögen, oder auf die folgende Weise, die wiederum nach einem anderen Gesetz diesem Unheil abhilft.

Adeimantos. Nach was für einem Gesetze denn?

Sokrates. Dem der zweite Platz nach jenem zukommt und das die Bürger zwingt, auf Anstand und Tugend zu halten. Denn wenn ein Gesetz vorschreibt, die freiwilligen Geschäftsverträge seien in der Regel auf eigene Gefahr abzuschließen, dann würde der Wucher im Staat in weniger schamloser Weise betrieben werden und so würde weniger Unheil der geschilderten Art in ihr aufkommen können.

Adeimantos. Ja, ganz entschieden.

Sokrates. Aber wie die Sachen jetzt stehen, bringen aus allen den genannten Gründen die Regierenden die Regierten im Staate in die beschriebene Lage; was aber sie selbst und die Ihrigen anlangt, machen sie da nicht die heranwachsende Jugend der Schwelgerei geneigt und zu körperlichen und geistigen Anstrengungen untauglich, auch schlaff im Widerstand gegen Lust und Schmerz und träge?

ADEIMANTOS. Ohne Zweifel.

SOKRATES. Für sie selbst aber ist das Ergebnis doch dies, daß sie sich um nichts anderes als um Gelderwerb kümmern und um Tugendhaftigkeit sich ebensowenig bemüht zeigen wie die Armen?

ADEIMANTOS. Ebensowenig.

SOKRATES. Wenn nun, so geartet, die Regierenden und die Regierten in nahe Berührung miteinander kommen, sei es auf Wanderungen oder bei anderen Anlässen zum Zusammensein, etwa bei Festgesandtschaften oder auf Feldzügen, als Schiffsgenossen oder Feldzugskameraden, oder auch wenn sie inmitten der Gefahren einander beobachten, wo denn die Armen sich von einer Seite zeigen, daß sie den Reichen durchaus nicht verächtlich erscheinen, sondern es oft vorkommt, daß in der Schlacht ein hagerer, von der Sonne verbrannter Armer als Nebenmann eines reichen, verwöhnten Weichlings, der mit viel fremdem Fleische behaftet ist, sieht, wie dieser an Atemnot und sonstigen Beschwerden leidet, sollte er da nicht auf den Gedanken kommen, daß diese Leute ihren Reichtum nur der Feigheit der Armen verdanken, und daß, wenn sie unter sich sind, das Wort aufkommt, das dann einer dem andern weitergeben wird: »mit unseren Herren ist es nichts«? Meinst du nicht so?

ADEIMANTOS. Ich weiß sogar ganz sicher, daß sie es so machen.

SOKRATES. Wie nun ein kränklicher Körper nur eines kleinen Anstoßes von außen bedarf, um in schwere Krankheit zu fallen, bisweilen aber auch schon ohne äußere Einflüsse mit sich in Zwiespalt gerät, so verfällt auch der mit jenem Körper in gleicher Lage sich befindende Staat aus geringfügigem Anlaß, wenn nämlich entweder die eine Partei von außen her aus einem ebenfalls oligarchisch regierten Staate oder die andere Partei aus einem Staate mit demokratischer Verfassung Bundesgenossen zur Hilfe entbietet, in Krankheit und gerät in Kampf mit sich selbst, bisweilen aber wird der Aufruhr auch ohne solche Einwirkung von außen ausbrechen.

ADEIMANTOS. Sicherlich.

SOKRATES. Eine Demokratie also entsteht, denke ich, dann, wenn die Armen, zum Siege gelangt, von den Gegnern einen Teil hinrichten, einen anderen verbannen, mit den übrigen aber die Verwaltung des Staates und der Ämter in voller Gleichstellung teilen und die Obrigkeiten zum überwiegenden Teil durchs Los bestimmen lassen.

ADEIMANTOS. Ja, das ist die Errichtung der Demokratie, mag sie nun durch die Waffen vor sich gehen oder dadurch, daß die Gegenpartei aus Furcht entwichen ist.

11. SOKRATES. Wie sieht es nun mit ihrem Leben im Staate aus? Und welches ist die Eigenart einer solchen Verfassung? Denn offenbar wird sich in dem Einzelnen, der dieser Verfassung entspricht, das Wesen des demokratischen Mannes kundgeben.

ADEIMANTOS. Offenbar.

SOKRATES. Nicht wahr, an erster Stelle steht doch dies, daß sie freie Menschen sind und daß der Staat förmlich überquillt von Freiheit und von Schrankenlosigkeit im Reden, und daß jeder ungehindert tun kann, was ihm nur immer beliebt?

ADEIMANTOS. So sagt man wenigstens.

SOKRATES. Wo aber alles erlaubt ist, da wird doch offenbar jeder Zugehörige sein Leben so gestalten, wie es ihm gerade gefällt.

ADEIMANTOS. Offenbar.

SOKRATES. Es werden sich also Menschen der verschiedensten Art unter solcher Verfassung zusammenfinden.

ADEIMANTOS. Ohne Zweifel.

SOKRATES. Fast sieht es so aus, als wäre dies die schönste aller Verfassungen. Wie ein buntes, in allen Farben prangendes Gewand prangt auch sie im Schmuck aller möglichen Lebensrichtungen und ist dem Anschein nach die schönste. Und gewiß werden die meisten sie tatsächlich für die schönste erklären, ganz ähnlich wie es die Kinder und Weiber mit den bunten Herrlichkeiten machen, in deren Anblick sie schwelgen.

ADEIMANTOS. Zweifellos.

SOKRATES. Und es ist, mein Trefflicher, ein Leichtes, sich in ihr eine Verfassung auszusuchen.

ADEIMANTOS. Wie so?

SOKRATES. Weil sie alle möglichen Arten von Verfassungen in sich schließt von wegen der schrankenlosen Freiheit; und wer eine Stadt gründen will, wie wir es eben jetzt taten, der hat, wie es scheint, nur nötig, seine Schritte in eine Stadt mit demokratischer Verfassung zu lenken, um, dort angelangt, wie in einer Trödelbude von Verfassungen diejenige Art auszuwählen, die ihm am meisten behagt, und hat er seine Wahl getroffen, dann mit der Gründung seiner Stadt zu beginnen.

ADEIMANTOS. Ja, an Musterbildern dürfte es ihm da nicht fehlen.

SOKRATES. Daß aber in diesem Staate keinerlei Zwang herrscht, ein Amt zu bekleiden, und magst du noch so befähigt dazu sein, und mit in den Krieg zu ziehen, wenn Krieg geführt wird, oder Frieden zu halten, wenn es die anderen tun, sofern du nicht etwa selbst ein Bedürfnis nach Frieden hast, und anderseits wieder, daß du, wenn etwa ein Gesetz dir verbietet, ein Amt zu bekleiden oder Richter zu werden, trotzdem amtieren und Recht sprechen kannst, wenn du Lust dazu verspürst – denn es kommt nur auf dich selbst dabei an –, ist das nicht für den ersten Blick eine wahrhaft göttliche und bezaubernde Art des Daseins?

ADEIMANTOS. Für den ersten Blick, nun ja.

SOKRATES. Und weiter: die Gleichgültigkeit mancher gerichtlich Verurteilter – ist sie nicht köstlich? Oder hast du in einem solchen Staat noch nicht gesehen, wie Menschen, die zum Tode oder zur Verbannung verurteilt sind, gleichwohl am Orte bleiben und sich ganz frei in der Öffentlichkeit bewegen? Und als achtete niemand darauf und als sähe es keiner, schreitet der Mann erhobenen Hauptes würdevoll wie ein Held einher.

ADEIMANTOS. Ja, solcher habe ich mehr als einen gesehen.

SOKRATES. Und nun ferner die Gewissenlosigkeit dieses Staates und seine Abweisung alles dessen, was ihm als Kleinigkeitskrämerei erscheint, die sich steigert bis zu völliger Mißachtung dessen, was wir so feierlich betonten, als wir unsere Stadt gründeten, nämlich daß, abgesehen etwa von einem ganz außergewöhnlich befähigten Menschen, niemals einer ein wahrhaft tüchtiger Mann werden könne, wenn er nicht gleich von Kind auf in seinen Spielen schon mit allem Schönen vertraut gemacht werde und weiterhin alles, was dahin gehört, zum Ziele seines ernsten Strebens mache – wie hochfahrend läßt er dies alles tief unter sich liegen und kümmert sich nichts darum, was derjenige bisher getrieben hat, der sich nun an die Staatsgeschäfte heranmacht, sondern erweist ihm alle Ehre, wenn er nur versichert, daß er es mit der Menge gut meine.

ADEIMANTOS. Allerdings.

SOKRATES. Diese herrlichen Vorzüge und andere ihnen verwandte hätte demnach die Demokratie, und so wäre sie denn, allem Anschein nach, eine reizende Staatsverfassung, herrschaftslos, buntscheckig, so etwas wie Gleichheit gleichmäßig an Gleiche und Ungleiche verteilend.

ADEIMANTOS. Ja, das sind allbekannte Wahrheiten.

12. SOKRATES. Nun richte deine Aufmerksamkeit auf den entsprechenden Einzelnen, um sein Wesen zu erkennen. Oder sollen wir es so machen wie bei der Staatsverfassung, daß wir nämlich zuerst die Art ihrer Entstehung betrachteten?

ADEIMANTOS. Ja.

SOKRATES. Ist sie nicht folgende? Ich stelle mir vor, daß jener sparsame, oligarchische Mann einen Sohn hat, der unter des Vaters Obhut in dessen Sitten auferzogen ist.

ADEIMANTOS. Dem steht nichts entgegen.

SOKRATES. Auch dieser also wird die in ihm sich regenden Lustbegierden gewaltsam unterdrücken, so weit sie verschwenderischer Art sind und die aus diesem Grunde auch nichtnotwendige genannt werden.

ADEIMANTOS. Offenbar.

SOKRATES. Bist du nun einverstanden, daß wir, um mit unserer Untersuchung nicht im Dunkeln zu tappen, zuerst den Unterschied zwischen notwendigen und nichtnotwendigen Begierden scharf bestimmen?

ADEIMANTOS. Ja.

SOKRATES. Nicht wahr, diejenigen, deren wir uns nicht entschlagen können, wie auch diejenigen, deren Befriedigung uns nützlich ist, werden doch mit Recht notwendige genannt. Denn das Streben nach diesen beiden ist eine Notwendigkeit für die menschliche Natur. Oder nicht?

ADEIMANTOS. Ganz gewiß.

SOKRATES. Mit Recht also werden wir doch dafür den Ausdruck *notwendig* brauchen?

ADEIMANTOS. Mit Recht.

SOKRATES. Und weiter: diejenigen, deren man sich bei strenger Zucht von Jugend an entschlagen kann, und die überdies, wo sie heimisch sind, nichts Gutes wirken, zum Teil sogar das Gegenteil, alle diese werden wir doch mit vollem Rechte für nichtnotwendige erklären?

ADEIMANTOS. Mit vollem Rechte.

SOKRATES. Wollen wir also, um einen festen Anhalt zu bekommen, uns an einem Beispiel die Natur beider klarmachen?

ADEIMANTOS. Ja, das müssen wir.

SOKRATES. Ist nicht die Begierde zu essen, soweit Gesundheit und Wohlbefinden davon abhängt, eine notwendige, also die Begierde nach Brot und Zukost?

ADEIMANTOS. Ich dächte doch.

SOKRATES. Die Begierde nun nach Brot ist in doppelter Hinsicht notwendig, erstens insofern sie nützlich ist, zweitens insofern, als sie, wenn man ihr nicht nachgibt, das Leben zum Stillstand bringen kann.

ADEIMANTOS. Ja.

SOKRATES. Die Zukost aber nur insofern, als sie für unser Wohlbefinden dienlich ist.

ADEIMANTOS. Gewiß.

SOKRATES. Die darüber hinausgehende Begierde aber, die nach feineren Eßgenüssen lüstern ist als die genannten und die, wenn von Jugend auf in Zucht gehalten und richtig behandelt, den meisten abgewöhnt werden kann, und die schädlich ist für den Leib, schädlich aber auch für die Seele, was die Ausbildung von Einsicht und Mäßigung anlangt, würde die nicht mit Recht als nichtnotwendige bezeichnet werden?

ADEIMANTOS. Mit vollstem Recht.

SOKRATES. Begierden der letzteren Art nun können wir doch auch verschwenderische nennen, jene ersteren dagegen gewinnbringende, da sie förderlich sind für die Geschäftsarbeit.

ADEIMANTOS. Ohne Zweifel.

SOKRATES. Und derselbe Unterschied wird doch auch für die Liebesgenüsse gelten und für die übrigen Begierden.

ADEIMANTOS. Allerdings.

SOKRATES. Und die vorhin von uns als Drohnen Bezeichneten waren doch unserer Meinung nach eben Menschen, die von derartigen Lüsten und Leidenschaften strotzen und also von nichtnotwendigen Begierden beherrscht werden, während der sparsame Mann von oligarchischer Gesinnung nur von den notwendigen beherrscht wird?

ADEIMANTOS. Sicherlich.

13. SOKRATES. Und nun laß uns wieder unsere Frage aufnehmen, wie sich der oligarchische Mann zum demokratischen entwickelt. Es scheint aber diese Entwickelung in den meisten Fällen folgenden Gang zu nehmen.

ADEIMANTOS. Welchen?

SOKRATES. Wenn ein Jüngling, so aufgewachsen, wie es eben von uns beschrieben ward, wahrer Bildung ermangelnd und knapp gehalten, den Honig der Drohnen zu kosten bekommt, und es feurige und gefährliche Tierchen sind, mit denen er in Berührung kommt, fähig mancherlei, in allen Farben schillernde und allen Stimmungen sich anpassende Lustgefühle zu erzeugen, so kannst du sicher sein, daß dies der Anfang seiner Umwandlung von der oligarchischen Sinnesart zur demokratischen ist.

ADEIMANTOS. Ohne Widerrede.

SOKRATES. Wie also die Umwandlung des Staates sich dadurch vollzog, daß der einen Partei von außen her bundesgenössische Hilfe kam, Gleiches zu Gleichem gesellend, so vollzieht sich auch in dem Jüngling die Umwandlung dadurch, daß der einen Partei der in ihm sich bekämpfenden Begierden verwandte und ähnliche Begierden von außen zu Hilfe kommen.

ADEIMANTOS. Sehr richtig.

SOKRATES. Und wenn nun die oligarchische Seite in ihm wiederum Gegenhilfe erhält, vielleicht von seiten des Vaters oder der anderen Angehörigen, die ihn warnen und hart anlassen, da kommt es dann vermutlich zu einem Wechselspiel der Parteiungen und zum völligen Zerfall seines Inneren, das mit sich selbst im Kampfe liegt.

ADEIMANTOS. Unvermeidlich.

SOKRATES. Und das eine Mal unterliegt vermutlich die demokratische Sinnesrichtung der oligarchischen und einige der dahingehörigen Begierden werden ertötet, andere werden ausgetrieben, wenn sich in der Seele des Jünglings ein gewisses Schamgefühl regt, und so findet er sich wieder zurecht.

ADEIMANTOS. Ja, das kommt wohl vor.

SOKRATES. Dann aber keimen wieder andere, den ausgetriebenen verwandte Begierden auf und mehren sich und erstarken infolge der Verständnislosigkeit seines Vaters für das Werk der Erziehung.

ADEIMANTOS. Ja, so pflegt es wohl zu gehen.

SOKRATES. Sie ziehen ihn also wieder zu den alten Bekannten hin und erzeugen im heimlichen Umgang mit diesen eine zahlreiche Nachkommenschaft.

ADEIMANTOS. Gewiß.

SOKRATES. Und schließlich bemächtigen sie sich, wenn ich recht sehe, der Burg in der Seele des Jünglings, wenn sie merken, daß ihr die richtigen Verteidiger fehlen, nämlich gute Kenntnisse und edles Pflichtgefühl und vernunftgemäße Grundsätze, die ja doch die besten Hüter und Wächter sind in der Gedankenwelt gottgeliebter Männer.

ADEIMANTOS. Ganz entschieden.

SOKRATES. Statt ihrer machen sich nun durch glücklichen Ansturm Trugund Prahlreden zu Herren eben jener Burg in ihm.

ADEIMANTOS. Sicherlich.

SOKRATES. Er kehrt also nun wieder zu jenen Lotophagen zurück und lebt mit ihnen in offener Gemeinschaft; und wenn etwa von seinen Angehörigen irgendeine Hilfe eintrifft für den auf sparsame Lebensweise gerichteten Teil seiner Seele, da schließen jene Prahlreden die Tore der königlichen Feste in ihm und lassen weder die Hilfsmacht selbst hinein, noch öffnen sie ihre Ohren den vermittelnden Reden älterer Männer; vielmehr bleiben sie selbst Sieger im Kampf und treiben nun die Scham – in ihren Augen eine reine Albernheit, wie sie sie denn auch so nennen – mit Schimpf und Schande in die Verbannung; die Besonnenheit, der sie den Namen »Unmännlichkeit« geben, treten sie mit Füßen und jagen sie von dannen, die Mäßigkeit und die Bescheidenheit im Aufwand, die, wie sie die Leute glauben machen wollen, nichts anderes ist als Ungeschliffenheit und Filzigkeit, schaffen sie über die Grenze, unterstützt von einer ganzen Schar verwerflicher Begierden.

ADEIMANTOS. Gewiß.

SOKRATES. Haben sie nun die Seele des von ihnen in Beschlag genommenen und mit den großen Weihen versehenen Jünglings aller dieser Tugenden los und ledig gemacht, so lassen sie den Übermut, die Zügellosigkeit, Schwelgerei und Schamlosigkeit in großer Herrlichkeit mit zahlreichem Gefolge im Schmucke von Ehrenkränzen ihren glänzenden Einzug halten unter Lobpreisungen und lügnerischen Schmeichelbenennungen: denn Übermut heißt nun Wohlgezogenheit, Zügellosigkeit Freiheit, Schwelgerei Großzügigkeit, Schamlosigkeit Männlichkeit. Ist dies nicht ungefähr die Art, wie sich bei einem Jüngling der Übergang vollzieht aus einer ihn auf Befriedigung der notwendigen Bedürfnisse beschränkenden Erziehung zur Freilassung und Entfesselung der nicht notwendigen Begierden?

ADEIMANTOS. Ja, daß man es fast mit Augen sehen kann.

SOKRATES. Weiterhin nun, denke ich, lebt ein solcher so, daß er Geld, Mühe und Zeit in gleicher Weise auf notwendige wie auf nicht notwendige Genüsse verwendet, ja wenn es gut geht und er sich nicht völlig dem Taumel überläßt, sondern bei zunehmenden Jahren, nachdem die fieberhafte Unruhe sich gelegt hat, die Ausgewiesenen zum Teil wieder aufnimmt und sich den früheren Eindringlingen nicht mehr unbedingt hingibt, stellt er unter den Lüsten ein gewisses Gleichgewicht her und lebt nun so, daß er der jeweils sich einstellenden Begierde, als wäre sie durch das Los dazu auserkoren, die Herrschaft über sich überläßt, bis er genug davon hat, und dann wieder einer anderen; denn er verachtet keine, sondern hat für alle das gleiche Wohlwollen.

Adeimantos. Das trifft durchaus zu.

Sokrates. Und von einem vernünftigen Mahnwort will er nichts wissen und verweigert dem den Zutritt in seine Burg, der etwa sagt, »die Lüste entsprängen teils aus schönen und guten Begierden, teils aus verwerflichen, und die ersteren müsse man sich zum Ziele setzen und hochhalten, die letzteren aber in Zucht nehmen und unterdrücken«, sondern alle dergleichen Reden weist er ab mit der Behauptung, alle Lüste seien einander gleich und allen gebühre die gleiche Wertschätzung.

Adeimantos. Das ist sicherlich die Art, auf die er unter den geschilderten Umständen verfährt.

Sokrates. Und so verläuft denn sein Leben Tag für Tag so, daß er der gerade sich meldenden Begierde nachgibt – zechend und von Flötenklang umrauscht, dann wieder mit Wasser zufrieden und bei schmaler Kost darbend, zuweilen gymnastischen Übungen obliegend, dann auch wieder auf der Bärenhaut liegend und sich um nichts bekümmernd, ab und zu auch sich stellend, als vertiefe er sich in die Rätsel der Weltweisheit; oft tritt er als Staatsmann an die Öffentlichkeit, und von seinem Sitze aufschnellend redet er dann, was ihm gerade in den Mund kommt, und nicht anders steht es mit seinem Handeln. Und tun es ihm einmal die Kriegsmänner an, so wirft er sich auf deren Handwerk, und wenn die Erwerbsleute, dann auf deren; kurz, weder Ordnung noch Pflichtzwang regelt sein Leben, sondern er lebt so in den Tag hinein fort bis an sein Ende und nennt das ein liebliches und freies und seliges Leben.

Adeimantos. Da hast du in der Tat das Leben eines echten Vertreters gleicher Rechte für alle geschildert.

Sokrates. Und ich meine, außerordentlich wandlungsfähig ist er, eine wahre Musterkarte aller möglichen Seelenverfassungen, und er ist denn, entsprechend jenem Staate, jener schöne und buntschillernde Mann, den viele Männer und Frauen ob seiner Lebenskunst bewundern, ihn, der die reichste Fülle von Vorbildern für Verfassungen und Charaktere in sich trägt.

Adeimantos. Ja, das ist er.

SOKRATES. Wie nun? Soll uns ein solcher Mann als Gegenstück der Demokratie gelten, als der mit Recht als demokratischer Mann bezeichnete?

ADEIMANTOS. Das soll er.

14. SOKRATES. So wären wir denn fertig bis auf die Schilderung derjenigen Verfassung, die alle anderen an Herrlichkeit überstrahlt ebenso wie der ihr entsprechende Mann, die Tyrannis nämlich und der Tyrann.

ADEIMANTOS. Richtig.

SOKRATES. Was erweist sich nun, mein Bester, als das Wesen der Tyrannis? Denn was ihre Entstehungsweise anlangt – auf die wir zunächst eingehen müssen –, so ist es doch wohl klar, daß sie sich aus der Demokratie entwickelt.

ADEIMANTOS. Offenbar.

SOKRATES. Entsteht nun nicht in gewissem Sinne auf dieselbe Weise wie die Demokratie aus der Oligarchie, so die Tyrannis aus der Demokratie?

ADEIMANTOS. Nun, wie denn?

SOKRATES. Was die Oligarchie als das eigentlich erstrebenswerte Gut hinstellte und worauf sich ihre Einführung gründete – es war dies aber offenbar nichts anderes als der Reichtum, nicht wahr?

ADEIMANTOS. Ja.

SOKRATES. Der unersättliche Hunger also nach Reichtum und die Vernachlässigung alles anderen um des Gelderwerbs willen führte zu ihrem Untergang.

ADEIMANTOS. Richtig.

SOKRATES. Wird nun auch für die Demokratie der unersättliche Hunger nach dem, was sie als das erstrebenswerte Gut hinstellt, der Grund ihrer Auflösung sein?

ADEIMANTOS. Was stellt sie denn deiner Meinung nach als das Gute hin?

SOKRATES. Die Freiheit. Denn daß dies ihr schönster Besitz ist und daß eben deshalb, wer von Natur der Freiheit ergeben ist, nur Bürger eines solchen Staates sein könne, das wirst du in einer demokratischen Stadt gewiß zu hören bekommen.

ADEIMANTOS. Ja, das Wort hört man oft genug.

SOKRATES. Um also zu meiner obigen Frage zurückzukehren, wird es nicht auch hier der unersättliche Hunger nach diesem Gut und die Vernachlässigung alles anderen sein, was die Verfassungsänderung herbeiführt und das Verlangen nach Tyrannenherrschaft erzeugt?

ADEIMANTOS. Wie so?

SOKRATES. Wenn ein nach Freiheit durstiger demokratischer Staat schlechte Mundschenken zu Leitern bekommt und sich über Gebühr an dem starken Weine der Freiheit berauscht, so wird er, wenn sie nicht ganz gefügig sind und reichlichste Freiheit gewähren, mit Strafen gegen sie vorgehen unter der Beschuldigung, sie seien Schurken und Oligarchen.

ADEIMANTOS. Ja, so hält man's da.

SOKRATES. Diejenigen aber, die den Behörden Gehorsam leisten, tritt man mit Füßen als liebedienerische und nichtswürdige Gesellen, während man die Beamten, die sich wie Untergebene, und die Untergebenen, die sich wie Beamte benehmen, öffentlich und unter sich preist und erhebt. Muß nicht in einem solchen Staat notwendig der Freiheitsdrang sich allen mitteilen?

ADEIMANTOS. Zweifellos.

SOKRATES. Und sich auch, mein Lieber, in die Häuser der Einzelnen einschleichen, daß schließlich sogar den Tieren sich dieser Abscheu vor aller Ordnung einpflanzt.

ADEIMANTOS. Was läßt sich dergleichen etwa im Einzelnen anführen?

SOKRATES. Wenn z. B. ein Vater sich in die Rolle eines Knaben hineinlebt und vor den Söhnen sich fürchtet, und der Sohn in die Rolle des Vaters und weder Scham noch Furcht vor seinen Eltern hat, um nur ja recht frei zu sein; und wenn ein Beisasse sich einem Altbürger gleichsteht und ein Altbürger dem Beisassen, und ebenso ein Fremder.

ADEIMANTOS. Ja, das erlebt man.

SOKRATES. Dies und noch manche andere Kleinigkeiten solcher Art erlebt man: der Lehrer hat unter solchen Verhältnissen Angst vor den Schülern und umschmeichelt sie, die Schüler haben keine Achtung vor den Lehrern und ebensowenig vor ihren Aufsehern; und überhaupt stellen sich die Jüngeren den Älteren gleich und suchen ihnen den Rang abzulaufen in Worten und Taten, während die Alten sich traulich mit den Jünglingen einlassen und, ganz im Geiste der Jugend, unerschöpflich sind in Witzeleien und Spaßhaftigkeiten, um nur ja nicht griesgrämig und herrisch zu erscheinen.

ADEIMANTOS. Gewiß.

SOKRATES. Aber das Äußerste, was diese Fülle der Freiheit leistet, die in einem solchen Staate sich findet, ist es doch, wenn die gekauften Sklaven und Sklavinnen ebenso frei sind wie diejenigen, die sie gekauft haben. Wie weit aber auch in dem Verhalten der Weiber gegen die Männer und der Männer gegen die Weiber die Rechtsgleichheit und Freiheit geht, das hätte ich beinahe vergessen zu erwähnen.

ADEIMANTOS. Wollen wir nicht, mit *Aischylos* zu reden, sagen, was uns eben *auf die Lippen kam*, und mag es auch noch so absonderlich sein?

SOKRATES. Gewiß; und ich wenigstens rücke, diesem Spruche gemäß, mit der Sprache heraus. Was nämlich die Tiere anlangt, die von den Menschen gehalten werden, so wird niemand, der es nicht selbst miterlebt, glauben, wieviel freier und frecher sie hier sind als anderwärts; denn mit den Hunden ist es wirklich genau so bestellt, wie es im Sprichwort heißt »wie die Herrin, so das Hündchen«, und auch bei Pferden und Eseln sieht man da, wie sie daran gewöhnt sind, ihrer Freiheit und Würde sich bewußt, daherzuschreiten und jeden, der ihnen auf der Straße begegnet, wenn er nicht ausweicht, anzurennen. Und so ist auch sonst alles voll der lieben Freiheit.

ADEIMANTOS. Was du da sagst, ist mir nichts Neues: es ist mein eigener Traum, den du erzählst; denn oft genug erlebe ich das selbst, wenn ich aufs Land gehe.

SOKRATES. Du begreifst wohl das Ergebnis von alledem, wenn man das Einzelne zum Ganzen zusammenfaßt, nämlich wie empfindlich das alles die Seele der Bürger macht, so daß sie den geringsten Versuch, ihnen Zwang anzutun, mit Unwillen abweisen und ihn sich nicht gefallen lassen? Denn schließlich, das weißt du ja, schwindet auch jede Achtung vor den Gesetzen, gleichviel ob geschriebenen oder ungeschriebenen, um ja keinen Gebieter, in welchem Sinne es auch sei, über sich zu haben.

ADEIMANTOS. Das weiß ich nur zu gut.

15. SOKRATES. Das also, mein Bester, ist der schöne und herrliche Anfang, aus dem die Tyrannis hervorwächst, wie ich glaube.

ADEIMANTOS. Ja, herrlich in der Tat. Aber wie nun weiter?

SOKRATES. Die nämliche Krankheit, die durch ihr Auftreten in der Oligarchie den Untergang derselben herbeiführte, führt auch in der Demokratie, wenn sie infolge der schrankenlosen Freiheit mehr um sich greift und heftiger wird, zur Verknechtung dieses Staatswesens. Und in der Tat: das Übermaß im Vorwärtstreiben der Dinge pflegt einen Umschlag ins Gegenteil als Rückschlag zur Folge zu haben, in der Witterung, im Wachstum der Pflanzen und Leiber, und nicht zum wenigsten denn auch in den Verfassungen.

ADEIMANTOS. Das hat viel für sich.

SOKRATES. Denn das Übermaß von Freiheit, scheint es, führt zu nichts anderem für den Einzelnen wie für den Staat als zum Umschlag in ein Übermaß von Knechtschaft.

ADEIMANTOS. Sehr begreiflich.

SOKRATES. Begreiflicherweise entwickelt sich also die Tyrannis aus keiner anderen Verfassung als der Demokratie, aus der äußersten Freiheit die größte und erbarmungsloseste Knechtschaft.

ADEIMANTOS. Das läßt sich hören.

SOKRATES. Doch nicht danach fragtest du, sondern danach, welche gleichmäßig der Oligarchie wie der Demokratie anhaftende Krankheit die Demokratie der Knechtschaft zuführe.

ADEIMANTOS. Du hast recht.

SOKRATES. Ich meinte also jenes Geschlecht von Faulenzern und Verschwendern, deren tapferster Teil die Führer stellt, während der schlaffere Teil das Gefolge bildet; zusammen bilden sie das Drohnengeschlecht, mit dem wir sie verglichen, und zwar sind die ersteren die mit Stacheln bewehrten, die letzteren die stachellosen.

ADEIMANTOS. Das trifft auch durchaus zu.

SOKRATES. Diese beiden also stiften in jeder Verfassung, wo sie sich finden, Unheil an, wie im Körper Schleim und Galle; sie muß also ein guter Arzt und Gesetzgeber nicht weniger als ein erfahrener Bienenvater mit aller Vorsicht fernzuhalten suchen und sie am liebsten überhaupt nicht einlassen, wenn sie aber doch eingedrungen sind, sie so schleunig als möglich mitsamt den Waben ausschneiden.

ADEIMANTOS. Ja, beim Zeus, unter allen Umständen.

16. SOKRATES. Laß uns denn der Sache von folgender Seite beikommen, um das, worauf wir abzielen, schärfer ins Auge zu fassen.

ADEIMANTOS. Von welcher?

SOKRATES. Wir wollen in Gedanken die Bürgerschaft des demokratischen Staates in drei Klassen zerlegen, was übrigens auch der Wirklichkeit entspricht. Die erste Klasse, die eben geschilderte, entwickelt sich in der Demokratie infolge der schrankenlosen Freiheit in nicht geringerem Umfange als in der Oligarchie.

ADEIMANTOS. So ist es.

SOKRATES. Aber in der Demokratie macht sie sich mit viel größerer Schärfe geltend als in der Oligarchie.

ADEIMANTOS. Wie so?

SOKRATES. In der letzteren steht sie nicht in Achtung, sondern wird von den Ämtern ferngehalten, und darum ist sie ungeübt und kommt nicht zu kräftiger Entwicklung, in der Demokratie dagegen hat sie, von wenigen Ausnahmen abgesehen, das Heft in den Händen, und die Schneidigsten darunter besorgen das Reden und Handeln, die andern aber umlagern und umsummen die Rednerbühne und lassen niemanden zu Worte kommen, der eine andere Meinung hat, so daß, einiges Wenige ausgenommen, in einem Staate mit solcher Verfassung alles in der Hand dieser Klasse liegt.

ADEIMANTOS. Gewiß.

SOKRATES. Als zweite Klasse sondert sich nun immer aus der Gesamtmasse eine von folgender Art ab.

ADEIMANTOS. Von welcher Art?

SOKRATES. Denkt man sich einen Ort, wo jedermann auf Gelderwerb aus ist, so bringen es da die von Natur am meisten mit Ordnungsliebe Ausgestatteten in der Regel auch zum größten Reichtum.

ADEIMANTOS. Aller Wahrscheinlichkeit nach.

SOKRATES. Da gibt es denn, denke ich, eine Fülle von Honig für die Drohnen, und es ist nichts leichter, als jenen denselben auszupressen.

ADEIMANTOS. Ja; denn wie könnte man auch denen, die wenig haben, dergleichen auspressen?

SOKRATES. Für solche Reiche hat man denn auch den Namen »Drohnenweide«.

ADEIMANTOS. Ja, das mag stimmen.

SOKRATES. Die dritte Klasse wäre dann das eigentliche Volk, nämlich alle die, welche von ihrer Hände Arbeit leben und mit Staatsgeschäften sich wenig zu schaffen machen, Leute von mäßigem Besitz. Dies ist denn in einer Demokratie die zahlreichste Klasse, bei der zugleich die Entscheidung liegt, wenn sie sich nämlich vollzählig zur Volksversammlung einfindet.

ADEIMANTOS. Ja, das ist sie; aber sie läßt sich nicht oft dazu herbei, es müßte denn sein, daß etwas Honig für sie dabei abfällt.

SOKRATES. Nun, es fällt für sie immer etwas ab dann, wenn die Führer in der Lage sind die Besitzenden ihres Vermögens zu berauben, wovon sie dann einen Teil unter das Volk verteilen, das meiste aber für sich behalten.

ADEIMANTOS. Ja, das Volk bekommt so viel, als ihm die Führer eben lassen.

SOKRATES. So sehen sich denn die, die um ihr Vermögen gekommen sind, genötigt, sich nach Kräften zur Wehr zu setzen durch Reden vor dem Volk und auch durch Handeln.

ADEIMANTOS. Selbstverständlich.

SOKRATES. So kommt es denn, daß sie, auch wenn sie frei sind von aller Neuerungssucht, von den Gegnern beschuldigt werden, daß sie dem Volke nachstellen und im Grunde des Herzens Oligarchen sind.

ADEIMANTOS. Zweifellos:

SOKRATES. Und schließlich, wenn sie sehen, daß das Volk, nicht etwa aus freien Stücken, sondern aus Unwissenheit und getäuscht von jenen Verleumdern, versucht, sich an ihnen zu vergehen, da endlich, mögen sie nun wollen oder nicht, werden sie wirklich oligarchisch gesinnt, nicht aus eigenem Antriebe, sondern durch die Stachelstiche jener Drohnen; denn sie sind es, die auch dieses Unheil erzeugen.

ADEIMANTOS. Offenbar.

SOKRATES. So kommt es denn zu öffentlichen Anklagen, Prozessen und gegenseitigen Belangungen.

ADEIMANTOS. Unfehlbar.

SOKRATES. Pflegt nun nicht das Volk immer Einen im Vorzug vor allen anderen an seine Spitze zu stellen und ihn zu hätscheln und allmächtig zu machen?

ADEIMANTOS. Ja, das ist so seine Gewohnheit.

SOKRATES. So viel also ist klar, daß, wenn ein Tyrann ersteht, er aus dieser Wurzel, aus der Vorstehermacht und aus keiner anderen hervorsproßt.

ADEIMANTOS. Völlig klar.

SOKRATES. Womit und wann beginnt nun also die Umwandlung aus einem Volksvorsteher in einen Tyrannen? Doch offenbar dann, wenn der Vorsteher dazu schreitet, das gleiche zu tun wie der Mann in der Fabel, welche von dem Tempel des Lykäischen Zeus in Arkadien erzählt wird.

ADEIMANTOS. Wie lautet sie?

SOKRATES. Daß der, welcher von dem menschlichen Eingeweide gekostet hat, das mit als ein Bestandteil einem Gemenge zerhackter Eingeweide anderer Opfertiere beigemischt ist, notwendig zum Wolfe wird. Oder hast du die Geschichte nicht gehört?

ADEIMANTOS. Doch.

SOKRATES. Geht es nun nicht ebenso mit dem Volksvorsteher? Wenn er, gestützt auf eine unbedingt gehorsame Menge, die hinter ihm steht, sich nicht scheut, seinen Volksgenossen ans Leben zu gehen, sondern durch ungerechte Beschuldigungen, wie es nicht selten bei ihnen vorkommt, und unter Einwirkung gerichtlicher Entscheidungen sich mit Blutschuld befleckt durch Vernichtung eines Menschenlebens und dadurch, daß er mit gottloser Zunge und Lippe Verwandtenmord kostet, und wenn er verbannt und hinrichtet und versteckte Andeutungen von Schuldenerlaß und Ackerverteilung macht – verfällt er da nicht fortan dem notwendigen Verhängnis, entweder durch Feindeshand umzukommen oder ein Tyrann und also aus einem Menschen ein Wolf zu werden?

ADEIMANTOS. Ganz unausbleiblich.

SOKRATES. Er ist es also, der den Aufruhr gegen die besitzenden Klassen herbeiführt.

ADEIMANTOS. Ja, er.

SOKRATES. Ist er nun etwa vertrieben worden und kehrt er dann seinen Feinden zum Trotz wieder zurück, zieht er dann nicht als ausgesprochener Tyrann wieder ein?

ADEIMANTOS. Offenbar.

SOKRATES. Wenn seine Gegner aber nicht imstande sind, ihn zu verjagen oder durch Aufhetzen der Bürger gegen ihn ein Todesurteil zu erwirken, so suchen sie ihn durch heimliche Anschläge gewaltsam aus dem Wege zu räumen.

ADEIMANTOS. Ja, das ist der gewöhnliche Lauf der Dinge.

SOKRATES. Daraufhin kommen denn alle, die es einmal so weit getrieben haben, auf die allbekannte Tyrannenforderung: sie bitten das Volk um eine Leibwache, damit der Schützer des Volkes ihnen erhalten bleibe.

ADEIMANTOS. Sehr wahr.

SOKRATES. Sie geben sie ihm, wohl weil sie einerseits um sein Leben besorgt sind, anderseits aber für sich selbst nur das Beste hoffen.

ADEIMANTOS. Sehr richtig.

SOKRATES. Wenn nun ein Mann von Vermögen, den eben dies Vermögen zugleich der Feindseligkeit gegen das Volk schuldig macht, dies sieht, da, mein Bester, folgt er dem Orakel, das Kroisos erhielt:

zum Ufer des kiesigen Hermos
Flieht er und bleibt nicht mehr, noch schämt er sich, feige zu heißen.

ADEIMANTOS. Er würde auch nicht in die Lage kommen, sich zum zweiten Male zu schämen.

SOKRATES. Ja, wer sich fangen läßt, der ist, denke ich, dem Tode verfallen.

ADEIMANTOS. Notwendig.

SOKRATES. Jener Vorsteher selbst aber *liegt* nun nicht etwa groß ausgestreckt auf großer Fläche, sondern er *steht* nach Niederwerfung seiner zahlreichen Gegner aufrecht auf dem Wagen des Staates, jetzt nicht mehr Vorsteher, sondern vollendeter Tyrann.

Adeimantos. Ja, das versteht sich.

17. Sokrates. Laß uns nun die Glückseligkeit des Mannes sowohl wie des Staates betrachten, der mit einer derartigen Kreatur behaftet ist.

Adeimantos. Ja gewiß, das wollen wir tun.

Sokrates. Nicht wahr, in den ersten Tagen und zu Beginn seiner Herrschaft begegnet er allen mit freundlichem Lächeln und Gruß, versichert, er sei gar kein Tyrann, verspricht Einzelnen und dem Gemeinwesen wer weiß was alles, verfügt Schuldenerlaß, verteilt Land an das Volk und an seinen Anhang und spielt die Rolle des Gnädigen und Milden gegen alle.

Adeimantos. Notwendig.

Sokrates. Hat er aber, was die aus der Stadt vor ihm gewichenen Gegner anlangt, sich mit den einen versöhnt und die anderen vernichtet und sich dadurch Ruhe vor ihnen verschafft, so legt er sich zunächst darauf, irgendwelche Kriege anzuzetteln, damit das Volk eines Anführers bedürfe.

Adeimantos. Wohl richtig.

Sokrates. Und ferner auch deshalb, damit sie durch den dadurch veranlaßten Steuerdruck in Armut geraten und so gezwungen werden, sich ganz auf die Befriedigung des täglichen Bedarfes zu werfen, und dadurch von Anschlägen gegen ihn abgelenkt werden?

Adeimantos. Offenbar.

Sokrates. Und wenn er einige in Verdacht hat, daß sie, von freiheitlichem Geiste erfüllt, seiner Herrschaft in den Weg treten werden, so hat er jetzt einen guten Vorwand sie aus dem Wege zu räumen, indem er sie den Feinden preisgibt. Muß nicht aus allen diesen Gründen ein Tyrann beständig kriegerische Unruhen in Gang halten?

Adeimantos. Notwendig.

Sokrates. Und wenn er das tut, dann ist es doch fast unausbleiblich, daß er den Bürgern immer mehr verhaßt wird?

Adeimantos. Wie sollte er nicht?

Sokrates. Und auch einige von denen, die ihm mit zur Herrschaft verholfen haben und in einflußreicher Stellung sind, werden aller Wahrscheinlichkeit nach ihm gegenüber wie auch untereinander sich ungescheut aussprechen und ihre Mißbilligung der Vorgänge, die sich vor ihnen abspielen, äußern, wenigstens die Beherztesten unter ihnen.

ADEIMANTOS. Wohl wahr.

SOKRATES. Sie alle also muß der Tyrann aus dem Wege räumen, wenn er wirklich Herrscher sein will, bis kein Freund und auch kein Feind mehr übrig ist, von dem noch etwas zu erwarten wäre.

ADEIMANTOS. Offenbar.

SOKRATES. Er muß also ein scharfes Auge darauf haben, wer tapfer, wer hochherzig, wer einsichtig, wer reich ist. Und er genießt das beneidenswerte Glück, alle diese Männer, mag er wollen oder nicht, befehden und mit Nachstellungen verfolgen zu müssen, bis er die Stadt gereinigt hat.

ADEIMANTOS. Eine schöne Reinigung, in der Tat.

SOKRATES. Ja, das Gegenteil von der, mittels deren die Ärzte den Leib reinigen; denn diese lassen das Schlechteste entweichen und halten das Beste zurück, er aber umgekehrt.

ADEIMANTOS. Ja, das ist für ihn, wie es scheint, unvermeidlich, wenn er Herr bleiben will.

18. SOKRATES. So sitzt er also fest eingeschmiedet in einer überglücklichen Zwangslage, die ihn nötigt, entweder in Gesellschaft von Menschen zu leben, die zum größten Teil nichts taugen und die ihn noch dazu hassen, oder gar nicht zu leben.

ADEIMANTOS. So ist es.

SOKRATES. Wird er also nicht, je mehr er bei den Bürgern sich durch solches Auftreten verhaßt macht, einer um so größeren und um so ergebeneren Schar von Leibwächtern benötigt sein?

ADEIMANTOS. Selbstverständlich.

SOKRATES. Diese Ergebenen nun, wer sind sie denn und woher soll er sie sich holen?

ADEIMANTOS. Von selbst werden sie ihm in Menge zufliegen, wenn er nur den gehörigen Sold zahlt.

SOKRATES. Es scheint mir, beim Hunde, du meinst damit wieder eine Art von Drohnen, ein buntes Gemisch von Leuten aus allerlei fremdem Volk.

Adeimantos. Das ist in der Tat meine Meinung.

Sokrates. Wie nun? Würde er es nicht vorziehen –

Adeimantos. Was?

Sokrates. Den Bürgern *seines* Staates ihre Sklaven wegzunehmen, sie in Freiheit zu setzen und mit ihnen seine Leibwache zu verstärken?

Adeimantos. Ja, entschieden; denn diese werden ihm in der Tat am ergebensten sein.

Sokrates. Wahrlich, ein Ausbund von Glück, dieser dein Tyrann, wenn er es nun mit solchen Freunden und Getreuen hält, nachdem er jene früheren aus dem Wege geräumt hat.

Adeimantos. In der Tat aber hält er es nun mit solchen.

Sokrates. Und diese Genossen bewundern ihn denn nun, und sie, diese Neubürger, bilden seine Umgebung, während die anständigen Leute ihn hassen und meiden?

Adeimantos. Wie sollten sie auch nicht?

Sokrates. Es hat also seinen guten Grund, wenn man die Tragödie überhaupt für eine Fundgrube der Weisheit hält und den Euripides für den eigentlichen Meister in derselben.

Adeimantos. Wie so?

Sokrates. Weil von ihm jenes tiefsinnige Wort herrührt, daß *Tyrannen weise sind durch den Umgang mit Weisen*, womit er offenbar sagen wollte, es seien die Weisen, mit denen der Tyrann Umgang pflegt.

Adeimantos. Ja, als eine Art Himmelreich auf Erden preist er die Tyrannei und als was sonst noch alles, nicht nur er, sondern auch die übrigen Dichter.

Sokrates. So werden denn die Tragödiendichter, als weisheitsvolle Männer, uns und denen, die es in Sachen der Staatsverwaltung ähnlich halten wie wir, es nicht übelnehmen, wenn wir ihnen keinen Zutritt gestatten in unser Staatswesen, da sie Lobpreiser der Tyrannei sind.

Adeimantos. Nein, ich denke, das werden sie nicht tun, wenigstens nicht die feiner Gearteten unter ihnen.

Sokrates. Aber die anderen Städte stehen ihnen offen: durch sie machen sie die Runde, sammeln, nachdem sie für die Aufführung ihrer Stücke schöne, ausgiebige und beifallssichere Stimmkräfte gegen gute Bezahlung gewonnen haben, das Volk in Scharen um sich und ziehen so die Verfassungen zur Tyrannei und Demokratie hinüber.

ADEIMANTOS. Unstreitig.

SOKRATES. Und dazu empfangen sie auch noch Bezahlung und Auszeichnungen, vor allem, wie begreiflich, von Tyrannen, sodann aber auch von demokratischen Gemeinwesen. Je weiter sie aber hinaufsteigen zur Höhe der Verfassungen, um so mehr versagt die gehoffte Hochschätzung, gerade als ob ihr der Atem ausginge und sie nicht mehr mit fortkommen könnte.

ADEIMANTOS. Allerdings.

19. SOKRATES. Indes, das war nur eine Abschweifung. Kehren wir also wieder zurück zu jener Leibgarde des Tyrannen, diesem schönen, zahlreichen, buntscheckigen und immer sich wandelnden Heere, und fragen, woher er den Unterhalt für sie gewinnen wird.

ADEIMANTOS. Offenbar wird er, wenn es Tempelschätze in der Stadt gibt, diese für seine Zwecke verwenden, soweit sie nur immer dafür reichen, ferner auch die Güter seiner vernichteten Gegner, dem Volke aber wird er nur geringe Steuern auferlegen.

SOKRATES. Wie aber nun, wenn diese Quelle erschöpft ist?

ADEIMANTOS. Offenbar werden er und seine Zechgenossen und Freunde und Freundinnen sich dann vom Väterlichen ernähren.

SOKRATES. Ich verstehe: das Volk, der Erzeuger des Tyrannen, soll es dann sein, der ihn und seine Genossen ernährt.

ADEIMANTOS. Dazu muß es sich unweigerlich verstehen.

SOKRATES. Wie denkst du aber, daß es werden wird, wenn das Volk sich widersetzte und erklärte, es sei weder recht, daß ein erwachsener Sohn vom Vater ernährt werde, vielmehr müsse umgekehrt der Vater vom Sohne ernährt werden, noch habe es ihn deshalb erzeugt und eingesetzt, um, wenn er groß geworden wäre, selbst der Sklave seiner eigenen Sklaven zu werden und ihn und seine Sklaven mitsamt seinem übrigen Gesindel zu ernähren, sondern um selbst durch ihn, seinen Vorsteher, von den Reichen und der sogenannten »besseren Klasse« befreit zu werden? Und wenn es ihn nun mitsamt seinen Genossen aus der Stadt verweist und es mit ihm macht wie ein Vater, der seinen Sohn mitsamt seinen wüsten Zechbrüdern aus dem Hause jagt?

ADEIMANTOS. Dann wird, beim Zeus, das Volk endlich erkennen, was für einen Unhold es sich erzeugt und gehätschelt und großgezogen hat und daß es nun als der schwächere Teil die Stärkeren austreiben will.

SOKRATES. Wie meinst du? Wird es denn der Tyrann wagen, seinem Vater Gewalt anzutun und, wenn er sich nicht fügt, ihn gar zu schlagen?

ADEIMANTOS. Ja, nur muß er ihm erst die Waffen abgenommen haben.

SOKRATES. Für einen Vatermörder also erklärst du den Tyrannen und für einen gewissenlosen Verächter der Pflichten gegen das Alter, und es liefe denn, wie mir scheint, eben darauf nunmehr anerkanntermaßen die Tyrannei hinaus; und, wie es im Sprichwort heißt, wäre dann das Volk, vor dem Rauche fliehend, ins Feuer geraten, aus dem Rauche nämlich der Knechtschaft unter Freien in das Feuer der Gewaltherrschaft von Sklaven: es hat jene übermäßige und unangebrachte Freiheit vertauscht mit der härtesten und schlimmsten Form der Sklaverei, der Sklaverei nämlich unter Sklaven.

ADEIMANTOS. Ja, gewiß ist dies der Verlauf der Sache.

SOKRATES. Wie nun? Wird es nicht ganz am Platze sein, wenn wir sagen, wir hätten nun zur Genüge dargelegt, wie die Tyrannei aus der Demokratie hervorgeht und wie sie, ihre Entstehung vorausgesetzt, ihrem Wesen nach beschaffen ist?

ADEIMANTOS. Ja, zu voller Genüge.

Neuntes Buch

1. Sokrates. So bliebe uns nun noch die Betrachtung des einzelnen Mannes von tyrannischer Sinnesart übrig, nämlich wie er sich aus einem Anhänger der Demokratie entwickelt, wie nach vollendeter Entwicklung sein Wesen sich uns darstellt, und was für ein Leben er führt, ein unseliges oder ein glückseliges.

Adeimantos. Ja, mit ihm müssen wir uns noch beschäftigen; er ist noch im Rückstand.

Sokrates. Weißt du, womit wir außerdem meiner Ansicht nach noch im Rückstand sind?

Adeimantos. Womit denn?

Sokrates. Mit der Erörterung der Begierden nach Art und Zahl; diese Aufgabe ist, wie mir scheint, von uns nicht zur Genüge erledigt worden. Solange es damit nun noch mangelhaft bestellt ist, wird die Untersuchung, die wir uns jetzt zur Aufgabe gemacht haben, die rechte Klarheit vermissen lassen.

Adeimantos. Soll ich sie also nicht noch einfordern, als unbezahlte Schuld?

Sokrates. Ja, unbedingt. Und laß dir sagen, was ich an ihnen ins Auge fassen will. Es ist dies folgendes. Von den nicht notwendigen Begierden scheinen mir einige wider Gesetz und Ordnung zu sein; sie sind zwar vermutlich einem jeden angeboren; aber von den Gesetzen und den bessern Trieben im Bunde mit der Vernunft gehörig in Zucht gehalten, werden sie bei einigen Menschen entweder völlig ausgetrieben oder bleiben nur in geringer Zahl und schwach an Kraft zurück, bei anderen dagegen entwickeln sie sich zu um so größerer Kraft und Fülle.

Adeimantos. Und was sind das für welche, die du dabei im Sinn hast?

Sokrates. Diejenigen, die sich im Schlafe regen, wenn der andere Seelenteil, der vernünftige nämlich und gesittete und über jene herrschende, ruht, während der tierische und der Wildheit ergebene, mit Speise oder Trank gefüllt, sich vor Unbändigkeit nicht zu lassen weiß und den Schlaf abschüttelnd loszustürmen und seinen Trieben zu frönen sucht. In solchem Zustand scheut er bekanntlich, bar und ledig jeglichen Schamgefühls und jeglicher Besinnung, wie er dann ist, vor nichts zurück. Denn er bedenkt sich keinen Augenblick, der eigenen Mutter, wie er wähnt, beizuwohnen oder irgendwelchem anderen Wesen, sei es Mensch, Gott oder Tier, und jede Blutschuld auf sich zu laden und jeder Speise zuzusprechen. Mit einem Wort: es gibt keine Unvernünftigkeit und keine Schamlosigkeit, auf die er sich nicht einläßt.

ADEIMANTOS. Das trifft durchaus zu.

SOKRATES. Wenn dagegen – so will mir scheinen – jemand in gesunder und besonnener Seelenverfassung sich zur Ruhe begibt, nachdem er den vernünftigen Teil seines Ich zur Tätigkeit angeregt und mit schönen Gedanken und Betrachtungen gesättigt und so seinen Geist zur denkenden Beschäftigung mit sich selbst geführt hat, den begehrlichen Teil dagegen weder dem Mangel noch der Übersättigung ausgesetzt hat, auf daß er Ruhe halte und dem besten Teil nicht etwa störend in den Weg trete durch den Ausbruch von Lust oder Schmerz, wenn er vielmehr dies sein Bestes völlig rein für sich der Betrachtung sich hingeben und bestrebt sein läßt, etwas wahrzunehmen von dem, wovon er bisher noch kein sicheres Wissen besitzt, sei es etwas Vergangenes oder Gegenwärtiges oder Zukünftiges, und wenn er in gleicher Weise den zornesmutigen Teil besänftigt hat und nicht etwa nach heftigen Zornesauftritten mit anderen sich aufgeregten Gemütes schlafen legt, sondern nach Beruhigung der beiden anderen Teile und Anregung des dritten, also desjenigen, dem die Einsicht innewohnt, sich zur Ruhe begibt, so wird er in solchem Zustand, wie du dir selbst sagen wirst, am besten die Wahrheit erfassen und seine Traumerscheinungen werden am wenigsten sündhaft sein.

ADEIMANTOS. Das ist ganz, was auch ich meine.

SOKRATES. Wir sind damit allerdings etwas weiter gegangen, als unmittelbar nötig war; was wir uns klarmachen wollen, ist doch nur dies, daß einem jeden eine gefährliche, wilde und ordnungswidrige Art von Begierden innewohnt, selbst manchen unter uns, die vollständig tugendhaft zu sein scheinen, und dies gibt sich denn in den Träumen kund. Frage dich also, ob etwas daran ist an dem, was ich sage, und ob du beistimmen kannst.

ADEIMANTOS. Ja, ich stimme bei.

2. SOKRATES. Erinnere dich also der charakteristischen Eigenschaften, die wir dem Volksmann (Demokraten) zusprachen. Er war zu einem solchen dadurch geworden, daß er von jung auf unter der Obhut eines sparsamen Vaters aufgewachsen war, der nur die auf Erwerb gerichteten Begierden hochhielt, solche dagegen, die nicht notwendig sind, sondern nur auf Kurzweil und Prunk zielen, verachtete. Nicht wahr?

ADEIMANTOS. Ja.

SOKRATES. Wenn er nun in Verkehr kam mit Männern lebhafteren Geistes, die voll waren der eben von uns aufgezählten Begierden, da sah er sich aus Haß gegen des Vaters Knauserei zu jeder Art von Frevelmut und zu der Lebensweise dieser Männer hingetrieben; von Natur aber doch besser geartet als diese seine Verführer nahm er, nach beiden Seiten hingezogen, eine mittlere Stellung ein zwischen beiden Lebensformen, und maßvoll – seiner Meinung nach – in jedem Genuß, dem er sich hingibt, führt er nun ein Leben, das ebensosehr vor niedriger Habgier wie vor gesetzwidrigem Frevelmut bewahrt bleibt, aus einem Anhänger der Oligarchie zu einem Volksmann geworden.

ADEIMANTOS. Ja, das war unsere Meinung über den Mann dieser Art und ist sie noch.

SOKRATES. Denke dir nun, dieser, schon älter geworden, habe wieder einen Sohn, der seinerseits in den Sitten dieses seines Vaters aufgewachsen ist.

ADEIMANTOS. Gut, dem sei so.

SOKRATES. Nimm nun weiter an, es wiederhole sich bei dem Sohne alles das, was mit dem Vater vor sich ging, nämlich: man sucht ihn zu verleiten zu jeder Schandtat, nennt es aber nicht Schandtat, sondern hat dafür durchweg den schönen Namen Freiheit; und es treten als Helfer für die in der Mitte schwankenden Triebe der Vater und die anderen Angehörigen auf, während die andere Partei Gegenhilfe leistet; wenn aber diese geriebenen Zauberer und Tyrannenmacher nicht mehr hoffen können, auf eine andere Art den Jüngling in ihrem Banne zu halten, so wissen sie mit aller List es so anzustellen, daß sie ihm irgendeine Liebesleidenschaft (einen Eros) einpflanzen, die über die faulen und den vorhandenen Besitz verschleudernden Begierden das Vorsteheramt erhält, so eine rechte große beflügelte Drohne. Oder glaubst du etwa, die Liebesbegierden solcher Leute seien etwas anderes?

ADEIMANTOS. Nein, nichts anderes als dies.

SOKRATES. Wenn also nun die anderen Begierden diese Liebesleidenschaft, ihren Oberherrn, umsummen, reichlichst Räucherwerk, Salben, Kränze, Wein und die in solcher Gesellschaft aller Fesseln entledigten Lüste spendend, und, sie bis zum äußersten steigernd und stärkend, der Drohne noch den Stachel der Sehnsucht einfügen, da macht dieser Vorsteher der Seele die rasenden Begierden zu seiner Leibwache und gebärdet sich wie toll, und wenn er noch irgendwelche Meinungen oder Begierden in sich entdeckt, die gemeinhin als bieder gelten und noch ein Gefühl von Scham verraten, so tötet er sie und verbannt sie aus seinem Innern, bis er alle Besonnenheit hinausgefegt und sich ganz mit jener eingeschleppten Wahnsinnskrankheit gefüllt hat.

ADEIMANTOS. Eine völlig zutreffende Schilderung der Entwicklung des tyrannisch gesinnten Mannes.

SOKRATES. Ist nicht eben dies der Grund, daß Eros (der Liebesgott) schon von alters her ein Tyrann heißt?

ADEIMANTOS. Wohl möglich.

SOKRATES. Und nicht wahr, mein Bester, auch im Rausche überkommt den Menschen eine tyrannische Sinnesart?

ADEIMANTOS. Das trifft zu.

SOKRATES. Und auch wessen Geist gestört und aus den Fugen geraten ist, der setzt es sich in den Kopf und bildet sich ein, stark genug zu sein, nicht nur über Menschen, sondern auch über Götter zu herrschen.

ADEIMANTOS. Gewiß.

SOKRATES. Ein tyrannischer Mann im vollsten Sinne, mein Trefflicher, wird er aber erst dann, wenn er entweder durch Naturbestimmung oder durch vorsätzliche Lebensweise oder durch beides trunken, verliebt und irrsinnig geworden ist.

ADEIMANTOS. Sehr richtig.

3. SOKRATES. Dies ist also, wenn nicht alles täuscht, – ähnlich wie in den vorher durchgegangenen Fällen auch hier – der Werdegang des tyrannischen Mannes. Wie aber lebt er denn nun?

ADEIMANTOS. Du bist es, der mir das sagen muß – um diesen Scherzausdruck zu brauchen.

SOKRATES. So höre denn. Irre ich nämlich nicht, so gibt es dann bei ihnen Feste mit Aufzügen, Gelagen, Freudenmädchen und allem dergleichen, bei ihnen, in deren Innerem Eros als Tyrann thront und als Herrscher das ganze Reich der Seele leitet.

ADEIMANTOS. Notwendig.

SOKRATES. Schießen dann nicht daneben noch viele dringliche Begierden hervor, Tag für Tag und Nacht für Nacht, die die stärksten Ansprüche stellen?

ADEIMANTOS. Ja gewiß, gar viele.

SOKRATES. Ehe man sich's versieht, werden dann also alle etwaigen Einkünfte aufgebraucht.

ADEIMANTOS. Unvermeidlich.

SOKRATES. Es folgen also dann Schuldenmacherei und Eingriffe in den festen Besitzstand.

ADEIMANTOS. Zweifellos.

SOKRATES. Wenn aber nun alles zur Neige geht, werden dann nicht unvermeidlich die zahlreichen heftigen Begierden, die sich eingenistet haben, ein lautes Geschrei anschlagen, die davon betroffenen Menschen aber wie getrieben von den Stacheln sowohl der übrigen Begierden wie vor allem von dem Eros selbst, der sich an die Spitze aller anderen, die gleichsam seine Leibwache bilden, stellt, wie toll umherrasen und ausspähen nach jedem Besitzenden, dem sie durch Trug oder durch Gewalt noch etwas abnehmen können?

ADEIMANTOS. Ganz unvermeidlich.

SOKRATES. Es gilt denn also, von überall her alles an sich zu raffen oder aber sich in unsäglichen Qualen und Schmerzen zu winden.

ADEIMANTOS. Notwendig.

SOKRATES. Wie nun die in ihn eingedrungenen Lüste über die alten die Oberhand gewannen und sie ihres Besitzstandes beraubten, so wird doch wohl auch er selbst, der Jüngere, über Vater und Mutter die Oberhand erlangen und ihnen das Ihrige rauben wollen, indem er, wenn er sein Erbteil durchgebracht hat, sich das väterliche Gut zunutze macht?

ADEIMANTOS. Ganz zweifellos.

SOKRATES. Wenn sie es ihm aber verwehren, wird er dann nicht zunächst versuchen, seine Eltern zu bestehlen und zu überlisten?

ADEIMANTOS. Entschieden.

SOKRATES. Wenn ihm das aber nicht gelingt, so folgt als weiterer Schritt der, daß er mit Raub und mit Gewalt gegen sie vorgeht.

ADEIMANTOS. Das glaube ich wohl.

SOKRATES. Wenn nun der alte Vater und die alte Mutter Widerstand leisten und sich zur Wehr setzen, mein Bester, wird er dann etwa zur Besinnung kommen und seine tyrannischen Anschläge gegen sie einstellen?

ADEIMANTOS. Ich meinerseits kann nicht den mindesten Trost für die Eltern eines solchen Menschen ausfindig machen.

SOKRATES. Aber, mein Adeimantos, glaubst du, beim Zeus, ein solcher werde einer Dirne wegen, die erst neuerlich seine Geliebte geworden und durch keine notwendigen Bande an ihn gekettet ist, seine von jeher ihm liebe und durch feste, natürliche Bande an ihn gekettete Mutter, oder eines schönen Jünglings wegen, der neuerdings sein Geliebter geworden ist, ohne daß ihn notwendige Bande an ihn ketteten, seinen alten, nunmehr der Schönheit baren und durch notwendige Bande an ihn geketteten Vater, den ältesten aller Freunde, tätlich mißhandeln und sie unter die Botmäßigkeit jener jungen Leute stellen, wenn er sie etwa in ein und demselben Hause beisammen hat?

ADEIMANTOS. Ja, beim Zeus.

SOKRATES. Ein ganz unvergleichliches Glück also scheint es zu sein, einen tyrannischen Sohn erzeugt zu haben.

ADEIMANTOS. Allerdings.

SOKRATES. Wie nun, wenn bei Vater und Mutter nichts mehr für einen solchen Menschen zu holen ist, der Schwarm der Lüste aber sich in ihm schon zu großer Menge angesammelt hat? Wird er sich dann nicht zunächst als Einbrecher an die Mauer irgendeines Wohnhauses oder als Räuber an den Mantel irgendeines verspäteten nächtlichen Straßengängers heranmachen, sodann aber auch irgendeinen Tempel gründlichst ausräumen? Und bei all diesem Treiben werden die Ansichten, die er bis dahin von Kind auf über Tugend und Laster hatte, jene Ansichten, die der gewöhnlichen Anschauung über Rechtlichkeit entsprachen, überwältigt werden von den neuerdings erst aus der Knechtschaft befreiten, die im Bunde stehen mit Eros, dessen Leibwache sie bilden, und die früher nur im Traum, wenn er schlief, sich freimachen konnten, solange er noch unter dem Druck der Gesetze und seines Vaters der demokratischen Richtung in seinem Innern treu blieb; seit er aber unter des Eros tyrannische Herrschaft geraten und nun für immer in Wirklichkeit ein solcher geworden ist, wie er es vorher nur ab und zu im Traume ward, wird er vor keinem entsetzlichen Mord, vor keiner sündlichen Speise oder Tat mehr zurückschrecken, sondern der Eros, der als tyrannischer Gebieter in voller Ungebundenheit und Gesetzlosigkeit in ihm waltet, wird den, der, wie ein Staat seinen Herrscher, ihn in sich hat, jedem Wagnis zuführen, das ihm und dem ihn umgebenden lärmenden Schwarme Unterhalt verschafft, jenem Schwarme, der teils von außen in ihn eingedrungen ist infolge schlechter Gesellschaft, teils von innen aus durch die jenen gleichartigen Triebe, die sich auch in ihm selbst vorfanden, entfesselt und in Freiheit gesetzt worden ist. Oder ist das nicht das Leben eines solchen?

ADEIMANTOS. Ja, das ist es.

SOKRATES. Und wenn die Zahl solcher Menschen im Staate nur gering ist und die übrige Menge verständig und gesittet ist, dann machen sie sich von dannen und dienen irgendeinem Tyrannen als Leibwächter oder verdingen sich als Hilfstruppen, wenn irgendwo Krieg ist; herrscht aber Friede und Ruhe in der umgebenden Welt, so bleiben sie in der Stadt und begnügen sich mit zahlreichen kleinen Missetaten.

ADEIMANTOS. Was für welche meinst du damit?

SOKRATES. Sie legen sich z. B. aufs Stehlen, auf Einbrecherei, Beutelschneiden, Kleiderdiebstahl, Tempelraub und Seelenverkäuferei; mitunter treten sie auch als falsche Ankläger auf, wenn sie der Rede mächtig sind, auch als falsche Zeugen, und auch der Bestechlichkeit sind sie zugänglich.

ADEIMANTOS. Ja, klein sind diese Übel, wenn die Zahl solcher Menschen gering ist.

SOKRATES. Gewiß; denn das Kleine ist klein im Verhältnis zum Großen, und all das Genannte kommt, was Verkommenheit und Elend eines Staates anlangt, gegen einen Tyrannen und seine Wirtschaft sozusagen gar nicht in Betracht; denn erst wenn sich viele Menschen solchen Schlages in einem Staate finden und andere sich in großer Zahl zu ihrem Gefolge hergeben und sie sich nun der Stärke ihrer Masse bewußt werden, da sind sie es, die im Bunde mit der Unvernunft des Volkes den Tyrannen erzeugen, und zwar wird dies der von ihnen, der selbst in seiner Seele den größten und anspruchsvollsten Tyrannen hat.

ADEIMANTOS. Begreiflicherweise; denn er hat am meisten von der Tyrannennatur in sich.

SOKRATES. Wenn sie sich es nämlich gefallen lassen. Wenn aber die Stadt sich nicht darauf einläßt, so wird er, wie er damals seine Mutter und seinen Vater mißhandelte, so nun auch, wenn er die Kraft dazu hat, sein Vaterland mißhandeln, indem er die Zahl seiner Anhänger durch neue von fremdher vermehrt, und wird nun so sein von jeher ihm liebes Mutterland, wie die Kreter sagen, und Vaterland unter der Knechtschaft dieser Leute halten und hüten. Und das wäre denn endlich das Ziel der Begehrlichkeit eines so gearteten Mannes.

ADEIMANTOS. Ja, dieses und kein anderes.

SOKRATES. Nicht wahr, solange sie noch für sich leben und nicht zur Herrschaft gelangt sind, zeigen sich diese doch als Männer von folgender Art? Was zunächst ihren Umgang betrifft, so wählen sie dazu nur Leute, die ihnen schmeicheln und zu jedwedem Dienste bereit sind; für den Fall sodann aber, daß sie etwas bedürfen, erniedrigen sie sich selbst zu elenden Schmeichlern und schämen sich vor keiner Unterwürfigkeitsbezeigung, um als Freunde zu erscheinen; haben sie aber ihren Zweck erreicht, so wollen sie nichts mehr von ihnen wissen.

ADEIMANTOS. Ja, das ist ganz ihre Art.

SOKRATES. Ihr ganzes Leben lang also sind sie niemals jemandes Freund, sondern immer sind sie der grausame Herr oder der kriechende Knecht eines anderen, von wahrer Freiheit und Freundschaft aber hat die Tyrannennatur keine Ahnung.

ADEIMANTOS. Sicherlich.

SOKRATES. Können wir also nicht mit Recht solche Leute als treulos bezeichnen?

ADEIMANTOS. Wie sollten wir nicht?

SOKRATES. Und als ungerecht doch wohl vollends im höchsten Maße, wenn anders wir im Vorhergehenden das Wesen der Gerechtigkeit richtig miteinander bestimmt haben.

ADEIMANTOS. Nun, richtig waren diese Bestimmungen gewiß.

SOKRATES. Laß uns also zusammenfassend bestimmen, wer der Schlechteste ist. Es ist dies aber derjenige, der in Wirklichkeit so geartet ist, wie er, unserer Darstellung zufolge, es anfänglich nur im Traume war.

ADEIMANTOS. Allerdings.

SOKRATES. Als diesen aber erweist sich derjenige, der bei hervorragendster Naturanlage zum Tyrannen zur Alleinherrschaft gelangt, und je länger seine Tyrannenherrschaft dauert, um so mehr wird er ein solcher werden.

GLAUKON (die Rede aufnehmend). Notwendig.

4. SOKRATES. Wird nun, wer sich als Ruchlosester erweist, sich auch als Unglückseligster erweisen? Und wer die längste Zeit und im vollsten Sinne als Tyrann geherrscht hat, wird der nicht auch im vollsten Sinne und die längste Zeit in Wahrheit unglücklich gewesen sein? Bei der großen Menge allerdings findet sich darüber auch eine große Menge verschiedener Meinungen.

GLAUKON. Nun, was wenigstens deine eben geäußerten Behauptungen anlangt, so hast du damit unbedingt recht.

SOKRATES. Wird nun nicht ein Ähnlichkeitsverhältnis von der Art stattfinden, daß der Mann von tyrannischer Sinnesart dem tyrannisch regierten Staate entspricht, der Mann von demokratischer Sinnesart dagegen dem demokratischen Gemeinwesen, und so auch die anderen?

GLAUKON. Zweifellos.

SOKRATES. Wie sich also ein Staat zum anderen in bezug auf Tugend und Glückseligkeit verhält, so verhält sich auch ein Mann zum anderen?

GLAUKON. Selbstverständlich.

SOKRATES. Wie verhält sich nun hinsichtlich der sittlichen Tüchtigkeit ein tyrannisch regierter Staat zu einem Königsstaat, wie wir ihn im früheren Teil unserer Untersuchung beschrieben haben?

GLAUKON. Sie bilden den vollsten Gegensatz: der eine ist der sittlich beste, der andere der schlechteste.

SOKRATES. Ich brauche nicht zu fragen, welchen du mit dem einen, und welchen mit dem anderen meinst, denn es liegt ja zutage; aber was Glückseligkeit und Unglückseligkeit anlangt, urteilst du da ebenso oder anders? Und wir wollen uns keiner Selbsttäuschung aussetzen, indem wir etwa bloß auf den *einen* Tyrannen und die wenigen Leute seiner Umgebung hinblicken; sondern unter Berücksichtigung der Notwendigkeit die ganze Stadt zu durchwandern und in Augenschein zu nehmen, wollen wir unser Urteil nicht eher abgeben, als bis wir in jeden ihrer Teile eingedrungen und seiner ansichtig geworden sind.

GLAUKON. Ja, diese deine Aufforderung ist durchaus berechtigt; und es ist sonnenklar, daß kein Staat unglückseliger ist als der tyrannisch regierte und keiner glückseliger als der Königsstaat.

SOKRATES. Ist es nun wohl auch berechtigt, wenn ich in bezug auf die entsprechenden Männer die nämliche Forderung aufstelle, nämlich daß nur derjenige ein Urteil über sie abgeben darf, der mit dem Auge seines Geistes in das sittliche Wesen eines Mannes eindringen und es durchschauen kann und nicht wie ein Knabe, mit dem Blicke nur an dem Äußeren haftend, sich blenden läßt durch das Gepränge des tyrannischen Hofstaates, mit dem sich die Tyrannen zur Wirkung nach außen umgeben, sondern mit seinem Blicke bis zum Kerne durchdringt? Wenn ich also der Meinung wäre, wir alle müßten auf einen Mann hören, der nicht nur urteilsfähig ist, sondern auch unter einem Dache mit einem Tyrannen gewohnt hat und unmittelbar sein Verhalten im häuslichen Verkehr gegen alle Personen seiner Umgebung, wobei er sich am meisten aller theatralischen Zurüstung bar zeigt, sowie auch sein Verhalten bei gefahrvollen Staatsaktionen beobachtet hat, und wenn wir nun den, der alles dies mit eigenen Augen geschaut hat, aufforderten zu verkünden, wie es mit der Glückseligkeit und Unglückseligkeit des Tyrannen im Vergleich mit allen anderen bestellt ist –

GLAUKON. Dann würde auch diese Aufforderung durchaus berechtigt sein.

SOKRATES. Bist du nun einverstanden, daß wir uns selbst für Leute ausgeben, die zu der Zahl der Urteilsfähigen gehören und die es auch schon mit Männern jener Art zu tun gehabt haben, auf daß es uns doch nicht fehle an einem, der auf unsere Fragen antworten kann?

GLAUKON. Durchaus.

5. SOKRATES. Wohlan denn, so laß unsere Betrachtung folgenden Gang nehmen. Erinnere dich des Ähnlichkeitsverhältnisses zwischen dem Staat und dem einzelnen Mann, und so blicke bei jedem einzelnen Punkt abwechselnd nach der einen und nach der anderen Seite hin, um danach die Zustände beider zu bestimmen.

GLAUKON. Welche denn?

SOKRATES. Erstens, was den Staat als solchen betrifft, wirst du den tyrannisch regierten Staat für frei erklären oder für geknechtet?

GLAUKON. Für geknechtet im denkbar höchsten Maß.

SOKRATES. Und doch siehst du in ihm Herren und Freie.

GLAUKON. Ja, aber nur in ganz geringer Zahl; und es ist nicht zu viel gesagt, daß das Ganze in ihm und der edelste Teil in entehrender und unseliger Weise geknechtet ist.

SOKRATES. Wenn nun der Mann dem Staate ähnlich ist, muß dann nicht auch in ihm sich die nämliche Stufenfolge finden? Muß seine Seele nicht übervoll sein von Knechtschaft und Unfreiheit und müssen nicht gerade diejenigen Teile derselben, die an sich die edelsten waren, in Knechtschaft liegen, während ein kleiner, und zwar der elendeste und tollste Teil als Herr waltet?

GLAUKON. Notwendig.

SOKRATES. Wie nun? Wirst du eine solche Seele für knechtisch oder für frei erklären?

GLAUKON. Für knechtisch, und dabei muß ich meinerseits bleiben.

SOKRATES. Nun tut doch der geknechtete und unter einem Tyrannen schmachtende Staat am wenigsten, was er (im tiefsten Grunde) will?

GLAUKON. Entschieden.

SOKRATES. Also wird auch die im Banne der Tyrannei befindliche Seele am wenigsten tun, was sie (im tiefsten Grunde) will, die Seele als Ganzes genommen; sondern beständig von einem Stachel gewaltsam getrieben, wird sie voll Unruhe und Reue sein.

GLAUKON. Sicherlich.

SOKRATES. Und wie steht es mit Reichtum und Armut? Muß der tyrannisch regierte Staat reich oder arm sein?

GLAUKON. Arm.

SOKRATES. Also muß auch die tyrannische Seele arm sein und an unersättlichem Hunger leiden.

GLAUKON. Gewiß.

SOKRATES. Und muß nicht ferner ein solcher Staat und ebenso auch der entsprechende Mann notwendig voller Furcht sein?

GLAUKON. Ganz notwendig.

SOKRATES. Klagen aber und Seufzer und Weh und Leid – wären die wohl in irgendeinem anderen Staate in reichlicherem Maße anzutreffen? Oder meinst du?

GLAUKON. Nun und nimmermehr.

SOKRATES. Und was den einzelnen Mann anlangt, glaubst du etwa, daß sich dergleichen in irgendeinem anderen in reicherer Fülle finden wird als bei diesem Vertreter der tyrannischen Sinnesart, den seine Begierden und Liebesleidenschaften ganz toll machen?

GLAUKON. Wie sollte ich?

SOKRATES. Alles dieses und noch mehr dergleichen schwebte deinem Blikke wohl vor, als du diesen Staat für den unglücklichsten von allen erklärtest.

GLAUKON. Und nicht mit Fug und Recht?

SOKRATES. Gewiß. Aber wie urteilst du nun im Hinblick auf eben diese Punkte über den tyrannischen Mann?

GLAUKON. Daß er der weitaus Unglückseligste ist verglichen mit allen den anderen.

SOKRATES. Damit hast du nun nicht mehr recht.

GLAUKON. Wieso?

SOKRATES. Dieser ist noch nicht der allerunglücklichste.

GLAUKON. Nun, wer denn?

SOKRATES. Den folgenden wirst du doch vielleicht noch für unglücklicher halten als diesen.

GLAUKON. Welchen?

SOKRATES. Wer, als Vertreter tyrannischer Sinnesart, sein Leben nicht im bürgerlichen Stande hinbringt, sondern das Unglück hat, durch irgendwelche Schicksalswendung in die Lage zu kommen, Tyrann zu werden.

GLAUKON. Ich mutmaße wohl aufgrund der früheren Ausführungen, daß du recht hast.

SOKRATES. Ja; aber in dergleichen Dingen darf man sich nicht auf Mutmaßungen beschränken, sondern man muß beide Männer, den tyrannisch Gesinnten und den eigentlichen Tyrannen, in gründlicher Untersuchung betrachten. Denn es gibt nichts Wichtigeres als dies, worauf sich die Betrachtung bezieht, nämlich die Frage nach dem guten und schlechten Leben.

GLAUKON. Sehr wahr.

SOKRATES. So erwäge denn, ob der folgende Vorschlag etwas taugt. Meiner Ansicht nach nämlich müssen wir für die Betrachtung folgenden Ausgangspunkt wählen.

GLAUKON. Welchen?

SOKRATES. Wir müssen auf die reichen Privatleute, die viele Sklaven besitzen, in den Staaten achten, und zwar auf jeden im Einzelnen. Denn diese haben mit den Tyrannen doch die Ähnlichkeit, daß sie über viele herrschen, nur daß die Menge beim Tyrannen eine noch größere ist.

GLAUKON. Ja, das ist sie.

SOKRATES. Nun weißt du doch, daß diese reichen Leute ganz außer Angst sind und vor ihren Sklaven sich nicht fürchten?

GLAUKON. Was hätten sie auch für Veranlassung zur Furcht?

SOKRATES. Keine; aber bist du dir auch klar über den Grund dieser Erscheinung?

GLAUKON. Jawohl; er ist dieser: der ganze Staat steht jedem einzelnen dieser Privatleute helfend zur Seite.

SOKRATES. Richtig. Aber gesetzt nun, ein Gott entrückte einen dieser Männer, der fünfzig oder mehr Sklaven hat, aus der Stadt und versetzte ihn mit Weib und Kind und seiner ganzen übrigen Habe sowohl wie mit seinen Sklaven in eine Wüste, wo ihm kein Freier zu Hilfe kommen könnte, welche Vorstellung machst du dir da wohl von der Art und Größe der Todesfurcht für sich selbst, für seine Kinder und sein Weib, in der er vor den Sklaven schwebt?

GLAUKON. Sie ist die denkbar größte, meiner Ansicht nach.

SOKRATES. Wird er sich dann nicht genötigt sehen, mangels anderer Hilfe aus der Zahl seiner Sklaven selbst durch geheuchelte Liebenswürdigkeit sich einige zu Freunden zu machen, ihnen alles mögliche zu versprechen und ihnen die Freiheit zu schenken, ohne doch an sich dazu verpflichtet zu sein, und wird er sich so nicht als Schmeichler seiner eigenen Sklaven erweisen?

GLAUKON. Ja, das muß er unbedingt, oder der Tod ist ihm sicher.

SOKRATES. Wie aber nun, wenn der Gott ihm viele andere ringsum zu Nachbarn gäbe, die es nicht dulden würden, daß einer sich zum Herrn eines anderen aufwürfe, sondern wenn sie eines solchen Menschen habhaft würden, mit ihm auf das strengste ins Gericht gehen würden?

GLAUKON. Vermutlich würde er dann noch viel größeres Elend auf sich gehäuft sehen, wenn er ringsum von lauter Feinden bewacht würde.

SOKRATES. Ist nun nicht von dieser Art die Gefangenschaft, in welcher der Tyrann liegt, er, der von Natur die von uns beschriebene Beschaffenheit aufweist, behaftet mit einer Fülle mannigfachster Ängste und Leidenschaften? Von Natur schaulustig und genußsüchtig, ist er nun der einzige von allen Bürgern der Stadt, der sich nicht hinaus in andere Orte wagen und sein Auge nicht erfreuen darf mit dem Anblick dessen, wonach die anderen freien Männer Verlangen tragen, sondern die meiste Zeit wie ein Weib in der Verborgenheit des Hauses leben muß, voll Neid auch gegen die übrigen Bürger, wenn einer hinaus in die Ferne reist und etwas Schönes zu sehen bekommt?

GLAUKON. Ja, so ist es, zweifellos.

6. SOKRATES. Dieser Art also sind die Leiden, um die jener Mann von tyrannischer Sinnesart, mit dessen Innerem es so schlecht bestellt ist, daß du ihn eben für den Unglückseligsten erklärtest, sein Unglück noch erhöht in dem Fall, daß er nicht Privatmann bleibt, sondern irgendwelchen Umständen nachgebend Gewaltherrscher wird und, unfähig, sich selbst zu beherrschen, nunmehr sich anmaßt, über andere zu herrschen, gerade wie wenn einer bei kränklichem und mit sich selbst nicht fertig werdendem Leibe, statt zurückgezogen zu leben, in die Lage versetzt würde, sein Lebelang sich in körperlichen Kraftproben mit anderen messen und mit ihnen kämpfen zu müssen.

GLAUKON. Der Vergleich trifft vollständig zu und du hast durchaus recht, Sokrates.

SOKRATES. Ist nun, mein lieber Glaukon, dieser Zustand nicht der vollendet unglückliche, und lebt nicht also der herrschende Tyrann noch elender als der, dessen Leben du für das elendeste erklärtest?

GLAUKON. Offenbar.

SOKRATES. So ist denn in Wahrheit, wenn es auch mancher nicht glauben will, der wahrhafte Tyrann in Wirklichkeit der ärgste Sklave, gar nicht zu überbieten in Liebedienerei und Bedientenhaftigkeit, ein Schmeichler der größten Schurken; und es ist augenscheinlich, daß er mit der Befriedigung seiner Begierden nicht im entferntesten fertig wird, sondern in bezug auf die meisten voll heißen Verlangens bleibt und in Wahrheit sich als arm erweist, wenn man seine Seele ganz zu durchschauen weiß; und sein ganzes Leben lang wird er Angst, Krampf und Schmerz nicht los, wenn anders sein Zustand dem der von ihm beherrschten Stadt gleicht, was ja doch der Fall ist; nicht wahr?

GLAUKON. Durchaus.

Sokrates. Und außerdem werden wir doch dem Manne auch noch das nicht vorenthalten dürfen, wovon schon früher die Rede war. Notwendig nämlich ist er und wird durch den Einfluß der Herrschaft immer noch mehr als er es schon vorher war neidisch, treulos, ungerecht, freundlos, gottlos und ein Heger und Pfleger jedweder Schlechtigkeit, und zufolge alles dessen muß er an erster Stelle selbst unglücklich sein, ferner aber auch seine Umgebung dazu machen.

Glaukon. Kein Vernünftiger wird dir widersprechen.

Sokrates. Wohlan denn, so übernimm jetzt die Rolle des das Endurteil über das Ganze verkündenden Richters bei den Wettkampfspielen: gib dein Urteil darüber ab, wer nach deiner Meinung in bezug auf Glückseligkeit der erste ist und wer der zweite, und so ordne sie alle fünf nach der gehörigen Reihe, den königlichen Mann, den timokratischen, den oligarchischen, den demokratischen und den tyrannischen.

Glaukon. Nun, das Urteil ist leicht genug. Ich weise ihnen wie Chören ihren Platz in der Reihenfolge an, wie sie eingezogen sind, hinsichtlich der Tugend und des Lasters, und dem entsprechend denn auch hinsichtlich der Glückseligkeit und des Gegenteils.

Sokrates. Wollen wir nun durch einen bezahlten Herold es ausrufen lassen oder soll ich selbst es ausrufen, daß der Sohn des Ariston den Besten und Gerechtesten auch für den Glückseligsten erklärt hat – es ist dies aber nach seinem Urteil der wahrhaft königlich Gesinnte und sich selbst nach Königsart Beherrschende –, den Schlechtesten aber und Ungerechtesten für den Unglückseligsten – es ist dies aber ihm zufolge derjenige, der, erfüllt mit der stärksten tyrannischen Gesinnung, sich selbst sowohl wie den Staat als Tyrann in der schmählichsten Knechtschaft hält?

Glaukon. Es mag mit diesem deinem Ausruf sein Bewenden haben.

Sokrates. Soll ich dem Ausruf nicht noch als Zusatz die Worte hinzufügen »gleichviel, ob es allen Menschen und Göttern verborgen bleibt oder nicht, daß sie solche sind?

Glaukon. Ja, das tue nur.

7. Sokrates. Gut denn. Das wäre also unser erster Beweis. Als zweiten aber sieh dir den folgenden daraufhin an, ob er dir etwas zu taugen scheint.

Glaukon. Welcher ist dies?

Sokrates. Da die Seele jedes Einzelnen entsprechend der Dreiteilung des Staates nach den drei Ständen, drei Teile in sich enthält, so muß schon der gemeine Rechenverstand noch auf einen anderen Beweis gefaßt sein.

Glaukon. Und welcher wäre der?

Sokrates. Folgender: die Dreizahl der Seelenteile weist in meinen Augen auch auf eine dreifache Art von Lust hin, für jeden Teil auf eine ihm eigentümliche, und ebenso auf drei Arten von Begierden und Seelenleitung.

Glaukon. Wie meinst du das?

Sokrates. Das eine Vermögen war doch unserer Behauptung zufolge dasjenige, durch das der Mensch seine Kenntnisse empfängt, das zweite dasjenige, dem der Zornesmut angehört, das dritte aber konnten wir wegen seiner Vielgestaltigkeit nicht mit einem einheitlichen, seine Eigentümlichkeit vollständig kennzeichnenden Namen benennen, sondern wir bezeichneten es nach dem größten und stärksten Drang, der ihm innewohnt; wir gaben ihm nämlich den Namen des »Begehrlichen« wegen der Heftigkeit der auf Speise, Trank, Liebesgenuß und was alles damit zusammenhängt, bezüglichen Begierden, und demzufolge auch den Namen des »geldgierigen«, weil vor allem durch Geld die Begierden dieser Art befriedigt werden.

Glaukon. Und daran taten wir gut.

Sokrates. Wenn wir nun auch von der Lust und Liebe dieses Seelenteiles sagten, sie sei auf möglichsten Gewinn gerichtet, würden wir uns dann mit diesem Ausdruck nicht auf ein ganz besonders hervorstechendes Hauptmerkmal stützen, so daß, wenn wir von diesem Teil der Seele sprechen, wir eine deutliche Vorstellung damit verknüpfen? Und hieße er nicht mit Recht geldund gewinngierig?

Glaukon. So will es mir wenigstens scheinen.

Sokrates. Und was den zornmütigen Teil anlangt, ist der nicht unserer früher ausgesprochenen Ansicht nach stets ganz und gar auf Macht, Sieg und Ruhm gerichtet?

Glaukon. Durchaus.

SOKRATES. Wenn wir ihm also den Namen des siegund ehrliebenden geben, würde das nicht genau passen?

GLAUKON. Auf das genaueste.

SOKRATES. Und der Teil, kraft dessen wir lernen, ist doch, wie jedermann sieht, stets ganz darauf gerichtet, die Wahrheit in ihrer richtigen Gestalt zu erkennen, und kümmert sich am wenigsten von allen Seelenteilen um Geld und Ruhm.

GLAUKON. Entschieden.

SOKRATES. Wenn wir ihn also den lernbegierigen und weisheitsliebenden nennen, so würde das doch durchaus sachgemäß sein?

GLAUKON. Wie sollte es nicht?

SOKRATES. Und nun nimmt doch in den Seelen der Menschen teils dieser, teils einer der anderen Seelenteile die führende Stellung ein, wie es sich eben gerade trifft?

GLAUKON. So ist es.

SOKRATES. Darum unterscheiden wir doch auch unter den Menschen als die Hauptklassen diese drei, die weisheitsliebende, die siegliebende und die gewinngierige?

GLAUKON. Offenbar.

SOKRATES. Mithin auch drei Arten von Lust, so daß jeder der drei Klassen je eine entspricht?

GLAUKON. Gewiß.

SOKRATES. Wenn du nun drei Menschen, als Vertreter dieser drei Klassen, der Reihe nach jeden einzelnen fragen wolltest, welche dieser Lebensweisen die angenehmste sei, so wird doch jeder von ihnen, wie dir nicht zweifelhaft ist, die seinige vor allen anderen preisen? Der Gewinnsüchtige wird doch im Vergleich zu der auf Gewinn gerichteten Tätigkeit die Lust am Ruhm und am Lernen für völlig nichtig erklären, es müßte denn sein, daß dabei etwas Geldgewinn herausspringt?

GLAUKON. Allerdings.

SOKRATES. Und der Ehrliebende? Hält er nicht einerseits die Lust am Gelde für etwas Erniedrigendes, anderseits die Lust am Lernen, soweit Kenntnisse nicht etwa Ehre einbringen, für eitel Dunst und Narrheit?

Glaukon. So ist es.

Sokrates. Der Weisheitsliebende aber, was, glaubst du wohl, wird er von den übrigen Arten der Lust halten im Vergleich zu der, die Wahrheit in ihrer rechten Gestalt zu erkennen und seine ganze Zeit, immer lernend, der Befriedigung dieses Triebes zu widmen? Werden sie in seinen Augen nicht aller wahren Lust völlig fern stehen? Und wird er sie nicht als »notwendige« im eigentlichsten Sinne bezeichnen, da er auf alle anderen völlig verzichten könnte, wenn nicht die zwingende Not wäre?

Glaukon. Das müssen wir nicht bloß glauben, sondern ganz sicher wissen.

8. Sokrates. Wenn nun also die Meinungen über die Lust einer jeden dieser Menschenklassen sowie über ihre Lebensweise selbst, ich meine nicht etwa hinsichtlich der größeren Schönheit oder Häßlichkeit oder der größeren Lasterhaftigkeit und Tugendhaftigkeit derselben, sondern lediglich hinsichtlich der größeren Annehmlichkeit und Schmerzlosigkeit, so weit auseinandergehen, wie können wir da zu einer sicheren Erkenntnis darüber gelangen, wer von ihnen mit seiner Aussage der Wahrheit am nächsten kommt?

Glaukon. Ich kann darüber keinerlei Auskunft geben.

Sokrates. Laß uns der Sache folgendermaßen beikommen. Wenn etwas richtig beurteilt werden soll, worauf muß sich dann die Beurteilung stützen? Nicht auf Erfahrung, Einsicht und richtige Begriffsbehandlung? Oder gäbe es noch ein besseres Beurteilungsmittel als diese?

Glaukon. Unmöglich.

Sokrates. Überlege also: welcher der drei betreffenden Menschen wird wohl am erfahrensten sein in allen den genannten Arten der Lust? Glaubst du etwa, der Gewinnsüchtige, wenn er sich einmal mit der Erkenntnis der Wahrheit als solcher befaßt, werde erfahrener sein in der Lust am Wissen als der Weisheitsliebende in der Lust am Gewinn?

Glaukon. Das sind zwei ganz verschiedene Dinge. Denn der letztere bekam gleich von Jugend auf notwendigerweise auch die anderen Lustarten zu kosten; der Gewinnsüchtige dagegen, mag er sich auch einmal mit der Erkenntnis der wahren Beschaffenheit der Dinge befassen, braucht doch nicht notwendig diese Lust und ihre Süßigkeit zu kosten und mit ihr vertraut zu werden, ja selbst wenn er sich der Sache mit vollem Eifer hingäbe, würde es ihm doch nicht leichtfallen.

SOKRATES. Es hat also der Weisheitsliebende vor dem Gewinnsüchtigen einen großen Vorsprung an Erfahrungen in den beiderseitigen Lustarten.

GLAUKON. In der Tat einen großen.

SOKRATES. Wie aber stellt er sich zu dem Ehrliebenden? Ist er etwa unerfahrener in der Lust am Ruhm als jener in der Lust am reinen Denken?

GLAUKON. Schwerlich; denn Ehre ernten sie doch alle, wenn sie glücklich durchführen, was sie sich vorgesetzt haben. So wird der Reiche von vielen geehrt und der Tapfere und der Weise; mithin wissen alle Bescheid, wie es mit der Lust am Ruhme bestellt ist; aber die Lust am Schauen des wahren Wesens der Dinge kann unmöglich ein anderer in ihrer Eigenart gekostet haben als der Weisheitsliebende.

SOKRATES. Was also die Erfahrung anlangt, so hat er unter diesen Männern das beste Urteil.

GLAUKON. Weitaus.

SOKRATES. Und er wird auch der einzige sein, bei dem die Erfahrung mit Einsicht verbunden ist.

GLAUKON. Unzweifelhaft.

SOKRATES. Und was vollends erst das Werkzeug anlangt, dessen wir uns zum Urteilen bedienen, so ist dies nicht das Werkzeug des Gewinnsüchtigen noch auch das des Ehrliebenden, sondern das des Weisheitsliebenden.

GLAUKON. Welches ist das?

SOKRATES. Mittelst der Begriffe müsse das Urteil gebildet werden, so behaupteten wir doch. Nicht wahr?

GLAUKON. Ja.

SOKRATES. Begriffe aber sind vorzugsweise das Werkzeug des Weisheitsliebenden.

GLAUKON. Unleugbar.

SOKRATES. Wenn nun nach Reichtum und Gewinn die dem Urteil unterliegenden Dinge am besten beurteilt würden, so müßte notwendig das Lob und der Tadel des Gewinnsüchtigen in bezug auf diese Dinge die Wahrheit am sichersten treffen.

GLAUKON. Unbedingt.

SOKRATES. Wenn aber nach Ehre, Sieg und Tapferkeit, wäre dann nicht die Stimme des Ehrund Siegliebenden die entscheidende?

GLAUKON. Offenbar.

SOKRATES. Aber wie nun, da es nach Erfahrung, Einsicht und richtiger Begriffsbildung geschieht?

GLAUKON. Notwendig muß da das Lob des Freundes der Weisheit und der Begriffe die Wahrheit am sichersten treffen.

SOKRATES. Unter den drei Lustarten also, die es gibt, wäre die desjenigen Teiles der Seele, kraft dessen wir lernen, die angenehmste, und in wem unter uns Menschen dieser Teil die Herrschaft hat, dessen Leben wäre doch das lustvollste?

GLAUKON. Wie könnte es anders sein? Wenn der Einsichtsvolle sein eigenes Leben lobt, so tut er das doch als der am meisten zuständige Beurteiler.

SOKRATES. Welche Lebensweise aber und welche erklärt der Beurteiler für die zweite?

GLAUKON. Offenbar die des kriegerischen und ehrliebenden Mannes; denn sie steht ihm näher als die des Erwerbsüchtigen.

SOKRATES. Für die unterste also doch schwerlich eine andere als die des Gewinnsüchtigen.

GLAUKON. Keine andere.

9. SOKRATES. Das wären nun also zwei Beweise nacheinander und zweimal hätte der Gerechte den Ungerechten besiegt; zum dritten aber, nach olympischem Brauch dem rettenden und olympischen Zeus die gebührende Spende weihend, überzeuge dich nun, daß die Lust keines der genannten Männer außer der des Einsichtsvollen wirklich wahr und rein ist, sondern nur eine Art Schattenriß, wie ich glaube von einem der Weisen gehört zu haben; und das wäre denn doch die größte und entscheidendste Niederlage.

GLAUKON. Weitaus. Aber wie meinst du es damit?

SOKRATES. Ich werde die Sache in der Weise aufklären, daß du als Antwortender zusammen mit mir die Untersuchung führst.

GLAUKON. Also frage nur.

SOKRATES. So sage denn: stellen wir nicht der Lust den Schmerz als Gegenteil gegenüber?

GLAUKON. Gewiß.

SOKRATES. Und wenn man weder Freude noch Schmerz hat, so ist das doch ein bestimmter Zustand?

GLAUKON. Ja.

SOKRATES. Nämlich ein solcher, der zwischen jenen beiden in der Mitte liegt, eine gewisse Ruhe der Seele in bezug auf Lust und Schmerz. Oder meinst du es nicht so?

GLAUKON. Doch.

SOKRATES. Nun denke an die Kranken und die Reden, die sie in diesem ihrem Zustande führen.

GLAUKON. Was für Reden?

SOKRATES. Nun, daß nichts angenehmer und erwünschter sei als die Gesundheit; aber vor ihrer Krankheit hätten sie gar nicht daran gedacht, daß die Gesundheit die höchste Lust sei.

GLAUKON. Ja, das ist mir nichts Neues.

SOKRATES. Und auch von solchen, die von heftigen Schmerzensqualen heimgesucht werden, hörst du doch die Äußerung, es sei nichts angenehmer und erwünschter als das Aufhören dieser Qual?

GLAUKON. Ja.

SOKRATES. Und du kennst noch mancherlei ähnliche Lagen der Menschen, in denen sie unter dem Drucke des Schmerzes das Freisein von Schmerz und die Ruhe in dieser Beziehung als die höchste Lust preisen, nicht den Zustand der eigentlichen Freude selbst.

GLAUKON. Ja, eben dieses, die Ruhe, wird ihnen dann zu einem Zustand, der angenehm und erwünscht ist.

SOKRATES. Und wenn anderseits bei einem die Freude aufhört, so wird er diesen Stillstand der Lust schmerzlich empfinden.

GLAUKON. Das dürfte wohl zutreffen.

SOKRATES. Was wir also eben als zwischen Lust und Schmerz in der Mitte liegend bezeichneten, die Ruhe nämlich, muß dann mitunter beides sein, Schmerz sowohl wie Lust.

GLAUKON. Allem Anschein nach.

SOKRATES. Ist es denn nun überhaupt möglich, daß, was keines von beiden ist, sich doch als beides erweise?

GLAUKON. Nein, das glaube ich nicht.

SOKRATES. Und weiter: die Lust und der Schmerz, wenn sie in der Seele entstehen, sind doch beide eine Art von Bewegung. Oder nicht?

GLAUKON. Ja.

SOKRATES. Was aber weder schmerzvoll noch angenehm ist, wurde doch eben erst von uns als Ruhe und als in der Mitte zwischen beiden liegend anerkannt?

GLAUKON. Ja.

SOKRATES. Wie kann man also mit Recht einen Zustand, in dem man keinen Schmerz empfindet, für lustvoll, oder einen solchen, in dem man keine Freude empfindet, für betrüblich halten?

GLAUKON. Unmöglich.

SOKRATES. Tatsächlich also ist sie, die Ruhe, weder lustvoll noch schmerzhaft, sondern sie erscheint nur so, nämlich lustvoll dann, wenn sie neben dem Schmerzhaften steht, und schmerzhaft dann, wenn sie neben dem Lustvollen steht, und es ist, wenn es einem auf das wahre Wesen der Lust ankommt, an diesen Erscheinungen nichts Gesundes, sondern sie sind eine Art Gaukelspiel.

GLAUKON. Darauf führt wenigstens unser Gedankengang.

SOKRATES. So laß dich denn auf Lustempfindungen hinweisen, die nicht aus Schmerzempfindungen hervorgehen, damit du, wie die Sache jetzt noch steht, dich ja nicht dem Glauben hingibst, es stünde wirklich so, daß die Lust ein Aufhören des Schmerzes, der Schmerz ein Aufhören der Lust sei.

GLAUKON. Wo finden sich denn solche und was für welche meinst du?

SOKRATES. Neben vielen anderen, die ich nennen könnte, weise ich dich besonders auf diejenigen Lustempfindungen hin, die auf den Geruch zurückgehen. Denn diese treten, ohne daß man vorher irgendwelche Unlust empfunden hätte, ganz plötzlich in erstaunlicher Stärke auf und lassen, wenn sie aufgehört haben, keinerlei Unlust zurück.

GLAUKON. Sehr wahr.

SOKRATES. Wir wollen uns also nicht einreden lassen, die Befreiung von Schmerz sei reine Lust, und ebensowenig, der Stillstand der Lust sei Schmerz.

GLAUKON. Nein, das wollen wir nicht.

SOKRATES. Aber die durch Vermittelung des Körpers sich der Seele mitteilenden sogenannten Lüste sind doch fast alle, wenigstens die meisten und stärksten, von dieser Art, nämlich eine Art Befreiung von Schmerzen.

GLAUKON. Ja, das sind sie.

SOKRATES. Und ebenso steht es doch auch mit den Vorfreuden und Vorschmerzen, die infolge der Erwartung dem Eintreten jener vorangehen?

GLAUKON. Ebenso.

10. SOKRATES. Weißt du nun, was es mit diesen ganzen körperlichen Lüsten für eine Bewandtnis hat und welcher Vergleich auf sie paßt?

GLAUKON. Nun, welcher?

SOKRATES. Gibt es deiner Ansicht nach in Wirklichkeit ein Oben, ein Unten und eine Mitte?

GLAUKON. Gewiß.

SOKRATES. Wenn nun einer sich von unten nach der Mitte zu bewegt, wird er dann deiner Meinung nach etwas anderes glauben, als er bewege sich nach oben? Und wenn er, in der Mitte angelangt, nach dem Ausgangspunkte zurückschaut, wird er dann etwa meinen, anderswo zu sein als in dem Oben, wenn er das wahre Oben noch nicht gesehen hat?

GLAUKON. Beim Zeus, meiner Meinung nach wird ein solcher nichts anderes glauben.

SOKRATES. Aber wenn er sich wieder zurückbewegte, so würde er glauben sich nach unten zu bewegen und damit die Wahrheit treffen?

GLAUKON. Allerdings.

SOKRATES. Und alles, was er dabei mit sich durchmacht, hat seinen Grund doch darin, daß er das Oben, die Mitte und das Unten ihrer wahren Beschaffenheit nach nicht kennt?

GLAUKON. Offenbar.

SOKRATES. Darf man sich also wundern, wenn Leute, die der Wahrheit nicht kundig sind, nicht nur über viele andere Dinge unhaltbare Meinungen haben, sondern auch zu Lust, Schmerz und dem, was zwischen beiden liegt, in folgendem Verhältnis stehen: wenn sie sich in der Richtung auf das Schmerzhafte hin bewegen, dann sind sie des richtigen Glaubens und empfinden in Wahrheit Schmerz, wenn aber vom Schmerz in der Richtung nach dem Mittleren, dann sind sie des festen Glaubens, sie stünden schon unmittelbar vor dem Ziele der Sättigung und der Lust, tatsächlich aber täuschen sie sich, indem sie das Schmerzlose dem Schmerz so gegenüberstellen, als wäre es schon die Lust, die sie doch nicht kennen, gerade so wie wenn man das Graue dem Schwarzen so gegenüberstellte, als wäre es schon das Weiße, das man doch noch nicht kennt?

GLAUKON. Wahrhaftig, ich würde mich nicht wundern, sondern weit eher, wenn es sich nicht so verhielte.

SOKRATES. Stelle nun also noch folgende Erwägung an: Hunger und Durst und dergleichen Zustände, sind sie nicht Empfindungen einer gewissen Leere im Zustande des Körpers?

GLAUKON. Zweifellos.

SOKRATES. Unwissenheit aber und Unverstand sind doch wohl gleichfalls eine Leerheit, eine Leerheit nämlich im Zustande der Seele?

GLAUKON. Gewiß.

SOKRATES. Angefüllt wird also doch sowohl der, welcher Nahrung zu sich nimmt, wie der, welcher zu Verstande kommt?

GLAUKON. Ohne Zweifel.

SOKRATES. Welche Anfüllung aber darf mehr auf Wahrheit Anspruch machen, die mit einem Sein von minderem, oder die mit einem Sein von höherem Wert?

GLAUKON. Offenbar die letztere.

SOKRATES. Welches von beiden Gebieten nun scheint dir mehr Anteil am reinen Sein zu haben, dasjenige, zu dem Brot, Getränk, Zukost und alle Nahrung insgesamt gehört, oder das Gebiet der wahren Meinung und der wissenschaftlichen Erkenntnis und der Vernunfteinsicht und aller Tugend überhaupt? Prüfe den Sachverhalt auf folgende Weise: Glaubst du, daß demjenigen, was mit dem immer mit sich Gleichen und Unvergänglichen und mit der Wahrheit zusammenhängt und selbst von dieser Art ist und in ihm sich bildet, in höherem Maße das Sein zukomme als dem, was zusammenhängt mit dem niemals sich Gleichbleibenden und dem Vergänglichen und selbst von dieser Art ist und in ihm entsteht?

GLAUKON. Weit ragt das, was mit dem immer Gleichen in enger Verbindung steht, an Wesenhaftigkeit über das, was mit dem nicht immer Gleichen in Verbindung steht.

SOKRATES. Steht irgend etwas näher mit der Wesenhaftigkeit in Zusammenhang als die wissenschaftliche Erkenntnis?

GLAUKON. Nein, gewiß nicht.

SOKRATES. Und etwa mit der Wahrheit?

GLAUKON. Auch dies nicht.

SOKRATES. Wenn etwas aber mit der Wahrheit weniger in Verbindung steht, dann doch auch mit dem Sein?

GLAUKON. Notwendig.

SOKRATES. Nun haben doch überhaupt die Gebiete, die es mit der Pflege des Leibes zu tun haben, weniger Anteil an der Wahrheit und dem Sein als diejenigen, die es mit der Pflege der Seele zu tun haben?

GLAUKON. Weit weniger.

SOKRATES. Und der Leib selbst doch wohl auch weniger als die Seele? Nicht wahr?

GLAUKON. Gewiß.

SOKRATES. Was also mit dem wahrhaften Seienden angefüllt wird und auch selbst ein wahrhafteres Sein besitzt, wird tatsächlich in wahrhafterer Weise angefüllt als dasjenige, was mit minder Seiendem angefüllt wird und auch selbst ein minderes Sein besitzt?

GLAUKON. Wie sollte es nicht?

SOKRATES. Wenn also die Anfüllung mit dem von Natur Angemessenen lusterregend ist, so muß, wenn man sich in wahrhafterem Sinn und mit wahrhafter Seiendem anfüllt, dies durch wahrhafte Lust auch zu einer wirklicheren und wahrhafteren Freude führen; was dagegen nur an minder Seiendem teilhat, das wird auch nur in minder wahrhafter und haltbarer Weise angefüllt und nur einer minder zuverlässigen und wahren Lust teilhaftig werden.

GLAUKON. Ganz unbedingt.

SOKRATES. Diejenigen also, die mit Einsicht und Tugend nichts gemein haben, dagegen beständig in Saus und Braus leben, bewegen sich, wie wir annehmen müssen, nach unten und von da wieder aufwärts bis zur Mitte und treiben sich ihr Lebelang in dieser Bahn umher, darüber aber sind sie nicht hinausgekommen und haben niemals das wahre Oben geschaut und sich zu ihm erhoben, und haben sich niemals wahrhaft mit wahrhaft Seiendem gefüllt und nie eine beharrliche und reine Lust gekostet; sondern wie das Herdenvieh halten sie das Auge immer nach unten gerichtet und nähren sich gebückt zur Erde und zu den Trögen, sich mästend und sich bespringend; und voller Gier, so viel als nur möglich vom Futter an sich zu raffen, schlagen sie aus und stoßen einander mit eisernen Hörnern und Hufen und bringen einander um aus reiner Unersättlichkeit, weil sie nicht dasjenige in sich, was wirklich seiend ist, sowie dasjenige, was die Kraft hat, Aufgenommenes festzuhalten, mit dem wahrhaft Seienden füllen.

GLAUKON. Ein durchaus zutreffendes Bild gibst du da, mein Sokrates, von dem Leben der großen Menge, wie in einem Orakelspruch.

SOKRATES. Ist es also nicht ganz unvermeidlich, daß auch die Lüste, denen sie nachhängen, mit Schmerz gemischt sind, bloße Abspiegelungen und Schattenbilder der wahren Lust, die ihre Farbe durch die Nebeneinanderstellung erhalten, so daß sie beide wahrhaft zauberhaft wirken und den Verblendeten ein rasendes Verlangen nach sich einflößen und heiße Kämpfe veranlassen, so wie nach der Schilderung des Stesichoros für das Trugbild der Helena von den Trojanern heiß gekämpft ward aus Unkenntnis des wahren Sachverhalts?

Glaukon. Kein Zweifel, daß es mit dem Leben solcher Leute sich so verhalten muß.

11. Sokrates. Und müssen nun weiter bei dem zornmutigen Seelenteil nicht auch ganz ähnliche Erscheinungen hervortreten, wenn einer in seinen Handlungen dem Drange eben dieses Seelenvermögens folgt, sei es, daß der Ehrgeiz seinen Neid oder die Siegeslust seine Gewalttätigkeit oder die Übellaunigkeit seinen Jähzorn weckt, so daß er nur der Ehre, dem Sieg und dem Zorn zu ihrem vermeintlichen Rechte zu verhelfen und sie zu sättigen sucht, ohne Überlegung und Vernunft?

Glaukon. Notwendig muß auch hier sich Ähnliches zeigen.

Sokrates. Wie also? Wir können doch mit voller Zuversicht folgende Behauptung aufstellen: von allen Begierden, die sich auf den gewinnsüchtigen und siegbegierigen Seelenteil beziehen, werden diejenigen, die der Einsicht und dem Verstande folgen und im Bunde mit diesen auf diejenigen Lüste ihr Streben richten und ihre Wahl fallen lassen, auf welche die Vernunft sie hinleitet, nicht nur die wahrhaftesten sich zu eigen machen, soweit sie nur immer, verbündet mit der Wahrheit, dazu gelangen können, sondern auch die ihrer Eigentümlichkeit entsprechenden, wenn anders das für einen jeden Beste auch das für ihn am meisten Eigentümliche ist.

Glaukon. Nun ist das Beste aber gewiß das Eigentümlichste.

Sokrates. Also, wenn die ganze Seele dem vernünftigen Seelenteile folgt und mit ihm nicht in Zwiespalt ist, dann ist es jedem Teile ermöglicht, nicht nur gegen die anderen seine Pflicht zu erfüllen und gerecht zu sein, sondern es kann auch ein jeder sich derjenigen Lüste erfreuen, die seiner Eigenart entsprechen und die besten und so weit möglich auch wahrhaftesten sind.

Glaukon. Offenbar.

Sokrates. Wenn aber einer der anderen Seelenteile die Oberhand gewinnt, so beraubt er sich dadurch nicht nur der Möglichkeit, für sich selbst die seiner Eigenart entsprechende Lust herauszufinden, sondern zwingt auch die anderen, einer ihnen fremdartigen und nicht wahren Lust nachzugehen.

GLAUKON. So ist es.

SOKRATES. Was also am weitesten entfernt ist von Weisheitsliebe und Vernunft, das wird doch auch im höchsten Grade diese Folgen nach sich ziehen?

GLAUKON. Entschieden.

SOKRATES. Den weitesten Abstand von der Vernunft hat aber doch das, was dem Gesetz und der Ordnung am fernsten steht?

GLAUKON. Offenbar.

SOKRATES. Diesen am fernsten aber stehen doch, wie es sich uns erwiesen hat, die erotischen und tyrannischen Begierden?

GLAUKON. Entschieden.

SOKRATES. Am nächsten aber stehen ihnen doch die königlichen und sittsamen?

GLAUKON. Ja.

SOKRATES. Es wird also am meisten vermutlich der Tyrann von der wahrhaften und ihm an sich zukommenden Lust entfernt sein, der König dagegen am wenigsten.

GLAUKON. Notwendig.

SOKRATES. Der Tyrann also wird das freudloseste Leben führen, der König dagegen das freudvollste.

GLAUKON. Ganz notwendig.

SOKRATES. Weißt du also, um wieviel freudloser der Tyrann lebt als der König?

GLAUKON. Wenn du es mir sagst.

SOKRATES. Zu den dreierlei Lüsten, die es unserer Annahme zufolge gibt, nämlich eine von echter Art, die beiden anderen von unechter Art, ist das Verhältnis des Tyrannen dieses, daß er sich, fliehend vor Gesetz und Vernunft, noch ein ganzes Stück in das Gebiet jenseits der unechten hineinbegeben hat, so daß er nun ein Leben führt voll von Lüsten, wie man sie sonst nur Sklaven und Söldnern zutraut; und auf eine wieviel niedrigere Stufe er sich dadurch stellt, ist überhaupt gar nicht leicht zu sagen, außer vielleicht auf folgende Weise.

GLAUKON. Auf welche?

SOKRATES. Der Abstand des Tyrannen von dem oligarchisch Gesinnten beträgt drei; denn zwischen ihnen stand der Demokrat.

GLAUKON. Ja.

SOKRATES. Also wird auch die Lust, mit der er es hält, von jenem ab gerechnet das dritte Schattenbild der wahrhaften Lust sein, wenn das Vorige richtig ist.

GLAUKON. So ist es.

SOKRATES. Der Oligarch aber war von dem König ab gerechnet auch der dritte, wenn wir den Aristokraten und König als Eines setzen.

GLAUKON. Ja, der dritte.

SOKRATES. Um dreimal drei also steht der Zahl nach der Tyrann von der wahren Lust entfernt.

GLAUKON. So scheint es.

SOKRATES. Das Schattenbild der Tyrannenlust wäre also, wie sich so ergibt, eine Fläche, die nach der Längenzahl gebildet ist.

GLAUKON. Offenbar.

SOKRATES. Nimmt man nun die Wurzel (dieser Flächenzahl) und erhebt sie in die dritte Potenz (Vermehrung), so ergibt sich offenbar der Betrag des Abstandes.

GLAUKON. Offenbar, wenigstens für einen Rechenmeister.

SOKRATES. Wenn man also umgekehrt den Betrag des Abstandes angibt, der den König in bezug auf Wahrhaftigkeit der Lust von dem Tyrannen scheidet, so wird man durch Vollziehung der Multiplikation finden, daß er siebenhundertneunundzwanzigmal freudvoller lebt, der Tyrann dagegen in dem nämlichen Abstandsverhältnis leidvoller.

GLAUKON. Mit einer wunderbaren Berechnung des Abstandes zwischen den beiden Männern, des gerechten und des ungerechten, in bezug auf Lust und Schmerz hast du uns da wie mit einem Sturzbach übergossen.

SOKRATES. Und doch ist es eine wahre und ihren Lebensläufen angemessene Zahl, wenn anders Tage, Nächte, Monate und Jahre in richtigem Verhältnis dazu stehen.

GLAUKON. Nun, das ist in der Tat der Fall.

SOKRATES. Wenn also der tugendhafte und gerechte Mann den schlechten und ungerechten an Lust um so viel übertrifft, wird er ihn dann nicht noch unendlich viel mehr an sittlicher Lebensführung, an Schönheit und Tugend übertreffen?

GLAUKON. In der Tat, unendlich, beim Zeus.

12. SOKRATES. Gut denn! Da die Untersuchung nun an diesem Punkte angelangt ist, wollen wir zurückgreifen auf die Behauptung, die gleich zu Anfang aufgestellt wurde und die uns bis hierher geführt hat. Sie lautete aber dahin, Unrechttun nütze dem vollendet Ungerechten, der sich dabei den Schein des Gerechten zu geben wisse. Oder lautete sie nicht so?

GLAUKON. Ja, so.

SOKRATES. Nun wollen wir uns mit dem, der dies behauptete, auseinandersetzen, nachdem wir uns darüber verständigt haben, was es mit dem Unrechttun und dem Gerechthandeln auf sich hat.

GLAUKON. Und wie denn?

SOKRATES. Indem wir uns in Gedanken ein Bild von der Seele entwerfen, damit der Vertreter jener Ansicht erkenne, was er eigentlich gesagt hat.

GLAUKON. Was für ein Bild?

SOKRATES. Eines nach der Art jener alten Fabelwesen wie die Chimaira und Skylla und der Kerberos und sonst noch manche andere, von denen es heißt, daß sie in sich vielerlei Gestalten zu einer einzigen zusammengewachsen zeigten.

GLAUKON. Ja, sie sind bekannt genug.

SOKRATES. Bilde dir also zunächst eine Gestalt eines buntscheckigen und vielköpfigen Tieres, das ringsum Köpfe zahmer und wilder Tiere hat und imstande ist, sich in alle diese Tiere zu verwandeln und sie aus sich zu erzeugen.

GLAUKON. Das wäre das Werk eines Bildners von wunderbarer Macht; doch gleichwohl, da Gedanken leichter zu formen sind als Wachs und dergleichen, mag das Gebilde als wirklich erschaffen gelten.

SOKRATES. Ferner nun als zweite Gestalt die eines Löwen und als dritte die eines Menschen; weitaus am größten aber soll die erste sein, und dann komme an Größe die zweite.

Glaukon. Das ist schon leichter, und ich bin mit dem Bilden schon fertig.

Sokrates. Nun füge die drei zu einer Gestalt zusammen und laß sie fest miteinander zusammengewachsen sein.

Glaukon. Es ist geschehen.

Sokrates. Nun schaffe von außen um sie herum das Bild eines Wesens, nämlich das des Menschen, so daß es dem, der das Innere nicht sehen kann, sondern nur die äußere Hülle sieht, nur als ein einziges Geschöpf erscheint, als ein Mensch nämlich.

Glaukon. Die Hülle ist ihm umgelegt.

Sokrates. So laß uns denn dem, der da behauptet, Unrechttun nütze diesem Menschen, während Gerechthandeln ihm nichts nütze, den Bescheid geben, daß er nichts anderes behauptet, als es nütze ihm, das vielgestaltige Tier zu mästen und stark zu machen und ebenso den Löwen und was zu ihm gehört, den Menschen dagegen vor Hunger verschmachten zu lassen und seiner Kraft zu berauben, so daß er sich von einem der beiden hinzerren lassen müsse, wohin es ihn eben haben wolle, während er nichts tue, um das eine an das andere zu gewöhnen und sie einander befreundet zu machen, sondern sie sich einander beißen, bekämpfen und auffressen lasse.

Glaukon. Ja, das ist genau der Sinn dessen, was der Lobredner des Unrechttuns behauptet.

Sokrates. Wird nun nicht anderseits der Verteidiger des Nutzens der Gerechtigkeit behaupten, man müsse in Tat und Wort darauf hinarbeiten, den inwendigen Menschen zum vollen Herrn des ganzen Menschen und zum rechten Wärter des vielköpfigen Ungetüms zu machen, zu einer Art Landwirt, der die zahmen Triebe nährt und pflegt, die wilden aber nicht aufkommen läßt, wobei er sich die Kraft des Löwen als seines Bundesgenossen dienstbar macht und so, für alle sorgend und sie sowohl untereinander wie mit sich selbst befreundend, seines Pflegeramtes waltet?

Glaukon. Ja, das ist anderseits der wirkliche Sinn dessen, was der Lobredner der Gerechtigkeit behauptet.

Sokrates. Also, wie man auch die Sache ansehen mag, auf jeden Fall sagt der Lobredner der Gerechtigkeit die Wahrheit, der Lobredner der Ungerechtigkeit die Unwahrheit. Denn mag man nun auf die Lust oder auf den guten Ruf oder auf den Nutzen sehen, immer sagt der Lobredner der Gerechtigkeit die Wahrheit, ihr Tadler aber bringt nichts Haltbares vor und tadelt, ohne zu wissen, was.

Glaukon. Ja, er hat keine Ahnung davon, wie mir scheint.

Sokrates. Wir wollen ihm also in freundlicher Weise – denn sein Irrtum ist ja kein freiwilliger – ins Gewissen reden und ihn fragen: Mein Trefflicher, dürfen wir nicht sagen, daß auch die gewöhnliche Schätzung der Dinge, derzufolge sie entweder löblich oder verwerflich sind, ihren Ursprung eben darin hat, daß das Löbliche dasjenige ist, was die tierischen Triebe dem Menschen oder besser noch dem Göttlichen untertänig macht, das Verwerfliche aber dasjenige, was die edelen Triebe unter die Herrschaft des Tierischen bringt? Wird er das zugeben, oder wie?

Glaukon. Ja, wenn er mir folgt.

Sokrates. Kann es also nach diesem Nachweis irgendeinen geben, dem es nützlich wäre, ungerechterweise sich dem Golde zugänglich zu zeigen, wenn die Sache so steht, daß er mit Annahme des Goldes zugleich den edelsten Teil seines Selbst in die Knechtschaft des schlechtesten bringt? Oder laß uns den Fall so stellen: wenn einer für Gold seinen Sohn oder seine Tochter in die Sklaverei weggäbe, und zwar an grausame und böse Unholde, so würde es ihm doch keinen Nutzen bringen, und wenn er noch so viel dafür bekäme; wenn er aber dabei zugleich das Göttlichste in sich unter das Joch des Ungöttlichsten und Verruchtesten in sich bringt und zwar ohne Erbarmen, so sollte er sich dadurch nicht unglücklich machen und für Gold ein weit schrecklicheres Unheil auf sich heraufbeschwören als Eriphyle, die für das Leben ihres Mannes jene goldene Kette annahm?

Glaukon. Ja, ein weit schrecklicheres; denn ich will dir statt jenes Mannes antworten.

13. Sokrates. Glaubst du also nicht, daß auch das zügellose Genußleben eben deshalb schon von jeher getadelt wird, weil dabei jenem Unge-

heuer, jenem großen und vielgestaltigen Ungetüm übergebührliche Freiheit gelassen wird?

GLAUKON. Offenbar.

SOKRATES. Und wird Dreistigkeit und Übellaunigkeit nicht getadelt, wenn das löwenund schlangenartige Element unserer Seele unverhältnismäßig gesteigert und angespannt wird?

GLAUKON. Sicherlich.

SOKRATES. Üppigkeit und Weichlichkeit dagegen wird doch wegen der zu schlaffen und nachgiebigen Haltung eben dieses Seelenteiles getadelt, wenn er dadurch der Feigheit anheimfällt?

GLAUKON. Ohne Zweifel.

SOKRATES. Bei Schmeichelei aber und Kriecherei bezieht sich der Tadel doch darauf, daß man da eben diesen Seelenteil, den zornmütigen, unter die Herrschaft jenes ungebärdigen Ungetüms bringt und aus Geldgier und um der Unersättlichkeit eben dieses Tieres willen ihn schmachvoll darniederdrückt und ihn dadurch von Jugend an gewöhnt, statt eines Löwen ein Affe zu werden?

GLAUKON. Ganz entschieden.

SOKRATES. Engherziger Handwerksgeist aber; warum, meinst du, bringt er uns Schande? Doch wohl nur deshalb, weil bei ihm der edelste Seelenteil von Natur so schwach ist, daß er über die Tiere in ihm nicht zu herrschen vermag, sondern ihnen dienen muß und nur die Mittel und Wege erlernen kann, wie man sie umschmeichelt?

GLAUKON. So scheint es.

SOKRATES. Damit nun auch ein solcher unter der gleichen Herrschaft stehe wie der Beste, muß er da nicht – so dürfen wir wohl sagen – der Untertan jenes Besten sein, der das Göttliche als herrschende Kraft in sich hat? Nicht, als ob wir glaubten, der Untertan müsse zu seinem eigenen Schaden beherrscht werden, wie es Thrasymachos von den Untertanen annahm, sondern weil es für jedermann besser ist, sich vom Göttlichen und Vernünftigen beherrschen zu lassen, am liebsten so, daß es seiner Seele als eigener Besitz angehört, wo nicht, dann so, daß es von außen her als sein Gebieter auftritt, auf daß wir nach Möglichkeit alle einander gleich und befreundet werden, indem wir unter der nämlichen Leitung stehen.

GLAUKON. Und das mit Recht.

SOKRATES. Und auch das Gesetz läßt keinen Zweifel darüber, daß es auf ein solches Ziel gerichtet ist, indem es allen Bewohnern der Stadt seinen Schutz gewährt, und ebenso das Verfahren in Leitung der Kinder, die wir nicht eher sich selbst überlassen, als bis wir ihnen gleichsam eine Verfassung, wie im Staate, fest gegründet haben und durch sorgsame Pflege des Besten in ihnen als Ersatz für unser eigenes Beste, durch das sie bisher geleitet worden sind, einen gleichen Wächter und Herrscher in ihnen eingesetzt haben; dann erst lassen wir sie frei.

GLAUKON. Ja, das trifft zu.

SOKRATES. Inwiefern also, mein Glaukon, und mit welchem Rechte sollen wir sagen, daß Ungerechtigkeit oder Zügellosigkeit oder schimpfliches Tun Nutzen bringe, Dinge, durch die man doch schlechter wird, mag man auch Geld oder Einfluß oder sonst dergleichen dabei gewinnen?

GLAUKON. Auf keine Weise.

SOKRATES. Auf welche Weise aber könnte man die Behauptung rechtfertigen, daß es nützlich sei, unbemerkt Unrecht zu tun und ohne Strafe davonzukommen? Oder wird nicht der, der es unbemerkt tut, noch schlechter, während bei dem, der entdeckt und gestraft wird, das Tierische gedämpft und gemildert, das Edle aber frei gemacht wird, wodurch die ganze Seele in die beste, ihrer Natur entsprechende Verfassung gebracht wird, sich der Besonnenheit und Gerechtigkeit mitsamt der vernünftigen Einsicht teilhaftig macht und auf diese Weise eine Beschaffenheit erlangt, die von höherem Werte ist als die Kraft und Schönheit mitsamt der Gesundheit, die der Körper erlangt, in eben dem Verhältnis, in dem die Seele an Wert über dem Körper steht?

GLAUKON. Unbedingt.

SOKRATES. Wer also vernünftig ist, der wird sein Leben so gestalten, daß er alle seine Kräfte auf dieses Ziel hin richtet. Er wird also erstens nur die Wissensfächer hochhalten, die geeignet sind seiner Seele die geschilderte Beschaffenheit zu geben, während er die anderen gering schätzt.

GLAUKON. Offenbar.

SOKRATES. Was aber weiter den Zustand und die Pflege des Körpers anlangt, so wird er, weit entfernt, dabei etwa der tierischen und unvernünftigen Lust die Zügel schießen zu lassen und in dieser Richtung sein Lebensziel zu suchen, sogar auf Gesundheit nur insofern achten und nur dann Wert darauf legen, kräftig, gesund und schön zu sein, wenn ihm diese Vorzüge mit verhelfen zur rechten Gesundheit des Geistes; denn sein Ziel wird dabei nur dies sein, die harmonische Gestaltung des Leibes ganz in den Dienst der Seelenharmonie zu stellen.

GLAUKON. Unleugbar, wenn anders er in Wahrheit ein Musikkundiger sein will.

SOKRATES. Und wird er es nicht auch mit dem Gelderwerb so halten? Wird nicht auch für dessen Ordnung und Ebenmaß ihm die Seelenharmonie maßgebend sein? Und die Vermögensanhäufung wird er doch nicht etwa in ängstlicher Rücksicht auf den Standpunkt der Volksmasse, die dies als das wahre Glück anpreist, ins Endlose forttreiben, um sich dadurch nur endloses Leid zu schaffen?

GLAUKON. Schwerlich.

SOKRATES. Sondern die Rücksicht auf die Verfassung seines Inneren und die sorgsame Achtsamkeit *darauf*, daß an dieser Stelle nichts wanke und weiche um des Übermaßes an Vermögen oder um des Mangels willen, wird allein für ihn maßgebend sein bei der Vermehrung und Verwendung seines Vermögens, soweit es möglich ist.

GLAUKON. Offenbar.

SOKRATES. Aber auch was Ehren und Auszeichnungen anlangt, wird er ganz nach dem gleichen Grundsatz verfahren, nämlich nur diejenigen Ehren annehmen und sie sich gern gefallen lassen, von denen er überzeugt ist, daß sie ihm zur Besserung dienen werden; dagegen wird er diejenigen meiden, in seinen persönlichen Verhältnissen sowohl wie in der Öffentlichkeit, die nach seiner Überzeugung für den Bestand seiner Seelenverfassung verderblich sind.

GLAUKON. Mithin wird er sich nicht mit Staatsgeschäften abgeben wollen, wenn anders seine ganze Sorge auf jenes Ziel gerichtet ist.

SOKRATES. Beim Hunde! Das wird er doch und erst recht, in *seinem* Staate nämlich; in seiner Vaterstadt allerdings nicht, es müßte denn eine göttliche Fügung es möglich machen.

GLAUKON. Ich verstehe: du meinst in dem von uns jetzt gegründeten und geschilderten Staat, der sein Dasein nur im Reiche der Gedanken hat; denn auf Erden findet er sich, glaube ich, nirgends.

SOKRATES. Aber im Himmel ist er vielleicht als Muster hingestellt für den, der ihn anschauen und gemäß dem Erschauten sein eigenes Innere gestalten will. Ob er irgendwo sich wirklich vorfindet oder vorfinden wird, darauf kommt es nicht an; denn nur den Geschäften dieses Staates wird er sich widmen, eines anderen aber nicht.

GLAUKON. Wohl begreiflich.

Zehntes Buch

1. Sokrates. Und in der Tat, wenn ich behaupte, daß die in unserem Staate von uns getroffenen Einrichtungen das Richtige treffen, so denke ich dabei an vieles andere, nicht am wenigsten aber an die Dichtkunst.

Glaukon. Was schwebt dir also dabei vor?

Sokrates. Daß wir sie durchaus abweisen, so weit sie nachahmender Art ist. Denn daß sie unter keiner Bedingung Aufnahme finden darf, das stellt sich jetzt meines Erachtens noch deutlicher heraus, nachdem wir die einzelnen Formen der Seelentätigkeit genau voneinander unterschieden haben.

Glaukon. Wie meinst du das?

Sokrates. Unter uns gesagt – denn ihr werdet nicht die Angeber gegen mich spielen bei den Tragödiendichtern und den übrigen Vertretern der nachahmenden Poesie –, alles, was dahin gehört, ist, wie leicht zu begreifen, eine Versündigung an der Geistesrichtung aller derjenigen Hörer, denen nicht die Kenntnis der wahren Natur dieser Dinge als Schutzmittel dagegen zu Gebote steht.

Glaukon. Wie soll das gemeint sein?

Sokrates. Ich muß heraus mit der Sprache, mag auch ein Gefühl der Liebe und Ehrfurcht, das ich von Kindheit an für Homer hege, mir das Reden noch so schwer machen. Denn kein Zweifel: er ist der erste Lehrer und Anführer aller dieser bezaubernden Tragiker gewesen. Aber mehr als die Menschen gilt die Wahrheit, und darum muß ich, wie gesagt, heraus mit der Sprache.

Glaukon. Unbedingt.

Sokrates. Höre also, oder vielmehr, antworte.

Glaukon. Frage nur.

Sokrates. Kannst du mir darüber Auskunft geben, was im allgemeinen nachahmende Darstellung ist? Denn ich selbst kann mir keine rechte Vorstellung davon machen, was sie eigentlich sein will.

Glaukon. Und dann sollte ich sie haben?

SOKRATES. Warum denn nicht? Haben doch Leute mit schwächeren Augen vieles eher gesehen, als solche mit schärferen Augen.

GLAUKON. Das ist richtig; aber in deiner Gegenwart wäre es mir unmöglich, auch nur den Mut zu finden, eine Ansicht zu äußern, die ich etwa hätte; vielmehr mußt du selbst zusehen.

SOKRATES. Ist es dir also recht, daß wir den Ausgangspunkt für die Betrachtung nach gewohnter Verfahrungsart wählen? Unser gewöhnliches Verfahren ist nämlich doch dies, daß wir für eine jede Gruppe vieler Einzeldinge, die wir mit demselben Namen belegen, je einen einheitlichen Begriff setzen. Oder verstehst du nicht?

GLAUKON. Ich verstehe wohl.

SOKRATES. Setzen wir also auch jetzt irgendeine beliebige Gruppe vieler Einzeldinge; so gibt es z. B. – mit Verlaub – viele Betten und viele Tische.

GLAUKON. Gewiß.

SOKRATES. Aber Ideen gibt es für diese Erzeugnisse der Tischlerkunst nur zwei, eine für das Bett, die andere für den Tisch.

GLAUKON. Ja.

SOKRATES. Und es ist uns doch geläufig zu sagen, daß der Verfertiger der beiden Gegenstände auf die Idee hinblickt, wenn er, der eine die Betten, der andere die Tische herstellt, die wir benutzen, und ebenso auch das andere? Denn die Idee selbst verfertigt doch keiner dieser Meister. Wie sollte er auch?

GLAUKON. Unmöglich.

SOKRATES. Aber frage dich nun, welchen Namen du dem folgenden Meister geben willst?

GLAUKON. Welchem?

SOKRATES. Der alles macht, was jeder einzelne dieser Werkmeister macht, es sei, was es wolle.

GLAUKON. Das wäre ja ein wahrer Tausendkünstler und Wundermann.

SOKRATES. Nur noch ein wenig Geduld, und du wirst noch mehr Grund haben, dies zu sagen. Denn dieser nämliche Werkmeister ist nicht nur imstande, alle Geräte zu machen, sondern auch alles, was aus der Erde wächst, macht er und alle Geschöpfe bringt er hervor, nicht nur die anderen, sondern auch sich selbst, und außerdem Erde, Himmel und alles, was am Himmel ist und was unter der Erde im Hades ist – alles macht er.

GLAUKON. Das wäre ja ein wunderbarer Zauberer.

SOKRATES. Traust du mir etwa nicht? Sage mir denn, hältst du einen derartigen Werkmeister überhaupt für unmöglich, oder glaubst du, auf gewisse Weise sei er Hervorbringer aller dieser Dinge, auf andere wieder nicht? Oder merkst du nicht, daß du auch selbst imstande wärest, dies auf gewisse Weise hervorzubringen?

GLAUKON. Und welches wäre diese Weise?

SOKRATES. Es hat mit ihr gar keine Schwierigkeit, sondern man hat sie vielfältig und rasch zur Hand; am schnellsten wohl, wenn du ohne Umstände einen Spiegel nimmst und ihn überall herumträgst: alsbald wirst du da eine Sonne machen und was sonst am Himmel ist, alsbald auch eine Erde, alsbald auch dich selbst und die übrigen Geschöpfe, Geräte, Gewächse und alles vorhin Genannte.

GLAUKON. Ja, dem Scheine nach, aber nicht in Wirklichkeit.

SOKRATES. Recht so; damit triffst du den Punkt, auf den es ankommt; denn zu den Werkmeistern dieser Art gehört auch der Maler. Nicht wahr?

GLAUKON. Unzweifelhaft.

SOKRATES. Aber du wirst sagen, was er mache, sei nichts Wahres. Indes auf gewisse Weise macht doch auch der Maler ein Bett. Oder nicht?

GLAUKON. Ja, er macht eines, aber nur ein scheinbares.

2. SOKRATES. Wie steht es nun mit dem Verfertiger des Bettes? Sagtest du nicht eben, er mache nicht die Idee des Bettes, in unserer Sprechweise ausgedrückt: das Bett an sich, sondern ein beliebiges Bett, eines von vielen?

GLAUKON. Das sagte ich.

SOKRATES. Macht er aber nicht das Bett an sich, so macht er nicht das wirklich seiende Bett, sondern nur ein dem seienden ähnliches, das aber selbst kein Sein hat. Wollte aber einer behaupten, das Werk des Tischlers oder sonst irgendeines Handwerkers sei im vollsten Sinne seiend, so wird er doch schwerlich die Wahrheit sagen?

GLAUKON. Gewiß nicht, wenigstens nicht nach der Ansieht derer, die mit dieser Lehre vertraut sind.

Sokrates. Kein Wunder also, wenn auch dies sich nur als ein schwaches Gegenstück darstellt gegen die volle Wahrheit.

Glaukon. Nein, ein Wunder ist das nicht.

Sokrates. Wollen wir nun in Verfolg dieses Beispiels das Wesen des von uns gesuchten Nachahmers aufklären?

Glaukon. Wenn dir's recht ist, ja.

Sokrates. Es ergeben sich uns also folgende drei Arten von Betten: erstens das in voller Wirklichkeit vorhandene, als dessen Schöpfer uns doch wohl Gott gilt. Oder wer sonst?

Glaukon. Niemand, denke ich.

Sokrates. Zweitens dasjenige Bett, das der Tischler herstellt.

Glaukon. Ja.

Sokrates. Drittens dasjenige, das der Maler anfertigt. Nicht wahr?

Glaukon. Ja, so soll es gelten.

Sokrates. Also Maler, Tischler, Gott, das sind drei Meister für drei Arten von Betten.

Glaukon. Ja, drei.

Sokrates. Gott nun, ob es nun sein Wille war, nicht mehr als ein wirklich seiendes Bett herzustellen, oder ob er dabei unter dem Druck einer Notwendigkeit stand – gleichviel, er machte nur jenes eine Bett, jenes Bett an sich; zwei solche Betten aber sind von Gott weder geschaffen worden, noch werden sie je geschaffen werden.

Glaukon. Wie so?

Sokrates. Weil, hätte er mehr, und wären es auch nur zwei, machen wollen, alsbald über ihnen wieder ein einziges auftauchen würde, das für die Gestaltung jener zwei als maßgebend gelten müßte, und dieses, nicht aber jene zwei, wäre dann eben das Bett an sich.

Glaukon. Richtig.

Sokrates. Dies also, denke ich, wußte Gott, und da er der Schöpfer des in voller Wirklichkeit vorhandenen Bettes, nicht aber irgendeines beliebigen Bettes so wenig wie irgendein beliebiger Bettverfertiger sein wollte, so schuf er eben dies *eine* wirkliche Bett.

Glaukon. Wohl richtig.

SOKRATES. Diesen können wir doch nun als den Urbildner hiervon oder so ähnlich bezeichnen?

GLAUKON. Ja, daran tun wir ganz recht, da er doch das wirkliche Urbild geschaffen hat wie auch die Urbilder von allem anderen.

SOKRATES. Wie aber den Tischler? Nicht als den Werkmeister des Bettes?

GLAUKON. Ja.

SOKRATES. Etwa auch den Maler als Werkmeister und Verfertiger eines derartigen Gegenstandes?

GLAUKON. Keineswegs.

SOKRATES. Aber wie bezeichnest du ihn nun in seinem Verhältnis zum Bett?

GLAUKON. Die angemessenste Bezeichnung wäre meines Erachtens diese: Nachahmer des Gegenstandes, von dem jene die Werkmeister sind.

SOKRATES. Gut. Also den Urheber des auf dritter Stufe abwärts von der reinen Wirklichkeit stehenden Erzeugnisses nennst du Nachahmer?

GLAUKON. Allerdings.

SOKRATES. Dies also wird auch der Tragödiendichter sein, wenn anders er ein Nachahmer ist, gewissermaßen drei Stufen abwärts vom König und der Wahrheit, und ebenso alle übrigen Nachahmer.

GLAUKON. So scheint es.

SOKRATES. Über den Nachahmer also sind wir einig; was aber den Maler anlangt, so gib mir Auskunft auf folgende Frage: ist deiner Ansicht nach sein Ziel dieses, immer das wahrhaft Seiende nachzuahmen oder die Erzeugnisse der Handwerksmeister?

GLAUKON. Die letzteren.

SOKRATES. So wie sie sind oder so wie sie scheinen? Denn darüber mußt du noch volle Klarheit schaffen.

GLAUKON. Wie meinst du das?

SOKRATES. So: ein Bett, magst du es nun von der Seite betrachten oder von vorn oder wie immer, ist doch nicht etwa von sich selbst verschieden? Die Sache steht vielmehr doch wohl so, daß es von sich selbst nicht verschieden ist, wohl aber verschieden scheint? Und so bei allen anderen Dingen.

Glaukon. Offenbar handelt es sich dabei um den Schein, nicht um die Wirklichkeit.

Sokrates. Nun wende aber eben dies auf die folgende Betrachtung an: wofür ist die Malerei da? Will sie das Seiende in seiner eigentlichen Gestalt nachahmen oder das Erscheinende, wie es eben scheint? Ist sie also eine Nachahmung der Erscheinung oder der Wahrheit?

Glaukon. Der Erscheinung.

Sokrates. Fernab von der Wahrheit also steht die Nachahmungskunst, und daher kommt es wohl auch, daß sie alles herstellen kann, weil sie eben nur ganz Weniges von jedem Gegenstande aufgreift und weil selbst dies Wenige nur einem Schattenbild angehört. So wird uns der Maler z. B. einen Schuster, einen Tischler und die anderen Handwerker malen, ohne von der Kunst irgendeines dieser Leute etwas zu verstehen; gleichwohl wird er, wenn er ein guter Maler ist und einen Tischler gemalt hat, den er nun in gehöriger Entfernung vorzeigt, Kinder und Toren täuschen, so daß sie glauben, es sei ein wirklicher Tischler.

Glaukon. Allerdings.

Sokrates. Aber, mein Bester, das muß man hinsichtlich aller solcher Leute festhalten: wenn uns einer von jemandem Kunde gibt und sagt, er habe einen Menschen kennengelernt, der sich auf alle Handwerkskünste verstehe und über alles andere, was der einzelne Fachmann zu verstehen pflegt, ausnahmslos besser Bescheid wisse als irgendwer sonst, so muß man ihm antworten, daß er ein Einfaltspinsel ist und sich offenbar von einem Gaukelkünstler und Nachahmer, dem er in die Hände gefallen ist, hat hinters Licht führen und zu dem Glauben bringen lassen, jener sei ein Allweiser, und dies aus keinem anderen Grunde, als weil er selbst nicht imstande ist, zwischen Wissen und Nichtwissen und Nachahmung scharf zu scheiden.

Glaukon. Sehr wahr.

3. Sokrates. Nächstdem müssen wir unsere Aufmerksamkeit nun auf die Tragödie richten und auf ihren Anführer Homer; denn wir hören doch von so manchen, dieser Dichter wisse genau Bescheid mit allen Künsten, mit allem Menschlichen, was sich auf Tugend und Laster bezieht,

wie auch mit dem Göttlichen. Denn notwendig müsse der gute Dichter, wenn er seinen dichterischen Stoff gut behandeln will, als ein Kundiger dichten, widrigenfalls er gar nicht imstande sei zu dichten. Wir müssen also zusehen, ob die so Urteilenden es dabei mit Nachahmern zu tun gehabt haben, von denen sie hintergangen worden sind, und ob sie bei Betrachtung ihrer Werke nicht merken, daß diese um drei Stufen vom Seienden abstehen und leicht herzustellen sind auch für einen, der der Wahrheit nicht kundig ist – denn Scheingebilde sind es, nicht Wirklichkeit, was sie machen –; oder ob doch etwas daran ist an dem, was sie sagen, und ob die guten Dichter wirklich auch genau das kennen, worüber sie nach dem Urteil der großen Menge so herrlich zu reden wissen.

GLAUKON. Das muß allerdings genau geprüft werden.

SOKRATES. Glaubst du nun, daß, wenn einer sich auf Herstellung beider Dinge verstünde, des Nachzuahmenden und des Schattenbildes, er sich dann dazu hergeben würde, alles Ernstes die Herstellung von Schattenbildern zu seinem Geschäft zu machen und sich dies zum Ziel seines Lebens zu setzen, als gäbe es keinen schöneren Besitz?

GLAUKON. Ich wenigstens glaube das nicht.

SOKRATES. Sondern, wäre er wirklich auch der Dinge selbst kundig, die er nun bloß nachahmt, so würde er sich, glaube ich, weit eher eben auf diese Dinge selbst legen als auf ihre Nachahmungen und würde sich bemühen, viele herrliche Werke als Denkmale von sich zu hinterlassen, und weit lieber der Gepriesene sein wollen als der Preisende.

GLAUKON. Wohl wahr; denn Ehre wie auch Nutzen ist hier nicht gleich verteilt.

SOKRATES. Was nun das andere betrifft, so wollen wir weder mit Homer noch sonst mit einem Dichter ins Gericht gehen, und angenommen, es wäre einer von ihnen ein Heilkundiger und nicht bloß Nachahmer heilkundiger Reden, so wollen wir diesen nicht mit Fragen behelligen wie die: »Welche Leute soll denn irgendein Dichter alter oder neuer Zeit gesund gemacht haben wie Asklepios, oder welche Schüler hat er in der Heilkunde hinterlassen wie jener seine Nachkommen?« Und auch über die übrigen Künste wollen wir sie nicht fragen, sondern wollen das auf sich beruhen lassen. Aber was die wichtigsten und herrlichsten Dinge anlangt, über die Homer es unternimmt zu reden, über Kriege nämlich und Feldzüge und staatliche Einrichtungen und Menschenbildung, so dürfen wir billigerweise wohl ihn ausforschen und fragen: »Mein lieber Homer, wenn du in Sachen der Tugend nicht erst der dritte abwärts von der Wahrheit, ein Hersteller von Schattenbildern, als welchen wir die Nachahmer bestimmt haben, sondern schon der zweite und also imstande wärest zu erkennen, welche Verhaltungsweisen den Menschen besser oder schlechter machen im Einzelleben wie im staatlichen Verkehr, so sage uns: welcher Staat ist durch dich zu besseren Einrichtungen gekommen, wie durch Lykurg Lakedaimon und durch viele andere so manche andere große und kleine Staaten? Dich aber – nun, welche Stadt nennt dich denn als Urheber guter Gesetze und als ihren Segenbringer? Denn Italien und Sizilien nennt den Charondas und wir den Solon; wer aber dich?« Wird er da wohl eine angeben können?

GLAUKON. Schwerlich. Wissen doch selbst die Anbeter Homers nichts derartiges von ihm zu erzählen.

SOKRATES. Aber wird denn irgend ein Krieg aus der Zeit Homers erwähnt, der unter seiner Führung oder Beratung glücklich zu Ende gebracht worden ist?

GLAUKON. Keiner.

SOKRATES. Aber werden etwa von ihm als einem für Förderung der werktätigen Betriebsamkeit befähigten Kopfe mancherlei wohlerdachte Erfindungen für die Handwerkskünste oder sonst für das praktische Leben erwähnt, wie von dem Milesier Thales und dem Skythen Anacharsis?

GLAUKON. Nichts von alledem!

SOKRATES. Aber wenn nicht für die Zwecke des öffentlichen Lebens, so hat er sich doch wohl im Einzelverkehr bei Lebzeiten manchen als Wegweiser für ihre geistige Bildung erwiesen, die der Umgang mit ihm zu seinen liebevollen Verehrern machte, so daß sie dann den Nachkommen eine bestimmte homerische Lebensordnung überlieferten, wie Pythagoras deshalb selbst schon die größte Verehrung genoß und so auch seine Nachfolger noch jetzt wegen ihrer Pythagoreischen Lebensordnung, wie sie sie nennen, sich eines ausgezeichneten Rufes vor den anderen erfreuen?

GLAUKON. Auch von dergleichen hört man nichts; denn, mein Sokrates, Kreophylos, der Freund des Homer, würde, was seine Bildung anbelangt, den Spott noch mehr herausfordern, als es sein Name tut, wenn es wahr ist, was von Homer erzählt wird. Es heißt nämlich, man hätte schon zu seinen Lebzeiten sich starker Rücksichtslosigkeit gegen ihn schuldig gemacht.

4. SOKRATES. Ja, so heißt es wenigstens. Aber wie meinst du, mein Glaukon? Hätte Homer, wenn er wirklich imstande gewesen wäre, Menschen zu erziehen und zu bessern, als ein auf diesem Gebiete nicht bloß zur Rolle des Nachahmers fähiger, sondern zu wirklicher Erkenntnis durchdringender Mann nicht zahlreiche Anhänger gewonnen und Ehre und Liebe von ihnen genossen? Wie? Protagoras von Abdera und Prodikos aus Keos und eine Menge anderer wären imstande, ihren Zeitgenossen im persönlichen Umgang die Überzeugung einzuflößen, sie könnten weder ihr Haus noch ihren Staat recht bestellen ohne die Bildung, die sie unter ihrer Leitung erhielten? Und sie fänden ob dieser Weisheit so große Verehrung und Liebe, daß nicht viel fehlt, so trügen ihre Anhänger sie auf den Schultern umher? Den Homer dagegen, wenn er imstande gewesen wäre, die Menschen auf dem Wege zur Tugend vorwärts zu bringen, oder den Hesiod hätten ihre Zeitgenossen umherziehen und sie ihre Gesänge ableiern lassen und hätten nicht weit mehr an ihnen gehangen als an ihrem Golde, und hätten sie nicht dringend gebeten, ihr Haus mit ihnen zu teilen, oder wenn sie damit keinen Erfolg gehabt hätten, sich selbst ihnen auf allen ihren Wegen als Begleiter angeschlossen, bis sie der Bildung genug empfangen hätten?

GLAUKON. Du scheinst mir durchaus recht zu haben, Sokrates.

SOKRATES. Wir dürfen also nun behaupten: alle Dichter, Homer nicht ausgenommen, sind bloße Nachahmer von Nachbildungen der Tugend und der übrigen Dinge, von denen sie in ihren Dichtungen handeln, mit der Wahrheit aber haben sie nichts zu tun, sondern, wie eben gesagt, der Maler wird eine Figur schaffen, die für einen wirklichen Schuster gehalten wird von Leuten, die von der Schusterei ebensowenig verstehen wie er selbst, sondern nur nach Farben und Formen urteilen.

GLAUKON. Allerdings.

SOKRATES. So also wird auch der Dichter, wie wir sagen dürfen, seiner Rede und seinem Ausdruck eine nach den einzelnen Künsten (die er nachahmt) wechselnde Färbung geben, ohne selbst sich auf etwas anderes zu verstehen als auf Nachahmung, dabei aber doch auf andere ebenso unkundige Leute mit dem, was er vorträgt, wenn es im Schmucke des Versmaßes, des Tonfalles und des Wohlklangs prangt, den Eindruck machen, als werde damit eine treffliche Darstellung der Sache gegeben, gleichviel ob es sich um Schusterei handelt oder um Feldherrnkunst oder um sonst irgend etwas Beliebiges; einen so großen natürlichen Zauber übt eben diese Einkleidung aus. Denn entkleidet man die Worte der Dichter dieses ihres musikalischen Farbenschmuckes und gibt ihren bloßen Sachgehalt schmucklos wieder, so weißt du ja wohl, wie sie sich ausnehmen; denn du hast darüber wohl Beobachtungen gemacht.

GLAUKON. Jawohl.

SOKRATES. Nehmen sie sich nicht ähnlich aus, wie herangereifte, aber nicht schöne Jünglinge aussehen, wenn ihre Blütezeit vorbei ist?

GLAUKON. Durchaus so.

SOKRATES. Nun stelle denn noch folgende Betrachtung an: der Verfertiger eines bloßen Bildes, der Nachahmer also, hat unserer Behauptung nach von der wirklichen Sache keine Kenntnis, sondern nur von der Art, wie sie erscheint. Nicht so?

GLAUKON. Ja.

SOKRATES. Wir wollen uns also nicht mit der halben Ausführung der Sache begnügen, sondern wollen sie gründlich betrachten.

GLAUKON. Sprich nur.

SOKRATES. Ein Maler, sagen wir, kann Zaum und Gebiß malen.

GLAUKON. Ja.

SOKRATES. Machen aber wird sie der Sattler und der Schmied?

GLAUKON. Gewiß.

SOKRATES. Weiß nun etwa der Maler, welche Eigenschaften der Zaum und das Gebiß haben muß? Oder weiß das nicht einmal ihr Verfertiger, der Schmied und der Sattler, sondern nur der, der sie zu brauchen versteht, der Reiter?

GLAUKON. Sehr wahr.

SOKRATES. Und wird es sich nicht mit allen Dingen so verhalten?

GLAUKON. Wie denn?

SOKRATES. Für ein jedes gibt es doch diese drei Künste: die gebrauchende, die herstellende und die nachahmende?

GLAUKON. Ja.

SOKRATES. Trefflichkeit, Schönheit und Angemessenheit eines jeden Gerätes, Geschöpfes und jeder Handlung bezieht sich doch wohl auf nichts anderes als auf den Gebrauch, für den ein jedes eben angefertigt oder von der Natur geschaffen ist.

GLAUKON. So ist es.

SOKRATES. Unbedingt notwendig also ist es, daß der Gebrauchende, um welchen Gegenstand es sich auch handeln mag, immer der Erfahrenste sei und dem Verfertiger Auskunft gebe, was er richtig oder falsch macht für den Gebrauch des gewünschten Gegenstandes. So gibt z. B. der Flötenspieler dem Flötenmacher Auskunft über die Flöten, sofern sie sich beim Blasen brauchbar erweisen sollen, und wird ihm Anweisung geben, wie er sie machen muß, dieser aber wird sich folgsam danach richten.

GLAUKON. Wie sollte er auch nicht?

SOKRATES. Also der eine als Wissender gibt Auskunft über taugliche und untaugliche Flöten, der andere schenkt ihm Glauben und verfertigt sie danach?

GLAUKON. Ja.

SOKRATES. Von dem nämlichen Gerät wird also der Verfertiger einen richtigen *Glauben* haben hinsichtlich seiner Tauglichkeit und Untauglichkeit infolge seines Verkehrs mit dem Wissenden, von dem er sich belehren lassen muß, während der Gebrauchende wirkliche *Wissenschaft* davon besitzt.

GLAUKON. Gewiß.

SOKRATES. Der nachahmende Maler nun – hat er etwa aufgrund des Gebrauches ein Wissen von dem, was er malt, ob es schön ist und richtig oder nicht, oder hat er auch nur eine richtige Meinung infolge etwa notwendigen Verkehrs mit dem Wissenden, der ihm Anweisung geben kann, wie er malen muß?

GLAUKON. Keines von beiden.

SOKRATES. Also weder ein Wissen noch eine richtige Meinung wird der Nachahmer haben von dem, was er nachahmt, was Trefflichkeit oder Verwerflichkeit anlangt.

GLAUKON. Es scheint, nicht.

SOKRATES. Was für ein Kenner des Inhalts seiner eigenen dichterischen Erzeugnisse wird demnach der Nachahmer im Gebiete der Dichtkunst sein!

GLAUKON. Ja, damit ist es nicht weit her.

SOKRATES. Aber gleichwohl wird er sein Nachahmungsgeschäft unbeirrt fortsetzen, ohne von irgend einem Dinge zu wissen, inwiefern es verwerflich oder brauchbar ist; vielmehr kommt es ihm bei seiner Nachahmung, wie es scheint, nur darauf an, in welcher Gestalt es der großen Masse und den Unwissenden schön erscheint.

GLAUKON. Nur darauf.

SOKRATES. Darüber also sind wir, wie es wenigstens scheint, nun zur Genüge einig, daß der Nachahmer von dem, was er nachahmt, nichts weiß, was der Rede wert wäre, sondern daß die Nachahmung eine Spielerei ist und keine ernsthafte Tätigkeit, und daß die, die sich in Jamben oder Hexametern mit der tragischen Poesie befassen, sämtlich Nachahmer sind, und zwar im allerschärfsten Sinn.

GLAUKON. Sicherlich.

5. SOKRATES. Beim Zeus, diese Art von Nachahmung hat es also mit Dingen zu tun, die auf der dritten Stufe abwärts von der Wahrheit liegen. Nicht wahr?

GLAUKON. Ja.

SOKRATES. Auf was für einen Seelenteil des Menschen aber übt sie die ihr eigentümliche Wirkung aus?

GLAUKON. Was meinst du denn damit?

SOKRATES. Folgendes: die nämliche Größe erscheint uns doch, aus der Nähe und aus der Ferne durch das Gesicht wahrgenommen, nicht gleich?

GLAUKON. Nein.

SOKRATES. Und die nämlichen Gegenstände erscheinen uns verbogen und gerade, je nachdem man sie im Wasser oder außerhalb desselben sieht, und bald hohl, bald erhaben infolge der Gesichtstäuschung, die mit der Verteilung der Farbe zusammenhängt; und alles dies deutet doch klar auf einen verworrenen Seelenzustand hin. Auf diese Schwäche unserer Natur hat es nun die Malerkunst listig abgesehen und läßt kein Mittel der Täuschung unversucht, und ebenso die Gauklerkunst sowie die anderen zahlreichen Blendwerke dieser Art.

GLAUKON. So ist es.

SOKRATES. Bieten sich uns nun nicht das Messen, Zählen, Wägen als willkommenste Hilfsmittel hiergegen dar, die verhindern, daß in uns nicht das scheinbar Größere oder Kleinere oder Mehrere oder Schwerere die Entscheidung in der Hand haben, sondern das Rechnende und Messende oder, je nachdem, auch das Wägende?

GLAUKON. Ohne Zweifel.

SOKRATES. Aber dies wäre doch wohl das Geschäft des Rechenverstandes, also des denkenden Teiles unserer Seele?

GLAUKON. Allerdings.

SOKRATES. Wenn nun dieser Rechenverstand seine Messungen vorgenommen hat und zeigt, daß einiges größer oder kleiner ist als anderes oder auch gleich groß, so kommt er doch oft zu einer der vorigen entgegengesetzten Meinung über das Nämliche.

GLAUKON. Ja.

SOKRATES. Nun stellten wir aber doch den Satz auf, es sei unmöglich, mit dem nämlichen Seelenvermögen über das Nämliche gleichzeitig Entgegengesetztes zu meinen?

GLAUKON. Und das mit Recht.

SOKRATES. Dasjenige Seelenvermögen also, dessen Urteil im Widerspruch steht mit dem wahren Maß, kann nicht dasselbe sein wie das, welches damit in Einklang steht.

GLAUKON. Nein, gewiß nicht.

SOKRATES. Aber was dem Maß und dem rechnenden Verstand unbedingtes Vertrauen schenkt, ist doch wohl das Beste der Seele.

GLAUKON. Sicherlich.

SOKRATES. Was also mit diesem in Widerspruch steht, das muß doch wohl zu dem Unedlen in uns gehören.

GLAUKON. Notwendig.

SOKRATES. Darauf also wollte ich hinaus, als ich sagte, die Malerei und die Nachahmungskunst überhaupt halte sich nicht nur bei Herstellung ihrer Werke fern von der Wahrheit, sondern stehe auch in engem Verkehr mit einem Teil unserer Seele, der von Vernunfteinsicht weit entfernt ist, und es sei nichts Gesundes und Wahres, was diesem Bunde und dieser Freundschaft als Ziel zugrunde liege.

GLAUKON. Du hast vollkommen recht damit.

SOKRATES. Selbst unedel also und mit Unedlem sich vermählend, erzeugt die Nachahmungskunst nur Unedles.

GLAUKON. Begreiflicherweise.

SOKRATES. Etwa bloß die, welche es mit dem Gesicht zu tun hat, oder auch die mit dem Gehör, die wir bekanntlich Dichtkunst nennen?

GLAUKON. Höchstwahrscheinlich auch diese.

SOKRATES. Laß uns aber nun nicht dem allein vertrauen, was uns die Malerei als wahrscheinlich an die Hand gibt, sondern laß uns unmittelbar an das Geistesvermögen selbst herantreten, mit dem die dichtende Nachahmungskunst in Verkehr steht, und zusehen, ob es unedel ist oder edel.

GLAUKON. Das müssen wir.

SOKRATES. Laß es uns folgendermaßen betrachten: die Nachahmungskunst der Dichter ahmt handelnde Menschen nach, deren Handlungen entweder dem Zwang unterworfen oder freiwillig sind, und die mit ihrem Handeln glauben, entweder gut oder schlecht gefahren zu sein, und dem allen gemäß entweder traurig oder froh sind. Damit sind doch alle

Fälle erschöpft?

Glaukon. Alle.

Sokrates. Stimmt nun in alledem der Mensch mit sich selbst überein? Oder steht es auch mit den Handlungen so wie mit den Gesichtseindrücken? Wie er bei diesen mit sich in Zwiespalt war und zu gleicher Zeit entgegengesetzte Meinungen über das Nämliche in sich hatte, ist er so auch beim Handeln in Zwiespalt und Kampf mit sich selbst? Doch ich erinnere mich, daß wir gar nicht nötig haben, uns jetzt darüber zu verständigen; denn wir haben uns schon früher in unseren Verhandlungen über alles dies zur Genüge dahin geeinigt, daß unsere Seele von tausend solchen gleichzeitigen Widersprüchen voll ist.

Glaukon. Richtig.

Sokrates. Ja, richtig; aber was wir damals übergangen haben, das müssen wir, wie mir scheint, jetzt unbedingt nachholen.

Glaukon. Und was wäre das?

Sokrates. Ein Mann von edler Gesinnung, so sagten wir doch wohl schon damals, wird, wenn ihn das Schicksal trifft, einen Sohn zu verlieren oder sonst etwas, was ihm besonders teuer ist, dies leichter ertragen als andere.

Glaukon. Gewiß.

Sokrates. Jetzt aber wollen wir unser Augenmerk darauf richten, ob er überhaupt keinen Schmerz darüber empfinden wird, oder ob dies zwar unmöglich ist, er sich aber doch eine gewisse Mäßigung in seiner Trauer auferlegen kann.

Glaukon. Das letztere eher, wenn wir bei der Wahrheit bleiben wollen.

Sokrates. Doch jetzt sage mir folgendes über ihn: Glaubst du, er werde gegen den Schmerz stärker und mit größerer Anstrengung ankämpfen, wenn er von seinesgleichen gesehen wird, als wenn er für sich allein in der Einsamkeit weilt?

Glaukon. Weit mehr, wenn er gesehen wird.

Sokrates. Für sich allein aber wird er sich wohl nicht scheuen, viele Worte auszustoßen, über die er sich schämen würde, wenn sie ein anderer hörte, und wird auch manches tun, wobei er von einem anderen nicht beobachtet sein möchte.

GLAUKON. So ist es.

6. SOKRATES. Nicht wahr, was zum Widerstand auffordert, das ist doch die Vernunft und das Gesetz, was dagegen zur Hingabe an den Schmerz treibt, das ist doch das Leiden selbst?

GLAUKON. Richtig.

SOKRATES. Stellt sich aber beim Menschen in bezug auf die nämliche Sache zu gleicher Zeit ein zwiefacher Drang nach entgegengesetzten Richtungen hin ein, so muß es unbedingt in ihm zwei entsprechende Vermögen geben.

GLAUKON. Ohne Zweifel.

SOKRATES. Das eine ist doch bereit, dem Gesetze zu folgen, wo dieses hinweist?

GLAUKON. Wie so?

SOKRATES. Das Gesetz sagt doch wohl, das beste Verhalten im Mißgeschick sei, so ruhig wie möglich zu bleiben und nicht ungebärdig zu werden, da es ja weder offenbar ist, was an dergleichen gut oder schlimm ist, noch sich irgendwelcher Vorteil aus solchem Gebaren ergibt; auch ist ja überhaupt nichts, was den Menschen begegnet, großen Aufhebens wert, und die Hingabe an den Schmerz wird nur ein Hemmnis für die Ermöglichung dessen, was wir in solchen Fällen am meisten nötig haben.

GLAUKON. Was wäre denn das?

SOKRATES. Daß man zu Rate geht über das Geschehene und wie beim Falle der Würfel gemäß dem vorliegenden Wurf seine Maßnahmen trifft, so wie es der überlegende Verstand als Bestes empfiehlt, nicht aber, wenn man irgendwie zu Falle gekommen ist, wie Kinder die Hand auf die verletzte Stelle hält und unausgesetzt schreit, sondern immer die Seele gewöhnt, so rasch wie möglich an die Heilung zu gehen und das durch den Fall zu Schaden Gekommene wieder in seinen regelrechten Zustand zu bringen, indem man durch ärztliche Kunst das Jammergeschrei verbannt.

GLAUKON. Ja, das wäre gewiß die richtige Art, wie man den Schicksalsschlägen begegnet.

SOKRATES. Unser bestes Teil also, so lautet unser Satz, wird immer willig dieser vernunftgemäßen Anweisung folgen.

GLAUKON. Offenbar.

SOKRATES. Von jenem Drang dagegen, der uns zur Erinnerung an das Leiden und zum Jammern darüber führt und nicht genug davon bekommen kann, werden wir doch sagen, er stehe in Widerspruch mit der Vernunft, begünstige die Trägheit und stehe mit der Feigheit im Freundschaftsbund?

GLAUKON. Das werden wir.

SOKRATES. Diese Seite unseres Innern also, dies sich Aufbäumende in uns, bietet der Nachahmung reichen und vielfarbigen Stoff; die vernunftgemäße und ruhige Gemütsart dagegen, als immer sich gleichbleibend, läßt sich weder leicht nachahmen, noch ist die Nachahmung so ohne weiteres verständlich, zumal für eine festlich versammelte Volksmenge und ein buntes Menschengemisch, wie es sich in den Theatern zusammenfindet; denn für sie ist das eine Nachahmung eines ihnen fremdartigen Zustandes.

GLAUKON. Ganz gewiß.

SOKRATES. Offenbar also ist der nachahmende Dichter nicht für diese Seite der Seele geschaffen und seine Weisheit nicht danach angetan, ihr zu gefallen, wenn er bei der großen Menge Beifall finden will, sondern für die zur Ungebärdigkeit geneigte und in allen Farben schillernde Gemütsart, weil diese unschwer nachzuahmen ist.

GLAUKON. Offenbar.

SOKRATES. Nunmehr also sind wir vollkommen berechtigt, unseren Tadel über ihn ergehen zu lassen und ihn als Seitenstück zu dem Maler hinzustellen; denn er gleicht ihm nicht nur darin, daß er Werke anfertigt, die, gegen die Wahrheit gehalten, wertlos sind, sondern auch darin ist er ihm ähnlich, daß er es mit demjenigen Teile der Seele, der auf der gleichen niedrigen Stufe steht, zu tun hat, nicht aber mit ihrem edelsten Teil. Und darum sind wir in unserem guten Recht, wenn wir ihn nicht aufnehmen in einen Staat, der sich einer guten Verfassung erfreuen soll. Denn er weckt und nährt diesen niedrigen Teil der Seele und verdirbt durch dessen Kräftigung ihren vernünftigen Teil, ganz so, wie wenn einer in einer Stadt die Schurken zur Macht gelangen ließe und den Staat in ihre Hände brächte, den anständigen Teil der Bürgerschaft aber zugrunde gehen ließe; ebenso läßt, wie wir nun behaupten werden, der nachahmende Dichter in der Seele jedes Einzelnen gleichsam eine schlechte Staatsverfassung zur Geltung kommen, indem er dem unvernünftigen Teile derselben huldigt, der Groß und Klein nicht voneinander zu unterscheiden weiß, sondern das Nämliche bald für groß hält, bald wieder für klein, ein bloßer Bildner von Bildern, von der Wahrheit aber fern abstehend.

GLAUKON. Allerdings.

7. SOKRATES. Aber noch haben wir nicht die schlimmste Anklage gegen diese Art von Kunst erhoben. Denn daß sie auch die anständig gesinnten Bürger mit ganz wenigen Ausnahmen zu verderben imstande ist, das ist doch ein wahrer Jammer.

GLAUKON. Das ist es sicher, wenn sie dazu wirklich imstande ist.

SOKRATES. Höre nur und erwäge. Wenn wir, auch die Besten unter uns, den Homer oder einen anderen Tragödiendichter hören, wie er irgendeinen trauernden Helden, den er uns darstellt, eine lange Klagerede halten läßt oder seine Helden gar singen und sich vor Schmerz die Brust zerschlagen läßt, so haben wir daran – das weißt du ja – unsere Freude, geben uns ganz daran hin, folgen mit voller Teilnahme und loben alles Ernstes den als einen guten Dichter, der uns vor anderen in eine solche Stimmung versetzt.

GLAUKON. Ja, das weiß ich natürlich.

SOKRATES. Wenn aber anderseits einen von uns eigenes Leid heimsucht, dann sagst du dir doch, daß wir dann gerade auf das Gegenteil stolz sind, nämlich darauf, daß wir ruhig bleiben und ausharren können, überzeugt, daß dies die manneswürdige Haltung ist, jenes dagegen, dem wir damals im Theater Beifall spendeten, Weiberart ist.

GLAUKON. Ja, das sage ich mir.

SOKRATES. Kann es nun also mit diesem Beifall seine Richtigkeit haben? Darf man wirklich, wenn man einen Helden auf der Bühne so geartet sieht, wie man selbst nicht sein möchte, sondern sich schämen würde, statt Abscheu zu empfinden, vielmehr sein Wohlgefallen daran haben und es loben?

GLAUKON. Nein, beim Zeus, das verriete wenig Einsicht.

SOKRATES. Gewiß, wenigstens wenn du es näher ins Auge faßt.

GLAUKON. Und wie denn?

SOKRATES. Wenn du folgendes beachtest: das bei jenen Schicksalsschlägen, die uns persönlich trafen, gewaltsam darniedergehaltene Seelenvermögen, dem man es versagt, seinen Hunger nach Tränen und Jammern zu stillen und ein Verlangen nach Sättigung, das ihm doch von der Natur eingepflanzt ist, zu befriedigen – eben dieses Seelenvermögen ist es, das von dem Dichter gesättigt und mit Lustgefühlen erfüllt wird, wohingegen unser von Natur besseres Teil, weil nicht hinreichend durch Belehrung und gute Gewöhnung gebildet, in seinem Wachdienst über diesen tränenseligen Teil nachläßt; sind es ja doch nur fremde Leiden, die es schaut und, wenn ein anderer, ein braver Mann, wie er sich selbst (auf der Bühne) nennt, unziemlich trauert, so ist es doch für den Zuschauer keine Schande, diesen zu loben und zu bemitleiden; ja er hält das Vergnügen, das er daran findet, sogar für einen Gewinn, und er würde sich den Verzicht darauf durchaus nicht durch die Verachtung aller Dichtkunst überhaupt erkaufen wollen. Nur wenige nämlich, glaube ich, geben sich Rechenschaft darüber, daß man das Fremde nicht genießen kann, ohne daß etwas davon uns selbst zu eigen wird; denn wenn man an fremdem Leid den Trieb zum Mitleid genährt und gekräftigt hat, ist es nicht leicht, ihn bei dem eigenen Leid in Schranken zu halten.

GLAUKON. Sehr wahr.

SOKRATES. Gilt nun nicht das Nämliche auch von dem Lächerlichen? Wenn du Possenreißereien, die du selbst zu machen dich schämen würdest, mit Wohlgefallen aufnimmst und nicht als unsittlich verabscheust, wenn sie dir ein Komödiendichter auf der Bühne vorführt oder du im Privatkreise dergleichen zu hören bekommst, so läuft das auf dasselbe hinaus wie dein Verhalten bei jenen Klageszenen; denn der Neigung zur Schwankmacherei, die du, wenn sie sich in dir selbst regte, der Vernunft folgend nicht aufkommen ließest aus Furcht, in den Ruf eines Possenreißers zu kommen – ihr läßt du nun wieder die Zügel schießen, und hast du sie so aus dergleichen Anlaß übermütig gemacht, dann läßt du dich auch unvermerkt in deinem eigenen Verhalten gehen und wirst zum Komödianten.

GLAUKON. Allerdings.

SOKRATES. Und auch mit der Liebeslust und der Zornesleidenschaft wie überhaupt mit allen begehrlichen, schmerzlichen und freudigen Regungen der Seele, die ja doch bekanntlich alle unsere Handlungen begleiten, steht es doch wohl ebenso: daß nämlich die dichterische Nachahmung sie in uns begünstigt? Denn sie nährt und tränkt diese Triebe, statt sie absterben zu lassen, und macht sie zu Herren in uns statt zu Untergebenen, wie es doch der Fall sein müßte, wenn wir nicht schlechter und unglückseliger, sondern besser und glückseliger werden sollen.

GLAUKON. Ich wüßte nichts dagegen zu sagen.

SOKRATES. Wenn du also, mein Glaukon, Lobrednern des Homer begegnest, die behaupten, diesem Dichter verdanke Griechenland seine Bildung, und für die Anordnung und gedeihliche Pflege aller menschlichen Angelegenheiten müsse man ihn zur Hand nehmen, um aus ihm zu lernen, und er sei der Dichter, nach dem man sein ganzes Leben einrichten und durchführen müsse, dann mußt du zwar freundlich und höflich gegen sie sein als gegen Leute, die redlich das Beste wollen, ihnen auch zugestehen, daß Homer der größte Dichter und der erste unter allen Vertretern der Tragödie ist, mußt dir dabei aber doch dessen bewußt bleiben, daß in den Staat von der Dichtkunst nichts anderes Aufnahme finden darf als Gesänge an die Götter und Loblieder auf die Tugendhaften. Wenn du aber die ergötzliche Muse, sei es in der Form des Liedes oder des epischen Heldengesanges, aufnimmst, dann werden Lust und Schmerz im Staate die Herrscher sein statt des Gesetzes und desjenigen, was stets gemeinhin für das Beste gehalten ward, die Vernunft nämlich.

GLAUKON. Sehr wahr.

8. SOKRATES. Dies also sei zu unserer Verteidigung gesagt im Rückblick auf die Poesie, zur Rechtfertigung nämlich unseres damaligen Standpunktes, demgemäß wir sie wegen ihrer Gefährlichkeit aus dem Staate auswiesen; denn die Vernunft ließ nichts anderes zu. Wir wollen ihr aber, damit sie uns nicht der Härte und Grobheit zeihe, zum Troste sagen, daß zwischen Philosophie und Dichtkunst ein alter Streit besteht. Denn jener »gegen den Herrn kläffende Hund« und »groß in leerem Torengeschwätz« und »der lärmende Haufe dieser Narren« und »die scharf darüber Grübelnden, wie sie denn eigentlich zu ihrer Armut gekommen sind« und tausend andere derartige Ausfälle sind Zeugnisse des alten Haders zwischen den beiden. Gleichwohl sei an die Dichter das Wort gerichtet: wenn die ergötzliche Dichtung und Nachahmung den Nachweis liefern könnte, daß sie in einem gut verwalteten Gemeinwesen unentbehrlich ist, so würden wir sie mit Freuden aufnehmen, da wir selbst ihre Reize recht wohl kennen; aber was man für wahr erachtet, das darf man nicht preisgeben, wenn man nicht zum Sünder werden will. Nicht wahr, mein Lieber, auch du fühlst ihre Reize, und ganz besonders dann, wenn du sie mit den Augen Homers betrachtest?

GLAUKON. Ja entschieden.

SOKRATES. Muß ihr also nicht die Rückkehr aus der Verbannung gestattet werden, wenn sie sich gehörig verteidigt hat in Liederform oder in sonst welchem Versmaß?

GLAUKON. Unbedingt.

SOKRATES. Und wir wollen auch ihren Schutzherren, die nicht selbst Dichter sind, sondern nur Dichterfreunde, gestatten, in ungebundener Rede für sie einzutreten und darzutun, daß sie nicht bloß ergötzlich, sondern auch nützlich ist für die Staaten und für das menschliche Leben; und wir wollen mit bestem Willen zuhören; denn es käme uns selbst ja zugute, wenn sie sich nicht nur als ergötzlich erwiese, sondern auch als nützlich.

GLAUKON. In der Tat, wie sollte es uns nicht zugute kommen?

SOKRATES. Im anderen Falle aber, mein lieber Freund, werden wir es machen wie diejenigen, die einmal in irgendeinen verliebt waren: wenn sie nämlich die Überzeugung gewinnen, daß ihre Liebe nichts wert sei, reißen sie sich, so schwer es ihnen auch werden mag, mit Gewalt von ihr los. So werden auch wir zufolge der Liebe, die uns für diese Art von Poesie durch die in unseren herrlichen Staaten übliche Erziehungsweise beigebracht worden ist, zwar mit wohlwollender Nachsicht es begreiflich finden, daß sie sich so überaus trefflich und wahr ausnimmt, werden aber, solange sie nicht imstande ist, sich zu rechtfertigen, beim Anhören ihrer Leistungen als Schutzmittel gegen sie die von uns gewonnene Überzeugung und den in ihr enthaltenen Zauberspruch uns zunutze machen, um uns dadurch zu sichern vor einem Rückfall in jene kindische und von der großen Menge gepflegte Liebe. Wir verzichten also auf sie, da man sich nicht ernstlich mit einer solchen Art von Poesie befassen soll, als hätte sie mit der Wahrheit etwas zu tun und als wäre sie eine ernstliche Sache; vielmehr muß der Hörer, aus Furcht für seine eigene Seelenverfassung, sich vor ihr in acht nehmen und diejenige Ansicht über die Dichtkunst, die wir entwickelt haben, als die maßgebende anerkennen.

GLAUKON. Ich stimme dir durchaus bei.

SOKRATES. Ja, mein lieber Glaukon, ein hohes Ziel ist es, höher als es wohl gemeinhin scheint, darum zu kämpfen, ob man gut werde oder schlecht, so daß man sich weder durch Ehren noch durch Geld, noch durch irgendwelche Herrschermacht, noch vollends gar durch die Dichtkunst verführen lassen darf die Gerechtigkeit und die übrige Tugend zu vernachlässigen.

GLAUKON. Ich stimme dir bei aufgrund unserer Erörterungen, und jeder andere wird, denke ich, das gleiche tun.

9. SOKRATES. Und doch sind wir auf die größten Belohnungen der Tugend und auf die für sie ausgesetzten Kampfpreise noch gar nicht eingegangen.

GLAUKON. Das wäre ja eine ganz unausdenkbare Größe, wenn es noch andere größere geben soll als die genannten.

SOKRATES. Wie könnte man es denn in einer so kurzen Spanne Zeit zu etwas Großem bringen? Denn diese ganze Zeit von der Kindheit bis zum Alter ist doch, verglichen mit der Ewigkeit, wohl nur eine Winzigkeit.

GLAUKON. Noch weniger: nämlich gar nichts.

SOKRATES. Wie nun? Sollte etwa ein unsterbliches Wesen seine ganze Kraft einsetzen für eine kurze Spanne von Zeit? Doch wohl vielmehr für die Ewigkeit?

GLAUKON. Ich dachte wohl. Aber was soll das?

SOKRATES. Hast du kein Bewußtsein davon, daß unsere Seele unsterblich ist und niemals zugrunde geht?

GLAUKON (den Sokrates verwundert anblickend). Beim Zeus, ich nicht; du aber? Machst du dich zum Verteidiger dieser Behauptung?

SOKRATES. Das ist meine Pflicht und Schuldigkeit; ich dächte aber auch die deinige; denn es hat keine Schwierigkeit damit.

GLAUKON. Für mich doch. Aber gern möchte ich von dir Auskunft erhalten über diese unschwere Sache.

SOKRATES. Du sollst sie erhalten.

GLAUKON. So sprich nur.

SOKRATES. Du kennst doch die Begriffe *»gut«* und *»schlecht«*?

GLAUKON. Gewiß.

SOKRATES. Denkst du nun über sie so wie ich?

GLAUKON. Wie denn?

SOKRATES. Daß das Schlechte dasjenige ist, was alles zerstört und vernichtet, das Gute dagegen das, was jegliches erhält und gedeihen läßt?

GLAUKON. Gewiß.

SOKRATES. Wie nun weiter? Nimmst du für jegliches Ding etwas Gutes und Schlechtes an? Für die Augen z. B. die Triefäugigkeit und für den Leib überhaupt Krankheit, für das Getreide Brand, für das Holz Fäulnis, für Erz und Eisen Rost und, wie gesagt, fast für alles eine jedem einzelnen Ding von Natur zugeteilte, mit ihm verwachsene Schlechtigkeit und Krankheit?

GLAUKON. Allerdings.

SOKRATES. Wenn sich nun bei irgendeinem Ding ein derartiges Übel einstellt, so verunstaltet es dasjenige, dem es sich beigesellt, und das führt schließlich zu dessen völliger Auflösung und Vernichtung.

GLAUKON. Zweifellos.

SOKRATES. Die einem jeden Dinge eigentümlich zukommende Schlechtigkeit also und Fehlerhaftigkeit zerstört ein jedes, oder, wenn diese es nicht zerstört, so gibt es nichts, was sonst es vernichten könnte. Denn das Gute wird doch nicht irgend etwas vernichten, und das weder Schlechte noch Gute ebensowenig.

GLAUKON. Unmöglich.

SOKRATES. Wenn wir also im Bereiche des Seienden etwas finden sollten, das zwar auch sein Böses hat, durch das es heruntergebracht wird, ohne daß dies Böse es jedoch zerstören und auflösen könnte, dann wissen wir doch sicher, daß ein Wesen von solcher Beschaffenheit nicht untergehen kann?

GLAUKON. So sollte man allerdings meinen.

SOKRATES. Wie nun? Hat die Seele nicht auch ein Übel, das sie schlecht macht?

GLAUKON. Erst recht: alles das, was wir vorhin besprochen haben, Ungerechtigkeit, Zügellosigkeit, Feigheit und Unwissenheit.

SOKRATES. Kann nun wohl etwas davon sie auflösen und vernichten? Und gib acht, daß wir uns nicht etwa der trüglichen Meinung hingeben, der ungerechte und unvernünftige Mensch, im Falle daß er, ertappt auf einem Verbrechen, den Tod erleidet, sei durch die Ungerechtigkeit umgekommen, die die Schlechtigkeit der Seele ist. Sondern stelle dir die Sache so vor: wie den Körper die Schlechtigkeit des Körpers, also die Krankheit, dahinsiechen läßt und ihn zerstört und dahin bringt, daß er überhaupt nicht mehr Körper ist, und wie alles eben Aufgezählte, jedes durch sein ihm eigentümliches Übel, das durch sein andauerndes Innewohnen es verdirbt, in den Abgrund des Nichtseins befördert wird – ist es nicht so?

GLAUKON. Ja.

SOKRATES. Gut also, auch die Seele mußt du auf dieselbe Weise betrachten. Hat etwa das andauernde Innewohnen der Ungerechtigkeit und der sonstigen Schlechtigkeit zur Folge, daß sie verdirbt und hinsiecht, bis sie, dem Tode verfallend, vom Körper sich trennt?

GLAUKON. Dieses keineswegs.

SOKRATES. Aber das wäre doch widersinnig, daß die Schlechtigkeit eines anderen etwas vernichten sollte, die eigene aber nicht?

GLAUKON. Allerdings widersinnig.

SOKRATES. Denn bedenke nur, mein Glaukon, wir halten es doch auch nicht für möglich, daß der Leib durch die Schlechtigkeit des Getreides, ich meine durch die diesem eigentümliche Schlechtigkeit, sei es nun Alter oder Fäulnis oder was sonst, zugrunde gehe; sondern, wenn die Schlechtigkeit eben des Getreides in dem Leibe die Verunstaltung des Leibes verursacht, dann sagen wir, der Leib sei unter Mitwirkung des Getreides durch seine eigene Schlechtigkeit, durch Krankheit nämlich, zugrunde gegangen; daß aber der Leib, der etwas Besonderes für sich ist, durch die Schlechtigkeit des Getreides, das auch seinerseits etwas Besonderes für sich ist, zugrunde gehe, also durch ein fremdartiges Übel, das nicht das angestammte Übel erzeugt, das werden wir niemals für möglich halten.

GLAUKON. Du hast vollständig recht.

10. SOKRATES. Derselbe Schluß gilt nun auch für die Seele: wenn nämlich des Leibes Schlechtigkeit in der Seele nicht die Schlechtigkeit der Seele erzeugen kann, so können wir nie glauben, die Seele gehe durch ein ihr fremdartiges Übel, also durch ein einem anderen Ding, das von ihr ganz verschieden ist, innewohnendes Übel, und nicht durch die eigene Schlechtigkeit zugrunde.

GLAUKON. Ja, das hat Sinn und Verstand.

SOKRATES. Entweder müssen wir also dies als eine unrichtige Behauptung widerlegen, oder wir dürfen, solange dies unwiderlegt ist, nicht behaupten, daß durch Fieber oder sonstwelche Krankheit oder durch gewaltsames Zerstückeln des ganzen Leibes – und zerschnitte man ihn auch in die winzigsten Teilchen – deshalb die Seele auch nur den geringsten Anstoß zum Untergang empfinge, es müßte denn einer nachgewiesen haben, daß durch diese Leiden des Körpers die Seele selbst ungerecht und sündhaft werde. Daß aber, wenn ein fremdes Übel in etwas eindringt, ohne daß doch, wie in anderen Fällen, dadurch das ihm eigentümliche Übel in ihm erzeugt wird, irgend etwas oder gar die Seele zugrunde gehe, diese Behauptung wollen wir keinem durchgehen lassen.

GLAUKON. Das aber ist doch undenkbar, daß der Tod die Seelen der Sterbenden ungerechter mache.

SOKRATES. Wenn aber doch einer die Kühnheit hätte, unserer Darlegung entgegenzutreten mit der Behauptung, der Sterbende werde schlechter und ungerechter, um nur ja nicht die Unsterblichkeit der Seele zugeben zu müssen, so werden wir, wenn er mit dieser Behauptung recht haben sollte, unserseits den Standpunkt vertreten, daß dann die Ungerechtigkeit für den damit Behafteten tödlich sein müsse wie eine Krankheit und daß diejenigen, die dieser Krankheit verfallen, eben durch sie, als durch die natürliche Ursache ihres Todes, umkommen, die am schwersten Erkrankten früher, die leichter Erkrankten später, und daß es dann nicht so zugehen könne wie jetzt, wo die Ungerechten den Tod durch andere erleiden, indem er ihnen von diesen als Strafe für ihre Ungerechtigkeit auferlegt wird.

GLAUKON. Beim Zeus, dann erwiese sich ja die Ungerechtigkeit als etwas gar nicht so Entsetzliches, wenn sie tödlich wäre für den mit ihr Behafteten; denn dann wäre sie ja das beste Mittel, die Schurken loszuwerden. Aber ich glaube eher das gerade Gegenteil: sie wird sich nach Kräften als tödlich erweisen für die anderen, während sie die mit ihr Behafteten so lebenskräftig wie nur möglich macht, und nicht nur lebenskräftig, sondern auch besonders munter und rege in der Nacht, wo die übrige Welt im Schlaf liegt: so fern liegt es ihr, tödlich zu sein für den mit ihr Behafteten; sie hat ihr Zelt, wie leicht ersichtlich, ganz wo anders aufgeschlagen.

SOKRATES. Du hast recht. Wenn denn nun also die eigene Schlechtigkeit und das eigene Übel nicht imstande ist, die Seele zu töten und zu vernichten, so wird doch schwerlich ein zu eines anderen Verderben bestimmtes Übel die Seele oder überhaupt irgend etwas vernichten außer dem, wofür es bestimmt ist.

GLAUKON. Schwerlich, wie man wenigstens annehmen muß.

SOKRATES. Da sie also von keinem einzigen Übel vernichtet wird, weder von dem eigenen noch von dem fremden, so muß sie offenbar ein immer Seiendes sein; und wenn immer seiend, auch unsterblich.

GLAUKON. Notwendig.

11. SOKRATES. So also steht es damit und dabei soll es bleiben. Wenn dem aber so ist, so sagst du dir wohl, daß es immer dieselben Seelen – also immer die gleiche Anzahl von Seelen – sind, die am Sein teilhaben. Denn weder weniger können ihrer werden, wenn keine untergeht, noch auch mehr; denn wenn das Unsterbliche sich in irgendwelchem Stück vermehren sollte, so könnte das nicht anders geschehen als aus dem Vorrat an Sterblichem, und so würde dann alles schließlich unsterblich.

GLAUKON. Du hast recht.

SOKRATES. Aber das können wir nicht glauben, denn es wäre wider alle Vernunft; anderseits können wir aber auch nicht glauben, die Seele sei ihrer innersten Natur nach von der Beschaffenheit, daß sie eine Fülle bunter Mannigfaltigkeit und wechselnder und voneinander verschiedenartiger Zustände in sich berge.

GLAUKON. Wie meinst du das?

SOKRATES. Es ist schwer denkbar, daß ein Ewiges aus vielerlei Bestandteilen zusammengesetzt sei und eine Zusammensetzung habe, wie sie sich uns in unseren bisherigen Erörterungen für die Seele ergab, eine Zusammensetzung nämlich nicht von der besten Art.

GLAUKON. Nein, das wird schwerlich der Fall sein.

SOKRATES. Daß also die Seele unsterblich ist, das dürfte durch die eben beendigte Erörterung ebenso wie auch durch andere (d. i. frühere) Erörterungen streng genug bewiesen sein. Was aber ihre wahre Beschaffenheit anlangt, so darf man sie nicht in einem Zustand betrachten, wie wir sie jetzt schauen, entstellt durch die Gemeinschaft mit dem Körper und durch andere Übel, sondern so, wie sie sich in völliger Reinheit darstellt, muß man sie mit dem denkenden Verstand scharf beobachten; dann wird man sie weit schöner finden und eine weit klarere Anschauung bekommen von der Gerechtigkeit und Ungerechtigkeit in ihren mannigfachen Formen, sowie von allem dem, wovon wir eben gehandelt haben. Was wir in unserer bisherigen Erörterung über sie gesagt haben, war zwar richtig als Darstellung ihrer gegenwärtigen Erscheinungsweise, doch haben wir sie nur in einem Zustand betrachtet, der an den des Meergottes Glaukos erinnert: diejenigen, die diesen anschauen, erkennen nicht leicht seine ursprüngliche Natur, weil nicht nur die alten Gliedmaße seines Leibes zum Teil abgebrochen, zum Teil zerschunden und auf jede Weise durch die Meereswogen entstellt sind, sondern auch allerlei anderes sich fest an ihn angesetzt hat, Muscheln, Meertang und Steine, so daß er mehr dem ersten besten Tierungeheuer gleicht als seiner ursprünglichen Beschaffenheit. So betrachten auch wir die Seele in einem Zustand, der die Folge von tausenderlei Übeln ist. Allein, mein Glaukon, dorthin müssen wir unsern Blick richten.

GLAUKON. Wohin?

SOKRATES. Auf ihre Liebe zur wissenschaftlichen Erkenntnis, und müssen darauf achten, was sie, als dem Göttlichen, Unsterblichen und ewig Seienden verwandt, zu erfassen trachtet und welchen Verkehr sie sucht und welche Beschaffenheit sie zeigen würde, wenn sie sich diesem inneren Drange ganz hingeben wollte und durch ihn herausgehoben würde aus dem Meeresdunkel, in dem sie sich jetzt befindet und all das Gestein und Muschelwerk von sich abgestoßen haben würde, das sich jetzt als erdiger und steiniger Zuwachs in großer und wild wuchernder Fülle fest an sie angesetzt hat infolge der »beglückenden Festschmäuse«, wie man sie nennt; Erde ist es ja doch, wovon sie sich nährt. Und dann würde man ihre wahre Natur erschauen, ob sie vielgestaltig ist oder eingestaltig oder welches auch sonst ihre Beschaffenheit sein mag. Damit haben wir denn ihre Zustände und Erscheinungsweisen im menschlichen Erdenleben zur Genüge dargestellt.

GLAUKON. Gewiß.

12. SOKRATES. Wir haben doch (seinerzeit) in Gedanken alles andere beiseite gesetzt und davon Abstand genommen, die Belohnungen und rühmlichen Auszeichnungen für gerechtes Handeln in Anschlag zu

bringen, wie sie Homer und Hesiod eurer damaligen Bemerkung zufolge in Aussicht stellten, vielmehr nur die Gerechtigkeit an und für sich betrachtet und gefunden, daß sie das Beste sei für die Seele, auch diese rein für sich genommen, und daß sie unter allen Umständen gerecht handeln müsse, mag sie nun den Ring des Gyges besitzen oder nicht, und außerdem meinetwegen auch noch den Helm des Hades?

GLAUKON. Das trifft genau zu.

SOKRATES. Nunmehr, mein Glaukon, kann uns also doch kein Bedenken mehr abhalten, der Gerechtigkeit und der übrigen Tugend außer dem, was wir ihnen schon zuerkannt haben, auch noch alle die vielen und mancherlei Belohnungen zu erstatten, welche sie der Seele von seiten der Menschen und Götter gewährt, sowohl bei Lebzeiten des Menschen wie auch nach seinem Tode?

GLAUKON. Nein, nichts steht dem im Wege.

SOKRATES. Wollt ihr mir also wieder zurückerstatten, was ihr in Gedanken von mir als Darlehen empfangen habt?

GLAUKON. Nun, was denn?

SOKRATES. Ich habe euch als ein Zugeständnis dies eingeräumt, der Gerechte solle den Schein des Ungerechten und der Ungerechte den Schein des Gerechten haben. Denn ihr vertratet die Ansicht, wenn es nicht möglich sei, daß dies Göttern und Menschen verborgen bleiben könne, so müsse dies doch zum Zwecke der Untersuchung eingeräumt werden, damit die Gerechtigkeit an und für sich, der Ungerechtigkeit an und für sich gegenübergestellt, ein richtiges Urteil über beide möglich mache. Oder erinnerst du dich nicht?

GLAUKON. Es wäre doch sträflich, wenn ich das nicht wollte.

SOKRATES. Nachdem nun also das Urteil über beide gefällt worden ist, fordere ich im Namen der Gerechtigkeit zurück, was man ihr schuldig ist, daß nämlich die wirkliche Wertschätzung derselben, wie sie bei Göttern und Menschen tatsächlich besteht, auch von uns als gültig anerkannt werde, auf daß sie diejenigen Siegespreise davontrage, die ihr der gute Ruf verschafft und mit denen sie die ihr Ergebenen beschenkt, nachdem sich klar herausgestellt hat, daß sie auch das aus ihrem innersten Wesen stammende Gute austeilt und diejenigen nicht täuscht, die sich in Wahrheit ihrer teilhaftig machen.

GLAUKON. Es ist nur gerecht, was du verlangst.

SOKRATES. Ihr müßt mir also erstens dies zurückgeben, daß es den Göttern gewiß nicht verborgen bleibt, von welcher Beschaffenheit jeder von diesen beiden ist.

GLAUKON. Das werden wir.

SOKRATES. Bleibt es aber nicht verborgen, so wird der eine von den Göttern geliebt, der andere gehaßt werden, wie wir gleich zu Anfang einräumten.

GLAUKON. So ist es.

SOKRATES. Dem Gottgeliebten aber werden doch, wie wir einräumen müssen, alle göttlichen Schickungen sich so segensreich als nur möglich erweisen, es sei denn, daß von früherer Verschuldung her irgendein unvermeidliches Übel auf ihm lastet?

GLAUKON. Sicherlich.

SOKRATES. So dürfen wir also bei dem gerechten Mann versichert sein, daß, mag er nun von Armut oder von Krankheit oder sonst einem Übel, als welches es gemeinhin gilt, heimgesucht werden, dies ihm zum Guten ausschlagen wird im Leben oder nach dem Tode. Denn das ist gewiß: von den Göttern wird niemand im Stich gelassen, der mit ernstem Willen sich bemüht, gerecht zu werden und hingegeben an den Dienst der Tugend sich der Gottheit ähnlich zu machen, soweit es einem Menschen möglich ist.

GLAUKON. Ja, das darf man erwarten, daß ein solcher nicht im Stich gelassen wird von dem, dem er gleicht.

SOKRATES. Und muß man nicht von dem Ungerechten das Gegenteil annehmen?

GLAUKON. Ganz entschieden.

SOKRATES. Dieser Art wären also die Siegespreise, die dem Gerechten von den Göttern zuteil werden.

GLAUKON. Meiner Meinung nach gewiß.

SOKRATES. Und wie steht es mit denen von seiten der Menschen? Verhält es sich damit nicht folgendermaßen, wenn man den Tatsachen des Lebens Rechnung tragen will? Machen es die Schurken und Ungerechten nicht so wie alle jene Wettläufer, welche von den Schranken nach dem oberen Ende zu tüchtig laufen, von da zurück aber nicht? Zuerst setzen sie scharf mit dem Lauf ein, am Ende aber sind sie die Genarrten, lassen den Kopf hängen und machen sich unbekränzt davon. Die wahren Meister im Laufen dagegen erhalten, am Ziele angelangt, die Kampfpreise und werden bekränzt. Geht es nun nicht meistens auch so mit den Gerechten? Am Ende einer jeden Betätigung und jeden Umgangsverhältnisses und so auch am Ende des Lebens finden sie Anerkennung und tragen die Preise von seiten der Menschen davon.

GLAUKON. Gewiß.

SOKRATES. Wirst du es dir also gefallen lassen, wenn ich nun von diesen dasselbe sage, was du von den Ungerechten sagtest? Was ich nämlich zu sagen habe, ist dies: die Gerechten können, wenn sie erst älter geworden sind und den Wunsch danach haben, die höchsten Beamtenstellen in ihrem Staate bekleiden, können Töchter aus jeder Familie zur Frau bekommen und ihre eigenen Töchter an jeden verheiraten, der ihnen genehm ist. Und so übertrage ich alles, was du von jenen behauptetest, nunmehr auf diese. Und anderseits behaupte ich nun auch von den Ungerechten, daß, wenn auch in ihren jungen Jahren ihre Schliche unentdeckt bleiben, sie am Ende des Laufes doch ertappt werden und dann die Genarrten sind, daß sie als Greise sodann sich elendiglich der Verachtung preisgegeben sehen bei Fremden und Mitbürgern, mit Peitschenhieben gezüchtigt und was du sonst noch an *Grausigem* anführtest, wie du es mit Recht nanntest. All dies Entsetzliche müssen nun die Ungerechten leiden. So, mußt du glauben, lautet meine Antwort an dich. Aber, wie gesagt, sieh zu, ob du sie dir gefallen lassen kannst.

GLAUKON. Ohne jede Einschränkung; denn du hast recht.

13. SOKRATES. Das wären also die Kampfpreise, Belohnungen und Gaben, die dem Gerechten von Göttern und Menschen zuteil werden außer jenen Gütern, welche die Gerechtigkeit schon an und für sich gewährt.

GLAUKON. Ja, Güter von herrlicher und dauernder Art.

SOKRATES. Und doch wollen diese gar nichts besagen an Fülle und Größe, verglichen mit jenen, die den Gerechten und Ungerechten nach dem Tode erwarten. Man muß aber auch von ihnen sich Kunde verschaffen, damit beide, der Gerechte und Ungerechte, das zu hören bekommen, was ihnen nach dem Gang der Untersuchung gebührt als Abzahlung der Schuld.

GLAUKON. So laß es denn hören; denn ich wüßte kaum sonst etwas, was ich lieber hören möchte.

SOKRATES. Doch ist, was ich vortragen will, nicht etwa eine Erzählung des weichlichen Alkinoos, sondern die eines wetterfesten Mannes, des *Er*, des Sohnes des Armenios, eines Pamphyliers von Geburt. Er war vor Zeiten im Kriege gefallen, und als nun zehn Tage darauf die schon verwesten Leichen aufgelesen wurden, ward er noch unversehrt mit aufgelesen und in die Heimat gebracht; als er dann am zwölften Tage bestattet werden sollte und schon auf dem Scheiterhaufen lag, da kam er wieder zum Leben und berichtete nun, was er im Jenseits gesehen. Er sei, so erzählte er, nachdem seine Seele aus ihm gefahren, mit vielen anderen wandernd an einen wunderbaren Ort gelangt, wo sich in der Erde zwei aneinander grenzende Spalten gezeigt hätten und oben am Himmel gleichfalls zwei andere. Die Richter aber hätten zwischen diesen ihren Platz gehabt und nach Fällung ihres Richterspruches die Gerechten den Weg zur Rechten und nach oben durch den Himmel ziehen lassen, nachdem sie ihnen Zeichen des Richterspruches über ihre Taten vorn angeheftet, die Ungerechten aber zur Linken und nach unten, auch sie versehen mit Zeichen über alle ihre Taten, aber hinten. Als nun auch er vor ihren Richterstuhl gekommen, hätten sie ihm gesagt, er solle den Menschen ein Verkündiger des Jenseits werden, und ihrer Anordnung gemäß alles an diesem Orte hören und schauen. So habe er denn einerseits an beiden Spalten, der des Himmels und der der Erde, die Seelen von dannen ziehen sehen, nachdem sie ihren Richterspruch empfangen, anderseits in der einen Spalte die Seelen aus der Erde herauskommen sehen voll Schmutz und Staub, in der anderen aber andere gereinigt aus dem Himmel herabsteigen sehen. Und die jeweilig Ankommenden hätten immer den Eindruck gemacht, als kämen sie von einer langen Wanderung; sie hätten, auf der Wiesenflur angelangt, sich frohgemut wie zu festlicher Versammlung gelagert; dann hätten sich die einander bekannten gegenseitig begrüßt und die aus der Erde kommenden hätten sich bei den anderen nach den dortigen Dingen erkundigt, die aus dem Himmel kommenden nach denen in der Erde. Nun hätten sie einander erzählt, die einen jammernd und weinend, in der Erinnerung an all das mannigfache Leid, das sie bei ihrer Wanderung unter der Erde erfahren und geschaut – die Wanderung aber dauere tausend Jahre – die anderen aber aus dem Himmel hätten von ihrem Wohlergehen erzählt und von unbeschreiblich schönen Dingen, die sie dort geschaut. Die ganze Fülle dessen nun, was er erzählte, mein Glaukon, hier wiederzugeben würde viel zu viel Zeit erfordern; die Hauptsache aber war, wie er sagte, die, daß sie für jeden begangenen Frevel und für jeden, an dem sie ihn begangen, der Reihe nach hätten Strafen über sich ergehen lassen müssen, für jeden einzelnen Fall die zehnfache; dieser zehnfachen Wiederholung aber liegt zugrunde ein Zeitraum von hundert Jahren als der für das menschliche Leben angemessenen Zeit; so sollten sie zehnfach den Frevel büßen, und wenn z. B. dieser oder jener vielfachen Todes sich schuldig gemacht, sei es durch Verrat oder Knechtung von Städten oder Heeren oder durch Beteiligung an irgendwelcher anderen Ruchlosigkeit, so müßten sie für alles dies in jedem einzelnen Fall zehnfache Qualen ausstehen, wie sie auch anderseits wieder für etwaiges Gutes, das sie anderen erwiesen und für Fälle, wo sie sich gerecht und fromm gezeigt hätten, nach dem nämlichen Verhältnis ihren Lohn davontrügen. Von denen aber, die kaum geboren, starben oder nur kurze Zeit lebten, erzählte er auch wieder mancherlei, was aber keiner weiteren Erwähnung wert ist. Für Frevelmut aber und Ehrfurcht gegen Götter und Eltern sowie für solche, die sich mit Menschenmord befleckt haben, gebe es – so berichtete er – noch größere Vergeltung oder Lohn. Er erzählte nämlich, er sei zugegen gewesen, wie einer den anderen fragte, wo Ardiaios der Große sei. Dieser Ardiaios hatte sich in einer Pamphylischen Stadt vor damals schon tausend

Jahren zum Tyrannen aufgeworfen, nachdem er seinen greisen Vater und seinen älteren Bruder umgebracht und viele andere Greueltaten verübt hatte, wie die Rede ging. Er sagte nun, der Gefragte habe geantwortet: »Er ist nicht hierher gekommen und wird auch schwerlich jemals hierher kommen.«

14. »Denn zu den grauenhaften Vorgängen, die wir sahen, gehörte auch der folgende: als wir nahe der Mündung waren und nach Überwindung aller übrigen Leiden eben heraussteigen wollten, sahen wir plötzlich jenen Ardiaios und andere, größtenteils auch Tyrannen; doch waren auch einige Einzelbürger dabei, und zwar aus der Zahl der schwer belasteten Verbrecher. Diese glaubten, eben schon heraussteigen zu können, als die Mündung, sich ihnen verschließend, ein großes Gebrüll vernehmen ließ, sooft einer von diesen unheilbaren Schurken oder wer noch nicht genügend gebüßt hatte, herauszusteigen versuchte.« »Da waren denn« – so fuhr er fort – »wilde Männer zur Stelle, feurig anzusehen, die jenes Gebrüll verstanden, und führten einige, sie von beiden Seiten packend, weg, dem Ardiaios aber und anderen banden sie Hände und Füße und Kopf zusammen, warfen sie zu Boden und schunden sie, dann schleppten sie sie seitwärts vom Wege von der Mündung weg an eine Stelle, wo sie ihnen auf Dorngesträuch den Leib zerkratzten und dabei den jeweilig Vorübergehenden zu verstehen gaben, weshalb sie abgeführt würden und daß sie für den Tartaros bestimmt seien.« So sei denn – sagte er – unter den vielen und mannigfachen Ängsten, die sie dort zu überstehen gehabt hätten, für jeden ohne Ausnahme die furchtbarste die gewesen, daß etwa, wenn sie hinaufstiegen, jenes Gebrüll ertönen möchte, und, habe es geschwiegen, so sei ein jeder in freudigster Erregung herausgestiegen. Dieser Art etwa seien denn die Strafen und Büßungen und anderseits die ihnen als Gegensatz entsprechenden Segnungen. Nachdem sie aber ein jeder sieben Tage auf der Wiese geweilt, hätten sie am achten Tage von da aufbrechend sich wieder auf die Wanderung begeben müssen und wären am vierten Tage an eine Stelle gekommen, von wo sie ein gerades Lichtband sahen, das sich von oben über den ganzen Himmel und die Erde hinzog, wie eine Feuersäule,

nicht unähnlich dem Regenbogen, aber glänzender und reiner. Zu diesem Lichtband seien sie nun nach Zurücklegung einer Tageswanderung gelangt und da, in der Mitte des Lichtbandes hätten sie an dem Himmel die Enden der ihn zusammenhaltenden Reifen befestigt gesehen; denn dieses Licht sei das Band des Himmels, welches, ähnlich den Gurten bei den Kriegsschiffen, das ganze sich umschwingende Himmelsgewölbe zusammenhält. An diesen Gipfeln des Himmels sei die Spindel der Notwendigkeit befestigt, vermittelst deren alle Umläufe in Schwung gesetzt würden. An ihr sei die Stange und der Widerhaken von Stahl, der Wirtel aber gemischt aus diesem und anderen Arten. Die Beschaffenheit des Wirtels aber sei folgende. Die Gestalt so, wie sie bei den Spindeln hienieden ist. Aus dem aber, was er sagte, ließ sich erkennen, sie sei so, als wenn in einem großen durchaus ausgehöhlten Wirtel ein anderer ebensolcher kleinerer eingepaßt wäre, wie man Schachteln hat, die so ineinander passen, und ebenso ein anderer dritter, vierter und noch vier andere. Denn acht Wirtel seien es zusammen, welche ineinanderliegend ihre Ränder von oben her als Kreise zeigen, um die Stange herum aber nur eine zusammenhängende Oberfläche eines Wirtels bilden, indem die Stange durch den achten mitten hindurch getrieben ist. Der erste und äußerste Wirtel habe auch den breitesten Kreis des Randes, der zweite an Breite sei der des sechsten, der dritte der des vierten, der vierte der des achten, der fünfte der des siebenten, der sechste der des fünften, der siebente der des dritten, der achte der des zweiten. Und der des größten sei bunt, der des siebenten der glänzendste, der des achten erhalte seine Farbe von der Beleuchtung des siebenten, der des zweiten und fünften seien einander sehr ähnlich, gelblicher als jene, der dritte habe die weißeste Farbe, der vierte sei rötlich, der zweite aber übertreffe an Weiße den sechsten. Indem nun die Spindel gedreht werde, kreise sie zwar immer in demselben Schwunge, in dem umschwingenden Ganzen aber bewegten sich die sieben inneren Kreise langsam in einem dem Ganzen entgegengesetzten Schwung. Von diesen gehe der achte am schnellsten; auf ihn folgten der Schnelligkeit nach zugleich miteinander der siebente, sechste und fünfte; als der dritte seinem Schwunge nach kreise, wie es ihnen geschienen, der vierte, als vierter aber der dritte und als fünfter der zweite. Gedreht aber werde die Spindel auf dem Schoße der Notwendigkeit. Oben aber auf jedem Sternenkreise sitze je eine mitumschwingende Sirene, immer einen und den nämlichen Ton von sich gebend, aus welchen acht Tönen zusammengenommen sich eine Harmonie bilde. Rund um sie aber säßen in gleicher Entfernung drei andere weibliche Gestalten, jede auf einem Throne, die Töchter der Notwendigkeit, die Moiren, im weißen Gewande, mit Kränzen auf dem Haupte, Lachesis, Kiotho und Atropos und begleiteten mit ihrem Gesang die Harmonie der Sirenen, Lachesis die Vergangenheit kündend, Klotho die Gegenwart, Atropos die Zukunft. Klotho streife dann und wann mit ihrer Rechten an den äußeren Rand der Spindel leise an und befördere den Umschwung, Atropos greife ebenso mit der Linken in das innere Werk, Lachesis aber abwechselnd mit der einen Hand ins Innere, mit der anderen streife sie das Äußere an.

15. Dort also angelangt, hätten sie alsbald vor die Lachesis hintreten müssen. Ein Prophet aber – so sah er wenigstens aus – habe sie zunächst mit gehörigem Abstand nebeneinander gestellt, dann habe er aus dem Schoße der Lachesis Lose und Lebensmuster genommen, sei sodann auf eine hohe Bühne gestiegen und habe sich folgendermaßen vernehmen lassen: »Dies kündet euch die Tochter der Notwendigkeit, die jungfräuliche Lachesis. Eintägige Seelen! Dies ist der Beginn eines neuen todbringenden Umlaufes für euer sterbliches Geschlecht. Euer Los wird nicht durch den Dämon bestimmt, sondern ihr seid es, die sich den Dämon erwählen. Wer als erster gelost hat, der wähle zuerst die Lebensbahn, bei der er unwiderruflich beharren wird. Die Tugend aber ist herrenlos; je nachdem er sie ehrt oder mißachtet, wird ein jeder mehr oder weniger von ihr empfangen. Die Schuld liegt bei dem Wählenden; Gott ist schuldlos.« Nach diesen Worten habe er die Lose ihnen zugeworfen, jeder aber habe das neben ihm liegende aufgehoben, nur er selbst nicht; ihm habe er es nicht gestattet. Wer es aber aufgehoben habe, dem sei kund geworden, der wievielste in der Reihe er nach der Bestimmung

des Loses sei. Darauf habe er hinwiederum die Lebensmuster vor sie hin auf den Boden gestellt, in einer Zahl, weit größer als die der Anwesenden. Sie seien denn von der mannigfachsten Art gewesen; alle Tiere seien dabei mit ihrer Lebensweise vertreten gewesen und natürlich auch alle menschlichen Lebensberufe. Dabei hätte es auch an Mustern für Tyrannenherrschaft nicht gefehlt, teils lebenslänglicher, teils solcher, die mitten aus der Macht heraus zu Fall gebracht wird und mit Armut, Verbannung und Bettlerelend endigt. Doch auch Muster für das Leben angesehener Männer habe es gegeben, denen teils Wohlgestalt, Schönheit, zudem auch Körperkraft und Kampfestüchtigkeit, teils Geburt und der Ahnen Tugenden zu diesem ihrem Ansehen verhelfen, und anderseits auch wieder von Männern, die in den nämlichen Beziehungen in geringer Achtung stehen. Dasselbe gelte auch von den Frauen. Für die Seelenbeschaffenheit aber habe es dabei eine bestimmte Ordnung nicht gegeben, weil eine Seele, die sich eine andere Lebensweise erwählt hat, notwendig auch eine andere wird. In den anderen Beziehungen dagegen sei alles vermischt untereinander so wie mit Reichtum und Armut, Krankheit und Gesundheit, einiges halte auch die Mitte zwischen beiden. Hier liegt nun, mein lieber Glaukon, wie leicht begreiflich, für die Menschen die eigentliche Gefahr, und deshalb muß man alle Sorge darauf richten, daß jeder von uns unter Zurückstellung aller übrigen Wissensgebiete in eifrigem Suchen und Lernen demjenigen Wissen nachtrachte, das ihn in den Stand setzt, zu erkennen und herauszufinden, wer ihn dessen fähig und kundig machen kann, zwischen guter und schlechter Lebensweise so scharf zu unterscheiden, daß er nach Möglichkeit immer und überall die bessere erwählt; dabei gilt es alles das von uns bisher Gesagte durch gegenseitige Vergleichung und scharfe Bestimmung nach seinem Wert für ein tugendhaftes Leben richtig in Anschlag zu bringen und zu wissen, was Schönheit mit Armut oder Reichtum gemischt ausrichtet und bei welcher Seelenbeschaffenheit sie Schlimmes oder Gutes bewirkt; auch was hohe und niedere Abkunft, Zurückgezogenheit und Staatsdienst, körperliche Kraft und Schwäche, rasche und langsame Auffassungsgabe und alles dergleichen der Seele von Natur Innewohnende sowie auch das Erworbene – was alles dies miteinander vermischt für eine Wirkung hat. Nur wenn man aus allem diesem die richtigen Folgerungen zu ziehen weiß, macht man sich, den Blick auf die natürliche Seelenbeschaffenheit hin gerichtet, fähig, die schlechtere und die bessere Lebensweise bei der Wahl zu unterscheiden, wobei man als schlechter diejenige bezeichnet, welche die Seele dahin bringt, daß sie ungerechter wird, als besser aber diejenige, die sie gerechter macht. Alles andere kann einem gleichgültig sein; denn wir haben gesehen, daß für Leben und Tod dies die beste Wahl ist. Mit dieser Überzeugung wie mit einem stahlharten Panzer gewappnet muß man hinab in den Hades gehen, auf daß man auch da von unerschütterlichem Gleichmut erfüllt sei gegen Reichtum und dergleichen Übel und nicht auf tyrannische Gewalttaten und andere dergleichen Handlungen verfallend viel unheilbares Übel anstifte und selbst noch größeres erleide; vielmehr mache man seinen Geist fähig, immer ein Leben zu wählen, das zwischen solchen Auswüchsen die Mitte hält und das Übermaß nach beiden Seiten hin meidet, sowohl im jetzigen Leben nach Kräften, als auch für die ganze Dauer des zukünftigen; denn so wird der Mensch am glückseligsten.

16. Es hat denn auch damals, wie der Bote aus dem Jenseits berichtete, der Prophet folgenden Spruch getan: »Auch dem, der zuletzt herantritt, ist, wenn er mit Vernunft wählt und dementsprechend lebt, ein wünschenswertes Leben beschieden, durchaus kein schlechtes. Weder sei, wer zuerst wählt, sorglos, noch wer zuletzt wählt, verzagt.« Nach diesen Worten habe – so berichtete er – der zuerst Wählende, ohne weiteres hervortretend, sich die größte Tyrannenherrschaft erwählt und bei dieser Wahl aus Unverstand und Gierigkeit nicht alles erst genau erwogen, und so habe er nichts bemerkt von dem damit verbundenen Geschick, seine eigenen Kinder zu verzehren, sowie von anderem Unheil. Nachdem er sein Lebenslos dann aber in Ruhe betrachtet, habe er vor Schmerz sich nicht zu lassen gewußt und seine Wahl bejammert, ohne doch dabei der vorausgeschickten Worte des Propheten eingedenk zu sein; denn nicht sich selbst habe er als Urheber des Unheils angeklagt,

sondern das Schicksal und die Götter und alles andere eher als sich selbst. Er sei aber aus der Zahl derer gewesen, die aus dem Himmel gekommen wären, da er sein erstes Leben in einer wohlgeregelten Verfassung zurückgelegt hätte, der Tugend teilhaftig, aber nur durch Gewöhnung, nicht durch Philosophie. Und – geradeheraus gesagt – es fänden sich unter denen, die aus dem Himmel gekommen, nicht weniger Leute, die sich auf solchen Mißgriffen ertappen ließen, weil sie nicht durch die Schule der Leiden gegangen seien; dagegen träfen die meisten der aus der Erde Emporgestiegenen ihre Wahl nicht so blindlings, da sie ja selbst viele Mühsal bestanden und auch an anderen sie wahrgenommen hätten. Dies und daneben auch der Zufall des Loses sei der Grund, daß für die meisten Seelen ein Wechsel zwischen Schlimmem und Gutem stattfinde. Bei bedachtsamer Wahl wäre das unmöglich. Denn wenn einer jedesmal, wenn er in dieses Leben wieder eintritt, sich der lauteren Wahrheitserkenntnis hingeben wolle und das Los der Wahl ihm nicht unter den Letzten falle, so wurde er nach den von dort kommenden Verkündigungen aller Wahrscheinlichkeit nach nicht nur hienieden ein glückliches Leben führen, sondern auch seine Wanderung von hier nach dem Jenseits und von dort wieder zurück nicht auf unterirdischen und rauhen Pfaden, sondern auf glatter und himmlischer Bahn zurücklegen. Denn nun, sagte er, sei es ein Schauspiel, wert des Ansehens gewesen, wie eine jede Seele sich ihr Leben gewählt habe. Denn ebenso erbarmenswert wie lächerlich und wunderbar sei es anzuschauen gewesen. In der Regel träfen sie ihre Wahl gemäß der früheren Lebensgewohnheit. So habe er die einst dem Orpheus angehörige Seele ein Schwanenleben sich wählen sehen, weil sie aus Haß gegen das weibliche Geschlecht von wegen der Ermordung durch Weiber nicht von einem Weibe habe geboren werden wollen; die des Thamyras habe er das Leben einer Nachtigall wählen sehen. Anderseits habe sich ein Schwan die Umwandlung zum Menschenleben erwählt und andere Singvögel ebenso. Die zwanzigste Seele aber habe sich aus den Losen das Leben des Löwen gewählt; dies sei die Seele des Telamoniers Aias gewesen, weil sie eingedenk des Waffengerichtes es von sich wies, wieder ein

Mensch zu werden. Darauf habe des Agamemnon Seele zu wählen gehabt; auch sie habe aus Haß gegen das Menschengeschlecht wegen der erduldeten Leiden das Leben eines Adlers eingetauscht. In der Mitte der Reihe der Losenden habe Atalante gestanden, die ein Los erblickt habe, das auf große Ehren für einen Wettkämpfer hindeutete: da habe sie sich nicht enthalten können, es zu wählen. Nach dieser habe er die Seele des Epeiost, des Panopeus Sohn, gesehen, wie sie die Natur eines kunstfertigen Weibes annahm; weiter dann unter den letzten die des Possenreißers Thersites, wie sie sich in einen Affen verwandelte. Zufällig sei die letzte unter allen wählenden Seelen die des Odysseus gewesen; als sie zur Wahl herangetreten sei, habe sie, im Andenken an die überstandenen Leiden von allem Ehrgeiz geheilt, lange umhergehend nach dem Leben eines von Staatsgeschäften freien Biedermannes gesucht; nur mit Mühe habe sie es entdeckt an einer Stelle, wo es von den anderen übersehen lag, und kaum habe sie es erblickt, so habe sie gesagt, sie würde genau dieselbe Wahl getroffen haben, auch wenn sie als erste zu losen gehabt hätte; und so habe sie es hocherfreut vom Boden für sich aufgehoben. Ebenso wären auch noch sonst Verwandlungen von Tieren in Menschen und so gegenseitig zu sehen gewesen, indem ungerechte sich in wilde, gerechte in zahme verwandelt hätten, und so seien alle möglichen Mischungen vorgekommen. Nachdem nun sämtliche Seelen ihre Lebensläufe gewählt, seien sie in der durch die erste Losung bestimmten Ordnung an die Lachesis herangetreten; diese aber habe einem jeden den Dämon, den er sich erwählt, als Hüter seines Lebens und als Vollstrecker dessen, was sie sich erwählt, zugesellt. Dieser (Dämon) habe die ihm überwiesene Seele zunächst zur Klotho geführt, dicht an ihre Hand heran und an die unter ihrer Leitung sich drehende Spindel, um so das von ihr erloste Geschick zu befestigen; und nachdem er sie berührt, habe er sie zur spinnenden Atropos geführt, um den gesponnenen Schicksalsfaden unabänderlich zu machen. Von da sei er nun unverwandten Blickes an den Thron der Notwendigkeit herangetreten, und nachdem er an ihm vorübergeschritten und auch die übrigen daran vorbeigezogen wären, seien sie alle insgesamt durch unerträgliche Hitze und Glut hindurch zum Felde der Vergessenheit gekommen, einer öden Stätte, ohne jeden Baum und was sonst auf der Erde wächst. Da hätten sie sich nun bei schon anbrechender Dunkelheit an dem Flusse, genannt »Sorgenlos«, gelagert, dessen Wasser kein Gefäß in sich festhalten könne. Ein gewisses Maß nun von diesem Wasser müsse jeder trinken; diejenigen aber, denen die Vernunft nicht als Helferin zur Seite stehe, tränken über das Maß hinaus, wer aber immerfort trinke, der vergesse alles. Nachdem sie sich zur Ruhe gelegt und die Mitternacht herangekommen wäre, da hätte es angefangen zu blitzen und zu beben, und plötzlich seien sie, der eine nach dieser, der andere nach jener Seite hin emporgefahren zum neuen Leben, flimmernd wie Sterne. Er selbst aber habe von dem Wasser nicht trinken dürfen; wie aber und unter welchen Umständen er wieder zu seinem Leibe gekommen, das wisse er nicht, sondern nur dies, daß er plötzlich des Morgens die Augen aufgeschlagen und gesehen habe, daß er auf dem Scheiterhaufen liege.

Und so, mein Glaukon, hat sich diese Geschichte denn erhalten und ist nicht verlorengegangen; und sie kann auch uns erhalten, wenn wir ihr folgen; dann werden wir denn über den Lethefluß glücklich hinüberkommen und unsere Seele nicht beflecken. Sondern wenn mein Rat gilt, wollen wir, überzeugt, daß die Seele unsterblich und imstande sei, allem Schlimmen und allem Guten standzuhalten, immer unbeirrt den Weg nach oben verfolgen und auf dem Grunde richtiger Einsicht auf alle Weise Gerechtigkeit üben, auf daß wir mit uns selbst wie auch mit den Göttern in Frieden und Freundschaft leben, sowohl während wir hier auf Erden weilen als auch dann, wenn wir die Preise dafür davontragen, gleich denen, welche als Sieger im Wettkampf ihren Lohn einsammeln, und hier sowohl wie auch auf der tausendjährigen Wanderung, die wir geschildert, uns eines glücklichen Daseins erfreuen.

THEAITETOS

Eukleides · Terpsion

Eukleides. Kommst du soeben erst, o Terpsion, oder bist du schon lange vom Lande hier?

Terpsion. Ziemlich lange schon. Auch habe ich dich gesucht auf dem Markte und mich gewundert, daß ich dich nicht finden konnte.

Eukleides. Ich war eben nicht in der Stadt.

Terpsion. Wo denn also?

Eukleides. Indem ich an den Hafen hinunterging, begegnete ich dem Theaitetos, der aus dem Lager von Korinthos nach Athen gebracht ward.

Terpsion. Lebend oder tot?

Eukleides. Lebend, aber kaum noch. Denn schon an einigen Wunden befindet er sich übel, noch mehr aber setzt ihm die Krankheit zu, welche unter dem Heere herrscht.

Terpsion. Doch nicht die Ruhr?

Eukleides. Eben sie.

Terpsion. Welch ein Mann ist da in Gefahr!

Eukleides. Jawohl, ein edler und trefflicher, o Terpsion! Auch jetzt nur hörte ich noch einige ihn höchlich rühmen in bezug auf die Schlacht.

Terpsion. Das ist nichts Unglaubliches, sondern weit wunderbarer wäre es, wenn er sich nicht so bewiesen hätte. Jedoch, wieso ist er nicht hier in Megara eingekehrt?

Eukleides. Er eilte heimwärts. Denn gebeten habe ich ihn genug und ihm geraten, allein er wollte nicht. Wie ich ihn nun begleitet, habe ich im Zurückgehn wieder des Sokrates gedacht und ihn bewundert, wie weissagend er unter vielen andern auch von diesem gesprochen hat. Ich glaube, es war kurz vor seinem Tode, als er mit dem Theaitetos, der noch ein anwachsender Jüngling war, bekannt ward, und nachdem er mit ihm zusammengewesen und Gespräch gepflogen, große Freude hatte an seiner Natur. Da ich nun nach Athen kam, erzählte er mir die Unterredungen, welche sie gehabt, welche auch sehr verdienen gehört zu werden, und sagte, es könne nicht ausbleiben, dieser müsse ein ausgezeichneter Mann werden, wenn er nur sein volles Alter erreichte.

TERPSION. Und ganz wahr hat er geredet, wie es scheint. Jedoch könntest du wohl erzählen, was für Unterredungen dies gewesen?

EUKLEIDES. Beim Zeus, zum mindesten gewiß nicht so mündlich. Aber ich zeichnete mir gleich damals, als ich nach Hause kam, etwas darüber auf, hernach habe ich bei mehrerer Muße nachgesonnen und sie aufgeschrieben, und so oft ich nach Athen kam, erfragte ich vom Sokrates, wessen ich mich nicht recht erinnerte, und brachte es in Ordnung, wenn ich wieder hierher kam, so daß fast die ganze Unterredung nachgeschrieben ist.

TERPSION. Ganz recht. Auch sonst habe ich dies schon von dir gehört und wollte dich immer bitten, sie mir mitzuteilen, es ist aber bis jetzt dabei geblieben. Allein was hindert uns, sie jetzt durchzugehen? Auf alle Weise tut mir ohnedies not, mich auszuruhen, da ich vom Lande komme.

EUKLEIDES. Auch ich habe doch den Theaitetos bis zum Erineon begleitet, so daß ich ebenfalls gar nicht ungern ruhte. So laß uns dann gehen, und indes wir der Ruhe pflegen, mag uns der Knabe vorlesen.

TERPSION. Wohlgesprochen.

EUKLEIDES. Dieses hier also, Terpsion, ist das Buch. Ich habe aber das Gespräch solchergestalt abgefaßt, nicht daß Sokrates es mir erzählt, wie er es mir doch erzählt hat, sondern so, daß er wirklich mit denen redet, welche er als Unterredner nannte. Er nannte aber den Meßkünstler Theodoros und den Theaitetos. Damit nämlich in dem geschriebenen Aufsatz die Nachweisungen zwischen dem Gespräch nicht beschwerlich fielen, wie wenn er selbst Sokrates geredet das »Da sprach ich« oder »Darauf sagte ich«, und von dem Antwortenden »Das gab er zu«, und »Darin wollte er nicht beistimmen«, deshalb habe ich geschrieben, als ob er unmittelbar mit jenen redete.

TERPSION. Gar nicht übel, Eukleides.

EUKLEIDES. So nimm denn das Buch, Knabe, und lies.

Sokrates · Theodoros · Theaitetos

SOKRATES. Wenn mich die Kyrenaier besonders angingen, o Theodoros, so würde ich dich über sie, und wie es dort steht, befragen, ob es einige gibt unter den jungen Leuten dort, welche in der Größenlehre oder in einer andern Wissenschaft Fleiß anwenden. Nun aber, denn ich liebe jene weniger als die hiesigen und trage ein besonderes Verlangen zu wissen, welche von unsern Jünglingen wahrscheinlich einmal Ehre einlegen werden, also suche ich selbst dieses nach Möglichkeit zu erforschen, und befrage darum auch andere, zu denen ich die Jünglinge gern sich gesellen sehe. Und dich umgeben nicht wenige, wie du es auch verdienst auch sonst, besonders aber wegen der Meßkunst. Wenn dir also einer aufgestoßen ist, der Erwähnung verdient: so wünschte ich es wohl zu wissen.

THEODOROS. Allerdings, Sokrates, darf ich dir wohl gern sagen und du wirst auch gern hören wollen, was für einen Jüngling ich unter euren Bürgersöhnen angetroffen. Denn wäre er etwa schön: so möchte ich wohl Furcht genug haben, es zu sagen, damit nicht jemand meinte, ich hege eine Leidenschaft für ihn. Nun aber, werde mir nur ja nicht böse, ist er eben nicht schön, sondern er gleicht dir mit der aufgeworfenen Nase und den heraustretenden Augen; nur hat er diese Züge nicht so stark wie du. Dreist rede ich also, und so wisse denn, daß unter allen, mit denen ich jemals bekannt geworden, und ich habe schon sehr viele um mich gehabt, ich noch nie einen so bewunderungswürdig wohlgeartet angetroffen. Denn daß einer, welcher schnell auffaßt, wie schwerlich ein anderer, zugleich so ausgezeichnet gleichmütig ist, und überdies beharrlich mehr als jeder andere, solche habe ich nicht geglaubt, daß es gebe, auch sehe ich nicht, daß es deren sonst gibt. Sondern die Scharfsinnigen wie dieser, und von schnellem Verstande und gutem Gedächtnis, pflegen auch zum Zorn sehr reizbar zu sein und werden hin und her gerissen wie Schiffe ohne Ballast, sind auch von Natur mehr heftig als beharrlich. Die Gesetzteren aber zeigen sich wiederum gewissermaßen träge zum Lernen und gar sehr vergeßlich. Dieser aber schreitet so leicht und sicher und mit Erfolg zu allen Kenntnissen und Untersuchungen, und mit solcher Ruhe, wie sich das Öl ganz geräuschlos ausgießt, daß zu bewundern ist, wie er in diesem Alter dergleichen Dinge auf solche Art behandeln kann.

SOKRATES. Du gibst treffliche Botschaft! Aber wem gehört er an unter uns Bürgern?

THEODOROS. Gehört habe ich zwar den Namen, ich entsinne mich seiner aber nicht. Allein er ist unter denen, die hier herankommen, der mittlere. Denn eben hat er mit diesen seinen Freunden sich draußen gesalbt, nun aber scheinen sie, nachdem sie sich gesalbt, hierher zu kommen. Also sieh zu, ob du ihn kennst.

SOKRATES. Ich kenne ihn, es ist der Sohn des Euphronios von Sunion, eines Mannes, Freund, geradeso wie du diesen beschreibst, auch übrigens sehr wohl angesehen, und der ein großes Vermögen hinterlassen hat. Den Namen des Knaben aber weiß ich nicht.

THEODOROS. Dessen Name ist Theaitetos. Das Vermögen indes haben seine Vormünder, glaube ich, ziemlich heruntergebracht. Dennoch aber ist auch in dem, was Geld betrifft, seine edle Gesinnung zu bewundern.

SOKRATES. Du preisest ihn ja herrlich! So heiße ihn dann sich hierher zu uns niedersetzen.

THEODOROS. Das soll geschehen. Theaitetos, hierher zum Sokrates!

Sokrates. Ja, auf alle Weise, Theaitetos, damit ich mich auch einmal beschaue, was für ein Gesicht ich wohl habe. Denn Theodoros sagt, es sei dem deinigen ähnlich. Jedoch wenn wir nun beide jeder eine Leier hätten, und er sagte, sie wären gleichgestimmt: würden wir ihm das sogleich glauben, oder würden wir erst untersuchen, ob er denn auch ein Tonkundiger wäre, und so etwas behaupten könne?

THEAITETOS. Das würden wir untersuchen.

SOKRATES. Also wenn wir ihn als einen solchen erfänden, würden wir ihm glauben; wenn aber von dieser Kunst verlassen, würden wir ungläubig bleiben?

THEAITETOS. Richtig.

Sokrates. Nun aber, meine ich wenigstens, wenn wir über die Ähnlichkeit unserer Gesichtszüge gewiß sein wollen, werden wir wohl zusehen müssen, ob er auch ein Maler ist und also hierüber etwas behaupten kann oder nicht.

Theaitetos. So scheint es mir.

Sokrates. Ist nun wohl Theodoros ein Maler?

Theaitetos. Nicht, daß ich wüßte.

Sokrates. Auch kein Meßkünstler?

Theaitetos. Das freilich auf alle Weise, o Sokrates.

Sokrates. Etwa auch ein Sternkundiger, ein Rechner, ein Tonkundiger, und was sonst zu diesen Wissenschaften gehört?

Theaitetos. Ich denke wohl.

Sokrates. Wenn er also sagt, daß wir uns irgend körperlich ähnlich sind, er sage es nun lobend oder tadelnd, so ist wohl nicht viel darauf zu geben?

Theaitetos. Vielleicht nicht.

Sokrates. Wie aber, wenn er die Seele eines von uns der Tugend und Weisheit wegen lobte: sollte dann nicht einerseits, wer es hört, sich billig Mühe geben, den Gelobten betrachten zu können, dieser aber wiederum sich bereitwillig darstellen?

Theaitetos. In alle Wege, o Sokrates.

Sokrates. So ist demnach, lieber Theaitetos, an dir die Reihe dich darzustellen, an mir aber dich zu beschauen. Denn wisse nur, daß Theodoros schon viele zwar gegen mich gelobt hat, Fremde sowohl als Bürger, noch keinen aber hat er jemals so gelobt, als dich jetzt eben.

Theaitetos. Das wäre ja herrlich, Sokrates. Aber sieh zu, daß er es nicht etwa im Scherz gesagt hat.

Sokrates. Das hat Theodoros nicht in der Art. Also nimm nicht das Eingestandene zurück unter dem Vorwande, er rede im Scherz, damit er nicht genötigt werde, ordentlich Zeugnis einzulegen, denn es wird ihn dann gewiß niemand falschen Zeugnisses anklagen. Sondern bleibe lieber getrost bei deinem Eingeständnis.

Theaitetos. Wohl werde ich es so halten müssen, wenn du meinst.

SOKRATES. So sage mir denn, lernst du wohl bei dem Theodoros etwas von der Meßkunst?

THEAITETOS. O ja.

SOKRATES. Auch von der Sternkunde und der Tonkunst und den Rechnungen?

THEAITETOS. Ich befleißige mich wenigstens.

SOKRATES. Auch ich, o Jüngling, bei diesem und anderen, denen ich zutraue, daß sie sich auf etwas hievon verstehen, Dennoch aber, wiewohl ich im übrigen ziemlich Bescheid weiß, habe ich Zweifel über eine Kleinigkeit, die ich wohl mit dir und diesen untersuchen möchte. Sage mir also, heißt nicht lernen dessen kundiger werden, was man lernt?

THEAITETOS. Wie anders!

SOKRATES. Und die Kundigen, glaube ich, sind doch durch Wissenschaft kundig?

THEAITETOS. Ja.

SOKRATES. Und das ist doch nichts anderes als Erkenntnis.

Theaitetos. Was denn?

SOKRATES. Die Wissenschaft. Oder ist man nicht, wovon man Erkenntnis hat, dessen auch kundig?

THEAITETOS. Wie sonst?

SOKRATES. Also ist dies einerlei, Wissenschaft und Erkenntnis.

Theaitetos. Ja.

SOKRATES. Dies ist nun eben, worüber ich zweifelhaft bin und was ich durch mich selbst nicht hinreichend ergründen kann, die Erkenntnis, was die wohl eigentlich sein mag. Sollten wir es wohl bestimmen können? Was sagt ihr? Wer von uns will es zuerst erklären? Wenn er aber fehlt, und so jedesmal wer fehlt, soll, wie es die Knaben beim Ballspiel nennen, Esel sitzen. Wer aber ohne zu fehlen, den Sieg davonträgt, der soll unser König sein und uns zu beantworten aufgeben, was er will. Warum schweigt ihr? Ich werde doch nicht aus Redelust überlästig, Theodoros, indem ich es darauf anlege, daß ein Gespräch zwischen uns entstehe, und wir einander freund und näher bekannt werden?

THEODOROS. Keineswegs, Sokrates, kann das überlästig sein. Sondern heiße einen von den Jünglingen dir antworten, denn ich bin dieser Art zu reden ungewohnt, und mich etwa noch daran zu gewöhnen, habe ich nicht mehr die Jahre. Diesen aber steht es sehr wohl an, und sie würden nur um so mehr zunehmen. Denn in der Jugend, das ist wahr, kann man in allem zunehmen. Laß also, wie du angefangen hast, nicht ab vom Theaitetos, sondern befrage ihn.

SOKRATES. Du hörst doch, Theaitetos, was Theodoros sagt, welchem du ja, glaube ich, nicht wirst ungehorsam sein wollen; auch würde es wohl dem Jüngeren nicht geziemen, einem weisen Manne, wenn er etwas aufgibt, in solchen Dingen nicht zu gehorchen. – So sage denn gerade und dreist heraus, was denkst du, daß Erkenntnis ist?

THEAITETOS. Ich muß wohl, Sokrates, wenn ihr es doch gebietet. Denn auf jeden Fall, wenn ich auch fehle, werdet ihr es berichtigen.

SOKRATES. Allerdings, sofern wir es vermögen.

THEAITETOS. Ich glaube also, daß sowohl dasjenige, was jemand vom Theodoros lernen kann, Erkenntnisse sind, die Meßkunst nämlich und die andern, welche du jetzt eben genannt hast, als auch auf der andern Seite die Schuhmacherkunst und die Künste der übrigen Handwerker scheinen mir alle und jede nichts anders zu sein als Erkenntnis.

SOKRATES. Gar offen und freigebig, Lieber, gibst du mir, um eins gefragt, vielerlei und mannigfaltiges statt des einfachen.

THEAITETOS. Wie? was meinst du damit, Sokrates?

SOKRATES. Vielleicht nichts; was ich aber meine, will ich erklären. Wenn du sagst das Schuhmachen, meinst du damit etwas anderes, als die Erkenntnis von der Verfertigung der Schuhe?

THEAITETOS. Nichts anderes.

SOKRATES. Und wenn du sagst die Tischlerei, dann etwas anderes als die Erkenntnis von der Verfertigung hölzerner Gerätschaften?

THEAITETOS. Auch dann nicht.

SOKRATES. In beiden Fällen also bestimmst du, wovon ein jedes die Erkenntnis ist.

THEAITETOS. Ja.

SOKRATES. Das Gefragte aber war nicht dieses, wovon es Erkenntnis gäbe, noch auch, wievielerlei sie wäre. Denn wir fragten nicht in der Absicht, sie aufzuzählen, sondern um die Erkenntnis selbst zu begreifen, was sie wohl sein mag. Oder ist das nichts gesagt?

THEAITETOS. Allerdings ist es ganz richtig.

SOKRATES. Erwäge auch dieses. Wenn uns jemand etwas ganz Gemeines, das erste beste, fragte, etwa nach dem Lehm, was der wohl wäre, und wir antworteten ihm, es gäbe Lehm für die Töpfer, und Lehm für die Puppenmacher, und Lehm für die Ziegelstreicher, ob wir uns nicht lächerlich machten.

THEAITETOS. Vielleicht wohl.

SOKRATES. Zuerst nämlich schon, weil wir glaubten, der Fragende könne nun aus unserer Antwort die Sache verstehen, wenn wir doch wieder sagten, der Lehm, mögen wir nun hernach hinzusetzen des Puppenmachers oder welches anderen Handwerkers. Oder glaubst du, daß jemand eine besondere Bezeichnung eines Dinges versteht, von dem er nicht weiß, was es ist?

THEAITETOS. Auf keine Weise.

SOKRATES. So versteht also auch Erkenntnis von Schuhen nicht, wer überhaupt nicht weiß, was Erkenntnis ist.

THEAITETOS. Freilich nicht.

SOKRATES. Also auch was Schuhmachen ist oder irgendeine andre Kunst, versteht der nicht, der nicht weiß, was Erkenntnis ist.

THEAITETOS. Freilich nicht.

SOKRATES. Es ist also eine lächerliche Antwort von dem, welcher gefragt wird, was Erkenntnis ist, wenn er darauf durch den Namen irgendeiner Kunst antwortet. Denn er antwortet durch eine Erkenntnis von etwas, ohne hiernach gefragt worden zu sein.

THEAITETOS. So scheint es.

SOKRATES. Dann auch, da er konnte schlicht und kurz antworten, beschreibt er einen unendlichen Weg. Sowie auch bei der Frage nach dem Lehm konnte er ganz schlicht und einfach sagen, Erde mit Feuchtigkeit gemischt wäre Lehm, für wen aber der Lehm wäre, das konnte er übergehen.

THEAITETOS. Leicht, o Sokrates, erscheint es nun. Du magst aber wohl nach etwas Ähnlichem fragen, wie uns neulich in unseren Beschäftigungen vorgekommen ist, mir und hier deinem Namensgenossen, dem Sokrates.

SOKRATES. Was doch war das?

THEAITETOS. Von den Seiten der Vierecke zeichnete uns Theodoros etwas vor, indem er uns von der des dreifüßigen und fünffüßigen bewies, daß sie als Länge nicht meßbar wären durch die einfüßige. Und so ging er jede einzeln durch bis zur siebzehnfüßigen, bei dieser hielt er inne. Uns nun fiel so etwas ein, da der Seiten unendlich viele zu sein schienen, wollten wir versuchen, sie zusammenzufassen in eins, wodurch wir diese alle bezeichnen könnten.

SOKRATES. Habt ihr auch so etwas gefunden?

THEAITETOS. Ich denke wenigstens, betrachte du es nur auch.

SOKRATES. So sprich.

THEAITETOS. Wir teilten alle Zahlen insgesamt in zwei Teile. Diejenigen, welche entstehen können durch gleiches gleichvielmal genommen, nannten wir, mit der Gestalt des Viereckes sie vergleichend, viereckige und gleichseitige.

SOKRATES. Sehr gut.

THEAITETOS. Die aber zwischen diesen, wozu auch drei und fünf gehören, und jede, welche nicht kann aus gleichem gleichvielmal genommen entstehen, sondern nur aus einer größeren Zahl wenigermal oder einer kleineren mehrmal genommen, welche also immer von einer größeren und einer kleineren Seite eingefaßt werden, diese nannten wir mit der länglichen Gestalt sie vergleichend längliche Zahlen.

SOKRATES. Vortrefflich. Aber nun weiter.

THEAITETOS. Alle Linien nun, welche ein Viereck bilden von gleichseitiger Zahl in der Fläche, nannten wir Längen, welche aber eins von ungleichseitiger, diese nannten wir Kräfte, weil nämlich sie selbst als Längen nicht durch gleiches Maß mit jenen können gemessen werden, wohl aber die Flächen, welche sie hervorzubringen die Kraft haben. Ein Ähnliches findet nun statt bei den körperlichen Zahlen.

Sokrates. So vortrefflich als möglich, ihr Kinder! Nun wird Theodoros gewiß nicht in die Strafe des falschen Zeugnisses verfallen.

Theaitetos. Doch aber, o Sokrates, kann ich, was du von der Erkenntnis fragst, nicht so beantworten, wie das von den Längen und Kräften, obwohl du, wie es mir wenigstens scheint, etwas Ähnliches suchst, so daß Theodoros doch wieder unrecht zu haben scheint.

Sokrates. Wieso? wenn er dich nun deines Laufens wegen gelobt und gesagt hätte, er habe noch nie unter den jungen Leuten einen so Schnellfüßigen angetroffen, und du hernach beim Wettlauf von einem völlig Ausgebildeten und sehr Schnellen überwunden würdest, würdest du deshalb glauben, daß er dich minder mit Recht gelobt habe?

Theaitetos. Nein, das nicht.

Sokrates. Und glaubst du, daß die Erkenntnis, so wie ich es jetzt meinte, zu finden eine Kleinigkeit ist, und nicht vielmehr unter die gar schwierigen Aufgaben gehört?

Theaitetos. Beim Zeus, unter die allerschwierigsten, glaube ich.

Sokrates. Sei nur gutes Mutes deinetwegen, und glaube, daß Theodoros wohl recht gehabt hat. Bestrebe dich aber, wie von andern Dingen, so besonders von der Erkenntnis die Erklärung zu finden, was sie eigentlich ist.

Theaitetos. Sofern es nur am Bestreben liegt, soll sie wohl ans Licht kommen.

Sokrates. So komm, denn du hast schon sehr gut vorgezeichnet, und versuche nur deine Antwort wegen jener Seiten der Vierecke nachahmend, so wie du diese, so viele es auch sind, unter einen Begriff zusammengefaßt hast, so auch die vielerlei Erkenntnisse durch eine Erklärung zu bezeichnen.

Theaitetos. Wisse nur, Sokrates, ich habe oft versucht dieses herauszufinden, da ich die von dir herumgehenden Fragen hörte: aber ich kann weder mich selbst überreden, daß ich etwas Genügendes ausgedacht hätte, noch höre ich irgendeinen andern die Sache so, wie du es forderst, erklären. Ebensowenig aber kann ich jemals ablassen darauf zu sinnen.

Sokrates. Du hast eben Geburtsschmerzen, lieber Theaitetos, weil du nicht leer bist, sondern schwanger gehst.

Theaitetos. Das weiß ich weiter nicht; wie es mir aber ergeht, das habe ich dir gesagt.

Sokrates. Also du Lächerlicher hast wohl niemals gehört. daß ich der Sohn einer Hebamme bin, einer sehr berühmten und verwogenen, der Phänarete?

Theaitetos. Das habe ich wohl schon gehört.

Sokrates. Etwa auch, daß ich dieselbe Kunst ausübe, hast du gehört?

Theaitetos. Das keineswegs.

Sokrates. Wisse dann, dem ist also. Verrate mich aber nicht damit gegen die andern, denn es weiß niemand von mir, Freund, daß ich diese Kunst besitze. Da es nun die Leute nicht wissen, so sagen sie mir auch dieses zwar nicht nach, wohl aber, daß ich der wunderlichste aller Menschen wäre, und alle zum Zweifeln brächte. Gewiß hast du das auch gehört?

Theaitetos. Vielfältig.

Sokrates. Soll ich dir davon die Ursache sagen?

Theaitetos. Allerdings.

Sokrates. Überlege dir nur recht alles von den Hebammen, wie es um sie steht, so wirst du leichter merken, was ich will. Denn du weißt doch wohl, daß keine, solange sie noch selbst empfängt und gebärt, andere entbindet, sondern nur, welche selbst nicht mehr fähig sind zu gebären, tun es.

Theaitetos. So ist es allerdings.

Sokrates. Das soll, wie sie sagen, von der Artemis herrühren, weil dieser, einer Nichtgebärenden, dennoch die Geburtshilfe zuteil geworden. Nun hat sie zwar den ganz Unfruchtbaren nicht verleihen können, Geburtshelferinnen zu sein, weil die menschliche Natur zu schwach ist, um eine Kunst zu erlangen in Dingen, deren sie ganz unerfahren ist; wohl aber hat sie diese Gabe denen, die des Alters wegen nicht mehr gebären, beigelegt, um doch der Ähnlichkeit mit ihr selbst einen Vorzug einzuräumen.

Theaitetos. Das scheint annehmlich.

SOKRATES. Ist also wohl auch das annehmlich und notwendig, daß, ob eine schwanger ist oder nicht, besser von den Geburtshelferinnen erkannt wird als von andern?

THEAITETOS. Gar sehr.

SOKRATES. Ja es können auch die Hebammen durch Arzneimittel und Zaubersprüche die Wehen erregen, und wenn sie wollen, sie auch wieder lindern, und den Schwergebärenden zur Geburt helfen, oder auch das Kind, wenn diese beschlossen haben, sich dessen zu entledigen, solange es noch ganz klein ist, können sie abtreiben.

THEAITETOS. So ist es.

SOKRATES. Hast du auch das schon von ihnen vernommen, daß sie ebenfalls die geschicktesten Freiwerberinnen sind, indem sie gründlich zu unterscheiden verstehen, was für eine Frau sich mit was für einem Manne verbinden muß, um die vollkommensten Kinder zu erzielen?

THEAITETOS. Das habe ich noch nicht so gewußt.

SOKRATES. So wisse denn, daß sie sich hiemit noch mehr wissen, als mit dem Nabelschnitt. Überlege auch nur. Glaubst du, daß die Pflege nebst Einsammlung der Früchte des Erdbodens, und dann wiederum die Einsicht, welchem Boden man jegliches Gesäme und Gewächs anvertrauen muß, zu einer und derselben Kunst gehören oder zu verschiedenen?

THEAITETOS. Nein, sondern zu derselben.

SOKRATES. Bei den Frauen aber glaubst du, daß dieses eine andere, und das Einsammeln wieder eine andere Kunst ist?

THEAITETOS. Das ist wenigstens nicht wahrscheinlich.

SOKRATES. Wohl nicht, sondern nur wegen des unrechtlichen und unkünstlerischen Zusammenführens der Männer und Frauen, welches man das Kuppeln nennt, enthalten sich die Hebammen als ehrbare Frauen auch des Freiwerbens, aus Furcht, sie möchten um dieser Kunst willen in jenen Verdacht geraten. Denn eigentlich steht es den wahren Geburtshelferinnen auch allein zu, auf die rechte Art Ehen zu stiften.

THEAITETOS. Offenbar.

SOKRATES. So viel also hat es mit den Hebammen auf sich; weniger aber doch als mit meinem Spiel. Denn bei den Frauen kommt es nicht vor, daß sie größtenteils zwar echte Kinder gebären, bisweilen aber auch Mondkälber, und daß beides schwierig wäre zu unterscheiden. Denn wäre dies der Fall, so würde es gewiß die schönste und größte Kunst der Hebammen sein, zu unterscheiden, was etwas Rechtes ist, und was nicht. Oder glaubst du nicht?

THEAITETOS. Das glaube ich wohl.

SOKRATES. Von meiner Hebammenkunst nun gilt übrigens alles, was von der ihrigen; sie unterscheidet sich aber dadurch, daß sie Männern die Geburtshilfe leistet und nicht Frauen, und daß sie für ihre gebärenden Seelen Sorge trägt, und nicht für Leiber. Das größte aber an unserer Kunst ist dieses, daß sie imstande ist zu prüfen, ob die Seele des Jünglings Mißgestaltetes und Falsches zu gebären im Begriff ist, oder Gebildetes und Echtes. Ja auch hierin geht es mir eben wie den Hebammen, ich gebäre nichts von Weisheit, und was mir bereits viele vorgeworfen, daß ich andere zwar fragte, selbst aber nichts über irgend etwas antwortete, weil ich nämlich nichts Kluges wüßte zu antworten, darin haben sie recht. Die Ursache davon aber ist diese, Geburtshilfe leisten nötigt mich der Gott, erzeugen aber hat er mir gewehrt. Daher bin ich selbst keineswegs etwa weise, habe auch nichts dergleichen aufzuzeigen als Ausgeburt meiner eigenen Seele. Die aber mit mir umgehen, zeigen sich zuerst zwar zum Teil gar sehr ungelehrig; alle aber, denen es der Gott vergönnt, machen bei fortgesetztem Umgang wunderbar schnelle Fortschritte, wie es ihnen selbst und andern scheint; und dieses offenbar ohne jemals irgend etwas etwa von mir gelernt zu haben, sondern nur selbst aus sich selbst entdecken sie viel Schönes und halten es fest; die Geburtshilfe indes leisten dabei der Gott und ich. Dies erhellt hieraus. Viele schon haben dies verkennend und sich selbst alles zuschreibend, mich aber verachtend, oder auch selbst von andern überredet, sich früher als recht war von mir getrennt, und nach dieser Trennung dann, teils infolge schlechter Gesellschaft, nur Fehlgeburten getan, teils auch das, wovon sie durch mich entbunden worden, durch Verwahrlosung wieder verloren, weil sie die mißgestalteten und unechten Geburten höher achteten als die rechten; zuletzt aber sind sie sich selbst und andern gar unverständig vorgekommen, von welchen einer Aristides, der Sohn des Lysimachos war, und viele andere mehr. Wenn solche dann wiederkommen, meines Umgangs begehrend, und wunder was darum tun, hindert mich doch das Göttliche, was mir zu widerfahren pflegt, mit einigen wieder umzugehen; andern dagegen wird es vergönnt, und diese nehmen sich wieder auf. Auch darin ergeht es denen, die mit mir umgehen, wie den Gebärenden; sie haben nämlich Wehen und wissen sich nicht zu lassen bei Tag und Nacht, weit ärger als jene. Und diese Wehen kann meine Kunst erregen sowohl als stillen. So ist es demnach mit diesen beschaffen. Bisweilen aber, o Theaitetos, wenn einige mir gar nicht recht scheinen schwanger zu sein, solchen, weil ich weiß, daß sie meiner gar nicht bedürfen, bin ich ein bereitwilliger Freiwerber, und mit Gott sei es gesprochen, ich treffe es zur Genüge, wessen Umgang ihnen vorteilhaft sein wird, wie ich denn ihrer schon viele dem Prodikos ausgetan habe. Viele auch andern weisen und gottbegabten Männern. Dieses habe ich dir, Bester, deshalb so ausführlich vorgetragen, weil ich Vermutung habe, daß du, wie du es auch selbst meinst, etwas in dir trägst und Geburtsschmerzen hast. So übergib dich also mir, als dem Sohn einer Geburtshelferin und auch selbst der Geburtshilfe Kundigen, und was ich dich frage, das beeifere dich, so gut du nur kannst, zu beantworten. Und wenn ich bei der Untersuchung etwas, was du sagst, für ein Mondkalb und nichts Echtes erfunden habe, also es ablöse und wegwerfe, so erzürne dich darüber nicht, wie die Frauen es bei der ersten Geburt zu tun pflegen. Denn schon viele, mein Guter, sind so gegen mich aufgebracht gewesen, wenn ich ihnen eine Posse abgelöst habe, daß sie mich ordentlich hätten beißen mögen, und wollen nicht glauben, daß ich das aus Wohlmeinen tue, weil sie weit entfernt sind einzusehen, daß kein Gott jemals den Menschen mißgünstig ist, und daß auch ich nichts dergleichen aus Übelwollen tue, sondern mir nur eben keineswegs verstattet ist, Falsches gelten zu lassen und Wahres unterzuschlagen. – Versuche also noch einmal von Anfang an, o Theaitetos, zu sagen, was Erkenntnis ist. Daß du aber nicht kannst, sage nur niemals. Denn so Gott will und du wacker bist, wirst du es wohl können.

THEAITETOS. Wenn du freilich, Sokrates, solchergestalt zuredest, wäre es schändlich nicht auf alle Weise mutig zu sagen, was einer eben hat. Mir also, scheint wer etwas erkennt, dasjenige wahrzunehmen, was er erkennt; und wie es mir jetzt erscheint, ist Erkenntnis nichts anderes als Wahrnehmung.

SOKRATES. Gut und wacker, Jüngling. So muß sich deutlich machen, wer etwas erklärt. Wohlan, laß uns nun dieses gemeinschaftlich betrachten, ob es eine rechte Geburt ist oder ein Windei. Wahrnehmung, sagst du, sei Erkenntnis.

THEAITETOS. Ja.

SOKRATES. Und gar keine schlechte Erklärung scheinst du gegeben zu haben von der Erkenntnis, sondern welche auch Protagoras gibt; nur daß er dieses nämliche auf eine etwas andere Weise ausgedrückt hat. Er sagt nämlich, der Mensch sei das Maß aller Dinge, der seienden, wie sie sind, der nichtseienden, wie sie nicht sind. Du hast dies doch gelesen?

THEAITETOS. Oftmals habe ich es gelesen.

SOKRATES. Nicht wahr, er meint dies so, daß wie ein jedes Ding mir erscheint, ein solches ist es auch mir, und wie es dir erscheint, ein solches ist es wiederum dir. Ein Mensch aber bist du sowohl als ich.

THEAITETOS. So meint er es unstreitig.

SOKRATES. Wahrscheinlich doch wird ein so weiser Mann nicht Torheiten reden. Laß uns ihm also nachgehen. Wird nicht bisweilen, indem derselbe Wind weht, den einen von uns frieren, den andern nicht? Oder den einen wenig, den andern sehr stark?

THEAITETOS. Jawohl.

SOKRATES. Sollen wir nun in diesem Falle sagen, daß der Wind an und für sich kalt ist oder nicht kalt? Oder sollen wir dem Protagoras glauben, daß er dem Frierenden ein kalter ist, dem Nichtfrierenden nicht?

THEAITETOS. So wird es wohl sein müssen.

SOKRATES. Und so erscheint er doch jedem von beiden?

THEAITETOS. Freilich.

SOKRATES. Dieses Erscheint ist aber eben das Wahrnehmen.

THEAITETOS. So ist es.

SOKRATES. Erscheinung also und Wahrnehmung ist dasselbe in Absicht auf das Warme und alles, was dem ähnlich ist? Denn wie ein jeder es wahrnimmt, so scheint es für ihn auch zu sein.

THEAITETOS. Das leuchtet ein.

SOKRATES. Wahrnehmung ist also wohl immer des Seienden und untrüglich, wenn sie ja Erkenntnis ist.

THEAITETOS. So scheint es.

SOKRATES. Nun so war etwa, bei den Chariten, Protagoras gar überweise, und hat die Sache zwar uns nur durch vielen Nebel dunkel angedeutet, seinen Schülern aber im geheimen das Rechte gesagt?

THEAITETOS. Wie doch, o Sokrates, meinst du dies?

SOKRATES. Ich will es dir sagen, es ist gar keine schlechte Rede, daß nämlich gar nichts ein an und für sich Bestimmtes ist, und daß du keinem Dinge mit Recht welche Eigenschaft auch immer beilegen kannst, vielmehr wenn du etwas groß nennst, wird es sich auch klein zeigen, und wenn schwer, auch leicht, und so gleicherweise in allem, daß eben nichts weder ein Gewesenes ist noch auch irgendwie beschaffen; sondern durch Bewegung und Veränderung und Vermischung alles untereinander nur wird, wovon wir sagen, daß es ist, nicht richtig bezeichnend; denn niemals ist eigentlich irgend etwas, sondern immer nur wird es. Und hierüber mögen denn der Reihe nach alle Weisen, den Parmenides ausgenommen, einig sein, Protagoras sowohl als Herakleitos und Empedokles und so auch von den Dichtern, die Anführer von beiden Dichtungsarten, Epicharmos der komischen, und der tragischen, Homeros; denn wenn dieser sagt: »Daß ich den Vater Okeanos schau und Thetys die Mutter«, will er andeuten, daß alles entsprungen ist aus dem Fluß und der Bewegung. Oder scheint er dir nicht dieses zu meinen?

THEAITETOS. Allerdings auch mir.

Sokrates. Wer dürfte nun wohl gegen ein solches Heer und seinen Anführer Homeros etwas bestreiten, ohne sich lächerlich zu machen?

Theaitetos. Leicht ist es nicht, o Sokrates.

Sokrates. Gewiß nicht, Theaitetos. Zumal auch dies noch hinlängliche Beweise sind für diese Behauptung, daß nämlich allemal was zu sein scheint und das Werden die Bewegung verursacht, das Nichtsein aber und den Untergang die Ruhe. Denn Wärme und Feuer, welche dann wieder die andern Dinge erzeugen und in Ordnung halten, werden selbst erzeugt durch Umschwung und Reibung, diese aber sind Bewegung. Oder sind dies nicht die Entstehungsarten des Feuers?

Theaitetos. Dies sind sie freilich.

Sokrates. Ferner entsproßt ja auch das Geschlecht der Lebenden aus eben den Ursachen.

Theaitetos. Wie anders?

Sokrates. Und wie, der ganze Zustand des Leibes, wird er nicht durch Ruhe und Trägheit zerrüttet, durch Leibesübungen aber und Bewegungen im ganzen wohl erhalten?

Theaitetos. Ja.

Sokrates. Und der Zustand der Seele ebenso, pflegt sie nicht durch Lernen und Fleiß, welches Bewegungen sind, Kenntnisse zu erwerben und festzuhalten und so besser zu werden; durch die Ruhe aber, welche sich in Gedankenlosigkeit und Trägheit zeigt, nichts zu lernen nicht nur, sondern auch das Gelernte zu vergessen?

Theaitetos. Ganz gewiß.

Sokrates. Das Gute also ist Bewegung für Seele und Leib, und umgekehrt das Gegenteil davon.

Theaitetos. So scheint es.

Sokrates. Soll ich dir nun auch noch die Windstillen anführen, und was dem ähnlich ist, wie überall die Ruhe Fäulnis und Zerstörung bewirkt, das Gegenteil aber Erhaltung? Und über dies alles nun noch den letzten Stein hinzutragend beweisen, daß unter der goldenen Kette Homeros nichts anders versteht als die Sonne, und also andeutet, solange der gesamte Umkreis in Bewegung ist und die Sonne, solange bestehe auch alles und bleibe wohlbehalten bei Göttern und Menschen, wenn aber dieses einmal wie gebunden stillstände, so würden alle Dinge untergehen, und wie man sagt, das Unterste zu oberst gekehrt werden?

THEAITETOS. Mir, o Sokrates, scheint er das anzudeuten, was du sagst.

SOKRATES. Denke dir also, Bester, die Sache so, zuerst in Beziehung auf die Augen, was du weiße Farbe nennst, daß dies nicht selbst etwas Besonderes ist außerhalb deiner Augen, noch auch in deinen Augen, und daß du ihm ja keinen Ort bestimmst, denn sonst wäre es schon, wenn es bestimmt irgendwo wäre, und es beharrte, und würde nicht bloß im Entstehen.

THEAITETOS. Aber wie denn?

SOKRATES. Folgen wir nur dem eben vorgetragenen Satz, daß nichts an und für sich ein Bestimmtes ist, und es wird uns deutlich werden, daß Schwarz und Weiß und jede andere Farbe aus dem Zusammenstoßen der Augen mit der zu ihr gehörigen Bewegung entstanden ist, und was wir jedesmal Farbe nennen, wird weder das Anstoßende sein noch das Angestoßene, sondern ein dazwischen jedem besonders Entstandenes. Oder möchtest du behaupten, daß jede Farbe, eben wie sie dir erscheint, auch einem Hunde oder irgendeinem andern Tiere erscheinen werde?

THEAITETOS. Beim Zeus, das möchte ich nicht.

SOKRATES. Aber wie? erscheint einem andern Menschen irgend etwas gerade ebenso wie dir? Bist du davon recht gewiß, oder vielmehr davon, daß etwas nicht einmal dir selbst immer als dasselbe erscheine, da du niemals ganz auf dieselbe Weise dich verhältst.

THEAITETOS. Mich dünkt dieses eher als jenes.

SOKRATES. Also wenn das Gemessene oder Berührte groß oder rot oder warm wäre, so könnte es nicht dadurch, daß es auf einen andern träfe, ein anderes werden, indem es sich selbst gar nicht veränderte. Wenn aber wiederum das Messende oder Berührende jedes von diesen wäre, so könnte es nicht, wenn ein anderer Gegenstand herankommt oder dem vorigen etwas begegnet, indem jedoch ihm selbst nichts widerfährt, dennoch ein anderes werden. Denn jetzt, Freund, werden wir genötigt, wunderbare und lächerliche Dinge getrost zu behaupten, wie Protagoras, und jeder, der dasselbe, wie er behaupten will, uns vorwerfen würde.

THEAITETOS. Wie doch, und was für Dinge meinst du?

SOKRATES. Nimm nur ein kleines Beispiel, und du wirst alles wissen, was ich meine. Sechs Bohnen, wenn du vier dagegen hältst, werden mehr sein als die vier, nämlich noch ein halbesmal soviel; wenn aber zwölf, dann weniger, nämlich die Hälfte, und man darf nicht einmal leiden, daß etwas anderes behauptet werde. Oder möchtest du es leiden?

THEAITETOS. Keineswegs ich.

SOKRATES. Wie nun, wenn dich Protagoras oder ein anderer fragte: Ist es wohl möglich, Theaitetos, daß etwas größer oder mehr werde auf eine andere Weise, als daß es zugenommen hat? Was wirst du antworten?

THEAITETOS. Wenn ich, o Sokrates, was mir in Beziehung auf diese Frage allein richtig scheint, antworten soll, so werde ich sagen, es ist nicht möglich; wenn aber in Beziehung auf die vorige, so werde ich, um mich zu hüten, daß ich nichts Widersprechendes sage, wohl antworten, es wäre gar wohl möglich.

SOKRATES. Sehr gut, Freund, bei der Here, und ganz göttlich. Jedoch wie mir scheint, wenn du antwortest, es sei möglich, wird dir jenes aus dem Euripides begegnen, es wird uns die Zunge freilich unwiderlegt sein, die Seele aber nicht unwiderlegt.

THEAITETOS. Ganz wahr.

SOKRATES. Wenn wir also von den gewaltigen Weisen wären du und ich, die schon alles durchgeprüft haben in ihrem Gemüt, so würden wir von nun an immer weiter nur zum Zeitvertreib einander versuchen und auf sophistische Art einen ebensolchen Kampf beginnen, jeder den Reden des andern mit den seinigen ausweichend. Nun wir aber nur schlichte Menschen sind, werden wir doch zuerst die Sache an sich selbst betrachten wollen, wie das wohl beschaffen ist, was wir behaupten, ob es untereinander stimmt, oder vielleicht nichts weniger als das.

Theaitetos. Auf jede Weise würde ich meinesteils dieses letztere wollen.

Sokrates. Auch ich gewiß. Da es sich nun so verhält, können wir anders als ganz gelassen in voller Muße die Sache wieder von vorn untersuchen, ohne verdrießlich zu werden, sondern recht aufrichtig uns prüfend, was doch diese Erscheinungen uns eigentlich sind, von denen wir nun die erste untersuchen, und, wie ich wenigstens glaube, sagen werden, daß niemals irgend etwas weder mehr noch weniger werde, weder der Masse noch der Zahl nach, solange, als es sich selbst gleich ist. Nicht so?

Theaitetos. Ja.

Sokrates. Zweitens auch wohl, daß wem nichts zugesetzt noch auch abgenommen wird, dieses niemals weder wachse noch schwinde, sondern immer gleich bleibe.

Theaitetos. Ganz offenbar.

Sokrates. Nicht auch das dritte, nämlich was vorher nicht war, daß dieses doch auch nachher unmöglich sein könne, ohne geworden zu sein und zu werden?

Theaitetos. So scheint es freilich.

Sokrates. Diese drei Behauptungen nun streiten, glaube ich, in unserer Seele miteinander, wenn wir jenes von den Bohnen aussagen, oder wenn wir behaupten, daß ich, der ich diese bestimmte Größe habe, ohne weder zu wachsen, noch das Gegenteil zu erleiden binnen Jahresfrist, jetzt zwar größer bin, als du, der Jüngere, hernach aber kleiner, da doch ich von meiner Masse nichts verloren habe, sondern nur du an der deinigen gewonnen hast. Denn ich bin ja hernach, was ich vorher nicht war, ohne es geworden zu sein. Denn ohne zu werden ist unmöglich geworden zu sein, und da ich nichts von meiner Masse eingebüßt habe, wurde ich ja niemals kleiner. Und mit tausend und abertausend Sachen verhält es sich ebenso, wenn wir dieses wollen gelten lassen. Du kommst doch wohl mit, Theaitetos? Wenigstens scheinst du mir nicht unerfahren in diesen Dingen zu sein.

Theaitetos. Wahrlich, bei den Göttern, Sokrates, ich wundere mich ungemein, wie doch dieses wohl sein mag; ja bisweilen, wenn ich recht hineinsehe, schwindelt mir ordentlich.

Sokrates. Theodoros, du Lieber, urteilt eben ganz richtig von deiner Natur. Denn gar sehr ist dies der Zustand eines Freundes der Weisheit, die Verwunderung; ja es gibt keinen andern Anfang der Philosophie als diesen, und wer gesagt hat, Iris sei die Tochter des Thaumas, scheint die Abstammung nicht übel getroffen zu haben. Aber hast du schon inne, wie diese Dinge, zufolge dessen was, wie wir sagen, Protagoras behauptet, sich dennoch wirklich so verhalten können, oder noch nicht?

Theaitetos. Noch nicht recht, glaube ich.

Sokrates. So wirst du es mir wohl Dank wissen, wenn ich dir von der Meinung dieses Mannes oder vielmehr vieler berühmter Männer den rechten verborgenen Sinn aufspüren helfe.

Theaitetos. Wie sollte ich dir das nicht Dank wissen, und zwar sehr vielen.

Sokrates. Sieh dich aber wohl um und habe acht, daß uns nicht einer von den Uneingeweihten zuhöre. Dies sind aber die, welche von nichts anderem glaubend, daß es sei, als von dem, was sie recht herzhaft mit beiden Händen greifen können, das Handeln und das Werden, und alles Unsichtbare gar nicht mit unter dem, was ist, wollen gelten lassen.

Theaitetos. Das sind ja verstockte und widerspenstige Menschen, Sokrates, von denen du redest.

Sokrates. Jene freilich, Kind, sind sehr roh. Viel preiswürdiger aber sind diese, deren Geheimnisse ich dir jetzt mitteilen will. Der Anfang aber, an welchem auch, was wir vorhin sagten, alles hängt, ist bei ihnen der, daß alles Bewegung ist, und anderes außerdem nichts, von der Bewegung aber zwei Arten, beide der Zahl nach unendlich, deren eine ihr Wesen hat im Wirken, die andere im Leiden, und aus dem Begegnen und der Reibung dieser beiden gegeneinander entstehen Erzeugnisse, der Anzahl nach auch unendliche, je zwei aber immer Zwillinge zugleich, das Wahrnehmbare und die Wahrnehmung, die immer zugleich hervortritt und erzeugt wird mit dem Wahrnehmbaren. Die Wahrnehmungen nun führen uns Namen wie diese, Gesicht, Gehör, Geruch, Erwärmung und Erkältung, auch Lust und Unlust werden sie genannt,

Begierde und Abscheu, und andere gibt es noch, unbenannte unzählbare, sehr viele auch noch benannte. Die Arten des Wahrnehmbaren aber sind je eine einer von jenen anund miterzeugt, dem mancherlei Sehen die mancherlei Farben, dem Hören gleichermaßen die Töne, und so den übrigen Wahrnehmungen das übrige ihnen verwandte Wahrnehmbare. Was besagt uns nun diese Erzählung, Theaitetos, in Beziehung auf das Vorige? Merkst du es wohl?

THEAITETOS. Noch nicht ganz, o Sokrates.

SOKRATES. So sieh zu, ob wir es irgendwie hinausführen. Sie will nämlich sagen, daß alles dieses, wie wir auch sagten, sich bewegt. In dieser Bewegung aber findet sich Schnelligkeit und Langsamkeit. Soviel nun langsam ist, das hat seine Bewegung an demselben Ort und in Beziehung mit dem Nahen, und erzeugt auf diese Weise. Das auf diese Weise Erzeugte aber ist langsamer. Was aber schnell, das hat seine Bewegung in Beziehung mit Entfernterem und erzeugt so, und das so Erzeugte ist schneller; denn es geht im Raume fort, und in diesem Fortgehen besteht die Natur seiner Bewegung. Wenn nun ein Auge und ein solches anderes ihm Angemessenes zusammentreffen und die Röte erzeugen nebst der ihr mitgeborenen Wahrnehmung, was beides nicht wäre erzeugt worden, wenn eines von jenen beiden auf ein anderes getroffen hätte: dann wird, indem beide sich bewegen, nämlich das Sehen auf seiten der Augen, die Röte aber auf seiten des die Farbe miterzeugenden Gegenstandes, auf der einen Seite das Auge erfüllt mit der Gesichtswahrnehmung, und sieht alsdann, und ist geworden nicht eine Gesichtswahrnehmung, sondern ein sehendes Auge; auf der anderen Seite wird das die Farbe Miterzeugende erfüllt mit der Röte, und ist geworden auch wiederum nicht die Röte, sondern ein Rotes, sei es nun Holz oder Stein oder welchem Dinge sonst begegnet, mit dieser Farbe gefärbt zu sein. Ebenso ist nun alles übrige, das Harte und Warme und alles andere auf dieselbe Art zu verstehen, daß es nämlich an und für sich nichts ist, wie wir auch vorher sagten, sondern daß in dem einander Begegnen alles vielerlei wird vermöge der Bewegung. Denn auch, daß das Wirkende etwas ist, und das Leidende wiederum etwas, läßt sich an einem nicht fest und sicher bemerken; denn weder ist etwas ein Wirkendes, ehe es mit einem Leidenden zusammentrifft, noch ein Leidendes, ehe mit dem Wirkenden; ja auch, was mit dem einen zusammentreffend ein Wirkendes wird, zeigt sich, wenn es auf ein anderes fällt, als ein Leidendes. So daß diesem allen zufolge, wie wir von Anfang an sagten, nichts an und für sich ein Bestimmtes ist, sondern immer nur wird für irgendein anderes, das Sein aber überall ausgestoßen werden muß, wiewohl wir es auch jetzt eben aus Gewohnheit und Ungeschicktheit gar oft und viel zu gebrauchen genötigt waren, und man darf doch nach der Rede der Weisen weder das Etwas zugeben, noch das Wessen, noch meins, noch dieses, noch jenes, noch irgendein anderes Wort, worin ein Beharren liegt; sondern der Natur gemäß muß man nur reden von Werdendem und Gewirktem, Vergehendem und Verändertem, so daß, wenn jemand etwas beharrlich setzt durch seine Rede, ein solcher sehr leicht zuschanden zu machen ist. So muß man sowohl von dem Einzelnen reden, als auch von dem aus Vielem Zusammengefaßten, durch welches Zusammenfassen man Mensch sagt und Stein und jegliches einzelne Tier und seine Gattung. Ist dir dies nun lieblich, Theaitetos, und gefällt es dir, daß du davon kosten möchtest?

THEAITETOS. Ich weiß nicht recht, Sokrates. Denn auch von dir kann ich nicht innewerden, ob du es sagst als deine Meinung, oder ob du mich nur versuchst.

SOKRATES. Erinnerst du dich nicht mehr, Lieber, daß ich meinesteils dergleichen gar nicht weiß, auch nichts als das meinige vorbringe, sondern ganz und gar unfruchtbar bin in dergleichen? Dir aber will ich Geburtshilfe leisten, und deshalb bespreche ich dich und lege dir zu kosten vor von allerlei Weisheit, bis ich endlich auch deine Lehre mit ans Licht bringe. Ist sie aber ans Licht gebracht, dann will ich auch gleich sehen, ob sie sich als ein Windei oder als eine gesunde Geburt zeigen wird. Also halte nur aus und sei gutes Mutes, und antworte dreist und tapfer, was dich dünkt über das, wonach ich eben frage.

THEAITETOS. So frage denn.

SOKRATES. Erkläre dich also noch einmal, ob es dir recht ist, daß gar nichts sein, sondern immer nur werden soll, Gutes und Schönes und alles, was wir eben durchgegangen sind?

THEAITETOS. Freilich scheint mir, wenn ich dich die Sache so erörtern höre, alles ganz erstaunlich gegründet zu sein, und daß es so müsse gedacht werden, wie du es auseinandersetzest.

SOKRATES. So wollen wir denn auch das nicht zurücklassen, was noch übrig ist davon. Es ist aber noch übrig das von den Träumen und Krankheiten, besonders auch dem Wahnsinn, und was man nennt sich verhören oder sich versehen oder sonst eine Sinnentäuschung. Denn du weißt wohl, daß es das Ansehen hat, als könne durch alle diese Fälle einstimmig der Satz widerlegt werden, den wir jetzt eben durchgegangen sind, und als wären auf alle Weise unsere Wahrnehmungen falsch in diesen Fällen, und als fehlte viel daran, daß, was einem jeden erscheint, dasselbe auch sei, sondern ganz im Gegenteil, als sei nichts von dem, was erscheint.

THEAITETOS. Vollkommen recht, o Sokrates.

SOKRATES. Was für eine Ausrede, Jüngling, bleibt also dem noch übrig, welcher sagt, Wahrnehmung sei Erkenntnis, und was jedem erscheine, das sei auch so dem, welchem es erscheint.

THEAITETOS. Es fehlt mir der Mut, Sokrates, zu gestehen, daß ich nicht weiß, was ich sagen soll, weil du mich nur vorhin gescholten, als ich dies sagte. Und doch wäre ich in der Tat nicht vermögend zu bestreiten, daß die Wahnsinnigen oder die Träumenden nicht falsche Vorstellungen haben, wenn jene Götter zu sein glauben, diese aber geflügelt, und sich im Traume als fliegend vorkommen.

SOKRATES. Merkst du auch nicht diesen Einwurf dagegen, besonders was Wachen und Schlafen betrifft?

THEAITETOS. Welchen doch?

SOKRATES. Den du, meine ich, oft gehört haben wirst, wenn man nämlich die Frage aufwirft, was für ein Kennzeichen jemand wohl angeben könnte, wenn einer fragte, jetzt gleich gegenwärtig, ob wir nicht schlafen, und alles, was wir vorstellen, nur träumen, oder ob wir wachen und wachend uns unterreden?

THEAITETOS. Und wahrlich, Sokrates, es ist sehr schwierig, durch was für ein Kennzeichen man es beweisen soll. Denn es folgt ganz genau auf beiden Seiten dasselbe. Denn was wir jetzt gesprochen haben, das können wir ebensogut im Traume zu sprechen glauben; und wenn wir im Traume über etwas zu sprechen meinen, so ist ganz wunderbar, wie ähnlich dies jenem ist.

SOKRATES. Du siehst also, daß das Bestreiten nicht schwer ist, wenn sogar darüber gestritten werden kann, was Schlaf ist und was Wachen. Und da die Zeit des Schlafens der des Wachens ziemlich gleich ist, und die Seele in jedem von diesen Zuständen behauptet, daß die ihr jedesmal gegenwärtigen Vorstellungen auf alle Weise wahr sind: so behaupten wir eine gleiche Zeit hindurch, einmal, daß das eine, dann wieder ebenso, daß das andere wirklich ist, und beharren beidemal gleich fest auf unserer Meinung.

THEAITETOS. Allerdings.

SOKRATES. Verhält es sich nun nicht mit Krankheiten und mit dem Wahnsinn ebenso, bis auf die Zeit, daß die nicht gleich ist?

THEAITETOS. Ganz richtig.

SOKRATES. Und wie? soll das Wahre aus der Länge und Kürze der Zeit bestimmt werden?

THEAITETOS. Lächerlich wäre das ja auf vielerlei Weise!

SOKRATES. Hast du aber etwas anderes Sicheres, woran du zeigen kannst, welche von diesen Vorstellungen die wahren sind?

THEAITETOS. Mich dünkt nicht.

SOKRATES. So höre denn von mir, was diejenigen darüber sagen würden, welche behaupten, was jeder vorstellt, sei dem, der es vorstellt, auch wahr. Sie werden aber, wie ich glaube, uns so befragen. Was ganz und gar von einem andern verschieden ist, o Theaitetos, kann das wohl irgend einerlei Vermögen mit jenem haben? und daß wir also ja nicht annehmen, daß das, wovon die Frage ist, in einer Hinsicht doch einerlei ist mit jenem, und nur in einer andern verschieden, sondern nur, daß es ganz verschieden ist.

THEAITETOS. Es ist ja unmöglich, daß eines mit einem andern einerlei, sei es nun Vermögen oder sonst etwas habe, wenn es ganz und gar davon verschieden ist.

SOKRATES. Muß man nicht auch zugeben, daß ein solches notwendig unähnlich ist?

THEAITETOS. Mir scheint es wenigstens.

SOKRATES. Wenn sich also ereignet, daß etwas einem ähnlich wird oder unähnlich, es sei nun sich selbst oder einem andern, werden wir nicht, wenn es ähnlich wird, sagen, daß es einerlei, wenn aber unähnlich, daß es verschieden wird?

THEAITETOS. Notwendig.

SOKRATES. Haben wir nun nicht vorher gesagt, daß es vielerlei und unzähliges Wirkende gebe, und Leidendes auch?

THEAITETOS. Das haben wir.

SOKRATES. Und auch, daß eines mit einem andern und dann wieder mit einem andern sich vermischend nicht beidemal einerlei, sondern verschiedenes erzeugen wird.

THEAITETOS. Allerdings.

SOKRATES. So laß uns denn von dir und mir und allem auf dieselbe Weise sagen, der kranke Sokrates und der gesunde Sokrates, sollen wir dies jenem ähnlich nennen oder unähnlich?

THEAITETOS. Meinst du dieses Ganze, den kranken Sokrates, jenem Ganzen, dem gesunden Sokrates?

SOKRATES. Ganz recht hast du verstanden, so meine ich es.

THEAITETOS. Unähnlich dann.

SOKRATES. Auch verschieden etwa auf eben die Art wie unähnlich?

THEAITETOS. Notwendig.

SOKRATES. Auch von dem Schlafenden also, und was wir sonst jetzt angeführt haben, wirst du das nämliche behaupten.

THEAITETOS. Ich gewiß.

SOKRATES. Wird also nicht jedes seiner Natur nach etwas Wirkende, wenn es den gesunden Sokrates trifft, mit einem verschiedenen zu tun haben, und wenn den kranken, wieder mit einem verschiedenen?

THEAITETOS. Wie sollte es nicht!

SOKRATES. Und verschiedenes werden wir also in beiden Fällen zusammen erzeugen, ich, der Leidende und jenes das Wirkende?

THEAITETOS. Wie sonst?

SOKRATES. Wenn nun ich, der Gesunde, Wein trinke, so erscheint er mir lieblich und süß?

THEAITETOS. O ja.

SOKRATES. Es haben nämlich alsdann nach dem zuvor Eingeräumten das Wirkende und das Leidende erzeugt, die Süßigkeit und die Wahrnehmung, beide zugleich schwebend. Und zwar hat die Wahrnehmung, welche auf der Seite des Leidenden ist, seine Zunge wahrnehmend gemacht, die Süßigkeit aber, welche auf der Seite des Weines um ihn schwebt, hat den Wein für die gesunde Zunge süß zu sein und zu scheinen gemacht.

THEAITETOS. So waren wir allerdings vorher übereingekommen.

SOKRATES. Wenn er aber den Kranken trifft, hat er dann nicht zuerst der Wahrheit nach nicht denselben getroffen, da er zu einem dem vorigen Unähnlichen gekommen ist?

THEAITETOS. Ja.

SOKRATES. Verschiedenes also erzeugen wiederum ein solcher Sokrates und das Trinken des Weines. An der Zunge nämlich die Wahrnehmung der Bitterkeit, an dem Wein aber die werdende und schwebende Bitterkeit, und machen diesen nicht zur Bitterkeit, sondern zu einem bitteren, mich aber nicht zur Wahrnehmung, sondern zu einem Wahrnehmenden.

THEAITETOS. Ganz offenbar.

SOKRATES. Also werde sowohl ich nichts anderes jemals werden, solange ich so wahrnehme, denn nur eine andere Wahrnehmung von etwas anderem macht den Wahrnehmenden zu einem veränderten und anderen, als auch jenes, das auf mich Wirkende, wird niemals, sobald es mit einem anderen zusammentrifft, dasselbige erzeugend, ein ebensolches werden. Denn mit anderem muß es anderes erzeugen und ein Verändertes werden.

THEAITETOS. So ist es.

SOKRATES. Ebensowenig aber werde ich für mich selbst ein solcher, noch jenes für sich selbst ein solches werden.

THEAITETOS. Natürlich nicht.

SOKRATES. Notwendig also muß sowohl ich, wenn ich ein Wahrnehmender werde, es von etwas werden, denn ein Wahrnehmender zwar, aber ein nichts Wahrnehmender zu werden, das ist unmöglich; als auch jenes muß, wenn es süß oder bitter oder etwas dergleichen wird, es notwendig für einen werden. Denn süß, aber niemanden süß zu sein, ist unmöglich.

THEAITETOS. Allerdings muß es so sein.

SOKRATES. Es bleibt also, glaube ich, übrig, daß wir füreinander etwas sind oder werden, je nachdem man nun sein oder werden sagen will, da unser Sein zwar die Notwendigkeit verknüpft, aber weder mit irgendeinem andern noch mit uns selbst. Also bleibt übrig, daß es für uns untereinander verknüpft sei. So daß, mag es nun jemand Sein nennen, er sagen muß, es sei für etwas oder von etwas, oder in Beziehung auf etwas; oder nenne er es Werden, dann ebenso. Daß aber etwas an und für sich etwas, gleichviel ob sei oder werde, das darf er weder selbst behaupten, noch wenn ein anderer dies behauptet, es annehmen, wie die Rede, welche wir durchgegangen sind, zeigt.

THEAITETOS. So ist es allerdings, Sokrates.

SOKRATES. Nicht wahr also, wenn das mich zu etwas Machende für mich ist und nicht für einen anderen, so nehme auch nur ich es wahr, ein anderer aber nicht?

THEAITETOS. Wie anders?

SOKRATES. Wahr also ist mir meine Wahrnehmung, denn sie ist die meines jedesmaligen Seins. Ich also bin der Richter, nach dem Protagoras, dessen sowohl, was mir ist, wie es ist, als dessen, was mir nicht ist, wie es nicht ist.

THEAITETOS. So scheint es.

SOKRATES. Wie also sollte ich, da ich untrüglich bin und nie fehle, in meiner Vorstellung von dem, was ist oder wird, dasjenige nicht auch erkennen, was ich wahrnehme.

THEAITETOS. Es läßt sich auf keine Weise anders denken.

SOKRATES. Vortrefflich also hast du gesprochen, daß die Erkenntnis nichts anderes ist als Wahrnehmung; und es fällt in eins zusammen, daß nach dem Homeros, Herakleitos und ihrem ganzen Stamm alles sich wie Ströme bewegt, daß nach dem Protagoras, dem sehr weisen, der Mensch das Maß aller Dinge ist, und daß nach dem Theaitetos, wenn dieses sich so verhält, die Wahrnehmung Erkenntnis wird. Nicht wahr, o Theaitetos? Wir sagen doch, daß dies Kindlein dein neugebornes ist, und von mir geholt? Oder wie meinst du?

THEAITETOS. Notwendig so, Sokrates.

SOKRATES. Dieses haben wir recht mit Mühe endlich geboren, was es auch nun eigentlich sein mag. Nach der Geburt aber müssen wir nun das wahre Umtragen im Kreise damit vornehmen, indem wir durch weitere Untersuchung erforschen, ob nicht das Geborene, vielleicht ohne daß wir es wußten, nicht wert ist, auferzogen zu werden, sondern ein leeres Windei. Oder glaubst du, dein Kind müsse man auf alle Fälle auferziehen und nie aussetzen? Oder wirst du es doch ertragen, wenn du siehst, daß es die Prüfung nicht besteht, und nicht allzu verdrießlich werden, wenn es dir jemand, unerachtet es deine erste Geburt ist, wegnimmt?

THEODOROS. Er wird es ertragen, unser Theaitetos, o Sokrates, denn er ist gar nicht hartnäckig. Also, bei den Göttern, sage, ob es sich nun wieder nicht so verhält.

SOKRATES. Offenbar hast du großes Wohlgefallen an solchen Reden, Theodoros, und bist sehr gut, daß du glaubst, ich wäre gleichsam ein Schatzkasten von Behauptungen und dürfte ohne Mühe nur eine herausnehmend sagen, daß sich dies wiederum nicht so verhielte. Wie es aber wirklich damit zugeht, merkst du nicht, daß nämlich keine dieser Behauptungen von mir ausgeht, sondern immer von dem, der sich mit mir unterredet; ich aber weiter nichts weiß als nur dieses wenige, nämlich die Rede eines anderen Weiseren aufzufassen und gehörig zu behandeln. Und so will ich es auch jetzt mit diesem versuchen, nicht aber selbst etwas sagen.

THEODOROS. Gut berichtigt, Sokrates, und tue nur so.

SOKRATES. Weißt du also, Theodoros, was mich wundert von deinem Freunde Protagoras?

THEODOROS. Was doch?

SOKRATES. Das übrige hat mir alles sehr wohl gefallen, was er sagt, daß, was jedem scheint, für ihn auch ist, nur über den Anfang seiner Rede wundere ich mich, daß er nicht gleich seine Wahrheit so beginnt, das Maß aller Dinge sei das Schwein oder der Affe, oder was man noch unter allem, was Wahrnehmung hat, Unvernünftigeres nennen könnte, damit er recht hochsinnig und herabwürdigend begönne zu uns zu reden, indem er zeigte, daß wir zwar ihn bewunderten als einen Gott seiner Weisheit wegen, er aber doch nichts besser wäre an Einsicht als ein halberwachsener Frosch, geschweige denn als irgendein anderer unter den Menschen. Oder was wollen wir sagen, Theodoros? Denn wenn einem jeden wahr sein soll, was er in seiner Wahrnehmung vorstellt, und weder einer den Zustand des andern besser beurteilen kann, noch auch die Vorstellung des einen der andere vermögender ist in Erwägung zu ziehen, ob sie wahr oder falsch ist; sondern, wie schon oft gesagt ist, jeder nur sein eignes für sich vorstellt, und dieses alles richtig und wahr ist: wie soll denn wohl, o Freund, nur Protagoras weise sein, so daß er mit Recht auch von andern zum Lehrer angenommen wird, und das um großen Lohn; wir dagegen unwissender, so daß wir bei ihm in die Schule gehn müssen, da doch jeder Mensch das Maß seiner eignen Weisheit ist? und wie sollen wir nicht glauben, daß Protagoras dies bloß im Scherz vorbringt? Was nun gar mich betrifft und meine Kunst der Geburtshilfe, so schweige ich ganz davon, welches Gelächter wir billig erregen. Ich glaube aber, es wird auch dasselbige sein mit dem ganzen Geschäft des wissenschaftlichen Unterredens. Denn gegenseitig einer des andern Vorstellungen und Meinungen in Betracht ziehen, und zu widerlegen suchen, wenn sie doch alle richtig sind, ist das nicht eine langweilige und überlaute Kinderei, wenn anders die Wahrheit des Protagoras wirklich wahr ist, und nicht nur scherzend aus dem verborgenen Heiligtum des Buches herausgeredet hat.

THEODOROS. Der Mann, o Sokrates, ist mein Freund, wie du oben sagtest. Darum möchte ich weder, daß Protagoras durch meine Eingeständnisse widerlegt würde, noch auch möchte ich dir gegen meine eigene Meinung zuwider sein. Deshalb nimm dir nur wieder den Theaitetos vor; schien er dir doch auch vorher sehr aufmerksam zu folgen.

SOKRATES. Würdest du denn auch, wenn du nach Lakedaimon kämest, Theodoros, zu den Fechtschulen, und dort die andern entblößt sähest, einige darunter überdies gar nicht vorzügliche Leute, dennoch lieber dich nicht neben ihnen auskleiden und ihnen deine Gestalt zeigen?

THEODOROS. Warum meinst du, daß ich das nicht allerdings vorziehn würde, wenn sie es mir nur vergönnten und sich überreden ließen? So wie ich jetzt euch zu überreden hoffe, mich zuschauen zu lassen, und mich, der ich schon ungelenker bin, nicht in den Übungsplatz hineinzuziehen, sondern lieber mit einem Jüngeren und Vollsaftigern zu ringen.

SOKRATES. Wenn es dir so recht ist, Theodoros, ist es mir auch nicht zuwider, wie man zu sagen pflegt. So muß ich denn wieder zu dem weisen Theaitetos gehn. – Sage also, Theaitetos, zuerst was wir jetzt eben durchgegangen sind, ob du dich nicht ebenfalls verwunderst, daß sich auf einmal zeigt, du seist nichts schlechter in der Weisheit als einer unter den Menschen oder auch unter den Göttern? Oder glaubst du, daß das Maß des Protagoras weniger von den Göttern gilt, als von den Menschen?

THEAITETOS. Beim Zeus, keineswegs, und was du jetzt fragst, verwundert mich freilich sehr. Denn als wir vorher erörterten, weshalb sie wohl sagten, was jedem erscheine, das sei auch für den, dem es erscheine, fand ich, daß dieses vortrefflich gesagt wäre, nun aber ganz im Gegenteil ist es schnell umgeschlagen.

SOKRATES. Du bist eben jung, lieber Sohn, deshalb achtest du schneller auf verfängliche Reden, und gibst ihnen Eingang. Denn Protagoras oder ein anderer für ihn würde hierauf sagen: Ihr trefflichen Knaben und Greise sitzt hier zusammen und führt verfängliche Reden, indem ihr die Götter mit hineinzieht in die Sache, welche ich gänzlich beiseite setze im Reden sowohl als im Schreiben, ob sie sind oder nicht sind, und was auf den großen Haufen Eindruck machen würde, wenn er es hörte, dergleichen redet ihr, als wäre es nun etwas Schreckliches, wenn jeder Mensch um gar nichts besser wäre in der Weisheit, als irgendein Tier. Beweise aber und notwendige Schlußfolgen führt ihr gar nicht eine einzige an, sondern begnügt euch mit dem Scheinbaren, welches doch weder Theodoros noch irgendein anderer Meßkünstler bei seiner Meßkunst anwenden würde, oder er wäre auch gar nichts wert. So überlegt nun, du und Theodoros, ob ihr in so wichtigen Dingen solchen Reden Beifall geben wollt, die nur aus Überredungskünsten und Wahrscheinlichkeiten zusammengesetzt sind.

THEAITETOS. Daß dieses billig wäre, Sokrates, würdest weder du noch auch wir sagen wollen.

SOKRATES. Auf eine andere Weise also, wie es scheint, müssen wir die Sache betrachten, wie du behauptest und Theodoros.

THEAITETOS. Allerdings auf eine andere.

SOKRATES. Laßt uns denn auf diese Weise sehen, ob wohl Erkenntnis und Wahrnehmung einerlei ist oder verschieden. Denn darauf ging doch unsere ganze Rede aus, und deshalb haben wir so vielerlei Wunderliches aufgeführt. Nicht wahr?

THEAITETOS. Allerdings.

SOKRATES. Sollen wir also eingestehen, was wir durch Sehen wahrnehmen oder durch Hören, daß wir alles dieses auch zugleich verstehen? Zum Beispiel, Ausländer, deren Sprache wir noch nicht gelernt haben, sollen wir leugnen, daß wir sie hören, wenn die darin sprechen? oder sollen wir sagen, daß wir sie nicht nur hören, sondern auch das verstehen, was sie sagen? Ebenso, wenn wir Buchstaben noch nicht kennen, doch aber unsere Augen auf sie richten, sollen wir behaupten, daß wir sie nicht sehen, oder daß wir sie auch verstehen, wenn wir sie doch sehen?

THEAITETOS. Dasselbige an ihnen, o Sokrates, was wir sehen und hören, werden wir auch zu verstehen behaupten, daß wir nämlich von letzteren die Gestalt und Farbe sehen und auch wissen; daß wir aber, was von beiden die Sprachlehrer und Dolmetscher lehren, weder wahrnehmen durch das Sehen und Hören, noch also auch verstehen.

SOKRATES. Vortrefflich, Theaitetos! und es wäre nicht recht, dir dieses zu bestreiten, damit dir auch der Mut wachse. Aber betrachte auch dieses andere, welches herbeikommt, und sieh zu, wie wir es uns abwehren wollen.

THEAITETOS. Was denn?

SOKRATES. Dieses, wenn jemand fragte, ob es wohl möglich wäre, daß einer etwas, wovon er einmal Erkenntnis erlangt und wovon er die Erinnerung noch unverloren bei sich bewahrt, dann, wann er sich erinnert, ebendas doch nicht erkennte, dessen er sich erinnert. Ich bin aber, wie ich merke, sehr weitläufig, da ich doch nur fragen wollte, ob jemand, was er erfahren, indem er sich dessen erinnert, doch nicht weiß.

THEAITETOS. Und auf welche Weise, Sokrates? Dies wäre ja ein Wunder, was du da sagst.

SOKRATES. Bin ich denn etwa irre? Sieh doch zu! Sagst du nicht, das Sehen sei ein Wahrnehmen und jeder Anblick eine Wahrnehmung?

THEAITETOS. So sage ich.

SOKRATES. Wer nur etwas gesehn hat, der hat eine Erkenntnis bekommen von dem, was er gesehen hat nach unserm jetzigen Satz?

THEAITETOS. Ja.

SOKRATES. Wie weiter? Gibst du nicht doch auch eine Erinnerung zu?

Theaitetos. O ja.

SOKRATES. An nichts oder an etwas?

THEAITETOS. An etwas, versteht sich.

SOKRATES. Wohl, was einer erfahren und wahrgenommen hat, an etwas davon?

THEAITETOS. Woran sonst?

SOKRATES. Und was jemand gesehen hat, dessen erinnert er sich doch bisweilen?

THEAITETOS. Gewiß erinnert er sich.

SOKRATES. Auch indem er die Augen verschließt? Oder hat er es, sobald er dies tut, vergessen?

THEAITETOS. Das wäre ja arg, o Sokrates, das zu behaupten.

SOKRATES. Und doch müssen wir es, wenn wir nämlich den vorigen Satz retten wollen; wo nicht, so ist es vorbei mit ihm.

THEAITETOS. Auch ich, beim Zeus, merke so etwas, noch begreife ich es aber nicht ganz genau. Sage mir also wie?

SOKRATES. So. Wer sieht, sagen wir, hat Erkenntnis bekommen davon, was er sieht. Denn Gesicht und Wahrnehmung und Erkenntnis haben wir zugegeben ist einerlei.

THEAITETOS. Nun ja.

SOKRATES. Wer nun gesehn und Erkenntnis dessen, was er sah, bekommen hat, erinnert er sich dessen zwar, wenn er auch die Augen verschließt, sieht es aber dann nicht. Nicht so?

THEAITETOS. Ganz recht.

SOKRATES. Dies Er sieht nicht, heißt aber soviel als Er erkennt nicht, wenn doch Er sieht ebensoviel ist als Er erkennt.

THEAITETOS. Das ist richtig.

SOKRATES. Es folgt also, daß jemand das, wovon er Erkenntnis bekommen hat, indem er sich dessen erinnert, doch nicht erkennt, weil er es nicht sieht, ebendas, wovon wir gesagt haben, es würde ein Wunder sein, wenn es geschähe.

THEAITETOS. Vollkommen recht.

SOKRATES. Etwas Unmögliches scheint also zu erfolgen, wenn jemand sagt, Erkenntnis und Wahrnehmung sei dasselbe.

THEAITETOS. So scheint es.

SOKRATES. Man muß also sagen, jedes von beiden sei ein anderes.

THEAITETOS. So wird es sein müssen.

SOKRATES. Was ist also wohl die Erkenntnis? Wir müssen es, wie es scheint, noch einmal von vorne an erklären. – Allein, Theaitetos, was sind wir doch im Begriff zu tun?

THEAITETOS. Wieso?

SOKRATES. Es kommt mir vor, als ob wir nach Art eines schlechten Hahns, ehe wir noch gesiegt haben, und von der Sache abspringend unser Siegesgeschrei anstimmten.

THEAITETOS. Wieso denn?

SOKRATES. Gerade als ob es uns nur um des Widerspruchs halber wäre, scheinen wir bloß den Worten nachgehend unsere Gegenbehauptung aufgestellt zu haben, und, indem wir durch solche Mittel den Satz überwunden, ganz zufrieden zu sein; und da wir doch keine Kunstfechter zu sein vorgeben, sondern Weisheitsfreunde, tun wir dennoch unvermerkt gerade dasselbe wie jene gewaltigen Männer.

THEAITETOS. Ich verstehe noch immer nicht, wie du es meinst.

SOKRATES. So will ich denn versuchen, dir deutlichzumachen, was ich doch von der Sache merke. Wir fragten, ob wohl, wenn jemand etwas erfahren hat und sich dessen erinnert, er es doch nicht erkenne; und nachdem wir gezeigt hatten, daß wer etwas gesehen hat und dann die Augen verschließt, sich nun dessen erinnert, es aber nicht mehr sieht, zeigten wir, daß er sich erinnere, aber nicht mehr erkenne; dieses aber sei unmöglich, und so ging die Sache verloren, die protagoreische sowohl als auch zugleich die deinige von Erkenntnis und Wahrnehmung, das beides einerlei ist.

THEAITETOS. Offenbar.

SOKRATES. Wäre aber, glaube ich, nicht verloren gegangen, Lieber, wenn nur der Vater der andern Lehre noch lebte, sondern dieser würde ihr noch auf vielerlei Art zu Hilfe gekommen sein. Nun aber, da sie verwaist ist, mißhandeln wir sie, zumal auch nicht einmal die Vormünder, welchen Protagoras sie übergeben hat, ihr zu Hilfe kommen wollen, von denen auch Theodoros hier einer ist. Sondern es scheint, wir selbst werden ihr der Billigkeit wegen beistehen müssen.

THEODOROS. Nicht ich, o Sokrates, sondern vielmehr Kallias, der Sohn des Hipponikos, ist Vormund für seine Angelegenheiten. Ich aber habe mich ziemlich bald aus dem bloßen Denken in die Meßkunst gerettet. Dennoch aber werde ich es dir Dank wissen, wenn du ihm beistehst.

Sokrates. Wohlgesprochen, Theodoros. So betrachte nun meine Hilfeleistung. Nämlich es muß jemand noch viel gewaltigere Dinge zugestehen als die vorigen, wenn er nicht genau auf die Worte acht hat, so wie wir gewöhnlich pflegen zu bejahen oder zu verneinen. Soll ich dir sagen wie, oder dem Theaitetos?

THEODOROS. Beiden gemeinschaftlich, Sokrates. Antworten aber mag dir der jüngere; denn wenn er fehlt, wird es ihm weniger übel stehn.

SOKRATES. So will ich denn gleich die gewaltigste Frage vorbringen. Das ist aber, glaube ich, eine solche: Ist es wohl möglich, daß derselbe Mensch, der etwas weiß, das, was er weiß, zugleich auch nicht wisse?

THEODOROS. Was wollen wir hierauf antworten, Theaitetos? Theaitetos. Ich meinesteils halte es für unmöglich.

SOKRATES. Keineswegs, wenn du nämlich sagst, das Sehen sei Erkennen. Denn was willst du mit der verfänglichen Frage machen, wenn du einmal, wie man sagt, in die Falle gegangen bist, und ein zudringlicher Mensch dir mit der Hand das eine Auge zuhält und dich fragt, ob du mit dem zugehaltenen den Mantel sähest?

THEAITETOS. Ich werde sagen, mit diesem zwar nicht, wohl aber mit dem andern.

SOKRATES. Also siehst du doch zu gleicher Zeit dasselbe, und siehst es auch nicht.

THEAITETOS. Auf gewisse Weise wohl.

SOKRATES. Ich begehre ja gar nichts, sagt er alsdann, von der Art und Weise, habe auch darnach gar nicht gefragt, sondern nur, ob, was du erkennst, du dieses auch nicht erkennst? Nun aber zeigt sich, daß du siehst, was du auch nicht siehst. Und eingestanden hast du vorher, das Sehen sei Erkennen, und das Nichtsehen Nichterkennen. So berechne nun selbst, was dir hieraus entsteht.

THEAITETOS. Ich berechne schon, das Gegenteil dessen, was ich vorausgesetzt.

SOKRATES. Wahrscheinlich, du Wunderbarer, würde dir noch mehr dergleichen begegnen, wenn dich jemand noch außerdem fragte, ob man wohl auch könne scharf erkennen und auch stumpf, oder von nahebei zwar erkennen, von weitem aber nicht, und ebenso laut und leise, und tausend dergleichen, was ein leichtbewaffneter Mann, ein Söldner in Reden in den Hinterhalt legen, und wenn du Erkenntnis und Wahrnehmung als dasselbe gesetzt hast, auf das Hören und Riechen und diese Arten von Wahrnehmungen losgehend dich widerlegen würde, nicht nachlassend, sondern immer eindringend, bis du in Verwunderung seiner verwünschten Weisheit ganz verstrickt würdest, wodurch er dich in seine Gewalt und Gewahrsam bekäme, und dich dann loslassen würde nur für so viel Geld, als du mit ihm übereinkommen könntest. Was für eine hilfreiche Rede würde also wohl, fragst du vielleicht, Protagoras für seine Lehre herbeibringen? Sollen wir nicht versuchen, sie vorzutragen?

THEAITETOS. Auf alle Weise.

SOKRATES. Dieses alles nämlich, was wir jetzt um ihm beizustehen sagten, und er würde, glaube ich, ziemlich verächtlich gerade auf uns eingehn und sprechen: Dieser ehrliche Sokrates, weil ein Knäblein sich erschrocken hat, als es gefragt ward, ob wohl derselbe Mensch derselben Sache sich erinnern und sie doch nicht erkennen könnte, und vor Schreck es geleugnet, weil es eben nicht vor sich sehen konnte, hat er einen Mann wie mich hernach zum Gelächter gemacht in seinen Reden. Die Sache aber, du mutwilligster Sokrates, verhält sieh so. Wenn du etwas von dem meinigen durch Fragen untersuchst, und der Gefragte wird, indem er das antwortet, was ich selbst geantwortet hätte, des Irrtums überführt; dann werde ich freilich auch überführt. Antwortet er aber etwas anderes, dann geschieht es auch ihm, dem Gefragten, allein. So, um nur bei dem nächsten anzufangen, glaubst du denn, jemand werde dir zugeben, daß einem die Erinnerung an etwas, was ihm begegnete, einwohnt als ein ebensolcher Zustand, wie der, da es ihm begegnete, wiewohl es ihm nun nicht mehr begegnet? Weit gefehlt. Oder daß jemand Bedenken tragen werde, zu gestehen, es sei möglich, daß derselbe dasselbe wisse und auch nicht wisse? Oder wenn er auch dieses fürchten sollte, daß er jemals zugeben werde, der Veränderte sei noch derselbe, als ehe er verändert ward? Oder vielmehr, es sei überhaupt jemand Der und nicht viel mehr Die, und zwar unzählig viele Werdende, solange es noch Verunähnlichung gibt, wenn man sich doch hüten soll, daß nicht einer auf die Worte des andern Jagd mache. Vielmehr, du Leichtsinniger, würde er sagen, gehe doch tapferer auf das los, was ich eigentlich behaupte, wenn du nämlich kannst, und widerlege dieses, daß nicht jedem von uns eigentümliche Wahrnehmungen entstehen, oder daß, wenn auch dieses sei, darum doch nicht das

Erscheinende für jenen allein werde, oder wenn man Sein sagen soll, sei, dem es erscheint. Sprichst du aber von Schweinen und Affen, so beträgst du dich nicht nur selbst als ein Schwein, sondern überredest auch die, welche dir zuhören, sich ebenso gegen meine Schrift zu betragen, woran du nicht schön handelst. Denn ich behaupte zwar, daß sich die Wahrheit so verhalte, wie ich geschrieben habe, daß nämlich ein jeder von uns das Maß dessen sei, was ist und was nicht, daß aber dennoch der eine unendlich viel besser sei als der andere, eben deshalb, weil dem einen dieses ist und erscheint, dem andern etwas anderes. Und weit entfernt bin ich zu behaupten, daß es keine Weisheit und keinen Weisen gebe; sondern eben den nenne ich gerade weise, welcher, wem unter uns Übles ist und erscheint, die Umwandlung bewirken kann, daß ihm Gutes erscheine und sei. Diese Rede aber greife mir nicht wieder bloß bei dem Worte, sondern vernimm erst folgendermaßen noch deutlicher, was ich meine. Erinnere dich nämlich nur, was zum Beispiel in dem Vorigen gesagt wurde, daß dem Kranken bitter scheint und ist, was er genießt, dem Gesunden aber ist und scheint es das Gegenteil. Weiser nun soll man freilich keinen von beiden machen, es ist auch nicht möglich; auch darf man nicht klagen, der Kranke sei unverständig, weil er dies so vorstellt, der Gesunde aber weise, weil anders; wohl aber muß man jenem eine Umwandlung bewirken auf die andere Seite, denn die andere Beschaffenheit ist die bessere. Ebenso ist auch in Sachen des Unterrichts von einer Beschaffenheit eine Umwandlung zu bewirken zur andern. Der Arzt nun bewirkt seine Umwandlung durch Arzeneien, der Sophist aber durch Reden. Und niemals hat einer einen, der Falsches vorstellte, dahin gebracht, hernach Wahres vorzustellen. Denn es ist weder möglich, das, was nicht ist, vorzustellen, noch überhaupt anderes, als in jedem erzeugt wird; dieses aber ist immer wahr. Sondern nur demjenigen, der, vermöge einer schlechteren Beschaffenheit seiner Seele, auch auf eine ihr verwandte Art vorstellt, kann eine bessere bewirken, daß er anderes und solche Erscheinungen vorstelle, welche dann einige aus Unkunde das Wahre nennen, ich aber nenne nur einiges besser als anderes, wahrer hingegen nenne ich nichts. Und unter den Weisen, o lieber Sokrates, die Frösche zu meinen, bin ich weit entfernt, sondern in Beziehung auf tierische Leiber verstehe ich darunter die Ärzte, in Beziehung auf Gewächse die Landleute. Denn ich glaube, daß auch diese den Pflanzen anstatt schlechter Wahrnehmungen, wenn sie etwa krank sind, heilsame und gesunde Wahrnehmungen und Wahrheiten beibringen, so wie weise und gute Redner wiederum machen, daß den Staaten anstatt des Verderblichen das Heilsame gerecht erscheint und ist. Denn was jedem Staate schön und gerecht erscheint, das ist es ihm ja auch, solange er es dafür erklärt; der Weise aber macht, daß anstatt des bisherigen Verderblichen ihnen nun Heilsames so erscheint und ist. Auf eben diese Art nun ist auch der Sophist, der diejenigen, welche sich unterrichten lassen, so zu erziehen versteht, allerdings weise und würdig große Belohnungen von den Unterrichteten zu empfangen. Und so gilt beides, daß einige weiser sind als andere, und daß doch keiner Falsches vorstellt, und auch du, magst du nun wollen oder nicht, dir mußt gefallen lassen, ein Maß zu sein. Denn hiedurch wird diese Lehre aufrechterhalten, gegen welche du nun einwenden magst, wenn du aufs neue etwas einzuwenden hast, so daß du in einer Rede das Gegenteil durchführst, oder willst du es lieber durch Fragen, auch so. Denn auch das muß der Verständige nicht scheuen, sondern auf alle Weise angreifen. Nur dieses beobachte, betrüge nicht im Fragen. Es ist ja auch die größte Unvernunft, wenn einer sagt, es sei ihm nur an der Tugend gelegen, und sich dann doch nicht anders als betrügerisch in seinen Reden beweist. Betrügen aber heißt in dieser Sache, wenn jemand nicht dieses beides gänzlich voneinander trennt, und anders wenn er nur streiten will, seine Unterredungen einrichtet, anders aber wieder wenn er untersuchen will, und im ersten Falle zwar immerhin scherzt und überlistet, soviel er kann, bei der ordentlichen Untersuchung dagegen ernsthaft ist, und den mit ihm Untersuchenden zurechtweist, nur diejenigen Fehler ihm aufzeigend, zu denen er durch sich selbst und durch die, mit denen er früher umging, ist verleitet worden. Wenn du es nun so machst, werden diejenigen, welche sich mit dir unterhalten, sich selbst die Schuld beimessen von ihrer Verwirrung und Ungewißheit, nicht aber dir, und werden dir nachgehen und dich lieben, sich selbst aber hassen, und von sich entfliehen in die Philosophie, damit sie andere werden und nicht länger die bleiben, die sie vorher waren. Wofern du aber, wie die meisten, das Gegenteil hievon tust: so wirst du auch das Gegenteil erfahren, und die, welche mit dir umgehn, anstatt zu Philosophen vielmehr zu Feinden dieser Sache machen, wenn sie werden älter geworden sein. Wenn du mir aber folgst, so wirst du nicht etwa feindselig oder streitsüchtig, sondern mit gelassenem Gemüt eingehend wirklich untersuchen, wie wir es nur meinen, wenn wir behaupten, daß sich alles bewegt, und daß, was ein jeder vorstellt, für ihn auch ist, den einzelnen sowohl als den Staat. Und hieraus kannst du hernach weiter folgern, ob Erkenntnis und Wahrnehmung einerlei ist oder verschieden, nicht aber wie vorher bloß aus dem gewohnten Gebrauch der Worte und Bezeichnungen, welche die Leute, wie es eben kommt herumziehen, und dadurch einander vielfältige Verwirrung bereiten. – Dieses, o Theodoros, habe ich deinem Freunde zur Hilfe dargebracht, nach Vermögen weniges von wenigem; wenn er aber selbst lebte, würde er dem Seinigen weit glänzender beigestanden haben.

THEODOROS. Du scherzest, Sokrates; denn du hast dem Manne mit recht jugendlichem Mute beigestanden.

SOKRATES. Wohlgesprochen, Freund. Sage mir aber, hast du wohl darauf geachtet, was Protagoras eben sagte, und uns Vorwürfe darüber machte, daß wir, an ein Knäblein unsere Rede richtend, die Furcht dieses Knaben mit gegen ihn gebrauchten im Streit? Nannte er nicht dies einen schlechten Scherz, und wollte, wie er selbst sein Maß aller Dinge sehr tiefsinnig und gründlich behandelte, daß auch wir ernsthaft umgehn sollten mit seiner Rede?

THEODOROS. Wie sollte ich nicht darauf geachtet haben?

SOKRATES. Wie also? rätst du an, ihm zu folgen?

THEODOROS. Gar sehr.

SOKRATES. Du siehst aber doch, daß dieses sämtlich Knaben sind, dich ausgenommen. Sollen wir also dem Manne folgen, so müssen wir beide einander fragen und antworten, um seinen Satz ernsthaft zu erwägen, damit er uns wenigstens das nicht vorwerfen könne, daß wir nur spielend mit Kindern seine Rede untersucht hätten.

THEODOROS. Wie? sollte nicht Theaitetos besser als viele, die große Bärte tragen, der Prüfung eines Satzes nachfolgen können?

SOKRATES. Doch aber nicht besser, o Theodoros, als du. Denke also nur nicht, daß ich zwar deinem verstorbenen Freunde auf alle Weise zu Hilfe kommen müsse, du aber gar nicht. Sondern komm her, o Bester, und gehe ein wenig mit, nur so weit, bis wir sehen, ob du in meßkünstlerischen Zeichnungen das Maß sein sollst, oder ob alle ebensogut als du sich selbst begnügen können auch in der Sternkunde und dem übrigen, worin du den Ruf hast, dich auszuzeichnen.

THEODOROS. Es ist wahrlich nicht leicht, Sokrates, wenn man bei dir sitzt, nicht Rede stehen zu müssen, und ich habe eben gar sehr vorbeigeschossen, als ich meinte, du würdest mir wohl erlauben, mich nicht zu entkleiden, und würdest mich nicht zwingen wie die Lakedaimonier. Du aber scheinst dich gar mehr dem Skirrhon zu nähern. Denn die Lakedaimonier befehlen nur entweder sich zu entfernen oder sich zu entkleiden. Du aber scheinst deine Sache mehr nach Art des Antaios durchzuführen; denn wer einmal da ist, den läßt du gar nicht los, bis du ihn gezwungen hast, sich zu entkleiden und in Reden mit dir zu streiten.

SOKRATES. Vortrefflich, o Theodoros, hast du meine Krankheit durch diese Vergleichung beschrieben. Nur daß ich noch wackerer bin als jene. Denn gar mancher Herakles und Theseus, mächtig im Reden, hat sich mir schon gestellt, und mich tüchtig zusammengehauen; aber ich lasse deshalb doch nicht ab, eine so gewaltige Liebe hat mich ergriffen zu solchen Kampfübungen. Und so mißgönne auch du es mir nicht, dich mit mir zu unterreden zu unserm beiderseitigen Nutzen.

THEODOROS. Ich widerspreche nicht länger. Führe mich also wohin du willst; auf alle Weise werde ich hierin das Schicksal, welches du mir anspinnen wirst, ertragen müssen und widerlegt werden. Weiter jedoch nicht, als du vorher bestimmt hast, werde ich mich dir hergeben können.

SOKRATES. Auch so weit ist es genug. Und gib mir nur ja darauf Achtung, daß wir nicht wieder unvermerkt in eine kindische Art von Reden hineingeraten, und uns dies jemand noch einmal vorrücken könne.

THEODOROS. Ich will es wenigstens versuchen, soweit ich kann.

SOKRATES. Ebendas also laß uns auch jetzt wieder zuerst vornehmen, was vorher, und laß uns sehen, ob wir mit Recht oder mit Unrecht schwierig wurden, und es an dem Satze tadelten, daß er einen jeden sich selbst genügend an Einsicht erklärte, da uns denn Protagoras zugab, daß in Absicht auf das Bessere und Schlechtere einige Vorzüge hätten, welche daher auch weise wären. Nicht so?

THEODOROS. Ja.

SOKRATES. Wenn er nun selbst gegenwärtig dieses zugestanden hätte, und nicht bloß wir es eingeräumt, die wir ihn vertreten: so würde es nicht einmal nötig sein, noch einmal von vorn anzufangen, um dies zu befestigen. Nun aber könnte vielleicht jemand behaupten, wir wären nicht bevollmächtigt für ihn etwas zuzugestehen. Daher ist es besser getan, eben dieses noch einmal genauer durchzugehen. Denn es macht keinen geringen Unterschied, ob es sich so verhält, oder anders.

THEODOROS. Du hast recht.

SOKRATES. Laß uns daher nirgend andersher, sondern eben aus seinem Satze so kurz als möglich die Zustimmung hiezu ableiten.

THEODOROS. Wie aber?

SOKRATES. So. – Was jeder vorstellt, so sagt er doch, das ist auch für den, der es vorstellt.

THEODOROS. Das sagt er freilich.

SOKRATES. Also, Protagoras, sprechen auch wir eines Menschen oder vielmehr aller Menschen Vorstellungen aus, und sagen, daß es keinen, wer es auch sei, gebe, der nicht in einigen Dingen sich selbst für weiser halte als die andern, in andern aber auch andere als sich, und daß sie in den größten Gefahren, wenn sie in Feldzügen, in Krankheiten, auf der See in Not geraten, sich zu denen, welche in diesen Umständen die Regierung führen, als zu Göttern wenden und auf sie als ihre Retter hoffen, die sich doch durch nichts anderes unterscheiden als durch das Wissen.

Und überall im menschlichen Leben ist es voll von solchen, welche Lehrer und Gebieter suchen für sich selbst und die andern Geschöpfe und ihre Handlungen, und ebenso auch von solchen, welche glauben, daß sie imstande sind zu lehren und imstande zu gebieten. Und in allen diesen Fällen, was können wir anders sagen, als daß die Menschen selbst glauben, es gebe unter ihnen Weisheit und Unverstand?

THEODOROS. NICHTS ANDERES.

SOKRATES. Halten sie nun nicht die Weisheit für richtige Einsicht, den Unverstand aber für falsche Vorstellung?

THEODOROS. Wofür sonst?

SOKRATES. Was also, o Protagoras, sollen wir mit dieser Rede anfangen? Sollen wir sagen, daß die Menschen immer richtig vorstellen? Oder bisweilen richtig, bisweilen falsch? Denn aus beiden ergibt sich auf jeden Fall, daß sie nicht immer richtig, sondern auf beide Weise vorstellen. Denn bedenke nur, o Theodoros, ob wohl einer von denen, die es mit dem Protagoras halten, oder du selbst behaupten wolltest, daß niemand glaube, ein anderer sei unverständig, und mache sich falsche Vorstellungen?

THEODOROS. Das wäre ja unglaublich, Sokrates.

SOKRATES. Und doch kommt in diese Not der Satz, welcher behauptet, daß der Mensch das Maß aller Dinge ist.

THEODOROS. Wie doch?

SOKRATES. Wenn du bei dir selbst etwas abgeurteilt hast, und mir nun deine Vorstellung davon kund tust: so muß nach jenes Behauptung dir zwar dieses Wahrheit sein; steht es aber uns andern nicht frei, auch wieder Richter zu sein über dein Urteil, oder urteilen wir, daß du immer richtig vorstellst? Und werden nicht vielmehr in jedem Fall unzählig viele gegen dich streiten, welche das Gegenteil vorstellen und glauben, daß du falsch meinst und urteilst?

THEODOROS. Jawohl, beim Zeus, o Sokrates, unzählig viele, wie Homeros sagt, und die mit aller Welt Händel erregen.

SOKRATES. Wie also! Willst du, wir sollen sagen, daß du dann dir selbst zwar richtig vorstellst, jenen unzähligen aber falsch?

THEODOROS. So scheint es wenigstens dem Satze nach notwendig zu sein.

SOKRATES. Wie ist es aber mit dem Protagoras selbst? Wird er nicht gestehen müssen, daß wenn er selbst nicht glaubte, daß der Mensch das Maß ist, noch auch die Leute, wie dann diese es nicht glauben, daß dann diese Wahrheit für niemanden wäre, die er geschrieben hat?

Und wenn er es glaubt, die Leute aber es nicht mit ihm glauben: so weißt du doch zuerst, daß sie alsdann um desto mehr nicht ist als ist, je mehrere nicht so vorstellen, als so vorstellen?

THEODOROS. Allerdings, da sie ja nach Maßgabe der einzelnen Vorstellungen auch sein wird und nicht sein.

SOKRATES. Hernach ist doch dieses das schönste bei der Sache. Er gibt gewissermaßen zu, daß die Meinung der entgegengesetzt Vorstellenden über seine Meinung, vermöge deren sie dafür halten, er irre, wahr ist, indem er ja behauptet, daß alle was ist vorstellen.

THEODOROS. Allerdings.

SOKRATES. So gäbe er also zu, daß seine eigene falsch ist, wenn er eingesteht, daß die Meinung derer wahr ist, die dafür halten, er irre.

THEODOROS. Notwendig.

SOKRATES. Die andern aber geben von sich nicht zu, daß sie irren?

THEODOROS. Ganz und gar nicht.

SOKRATES. Er aber gesteht auch dieser Vorstellung wiederum zu, daß sie richtig sei, zufolge dessen, was er geschrieben hat.

THEODOROS. So scheint es.

SOKRATES. Von allen also, beim Protagoras angefangen, wird bestritten werden, oder vielmehr von ihm doch zugestanden, wenn er dem, der das Gegenteil von ihm behauptet, zugibt, er stelle richtig vor, dann muß auch Protagoras selbst einräumen, daß weder ein Hund noch auch der erste beste Mensch das Maß ist, auch nicht für eine Sache, die er nicht erlernt hat. Nicht so?

THEODOROS. So ist es.

SOKRATES. Wenn dies also von allen bestritten wird, so wäre sie ja niemanden wahr, diese Wahrheit des Protagoras, weder irgendeinem andern, noch auch ihm selbst.

THEODOROS. Gar zu heftig, o Sokrates, rennen wir meinen Freund um.

SOKRATES. Aber, Lieber, es ist ungewiß, ob wir auch etwa das Richtige vorbeirennen. Denn zu glauben ist, daß jener so viel ältere auch weiser ist als wir, und könnte er sich jetzt hier hervorarbeiten nur bis an den Hals, so würde er mich sowohl, daß ich in den Tag hineingeredet, wie sehr wahrscheinlich, hart bestrafen, als auch dich, daß du alles eingeräumt, und würde dann wieder untertauchen und davongehen. Indes werden wir uns, denke ich, mit uns selbst begnügen müssen, und nur sagen, was uns jedesmal richtig scheint. So auch jetzt. Können wir etwas anderes sagen, als daß jeder, wer es auch sei, dies zugeben müsse, daß einer weiser ist als andere, und so auch unwissender?

THEODOROS. Mich zum wenigsten dünkt es so.

SOKRATES. Auch etwa, daß der Satz am besten so bestehen werde, wie wir ihn um dem Protagoras zu helfen entworfen haben, daß vieles zwar einem jeden, wie es ihm scheint, so auch ist, das Warme nämlich, das Trockene, das Süße und alles zu dieser Art gehörige. Wenn er aber doch einräumen soll, daß in einigen Dingen einer besser sein soll als der andere, so würde er am liebsten sagen mögen, daß in Absicht auf das Gesunde und Ungesunde nicht jedes Weib oder Kind oder Tier imstande wäre, sich selbst zu heilen durch seine Erkenntnis dessen, was ihm gesund ist, sondern hierin, wenn irgendwo, wäre der eine besser als der andere.

THEODOROS. So wenigstens scheint es mir.

SOKRATES. Ebenso auch in bürgerlichen Dingen; das Schöne und Schlechte, das Gerechte und Ungerechte, das Fromme und Unfromme, was in diesen Dingen ein Staat für Meinung faßt und dann feststellt als gesetzmäßig, das ist es nun auch für jeden in Wahrheit, und in diesen Dingen ist um nichts weiser weder ein einzelner als der andere, noch ein Staat als der andere. In der Festsetzung aber dessen, was ihm zuträglich ist oder nicht zuträglich, hier wiederum wird, wenn irgendwo, zugegeben werden müssen, daß ein Ratgeber sich unterscheidet vor dem andern und eines Staates Vorstellung vor des andern in Absicht auf Wahrheit, und keineswegs dürfte er wagen zu behaupten, daß, was ein Staat festsetzt als nützlich für sich, dies ihm auch auf alle Weise nützen werde. Bei jenem vorher Erwähnten aber, dem Recht und Unrecht, dem Frommen und Gottlosen, wollen sie behaupten, daß nichts in dieser Art schon von Natur eine bestimmte Beschaffenheit habe, sondern was gemeinsam vorgestellt werde, das werde wahr zu der Zeit, wann und solange als es dafür gehalten werde. Und so viele doch nicht völlig des Protagoras Lehre lehren, halten sich doch hierzu mit ihrer Weisheit. Aber, o Theodoros, wir kommen immer aus einer Untersuchung in die andere, und aus einer kleineren in eine größere.

THEODOROS. Haben wir denn nicht Muße, Sokrates?

SOKRATES. Ja, so scheint es. Deshalb, du herrlicher Mann, habe ich schon oftmals und auch jetzt wieder bedacht, wie natürlich es zugeht, daß die, welche viele Zeit mit wissenschaftlichen Dingen hinbringen, wenn sie einmal in die Gerichtshöfe kommen, als Redner sich lächerlich machen.

THEODOROS. Wie meinst du das?

SOKRATES. Mir scheint, daß diejenigen, welche sich von Jugend auf an den Gerichtsstätten oder dergleichen aufhalten, im Vergleich mit denen, welche bei den Wissenschaften und in solchen Beschäftigungen erzogen werden, wie Knechte erzogen im Vergleich mit Freien.

THEODOROS. Inwiefern doch?

SOKRATES. Insofern jenen das, was du eben nanntest, die Muße niemals fehlt, und sie ruhig mit Muße ihre Untersuchungen anstellen, so wie wir jetzt schon die dritte, wie sie eine aus der andern gefolgt sind, anknüpfen; so auch sie, wenn ihnen eine sich eben darbietende besser gefällt, als die bereits vorliegende, und es kümmert sie nichts, ob sie lang oder kurz reden, wenn sie nur das Rechte treffen. Die andern aber reden teils immer im Gedränge, denn es treibt sie zur Eile das Wasser, welches abfließt, und läßt ihnen nicht zu, worüber sie es am liebsten möchten, Untersuchungen anzustellen; sondern der Gegner steht dabei und hat Zwang für sie und die abgelesenen Punkte, über deren Grenzen hinaus sie nichts reden dürfen. Dann auch beziehen sich ihre Reden immer auf einen ihrer Mitknechte und sind gerichtet an einen

Herrn, welcher vor ihnen sitzt und die Gewalt in Händen hat. Und der Streit geht niemals um dies und jenes, sondern immer um die Sache, ja oft geht es um das Leben. So daß sie durch alles dieses zwar scharfsichtig gemacht werden und gewitzigt, und sich trefflich darauf verstehen ihrem Herrn mit Worten zu schmeicheln und mit der Tat zu dienen; aber kleinlich und ungerade sind ihre Seelen. Denn die Knechtschaft von Jugend an hat ihnen das Wachstum und das freie gerade Wesen benommen, indem sie sie nötigt, krumme Dinge zu verrichten, und die noch zarte Seele in große Gefahren und Besorgnisse verwickelt, welche sie ohne Verletzung des Gerechten und Wahren nicht überstehen können, und daher sogleich zur Lüge und zum gegenseitigen Unrechttun sich hinwendend so verbogen und verkrüppelt werden, daß schon nichts Gesundes mehr an ihren Seelen ist, wenn sie aus Jünglingen zu Männern werden, wie gewaltig und weise sie auch geworden zu sein glauben. So nun sind diese beschaffen, Theodoros. Die aber von unserer Schar, willst du, daß wir die auch beschreiben, oder, daß wir, die lassend, uns wiederum zu unserer Rede wenden, damit wir doch nicht die Freiheit und Ungebundenheit unserer Reden, von welchen ich eben sprach, allzustark gebrauchen?

THEODOROS. Keineswegs, Sokrates, sondern beschreiben wollen wir sie. Denn sehr richtig hast du dieses bemerkt, daß wir, die wir uns zu dieses Schar halten, nicht Knechte unserer Reden sind, sondern die Reden gleichsam unsere Dienstleute, welche es erwarten müssen abgefertigt zu werden, wie es uns gefällt. Denn weder ein Richter, noch wie bei den Dichtern ein Zuschauer, sitzt vor uns mit der Befugnis, uns zu strafen oder zu befehlen.

SOKRATES. So laß uns denn, da es dir so gefällt, von denen reden, welche an der Spitze stehen. Denn was sollte man auch von denen sagen, welche sich nur auf eine schlechte Art mit der Philosophie beschäftigen? Jene nun wissen von Jugend auf nicht einmal den Weg auf den Markt, noch wo das Gerichtshaus, noch wo das Versammlungshaus des Rates ist, noch wo irgendeine andere Staatsgewalt ihre Sitzung hält. Gesetze aber und Volksbeschlüsse, geschriebene oder ungeschriebene, sehen sie weder noch hören sie. Das Bewerben der Verbrüderungen um die obrigkeitlichen Ämter und die beratschlagenden Zusammenkünfte und die Feste mit Flötenspielerinnen, dergleichen zu besuchen fällt ihnen auch im Traume nicht ein. Ob ferner jemand edel oder unedel geboren ist in der Stadt, oder was einem von seinen Vorfahren her Übles anhängt von väterlicher oder mütterlicher Seite; davon weiß er weniger, wie man sagt, als wieviel es Sand am Meere gibt. Und von dem allen weiß er nicht einmal, daß er es nicht weiß. Denn er enthält sich dessen nicht, etwa um sich einen Ruf damit zu machen, sondern in der Tat wohnt nur sein Körper im Staate und hält sich darin auf; seine Seele aber, dieses alles für gering haltend und für nichtig, schweift verachtend nach Pindaros überall umher, was auf der Erde und was in ihren Tiefen ist, messend, und am Himmel die Sterne verteilend, und überall jegliche Natur alles dessen, was ist, im ganzen erforschend, zu nichts aber von dem, was in der Nähe ist, sich herablassend.

THEODOROS. Wie meinst du dies, Sokrates?

Sokrates. Wie auch den Thales, o Theodoros, als er, um die Sterne zu beschauen, den Blick nach oben gerichtet in den Brunnen fiel, eine artige und witzige thrakische Magd soll verspottet haben, daß er, was am Himmel wäre, wohl strebte zu erfahren, was aber vor ihm läge und zu seinen Füßen, ihm unbekannt bliebe. Mit diesem nämlichen Spotte nun reicht man noch immer aus gegen alle, welche in der Philosophie leben. Denn in der Tat, ein solcher weiß nichts von seinem Nächsten und Nachbar, nicht nur nicht, was er betreibt, sondern kaum ob er ein Mensch ist oder etwa irgendein anderes Geschöpf. Was aber der Mensch an sich sein mag, und was einer solchen Natur ziemt anders als alle anderen zu tun und zu leiden, das untersucht er und läßt es sich Mühe kosten es zu erforschen. Du verstehst mich doch, Theodoros, oder nicht?

THEODOROS. Sehr gut; und sehr wahr ist, was du sagst.

SOKRATES. Daher auch, o Freund, ein solcher, wenn er mit jemand für sich Geschäfte zu treiben hat, oder auch in öffentlichen Angelegenheiten, wie ich anfangs sagte, wenn er etwa vor Gericht oder sonst irgendwo von dem, was vor den Füßen oder sonst vor aller Augen ist, genötigt wird zu reden: so erregt er Gelächter, nicht nur den Thrakierinnen, sondern auch dem übrigen Volk, indem er aus Unerfahrenheit in Gruben und in allerlei Verlegenheit hineinfällt, und seine gewaltige Ungeschicktheit erregt die Meinung, er sei unverbesserlich. Denn wo es darauf ankommt, einen mit Schmähungen anzugreifen, weiß er keinen einzeln anzugreifen, indem er von niemand irgend etwas Übles weiß, weil er sich nie darum bekümmert hat. Weil er nun keinen Rat weiß, erscheint er lächerlich. Und wiederum wo gelobt und in prächtigen Worten geredet werden soll von andern, gibt sich kund, daß er lacht, nicht nur verstellterweise, sondern ganz ordentlich, und so erscheint er albern. Denn wo er einen Tyrannen oder König lobpreisen hört, kommt es ihm vor, als hörte er irgendeinen Hirten, der Schweine oder Schafe oder einen Rinderhirten glücklich preisen, weil er viel melkt; nur glaubt er, daß jener ein unlenksameres und boshafteres Tier hütet und melkt als diese; und daß doch ungesittet und ungebildet ein solcher aus Mangel an Muße nicht minder sein muß als andre Hirten, eingezwängt in seine Mauern eben wie jene in die Hürden auf den Bergen. Hört er aber von tausend Morgen Landes oder noch mehr, als hätte, wer sie besitzt, ein ungeheuer großes Besitztum: so dünkt ihn, er höre einer großen Kleinigkeit erwähnen, gewohnt wie er ist über die ganze Erde zu schauen. Und wenn sie gar die Geschlechter besingen, wie irgendein Edler sieben reiche Ahnherren habe aufzuweisen: so dünkt ihn, ein sehr kurzsichtiges Lob zu hören von solchen, die nur auf das Kleine merken, und aus Unwissenheit nicht vermögen immer auf das Ganze zu blicken, noch zu berechnen, daß Großväter und Vorfahren unzählige Tausende ein jeder gehabt hat, worunter Reiche und Arme, Könige und Knechte, Ausländer und Hellenen oftmals zehntausend können gewesen sein bei dem ersten besten. Aber ein Verzeichnis von fünfundzwanzig Vorfahren für etwas Großes ausgeben, die etwa auf Herakles, den Sohn des Amphitryon, zurückgehn, das gilt ihm für das Ungereimteste in der Kleinlichkeit; und er lacht, daß sie, wie nun hinaufwärts vom Amphitryon der fünfundzwanzigste doch wieder einer war, wie es sich eben traf, und der fünfzigste von ihm, daß sie dies nicht einmal vermögen sich vorzurechnen, und sich dadurch das aufgeblasene Wesen einer törichten Seele zu vertreiben. Wegen alles dessen nun wird ein solcher von der Menge verlacht, indem er hier sich stolz zeigt, wie es ihnen dünkt, dort aber wieder unwissend in dem, was vor seinen Füßen liegt, und ratlos in allem einzelnen.

Theodoros. Genau wie es geschieht, stellst du es dar, Sokrates.

Sokrates. Zieht er selbst aber einen zu sich hinauf, Lieber, und will sich einer ihm versteigen von dem »Ob ich dir hierin unrecht tue oder du mir« zur Untersuchung der Gerechtigkeit und Ungerechtigkeit selbst, was jede von ihnen ist, und wodurch sie unter sich und von allem übrigen unterschieden sind, oder von dem »Glücklich ist ein König, der viel Goldes besitzt« zu der Frage vom Königtum selbst und überhaupt von menschlicher Glückseligkeit und Elend, worin beides besteht, und auf welche Weise es der menschlichen Natur zukommt die eine zu erlangen und dem andern zu entgehen, sobald über eins von diesen Dingen ein solcher Kleingeistiger, Scharfsinniger, in Rechtsstreiten Gewandter Rede stehen soll, dann bezahlt wiederum er das gleiche; schwindelnd wie er von der Höhe herüberhängt, und von oben herabschauend aus Ungewohntheit der Sache ängstlich und unbeholfen, der Sprache nicht mächtiger als ein ausländischer Knecht, erregt er den Thrakierinnen zwar nicht Gelächter, auch sonst den Ununterrichteten nicht, denn sie bemerken es nicht, wohl aber allen, welche nicht wie Leibeigene, sondern auf die entgegengesetzte Art aufgewachsen sind. Dies nun, o Theodoros, ist die Weise eines jeden von beiden, die eine dessen, der wahrhaft in Freiheit und Muße auferzogen ist, den du einen Philosophen nennst, und dem es ungestraft hingehen mag, daß er einfältig erscheint, und nichts gilt, wo es auf knechtische Dienstleistungen ankommt, daß er etwa nicht versteht, das Bündel zu schnüren, das nachgetragen werden soll, oder eine Speise schmackhaft zu bereiten, oder auch schmeichlerische Worte; die andere dessen, der alles dieses zwar zierlich und behende zu beschicken weiß, dagegen aber nicht einmal seinen Mantel wie ein freier Mann zu tragen versteht, viel weniger, in Wohlklang der Rede eingreifend, würdig zu preisen das wahrhafte Leben der seligen Götter und Menschen.

THEODOROS. Wenn du, o Sokrates, alle wie mich überzeugtest von dem, was du sagst: so würde mehr Friede und des Bösen viel weniger sein unter den Menschen.

SOKRATES. Das Böse, o Theodoros, kann weder ausgerottet werden, denn es muß immer etwas dem Guten Entgegengesetztes geben, noch auch bei den Göttern seinen Sitz haben. Unter der sterblichen Natur aber, und in dieser Gegend zieht es umher jener Notwendigkeit gemäß. Deshalb muß man auch trachten, von hier dorthin zu entfliehen aufs schleunigste. Der Weg dazu ist Verähnlichung mit Gott soweit als möglich; und diese Verähnlichung, daß man gerecht und fromm sei mit Einsicht. Allein, o Bester, es ist gar nicht leicht, deutlich zu machen, daß nicht aus der Ursache, weshalb die meisten sagen, daß man die Schlechtigkeit fliehen und der Tugend nachstreben solle, die eine zu suchen ist und die andere nicht, damit man nämlich nicht böse, sondern gut zu sein scheine. Denn dies ist nur, was man nennt der alten Weiber Geschwätz, wie es mir scheint; das Wahre aber wollen wir so vortragen. Gott ist niemals auf keine Weise ungerecht, sondern im höchsten Sinne vollkommen gerecht, und nichts ist ihm ähnlicher, als wer unter uns ebenfalls der Gerechteste ist. Und hierauf geht auch die wahre Meisterschaft eines Mannes, so wie seine Nichtigkeit und Unmännlichkeit. Denn die Erkenntnis hievon ist wahre Weisheit und Tugend, und die Unwissenheit hierin die offenbare Torheit und Schlechtigkeit. Jegliche andere dafür geltende Meisterschaft und Einsicht aber ist, wenn sie in der bürgerlichen Verwaltung sich zeigt, nur etwas Gemeines, wenn in den Künsten, etwas Unfreies und Niedriges. Wer also Ungerechtes und Gottloses redet und tut, dem ist es beiweitem am besten, man gebe ihm nicht zu, er habe es zur Meisterschaft gebracht in arglistigem Wesen; denn sie freuen sich über den Vorwurf, und glauben zu hören, daß sie nicht Toren sind, unnütze Lasten der Erde, sondern Männer, wie die sein müssen, denen es im Staate wohlgehn soll. So muß man ihnen demnach die Wahrheit sagen, daß sie nur um desto mehr solche sind, wie sie nicht glauben, weil sie es nicht glauben. Denn unbekannt ist ihnen, was am wenigsten jemandem unbekannt sein sollte, die Strafe der Ungerechtigkeit, nämlich nicht was sie dafür halten, Leibesstrafe und Tod, wovon ihnen oft nichts widerfährt beim Unrechttun, sondern eine, welcher es unmöglich ist zu entfliehen.

THEODOROS. Welche meinst du denn?

SOKRATES. Zwei Vorbilder, o Freund, sind aufgestellt in der Welt, das Göttliche der größten Glückseligkeit, und das Ungöttliche des Elendes; sie aber sehen nicht, daß es sich so verhält, und werden aus Torheit und höchstem Unverstande unvermerkt um der ungerechten Handlungen willen diesem ähnlich, immer unähnlicher aber jenem. Wofür sie dann die Strafe leiden, indem sie ein Leben führen, dem angemessen, welchem sie ähnlich geworden. Sagen wir ihnen nun, daß wenn sie von jener Meisterschaft nicht ablassen, dann auch nach geendetem Leben jener von allen Übeln gereinigte Ort sie nicht aufnehmen werde, sondern sie immer hier ein ihnen, wie sie sind, ähnliches Leben führen werden, als Böse im Bösen lebend: so hören sie das alles doch nur an wie Weise und Überkluge, wenn armselige Toren etwas sagen.

THEODOROS. Ganz gewiß, Sokrates.

SOKRATES. Ich weiß es, Freund. Eines aber begegnet ihnen doch, daß wenn sie einzeln Rede stehen und Antwort geben sollen von dem, was sie tadeln, und sie wirklich tapfer lange genug aushalten und nicht unmännlich fliehen, dann, mein Guter, endet es wunderlich mit ihnen, daß sie sich selbst nicht gefallen in dem, was sie sagen, und daß ihre Redekunst gleichsam ganz zusammenschrumpft, und sie nicht besser erscheinen als Kinder. – Doch laß uns hievon, da es ohnedies nur beiläufig gesagt war, nun abstehen; wo nicht, so möchte uns immer neu Zuströmendes die erste Rede ganz verschütten. Laß uns aber zu dem vorigen zurückkehren, wenn es dir so gelegen ist.

THEODOROS. Mir, o Sokrates, war nicht minder angenehm, dieses zu hören, dem auch in meinen Jahren leichter ist nachzufolgen. Gefällt es dir jedoch, so laß uns wieder zurückgehen.

SOKRATES. Waren wir nicht da bei unserer Rede, wo wir sagten, daß diejenigen, welche das bewegliche Sein annähmen, und daß, was jedem jedesmal scheine, auch ihm, dem es scheint, wirklich so sei, daß diese von allem übrigen und so auch vorzüglich vom Recht behaupteten, was ein Staat feststellte als ihm annehmlich, das sei auch für ihn, welcher es feststellt, recht, solange er es stehen ließe, daß aber, was das Gute betrifft, doch wohl keiner von ihnen so mutig wäre, daß er sich unterstände zu behaupten, auch was ein Staat, weil er es dafür hielte, als nützlich aufstellte, das wäre ihm auch, solange er es gelten ließe, wirklich nützlich. Es müßte denn jemand nur von dem Worte reden, und das wäre ja in Beziehung auf das, was wir meinen, nur ein Scherz. Nicht wahr?

THEODOROS. Freilich.

SOKRATES. Man rede also nicht von dem Worte, sondern von der Sache, welche unter diesem Namen in Betrachtung gezogen wird.

THEODOROS. Freilich nicht.

SOKRATES. Was er aber so nennt, das sucht auch jeder Staat bei seiner Gesetzgebung zu treffen, und richtet alle Gesetze, soviel er nämlich kann und weiß, so nützlich für sich selbst ein als möglich. Oder sieht er auf etwas anderes, indem er Gesetze gibt?

THEODOROS. Gewiß nicht.

SOKRATES. Erlangt er es nun auch jedesmal? oder verfehlt nicht auch jeder gar vieles?

THEODOROS. Ich glaube, daß sie auch verfehlen.

SOKRATES. Noch mehr würde von hieraus besonders gewiß jeder das nämliche zugeben, wenn man nach der ganzen Gattung fragte, worin auch das Nützliche liegt. Es bezieht sich nämlich allemal auf die künftige Zeit. Denn wenn wir Gesetze geben, so geben wir sie, weil sie nützlich sein sollen auf die nachherige Zeit, und dies nennen wir doch richtig die Zukunft.

THEODOROS. Freilich.

SOKRATES. Komm also und laß uns den Protagoras oder einen andern, der dasselbe wie er behauptet, also fragen. Der Mensch ist das Maß aller Dinge, wie ihr sagt, o Protagoras, des Weißen, des Schweren, des Leichten, kurz aller Dinge ohne Ausnahme von dieser Art. Denn er hat das Kennzeichen davon in sich selbst, indem er sie für solches haltend wie ihm begegnet richtig vorstellt für sich selbst und wie sie sind. Ist es nicht so?

THEODOROS. Völlig so.

SOKRATES. Sollen wir nun sagen, o Protagoras, daß er auch das Kennzeichen dessen was sein wird in sich selbst hat, und daß welcherlei jeder glaubt, daß für ihn sein werde, solcherlei auch ihm dem Glaubenden entsteht? Wie etwa mit der Wärme, wenn irgendein Unkundiger glaubt, das Fieber werde ihn ergreifen, und diese Wärme werde ihm entstehen; ein anderer aber, ein Arzt, glaubte das Gegenteil: sollen wir sagen, die Zukunft werde nach eines von beiden Meinungen ablaufen, oder etwa nach beider? und wird er für den Arzt nicht warm und nicht fieberhaft werden, für sich aber beides?

THEODOROS. Lächerlich wäre das ja.

SOKRATES. So glaube ich, ist über den künftigen süßen oder herben Geschmack des Weines die Meinung des Landmanns, nicht aber die des Tonkünstlers entscheidend.

THEODOROS. Wie sonst!

SOKRATES. Ebensowenig kann wohl von dem, was gut oder übel klingen wird, ein Turnmeister eine richtigere Vorstellung haben, als ein Tonkünstler, selbst von dem, was hernach auch ihm, dem Turnmeister, wohlklingend erscheinen wird.

THEODOROS. Keineswegs.

SOKRATES. So ist auch, wenn ein Mahl bereitet wird, das Urteil dessen, der bewirtet wird, und der kein Speisekünstler ist, minder gültig, als des Kochs Urteil über die daraus zu erwartende Sinnenlust. Denn über das Angenehme, was jedem bereits ist oder geworden ist, wollen wir nicht weiter aufs neue einen Streit erregen, sondern nur über das, was künftig einem jeden scheinen und sein wird, ob auch da ein jeder für sich selbst der beste Richter ist; oder ob du, Protagoras, was jedem von uns vor Gericht durch Reden glaublich gemacht werden kann, besser im voraus vorstellen wirst als irgendein der Sache Unkundiger?

Theodoros. Ei wohl, o Sokrates; hierin eben verhieß er ja vorzüglich besser zu sein als irgendeiner.

Sokrates. Gar recht, du Lieber. Oder es hätte ja gewiß niemand viel Geld für seine Unterhaltung bezahlt, wenn er seine Zuhörer nicht überredete, daß was in Zukunft scheinen und sein wird, weder ein Seher noch sonst ein anderer besser beurteilen könne, als eben er.

Theodoros. Vollkommen wahr.

Sokrates. Gehn nun nicht auch die Gesetzgebungen und das Nützliche auf die Zukunft? und muß nicht doch jeder gestehen, daß ein gesetzgebender Staat oft das Nützlichste verfehle?

Theodoros. Sicher.

Sokrates. Bescheidentlich also können wir zu deinem Lehrer sagen, daß er notwendig eingestehen muß, einer sei weiser als der andere, und nur ein solcher sei ein Maß; ich aber, der Unwissende, könne auf keine Weise gezwungen werden, ein Maß zu sein, wie doch nur eben die für ihn gesprochene Rede mich zwang, ich mochte wollen oder nicht, eins zu sein.

Theodoros. An diesem Ort, o Sokrates, scheint mir der Satz am besten gefangen zu werden, wie er auch da gefangen ist, wo er die Meinungen anderer gelten läßt, welche doch offenbar seine Sätze nicht für wahr halten wollten.

Sokrates. Noch an vielen andern Orten, o Theodoros, kann ein solcher Satz gefangen werden, daß jede Vorstellung eines jeden wahr sein soll. Was aber den gegenwärtigen Zustand eines jeden betrifft, woraus die Wahrnehmungen und die sich auf sie beziehenden Vorstellungen entstehen: so ist es schwerer zu zeigen, daß diese nicht wahr sein sollen. Oder vielmehr ist das nichts gesagt, und diese sind vielleicht ganz unwiderleglich, so daß diejenigen, welche behaupten, diese wären untrüglich und Erkenntnisse, vielleicht wohl das Richtige sagen mögen, und also auch unser Theaitetos nicht weit vom Ziele getroffen hat, als er festsetzte, daß Wahrnehmung und Erkenntnis dasselbe wären. Wir müssen also näher darauf zugehen, wie die für den Protagoras geführte Verteidigung uns gebot, und dieses schwebende und bewegliche Dasein noch einmal betrachtend daran klopfen, ob es ganz klingt oder zerbrochen. Der Streit darüber ist ja aber schon immer nicht gering gewesen, und nicht unter wenigen.

THEODOROS. Wahrlich, keineswegs gering, vorzüglich in Jonien verbreitet er sich gar sehr. Denn die Freunde des Herakleitos sind sehr tapfere Anführer bei der Verteidigung dieses Satzes.

SOKRATES. Um desto mehr, lieber Theodoros, müssen wir von vorn an betrachten, so wie sie ihn eigentlich vorzeichnen.

THEODOROS. Allerdings, Sokrates. Nur daß, was diese Herakleitischen oder wie du sagst Homerischen und noch älteren betrifft, mit denen zu Ephesos, so viel deren der Sache kundig zu sein vorgeben, sich in ein ernsthaftes Gespräch einzulassen nicht besser angeht, als wollte man es mit solchen versuchen, die von bösartigen Tieren zerstochen nicht einen Augenblick stillstehen könnten; denn ordentlich, wie es in ihren Schriften heißt, fließen sie auch, festen Fuß aber zu fassen bei einem Satz und einer Frage, und gelassen jeder nach seiner Ordnung zu fragen und zu antworten, davon ist ihnen weniger verliehen als nichts. Ja nicht einmal nichts ist schon zuviel gesagt, so wenig Ruhe ist in diesen Leuten. Sondern wenn du einen etwas fragst, so ziehn sie wie aus ihrem Köcher rätselhafte kleine Sprüchlein hervor und schießen diese ab; und willst du dann darüber wieder eine Erklärung, wie es gemeint gewesen, so wirst du von einem andern ähnlichen getroffen von ganz neuer Wortverfertigung. Zu Ende bringen wirst du aber niemals etwas mit einem von ihnen, noch auch sie selbst untereinander. Sondern sehr genau beobachten sie dieses, daß ja nichts festbleibe, weder in der Rede noch in ihren eigenen Seelen, indem sie, wie mich dünkt, besorgen, dies möchte etwas Beharrliches sein, wogegen sie ebenso gewaltig streiten und es überall, wo sie nur können, vertreiben.

SOKRATES. Vielleicht, Theodoros, hast du die Männer nur gesehen, wenn sie Krieg führen, bist aber nicht mit ihnen gewesen, wenn sie Frieden halten; denn sie sind dir eben nicht freund. Dergleichen aber, glaube ich, werden sie in ruhigen Stunden ihren Schülern mitteilen, welche sie sich ähnlich zu machen suchen.

THEODOROS. Was doch für Schülern, du Wunderlicher? Bei diesen wird gar nicht einer des andern Schüler, sondern sie wachsen von selbst auf, jeder, woher es ihm eben kommt, begeistert, und einer hält immer den andern für nichts. Von diesen also wirst du, wie ich schon sagen wollte, niemals eine Antwort erhalten, weder gutwillig noch gezwungen; sondern wir müssen sie selbst, als ob wir sie wie eine Aufgabe vorgelegt bekommen hätten, in Betrachtung ziehen.

SOKRATES. Dies erinnerst du sehr richtig. Haben wir nun nicht die Aufgabe zuerst von den Alten, welche sich mit Hilfe der Dichtkunst den meisten verbargen, so empfangen, daß der Ursprung von allem der Okeanos sei und Thetys, Flüsse also, und daß nichts feststehe; von den Neueren demnächst, welche weiser sind und alles ganz offenbar vorzeigen, damit auch die Schuhmacher ihre Weisheit hören und lernen, und aufhören törichterweise zu glauben, daß einiges beharrlich sei unter dem, was ist, und anderes sich bewege, sondern von ihnen lernen und sie dafür ehren mögen, daß alles sich bewegt. Beinahe aber hätte ich vergessen, o Theodoros, daß andere wiederum das gerade Gegenteil von diesem behauptet haben, nämlich das Unbewegliche sei der richtige Name des ganzen, und was sonst die Melissos und Parmenides allen diesen zuwider behaupten, daß alles eins ist und selbst in sich besteht, indem es keinen Raum hat, worin es sich bewegen könnte. Was nun, Lieber, sollen wir mit allen diesen beginnen? Denn allmählich vorrückend sind wir unvermerkt in die Mitte zwischen beiden geraten, und wenn wir uns nicht auf irgendeine Art zu helfen wissen, daß wir ihnen entfliehen, werden wir Strafe geben müssen, wie die, welche auf dem Übungsplatz nach der Linie spielen, wenn sie nun von beiden ergriffen nach entgegengesetzten Seiten gezogen werden. Ich denke also, wir wollen zuerst jene, auf welche wir anfänglich stießen, in Betrachtung ziehen, die Fließenden, und wenn sich zeigt, daß sie etwas Gegründetes sagen, so wollen wir ihnen selbst helfen uns ziehen, und wollen versuchen, den andern zu entkommen. Wenn aber die, welche das Ganze feststellen, etwas Richtigeres zu behaupten scheinen: so wollen wir im Gegenteil zu ihnen fliehen von jenen, die auch das Unbewegliche bewegen. Sollte sich aber zeigen, daß beide nichts Tüchtiges vorbringen: so würden wir ja lächerlich sein, wenn wir, die wir ganz gewöhnliche Menschen sind, uns selbst zutrauten, etwas Rechtes zu sagen, und darüber jenen uralten und höchst weisen Männern abfällig würden. Sieh also zu, Theodoros, ob es geraten ist, uns in eine so große Gefahr hineinzubegeben.

THEODOROS. Auf keine Weise, o Sokrates, wäre es ja jetzt noch zu ertragen, wenn wir nicht herausbringen wollten, inwiefern beide Teile wohl recht haben.

SOKRATES. Wir müssen es also erforschen, da es dir so angelegen ist. – Der Anfang der Untersuchung aber muß, wie mich dünkt, gemacht werden von der Bewegung, was doch eigentlich darunter verstehend jene sagen, daß alles sich bewegt. Ich will nämlich dieses sagen, ob sie nur eine Art derselben verstehen, oder, wie mir scheint, zwei. Nicht mir allein aber soll es so scheinen, sondern nimm du auch mit teil daran, damit wir hernach auch gemeinschaftlich leiden, was uns etwa begegnen soll. Und sage mir, nennst du das Bewegung, wenn etwas einen Ort mit einem andern vertauscht oder auch in demselben Orte sich herumdreht?

THEODOROS. Das nenne ich so.

SOKRATES. Das sei also die eine Art. Wenn aber etwas an demselben Orte zwar bleibt, dort aber altert oder schwarz wird, da es vorher weiß, hart, da es weich war, oder irgendeine andere Veränderung erleidet: verdient dient dies nicht eine andere Art der Bewegung zu heißen?

THEODOROS. So scheint es mir.

SOKRATES. Es kann nicht anders sein. Diese zwei Arten der Bewegung meine ich also, die Veränderung und die Ortsverwechslung.

THEODOROS. Und ganz recht tust du daran.

SOKRATES. Ist nun diese Einteilung gemacht: so laß uns dann mit denen reden, welche behaupten, es bewege sich alles, und sie fragen: Sagt ihr, alles bewege sich auf beiderlei Art, sowohl durch Ortsvertauschung als durch Veränderung, oder einiges auf beiderlei, anderes nur auf einerlei Art?

THEODOROS. Beim Zeus, ich weiß es nicht zu sagen; ich glaube aber sie werden behaupten, auf beiderlei Art.

SOKRATES. Wenigstens wenn nicht, o Freund, so müßte ihnen ja Bewegtes erscheinen und auch Feststehendes, und es wäre ja gar nicht richtiger zu sagen, daß alles sich bewegt, als daß alles feststeht.

THEODOROS. Du sprichst vollkommen wahr.

SOKRATES. Da nun alles sich bewegen und die Unbeweglichkeit in keinem Dinge anzutreffen sein soll, so muß alles sich immer mit jeder Bewegung bewegen.

THEODOROS. Notwendig.

SOKRATES. Ziehe nur auch dieses von ihnen in Erwägung. Sagten wir nicht, daß sie die Entstehung der Wärme oder der Röte oder was du sonst willst, ungefähr auf diese Art erklärten, jedes von diesen bewege sich während der Wahrnehmung zwischen dem Wirkenden und dem Leidenden, und das Leidende werde alsdann ein Wahrnehmbares, nicht aber eine Wahrnehmung, und das Wirkende ein wie Beschaffenes, nicht aber eine Beschaffenheit. Doch Beschaffenheit ist dir vielleicht ein wunderliches Wort, und du verstehst es nicht so ganz im allgemeinen ausgedrückt. So höre es denn im einzelnen. Das Wirkende nämlich wird weder Wärme noch Röte, sondern ein Warmes, ein Rotes und so auch im übrigen. Denn du erinnerst dich doch aus dem Vorigen, daß wir so sagten, nichts sei an und für sich ein Bestimmtes, also auch nicht das Wirkende und Leidende, sondern nur durch beider Zusammenkunft die Wahrnehmung und das Wahrnehmbare erzeugend werde das eine ein wie Beschaffenes, das andere ein Wahrnehmendes.

THEODOROS. Ich erinnere mich dessen; wie sollte ich nicht?

SOKRATES. Das übrige wollen wir nun beiseitesetzen, ob sie es so oder anders meinen, und nur das eine, weshalb wir dieses jetzt besprechen, recht festhalten, indem wir sie fragen: Es bewegt sich alles und fließt, wie ihr sagt, nicht wahr?

THEODOROS. Ja.

SOKRATES. Und zwar nach beiden Bewegungen, die wir unterschieden haben, indem es den Ort vertauscht und sich verändert?

THEODOROS. Wie sonst? Da es sich ja vollständig bewegen soll.

SOKRATES. Wenn es nun nur den Ort wechselte, sich aber nicht veränderte, dann könnten wir doch noch sagen, was denn eigentlich seinen Ort wechselnd fließt. Oder wie sollen wir sagen?

THEODOROS. Gerade so.

SOKRATES. Da aber auch dieses nicht einmal beharrt, daß das Fließende rot fließt, sondern gleichfalls wechselt, so daß es auch von ebendiesem der Röte einen Fluß gibt und Übergang zu einer andern Farbe, damit es nicht auf diese Art als ein Beharrendes ertappt werde; ist es nun wohl möglich, daß man etwas als eine gewisse Farbe benennt, so daß man es richtig benenne?

THEODOROS. Wie sollte man wohl, o Sokrates, und ebenso wenn irgend etwas Ähnliches, da ja alles dem Redenden unter den Händen entschlüpft, als immer fließend.

SOKRATES. Und was sollen wir sagen von der Wahrnehmung, welcher Art du immer willst, wie vom Sehen oder Hören, daß sie je darin verharre im Sehen oder Hören?

THEODOROS. Wir dürfen es nicht, weil ja alles sich bewegt.

SOKRATES. Man darf also nicht mit größerem Rechte etwas ein Sehen nennen als ein Nichtsehen, und ebenso mit jeder andern Wahrnehmung, da ja alles auf alle Weise sich bewegt.

THEODOROS. Freilich nicht.

SOKRATES. Nun aber ist Wahrnehmung Erkenntnis, wie wir beide gesagt haben, Theaitetos und ich.

THEODOROS. So war es.

SOKRATES. Wir haben also, als wir gefragt wurden, was Erkenntnis wäre, durch etwas geantwortet, was nicht mehr und eigentlicher Erkenntnis ist als Nicht-Erkenntnis.

THEODOROS. So scheint es euch ergangen zu sein.

SOKRATES. Herrlich ist uns also die Befestigung unserer Antwort geraten, da wir zu zeigen suchten, es bewege sich alles, damit eben hierdurch jene Antwort als die richtige erschiene. Denn nun hat sich, wie es scheint, gezeigt, daß, wenn alles sich bewegt, jede Antwort, worauf auch jemand zu antworten habe, man sage nun, es verhalte sich so oder so, gleich richtig ist oder vielmehr wird, damit wir nicht doch noch dieses als beharrlich vorstellen in unserer Rede.

THEODOROS. Du sagst ganz recht.

SOKRATES. Ausgenommen, Theodoros, daß ich so gesagt habe und nicht so. Denn auch dieses So darf man nicht sagen, weil das So sich nicht bewegt; noch auch nicht so, denn auch das wäre keine Bewegung; sondern die, welche diesen Satz behaupten, müssen eine andere Sprache dafür einführen, denn bis jetzt noch gibt es für ihre Voraussetzung keine Worte, es müßte etwa sein das: Auf keine Weise; so möchte es ihnen noch am ehesten zusagen ganz unbestimmt ausgedrückt.

THEODOROS. Dies wäre freilich ihre angemessenste Redensart.

SOKRATES. So hätten wir also, o Theodoros, einerseits deinen Freund nun abgefertigt, und geben ihm immer noch nicht zu, daß jeder das Maß aller Dinge sein soll, wenn einer nämlich nicht weise und verständig ist; andererseits werden wir, daß Erkenntnis Wahrnehmung sei, nicht zugeben, nämlich nach der Lehre von der Beweglichkeit aller Dinge. Es müßte denn Theaitetos hier noch etwas anderes sagen.

THEODOROS. Vortrefflich gesprochen, Sokrates. Denn da dieses zu Ende gebracht ist, so muß auch ich abgefertigt sein als Antwortender, nach dem Vertrage, wenn die Verhandlung über den Satz des Protagoras ihr Ende erreicht haben würde.

THEAITETOS. Nicht eher jedoch, o Theodoros, bis Sokrates mit dir auch diejenigen, welche dagegen behaupten, daß das Ganze stehe, durchgegangen ist, wie ihr euch eben vorgenommen habt.

THEODOROS. So jung noch, Theaitetos, und lehrst schon die Alten Unrecht tun und Verträge übertreten? Nein, sondern rüste du dich, wie du für das übrige dem Sokrates Antwort geben willst.

THEAITETOS. Wenn er es so will. Am liebsten jedoch hätte ich das gehört, was ich eben sagte.

THEODOROS. Das heißt Reiter in die Ebene locken, wenn man den Sokrates auf Reden herausfordert. Frage ihn nur, und du wirst es wohl erfahren.

SOKRATES. Dennoch dünkt mich, o Theodoros, daß ich dem Theaitetos in seinem Begehren nicht willfahren werde.

THEODOROS. Warum ihm nicht willfahren?

SOKRATES. Den Melissos zwar und die anderen, welche sagen, das Ganze sei ein Unbewegliches, scheue ich, daß wir sie nicht etwas täppisch mustern, minder jedoch sie scheuend, als den einen Parmenides. Parmenides aber ist nach dem Homeros ehrenwert mir und zugleich furchtbar. Denn ich habe Gemeinschaft mit dem Manne gehabt noch ganz jung, da er schon alt war, und es offenbarte sich mir in ihm eine ganz seltene und herrliche Tiefe des Geistes. Ich fürchte daher, daß wir teils, was er gesagt, nicht verstehen, teils, was er damit gemeint, noch viel weiter dahinten lassen werden, und was noch mehr ist, daß dasjenige, weshalb unsere Rede so weit gegangen ist, nämlich von der Erkenntnis, was sie ist, unausgemacht bleiben werde, wegen aller herzuströmenden Fragen, wenn man sie hören will, zumal auch schon die unübersehlich vielfältige, die wir jetzt aufgerührt haben, wenn man sie nur beiläufig untersuchen will, Ungebühr leiden, wenn man sie aber hinreichend ausführt, die von der Erkenntnis verdrängen wird. Beides aber darf nicht sein, sondern wir müssen versuchen, den Theaitetos dessen, womit er schwanger ist über die Erkenntnis, durch unsere geburtshelferische Kunst zu entbinden.

THEODOROS. Wohlan, wenn es dir gut dünkt, müssen wir es also tun.

SOKRATES. So erwäge denn, o Theaitetos, was das bisher Gesagte betrifft, auch noch dieses. Wahrnehmung sei Erkenntnis, hattest du geantwortet. Nicht wahr?

THEAITETOS. Ja.

SOKRATES. Wenn nun jemand dich so fragte: Womit doch sieht der Mensch das Weiße und Schwarze, und womit hört er das Hohe und Tiefe, würdest du, glaube ich. sagen: Mit den Augen und Ohren.

THEAITETOS. Ich gewiß.

SOKRATES. Es mit Worten aller Art nicht so genau nehmen, und sie nicht mit Spitzfindigkeiten aussondern, das ist größtenteils gar nicht unfein, sondern vielmehr das Gegenteil davon hat etwas Unfreies und Knechtisches, nur ist es bisweilen doch notwendig. So ist es auch jetzt nötig, die Antwort, die du gegeben hast, dabei anzugreifen, inwiefern sie nicht richtig ist. Denn betrachte selbst, welche Antwort richtiger ist, ob das, womit wir sehen, die Augen sind, oder das vermittelst dessen. und das, womit wir hören, die Ohren, oder das vermittelst dessen?

THEAITETOS. Vermittelst dessen wir jegliches wahrnehmen, dünkt mich besser, als womit.

SOKRATES. Arg wäre es auch, Sohn, wenn diese mancherlei Wahrnehmungen wie im hölzernen Pferde in uns nebeneinanderlägen, und nicht alle in irgendeinem, du magst es nun Seele oder wie sonst immer nennen, zusammenliefen, mit der wir dann vermittelst jener, daß ich so sage, Werkzeuge wahrnehmen, was nur wahrnehmbar ist.

THEAITETOS. Darum dünkt mich auch dieses besser als jenes.

SOKRATES. Weshalb aber führe ich dich darauf so genau, ob wir mit einem und demselben in uns vermittelst jetzt der Augen das Weiße und Schwarze, dann der andern wieder anderes auffassen, und ob du nicht befragt, alle diese auf den Körper zurückführen würdest? Doch es ist vielleicht besser, daß du selbst dies beantwortest und erklärst, als daß ich mich für dich in Weitläufigkeit einlasse. So sage mir denn, das, vermittelst dessen du Warmes, Hartes, Leichtes, Süßes wahrnimmst, setzest du dies nicht alles als zum Leibe gehörig? Oder als zu einem andern?

THEAITETOS. Zu keinem andern.

SOKRATES. Wirst du auch wohl zugeben wollen, daß du dasjenige, was du vermittelst des einen Vermögens wahrnimmst, unmöglich vermittelst eines andern wahrnehmen könntest; als was vermittelst des Gesichtes, das nicht vermittelst des Gehörs, und was vermittelst des Gehörs, das nicht vermittelst des Gesichtes?

THEAITETOS. Wie sollte ich nicht wollen?

SOKRATES. Wenn du also über beides etwas denkst, so kannst du dies weder mittelst des eines Werkzeuges noch auch mittelst des andern von beiden wahrgenommen haben?

THEAITETOS. Freilich nicht.

SOKRATES. Von dem Tone nun und von der Farbe, denkst du nicht von diesen beiden zuerst dieses, daß sie beide sind?

THEAITETOS. Das denke ich.

SOKRATES. Nicht auch, daß jedes von beiden vom andern verschieden, mit sich selbst aber einerlei ist?

THEAITETOS. Freilich.

SOKRATES. Und daß sie beide zusammen zwei sind, jedes von beiden aber eins.

THEAITETOS. Auch dieses.

SOKRATES. Bist du nicht auch imstande, mögen sie nun einander ähnlich sein oder unähnlich, dies zu erforschen?

THEAITETOS. Vielleicht.

SOKRATES. Dieses alles nun, vermittelst wessen denkst du es von ihnen? Denn weder vermittelst des Gesichtes, noch vermittelst des Gehörs ist es dir möglich, das Gemeinschaftliche von ihnen aufzufassen. Auch dies ist noch ein Beweis mehr für das, was wir sagen. Nämlich wenn es möglich wäre zu untersuchen, ob beide salzig sind, so weißt du doch, was du sagen würdest, womit du es untersuchtest, und das ist offenbar weder das Gesicht noch das Gehör, sondern etwas anderes.

THEAITETOS. Was wird es nicht, nämlich das Vermögen vermittelst der Zunge.

SOKRATES. Ganz recht. Vermittelst wessen wirkt denn nun dasjenige Vermögen, welches dir das in allen und auch in diesen Dingen Gemeinschaftliche offenbart, womit du von ihnen das Sein oder Nichtsein aussagst, und das, wonach ich jetzt eben fragte? Für dies alles, was für Werkzeuge willst du annehmen, vermittelst deren unser Wahrnehmendes jedes davon wahrnimmt?

THEAITETOS. Du meinst ihr Sein und Nichtsein, ihre Ähnlichkeit und Unähnlichkeit, Einerleiheit und Verschiedenheit, ferner ob sie eins sind oder eine andere Zahl. Offenbar begreifst du darunter auch die Frage nach dem Geraden und Ungeraden, und was damit zusammenhängt, vermittelst welcher Teile des Körpers nämlich wir dies mit der Seele wahrnehmen.

SOKRATES. Ganz vortrefflich, o Theaitetos, folgst du mir; denn dies ist es eben, wonach ich frage.

THEAITETOS. Aber, beim Zeus, Sokrates, dies wüßte ich nicht zu sagen, außer daß es mir scheint, als gäbe es überall gar nicht ein solches besonderes Werkzeug für dieses wie für jenes, sondern die Seele scheint mir vermittelst ihrer selbst das Gemeinschaftliche in allen Dingen zu erforschen.

SOKRATES. Schön bist du, Theaitetos, und gar nicht, wie Theodoros sagt, häßlich; denn wer so schön spricht, der ist schön und gut. Außerdem aber, daß dieses schön gesagt war, hast du auch mir eine große Wohltat erwiesen, indem du mir über vieles Reden hinweggeholfen hast, wenn es dir einleuchtet, daß einiges die Seele selbst vermittelst ihrer selbst erforscht, anderes aber vermittelst der verschiedenen Vermögen des Körpers. Denn eben dieses war es, was ich selbst meinte, und wovon ich wünschte, du möchtest es auch meinen.

THEAITETOS. Gar sehr leuchtet es mir ein.

SOKRATES. Zu welchem von beiden rechnest du nun das Sein? Denn dies ist es doch, was am meisten bei allem vorkommt?

THEAITETOS. Zu dem, was die Seele selbst durch sich selbst aufsucht.

SOKRATES. Wohl auch so die Ähnlichkeit und Unähnlichkeit, das Einerleisein und das Verschiedensein?

THEAITETOS. Ja.

SOKRATES. Und wie das Schöne und Schlechte, das Gute und Böse?

THEAITETOS. Auch hievon besonders dünkt mich die Seele das Verhalten gegeneinander zu erforschen, indem sie bei sich selbst das Geschehene und das Gegenwärtige in Verhältnis setzt mit dem Künftigen.

SOKRATES. Wohlan denn! wird sie nicht die Härte des Harten und die Weichheit des Weichen vermittelst des Getastes wahrnehmen?

THEAITETOS. Ja.

SOKRATES. Aber das Sein von beiden, und was sie sind, und ihre Gegensetzung gegeneinander und das Wirklichsein dieser Entgegensetzung, dies versucht also unsere Seele selbst durch Betrachtung und Vergleichung zu beurteilen.

THEAITETOS. In alle Wege.

SOKRATES. Nicht wahr, jenes wahrzunehmen, was irgend für Eindrücke durch den Körper zur Seele gelangen, das eignet schon Menschen und Tieren von Natur, sobald sie geboren sind. Allein zu den Schlüssen hieraus auf das Sein und den Nutzen gelangen nur schwer mit der Zeit und durch viele Mühe und Unterricht die, welche überall dazu gelangen?

THEAITETOS. So ist es allerdings.

SOKRATES. Kann nun wohl dasjenige das wahre Wesen von etwas erreichen, was nicht einmal sein Dasein erreicht?

THEAITETOS. Unmöglich.

SOKRATES. Wovon man aber das wahre Wesen nicht erreicht, kann man davon Erkenntnis haben?

THEAITETOS. Wie könnte man doch, Sokrates.

SOKRATES. In jenen Eindrücken also ist keine Erkenntnis, wohl aber in den Schlüssen daraus. Denn das Sein und das wahre Wesen zu erreichen, ist, wie es scheint, nur durch diese möglich, durch jene aber unmöglich.

THEAITETOS. Das leuchtet ein.

SOKRATES. Willst du nun jenes und dieses dasselbe nennen, da beides so große Verschiedenheiten zeigt?

THEAITETOS. Das scheint wohl nicht billig.

SOKRATES. Welchen Namen nun legst du jenen bei, dem Sehen, Hören, Riechen, Frieren, Warmsein?

THEAITETOS. Wahrnehmen nenne ich es. Denn wie anders?

SOKRATES. Insgesamt also nennst du dies Wahrnehmung.

THEAITETOS. Natürlich.

SOKRATES. Welcher, wie wir gesagt haben, nicht verliehen ist bis zum wahren Wesen zu gelangen, da sie ja auch nicht bis zum Sein gelangt?

THEAITETOS. Nicht verliehen.

SOKRATES. Also auch nicht zur Erkenntnis?

THEAITETOS. Nicht füglich.

SOKRATES. Auf keine Weise also, o Theaitetos, wäre Wahrnehmung und Erkenntnis dasselbe.

THEAITETOS. Es scheint nicht; vielmehr ist es jetzt vollkommen deutlich geworden, daß die Erkenntnis etwas anderes ist als die Wahrnehmung.

SOKRATES. Aber wir haben ja doch nicht deshalb angefangen uns zu unterreden, um zu finden, was die Erkenntnis nicht ist, sondern was sie ist. Indes sind wir doch nun wenigstens so weit vorgeschritten, daß wir sie ganz und gar nicht unter der Wahrnehmung suchen wollen, sondern unter demjenigen Namen, den die Seele führt, wenn sie sich für sich selbst mit dem, was ist, beschäftigt.

THEAITETOS. Dieses, o Sokrates, wird ja, glaube ich, das Vorstellen genannt.

SOKRATES. Ganz recht glaubst du, Lieber, und nun sieh wieder von vorn, nach Auslöschung alles vorigen, ob du nun mehr siehst, da du doch bis hierher vorgedrungen bist, und sage noch einmal, was wohl die Erkenntnis ist?

THEAITETOS. Zu sagen, daß alle Vorstellung es sei, o Sokrates, ist unmöglich, indem es auch falsche Vorstellungen gibt. Es mag aber wohl die richtige Vorstellung Erkenntnis sein; und dieses will ich nun geantwortet haben. Denn sollte es uns, wenn wir weiter gehen, nicht mehr so scheinen, so wollen wir, wie jetzt auch, dann versuchen etwas anderes zu sagen.

SOKRATES. Das ist recht, Theaitetos, und so muß man etwas mutiger reden, als du anfänglich nur allzu bedenklich warst zum Antworten. Machen wir es so, so werden wir eins von beiden, entweder das finden, worauf wir ausgehen, oder nicht so sehr glauben dasjenige zu wissen, was wir keineswegs wissen. Und auch ein solcher Preis wäre schon nicht zu verschmähen. Wie meinst du es aber jetzt? Von zwei Arten der Vorstellung, deren die eine die wahre ist, die andere die falsche, erklärst du die wahre für die Erkenntnis?

THEAITETOS. Das tue ich; denn dies leuchtet mir für jetzt ein.

SOKRATES. Sollen wir über die Vorstellung noch einmal weiter zurückgehen?

THEAITETOS. Worauf meinst du nur?

SOKRATES. Es beunruhigt mich jetzt sowohl als auch sonst schon oft so, daß ich in großer Verlegenheit deshalb bei mir selbst und auch vor andern gewesen bin, daß ich nämlich nicht zu sagen weiß, was für ein Ereignis doch dieses in uns ist, und wie es uns entsteht.

THEAITETOS. Welches denn?

SOKRATES. Daß jemand falsch vorstellt. Und auch jetzt überlege ich noch zweifelhaft, ob wir es so lassen, oder ob wir es auf eine andere Art als vor kurzem in Erwägung nehmen.

THEAITETOS. Warum nicht, Sokrates, wenn es dir nur im mindesten nötig scheint. Denn gar nicht schlecht habt ihr vorher über die Muße geredet, du und Theodoros, daß uns nichts drängt in dergleichen Dingen.

SOKRATES. Ganz recht erinnerst du mich. Vielleicht ist es nicht übel getan, die Spur noch einmal zu verfolgen. Denn es ist besser, ein weniges gut, als vieles ungenügend zu vollbringen.

THEAITETOS. Allerdings.

SOKRATES. Wie nun, was sagen wir eigentlich? Behaupten wir, daß je eine Vorstellung wirklich falsch sei, und daß der eine von uns falsch vorstelle, der andere richtig, so daß sich dies in der Natur so verhalte?

THEAITETOS. Das behaupten wir freilich.

SOKRATES. Nun findet sich doch dies bei uns in allen Dingen und in jedem einzelnen, daß wir darum wissen, oder daß wir nicht darum wissen. Denn das Lernen und Vergessen als zwischen beiden befindlich will ich für jetzt liegen lassen, weil es uns jetzt gar nicht zur Sache gehört.

THEAITETOS. Dann freilich, Sokrates, bleibt nichts übrig für jede Sache, als darum zu wissen oder nicht darum zu wissen.

SOKRATES. Ist es nun nicht notwendig, daß wer vorstellt, entweder von dem etwas vorstelle, wovon er weiß, oder wovon er nicht weiß?

THEAITETOS. Notwendig.

SOKRATES. Daß aber wer etwas weiß, dasselbe auch nicht wisse, oder wer nicht weiß, wisse, ist doch unmöglich.

THEAITETOS. Wie sollte es nicht.

SOKRATES. Also wer das falsch vorstellt, wovon er weiß, der glaubt wohl, daß es nicht dieses ist, sondern etwas anderes, um welches er auch weiß, und um beides wissend kennt er auch wieder beides nicht?

THEAITETOS. Aber das ist ja unmöglich.

SOKRATES. Oder das, wovon er nicht weiß, hält er wohl für irgend anderes, wovon er ebenfalls nicht weiß, und das hieße jemanden, der weder vom Sokrates weiß noch vom Theaitetos, käme in den Sinn, Sokrates wäre Theaitetos oder Theaitetos Sokrates.

THEAITETOS. Aber wie ginge das?

SOKRATES. Doch wird auch niemand glauben, etwas wovon er weiß, sei etwas wovon er nicht weiß, noch auch auf der andern Seite, wovon er nicht weiß, das sei etwas wovon er weiß.

THEAITETOS. Ein Wunder wäre ja das.

SOKRATES. Wie soll also noch einer falsch vorstellen? Denn außer diesem ist es doch unmöglich etwas vorzustellen, da wir ja von allem entweder wissen oder nicht wissen, und hierin scheint es unmöglich irgendwie falsch vorzustellen.

THEAITETOS. Sehr wahr.

SOKRATES. Wollen wir nun etwa lieber nicht auf die Art dem nachdenken, was wir suchen, daß wir auf das Wissen oder Nichtwissen gehn, sondern auf das Sein oder Nichtsein?

THEAITETOS. Wie meinst du das?

SOKRATES. Ob nicht etwa schlechthin wer von irgendeiner Sache das, was nicht ist, vorstellt, auf jeden Fall falsch vorstellt, wie es auch übrigens in seiner Seele stehen mag.

THEAITETOS. Das hat wieder einen guten Anschein, Sokrates.

SOKRATES. Wie aber? Was werden wir sagen, Theaitetos, wenn uns jemand fragt: Ist das auch irgendeinem möglich, was ihr sagt? und kann wohl einer das, was nicht ist, vorstellen, sei es nun an und von irgend etwas, oder an und für sich selbst? Darauf werden wir wie es scheint sagen müssen: Wenn er nicht das Wahre glaubt, indem er etwas glaubt. Oder was wollen wir sagen?

THEAITETOS. Eben dies.

SOKRATES. Findet denn aber auch anderwärts dieses nämliche statt?

THEAITETOS. Was denn?

SOKRATES. Ob wohl jemand sieht, und doch nichts sieht?

THEAITETOS. Wie könnte er?

SOKRATES. Wenn er nun aber ein Etwas sieht, so sieht er auch Wirkliches. Oder glaubst du, das Etwas könne je zu dem Nichtwirklichen gehören?

THEAITETOS. Ich keineswegs.

SOKRATES. Wer also etwas sieht, der sieht auch Wirkliches.

THEAITETOS. So scheint es.

SOKRATES. Und ebenso wer hört, hört etwas und Wirkliches?

THEAITETOS. Ja.

SOKRATES. Und wer betastet, der betastet etwas, und wenn etwas, auch Wirkliches.

THEAITETOS. Auch das.

SOKRATES. Und wer vorstellt, der sollte nicht etwas vorstellen?

THEAITETOS. Notwendig.

SOKRATES. Und wer etwas vorstellt, nicht Wirkliches?

THEAITETOS. Ich gebe es zu.

SOKRATES. Wer also vorstellt, was nicht ist, der stellt nichts vor?

THEAITETOS. So scheint es.

SOKRATES. Wer aber nichts vorstellt, der wird gewiß überhaupt gar nicht vorstellen?

THEAITETOS. Offenbar, wie wir sehen.

SOKRATES. So ist es demnach nicht möglich das, was nicht ist, vorzustellen, weder von etwas das ist, noch auch an und für sich?

THEAITETOS. Es scheint nicht.

SOKRATES. Also muß falsch vorstellen etwas anderes sein, als, was nicht ist, vorstellen.

THEAITETOS. Etwas anderes, so scheint es.

SOKRATES. Weder auf diese Art also, noch so wie wir es vorher aufgefaßt hatten, gibt es eine falsche Vorstellung in uns.

THEAITETOS. Nein freilich nicht.

SOKRATES. Sondern etwa so wollen wir aussagen, daß dieses geschehe.

THEAITETOS. Wie denn?

SOKRATES. Als eine verwechselte Vorstellung finde falsche Vorstellung statt, wenn jemand etwas Wirkliches mit einem andern Wirklichen in Gedanken vertauschend sagt, jenes sei dieses. Denn so stellt er immer etwas Wirkliches vor, aber eines statt des andern, und indem er das verfehlt, worauf er zielte, kann man mit Recht sagen, daß er falsch vorstellt.

THEAITETOS. Jetzt scheinst du mir vollkommen richtig gesprochen zu haben. Denn wenn sich jemand etwas anstatt schön häßlich oder anstatt häßlich schön vorstellt, dann hat er wirklich falsch vorgestellt.

SOKRATES. Offenbar, Theaitetos, behandelst du mich sehr obenhin und fürchtest mich gar nicht mehr.

THEAITETOS. Wieso denn?

SOKRATES. Du glaubst gar nicht, denke ich, daß ich dieses »wirklich falsch« aufgreifen und dich fragen werde, ob es wohl möglich ist, daß langsam schnell, oder leicht schwer, oder irgend eines von zwei entgegengesetzten nicht nach seiner eignen, sondern nach der Natur seines Gegensatzes und sich selbst entgegengesetzt werden könne. Doch dieses will ich gehen lassen, damit du nicht vergeblich dreist gewesen bist. Es gefällt dir aber, wie du sagst, daß falsch vorstellen ein verwechseltes Vorstellen sein soll?

THEAITETOS. Mir ja.

SOKRATES. Es ist also deiner Meinung nach möglich, etwas als ein anderes und nicht als jenes in Gedanken zu setzen.

THEAITETOS. Das ist es auch.

SOKRATES. Wenn dies nun jemandes Seele tut, so muß sie doch notwendig entweder beides oder das eine denken.

THEAITETOS. Notwendig.

SOKRATES. Entweder zugleich oder nacheinander.

THEAITETOS. Sehr schön.

SOKRATES. Und Denken, verstehst du darunter eben das wie ich?

THEAITETOS. Was verstehst du darunter?

SOKRATES. Eine Rede, welche die Seele bei sich selbst durchgeht über dasjenige was sie erforschen will. Freilich nur als ein Nichtwissender kann ich es dir beschreiben. Denn so schwebt sie mir vor, daß, solange sie denkt, sie nichts anders tut als sich unterreden, indem sie sich selbst antwortet, bejaht und verneint. Wenn sie aber langsamer oder auch schneller zufahrend nun etwas feststellt, und auf derselben Behauptung beharrt, und nicht mehr zweifelt, die nennen wir dann ihre Vorstellung. Darum sage ich, das Vorstellen ist ein Reden, und die Vorstellung ist eine gesprochene Rede, nicht zu einem andern und mit der Stimme, sondern stillschweigend zu sich selbst. Wie aber du?

THEAITETOS. Ich auch so.

SOKRATES. Wenn also jemand eins als das andere vorstellt: so sagt er auch wie es scheint zu sich selbst, das eine sei das andere?

THEAITETOS. Wie sonst?

SOKRATES. So erinnere dich doch, ob du wohl jemals zu dir selbst gesagt hast, das Schöne sei doch ganz gewiß häßlich und das Ungerechte gerecht, oder auch, welches die Summe von allem ist; bedenke, ob du wohl jemals auch nur versucht hast dich selbst zu überreden, das eine sei doch gewiß das andere? oder ob nicht vielmehr ganz im Gegenteil dir nicht einmal im Schlaf eingefallen ist zu dir selbst zu sagen, daß doch ganz gewiß ungerade gerade wäre oder etwas dergleichen.

THEAITETOS. Du hast recht.

SOKRATES. Und glaubst du, daß irgendein anderer bei gesundem Verstande oder auch gar ein Wahnwitziger das Herz habe, ausdrücklich zu sich selbst zu sagen, daß der Ochse doch gewiß ein Pferd wäre, oder zwei eins?

THEAITETOS. Beim Zeus, ich nicht.

SOKRATES. Wenn also das zu sich selbst Reden Vorstellen heißt: so wird keiner, der beides aussagt und vorstellt und mit seiner Seele beides aufnimmt, jemals sagen und vorstellen, als ob eins das andere wäre. Und auch du mußt jenes Wort von dem einen anstatt des andern fahren lassen; denn ich sage wiederum, so stelle niemand vor, daß das Häßliche schön sei oder etwas dergleichen.

THEAITETOS. Ich lasse es fahren, und es dünkt mich so wie du sagst.

SOKRATES. Wer also beides vorstellt, dem ist es unmöglich eins als das andere vorzustellen.

THEAITETOS. So scheint es.

SOKRATES. Wer aber nur das eine von beiden vorstellt, das andere aber ganz und gar nicht, der kann doch gewiß niemals vorstellen, daß das eine das andere sei.

THEAITETOS. Du hast recht. Denn er müßte sonst etwas zugleich mit aufnehmen, was er gar nicht vorstellt.

SOKRATES. Weder also, wer beides noch wer nur das eine vorstellt, kann verwechselt vorstellen; so daß wer die Erklärung geben will, falsche Vorstellungen wären verwechselte Vorstellungen, der hat nichts gesagt. Denn weder auf diese noch auf die vorher erwähnte Art scheint eine falsche Vorstellung in uns sein zu können.

THEAITETOS. Es scheint nicht.

SOKRATES. Jedoch, Theaitetos, wenn sich diese gar nicht zeigen will als wirklich: so werden wir gezwungen werden, sehr viel unstatthafte Dinge zuzugeben.

THEAITETOS. Was für welche doch?

SOKRATES. Das will ich dir nicht eher sagen, als bis ich auf jede mögliche Art versucht habe, die Sache zu erforschen. Denn ich würde mich schämen für uns, wenn wir während dieser Verlegenheit gezwungen würden einzuräumen, was ich meine. Werden wir es aber gefunden und uns freigemacht haben, dann wollen wir, selbst in Sicherheit gestellt gegen das Gelächter, davon reden in Beziehung auf die andern, wie es denen dabei ergehen muß. Müssen wir aber jede Hoffnung aufgeben, dann wollen wir uns, meine ich, demütig dem Satz hingeben, wie Seekranke uns zu treten und mit uns zu machen was er will. So höre denn, was für einen Ausweg ich noch sehe bei unserer Frage.

THEAITETOS. Sage nur.

SOKRATES. Ich will leugnen, daß wir recht hatten, als wir einräumten, wovon jemand wisse, davon sei ihm unmöglich vorzustellen, daß es etwas sei, wovon er nicht weiß; sondern dies ist allerdings auf gewisse Weise möglich.

THEAITETOS. Meinst du etwa das, wovon auch ich damals, als wir dies abhandelten, vermutete, es gehöre hierher, daß bisweilen ich, der ich den

Sokrates kenne, von fern bei Erblickung eines andern, den ich nicht kenne, glauben kann es sei Sokrates, von dem ich doch weiß. Denn in diesem Falle geschieht was du sagst.

SOKRATES. Waren wir aber nicht davon abgestanden, weil daraus folgt, daß wir etwas, wovon wir wissen, indem wir davon wissen zugleich auch nicht wissen?

THEAITETOS. Allerdings.

SOKRATES. Laß es uns also nicht so aufstellen, sondern so. Vielleicht wird man es uns so zugeben, vielleicht auch sich wieder dagegen sträuben; allein wir sind in einem solchen Gedränge, daß wir notwendig jede Rede noch einmal umdrehn und prüfen müssen. Sieh also zu, ob ich etwas sage. Ist es möglich, etwas was man vorher nicht weiß, nachher zu lernen?

THEAITETOS. Das ist es freilich.

SOKRATES. Also auch ein andermal anderes und wieder anderes?

THEAITETOS. Wie sollte es nicht!

SOKRATES. So setze mir nun, damit wir doch ein Wort haben, in unsern Seelen einen wächsernen Guß, welcher Abdrücke aufnehmen kann, bei dem einen größer bei dem andern kleiner, bei dem einen von reinerem Wachs bei dem andern von schmutzigerem, auch härter bei einigen und bei andern feuchter, bei einigen auch gerade wie er sein muß.

THEAITETOS. Ich setze ihn.

SOKRATES. Dieser, wollen wir sagen, sei ein Geschenk von der Mutter der Musen, Mnemosyne, und wessen wir uns erinnern wollen von dem Gesehenen oder Gehörten oder auch selbst Gedachten, das drücken wir in diesen Guß ab, indem wir ihn den Wahrnehmungen und Gedanken unterhalten, wie beim Siegeln mit dem Gepräge eines Ringes. Was sich nun abdrückt, dessen erinnern wir uns und wissen es, solange nämlich sein Abbild vorhanden ist. Hat sich aber dieses verlöscht oder hat es gar nicht abgedruckt werden gekonnt: so vergessen wir die Sache, und wissen sie nicht?

THEAITETOS. So soll es sein.

Sokrates. Wer nun auf diese Art weiß, und dann etwas betrachtet was er sieht oder hört, sieh zu, ob der nun auf folgende Weise falsch vorstellen kann.

Theaitetos. Auf welche dann?

Sokrates. Indem er etwas, wovon er weiß, bisweilen für etwas hält, wovon er weiß, bisweilen für etwas, wovon er nicht weiß. Denn daß dies unmöglich sei, haben wir im vorigen nicht recht gehabt einzuräumen.

Theaitetos. Was sagst du denn jetzt davon?

Sokrates. So muß man davon reden, indem man die Sache gleich von Anfang an näher bestimmt. Wovon jemand weiß, indem er dessen Denkmal in der Seele hat, was er aber nicht wahrnimmt, dieses für ein anderes zu halten, wovon er ebenfalls weiß, indem er dessen Abdruck hat, was er aber ebenfalls nicht wahrnimmt, dies ist unmöglich. Wiederum etwas, wovon er weiß, für etwas zu halten, wovon er nicht weiß, noch auch dessen Gepräge hat; ebenso, wovon er nicht weiß, für ein anderes, wovon er nicht weiß, oder etwas, wovon er nicht weiß, für etwas, wovon er weiß. Ferner etwas, das er doch wahrnimmt, für ein anderes zu halten, das er ebenfalls wahrnimmt, oder was er nicht wahrnimmt, für ein anderes, was er auch nicht wahrnimmt, oder auch, was er nicht wahrnimmt, für etwas, das er wahrnimmt. Ferner auch das, wovon er weiß und es wahrnimmt, indem er zugleich ein der Wahrnehmung gemäßes Abzeichen davon hat, dieses für ein anderes zu halten, wovon er ebenfalls weiß und es wahrnimmt, indem er ebenfalls zugleich ein der Wahrnehmung gemäßes Abzeichen davon hat, das ist, wenn es sein kann, noch unmöglicher als jenes. Ferner was er weiß und wahrnimmt, ein richtiges Denkmal davon habend, für ein anderes zu halten, wovon er weiß, ist ebenfalls unmöglich; und wovon er weiß unter derselben Voraussetzung und es wahrnimmt für ein anderes, das er wahrnimmt. Ebenso, wovon er weder weiß noch es wahrnimmt, dies für ein anderes, wovon er weder weiß noch es wahrnimmt; oder wovon er weder weiß noch es wahrnimmt, für etwas, wovon er nicht weiß; oder etwas, wovon er weder weiß noch es wahrnimmt, für etwas, das er nicht wahrnimmt. – In allen diesen Fällen ist ein Übermaß von Unmöglichkeit, daß jemand darin falsch vorstellen sollte. Es bleibt also nur übrig, wenn irgendwo, daß in folgenden Fällen so etwas geschehe.

Theaitetos. In welchen nur wohl? ob ich vielleicht durch sie der Sache besser innewerde, denn jetzt freilich folge ich gar nicht.

Sokrates. Daß er das, wovon er weiß, für etwas anderes halte, wovon er auch weiß und was er eben wahrnimmt; oder auch für etwas, wovon er nicht weiß, das er aber wahrnimmt; oder endlich etwas, das er wahrnimmt und wovon er weiß, für ein anderes, das er auch wahrnimmt, und wovon er weiß.

Theaitetos. Nun bleibe ich noch viel weiter zurück als vorher.

Sokrates. So höre es noch einmal auf diese Art. Ich, der ich vom Theodoros weiß, und mich bei mir selbst erinnere, wie er beschaffen ist, und ebenso auch vom Theaitetos, sehe sie doch nur bisweilen und dann wieder nicht, betaste sie und dann wieder nicht? Ebenso bisweilen höre ich euch oder nehme euch auf eine andere Art wahr; dann aber habe ich auch wieder ganz und gar keine Wahrnehmung von euch, erinnere mich aber eurer nichtsdestoweniger, und kenne euch bei mir selbst?

Theaitetos. So ist es allerdings.

Sokrates. Merke also von dem, was ich sagen will, zuerst dieses, daß man dasjenige, wovon man bereits weiß, bisweilen nicht wahrnimmt, bisweilen auch wieder wahrnimmt.

Theaitetos. Richtig.

Sokrates. Kann man nicht auch ebenso das, wovon man nicht weiß, bisweilen auch nicht einmal wahrnehmen, dann wieder wahrnehmen allein?

Theaitetos. Auch das verhält sich so.

Sokrates. So sieh nur ob du mir jetzt besser folgst. Sokrates kennt den Theodoros und Theaitetos, sieht aber keinen von beiden, noch auch kommt ihm irgendeine andere Wahrnehmung von ihnen zu; niemals wird er sich in diesem Falle vorstellen, als ob Theaitetos Theodoros wäre. Habe ich recht oder nicht?

THEAITETOS. O ja, ganz recht.

SOKRATES. Dies war das erste unter dem, was ich aufgestellt habe.

THEAITETOS. So war es.

SOKRATES. Das zweite nun war, daß wenn ich den einen von euch kenne, den andern aber nicht kenne, und keinen von beiden wahrnehme, ich dann nie auf den Gedanken kommen kann, der, von dem ich weiß, sei der, von dem ich nicht weiß.

THEAITETOS. Richtig.

SOKRATES. Das dritte war, daß wenn ich von keinem von beiden weiß, noch auch sie wahrnehme, ich ebenfalls nicht glauben kann, der eine, von dem ich nicht weiß, sei der andere, von dem ich ebenfalls nicht weiß. Und so nimm an, du habest der Reihe nach noch einmal auf diese Art gehört alle die vorigen Fälle, in denen ich auf keine Weise in Hinsicht auf dich und den Theodoros falsch vorstellen kann, sowohl unter der Voraussetzung, daß ich euch beide kenne, als unter der, daß ich euch beide nicht kenne, und unter der, daß ich den einen von euch kenne, den andern aber nicht. Ebenso nun mit den Wahrnehmungen, wenn du jetzt folgst.

THEAITETOS. Jetzt folge ich.

SOKRATES. Es bleibt also übrig falsch vorzustellen in dem Falle, wenn ich den Theodoros sowohl als dich kennend, und von euch beiden wie von Siegelringen in jenem Wachs die Abdrücke habend, euch dann von weitem und nicht deutlich genug sehe, und indem ich mir Mühe gebe, das einem jeden zugehörige Abzeichen mit der ihm zugehörigen Gesichtswahrnehmung so zu vereinigen, daß ich diese gleichsam in ihre vorigen Spuren wieder einzuführen suche, damit eine Wiedererkennung erfolge, ich dann dies verfehle, und wie beim Wiederanlegen der Schuhe, beide vertauschend, die Anschauung eines jeden zu dem fremden Abdruck hinwerfe, oder ebenso fehle, wie es mit dem Sehen in den Spiegel ergeht, wo, was rechts ist, auf die linke Seite hinüberfließt, dann entsteht die Verwechselung der Vorstellung und das Falschvorstellen.

THEAITETOS. Es ist gar nicht zu sagen, Sokrates, wie sehr, was bei der Vorstellung vorkommt, dem gleicht, was du anführst.

Sokrates. Ebenso auch ferner, wenn ich beide kennend, den einen außer dem Kennen auch wahrnehme, den andern aber nicht, wenn nämlich meine Kenntnis des einen der Wahrnehmung nicht entsprechend ist, welches ich vorher ebenso sagte, und du damals nicht verstandest.

Theaitetos. Ich verstand es nicht.

Sokrates. Ich sagte nämlich dieses, daß, wer den einen kennt und wahrnimmt, und eine der Wahrnehmung entsprechende Kenntnis von ihm hat, gewiß niemals glauben wird, dieser sei ein anderer, den er auch kennt und wahrnimmt, und von dem er ebenfalls eine der Wahrnehmung entsprechende Kenntnis hat. So war es doch?

Theaitetos. Ja.

Sokrates. So blieb also eben das jetzt Angeführte übrig, wobei wir behaupten, daß eine falsche Vorstellung entstehen könne, daß nämlich, wer beide kennt, und beide sieht oder sonst eine Wahrnehmung von ihnen hat, die Abdrücke von beiden der Wahrnehmung vielleicht nicht ähnlich besitzt, und so wie ein schlechter Schütze anderswohin treffen und sein Ziel verfehlen kann, welches eben auch falsch genannt wird.

Theaitetos. Und ganz mit Recht.

Sokrates. Also auch, wenn nur zu dem einen Abdruck die Wahrnehmung hinzukommt, zu dem andern aber nicht, und sie den der abwesenden Wahrnehmung dann der anwesenden zuschreibt, in dem allen kann die Seele sich irren. Und mit einem Worte, in dem, wovon jemand nicht weiß, noch es jemals wahrgenommen hat, findet, wie es scheint, das Irren nicht statt und die falsche Vorstellung, wenn wir anders jetzt irgend etwas Vernünftiges gesagt haben. In dem aber, wovon wir wissen und was wir wahrnehmen, darin dreht und wendet sich die Vorstellung, bald richtig, bald falsch geratend; wenn sie nämlich gerade gegenüber geht und zusammengehörige Abbilder und Urbilder miteinander verbindet, wird sie wahr; wenn sie aber verdreht und kreuzweise verbindet, wird sie falsch.

Theaitetos. Das ist vortrefflich gesagt, Sokrates.

Sokrates. Hast du erst auch dieses gehört, so wirst du es noch mehr sagen. Das Richtigvorstellen ist doch etwas Schönes, und das Sichirren aber etwas Schlechtes?

Theaitetos. Wie sollte es nicht.

Sokrates. Dieses nun, sagt man, entstehe daher. Wenn jemands Wachs in der Seele stark aufgetragen ist und reichlich und glatt und gehörig erweicht, dann und bei solchen Menschen sind alle aus den Wahrnehmungen kommenden und in dieses Mark der Seele, wie Homeros, die Ähnlichkeit mit dem Wachs andeutend, sagt, eingezeichneten Abdrükke, da sie rein sind und Tiefe genug haben, auch dauerhaft, und solche Menschen selbst sind zuerst gelehrig, dann auch von gutem Gedächtnis, ferner verwechseln sie nicht die Abdrücke der Wahrnehmungen, sondern stellen immer richtig vor. Denn sie können ihre festen und geräumig gelegenen Abbilder leicht an das ihnen Zugehörige verteilen, was das Wirkliche heißt, und solche Menschen selbst heißen weise. Oder dünkt dich das nicht?

Theaitetos. Überaus sehr.

Sokrates. Wenn nun jemands Mark rauh ist, welches der in allen Dingen weise Dichter gar loben will, oder wenn es schmutzig ist und nicht von reinem Wachs, oder auch zu feucht oder zu hart, so sind die mit dem feuchten gelehrig zwar, aber auch vergeßlich, die mit dem harten aber das Gegenteil. Die aber haariges und rauhes, und steiniges oder mit Erde und Schmutz vermischtes haben, die haben auch undeutliche Abdrücke, undeutlich auch, die zu hartes haben, denn sie sind nicht tief genug; undeutlich auch die feuchtes, denn weil sie sich verlaufen, werden sie bald unkenntlich. Sind sie nun überdies noch aus Mangel an Raum übereinander gedrängt, wenn jemandes Seelchen nur klein ist, so werden sie noch undeutlicher als jene. Also diese nun werden falsch vorstellende; denn wenn sie etwas sehen oder hören oder überdenken, so können sie nicht schnell jedem das Seinige zuweisen, sondern sind langsam, und weil sie falsch anweisen, so versehen und verhören und verdenken sie sich oftmals, und diese heißen unverständig, und man sagt, daß sie sich um das Wahre immer betrügen.

Theaitetos. Vortrefflich über alle Maßen, o Sokrates.

Sokrates. Wollen wir also sagen, daß es falsche Vorstellungen in uns gibt?

Theaitetos. Ganz stark.

SOKRATES. Und auch richtige?

THEAITETOS. Auch richtige.

SOKRATES. Sollen wir also endlich glauben, hinlänglich bewiesen zu haben, daß es diese beiden Arten von Vorstellungen ganz gewiß gibt?

THEAITETOS. Vollkommen hinreichend.

SOKRATES. Nun wahrlich, Theaitetos, so ist es doch ein böses und höchst widriges Ding um einen Menschen, der nicht von der Stelle zu bringen ist mit seinen Reden.

THEAITETOS. Wieso? weshalb sagst du das?

SOKRATES. Aus Verdruß über meine Ungelehrigkeit und mein in der Tat gar nicht zu beschwichtigendes Geschwätz. Denn wie soll man es anders nennen, wenn ein Mensch aus Stumpfsinnigkeit alle seine Reden immer wieder so und so umdreht, und sich nicht überzeugen läßt und gar nicht wieder fortzubringen ist von jedem Satz.

THEAITETOS. Aber du, worüber bist du denn verdrießlich?

SOKRATES. Nicht nur verdrießlich bin ich, sondern auch in Angst, was ich antworten soll, wenn mich jemand fragt: O Sokrates, du hast also die falsche Vorstellung gefunden, daß die nicht in den Wahrnehmungen untereinander noch auch in den Gedanken, sondern in der Verbindung der Wahrnehmungen mit den Gedanken liegt? Ich werde es bejahen, glaube ich, nicht ohne mich ein wenig zu brüsten, als hätten wir etwas sehr Schönes gefunden.

THEAITETOS. Auch mir, o Sokrates, scheint es gar nichts Schlechtes zu sein, was wir jetzt eben gezeigt haben.

SOKRATES. Nicht wahr, Sokrates, wird er sagen, du meinst, daß wir von dem Menschen, den wir uns nur denken, nicht aber ihn sehen, niemals glauben werden, er sei ein Pferd, welches wir auch jetzt weder sehen noch betasten, sondern es nur denken, sonst aber nichts von ihm wahrnehmen? Ich werde, glaube ich, bejahen, daß wir dieses meinen.

THEAITETOS. Und zwar mit Recht.

SOKRATES. Wie nun, wird er sagen, die Elf, die jemand nur denkt, wird er wohl diesem zufolge niemals können für Zwölf halten, welche er sich auch nur denkt? Komm nur und antworte du.

THEAITETOS. Ich werde antworten, daß im Sehen und Betasten wohl jemand die Elf für Zwölf halten kann; von denen aber, welche er nur in Gedanken hat, könnte er sich wohl dies niemals vorstellen.

SOKRATES. Wie aber? Glaubst du wohl, es habe einer einmal bei sich selbst etwa Fünf und Sieben, ich meine aber nicht, er habe sich sieben und fünf Menschen vorgenommen zu betrachten oder dergleichen etwas; sondern die Fünf und Sieben selbst, welche wir als Denkmal in jenem Wachsguß angenommen, und von ihnen gesagt haben, es sei unmöglich in Hinsicht ihrer falsch vorzustellen. Wenn also diese selbst einmal der und jener bei sich betrachtet hat, zu sich selbst sprechend und sich fragend, wieviel sie wohl sind, und der eine nun seine Meinung dahin gegeben, sie machten Elf, der andere aber Zwölf – oder werden sie alle glauben und sagen, daß sie Zwölf machen?

THEAITETOS. Nein, beim Zeus, sondern viele auch werden Elf glauben. Und wenn es einer gar bei einer größeren Zahl versucht, irrt er sich noch leichter; und ich glaube doch, du sprichst eigentlich von jeder Zahl.

SOKRATES. Woran du ganz recht glaubst. Und so überlege dir nun, ob dies etwas anderes sagen will, als daß er diese Zwölf selbst, die im Wachsguß, für Elf hält.

THEAITETOS. So scheint es wenigstens.

SOKRATES. Kommt es also nun nicht auf die vorige Rede zurück? Denn der, welchem dieses begegnet, hält etwas, wovon er weiß, für etwas anderes, wovon er ebenfalls weiß, welches wir als unmöglich annahmen und eben dadurch bewiesen, daß es keine falsche Vorstellung gebe, damit man nicht annehmen müßte, daß derselbe dasselbe wisse und zugleich auch nicht wisse.

THEAITETOS. Ganz richtig.

SOKRATES. Wir werden also zeigen müssen, daß das Falschvorstellen etwas anderes ist als eine Verwechslung der Gedanken und der dazu gehörigen Wahrnehmungen. Denn wenn es dies wäre: so würden wir uns nicht in den Gedanken selbst irren. Nun aber gibt es entweder keine falsche Vorstellung, oder es ist möglich, daß jemand das, wovon er weiß, zugleich auch nicht wisse. Welches von beiden wählst du nun?

THEAITETOS. Eine schwierige Wahl legst du mir vor, o Sokrates.

SOKRATES. Beides zugleich aber will doch, wie es scheint, unsere Rede nicht verstatten. Doch aber, denn man muß ja alles wagen, wie wäre es, wenn wir uns erdreisteten, ganz unverschämt zu sein?

THEAITETOS. Wieso?

SOKRATES. Wenn wir sagen wollten, worin wohl eigentlich das Wissen besteht.

THEAITETOS. Und was ist dies Unverschämtes?

SOKRATES. Du scheinst nicht zu bedenken, daß unsere ganze Unterredung von Anfang an eine Frage nach der Erkenntnis gewesen ist, als ob also wir nicht wüßten, was sie ist.

THEAITETOS. Ich bedenke es wohl.

SOKRATES. Und es scheint dir dennoch nicht unverschämt, daß wir, die wir nicht wissen, was Erkenntnis ist, dennoch das Wissen zeigen wollen, worin es besteht? Aber, Theaitetos, schon seit langer Zeit sind wir ganz tief darin verstrickt, daß wir gar nicht rein und tadellos das Gespräch führen. Denn tausendmal haben wir schon gesagt, wir kennen und wir kennen nicht, wir wissen davon und wir wissen nicht davon, als ob wir hierüber einander verständen, während wir noch immer nicht wissen, was Erkenntnis ist? Ja, auch jetzt wieder haben wir uns der Worte bedient: nicht wissen und verstehen, als ob es uns ziemte sie zu gebrauchen, wenn uns doch noch die Erkenntnis mangelt.

THEAITETOS. Auf welche Art aber willst du denn reden, Sokrates, wenn du dich ihrer enthältst?

SOKRATES. Ich auf gar keine, da ich bin wie ich bin; wäre ich jedoch ein Streitlustiger, wie denn ein solcher, wenn er auch jetzt hier wäre, allerdings behaupten würde, er enthielte sich derselben, und uns, was ich sage, gar sehr verweisen würde. Da wir nun aber geringe Leute sind, willst du, daß ich es wage zu sagen, worin wohl das Wissen besteht? denn es scheint mir gar sehr zur Sache zu führen.

THEAITETOS. So wage es also, beim Zeus! und kannst du dich dieser Worte nicht enthalten, das soll dir gern verziehen sein.

SOKRATES. Hast du wohl gehört, wie sie jetzt das Wissen erklären?

THEAITETOS. Vielleicht; indes im Augenblick erinnere ich mich dessen nicht.

SOKRATES. Man sagt nämlich, es sei das Haben der Erkenntnis.

THEAITETOS. Richtig.

SOKRATES. Wir nun wollen eine kleine Veränderung machen und sagen, der Besitz der Erkenntnis.

THEAITETOS. Auf welche Weise meinst du denn, daß dieses von jenem unterschieden sei?

SOKRATES. Vielleicht ist es gar nichts. Höre aber, was mir scheint und prüfe es mit mir.

THEAITETOS. Wenn ich es nur werde imstande sein.

SOKRATES. Mir also scheint Besitzen und Haben nicht einerlei zu sein. Wie wenn jemand ein Kleid, das er gekauft und nun allerdings in seiner Gewalt hat, nicht trüge; so werden wir nicht sagen, daß er es an sich habe, sondern daß er es besitze.

THEAITETOS. Und mit Recht.

SOKRATES. Sieh also zu, ob es möglich ist, auch die Erkenntnis auf diese Art zu besitzen zwar, aber nicht zu haben; sondern wie wenn jemand wilde Vögel, Tauben oder von anderer Art gejagt und zu Hause einen Taubenschlag bereitet hat, worin er sie hält. Denn auf gewisse Weise würden wir dann sagen können, daß er sie immer hat, da er sie ja besitzt. Nicht wahr?

THEAITETOS. Ja.

SOKRATES. In einem andern Sinne aber auch, daß er gar keine hat, sondern daß ihm nur eine Gewalt über sie zukommt, indem er sie in einem ihm eigentümlichen Behältnis sich unterwürfig gemacht, sie zu nehmen und zu haben, wann er Lust hat, indem er fangen und wieder loslassen kann, welche er jedesmal will, und dieses ihm freisteht zu tun, sooft es ihm nur gefällt.

THEAITETOS. So ist es.

SOKRATES. Wie wir also in dem Vorigen, ich weiß nicht mehr, was für ein wächsernes Machwerk in der Seele bereiteten, so laß uns jetzt in jeder Seele einen Taubenschlag von mancherlei Vögeln anlegen, einige, die sich in Herden zusammenhalten und von andern absondern, andere, die nur zu wenigen, noch andere, welche einzeln unter allen wie es kommt umherfliegen.

THEAITETOS. Er sei angelegt. Was wird nun aber daraus?

SOKRATES. In der Kindheit, muß man sagen, sei dieses Behältnis leer, und statt der Vögel muß man sich Erkenntnisse denken. Welche Erkenntnisse nun einer in Besitz genommen und in seinen Schlag eingesperrt hat, von denen sagt man, er habe die Sache, deren Erkenntnis dies war, gelernt oder gefunden, und dies sei eben das Wissen.

THEAITETOS. So soll es sein.

SOKRATES. Daß er aber, welche von diesen Erkenntnissen er will, jagt und greift und sie dann festhält und wieder losläßt: siehe nun zu, welchen Namen dieses wird führen müssen, ob denselben wie zuvor, da er sie in Besitz nahm, oder einen andern? Du kannst aber hieraus noch deutlicher abnehmen, was ich will. Du nimmst doch eine Rechenkunst an?

THEAITETOS. Ja.

SOKRATES. Diese denke dir nun als die Jagd nach allen Erkenntnissen von Geraden und Ungeraden.

THEAITETOS. So denke ich sie.

SOKRATES. Vermittelst dieser Kunst nun, meine ich, hat jemand sowohl für sich die Erkenntnis der Zahlen in seiner Gewalt als auch auf andere überträgt sie vermittelst ihrer, wer dies tut.

THEAITETOS. Ja.

SOKRATES. Und wir sagen, wer sie übergibt, der lehre, und wer sie überkommt, der lerne, wer sie aber hat, so daß er sie besitzt in jenem Taubenschlage, der wisse.

THEAITETOS. Sehr wohl.

SOKRATES. Nun merke schon auf das Folgende. Wer nun vollkommen ein Rechenkünstler ist, weiß der nicht alle Zahlen? denn die Erkenntnisse von allen Zahlen sind in seiner Seele?

THEAITETOS. Wie sonst?

SOKRATES. Nun rechnet ein solcher doch wohl einmal etwas bei sich entweder Zahlen selbst oder auch etwas anderes außer ihnen, was Zahl an sich hat.

THEAITETOS. Wie sollte er nicht.

SOKRATES. Und das Rechnen selbst wollen wir doch als nichts anderes setzen als das Suchen, die wievielste Zahl eine ist.

THEAITETOS. Dafür.

SOKRATES. Was er also weiß, scheint er zu suchen als ein Nichtwissender, da wir doch eingeräumt haben, daß er alle Zahlen wisse. Denn du hörst doch von solchen Streitfragen?

THEAITETOS. O ja.

SOKRATES. Werden wir nun nicht dies mit dem Besitz der Tauben und mit der Jagd auf sie vergleichend sagen, daß es eine doppelte Jagd gibt, die eine vor dem Besitz, des Besitzes wegen, die andere für den Besitzer, wenn er greifen und in Händen haben will, was er schon lange besessen hat. Ebenso auch kann jemand dieses nämliche, wovon er durch Lernen schon seit langer Zeit Erkenntnis hatte und es wußte, doch sich vergegenwärtigen, indem er die Erkenntnis einer Sache wieder aufnimmt und festhält, welche er zwar schon lange besaß, sie aber nicht bei der Hand hatte in Gedanken.

THEAITETOS. Sehr richtig.

SOKRATES. Danach nun fragte ich eben vorher, mit was für Worten man dies ausdrücken soll, wenn der Rechenkünstler geht, um etwas auszurechnen, oder der Sprachkundige, etwas zu lesen; als ein Wissender also, geht er in diesem Fall wieder um von sich selbst zu lernen, was er weiß?

THEAITETOS. Aber das ist ja ungereimt, o Sokrates.

SOKRATES. Sollen wir also sagen, er lese oder rechne, was er nicht wisse, nachdem wir jenem doch zugeschrieben haben, daß er alle Buchstaben, diesem, daß er alle Zahlen wisse?

THEAITETOS. Aber auch das ist ja unvernünftig.

SOKRATES. Willst du also, daß wir sagen, um die Worte bekümmern wir uns nichts, wohin jeder das Wissen und das Lernen nach seinem Belieben ziehen will; nachdem wir aber festgesetzt, etwas anderes sei, die Erkenntnis besitzen, etwas anderes, sie haben: so behaupten wir, es sei zwar unmöglich, daß, was jemand besitzt, er auch nicht besitze, so daß dies freilich sich niemals ereigne, daß jemand, was er weiß, nicht wisse; eine falsche Vorstellung davon zu haben sei jedoch möglich, indem es möglich sei, daß er nicht diese sondern eine andere Erkenntnis statt dieser gefaßt hätte, wenn, indem er auf eine von seinen Erkenntnissen Jagd macht, diese durcheinanderfliegen und er dann sich vergreift und anstatt der einen eine andere bekommt; wenn er also glaubt, elf sei zwölf, indem er die Erkenntnis der Elf anstatt der der Zwölf gegriffen, gleichsam seine Holztaube statt seiner Kropftaube.

THEAITETOS. Dies läßt sich annehmen.

SOKRATES. Greift er aber die, welche er greifen wollte, dann irre er sich nicht, sondern stelle vor, was ist, und das nun sei die wahre und die falsche Vorstellung; und worüber wir vorher verdrießlich wurden, das stehe uns gar nicht entgegen? Vielleicht wirst du mir beistimmen, oder was wirst du tun?

THEAITETOS. Beistimmen.

SOKRATES. So wären wir demnach das Nichtwissen dessen, was man weiß, glücklich los. Denn daß wir nicht besäßen, was wir besitzen, das ereignet sich nun nicht mehr, es mag sich jemand irren oder nicht. Allein es scheint mir jetzt ein noch ärgeres Ereignis sich zu zeigen.

THEAITETOS. Was denn?

SOKRATES. Wenn das Verwechseln der Erkenntnisse die falsche Vorstellung sein soll.

THEAITETOS. Wieso?

SOKRATES. Zuerst schon dieses, daß jemand eine Erkenntnis von etwas haben und doch dieses selbst nicht kennen soll, und zwar nicht durch Unwissenheit, sondern eben vermittelst seiner Erkenntnis, ferner ein anderes als dieses vorstellen und dieses als ein anderes: wie, wäre dieses nicht ganz widersinnig, daß, indem ihr Erkenntnis einwohnt, die Seele doch gar nichts erkenne, sondern alles verkennen sollte. Denn nach demselben Verhältnis hindert nichts, daß nicht auch eine ihr beiwohnende Unwissenheit machen könnte, daß sie etwas wisse, und eine

Blindheit, daß sie etwas sehe, wenn sogar eine Erkenntnis machen kann, daß sie etwas nicht weiß.

THEAITETOS. Vielleicht, Sokrates, haben wir eben die Vögel nicht richtig angenommen, indem wir sagten, sie wären sämtlich Erkenntnisse. Wir hätten vielmehr auch Unkenntnisse annehmen sollen, welche in der Seele mit herumfliegen, und daß der Jagende, indem er bald die Erkenntnis, bald die Unkenntnis ergreift, denselben Gegenstand vermittelst der Unkenntnis falsch, vermittelst der Erkenntnis aber richtig vorstelle?

SOKRATES. Es ist nicht leicht, Theaitetos, dich nicht zu loben. Allein was du jetzt gesagt hast, das besieh dir doch noch einmal. Es sei nämlich, wie du sagst: so wird, wer die Unkenntnis ergriffen hat, wie du behauptest, falsch vorstellen. Nicht wahr?

THEAITETOS. Ja.

SOKRATES. Er wird aber doch wohl nicht glauben, falsch vorzustellen?

THEAITETOS. Wie sollte er?

SOKRATES. Sondern richtig, und wird sich verhalten wie ein Wissender dessen, worin er sich doch irrt.

THEAITETOS. Wie anders?

SOKRATES. Eine Erkenntnis wird er also glauben gegriffen und in der Hand zu haben, und nicht eine Unkenntnis.

THEAITETOS. Offenbar.

SOKRATES. Nach einem langen Umwege befinden wir uns wieder in unserer ersten Verlegenheit. Denn lachend wird jener uns verfolgende Tadler sagen: Wie doch, ihr trefflichen Männer, von beiden wissend, der Erkenntnis und der Unkenntnis, hält er die eine, um welche er weiß, für die andere, um welche er ebenfalls weiß? oder von keiner von beiden wissend stellt er die eine, um die er nicht weiß, als eine von jener Art vor, um welche er ebenfalls nicht weiß? Oder hält er die, um welche er nicht weiß, für die, um welche er weiß? Oder werdet ihr mir wieder sagen, es gebe von den Erkenntnissen und Unkenntnissen wiederum Erkenntnisse, welche der Besitzer in irgendeinem andern lächerlichen Taubenschlag oder Wachstafel eingesperrt hat und sie weiß, solange er sie besitzt, auch wenn er sie nicht bei der Hand hat in Gedanken? Und so werdet ihr genötigt sein, tausendmal denselben Kreis zu durchlaufen, ohne etwas damit zu gewinnen? Was werden wir hierauf antworten, Theaitetos?

THEAITETOS. Ja, beim Zeus, Sokrates, ich weiß nicht, was darauf zu sagen ist.

SOKRATES. Macht uns also unsere Rede nicht ganz mit Recht einen Vorwurf und zeigt uns, daß wir unrecht taten, die falsche Vorstellung eher zu suchen als die Erkenntnis, und diese dagegen fahren zu lassen? und daß es unmöglich ist, jene zu verstehen, ehe jemand die Erkenntnis hinlänglich aufgefaßt hat, was sie ist?

THEAITETOS. Notwendig, Sokrates, muß man für jetzt glauben, was du sagst.

SOKRATES. Was soll man also wieder von vorne sagen, daß die Erkenntnis sei? Denn wir wollen es doch noch nicht aufgeben?

THEAITETOS. Gewiß nicht, wenn du es mir nicht aufkündigst.

SOKRATES. So sprich denn, wie sollen wir sie endlich erklären, um am wenigsten uns selbst zu widersprechen?

THEAITETOS. Wie wir es in dem Vorigen versucht haben, Sokrates; ich wenigstens weiß nichts anderes zu sagen.

SOKRATES. Welches meinst du denn?

THEAITETOS. Daß richtige Vorstellung Erkenntnis ist. Denn ohne Fehl ist das Richtigvorstellen, und was daraus hervorgeht, das geht alles schön und gut hervor.

SOKRATES. Wer ins Wasser vorangeht, o Theaitetos, sagt, es werde sich ja selbst zeigen, wie tief es sei. So auch wenn wir weitergehn und diesem nachspüren, wird es uns vielleicht, wenn es uns vor die Füße kommt, das Gesuchte auch zeigen. Bleiben wir aber stehen, so wird uns nichts deutlich werden.

THEAITETOS. Du hast recht. Laß uns also gehen und untersuchen.

SOKRATES. Dies wohl ist eine kurze Untersuchung; denn eine ganze Kunst beweist dir schon, daß dies nicht die Erkenntnis ist.

THEAITETOS. Wieso, und was für eine?

SOKRATES. Die Kunst der Vornehmsten an Weisheit, die man Redner und

Sachwalter nennt. Denn diese überreden vermittelst ihrer Kunst nicht, indem sie lehren, sondern, indem sie bewirken, daß man sich vorstellt, was sie eben wollen. Oder hältst du sie für so bewundernswürdige Meister im Lehren, daß sie, wenn jemand, ohne daß sonst einer dabei war, seines Geldes beraubt ward oder sonst Unrecht erlitt, verständen, während ein weniges Wasser verläuft, die wahre Beschaffenheit dessen, was diesem geschehen ist, gründlich zu beweisen?

THEAITETOS. Keineswegs glaube ich das, sondern, daß sie nur überreden.

SOKRATES. Heißt aber nicht überreden: bewirken, daß etwas auf eine gewisse Art vorgestellt werde?

THEAITETOS. Was anders?

SOKRATES. Wenn also Richter, so wie es sich gehört, überredet worden sind in bezug auf etwas, das nur, wer es selbst gesehen hat, wissen kann, sonst aber keiner, so haben sie dieses, nach dem bloßen Gehör urteilend, vermöge einer richtigen Vorstellung aber, ohne Erkenntnis abgeurteilt, so jedoch, daß die Überredung richtig gewesen, wenn sie nämlich als Richter gut geurteilt haben?

THEAITETOS. So ist es allerdings.

SOKRATES. Nicht aber, o Freund, könnte jemals, wenn richtige Vorstellung und Erkenntnis einerlei wären, auch der beste Richter und Gerichtshof etwas richtig vorstellen ohne Erkenntnis. Nun aber scheint beides verschieden zu sein.

THEAITETOS. Was ich auch schon einen sagen gehört und es nur vergessen habe, mich aber dessen jetzt wieder erinnere. Er sagte nämlich, die mit ihrer Erklärung verbundene richtige Vorstellung wäre Erkenntnis, die unerklärbare dagegen läge außerhalb der Erkenntnis. Und wovon es keine Erklärung gebe, das sei auch nicht erkennbar, und so benannte er dies auch, wovon es aber eine gebe, das sei erkennbar.

SOKRATES. Gewiß schön gesagt. Dies Erkennbare aber und nicht Erkennbare, sage an, wie er es unterschied, ob wir es etwa auf gleiche Weise gehört haben, du und ich.

THEAITETOS. Ich weiß nicht, ob ich es herausfinden werde; trüge es aber ein anderer vor, so glaube ich, würde ich wohl folgen.

SOKRATES. Höre also einen Traum für den andern. Mich nämlich dünkt, daß ich von einigen gehört habe, die ersten gleichsam Urbestandteile, aus denen wir sowohl als alles übrige zusammengesetzt sind, ließen keine Erklärung zu; sondern man könne nur jedes von ihnen an und für sich bezeichnen, nicht aber irgend etwas anderes davon aussagen, weder daß sie seien, noch daß sie nicht seien; denn alsdann würde ihnen doch ein Sein oder Nichtsein schon beigelegt, man dürfe ihnen aber nichts weiter zusetzen, wenn man doch sie allein aussagen wolle. Daher man ihnen weder das dieses, noch das jenes, noch das jedes, noch das nur, noch dieses, noch viel anderes dergleichen zusetzen dürfe. Denn eben diese Begriffe laufen überall umher und werden mit allen zusammengefügt, immer aber als verschieden von denen, welche sie beigelegt würden. Jene Dinge müßten aber, wenn es möglich wäre sich über sie zu erklären und jedes seine eigentümliche Erklärung hätte, ohne alle andern erklärt werden. Nun aber sei es unmöglich, daß irgendeins von den ersten Dingen durch eine Erklärung ausgedrückt werde; denn es gebe für sie nichts als nur genannt zu werden, sie hätten eben nur einen Namen. Was aber aus diesen schon zusammengesetzt wäre, dessen Namen wäre, so wie es selbst aus mehreren zusammengeflochten ist, ebenfalls zusammengeflochten und zu einer Erklärung geworden. Denn Verflechtung von Namen sei das Wesen der Erklärung. Auf diese Art also wären die Urbestandteile unerklärbar und unerkennbar, wahrnehmbar aber; die Verknüpfungen hingegen erkennbar und erklärbar und durch richtige Vorstellung vorstellbar. Wenn nun jemand ohne Erklärung eine richtige Vorstellung von etwas empfinge, so sei zwar seine Seele darüber im Besitz der Wahrheit; sie erkenne aber nicht. Denn wer nicht Rede stehen und Erklärung geben könne, der sei ohne Erkenntnis über diesen Gegenstand. Wer aber die Erklärung auch dazu habe, der sei des allen mächtig, und habe alles vollständig zur Erkenntnis beisammen. Hast du diesen Traum ebenso gehört oder anders?

THEAITETOS. Ebenso ganz und gar.

SOKRATES. Gefällt es dir auch, und setzst du dieses, daß richtige Vorstellung mit Erklärung Erkenntnis ist?

THEAITETOS. Offenbar, versteht sich.

SOKRATES. Also hätten wir auf diese Art heute am Tage erreicht, was seit langer Zeit viele Weisen gesucht und, ohne es zu finden, alt geworden sind?

THEAITETOS. Mir scheint doch, Sokrates, das jetzt Vorgetragene sehr schön gesagt zu sein.

SOKRATES. Es ist auch ganz wahrscheinlich, daß sich die Sache an sich so verhalte. Denn was sollte auch die Erkenntnis sein ohne Erklärung und richtige Vorstellung. Nur eins will mir an dem Gesagten mißfallen.

THEAITETOS. Was denn?

SOKRATES. Gerade was das Herrlichste zu sein scheint, daß nämlich die Urbestandteile unerkennbar wären, alle Arten von Verknüpfungen aber erkennbar.

THEAITETOS. Ist dies nicht richtig?

SOKRATES. Man muß zusehen. Haben wir doch zu Geiseln für diesen Satz die Beispiele, von denen offenbar, wer dieses alles sagte, ausgegangen ist.

THEAITETOS. Was für welche?

SOKRATES. Die Urbestandteile der Schrift und deren Verknüpfungen. Oder glaubst du, daß wer aufgestellt, wovon wir reden, auf etwas anderes dabei gesehen hat als hierauf?

THEAITETOS. Nein, sondern hierauf.

SOKRATES. Prüfen wir es also noch einmal von vorn, oder vielmehr uns selbst, ob wir so oder nicht so lesen gelernt haben. Wohlan zuerst, haben also die Silben eine Erklärung, die Buchstaben aber keine?

THEAITETOS. Wahrscheinlich.

SOKRATES. Vollkommen leuchtet es auch mir ein. Wenn zum Beispiel jemand so nach der ersten Silbe von Sokrates fragte: O Theaitetos, sprich, was ist So? Was wirst du antworten?

THEAITETOS. Es ist S und O.

SOKRATES. Hier hast du also die Erklärung der Silbe.

THEAITETOS. So ist es.

SOKRATES. So komm und sage ebenso auch die Erklärung des S.

THEAITETOS. Und wie sollte wohl jemand die Bestandteile eines Bestandteils angeben können? Denn überdies ist das S ein stummer Buchstabe, nur ein Geräusch, als wenn jemand mit der Zunge zischt. Das B aber hat gar weder ein Geräusch noch einen Laut, und ebenso die meisten Buchstaben. So daß hiernach gar sehr gut gesagt ist, daß sie unerklärbar sind, da selbst die deutlichsten unter ihnen nur einen Laut haben, ganz und gar aber keine Erklärung.

SOKRATES. Dieses, Freund, hätten wir also in Ordnung gebracht von der Erkenntnis.

THEAITETOS. Wir scheinen ja.

SOKRATES. Wie aber, daß der Bestandteil nicht erkennbar ist, wohl aber die Verknüpfung, haben wir denn das auch mit Recht angenommen?

THEAITETOS. Mich dünkt es doch.

SOKRATES. Gut denn. Wollen wir sagen, die Silbe sei die zwei Buchstaben, oder, wenn sie aus mehr als zweien besteht, die sämtlichen? Oder sie sei ein Besonderes, erst aus der Zusammensetzung von jenen Entstandenes?

THEAITETOS. Sie sei die sämtlichen, dünkt mich, werden wir sagen.

SOKRATES. So betrachte es einmal an jenen zweien, dem S und O. Beide machen die erste Silbe meines Namens. Wird nun nicht, wer diese Silbe kennt, auch jene beiden Buchstaben kennen?

THEAITETOS. Wie anders?

SOKRATES. Er kennt also das S und O?

THEAITETOS. Ja.

SOKRATES. Wie aber? Jeden von beiden erkennt er also nicht, und so, obschon er keinen von beiden erkennt, erkennt er doch beide?

THEAITETOS. Das wäre ja toll und unvernünftig.

SOKRATES. Allein wenn es notwendig ist, daß er jeden erkennt, um beide zu erkennen, so muß ja notwendig die Buchstaben schon vorher erkennen, wer jemals die Silbe erkennen will, und so wird uns diese schöne Erklärung wieder entschlüpfen und verschwinden.

THEAITETOS. Und das ja sehr schnell.

SOKRATES. Wir bewachen sie eben nicht gut. Denn wir sollen vielleicht gesagt haben, die Silbe wäre nicht die gesamten Buchstaben, sondern eine aus jenen entstandene besondere Gattung, welche ihr eigenes Wesen und Gestalt für sich hätte und verschieden wäre von den Buchstaben.

THEAITETOS. Ganz gewiß, und es mag sich wohl eher so verhalten als anders.

SOKRATES. Wir müssen zusehen, und nicht unmännlicherweise einen so großen und herrlichen Satz verraten.

THEAITETOS. Keineswegs.

SOKRATES. Es sei also, wie wir jetzt sagen, die Verknüpfung eine aus den jedesmal sich zusammenfügenden Bestandteilen entstehende eigene Gattung, auf gleiche Weise bei den Buchstaben, und auch sonst überall.

THEAITETOS. Allerdings.

SOKRATES. Also Teile darf es von ihr nicht geben?

THEAITETOS. Wieso nicht?

SOKRATES. Weil was Teile hat, dessen Ganzes ist auch notwendig die gesamten Teile. Oder sagst du, auch das Ganze sei ein aus den Teilen entstandenes Eigenes, von den gesamten Teilen Verschiedenes?

THEAITETOS. Das will ich.

SOKRATES. Ein Gesamtes aber und ein Ganzes, verstehst du darunter dasselbe, oder unter jedem etwas anderes?

THEAITETOS. Dessen bin ich nicht gewiß. Weil du aber immer befiehlst herzhaft zu antworten, so will ich es wagen und sagen, etwas anderes unter jedem.

SOKRATES. Die Herzhaftigkeit, o Theaitetos, ist gut, ob aber auch die Antwort, das müssen wir sehen.

THEAITETOS. Das müssen wir allerdings.

SOKRATES. So wäre also der jetzigen Erklärung zufolge das Ganze verschieden von dem Gesamten.

THEAITETOS. Ja.

SOKRATES. Wie aber die sämtlichen und das Gesamte, ist dies auch verschieden? Wie wenn wir sagen eins, zwei, drei, vier, fünf, sechs, und wenn zweimal drei oder dreimal zwei, oder drei und zwei und eins, sagen wir in allen diesen Fällen dasselbige oder in jedem etwas anderes?

THEAITETOS. Dasselbe.

SOKRATES. Etwas anderes als Sechs?

THEAITETOS. Nichts anderes.

SOKRATES. In allen diesen Formeln also haben wir ein Gesamtes, die Sechs gefunden?

THEAITETOS. Ja.

SOKRATES. Und wiederum, meinen wir nichts, wenn wir sagen, die sämtlichen?

THEAITETOS. Notwendig doch etwas. Sokrates. Etwas anderes etwa als Sechs? Theaitetos. Nichts anderes.

SOKRATES. In allem also, was aus Zahlen besteht, nennen wir dasselbe das Gesamte und die sämtlichen.

THEAITETOS. So scheint es.

SOKRATES. Nun laß uns weiter dieses davon sagen. Die Zahl eines Acker Landes und der Acker ist einerlei?

THEAITETOS. Ja.

SOKRATES. Und mit dem Stadion ebenso?

THEAITETOS. Ja.

SOKRATES. Und ebensowohl auch die Zahl eines Heeres und das Heer? Und mit allen ähnlichen Dingen auf gleiche Art. Denn ihre gesamte Zahl ist auch das gesamte Sein eines jeden von ihnen.

THEAITETOS. Ja.

SOKRATES. Nun, und die Zahl eines jeden, ist die etwas anderes als seine Teile?

THEAITETOS. Nichts.

SOKRATES. Und was Teile hat, besteht aus Teilen?

THEAITETOS. Offenbar.

SOKRATES. Eingestanden ist aber, daß die sämtlichen Teile das Gesamte sind, wenn die gesamte Zahl das gesamte Sein ist.

THEAITETOS. So ist es.

SOKRATES. Das Ganze besteht also nicht aus Teilen? Denn so wäre es ein Gesamtes, wenn es die sämtlichen Teile wäre.

THEAITETOS. Es scheint nicht.

SOKRATES. Kann aber ein Teil von irgend etwas anderem sein was er ist, als von einem Ganzen?

THEAITETOS. Von einem Gesamten.

SOKRATES. Recht mannhaft, o Theaitetos, wehrst du dich. Das Gesamte aber, ist das nicht eben dieses, ein Gesamtes, wenn ihm nichts abgeht?

THEAITETOS. Allerdings.

SOKRATES. Ist aber nicht eben dieses ein Ganzes, dem nirgends nichts abgeht? Dem aber etwas abgeht, dieses ein weder Ganzes noch Gesamtes, in bezug auf beides aus demselben dasselbe geworden?

THEAITETOS. Jetzt scheint mir das Ganze und das Gesamte in nichts mehr verschieden zu sein.

SOKRATES. Sagten wir nun nicht, wo Teile seien, da sei das Ganze und Gesamte die sämtlichen Teile?

THEAITETOS. Allerdings.

SOKRATES. Wiederum, was ich eben wollte, muß nicht die Silbe, wenn sie nicht die Buchstaben ist, dann auch die Buchstaben nicht als ihre Teile haben; oder wenn sie dasselbe ist mit ihnen, dann auch auf gleiche Art wie jene erkennbar sein?

THEAITETOS. So ist es.

SOKRATES. Und damit dies nicht erfolgen möchte, setzten wir, sie sei etwas von ihnen Verschiedenes?

THEAITETOS. Ja.

SOKRATES. Wie aber, wenn die Buchstaben nicht Teile der Silbe sind, kannst du etwas anderes anführen, was Teil derselben wäre, jedoch nicht die Buchstaben derselben?

THEAITETOS. Auf keine Weise, o Sokrates! Denn soll ich einmal Teile von ihr zugeben, dann wäre es lächerlich, die Buchstaben fahren zu lassen und andere aufzusuchen.

SOKRATES. Nach dieser Rede also, Theaitetos, wäre die Silbe ganz und gar ein ungeteiltes Wesen?

THEAITETOS. So scheint es.

SOKRATES. Erinnere dich nun, Freund, daß wir vor nicht gar langer Zeit zufrieden gewesen sind und geglaubt haben, es sei richtig gesagt, daß von dem ersten, woraus das andere bestände, sich keine Erklärung geben ließe, weil jedes nur für sich wäre unzusammengesetzt, und man nicht einmal das Sein hinzufügen und mit Recht davon aussagen könne, noch das Dieses, weil dies alles schon etwas anderes und Fremdes wäre, und aus dieser Ursache nun war das erste unverkennbar und unerklärbar.

THEAITETOS. Ich erinnere mich.

SOKRATES. Gibt es nun wohl eine andere als diese Ursache dafür, daß es etwas Einfaches und Unteilbares ist? Ich wenigstens sehe keine andere.

THEAITETOS. Es zeigt sich auch wohl keine.

SOKRATES. Also fällt die Silbe unter dieselbe Gattung mit jenem, wenn sie keine Teile hat und ein bestimmtes Wesen ist.

THEAITETOS. Auf jede Weise.

SOKRATES. Ist nun also die Silbe einerlei mit den vielen Buchstaben und ein Ganzes und diese ihre Teile; so müssen auf gleiche Art die Silben erkennbar und erklärbar sein wie die Buchstaben, da die sämtlichen Teile sich einerlei gezeigt haben mit dem Ganzen?

THEAITETOS. Freilich wohl.

SOKRATES. Ist sie aber eins und unteilbar, so ist auch die Silbe ebensowohl als der Buchstabe unerklärbar und unerkennbar. Denn dieselbe Ursache wird beide zu demselben machen.

THEAITETOS. Ich weiß nichts anderes zu sagen.

SOKRATES. Mit dem also wollen wir es nicht halten, welcher sagt, die Verknüpfung sei erkennbar und erklärbar, der Bestandteil aber sei das Gegenteil.

THEAITETOS. Freilich nicht, wenn wir unserer Rede folgen.

SOKRATES. Wie aber? wenn einer das Gegenteil behauptete, würdest du dem nicht lieber beistimmen nach allem, dessen du dir vor Erlernung der Buchstaben her bewußt bist?

THEAITETOS. Was meinst du?

SOKRATES. Daß du beim Lernen nichts anderes tatest als dir Mühe geben, die Buchstaben dem Gesicht nach zu unterscheiden, und ebenso auch durch das Gehör jeden einzelnen für sich, damit nicht ihre Stellung verwirre, wenn sie gesprochen und geschrieben wurden.

THEAITETOS. Vollkommen richtig.

SOKRATES. Und bei den Kitharisten vollkommen gelernt zu haben, heißt das etwas anderes, als jedem Ton folgen zu können, welcher Saite er angehöre, wovon jeder zugeben wird, daß man es die Urbestandteile der Tonkunst nennen kann.

THEAITETOS. Nichts anderes.

SOKRATES. Wenn man nun von den Urbestandteilen und Verknüpfungen, deren wir selbst erfahren sind, auch auf die andern schließen darf, so werden wir sagen müssen, daß die Erkenntnis der Urbestandteile viel deutlicher sei und viel wirksamer, als die der Verknüpfungen, um jegliche Sache vollkommen zu erlernen. Und wenn jemand sagt, die Verknüpfung sei ihrer Natur nach erkennbar, der Urbestandteil aber nicht, so wollen wir dafür halten, er treibe Scherz, es sei nun wissentlich oder unwissentlich.

THEAITETOS. Offenbar.

SOKRATES. Doch hievon ließen sich noch andere Beweise anführen, wie mich dünkt. Laß uns aber nicht vergessen, unsern vorliegenden Gegenstand hernach zu betrachten, was es doch wohl sagen soll, daß die zu der richtigen Vorstellung hinzukommende Erklärung die vollkommenste Erkenntnis ist.

THEAITETOS. So laß uns denn sehen.

SOKRATES. Wohlan, in welchem Sinne will er wohl hier eigentlich die Erklärung gemeint haben. Eines von dreien nämlich muß er, wie mir scheint, sagen wollen.

THEAITETOS. Von welchen dreien?

SOKRATES. Das erste wäre dieses, daß man überhaupt seine Gedanken durch die Stimme vermittelst der Hauptund Zeitwörter deutlich macht, indem man seine Vorstellung wie im Spiegel oder im Wasser, so in dieser Ausströmung des Mundes ausdrückt. Oder scheint dir dies nicht Erklärung zu sein?

THEAITETOS. Mir allerdings.

SOKRATES. Und von dem, welcher dies tut, sagen wir, daß er sich über etwas erklärt.

THEAITETOS. Das sagen wir.

Sokrates. Dies ist nun aber jeder zu tun imstande schneller oder langsamer, zu äußern, was er von jeder Sache meint, wer nur nicht ganz und gar taub oder stumm ist. Und auf diese Art werden alle, so viele nur etwas richtig vorstellen, auch damit Erklärung verbinden, und es wird also nirgends mehr eine richtige Vorstellung sein ohne Erkenntnis.

Theaitetos. Richtig.

Sokrates. Laß uns aber deshalb nicht leichtsinnigerweise den verurteilen, daß er nichts gesagt habe, welcher von der Erkenntnis die Erklärung gegeben hat, welche wir jetzt untersuchen. Denn wahrscheinlich hat er nicht dieses gemeint, sondern daß, wer gefragt wird, was jedes ist, dem Fragenden nach den Bestandteilen der Sache Rechenschaft geben könne.

Theaitetos. Wie meinst du das, Sokrates?

Sokrates. Wie Hesiodos vom Wagen sagt, die hundert Hölzer des Wagens, die ich freilich nicht zu nennen wüßte, und ich glaube auch du nicht, sondern wir würden uns begnügen, wenn wir gefragt würden, was ein Wagen ist, daß wir zu antworten wüßten, Räder, Achsen, Obergestelle, Sitz, Joch.

Theaitetos. Sehr zufrieden.

Sokrates. Jener aber würde uns, als wenn wir nach deinem Namen gefragt würden und nur silbenweise antworteten, auslachen, daß wir zwar richtig vorstellten und sagten, was wir sagten, uns aber sehr mit Unrecht einbildeten, Sprachkundige zu sein und von dem Namen Theaitetos die sprachkundige Erklärung zu besitzen und zu geben. Mit Erkenntnis aber spreche man nicht eher über etwas, bis man imstande sei, neben der richtigen Vorstellung alles nach seinen ersten Bestandteilen zu beschreiben, wie es auch schon oben irgendwo gesagt worden ist.

Theaitetos. Das ist gesagt worden.

Sokrates. So hätten auch wir zwar eine richtige Vorstellung vom Wagen, der aber das ganze Wesen desselben nach jenen hundert Hölzern beschreiben könne, der habe, eben weil er dies noch dazu habe, auch noch die Erklärung zu der richtigen Vorstellung, und sei anstatt eines bloß Vorstellenden auch ein Kunstverständiger und Wissender in Beziehung auf das Wesen des Wagens, indem er das Ganze nach seinen Bestandteilen durchgehen könne.

THEAITETOS. Scheint dir dieses nun gut, Sokrates?

SOKRATES. Ob es dir so scheint, Freund, und du annimmst, daß die Beschreibung eines Dinges nach seinen einzelnen Bestandteilen Erklärung sei, die aber nach den nächsten oder nach größeren Verknüpfungen Unerklärtes, dies sage mir, damit wir es in Erwägung ziehen.

THEAITETOS. Ich nehme es gänzlich an.

SOKRATES. Und glaubst etwa, daß jemand von etwas Erkenntnis habe, wenn dasselbe bald hiezu ihm zu gehören scheint, bald dazu, oder auch wenn er von demselben Dinge bald dieses vorstellt, bald jenes?

THEAITETOS. Beim Zeus, ich gewiß nicht.

SOKRATES. Und erinnerst dich nicht, daß dieses beim Lernen der Buchstaben dir und andern im Anfange begegnet ist?

THEAITETOS. Meinst du, daß wir derselben Silbe bald diesen bald einen andern Buchstaben zugeschrieben, und denselben Buchstaben bald in die gehörige, bald in eine andere Silbe gesetzt haben?

SOKRATES. Eben dies meine ich.

THEAITETOS. Dessen erinnere ich mich sehr wohl, beim Zeus, und glaube, daß derjenige bei weitem noch nicht eigentlich weiß, mit dem es sich so verhält.

SOKRATES. Wie nun, wenn bei solcher Gelegenheit einer, indem er Theaitetos schreibt, ein Th und ein E schreiben zu müssen glaubt und auch wirklich schreibt; wenn er aber Theodoros schreiben will, ein T und ein E schreiben zu müssen glaubt und auch wirklich schreibt: soll man sagen, daß er die erste Silbe eures Namens wisse?

THEAITETOS. Wir haben ja nur eben eingestanden, daß der, mit welchem es sich so verhält, noch nicht wisse.

SOKRATES. Hindert nun etwas, daß es ihm bei der zweiten, dritten und vierten Silbe auf ähnliche Art gehe?

THEAITETOS. Nicht daß ich wüßte.

SOKRATES. Wird er nicht alsdann die Beschreibung nach den Bestandteilen innehabend den Namen Theaitetos mit richtiger Vorstellung schreiben, wenn er ihn in der gehörigen Ordnung schreibt?

THEAITETOS. Offenbar.

SOKRATES. Und dies ohne noch Erkenntnis zu haben, aber richtig vorstellend?

THEAITETOS. Ja.

SOKRATES. Er hat aber doch die Erklärung nebst richtiger Vorstellung; denn er hatte ja beim Schreiben die ganze Reihe der Bestandteile, welches wir eben Erkenntnis genannt haben.

THEAITETOS. Richtig.

SOKRATES. So gibt es also, Freund, eine mit der richtigen Vorstellung verbundene Erklärung, welche man noch nicht Erkenntnis nennen darf.

THEAITETOS. So scheint es.

SOKRATES. Nur im Traume sind wir also reicher geworden, indem wir glaubten, die richtigste Erklärung der Erkenntnis gefunden zu haben. Oder sollen wir noch nicht aburteilen? Denn vielleicht möchte einer die Erklärung nicht so verstehen, sondern nach der noch übrigen von jenen drei Bedeutungen, wovon eine, wie wir sagten, derjenige annehmen müsse, welcher die Erkenntnis beschriebe als eine richtige Vorstellung mit der Erklärung verbunden.

THEAITETOS. Ganz recht erinnerst du. Denn eine ist noch übrig; die erste war gleichsam ein Bildnis des Gedankens durch die Stimme; das eben Durchgegangene war der Weg zum Ganzen durch die Bestandteile. Was meinst du aber mit der Dritten?

SOKRATES. Was die meisten sagen würden, daß man könne ein Merkmal angeben, wodurch sich das Gefragte von allen übrigen Dingen unterscheide.

THEAITETOS. Was für eine Erklärung kannst du mir in diesem Sinne von irgend etwas geben?

SOKRATES. Wie wenn du willst von der Sonne würde es dir, glaube ich, genügen anzunehmen, daß sie das Glänzendste ist von allem, was am Himmel um die Erde geht.

THEAITETOS. Vollkommen.

SOKRATES. Merke auch recht, weshalb es gesagt ist. Nämlich, wie wir eben sagten, wenn du das Unterscheidende eines Dinges auffassest, wodurch es von den übrigen verschieden ist, so behaupten einige, du habest seine

Erklärung aufgefaßt. Solange du aber nur noch etwas Gemeinschaftliches triffst, so würde deine Erklärung auf dasjenige gehn, was zu dieser Gemeinschaftlichkeit gehört.

THEAITETOS. Ich verstehe, und es dünkt mich sehr richtig, dieses die Erklärung zu nennen.

SOKRATES. Wer also nun bei richtiger Vorstellung von irgend etwas auch seinen Unterschied von dem übrigen aufgefaßt hat, der wird dann Erkenntnis von demjenigen erlangt haben, wovon er vorher nur Vorstellung hatte.

THEAITETOS. So behaupten wir freilich.

SOKRATES. Jetzt aber, Theaitetos, nun ich zu dem Gesagten näher hinzutrete, verstehe ich, wie bei den großen, auf die Entfernung berechneten Gemälden auch nicht mehr das mindeste davon. So lange ich von ferne stand, schien mir etwas gesagt zu sein.

THEAITETOS. Wieso kommt das?

SOKRATES. Ich will es dir deutlichmachen, wenn es mir gelingen wird. Vorausgesetzt, ich habe eine richtige Vorstellung von dir, so erkenne ich dich doch nur, wenn ich auch noch deine Erklärung dazu auffasse, wofern aber nicht, so stelle ich dich nur vor.

THEAITETOS. Ja.

SOKRATES. Deine Erklärung aber war die Bezeichnung deiner Verschiedenheit.

THEAITETOS. So war es.

SOKRATES. Als ich dich nun nur vorstellte, nicht wahr, so traf ich mit meinen Gedanken nichts von dem, wodurch du dich von andern unterscheidest?

THEAITETOS. Es scheint nicht.

SOKRATES. Ich dachte also nur etwas Gemeinschaftliches, was du um nichts mehr hast als irgendein anderer.

THEAITETOS. Notwendig.

SOKRATES. Wohlan denn, beim Zeus, wie habe ich doch auf diese Art mehr dich vorgestellt als irgendeinen andern? Denn setze, ich dächte mir, derjenige wäre Theaitetos, der ein Mensch wäre und Nase, Mund

und Augen hätte, und so jedes der übrigen Glieder; wird nun dieser Gedanke machen, daß ich mir mehr den Theaitetos denke als den Theodoros, oder, wie man zu sagen pflegt, den letzten der Myser?

THEAITETOS. Wie sollte er?

SOKRATES. Allein wenn ich mir auch nicht bloß einen Nase und Augen Habenden denke, sondern auch wohl einen Krummnasigen und mit heraustretenden Augen, werde ich dann mehr dich vorstellen als mich selbst und wer sonst noch so beschaffen ist?

THEAITETOS. Um nichts mehr.

SOKRATES. Sondern nicht eher, glaube ich, wird Theaitetos in mir vorgestellt werden, bis diese Krummnasigkeit selbst ein sich von andern Krummnasigkeiten, die ich auch schon gesehen, unterscheidendes Merkmal in mir abdrückt und zurückläßt, und so alles übrige, woraus du bestehst, inwiefern dieses mich, auch wenn ich dir morgen begegne, erinnern und machen wird, daß ich mir dich richtig vorstelle.

THEAITETOS. Ganz recht.

SOKRATES. Also auch die richtige Vorstellung von einem jeden geht schon auf die Verschiedenheit.

THEAITETOS. So scheint es ja.

SOKRATES. Zur richtigen Vorstellung noch die Erklärung hinzufügen, was hieße das also? Denn heißt dies, sich noch dasjenige dazu vorstellen, wodurch etwas sich von dem übrigen unterscheidet, so ist das ja eine lächerliche Vorschrift.

THEAITETOS. Wieso?

SOKRATES. Wovon wir schon eine richtige Vorstellung haben, inwiefern es sich von dem übrigen unterscheidet, davon sollen wir nun noch eine richtige Vorstellung hinzunehmen, inwiefern es sich von dem übrigen unterscheidet, und so will alles andere Herumdrehen im Kreise, ohne daß etwas von der Stelle komme, nichts sagen gegen diese Vorschrift. Man könnte es aber mit mehrerem Recht das Zureden eines Blinden nennen, denn uns zureden, daß wir doch nehmen möchten, was wir schon haben, um das zu erfahren, was wir schon vorstellen, das schickt sich ganz vortrefflich für einen Geblendeten.

THEAITETOS. Sprich aber, was wolltest du vorher noch herausbringen mit deiner Frage?

SOKRATES. Daß wenn auf der andern Seite mit dem Hinzufügen der Erklärung ein Einsehen der Verschiedenheit gemeint wäre, nicht nur ein Vorstellen derselben: dann es eine gar herrliche Sache wäre um diese schönste der Erklärungen der Erkenntnis, denn einsehn heißt doch Erkenntnis haben? Nicht wahr?

THEAITETOS. Ja.

SOKRATES. Wer also gefragt wird, was Erkenntnis ist, der soll, wie es scheint, antworten, richtige Vorstellung mit Erkenntnis der Verschiedenheit verbunden. Denn das wäre nun nach jenem das Hinzufügen der Erklärung.

THEAITETOS. So scheint es.

SOKRATES. Und das ist doch auf alle Weise einfältig, denen, welche die Erkenntnis suchen, zu sagen, sie sei richtige Vorstellung, verbunden mit Erkenntnis, gleichviel ob des Unterschiedes oder sonst etwas andern. Weder also die Wahrnehmung, o Theaitetos, noch die richtige Vorstellung, noch die mit der richtigen Vorstellung verbundene Erklärung kann Erkenntnis sein.

THEAITETOS. Es scheint nicht.

SOKRATES. Sind wir nun noch mit etwas schwanger, Freund, und haben Geburtsschmerzen in Sachen der Erkenntnis? oder haben wir alles ausgeboren?

THEAITETOS. Ich, beim Zeus, habe vermittelst deiner Hilfe sogar mehr herausgesagt, als ich in mir hatte.

SOKRATES. Und unsere Geburtshelferkunst hat von diesem allen gesagt, es wären nur Windeier und nicht wert, daß man sie aufziehe.

THEAITETOS. Auf alle Weise ja.

SOKRATES. Gedenkst du nun, Theaitetos, nach diesem wiederum mit anderem schwanger zu werden, so wirst du, wenn du es wirst, dann Besseres bei dir tragen, vermöge der gegenwärtigen Prüfung, wenn du aber leer bleibst, denen, welche dich umgeben, weniger beschwerlich sein und sanftmütiger, und besonnenerweise nicht glauben zu wissen, was du nicht weißt. Denn nur so viel vermag diese meine Kunst, mehr aber nicht, noch verstehe ich so etwas wie die andern großen und bewunderten Männer von jetzt und ehedem. Diese geburtshelferische Kunst aber ist meiner Mutter und mir von Gott zugeteilt worden, ihr nämlich für die Frauen, und mir für edle und schöne Jünglinge. Jetzt nun muß ich mich in der Königshalle einstellen wegen der Klage, welche Melitos gegen mich angestellt hat. Morgen aber, Theaitetos, ollen wir uns wieder hier treffen.

PHILEBOS

Sokrates · Protarchos · Philebos

SOKRATES. Sieh also zu, Protarchos, was für eine Rede du jetzt vom Philebos übernehmen willst, und gegen was für eine von unserer Seite streiten, falls sie dir nicht zu Sinne sollte gesprochen sein. Wollen wir uns beide noch einmal wiederholen?

PROTARCHOS. Allerdings.

SOKRATES. Philebos nämlich sagt, daß für alles Lebendige in dem Wohlbefinden das Gute bestehe und in der Lust und dem Vergnügen, und was sonst mit dieser Gattung zusammenstimmt. Von unserer Seite aber ist das Bedenken, daß vielleicht doch nicht dieses, sondern das Vernünftigsein und das Erkennen und Sicherinnern, und was wiederum hiemit verwandt ist, richtige Meinung und wahrhafte Folgerungen, besser sein mag als Lust und trefflicher für alles, was nur daran teilnehmen kann, und für die, so es können, das vorteilhafteste von allem hieran teilzuhaben, für die jetzigen sowohl als für die künftigen. Behaupten wir nicht dies ungefähr, o Philebos, von beiden Seiten?

PHILEBOS. Ganz unstreitig, o Sokrates.

SOKRATES. Und übernimmst du diesen dir jetzt übertragenen Satz, o Protarchos?

PROTARCHOS. Ich muß ihn wohl übernehmen; denn der schöne Philebos ist uns ja ermüdet.

SOKRATES. Und auf alle Weise soll doch das Wahre darüber herausgebracht werden?

PROTARCHOS. Da soll freilich.

SOKRATES. Wohlan! so laß uns außer dem vorigen auch noch dieses feststellen.

PROTARCHOS. Was doch?

SOKRATES. Daß jetzt auch jeglicher von beiden unternehmen muß, eine gewisse Beschaffenheit und Verfassung der Seele als diejenige aufzuzeigen, welche allen Menschen vermag das Leben glückselig zu machen. Nicht so?

PROTARCHOS. Allerdings so.

SOKRATES. Also ihr, die des Wohlbefindens, und wir dagegen, die des Vernünftigseins?

PROTARCHOS. So ist es.

SOKRATES. Wie aber, wenn sich noch eine andere besser zeigt als diese? werden nicht dann, falls sie sich der Lust verwandter zeigt, zwar wir beide von der jene Beschaffenheit festhaltenden Lebensweise überwunden werden, doch aber dann das Leben der Lust den Sieg davontragen über das der Erkenntnis?

PROTARCHOS. Ja.

SOKRATES. Falls aber der Vernünftigkeit verwandter, dann siegt doch die Vernunft über die Lust, und diese wird überwunden. Gebt ihr zu, daß dies so feststehe, oder wie?

PROTARCHOS. Mir wenigstens gefällt es.

SOKRATES. Wie aber dem Philebos? was meinst du?

PHILEBOS. Mir ist auf alle Weise annehmlich und wird es immer sein, daß die Lust siegt. Du aber, Protarchos, wirst ja selbst wissen.

PROTARCHOS. Nachdem du uns die Rede übergeben, o Philebos, bist du auch nicht mehr Herr darüber, dem Sokrates dies zuzugestehen oder nicht.

PHILEBOS. Richtig gesprochen. Ich will mich auch nur lossagen und rufe jetzt die Göttin selbst zum Zeugen.

PROTARCHOS. Auch wir wollen dir dies wohl gern mit bezeugen, daß du das gesagt hast, was du sagst. Allein das weitere, o Sokrates, wollen nun wir mit Philebos Beistimmung, oder wie er es sonst halten will, durchzuführen versuchen.

SOKRATES. Das wollen wir versuchen, und zwar von der Göttin selbst anfangend, von welcher dieser behauptet, sie werde zwar Aphrodite genannt, ihr eigentlichster Name aber sei Lust.

PROTARCHOS. Ganz richtig.

SOKRATES. Meine Angst aber, Protarchos, die ich immer habe wegen der

Benennungen der Götter, ist gar nichts Gewöhnliches, sondern ärger als jede Furcht. So auch jetzt die Aphrodite will ich, wie es ihr selbst lieb ist, benennen; Lust aber, weiß ich, ist ein gar krauses Ding, und eben von ihr, wie gesagt, müssen wir anfangen, daranzugehn und zuzusehen, was für eine Natur sie eigentlich hat. Denn so anzuhören ist sie freilich ganz einfach nur eins, aber vielfältige Gestalten nimmt sie doch an, und die einander auf gewisse Weise wirklich unähnlich sind. Denn sieh nur, Lust zu empfinden, schreiben wir dem ausschweifenden Menschen zu, und Lust auch wiederum dem besonnenen, eben inwiefern er besonnen ist; und ebenso Lust dem Unvernünftigen und mit unvernünftigen Meinungen und Hoffnungen Erfüllten, und Lust zu empfinden auch wiederum dem Vernünftigen, eben inwiefern er vernünftig ist; und wer nun von diesen beiden Arten der Lust, daß sie einander ähnlich wären behaupten wollte, wie sollten wir den nicht mit vollem Recht für unvernünftig halten?

PROTARCHOS. Freilich entstehen diese, o Sokrates, aus entgegengesetzten Dingen, doch aber sind sie selbst einander nicht entgegengesetzt. Denn wie sollte nicht Lust der Lust, dieselbige Sache sich selbst am ähnlichsten sein unter allen Dingen?

SOKRATES. Freilich auch Farbe, du Wunderlicher, wird von der Farbe wenigstens, was dieses selbst betrifft, das Farbesein auch ganz und gar nicht einmal verschieden sein; aber das Weiße, wissen wir doch alle, ist dem Schwarzen außer der Verschiedenheit auch noch das Allerentgegengesetzteste. Ebenso Gestalt ist mit der Gestalt in derselben Hinsicht der Gattung nach ganz eins, die Arten aber sind den Arten teils ganz entgegengesetzt, teils haben sie tausendfältige Verschiedenheiten voneinander. Und vieles andere werden wir finden, daß es sich ebenso verhält, so daß du dieser Rede nicht trauen darfst, welche auch das Entgegengesetzteste zu einem macht. Ich fürchte aber, daß wir manche Lust der anderen werden entgegengesetzt finden.

PROTARCHOS. Vielleicht! Aber wie soll das unserm Satze schaden?

SOKRATES. Weil du sie, werden wir sagen, unähnlich wie sie einander sind, doch alle noch mit einem andern Namen benennst. Denn du sagst ja, alles Angenehme sei gut. Daß nun das Angenehme nicht alles angenehm wäre, dagegen kann kein Satz auftreten. Aber da vieles davon schlecht ist und auch gut, wie wir sagen, sagst du doch von allen aus, sie seien gut, obgleich du zugibst, daß sie einander unähnlich sind, wenn dir es jemand in der Rede abdringen will. Was ist nun dasselbige den Schlechten gleichermaßen wie den Guten Einwohnende, weshalb du aller Lust zuschreibst, daß sie Gutes ist?

PROTARCHOS. Wie sagst du, Sokrates? Glaubst du wohl, irgend jemand werde einräumen, nachdem er einmal festgesetzt, die Lust sei das Gute, daß er sich hernach gefallen lassen werde, wenn du sagst, einige gewisse Arten der Lust wären zwar gut, andere gewisse Arten aber schlecht?

SOKRATES. Doch aber unähnlich wirst du gestehen, daß sie einander sind, und einige auch entgegengesetzt.

PROTARCHOS. Nicht doch, sofern sie Lust sind.

SOKRATES. Da werden wir wieder auf dieselbe Rede getrieben, o Protarchos, und werden auch nicht einmal, daß eine Lust von der anderen verschieden sei, sondern daß sie alle ähnlich sind, behaupten müssen. Und alle die eben angeführten Beispiele tun uns nichts; sondern wir werden das versuchen und vorbringen, was die Schlechtesten unter allen und die zugleich in solchen Reden ganz neu sind.

PROTARCHOS. Was doch meinst du?

SOKRATES. Daß, falls ich dich nachahmen und mich wehren wollte, wenn ich etwa das Herz gehabt hätte, zu sagen, daß das Unähnlichste dem Unähnlichsten von allen am ähnlichsten sei, ich nur dasselbe zu sagen brauchte, und wir zeigen uns dann wohl jünger als billig, und unsere Rede wird uns festsitzen und draufgehn. Also laß sie uns nur wieder umwenden. Und vielleicht, wenn wir auf dieselbigen Wendungen zurückkommen, werden wir miteinander einig werden.

PROTARCHOS. Sage wie?

SOKRATES. Nimm an, daß ich nun meinerseits von dir gefragt würde, o Protarchos.

PROTARCHOS. Wonach doch?

SOKRATES. Einsicht und Erkenntnis und Vernunft und alles übrige, was ich im Anfang als gut setzte, wird dem nicht, wenn ich nun weiter ausgefragt werde, was doch das Gute ist, eben dasselbe begegnen wie deiner Rede?

PROTARCHOS. Wieso?

SOKRATES. Als viele werden uns die sämtlichen Erkenntnisse erscheinen und einige einander unähnlich. Und werden auch einige gar irgendwie Entgegengesetzte, würde ich wohl wert sein, jetzt Gespräch zu führen, wenn ich eben dies scheuend sagen wollte, keine Erkenntnis werde je der andern unähnlich, so daß demnach diese Rede uns wie eine Fabel verloren ginge und wir selbst uns nur auf irgendeiner Unvernunft retteten? Sondern das darf keineswegs geschehen, außer das Retten. Und eben dies Gleiche deines und meines Satzes gefällt mir. Vielerlei Lust und unähnliche soll es geben, und vielerlei Erkenntnis und verschiedene. Diese Verschiedenheit nun, o Protarchos, in meinem Gut und in deinem wollen wir uns nicht verbergen, sondern den Mut haben, sie vor uns hinzustellen, ob sie nicht irgendwie weiter durchgeprüft uns zeigen sollte, ob man sagen muß, Lust oder Einsicht sei das Gute, oder ob etwas anderes Drittes. Denn jetzt ist es uns doch wohl nicht darum zu tun, daß das, was ich sage, den Sieg davontragen soll, oder das, was du; sondern für das Richtigste müssen wir doch wohl beide streiten.

PROTARCHOS. Das müssen wir freilich.

SOKRATES. Laß also zuerst diesen Satz noch mehr durch Übereinkunft befestigen.

PROTARCHOS. Welchen doch?

SOKRATES. Der allen Menschen zu schaffen macht mit ihrem Willen und auch wider ihren Willen manchen und manchmal.

PROTARCHOS. Erkläre dich deutlicher.

SOKRATES. Ich meine den, auf den wir jetzt eben gestoßen sind, der von Natur gar wunderbar geartet ist. Denn daß Eines Vieles ist und Vieles Eines, ist doch wunderbar zu sagen und wohl leicht zu streiten mit dem, der welches auch von beiden behauptet.

PROTARCHOS. Meinst du, wenn jemand sagte, daß ich, Protarchos, der ich von Natur Einer bin, doch auch wieder Viele wäre und einander Entgegengesetzte, indem er mich als groß und klein setzte und als leicht und schwer und dergleichen noch tausenderlei?

SOKRATES. Du bringst nur das vor, Protarchos, was schon gemein geworden ist von diesen Wunderbarkeiten über das Eine und Viele und kurz zu sagen, von allen schon eingestanden ist, daß man daran nicht rühren dürfe, welche annehmen, dies sei kindisch und leicht und gereiche nur den Reden sehr zur Verwicklung. Ja, auch das nicht einmal, wenn einer von einer Sache alle Glieder, die zugleich Teile sind, der Erklärung gemäß teilend den, welcher zugäbe, dies alles sei eben zusammen jenes Eine, den auslachte und tadelte, daß er wunderliche Dinge einzuräumen genötigt wäre, daß nämlich das Eine Vieles ist und Unendliches und das Viele wiederum nur Eines.

PROTARCHOS. Was meinst denn du, o Sokrates, was noch nicht so zugestanden und gemein geworden ist über denselben Satz?

SOKRATES. Wenn jemand, mein Kind, das Eine nicht aus dem Werdenden und Vergehenden nimmt, wie wir jetzt eben taten. Denn hievon und von einem solchen Eins, wie wir jetzt eben besprachen, ist schon eingestanden, daß man es nicht prüfen darf. Wenn aber jemand den Menschen als einen setzt und den Ochsen als einen und das Schöne als eins und das Gute als eins, über diese und ähnliche Einheiten wird bei fleißigerer Behandlung und Auseinanderlegung leicht Streitigkeit entstehen.

PROTARCHOS. Wie meinst du?

SOKRATES. Zuerst, ob man wohl annehmen darf, daß es dergleichen Einheiten gebe als wahrhaft seiend. Dann aber auch, wie doch diese, da jede von ihnen immer dieselbe ist und weder Werden noch Untergang zuläßt, dennoch zuerst zwar eine solche Beharrlichkeit sei, hernach aber in dem Werdenden und Unendlichen wiederum, sei es nun als zerrissen und vieles geworden zu setzen ist oder ganz in ihnen außerhalb ihrer selbst, was doch für das Unmöglichste von allem zu halten wäre, dieses Selbige und Eine zugleich in Einem sowohl als in Vielen wird. Dies ist das in dergleichen Dingen Eine und Viele, nicht aber jenes, o Protarchors, was aller Zweifel Ursache ist, wenn es nicht richtig bestimmt wird, aber auch wieder aller Sicherheit, wenn richtig.

PROTARCHOS. Also müssen wir wohl, o Sokrates, für jetzt zuerst dieses verarbeiten.

SOKRATES. Wie ich wenigstens raten möchte.

PROTARCHOS. Und nimm nur immer an, daß wir hier alle dir in dergleichen folgen. Den Philebos aber wäre wohl am besten für jetzt nicht durch Fragen aufzustören, da er ruhig liegt.

SOKRATES. Wohl! Wobei soll man nun aber wohl diesen großen und vielfältigen Streit über das Bezweifelte anfangen? Etwa hiebei?

PROTARCHOS. Wobei?

SOKRATES. Wir sagen doch, daß Eines und Vieles unter der Rede dasselbe werdend, überall herumlaufe, wo nur etwas geredet wird, immer und schon lange wie jetzt. Und daß das weder jemals aufhören wird noch auch jetzt erst angefangen hat; sondern es ist dies, soviel ich sehe, ein unsterbliches und nie veraltendes Begegnis der Reden selbst unter uns. Wer aber von jungen Leuten zuerst davon kostet, der, froh als hätte er einen ganzen Schatz von Weisheit gefunden, ist ganz begeistert vor Freude und lüstern, jegliche Rede aufzustören, indem er die Sache bald auf die eine Seite wälzt und in eins zusammenrührt, bald wieder sie aufwickelt und zerteilt, zuerst und am meisten sich selbst in Ratlosigkeit stürzend, zunächst aber auch, wen er jedesmal festhält, sei es nun ein Jüngerer oder ein Älterer oder von gleichem Alter mit ihm, ohne weder des Vaters zu schonen noch der Mutter noch irgendeines andern Hörers, ja fast auch nicht einmal der andern Tiere, nicht nur der Menschen nicht. Denn Barbaren würde er gewiß keinen schonen, wenn er nur irgendwoher einen Dolmetscher bekommen könnte.

PROTARCHOS. Aber siehst du denn nicht, Sokrates, wieviel wir unserer sind und alles Jünglinge? und fürchtest du nicht, daß wir mit dem Philebos über dich herfallen, wenn du uns schmähst? Jedoch, denn wir verstehen recht gut, was du meinst, wenn es eine Art gibt und einen Rat, um eine so große Verwirrung aus unserer Rede ganz gelinde loszuwerden und einen bessern Weg als diesen zu unserm Satze zu finden, so sinne du es nur aus, und wir wollen dir nach Vermögen folgen. Denn nichts Geringfügiges ist unsere dermalige Rede,o Sokrates.

SOKRATES. Freilich nicht, ihr Kinder, wie euch Philebos immer anredet; und einen schönern Weg gibt es nicht und kann es nicht geben, als welchen ich zwar immer liebe, oft aber auch schon, wenn ich ihn verloren hatte, in der Irre und ratlos zurückgeblieben bin.

PROTARCHOS. Welcher ist dieser? er werde uns nur angezeigt.

SOKRATES. Den zu beschreiben zwar gar nicht schwer ist, einzuschlagen aber sehr schwer. Denn alles, was jemals mit der Kunst zusammenhängend ist erfunden worden, hat man durch ihn entdeckt. Siehe nun, welchen ich meine.

PROTARCHOS. Sage nur.

SOKRATES. Als eine wahre Gabe von den Göttern an die Menschen, wofür ich es wenigstens erkenne, ist einmal von den Göttern herabgeworfen worden durch irgendeinen Prometheus, zugleich mit einem glanzvollsten Feuer, und die Alten Besseren als wir und den Göttern Näherwohnenden haben uns diese Sage übergeben, aus einem und vielem sei alles, wovon jedesmal gesagt wird, daß es ist, und habe Bestimmung und Unbestimmtheit in sich verbunden. Deshalb nun müßten wir, da dieses so geordnet ist, immer einen Begriff von allem jedesmal annehmen und suchen; denn finden würden wir ihn gewiß darin. Wenn wir ihn nun ergriffen haben, dann nächst dem einen, ob etwa zwei darin sind zu sehn, wo aber nicht, ob drei oder irgendeine andere Zahl, und mit jedem einzelnen von diesen darin Befindlichen ebenso, bis man von dem Ursprünglichen einen, nicht nur, daß es Eins und Vieles und Unendliches ist, sieht, sondern auch wievieles; des Unendlichen Begriff aber an die Menge nicht eher anlegen, bis einer die Zahl derselben ganz übersehen hat, die zwischen dem Unendlichen und dem Einen liegt, und dann erst jede Einheit von allem in die Unendlichkeit freilassen und verabschieden. So nun haben, wie ich sagte, die Götter uns überliefert zu untersuchen und zu lernen und einander zu lehren. Die jetzigen Weisen unter den Menschen hingegen setzen Eines, wie sie es eben treffen, und Vieles schneller oder langsamer, als es sich gehörte, nach dem Einen aber gleich Unendliches; das in der Mitte hingegen entgeht ihnen, wodurch doch eben zu unterscheiden ist, ob wir in unsern Reden dialektisch oder nur streitsüchtig miteinander verfahren.

PROTARCHOS. In einigem, o Sokrates, glaube ich dich wohl zu verstehen, von anderem aber muß ich erst noch deutlicher vernehmen, wie du es meinst.

SOKRATES. Ganz deutlich, o Protarchos, ist, was ich meine, an den Buchstaben; fasse es also nur an dem, worin du selbst unterrichtet bist.

PROTARCHOS. Wieso?

SOKRATES. Der Laut ist uns doch wohl einer, der durch unsern Mund ausgeht, und unendlich mannigfaltig ist er auch wiederum bei allen und jedem.

PROTARCHOS. Wie sollte er nicht!

SOKRATES. Aber durch keines von diesen beiden verstehen wir doch irgend etwas, weder weil wir das Unendliche desselben kennen, noch weil das Eine, sondern weil das Wievielerlei und Welcherlei, dies ist es, was jeden von uns zum Sprachkundigen macht.

PROTARCHOS. Vollkommen richtig.

SOKRATES. Und ebenso, was zum Tonkünstler macht, ist ganz dasselbige.

PROTARCHOS. Wieso?

SOKRATES. Der Laut oder Ton ist es doch auch, was jene Kunst ausmacht, und ist nur einer in ihr?

PROTARCHOS. Wie sollte er nicht!

SOKRATES. Laß uns nun aber auch ein Zweifaches darin setzen, Hohes und Tiefes, und das Einstimmige als das Dritte. Oder wie?

PROTARCHOS. Allerdings so.

SOKRATES. Aber noch lange verständest du nichts von der Tonkunst, wenn du nur dieses wüßtest; sondern nur, wenn du auch dies noch nicht einmal weißt, bist du, um es geradeheraus zu sagen, noch gar nichts wert in dieser Sache.

PROTARCHOS. Freilich nicht.

SOKRATES. Aber Freund, wenn du die Zwischenräume der Töne aufgefaßt hast, wieviel deren sind der Zahl nach und welcherlei an Höhe und Tiefe und die Erklärungen dieser Zwischenräume, und wieviele Verbindungen wieder aus ihnen entstehen, welche eben die Älteren erkannt und uns ihren Nachfolgern überliefert haben, sie Tonarten zu nennen, und ebenso ähnliche Verhältnisse, die sich in den Bewegungen des Leibes finden, welche man in Zahlen gemessen, wie sie sagen, wiederum Takte und Maße nennen muß, und zugleich bedenken, daß man ebenso jedes, was hierin Eins und Vieles ist, untersuchen muß; wenn du dies so aufgefaßt hast, dann bist du der Sache kundig geworden, und wenn du irgend etwas anderes auf eben die Weise untersucht und gefaßt hast, dann bist du darin zur Einsicht gelangt. Das Unendliche aber jedes Begriffs und in jeglichem Dinge macht jedesmal, daß du in der Kenntnis auch nicht zu Ende kommst und nicht zu nennen bist, in der Sache noch mitzuzählen, da du ja in keiner Sache niemals irgend auf die Zahl siehst.

PROTARCHOS. Sehr schön, o Philebos, scheint mir Sokrates, was er jetzt gesagt hat, vorgetragen zu haben.

PHILEBOS. Auch mich dünkte es ebenso. Allein was geht uns doch diese Rede an, daß sie an uns ist gerichtet worden, und was will sie von uns?

SOKRATES. Ganz mit Recht, o Protarchos, hat uns Philebos hiernach gefragt.

PROTARCHOS. Allerdings, und antworte ihm also.

SOKRATES. Das will ich tun, sobald ich nur noch ein weniges über ebendieses werde auseinandergesetzt haben. Nämlich wie wenn jemanden irgend etwas Eines vorgekommen ist, dieser, wie wir sagen, dabei nicht gleich auf das Unendliche sehen muß, sondern zuvor irgendeine Zahl suchen; so auch auf der andern Seite, wenn jemand genötigt wäre, das Unendliche zuerst zu nehmen, muß er nicht gleich auf das Eine, sondern wiederum auf eine Zahl, die doch jegliche eine bestimmte Menge in sich begreift, hinsehen und so von allen bei dem einen endigen. Laßt uns aber wiederum an den Buchstaben das jetzt Gesagte betrachten.

Protarchos. Wie das?

Sokrates. Nachdem nämlich zuerst den Laut als ein Unendliches aufgefaßt hatte, war es nun ein Gott oder irgendein göttlicher Mensch, wie denn in Ägypten eine Sage geht, welche sagt, es sei dies ein gewisser Theuth gewesen, welcher zuerst die Selbstlauter in diesem Unendlichen unterschied, nicht als eines, sondern als mehrere, und dann wiederum andere, die zwar keinen Laut eigentlich, wohl aber ein gewisses Geräusch geben, und wie diese ebenfalls eine gewisse Zahl ausmachen, und der endlich noch eine dritte Art der Buchstaben unterschied, die wir jetzt stumme nennen; nächstdem aber sonderte er sowohl die laut- und geräuschlosen einzeln ab, als auch die Selbstlauter und die mittleren auf dieselbe Weise, bis er ihre Zahl zusammenfassend jeden einzeln und alle insgesamt Buchstaben nannte. Und da er sah, daß niemand von uns auch nicht einen für sich allein ohne sie insgesamt verstehen kann, so faßte er wiederum dieses ihr Band als eines zusammen und als diese alle vereinigend und benannte es daher als das eine zu diesen die Sprachkunst.

Philebos. Dies habe ich nun noch deutlicher als jenes, nämlich in seiner Beziehung unter sich verstanden, o Protarchos. Dieselbe Kleinigkeit aber fehlt mir an der Rede auch jetzt noch wie vorher.

Sokrates. Etwa, o Philebos, was dies wohl zur Sache austrägt?

Philebos. Ja, das ist es, wonach Protarchos und ich schon lange suchen.

Sokrates. Wahrhaftig, ihr seid schon eben dabei und sucht es doch, wie du sagst, noch immer?

Philebos. Wie doch?

Sokrates. War uns nicht von Anfang an die Rede von Vernünftigkeit und Lust, welche von beiden zu wählen wäre?

Protarchos. Wovon anders?

Sokrates. Und jede von beiden, sagen wir doch, ist eins?

Philebos. Freilich.

Sokrates. Ebendieses also fragt die vorige Rede uns ab, wie doch jede von beiden Eines ist und Vieles, und wie nicht gleich unendlich, sondern zuvor jede ihre bestimmte Zahl hat, ehe das einzelne in ihnen unendlich geworden ist.

PROTARCHOS. In eine gar nicht schlechte Aufgabe, o Philebos, hat uns, ich weiß nicht auf welche Weise, rings herumführend Sokrates hineingeworfen. Siehe daher zu, welcher von uns beiden das jetzt Gefragte beantworten soll. Denn vielleicht ist es wohl lächerlich, wenn ich, der ich die Rede vollständig zu übernehmen mich erklärt habe, nun, weil ich das jetzt Gefragte nicht zu beantworten vermag, es dir wieder zurückschiebe; noch lächerlicher aber beiweitem, glaube ich, wenn keiner von uns beiden es vermöchte. Überlege also, was wir tun sollen. Nach den Arten der Lust nämlich scheint mir Sokrates jetzt zu fragen, ob es deren gibt oder nicht und wieviele und was für welche, und nach der Einsicht ebenso auf dieselbe Weise.

SOKRATES. Vollkommen richtig, o Sohn des Kallias. Denn wenn wir dies nicht mit jedem Einen undÄhnlichen und Selbigen zu tun wissen und ebenso mit dem Gegenteil davon, so wird, wie die eben durchgeführte Rede uns nachgewiesen hat, keiner von uns in nichts auch nur irgend etwas wert sein.

PROTARCHOS. So scheint es fast wohl, o Sokrates, sich zu verhalten. Allein schön ist es freilich, alles zu wissen, dem Weisen; doch die nächstbeste Fahrt wenigstens scheint zu sein, daß man sich selbst nicht verkenne. Was mir damit jetzt gesagt sein soll, will ich dir erklären. Du hast uns allen, o Sokrates, diese Unterredung hier zugestanden und dich selbst, um zu bestimmen, welches wohl unter den menschlichen Besitztümern das vortrefflichste sei. Denn da Philebos behauptete, Lust, Vergnügen und Freude und alles, was es dergleichen gibt, seien es, so hast du dem widersprochen, nicht dies wäre es, sondern jenes, was wir uns oft absichtlich wiederholen und mit Recht, damit, dem Gedächtnis wohl eingeprägt, beides geprüft werde. Du behauptest nämlich, wie zu sehen ist, was mit Recht ein besseres Gut als die Lust wenigstens genannt werden könne, sei Vernunft, Erkenntnis, Verstand, Kunst und alles damit Verwandte, welches man müsse zu erlangen suchen, nicht aber jenes. Da nun beide Meinungen nicht ohne Widerspruch sind vorgebracht worden, haben wir dich scherzhafterweise bedroht, wir würden dich nicht nach Hause lassen, bis diese Reden so zu Ende gekommen, daß etwas Genügendes darüber bestimmt wäre. Und du hast eingewilligt und hiezu uns dich selbst hergegeben. Also sagen wir wie die Kinder, was einmal ordentlich geschenkt ist, kann nicht zurückgenommen werden. Höre demnach auf, dem jetzt Gesagten auf diese Weise zu begegnen.

SOKRATES. Auf welche meinst du?

PROTARCHOS. Daß du uns in die Enge treibst und immer weiter zurück nach solchen Dingen fragst, worauf wir dir im Augenblick keine befriedigende Antwort zu geben wissen. Denn das wollen wir nicht gelten lassen, daß jetzt die Sache mit unser aller Ratlosigkeit endigen soll; sondern wenn wir es auszurichten unvermögend sind, mußt du es ausrichten, denn du hast es versprochen. Gehe also nun selbst mit dir zu Rate, ob du die verschiedenen Arten der Lust und der Erkenntnis aufstellen sollst oder es lassen, falls du etwa auf eine andere Weise kannst und willst das jetzt unter uns Streitige irgend anderswie deutlichmachen.

SOKRATES. Nun habe doch ich nichts Arges mehr zu erwarten, da du dich hierüber so erklärst. Denn dies, wenn du willst, macht aller Furcht über alles ein Ende. Überdies aber hat mir wohl ein Gott selbst etwas in Erinnerung gebracht, zu unserm Besten.

PROTARCHOS. Wieso? und was?

SOKRATES. Reden, die ich schon lange gehört habe im Traume oder auch wachend, fallen mir jetzt ein über Lust und Einsicht, daß keines von beiden das Gute ist, sondern ein anderes Drittes, von ihnen Verschiedenes und Besseres als beide. Zeigte sich uns nun dieses jetzt deutlich, so wäre es mit der Lust schon vorbei, und sie könnte nicht siegen, denn das Gute wäre nicht mehr einerlei mit ihr. Oder wie?

PROTARCHOS. Allerdings so.

SOKRATES. Und der Arten der Lust bedürften wir dann zur Bestimmung gar nicht mehr, wie ich meine und die Rede selbst im Fortgang es noch deutlicher zeigen wird.

PROTARCHOS. Vortrefflich gesagt, und führe es nun auf diese Art weiter.

SOKRATES. Nur einiges wenige laß uns vorher noch miteinander ausmachen.

PROTARCHOS. Was doch?

SOKRATES. Ist das Los des Guten wohl, notwendig vollendet zu sein oder nicht vollendet?

PROTARCHOS. Vor allem andern offenbar doch das Vollendetste, o Sokrates.

SOKRATES. Und wie? ist das Gute genügend?

PROTARCHOS. Wie sollte es nicht! und noch dazu übertrifft es hierin alles andere.

SOKRATES. Und dies muß man doch am allernotwendigsten davon sagen, daß alles Erkennende danach trachtet und strebt, es zu gewinnen und für sich zu haben, und sich um alles übrige nichts kümmert, als nur um das, was mit dem Guten zugleich erlangt wird.

PROTARCHOS. Dagegen ist nichts zu sagen.

SOKRATES. Betrachten wir also und beurteilen nun das Leben der Lust und das der Einsicht, indem wir sie getrennt betrachten.

PROTARCHOS. Wie meinst du das?

SOKRATES. Weder soll in dem der Lust irgend Einsicht sein noch in dem der Einsicht irgend Lust. Denn wenn eines von beiden das Gute ist, darf dies weiter sonst gar nichts bedürfen. Zeigt sich aber eines von beiden noch bedürftig, so kann uns dies nicht mehr das wahrhaft Gute sein.

PROTARCHOS. Wie sollte es auch!

SOKRATES. Wollen wir also den Versuch machen, an dir dieses zu prüfen?

PROTARCHOS. Immerhin.

SOKRATES. So antworte denn!

PROTARCHOS. Sprich nur.

SOKRATES. Möchtest du wohl so leben, o Protarchos, daß du dein ganzes Leben hindurch an allen größten Vergnügungen dich vergnügtest?

PROTARCHOS. Warum nicht?

SOKRATES. Würdest du wohl glauben, daß dir noch etwas fehle, wenn du dies ganz vollkommen hättest?

PROTARCHOS. Keineswegs.

SOKRATES. Sieh doch zu! von Einsehen und Wissen und gehörigem Folgern, möchtest du davon nichts auch nur sehn?

PROTARCHOS. Und wozu? Denn ich hätte ja alles, weil ich das Vergnügtsein hätte.

SOKRATES. Auf diese Art also lebend würdest du zwar immer an jeglicher größten Lust dich vergnügen.

PROTARCHOS. Freilich.

SOKRATES. Von Vernunft aber und Erinnerung, von Erkenntnis und richtiger Meinung auch nicht das mindeste habend, mußt du doch zuerst schon dieses, ob du vergnügt bist, oder nicht, offenbar nicht wissen, da du ja aller Einsicht leer bist.

PROTARCHOS. Notwendig.

SOKRATES. Und ebenso, da du ja gar kein Gedächtnis besitzest, kannst du offenbar weder dessen, daß du einst vergnügt warst, dich erinnern, noch kann dir von der Lust, die dir im Augenblick zufällt, auch nur das mindeste Andenken zurückbleiben. Wiederum da du auch keine richtige Meinung hast, kannst du nicht einmal, indem du dich freust, urteilen, daß du dich freust. Und da du aller Folgerungen beraubt bist, wirst du auch nicht einmal, daß du in Zukundt noch vergnügt sein wirst, berechnen können und so nicht ein menschliches Leben leben, sondern irgendeines Polypen oder eines Schaltieres, wie man sie im Meere findet. Ist es so, oder können wir uns die Sache irgend anderswie vorstellen?

PROTARCHOS. Wie nur!

SOKRATES. Ist uns nun wohl ein solches Leben zu wählen?

PROTARCHOS. Ganz zum Verstummen hat mich diese deine Rede jetzt gebracht.

SOKRATES. Laß uns nur noch nicht abstehn, sondern nun auch das Leben der Vernunft vornehmen und betrachten.

PROTARCHOS. Was für eines meinst du?

SOKRATES. Ob wohl einer von uns leben möchte, so daß er zwar alle Einsicht und Vernunft und Wissenschaft und Erinnerung von allem hätte, Lust aber weder viel noch wenig genösse und ebensowenig Unlust, sondern für dieses alles ganz unempfänglich wäre?

PROTARCHOS. Keine von diesen beiden Lebensweisen ist mir wünschenswert, noch wird sie wohl irgendeinem andern, glaube ich, so vorkommen.

SOKRATES. Wie aber eine beiderseitige, o Protarchos, aus beiden ganz gemeinschaftlich gemischte?

PROTARCHOS. Aus Lust meinst du und aus Vernunft und Einsicht?

SOKRATES. So, und eben eine solche meine ich.

PROTARCHOS. Diese wird wohl jeder eher als irgendeine von jenen wählen und zu jenen dazu; nicht etwa nur einer und ein anderer wieder nicht.

SOKRATES. Verstehen wir nun wohl, was uns aus der bisherigen Rede folgt?

PROTARCHOS. Allerdings; es sind uns drei Lebensweisen vorgelegt worden; von ihrer zweien aber war keine genügend noch wünschenswert weder für Menschen noch für irgendein anderes lebendes Wesen.

SOKRATES. Ist nun nicht von diesen schon so viel gewiß, daß keine von beiden das Gute in sich hatte? Denn sonst müßte sie ja genügend sein und vollständig und allen Gewächsen und Tieren wünschenswert, denen es nur irgend möglich wäre, so ihr ganzes Leben hinzubringen. Und wenn dennoch jemand von uns etwas anderes wählte, so ergriffe er das gegen die Natur des wahrhaft Erwählenswerten wider Willen aus Unwissenheit oder vermöge sonst einer unseligen Notwendigkeit.

PROTARCHOS. So muß es sich allerdings wohl verhalten.

SOKRATES. Daß man also des Philebos Göttin und das Gute nicht für einerlei halten darf, das dünkt mich hinlänglich gezeigt zu sein.

PHILEBOS. Aber auch deine Vernunft, o Sokrates, ist nicht das Gute, sondern unterliegt wohl denselbigen Einwendungen.

SOKRATES. Vielleicht, o Philebos, die meinige wohl, die wahrhafte und göttliche Vernunft aber glaube ich wohl nicht, sondern mit der wird es sich wohl ganz anders verhalten. Um den ersten Preis also streite ich mich nicht mit jenem gemeinsamen Leben für die Vernunft. Wegen der zweiten Stelle aber müssen wir nun zusehn und überlegen, was wir tun wollen. Denn von diesem gemeinsamen Leben könnten wir nun jeder der eine die Vernunft für die Ursache halten, der andere die Lust. Und so wäre zwar keine von diesen beiden das Gute selbst, aber für die Ursache desselben könnte doch einer eine von beiden ansehn. Darüber nun möchte ich noch um so lieber mit unserem Philebos streiten, daß, was das auch sei in diesem gemischten Leben, wodurch es zugleich erwählenswert ist und gut, diesem nicht die Lust, sondern die Vernunft das Verwandtere und Ähnlichere ist. Und sonach könnte man von der Lust weder, daß ihr die erste, noch daß ihr die zweite Stelle zukäme, irgend mit Recht sagen, ja auch noch weiter als die dritte steht sie zurück, wenn meiner Vernunft für jetzt irgend zu glauben ist.

PROTARCHOS. Allerdings, o Sokrates, scheint mir, wenigstens jetzt, die Lust gefallen zu sein, gleichsam tödlich getroffen von diesen jetzigen Reden. Denn um den ersten Preis kämpfend unterliegt sie. Der Vernunft aber muß man, wie es scheint, nachsagen, daß sie sehr weislich um den ersten Preis sich nicht beworben hat; denn ihr wäre dasselbe begegnet. Geht nun die Lust auch des zweiten Preises verlustig, so würde ihr das ja auf alle Weise zur Schande gereichen bei ihren Verehrern, denn auch denen würde sie nicht mehr so schön wie sonst erscheinen.

SOKRATES. Wie also? ist es nun nicht besser, sie lieber gleich lassen und nicht, indem wir sie auf die schärfste Probe nehmen und ganz durchprüfen, ihr wehe tun?

PROTARCHOS. Das ist nichts gesagt, Sokrates!

SOKRATES. Etwa weil ich etwas Unmögliches ausgesprochen, der Lust weh tun?

PROTARCHOS. Wenigstens nicht darum allein, sondern auch weil du nicht bedenkst, daß keiner von uns dich loslassen wird, bis du dies ganz zu Ende führst in deiner Rede.

SOKRATES. Weh also, Protarchos, über die vielen Reden, die wir noch vor uns haben und die gar nicht leicht sind für jetzt. Denn es zeigt sich wohl, daß noch anderer Künste bedarf, wer für die Vernunft auf den zweiten Preis losgehn will, um andere Pfeile zu haben als unsere vorigen Reden. Doch vielleicht sind einige auch wohl dieselben. Also wollen wir nur.

PROTARCHOS. Wie sollten wir auch nicht.

SOKRATES. Den Anfang aber laß uns ja versuchen recht vorsichtig festzustellen.

PROTARCHOS. Was für einen meinst du?

SOKRATES. Laß uns alles, was jetzt ist in dem Ganzen, in zwei Teile teilen oder lieber, wenn du willst, in drei.

PROTARCHOS. Wolltest du wohl erklären wonach?

SOKRATES. Einige von den vorigen Reden wollen wir wieder aufnehmen.

PROTARCHOS. Welche denn?

SOKRATES. Gott, sagten wir ja wohl, habe von dem Seienden einiges als unbegrenzt gezeigt, anderes mit Grenze.

PROTARCHOS. Allerdings.

SOKRATES. Diese also setzen wir als zwei von diesen Arten, als die dritte aber das aus diesen beiden in eins Zusammengemischte. Ich werde aber, wie es scheint, lächerlich, wenn ich nach Arten etwas gehörig auseinanderstelle und zusammenzähle.

PROTARCHOS. Wie meinst du das, Guter?

SOKRATES. Mir kommt schon wieder vor, als ob noch eine vierte Gattung nötig wäre.

PROTARCHOS. Sage welche.

SOKRATES. Sieh doch auf die Ursache der Vermischung dieser beiden miteinander und setze mir diese zu jenen als die vierte.

PROTARCHOS. Wirst du etwa auch eine fünfte noch brauchen, welche ihre Trennung bewirkt?

SOKRATES. Vielleicht; doch glaube ich für jetzt wohl nicht. Sollte es indes nötig sein, so wirst du mir schon nachsehen, wenn ich noch auf eine fünfte Jagd mache.

PROTARCHOS. Warum auch nicht.

SOKRATES. Zuerst nun laß uns von diesen vieren die drei aussondern und versuchen, da wir die zwei von ihnen jedes gar vielfach zerspalten und zerrissen sehen, ob wir, wenn wir sie werden jedes in Eins zusammengebracht haben, bemerken können, wiewohl jedes von ihnen Eins und Vieles war.

PROTARCHOS. Wenn du mir dies noch deutlicher erklärtest, könnte ich vielleicht folgen.

SOKRATES. Die zwei also, die ich vorlege, sollen sein die eben Genannten, das eine das Unbegrenzte, das andere das Begrenzte. Daß nun das Unbegrenzte gewissermaßen Vieles ist, will ich versuchen, dir zu erklären, das Begrenzte aber soll auf uns warten.

PROTARCHOS. Es warte.

SOKRATES. Sieh also. Es ist freilich schwierig und streitig, was ich dich auffordere, zu betrachten, aber betrachte es doch. Zuerst an dem Wärmeren und Kälteren sieh doch, ob du wohl eine Grenze bemerken kannst oder ob nicht das Mehr und Weniger, welches diesen Gattungen einwohnt, solange es ihnen einwohnt, gar kein Ende entstehn läßt; denn sobald ein Ende entstände, wäre es selbst auch zu Ende.

PROTARCHOS. Vollkommen richtig.

SOKRATES. Und immer, behaupten wir doch, ist in dem Kälteren sowohl als Wärmeren das Mehr und Weniger.

PROTARCHOS. Allerdings.

SOKRATES. Immer also, deutet unsere Rede an, werden diese beiden kein Ende haben, und da sie also ohne Ende sind, sind sie doch auf alle Weise unbegrenzt.

PROTARCHOS. Und das gar stark, o Sokrates.

SOKRATES. Sehr gut, lieber Protarchos, hast du dies aufgefaßt und mich erinnert, daß auch dieses Gar stark, was du jetzt ausgesprochen hast und das Gar schwach ganz dieselbe Bedeutung haben, wie das Mehr oder Weniger. Denn worin sie sich befinden, das lassen sie nicht bestimmter Größe sein; sondern indem sie in jegliche Handlung ein Stärkeres als das Schwächere und umgekehrt einzeichnen, bewirken sie ein Mehr und Minder und machen die bestimmte Größe verschwinden. Denn wie wir eben sagten, wenn sie die bestimmte Größe nicht verschwinden machten, sondern diese und das Gemessene in die Stelle des Mehr und Minder und Stark und Schwach eintreten ließen, so müßten diese selbst aus ihrer Stelle verloren gehen, in der sie sich befanden. Denn sie wären nicht mehr Wärmeres und Kälteres, wenn sie die bestimmte Größe aufnähmen. Denn immer vorwärts schreitet das Wärmere und bleibt nicht, und ebenso auch das Kältere. Das von bestimmter Größe aber steht still und ist aufgehalten im Fortschreiten. Demzufolge also wäre das Wärmere unbegrenzt und sein Gegenteil auch.

PROTARCHOS. Das leuchtet freilich ein, o Sokrates; aber wie du auch sagtest, es ist nicht leicht, zu folgen. Wird es indes wieder und immer wieder vorgetragen, so muß wohl erhellen, daß Fragender und Gefragter hinreichend darüber ein verstanden sind.

SOKRATES. Sehr wohl bemerkt, und wir müssen versuchen, es so zu machen. Jetzt aber sieh doch zu, ob wir nicht dieses als ein Merkmal von der Natur des Unbegrenzten annehmen wollen, um nicht alles durchgehend die Sache in die Länge zu ziehen.

PROTARCHOS. Welches meinst du?

SOKRATES. Alles, woran wir sehen, daß es mehr und weniger wird, und das stark und schwach und sehr und alles dergleichen annimmt, dies alles müssen wir unter die Gattung des Unbegrenzten als unter eins zusammenstellen nach unserer vorigen Rede, da wir sagten, daß wir alles Zerspaltene und Zerrissene nach Vermögen müßten suchen unter einen Begriff einzuzeichnen, wenn du dich erinnerst.

PROTARCHOS. Wohl erinnere ich mich.

SOKRATES. Also was nun dieses nicht annimmt, sondern alles Entgegengesetzte hievon annimmt, zuerst das Gleiche und die Gleichheit und das Zwiefache und was sonst eine Zahl ist zu einer anderen und ein Maß zum andern, wenn wir dies alles unter das Begrenzte rechneten, würden wir wohl ganz recht daran tun. Oder wie meinst du?

PROTARCHOS. Ganz vortrefflich, o Sokrates.

SOKRATES. Wohl! aber das Dritte aus diesen beiden gemischte, welche Gestalt sollen wir sagen, daß dieses habe?

PROTARCHOS. Auch das, denke ich, wirst du mir wohl sagen.

SOKRATES. Ein Gott wohl, wenn anders einer meine Bitten erhören will von den Göttern.

PROTARCHOS. So bete denn und sieh zu.

SOKRATES. Ich sehe schon, und es dünkt mich allerdings, o Protarchos, einer von ihnen uns jetzt gewogen zu sein.

PROTARCHOS. Wie meinst du das, und woran erkennst du es? Sokrates. Das will ich dir eben sagen; folge du nur meiner Rede. Protarchos. So sage denn.

SOKRATES. Wir nannten doch eben etwas Wärmeres und Kälteres. Nicht wahr?

PROTARCHOS. Ja.

SOKRATES. Nimm nun auch noch Trockneres und Feuchteres dazu, und Mehr und Weniger, und Schnelleres und Langsameres, und Größeres und Kleines und was wir sonst noch vorher unter den das Mehr und Minder annehmenden Begriff zusammengestellt haben.

PROTARCHOS. Du meinst unter den des Unbegrenzten?

SOKRATES. Ja. Und mit diesem vermische hierauf wiederum die Familie der Begrenzung.

PROTARCHOS. Was für eine?

SOKRATES. Die wir auch vor kurzem, wiewohl wir gesollt hätten, so wie wir die des Unbegrenzten in eins zusammenbrachten, so auch die des Grenzartigen zusammenbringen, nicht zusammengebracht haben. Aber vielleicht wird es auch jetzt noch das nämliche bewirken; haben wir diese beiden zusammengebracht, so wird uns auch jene deutlich werden.

PROTARCHOS. Welche und wie meinst du?

SOKRATES. Ich meine die des Gleichen und Zwiefachen, und jede, welche sonst noch macht, daß das Entgegengesetzte aufhört, sich ungleich zu verhalten, und welche durch Einbringung des Gleichmäßigen und Zusammenstimmenden eine Zahl hervorbringt.

PROTARCHOS. Ich verstehe. Du willst nämlich offenbar sagen, daß, wenn ich diese mische, gewisse Erzeugnisse aus jedem derselben herauskommen werden.

SOKRATES. Das will ich offenbar.

PROTARCHOS. Sprich also weiter.

SOKRATES. Pflegt also nicht bei Krankheiten die richtige Gemeinschaft beider das Wesen der Gesundheit zu erzeugen?

PROTARCHOS. Allerdings.

SOKRATES. Und wenn in Hohes und Tiefes, in Schnelles und Langsames als unbestimmt eben dieses selbige hineinkommt, wird es nicht, indem es eine Begrenzung bewirkt, zugleich die gesamte Tonkunst aufs vollkommenste darstellen?

PROTARCHOS. Allerdings.

SOKRATES. Und wenn sie in Kälte und Hitze hineinkommt, so wird das Allzuheftige und Unbegrenzte aufgehoben und darin das Angemessene und Ebenmäßige bewirkt.

PROTARCHOS. Wie anders?

SOKRATES. Hieraus also entstehen uns die geregelten Zeiten und alles, was nur schön ist, wenn das Unbegrenzte und das die Begrenzung in sich HABENDE VERMISCHT WERDEN.

PROTARCHOS. Wie anders!

SOKRATES. Und tausenderlei anderes übergehe ich anzuführen: wie nächst der Gesundheit auch Schönheit und Stärke und in der Seele wiederum vielerlei anderes herrliches. Denn Übermut und jegliche Schlechtigkeit aller Art sah diese Göttin wohl, schöner Philebos, daß keine Begrenzung weder der Lust noch der Sättigung in ihnen sei, und hat daher Gesetz und Ordnung als Begrenzung in sich habend eingerichtet; und du zwar sagtest, sie erschöpfe, ich aber behaupte, sie erhalte. Wie aber erscheint es dir, o Protarchos?

PROTARCHOS. Gar sehr, o Sokrates, ist es so auch nach meinem Sinne. Sokrates. Diese drei also hätte ich abgesprochen, wenn du dich besinnst. Protarchos. Ich glaube wohl es zu verstehen; eines nämlich, denke ich, erklärst du als das Unbestimmte, eines, das zweite nämlich, als die Bestimmung in den Dingen, das dritte aber habe ich noch nicht recht inne, was du damit sagen willst.

SOKRATES. Die Menge hat dich eben verwirrt, o Bester, in der Erzeugung dieses dritten. Wiewohl ja auch das Unbegrenzte uns viele Arten darbot, doch aber eingezeichnet unter das Mehr und seines Gegenteils Begriff erschien es uns als eins.

PROTARCHOS. Richtig.

SOKRATES. Die Begrenzung aber hatte weder vieles unter sich, noch waren wir auch im mindesten schwierig, daß sie vielleicht nicht eins wäre ihrer Natur nach.

PROTARCHOS. Wie konnten wir auch!

SOKRATES. Gar nicht freilich. Unter dem dritten aber, sage nur, meinte ich das gesamte Erzeugnis dieser beiden als eines setzend, die Erzeugnung zum Sein durch die mit der Begrenzung sich ergebenden Maße.

PROTARCHOS. Ich habe verstanden.

SOKRATES. Aber wir behaupteten, es sei noch ein vierter Begriff zu den dreien zu untersuchen; und das ist eine gemeinsame Untersuchung. Denn sieh nur, ob dich notwendig dünkt, daß alles Werdende kraft einer Ursache werde.

PROTARCHOS. Allerdings; denn wie könnte es wohl ohne dies werden?

SOKRATES. Also der Begriff des Bewirkenden ist nur dem Namen nach von dem der Ursache verschieden, und das Bewirkende und Ursächliche würde mit Recht Eines genannt.

PROTARCHOS. Mit Recht.

SOKRATES. Ebenso das Bewirkte und das Werdende finden wir gewiß auch, wie das obige, nur dem Namen nach verschieden. Oder wie?

PROTARCHOS. Allerdings so.

SOKRATES. Und das Bewirkende führt doch immer an, seiner Natur nach, das Bewirkte aber folgt als Werdendes jenem.

Protarchos. Freilich.

SOKRATES. Ein anderes also und nicht dasselbe ist die Ursache und das der Ursache bei dem Werden dienende.

PROTARCHOS. Wie anders?

SOKRATES. Also das Werdende und das, woraus wird, insgesamt, stellten uns jene drei Begriffe dar.

PROTARCHOS. Allerdings.

SOKRATES. Was aber nun jenes sämtlich bildet, wollen wir für das vierte erklären, die Ursache, als hinlänglich für verschieden von jenen anerkannt.

PROTARCHOS. Das wollen wir.

SOKRATES. Gut wäre es nun wohl, nachdem wir sie alle vier bestimmt haben, wenn wir sie wegen besserer Erinnerung jedes Einzelnen noch einmal der Reihe nach aufzählten.

PROTARCHOS. Sehr gut.

SOKRATES. Den ersten also nenne ich das Unbegrenzte, den zweiten die Begrenzung, dann den dritten aus diesen das gemischte und gewordene Sein; und wenn ich nun der Mischung und des Werdens Ursache den vierten nenne, würde ich dann wohl fehlen?

PROTARCHOS. Wie solltest du?

SOKRATES. Wohl! worauf geht nun weiter unsere Rede? und weshalb sind wir hierauf gekommen? War es nicht dieses, daß wir, wem der zweite Preis zukäme, untersuchen wollten, ob der Lust oder der Vernünftigkeit? War es nicht so?

PROTARCHOS. So war es freilich.

SOKRATES. Können wir nun nicht jetzt, nachdem wir dies so unterschieden, vielleicht auch das Urteil richtiger abfassen über das erste und zweite, worüber wir vorher im Streit waren?

PROTARCHOS. Vielleicht.

SOKRATES. Wohlan! als Sieger erkannten wir doch das gemischte Leben aus Lust und Vernunft. War es nicht so?

PROTARCHOS. Es war.

SOKRATES. Und dieses Leben sehen wir doch leicht, was für eines es ist und von welcher Gattung.

PROTARCHOS. Wie sollten wir nicht!

SOKRATES. Und werden wohl, denke ich, behaupten, es sei ein Teil unserer dritten Gattung. Denn nicht aus irgend zweien gemischt ist jene, sondern aus allem Unbegrenzten von der Begrenzung gebundenen, so daß mit Recht dieses gekrönte Leben ein Teil von jener wäre.

PROTARCHOS. Mit ganz vollkommenem Recht.

SOKRATES. Wohl! wie aber nun deines, o Philebos, was nur angenehm und ungemischt ist, unter welche von den beschriebenen Gattungen würden wir es zu setzen haben, um es richtig zu setzen? Antworte mir aber so, ehe du dich erklärst.

PHILEBOS. Sprich nur.

SOKRATES. Haben wohl Lust und Unlust eine Grenze? oder gehören sie zu dem das Mehr und Minder Aufnehmenden?

PHILEBOS. Ja zu dem das Mehr, o Sokrates. Denn die Lust wäre ja auch nicht alles Gute, wenn sie nicht unbegrenzt wäre, sowohl der Menge als dem Grade nach.

SOKRATES. Und so doch auch die Unlust, o Philebos, nicht alles Übel. So daß wir wohl auf etwas anderes sehen müssen als auf die Natur des Unbegrenzten, um den Lüsten einen Anteil an dem Guten zu sichern. Aus diesem Unbegrenzten also sei sie dir hervorgegangen. Vernunft aber und Erkenntnis und Einsicht, welchem von den Vorherbeschriebenen, o Protarchos und Philebos, müssen wir diese wohl beigesellen, um nicht zu freveln? Denn es dünkt mich nicht wenig darauf zu beruhen, ob wir über diese Frage richtig entscheiden oder nicht.

PHILEBOS. Du willst eben deinen Gott recht hervorheben und verherrlichen, o Sokrates.

SOKRATES. Auch du, Freund, deine Göttin. Das Gefragte aber ist uns doch zu beantworten.

PROTARCHOS. Daran sagt Sokrates ganz recht, und wir müssen ihm gehorchen.

PHILEBOS. Für mich aber hast du dich ja schon anheischig gemacht zu reden, Protarchos.

PROTARCHOS. Freilich wohl. Jetzt aber weiß ich fast keinen Rat und bitte dich, Sokrates, du wollest selbst unser Wortführer sein, damit wir nicht gegen deinen Kämpfer uns versündigend etwas Mißtöniges vorbringen.

SOKRATES. Darin muß ich dir Folge leisten, o Protarchos; auch legst du mir nichts Schweres auf, sondern ich habe in der Tat, wie Philebos sagt, dich im Scherz durch Feierlichkeit aus der Fassung gebracht, als ich fragte, zu welcher Gattung Vernunft und Erkenntnis gehörten.

PROTARCHOS. Das hast du freilich sehr, o Sokrates.

SOKRATES. Es ist aber gar leicht. Denn alle Weisen stimmen darin zusammen, recht um sich selbst zu verherrlichen, daß die Vernunft der König ist Himmels und der Erden. Und vielleicht haben sie recht. Laß uns aber ausführlicher die Untersuchung über ihre Gattung anstellen.

PROTARCHOS. Führe sie nur wie du willst, und wende nicht vor, sie wäre zu lang; denn dadurch wirst du uns nicht zuwider sein.

SOKRATES. Wohlgesprochen! und laß uns etwa mit dieser Frage anfangen.

PROTARCHOS. Mit welcher?

SOKRATES. Ob wir wohl, o Protarchos, sagen wollen, über alles insgesamt und über dies sogenannte Ganze walte die Gewalt des Vernunftlosen und des Zufälligen und das Ohngefähr, oder im Gegenteil, wie auch unsere Vorfahren gesagt haben, eine wundervolle Vernunft und Einsicht beherrsche alles anordnend?

PROTARCHOS. Gar ist ja beides nicht zu vergleichen, du wunderbarer Sokrates; denn was du jetzt sagst, ist ja nicht einmal erlaubt. Zu sagen aber, daß Vernunft es alles anordnet, ziemt dem, der Welt und Sonne, Mond und Sterne und den ganzen Umschwung anschaut, und nie möchte ich etwas anderes darüber sagen oder glauben.

SOKRATES. Willst du also, daß auch wir, mit den Früheren einstimmend, behaupten, dies verhalte sich so, und zwar nicht nur in der Meinung könnten wir wohl Fremdes ohne Gefahr nachsagen, sondern daß wir auch mit die Gefahr tragen und den Tadel teilen, wenn ein gewaltiger Mann sagt, es verhalte sich so nicht, sondern ganz unordentlich.

PROTARCHOS. Wie sollte ich das nicht wollen!

SOKRATES. So komm und sieh, was uns hierüber nun weiterfolgt.

PROTARCHOS. Sage nur.

SOKRATES. Was zur Natur der Leiber aller Lebendigen gehört, Erde, Feuer, Wasser und auch Luft, wie die Beklommenen rufen, finden wir doch in der Zusammensetzung des Ganzen.

PROTARCHOS. Gar recht. Denn beklommen sind wir wahrhaftig auch aus Ratlosigkeit in unsern jetzigen Verhandlungen.

SOKRATES. Wohl! Von dem allen nun, wie es in uns ist, nimm nur dieses an.

PROTARCHOS. Was doch?

SOKRATES. Daß von diesen jegliches sich nur gar sparsam in uns findet und schlecht, und nirgend irgend etwas rein und den seiner Natur eigenen Kräften ganz entsprechend. Nimm es nur an einem recht wahr, und sieh dann, wie es überall dasselbe ist. Wie, Feuer ist doch in uns und ist auch in dem Ganzen?

PROTARCHOS. Wie sollte es nicht?

SOKRATES. Und nicht wahr, wenig ist doch dessen in uns und Schwaches und Schlechtes; das aber in dem Ganzen ist bewundernswürdig viel und schön und in der vollen Kraft, welche dem Feuer zukommt?

PROTARCHOS. Ganz richtig ist, was du sagst.

SOKRATES. Wie aber? nährt sich etwa und entsteht aus diesem und wird beherrscht das Feuer des Ganzen von dem Feuer in uns? oder im Gegenteil hat nicht von jenem das meinige und deinige und das aller andern Lebendigen eben alles dieses?

PROTARCHOS. Diese Frage verdient nicht einmal eine Antwort.

SOKRATES. Ganz recht; und dasselbige, denke ich, wirst du auch sagen von der Erde in den Lebendigen hier und der im Ganzen und von allem übrigen, wonach ich nur eben fragte. Antwortest du so?

PROTARCHOS. Wen dürfte man wohl für ganz bei Sinnen halten, wenn er anders antwortete?

SOKRATES. Wohl niemanden. Aber folge nun auch dem nächsten. Alles eben Erwähnte, wenn wir es in eins verbunden sehen, nennen wir es dann nicht Leib?

PROTARCHOS. Wie sollten wir nicht?

SOKRATES. Dasselbe nimm nun auch an von dem, was wir Welt nennen. Denn ganz auf dieselbe Weise wäre es doch auch ein Leib, da es zusammengesetzt ist aus demselbigen.

PROTARCHOS. Vollkommen richtig.

SOKRATES. Wird nun wohl von diesem Leibe insgesamt unser Leib oder von dem unsrigen jener genährt werden und, was wir vorhin schon davon sagten, erhalten und haben?

PROTARCHOS. Auch dies, o Sokrates, ist gar nicht der Frage wert. Sokrates. Etwa aber folgendes mehr? Oder was wirst, du sagen? Protarchos. Laß nur hören was.

SOKRATES. Unser Leib, wollen wir nicht sagen, der habe eine Seele?

PROTARCHOS. Offenbar wollen wir das.

SOKRATES. Woher aber, o lieber Protarchos, sollte er sie erhalten haben, wenn nicht auch des Ganzen Leib beseelt wäre, dasselbe habend wie er und noch in jeder Hinsicht trefflicher?

PROTARCHOS. Offenbar wohl nirgend andersher, o Sokrates.

SOKRATES. Denn wir glauben doch nicht, o Protarchos, daß jene vier, die Begrenzung und das Unbegrenzte und das Gemeinsame und der Begriff der Ursache, welcher allen insgesamt als das vierte einwohnt, daß dieser bei uns zwar die Seele bildet und die Leibesstärke hervorbringt und des kränkelnden Leibes Heilkunst und anderwärts anderes vereint und heilt, und deshalb die gesamte und vielfältige Weisheit genannt wird, daß aber, wiewohl eben dasselbe alles im ganzen Himmel sich findet in großen Massen und noch dazu schön und rein, es dort nicht sollte Rat gewußt haben für die Hervorbringung des Schönsten und Vortrefflichsten?

PROTARCHOS. Das ließe sich ja keineswegs denken.

SOKRATES. Also wenn das nicht ist, würden wir wohl jener Rede folgend richtiger sagen, daß, wovon wir nun schon so oft gesprochen haben, des Unbegrenzten in dem Ganzen gar vieles ist und auch Begrenzung genug und außer diesen eine nicht schlechte Ursache, welche Jahre und Jahreszeiten und Monate ordnend und bestimmend und mit vollem Rechte Weisheit und Vernunft kann genannt werden.

PROTARCHOS. Mit vollem Rechte freilich.

SOKRATES. Weisheit und Vernunft aber können doch ohne Seele unmöglich sein.

PROTARCHOS. Freilich nicht.

SOKRATES. Also in der Natur des Zeus, wirst du sagen, wohne eine königliche Seele und königliche Vernunft von wegen der Kraft der Ursache und anderes Schöne in anderem, nenne man es, wie es jeglichem lieb ist.

Protarchos. Gewiß.

SOKRATES. Und diese Rede, o Protarchos, glaube ja nicht, daß wir etwa umsonst herbeigeführt haben, sondern sie ist zuerst jenen schon längst ausgesprochenen, daß immer über das Ganze Vernunft herrscht, genau verbündet.

PROTARCHOS. Das ist sie gewiß.

SOKRATES. Und dann hat sie auch die Antwort hergegeben auf meine Frage, daß nämlich die Vernunft zu der als das Ursächliche in allem beschriebenen Gattung gehört, unter den vieren, von denen uns diese auch eine war. Denn nun hast du ja schon unsere Antwort.

PROTARCHOS. Und ganz befriedigend, wiewohl ich nicht gemerkt hatte, daß du antwortetest.

SOKRATES. Es gewährt ja eine Erholung von dem Ernst, o Protarchos, bisweilen zu scherzen.

PROTARCHOS. Wohlgesprochen.

SOKRATES. Zu welcher Gattung also die Vernunft gehört, und welche Kraft sie besitzt, das ist uns nun ja wohl gehörig erklärt.

PROTARCHOS. Allerdings.

SOKRATES. Und die Gattung der Lust hat sich uns ja auch schon längst gezeigt.

PROTARCHOS. Ja freilich.

SOKRATES. Laß uns aber auch dieses von beiden wohl im Sinne behalten, daß die Vernunft der Ursache verwandt war und aus dieser Gattung, die Lust aber selbst unbegrenzt und aus der weder Anfang noch Mitte noch Ende von sich selbst in sich habenden noch je haben werdenden Gattung.

PROTARCHOS. Das wollen wir behalten. Wie sollten wir auch nicht!

SOKRATES. Nächstdem müssen wir, worin jedes von beiden ist und durch welches Ereignis es wird, wenn es wird, wohl erwägen zuerst von der Lust, wie wir auch ihre Gattung zuerst erforscht haben, so auch dieses zuerst. Abgesondert jedoch von der Unlust möchten wir die Lust wohl schwerlich jemals gehörig erforschen können.

PROTARCHOS. Also wenn wir diesen Weg gehen müssen, laß ihn uns gehn. Sokrates. Dünkt dich nun wohl von ihrer Entstehung dasselbe wie mich? Protarchos. Was doch?

SOKRATES. In der Gattung des Gemischten scheinen mir ihrer Natur gemäß Lust und Unlust zugleich zu entstehen.

PROTARCHOS. Das Gemischte, lieber Sokrates, bringe uns nochmals in Erinnerung, welches von den vorher beschriebenen du dadurch bezeichnen willst.

SOKRATES. Das soll nach Vermögen geschehen, du Wunderbarer.

PROTARCHOS. Wohlgesprochen.

SOKRATES. Unter dem Gemischten also wollen wir das verstehen, was wir unter den vieren als das dritte aufgeführt haben.

PROTARCHOS. Was du nach dem Unbegrenzten und der Begrenzung aufstelltest, wohin du auch die Gesundheit, glaube ich, und die Zusammenstimmung rechnetest?

SOKRATES. Sehr schön gesagt. Nun aber merke möglichst auf.

PROTARCHOS. Rede nur.

SOKRATES. Ich sage also, daß, wenn die Zusammenstimmung in den Lebendigen aufgelöst wird, zugleich auch eine Auflösung der Natur und eine Erzeugung von Schmerz alsdann erfolge.

PROTARCHOS. Das läßt sich hören.

SOKRATES. Wird sie aber wiederum gestimmt und geht in ihre eigentümliche Natur zurück, dann, müssen wir sagen, entsteht Lust, wenn wir über das Größte in wenigen Worten aufs schleunigste uns erklären sollen.

PROTARCHOS. Ich glaube wohl, daß du richtig erklärst, o Sokrates. Laß uns aber doch versuchen, dasselbe noch einleuchtender zu sagen.

Sokrates. Also, das Alltägliche und Augenscheinliche ist doch am leichtesten zu erkennen?

PROTARCHOS. Welches?

SOKRATES. Der Hunger ist doch eine Auflösung und Unlust.

PROTARCHOS. Ja.

SOKRATES. Wenn aber durch Speise wieder eine Erfüllung entsteht, so ist das Lust.

PROTARCHOS. Ja.

SOKRATES. Der Durst wiederum ist Verderben und Unlust; und die das

Ausgetrocknete wieder mit Feuchtigkeit anfüllende Tätigkeit ist Lust. Wiederum die Zergehung und Auflösung, welche widernatürlich in der Hitze bewirkt wird, ist Unlust, die naturgemäße Wiederherstellung aber und Erfrischung ist Lust.

PROTARCHOS. Allerdings.

SOKRATES. Auch im Frost ist die dem Lebendigen widernatürliche Erstarrung der Feuchtigkeiten Unlust; treten sie aber wieder in den vorigen Zustand zurück und zergehen, so ist diese naturgemäße Veränderung Lust. Und mit einem Wort, sieh zu, ob dir die Erklärung gerecht ist, welche aussagt, daß, wenn die aus dem Unbegrenzten und der Begrenzung gemäß der beseelten Natur entstandene Art, welche ich in dem vorigen schon erklärt habe, verdirbt, ihre Verderbnis Unlust sei» der Weg aber in ihr Sein und Bestehen, diese Rückkehr wiederum sei in allem Lust.

PROTARCHOS. So sei es; denn das scheint mir doch ein Gepräge zu haben.

SOKRATES. Dies also wollen wir setzen als eine Art von Lust und Unlust in diesen beiderlei Zuständen.

PROTARCHOS. Es stehe fest.

SOKRATES. Denke dir nun aber auch in Bezug auf die Erwartung dieser Zustände das Vorgefühl der Seele selbst vor dem Angenehmen angenehm und ermutigend, das vor dem Unlustigen aber fürchtend und schmerzlich.

PROTARCHOS. Dies ist also eine andere Art von Lust und Unlust, welche ganz abgesondert von dem Leibe, der Seele allein durch die Erwartung entsteht.

SOKRATES. Richtig aufgefaßt. Und an diesen Zuständen glaube ich nach meiner Meinung wenigstens, da beide rein entstehen, wie es scheint, und unvermischt Lust mit Unlust, wird offenbar werden, wie es um die Lust steht, ob die ganze Gattung begehrenswert ist, oder ob dieses wohl nur einer andern von unsern vorher beschriebenen Gattungen beizulegen ist, der Lust und Unlust aber, wie dem Warmen und Kalten und allem dergleichen, nur daß sie bisweilen wohl begehrenswert ist, bisweilen aber auch wieder nicht, weil sie nämlich Güter wohl nicht, sind bisweilen aber doch-, und einige von ihnen die Natur des Guten annehmen können.

PROTARCHOS. Ganz richtig sagst du, daß auf diesem Wege irgendwie das herauskommen muß, worauf wir Jagd machen.

SOKRATES. Zuerst nun laß uns dieses bedenken, daß wenn wirklich, wie wir sagten, Schmerz ist, wenn das Lebende verdirbt, und wenn es sich wieder herstellt, Lust, wir doch in bezug auf die, welche eben jetzt weder verderben noch sich wiederherstellen, überlegen müssen, was für eine Beschaffenheit wohl jedes Lebendige dann an sich haben muß, wann es ihm auf diese Art ergeht. Gib aber sehr wohl acht und sage, ist es nicht ganz notwendig, daß in dieser Zeit jegliches Lebendige ebensowenig Lust haben kann als Unlust, weder viel noch wenig?

PROTARCHOS. Notwendig freilich.

SOKRATES. Also gibt es für uns noch einen dritten solchen Zustand, außerdem des Vergnügtseins und dem des Betrübtseins.

PROTARCHOS. Wie sollte es nicht!

SOKRATES. Wohlan, also diesen suche nur im Sinn' zu behalten. Denn es kommt nicht wenig darauf an bei der Beurteilung der Lust, ob wir diesen im Sinne haben oder nicht. Ein weniges aber laß uns, wenn du willst, von ihm durchgehn.

PROTARCHOS. Sage nur was.

SOKRATES. Den, der die Lebensweise der Einsicht gewählt hat, weißt du wohl, daß nichts hindert auf diese Weise zu leben.

PROTARCHOS. Du meinst so, daß er weder vergnügt sei noch unlustig?

SOKRATES. Denn es wurde damals gesagt bei der Vergleichung der Lebensweisen, daß, wer die der Vernunft und der Einsicht gewählt habe, der Lust weder viel noch wenig haben müsse.

PROTARCHOS. So ist freilich gesagt worden.

SOKRATES. So könnte es demnach um jenen stehen, und vielleicht ist es nichts Wunderbares, wenn unter allen Lebensweisen diese die göttlichste ist.

PROTARCHOS. Wahrscheinlich ist es wenigstens nicht, daß die Götter Lust haben oder das Gegenteil.

Sokrates. Gar nicht wahrscheinlich. Unziemlich für sie wäre wenigstens beides. Allein dies wollen wir hernach noch bedenken, wenn es zur Sache gehört, und wollen es der Vernunft zum zweiten Preise, wo wir doch zum ersten nicht können, zulegen.

Protarchos. Sehr richtig gesagt.

Sokrates. Nun aber, jene andere Art der Lust, welche wir der Seele allein zuschrieben, entsteht doch ganz durch das Gedächtnis.

Protarchos. Wie das?

Sokrates. Es scheint, wir werden wohl zuerst vornehmen müssen, was Gedächtnis ist, und noch früher als Gedächtnis wohl die Wahrnehmung, wenn uns diese Dinge irgend deutlich werden sollen.

Protarchos. Wie meinst du das?

Sokrates. Nimm an, daß von den jedesmaligen Vorkommenheiten an unserm Leibe einige in dem Leibe selbst sich verlieren, ehe sie zur Seele hindurch gelangen, so daß sie jene unteilnehmend lassen, andere aber durch beide hindurchgehend, gleichsam eine eigentümliche und beiden gemeinschaftliche Erschütterung zurücklassen.

Protarchos. Das stehe fest.

Sokrates. Wenn wir nun sagen, daß die nicht durch beide hindurch sich entstreckende unserer Seele entgehen, die aber durch beide, ihr nicht entgehen, würden wir dann wohl ganz richtig sprechen?

Protarchos. Warum nicht?

Sokrates. Denn verstehe nur das Entgehen nicht so, als meinte ich hier das Entstehen eines Vergessens; denn das Vergessen ist das Aufhören der Erinnerung, und diese ist da, wovon jetzt die Rede ist, noch nicht entstanden; und von einem Verlust dessen zu reden, was weder ist noch schon geworden ist, wäre ungereimt. Nicht wahr?

Protarchos. Allerdings.

Sokrates. Also vertausche nur die Namen.

Protarchos. Wie?

Sokrates. Anstatt zu sagen, daß etwas der Seele entgehe, wenn sie unteilnehmend bleibt an den Erschütterungen des Leibes, so nenne dies, was du jetzt Entgehen nennen wolltest, Bewußtlosigkeit.

PROTARCHOS. Ich verstehe.

SOKRATES. Wenn aber in einer Erregung Seele und Leib gemeinschaftlich begriffen sind und so auch gemeinschaftlich bewegt werden, wenn du dann diese Bewegung wolltest Empfindung oder Wahrnehmung nennen, würdest du nicht aus der Weise reden.

PROTARCHOS. Vollkommen richtig.

SOKRATES. Also nun verstehen wir schon, was wir Wahrnehmung nennen wollen?

PROTARCHOS. Wie sollten wir nicht!

SOKRATES. Und wenn nur einer das Aufbehalten der Wahrnehmung Gedächtnis nannte, würde er wohl auch nach meiner Meinung richtig reden.

PROTARCHOS. Freilich richtig.

SOKRATES. Sagen wir aber nicht, daß vom Gedächtnis die Erinnerung verschieden sei?

PROTARCHOS. Vielleicht. Sokrates. Nicht etwa so? Protarchos. Wie denn?

SOKRATES. Wenn was der Seele mit dem Leibe zugleich begegnet ist, sie dieses ohne den Leib für sich allein möglichst zurückholt, dann sagen wir doch, daß sie sich erinnert. Nicht wahr?

PROTARCHOS. Allerdings,

SOKRATES. Aber auch, wenn sie, nachdem das Andenken, sei es nun einer Wahrnehmung oder einer Kenntnis, verlorengegangen war, sie dies wiederum selbst bei sich selbst wiederholt, auch dies insgesamt nennen wir doch Erinnerung.

PROTARCHOS. Richtig.

SOKRATES. Weshalb aber dieses alles gesagt worden, das ist dies.

PROTARCHOS. Welches doch?

SOKRATES. Damit wir aufs beste und bestimmteste auffassen könnten, die Lust der Seele, abgesondert von dem Leibe, so richtig und deutlich als möglich aufzufassen und zugleich auch die Begierde. Denn um deswillen gewiß ist dieses beides erklärt worden.

PROTARCHOS. So laß uns also, o Sokrates, das nächste nun vornehmen.

SOKRATES. Vieles von der Entstehung der Lust und ihrer ganzen Gestalt müssen wir, wie es scheint, notwendig besprechen, So auch jetzt müssen wir offenbar zuerst vornehmen, was wohl die Begierde ist, und wo sie entsteht.

PROTARCHOS. So laß es uns überlegen. Wir verlieren ja nichts dabei.

SOKRATES. Allerdings verlieren wir, o Protarchos, wenn wir gefunden haben, was wir jetzt suchen, die Ratlosigkeit über alle diese Dinge.

PROTARCHOS. Gut abgewehrt. Versuchen wir nun aber das folgende zu berichtigen.

SOKRATES. Sagten wir also nicht eben, Hunger und Durst und vielerlei anderes dergleichen wären Begierden?

PROTARCHOS. Gar sehr.

SOKRATES. Was ist doch also dieses selbige in ihnen, worauf wir sehen, indem wir so sehr verschiedene Dinge mit einem Namen benannten?

PROTARCHOS. Beim Zeus, das ist wohl nicht leicht zu sagen, o Sokrates, doch aber muß es versucht werden.

SOKRATES. Holen wir es nur wieder eben von dort her.

PROTARCHOS. Von wo?

SOKRATES. Wir sagen doch immer, daß etwas durstet?

PROTARCHOS. Freilich.

SOKRATES. Und das heißt doch, daß es sich leer befindet.

PROTARCHOS. Was denn sonst?

SOKRATES. Ist nun der Durst eine Begierde?

PROTARCHOS. Ja, nach Getränk doch?

SOKRATES. Nach Getränk oder nach Anfüllung mit Getränk?

PROTARCHOS. Ich glaube wohl nach Anfüllung.

SOKRATES. Wer also von uns leer geworden ist, wie es scheint, der begehrt das Gegenteil von dem, das ihm begegnet. Denn ausgeleert, wünscht er angefüllt zu werden.

PROTARCHOS. Ganz offenbar.

SOKRATES. Wie nun aber? kann, wer zum erstenmal ausgeleert ist, wohl sei es nun mit der Wahrnehmung auf die Anfüllung treffen, oder sei es mit dem Gedächtnis auf etwas, was ihm weder in der gegenwärtigen Zeit begegnet, noch ihm jemals vorher begegnet ist?

PROTARCHOS. Wie sollte das doch?

SOKRATES. Aber der Begehrende begehrt ja doch etwas, sagen wir?

PROTARCHOS. Wie sollte er nicht!

SOKRATES. Also auch nicht dasselbe, was ihm begegnet, begehrt er. Denn er hat Durst, und das ist Ausleerung, er aber begehrt nach Anfüllung.

PROTARCHOS. Ja.

SOKRATES. Irgend etwas also an dem Durstenden muß doch irgendwie auf die Anfüllung treffen.

PROTARCHOS. Notwendig.

SOKRATES. Der Leib aber unmöglich, denn der ist ja aus geleert.

PROTARCHOS. Ja.

SOKRATES. Also bleibt nur übrig, daß die Seele die Anfüllung trifft vermittelst des Gedächtnisses.

PROTARCHOS. Offenbar.

SOKRATES. Denn womit anders sollte sie sie treffen?

PROTARCHOS. Es gibt wohl kaum etwas.

SOKRATES. Merken wir nun wohl, was uns aus diesen Reden folgt?

PROTARCHOS. Was doch?

SOKRATES. Diese Rede behauptet, daß es eine Begierde des Leibes nicht gibt.

PROTARCHOS. Wieso?

SOKRATES. Weil sie immer ein den Zuständen jenes entgegengesetztes Streben andeutet.

PROTARCHOS. Allerdings.

SOKRATES. Und der Trieb, wie er auf das Gegenteil des jedesmaligen damaligen Zustandes führt, offenbart doch, daß ein Gedächtnis da ist von dem Gegenteil dieses Zustandes.

PROTARCHOS. Freilich.

SOKRATES. Indem also unsere Rede die zu dem Begehrten hinführende Erinnerung aufgewiesen hat, hat sie zugleich gezeigt, daß Trieb und Begierde sowohl als die gesamte Regierung eines jeglichen Lebendigen der Seele angehören.

PROTARCHOS. Ganz richtig.

SOKRATES. Daß also unser Leib hungere oder durste oder dergleichen etwas erleide, das nimmt unsere Rede keineswegs an.

PROTARCHOS. Völlig der Wahrheit gemäß.

SOKRATES. Auch dieses aber laß uns noch über dasselbige bemerken. Diese Rede nämlich scheint uns einen eigenen Lebenszustand eben hierin offenbaren zu wollen.

PROTARCHOS. Worin und von was für einemLeben redest du?

SOKRATES. In dem Angefülltwerden und Ausgeleertsein und allem, was sich so auf die Erhaltung und das Verderben der Lebendigen bezieht, und wenn jemand von uns, in einem von beiden begriffen, Unlust hat und dann wieder Lust, je nachdem es wechselt?

PROTARCHOS. So ist es.

SOKRATES. Wie aber nun, wenn einer sich in der Mitte von beiden befindet?

PROTARCHOS. Wieso in der Mitte?

SOKRATES. Vermöge seines gegenwärtigen Zustandes hat er zwar Unlust, erinnert sich aber des gewesenen Angenehmen; so könnte er vom Schmerz Ruhe haben, er ist aber noch nicht angefüllt. Wie dann? sollen wir behaupten oder leugnen, daß er sich in der Mitte zwischen beiden Zuständen befindet?

PROTARCHOS. Behaupten wollen wir es freilich.

SOKRATES. Als lauter Unlust habend oder Lust?

PROTARCHOS. Beim Zeus nein, sondern als von doppelter Unlust gequält, dem Leibe nach durch den unmittelbaren Zustand, der Seele nach durch das Sehnsüchtige der Erwartung.

SOKRATES. Wie doch, o Protarchos, hast du das gemeint mit der doppelten Unlust? Kann nicht bisweilen einer von uns, der ausgeleert ist, in der sicheren Erwartung stehen, angefüllt zu werden, ein anderes Mal aber im Gegenteil sich hoffnungslos befinden?

PROTARCHOS. Freilich wohl.

SOKRATES. Und dünkt dich nun nicht, daß er als hoffend, angefüllt zu werden, sich freut wegen der Erinnerung, zugleich aber, weil ausgeleert, in derselben Zeit auch Unlust empfindet?

PROTARCHOS. Notwendig.

SOKRATES. Dann also wird der Mensch und die andern Tiere zu gleicher Zeit Unlust haben und Lust.

PROTARCHOS. So kommt es heraus.

SOKRATES. Wie nun aber, wenn der Ausgeleerte ohne alle Hoffnung ist, zur Anfüllung zu gelangen, wird nicht dann erst jener zwiefache Zustand der Unlust eintreten, welchen du eben vorhin wahrnehmend in der Meinung standest, er finde schlechthin statt?

PROTARCHOS. Vollkommen richtig, o Sokrates.

SOKRATES. Diese Untersuchung also über diese Zustände wollen wir hiezu anwenden.

PROTARCHOS. Wozu?

SOKRATES. Ob wir sagen wollen, diese Empfindungen der Lust und Unlust wären wahr oder falsch, oder einige wahr, andere nicht.

PROTARCHOS. Wie aber, o Sokrates, könnte wohl Lust oder Unlust falsch sein?

SOKRATES. Wie aber, o Protarchos, wäre dann Furcht wahr oder falsch? und Erwartungen wahr oder nicht? und Vorstellungen wahr oder falsch?

PROTARCHOS. Vorstellungen möchte ich wohl zugeben, das andere aber nicht.

SOKRATES. Wie sagst du? da werden wir wieder eine gar nicht kurze Rede aufregen müssen.

PROTARCHOS. Darin kannst du recht haben.

SOKRATES. Aber ob sie auch zu dem vorigen sich schickt, Freund, das müssen wir doch überlegen.

PROTARCHOS. Das wohl gewiß.

SOKRATES. Alle übrigen Weitläufigkeiten also wollen wir absagen und allem und jedem über das gebührliche Hinausgehenden in der Rede.

PROTARCHOS. Richtig.

SOKRATES. Sage mir also, denn ich wundere mich immerfort über diese Schwierigkeiten, die wir jetzt vorgelegt haben.

PROTARCHOS. Wie meinst du?

SOKRATES. Also Lust könnte nicht einige wahr sein und andere falsch?

PROTARCHOS. Wie ginge das wohl?

SOKRATES. Also weder wachend noch im Traum gibt es nach deiner Behauptung noch im Wahnsinn oder sonst einem Zustand von Unvernunft irgendeinen, der wohl einmal glaubt, sich wohl zu befinden, befindet sich aber gar nicht wohl, noch auch wiederum glaubt, Unlust zu haben, hat aber gar keine.

PROTARCHOS. Alle nehmen wir immer an, o Sokrates, daß sich dies alles so verhalte.

SOKRATES. Aber auch mit Recht? oder müssen wir erst untersuchen, ob dies richtig so gesagt wird oder nicht?

PROTARCHOS. Untersuchen muß man es wohl, würde ich wenigstens behaupten.

SOKRATES. Bestimmen wir aber noch genauer das eben Gesagte von Lust und Vorstellung. Wir nennen doch etwas vorstellen?

PROTARCHOS. Ja.

SOKRATES. Und etwas Lust empfinden?

PROTARCHOS. Ja.

SOKRATES. Und das Vorgestellte ist doch auch etwas?

PROTARCHOS. Wie sollte es nicht!

SOKRATES. Und doch auch das ›worüber der Lustempfindende Lust empfindet?

PROTARCHOS. Ei freilich.

SOKRATES. Und dem Vorstellenden, mag es nun richtig oder auch nicht richtig vorstellen, geht doch das niemals verloren, daß es in der Tat vorstellt?

PROTARCHOS. Wie wäre das auch möglich!

SOKRATES. So auch dem Lustempfindenden, mag es nun richtig oder auch nicht richtig empfinden, wird doch, daß es nicht in der Tat Lust empfinde, niemals verlorengehen?

PROTARCHOS. Richtig, auch dies verhält sich so.

SOKRATES. Auf welche Weise nun soll uns wohl die Vorstellung zwar gern falsch werden oder wahr, die Lust aber allein wahr, da doch das in der Tat vorstellen und Lust haben beiden gleichermaßen zukommt?

PROTARCHOS. Das müssen wir bedenken.

SOKRATES. Etwa daß zur Vorstellung immer Wahrheit und Falschheit hinzukommt und sie dadurch nicht nur Vorstellung, sondern auch jede eine von einer gewissen Beschaffenheit wird, meinst du, wir müssen dies bedenken?

PROTARCHOS. Ja.

SOKRATES. Nächstdem aber müssen wir auch, ob denn diese zwar von gewisser Beschaffenheit sind, Lust aber und Unlust nur, was sie sind, nicht aber von einer gewissen Beschaffenheit werden, auch darüber uns einigen.

PROTARCHOS. Offenbar.

SOKRATES. Allein das ist ja gar nicht schwer zu sehn, daß auch sie von gewisser Beschaffenheit sind. Denn schon lange sagen wir ja, daß Lust und Unlust beide auch groß und klein und heftig und gelinde werden.

PROTARCHOS. Allerdings wohl.

SOKRATES. Wenn nun, o Protarchos, einer von ihnen Schlechtigkeit zukommt, so werden wir doch sagen, daß so die Vorstellung schlecht wird und auch die Lust schlecht.

PROTARCHOS. Wie könnten wir wohl anders, o Sokrates!

SOKRATES. Wie nun, wenn Richtigkeit oder das Gegenteil der Richtigkeit einer von ihnen zukommt, werden wir etwa nicht die Vorstellung, wenn sie Richtigkeit hat, eine richtige nennen und die Lust ebenso?

PROTARCHOS. Notwendig.

SOKRATES. Wenn aber das Vorgestellte verfehlt ist, dann müssen wir doch die verfehlende Vorstellung nicht als richtig anerkennen, noch für richtig vorstellend?

PROTARCHOS. Wie könnten wir auch!

SOKRATES. Und wie, wenn wir ebenso eine Lust oder Unlust in Absicht auf das, woran Unlust empfunden wird oder das Gegenteil, fehlen sehen, sollen wir sie dann richtig oder gut oder mit sonst einem schönen Namen nennen?

PROTARCHOS. Das ist freilich nicht möglich, wenn nur die Lust wird fehlen können.

SOKRATES. Aber es ist doch klar, daß die Lust uns oft nicht mit einer richtigen, sondern mit einer falschen Vorstellung entsteht.

PROTARCHOS. Wie sollte sie nicht? Und die Vorstellung, o Sokrates, nennen wir ja in einem solchen Falle dann falsch; nur die Lust selbst wird doch wohl nie jemand als falsch beschreiben.

SOKRATES. Du verteidigst ja jetzt die Sache der Lust gar eifrig.

PROTARCHOS. Gar nicht; ich sage nur, was ich gehört habe.

SOKRATES. Soll uns denn gar kein Unterschied sein, o Freund, zwischen der Lust, die mit richtiger Vorstellung und mit Erkenntnis, und der, welche mit falscher und mit Unwissenheit oftmals jedem von uns einwohnt?

PROTARCHOS. Sie müssen ja wohl nicht wenig verschieden sein.

SOKRATES. So laß uns denn zur Betrachtung ihrer Verschiedenheit schreiten.

PROTARCHOS. Führe, wie es dir gut dünkt.

SOKRATES. So will ich denn so führen.

PROTARCHOS. Wie?

SOKRATES. Vorstellung, sagen wir doch, gibt es falsche und gibt auch wahre.

PROTARCHOS. Die gibt es.

SOKRATES. Und diesen, wie wir auch eben sagten, folgen Lust und Unlust gar oftmals, der wahren Vorstellung meine ich und der falschen.

PROTARCHOS. Allerdings.

SOKRATES. Und nicht wahr, aus dem Gedächtnis und der Wahrnehmung entsteht uns jedesmal die Vorstellung und das Bestreben, durch Vorstellung zu unterscheiden.

PROTARCHOS. Ganz gewiß.

SOKRATES. Dünkt es uns nun nicht notwendig, daß wir uns hiebei so verhalten?

PROTARCHOS. Wie?

SOKRATES. Manchmal, wenn einer etwas von weitem Erblicktes nicht recht genau sieht, kommt es doch wohl, sagst du das nicht auch, daß er beurteilen will, was er sieht?

PROTARCHOS. Das sage ich auch.

SOKRATES. Und dann möchte wohl ein solcher sich selbst so anreden.

PROTARCHOS. Wie?

SOKRATES. Was ist doch wohl das, was mir da bei dem Felsen zu stehen scheint unter einem Baume. Meinst du nicht, daß einer so zu sich selbst redet, dem irgendeinmal dergleichen zu Gesicht kommt?

PROTARCHOS. Was sollte er nicht?

SOKRATES. Und demnächst könnte er wohl gleichsam sich selbst antwortend bei sich sagen: Es ist ein Mensch, aber nur so aufs Geratewohl.

PROTARCHOS. Sehr leicht.

SOKRATES. Kommt er aber näher hinzu, dann möchte er vielleicht sagen, was er gesehen, sei ein Schnitzwerk, das einige Hirten gemacht.

PROTARCHOS. Ganz wohl.

SOKRATES. Und wenn jemand mit ihm wäre, dann würde er das bei sich selbst Gesagte dem Anwesenden durch die Stimme darstellen, und so würde er wiederum ganz dasselbige wirklich aussprechen, und was wir vorher eine Meinung nannten, wäre dann eine Rede geworden.

PROTARCHOS. Wie könnte es anders sein?

SOKRATES. Ist er aber allein und denkt dieses nur für sich selbst, so geht er vielleicht längere Zeit hin und behält es bei sich.

PROTARCHOS. Allerdings.

SOKRATES. Wie nun? kommt dir dieses wohl ebenso vor wie mir?

PROTARCHOS. Wie doch?

SOKRATES. Unsere Seele scheint mir dann einem Buche zu gleichen.

PROTARCHOS. Wie das?

SOKRATES. Das mit den Wahrnehmungen zusammentreffende Gedächtnis, und was sonst zu diesen Zuständen gehört, scheinen mir dann in unsere Seelen gleichsam Reden einzuschreiben; und wenn sie richtig geschrieben haben, dann ist dieses Ereignis eine richtige Vorstellung, und es gehen daraus richtige Reden in uns hervor, wenn aber dieser Schreiber bei uns Falsches schreibt, so entsteht das Gegenteil von dem Richtigen.

PROTARCHOS. Allerdings scheint mir das auch, und ich nehme das so Gesagte an.

SOKRATES. So nimm dann auch an, daß noch ein anderer Meister sich zu derselben Zeit in unsern Seelen befindet.

PROTARCHOS. Was für einer?

SOKRATES. Ein Maler, der nächst dem Schreiber des Gesprochenen die Bilder davon in der Seele zeichnet.

PROTARCHOS. Wie tut das der nun wieder und wann?

SOKRATES. Wenn einer von dem Gesicht, oder welcher Sinn es sonst sei, das damals Vorgestellte und Ausgesprochene losmachend die Bilder des Vorgestellten und Gesprochenen irgendwie in sich selbst sieht. Oder geschieht das etwa nicht bei uns?

PROTARCHOS. Gar sehr freilich.

SOKRATES. Sind nun nicht der richtigen Vorstellungen und Reden Bilder auch richtige, die der falschen aber falsche?

PROTARCHOS. Auf alle Weise.

SOKRATES. Wenn wir nun dies richtig bestimmt haben, so laß uns auch noch dieses dazu untersuchen.

PROTARCHOS. Welches doch?

SOKRATES. Ob uns mit dem Gegenwärtigen und Vergangenen dieses zwar notwendig so begegnet, mit dem Künftigen aber nicht.

PROTARCHOS. Mit allem aus allen Zeiten gewiß auf gleiche Weise.

SOKRATES. Nun ist doch von der Lust und Unlust der Seele in dem vorigen gesagt worden, daß sie wohl vor der Lust und Unlust des Leibes vorher entstehen könnte, so daß uns also eine Vorlust und eine Vorunlust in bezug auf die künftige Zeit entsteht.

PROTARCHOS. Sehr wahr.

SOKRATES. Gibt es nun solche Schriften und Bilder, wie wir kurz zuvor in uns entstehen ließen, zwar von der vergangenen und gegenwärtigen Zeit, von der künftigen aber nicht?

PROTARCHOS. Ganz gewiß doch.

SOKRATES. Sagst du etwa ganz gewiß, weil sie ja alle, auf die künftige Zeit bezogen, Hoffnungen sind und wir unser ganzes Leben hindurch immer voll sind von Hoffnungen?

PROTARCHOS. Auf alle Weise freilich.

SOKRATES. Wohlan denn, zu dem jetzt Erklärten beantworte mir auch noch dieses.

PROTARCHOS. Was doch?

SOKRATES. Ein gerechter und frommer und durchaus guter Mann, ist der nicht gottgeliebt?

PROTARCHOS. Wie sollte er nicht!

SOKRATES. Und der ungerechte und ganz und gar schlechte, ist der nicht ganz das Gegenteil von jenem?

PROTARCHOS. Wie sollte er nicht!

SOKRATES. Und vieler Hoffnungen, wie wir eben sagten, ist jeder Mensch voll?

PROTARCHOS. Wie könnte einer anders!

SOKRATES. In jedem von uns also sind solche Reden, welche wir Hoffnungen nannten.

PROTARCHOS. Ja.

SOKRATES. Und doch auch die gemalten Bilder. Und so kann einer oftmals sehn, daß er ungeheuer viel Gold hat und dabei große Lust, und auch sich selbst kann er in sich abgemalt sehn als gar höchlich erfreut.

PROTARCHOS. Gar leicht.

SOKRATES. Sollen wir nun hievon sagen, daß, was die guten Menschen so geschrieben in sich tragen, größtenteils wahr ist, weil sie gottgeliebt sind, was aber die schlechten, ganz im Gegenteil. Oder wollen wir das nicht sagen?

PROTARCHOS. Gar sehr wollen wir es sagen.

SOKRATES. Und auch die Schlechten haben ebensogut Lust bei sich abgemalt, nur ist es falsche.

PROTARCHOS. Freilich wohl.

SOKRATES. An falscher Lust also ergötzen sich meistenteils die Schlechten, die Guten unter den Menschen aber an wahrer.

PROTARCHOS. Ganz notwendig ist es so, wie du sagst.

SOKRATES. Es gibt also nach dieser unserer jetzigen Rede allerdings in den Seelen der Menschen falsche Lust, welche der wahren nur ins Lächerliche sich nachbildet; und ebenso auch Unlust.

Protarchos. Es gibt.

Sokrates. Mußte nun nicht, wer nur überall vorstellt, allerdings immer in der Tat vorstellen, aber doch bisweilen was nicht ist, noch war, noch auch sein wird?

Protarchos. Freilich.

Sokrates. Und dies war es eben, glaube ich, woraus uns denn die unrichtige Vorstellung und das unrichtige Vorstellen entstand; nicht wahr?

Protarchos. Ja.

Sokrates. Und wie? Müssen wir nicht der Lust und Unlust eine jenen ganz ähnliche Beschaffenheit unter denselben Umständen beilegen?

Protarchos. Wie das?

Sokrates. Daß allerdings, wer nur überall, sei es auch noch so eitler Weise, Lust hat, in der Tat jedesmal wirklich Lust hat, bisweilen jedoch an dem, was nicht ist und nicht gewesen ist, und oft ja vielleicht meistenteils an dem, was auch niemals sein wird.

Protarchos. Auch das, o Sokrates, verhält sich notwendig so.

Sokrates. Und dasselbe würde wohl auch gelten von Furcht und Ereiferung und allem ähnlichen, daß alles dergleichen auch bisweilen falsch ist.

Protarchos. Allerdings.

Sokrates. Und wie können wir wohl anders Vorstellungen schlecht und gut nennen, als weil sie wahr sind oder falsch?

Protarchos. Nicht anders.

Sokrates. Und auch Lust, meine ich, können wir nicht merken, daß sie auf andere Weise schlecht ist als dadurch, daß sie falsch ist.

Protarchos. Wohl ganz das Gegenteil von dem, was du sagst, Sokrates. Denn des Falschen wegen würde einer Lust und Unlust wohl gar nicht für schlecht halten, wohl aber wenn sie in viele andere große Schlechtigkeit hineingeraten.

Sokrates. Von der schlechten Lust also, welche durch Schlechtigkeit eine solche ist, wollen wir hernach bald reden, wenn es uns noch so bedünkt; wie aber die falschen auch noch auf andere Weise viel und oft uns beschleichen und einwohnen, muß erwähnt werden; denn dies werden wir vielleicht brauchen zu unserer Beurteilung.

PROTARCHOS. Warum nicht? wenn es nur welche gibt!

SOKRATES. Aber Protarchos, es gibt deren wohl nach meiner Meinung; und solange diese Annahme uns vorliegt, kann sie unmöglich ununtersucht bleiben.

PROTARCHOS. Schön.

SOKRATES. So laß uns denn wie Kämpfer auch gegen diesen Satz uns wieder stellen.

PROTARCHOS. Komm.

SOKRATES. Wir haben doch vor kurzem in dem vorigen, wenn wir uns dessen erinnern, gesagt, daß, wenn was wir Begierden nennen in uns sind, der Leib ganz getrennt und abgesondert von der Seele in seinen Zuständen geteilt ist.

PROTARCHOS. Dessen erinnere ich mich, und es ist vorher gesagt worden.

SOKRATES. Und nicht wahr, das, was begehrt, nämlich die den Beschaffenheiten des Leibes entgegengesetzten, war die Seele, das aber, was den Schmerz oder irgendeine aus einer Erregung hervorgehende Lust in sich aufnimmt war der Leib.

PROTARCHOS. So war es freilich.

SOKRATES. So rechne denn zusammen, was hierin liegt.

PROTARCHOS. Sprich.

SOKRATES. Es liegt darin, daß, wenn sich dies so verhält, alsdann Lust und Unlust zugleich in uns liegen und das Bewußtsein beider, die doch entgegengesetzt sind, und miteinander entsteht, was sich uns auch nun eben gezeigt hat.

PROTARCHOS. Das scheint freilich wohl.

SOKRATES. War nun nicht auch dieses gesagt worden und steht uns fest als vorher eingestanden?

PROTARCHOS. Welches doch?

SOKRATES. Daß Lust und Unlust beide das Mehr und Minder aufnehmen und zum Unbegrenzten gehören.

PROTARCHOS. Das ist gesagt. Warum?

SOKRATES. Was ist nun wohl für Rat, um dieses richtig zu beurteilen?

PROTARCHOS. Was nur und wie?

SOKRATES. Wenn doch unsere Absicht, dieses zu beurteilen, in dergleichen jedesmal dahingeht, zu unterscheiden, welche von ihnen wohl, mit den andern verglichen, größer ist und kleiner, und welche es in höherem Grade ist und stärker, sowohl Unlust mit Lust verglichen als auch Unlust mit Unlust und Lust mit Lust.

PROTARCHOS. So ist es allerdings, und dies ist die Absicht der Beurteilung.

SOKRATES. Wie also? beim Gesicht leidet die Wahrheit, wenn man Größen von nahe und von fern sieht, und dies bewirkt falsche Vorstellungen, und bei Lust und Unlust sollte nicht dasselbe eintreten?

PROTARCHOS. Noch weit mehr wohl, o Sokrates.

SOKRATES. Ganz entgegengesetzt kommt aber das Jetzige heraus dem kurz Vorherigen.

PROTARCHOS. Welches meinst du?

SOKRATES. Damals nämlich waren es die Vorstellungen, welche, je nachdem sie wahr oder falsch ausfielen, auch die Lust und Unlust mit dem, was ihnen selbst begegnet war, anfüllten.

PROTARCHOS. Vollkommen wahr.

SOKRATES. Jetzt aber ist sie es selbst, welche, weil sie abwechselnd bald von weitem, bald von nahem gesehen und zugleich eine neben die andere gestellt wird, und zwar die Lust, neben das Unangenehme gestellt, größer und stärker erscheint, die Unlust aber, neben das Angenehme gestellt, im Gegenteil.

PROTARCHOS. Dergleichen erfolgt wohl notwendig aus dieser Ursache.

SOKRATES. Wenn du also das, um wieviel jede von ihnen größer und kleiner erscheint, als sie wirklich ist,. dieses Erscheinende aber nicht Seiende von beiden abschneidest: so wirst du weder von ihm selbst sagen können, daß es richtig erscheine, noch auch wirst du dich jemals, was von Lust und Unlust auf diesen Teil fällt, getrauen, richtig und wahr zu nennen.

PROTARCHOS. Freilich nicht.

SOKRATES. Gleich nach diesem laß uns nun sehen, ob wir nicht darauf treffen, daß noch ärgere falsche Lust und Unlust als diese in den lebendigen Wesen erscheint und ist.

PROTARCHOS. Wie doch und was für welche meinst du?

SOKRATES. Es ist doch schon oft gesagt worden, daß, wenn die Natur eines jeden leidet durch Vermischungen und Aussonderungen, durch Anfüllungen und Ausleerungen oder gewisse Vermehrungen und Abnahmen, alsdann Unlust, Beschwerde, Schmerz und alles, was dergleichen Namen führt, zu entstehen pflege.

PROTARCHOS. Ja, das ist oft schon gesagt.

SOKRATES. Wann es aber wieder zu seiner eigenen Natur zurückkehrt, diese Rückkehr, setzen wir bei uns fest, sei Lust.

PROTARCHOS. Richtig.

SOKRATES. Wie nun aber, wenn an unserm Leibe keins von beiden wirklich vorgeht?

PROTARCHOS. Wann könnte das aber wohl sein, o Sokrates.

SOKRATES. Die Frage tut gar nichts zur Sache, die du jetzt vorbringst.

Protarchos. Wieso nicht?

SOKRATES. Weil sie mich doch nicht hindert, meine Frage dir noch einmal aufzuwerfen.

PROTARCHOS. Welche?

SOKRATES. Wenn nun dergleichen jemals gar nicht stattfände, werde ich immer sagen, was würde uns daraus notwendig folgen?

PROTARCHOS. Du meinst, wenn der Leib auf keine von beiden Seiten bewegt würde?

SOKRATES. Eben das.

PROTARCHOS. Offenbar doch wohl dieses, o Sokrates, daß in einem solchen dann weder Lust wäre noch auch irgendeine Unlust.

SOKRATES. Sehr richtig gesagt. Nur meinst du, glaube ich, es müsse dergleichen immer etwas in uns sein, wie die Weisen sagen; denn es fließt immer alles nach oben oder unten.

PROTARCHOS. Das sagen sie freilich, und es dünkt mich gar nicht schlecht.

SOKRATES. Wie wollte es auch, da sie selbst nicht schlecht sind! Aber ich möchte dieser Rede gern ausweichen, die mir entgegenkommt. Hieher denke ich deshalb zu fliehen, und fliehe du nur mit.

PROTARCHOS. Sage nur wie.

SOKRATES. Das soll freilich so sein, wollen wir zu ihnen sprechen. Du aber beantworte mir nur dieses, ob denn immer alles, was nur einem beseelten Wesen begegnet, auch von dem wahrgenommen wird, dem es begegnet, und wir auch nicht einmal wachsen, ohne es zu merken, und gar vielerlei ebenso mit uns vorgeht, oder ganz das Gegenteil? denn fast alles dieser Art entgeht uns gänzlich.

PROTARCHOS. Ganz im Gegenteil freilich.

SOKRATES. Also war uns nur das eben Gesagte nicht ganz richtig gesagt, daß die Veränderungen nach oben und unten Lust und Unlust bewirken.

PROTARCHOS. Wieso nicht?

SOKRATES. Besser und untadelhafter wäre es so ausgedrückt.

PROTARCHOS. Wie doch?

SOKRATES. Die großen Veränderungen verursachen uns Lust und Unlust, die mittelmäßigen und kleinen aber ganz und gar keines von beiden.

PROTARCHOS. Richtiger als jenes ist dieses allerdings, o Sokrates.

SOKRATES. Und ist nun dieses so, so kommt ja der nur eben angeführte Lebenszustand schon wieder.

PROTARCHOS. Welcher doch?

SOKRATES. Von dem wir sagten, er sei schmerzlos und auch ohne Vergnügungen.

PROTARCHOS. Du hast ganz recht.

SOKRATES. Wollen wir uns nun hieraus dreierlei Leben bilden, das eine unangenehm, das andere angenehm, das dritte keins von beiden? Oder wie wolltest du es anders sagen?

PROTARCHOS. Gar nicht anders, sondern so, daß es diese Dreierlei gibt.

SOKRATES. Und nicht Unlust haben ist doch niemals dasselbe wie Lust haben?

PROTARCHOS. Wie sollte es auch?

SOKRATES. Wenn du also hörst, es sei das angenehmste, schmerzlos sein ganzes Leben hinzubringen, was denkst du dir wohl, daß ein solcher dann sagt?

PROTARCHOS. Mir wenigstens scheint ein solcher das nicht Unlust haben für das Angenehme auszugeben.

SOKRATES. Von drei verschiedenen also, welche du willst, setze mir, damit wir nur schönere Namen dafür haben, das eine als Gold, das andere als Silber, das dritte als keines von beiden.

PROTARCHOS. Das steht nun fest.

SOKRATES. Jenes keines von beiden nun, kann das wohl eines von den beiden andern sein, Gold oder Silber?

PROTARCHOS. Wie wäre es möglich!

SOKRATES. Also auch der mittlere Zustand kann niemals mit Recht angenehm oder schmerzlich vorgestellt werden, wenn ihn sich einer vorstellen will, noch genannt werden, wenn ihn einer so nennen wollte, nach richtiger Weise wenigstens nicht.

PROTARCHOS. Wie ginge das auch!

SOKRATES. Aber doch, o Freund, merken wir welche, die dieses sagen und sich so vorstellen.

PROTARCHOS. Gar sehr.

SOKRATES. Glauben sie also dann Lust zu haben, wenn sie ohne Unlust sind?

PROTARCHOS. Sie sagen es wenigstens.

SOKRATES. Also glauben sie doch, dann Lust zu haben. Denn sie würden es ja nicht sagen.

PROTARCHOS. Das scheint wohl.

SOKRATES. Und Falsches denken sie also von der Lust, wenn doch nicht Unlust haben und Lust haben jedes etwas Besonderes für sich ist.

PROTARCHOS. Etwas Besonderes sind ja beide ganz gewiß.

SOKRATES. Wollen wir nun bei uns festsetzen, wie eben, daß dieses dreierlei ist, oder soll nur zweierlei, die Unlust das Übel für die Menschen, und die Befreiung von der Unlust, weil eben dieses das Gute ist, das Angenehme genannt werden?

PROTARCHOS. Wie denn, o Sokrates, werden wir dies nun von uns selbst gefragt? denn ich verstehe nicht.

SOKRATES. Du verstehst eben in der Tat die rechten Feinde unseres Philebos nicht, o Protarchos.

PROTARCHOS. Welche meinst du denn sind es?

SOKRATES. Gar gewaltige Leute in Sachen der Natur, welche behaupten, es gebe ganz und gar keine Lust.

PROTARCHOS. Wieso doch?

SOKRATES. Dies insgesamt wären nur Abwesenheiten der Unlust, was Philebos und die Seinigen jetzt Lust nennen.

PROTARCHOS. Rätst du nun, daß wir diesen folgen, o Sokrates, oder wie?

SOKRATES. Gar nicht; aber wir wollen sie gebrauchen wie Wahrsager, die nicht aus Kunst, sondern aus einer gewissen verdrießlichen Strenge ihrer nicht unedlen Natur wahrsagen, gewaltig erbittert gegen die Kraft der Lust und sie für nichts Gesundes haltend, so daß auch eben dieser ihr Reiz ein Zaubermittel sei, nicht Lust. Diese kannst du hiezu gut brauchen, wenn du erst auch ihre andern verdrießlichen Reden noch erwogen hast. Nachher aber sollst du, was ich für wahrhafte Lust halte, erfahren, damit wir so nach Maßgabe beider Reden die Kraft der Lust in Betrachtung und zum Spruch ziehen.

PROTARCHOS. Richtig gesprochen.

SOKRATES. Laß uns also diesen als Bundesgenossen auf den Spuren ihrer Verdrießlichkeit nachgehen. Ich denke mir nämlich, daß sie irgendwoher von oben anfangend ungefähr so sagen. Wenn wir nun irgend eines Begriffes Natur in Betracht ziehen wollten, wie die des harten, würden wir, wenn wir auf die härtesten Dinge sähen, sie so am besten auffassen, oder wenn auf die, welche nur ein kleinstes Teilchen Härte haben? Du mußt aber, o Protarchos, wie vorher mir, so auch nun diesen Gestrengen antworten.

PROTARCHOS. Allerdings, und ich sage ihnen also, auf das Größte in seiner Art.

SOKRATES. Also, auch wenn wir nun den Begriff der Lust, was für eine Natur sie wohl hat, betrachten wollten, müßten wir nicht auf die kleinsten Lüste sehen, sondern auf die, welche für die schärfsten und stärksten gelten.

PROTARCHOS. Das würde dir jetzt wohl jeder zugeben.

SOKRATES. Sind nun nicht, die wir gleich bei der Hand haben, welche auch die größten Lüste sind, wie wir oft sagen, diese, die den Leib angehen?

PROTARCHOS. Wie sollten sie nicht!

SOKRATES. Sind nun diese und werden größer bei den Kranken oder bei den Gesunden? Wir wollen uns aber in acht nehmen, daß wir nicht voreilig antwortend fehltreten.

Protarchos. Wieso?

Sokrates. Wir könnten leicht sagen, bei den Gesunden.

Protarchos. Wahrscheinlich wohl.

Sokrates. Wie? ragen nicht diejenigen hervor unter den Lüsten, denen auch die größten Begierden vorangehen?

Protarchos. Das ist wohl wahr.

Sokrates. Aber haben nicht die Fieberkranken und mit ähnlichen Übeln Behafteten mehr Durst und Frost, und was sie sonst am Leibe zu leiden pflegen, und beständig mehr Bedürfnisse und deshalb auch, wenn diese befriedigt werden, größere Lust? Oder sollen wir nicht sagen, daß das wahr sei?

Protarchos. Allerdings leuchtet das jetzt sehr ein.

Sokrates. Wie also? scheinen wir nun wohl richtig zu sagen, daß, wenn jemand die größte Lust sehen will, er nicht zur Gesundheit, sondern zur Krankheit gehen muß, um sie da zu betrachten? Sieh aber zu, daß du nicht etwa glaubst, ich meinte mit meiner Frage, daß die Kranken mehr Vergnügen hätten als die Gesunden; sondern denke, ich suche nur die Größe der Lust und das Heftige derselben, wo sich das wohl jedesmal findet. Denn wir müssen einsehen, welche Natur sie hat, und was doch die von ihr meinen, welche behaupten, es gebe sie ganz und gar nicht.

Protarchos. Ich folge nun wohl deiner Rede.

Sokrates. Bald, o Protarchos, wirst du wohl ebensogut selbst zeigen; denn du wirst antworten. Antworte nur. Siehst du größere Lust, ich sage nicht mehrere, aber an Heftigkeit und Stärke hervorragend im Übermut oder in dem besonnenen Leben? Nimm dich aber gut zusammen bei der Antwort.

Protarchos. Ich verstehe schon, was du meinst, und sehe einen großen Unterschied. Denn die Besonnenen hält schon das Sprichwort zurück, welches ihnen jedesmal das »Nichts zuviel« einschärft, und dem sie gehorchen. Die Unsinnigen aber und Übermütigen nimmt die heftige Lust bis zum Wahnsinn ein und macht sie ganz verrufen.

Sokrates. Schön! und wenn sich dies so verhält, ist doch offenbar, daß in einer gewissen Verderbtheit des Leibes und der Seele, und nicht in ihrer rechten Tüchtigkeit, die größte Lust und Unlust entsteht.

PROTARCHOS. Allerdings.

SOKRATES. Von diesen also müssen wir uns einige vornehmen und betrachten, wie sie sich doch verhalten, daß wir sagen, sie seien die größten.

PROTARCHOS. Notwendig.

SOKRATES. So betrachte denn die Lüste in solchem krankhaften Zustande, auf welche Weise sie sich verhalten.

PROTARCHOS. In was für welchem?

SOKRATES. Die Lust der Schamlosen, die eben von unsern vorigen Verdrießlichen so ausnehmend gehaßt wird.

PROTARCHOS. Was für welche?

SOKRATES. Nun wie sie sich zum Beispiel die Krätze heilen durch Reiben und mehreres dergleichen, was keines andern Mittels bedarf; denn eben dieses Gefühl, bei den Göttern, was sollen wir denn sagen, daß es in uns ist? Lust oder Unlust?

PROTARCHOS. Ein gemischtes Übel, o Sokrates, scheint dies zu sein.

SOKRATES. Gar nicht des Philebos wegen habe ich diese Rede vorgebracht, o Protarchos; allein ohne diese Lust und die damit zusammenhängenden, wenn man sie nicht beachtet, würden wir fast nicht imstande sein, das zu entscheiden, wonach jetzt gefragt wird.

PROTARCHOS. So laß uns denn weitergehn zu den mit diesen verwandten.

SOKRATES. Welche an der Mischung teilhaben, meinst du.

PROTARCHOS. Ebendie.

SOKRATES. Es gibt also einige Mischungen, die nur den Leib betreffen, in den Leibern selbst andere der Seele allein in der Seele, die aber, worin des Leibes und der Seele Lust und Unlust untereinander gemischt vorkommen, werden wir finden, daß sie zusammengenommen bald Lust, bald Unlust genannt werden.

PROTARCHOS. Wieso?

SOKRATES. Wenn einer in der Wiederherstellung oder in der Störung Entgegengesetztes zugleich erleidet, als ein Frierender sich wärmt oder als ein Erhitzter sich abkühlt, indem er eigentlich sucht, so denke ich, das eine zu haben und das andere los zu werden: so verursacht dieses gemischte sogenannte Bittersüße, wenn es anhält, weil das eine nicht verschwinden will, Unwillen und hernach eine heftige Spannung.

PROTARCHOS. Sehr richtig trifft das eben Erklärte.

SOKRATES. Sind nun nicht diese Mischungen teils aus gleicher Lust und Unlust, teils aus einer von beiden überwiegend?

PROTARCHOS. Wie sollten sie nicht!

SOKRATES. So sage denn, die, in welchen mehr Unlust als Lust sich findet, seien eben diese jetzt angeführten von der Krätze und dem Gurgeln, wenn das Brennende und Entzündete inwendig ist und einer mit Reiben und Kratzen nicht dazu kommt, sondern nur die äußere Oberfläche reizt, indem man sie bald in das Feuer bringt und in das Gegenteil, wobei bisweilen aus überschwenglicher Lust doch nur Hilflosigkeit herauskommt, bald aber im Gegenteil pflegt man den innern Teilen, um die Unlust in den äußeren damit zu vermischen, wohin es nun auch ausschlage, Lust zu erregen, indem man bald Verbundenes mit Gewalt trennt, bald Gesondertes mischt und somit der Unlust Lust beigesellt.

PROTARCHOS. Vollkommen richtig.

SOKRATES. Und nicht wahr, wenn in allem diesem ein größerer Anteil Lust gemischt wird, so verursacht die beigemischte Unlust nur gelinden Reiz und Unruhe, die weit reichlicher eingeflößte Lust aber spannt an und macht bisweilen springen, und indem sie allerlei vielfach wechselnde Farben und Gebärden und Atemzüge herausbringt, bringt sie unsinniges Entzücken und Geschrei hervor?

PROTARCHOS. So ist es freilich.

SOKRATES. Und macht, daß einer von sich selbst sagt und auch andere, es sei fast zum Sterben, wie diese Lüste ergötzen. Und diesen geht nun jeder um so mehr nach, je unbändiger und unvernünftiger er ist, und nennt diese die größten, und wer in diesen am meisten lebt, den schätzt er für den glückseligsten.

PROTARCHOS. Alles, o Sokrates, wie sich bei den Menschen aus der Menge die Meinung ergibt, hast du ausgeführt.

SOKRATES. Von denen Lüsten nun, o Protarchos, wobei zu einem zusammengesetzten Zustande des Leibes allein Inneres und Äußeres gemischt ist, und von denen, wobei die Seele dem Leibe Entgegengesetztes beiträgt, Unlust sowohl zur Lust, als Lust zur Unlust, so daß beides in eine Mischung eingeht, haben wir dieses zwar vorher schon ausgeführt, daß, wenn einer ausgeleert ist, er nach Anfüllung strebt, und sofern er hofft, sich zwar freut, sofern er aber ausgeleert ist, Schmerz hat, dieses aber haben wir damals nicht erklärt, sagen es aber jetzt, daß, wo die Seele von dem Leibe abweicht, in allen diesen unzähligen Fällen alles in eine Mischung von Lust und Unlust zusammenfällt.

PROTARCHOS. Du scheinst vollkommen richtig zu reden.

SOKRATES. Von allen Mischungen der Lust und Unlust ist uns also nur noch eine übrig.

PROTARCHOS. Welche meinst du?

SOKRATES. Welche wir sagten, daß die Seele selbst für sich oftmals annimmt.

PROTARCHOS. Wie aber meinen wir dies eigentlich?

SOKRATES. Zorn und Furcht und Verlangen und Wehmut und Liebespein und Eifersucht und Neid, und was dergleichen ist, setzst du das nicht als Unlust der Seele selbst?

PROTARCHOS. Ich allerdings.

SOKRATES. Und werden wir dies alles nicht unsäglicher Lust voll finden? oder ist erst Not, uns zu erinnern an das, »der selbst, zu Zorn nämlich und Eifer, auch den Weiseren pflegt zu erbittern, der weit süßer zuerst denn sanft eingleitender Honig«, und an die Lust, welche bei Wehmut und Sehnsucht mit der Unlust gemischt ist?

PROTARCHOS. Nein, sondern nur so und anders nicht kann dieses sich verhalten.

SOKRATES. Und wenn sie die Tragödien sehen, erinnerst du dich wohl, wie sie zugleich sich ergötzend doch weinen?

PROTARCHOS. Wie sollte ich nicht!

SOKRATES. Wie aber unsere Seele bei den Komödien bewegt ist, weißt du wohl, daß auch darin eine Mischung von Lust und Unlust liegt?

PROTARCHOS. Das verstehe ich nicht recht.

SOKRATES. Ganz gewiß ist es auch gar nicht leicht, o Protarchos, hierin den jedesmaligen Zustand dieser Art zu erkennen.

PROTARCHOS. Freilich nicht, wie mir wenigstens scheint.

SOKRATES. Nehmen wir indes dies um so lieber vor, je dunkler es ist, damit einer auch in andern Fällen desto leichter eine Mischung von Lust und Unlust erkennen könne.

PROTARCHOS. So erkläre es denn.

SOKRATES. Was wir eben vorher auch nannten, Neid, verstehst du unter diesem Worte eine Unlust der Seele? oder wie?

PROTARCHOS. So.

SOKRATES. Wer aber neidet, der wird sich wohl immer über die Übel des Nächsten erfreut zeigen.

PROTARCHOS. Gar sehr allerdings.

SOKRATES. Und ein Übel ist doch Unwissenheit und was wir sonst Unfähigkeit nennen?

PROTARCHOS. Wie sollte sie nicht!

SOKRATES. Hieraus nun sieh, welches eigentlich die Natur des Lächerlichen ist.

PROTARCHOS. Sprich nur.

SOKRATES. Es ist also eine Schlechtigkeit, die von einer gewissen Beschaffenheit beigenannt wird, und zwar von der gesamten Schlechtigkeit der Teil, welcher den entgegengesetzten Zustand enthält des von dem delphischen Spruch Ausgedrückten.

PROTARCHOS. Meinst du das »Kenne dich selbst«, o Sokrates?

SOKRATES. Allerdings. Und offenbar wäre doch sich selbst nie zu kennen das Gegenteil von jenem in dem Spruch Ausgedrückten.

PROTARCHOS. Wie sollte es nicht?

SOKRATES. O Protarchos, versuche also ebendieses dreifach zu teilen.

PROTARCHOS. Auf welche Weise meinst du? Ich werde es wohl nicht können.

SOKRATES. Du meinst also wohl, für diesmal soll ich es nur abteilen?

PROTARCHOS. Und bitte dich darum, außerdem daß ich es meine.

SOKRATES. Muß nun nicht denen, welche sich selbst verkennen, dies in Absicht auf drei Stücke begegnen?

Protarchos. Wieso?

Sokrates. Zuerst in Absicht auf Geld und Gut, daß sich einer für reicher hält, als sein Vermögen beträgt.

Protarchos. Sehr vielen begegnet dieses.

Sokrates. Und noch mehreren wohl, daß sie sich für größer und schöner, und was sonst den Leib betrifft, für ausgezeichneter halten, als ihnen der Wahrheit nach zukommt.

Protarchos. Freilich.

Sokrates. Beiweitem die meisten aber, glaube ich, verfehlen es in Absicht des dritten Stückes, nämlich dessen, was in der Seele ist, indem sie sich selbst für besser halten in der Tugend, ohne es zu sein.

Protarchos. Beiweitem allerdings.

Sokrates. Und unter allen Tugenden ist es nicht vorzüglich auf die Weisheit, daß die Menge überall Anspruch macht und deshalb voll Streites ist und falscher Dünkelweisheit?

Protarchos. Wie könnte es anders sein!

Sokrates. Und wer nun jeden solchen Zustand ein Übel nennte, würde ihn wohl ganz recht benennen.

Protarchos. Gar sehr gewiß.

Sokrates. Dieser nun muß noch halbiert werden, o Protarchos, wenn wir den scherzhaften Neid sehen und darin eine wunderbare Mischung von Lust und Unlust erkennen sollen.

Protarchos. Wie sollen wir ihn nun halbieren? sage es nur.

Sokrates. Alle, welche diese falsche Meinung von sich selbst unsinnigerweise hegen, von denen muß doch, wie von allen andern Menschen so auch ganz notwendigerweise von ihnen, einigen Stärke und Macht zukommen und andern, denke ich, das Gegenteil.

Protarchos. Notwendig.

Sokrates. Hiernach also teile, und so viele von ihnen aus Schwachheit solche sind und unvermögend, wenn sie ausgelacht werden, sich zu rächen, wenn du von diesen sagst, daß sie lächerlich sind, wirst du wohl ganz richtig reden, die sich aber rächen können, wenn du die als furchtbar und schändlich und feindselig bezeichnest, wirst du dir selbst die richtigste Erklärung über sie geben. Denn die Unwissenheit der Mächtigen ist feindselig und schändlich, denn sie ist auch den Nächsten verderblich, sie selbst und ihre Abbilder; die schwache aber fällt uns in die Natur und das Gebiet des Lächerlichen.

PROTARCHOS. Vollkommen richtig. Allein die Mischung der Lust und Unlust darin ist mir noch nicht deutlich.

SOKRATES. Nimm also zuerst das Wesen des Neides vor.

PROTARCHOS. Erkläre es nur.

SOKRATES. Er ist doch eine ungerechte Unlust und Lust?

PROTARCHOS. Das wohl notwendig.

SOKRATES. Nun ist doch über der Feinde Übel weder ungerecht noch neidisch sich zu freuen?

PROTARCHOS. Wie sollte es?

SOKRATES. Wenn man aber Übel der Freunde sieht, dann bisweilen sich nicht zu betrüben, sondern zu freuen, ist das nicht ungerecht?

PROTARCHOS. Wie sollte es nicht?

SOKRATES. Und die Unwissenheit, sagen wir doch, ist ein Übel für alle?

PROTARCHOS. Richtig.

SOKRATES. Wie nun? Der Freunde Dünkelweisheit und Dünkelschönheit, und was wir eben anführten als unter drei Arten verteilt, ist doch lächerlich, soviel davon schwach ist, verhaßt aber, soviel davon stark ist? Oder wollen wir nicht mehr zugeben, was ich vorhin sagte, daß diese Beschaffenheit, wenn einer der Freunde sie auf eine für andere unschädliche Art an sich hat, lächerlich ist?

PROTARCHOS. Allerdings wollen wir.

SOKRATES. Und erkennen wir sie nicht als ein Übel an, da sie doch Unwissenheit ist?

PROTARCHOS. Gar sehr.

SOKRATES. Freuen wir uns nun, oder sind wir betrübt, wenn wir über sie lachen?

PROTARCHOS. Offenbar freuen wir uns.

SOKRATES. Und Lust an der Freunde Übel, sagten wir nicht, daß der Neid es sei, der diese bewirke?

Protarchos. Notwendig.

Sokrates. Wenn wir also über unserer Freunde Lächerlichkeiten lachen, sagt die Rede, daß wir, Lust dem Neide beimischend, die Lust der Unlust beimischen; denn der Neid sei uns schon lange bestimmt als eine Unlust der Seele, das Lachen aber als Lust, und beides sei hiebei zu gleicher Zeit vorhanden.

Protarchos. Richtig.

Sokrates. Und so deutet uns die Rede an, daß auch in Klaggedichten und Trauerspielen, nicht denen auf der Bühne nur, sondern auch in dem gesamten Trauerspiel und Lustspiel des Lebens, Unlust mit Lust zugleich gemischt sei, und so in tausend andern Dingen.

Protarchos. Es ist unmöglich, dies nicht einzugestehn, o Sokrates, wenn einer auch ganz hartnäckig auf dem Gegenteil bestehen wollte.

Sokrates. Und Zorn, und Sehnsucht, und Wehmut, und Furcht, und Liebe, und Eifersucht, und Neid hatten wir uns doch vorgehalten, daß darin, wie wir behaupteten, das nun schon so oft Genannte sich müßte vermischt finden. Nicht wahr?

Protarchos. Ja.

Sokrates. Und wir sehen doch ein, daß von Wehmut und Neid und Zorn das jetzt Durchgeführte alles wirklich handelt.

Protarchos. Wie sollten wir das nicht einsehn? Sokrates. Viel anderes aber ist doch noch übrig? Protarchos. Gar sehr.

Sokrates. Weshalb nun denkst du wohl, daß ich dir vorzüglich die Mischung in der Komödie gezeigt habe? Nicht des Beweises wegen, weil in Furcht und Liebe und dem übrigen noch leichter ist die Mischung aufzuweisen, damit, wenn du dies bei dir selbst festgestellt hättest, du mir erlassen möchtest, nicht erst zu jenen auch zu gehen und die Rede dadurch in die Länge zu ziehen, sondern dieses schlechthin annehmen, daß sowohl der Leib ohne die Seele als die Seele ohne den Leib und beide miteinander in ihren Zuständen voll sind der mit Unlust gemischten Lust. Nun sage also, ob du es mir erläßt, oder ob du Mitternacht heranbringen willst. Ich denke aber, wenn ich nur noch weniges gesagt habe, von dir zu erlangen, mich gehen läßt. Denn von diesem allen insgesamt will ich dir daß du morgen Rechenschaft ablegen; jetzt aber möchte ich auf das übrige lossteuern zu dem Urteile, welches Philebos fordert.

Protarchos. Wohlgesprochen, o Sokrates. Also nimm nur durch, was wir noch vor uns haben, wie es dir lieb ist.

Sokrates. Der Natur gemäß sollten wir nun nach den gemischten Vergnügungen vermöge einer Art von Notwendigkeit zu den ungemischten an ihrem Teil übergehn.

Protarchos. Wohlgesprochen.

Sokrates. Ich will also versuchen, umwendend sie euch zu bezeichnen. Denn denen, welche sagen, daß alle Lust nur Hemmung der Unlust sei, kann ich nicht recht glauben; sondern wie ich schon sagte, ich brauche sie nur zu Zeugen dafür, daß es allerlei scheinbare Lust gibt, welche wirklich keine ist, und daß noch vielerlei andere gar groß erscheint, welche aber zugleich gemischt ist mit Unlust und mit Erholungen von den größten Schmerzen in Ratlosigkeit Leibes und der Seelen.

Protarchos. Aber welche, o Sokrates, könnte wohl einer als wahr annehmen, der richtig darüber denken wollte?

Sokrates. Die an den schönen Farben und Gestalten, und die meisten, die von Gerüchen herrühren und Tönen, und alles was nach einem unmerklichen und schmerzlosen Bedürfnis uns eine merkliche und angenehme Befriedigung rein von Unlust gewährt.

Protarchos. Wie ist das nun wieder eigentlich gemeint, o Sokrates.

Sokrates. Freilich ist wohl nicht sogleich deutlich, was ich meine, man muß aber versuchen, es deutlich zu machen. Ich versuche also als Schönheit der Gestalten dir nicht, was wohl die meisten glauben möchten, zu erklären; etwa die der lebenden Körper oder die gewisser Gemälde; sondern ich nenne etwas gerade, sagt meine Erklärung, und etwas rund und aus diesen wiederum die Flächen und Körper, welche gedreht werden oder durch Regel und Winkelmaß bestimmt, wenn du mich verstehst. Denn diese, sage ich, sind nicht in Beziehung auf etwas schön wie anderes, sondern immer an und für sich sind sie ihrer Natur nach schön und haben eine eigentümliche Lust, die nichts mit der des Kitzels zu schaffen hat; und so auch Farben sind nach dieser selbigen Weise schön und haben ihre Lust; Aber verstehen wir es auch, oder wie?

PROTARCHOS. Ich bemühe mich wohl, o Sokrates; bemühe nur auch du dich, es noch deutlicher zu erklären.

SOKRATES. Ich sage also, daß auch von den Tönen, jene glatten und hellen, welche einen bestimmten reinen Gesang von sich geben, nicht in bezug auf etwas schön sind, sondern an und für sich, und daß ihnen mitgeborene Lust sie begleitet.

PROTARCHOS. Auch das ist allerdings so.

SOKRATES. Die an den Gerüchen ist nun freilich eine weniger göttliche Art von Lust als diese; aber daß ihnen doch keine notwendige Unlust beigemischt ist, wo immer und woran uns dieses sich zeigt, das setze ich insgesamt jenen entgegen. Also, wenn du es verstehst, nennen wir dieses die zwei Arten der Lust.

PROTARCHOS. Ich verstehe.

SOKRATES. Laß uns nun diesen noch beifügen die Lust an Kenntnissen, wenn doch auch diese uns bedünken, nicht einen Hunger nach dem Erkennen bei sich zu haben, noch ursprüngliche aus dem Hunger nach Kenntnissen entstehende Schmerzen.

PROTARCHOS. So dünkt es mich freilich auch.

SOKRATES. Und wie? wenn nun denen, die mit Erkenntnissen angefüllt sind, hernach Verlust derselben antritt durch Vergessen, siehst du darin einigen Schmerz?

PROTARCHOS. Nicht von Natur wenigstens, sondern nur in den Betrachtungen des Zustandes, wenn einer, dem sie verloren gegangen, sich betrübt, weil sie ihm fehlen.

SOKRATES. Aber, o Bester, wir haben es jetzt nur mit dem Zustande selbst zu tun, wie er seiner Natur nach ist, abgesehen von der Betrachtung darüber.

PROTARCHOS. Dann hast du also ganz recht, daß jedesmal bei unsern Kenntnissen das Vergessen uns ohne alle Unlust kommt.

SOKRATES. Diese Lust also an den Kenntnissen sei unvermischt mit Unlust, müssen wir sagen, und keineswegs für die Menge der Menschen, sondern nur für gar wenige.

PROTARCHOS. Wie sollten wir das nicht sagen.

SOKRATES. Nun wir also schon ziemlich abgesondert haben die reine Lust und die, welche man mit Recht unrein nennen kann, so laß uns nun in der Erklärung noch hinzufügen für die heftigen Lüste Ungemessenheit, für die, welche es nicht sind, im Gegenteil Abgemessenheit; und welche das groß und heftig annehmen, mögen sie nun oft oder selten solche werden, denen wollen wir hinzufügen, daß sie von jener unbegrenzten, bald mehr, bald weniger durch Leib und Seele sich bewegenden Art sind, die aber nicht, daß sie zu den abgemessenen gehören.

PROTARCHOS. Vollkommen richtig, o Sokrates.

SOKRATES. Nun ist also nächst diesem noch dies von ihnen auseinanderzusetzen.

PROTARCHOS. Welches?

SOKRATES. Was doch wohl zur Wahrheit des Seins beiträgt, ob das Reine und Lautere oder das Starke und Viele und Große und Überflüssige?

PROTARCHOS. Was willst du eigentlich, o Sokrates, mit dieser Frage?

SOKRATES. Ich will nur, o Protarchos, nichts versäumen in der Prüfung der Lust und der Erkenntnis, wenn etwa an jeder von beiden etwas rein ist und etwas unrein, damit dann jede. dir und mir und allen diesen rein vor Gericht komme und uns also das Urteil erleichtere.

PROTARCHOS. Ganz richtig.

SOKRATES. Wohlan über alles, was wir reine Arten nennen, laß uns so nachdenken, daß wir zuerst irgendeine von ihnen vor uns nehmen und betrachten.

PROTARCHOS. Welche also wollen wir vor uns nehmen? sokrates. Ich denke, wir wollen das Weiße zuerst uns ansehn. Protarchos. Ganz wohl.

SOKRATES. Wie nun, und welches wäre uns die Reinheit des Weißen? Etwa das recht Viele und Große, oder das Unvermischteste, worin auch nicht der mindeste Teil irgendeiner andern Farbe sich fände?

PROTARCHOS. Offenbar das, welches das Unvermischteste ist.

SOKRATES. Richtig. Wollen wir also, o Protarchos, nicht dieses als das Wahrste und zugleich als das Schönste unter allem Weißen setzen, nicht aber das Größte, noch das Meiste?

PROTARCHOS. Vollkommen richtig.

SOKRATES. Wenn wir also sagen, ein weniges reines Weiß sei weißer und zugleich schöner und wahrer als vieles gemischte Weiß, so werden wir auf alle Weise richtig reden.

PROTARCHOS. Vollkommen richtig ganz gewiß.

SOKRATES. Wie nun? Es wird wohl nicht erst noch vieler solcher Beispiele bedürfen für unsere Erklärung über die Lust, sondern es genügt uns auch schon, hieraus einzusehn, daß auch insgesamt jede kleine und geringe, aber von Unlust reine Lust angenehmer und wahrer und schöner sein muß als viele und große gemischte.

PROTARCHOS. Gar sehr, und das Beispiel reicht hin.

SOKRATES. Wie aber nun dieses? Haben wir von der Lust nicht gehört, daß sie immer nur ein Werden ist und daß es ein Sein der Lust ganz und gar nicht gibt? Denn einige treffliche Leute wagen uns diesen Satz darzustellen, denen man Dank wissen muß.

PROTARCHOS. Wie das?

SOKRATES. Dieses eben will ich fragend mit dir durchgehn, o lieber Protarchos.

PROTARCHOS. Sprich nur und frage.

SOKRATES. Nimm also zweierlei an, das eine sei an und für sich, das andere immer eines anderen begehrend.

PROTARCHOS. Wie und von welcherlei meinst du das?

SOKRATES. Das eine ist stets das Herrlichere seiner Natur nach, das andere hinter jenem zurückbleibend.

PROTARCHOS. Erkläre es noch deutlicher.

SOKRATES. Wir haben doch wohl schöne und vortreffliche Lieblinge gesehen und zugleich tapfere Liebhaber derselben?

PROTARCHOS. Gar viel.

SOKRATES. Diesen zweien ähnlich nun suche zweierlei anderes in allem, wovon wir sagen, es sei das dritte für ein zweites.

PROTARCHOS. Sage doch nur deutlicher, o Sokrates, was du meinst.

SOKRATES. Gar nichts Krauses, o Protarchos, sondern die Rede scherzt nur mit uns beiden und meint nur, daß einiges immer um eines Seienden willen ist, anderes aber eben dasjenige, wegen dessen jedesmal das um eines andern willen Werdende wird.

PROTARCHOS. Ich habe es kaum verstanden, weil es so oft gesagt worden.

SOKRATES. Vielleicht, Kind, werden wir es noch besser verstehen, wenn unsere Rede fortschreitet.

PROTARCHOS. Warum auch nicht!

SOKRATES. Nun laß uns auch diese andern zwei nehmen.

Protarchos. Was für welche?

SOKRATES. Eines das Werden von allem und das Sein das andere.

PROTARCHOS. Diese beiden nehme ich an, das Sein und das Werden.

SOKRATES. Ganz richtig. Welches nun von diesen beiden ist um welches willen? Sollen wir sagen, das Werden sei wegen des Seins, oder das Sein sei wegen des Werdens?

PROTARCHOS. Das, was das Sein genannt wird, ob das wegen des Werdens das ist, was es ist, danach fragst du jetzt?

SOKRATES. Offenbar.

PROTARCHOS. Bei den Göttern, fragst du mich etwa weiter aus?

SOKRATES. Dergleichen, o Protarchos, sage ich zu mir, nimmst du wohl an, behauptest du, daß der Schiffbau mehr der Schiffe wegen da ist als die Schiffe wegen des Schiffbaues? Und was sonst alles dem ähnlich ist, davon sage ich eben dieses, o Protarchos.

PROTARCHOS. Warum antwortest du dir darauf nicht selbst, o Sokrates? Sokrates. Daran hindert freilich nichts; nimm du nur teil an der Rede. Protarchos. Allerdings.

SOKRATES. Ich behaupte also, daß um des Werdens willen alle Hilfsmittel, Werkzeuge und alles, was man Stoff nennt, überall angewendet werde, daß aber jegliches Werden wegen eines Seins jedes wegen eines anderen geschehe und das gesamte Werden wegen des gesamten Seins.

PROTARCHOS. Ganz offenbar freilich.

Sokrates. Also auch die Lust, wenn sie ein Werden ist, muß notwendig irgendeines Seins wegen werden.

Protarchos. Wie sollte sie nicht!

Sokrates. Nun aber muß doch dasjenige, wegen dessen jedesmal ein um eines andern willen Erfolgendes erfolgt, in der Ordnung des Guten befindlich sein, das eines andern wegen Erfolgende aber, o Bester, müssen wir in eine andere Ordnung setzen.

Protarchos. Ganz notwendig.

Sokrates. Also auch die Lust, wenn sie doch ein Werden ist, stellen wir ganz richtig, wenn wir sie in eine andere als die Ordnung des Guten stellen?

Protarchos. Vollkommen richtig freilich.

Sokrates. Also, was ich schon am Anfang dieser Rede sagte, dem, der uns von der Lust dieses angedeutet hat, daß es nur ein Werden, aber auch nicht im mindesten ein Sein derselben gäbe, müssen wir es Dank wissen. Denn offenbar lacht dieser diejenigen aus, welche behaupten, die Lust sei das Gute.

Protarchos. Gar sehr.

Sokrates. Und so auch die, welche sich jedesmal nur in dem Werden befriedigt fühlen, wird er ebenfalls auslachen.

Protarchos. Wieso? und was für welche meinst du?

Sokrates. Die, welche, wenn sie sich Hunger und Durst und ähnliches ausheilen, was durch ein Werden kann geheilt werden, sich an diesem Werden freuen, weil es eben eine Lust ist, und sagen, sie möchten nicht leben, wenn sie nicht hungerten und dursteten und, was man weiter dem anhängend anführen könnte, empfänden.

Protarchos. So scheinen sie freilich.

Sokrates. Und das Gegenteil des Werdens, sagen wir doch alle, sei das Vergehen.

Protarchos. Notwendig.

Sokrates. Also das Vergehen und Werden würde wählen, wer jenes wählt, nicht jene dritte Lebensweise, in welcher weder Lust noch Unlust war, sondern ein soviel als möglich reines Vernünftigsein.

PROTARCHOS. Gar viele Unvernunft also, wie es scheint, o Sokrates, folgt daraus, wenn einer die Lust als das Gute setzt.

SOKRATES. Gar viele. Denn laß uns das nämliche auch noch so vortragen.

PROTARCHOS. Wie?

SOKRATES. Wie sollte es nicht unvernünftig sein, daß es nichts Gutes noch Schönes geben sollte, weder in den Leibern noch in vielen andern Dingen, sondern nur in der Seele, und auch in dieser nur die Lust; Tapferkeit aber und Besonnenheit und Vernunft und was sonst Gutes der Seele zuteil geworden ist, sollte gar nichts solches sein? und außerdem noch, wer nicht Lust hat, sondern Schmerz, daß der genötigt wäre zu sagen, er sei schlecht, dann wann er Schmerz hat, und wenn er auch der Beste von allen wäre, und wiederum, wer Lust hat, sei, je mehr er Lust hat, dann wann er Lust hat, um desto vortrefflicher und tugendhafter?

PROTARCHOS. Dies alles Sokrates ist aufs möglichste ungereimt.

SOKRATES. Aber daß wir nun auch nicht die Lust zwar so genau als möglich durchzuprüfen versuchen, dagegen aber scheinen der Vernunft und der Erkenntnis gleichsam gar sehr zu schonen! Sondern dreist laß uns auch hier überall anklopfen, ob vielleicht etwas Schlechtes daran ist, bis wir, was davon das Reinste ist, seiner Natur nach erkennen und uns dann dessen und der wahrhaftesten Teile der Lust bei der gemeinsamen Entscheidung bedienen.

PROTARCHOS. Richtig.

SOKRATES. Nun ist uns doch ein Teil der auf bestimmte Gegenstände gerichteten Erkenntnis werkbildend, ein anderer gehört zur Ausbildung und Erziehung Oder wie?

PROTARCHOS. So ist es.

SOKRATES. Erwägen wir nun erst an den Ausübenden dieses, ob ein Teil von ihnen mehr an der Erkenntnis hängt, ein anderer weniger, und wir also einige für die Reineren erklären müssen, andere für die Unreineren.

PROTARCHOS. Das wollen wir.

SOKRATES. Diejenigen nun, welche den Einzelnen zur Regel dienen, haben wir wohl abzusondern.

Protarchos. Welche doch und wie?

Sokrates. Zum Beispiel, wenn jemand aus allen Künsten die Rechenkunst und die Meßkunst und die Wägekunst ausscheidet, so ist es, gerade heraus zu sagen, nur etwas Geringfügiges, was von einer jeden dann noch übrig bleibt.

Protarchos. Geringfügiges freilich.

Sokrates. Es bleibt wenigstens nach diesem nichts übrig als Abschätzen nach Gutdünken und Einübung der Sinne durch Erfahrung und Gewöhnung, indem man dazu nimmt, was nur die glückliche Mutmaßung vermag, welche viele auch eine Kunst nennen, die durch Anstrengung und Sorgfalt ihre Stärke erreicht.

Protarchos. Ganz notwendig ist es so, wie du sagst.

Sokrates. Ist nun nicht hievon voll die Tonkunst, indem sie zuerst das Wohlklingende nicht nach Maß zusammenfügt, sondern nur wie man es durch Übung geschickt zu treffen weiß, und so auch der gesamte Teil von ihr, welcher die Kunst, die Instrumente zu schlagen, begreift, sucht das Maß, wie jegliche Saite bewegt werden soll, nur durch solche Versuche zu treffen; so daß viel Unsicheres in ihr eingemengt ist und wenig Festes.

Protarchos. Sehr richtig.

Sokrates. Und mit der Heilkunst und dem Ackerbau und der Kunst des Seefahrers und des Heerführers werden wir finden, daß es sich ebenso verhält.

Protarchos. Allerdings.

Sokrates. Die Baukunst aber, glaube ich, welche sich der meisten Maße und Werkzeuge bedient, wird durch das, was ihr so viele Genauigkeit sichert, auch kunstreicher als die meisten andern.

Protarchos. Wie das?

Sokrates. Sowohl wenn sie Schiffe baut als wenn sie Häuser aufführt und auch in vielen andern Zweigen, welche in Holz arbeiten. Denn sie bedient sich da des Richtscheites, denke ich, und des Rundhobels und des Zirkels und der Schnur und noch eines anderen preiswürdigen Werkzeuges.

PROTARCHOS. Das ist vollkommen richtig, o Sokrates, was du sagst.

SOKRATES. Teilen wir also die genannten Künste zwiefach: in solche, welche der Tonkunst folgend in ihren Werken nur geringerer Genauigkeit fähig sind, und in solche, die der Baukunst folgend, größerer.

PROTARCHOS. So sei es.

SOKRATES. Sagen aber, daß genauere als diese Künste diejenigen sind, welche wir vorher zuerst genannt haben.

PROTARCHOS. Du scheinst mir die Rechenkunst zu meinen, und die du vorher mit dieser zugleich ausgesprochen hast.

SOKRATES. Allerdings; aber, o Protarchos, müssen wir nicht sagen, daß auch diese wiederum zwiefach sind, oder wie?

PROTARCHOS. Auf welche Weise meinst du?

SOKRATES. Die Rechenkunst zuerst, muß man nicht gestehen, daß eine ganz andere ist die gemeine und eine ganz andere wiederum die der wissenschaftlichen.

PROTARCHOS. Wodurch aber soll man sie unterscheiden und die eine als eine solche setzen, die andere aber wieder als eine solche?

SOKRATES. Die Unterscheidung ist nicht klein, o Protarchos. Die einen nämlich zählen immer der Zahl selbst ungleiche Einheiten zusammen, wie zwei Läger oder zwei Ochsen und zwei Allerkleinste oder auch zwei Allergrößte, die anderen aber gehen gar nicht mit, wenn einer nicht eine Einheit setzt, welche von jeder Einheit der Teile durchaus nicht verschieden ist.

PROTARCHOS. Da hast du sehr recht, daß dies kein geringer Unterschied ist zwischen denen, die mit der Zahl zu tun haben, so daß es Grund genug hat, sie als zwiefach zu setzen.

SOKRATES. Und wie? die Berechnungskunst und die Meßkunst, wie sie von den Baukünstlern und Handelsleuten gebraucht wird, und wie von denen, die auf eine wissenschaftliche Weise Messung und Berechnungen treiben, sollen wir diese jede nur für eine erklären oder als zwei setzen?

PROTARCHOS. Dem Vorigen folgend würde ich wenigstens meine Stimme dazu geben, sie als zwei zu setzen.

Sokrates. Richtig. Weshalb wir dies aber hier beigebracht haben, hast du auch das inne?

Protarchos. Vielleicht. Aber ich will doch lieber, daß du das jetzt Gefragte bestimmt erklärst.

Sokrates. Mich dünkt nämlich diese Rede noch immer nicht minder als da wir sie anfingen, ein Gegenstück zu der Lust suchend, hiehergekommen zu sein; sie ist nämlich in der Untersuchung begriffen, ob auch eine Erkenntnis wohl reiner ist als die andere, eben wie einige Lust als die andere.

Protarchos. Das ist freilich ganz deutlich, daß sie deswegen dies unternommen hat.

Sokrates. Wie nun? fand sie nicht in dem Vorigen über einer Kunst eine andere als die gewissere und so auch eine andere Ungewisser als die andere?

Protarchos. Allerdings.

Sokrates. Und hatte sie nicht von diesen eine Kunst als gleichnamig ausgesprochen und also auch die Meinung aufgestellt, als ob sie eine wäre, und fragt doch nun weiter, als ob es zwei wären, danach, ob das Gewisse und Reine in diesen Dingen die der wissenschaftlichen oder die der nichtwissenschaftlichen genauer enthält?

Protarchos. Freilich scheint sie mir eben dieses auszufragen.

Sokrates. Was für eine Antwort also, o Protarchos, wollen wir ihr geben?

Protarchos. Wir sind ja schon, o Sokrates, zu einem wunderbar großen Unterschied in Absicht auf Gewißheit der Erkenntnisse gelangt.

Sokrates. Werden wir also nicht desto leichter antworten können?

Protarchos. Wie sollten wir nicht? Und so sei denn gesagt, daß diese zwar beiweitem sich auszeichnen vor den übrigen Künsten, unter ihnen selbst aber die, welche in dem Geschäft der wahrhaft wissenschaftlichen vorkommen, unbegreiflich weit an Genauigkeit und Wahrheit in Maßen und Zahlen sich auszeichnen.

Sokrates. So sei es, dir zufolge und dir vertrauend wollen wir getrost denen antworten, welche Meister sind im Abwägen der Erklärungen.

Protarchos. Was doch?

Sokrates. Daß es eine zwiefache Rechenkunst gibt und eine zwiefache Meßkunst, und daß dieser ebenso mehrere andere solche folgen und dieselbe Zwiefältigkeit enthalten, wiewohl nur eines Namens teilhaftig.

Protarchos. Geben wir denn mit gutem Glücke diese Antwort denen, welche du als solche Meister beschreibst, o Sokrates.

Sokrates. Diese Wissenschaften also, sollen wir sagen, wären die am meisten genauen?

Protarchos. Allerdings.

Sokrates. Aber, o Protarchos, würde nicht die Kunst der vernünftigen Rede uns verleugnen, wenn wir irgendeine andere ihr vorzögen?

Protarchos. Wie aber sollen wir diese wiederum beschreiben?

Sokrates. Offenbar doch ist sie die, welche alle bis jetzt genannten erkennt. Denn die sich mit dem wahrhaft Seienden und immer auf gleiche Weise Gearteten beschäftigt, glaube ich, werden doch auf alle Weise alle insgesamt, denen auch nur ein wenig Vernunft anhängt, beiweitem für die wahrste Erkenntnis halten. Oder wie würdest du, o Protarchos, den Rang bestimmen?

Protarchos. Ich meinesteils, o Sokrates, habe immer vom Gorgias vielfältig gehört, daß die Kunst, zu überreden, vor allen andern beiweitem den Vorzug verdiene. Denn sie mache sich alles unterwürfig freiwillig und nicht mit Gewalt und sei also beiweitem die trefflichste unter allen Künsten. Nun aber möchte ich dir nicht gern, aber auch ihm nicht das Widerspiel halten.

Sokrates. Du scheinst mir die Waffen, schon im Begriff zu reden, beschämt wieder im Stich zu lassen.

Protarchos. Es sei also dies so, wie du es meinst.

Sokrates. Bin ich aber auch etwa schuld, daß du es nicht richtig gefaßt hast?

Protarchos. Was denn?

Sokrates. Nicht danach, lieber Protarchos, fragte ich, welche Kunst oder Wissenschaft vor allen andern den Vorzug verdiene deshalb, weil sie die größte und stärkste und uns am meisten Nutzen bringende ist; sondern welche das Gewisse und Genaue und das Wahrste im Auge hat, wenn sie auch nur gering ist und Geringes nutzt. Das ist es, wonach wir jetzt fragen. Aber sieh nur zu, du wirst es auch mit dem Gorgias nicht verderben, wenn du seiner Kunst zugibst, daß sie für die Bedürfnisse der Menschen den Rang behauptet, von der Beschäftigung aber, von der ich jetzt rede, laß uns eben, wie ich damals von dem Weißen sagte, wenn es auch nur gering aber rein ist, daß es vor dem vielen aber nicht solchen den Vorzug habe, eben dadurch durch die größere Wahrheit. Laß uns also jetzt recht überlegen und hinlänglich durchdenken, nicht auf irgend Vorteile der Erkenntnisse sehend oder auf das Ansehen, worin sie etwa stehen; sondern, wenn in unserer Seele von Natur ein Vermögen ist, das Wahre zu lieben und alles um seinetwillen zu tun, von diesem laß uns sagen, da wir die Reinheit der Vernunft und der Einsicht untersuchen, ob wohl diese Erkenntnis es wahrscheinlich am meisten besitzen werde, oder ob wir noch eine andere vortrefflichere werden suchen müssen?

PROTARCHOS. Das überlege ich, und es dünkt mich hart, zu gestehen, daß irgendeine andere Wissenschaft oder Kunst genauer an der Wahrheit halte als diese.

SOKRATES. Hast du etwa auch, als du das eben Gesagte aussprachst, bei dir bedacht, daß die meisten Künste und soviele sich mit diesen Dingen beschäftigen, zuerst nur mit Vorstellungen zu tun haben, und was Vorstellung angeht, in gehöriger Ordnung untersuchen? Und wenn auch einer glaubt, Untersuchungen über die Natur anzustellen, so weißt du doch, daß er immer nur von dieser Welt hier, wie sie geworden ist und wie sie doch dies und jenes erleidet und tut, sein Leben lang untersucht? Sollen wir das behaupten oder wie?

PROTARCHOS. Vollkommen so.

SOKRATES. Also nicht auf das immer Seiende, sondern auf das Werdende und Werdensollende und Gewordene hat ein solcher seine ganze Arbeit verwendet.

PROTARCHOS. Ganz richtig.

SOKRATES. Und hievon sollen wir glauben, könne irgend etwas nach der vollkommensten Wahrheit deutlich werden, wovon doch niemals irgend etwas auf gleiche Weise sich weder verhalten hat noch verhalten wird, noch auch nur in dem gegenwärtigen Augenblick verhält?

PROTARCHOS. Und wie wäre das möglich?

SOKRATES. Von dem also, was auch nicht die mindeste Beharrlichkeit in sich hat, wie könnte uns da wohl auch nur irgend etwas Beharrliches zukommen?

PROTARCHOS. Ich glaube auf keine Weise.

SOKRATES. Also gibt es auch keinen Verstand davon noch eine Erkenntnis, die wirklich das Wahrste enthielte.

PROTARCHOS. Nein, wie es wohl scheint.

SOKRATES. Dich also und mich und den Gorgias und Philebos wollen wir gänzlich gehen lassen, unserer Rede aber dieses nachzeugen.

PROTARCHOS. Was doch?

SOKRATES. Daß entweder von jenem es für uns das Beharrliche, das Reine und Wahre und, was wir das Lautere nannten, gibt, von dem immer Seienden und auf gleiche Weise unvermischtest sich Verhaltenden, oder was wenigstens jenem am meisten verwandt ist, alles übrige aber erst für das Zweite und Geringere zu erklären ist.

PROTARCHOS. Du sprichst vollkommen wahr.

SOKRATES. Und von den Benennungen, die es für dergleichen gibt, ist es nicht am billigsten, die schönste dem Schönsten beizulegen?

PROTARCHOS. Das ist ja einleuchtend.

SOKRATES. Und Vernunft und Einsicht sind doch wohl die Benennungen, die einer am meisten in Ehren halten müßte?

PROTARCHOS. Jawohl.

SOKRATES. Wenn diese also dem Wissen um das wahrhaft Seiende angepaßt werden, kann man sagen, daß sie richtig angewandt sind?

PROTARCHOS. Allerdings.

SOKRATES. Und was ich damals zur Beurteilung stellte, war doch nichts anderes als eben diese Benennungen?

PROTARCHOS. Nichts anderes, o Sokrates.

SOKRATES. Wohl. Wenn einer also sagte, daß jetzt, was Vernunft und Lust betrifft bezugs ihrer Mischung miteinander, uns gleichsam wie Künstlern das, woraus oder worin sie etwas arbeiten sollen, vorliege, so würde er die Sache ganz richtig bezeichnet haben.

PROTARCHOS. Gar sehr.

SOKRATES. Sollen wir nun nächstdem nicht versuchen zu mischen?

PROTARCHOS. Warum nicht?

SOKRATES. Richtiger aber würde es wohl gehen, wenn wir uns dieses erst vorsagten und in Erinnerung brächten.

PROTARCHOS. Was doch?

SOKRATES. Woran wir auch vorher schon gedacht hatten. Das Sprichwort aber scheint wohl recht zu haben, daß man auch zweiund dreimal das Richtige wieder durchgehen müsse in der Rede.

PROTARCHOS. Warum auch nicht?

SOKRATES. Wohlan also beim Zeus! ich glaube, das damals Gesagte war so ausgedrückt worden.

PROTARCHOS. Wie doch?

SOKRATES. Philebos behauptet, die Lust sei das richtige Ziel für alles Lebendige, und ein jedes müsse dahin zu treffen suchen. Und eben dasselbige sei auch das Gute für alle, und für diese eine und dieselbe Natur seien die beiden Namen, das Gute und das Angenehme, mit Recht festgesetzt. Sokrates aber leugnet dieses zuerst und sagt, es sei zweierlei, wie auch die Namen, und das Gute und Angenehme habe jedes eine von dem andern verschiedene Natur, mehr Teil aber habe an dem Gebiet des Guten die Einsicht als die Lust. Ist nicht und war dies das damals Gesagte, o Protarchos?

PROTARCHOS. Gar sehr allerdings.

SOKRATES. Wäre nun nicht auch dieses damals sowohl als jetzt zu bejahen?

PROTARCHOS. Was doch?

SOKRATES. Daß die Natur des Guten sich vor allem andern hiedurch vorzüglich unterscheide?

PROTARCHOS. Wodurch?

SOKRATES. Daß, welchem Lebendigen dieses beständig auf alle Weise und überall beiwohnt, dieses nichts anderes mehr bedürfe, sondern das Hinreichende aufs vollständigste habe. Nicht so?

PROTARCHOS. So allerdings.

SOKRATES. Versuchten wir nun nicht, in unserer Rede zuerst jedes von beiden abgesondert vom andern in das Leben eines jeglichen zu stellen, Lust unvermischt mit Einsicht, und ebenso auch Einsicht, ohne daß sie das allermindeste von Lust bei sich hätte.

PROTARCHOS. So war es.

SOKRATES. Schien uns nun wohl damals eins von beiden hinlänglich für jemand?

PROTARCHOS. Wie könnte es auch!

SOKRATES. Sollten wir aber auch damals etwas übersehen haben, so nehme jetzt, wer nur will, jenes zurück und trage Richtigeres vor, überlegend, wenn er Erinnerung, Erkenntnis, Vernünftigkeit, richtige Vorstellung in eins zusammenfaßt, ob wohl jemand ohne alles dieses überhaupt irgend etwas, was es auch sei, haben oder bekommen möchte, geschweige denn Lust, wieviel ihrer und wie stark sie auch wäre; wenn er weder in Wahrheit die Vorstellung hätte, daß er sich ergötzte, noch überall wüßte, in was für einem Zustande er sich eigentlich befände, noch auch wiederum auch nur die kleinste Zeitlang eine Erinnerung seines Zustandes hätte. Und dasselbe sage denn auch von der Vernunft, ob jemand diese ohne alle, auch die kleinste Lust, lieber haben möchte als mit einiger Lust oder alle Lüste ohne Vernunft lieber als mit doch einiger Vernunft.

PROTARCHOS. Nicht möglich, o Sokrates, und es ist gar nicht nötig, dies noch wiederholt durchzufragen.

SOKRATES. Also das Vollendete und allen Wünschenswerte und durchaus Gute wäre keins von diesen beiden.

PROTARCHOS. Wie könnte es wohl!

SOKRATES. Wir müssen aber doch das Gute entweder genau oder doch einen Umriß davon uns verzeichnen, damit wir, wie gesagt, bestimmen können, wem wir den zweiten Preis geben sollen.

PROTARCHOS. Vollkommen richtig.

SOKRATES. Einen Weg nun haben wir doch schon zu dem Guten.

PROTARCHOS. Was doch für einen?

SOKRATES. Wie wenn einer einen Menschen suchte und zuerst nur seine Wohnung, wo er wohnt, richtig erkundete, daran schon etwas Großes hätte zum Auffinden des Gesuchten.

Protarchos. Wie sollte er nicht?

Sokrates. So hat nun auch uns jetzt die Rede angedeutet wie auch schon im Anfang, das Gute nicht in dem ungemischten Leben zu suchen, sondern in dem gemischten.

Protarchos. Allerdings.

Sokrates. Und so ist doch größere Hoffnung, daß das Gesuchte sich in dem wohl Gemischten deutlicher wird finden lassen als in dem nicht so?

Protarchos. Beiweitem.

Sokrates. So laß uns denn, o Protarchos, die Götter anflehen, mag es nun Dionysos sein oder Hephaistos, oder welchem andern das Geschäft des Mischens zugeteilt ist, und so laß uns mischen.

Protarchos. Das wollen wir.

Sokrates. So haben wir nun wie Weinschenken zwei Quellen vor uns stehen, der Süßigkeit des Honigs könnte man die der Lust vergleichen, die ganz nüchterne und unberauschende der Einsicht aber einem strengen und gesunden Wasser, welche beide wir nun versuchen müssen, aufs beste untereinander zu mischen.

Protarchos. Das sollen wir freilich.

Sokrates. So sprich denn zuerst, werden wir wohl, wenn wir jede Lust mit Einsicht mischen, das Beste am meisten treffen?

Protarchos. Vielleicht.

Sokrates. Aber nicht sicher. Wie wir aber gefahrloser ermischen können, darüber glaube ich eine Meinung mitteilen zu können.

Protarchos. Sage, was für eine.

Sokrates. Es war doch, wie wir glaubten, eine Lust mehr wahr als die andere und so auch eine Kunst genauer als die andere.

Protarchos. Wie könnte es anders sein?

Sokrates. Und auch eine Erkenntnis, vorzüglich vor der andern, die eine auf das Werdende und Vergehende sehend, die andere auf das weder Werdende noch Vergehende, sondern einerlei und auf gleiche Weise immer Seiende. Die letzte nun hielten wir, wenn wir auf das Wahre sehen wollen, für wahrer als die erste.

PROTARCHOS. Vollkommen richtig.

SOKRATES. Wenn wir nun zusähen, zuerst die wahrsten Abschnitte von beiden zusammenmischend, ob die Mischung wohl hinreicht, um das wünschenswürdigste Leben zu bereiten, oder ob wir auch noch von dem übrigen, was nicht so beschaffen ist, etwas mit bedürfen?

PROTARCHOS. Mich wenigstens dünkt, wir sollten es so machen.

SOKRATES. Wohl! Es sei uns also zuerst ein Mensch richtig denkend in Absicht der Gerechtigkeit, was sie ist, und habe auch seiner Einsicht angemessene Reden darüber; und auch in Absicht auf alles übrige, was ist, habe er ebensolche Einsicht.

PROTARCHOS. Wohl, der sei uns.

SOKRATES. Wird der nun wohl Erkenntnis genug haben, wenn er von der göttlichen Kugel und dem Kreise selbst den Begriff hat, diese menschliche Kugel hier aber und diese Kreise nicht kennt und sich nun in der Baukunst doch der andern Richtmaße und Kreise bedienen soll?

PROTARCHOS. Da käme ja, o Sokrates, ein lächerlicher Zustand heraus, wenn wir nur die göttlichen Erkenntnisse allein innehätten.

SOKRATES. Wie meinst du? sollen wir etwa des falschen Richtmaßes und Kreises unsichere und unreine Kunst insgemein mit hineinwerfen und beimischen?

PROTARCHOS. Notwendig doch, wenn einer von uns auch nur jedesmal den Weg nach Hause finden will.

SOKRATES. Etwa auch die Tonkunst, von der wir nur vor kurzem noch sagten, daß sie, weil voll Nachahmung und nur durch Mutmaßung treffend, der Reinheit ermangele?

PROTARCHOS. Notwendig scheint das mir wenigstens, wenn unser Leben auch nur irgendwie ein Leben sein soll.

SOKRATES. Willst du also, daß ich wie ein Türsteher, der von anströmender Menge gedrängt und überwältigt wird, gleichfalls bezwungen, die Türen öffnen und alle Erkenntnisse einströmen lassen soll, so daß auch die dürftigere sich unter die reinere mische?

PROTARCHOS. Ich wenigstens weiß nicht, o Sokrates, was für Schaden einer davon haben könnte, wenn er auch die übrigen alle bekäme, sofern er nur die ersten Erkenntnisse hat.

SOKRATES. Also soll ich sie nur sämtlich einlassen, um sich in des Homeros sehr poetischen gemeinsamen Tales Becken zu ergießen?

PROTARCHOS. Allerdings, und sie sind hiemit eingelassen.

SOKRATES. Und nun laß uns wiederum zu der Quelle der Lüste gehn. Denn wie wir gedachten sie zu mischen, zuerst die wahrsten Teile von beiden, so ist es uns nicht geraten: sondern weil uns jede Erkenntnis recht war, haben wir sie zusammen eingelassen ohne Unterschied insgesamt vor den Lüsten.

PROTARCHOS. Du hast vollkommen recht.

SOKRATES. Nun ist es also Zeit für uns, auch eine Bestimmung zu fassen über die Lüste, ob wir auch diese alle auf einmal einlassen sollen oder auch von ihnen zuerst nur die, welche wahr sind?

PROTARCHOS. Beiweitem ist es doch der Sicherheit wegen besser, zuerst die wahren einzulassen.

SOKRATES. So sollen denn diese eingelassen sein. Was aber nun weiter? Werden wir nicht, wenn nun einige notwendig sind wie dort, auch diese mit beimischen müssen?

PROTARCHOS. Wie sollten wir nicht? Die notwendigen doch offenbar.

SOKRATES. Und wenn nun, eben wie dort, alle Künste zu verstehen uns im Leben unschädlich war und nützlich, so wir auch jetzt dasselbe sagen wollen von den Lüsten, wenn an allen Lüsten lebenslang uns zu ergötzen uns allen heilsam und unschädlich ist, dann müssen wir auch alle mit einmengen.

PROTARCHOS. Was sollen wir nun aber eben von ihnen sagen und wie es mit ihnen halten?

SOKRATES. Nicht von uns, o Protarchos, müssen wir das erfragen, sondern von den Lüsten und Einsichten selbst, indem wir von ihnen gegenseitig dieses zu erkunden suchen.

PROTARCHOS. Was eigentlich?

SOKRATES. Ihr Lieben! mag man euch nun Lüste benennen sollen oder mit irgendwelchem andern Namen, solltet ihr es wohl nicht lieber zufrieden sein, mit aller Einsicht zusammenzuwohnen als abgesondert von aller Vernunft? Und ich glaube, hierauf werden sie ganz notwendig so antworten müssen.

PROTARCHOS. Wie doch?

SOKRATES. Daß, wie schon vorher erklärt ist, es weder recht gut möglich noch auch nützlich ist, daß ganz lauter irgendeine Gattung einsam und allein sei; eine aber gegen die andere gehalten, halten wir fürs beste, daß diejenige uns beiwohne, nämlich, welche alles übrige und so auch jede von uns selbst, soviel möglich vollständig erkennt.

PROTARCHOS. Daran habt ihr sehr wohl gesprochen, wollen wir sagen.

SOKRATES. Richtig. Nun aber haben wir auch wiederum die Einsicht und die Vernunft zu fragen. Braucht ihr etwas von Lüsten in der Mischung? würden wir etwa sagen, indem wir nun Vernunft und Einsicht fragten. – Was doch, würden sie vielleicht antworten, für Lüste?

PROTARCHOS. Wahrscheinlich.

SOKRATES. Und dann würde unsere weitere Rede etwa diese sein. Außer jenen wahren Lüsten, würden wir sagen, habt ihr etwa nötig, auch die größten Lüste bei euch wohnen zu haben und die heftigsten? – Und woher doch, o Sokrates, würden sie wohl sagen, da ja diese uns tausendfältige Hindernisse in den Weg legen, indem sie die Seelen, in denen wir wohnen, nur in Verwirrung bringen durch unsinnige Bewegungen, und uns am liebsten überall nicht entstehen lassen, auch die von uns erzeugten Kinder größtenteils, indem sie aus Sorglosigkeit Vergessenheit veranlassen, ganz und gar verderben. Andere Lüste aber, die wahren und reinen, welche du ja auch angeführt hast, sieh nur an als uns verwandt und außer ihnen noch die, welche mit der Gesundheit und der Besonnenheit und der gesamten Tugend bestehen können, so viele ihrer gleichsam als Dienerinnen die Göttin begleiten. Diese mische ein; die aber immer mit der Unvernunft und andern Schlechtigkeiten gesellt sind, wäre doch wohl großer Unverstand, der Vernunft beizumischen, wenn man die schönste und ruhigste Mischung und Verbindung hervorbringen und dadurch versuchen will, zu erfahren, was doch wohl in dem Menschen und dem Ganzen überhaupt gut sei von Natur und was man wohl ahnen soll, daß das Wesen des Guten sei. Sollen wir nicht sagen, daß die Vernunft ganz verständigerweise und mit Anwendung ihrer selbst, dieses eben Gesagte für sich und für die Erinnerung und die richtige Vorstellung antworten werde?

Protarchos. Auf alle Weise freilich.

Sokrates. Aber auch dieses ist wohl notwendig, und anders käme wohl nicht eines zustande.

Protarchos. Was doch?

Sokrates. Wem wir nicht Wahrheit beimischen, das kann doch auch nicht wahrhaft werden, noch auch, wenn es geworden wäre, sein.

Protarchos. Wie könnte es wohl!

Sokrates. Gar nicht. Allein wenn nun noch etwas erfordert wird zu dieser Mischung, so sagt ihr es, du und Philebos, denn mir scheint, wie eine unkörperliche Ordnung, die schön über einen belebten Körper herrschen soll, die gegenwärtige Rede vollendet zu sein.

Protarchos. Sage nur immer, o Sokrates, daß dies auch meine Meinung sei. Sokrates. Wenn wir also nun sagten, daß wir jetzt schon an dem Eingange des Guten und der Wohnung des so Beschaffenen ständen, würden wir wohl ganz richtig reden. Protarchos. Das dünkt mich wenigstens.

Sokrates. Was ist nun wohl in dieser Mischung das Vorzüglichste, und was am meisten Ursache zu sein scheint, daß eine solche Beschaffenheit allen erwünscht ist? Denn wenn wir dies gesehen haben, können wir hernach erwägen, ob dies in dem Ganzen mehr als der Lust oder als der Vernunft anhängend und eigentümlich sich findet.

Protarchos. Richtig: denn das muß uns am nützlichsten sein für unsere Entscheidung.

Sokrates. Und das ist gewiß gar nicht schwer, die Ursache zu sehen bei allen Mischungen, weshalb irgendeine entweder ganz vortrefflich wird oder gar nichts wert.

Protarchos. Wie meinst du das?

Sokrates. Das weiß ja wohl jeder Mensch.

Protarchos. Was aber doch?

Sokrates. Daß, was immer für eine Mischung kein Maß und an der Natur des Abgemessenen keinen Teil hat, notwendig das Gemischte sowohl als auch zuerst sich selbst verdirbt. Denn eine solche kann man ja gar nicht eine ordentliche Mischung nennen, sondern sie ist jedesmal in Wahrheit nur ein unordentlich zusammengewehtes Wehe für alle, denen sie zukommt.

Protarchos. Ganz wahr.

Sokrates. Jetzt also entflieht uns wieder das Wesen des Guten in die Natur des Schönen. Denn Abgemessenheit und Verhältnismäßigkeit wird uns doch überall offenbar Schönheit und Tugend.

Protarchos. Allerdings.

Sokrates. Und Wahrheit, sagten wir doch auch, wäre in der Mischung mit beigemengt.

Protarchos. Freilich.

Sokrates. Wenn wir also nicht in einer Form das Gute auffangen können, so wollen wir es in diesen dreien zusammenfassen : Schönheit und Verhältnismäßigkeit und Wahrheit, und wollen sagen, daß diese als eines mit Recht als Ursache angesehen werden können dessen, was in der Mischung ist, und daß um dieses als des Guten willen sie auch eine solche geworden ist.

Protarchos. Vollkommen richtig.

Sokrates. Und nun, o Protarchos, kann uns ja wohl jeder ein hinreichender Richter sein über Lust und Einsicht, welche von ihnen beiden dem Besten verwandter und also das Vorzüglichere ist bei Menschen und Göttern.

Protarchos. Gewiß freilich; doch ist es besser, auch dies in der Rede ordentlich auszuführen.

Sokrates. So laß uns denn einzeln jedes von den dreien in Absicht auf Lust und Vernunft beurteilen. Denn wir müssen sehen, welcher von beiden wir jedes von diesen als verwandt beilegen sollen.

Protarchos. Du meinst Schönheit, Wahrheit und Verhältnismäßigkeit?

Sokrates. Ja. Zuerst also nimm die Wahrheit, sieh dann auf diese drei,

Vernunft und Wahrheit und Lust, und lasse dir Zeit genug, und antworte dann dir selbst, ob die Lust oder die Vernunft verwandter ist mit der Wahrheit.

PROTARCHOS. Was bedarf es dazu für Zeit? denn der Unterschied ist, denke ich, sehr groß. Denn die Lust ist das Unzuverlässigste unter allen Dingen, so daß, wie die Rede geht, in den Lüsten des Geschlechtstriebes, welche für die größten gehalten werden, sogar der Meineid die Verzeihung der Götter erhält, weil nämlich, wie Kinder, die Lüste auch nicht die mindeste Vernunft haben. Die Vernunft aber ist entweder ganz dasselbe wie die Wahrheit oder ihr doch unter allen am ähnlichsten und das Wahrste.

SOKRATES. Nächstdem nun betrachte ebenso auch die Verhältnismäßigkeit, ob die Lust mehr als die Einsicht oder die Einsicht mehr als die Lust davon hat?

PROTARCHOS. Auch das ist eine sehr leichte Untersuchung, die du mir vorgelegt hast. Denn ich glaube, etwas seiner Natur nach Maßloseres als Lust und Ergötzung wird wohl nicht leicht jemand finden können und so auch wohl nichts Abgemesseneres als Vernunft und Erkenntnis.

SOKRATES. Sehr wohl gesprochen. Doch aber sage uns auch noch das dritte. Hat die Vernunft mehr Anteil an der Schönheit als die Lust, so daß die Vernunft schöner ist als die Lust oder umgekehrt?

PROTARCHOS. Aber Vernunft und Einsicht, o Sokrates, hat doch wohl niemand jemals, weder wachend noch schlafend, häßlich gesehen oder irgendwie vorgestellt, daß sie so würde oder wäre oder sein würde.

SOKRATES. Richtig.

PROTARCHOS. Allerdings aber, wenn wir jemand in Lüsten begriffen sehn, und zwar in den größten am meisten, und wir das Lächerliche davon oder das Allerschändlichste, was dabei herauskommt, zu sehen bekommen, so schämen wir uns selbst und suchen es aus dem Gesicht zu bringen und zu verbergen soviel als möglich, indem wir dergleichen alles der Nacht überlassen, als dürfe es das Licht nicht sehn.

SOKRATES. Also du wirst auf alle Weise sagen, o Protarchos, magst du es nun durch Boten bestellen müssen oder es Anwesenden erklären können, daß die Lust nicht das erste Besitztum ist, auch nicht das zweite; sondern das erste ist das Maß und das Abgemessene und Zeitige, und wem Ähnlichen man sonst noch zuschreiben muß, daß es die ewige Natur erwählt habe.

PROTARCHOS. Das ist allerdings einleuchtend aus dem eben Gesagten.

SOKRATES. Das zweite aber ist das Gleichmäßige und Schöne und Vollendete und Hinlängliche und alles, was wiederum zu diesem Geschlecht gehört.

PROTARCHOS. So scheint es allerdings.

SOKRATES. Und wenn du als das dritte nach meiner Ahnung Vernunft und Einsicht setztest, würdest du wohl nicht weit von der Wahrheit vorbeikommen.

PROTARCHOS. Wahrscheinlich.

SOKRATES. Wird nun nicht das vierte sein, was wir in der Seele selbst gesetzt haben als Erkenntnisse und Künste und richtige Vorstellungen, werden die nicht nächst den dreien das vierte sein müssen, wenn sie doch dem Guten näher verwandt sind als die Lüste?

PROTARCHOS. Vielleicht wohl.

SOKRATES. Das fünfte also sind die Lüste, welche wir als schmerzlose bestimmt haben und reine Lüste der Seele allein genannt, welche den Wahrnehmungen folgen.

PROTARCHOS. Vielleicht.

SOKRATES. Aber im sechsten Geschlecht, sagt Orpheus, laßt ruhen den Kreis des Gesanges. Gleichermaßen nun scheint auch unsere Rede bei dem sechsten Punkt von ihrem Gericht zu ruhen, und es ist uns sonach nichts weiter übrig, als nur dem Gesagten die Krone aufzusetzen.

PROTARCHOS. Das müssen wir also.

SOKRATES. Wohlan denn, das dritte Mal dem Retter, laßt uns dieselbe Rede durchgehn und bezeugen.

PROTARCHOS. Welche doch?

SOKRATES. Philebos behauptete, das Gute sei uns die Lust, die ganze und vollständige.

PROTARCHOS. Zum dritten Male, scheint es, meintest du diesmal Sokrates, sollten wir unsere anfängliche Rede wieder aufnehmen.

SOKRATES. Ja, und so laß uns das Weitere hören. Ich nun sah schon das, was ich jetzt durchgegangen bin, und aufsässig gegen des Philebos nicht nur, sondern vieler tausend anderer öftere Rede sagte ich, daß die Vernunft weit besser sei und trefflicher als die Lust für des Menschen Leben.

PROTARCHOS. So war es.

SOKRATES. Und ahnend, daß es noch vieles andere gebe, sagte ich, daß, wenn uns das sich zeigte, was besser wäre als beides, wollte ich doch um den zweiten Preis für die Vernunft gegen die Lust mitkämpfen, und die Lust sollte des zweiten Preises verlustig gehen.

PROTARCHOS. Das sagtest du allerdings.

SOKRATES. Und nachher ja zeigte sich uns von diesen beiden keines als allgemein auf die zulänglichste Weise zulänglich.

PROTARCHOS. Ganz richtig.

SOKRATES. Also wurde in dieser Rede gänzlich sowohl die Vernunft abgewiesen als die Lust, daß keines von ihnen beiden das Gute selbst sein könne, da sie der Selbständigkeit ermangelten und der Kraft des Hinreichenden und Vollkommenen.

PROTARCHOS. Vollkommen richtig.

SOKRATES. Nachdem sich nun aber ein drittes Trefflicheres als jegliches von diesen gezeigt hatte, so zeigte sich nun doch wiederum die Vernunft tausendmal mehr als die Lust dem Wesen dieses Siegenden verwandt und anhänglich.

PROTARCHOS. Wie sollte sie nicht!

SOKRATES. Also das fünfte nach der Entscheidung, welche unsere Rede kundgemacht hat, wäre dann die Lust.

PROTARCHOS. So zeigte es sich.

SOKRATES. Das erste aber doch auch nicht, wenn alle Ochsen und Pferde und die andern Tiere insgesamt es behaupteten dadurch, daß sie dem Vergnügen nachgehn; welchen eben wie die Wahrsager den Vögeln vertrauend die meisten das Urteil fällen, die Lust sei und das Vorzüglichste im Leben, und die Neigungen der Tiere für gültigere Zeugen halten als die Neigungen derer, welche mit der philosophischen Muse weissagen.

PROTARCHOS. Nun sagen wir gewiß alle, o Sokrates, daß du es vollkommen richtig erklärt habest.

SOKRATES. Und laßt mich also auch los.

PROTARCHOS. Ein weniges ist nur noch übrig, o Sokrates; und du wirst doch nicht eher wollen ermüden als wir. Ich will dich aber an dieses Rückständige schon erinnern.